Schule der Hohen Magie II

Frater V.·.D.·.

Schule der Hohen Magie II

Erweiterte Praxis und Exerzitien

Ansata

Edition Magus
Postfach 19
B-4760 Büllingen
Belgien
Tel. / Fax: +32-80-549.247
E-Mail: eismagie@eismagie.de
Web: www.eismagie.de

MIX
Papier aus verantwortungsvollen Quellen
FSC® C014496

Verlagsgruppe Random House FSC-DEU-0100
Das für dieses Buch verwendete
FSC®-zertifizierte Papier *EOS*
liefert Salzer Papier, St. Pölten, Austria.

Sonderausgabe 2011

Ansata Verlag
Ansata ist ein Verlag der Verlagsgruppe Random House GmbH

ISBN 978-3-7787-7451-9

Umschlaggestaltung: Reinert & Partner Werbedesign, München
Satz: Leingärtner, Nabburg
Druck und Bindung: GGP Media GmbH, Pößneck

Inhaltsverzeichnis

MAGIE UND YOGA (I)

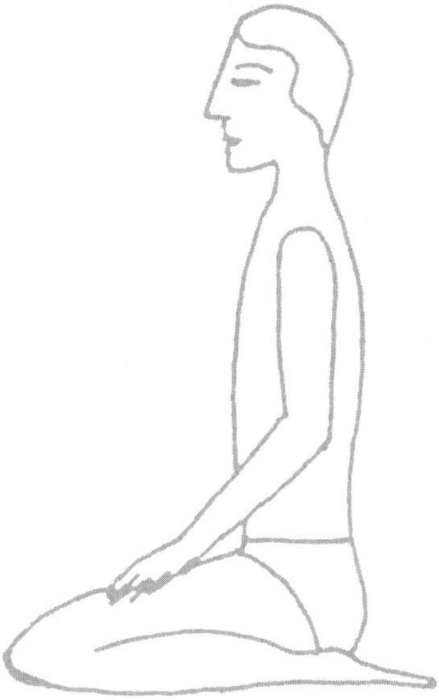

Besonders Magier der alten Schule legen bei der Ausbildung ihrer Schüler äußerst großen Wert auf eine zumindest zeitweise möglichst intensive und gründliche Yoga-Praxis. Mittlerweile ist der indische Yoga in seinen zahlreichen an den Westen angepaßten Formen so weit verbreitet, daß es sich kaum noch zu lohnen scheint, ihn in einem Lehrgang wie dem unsrigen gesondert abzuhandeln. Was den Hatha-Yoga, also – etwas vereinfacht formuliert – den Yoga der Körperübungen angeht, werden wir unsere Ausführungen auch tatsächlich auf ein Minimum beschränken, da es auf dem Markt zahlreiche ausgezeichnete Bücher zum Thema gibt und Yoga-Kurse selbst in den allerentlegensten Gegenden durch Sportzentren, Volkshochschulen und richtige Yoga-Institute angeboten werden.

Oft wird über diesem großen Angebot jedoch vergessen, worum es beim Yoga wirklich geht. Patañjali, der Klassiker aller Yoga-Literatur, formuliert es in seinen Yoga-Sutras ohne jedes Wenn und Aber:

> »Yogaś citta-vṛitti-nirodhaḥ.«

Zu deutsch:

> »Yoga ist die Beherrschung (Zügelung) der Denkfunktionen.«

(Die in der deutschen Ausgabe der Vivekananda-Übertragung verwendete Übersetzung aus dem englischen Original ist falsch. Dort ist von der »Unterdrückung der Funktionen der Denksubstanz« die Rede, während es im Text Vivekanandas heißt: »restraining the mindstuff« – von »Unterdrückung« also keine Spur. Das Sanskritwort nirodhaḥ legt zudem auch die Übersetzung »Ausmerzung, Vertilgung« nahe.)

Da nützt es auch wenig, daß die gängige Ableitung »Yoga = Joch = Anschirren/Selbstzucht« zwar immer wieder betont wird, wenn das eigentliche Anliegen des Yoga doch dabei außer acht gelassen wird, etwa durch übertriebene Askesevorstellungen, ausschließliche Betonung kompliziertester Körperübungen oder durch rein spekulatives Philosophieren.

Zudem ist der Yoga ein philosophisches und weltanschauliches Gesamtsystem, das sich nicht auf eine bloße Spielart der Gymnastik reduzieren läßt. Keine uns bekannte Disziplin besitzt eine derart ausgefeilte, hochentwickelte Technologie der Bewußtseinsveränderung und der Schulung der Materie-Gestaltung durch den Geist wie der indische Yoga in all seinen zahlreichen Formen und Schulen.

Leser, die bereits über gute Yoga-Kenntnisse verfügen, brauchen den folgenden Abschnitt nur zu überfliegen.

Yoga – ein philosophisches und weltanschauliches Gesamtsystem

Die Struktur des Ashtanga oder Raja-Yoga

Durch Vivekananda, der wohl wie kein zweiter den Yoga im Westen gefördert und populär gemacht hat, hat sich der Begriff Raja (= »königlicher«) Yoga für ein System verbreitet, das in Indien eher unter der Bezeichnung Ashtanga (= »Achtfacher/Achtpfadiger Yoga«) bekannt ist. Tatsächlich ist es im indischen Kulturraum üblich, den eigenen Yoga-Weg stets als den »königlichen« zu bezeichnen, was in der Literatur manchmal einige Verwirrung stiftet. Deshalb wollen wir hier bei der ursprünglichen Bezeichnung bleiben und vom Achtpfadigen Yoga sprechen. Immerhin ist der von Vivekananda vorgestellte Yoga der am weitesten verbreitete.

Wie der Name schon sagt, gliedert sich dieser Yoga-Weg in acht Teile oder auch Pfade, die zwar, jeder für sich genommen, bereits zum samadhi (= »Vereinigung mit dem Höchsten«, aber auch: »Verzückung durch Gedankenleere«) führen sollen, aber meistens als Teile eines großen Ganzen betrachtet und beschritten werden.

Jeder Yoga-Weg führt zu samadhi.

Wir werden diese Pfade oder Einteilungen, wie es in der Tradition üblich ist, zuerst in ihrer Gänze vorstellen und dann einzeln besprechen. Da wir jedoch ein anderes Konzept verfolgen als die meisten Yoga- und Magie-Autoren, werden wir sie dabei nicht der Reihe nach abhandeln, sondern immer passend zum jeweiligen Ausbildungsabschnitt.

Die Pfade des achtfachen Yoga

YAMA

Ahimsa	–	Nichttöten
Satya	–	Wahrhaftigkeit
Asteya	–	Nichtstehlen
Brahmacharya	–	Enthaltsamkeit
Aparigraha	–	Nichtannehmen von Geschenken

NIYAMA

Shauca	–	Reinlichkeit
Santosha	–	Zufriedenheit
Tapah	–	Strenge
Svadhyaya	–	Studium
Ishvarapranidhana	–	Selbsthingabe an das Höchste

ASANA

Körperhaltung

PRANAYAMA

Prana-Beherrschung

PRATYAHARA

Zurückziehen der Sinne

DHARANA

Konzentration

DHYANA

Meditation

SAMADHI

Überbewußtsein

Wir werden uns nun zunächst mit dem Pfad Asana befassen.

Asana in der Magie

Asana besteht oft daraus, den Körper und seine Energien in möglichst bizarren Stellungen zu erfahren – und auch diese Erfahrung selbst zu transzendieren, um andere Bewußtseinszustände zu erleben, ja diese überhaupt erst zu ermöglichen. Insofern beruht die Ablehnung des Hatha Yoga (sogenannter Körper-Yoga), wie man sie häufig bei eher »geistig« ausgerichteten Yoga-Richtungen findet, auf einem grundlegenden Mißverständnis. Denn jede Asana mündet, wird sie korrekt gehalten und beherrscht, irgendwann geradezu automatisch in den Zustand der Meditation (Dhyana).

Zum Thema Asana sagt Patañjali:

Sthira-sukham āsanam.

Zu deutsch:

»Asana ist, was fest und bequem ist.«

Bei Vivekananda heißt Asana in der deutschen Übersetzung »Sitzhaltung«, tatsächlich ist damit jedoch jede Körperhaltung gemeint, die dem Yoga dient. (Es wäre wohl auch absurd, beispielsweise die als Asanas anerkannten Stellungen des Kopfstands oder des Pfaus im Hatha-Yoga als Sitzhaltung zu bezeichnen!)

Ziel der Asanas ist es, Körper und Geist ruhigzustellen. Darüber hinaus dienen sie der Gesundheitsförderung, sie halten den Körper in Schuß, regulieren das Drüsensystem und kräftigen Muskeln, Gewebe, Sehnen und alle Organe wie überhaupt das Abwehrsystem.

Diese Harmonisierung hat allerdings auch einen Nachteil, vor allem für Menschen, die stark in das öffentliche Leben eingebunden sind: Sie machen den Körper ungeheuer empfindlich für alles, was gut für ihn ist – und für das, was ihm schaden könnte. Dies macht sich vor allem auf dem Gebiet der Ernährung bemerkbar: Zwar stärkt Yoga die Widerstandskraft, doch wehe dem Yogi, der nicht auf die Stimme seines Körpers hört und etwas Falsches ißt! Dabei geht es nicht etwa darum, eine bestimmte vorgegebene Diät einzuhalten, wenngleich die meisten Yogis tatsächlich vegetarisch leben und sich der Drogen und Reizstoffe weitgehend enthalten, also auf Alkohol, Nikotin, Koffein und Teein usw. verzichten. Vielmehr entwickelt

Jeder Körper entwickelt ein Gespür für seine individuelle Diät.

jeder Körper ein Gespür für seine individuelle Diät, die durchaus von der allgemeinen Norm abweichen kann, die dafür aber auch peinlich genau eingehalten werden muß, soll es nicht zu ernsten Verstimmungen besonders im Magen-Darm-Bereich kommen.

In der Magie verwenden wir Asanas ähnlich wie im Yoga zur Herstellung von Gnosis, zum Ausschalten der Körperwahrnehmungen, damit der Geist ungehindert und konzentriert arbeiten kann, aber auch zum Erhalt des Körpers, der ja unser wichtigstes Vehikel ist, die Spiegelseite des Geistes. Am Körper trainieren wir Loslassen und Selbstzucht, Hingabe und Einspitzigkeit, Vision und Tat. Ist unsere Körperwahrnehmung erst hinreichend geschult, haben wir in ihm einen unbestechlichen Seismographen für alle magischen Geschehnisse um uns herum, er ist uns Freudenspender und Alarmanlage zugleich, er ist unsere Ganzheit und das Heim unserer Götter. (»In jedem Glied deines Körpers wohnt eine Gottheit«, heißt es im ägyptischen Totenbuch.)

Asana sollte nicht zur Quälerei werden.

Daher sollte Asana auch nicht zur Quälerei werden. (Gegen diesen Grundsatz hat Aleister Crowley allerdings fleißig verstoßen, so daß seine Yoga-Praxis – im Gegensatz zu seinen ganz ausgezeichneten Yoga-Schriften – oft wie eine Übung in brutalem Sadismus anmutet.) Gewiß, am Anfang bedarf es bei Ungeschulten immer auch des Schweißes und der Tränen, doch hat Yoga nichts mit Fakirtum zu tun, und der Schmerz wird als Mitteilung des Körpers geachtet und als Warnung respektiert. Daher auch die lakonische Definition Patañjalis: Fest und bequem soll Asana sein, nicht mehr und nicht weniger.

Abgesehen von den vielen gesundheitlichen und konzentrationsförderlichen Vorzügen solcher Asanas ist es also weder erforderlich, sich unvorbereitet in den Lotussitz zu zwingen, noch Kopfstände zu vollführen oder, wie es der Laie sich gern vorstellt, die Beine hinter den Ohren zu verknoten! Die Hauptsache ist, daß Ihre Körper- und Geisteshaltung bei der magischen Arbeit fest ist, damit die Energien richtig strömen können (es ist immer empfehlenswert, dabei auf eine gerade Wirbelsäule zu achten) und sich nicht verzetteln, sowie bequem genug, um sie einige Zeit ungestört halten zu können, ohne die Konzentration durch Körperbewegungen oder Stellungswechsel zu stören.

Wieder belehrt uns Patañjali:

Tato dvaṃdvānabhighātaḥ

Zu deutsch:

»(Ist die Haltung erlangt) so hindern die Dualitäten nicht mehr.«

Schon ein kurzer Versuch zeigt dem Ungeübten, was damit gemeint ist: Wenn der Körper anfängt zu kribbeln, nach Kratzen zu verlangen, wenn es in den Beinen prickelt oder an manchen Stellen nervös zu zucken beginnt, dann stellt der Yogi alledem die innere Mittigkeit entgegen, indem er seine Aufmerksamkeit von dem, was den Körper bewegt, fortnimmt, indem er seine Sinne zurückzieht (Pratyahara). Wir sehen daran, wie sehr die Teilbereiche des Achtfachen Yogas ineinandergreifen: Der Körper fördert durch richtige Asana die Konzentration (Dharana), diese bedarf wiederum des Zurückziehens der Sinne (Pratyahara), das seinerseits wieder die Beherrschung des Asana verstärkt und die Konzentration somit stützt, um zur Meditation (Dhyana) und schließlich zum Überbewußtsein (Samadhi) zu führen. Es sind aber auch die Dualitäten von Freud und Leid, von Gut und Böse, von »wichtig« und »unwichtig« gemeint, die Trennung zwischen geistigem Streben und Alltagsverbundenheit (»eigentlich wäre es jetzt wichtiger, daß ich mich um den Wagen kümmere, er ist nicht ganz in Ordnung, und nächste Woche wollen wir doch in Urlaub fahren ...«), zwischen Konzentration und Abschweifen (denn wahre Konzentration kennt nur sich selbst).

Technisch gesehen sind viele der in der hermetischen Magie verwendeten »Gottesformen« ebenso Asanas (und erfüllen sogar physiologisch nicht selten deren Funktion) wie Runenstellungen und Griffe, z. B. aus der Freimaurerei oder der Buchstabenmagie. Allerdings betreten wir hier bereits das Grenzland zwischen Asana und Mudra, auf das wir später noch näher eingehen werden.

Es gibt zwar zahllose Asanas, doch spielen für die magische Meditation und Konzentration in der Regel nur folgende drei eine herausragende Rolle (mit möglicher Ausnahme des Lotussitzes, den jeder, der

Drei herausragende Asanas für die magische Meditation

dazu noch körperlich fähig ist, nach und nach erlernen sollte – aber eben ohne Qual und Übertreibung). Es sind dies (hier teilweise in vereinfachter Form wiedergegeben) der Herrschersitz, der Drachensitz und der Halblotussitz.

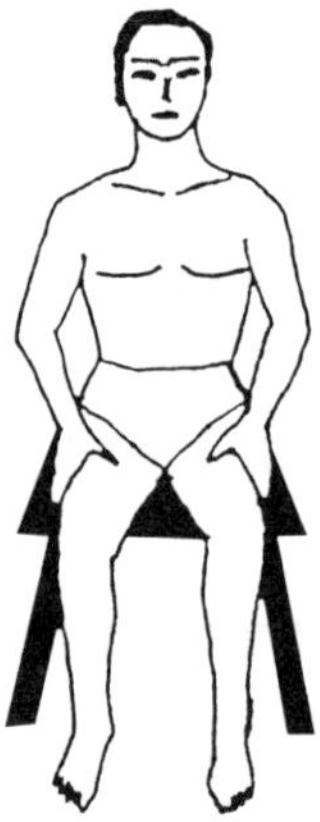

Abbildung 1: Der Herrschersitz

DER HERRSCHERSITZ

Hierbei sitzt der Adept auf einem Stuhl mit möglichst gerader Rückenlehne, gegen die er sich allerdings nicht lehnen sollte. Besser ist ein Schemel ohne jede Rückenstütze. Die Füße berühren den Boden, die Handflächen liegen mit gerade angelegten Fingern zu den parallel zum Boden stehenden Oberschenkeln. Das Rückgrat ist ebenfalls gerade, aber nicht durchgestreckt, der Kopf ist aufrecht, die Augen sind geschlossen oder halbgeschlossen (oder der Magier verwendet den 180-Grad-Blick).

Dieser Sitz ist besonders gut für ältere Menschen geeignet sowie auch dann, wenn es aus irgendwelchen Gründen nicht opportun ist, auf dem Boden zu sitzen oder den Platz zu wechseln.

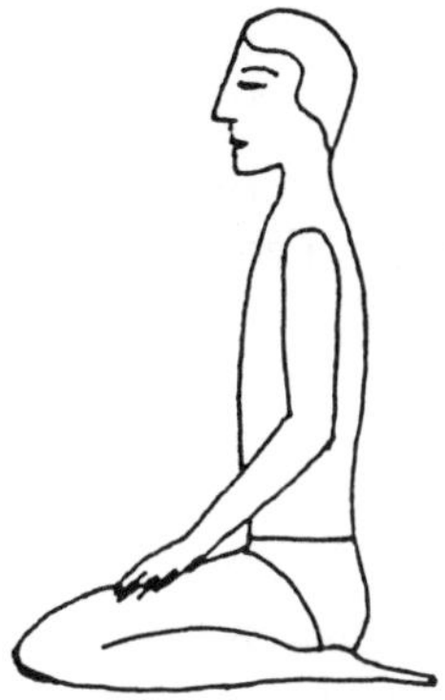

Abbildung 2: Der Drachensitz

DER DRACHENSITZ

Er wird auf dem Boden eingenommen, es kann auch ein Teppich oder eine Decke unter die Beine gelegt werden, jedoch sollte der Untergrund hart bleiben (also nicht auf Matratzen, im Bett oder auf dem Sofa üben!).

Der Rumpf ruht auf den Waden, die Füße sind geradegestreckt oder berühren sich mit leicht schräg liegenden Zehenspitzen, je nach Grad der Bequemlichkeit. Der Oberkörper ist aufrecht, die Hände ruhen wieder auf den Oberschenkeln wie beim Herrschersitz. Auch die Kopfhaltung ist die gleiche.

Abbildung 3: Der Halblotussitz

DER HALBLOTUSSITZ
(auch: »Vollkommene Haltung«)

Bei weitem nicht so schwierig zu meistern wie der volle Lotussitz, aber nach Meinung vieler Autoren fast ebenso wirksam wie dieser. (Ich persönlich ziehe den Lotussitz allerdings allen anderen Asanas vor, weil er – hat man ihn erst einmal erlernt – der bequemste Sitz von allen ist und das Rückgrat bei ihm automatisch gerade ist, ganz zu schweigen von seinen zahllosen gesundheitlichen Vorteilen.)

Das Gesäß ruht auf dem Boden oder einer Decke, evtl. auch auf einem Kissen, das die ganze Haltung allerdings abschrägt, da es nur unter einen Teil des Gesäßes geschoben wird. Ein Fuß ruht in der Schambeuge, der andere ist untergeschlagen (rechts oder links), nach Möglichkeit sollten die Knie den Boden berühren (bei der Schrägstellung mit Sitzkissen geschieht dies allerdings automatisch). Der Kopf ist gerade, die Schultern sind entspannt, die Hände ruhen auf den Knien oder im Schoß, wenn sie nicht spezielle Mudras (= Handzeichen) stellen.

Bei allen drei Stellungen sollte die Zunge, sofern von bestimmten Übungen nicht anders verlangt, leicht den Vordergaumen berühren. Auf die Entspanntheit der Kieferlade und der Stirn ist besonders zu achten, wird diese doch häufig vernachlässigt. »Fest und bequem« beschreibt ein harmonisches Kraftfeld zwischen Spannung und Gelöstheit – in diesem körperlich-geistigen Zustand ist optimale Versenkung oder Konzentration auf das magische oder mystische Ziel möglich.

Damit beenden wir für diesen Abschnitt das Thema und greifen es an späterer Stelle wieder auf.

DER KLEINE ENERGIEKREISLAUF

Eine der wichtigsten Übungen zur Harmonisierung innerkörperlicher Feinenergien entstammt der chinesischen Akupunktur und dem taoistischen Yoga. Es handelt sich dabei um den sogenannten Kleinen Energiekreislauf, den wir hier in seinen Grundzügen vorstellen wollen. Nähere Einzelheiten entnehmen Sie bei Bedarf bitte der einschlägigen Fachliteratur, die hier geschilderte vereinfachte Form hat sich in der Praxis jedoch gut bewährt und genügt für unsere Zwecke vollauf.

Grundlage der Akupunktur ist die Lebenskraft Chi (auch: Ch'i, Ki, Qi, Xi), die entlang der Meridiane oder Energiebahnen strömt. Für den Kleinen Energiekreislauf müssen wir nur zwei dieser Meridiane kennen, nämlich das Lenker- und das Dienergefäß (Dumai und Renmai). Das Lenkergefäß verläuft vom Damm (Hui yin) über die Mittellinie des Rückens und des Nackens die Schädelmitte entlang bis in die Oberlippe und die Gaumenmitte. Das Dienergefäß beginnt ebenfalls am Damm und steigt von dort über die Mittellinie des Bauches, der Brust, des Halses und des Kinns bis in die Unterlippe und Unterkiefermitte bzw. in die Zungenspitze. (Nicht immer sind sich die Autoren über den exakten Verlauf der Meridiane einig. Auch was die Fließrichtung angeht, gibt es einige Varianten und Meinungsunterschiede.)

Zwei wichtige Meridiane – das Lenker- und das Dienergefäß

Beim Kleinen Energiekreislauf leiten wir zunächst mittels der Imagination die Energie im Prinzip vom Damm im Lenkergefäß hinten den Rücken empor und lassen sie vorne wieder im Dienergefäß hinabströmen. Ist dies gelungen, reiben wir mit der Hand mehrmals über den Hara-Bereich (ca. drei Fingerbreit unterhalb des Bauchnabels), um die aktivierte Energie dort zu speichern.

Wichtig: Um einen unangenehmen Energiestau vor allem im Kopfbereich zu vermeiden, müssen Sie darauf achten, daß Sie während der Übung die Zungenspitze leicht an den Vordergaumen legen (nicht fest pressen!).

Nach der Akupunkturlehre ist die normale Fließrichtung des Chi eine andere, es könnte also sein, daß Ihnen die von uns empfohlene Fließrichtung unangenehm ist. In diesem Fall sollten Sie es mit der umgekehrten Richtung versuchen, also von vorn oben hinauf und hinten den Rücken hinab. Im übrigen gilt sinngemäß das oben Gesagte.

Wir haben das Wort Imagination verwendet, und tatsächlich wird sich beim ungeübten Anfänger das Strömen der Energie zunächst wie ein imaginativer Prozeß anfühlen, der sich jedoch schon bald verselbständigt, bis von Imagination oder gar »Einbildung« nicht mehr die Rede sein kann.

Hervorragender magischer Schutz vor Fremdbeeinflussung

Abgesehen von seinen zahlreichen gesundheitlichen Vorzügen kann der Kleine Energiekreislauf auch als ausgezeichnete Mittungsübung empfohlen werden, die einen hervorragenden magischen Schutz vor Fremdbeeinflussung und Verlust des inneren Gleichgewichts darstellt. Er wird auch dazu verwendet, um Sexualenergie zu transmutieren, z.B. in Phasen sexueller Enthaltsamkeit. Vor allem die Speicherung der Energien im Hara wirkt sich sehr heilsam bei Krankheiten aus, und auch Zustände der Schwäche und Mattigkeit (z.B. bei Überarbeitung, Menstruationsbeschwerden, Wetterfühligkeit, Erschöpfung usw.) lassen sich dadurch nachhaltig lindern oder sogar völlig beheben.

Es ist viel Falsches über die Funktion des Kleinen Energiekreislaufs geschrieben worden, und manche Autoren machen aus ihm geradezu eine Religion. Zwar werden bei seiner bewußten Aktivierung auch eventuelle Blockaden im feinenergetischen Körper offenbar, die sich meist durch regelmäßige Praxis auflösen und nur in schwerwiegenden Fällen einer Therapierung durch einen erfahrenen Akupunkteur bedürfen. Doch ist es keineswegs so, daß der Kleine Energiekreislauf ohne solche Übung »tot« ist – er ist stets aktiv, wie denn auch das Chi stets sämtliche Meridiane entlangströmt, wiewohl je nach Gesundheits- und Gemütszustand in unterschiedlicher Intensität. Insofern wäre es eigentlich treffender, von einer »bewußten Intensivierung und Lenkung« des Kreislaufs zu sprechen anstatt von seiner »Aktivierung«. Da er eben ohnehin bereits aktiv ist, ist es auch nicht so schwierig, ihn bewußtzumachen und mit ihm zu arbeiten, wie es in manchen Lehren dargestellt wird. Auf Seminaren stellte sich immer wieder heraus, daß dies in den allermeisten Fällen schon nach wenigen Minuten gelang.

Sollten Sie jedoch Schwierigkeiten mit der bewußten Intensivierung und Lenkung des Kleinen Energiekreislaufs haben, so vertrauen Sie einfach auf Ihre Ausdauer und Ihren Fleiß. Es kann gelegentlich von Nutzen sein, sich von einem Partner dabei helfen zu lassen, indem dieser im Stehen mit einer Rassel (eine normale Rumbarassel, wie man sie in Musikgeschäften für wenig Geld bekommt, genügt, sie sollte allerdings keinen allzu dumpfen, sondern eher einen hellen Klang haben) dicht über den Körper den Kreislauf in der gewünschten Fließrichtung akustisch abrasselt, bis Sie ihn deutlich spüren. Dies ist eine Hilfe, um ein Gefühl für den Kreislauf zu bekommen, danach sollte es ohne fremde Unterstützung gehen.

Nach einiger Übung werden Sie den Kleinen Energiekreislauf, nicht nur im Stehen, sondern in jeder beliebigen Körperstellung wahrnehmen und intensivieren können, was Sie auch tun sollten.

Neben dem Kleinen gibt es auch noch den Großen Energiekreislauf, bei dem zusätzlich die zwölf Hauptmeridiane aktiviert bzw. intensiviert werden, doch ist es für unsere Zwecke nicht unbedingt erforderlich, sich näher mit ihm zu befassen. (Wer sich dafür interessiert, sei auf die Titel von Chia und Zöller im Literaturverzeichnis am Ende des Abschnitts verwiesen.)

Die Abbildung 4 illustriert noch einmal den genauen Verlauf der feinstofflichen Energien bei dieser Übung.

Abbildung 4: Der kleine Energiekreislauf

Praktische Übungen

ÜBUNG 49
DER KLEINE ENERGIEKREISLAUF IN DER PRAXIS

Übe den Kleinen Energiekreislauf mindestens einmal täglich nach dem Aufstehen, bis Du genügend Sicherheit gewonnen und Dich davon überzeugt hast, daß Du die Übung beherrschst. Dann kannst Du dazu

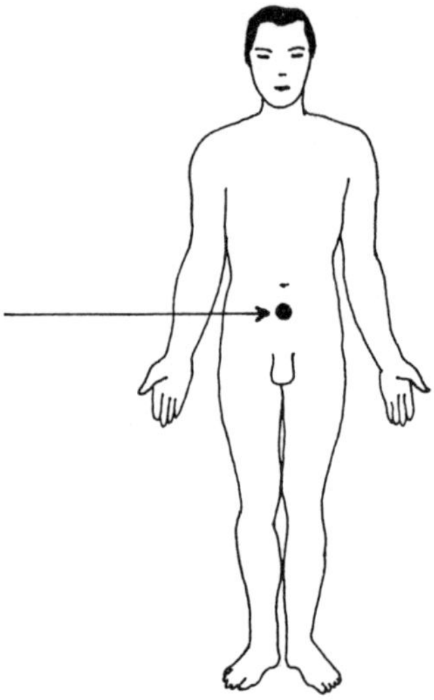

Abbildung 5: Das Hara

übergehen, den Kreislauf in jeder Lebenssituation und Körperhaltung zu praktizieren, also z. B. auch am Arbeitsplatz, beim Spazierengehen, beim Autofahren usw. Besonders bei Streß und Sorge wirst Du dies schon bald zu schätzen wissen, wenn Du nämlich die ungeheuer beruhigende, harmonisierende Wirkung des Kleinen Energiekreislaufs kennengelernt hast.

Diese Übung verträgt sich auch mit anderen Mittungspraktiken wie IAO- und OMNIL-Formel, weshalb Du sie auch im Anschluß an diese oder davor durchführen kannst. Mit etwas Praxis wirst Du dafür kaum mehr als ein bis zwei Minuten brauchen, später geht es sogar noch schneller.

LITERATURNACHWEIS

Mantak Chia, *Tao Yoga. Praktisches Lehrbuch zur Erweckung der heilenden Urkraft Chi*, Interlaken: Ansata, 1985

Josefine Zöller, *Das Tao der Selbstheilung*, Bern und München: O. W. Barth, 1984

(Beide Werke werden auch als Einführung in den Kleinen Energiekreislauf und die Akupunktur empfohlen.)

DAS SATURN-EXERZITIUM

Abbildung 6: Das Saturn-Emblem

Ein Exerzitium ist eine Phase der Besinnung und der Konzentration auf ein geistiges Ziel. Während dieser Zeit rücken alle anderen Dinge in den Hintergrund, seien sie nun geistiger, körperlicher, materieller oder sonstiger Art. Jeder praktisch arbeitende Magier führt mehr oder weniger regelmäßig (meist jährlich oder halbjährlich) solche Exerzitien durch, denn sie sind eine Quelle der Kraft und Erkenntnis, des geistigen Aufbaus und der körperlichen Entschlackung. Den Wert eines Exerzitiums erkennt man oft erst geraume Zeit hinterher, nachdem man diese Phase freiwilliger Askese erfolgreich hinter sich gebracht hat. Das Exerzitium dient der magischen Schulung, und seine Bedeutung kann gar nicht hoch genug eingeschätzt werden. Daher halten wir es für erforderlich, dass sich jeder Teilnehmer, der unseren Lehrgang aktiv mitmacht, einem solchen Exerzitium unterzieht.

Das Exerzitium dient der magischen Schulung.

Das Exerzitium dauert insgesamt vier Wochen. Jede Woche ist durch Verzicht auf einige Dinge bestimmt, der freilich nicht Selbstzweck ist, sondern der Befreiung des Magiers von Abhängigkeiten aller Art dient. Später, nachdem Du einige Erfahrung mit derartigen Exerzitien gesammelt hast, wirst Du Deine eigenen Exerzitien entwickeln.

Während des Exerzitiums meditierst Du täglich über Saturn, mit dessen Prinzip Du inzwischen zumindest grundsätzlich vertraut bist. Dazu verwendest Du das abgedruckte Saturn-Emblem. Ferner führst Du jeden Samstag ein Saturn-Ritual durch sowie eine dreistündige Saturn-Meditation.

Während der vierwöchigen Exerzitiumsphase solltest Du verzichten in der

- 1. Woche
  – auf Sexualität jeder Art, sowohl in der Tat als auch in Gedanken,
- 2. Woche
  – auf jede feste Nahrung oder, falls ärztlicherseits nicht angezeigt, auf die Hälfte deines gewöhnlichen Nahrungskonsums,
- 3. Woche
  – auf Genußmittel jeglicher Art (auch Drogen, Partys und Vergnügungen),
- 4. Woche
  – auf Genußmittel jeglicher Art (auch Drogen, Partys und Vergnügungen),
  – auf Sexualität jeder Art, sowohl in der Tat als auch in Gedanken,
  – auf jede feste Nahrung oder, falls ärztlicherseits nicht angezeigt, auf die Hälfte Deines gewöhnlichen Nahrungskonsums.

Dazu nun folgende Erläuterungen:

1. Woche: Verzicht auf Sexualität
Vermeide jegliche sexuelle Aktivität. Dazu zählt die Autoerotik ebenso wie Hetero- oder Homosexualität, auch sexuelle Phantasien sind zu unterlassen. Regt sich der Sexualtrieb, wird die Energie mental solange beim Einatmen im Lenkergefäß emporgeführt und beim Ausatmen wieder im Dienergefäß herabgeleitet und im Hara gespeichert, bis das Ching Chi vollends verfeinert wurde, der Sexualdrang abklingt und den Körper eine wohlige Wärme durchflutet.

2. Woche: Verzicht auf feste Nahrung
Eine Woche lang solltest Du keine feste Nahrung zu Dir nehmen. Sollte es aus triftigen gesundheitlichen Gründen notwendig sein (aber nur dann!), daß Du feste Nahrung zu Dir nimmst, so versuche nach Möglichkeit, nur von Weizenkleie (mit Milch oder Wasser, evtl. mit etwas Butter oder Margarine versetzt) zu leben. Ist auch das ärztlicher-

seits nicht angeraten, so reduziere wenigstens Deine jetzige Diät auf höchstens ein Drittel und schaffe etwas Ausgleich durch gesteigerten Flüssigkeitskonsum. Vermeide in dieser Zeit nach Möglichkeit auch anstrengende körperliche Arbeit.

3. Woche: Verzicht auf Genußmittel
Verzichte eine Woche lang auf jegliche Genußmittel. Dazu gehören Alkohol, Koffein, Teein, Drogen (außer ärztlich verordneten Medikamenten), Aufputschmittel, Schlafmittel usw. Ebenso vermeide Gesellschaften (Partys), Kino-, Theater- und Diskotheken- bzw. Gastwirtschaftsbesuche und Geselligkeit jeder Art (Ausnahme: magische Veranstaltungen und Gruppenrituale). Ziehe Dich soweit es geht von Menschen zurück; Fernsehen, Radio, Telefonate (sofern nicht aus beruflichen Gründen unvermeidbar) und Gespräche mit anderen sind je nach gesellschaftlichen Möglichkeiten ebenfalls zu vermeiden.

4. Woche: Verzicht auf Sexualität, feste Nahrung und Genußmittel
Kombiniere nun zu einem großen Finale die Praktiken der ersten drei Wochen und verzichte eine Woche lang auf alles zusammen. Höhepunkt sollte ein abschließendes Saturn-Ritual sein, das vorzugsweise an einem Samstag zur Saturnstunde stattfinden sollte.

Ferner sollst Du während des Exerzitiums täglich dreimal mindestens je drei Minuten lang über das Saturn-Prinzip meditieren. An jedem Samstag sollst Du zur Saturn-Stunde ein Saturn-Ritual durchführen.

Meditationsthemen sind ferner Tod, Krankheit, Vergänglichkeit, Zeit usw.

Ergänze das Exerzitium beispielsweise durch regelmäßige (pünktliche!) Friedhofs- und/oder Krankenbesuche, durch Beschäftigung mit der Rolle der Zeit und der Zeitmesser (Uhren, Fahrpläne usw.) in Deinem Leben. Achte auch auf möglichst große Regelmäßigkeit in Deinem Alltag und gehe sparsam mit Zeit und Geld um. Sei eine Weile äußerst penibel, auch was Kleidung und Ernährung angeht. Bewege Dich angemessen und ruhig, mache aus dem Gehen eine Meditation für sich. Dies ist auch die Zeit für Todes- und Schadenszauber bzw. ihre Abwehr, ebenso aber auch für die Auseinandersetzung mit allem Überflüssigem

Möglichst große Regelmäßigkeit im Alltag

und seiner Ausmerzung. Wirf soviel unnötigen Ballast ab wie möglich und scheue dabei auch nicht die bisweilen etwas herben Konsequenzen, die so charakteristisch für Saturn sind. Achte ferner auf die Saturn-Korrespondenzen wie z.B. die Zahl Drei, das Metall Blei, die Farben Schwarz bzw. Braun usw.

Die Saturn-Stunden des Samstags sind:

I) die 1. und die 8. Tagesstunde

$$1 \text{ Tagesstunde (T)} = \frac{(Zsu - Zsa)}{12}$$

(Zeit des Sonnenuntergangs minus Zeit des Sonnenaufgangs, geteilt durch 12.)
Es sind also die
a) 1. Tagesstunde: Beginn = Zsa/Ende: Zsa + T
b) 8. Tagesstunde: Beginn = (T x 7) + Zsa/Ende: (T x 8) + Zsa

II) die 3. und 10. Nachtstunde

$$1 \text{ Nachtstunde (N)} = \frac{(24\text{-}Zsu) + Zsa/f}{12}$$

(Zeit des Sonnenuntergangs des Ritualtags bis 24.00 Uhr plus Zeit des Sonnenaufgangs des Folgetags, geteilt durch 12.)

Es sind also die
a) 3. Nachtstunde: Beginn = (N x 2) + Zsu/Ende= (N x 3) + Zsu
b) 10. Nachtstunde = (N x 9) + Zsu/Ende: (N x 10) + Zsu.

Sonnenauf- und -untergangszeiten erfährst Du aus der Tagespresse, bei Sternwarten oder Flughäfen. Achte bei der Berechnung darauf, daß es sich um eine Hexagesimalrechnung handelt, daß sie also auf 60er Einheiten beruht, es ist also nicht die gewohnte Dezimalrechnung mit ihrem 10er System.

Solltest Du aus beruflichen Gründen keine vier Planetenstunden für ein Ritual nutzen können, so kannst Du ersatzweise auch zu folgenden Zeiten arbeiten: 03.00 Uhr; 09.00 Uhr; 15.00 Uhr; 21.00 Uhr. Dies sollte allerdings eine Ausnahme bleiben.

Führe während des Exerzitiums doppelt Tagebuch: a) Dein gewöhnliches Magisches Tagebuch; b) ein eigenes Exerzitiumtagebuch, in das Du in gut leserlicher Schrift (am besten in Blockbuchstaben) in Stichworten die wichtigsten Beobachtungen und Ereignisse und Feststellungen aus deinem Magischen Tagebuch ein- bzw. überträgst (keine Abkürzungen benutzen!).

Ich muß Dich darauf hinweisen, daß Du gelegentlich Schwierigkeiten mit unserem weiteren Übungsprogramm bekommen könntest, wenn Du dieses Exerzitium nicht durchführen solltest. Denn einige spätere Übungen bauen auf diesem Exerzitium auf und sind ohne diese Erfahrung für dich so gut wie wertlos.

Spätere Übungen bauen auf diesem Exerzitium auf.

Bedenke auch, daß Du dieses Exerzitium nur für einen Menschen auf der Welt durchführst – für Dich selbst. Du bist es, der über Erfolg und Nutzen dieser echt magischen Übung bestimmt.

Ich wünsche Dir viel Mut, Durchhaltevermögen und Glück dabei! Der Gewinn, den Du aus diesem Exerzitium ziehen wirst, spricht ohnehin für sich.

Praktische Spiegel-magie (I)

Vorbemerkung:
Auch wenn Sie sich nicht sonderlich für die Spiegelmagie interessieren sollten, empfehlen wir Ihnen doch, diesen Abschnitt sorgfältig zu lesen, da er in einige weitere Bereiche übergreift (z. B. Ritualistik, Umgang mit magischen Paraphernalia im allgemeinen). Da wir das darin Geschilderte später nicht unnötig wiederholen wollen, sollten Sie es auch entsprechend in Ihr gesamtmagisches Wissen integrieren und die beschriebenen Prinzipien sinngemäß auf andere Gebiete der Magie anwenden.

Die Ladung des magischen Spiegels

Viel Aufhebens wird in manchen Werken der traditionellen Literatur um die »Kondensatoren« gemacht, mit denen ein magischer Spiegel zu laden sei. In diesem Zusammenhang ist vor allem Franz Bardon zu nennen, von dem spätere Autoren fleißig abzuschreiben wußten und dies teilweise noch heute tun. Bei diesen Kondensatoren handelt es sich um flüssige oder feststoffliche Substanzen, die man wie elektrische Kondensatoren als Speichermedien bestimmter Energien zu verstehen hat. Im Falle der magischen Kondensatoren sind damit vor allem die feinstofflichen Energien der Elemente gemeint. So gibt es beispielsweise Kondensatoren für Luft, Erde, Äther usw.

In Bardons magischem System ist der Gebrauch solcher Kondensatoren völlig logisch, da er seine Magie auf einem Weltbild aufbaut, dem die Prinzipien der Elektrizität und des Magnetismus zugrunde liegen. Wir können darin den Versuch sehen, Magie und damalige Naturwissenschaft philosophisch und begrifflich miteinander zu verschmelzen. Solche Versuche lassen dem Naturwissenschaftler zwar meist die Haare zu Berge stehen, weil sie in der Regel unzulässige Vereinfachungen, Verallgemeinerungen und Analogieschlüsse beinhalten, die mit Wissenschaft im herkömmlichen Sinne nichts mehr zu tun haben. Der Magier versteht unter »Energie« oder »Magnetismus« eben nicht dasselbe wie der Physiker, ebensowenig wie die philosophischen bzw. alchemistischen Elemente Luft, Feuer usw. nicht den Elementen des Chemikers ent-

Elektrizität und Magnetismus

sprechen. (Ähnliches gilt übrigens für die Astrologie, wo die Tierkreiszeichen nicht unbedingt mit den Sternzeichen identisch sind und die symbolischen Planetenkräfte nicht mit Raumsonden gemessen werden können.)

Was dem Wissenschaftler jedoch eine bloße Verwechslung der Bezugsebenen ist, derer er sich selbst übrigens häufig genug ebenfalls schuldig macht (wenn er beispielsweise seinerseits darüber lächelt, daß die Chemie ein »Element« Erde natürlich nicht kennt), ist für den klassischen Magier die Erkenntnis, daß es eines einheitlichen Weltbilds bedarf, in dem alles mit allem in erkennbarer Beziehung steht, wenn er auf sein Schicksal wirkungsvoll Einfluß nehmen will. Erst die zeitgenössische Chaos-Magie hat sich weitgehend von dieser Prämisse gelöst und ist einen anderen Weg gegangen, der an späterer Stelle noch ausführlich erläutert werden soll.

Da wir hier nicht mit Bardons System der Elementestauung arbeiten, benötigen wir für unsere praktische Arbeit mit dem magischen Spiegel auch keine Kondensatoren. Deshalb sei ihr Gebrauch auch nur um der Vollständigkeit willen in ihren Grundzügen beschrieben.

Bardons System der Kondensatoren in der Spiegelmagie

Bardon spricht von »fluidischen Kondensatoren« oder auch »Akkumulatoren«, die sich mit elektrischem und magnetischem Fluid laden lassen, aber auch mit dem Fluid der fünf Elemente. Er postuliert, darin seiner Elektrizitätsanalogie treu bleibend, daß es Substanzen gebe, die für feinstoffliche Energien stärker und weniger »leitfähig« seien und unterscheidet nach ihrer Konsistenz zwischen festen, flüssigen und luftförmigen Kondensatoren. Entsprechend unterschiedlich sind auch die kondensatortauglichen Substanzen, die von Gold über Harze und Kräuterextrakte bis zu Blut, Sperma und Räuchermischungen reichen.

Feste, flüssige und luftförmige Kondensatoren

Ferner unterteilt Bardon die Kondensatoren in universale, die aus einfachen Substanzen bestehen, und in zusammengesetzte, wobei letztere bei ihm als besonders kraftvoll gelten. Jeder flüssige Kondensator enthält Gold, das in Form von wasserlöslichem Goldchlorid (*Aurum chloratum*) hinzugegeben wird. Aber auch homöopathische Tinkturen der Potenz D1 – D3 (Bardon war offensichtlich ein Verfechter der Tiefpotenz-Homöopathie) können Verwendung finden, sei es als *Aurum chloratum*, als *Aurum muriaticum* oder als *Aurum metallicum*. (Auf die Gesetze und Möglichkeiten der magischen Homöopathie werden wir in einem späteren Abschnitt ausführlicher eingehen.)

Für die Spiegelmagie verwendet Bardon jedoch einen festen Kondensator. Dieser setzt sich aus den sieben Planetenmetallen sowie aus Kohle und Harz zusammen. Das genaue Rezept sieht folgendermaßen aus:

fester Kondensator
nach Bardon

1 T Blei
1 T Zinn
1 T Eisen
1 T Gold
1 T Kupfer
1 T Messing
1 T Silber

1 T Aloeharz (*Gummiresina Aloe*)
3 T Tierkohle (*Carbo animalia*)
7 T Steinkohle

Alle Angabe in Volumen-, nicht Gewichtsteilen
(also z. B. cm^3)

Die Bestandteile werden pulverisiert und gut miteinander vermischt. Appliziert wird der fluidische Kondensator auf die Innen- oder Betrachterseite des magischen Spiegels, indem diese mit farblosem Lack gleichmäßig bestrichen wird; daraufhin wird der Kondensator auf den noch feuchten Lack gesiebt, und das Ganze wird zum Trocknen beiseite gelegt. (Interessanterweise ist Bardon übrigens der Auffassung, daß ein Spiegel, der nur zum »optischen Hellsehen« verwendet wird, keines Kondensators bedarf.) Im Handel gibt es heute aber auch eine Reihe magischer Spiegel, deren Rahmen auf der Rückseite ein Loch aufweist, durch welches der Kondensator von hinten eingefüllt wird. Während Bardons Methode der Fotografie gleicht (wie beim Fotopapier: spezielle Oberflächenbeschichtung, welche die Eindrücke fixiert), steht dieses System dem Spiegelprinzip näher (spezielle Rückflächenbeschichtung, welche die Eindrücke reflektiert).

Andere Magier verzieren den Spiegel mit Symbolen.

Andere Magier wiederum empfehlen, anstelle eines Kondensators den Rahmen des Spiegels rituell mit magischen Symbolen zu verzieren, die bei schwarzem Untergrund meist in Silber oder Weiß aufgetragen werden, gelegentlich aber auch in Rot oder Grün. Die Wahl der Symbole ist Sache des Magiers, meist wird er unter anderem seine persönliche Glyphe (z. B. eine nach der Wortmethode hergestellte Sigil seines magischen Namens) anbringen, vielleicht auch traditionelle Planeten- und Elementsymbole oder Sigillen (ebenfalls nach der Methode A. O. Spares entwickelt), die seine Arbeit mit dem Spiegel fördern sollen. Im Prinzip dienen sowohl die Kondensatoren als auch die Symbole und Sigillen in diesem Fall dazu, bei der Betrachtung ein Signal an das Unbewußte zu senden, mit dem es zur entsprechenden Aktivität (z. B. Hellsehen, Astralaustritt usw.) aufgefordert wird.

Die eigentliche Ladung

Die eigentliche Ladung geschieht meist rituell, beispielsweise in Form eines Mond-Rituals, wenn der Spiegel der intuitiven Schau geographisch weitentfernter Ereignisse dienen soll, oder durch eine Arbeit mit dem Planetenprinzip des Merkur (Erkenntnis, Weisheit, Durchblick); ebenso können die Elemente Luft oder Wasser verwendet werden, aber auch Mischformen sind möglich, die allerdings darin die Form mehrfacher unterschiedlicher Ladungen annehmen. Dabei wird verfahren, wie bereits in früheren Abschnitten beschrieben.

Ein Beispiel für eine solche Vorgehensweise könnte folgendermaßen aussehen (verteilt über einen Zeitraum von fünf Wochen):

1. Mond-Ritual
2. Merkur-Ritual
3. Wasser-Ritual
4. Luft-Ritual
5. Sigillenarbeit (sexualmagisch)

Dabei wäre die letzte Arbeit der Höhepunkt der Gesamtoperation, was ihr auch die entsprechende Kraft verleiht. Statt dessen könnte der Magier aber auch vier Mond-Rituale (zu Voll- und Neumond sowie zu den beiden Halbmonden) durchführen, was dem Spiegel eine stärker divinatorische Note verleiht. Eine Mars-Ladung dagegen macht ihn besonders für die Kampfmagie geeignet.

Es ist wichtig zu erkennen, daß der Magier lernen muß, die Korrespondenzen und Analogien auf seine persönlichen Bedürfnisse zuzuschneiden. Das gilt nicht nur für die eigentliche Aufstellung der Korrespondenzen (also etwa die individuelle Zuordnung von Metallen zu Planeten usw.), sondern vor allem auch für ihren Gebrauch. Sie müssen also selbst entscheiden, welchen Prinzipien Ihr magischer Spiegel schwerpunktmäßig geweiht werden soll.

Im übrigen verwenden viele Magier mehrere Spiegel mit unterschiedlichen Funktionen. Dies ist einem einzigen »Allround-Spiegel« schon aus psychologischen und symbol-logischen Gründen vorzuziehen. Sowenig wie ein Werkzeug gleichzeitig ein guter Hammer, Schraubenzieher und Meißel sein kann, sowenig sollte man aus Trägheit und Bequemlichkeit davor zurückscheuen, sich wie ein guter Handwerker möglichst vielseitig und umfangreich mit magischem Spezialwerkzeug einzudecken. Erst der erfahrene Adept, der »Meister der leeren Hand«, der ohnehin auf jegliches Zubehör verzichten könnte, wird mit einigen wenigen Universalinstrumenten arbeiten.

Es gibt aber auch eine moderne Schule der Magie, die generell keine Waffen und Instrumente mehr rituell lädt. Statt dessen erfolgt die Ladung durch den Gebrauch der Paraphernalia selbst. Durch wiederholten Einsatz prägt sich der Charakter der magischen Waffe dem Unbewußten ein, ähnlich wie man den Gebrauch eines Hammers nur durch die Praxis wirklich erlernen kann. Dieser Angang soll hier nicht verschwiegen werden, allerdings ist davon abzuraten, allein aus Gründen der Arbeitsscheu auf eine rituelle Ladung zu verzichten. Denn immerhin verlangen die Vertreter derselben Schule, daß grundsätzlich jede magische Waffe selbst hergestellt werden muß, um wirklich funktionsfähig zu sein!

Eine Methode der Überprüfung, ob eine magische Waffe hinreichend geladen ist, besteht darin, die eigenen Träume daraufhin zu beobachten, ob sie darin erscheint. Ist dies der Fall, so erkennen wir darin das deutliche Signal, daß das Unbewußte die Waffe integriert hat und bereit ist, mit ihr zu arbeiten.

Wir können die Ladung aber auch durch den magischen Blick bzw. den 180°-Blick überprüfen, durch Pendelung oder durch Handauflegen. Letztenendes entscheidet aber nur der Gebrauch selbst über die Güte der Aktivierung.

Anfangs nur mäßige Erfolge?

Seien Sie nicht enttäuscht, wenn Sie die ersten Monate mit Ihrem magischen Spiegel nur mäßige oder überhaupt keine Erfolge erzielen sollten: Es kann durchaus sein, daß Ihnen die Arbeit damit nicht besonders liegt. Auch in der Magie gibt es schließlich Spezialisten, die auf einigen Gebieten brillieren, auf anderen dagegen eher unterdurchschnittliche Erfolge erzielen. Sie können jedoch nur durch beharrliches Üben wirklich feststellen, ob Ihnen eine magische Praktik entspricht bzw. ob Sie dafür hinreichend begabt sind, um weitere Anstrengungen erfolgversprechend erscheinen zu lassen. Dies ist jedoch auch nicht unbedingt ein Dauerzustand. Manchmal werden Sie oft Jahre später, nachdem Sie die Sache eigentlich schon längst aufgegeben haben, merken, daß sie sich Ihnen plötzlich doch noch erschließt. Manche Fertigkeiten wachsen eben nur langsam und sind das Produkt eines langwierigen Entwicklungsprozesses. Auch dies werden Sie aber nur merken, wenn Sie entsprechende Versuche unternehmen. Ebenso kann es allerdings geschehen, daß Sie einige Ihrer jetzigen Fähigkeiten vorübergehend oder sogar auf Dauer einbüßen. Schon aus diesem Grund sollte sich jeder Magier so vielseitig wie möglich ausbilden, um im Notfall entsprechende Ausweichmöglichkeiten zu haben.

DIE ANWENDUNGSGEBIETE DER SPIEGELMAGIE

Es wurde bereits erwähnt, daß die Spiegelmagie weitaus vielseitiger ist, als es in der Literatur oft den Anschein hat. Im folgenden finden Sie einen kleinen Überblick über die wichtigsten Anwendungsgebiete des magischen Spiegels. Die Liste ist weder vollständig noch überschneidungsfrei: Wie so oft in der Magie gehen auch hier einzelne Disziplinen Hand in Hand.

* Astralarbeit
* Divination (insbesondere Hellsehen)
* Energiespeicherung
* Evokationsmagie
* Exorzismus (besonders die Konstruktion von Geisterfallen)
* Fernbeeinflussung
* Heilungsmagie
* Odung und Entodung
* Sigillenladung
* Telepathie
* Todes- und Schadenszauber
* Unsichtbarkeitszauber

Im Laufe dieses Ausbildungsstrangs werden wir die einzelnen Bereiche der Spiegelmagie intensiv behandeln und praktisch bearbeiten, für diesmal soll der Überblick genügen. Grundsätzlich gilt freilich für jede magische Waffe, daß sie auf viele verschiedene Weisen gebraucht werden kann. Der magische Spiegel soll hier stellvertretend für andere Paraphernalia behandelt werden, um vor allem die Grundstrukturen praktischer magischer Arbeit aufzuzeigen. Mit anderen Worten: Ihrer Phantasie sind in der Magie keine Grenzen gesetzt, und es ist beste magische Tradition, daß jede Generation, daß jeder einzelne Magier neue Verwendungsmöglichkeiten erarbeitet, sie gründlich erforscht, sie in die Praxis integriert und für andere Weggefährten dokumentiert.

MAGIE UND YOGA (II)

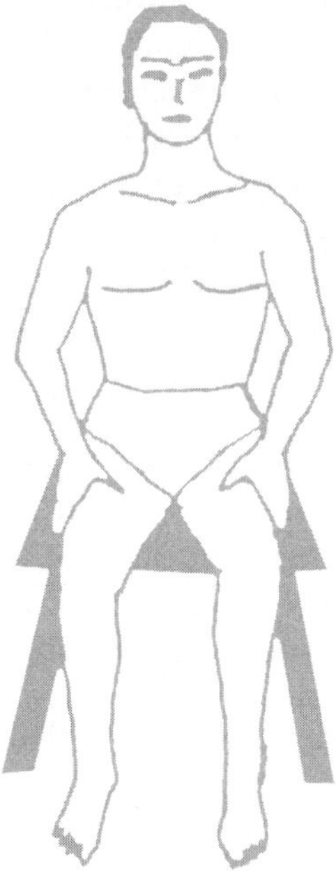

Meditation und Chakra-Lehre

Erst im nächsten Abschnitt werden wir in größerem Umfang ausführlich auf allerlei Feinheiten der indischen Chakra-Lehre eingehen und dabei auch verschiedene magische Elemente des Tantrismus berücksichtigen. Doch gehört es bereits zur Grundausbildung eines jeden westlichen Magiers, sich wenigstens in groben Zügen mit den östlichen Chakra-Systemen vertraut zu machen. Diese wiederum bilden eine wesentliche Grundlage der Meditationspraxis. Deshalb wollen wir hier in aller Kürze die wichtigsten Prinzipien beider Disziplinen beschreiben und für unsere Praxis nutzbar machen.

Die Chakras

Das Sanskritwort »Chakra« bedeutet »etwas Drehendes, Kreis, Rad«. Treffen sich Yogis zur gemeinsamen Meditation und Belehrung, spricht man auch von einem Dharma-Chakra. Es gibt das Puja-Chakra u. a. m. Es sind unter Chakras also strenggenommen keineswegs allein die Energiezentren zu verstehen, von denen in diesem Zusammenhang meist die Rede ist. Allerdings hat sich durch den Einfluß der indisch orientierten Theosophie und des Yoga seit dem 19. Jahrhundert die Bezeichnung Chakra in ihrer ausschließlichen Bedeutung »feinstoffliches Energiezentrum« in der westlichen Esoterik eingebürgert. Deshalb wollen wir auch in unserem Lehrgang dabei bleiben. Als Pluralform wird entweder von »Chakras« oder, eingedeutscht, von »Chakren« gesprochen. Wir wollen hier der ersten Form den Vorzug geben, doch sollten Sie die zweite Bezeichnung ebenfalls kennen, wenn Sie nicht über diesen Begriff bei anderen Autoren stolpern wollen. Gregorius benutzt sogar nur die Form »Chakra« für Einzahl und Mehrzahl, er bleibt damit allerdings die Ausnahme.

Feinstoffliche Energiezentren

Es ist dem europäischen Esoteriker meist nicht bekannt, daß es in Indien, Tibet und China (um nur die drei Hauptkulturen zu nennen, in denen mit der Chakra-Lehre gearbeitet wird) schier zahllose verschiedene Chakra-Systeme gibt. (Ähnlich gibt es auch in China nicht etwa, wie oft fälschlich geglaubt wird, *die* Akupunktur, sondern eine Vielzahl unterschiedlichster Akupunktur-Systeme, bei denen nicht einmal der Verlauf der Meridiane und die Position der Aku-Punkte völlig übereinstimmen.) Meistens erfahren wir nur von einer einzigen Systemvariante, die von sieben Chakras ausgeht, weil diese eben (in modifizierter Form) bei uns von der Theosophie populär gemacht wurde. Es gibt aber auch Systeme, die mit 5, 14, 84, 144 und noch mehr Chakras arbeiten, so daß es schwerfällt, Verständnis für die teilweise erbitterten Fehden der verschiedenen Yoga-Sekten aufzubringen, die sich untereinander in endlosen Debatten darüber ergehen können, ob denn beispielsweise das Sahasrara-Chakra nun im Kopf oder außerhalb davon anzusiedeln sei usw.

Aus pragmatischen Gründen wollen wir hier das 7er Modell vorstellen und kurz erläutern, ohne jetzt schon auf den komplizierten Symbol-Ballast einzugehen, mit dem vor allem der indische Tantrismus die Chakra-Lehre überladen hat. Im Zusammenhang mit dem Kundalini-Yoga, dem Tantra und der Sexualmagie werden wir freilich später noch einmal darauf zurückkommen müssen.

Knapp zusammengefaßt können wir feststellen, daß die indische Physiologie von sieben Hauptzentren feinstofflicher Energie ausgeht, die entlang der Wirbelsäule angesiedelt sind. Diese Zentren sind jedoch, und dies muß hier ausdrücklich betont werden, rein feinstofflicher Natur. Zwar mögen sie teilweise in der Nähe physischer Organe liegen, doch sind sie nicht mit diesen identisch! (Auf eine knappe Formel gebracht: »Herzchakra« und Herz sind nicht ein und dasselbe!) Es hat zwar immer wieder Versuche gegeben, die Chakras mit einzelnen Drüsen gleichzusetzen, doch sind auch diese nie völlig überzeugend ausgefallen. Es handelt sich also, genau wie bei der chinesischen Akupunktur, um schulmedizinisch-anatomisch nicht nachweisbare Zentren, dennoch werden sie als real und wirksam aufgefaßt, was sich auch in der magischen Praxis immer wieder bestätigt.

Sieben Hauptzentren feinstofflicher Energie nach der indischen Physiologie

In der indischen Symbolologie werden den einzelnen Chakras Lotusblüten zugeordnet, wobei diese eine je nach Chakra unterschiedliche Anzahl von Blättern aufweisen. So bezeichnet man das schon erwähnte Sahasrara-Chakra auch gerne als »tausendblättrigen Lotus«, während beispielsweise dem Ajna-Zentrum nur zwei Lotusblätter zukommen. Zusätzlich gibt es für jedes Chakra eine sogenannte Keimsilbe, durch die das Zentrum aktiviert werden kann. Um die Chakra-

Philosophie rankt sich ein ganzes Gebäude von Spekulationen und mystischen Aussagen, das uns hier jedoch vorläufig nicht zu beschäftigen braucht.

Abgesehen davon werden die Chakras aufgrund ihrer für den Europäer meist schwer zu merkenden Sanskrit-Namen meist nach ihrer ungefähren anatomischen Position benannt, man spricht also beispielsweise vom »Kehlkopfchakra«.

Um die Sache nicht unnötig zu komplizieren, folgt nun als erstes die Abb. 7, die eine Liste der Sanskrit-Bezeichnungen, der gängigsten anatomischen Bezeichnungen im Deutschen, der Lotusblätterzahl und der Keimsilben wiedergibt. Diese Zuordnungen sollten Sie möglichst bald auswendig gelernt haben, da sie in der gesamten östlich beeinflußten Magieliteratur (und das ist der Löwenanteil!) immer wieder eine Rolle spielen.

Zur Veranschaulichung wird die Abb. 8 dann noch einmal die Position der Hauptchakras am menschlichen Körper zeigen, dazu auch die in der deutschsprachigen Magietradition häufig verwendeten »Unterchakras« an Füßen, Knien und Händen.

Die Chakras (7er System)

Sanskrit	dt./anatom.	Keimsilbe	Lotusblätter
Muladhara chakra	Wurzelchakra	LAM	4
Svadhistana chakra	Kreuzbeinchakra	VAM	6
Manipura chakra	Nabelchakra	RAM	10
Anahata chakra	Herzchakra	YAM	12
Vishuddi chakra	Kehlkopfchakra	HAM	16
Ajna chakra	Stirnchakra	OM	2
Sahasrara chakra	Scheitelchakra	alle	1000

Abbildung 7: Die sieben Hauptchakras und ihre Zuordnung

Die Chakras werden von unten (Wurzelchakra = 1) nach oben durchgezählt. Spricht man also vom 5. Chakra, so ist damit das Kehlkopfchakra gemeint. In diesem System befinden sich alle mit Ausnahme des 7. Chakras an der Wirbelsäule.

Lage der Chakras

Das Wurzelchakra wird gelegentlich auch als »Sexualchakra« bezeichnet. Es liegt am Damm zwischen After und Sexualorganen und bildet die Wurzel der Wirbelsäule.

Das Kreuzbeinchakra befindet sich etwas oberhalb des 1. Chakras im Kreuzbein, etwa auf Höhe der Geschlechtsorgane.

Das Nabelchakra (auch: »Bauchchakra«) befindet sich, wie der Name schon sagt, auf Höhe des Nabels.

Das Herzchakra befindet sich, wie der Name schon sagt, auf Höhe des Herzens.

Das Kehlkopfchakra befindet sich, wie der Name schon sagt, auf Höhe des Kehlkopfs, genauer dicht unterhalb davon.

Das Stirnchakra wird auch als »drittes Auge« bezeichnet. Es befindet sich ca. 5 cm hinter der Stirn auf der Höhe des Mittelpunkts zwischen beiden Augen an der Zirbeldrüse.

Das Scheitelchakra (auch »tausendblättriger Lotus« genannt) befindet sich nicht im Körper selbst, sondern dicht oberhalb des Scheitelpunkts in einer gedachten Verlängerungslinie zur Wirbelsäule.

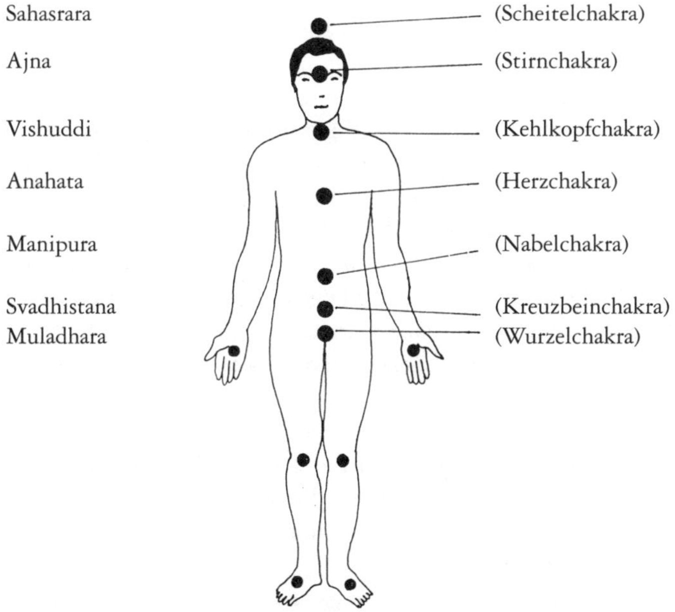

Abbildung 8: Die Chakras im Körper

Wundern Sie sich nicht, wenn Sie, vor allem bei theosophisch beeinflußten Autoren, auch etwas andere Anordnungen (z. B. das Herzchakra außerhalb der Senkrechten stark links versetzt) abgebildet sehen. Gregorius beispielsweise, der mit einem 14er System arbeitet, unterscheidet auch zwischen einem »Intuitions-« und einem »Scheitelchakra« (letzteres liegt dann am physischen Scheitelpunkt innerhalb des Körpers), außerdem zwischen einem »Steißbein-« und einem »Wurzelchakra« usw.

Was hat es nun mit dem Chakra-System auf sich, was nützt es uns für die magische Praxis? Bevor wir dies wirklich verstehen können, müssen wir zunächst die Grundlagen der Meditation kennenlernen. Diese sollen im nächsten Teilabschnitt behandelt werden.

Daher wollen wir uns abschließend nur noch mit einigen Punkten beschäftigen, die die darauffolgende Meditationstechnik erhellen. Dazu gehört zunächst einmal das Prinzip der schon häufiger erwähnten Kundalini.

Das Prinzip der Kundalini

Die Kundalini (auch als Kulakundalini bezeichnet) ist die feinstoffliche Vitalkraft des Menschen. Sie ruht, symbolisch als aufgerollte Schlange dargestellt, im Wurzelchakra, daher auch ihre häufige Bezeichnung »Schlangenkraft«). Sie verschließt den Eingang der Sushummna, eines Kanals, der senkrecht die Wirbelsäule emporführt. Außer diesem gibt es noch zwei weitere Kanäle, nämlich Ida (weiblich, Mondkanal) und Pingala (männlich, Sonnenkanal), die sich ähnlich der Äskulapschlange spiralförmig um die mittlere Säule der Sushummna winden und in den Nasenlöchern enden.

Die Kundalini ist mehr als nur irgendeine feinstoffliche Energie – in der indischen Lehre ist sie der Inbegriff des Lebens. Die Kundalini zu »wecken«, sie durch die Chakras entlang der Sushummna nach oben zu führen und mit dem tausendblättrigen Chakra zu vereinen, ist zugleich die Vereinigung von Shiva und Shakti, von männlich und weiblich, von Yang und Yin. Es ist dies die innere Alchemie, die zur Erleuchtung und zur schier unerschöpflichen Kreativität führt, denn Shiva und Shakti vereint bilden nach der tantrischen Lehre gemeinsam Brahman oder das höchste Bewußtsein. Dies zu erreichen wiederum gilt als höchstes Ziel des Kundalini-Yoga.

Auf ihrem Weg empor zum Sahasrara-Chakra erweckt die Kundalini ihrerseits die einzelnen Chakras, sie reinigt sie mit ihrem

»Feuer«. (Tatsächlich fühlt sich dieses Öffnen der Chakras oft wie ein Brennen an.) Die Chakras sind im allgemeinen nicht in gleichem Umfang rein oder »geöffnet«, und tatsächlich läßt sich die Entwicklungsstufe eines Menschen nach dem Öffnungsgrad seiner Chakras bestimmen. Wer beispielsweise seinen Schwerpunkt im Sexualchakra hat, der wird vor allem sexuellen Gelüsten frönen; wer sich auf die Stufe des Herzchakras entwickelt hat, fließt vor All-Liebe schier über usw. (Wenngleich wir mit diesem Kategorisierungssystem und seinen ihm in der Praxis doch stets zugrundeliegenden moralischen Werturteilen nicht einverstanden sind, möchten wir es hier aus Gründen der Objektivität doch erwähnt haben.)

Wir werden später bei der Heilungsmagie verstärkt mit den Chakras arbeiten, weil sie uns ein weitverbreitetes, allgemein anerkanntes und recht brauchbares Bezugssystem bieten, mit dessen Hilfe wir Krankheiten und andere Störungen in ein einigermaßen überschaubares Symbolgerüst einordnen und entsprechend symbol-logisch behandeln können. Ein vergleichbares System westlicher Provenienz wäre beispielsweise der kabbalistische Lebensbaum.

Abschließend sollte noch darauf hingewiesen werden, daß die vielen einander widersprechenden Chakra-Systeme für den pragmatischen Magier kein Hindernis für die Praxis darstellen sollten. Es geht uns ja nicht um die vermeintliche »Objektivität« der einen oder anderen Zuordnung, sondern vielmehr um ihre praktische Anwendbarkeit. Wie Karl Marx einmal gesagt haben soll: »Wahrheit ist, was dem Menschen nützt.«

Meditation

Nach soviel Theorie wollen wir uns nun wieder etwas Praktischem widmen. Vergessen sie für eine Weile die obigen Ausführungen zu der Chakra-Lehre und üben Sie statt dessen die folgende Meditationstechnik. Lesen Sie alles erst gründlich durch und machen Sie sich danach am besten sofort an die Praxis.

Voraussetzungen für eine erfolgreiche Meditationspraxis sind allerdings:

- leerer oder halbleerer Magen
  (letzte Nahrungsaufnahme vor maximal zwei bis drei Stunden)
- kein Alkohol
  (mindestens vier Stunden vor der Meditation, besser überhaupt nicht)
- störungsfreie Umgebung
  (ca. 20–30 Minuten pro Sitzung)
- tägliche Praxis, mindestens einmal, besser zweimal.
  (Es nützt überhaupt nichts, nur einmal pro Woche zu üben!)

DIE IMAGINATION

Begeben Sie sich in den Halblotus- oder Lotusitz. Schließen Sie die Augen und atmen Sie eine Weile ruhig und entspannt (keine forcierte Tiefatmung!).

Werden Sie sich nun der Tatsache gewahr, daß Sie selbst auf der Erdkugel sitzen, um Sie herum das unendliche All. Versuchen Sie, dies ganz deutlich wahrzunehmen. Das muß nicht optisch sein, ein »Gefühl« oder eine »Ahnung« genügen, solange sie hinreichend deutlich sind. Dadurch schalten Sie automatisch störende Außengeräusche und Körperwahrnehmungen aus. (Das kann einige Praxis erfordern.)

Haben Sie diese Stufe erreicht, so vergegenwärtigen Sie sich einen Lichtpunkt, der von außen in Ihre rechte große Zehe eindringt. Ganz langsam steigt er in Ihrem Bein empor, bis er schließlich im Damm (Muladhara-Chakra) angelangt ist.

Als nächstes nehmen Sie einen zweiten Lichtpunkt wahr, der in Ihre linke große Zehe eindringt und ebenfalls ganz langsam durch das Bein bis zum Damm steigt. Dort vereinigt er sich mit dem ersten Lichtpunkt, der sich dadurch um ein Winziges vergrößert.

Nehmen Sie in aller Ruhe den Lichtpunkt im Damm wahr.

Nun lassen Sie den Lichtpunkt wieder ganz langsam vom Damm aus die Wirbelsäule emporsteigen. Versuchen Sie nicht, irgendwelche Chakras wahrzunehmen, das gehört nicht zu dieser Übung! Lassen Sie ihn vielmehr langsam emporgleiten, erst bis auf Nabelhöhe, dann – immer in der Wirbelsäule bleibend – in den Brustkasten, hinauf auf Herzhöhe, dann bis zum Nacken und schließlich bis in die Kopfmitte.

Nun führen Sie den Lichtpunkt, wieder ganz langsam, parallel zum Erdboden (also im 90-Winkel) nach vorne dicht hinter den Mittelpunkt zwischen beiden Augen.

Atmen Sie nun ruhig und fest, aber ohne sich dabei anzustrengen. Atmen Sie stets nach Möglichkeit nur durch die Nase.
Vor Ihrem inneren Auge sehen Sie jetzt nur noch Licht.
Nun löst sich – ganz langsam! – die Erdkugel unter Ihnen auf.
Danach löst sich – ganz langsam! – auch Ihr Körper auf.
Jetzt sind Sie nur noch Licht.
Haben Sie diese Stufe erreicht, beginnen Sie mit Ihrem Mantra.

DAS MEDITATIONS-MANTRA

Als Mantra verwenden Sie für diese Meditation die beiden Silben

HAM SO.

(Sprechen Sie vor Ihrer ersten Übung die Silben mehrmals laut aus, es sollte stark nasaliert werden, so daß es sich eher wie ein »HONNNGGG SSSOOHH« anhört. Zum Üben können Sie sich beim lauten Intonieren auch probehalber die Nase zuhalten. Danach sollten Sie das Mantra jedoch nicht mehr laut aussprechen. Bei der Meditation wird es nur stumm, also innerlich-geistig, intoniert.)

Das Mantra wird mit der Atmung koordiniert: Beim Einatmen intonieren Sie stumm HAM, beim Ausatmen SO. Versuchen Sie dabei jedoch nicht, einen bestimmten Atemrhythmus zu erreichen, sondern atmen Sie völlig frei und natürlich. Je tiefer die Versenkung, um so flacher wird die Atmung.

Haben Sie Mantra und Atmung zufriedenstellend koordiniert, nehmen Sie zugleich das Licht wahr, aus dem Sie jetzt nur noch bestehen, und werden sich mit jeder Mantra-Wiederholung der Bedeutung des Mantras bewußt:

ICH BIN – UNENDLICHKEIT!

Damit keine Mißverständnisse auftreten: Die Bedeutung des Mantras wird nicht etwa wie dieses intoniert, sie bleibt eher im Hintergrund bewußt, während Sie das Mantra beatmen und sich dabei gleichzeitig im Licht auflösen. (Spätestens nach dem zweiten oder dritten Versuch werden Sie genau verstehen, wie dies funktioniert. Es geht wirklich ganz leicht!)

Nicht weniger als 20 Minuten meditieren!

Wenn Sie die Meditation beenden wollen, werden Sie sich langsam erst wieder Ihres Körpers und danach der Erdkugel bewußt, auf der Sie sitzen. Dann strecken Sie sich ein wenig, dehnen den Körper und öffnen die Augen.

Die Meditation sollte nicht weniger als 20 Minuten dauern (notfalls einen lautlosen Wecker stellen), nach oben sind ihr jedoch keine Grenzen gesetzt.

Wichtig ist, daß Sie jede Phase möglichst gründlich ausführen. Es kommt also nicht darauf an, daß Sie möglichst lange das Mantra intonieren – wenn Sie dafür die anderen Phasen vernachlässigen, ist das ein Fehler, der den Erfolg beeinträchtigt.

WARNUNG
Diese Meditation dürfen Sie nicht durchführen,

- wenn Sie Drogen eingenommen haben oder gar angetrunken sind,
- wenn Sie Fieber haben.

Ein Verstoß gegen diese Regel kann verheerende psychische Folgen haben! Wenn Sie sich jedoch daran halten, ist die Meditation völlig ungefährlich.

Ansonsten gilt ganz kompromißlos:

Tägliche Praxis, mindestens ein halbes Jahr lang!

Im nächsten Abschnitt werden wir die Grundstrukturen der Meditation erläutern, vorher sollten Sie jedoch entsprechende praktische Erfahrungen gesammelt haben. Dann werden wir auch den Wert und das eigentliche Ziel dieser Unendlichkeits-Meditation erklären. Nur soviel vorweg: Sie können dadurch Ihre magische Wahrnehmungsfähigkeit und Ihre feinstoffliche Sensibilität exponentiell steigern, sofern Sie wirklich regelmäßig üben.

Abbildung 9 veranschaulicht noch einmal den Verlauf der Lichtpunkte.

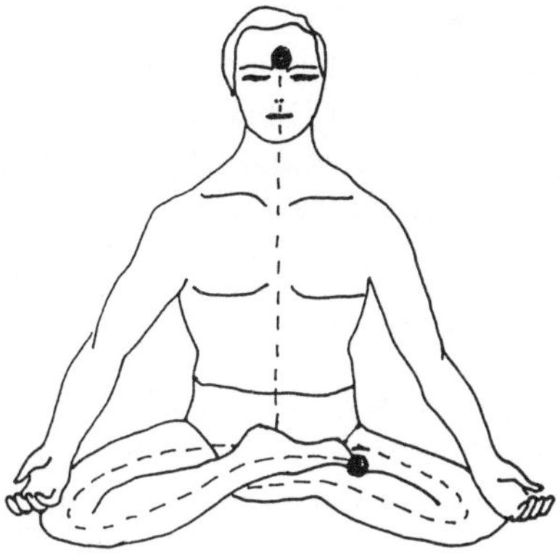

Abbildung 9: Die Unendlichkeits-Meditation
(Verlauf der Lichtlinie)

Praktische Übungen

ÜBUNG 50:
PRAKTISCHE SPIEGELMAGIE (I)

Beschaffe Dir einen magischen Spiegel oder – noch besser – stelle selbst einen solchen her. Überlege Dir Dein Vorgehen gut und lasse Dir ausreichend Zeit dafür. Erst im nächsten Abschnitt werden wir die praktische Arbeit mit dem Spiegel beginnen. Bis dahin solltest Du allerdings damit begonnen haben, Deine Waffe zu laden. Dies darf, wie weiter oben erwähnt, eine einmalige Ladung sein, Du kannst aber auch schon mit einer ganzen Serie von Ladungen beginnen.

ÜBUNG 51:
DIE UNENDLICHKEITSMEDITATION

Übe die Unendlichkeitsmeditation wie in unseren Ausführungen beschrieben. Sei hart gegen Dich selbst, wenn es Dir schwerfallen sollte – schon nach wenigen Wochen wirst Du den Wert dieser Übung erkennen und damit gar nicht mehr aufhören wollen! Was Du jetzt investierst, wirst Du später doppelt und dreifach wieder einsparen.

Übrigens sollten weder Müdigkeit noch Krankheit (einzige Ausnahme, wie bereits erwähnt, Fieber) eine Ausrede sein, um die Meditation nicht zu absolvieren. Wenn Du sie richtig durchführst, wird sich Dein Schlafbedürfnis schon nach kurzer Zeit um einiges vermindern, so daß Du den zeitlichen Mehraufwand spielend wieder einholst.

WEITERFÜHRENDE LEKTÜRE

Zwar gibt es zum Thema »Magische Spiegel« nur wenig Literatur, die sich für eine moderne Spiegelmagie empfehlen läßt, doch wollen wir immerhin zwei Titel erwähnen, die von gewissem Wert sind.

Gregor A. Gregorius, »*Spiegel- und Kristall-Magie*«
in: *Magische Briefe*, Berlin: Schikowski, 1980, S. I.1–I.38.

Dieses Werk ist eher von historischem Interesse, denn es wimmelt förmlich von unnötigen dogmatischen Vorschriften (von Atem- und Konzentrationsübungen bis zu Fastengeboten), die mit der eigentlichen Spiegelmagie nicht das geringste zu tun haben. Dennoch lohnt es sich, gelegentlich einen Blick in diese Studie zu werfen, weil sie eine gewisse magische Atmosphäre vermittelt, wie sie für die deutsche Magie der zwanziger Jahre des 20. Jahrhunderts typisch war. Die praktischen Empfehlungen sind dagegen nur von sehr begrenztem Wert.

Nigel R. Clough, *How to Make and Use Magic Mirrors*
Wellingborough: Aquarian Press, 1977

Ganz im Geiste der pragmatischen englischen Magie gehalten, widmet Clough fast die Hälfte seines (allerdings nur 60 Seiten umfassenden) Werks der praktischen Herstellung magischer Spiegel. Dabei kommen vor allem Techniken des Kunstharzgießens und der Papiermaché-Herstellung zur Geltung. Ferner widmet er sich den Kondensatoren à la Bardon und befaßt sich in knapper, aber durchaus aufschlußreicher Form mit Trancetechniken und verschiedenen Gebrauchsmöglichkeiten des magischen Spiegels.

Leider ist dieses Buch vergriffen und allenfalls über Antiquariate zu beschaffen.

LITERATURNACHWEIS

Franz Bardon, *Der Weg zum wahren Adepten*, Freiburg: Bauer, 1956, S. 227–237.

Gregor A. Gregorius, *Die magische Erweckung der Chakra im Äther-Körper des Menschen*, Berlin: Schikowski, 1978

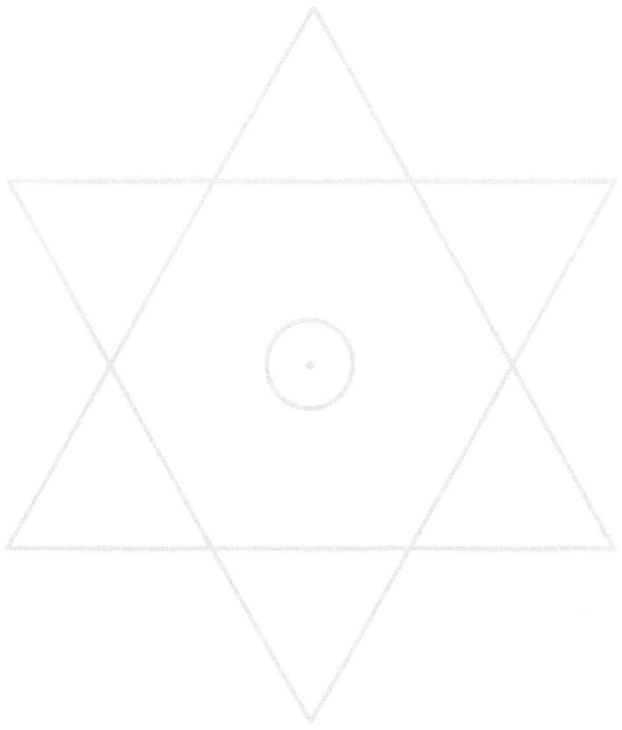

PRAKTISCHE SPIEGELMAGIE (II)

DER GEBRAUCH DES MAGISCHEN SPIEGELS (I)

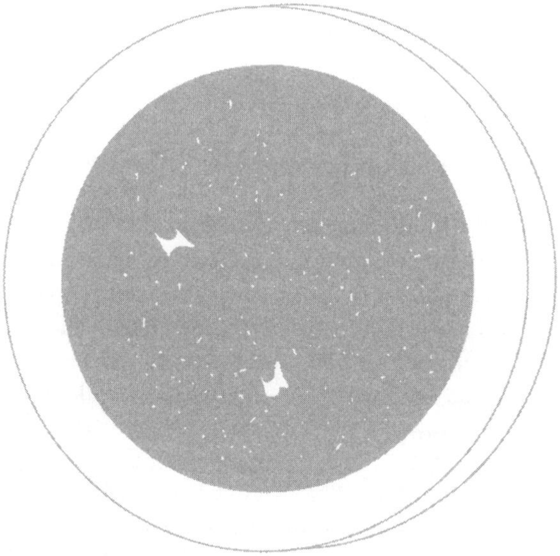

Positionierung und Beleuchtung

Wird der magische Spiegel zur Spiegelschau verwendet, so sollten Sie für eine möglichst indirekte, ruhige und nicht zu helle Beleuchtung sorgen. Kerzen sind nur geeignet, wenn kein Luftzug ihre Flammen zum Flackern bringt. Wenn Sie vor dem Spiegel sitzen, ob auf einem Stuhl vor dem Tisch oder auf dem Boden, sollte die Lichtquelle entweder blendfrei hinter dem Spiegel oder spiegelungsfrei hinter Ihrem Rücken angebracht werden. Es empfiehlt sich dafür zu sorgen, daß der Rest des Raums dunkel bleibt.

Im übrigen sollte der Spiegel so stehen (meist wird er auf der Rückseite schräg abgestützt, sofern er nicht in einem eigenen Ständer ruht), daß Sie längere Zeit bequem in die Mitte der konkaven Fläche starren können.

Divination mit dem magischen Spiegel

Divination ist im engeren Sinn die Kunst der Zukunftsschau, im allgemeinen aber auch der Wahrnehmung über die üblichen Grenzen von Zeit und Raum hinweg. So kann der Magier beispielsweise auch divinatorisch in die Vergangenheit blicken oder in der Gegenwart die räumliche Entfernung überbrücken, indem er etwa im magischen Spiegel den gegenwärtigen Zustand einer fernen Zielperson überprüft usw. Die häufig verwendete deutsche Bezeichnung »Hellsehen« ist zwar im wörtlichen Sinn durchaus korrekt, hat jedoch auch ihre Nachteile. Zum einen wird sie fast nur im Sinn von Zukunftsschau verwendet und zum anderen handelt es sich bei dieser Art der Wahrnehmung nicht immer um ein optisches »Sehen«, weshalb es ja auch die weniger gebräuchlichen Begriffe »Hellfühlen«, »Hellhören« usw. gibt. (Das gleiche Problem stellt sich freilich auch bei dem lateinischen Begriff *divinatio*, unter dem vor allem Wahrsagerei und Prophetie verstanden wird.)

Wahrnehmung über die üblichen Grenzen von Zeit und Raum hinweg

Halten wir jedenfalls fest, daß wir mit der Spiegelmagie sowohl in die Zukunft als auch in die Vergangenheit und die Gegenwart wahrnehmen (»schauen«) können. Die Grundtechniken sind dabei stets die gleichen, nur die Ziele sind verschieden.

Betrachten wir den magischen Spiegel zunächst in seiner Funktion als Instrument der Zukunftsschau. Dabei wird mit ihm ähnlich verfahren wie mit der Kristallkugel, die freilich in der rituellen und aktiven Erfolgsmagie im allgemeinen nur eine sehr untergeordnete Rolle spielt.

Jeder Divination geht erst einmal die Fragestellung voraus: Der Magier formuliert die Frage, auf die er eine Antwort erhalten will. Dies ist oft schwieriger, als man meinen sollte. Zum einen müssen wir uns darüber im klaren sein, daß der magische Spiegel, wie übrigens alle visionären Orakel, nur solche Fragen richtig beantworten kann, die auch eine bildliche Antwort zulassen. Fragen nach dem Ja/Nein-Muster sind also zwecklos. Es hat daher wenig Sinn, die Frage »Werde ich die begehrte Beförderung bekommen?« zu stellen.

Die Kunst des Fragenstellens

Das gleiche gilt für Suggestivfragen, die bereits eine bestimmte Antwort vorformulieren: »Wann werde ich befördert?« schließt die Möglichkeit aus, daß aus der Beförderung gar nichts wird.

Überpräzisierte Fragen verstoßen gegen unsere symbol-logische Unschärferelation und können zudem nur in Ausnahmefällen durch Bilder beantwortet werden. Dazu gehören auch Fragen nach Uhrzeiten, Zahlen usw. Zwar wird man auch auf diese gelegentlich bildliche Antworten erhalten, die einen eindeutigen Sinn ergeben, doch ist die Trefferquote hierbei notorisch ungenau.

Allzu vage Fragen andererseits bringen auch keine guten Resultate. Wenn Sie eine Frage stellen wie »Wie kann ich recht glücklich sein?« oder »Wie finde ich zur wahren Liebe?«, so ist das meist nicht spezifisch genug. Dahinter steht die eigene Unklarheit um das Frageziel, und es empfiehlt sich (nicht nur aus magischen Gründen), dieses zu konkretisieren.

Zeitlich unüberschaubare Fragen sind ebenfalls unzweckmäßig. Wenn Sie ein Orakel danach fragen, wie sich Ihr magisches Fortkommen in den nächsten 30 Jahren entwickeln wird, so dürfen Sie sich nicht wundern, wenn Sie verwirrende und unrichtige Ergebnisse erhalten.

Das gleiche gilt für Fragen, die allzu sehr über den persönlichen Wirkungsbereich hinausreichen. Gerade gegen diese Regel wird – auch von professionellen Wahrsagern – immer wieder verstoßen. Fragen nach dem (nächsten!) Weltuntergang, nach der politischen Weltlage oder der nächsten Evolutionsstufe führen nur zu unsinnigen Antworten. Ganz selten einmal bekommen hochsensitive Menschen zwar auch bei solchen Fragen brauchbare Informationen, doch das ist die absolute Ausnahme, wie die zahllosen publizierten Fehlprognosen immer wieder zeigen. Es sollte nur nach Dingen gefragt werden, die den unmittelbaren eigenen Erfahrungsbereich oder den eines anderen Fragenden berühren. Wir werden bei der Behandlung des magischen Schwerts noch genauer sehen, wie dies gemeint ist.

Statt dessen sind alle Fragen zu empfehlen, die nach dem Wie-Prinzip aufgebaut sind, also beispielsweise: »Wie wird sich meine berufliche Situation im nächsten halben Jahr entwickeln?«, »Wie soll ich mich morgen meinem Chef gegenüber verhalten?« usw.

Auch Was-Fragen sind zulässig: »Was ist die eigentliche Ursache meiner Erkrankung?«, »Was soll ich wegen meines Berufs unternehmen?«, »Was soll ich beruflich vermeiden?« Es gibt Fragen verwandter Art, beispielsweise: »Welche Möglichkeiten habe ich, um mich beruflich zu verbessern?« usw.

Daraus wird klar, daß die Kunst der Divination vom Magier ein gehöriges Fingerspitzengefühl verlangt. Auch hier lassen sich keine präzisen Regeln festlegen, das meiste wird Sie die Erfahrung selbst lehren.

Bei jeder Divination sollten Sie Frage und Antwort mit genauem Datum (auch Uhrzeit und, bei astrologisch bewanderten Magiern, Sonnen- und Mondstand) schriftlich fixieren, Platz für Nachträge lassen und regelmäßig Erfolgskontrolle üben.

Das oben Gesagte gilt für alle Bildorakel, weshalb wir später nicht mehr speziell darauf eingehen werden. Die folgende Übersicht faßt die zu vermeidenden Fragetypen noch einmal zusammen.

Zu vermeidende Fragetypen bei der Bilddivination

* Ja/Nein-Fragen
* Suggestivfragen
* Überpräzise Fragen
* Zu vage Fragen
* Zeitlich zu weit gefaßte Fragen
* Fragen, die über den persönlichen Wirkungs- und Erfahrungshorizont hinausgehen

Haben Sie Ihre Frage richtig formuliert (dies kann oft doppelt so lange dauern wie die eigentliche Orakelnahme), so versetzen Sie sich vor dem Spiegel mit geschlossenen Augen in einen entspannten Zustand. Atmen Sie ein paarmal tief und gründlich durch, ohne sich jedoch dabei zu überanstrengen. Nun sprechen Sie Ihre Frage mehrmals laut und deutlich aus. Jetzt öffnen Sie die Augen und starren mit dem 180°-Blick gegen das Zentrum des magischen Spiegels. Versuchen Sie nicht, irgend etwas zu erkennen, projizieren Sie auch keine Bilder hinein, beobachten Sie beim Starren vielmehr lediglich Ihren Atem und lassen Sie Ihre Frage im Hinterkopf wie ein Mantra leiern. Erzwingen Sie nichts, setzen Sie sich selbst nicht unter Erfolgsdruck!

Sollten irgendwann im Spiegel Bilder auftreten, so nehmen Sie diese ganz gelassen wahr – fallen Sie also nicht gleich vor Freude oder Schreck in Ohnmacht! Nehmen Sie die Bilder einfach zur Kenntnis, und merken Sie sich alles. Versuchen Sie noch nicht, aus den Bildern eine Antwort zu formulieren, das kommt später.

Es versteht sich inzwischen eigentlich von selbst, daß Sie die Bilder im Spiegel natürlich nicht unbedingt optisch wahrnehmen müssen, Sie können Sie also auch »riechen«, »schmecken« usw. Gerade am Anfang wird es sich bei dieser Form der Wahrnehmung eher um eine Art »Ahnen« handeln, das mit zunehmender Praxis immer deutlicher und präziser wird.

Werden die Bilder blasser, versickern sie oder haben Sie das Gefühl, daß Sie die gewünschte Antwort erhalten haben, so schließen Sie die Augen, gehen das Wahrgenommene noch einmal im Geiste durch, strecken die Glieder, öffnen die Augen und halten alles zunächst einmal in Stichworten schriftlich fest. (Sie können auch versuchen, die Bilder nachzumalen, oft wird schon eine grobe Skizze genügen.)

Erst jetzt, nachdem Sie etwas Distanz zu der Operation gewonnen haben, machen Sie sich daran, die Bilder in Beziehung zu Ihrer Frage zu setzen. Dies kann manchmal recht knifflig sein, doch auch hier macht die Übung schließlich den Meister.

Spiegelbefragung im rituellen Rahmen

Manche Magier lehnen ein solch unzeremonielles Vorgehen grundsätzlich ab. Gerade ältere Autoren verlangen vom Adepten, daß er jede Spiegelbefragung ausschließlich im rituellen Rahmen durchführt, ja sogar vorher bestimmte

Dämonen beschwört, bevor er auf eine Antwort wartet. Dies hat sich in der modernen Praxis jedoch als völlig überflüssig, ja geradezu schädlich erwiesen. Wenn man einmal die internen Dokumente früherer Orden und ihrer Oberhäupter betrachtet (von Crowley über Quintscher bis zu Gregorius), so ist man oft erschüttert, wie selten derartig aufwendige Operationen zu brauchbaren Ergebnissen führten. Aber die Lockerheit war ja ohnehin nicht eben die Stärke der »alten Schule« der Magie...

Vom psychologischen Verständnis her leuchtet es hingegen völlig ein, daß eine entspannte, ja spielerische Atmosphäre der Freisetzung unbewußter Seeleninhalte weitaus förderlicher ist als jeder »Ritualstreß«. Vielleicht ist Ihnen aufgefallen, daß unsere hier beschriebene Technik starke Ähnlichkeit mit der Traumarbeit hat. Tatsächlich zeigt die Erfahrung auch, daß wir weitaus besser fahren, wenn wir mit Bildorakeln umgehen wie mit Träumen, da der dazugehörige Bewußtseinszustand dem Traumbewußtsein sehr ähnlich ist.

Natürlich brauchen Sie unsere Meinung nicht kritiklos zu übernehmen – experimentieren Sie selbst mit divinatorischen Ritualen, und prüfen Sie, auf welche Weise Sie die besten Ergebnisse erzielen. Nur von Dämonenbeschwörungen sollten Sie sich noch fernhalten, diese sind wirklich »Meistersache« und stellen den gefährlichsten Bereich der ganzen Magie dar. Deshalb werden wir uns im Rahmen unseres Lehrgangs auch erst sehr spät damit befassen.

Sigillenladung mit dem magischen Spiegel

Ladung von Sigillen mit dem magischen Spiegel

Da der magische Spiegel einen ausgezeichneten optischen Fokussierungspunkt bietet, können wir ihn auch zur spasmischen Ladung von Sigillen verwenden. Diese werden beim Abbruch der Todeshaltung mental in ihn hineinprojiziert und danach wie gehabt durch Lachen gebannt. Meistens werden dazu nach der Wort- oder Bildmethode hergestellte Sigillen benutzt, aber auch mantrische Sigillen können Verwendung finden, etwa Worte der Kraft, die in die Spiegelmitte geschleudert werden.

Es wäre zwar zuviel Aufwand, allein zu diesem Zweck einen magischen Spiegel herzustellen, doch wenn Sie ohnehin einen solchen besitzen, können Sie ihn durchaus auch als Konzentrationspunkt benutzen, während Sie Mantras oder mantrische Sigillen chanten.

Auf eine weitere Technik, bei der Sigillen mittels des magischen Spiegels gegen ein Ziel projiziert werden, gehen wir an späterer Stelle im Zusammenhang mit Fernbeeinflussung, Todes- und Schadenszauber näher ein.

Wie keine zweite magische Waffe wird der Spiegel durch ständigen Gebrauch zunehmend wirksamer. Dabei spielt es keine Rolle, ob es nur unser Kontakt zum Unbewußten ist, der sich dadurch weiterentwickelt, oder ob das Instrument selbst entsprechend geladen wird. Das ist nur eine Frage der Betrachtungsweise, und beide Paradigmen haben ihre Stärken und Schwächen.

Im Volksaberglauben gibt es übrigens eine Regel, derzufolge der Magier nach der Herstellung bzw. Weihung des magischen Spiegels als erstes Wesen ein Tier (manchmal auch: ein kleines Kind) in diesen hineinblicken lassen soll. Vermutlich handelt es sich bei dieser Praktik um einen alten schamanischen Jagdzauber bzw. um eine Technik der atavistischen Magie. Sowohl Tier als auch Kind sind so betrachtet Verkörperungen eines frühen, vor-bewußten Zustands. Wir haben es dabei also mit dem symbol-logischen Schlüssel »Öffne dich für dein Unbewußtes« zu tun. Wer diese Struktur erst einmal erkannt hat, kann auch auf anderen, noch effektiveren Wegen zu einer erfolgreichen Spiegelmagie gelangen.

Noch heute werden in östlichen Ländern Kinder als Medien eingesetzt, speziell auch für die Spiegelschau. So ist es beispielsweise in manchen Gebieten des Iran und Nordafrikas üblich, daß der Zauberer nach einer entsprechenden Beschwörung ein kleines Kind (es darf noch nicht die Pubertät erreicht haben) in eine Schale mit schwarzem Öl schauen läßt, um die Antwort auf Fragen seiner Klienten zu erhalten. Etwas Ähnliches finden wir übrigens auch in der westlichen Magie des Abramelin. Es liegt auf der Hand, daß dazu nur besonders begabte Kinder herangezogen werden, die zudem eine entsprechende Ausbildung erhalten. Doch mag Ihnen dieser Hinweis vielleicht Anregung dazu sein, nach Möglichkeit auch einmal spiegelmagische Versuche mit Kindern zu unternehmen. Solange dies nicht gegen deren Willen (und den ihrer Eltern) geschieht und in spielerischer Atmosphäre stattfindet, ist m. E. gegen eine solche Praxis nichts einzuwenden. Da der psychische Zensor bei Kindern noch nicht sehr stark entwickelt und ihre Wahrnehmung weit unverbildeter ist, sind sie ideale Kandidaten für die Spiegelmagie.

Keine Abhängigkeit von anderen Medien!

Allerdings sollten Sie sich davor hüten, sich von anderen Medien (Erwachsenen wie Kindern) abhängig zu machen – das wäre eine fatale Fehlentwicklung, die geradewegs wieder in die alte Praktik des »der Magier beschaffe sich ein Medium und mache es sich hörig« zurückführt. So etwas bringt immer mehr Probleme als Vorteile mit sich, weil vor allem die zwischenmenschlichen Beziehungen dadurch stark belastet werden. Zudem lehnt die große Mehrheit der Magier den unkontrollierten Mediumismus völlig zu Recht ab. Schließlich will Magie frei machen und weder »hörig« noch sonstwie abhängig!

MAGIE UND YOGA (III)

Die Strukturen der Meditation (I)

Die Meditation ist ein sehr umfangreiches Gebiet, das wir im Laufe unseres Lehrgangs immer wieder streifen und erkunden. Wir haben im letzten Abschnitt eine Form der Meditation kennengelernt, die zu üben Sie eindringlich aufgefordert wurden. Wir wollen an dieser Stelle eine kleine Einführung in die Grundstrukturen meditativen Übens geben, die aber noch keineswegs vollständig ist.

Meditation – eine Mittung und Zentrierung

Grundsätzlich versteht man unter einer Meditation eine Mittung, eine Zentrierung. Der lateinische Begriff *meditatio* wird zwar meist als »Nachdenken« übersetzt, er legt aber auch die Bedeutung »in die Mitte gehen« nahe. Mittung und Zentrierung heißt aber, daß unerwünschte Außenfaktoren wie störende Gedanken usw. ausgeschlossen werden. Was jedoch danach geschieht, ist tatsächlich eine Frage der jeweiligen Meditationsschule. (Eine andere Form der *meditatio* ist das »freie Nachdenken«, bei dem die Gedanken beliebig schweifen dürfen, bis schließlich interessantes Material in das Bewußtsein aufsteigt.)

Östliche und westliche (christliche) Meditation sind nicht dasselbe. Während wir unter einer westlichen Meditation grob gesagt die Versenkung in ein bestimmtes Thema verstehen, also das Verfolgen eines festgelegten Gedankengangs, meint die östliche Meditation doch etwas anderes.

Wir wollen, darin heutigem esoterischen Brauch folgend, die westliche Form der Meditation in Zukunft als Kontemplation (Beschaulichkeit/Betrachtung) bezeichnen. Unter Meditation hingegen werden wir Techniken und Bewußtseinszustände zusammenfassen, wie wir sie vor allem – wenn auch nicht ausschließlich – aus der östlichen Tradition kennen.

Die Meditation östlicher Prägung (Dhyana) ist, wie wir aus unserer Beschäftigung mit dem Achtfachen Yoga wissen, die Weiterentwicklung der Konzentration (Dharana) und die Vorstufe des Überbewußtseins (Samadhi). Dieser Aspekt braucht uns im Augenblick jedoch noch nicht näher zu beschäftigen. Wichtiger ist zunächst, auf welche Weise dieser Übergang von der Konzentration zum Überbewußtsein technisch erreicht wird.

Grundsätzlich gibt es bildliche und unbildliche Meditationstechniken. Die im letzten Abschnitt vorgestellte Unendlichkeitsme-

Bildliche und unbildliche Meditationstechniken

ditation zählt zur ersten Kategorie, die reine Atembeobachtung des buddhistischen Satipattana dagegen ist ein Beispiel für eine unbildliche Meditation. Ähnlich unterscheiden wir in Meditationsmantras mit und ohne Sinninhalt. Unsere Unendlichkeitsmeditation arbeitet mit einem Sinninhalt (»Ich bin – Unendlichkeit«), dagegen sind beispielsweise die Mantras der Transzendentalen Meditation (z.B. Ham, Hrim o.ä.) sinnfrei – oder werden zumindest so behandelt. Es findet also bei der Transzendentalen Meditation keine bewußte Aktivierung eines Mantrainhalts statt.

Es gibt keine unfehlbare Methode, um festzustellen, welche Meditationstechnik die »bessere« ist. Dies hängt sowohl von persönlichen Vorlieben und Abneigungen ab, als auch davon, was mit einer Meditation erreicht werden soll. So zielt die Zenmeditation viel stärker auf die reine Gedankenleere ab, die Meditation des Kriya-Yoga dagegen eher auf das Erreichen der Ekstase (Samadhi), die, zumindest in ihren unteren Stufen, eine völlig andere ist als das Satori des Zen.

Gedankenleere bzw. -stille ist allerdings das kurzfristige Ziel jeder Meditationstechnik, also auch der bildlichen. (Denken Sie auch an Patañjalis Definition des Yoga.) Man kann jedoch unterschiedliche Wege gehen, um diese zu erreichen. So nutzen wir bei der bildlichen Meditation die Neigung des Geistes, unaufgefordert Bilder und Gedanken entstehen zu lassen, indem wir diese in eine bestimmte Bahn der Bildlichkeit und des Denkens lenken. Wenn Sie erst einmal etwas mehr Erfahrung mit der Unendlichkeitsmeditation gesammelt haben, werden Sie feststellen, daß sich gegen Ende der letzten Phase von allein eine völlige Gedankenleere einstellt, die vom Überbewußtsein nur noch wenig entfernt ist und gelegentlich auch in dieses hineinführt. Es mag sein, daß dieser Zustand nur sehr, sehr kurz erreicht wird (man sollte ihn auch niemals bewußt anstreben!), doch vergessen wir dabei nicht, daß in vielen indischen Yoga-Lehren das Samadhi in Zeiteinheiten (sog. »Kalpas«) von 1/24 Sekunde gemessen wird. (Je mehr Kalpas ein Samadhi hat, um so »größer« und, vor allem, »tiefer« ist es natürlich.)

Wir wollen uns hier vorläufig nicht weiter mit der unbildlichen Meditation befassen, da erst einmal die Auseinandersetzung mit unserer Unendlichkeitsmeditation auf dem Programm steht.

Betrachten wir also einmal die Struktur der Unendlichkeitsmeditation etwas näher.

Nachdem wir Asana hergestellt haben, beschäftigen wir den Geist, indem wir ihm bildliche Vorstellungen vorschreiben (Erdkugel, Körper, Lichtpunktwanderung usw.). Durch die Wanderung des Lichtpunkts aktivieren wir zumindest teilweise die Kundalini und führen diese die Wirbelsäule empor. Ist der Lichtpunkt im Ajna-Chakra angelangt, lösen wir die Bildlichkeit immer weiter auf, indem wir die Bilder wieder wegnehmen: die Erdkugel, den Körper. Dadurch erreichen wir auf technischem und symbolischem Weg eine »Vergeistigung« und aktivieren nunmehr das Mantra zusammen mit seinem Sinninhalt (»Aus Körper wird Geist«). Durch die Unendlichkeitsvorstellung heben wir schließlich auch alle äußeren Sinneswahrnehmungen auf (Pratyahara) und werden im Idealfall zur reinen Idee selbst, was bei entsprechender Übung und geistigem Training geradezu zwangsläufig in eine mystische Ekstase mündet.

Ich habe im Laufe meiner eigenen Studien über ein Dutzend unterschiedlichster Meditationstechniken ausprobiert, auch an anderen Menschen, und bin zu dem Schluß gelangt, daß die Unendlichkeitsmeditation mit Abstand die wirkungsvollste und am schnellsten voranbringende ist. Sollten Sie jedoch andere Erfahrungen machen, ignorieren Sie diesen Hinweis, doch sollten Sie vorher wenigstens die empfohlene halbjährliche Übungsperiode absolvieren, um ein wirklich fundiertes Urteil fällen zu können.

Unendlichkeitsmeditation – die wirkungsvollste Technik

Der hohe Wert der Unendlichkeitsmeditation besteht für den Magier darin, daß sie zugleich die Imagination, die Konzentration, die Mantramistik und die feinstoffliche Energiewahrnehmung schult, darüber hinaus aber auch in Bewußtseinszustände führt, die ekstatisch und erkenntnisbeschleunigend in einem sind. Wir erfahren dadurch eine gewaltige Persönlichkeitsentwicklung, lernen fast »automatisch«, Alltagsprobleme in der richtigen Relation zu sehen, erlangen innere und äußere Ruhe und Gelassenheit und fördern die körperliche wie die seelische Gesundheit. Dabei ist die Unendlichkeitsmeditation religiös-weltanschaulich gesehen völlig neutral: Beachten Sie bitte, daß wir nicht von »Gottesschau« oder ähnlichem gesprochen haben. Wenn Sie ein persönliches Gottesmodell bevorzugen, so wird die Unendlichkeitsmeditation Ihnen dazu ebenso den Zugang verschaffen wie dem Atheisten, der sich mit der Bezeichnung »Ekstase« zufriedengibt.

Praktische Spiegelmagie (III)

Der Gebrauch des magischen Spiegels (II)

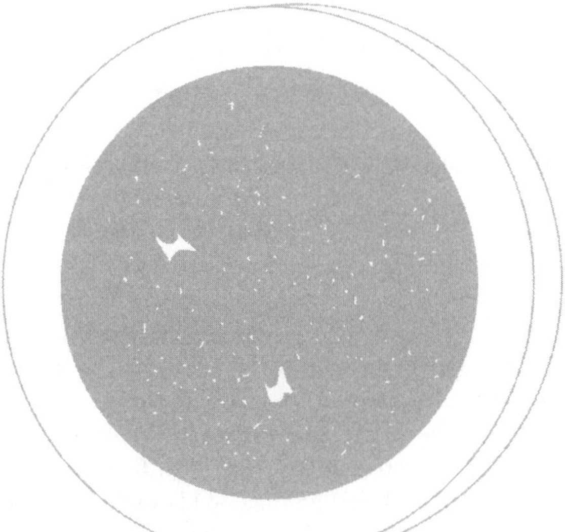

Noch einmal soll an dieser Stelle darauf hingewiesen werden, daß die Ausführungen zur Spiegelmagie nicht nur für diese allein gelten. Diese Disziplin wird hier nämlich teilweise als Beispiel herangezogen, an dem sich auch andere magische Praktiken illustrieren lassen, die mit der Spiegelmagie selbst nicht in direktem Zusammenhang stehen müssen. Es wird daher dringend empfohlen, diese Ausführungen auch dann möglichst sorgfältig durchzuarbeiten, wenn Sie nicht vorhaben, magisch mit dem Spiegel zu arbeiten. Auf diese Weise ersparen wir uns unnötige und platzraubende Wiederholungen.

Energiespeicherung mit dem magischen Spiegel

Bevor wir uns im folgenden mit der Energiespeicherung mit dem magischen Spiegel befassen, sollten wir uns noch einmal vor Augen führen, daß der Begriff »Energie« in der Magie im Prinzip nur eine Analogie darstellt oder auch nur metaphorisch gemeint sein kann:

Die magische Energie

Die magische Energie ist eben nicht dasselbe wie die Energie, von der Physiker oder Ingenieure sprechen. Obwohl das deutsche Wort »Kraft« im Prinzip das gleiche bedeutet, wäre es eigentlich vorzuziehen, weil es noch nicht (oder, genauer, nicht mehr) so stark mit wissenschaftlichen Assoziationen verbunden ist. Auch Schamanen sprechen weltweit von Kraft, Mana usw.; in der modernen Magie hat sich dafür inzwischen teilweise der Begriff »Magis« eingebürgert, der im Prinzip den älteren Bezeichnungen »Od« und »Vril« entspricht. In den Anfängen des magischen Energiemodells (mit dem Aufkommen des Mesmerismus Ende des 18. und Anfang des 19. Jahrhunderts) sprach man auch gerne von »Magnetismus« (auch: »tierischem Magnetismus«), was sich, wie bereits ausgeführt, vor allem im Werk Bardons niedergeschlagen hat.

Magis oder magische bzw. magisch verwertbare Energie wird auch gern als »feinstofflich« bezeichnet, womit vor allem ausgedrückt werden soll, daß sie nicht mit »grobstofflichen« Instrumenten gemessen oder nachgewiesen werden kann. In Wirklichkeit wissen wir jedoch nicht, ob es sich dabei tatsächlich um eine echte Energie handelt oder vielmehr um das Gefühl einer solchen, jedenfalls ist es eine unbestreitbare Tatsache, daß Magis meist als »Kraft« empfunden und wahrgenommen wird. Immerhin hat das Energiemodell den Vorteil, uns magische Vorgänge zu veranschaulichen und damit zu erleichtern; wir sollten jedoch nicht den Fehler begehen, es zu weit zu treiben und die magische Energie mit der physikalischen zu verwechseln, wie es streckenweise noch heute in der Parapsychologie geschieht.

Es bedarf allerdings schon einiger intellektueller Akrobatik, um mit der Vorstellung zurechtzukommen, daß es eigentlich keine Rolle spielt, ob der Magier einen Gegenstand nun tatsächlich mit irgendeiner Form mehr oder weniger meßbarer bzw. nachweisbarer »Energie« lädt, oder ob er dabei »nur« in seinem Unbewußten eine Art »Dynamik-Anker«, gewissermaßen eine Handlungsassoziation, herstellt. Übernehmen wir das quasi-freudianische Modell Spares, so findet keine eigentliche Energieladung statt, sondern es wird im Unbewußten gezielt ein Komplex hergestellt, der im Magier unbewußte Zwangshandlungen auslöst, die das angestrebte Ziel herbeiführen sollen. Dennoch bleibt die schon erwähnte Beobachtung, daß wir beim magischen Akt meistens Empfindungen der Kraft, Energiewahrnehmungen also, haben, weshalb wir uns auch vorläufig dieser Metapher bedienen wollen, zumal sie allgemein üblich ist. Später werden wir im Zusammenhang mit der zeitgenössischen Kybermagie vom Energiemodell teilweise abrücken und uns mit informationstheoretischen Hypothesen befassen, durch welche die Magie eine bisher nie dagewesene Qualität erhält.

Halten wir also noch einmal fest: Selbst wenn es sich bei der Magis um gar keine »echte«, real existierende Energie handeln sollte, ist es dennoch sinnvoll, so zu tun, als gäbe es sie, weil dieses Modell nach herkömmlichem Magieverständnis unsere Praxis überhaupt erst ermöglicht und sie intellektuell einigermaßen zufriedenstellend begründet. Einmal mehr haben wir es hier mit eher mythischer als mit naturwissenschaftlicher Wahrheit zu tun.

Der magische Spiegel als Kraftspeicher

Der magische Spiegel hat eine wichtige Aufgabe in seiner Funktion als Kraftspeicher. Dies wurde schon bei der Behandlung der Kondensatoren à la Bardon deutlich. Sinn der Kondensatoren ist es ja unter anderem, den Spiegel zu einer Art »magischen Batterie« zu machen. Freilich ist der magische Spiegel nicht die einzige Batterie dieser Art, welche die Magie kennt:

Talismane, Amulette, Fetische, ja auch die Ritualwaffen wie überhaupt alle Kraftobjekte werden als solche Energiespeicher verstanden. Das besondere am magischen Spiegel ist nun, daß er sich aufgrund seiner Parabol-Form ausgezeichnet dazu eignet, die in ihm (symbolisch) gespeicherte Energie gezielt abzustrahlen. Dies kommt vor allem bei der Beeinflussungs-, der Heilungs- und der Schadensmagie zum Tragen. Wir können uns den Spiegel also, um ein modernes Bild zu nehmen, wie eine Strahlen- oder Laserkanone vorstellen, mit der wir auch so etwas wie »astrale Chirurgie« betreiben können.

Der Spiegel muß geladen werden.

Um dieser Aufgabe gerecht werden zu können, muß der Spiegel allerdings zuvor geladen werden. Dies geschieht im allgemeinen wie bereits beschrieben, es kann jedoch sinnvoll sein, ihn zu bestimmten Zwecken ganz gezielt mit einer besonderen, ausgesuchten Energie zu laden. So würde man beispielsweise zu Heilungszwecken bei einem Merkur-Ritual die entsprechende Energie in den Spiegel leiten. Dies könnte etwa durch Übertragung mit den Händen geschehen: Hat der Magier das Merkurprinzip hinreichend invoziert, lenkt er die so aufgenommene Energie durch ruckartiges Ausatmen spasmisch aus den Händen in das Innere des Spiegels. Dies kann am Anfang auch imaginiert werden, sollte später aber wie eine reale »elektrische« Empfindung wahrgenommen werden. Danach wird der Spiegel beiseite gestellt, vorzugsweise verdeckt bzw. eingehüllt, und der Rest des Rituals verläuft wie gehabt.

Wir können aus einem Spiegel aber auch einen Zorn- oder Fluchfetisch machen, wie er in der Kampf- und Schadensmagie verwendet wird. Dies wird nur in Ausnahmefällen rituell geschehen, hier dominiert die Technik der beständigen Wiederholung: Anstatt Gefühle des Zorns und des Hasses zu verdrängen, schleudert der Magier sie in den in Augenhöhe angebrachten Spiegel (das ist sogar mental aus der Ferne möglich, also ohne physische Gegenwart des Spiegels), beispielsweise durch einen Kampfschrei und eine heftige Wurfgeste in Richtung des Spiegels. Es können gezielte, also gegen eine bestimmte Person gerichtete Zornenergien in den Spiegel geschleudert werden, oder auch ganz allgemeine Gefühle der Wut usw., die für eine spätere Verwendung gespeichert werden sollen. Nach der Ladung (dies sollte, wie gesagt, möglichst mehrfach stattfinden) wird die Operation durch kräftiges Lachen gebannt. Eine weitere Form der Energiespeicherung mit dem magischen Spiegel ist die Entodung, die wir nun behandeln wollen.

Odung, Entodung und Heilung mit dem magischen Spiegel

Im Prinzip sind die Odung und die oben beschriebene Energiespeicherung dasselbe, weshalb hier nicht mehr weiter darauf eingegangen zu werden braucht. Sie sollten sich jedoch den Begriff »Odung« merken (falls Sie ihn nicht ohnehin schon kennen), weil er in der magischen Literatur immer wieder auftaucht. Natürlich wird nicht nur der magische Spiegel geodet, also mit magischer Energie geladen, sondern alle nur erdenklichen Gegenstände, mit denen der Magier im Rahmen des Energiemodells arbeitet.

Die Entodung mit dem magischen Spiegel ist neben der Divination und der Evokation eine seiner beliebtesten Funktionen. Sie wird sowohl zur Heilungs- als auch zur Schadensmagie verwendet, aber auch zur feinstofflichen Reinigung magischer Gegenstände zweifelhafter Herkunft. Im allgemeinen erfolgt die Entodung (= Entladung) eines magischen Geräts durch den Gebrauch fließenden Wassers: Man hält den Gegenstand längere Zeit unter fließendes Wasser und imaginiert zugleich, wie alle unerwünschten Energien aus ihm fortgespült werden. Pendelkundige Magier überprüfen die Ladung vor und nach der Entodung mit dem Pendel.

Diese Methode ist jedoch nicht immer sehr praktisch, etwa bei verderblichen oder wasserempfindlichen Dingen wie Lebensmitteln und Papier, Stoff, Leder usw. Zudem kann es sinnvoll sein, die abgezogene Energie für andere Verwendungen zu speichern, anstatt sie einfach zu vergeuden, wie dies meistens bei der Wasser-Entodung geschieht. (Ausnahme: Das Wasser wird gesammelt und magisch weiterverarbeitet.) Halten Sie sich bei der Spiegelmagie stets folgenden Merksatz vor Augen:

DER MAGISCHE SPIEGEL KANN SOWOHL SAUGEN ALS AUCH STRAHLEN.

Wenn Sie diese Struktur verstanden haben, können Sie nämlich auch ohne große Mühe weitere Verwendungsmöglichkeiten für den magischen Spiegel entwickeln. Da wir bekanntlich möglichst jeden magischen Akt auch im Körperlichen verankern bzw. durch körperliche Gesten und Handlungen bekräftigen und unterstützen sollten, benutzen wir dazu meist die Atmung. Immerhin bedeutet das griechische Wort »Psyche«, das wir mit »Seele« übersetzen, ursprünglich »Atem, Odem«, was bereits auf den engen Zusammenhang zwischen Atmung und innerseelischen Zuständen hinweist. Mehr dazu später bei der Beschäftigung mit Pranayama.

Auch hierbei gilt allerdings das Gesetz der Symbol-Logik: Wollen wir mit dem magischen Spiegel Energie aus einem anderen Gegenstand oder auch aus einem Lebewesen abziehen, so tun wir dies mit dem Einatmen. Soll die Energie sich nach dem Absaugen im neuen Speicher verteilen, fördern wir dies durch eine entsprechende Mentalimagination beim Ausatmen. Abgestrahlt wird die feinstoffliche Energie jedoch durch das Ausatmen, beim Einatmen dagegen wird sie nur zur Abstrahlung gebündelt bzw. verdichtet. (Ähnlich verfahren wir übrigens auch mit anderen magischen Gegenständen, z. B. mit Bergkristallen, selbst hergestellten Fetischen, Talismanen, Amuletten o. ä.) Die folgende Skizze soll dazu als Merkhilfe dienen.

SYMBOL-LOGIK DES ATMENS

EINATMEN = EINSAUGEN
AUSATMEN = ABSTRAHLEN/VERTEILEN

Es versteht sich von selbst, daß es sich dabei um eine Faustregel handelt, die in Einzelfällen auch anders gehandhabt werden kann. Grundsätzlich jedoch hat sich diese Regel in der Praxis ausgezeichnet bewährt und wird daher eindringlich empfohlen.

Anstelle von »toten« Gegenständen können auch Pflanzen, Tiere und Menschen mit dem Spiegel entodet werden. Bei Pflanzen wird der

Die Entodung zu Heilungszwecken

Magier dies vor allem tun, um ihre Eigenschaften auf der feinstofflichen Ebene zu nutzen, wie es ja, wenngleich in anderer Form, auch die Homöopathie und die Spagyrik tun. Die Entodung von Tieren und Menschen geschieht dagegen fast immer nur zu Heilungs- oder zu Schadenszwecken. So können wir beispielsweise einem Patienten durch Auflegen des magischen Spiegels und Abzug unerwünschter Energien die Schmerzen nehmen oder sie zumindest vorübergehend lindern; Entzündungen können gebremst, Blockaden und Krämpfe gelöst werden usw. All dies sind Verwendungsmöglichkeiten, wie sie auch vor allem Bergkristallen zukommen. Nach dem Abzug der krank machenden Energien kann der Patient dann mit einem anderen, vorher entsprechend geladenen Spiegel bestrahlt werden. Dabei koordinieren im Idealfall Patient und Heiler, mindestens aber letzterer die Atmung mit der gewünschten Imagination. Auf Schadens- und Todeszauber mit dem magischen Spiegel wird in einem späteren Unterabschnitt noch eingegangen.

Manche Magier erzielen gute Erfolge damit, daß sie einen Spiegel mit entsprechender Heilungsenergie unter oder über dem Bett des schlafenden Patienten plazieren und so eine längerfristige Bestrahlung erreichen (z.B. Venus-Energie für Nieren- und Hauterkrankungen, Mars-Energie für Sexualität, Geschlechtsorgane und Muskulatur, Sonnen-Energie für Herz- und Kreislaufleiden usw.; man vergleiche die astromedizinischen Entsprechungen, auf die wir im nächsten Abschnitt noch ausführlicher eingehen werden.). Auch in diesem Fall sollte der Prozeß allerdings mit einer nicht zu kurzen Phase der Atemkoordinierung eingeleitet oder, in der Fachsprache ausgedrückt, »initialisiert« werden.

Entodungs- oder Reflektionsspiegel werden gelegentlich auch zur Entstörung von Erdstrahlen verwendet, doch ist dies ein Spezialgebiet der magischen Radiästhesie, auf das wir hier leider nicht näher eingehen können.

Telepathie mit dem magischen Spiegel

Eine sehr reizvolle Anwendungsmöglichkeit des magischen Spiegels besteht darin, mit ihm telepathische Experimente durchzuführen, die bei entsprechendem Erfolg in eine regelmäßige Kommunikation zwischen räumlich weit voneinander entfernten Magiern münden kann. Dazu ist in der Regel jedoch eine gründliche Übung erforderlich, denn erstens verlangt der gezielte Umgang mit Telepathie eine gut entwickelte feinstoffliche Energiewahrnehmung, zweitens ist die telepathische Wahrnehmung stark von der Gemütsverfassung und dem allgemeinen körperlichen Befinden des Magiers abhängig, drittens bedarf es für die gezielte Telepathie einer ausgeprägten Gedankenkontrolle, damit reale Botschaften nicht mit eigenen Gedankensplittern vermischt oder verwechselt werden, und viertens erfolgt ein Großteil telepathischer Kommunikation über Bilder und Symbole, deren korrekte Ausdeutung oft noch schwieriger ist als die von Träumen, so daß der Magier über einen entsprechenden Erfahrungsschatz verfügen sollte, bevor er sich auf die Aussage telepathischer Übermittlungen verläßt.

Es gibt keine allgemeingültigen Anleitungen für telepathische Arbeit mit dem magischen Spiegel, auch auf diesem Gebiet muß letztlich jeder Magier zu seinem eigenen Stil finden. Doch möchten wir Ihnen ein paar praktische Hinweise und Anregungen geben, auf deren Grundlage Sie bequem zu weiteren, eigenen Experimenten und Praktiken finden können.

Jeder Magier muß hier zu seinem eigenen Stil finden.

Es versteht sich von selbst, daß für die Telepathie mindestens zwei Beteiligte erforderlich sind, der sogenannte Sender und der Empfänger. Bei einer echten telepathischen Kommunikation wird natürlich jeder sowohl Sender als auch Empfänger sein. Es hat sich in der parapsychologischen Forschung allerdings herausgestellt, daß die telepathischen Talente oft unterschiedlich verteilt sind, daß es manchen Menschen also leichter fällt zu empfangen als zu senden, und umgekehrt. Am Anfang ist es, außer im Rahmen ausgedehnterer Experimente, sinnvoller, nur mit einem Partner zu arbeiten anstatt mit einer ganzen Gruppe von Telepathen. Letzteres hat jedoch den Vorteil, zumindest vorübergehend einfacher zu funktionieren, solange alles in einer möglichst spielerischen Atmosphäre stattfindet. Dabei haben wir es mit einer Art »Hysterie-Effekt« zu tun, der in größeren Gruppen stärker auftritt als unter wenigen Operanden. Der Funktion der gezielten Hysterie in der Magie werden wir uns an späterer Stelle noch in einem wichtigen, längeren Einzelabschnitt widmen.

Sie und Ihr Partner sollten für das folgende Experiment je einen magischen Spiegel besitzen, der auf gleiche Weise geladen wurde. (Auch die gemeinsame Ladung beider Spiegel zum Zwecke telepathischer Arbeit ist empfehlenswert.) Vereinbaren Sie nun mit Ihrem Partner einen

Zeitpunkt und einen Ort für das Experiment. Es empfiehlt sich, anfangs in relativer räumlicher Nähe zu arbeiten, etwa indem Ihr Partner im Nebenraum sitzt, denn dann können Sie schneller die Erfolgskontrolle durchführen und überhaupt die ganze Operation koordinieren. Erst später, wenn sich alles eingespielt hat, können Sie die Entfernung vergrößern, so daß beispielsweise jeder bei sich zu Hause im Tempel arbeitet. Allerdings sollten Sie von Anfang an Ihren Partner nicht physisch sehen können. Ist es Ihnen also nicht möglich, in getrennten Räumen zu arbeiten, sollten Sie im Zimmer eine provisorische Trennwand anbringen, z. B. eine Decke, die Sie auf eine Leine spannen, um jeden Sichtkontakt auszuschließen. Je nach praktischen Gegebenheiten kann es auch sinnvoll sein, statt räumlicher Nähe einen ständigen Telefonkontakt herzustellen.

Zum vereinbarten Zeitpunkt beginnt einer der Partner mit dem Senden. Versuchen Sie in der ersten Zeit nicht, komplizierte Gedanken und Sätze zu übermitteln, sondern konzentrieren Sie sich lieber auf relativ einfache und nicht allzu abstrakte Bilder, ja »innere Filme«. Diese sollten durchaus gefühlsgeladen sein. Wir verzichten also im Gegensatz zur orthodoxen Parapsychologie darauf, abstrakte, sinnleere Symbole wie beispielsweise die Zener-Karten zu verwenden. Denn die Praxis hat gezeigt, daß sich im magischen, also nicht im wissenschaftlichen Labor-Rahmen, mit solchen Bildern größere Erfolge erzielen lassen. So ist es beispielsweise zu empfehlen, dem Empfänger das Bild eines Tier-Atavismus (Krafttier, Elemental o. ä.) zu senden, mit dem Sie in letzter Zeit viel gearbeitet haben, aber auch stark gefühlsgeladene Situationen der Gefahr, der Angst oder der Freude können in bildlicher Form übermittelt werden.

Die eigentliche telepathische Operation könnte etwa folgendermaßen aussehen:

EMPFEHLUNGEN FÜR DEN TELEPATHISCHEN SENDER

Sie setzen sich in bequemer Haltung vor Ihren magischen Spiegel, nachdem Sie die entsprechenden Lichtverhältnisse hergestellt haben. Nun atmen Sie eine Weile tief und entspannt durch. Mit dem 180°-Blick versuchen Sie nun, Ihren Partner im magischen Spiegel zu visualisieren oder sonstwie wahrzunehmen. Dabei kommt es nicht darauf an, daß Sie ihn genau so wahrnehmen, wie er im Augenblick aussehen mag (also z. B. seine korrekte Kleidung, seine reale Umgebung usw.), vielmehr genügt ein Gefühl der Verbundenheit (der »magischen Sympathie«), wie wir es gelegentlich im Halbschlaf und im Tagtraumzustand haben. Dies ist sogar vorzuziehen, da es Ausschmückungen des erfolgssüchtigen Verstands weitestgehend ausschaltet.

Nun konzentrieren Sie sich nicht länger auf Ihren Partner, sondern lassen vor Ihrem inneren Auge das zu übermittelnde Bild bzw. die Bilderfolge erscheinen. Meistens wird eine Reihe von Bildern bessere Ergebnisse erzielen als ein einziges Symbol. So könnten Sie beispielsweise ein besonders schönes persönliches Urlaubserlebnis oder einen miterlebten Autounfall wie einen Tagtraum aktualisieren. Denken Sie dabei weder an den Partner noch an die Übermittlung der Nachricht, konzentrieren Sie sich ausschließlich auf die Bilder! Wenn Ihnen dies hinreichend gelungen ist, öffnen Sie die Augen und versuchen, die gleiche Bilderfolge nun im magischen Spiegel wahrzunehmen. Dies kann, ja sollte sogar bis zur Erzeugung einer bewußten magischen Halluzination gehen. Auch jetzt sollten Sie weder an den Partner noch an die telepathische Übermittlung denken! Sind Sie damit fertig, schließen Sie die Augen, atmen Sie wieder ein paarmal tief und entspannt durch, öffnen Sie die Augen erneut und visualisieren Sie einmal mehr den Partner wie zu Beginn des Experiments bzw. nehmen Sie ihn anderweitig im Spiegel wahr. Nun bannen Sie die ganze Operation durch kräftiges, herzhaftes Lachen, und beschäftigen Sie sich eine Weile mit völlig anderen Dingen, die möglichst nichts mit Magie und schon gar nichts mit Spiegelmagie zu tun haben. Frühestens nach ca. zehn Minuten sollten Sie sich, sofern möglich, an die Erfolgskontrolle machen.

EMPFEHLUNGEN FÜR DEN TELEPATHISCHEN EMPFÄNGER

Sie setzen sich in bequemer Haltung vor Ihren magischen Spiegel, nachdem Sie die entsprechenden Lichtverhältnisse hergestellt haben. Nun atmen Sie eine Weile tief und entspannt durch. Mit dem 180°-Blick versuchen Sie nun, Ihren Partner im magischen Spiegel zu visualisieren oder sonstwie wahrzunehmen. Dabei kommt es nicht darauf an, daß Sie ihn genau so wahrnehmen, wie er im Augenblick aussehen mag (also z. B. seine korrekte Kleidung, seine reale Umgebung usw.), vielmehr genügt ein Gefühl der Verbundenheit (der »magischen Sympathie«), wie wir es gelegentlich im Halbschlaf und im Tagtraumzustand haben. Dies ist sogar vorzuziehen, da es Ausschmückungen des erfolgssüchtigen Verstands weitestgehend ausschaltet.

Nun konzentrieren Sie sich nicht länger auf Ihren Partner, sondern stellen möglichst große innere Gedankenleere bzw. -stille her. Seien Sie empfänglich für alles, was nun – immer noch mit dem 180°-Blick – vor Ihnen im Spiegel an Bildern kommen mag. Versuchen Sie, sich jeder Bewertung des Wahrgenommenen zu enthalten. Unterlassen Sie also Urteile wie: »Nein, dieses Bild ist aber viel zu unwahrscheinlich, das bedeutet doch bestimmt eigentlich ...« Schmücken Sie nichts aus und erfinden Sie nichts dazu. Sollten Sie überhaupt nichts wahrnehmen, so nehmen Sie dies einfach hin. Versuchen Sie also bitte nicht, aus Enttäuschung oder Frustration Ihrem ungeduldigen Verstand freien Lauf zu lassen. Meistens werden die allerersten Bilder, die Sie empfangen wie im Halbschlaf kurz vor dem Einschlafen oder nach dem Aufwachen, die gesuchten sein. Übrigens empfiehlt es sich, das Wahrgenommene schriftlich festzuhalten, sei es in Form knapper Stichworte oder sogar als kleine Skizzen. (Letzteres ist oft sehr viel leichter, als Sie zunächst glauben mögen, und es rettet, wie bei der Traumarbeit auch, die »Atmosphäre« des Empfangenen besser ins normale Alltagsbewußtsein herüber.) Dies muß natürlich nicht sofort geschehen, Sie können es auch unmittelbar nach dem Experiment tun; lassen Sie jedoch nicht allzuviel Zeit zwischen Wahrnehmung und Dokumentation verstreichen, fünf bis zehn Minuten sind in der Regel angemessen. Denken Sie dabei weder an den Partner noch an die Übermittlung der Nachricht, konzentrieren Sie sich ausschließlich auf die Bilder!

Die ganze Operation sollte nicht länger als 10–15 Minuten dauern, am Anfang sind sogar noch kürzere Zeiten vorzuziehen, weil die ungeschulte telepathische Instanz danach erfahrungsgemäß schnell erlahmt und verfälschte Ergebnisse hervorbringt.

Es ist übrigens nach meiner Erfahrung nicht zu empfehlen, die telepathische Arbeit mit dem magischen Spiegel mit einem Ritual zu verbinden, zumindest nicht die ersten Male. Denn der mit der Zeremonie verbundene »Ritualstreß«, der sich vor allem als Reizüberflutung manifestiert, ist dem unbefangenen, lockeren Senden, Empfangen und Entziffern der telepathischen Nachrichten eher abträglich. Sie sollten aber auf jeden Fall auch mit rituellen Operationen experimentieren, denn vielleicht erreichen Sie persönlich doch leichter

Keinen »Ritualstreß«!

Erfolge damit; auf jeden Fall ist es sinnvoll, die unterschiedliche Qualität beider Arbeiten, der rituellen wie der nichtrituellen, kennengelernt zu haben.

DIE DEUTUNG DER TELEPATHISCHEN NACHRICHT

Der Anfänger stellt sich die Telepathie gern wie eine Art Telefongespräch ohne Telefon vor, doch die Wirklichkeit sieht leider meistens anders aus. Zwar kann es gelegentlich geschehen, daß eindeutige, klare Worte und/oder Sätze gesendet und auch korrekt empfangen werden, doch ist dies stets nur die Ausnahme. Wer ausschließlich auf eine solche Form der Kommunikation abzielt, wird schon bald Schiffbruch erleiden und entmutigt aufgeben. Denn Worte sind in den allermeisten Fällen nur mehr oder weniger abstrakte Konzepte und lassen sich daher besonders schwer telepathisch übertragen.

Da die telepathische Instanz unserer Psyche das Unbewußte zu sein scheint, das, wie bereits mehrfach ausgeführt, vor allem in Bildern und Symbolen denkt und wahrnimmt, ja sich auch fast nur damit artikuliert, liegt es nahe, sich dieser zu bedienen, um telepathisch tätig zu werden. Daher haben wir uns in unseren obigen Ausführungen auch auf Bilder und Bilderfolgen konzentriert – sie lassen sich weitaus müheloser und zuverlässiger übermitteln.

Das wirft natürlich das Problem der Deutung solcher (bildorientierter) telepathischer Nachrichten auf. Solange die Telepathie ausschließlich im experimentellen Rahmen stattfindet und es nur darum geht, Erfolg oder Mißerfolg einer Gedankenübertragung zu bestimmen, spielt die Frage der Deutung keine allzu große Rolle. Anders verhält es sich jedoch, wenn Sie nichtverabredete, spontan empfangene telepathische Bilder deuten sollen oder aber solche, die Sie beispielsweise beim »Anzapfen« einer bestimmten Person im magischen Spiegel wahrnehmen. (Dabei kann es sich um einen »astralen Lauschangriff« handeln, wie er in der Kampfmagie und bei Bindungszaubern gelegentlich erforderlich ist, aber auch um das Anzapfen eines Patienten zum Zwecke der Fernheilung bzw. um andere Formen der magischen Fernbeeinflussung.) Spontane, ungezielte bzw. unbeabsichtigte Telepathie ereignet sich im Rahmen der Spiegelmagie nur selten, dennoch sei sie hier der Vollständigkeit halber erwähnt: Sie kann also auftreten und man sollte mit ihr so verfahren wie mit allen telepathischen Aussagen – kritisch, aber durchaus offen für ihre Botschaft.

Bei der Deutung ist großes Fingerspitzengefühl erforderlich, bedauerlicherweise lassen sich keine eindeutigen methodischen Regeln festlegen. Nur beständiges Üben und reichlich Erfahrung können Aufschluß darüber geben, wie ein Bild genau zu interpretieren ist. Oft hilft uns die Intuition im Zustand der Gedankenstille dabei, indem Sie auf ebenso spontane Weise die richtige Deutung wie einen Geistesblitz aufleuchten läßt.

Die Deutung verlangt beständiges Üben und reichlich Erfahrung.

Es hat sich herausgestellt, daß die beharrliche Übung feinstofflicher Wahrnehmung in Verbindung mit schamanischen Praktiken mit der Zeit die spontane Telepathie und die korrekte Deutung der telepathisch empfangenen Bilder beim Magier fast automatisch ermöglichen. Allerdings gilt dabei in den meisten Fällen der Grundsatz, daß dergleichen nicht bewußt angestrebt werden sollte, auch hier greift Spares bekanntes Prinzip vom »Nicht-Verhaftetsein/Nicht-Desinteresse«.

Im übrigen können Sie Ihre telepathischen Fähigkeiten – wie überhaupt alle magischen Operationen – natürlich stets auch mit einer entsprechenden Sigillenarbeit unterstützen und fördern.

Vergessen wir nie, daß Magie keine Wissenschaft ist, sondern vielmehr eine Kunst, die sich auf bestimmten Gebieten allenfalls einer wissenschaftlich-empirischen Methodik bedient.

Praktische Übungen

ÜBUNG 52
ANGEWANDTE SPIEGELMAGIE (I)

Inzwischen solltest Du Deinen magischen Spiegel hergestellt und zumindest provisorisch geladen haben. Entwirf nun anhand des bisher Gelesenen dein eigenes Übungsprogramm für die Spiegelmagie. Jetzt solltest Du damit beginnen, Deine eigenen magischen Präferenzen und Erkenntnisse in

Dein eigenes Übungsprogramm

praktische Arbeit umzusetzen. Beachte dabei aber auch, daß es unklug wäre, nur jene Tendenzen zu fördern, die Dir ohnehin schon liegen. Vermeide jedes Ungleichgewicht und bearbeite auch Bereiche, die Dir besonders schwierig oder unangenehm erscheinen. Ob Du mit Orakelschau, Sigillenladung, Odung und Entodung oder mit Telepathie beginnst, ist weniger wichtig als die Tatsache, daß Du Dir in diesem Bereich Dein eigenes Programm entwickelst. Dies macht Dich mit der Zeit immer unabhängiger von den Vorlieben (und den Schwächen) anderer »Meister«. Vergiß nicht, daß auch dieser Lehrgang seine eigene besondere Prägung hat, nämlich die meine, und daß Du dem soweit entgegensteuern mußt, wie es für Deine Entwicklung und Deine Magie erforderlich ist. Bisher hattest Du im Rahmen dieses Lehrgangs relativ wenig Spielraum für solche Selbständigkeit; dieser soll ab nun nach und nach vergrößert werden.

MUDRAS (I)

Mudras, Gesten, Gottesformen

Das Wort »Mudra« stammt aus dem Sanskrit und bedeutet soviel wie »heilige Geste«. In der Magie verstehen wir unter Mudras magische Handzeichen, Fingergesten und andere dynamische »Körperstellungen der Kraft«, wie der Schamane sie bezeichnen würde. Rein technisch gesehen sollten wir auch das Annehmen von Gottesformen zu den mudrischen Praktiken zählen, weshalb wir diesen Teilabschnitt auch damit beginnen wollen. Ebensogut könnten wir sie zwar auch als Asanas bezeichnen, doch wird dieser Begriff meist anders, nämlich weniger dynamisch konnotiert.

Asana ist eine (Yoga-)Körperstellung, die – abgesehen von ihren gesundheitlichen Vorzügen – der Entspannung des Körpers, der Ruhigstellung des Geistes, der Versenkung und/oder der Meditation dient. Mudras dagegen wirken zwar oft – äußerlich betrachtet – ebenso »statisch« bzw. unbeweglich, stellen aber in Wahrheit einen gezielten Kräftestau her, wenn sie nicht vor allem dazu eingesetzt werden, um feinstoffliche Energien zu lenken. Oft ist auch beides der Fall.

Die westliche Tradition des Annehmens von Gottesformen

Es gibt eine westliche Tradition des Annehmens von Gottesformen, die besonders in der Zeremonialmagie zur Geltung kommt. Deshalb wollen wir uns vorläufig auch erst mit diesen Gottesformen befassen, bevor wir später auf die Mudras im strengeren Sinne eingehen.

Wir kennen bereits das Prinzip der körperlichen Verankerung geistiger Zustände, wie sie sowohl für den Schamanismus als auch für die Magie von Austin Osman Spare kennzeichnend ist. Magische Sigillen werden, so wissen wir, »fleischlich«, der Wille des Magiers inkarniert in dessen eigenen Organismus, wir könnten die Sigillenmagie sogar als eine Form der biologischen Zufallssteuerung bezeichnen. Dieses Prinzip sollten wir uns in einer weiteren Strukturformel vor Augen halten, denn es stellt einen der wichtigsten Schlüssel zum magischen Erfolg dar (vgl. Abb. 10). Beachten wir auch hierbei wieder, daß das Zeichen »α« ein Proportionalitätsverhältnis anzeigt. Der Erfolg eines magischen Akts verhält sich also direkt proportional zum Grad der Verkörpertheit des magischen Willens, mit anderen Worten: wie stark der Wille organisch, ja im wörtlichen Sinne biologisch geworden ist. Das leuchtet auch sofort ein, wenn wir uns noch einmal die Struktur des psychologischen Magiemodells vor Augen halten: Je intensiver der

Der Erfolg eines magischen Akts und der magische Wille

Willenssatz vom biologischen Organismus selbst integriert wird, um so gewaltiger ist seine Durchsetzungskraft. Denn damit ist er der unmittelbaren Einflußnahme des psychischen Zensors entzogen und kann ungehindert wirken. In der Umgangssprache kennen wir auch den Ausdruck »mit jeder Faser seines Leibes für etwas zu sein«, der dieses Prinzip, wenn wir ihn ganz wörtlich verstehen, treffend wiedergibt.

$$M \alpha k_w$$

Legende
M = Magischer Akt/Magie/magischer Erfolg
k_w = Grad der Körperlichkeit (Inkarnation des magischen Willens

Abbildung 10: Die dritte Grundformel der Magie

Dies erklärt auch, weshalb sowohl die Schamanen als auch ein Magier wie Austin Osman Spare ein solch großes Gewicht auf die Arbeit mit Atavismen (also biologischen Vorstufen der menschlichen Existenz), speziell auf die Annahme von Tierformen legen. Denn nach herkömmlichem Verständnis unterscheidet sich der Mensch vom Tier durch sein Bewußtsein und seinen bewußten Willen. Dies hat ihm auch die Herrschaft auf unserem Planeten beschert. Dafür besteht die Stärke des Tiers (insbesondere des wilden) vor allem in seiner Instinktsicherheit und in der Einspitzigkeit seines unbewußten Willens. Erst durch die Trance und durch das Hervorbrechen seiner Urinstinkte wird der Mensch beispielsweise in der Gefahr zur gleichen Kampfmaschine wie das Raubtier und handelt blindlings, ohne Eingriff des »zivilisierenden« Zensors.

Der Grad der Inkarnation des magischen Willens hängt wiederum vom Grad der eingesetzten Trance ab. Schwächende Faktoren sind naturgemäß die Bewußtheit um den magischen Akt, was gleichbedeutend mit einer Tranceschwächung ist, sowie der innere Widerstand gegen den magischen Akt bzw. seinen Erfolg (vgl. Abb. 11).

$$k_w \; \alpha \; \frac{g}{b \cdot w_1}$$

Legende	
k_w	= Grad der Körperlichkeit (Inkarnation des magischen Willens
g	= Grad der Gnosis
b	= Bewußtheit um den Akt
w_1	= Widerstand gegen den Akt

Abbildung 11: Die Strukturformel der Inkarnation des Magischen Willens

Was wir weiter unten als ersten Merksatz über die Funktionsweise magischer Sigillen festgehalten haben, gilt sinngemäß für jedes magische Wollen, für jede magische Operation also. Tatsächlich haben wir es hierbei mit einer Erweiterung des Sigillenbegriffs zu tun, wie sie auch schon von Austin Osman Spare selbst vorgenommen wurde: Bei ihm wird die Sigil nicht nur zum »Monogramm des Denkens«, wie er es einmal formuliert, sondern zur Verkörperung (Inkarnation) des magischen Akts selbst. Beachten Sie bitte, wie sehr wir hier immer wieder das Prinzip der Körperlichkeit betonen! Diese Entdeckung Spares, deren wahre Bedeutung erst in den letzten Jahren erkannt wurde (vor allem durch die zunehmend praktischere Auseinandersetzung mit dem Schamanismus) kann gar nicht genug betont werden. Wer dieses Grundgesetz der Magie kennt und beherrscht, der wird bereits binnen weniger Monate und Jahre magische Erfolge erzielen können, für die nach allem, was wir darüber wissen, frühere Generationen Jahre und Jahrzehnte benötigten. Sicher auch aus diesem Grund galt die Magie der Naturvölker jahrhundertelang als ganz besonders mächtig, glaubten Magier des Westens fälschlicherweise – und tun es teilweise bis heute –, daß magi-

Die Sigil als Verkörperung des magischen Akts

sche Systeme wie Voodoo, Juju, Santerìa usw. den abendländischen überlegen seien. Man suchte freilich in der falschen Richtung nach einer Erklärung: Nicht etwa bestimmte »besonders mächtige« Zaubersprüche und Rituale, »wahre« Korrespondenzen und »förderliche« Rasseeigenschaften, sondern vielmehr der Grad der eingesetzten Gnosis und die Intensität der biologischen Verkörperung des magischen Willens sind das eigentliche Geheimnis erfolgreicher Zauberei. Dies konnte uns nur durch mühsame, strukturalistisch arbeitende Detailbetrachtung, wie sie erst die Pragmatische Magie geleistet hat, in aller Deutlichkeit klar werden.

Das eigentliche Geheimnis erfolgreicher Zauberei

Wie sehr Austin Osman Spare davon überzeugt war, daß jedes magische Verlangen nur durch den Körper (oder, wie wir heute vielleicht etwas treffender sagen würden: durch den psychosomatischen Komplex) verwirklicht werden kann, zeigt sich auch in seiner völlig ernstgemeinten Behauptung, daß sich die Gattung der Vögel erst dann innerhalb der Evolutionsgeschichte entwickeln konnte, als der Wunsch zu fliegen organisch geworden war.

Allerdings sollten wir dies nicht als naives Mißverständnis eines zoologischen Laien abtun – wie es Zoologen und Biologen vielleicht täten –, indem wir behaupten, daß das Konzept des »Wollens« und der vorbestimmten Zielgerichtetheit der Evolution gänzlich fremd sei. (Fachleute sprechen in diesem Zusammenhang vom »Irrtum der teleologischen These«, also der Annahme, daß die Evolution einen bestimmten Zweck, ein Ziel verfolge.) Denn was Spare hier unter dem Willen versteht, ist nicht unähnlich dem, was wir auch als »Überlebenstrieb«, »Lebenswille«, »Wille zur Macht« usw. bezeichnen würden. Tatsächlich ist das Phänomen des organisch-magischen Willens noch sehr viel komplizierter, wie wir später merken werden, wenn wir uns mit dem Prinzip von Thelema befassen, wie es vom Altmeister Aleister Crowley propagiert wurde.

Doch kommen wir nun zu unseren Merksätzen.

GELADENE SIGILLEN SIND INKARNIERTE WILLENSSÄTZE.

Verstehen wir den Begriff »Inkarnation« in diesem Zusammenhang also, entsprechend dem weiter oben Ausgeführten, durchaus wörtlich.

MAGISCHER ERFOLG IST DIE INKARNATION DES MAGISCHEN WILLENS.

Durch die Inkarnation des Willenssatzes im psychosomatischen Komplex, also im Gesamtorganismus des Magiers, setzt dieser sein eigenes »Rad der Wiedergeburt« in Gang, indem er sich – im Idealfall – als magischer Erfolg inkarniert bzw. zur physischen oder psychischen Manifestation gelangt.

MAGIE WIRD DURCH BIOLOGISCHE INKARNATION DES MAGISCHEN WOLLENS OPTIMIERT.

Es ist ein recht strittiger Punkt, ob die Magie auch ohne diesen biologischen Ansatz funktioniert, oder ob er vielmehr immer mit im Spiel ist, wenn es magische Erfolge zu verzeichnen gibt. Allerdings hat die Praxis ganz unzweifelhaft ergeben, daß der Erfolg der Magie exponentiell gesteigert werden kann, indem wir die geistige Entscheidung (Willenssatz, Ritualziel usw.) ins Körperliche projizieren und ihre Verwirklichung dem Gesamtorganismus anvertrauen. Letzteres gelingt erfahrungsgemäß am besten durch das Vergessen.

Mudras – dynamische Körper- und Handstellungen

Was hat dies alles nun mit unseren Mudras und Gottesformen zu tun? Schlagen wir den Bogen zurück zum Anfang, indem wir uns erneut vor Augen führen, daß es sich bei Mudras und Gottesformen um dynamische Körper- und Handstellungen handelt. Derlei symbolgeladene Gesten sind in jeder Kultur verbreitet: Ob wir die erhobene, mit der Fläche nach außen gerichtete Hand als Zeichen des Friedens und der guten Absichten (»unbewaffnet«) bedenken; die dem Beobachter zugekehrte erhobene, senkrecht und waagerecht geführte Handkante beim Segnen (»Kreuzschlagen«); die geballte, erhobene Faust linker Revolutionäre (»Kampf!«); den zum »deutschen Gruß« emporgereckten geraden Arm (»Hoch!« – aber auch »Phallus«!); die komplizierten Fingerstellungen von Buddhadarstellungen, deren Aussagen von »Erleuchtung« bis »Liebe zu allen Wesen« reicht; oder das ganz gewöhnliche zustimmende Kopfnicken (»den Hals bloßlegen«) und Hunderte weiterer mehr oder weniger magisch geladener Gebärden – stets wird dabei der

Körper dazu verwendet, Signale auszusenden, Kraft zu empfangen (z. B. das instinktive Ausbreiten der Arme beim Sonnenaufgang, die sogenannte »Man«- oder mannaz-Rune), sie zu lenken (z. B. das drohende Zeigen mit dem Finger auf einen Fremden – eine meist unbewußte Fluch- und Abwehrgeste) oder anderweitig zu manipulieren. (Im Alten Testament siegen die kämpfenden Israeliten an einer Stelle stets nur solange, wie Moses den Arm heben kann, bis man dem völlig Ermatteten sogar eine Armstütze aus Steinen unterlegen muß.) Auch bei Tieren können wir Körpersignale beobachten, vom Blecken der Zähne z. B. bei Raubkatzen bis zum freundlichen Schwanzwedeln des Haushunds. Da der Großteil unserer Gebärdensprache eher unbewußt eingesetzt und verstanden wird, können wir ohne jede Übertreibung feststellen, daß unsere Gestik und Mimik einen direkten, ja im Wachzustand vielleicht sogar den unmittelbarsten Zugang zum Unbewußten darstellen.

Und doch sind Gottesformen und Mudras keineswegs nur eine etwas bewußtere Körpersprache, ihre Funktion erschöpft sich nicht in der Signalübermittlung. Wie die moderne psychologische Disziplin des Neurolinguistischen Programmierens (NLP) gezeigt hat, dienen körperliche »Anker«, meist in Form von leichtem Druck auf bestimmte Körperpartien hergestellt, der Programmierung des Unbewußten durch gezielte Erzeugung eines Assoziationsmechanismus.

Programmierung des Unbewußten durch gezielte Erzeugung eines Assoziationsmechanismus

Diese Erkenntnis ist freilich nicht neu. Sie werden sicher schon beobachtet haben, daß sich die Atmosphäre eines Traums viel besser festhalten läßt, wenn Sie versuchen ihn zu malen, wobei es keineswegs auf die künstlerische Qualität des Endprodukts ankommt. Auf ganz ähnliche Weise »empfangen« wir in Ritualen auch oft bestimmte Gesten, die uns beim nächsten Mal leichter in die entsprechende Gnosis versetzen helfen. Darüber hinaus spielt besonders bei invokatorischen Arbeiten das, was ich verschiedentlich als »rituelle Mimikry« bezeichnet habe, eine nicht zu unterschätzende Rolle.

Unter ritueller Mimikry ist die Nachahmung einer – meist übergeordneten – Wesenheit gemeint, beispielsweise indem der Magier beide Fäuste an die Schläfen legt und die Daumen leicht gekrümmt von sich streckt. Das ist die sogenannte »Geste des Pan«, leicht erklärbar aus den angedeuteten Hörnern (vgl. Abb. 12). Indem er physisch die Hörner Pans nachahmt, gerät der Magier leichter in eine Pan-Gnosis, die Invokation gelingt ihm also eine Spur müheloser als ohne dieses Hilfsmittel. Aus diesem Beispiel wird übrigens auch die Bezeichnung »Gottesformen« verständlich. Andere Formen sind da schon etwas komplizierter. Wir werden im Laufe unseres Lehrgangs die wichtigsten von ihnen behandeln.

Abbildung 12:
Aleister Crowley in der Geste des Pan

In vielen magischen Orden werden die einzelnen Grade nicht nur mit bestimmten Paßwörtern, sondern auch mit Gesten und sogar (besonders in der Freimaurerei) mit Schrittfolgen verbunden. Diese dienen einem doppelten Zweck: Zum einen wird durch solche Gradzeichen der Inhalt des betreffenden Grads symbolisiert, beispielsweise wenn dieser einem bestimmten Element, einem Planeten oder einer mythischen Gestalt oder Gottheit zugeordnet ist; zum anderen haben sie die Funktion eines Ausweises, mit dem der Zutritt Unbefugter zum Tempel oder zur Ordensgemeinschaft verhindert werden soll. Als Erkennungszeichen sind sie auch noch heute im Alltag üblich, meist in für Uneingeweihte völlig unauffälliger Form. Häufig werden Paßwörter, Gesten usw. auch in periodischen Abständen geändert, um eine Unterwanderung von außen auszuschließen.

Gesten, Mudras und Gottesformen sind sehr wirkungsvolle magische Hilfsmittel.

Abgesehen von überlieferten, mehr oder weniger festgelegten Gesten, Mudras und Gottesformen kann und sollte der Magier auch seine eigenen Gebärden, Zeichen usw. entwickeln, doch erfordert dies eine gewisse Erfahrung mit der magischen Gebärdensprache, weshalb wir auch erst später darauf eingehen wollen. Doch ist es nützlich, sich schon vorher klarzumachen, daß solche Gesten sehr wirkungsvolle magische Hilfsmittel sind, die sich wegen ihrer Unauffälligkeit im Alltag besonders gut bewähren, da sie uns (bei entsprechender Schulung) sehr schnell zu einer gewünschten Gnosis verhelfen können.

Fassen wir auch dies noch einmal in einem Merksatz zusammen:

KÖRPERGESTIK UND -MIMIK KANN DIE FUNKTION INKARNIERTER SIGILLEN ODER DIE VON TALISMANEN ÜBERNEHMEN.

Wir können Gesten und Mimik also ebenso magisch laden wie ein Stück Metall oder Pergament, aus dem wir einen Talisman oder ein Amulett herstellen. Es ist wichtig, dies von Anfang an zu verstehen, weil es uns dem von uns angestrebten strukturalen Verständnis der Magie ein gutes Stück näherbringt und uns dabei hilft, den zahllosen Wirrheiten und Fallen, durch welche ein Großteil der traditionellen Literatur leider gekennzeichnet ist, erfolgreich zu entgehen. Dies geschieht nicht zuletzt durch die Sprachlichkeit. Bei Spare wird der Magier selbst zu einer wandelnden Sigil, indem er seinen ganzen Organismus und sein (unbewußtes) »Fleischeswissen« in die Waagschale wirft, um seinem Willen entsprechende Wucht und Schubkraft zu verleihen. Der alte Satz aus dem Ägyptischen Totenbuch »in jedem Glied meines Körpers lebt eine Gottheit« ist uns Erinnerung daran, daß wir auch Finger und Zehen, Arme und Beine direkt zu magischen Waffen machen können. Freilich wird erst der Adept diese Kunst vollends gemeistert haben, weshalb es in Pete Carrolls Psychonautik auch zu Recht heißt, daß es die »Techniken der leeren Hand« seien, die den wahren Adepten ausmachen.

Finger und Zehen, Arme und Beine zu magischen Waffen machen

Wir werden nun mit zwei sehr schlichten, aber ungeheuer wirkungsvollen Ritualgesten beginnen, die Sie ab nun unter anderem auch in Ihre rituelle Praxis einbeziehen sollten.

Das Öffnen des Schleiers

Der Magier steht vor Beginn des Rituals aufrecht am Altar, die Oberarme waagerecht (parallel zum Boden) an den Oberkörper gelegt. Die Hände sind entweder zu Fäusten geballt und liegen mit den Daumen zwischen den Brüsten (etwa auf Höhe mit dem Herzchakra). Oder die Oberarme sind leicht eingedreht, so daß die Handflächen nach außen zeigen; in diesem Fall werden die Hände aus dem Gelenk um 90° abgewinkelt und die gestreckten Finger ragen, ebenfalls im rechten Winkel, gerade nach vorn, die inneren Handkanten verlaufen also parallel zum Boden. Der Magier schließt die Augen, atmet tief und konzentriert durch und reißt dann die Hände kräftig auseinander, wobei er einen Schleier imaginiert, der durch diese Bewegung ruckartig geöffnet wird.

Der »Schleier der Isis«

Das Symbol des Schleiers begegnet uns in der Magie immer wieder, am bekanntesten ist wohl der »Schleier der Isis«, den zu lüften das Streben des Wahrheitssuchers ist. Denn Schleier verhüllen, sie sind Glyphen des Trugs und der Illusion, im Osten soll der »Schleier der Maya« zerrissen werden. Es ist also der Blick in die »Welt hinter der Welt«, der dadurch symbolisiert wird und der auch die Aufgabe jeder »hohen« Magie ist. Hinter dem Schleier verbirgt sich die Erkenntnis, die Wahrheit, die Gottheit – und der Spiegel, in dem der Magier sein eigenes Antlitz wahrnimmt, wodurch er sich selbst als Urgrund der Schöpfung erkennt. (»Deus est homo, homo est deus«, wie wir gelernt haben.) Den Schleier zu öffnen heißt folglich auch, sich selbst ins Gesicht zu schauen, sich der Wahrheit (der persönlichen wie der überpersönlichen) zu stellen und sich nicht länger täuschen zu lassen. Die Illusionen des Alltags werden beiseite geschoben und damit auch die kleinkarierte Alltagspersönlichkeit, die Alltagssorgen und die Alltagsängste. Dies ist ein alchemistischer Prozeß, bei dem der »Phönix« geläutert aus der Asche emporsteigt – vergessen wir nicht, daß in früheren Zeiten Rituale fast immer durch vorangehende Phasen der Kasteiung, der Entsagung sowie des Fastens und der geistigen wie körperlichen Reinigung vorbereitet wurden! Die Befreiung von der Illusion und die Gottes- oder Wahrheitsschau ist zugleich die Befreiung von unseren irdischen Fesseln und den ach so liebgewonnenen Irrtümern, die uns daran hindern, unserer wahren Bestimmung (Willen, Thelema) zu folgen.

Die Befreiung von der Illusion ist die Befreiung von den irdischen Fesseln.

Unter rein praktischen Gesichtspunkten betrachtet, haben wir es hier ganz unmystisch mit einer Geste des Beginns zu tun, mit der wir dem Unbewußten signalisieren, daß wir den gezielten Kontakt zu ihm aufnehmen wollen. Oft genug geübt, wird sich der gewünschte Bewußtseinszustand (Gnosis) nach einer Weile allein durch die Geste fast automatisch einstellen.

Das Schließen des Schleiers

Zum Abschluß des Rituals (in der Regel nach der Entlassungsformel) stellt sich der Magier wieder wie zu Anfang vor dem Altar auf, atmet erneut tief und konzentriert durch, breitet die Arme auseinander und bringt sie mit einer kräftigen, schnellen Bewegung wieder in die Ausgangsstellung zurück, die er vor dem Öffnen des Schleiers eingenommen hatte, wobei er imaginiert, wie der Schleier geschlossen wird. Danach bannt er wie üblich (meist durch Lachen).

Es wäre zwar naheliegend, aber dennoch töricht zu glauben, daß der Magier mit dem Schließen des Schleiers sein Leben wieder mit Illusion und Trug verhüllen würde – wohl aber schließt er damit die Pforte zum Unbewußten, die er für die Dauer des Rituals geöffnet hatte. Die Geste hat also bannenden Charakter und entspricht auch der Symbol-Logik, nach welcher das, was zu Anfang geöffnet wurde, zum Schluß natürlich auch wieder geschlossen werden muß. Sonst kann es zu ungewollten und schädlichen, ja gefährlichen Interferenzen im Alltag kommen, machen sich Dämonen, Geister, Komplexe usw. selbständig.

Die Annahme von Gottesformen

Der Sinn der Annahme von Gottesformen dürfte aus dem oben Gesagten klar geworden sein. Betrachten wir nun drei traditionelle Gottesformen, die in der westlich-hermetischen Zeremonialmagie häufig verwendet werden.

DIE GOTTESFORM DES HORUS

Der Magier steht leicht vornübergebeugt, Arme und Finger sind gerade vorgestreckt, die Daumen aneinandergelegt, der Blick folgt der Armlinie, ein Bein steht in großer Schrittweite vor dem anderen (vgl. Abb. 13a). Nun verharrt der Magier eine Weile in dieser Stellung, bis er schließlich die Arme wieder senkt, sich aufrichtet und den Körper lockert.

Geste großer Kraft und Wucht

Dem ägyptischen Kriegsgott Horus entsprechend, handelt es sich bei dieser Gottesform um eine Geste großer Kraft und Wucht. Sie wird zumeist benutzt, um die Willensgnosis zu stärken und um Gegenstände (Talismane, Fetische usw.) mit Magis zu laden. Dies geschieht meist durch eine Phase der Hyperventilation (kräftiges, flaches, sehr schnelles Schnaufen, bei dem das Gehirn mit einem außergewöhnlichen Sauerstoffanteil versorgt wird, was die Trance verstärkt), auf deren Höhepunkt die magisch geladene Energie explosionsartig aus den Fingerspitzen in das Zielobjekt geschleudert wird. Ähnlich wird bei Kampfzaubern die Zielperson bzw. ihr Abbild (Puppe, Foto), ihre Mumia (= Körpersekrete, Haare, Wäscheteile usw.) angegriffen. Zur sanften Heilung eignet sich diese Gottesform allerdings weniger, es sei denn, es soll einem sehr siechen Patienten ein besonders kräftiger Energieschub übertragen werden (z. B. bei unmittelbarer Todesgefahr).

DIE GOTTESFORM DES HARPOKRATES

Der Magier steht aufrecht mit aneinandergestellten Füßen vor dem Altar. Der Blick ist fest nach vorn gerichtet, die Arme hängen an den Seiten herab. Nun winkelt er das linke Bein an, hebt es, bis der Oberschenkel parallell zum Boden verläuft, und stampft kräftig mit dem

Fuß auf. Gleichzeitig führt er den Zeigefinger der rechten Hand mit einer kraftvollen Bewegung an die Lippen, die er damit versiegelt. Der Zeigefinger erreicht die Lippen im Augenblick des Fußaufstampfens. Nun verharrt der Magier eine Weile in dieser Stellung, bis er schließlich die Arme wieder senkt (vgl. Abb. 13b).

Sonnenkinder und Urgötter

Der im Vergleich zu Horus und Osiris nur wenig bekannte ägyptische Gott Harpokrates (nicht zu verwechseln mit dem griechischen Arzt Hippokrates!) stellt Horus in seinem Kindsaspekt (Hor-pe-chrod) dar und steht zugleich für alle jungen Götter, die gemeinsam unter dem Namen Horus als Sonnenkinder und Urgötter verehrt werden (z. B. Harsomtus, Har-p-re, Horus-Schu usw.). In griechisch-römischer Zeit steigt, wie schon zum Ausklang des Neuen Reichs, seine Beliebtheit stetig, er entwickelt sich zu zahlreichen Sonderformen und nimmt auch zunehmend griechische Einflüsse auf, die sich auch in seinem meist in der griechischen Form überlieferten Namen äußern. Er wird mit dem Sonnengott gleichgesetzt, mit Amun, und mit dem Widdergott Chnum (Harponknuphis), und Plutarch erwähnt ihn als Gott der Hülsenfrüchte und der Fruchtbarkeit. Ebenfalls von Plutarch stammt die Spekulation, daß in Harpokrates die Einsicht über göttliche Dinge gesammelt ist und daß sein Kindsein auf die Unvollkommenheit dieser Einsicht unter den Menschen deutet. In seinem an den Mund gelegten Finger sieht Plutarch ein Symbol der Verschwiegenheit und des Schweigens, was auch, ebenso wie seine anderen Ausführungen, von Aleister Crowley weitgehend übernommen wurde. In Crowleys System wird er als Hoor-pa-kraat bezeichnet.

Mit der Annahme dieser Gottesform »besiegelt« der Magier sein Tun, es ist gewissermaßen eine Art »Bannung im kleinen«. Bildlich können wir es uns als den Deckel vorstellen, der auf den Topf gelegt wird, nachdem wir alle Zutaten ins kochende Wasser gegeben haben. Auch das Aufstampfen ist ein kraftvoller Teilabschluß, der die Entschiedenheit, den alchemistischen Gärungsprozeß in Gang zu setzen und das einmal begonnene magische Tun zuende zu führen, bestätigt und besiegelt.

DIE GOTTESFORM DES (AUFERSTANDENEN) OSIRIS

Der Magier steht aufrecht, die Füße aneinandergestellt, die Arme sind vor der leicht geschwellten Brust gekreuzt, die zu Fäusten geballten Hände ruhen an den Schultern. Der Blick ist aufrecht und durchdringend ohne jedes Blinzeln, die Gesichtszüge sind fest, ja starr, aber nicht verkrampft (vgl. Abb. 13c). Nun verharrt der Magier eine Weile in dieser Stellung, bis er schließlich die Arme wieder senkt und den Körper lockert.

Abbildung 13: Einige Gottesformen
a) Horus; b) Harpokrates; c) Osiris (auferstanden)

Dies ist die Triumphhaltung des siegreichen Sonnengotts Osiris, der nach seiner Wiederauferstehung, nachdem er vorher durch seinen Rivalen Set ermordet und zerstückelt wurde, mit Würde und Stolz wieder seine Macht annimmt. In den ägyptischen und spätantiken Osirismysterien identifizierte sich der Initiand mit dem Sonnengott und durchlebte, wie dieser es täglich tut, den Zyklus von Geburt, Tod und Wiedergeburt – er erfuhr also einen Prozeß der Läuterung und des geistigen Wachstums.

Damit wollen wir für diesmal unsere Betrachtung der Mudras und Gottesformen beenden.

MAGIE IN DER BIBEL (1)

Die Magie spielt in der biblischen Welt eine nicht zu übersehende Rolle, wenngleich die meisten Schilderungen auch eng mit dem Begriff des Wunders verknüpft sind und die Zauberer im allgemeinen in der Bibel nicht sonderlich gut wegkommen.

BIBLISCHE TERMINOLOGIE IM ZUSAMMENHANG MIT DER MAGIE

Das Alte Testament verwendet verschiedene Bezeichnungen, die Verbindung mit Magie und Zauberei haben bzw. für diese stehen. Folgende fünf hebräische Ausdrücke spielen eine große Rolle:

1. ksp = »Zauberer, Zauberei, Hexe(rei)«

Diese Konsonantwurzel bedeutet ursprünglich wahrscheinlich »schneiden«, was wohl auf das Schneiden von Kräutern zur Herstellung von Zaubern, Amuletten, Talismanen, Tränken usw. zurückgeht (vgl. dazu 1 Mose xxii,18; 5 Mose xviii,9,12; Je. xxvii,9).

2. hrtm = »Magier«

Der Begriff leitet sich vom altägyptischen hry-tp = »Oberster (Leser-Priester)« ab, ein Titel, der den berühmtesten ägyptischen Zauberern zugesprochen wurde.

3. lhs = »Zauber(er), Verzauberung, Flüstern, Ohrring«

Vgl. dazu Jes. iii,20. In Ps. lviii,5 und Pred. x,11 werden damit die Schlangenbeschwörer bezeichnet.

4. hbr = »Zauberei, Zauberer«

Diese Wurzel enthält die Vorstellung des Bindens durch Zauber, wohl mit Amuletten und Talismanen (vgl. dazu 5 Mose xviii,11 sowie Jes. xlvii,9,12).

5. kasdim = »Chaldäer«

Das Buch Daniel verwendet den Begriff sowohl als Volksbezeichnung wie auch, um eine bestimmte Kaste von Zauberern zu benennen. Möglicherweise hat der Übersetzer, der den aramäischen Teil dieses Buchs aus dem Hebräischen übertrug, damit das ältere Wort *galdu* ersetzt, das in babylonischen Inschriften die Bedeutung »Astrologen« trug. Die einzigen beiden Hinweise im hebräischen Abschnitt des Werks (Daniel ii,2,4) wurden daraufhin assimiliert.

Im Neuen Testament finden wir darüber hinaus drei weitere einschlägige Begriffe:

6. magos (und Ableitungen) = »Zauberer, Zauberei«

Bei Matth. ii sind damit auch »weise Männer« bezeichnet. Ursprünglich handelte es sich bei den Magi um einen medischen (iranischen) Volksstamm; ähnlich wie die Chaldäer wurden auch sie zum Synonym für »Zauberer« (vgl. Apg. viii,9,11, xii,6,8; nur bei Matthäus und in der Apostelgeschichte zu finden). Unser heutiges Wort »Magie« leitet sich ebenfalls davon ab.

7. pharmakos (und Ableitungen) = »Zauberer, Zauberei, Hexerei«

Hier stehen Drogen, Tränke, Gifte usw. im Vordergrund der Bedeutung (Offb. ix,21, xviii,23, xxi,8, xxii,15; Gal. v,20). Man beachte die heute noch gebräuchlichen Begriffe »Pharmazie, Pharmakologie« usw.

8. goes = »Verführer«

Bei 2 Tim. iii,13 auch »Betrüger«; wahrscheinlich meint das Wort einen Bindungszauberer. Wörtlich übersetzt es sich als »Klageschreiender«, erhält aber im klassischen und hellenistischen Griechischen eine magische Bedeutung.

In der Bibel wird die Magie – oberflächlich betrachtet – stets verdammt. Ob als »Hexerei« oder als »Zauberei« bezeichnet, stets wird darunter der »Verkehr mit niederen Wesenheiten« verstanden, der Magier wird als Totenbeschwörer (Nekromant) und undurchsichtiger, heimtückischer und widernatürlicher Bösewicht denunziert, dem die höhere Ehre Gottes herzlich egal ist und der Recht und Gesetz sehr persönlich, mithin asozial auslegt. Der Aspekt des Umgangs mit Dämonen und Totengeistern ist sehr wichtig, spiegelt er sich doch noch bis heute in der Ablehnung der Kirchen gegen die magische Kunst und Zunft wider. Noch immer verstehen die meisten unserer Gegner die Magie als eine Disziplin des Geisterverkehrs und werfen sie ohne Bedenken in einen Topf mit Nekromantie und Spiritismus.

Die Ablehnung der Kirchen gegen die magische Kunst

Die Liste magischer Praktiken, die in der Bibel verworfen werden, ist lang. Dafür zeigt sie uns aber auch zugleich, wie weit sie immerhin verbreitet waren.

Das Tragen von Amuletten

Zu den in Jes. iii,18–23 angeführten (und verpönten) Schmuckstücken der Frauen gehören auch die in Vers 20 erwähnten und herkömmlich als »Ohrringe« übersetzten Gegenstände – von denen die Forschung jedoch annimmt, es seien damit in Wirklichkeit Amulette, Talismane oder Kraftobjekte gemeint. In der revidierten Luther-Fassung wird übrigens bereits »Amulette« übersetzt. (Wir wollen hier aus Gründen der Vereinfachung auf eine Unterscheidung zwischen diesen magischen Gerätschaften verzichten, wiewohl wir den Unterschied zwischen ihnen in unserer eigenen Praxis natürlich berücksichtigen.) Das Wort steht im Zusammenhang mit Flüstern (Wispern) und Schlangenbeschwörung. Manche Forscher sind der Auffassung, daß der Glücksbringer mit guten Zaubern geladen worden sei, die über ihm geflüstert wurden; andere meinen, daß das Wort ursprünglich *nhs* = »Schlange« bedeutet habe, so daß es sich bei dem fraglichen Talisman wohl um eine Schlangenfigur handelte. In anderen Bibelübersetzungen (beispielsweise der englischen King James Authorized Version) findet sich in

Das Wort »Amulett« steht im Zusammenhang mit Flüstern und Schlangenbeschwörung.

Vers 18 auch ein Hinweis auf »runde Reife, dem Monde gleich« (saharonîm) – bei diesen dürfte es sich eindeutig um Spangen in Mondform gehandelt haben, die sonst nur noch im Buch der Richter (viii,21,26) Erwähnung finden: »Da stand Gideon auf und erschlug Sebach und Zalmunna und nahm die kleinen Monde, die an den Hälsen ihrer Kamele waren« (V. 21). Wie wir in Vers 26 erfahren, werden diese Mondtalismane jedoch nicht nur von Kamelen, sondern auch von den Königen der Midianiter getragen. Es gibt zudem auch außerbiblische Hinweise auf das Tragen von Sonnentalismanen in Form von Anhängern.

In Genesis, genauer bei 1 Mose xxxv,4, heißt es: »Da gaben sie ihm [d.i. der Haushalt dem Jakob] alle fremden Götter, die in ihren Händen waren, und ihre Ohrringe, und er vergrub sie unter der Eiche, die bei Sichem stand.« Dies ist ein deutlicher Hinweis, daß das Wort »Ohrring« oft mit Zaubergegenständen bzw. Amuletten o.ä. gleichgesetzt wird.

MAGIER, ZAUBERER, HEXEN

Sowohl in Genesis als auch in Exodus werden Magier erwähnt. Ersteres Werk schildert uns sogar einen magischen Wettkampf zwischen Moses und Aaron und den Hofzauberern des Pharao: »Und der Herr sprach zu Mose und Aaron: Wenn der Pharao zu euch sagen wird: Weist euch aus durch ein Wunder!, so sollst du zu Aaron sagen: Nimm deinen Stab und wirf ihn hin vor Pharao, daß er zur Schlange werde! Da gingen Mose und Aaron zum Pharao und taten, wie ihnen der Herr geboten hatte. Und Aaron warf seinen Stab hin vor dem Pharao und vor seinen Großen, und er ward zur Schlange. Da ließ der Pharao die Weisen und Zauberer rufen, und die ägyptischen Zauberer taten ebenso mit ihren Künsten: Ein jeder warf seinen Stab hin, da wurden Schlangen daraus; aber Aarons Stab verschlang ihre Stäbe. Aber das Herz des Pharao wurde verstockt, und er hörte nicht auf sie, wie der Herr gesagt hatte.« (2 Mose vii,8–13)

Der magische Wettkampf zwischen Moses und Aaron und den Hofzauberern des Pharao

Ob es sich dabei nun um echte Magie gehandelt haben mag oder nur um einen der damals wie heute beliebten Taschenspielertricks: Man wird jedenfalls den Verdacht nicht los, daß der Herrscher der Ägypter, nach damaligem Paradigma immerhin selbst eine Inkarnation des Osiris, schon Besseres gesehen hatte!

Doch damit keineswegs genug: Im selben Abschnitt müssen Moses und Aaron (der ersterem wohl generell als eine Art Faktotum diente) das Wasser des Nil in Blut verwandeln, was die ägyptischen Zauberer ihrerseits prompt nachahmen (V. 20–22), so daß der Pharao sich einmal mehr verschnupft von den beiden Israeliten abwendet. Immerhin haben wir es hier mit einem sehr früh bekundeten Beispiel magischer Umweltverschmutzung zu tun, denn: »Alle Ägypter gruben am Nil entlang nach Wasser zum Trinken, denn das Wasser aus dem Strom konnten sie nicht trinken« (V. 24).

Auch als Moses und Aaron auf Geheiß des Jahwe plötzlich eine Froschplage über das Land heraufbeschwören, können die ägyptischen Magier in gleicher Münze heimzahlen (viii,2–3), allerdings müssen die Verursacher den Schaden auch wieder beseitigen. Obwohl die beiden dies tun, hält der Pharao sich nicht an die Vereinbarung und läßt sie immer noch nicht ziehen.

Auf dem Gebiet der Ungeziefermagie erweisen sich die beiden Männer Jahwes ihren ägyptischen Konkurrenten schließlich als überlegen: Denn diesen gelingt es nicht, wie die Israeliten eine Stechmückenplage (nach anderer Lesart: eine Läuseplage) zu bewirken (viii,13–14). Auch gegen die Blattern versagen die Ägypter, sie werden sogar selbst davon befallen und magisch ausgeschaltet (ix,10–11).

Doch es bedarf noch eines Hagelzaubers, der derartige Verwüstungen anrichtet, daß selbst dem Pharao mulmig wird: einer magisch herbeigeführten Heuschreckenplage; einer dreitägigen Finsternis und der Tötung aller Erstgeburten, bis der ägyptische Herrscher das Volk Israel endlich ziehen läßt.

Es nützt nichts, wie es viele Christen und Theologen tun, die Akte des Moses und des Aaron als »Wunder« abzutun, nur weil es stets der »Herr« ist, der ihnen eingibt, was sie unternehmen sollen. Über eine derartige Naivität kann jeder Schamane nur lächeln: Natürlich ist es stets die innere Stimme des Magiers, die ihm das rechte Vorgehen eingibt, ob er diese nun »Gott«, »Herr«, »Schutzengel«, »Wille«, »Atman«, »Kia« oder sonstwie nennen mag. Alle Begleitumstände der zehn magischen Plagen spre-

Die zehn biblischen Plagen beruhen auf Magie.

chen eine deutliche Sprache: Nach anfänglicher Meditation und Offenbarung (»Und der Herr sprach zu Mose ...« usw.) wird mittels magischer Gesten (Stockwerfen, Armheben, Verwendung von Rußwolken usw.) das Gewünschte herbeigezaubert, und zumindest anfänglich sind diese »Wunder« keineswegs so ungewöhnlich, als daß die Profizauberer bei Hofe sich nicht auch darauf verstanden hätten. Wer so etwas nicht Magie nennen mag, der sollte sich auch schleunigst um eine neue Definition bemühen.

Für eine solche Definition gibt es jede Menge Beispiele: »Magie« ist darin stets »schwarz« und immer nur das, was die anderen (und ihre »bösen« Götter bzw. – natürlich noch lieber abwertend formuliert – Götzen) tun. »Wunder« dagegen sind immer nur »weiß« und stammen aus einer »höheren Quelle«, die stets gut und weise ist. Noch heute finden wir diese Unterscheidung bei der Auseinandersetzung zwischen »theurgischen« (»weißen«, »guten«) und »dämonischen« (»schwarzen«, »bösen«) Magiern – wobei für einen neutralen Beobachter freilich nur selten klar ist, welche der beiden Parteien sich tatsächlich zu welchem Lager zählen darf. Es geht sogar so weit, daß beispielsweise christliche Theologen bis auf den heutigen Tag die Magie als primitiven Aberglauben abtun, das Zweifeln an der Existenz von Wundern dagegen als Mangel an »rechtem Glauben«!

Aber ist es angesichts solch gewaltiger magischer Leistungen, wie sie die Bibel uns berichtet, wirklich so abwegig, wenn vor allem im Mittelalter und der Renaissance Gestalten wie Salomo und Mose als Pseudoautoren zahlloser Grimoarien herhalten müssen? So etwas zeugt doch wohl eher von einer recht genauen, nüchternen Einschätzung solcher Figuren durch Menschen, die anscheinend einiges vom Fach verstanden haben müssen, um Vorbilder auch dann als solche zu erkennen, wenn die Kirche wider derlei ketzerische »Fehldeutung« wetterte und sie sogar zu ihren Hoch-Zeiten mit dem Flammentod bedrohte.

Saul und die »Hexe von Endor«

Die berüchtigte »Hexe von Endor« des Alten Testaments war natürlich weniger eine echte Magierin als vielmehr eine Seherin und Nekromantin (1 Sam. xxviii,7–21), die ausgerechnet vom in Sorge geratenen Saul aufgesucht wird, der einst selbst »die Geisterbeschwörer und Zeichendeuter aus dem Lande vertrieben« hatte (V. 3). Der von ihr beschworene Geist Samuels ist denn auch prompt Künder der Rache des Herrn und verheißt ihm den baldigen Tod, weil er sich gegen diesen versündigt und dessen grimmigen Zorn an Amalek nicht vollstreckt habe. Immerhin sucht Saul die Nekromantin erst auf, nachdem alle anderen Propheten versagen und Orakel (Lose) sowie Träume schweigen (V. 6).

Ein vielsagendes Beispiel für das Vorherrschen magischer Praktiken und professioneller Zauberinnen unter den Hebräern finden wir bei Hesekiel, natürlich wieder einmal negativ formuliert: »Und du, Menschenkind, richte dein Angesicht gegen die Töchter deines Volks, die aus eigenem Antrieb als Prophetinnen auftreten, und weissage gegen sie und sprich: So spricht Gott der Herr: Weh euch, die ihr Binden näht für alle Handgelenke und Hüllen für die Köpfe der Jungen und Alten, um Seelen damit zu fangen! Wollt ihr Seelen fangen in meinem Volk und Seelen für euch am Leben erhalten? Ihr entheiligt mich bei meinem Volk für eine Handvoll Gerste und einen Bissen Brot, dadurch daß ihr Seelen tötet, die nicht sterben sollten, und Seelen am Leben erhaltet, die nicht leben sollten […]. Darum spricht Gott der Herr: Siehe, ich will über eure Binden kommen, mit denen ihr die Seelen fangt, und will sie von euren Armen reißen und die Seelen, die ihr gefangen habt, befreien. Und ich will eure Hüllen wegreißen und mein Volk aus eurer Hand erretten, daß ihr sie nicht mehr fangen könnt. Und ihr sollt erfahren, daß ich der Herr bin […]. Darum sollt ihr nicht mehr Trug predigen und wahrsagen, sondern ich will mein Volk aus euren Händen erretten […].« (xiii,17–23)

Hier sehen wir nicht nur einen Konkurrenzkampf verschiedener magischer Systeme (»Gottheiten« oder auch »Magier«), sondern zudem eine Verteufelung der Frau als Hexe, wie sie uns auch in späterer Zeit immer wieder begegnen wird. Technisch gesehen haben wir es dabei wohl mit Formen des Bindungs- und Besessenheitszaubers mit Hilfe von Stofftüchern, Bändern und (Leder-)Riemen zu tun, die zugleich die Funktion von Fetischen und »Geisterfallen« hatten. Schon die bloße Tatsache, daß Jahwe derart massiv gegen diese Magierinnen vorgeht, ist Beweis genug für ihre Macht. Immerhin – welcher moderne Magieanfänger kann von sich schon behaupten, »Seelen, die nicht leben sollen«, am Leben erhalten zu können? Auch Knotenzauber kommen in Betracht. So berichtet Frazer über die hexenden Frauen des Alten Testa-

Verteufelung der Frau als Hexe

ments, daß sie die Seelen anderer einfingen und an Stoffbändern dahinsiechen ließen. Gegen Bezahlung wurde dann die Seele eines Kranken diesem wiedergegeben.

Eine sehr berüchtigte Zauberin war auch Isebel (Jezebel), deren »Abgötterei und vielen Zauber« (2 Könige, ix,22) auf den Zorn Jehus (und später auch Jahwes) trifft. Aleister Crowley hat dieser Gestalt mit seiner Jezebel-Dichtung später zu neuem Ruhm verholfen, wie sie denn überhaupt eine beliebte Figur in der Dichtung der Jahrhundertwende war.

Durch den Propheten Micha wettert Jahwe wieder einmal gegen die magische Zunft: »Und ich will die Zauberei bei dir ausrotten, daß keine Zeichendeuter bei dir bleiben sollen.« (Micha, v,11) Der häufige Hinweis auf »Zeichendeuter« ist zudem ein Hinweis darauf, welch große Rolle die Omen- und Orakeldeutung in damaliger Zeit gespielt hat. Das war keineswegs nur unter den Israeliten und ihren unmittelbaren palästinensischen Widersachern so, denken wir nur an die römischen Staatsorakel (die Auguren) und an die Praktiken der Antike, als Herrscher aller Art vor jeder wichtigen staatsmännischen Entscheidung ein Orakel zu befragen pflegten.

Daß sich der Monotheismus nicht einmal im Juda der Israeliten seiner Position immer sicher sein konnte, zeigt das Beispiel des Königs Manasse, der mit zwölf Jahren auf den Thron kam und immerhin fünfundfünfzig Jahre regierte. Er baute (ausgerechnet in Jerusalem!) die alten Kultstätten wieder auf, »richtete dem Baal Altäre auf und machte ein Bild der Aschera [...] und betete alles Heer des Himmels an und diente ihnen. Und er baute Altäre im Hause des Herrn, von dem der Herr gesagt hatte: Ich will meinen Namen zu Jerusalem wohnen lassen, und er baute allem Heer des Himmels Altäre in beiden Vorhöfen am Hause des Herrn.« (Könige, xxi,3–5) Doch damit nicht genug, befleißigte er sich offenbar auch der praktischen Seite der Magie: »Und er ließ seinen Sohn durchs Feuer gehen und achtete auf Vogelgeschrei und Zeichen und hielt Geisterbeschwörer und Zeichendeuter [...].« (V. 6) Zwar erzürnt dies Jahwe wie immer, und er droht auch schreckliche Vergeltung, doch sollte es noch eine ganze Weile dauern, bis sich das Blatt wieder zu seinen Gunsten wendete, denn Manasses Sohn Amon trat in die Fußstapfen seines Vaters und weigerte sich beharrlich, wieder zum alten neuen Glauben zurückzukehren. Als er nach zweijähriger Regentschaft im Alter von vierundzwanzig Jahren einer Verschwörung zum Opfer fällt, werden die Verschwörer sogar vom Volk erschlagen. Erst der vom Volk inthronisierte achtjährige Josia wird dann wieder auf den »Weg Davids« zurückkehren. (Man beachte die Tatsache, daß der vierundzwanzigjährige Amon immerhin schon einen Sohn von acht Jahren hatte!)

Fruchtbarkeitszauber im Buch Genesis

Fruchtbarkeitszaubern begegnen wir schon im Buch Genesis, wo Lea mit Hilfe von »Liebesäpfeln« (die englische Bibel gibt »Alraune« an; die Luther-Fassung meint wohl entweder dasselbe oder Granatäpfel) dem Jakob noch einen fünften Sohn gebiert (1 Mose, xxx,14–18). Bezeichnend ist, daß manche pseudorationalistische Theologen unserer Zeit daraus kategorisch eine Form der Naturmedizin machen wollen, nur um den weitverbreiteten Gebrauch magischer Praktiken verschämt zu relativieren, als wenn man Naturmedizin und Magie in früheren Zeiten jemals wirklich voneinander hätte trennen können!

Derselbe Jakob war sich ebenfalls der Macht der Sympathiemagie bewußt, die er mit Erfolg zur Viehzucht nutzte: »Und Jakob nahm frische Stäbe und Pappeln, Mandelbäume und Platanen und schälte weiße Streifen daran aus, so daß an den Stäben das Weiße bloß wurde, und legte die Stäbe, die er geschält hatte, in die Tränkrinnen, wo die Herden hinkommen mußten zu trinken, daß sie da empfangen sollten, wenn sie zu trinken kämen. So empfingen sie die Herden über den Stäben und brachten Sprenklinge, Gefleckte und Bunte.« (1 Mose, xxx,37–40) Das hindert ihn natürlich nicht daran, zugleich mit gutem Augenmaß Selektionszucht zu betreiben (1 Mose, xxx,41–42).

Einen sympathiemagischen Sturmzauber gegen die Philister bietet uns das erste Buch Samuel: »Und sie kamen zusammen in Mizpa und schöpften Wasser und gossen es aus vor dem Herrn und fasteten an demselben Tage.« (1 Sam., vii,6) Bekannt ist uns ja auch aus anderen Kulturen die Praktik, Wasser zu vergießen, um Regen herbeizuzaubern.

Die Geschichte von Simson (Samson), dem Delila die Kraft raubt, indem sie ihm das Haar schert, ist allgemein bekannt. Wir können sie im Buch der Richter (xvi) nachlesen. Hier ist das Haar ein magischer Energiespeicher, was wir auch in vielen anderen magischen Lehren thematisiert finden. Haare werden oft als Antennen begriffen, mit denen feinstoffliche Energien wahrgenommen und manipuliert werden können. Es ist sicher kein Zufall, daß langen Haaren (und ihrem Scheren) unter Zaube-

Das Haar als magischer Energiespeicher

rern und Schamanen weltweit eine große magische Bedeutung zugesprochen wird.

Hiob, der sich in seiner Verzweiflung dazu hinreißen läßt, sogar den Tag seiner eigenen Geburt zu verfluchen, macht deutlich, daß dies durchaus übliche Praktik gewesen zu sein scheint: »Siehe, jene Nacht sei unfruchtbar und kein Jauchzen darin! Es sollen sie verfluchen, die einen Tag verfluchen können, und die da kundig sind, den Leviathan zu wecken!« (Hiob, iii,7–8) Einen Tag zu verfluchen und das krokodilähnliche Riesenungeheuer Leviathan zu wecken – möglicherweise steht dahinter der alte Glaube, daß es Magier gibt, welche ein Ungeheuer (oft einen Drachen) mit ihrer Macht beschwören können, damit dieser die Sonne verschlingt (was natürlich stets bei Sonnenfinsternissen angenommen wurde). Sehr wahrscheinlich haben wir es hierbei mit einer Variante des altägyptischen Set-Mythos zu tun. (Set vernichtet seinen Bruder, den Sonnengott Osiris, und zerstückelt ihn.)

Auch das Segnen und Verfluchen spielt im Alten Testament eine große Rolle. So segnen die Patriarchen häufig ihre Kinder, während Bileam Israel verfluchen soll (4 Mose, xxiii,8). König David wird von Simeï aus dem Hause Saul massiv verflucht, ja sogar mit Steinen beworfen und wehrt sich nicht, weil er argwöhnt, daß Jahwe dahinterstehen könnte (2 Samuel, xvi,5–13).

Segnen und Verfluchen

Doch damit fürs erste genug. Im nächsten Abschnitt werden wir uns dem Neuen Testament zuwenden, wo sich nicht minder aufschlußreiche Schilderungen magischer Akte finden lassen.

Praktische Übungen

ÜBUNG 53
MUDRA-SCHULUNG (I)

Denke eine Weile darüber nach, welche mudrische Funktion das Schlagen der Pentagramme beim Pentagrammritual hat. Halte Deine Gedanken stichwortartig im Magischen Tagebuch fest und lasse besonders viel Platz für spätere Eintragungen. Denn je mehr Du Dich mit Mudras befassen wirst, um so mehr Zusammenhänge und Beziehungsgeflechte wirst Du zwischen Körperlichkeit im allgemeinen, Körpergesten im besonderen und den feinstofflichen Phänomenen erkennen, die in unserer Kunst eine solch herausragende Rolle spielen.

ÜBUNG 54
MUDRA-SCHULUNG (II)

Integriere ab sofort das Öffnen und Schließen des Schleiers in Deine rituelle Praxis, sofern Du es nicht ohnehin schon getan haben solltest. Achte dabei auch auf etwaige feinenergetische Unterschiede zwischen Ritualen mit und ohne diese Mudras.

ÜBUNG 55
MUDRA-SCHULUNG (III)

Experimentiere nach Belieben mit den drei Gottesformen des Horus, des Harpokrates und des Osiris. Dies kannst Du tun, indem Du sie in ein Ritual einbaust. Willst Du beispielsweise einen Gegenstand (Talisman, Amulett, Fetisch, Kraftobjekt) rituell laden, so tue dies, indem Du auf dem Höhepunkt der Gnosis in der Gottesform des Horus die Energie ruckartig und heftig hineinleitest und sofort in die Gottesform des Harpokrates übergehst, um den Vorgang zu versiegeln. Danach nimmst Du die Triumphhaltung des auferstandenen Osiris an und meditierst über die Größe und Erhabenheit Deines Tuns.

LITERATURNACHWEIS

J. D. Douglas et al. [Hrsg.], *The New Bible Dictionary*, Grand Rapids, Michigan: W. B. Eerdmans, 1965, S. 766–771.

MUDRAS (II)

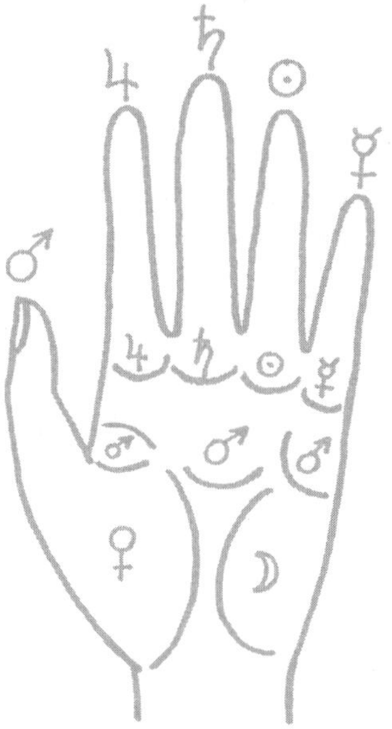

Griffe und Fingergesten Vokalmudras

Bei unserer Betrachtung der Mudras wollen wir uns nun drei sehr einfachen Fingergesten widmen, die aus der Buchstabenmagie von Kerning, Kolb und Sebottendorf stammen und die auch von manchen Derwischorden praktiziert werden.

I-MUDRA

Aus der zur Faust geballten rechten Hand wird der Zeigefinger gerade ausgestreckt; nun wird die Hand aufgerichtet, so daß der Finger in die Höhe weist.

A-MUDRA

Alle Finger liegen gerade und flach in einer Ebene nebeneinander. Nun wird der Daumen aufgerichtet, bis er mit dem Zeigefinger einen rechten Winkel bildet.

O-MUDRA

Alle Finger und der Daumen der gewinkelten Hand werden so gekrümmt, daß die Spitze des Daumens knapp die Spitze des Zeigefingers berührt. Nun bilden Daumen und Zeigefinger zusammen einen Kreis.

Diese Mudras werden in der Regel mit senkrecht emporgestrecktem Arm ausgeführt. Im Übungsteil finden Sie eine Anleitung, wie Sie die Vokalmudras mit der IAO-Formel verbinden.

Die Ladung von Mudras

Im allgemeinen bedürfen Mudras nur einer einzigen Form der Ladung, und das ist die beständige, regelmäßige Praxis. Sie werden erfahrungsgemäß meist sehr schnell, also schon nach relativ kurzem Üben, wirksam, weil sie aus den im letzten Abschnitt erläuterten Gründen einen umittelbaren Bezug zum Unbewußten herstellen und weil sich die im Körper-

Mudras bedürfen der beständigen, regelmäßigen Praxis.

lichen verankerte Magie weitaus schneller und effizienter handhaben läßt als alle spekulativ-intellektualisierten Systeme.

Sollten Sie aber eine intensive Einzel- oder Mehrfachladung wünschen, so können Sie dies folgendermaßen tun: Die Mudra wird gestellt und unter vollster Konzentration beibehalten (fünf bis zehn Minuten, nach Möglichkeit auch länger; im Yoga werden Mudras in der Regel bis zu 45 Minuten lang praktiziert, zwischen der Durchführung zweier solcher Meditations- oder Therapie-Mudras sollten dann allerdings mindestens fünf Stunden Pause eingelegt werden). Dies können Sie über einen Zeitraum von etwa einem halben Jahr durchführen bzw. bis Sie bemerken, daß sich der Sinninhalt der Mudra bzw. ihr Energiestrom bereits herstellt, sobald Sie die Mudra bilden.

Struktur der Handmudras

Zwar gibt es grundsätzlich auch sinnfreie Mudras, beispielsweise solche, die bestimmte feinstoffliche Energieströme im Körper der Magiers aktivieren sollen und keine weitere Funktion haben. Auch unsere oben angeführten Vokal-Mudras sind (zumindest auf der jetzigen Stufe unseres Lehrgangs) rein energetischer Art. Im allgemeinen sind Mudras jedoch physische Symbolträger. Es gibt im Osten wie im Westen eine hochentwickelte Mudrik, die man zu Recht als Gebärdensprache oder sogar als Geheimsprache bezeichnet hat. Wenn wir zum Beispiel die üppige Symbolik indischer, javanischer und thailändischer Tempeltänze betrachten, bei denen jede einzelne Körpergeste ihre eigene Bedeutung hat, ja sogar meist außerdem noch ein mythologisches Zitat darstellt, wird uns in etwa die reiche Vielfalt mudrischer Anwendungsmöglichkeiten bewußt. Auch hierbei ist es hilfreich, sich die Strukturformel klarzumachen, nach der Mudras in der Regel entwickelt werden.

Mudras sind physische Symbolträger.

KÖRPERTEILE WERDEN ALS KORRESPONDENZEN EINER ÜBERGEORDNETEN SYMBOLMATRIX DEFINIERT UND MACHEN DIESE MANIPULIERBAR.

Ist Ihnen dieser Merksatz zu abstrakt? Nun, wir wollen ihn sofort in praktisch nachvollziehbare Aussagen übersetzen. Dazu sollen uns zwei Beispiele dienen, das eine aus der westlichen Elementmagie, das andere aus dem indischen Chakra-System. Auch diese wollen wir in der Ihnen mittlerweile vertrauten strukturalistischen Weise ableiten.

Element- und Planeten-Mudras

Bei den Element-Mudras folgen wir den knappen Ausführungen Franz Bardons in seinem schon zititierten *Weg zum wahren Adepten*. Ähnliche Systeme finden wir auch in der östlichen Mudrik.

Die Element-Grundmatrix besteht, wie wir bereits wissen, aus den fünf Elementen Erde, Wasser, Feuer, Luft und Äther (Akasha). Diese werden den einzelnen Fingern der Hand zugeordnet, und zwar so, wie in der untenstehenden Skizze gezeigt.

DAUMEN	=	WASSER
ZEIGEFINGER	=	FEUER
MITTELFINGER	=	ÄTHER
RINGFINGER	=	ERDE
KLEINER FINGER	=	LUFT

Dabei gilt, daß die rechte Hand für die positive Elementladung steht, die linke dagegen für die negative. [Bardon, *Weg zum wahren Adepten*, S. 121]

Die Planeten-Matrix kennen wir ebenfalls bereits, sie besteht aus den sieben klassischen Planeten Sonne, Mond, Merkur, Venus, Mars, Jupiter und Saturn. Fünf der Planeten werden in der klassischen Chiromantie (Handlesekunst) den Fingern (und den darunterliegenden sogenannten Bergen) zugeordnet, der Mars erhält den »kleinen Mars-Berg«, die »Mars-Ebene« und den »Mars-Berg«, der Mond dagegen nur einen »Mond-Berg«. Daraus ergibt sich folgendes Grundmuster (nur Finger und Ballen):

DAUMEN	=	MARS
ZEIGEFINGER	=	JUPITER

MITTELFINGER = SATURN
RINGFINGER = SONNE
KLEINER FINGER = MERKUR
DAUMENBALLEN = VENUS
AUSSENBALLEN = MOND

Es muß allerdings darauf hingewiesen werden, daß die Planeten- und Elementzuordnung bei manchen Autoren geringfügig abweicht, wie so oft in der Magie herrscht auch hier nicht immer Einigkeit. Doch sollten diese Ausführungen genügen, um das Grundprinzip zu veranschaulichen. In Abb. 14 finden Sie beide Grundmatrices noch einmal in graphischer Form.

Mit Hilfe von Mudras lassen sich einzelne Element- oder Planetenkräfte aktivieren.

Wollen wir nun mit Hilfe von Mudras einzelne Element- oder Planetenkräfte bzw. Mischformen aktivieren, so stellen wir dem magischen Ziel entsprechend eine Mudra. So könnten wir beispielsweise für den Erfolg bei einem Vorstellungsgespräch den Daumen (Mars = Durchsetzungsvermögen) der rechten Hand an den kleinen Finger (Merkur = Redekunst und Überzeugungskraft) derselben legen, was sich auch völlig unauffällig in der Jackentasche oder im Warteraum durchführen läßt.

Die Berührung von kleinem Finger (Luft = Intellekt, Vernunft) und Zeigefinger (Feuer = Durchsetzungkraft, Wille) dagegen würde ganz ähnliche Erfolge zeitigen, zum Beispiel bei einer Probediskussion, wie sie durchaus üblich ist, wenn zwischen mehreren Bewerbern entschieden werden soll. Natürlich funktioniert dies nicht automatisch, sondern erst nachdem Sie entsprechend intensiv mit den Mudras gearbeitet und experimentiert haben.

Ihrem Einfallsreichtum sind dabei keine Grenzen gesetzt. Überlegen Sie sich selbst, wie Sie ein einzelnes Element aktivieren, wie Sie die Polarität »linke Hand = negativ«/»rechte Hand = positiv« für magische Zwecke nutzen. Entwickeln Sie gar, wenn Sie wollen, eine neue, individuelle Grundmatrix, bilden Sie Sigillen als Mudras und intonieren Sie diese mantrisch usw.

Die Mudra-Technik ist ein wichtiger Schritt auf dem Weg zur sogenannten »Hohen Magie der leeren Hand«, wie sie das Kennzeichen

Die »hohe Magie der leeren Hand« ist das Kennzeichen des Meisters.

des Meisters ist. Sie wissen bereits, daß alle Ritualwerkzeuge im Grunde nur Hilfsmittel sind. Sie sind sehr wichtig, und man sollte sie pflegen und auf ihre Herstellung große Sorgfalt verwenden. Und dennoch müssen Sie irgendwann von solchen äußeren Krücken wieder unabhängig werden. Das mag zwar vielleicht erst in einigen Jahren oder gar Jahrzehnten der Fall sein, dennoch sollten Sie dieses Ziel stets im Auge behalten. Der einfachste Weg dorthin aber ist das schrittweise Reduzieren der Paraphernalia, indem Sie beispielsweise zunehmend von grobstofflichen magischen Instrumenten auf Hand- und Körpergesten übergehen, bis Sie schließlich nur noch astral bzw. mental arbeiten.

Dies erreichen Sie allerdings normalerweise nicht über Nacht. Die Mudra-Schulung fängt zwar meistens sehr leicht an, eben wegen der bereits behandelten Kontaktschließung zum eigenen Unbewußten. Doch die wirkliche Meisterschaft der Mudra-Technik erfordert sehr viel Erfahrung und – im wahrsten Sinne des Wortes – »Fingerspitzengefühl«. Doch dafür ist das Üben auch vergleichsweise unaufwendig. Denn »ein paar Finger hat jeder zur Hand«!

Chakra-Mudras

Nach dem nun schon bekannten Muster weisen auch die östlichen Systeme den einzelnen Körperteilen eine Symbolmatrix zu. Es gibt eine schier unüberschaubare Vielfalt buddhistischer, tantrischer, hinduistischer und taoistischer Mudra-Matrices, oft wird der Hand ein ganzes Pantheon zugeordnet, mit dem dann magisch-mystisch gearbeitet wird. Auch hier greift wieder das alte hermetische Gesetz »wie das Oben – so das Unten«, und Hand oder Körper werden zur mikrokosmischen Spiegelung makrokosmischer Prinzipien und Ereignisse.

Der Hand wird oft ein ganzes Pantheon zugeordnet.

In der Abb. 15 sehen Sie eine Fingerzuordnung der fünf unteren Chakras, wie sie unter tantrischen Heilern gebräuchlich ist. Sie dient sowohl zur Diagnose als auch zur Therapie. So wird beispielsweise anhand von feinstofflichen »Temperaturunterschieden« zwischen den

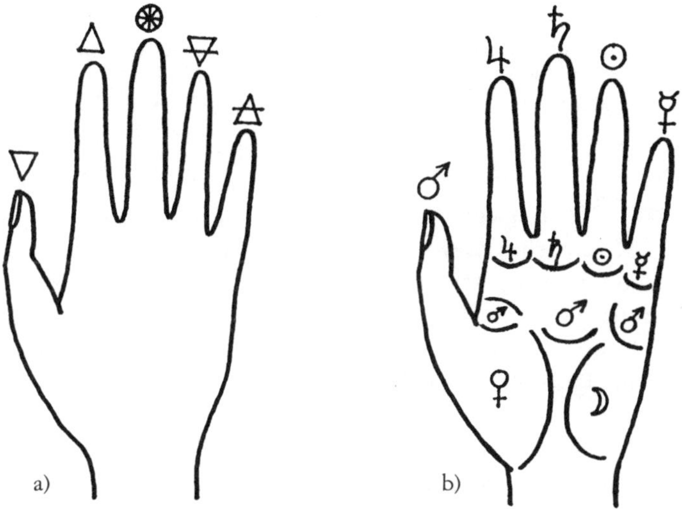

Abbildung 14: Symbolmatrices der Hände und Finger (I)
a) Element-Matrix; b) Planeten Matrix

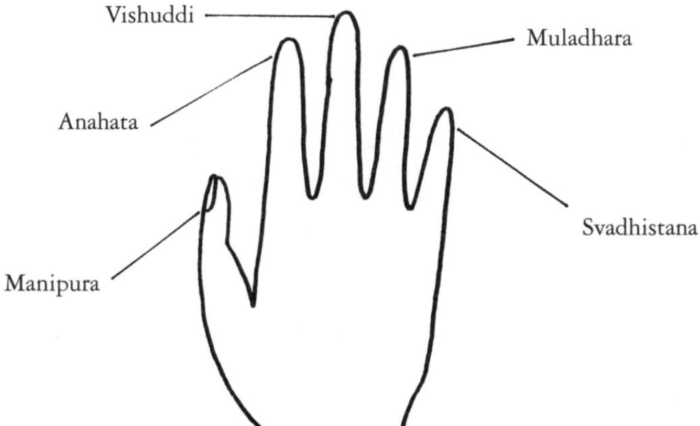

Abbildung 15: Symbolmatrices der Hände und Finger (II) Indische Chakra-Matrix

einzelnen Fingern beim Kranken (oder auch durch feinstoffliche Symptomübertragung beim Heiler) das jeweils angegriffene Chakra bestimmt, um schließlich durch entsprechende Fingergesten therapiert zu werden. Die Zahl der Möglichkeiten ist dabei natürlich sehr groß.

Wir wollen es aber bei diesen knappen Andeutungen belassen, im Anhang finden Sie weiterführende Literatur zu diesem Thema.

Körpergriffe

Besonders die Freimaurerei ist reich an Griff- und Schrittsymbolik, jedem einzelnen Grad werden Paßwörter und Körpergesten zugewiesen. Wir wollen uns hier kurz mit vier Griffen befassen, die auch in der später noch zu behandelnden Buchstabenmagie eine große Rolle spielen: Halsgriff, Brustgriff, Mittelgriff und Bauch- oder Meistergriff.

Es gibt diese Griffe in der statischen und in der dynamischen Form. Bei der statischen Form werden sie lediglich gestellt, bei der dynamischen mit einer Abzugbewegung kombiniert.

Sinn der statischen Form ist nicht nur ihre Funktion als Erkennungszeichen, sie stellt auch eine innere Harmonie bestimmter feinstofflicher Energien her. Bei der dynamischen Form werden diese gezielt »abgeschnürt«, was sich mit einer Art Raketenabschuß vergleichen läßt.

Die statischen Formen sind in Abb. 16 wiedergegeben.

DER HALSGRIFF

Statische Form

Die gewinkelte Hand wird so mit der Handfläche zum Boden zeigend an den Hals gelegt, daß der Daumen die rechte Schlagader berührt, während der Zeigefinger an der Gurgel anliegt und die übrigen Finger parallel zum Zeigefinger verlaufen.

Dynamische Form

Die gewinkelte Hand wird abgezogen, indem man scharf mit dem Zeigefinger über die Gurgel fährt, bis sich die Hand auf gleicher Höhe mit der rechten Schulter befindet, dann läßt man sie sinken.

DER BRUSTGRIFF

Statische Form

Um diesen Griff richtig ausführen zu können, muß man erst die richtige Höhe bestimmen. Dazu geben wir mit der Rechten den Halsgriff und legen nun die gewinkelte Linke so an, daß der abgespreizte Daumen gerade den kleinen Finger der rechten Hand berührt. (Der Griff liegt also ziemlich genau eine Daumenlänge unter dem Halsgriff.) Auf Höhe der Linken soll dann mit der rechten Hand der Brustgriff angelegt werden.

Dabei berühren die Spitzen der vier Finger knapp den linken Arm, während die Handfläche auf der linken Brust ruht.

Dynamische Form

Mit senkrecht gespreiztem Daumen wird die Hand nach rechts abgezogen, bis die Fingerspitzen die rechte Körperseite berühren.

DER MITTELGRIFF

Dieser wird etwas tiefer ausgeführt als der Brustgriff. Die Bestimmung der richtigen Höhe geschieht folgendermaßen: Man legt den Brustgriff an und legt bei dessen Ausmessung die linke Hand mit gespreiztem Daumen so auf den Oberbauch, daß der Daumen knapp den kleinen Finger der rechten Hand berührt. Im übrigen wird verfahren wie beim Brustgriff.

DER BAUCH- ODER MEISTERGRIFF

Dieser Griff liegt um eine gewinkelte Handbreite unterhalb des Mittelgriffs, er wird also grob gesagt zwischen Sonnengeflecht und Nabel ausgeführt. Verfahren wird ansonsten wie bei den anderen Griffen.

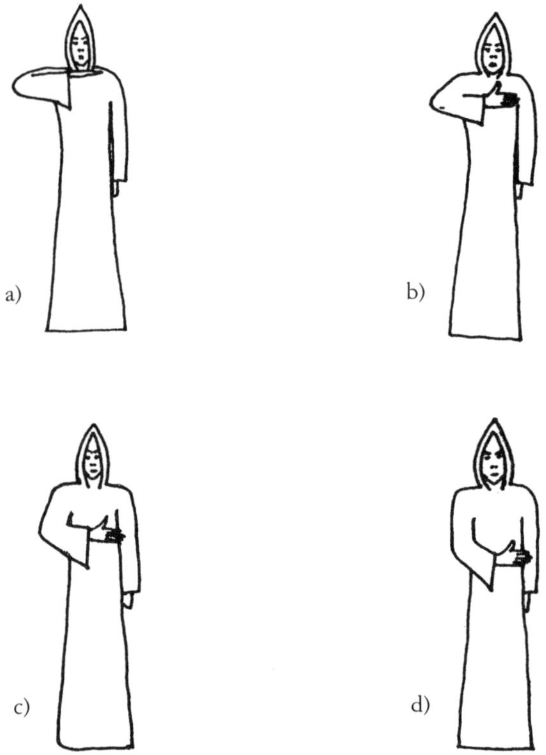

Abbildung 16: Verschiedene Griffe (Statische Form)
a) Halsgriff; b) Brustgriff; c) Mittelgriff; d) Bauch-/Meistergriff

Magie in der Bibel (II)

Diesmal soll, wie bereits angekündigt, die Magie im Neuen Testament im Vordergrund unserer Betrachtung stehen. Dies ist insofern noch interessanter als eine Untersuchung der Magie im Alten Testament, als die Auseinandersetzung mit dem christlichen Gedankengut die praktische und theoretische Magie des Abendlands bis in unsere Tage hinein entscheidend geprägt hat. Ja ein großer Teil magischer und quasi-magischer Bewegungen und Richtungen definiert sich nach wie vor durch

Magie im Neuen Testament

das Christentum oder durch eine Rebellion gegen dieses, angefangen bei der frühen Gnosis über die Freimaurerei, das Rosenkreuzertum und den Satanismus bis zur eher christlich orientierten Magie einer Dion Fortune oder eines William Butler. Andererseits hat das Christentum dem Kampf gegen seine magisch gesinnten Widersacher sehr viel Struktur und Durchhaltevermögen zu verdanken, wie wir an späterer Stelle bei unseren Ausführungen zum Gnostizismus noch sehen werden.

Grundsätzlich kommen die Magier im Neuen Testament um kein bißchen besser weg als im Alten. In 2 Tim., iii,8 werden zwei Zauberer beim Namen genannt (natürlich wieder als abschreckendes Beispiel): Jannes und Jambres. Sie seien es gewesen, heißt es, die sich einst Mose entgegenstellten, und sie werden als Beispiele für die Sturheit der Ungläubigen bemüht, die sich der »Wahrheit« (natürlich der des Apostels Paulus) widersetzten.

Einen weitaus wichtigeren Namen erwähnt jedoch die Apostelgeschichte, nämlich Simon Magus. »Simon der Magier« galt lange Zeit als schärfster Konkurrent von Jesus Christus. Nicht weil sich beide etwa begegnet wären, sondern weil er unter der einfachen Bevölkerung mehr Zulauf hatte als dieser. Doch lesen wir, was unser neutestamentlicher Schreiber dazu meint:

> Philippus aber kam hinab in die Hauptstadt Samariens und predigte ihnen von Christus. Das Volk aber neigte sich dem, was Philippus sagte, einmütig zu, wie sie hörten und sahen, was für Zeichen er tat. Denn die unsauberen Geister fuhren aus den vielen Besessenen aus mit großem Geschrei, auch viele Gichtbrüchige und Lahme wurden gesund gemacht; und war eine große Freude in derselben Stadt.
>
> Es war aber ein Mann mit Namen Simon Magus, der zuvor in dieser Stadt Zauberei trieb und bezauberte das samaritische Volk und gab vor, er wäre etwas Großes. Und sie hingen ihm alle an, klein und groß, und sprachen: Der ist die Kraft Gottes, die da groß heißt. Sie hingen ihm aber an, weil er sie lange Zeit mit seiner Zauberei bezaubert hatte. Da sie aber glaubten den Predigten des Philippus von dem Reich Gottes und von dem Namen Jesu Christi, ließen sich taufen Männer und Frauen. Da ward auch Simon gläubig und ließ sich taufen und hielt sich zu Philippus. Und als er sah die Zeichen und großen Taten, die da geschahen, verwunderte er sich.

Da aber die Apostel hörten zu Jerusalem, daß Samarien das Wort Gottes angenommen hatte, sandten sie zu ihnen Petrus und Johannes. Die kamen hinab und beteten für sie, daß sie den heiligen Geist empfingen. Denn er war noch auf keinen von ihnen gefallen, sondern sie waren allein getauft auf den Namen des Herrn Jesus. Da legten sie die Hände auf sie, und sie empfingen den heiligen Geist.

Da aber Simon sah, daß der Geist gegeben ward, wenn die Apostel die Hände auflegten, bot er ihnen Geld an und sprach: Gebt mir auch die Macht, daß, wenn ich jemand die Hände auflege, derselbe den heiligen Geist empfange. Petrus aber sprach zu ihm: Daß du verdammt werdest mitsamt deinem Gelde, weil du meinst, Gottes Gabe werde durch Geld erlangt. Du hast weder Teil noch Anrecht an diesem Wort; denn dein Herz ist nicht rechtschaffen vor Gott. Darum tu Buße für diese deine Bosheit und bitte den Herrn, ob dir vergeben werden möchte die Tücke deines Herzens. Denn ich sehe, daß du bist voll bitterer Galle und verstrickt in Ungerechtigkeit. Da antwortete Simon und sprach: Bittet ihr den Herrn für mich, daß keines über mich komme, davon ihr gesagt habt.« (Apg., viii,5–24)

Grundmuster des magisch-religiösen Konflikts

Wir sehen in diesem Bericht ein Grundmuster des magisch-religiösen Konflikts: Während der Magier ein pragmatischer »Macher« ist, der aus eigener Kraft sein Schicksal gestalten will und sich dazu aller Techniken und Gottheiten bedient, die seinen Zielen förderlich sein könnten, ist der mystisch-religiöse Mensch ein dogmatisches »Werkzeug« einer höheren Instanz, die er als Gott definiert und auf deren Handeln er allenfalls durch Gebet und Fürbitte Einfluß nehmen kann. Zu Recht beschreibt Aleister Crowley deshalb das Christentum als eine »Sklavenreligion«, denn es will objektiv betrachtet (und zwar nicht erst in seiner späteren institutionalisierten, also kirchlichen Form) keineswegs den mündigen Diesseitsmenschen heranziehen, sondern einen blindlings gehorchenden Diener jenseitiger Mächte, deren Wille ihm ausschließlich durch einige wenige »Berufene« (der Magier würde sagen: »Eingeweihte«) vermittelt wird.

Simon Magus, dem wir bei unserer Betrachtung der späthellenistischen Gnostik wiederbegegnen werden, scheint nach dem vorliegenden Zeugnis ein solcher Pragmatiker gewesen zu sein. Als er die »Wunder« sah, welche die Apostel vollbrachten, lag es für ihn nahe, dahinter eine Technik zu vermuten, die – natürlich gegen gutes Geld, da in der Magie ja bekanntlich nichts umsonst ist, ja nicht einmal sein darf – von einem Menschen auf den anderen weitergegeben oder dem Empfänger gar erklärt werden konnte.

Wir gelangen hier an eine Scheidelinie, die noch heute aktuell ist. Denn die ganze Auseinandersetzung zwischen kirchlich-religiösen Kreisen auf der einen und esoterisch-magischen, weitgehend unorganisierten Kreisen auf der anderen Seite beruht auf diesem grundlegenden Gegensatz, der sich wohl niemals völlig aus der Welt schaffen lassen wird. Wir sind in diesem Punkt ganz bewußt parteiisch, doch nicht etwa, weil wir uns aus irgendeinem sentimentalen Gefühl heraus für die Seite des Magiers entschieden hätten, sondern weil wir einen Grundgedanken des Magiers für richtig und nicht widerlegbar halten, der sich in etwa folgendermaßen formulieren läßt: »Wenn Menschen tatsächlich Offenbarungen aus der Transzendenz erhalten können, die ihnen bei der Gestaltung ihres Schicksals zu helfen vermögen, so ist es nur legitim, nach Wegen oder Techniken zu suchen, mit deren Hilfe sie dieser zusätzlichen, evolutionsfördernden Informationen teilhaftig werden können; und es ist ebenso legitim, auf solche Offenbarungen gezielt hinzuarbeiten und sich nicht mit den Erkenntnissen anderer abspeisen und sich von ihrem Informationsvorsprung in Abhängigkeit halten zu lassen.«

Der grundlegende Gegensatz zwischen kirchlich-religiösen und esoterisch-magischen Kreisen

So elitär sich die Magie auch oft gibt, haben wir es hierbei doch mit einer urdemokratischen Auffassung zu tun, die zwar die Verschiedenheit der Menschen keineswegs leugnet, dafür daraus aber auch die egalitäre Schlußfolgerung zieht, daß es dem Menschen nicht ansteht, über Wert und Unwert eines anderen – oder seiner Visionen und Offenbarungen! – zu richten. Wenn einer Offenbarungen erhalten kann, so kann es möglicherweise jeder. Wer will schon entscheiden, wie wertvoll oder sinnlos diese sind, wenn nicht der Empfänger selbst? Der von christlicher Seite oft betonte Unterschied zwischen »falscher, ›teuflischer‹ Irreleitung« und »wahrer, ›göttlicher‹ Erleuchtung« wirkt geradezu albern, wenn wir uns einmal die gesamte Eschatologie des Frühchristentums und des Mittelalters anschauen, als praktisch jedes zweite Jahr wieder der Weltuntergang und das Jüngste Gericht angesagt waren – natürlich stets nur als »wahre Offenbarungen« der göttlichen Transzendenz empfangen. Daß wir jedoch noch heute putzmunter der Natur beharrlich den Garaus machen können, ist sicher der nicht unbedeutendste Umstand, der zur Vorherrschaft des atheistischen Materialismus geführt hat.

Dies allein wäre jedoch bestenfalls eine reine Ideologiedebatte geblieben, wäre da nicht noch eine »Kleinigkeit«, die das Ganze in ein etwas nüchterneres Licht rückt: Denn es gibt solche Techniken, mit deren Hilfe wir »transzendente Informationen« erhalten können. Wir fassen sie unter dem Oberbegriff der magischen Trance oder (darin hellenistisches Gedankengut aufgreifend) Gnosis zusammen. Recht pikant ist dabei auch die Tatsache, daß kein Geringer als Jesus selbst uns sogar eines von vielen entsprechenden magischen »Rezepten« genannt hat, wie wir späzer noch sehen werden.

Jesus selbst hat uns eines der magischen »Rezepte« genannt.

Wie wichtig es ist, bei der Betrachtung solch eingefahrener Denkmuster einmal über den Tellerrand der eigenen soziokulturellen Prägung zu blicken, zeigt das Beispiel des Indianers, der einmal fragte, weshalb sich die ganze Welt denn nach der Vision richten solle, die ein einziger Mensch vor zweitausend Jahren einmal bekommen habe, wenn alle Menschen doch täglich neue Visionen von gleichem Kaliber haben könnten. Es nützt auch nichts, die Visionen eines gewissen Rabbi Joschua von Nazareth nur deshalb für echt und wirklich zu erklären, »weil« es sich bei diesem um den »eingeborenen Sohn Gottes« handele. Damit verwechseln wir nur Ursache und Wirkung: Denn für die wenigen seiner Zeitgenossen, die seinen Anspruch ernstnahmen (der größte Teil des damaligen Judentums hielt Jesus schließlich für einen gefährlichen, häretischen Spinner und forderte nicht zuletzt deshalb seinen Kreuzestod, wenn wir den Evangelisten glauben dürfen), lag seine Legitimation vor allem darin, daß er seine göttliche Herkunft durch magische Akte bewies. Und ebenso erging es, wie wir bereits gesehen haben, seinen Nachfolgern, den Aposteln. Es war in vielerlei Hinsicht ein ganz nüchterner Konkurrenzkampf der Magier, der

Jesus bewies seine göttliche Herkunft durch magische Akte.

schließlich den Ausschlag gab: Wer besser zauberte, so die damalige Argumentation, wie wir sie in der Bibel immer und immer wieder bezeugt bekommen, der bekam auch den größten Zulauf, dessen System wurde für »wahrer« und – vor allem – »mächtiger« gehalten.

Halten wir also fest, daß es sich das Vorgehen der Apostel, wenn sie Gichtkranke und Lahme heilten, gefallen lassen muß, als magische Handlung gedeutet zu werden, unabhängig davon, welche Instanz schließlich bemüht wurde, um die gewünschten Effekt zu erzielen. Die Tatsache, daß vieles von dem, was die Apostel vollbrachten (und wir wollen hier um der Diskussion willen die Glaubwürdigkeit der biblischen Überlieferung gar nicht erst in Frage stellen, wie dies beispielsweise der kritische Rationalismus tut), eine Art Werbeaktion für die christliche Sache war, macht das Ganze keineswegs unmagischer.

Es ist also unsinnig, die christlich-ideologisierte Unterscheidung zwischen »teuflischer Zauberei« und »göttlichem Wunder« mitzumachen, nur weil der »Wunder«-Wirker keine Kontrolle über sein Tun hat, der »Zauberer« jedoch gerade diese Kontrolle anstrebt, um sein Wirken berechenbarer – und damit für die gesamte Gattung nützlicher – zu machen. Wie sehr selbst ein Jesus das typische, von »Christen« immer wieder kritisierte egozentrische Machtdenken des »niederen Magiers« integriert hatte, zeigt das Beispiel des verfluchten Feigenbaums. Die Episode findet sich sowohl bei Matthäus (xxi,18–22) als auch bei Markus, dem wir wegen seiner dramaturgisch etwas gelungeneren Sprache hier den Vorzug geben wollen:

> Und des andern Tages, da sie aus Bethanien gingen, hungerte ihn [d. i. Jesus]. Und er sah einen Feigenbaum von ferne, der Blätter hatte; da trat er hinzu, ob er etwas darauf fände. Und da er hinzukam, fand er nichts als nur Blätter; denn es war nicht die Zeit für Feigen. Und Jesus hob an und sprach zu ihm: Nun esse von dir niemand eine Frucht ewiglich! Und seine Jünger hörten das.
>
> [...]
>
> Und des Abends gingen sie hinaus aus der Stadt.
>
> Und als sie am Morgen an dem Feigenbaum vorübergingen, sahen sie, daß er verdorrt war bis auf die Wurzel.
>
> (Mk., xi,12–20)

Stellen Sie sich einmal vor, wie Sie reagieren würden, wenn Ihr guter Freund, der Frater Magikos, am Morgen nach einer durchzechten Nacht mitten im Winter in Ihren Obstgarten ginge, um sich eine Birne vom Baum zu pflücken – und wie er den Birnbaum verfluchen und auf alle Zeiten unfruchtbar machen würde, weil der die Frechheit besitzt, im Dezember keine Früchte zu tragen. Mit einiger Wahrscheinlichkeit würden Sie, zumal als umweltbewußt denkender Mensch, dies in die dunkle Rubrik »menschliche Hybris (Überheblichkeit)« einordnen! Selbst ein überzeugter Christ wird einige intellektuelle Akrobatik aufbieten müssen, um aus diesem Akt einer herkömmlich doch wohl eindeutig als »schwarz« (weil lebensvernichtenden) bezeichneten Magie noch ein »göttliches Wunder« zu konstruieren.

Doch macht Jesus zugleich auch deutlich, daß er seinen Jüngern damit ein Beispiel für die Macht des Glaubens und Wollens geben wollte:

> Und Petrus dachte daran und sprach zu ihm: Rabbi, siehe, der Feigenbaum, den du verflucht hast, ist verdorrt. Und Jesus antwortete und sprach zu ihnen: Habt Glauben an Gott! Wahrlich, ich sage euch: Wer zu diesem Berge spräche: Hebe dich und wirf dich ins Meer! und zweifelte nicht in seinem Herzen, sondern glaubte, daß es geschehen würde, was er sagt, so wird's ihm geschehen. Darum sage ich euch: Alles, was ihr bittet in eurem Gebet, glaubet nur, daß ihr's empfangt, so wird's euch werden.
> (Matt., xi,21–25)

»Der Glaube versetzt Berge« – wer kennt dieses geflügelte Wort nicht bereits seit seiner Kindheit? Freilich ist es ein typischer Irrtum des Christentums, daraus zu folgern, daß es nur der Glaube an den christlichen Gott sei, der solche (magischen) Kräfte freisetze. Magische Akte und »Wunder« hat es schon immer in allen Kulturen der Welt gegeben. Es besteht auch kein Grund zur Annahme, daß sich dies jemals ändern wird. Der Volksmund hat dies auch schnell durchschaut und verwendet den Ausdruck wieder so, wie er ursprünglich aller Wahrscheinlichkeit nach in Wirklichkeit gemeint wird, nämlich als Feststellung, daß eine unbeugsame Überzeugung von einer Sache (gleich, welche es sein mag) schließlich deren Verwirklichung geradezu erzwingen wird. Und Karl Marx for-

Magische Akte und »Wunder« hat es schon immer in allen Kulturen der Welt gegeben.

muliert sehr treffend: »Sobald die Theorie die Massen ergreift, wird sie zur materiellen Gewalt.«

Ganz Ähnliches sagen auch Crowley und Spare, um nur zwei Magierbeispiele zu nennen: Der Meister Therion spricht vom magischen Willen (Thelema), dessen Befolgung dem Magier die Schubkraft des gesamten Kosmos als Verbündeten beschert.

Im thelemitischen Dogma ist es daher auch unmöglich, einen Menschen daran zu hindern – auch nicht mit Magie –, sein Thelema zu verwirklichen. »Schwarze Magie« definiert sich in diesem Modell als jede Handlung (auch »nichtmagischer« Art), die nicht auf die Einswerdung mit dem Willen abzielt.

Austin Osman Spare hingegen spricht, wie wir bereits erwähnten, vom »Organisch-Werden« einer Sigil, wodurch diese eine Art unaufhaltsamen Verwirklichungsschub bekommt. Wir haben bereits gesehen, auf welchen Grundannahmen diese Überzeugung fußt, so daß wir hier nicht wieder darauf einzugehen brauchen.

Wenn wir uns das Auftreten Jesu im Neuen Testament genauer anschauen, stellen wir immer wieder fest, daß es sich hier um einen Magier erster Güte handelte, der sein eigenes Thelema auslebte – und es so »verkaufte«, daß es für andere verbindlich wurde. (Astrologisch würden wir daher, nebenbei gesagt, in seinem Horoskop einen Pluto in Haus 10 erwarten.) Er arbeitet mit allerlei Zaubern, verwandelt Wasser in Wein (vermutlich eine schlichte Energetisierungs- bzw. Odungsübung, wie wir sie auch bereits in einfacher Form kennengelernt haben, vgl. Übung 35), läßt Lahme wieder gehen oder erweckt Tote zum Leben (eine schamanische Heilung), speist Zehntausende mit einer Handvoll Brot und Fisch (Materialisationszauber oder Massenhypnose), wandelt über das Wasser (eine alte Fakir- und Sadhutechnik, wie sie in Indien noch heute gelegentlich zu sehen ist), sagt seinen eigenen Tod voraus (Divination), treibt böse Geister aus Kranken aus und zwingt sie in die Schweine (eine immer noch übliche Technik des Exorzismus) und steht schließlich selbst wieder von den Toten auf (typischer Sonnengott-Topos, vgl. Osiris, den indianischen Maisgott Mondamin, den Ilex-König des Wicca-Kults, den aztekischen Schlangengott Quetzalcoatl u. a.). Die Liste ließe sich fast unbeschränkt erweitern, doch sollen diese Beispiele genügen, um zu veranschaulichen, wie

Die im Alten Testament verpönte Magie bleibt im Neuen Testament attraktiv.

wenig die im Alten Testament doch so verpönte Magie im Neuen Testament von ihrer Attraktivität eingebüßt hat. Es nimmt so betrachtet nicht weiter wunder, wenn manche heutige Autoren Jesus Christus sogar zum »größten Magier aller Zeiten« hochstilisieren wollen, denn magisch war es allemal, womit er sein Publikum anlockte und für sich gewann.

Doch selbst Jesus scheitert gelegentlich am Unglauben seiner Klienten, beispielsweise in seiner Vaterstadt Nazareth: »Und er konnte allda nicht eine einzige Tat [d. i. Wunder] tun; nur wenigen Kranken legte er die Hände auf und heilte sie. Und er verwunderte sich ob ihres Unglaubens.« (Mk., vi,5 f.) Bei dieser Gelegenheit entsteht auch das geflügelte Wort vom Propheten, der im eigenen Lande am wenigsten gilt. Daß er seine Jünger ebenfalls zu Magiern machte, und zwar ganz nach Art der asketischen Sadhus Indiens, zeigt die folgende Passage:

> Und er rief die Zwölf zu sich und hob an und sandte sie je zwei und zwei und gab ihnen Vollmacht über die unsaubern Geister und gebot ihnen, daß sie nichts mitnähmen auf den Weg als allein einen Stab, kein Brot, keine Tasche, kein Geld im Gürtel, wohl aber Schuhe an den Füßen, und daß sie nicht zwei Röcke anzögen. Und er sprach zu ihnen: Wo ihr in ein Haus gehen werdet, da bleibet, bis ihr von dannen zieht. Und wo man euch nicht aufnimmt noch hören will, aus dem Ort gehet hinaus und schüttelt den Staub von euren Füßen ihnen zum Zeugnis. Und sie gingen aus und predigten, man solle Buße tun [ursprünglich eine Bezeichnung für »in sich gehen, sein Selbst erkennen«], und trieben viele böse Geister aus und salbten viele Kranke mit Öl und machten sie gesund.
>
> (Mk., vi,7–13)

Die Apostel sollen die Armut pflegen (eine Aufforderung übrigens, die von späteren Bettelorden im Mittelalter, aber auch von den Katharern und Albigensern derart ernstgenommen wurde, daß sie von Kirchenleitung und weltlichen Herrschern als eine politische Bedrohung des Status quo empfunden und entsprechend als Ketzerei verfolgt wurde) – das Gebot des Nichtverhaftetseins und der Unabhängigkeit vom Materiellen durch Entsagung. Wo man sie nicht aufnimmt oder akzeptiert, sollen sie davonziehen und den Staub des jeweiligen Orts von den Füßen schütteln »ihnen zum Zeugnis«: eine Geste der Lösung jeglichen sympathiemagischen Kontakts und der Bannung feindseliger Einflüsse. Bekehrt werden die Massen durch spektakuläre Exorzismen und »Wunderheilungen« mit Hilfe eines wohl magisch entsprechend geladenen Öls.

Unabhängigkeit vom Materiellen durch Entsagung

Das Thema der »Verführung durch Zauberei« wird in der ganzen Bibel sehr häufig behandelt, so auch immer wieder im Neuen Testament. Der mosaischen und später der jesuischen Ideologie entsprechend, gilt natürlich jeder als »verführt«, der einem anderen Magier anhängt und sich nicht dem Glauben an Jahwe bzw. Jesus unterwirft: das klassische Schwarz-Weiß-Schema, das noch immer auch durch die Magieliteratur geistert. So wird die »magische Performanz« der Konkurrenz auch gleich in das System miteinbezogen und wegerklärt:

> »Wenn ein Prophet oder Träumer unter euch aufsteht und dir ein Zeichen oder Wunder ankündigt und das Zeichen oder Wunder trifft ein, von dem er dir gesagt hat, und er spricht: Laß uns andern Göttern folgen, die ihr nicht kennt, und ihnen dienen, so sollst du nicht gehorchen den Worten eines solchen Propheten oder Träumers; denn der Herr, euer Gott, versucht euch, um zu erfahren, ob ihr ihn von ganzem Herzen und von ganzer Seele liebhabt. [...] Der Prophet aber oder der Träumer soll sterben, weil er euch gelehrt hat, abzufallen von dem Herrn, eurem Gott [...] und weil er dich von dem Wege abbringen wollte, auf dem du wandeln sollst, wie der Herr, dein Gott, geboten hat – auf daß du das Böse aus deiner Mitte wegtust.«
> (5 Mose, xiii,2–5)

Die Zeit des Moses und die Epoche Jesu

Es ist in diesem Zusammenhang von Interesse, sich einmal etwas gründlicher in die Zeit des Moses und in die Epoche Jesu zurückzuversetzen, um zu begreifen, wie es zu einer solchen Entwicklung kommen konnte. Dies wird uns auch später beim Verständnis der für die westliche Magie so bedeutungsvollen Gnostik eine große Hilfe sein, besonders was ihre luziferianischen Aspekte angeht.

Das Gebiet, das wir heute etwas pauschal unter dem Begriff »Naher« bzw. »Mittlerer Osten« zusammenfassen, war die Heimat einer Reihe uralter magischer Hochkulturen, von denen wir hier nur die wichtigsten aufzählen wollen:

a) Ägypten mit seinen starken afrikanisch-schamanischen und hetitischen Einflüssen, das bis heute zu Recht als Wiege der westlichen Magie gilt;
b) Sumer/Babylon/Assyrien/Chaldäa mit einer hochentwickelten Astrologie, Talismantik und Divinatorik sowie mit seinem ebenso raffiniert ausgearbeiteten Tempelkultus;
c) Phönizien mit seinen nicht selten mit Menschenopfern operierenden Marduk- und Baalkulten, die weit bis in vorbiblische Zeiten zurückreichen;
d) das in Ägypten um die Zeit Christi stark vertretene Griechentum mit seinen spekulativen Geheimlehren und Mysterienkulten;
e) das synkretistische Rom, das seit Kleopatras Zeiten in Ägypten und Palästina das Sagen hatte und aufgrund seiner durch die imperialistische Staatsräson geprägte religiöse Toleranz als Schmelztiegel aller erdenklichen Kulte des Vorderen Orients fungierte;
f) Persien mit seiner reichen Volksmagie und seiner zarathustrischen Elemente-Religion, das durch seine Eroberungszüge schon früh einen großen Einfluß auf andere Kulturen ausübte; und schließlich
g) Palästina selbst mit seiner Fülle an verschiedensten Kulten und Praktiken der arabisch-semitischen Volksmagie miteinander konkurrierender Stämme, über die uns die Geschichte des Volkes Israel im Alten Testament reichlich Aufschluß gibt.

Propheten und Magier qualifizierten sich durch überzeugende Kostproben ihres Könnens.

Halten wir noch einmal fest: Dem damaligen pragmatisch-materiell orientierten Geist entsprechend, legte man großen Wert darauf, daß sich Propheten und Magier durch überzeugende Kostproben ihres Könnens qualifizierten, bevor man dazu bereit war, sich ihrer Führung anzuvertrauen. Darüber hinaus gab es eine große Palette volksmagischer Praktiken, die sicher auch nicht schlechter funktionierten als unsere heutige, im Vergleich zur Zeit vor zweitausend Jahren freilich eher kümmerlich wirkende Alltagsmagie; die Ansprüche, die man an einen professionellen Magier stellte, waren also gewiß nicht eben niedrig. Andererseits war das Analphabetentum noch weitverbreitet, kritisch-rationales Denken gab es – in einigen wenigen philosophischen Schulen – erst in Ansätzen, als Privileg allenfalls einer winzigen gebildeten Minderheit, so daß der Scharlatanerie und Gaukelei Tür und Tor offenstanden. An letzterem hat sich freilich bis heute nicht viel geändert; so ist es beispielsweise erst wenige Jahre her, daß sich selbst eine so stark um wissenschaftliche Anerkennung bemühte Disziplin wie die akademische Parapsychologie mit dem Phänomen der Trickbetrüger und -künstler ernsthaft auseinanderzusetzen begonnen hat. Das Wettern wider »gauklerische Betrügerei«, das sich wie ein roter Pfaden durch die gesamte Bibel (und unsere heutige Presse!) zieht, ist also durchaus verständlich.

Auch damals gab es Scharlatanerie und Gaukelei.

Immerhin gab es jede Menge Arbeit für Magier aller Art. Um nur ein Beispiel zu nehmen: In Samaria hieß es, wie wir oben gelesen haben: »Denn die unsauberen Geister fuhren aus den vielen Besessenen aus mit großem Geschrei« – die Besessenheit scheint also eine weitverbreitete Erscheinung gewesen zu sein, wir würden heute sagen: ein großes sozialhygienisches Problem. Der damalige Magier stand der Urfunktion des Schamanen noch sehr viel näher als heute. Im Alten Testament werden zahlreiche Anweisungen zur Behandlung von Krankheiten gegeben, über die Therapie entscheidet stets der Priester, der beispielsweise die an Aussatz Erkrankten entweder in Quarantäne steckt oder sie aus der Gemeinschaft verbannt (3 Mose, xiii). Ob Priester oder Magier, beide wurden sowohl als Zauberer bzw. »Fürbitter«, wie auch als Vermittler zwischen dem Diesseits und dem Jenseits, als Psychotherapeuten, Ärzte, Krieger und Seelsorger (Seelenbegleiter) bemüht, und das Alte Testament gibt reichlich Zeugnis, wie schwierig es war, jene künstliche Trennung zwischen Magie und Religion in der Alltagspraxis durchzusetzen, mit der die schwarze Kunst auch heute noch diffamiert und von Religionswissenschaft und Theologie ins Abseits gedrängt wird.

Menschen folgen gestern wie heute vor allem dem Charisma ihrer Führer nach.

All dies ändert jedoch nichts an der Tatsache, daß die Menschen gestern wie heute vor allem dem Charisma ihrer geistigen und weltlichen Führer nachfolgen. Wer im Palästina des Alten wie des Neuen Testaments Gefolgschaft bekommen wollte, von dem wurde erwartet, daß er sich durch Heilungen und Zukunftsschau, durch Exorzismen und Traum- sowie Omendeutung qualifizierte (»Weist euch aus durch ein Wunder!« [2 Mose, vii,9]), und wenn er dabei auch noch die eine oder andere Psi-Erscheinung hervorbrachte, um so besser! Dazu gehörte auch die bisher noch nicht erwähnte Levitation: Man vergleiche nicht nur die etwas umstrittene Himmelfahrt Christi, sondern beispielsweise auch Philippus, der sich plötzlich vor den Augen des bekehrten Kämmerers in Luft auflöst (vom »Geist des Herrn« entrückt) und an einem anderen Ort wieder aufgefunden wird. (Apg., viii,39 f.)

Damit nicht genug, ergibt sich doch auch aus der christlichen Ideologie selbst einiges an magischen Auffassungen, die zwar von Theologen gern verschämt wegerklärt werden, dem Ethnologen und Magieforscher jedoch Indiz genug sind, von echter Magie zu sprechen. Wir wollen dazu stellvertretend für andere nur zwei herausgreifen, nämlich die Auferstehung und die Transsubstantiation, beides Kernelemente des christlichen Glaubens.

Die Auferstehung Jesu ist ein Grundpfeiler seines Erlöseranspruchs.

Die Auferstehung Jesu nach seinem Kreuzestod und der Beisetzung im Felsengrab ist ein Grundpfeiler seines Erlöseranspruchs und seiner Gottnatur. Wir wollen uns hier weniger mit der Frage befassen, inwieweit es sich bei seinem Tod um einen echten, physischen Tod gehandelt haben mag (wenn man genauer nachrechnet, stellt man bekanntlich fest, daß er keineswegs drei volle Tage im Grab verbrachte, sondern höchstens die Hälfte, was wiederum die Mediziner zu Scheintodspekulationen bewegt hat usw.), als vielmehr damit, wie der wiederauferstandene Nazarener seinen Anhängern erschien.

Nach anfänglichen Zweifeln (»Und es erschienen ihnen diese Worte, als wären's Märchen, und glaubten ihnen nicht«) überzeugt sich Petrus selbst davon, daß das Grab Jesu leer ist »und wunderte sich über das, was geschehen war«. (Lk., xxiv,11 f.) Als zwei der Jünger sich am selben Tag von Jerusalem in das zwei Wegstunden entfernte Emmaus begeben, »da nahte sich Jesus selbst und ging mit ihnen. Aber ihre Augen wurden gehalten, daß sie ihn nicht erkannten.« (xxiv, 16) Sie sprechen mit dem Fremden, klären ihn über den Kreuzestod des Jesus von Nazareth auf und berichten ihm von ihrer Hoffnung, der Messias möge tatsächlich, wie prophezeit, am dritten Tag von den Toten auferstehen. Doch noch immer erkennen sie ihn nicht, und es bedarf erst eines erneuten magischen Akts seitens der Erscheinung: »Und es geschah, da er mit ihnen zu Tische saß, nahm er das Brot, dankte, brach's und gab's ihnen. Da wurden ihre Augen geöffnet, und sie erkannten ihn. Und er verschwand vor ihnen.« (xxiv,30 f.)

Zurück in Jerusalem, berichten die beiden den nunmehr nur noch elf Aposteln (Judas Ischariot hatte sich ja bereits erhenkt) von ihrer Begegnung, und es kommt zu einer erneuten Erscheinung: »Da sie aber davon redeten, trat er selbst, Jesus, mitten unter sie [...] Sie erschraken aber und fürchteten sich, meinten, sie sähen einen Geist.« (xxiv,36 f.) Die Erscheinung läßt sich befühlen, um zu beweisen, daß sie kein Geist sei (»denn ein Geist hat nicht Fleisch und Bein, wie ihr sehet, daß ich habe«, xxiv, 39) und speist sogar mit ihnen Fisch und Honigseim. Danach führt er sie hinaus nach Bethanien, segnet sie und fährt gen Himmel (xxiv,51).

Wir werden gleich noch auf das Erstaunen und Nichterkennen der Erscheinung zurückkommen. Der Evangelist Markus liefert uns dazu noch eine aufschlußreiche Bemerkung, die wir im folgenden Zitat unterstrichen haben:

> Als er auferstanden war frühe am ersten Tage der Woche, erschien er zuerst der Maria Magdalena, von welcher er sieben böse Geister ausgetrieben hatte. Und sie ging hin und verkündete es denen, die mit ihm gewesen waren, die da Leid trugen und weinten. Und diese, da sie hörten, daß er lebte und wäre ihr erschienen, glaubten sie nicht. Danach offenbarte er sich *unter einer andern Gestalt* zweien von ihnen, da sie über Land gingen. (Mk., xvi,9–12)

Bei Johannes gar erscheint Jesus den auf dem See Tiberias fischenden Jüngern am Ufer, »aber die Jünger wußten nicht, daß es Jesus war.« (Joh., xxi,4) Er sorgt für einen guten Fischfang und hat bereits Kohlen entzündet und Fische geröstet, als sie an Land kamen. Jesus spricht zu ihnen: »Kommt und haltet das Mahl! Niemand aber unter den Jüngern wagte, ihn zu fragen: Wer bist du? Denn sie wußten, daß es der Herr war.« (xxi,12)

Der auferstandene Jesus muß seine zweifelnden Jünger durch magische Operationen von seiner Identität überzeugen.

All dies macht vor allem eines deutlich: Der auferstandene Jesus wird nicht wiedererkannt und muß seine zweifelnden Jünger erst durch neue magische Operationen von seiner Identität überzeugen. Das mag noch auf die gebotene Skepsis seiner Anhänger zurückzuführen sein, die ja durchaus an Gespenster glaubten und jeden Irrtum ausschließen wollten, man denke auch an das Beispiel des »ungläubigen Thomas«. Noch interessanter aber ist die Tatsache, daß er trotz seiner grobstofflichen Erscheinung nicht wiedererkannt wird, ja daß er »unter einer andern Gestalt« erscheint. Wenn wir einmal einen kurzen Blick ins heutige Indien werfen, so begegnen uns dort zahlreiche Berichte von Heiligen, die schon seit Jahrtausenden auf der Erde weilen, aber ihren Anhängern in immer neuen Körpern erscheinen!

Magietechnisch gesehen haben wir es dabei entweder mit einer grobstofflich manifestierten Astralprojektion zu tun, die noch über den postulierten physischen Tod hinaus wirksam ist, oder aber mit einer visionären Schau der Jünger, die keineswegs von allen Anwesenden geteilt wird und zu der es einer gewissen feinstofflichen Sensibilisierung bedarf. Nicht jeder sieht den »Auferstandenen«, und nicht jeder, der ihn sieht, erkennt ihn auch wieder. Wir wollen das Thema damit fürs erste beenden und es Ihnen überlassen, durch eingehende Meditation darüber Ihre eigenen Schlüsse zu ziehen.

Wenden wir uns nun der Transsubstantiation zu, also der Verwandlung von Brot in Fleisch und Wein in Blut, wie sie täglich bzw.

Die Verwandlung von Brot in Fleisch und Wein in Blut

sonntäglich noch heute von den meisten christlichen Kirchen praktiziert wird. Das Wort »Transsubstantiation« bedeutet strenggenommen die Verwandlung einer Substanz in eine andere. Nichts anderes tun wir, wenn wir beispielsweise einen Talisman oder ein Amulett laden, ebenso bei der Ladung und Belebung eines Fetisch oder Imagospurius (dieser Begriff wird später im Zusammenhang mit der Magie der Elementale noch ausführlich erläutert). Es ist eine uralte Praktik, dem Gott erst ein Opfer darzubringen (= es mit ihm zu »vereinen«), um es danach zu verzehren (= sich selbst mit dem Gott zu »vereinen«), und sie ist keineswegs das alleinige Privileg des Christentums. Als Jesus beim letzten Abendmahl Brot und Wein zu Teilen seiner selbst erklärt und die Jünger auffordert, sie untereinander zu teilen, ist dies nicht nur Abschiednahme, sondern auch eine Form der Kraftübertragung. Es ist das Blut des »neuen Testaments«, das vergossen wird: Ein neues Paradigma, ein neuer Treueeid wird gefordert, kurzum, ein neues Äon bricht an.

Über das Thema »Magie in der Bibel« sind schon viele Abhandlungen geschrieben worden, dennoch könnte man noch manch aufschlußreiches Buch schreiben. Wir haben uns innerhalb unseres knappen Rahmens auf einige wenige, herausragende Elemente beschränkt. Vieles blieb unerwähnt, vom Verbot der Fruchtbarkeitszauber (5 Mose, xiv, 21) über die Zauberer Barjesus (Apg., xiii,6) und Elymas (Apg., xiii,8) bis zum Reden in Zungen (»Glossolalie«) der frühchristlichen Gemeinden, das allermeiste konnte nur sehr oberflächlich gestreift werden. Doch wer daran Gefallen gefunden hat, dem sei ein gründliches Studium der Bibel unter magischen Gesichtspunkten empfohlen. Gelegentlich greifen wir im Laufe dieses Lehrgangs auf die Bibel zurück, wo dies der Veranschaulichung und dem besseren Verständnis dienen mag, manche Bibelstelle wird sich vielleicht erst nach eingehender Beschäftigung vor allem mit schamanischen Praktiken erklären, und auch bei unserer Betrachtung der altägyptischen Magie befassen wir uns ab und zu mit einschlägigen Bibelstellen.

In unserer nächsten Spezialabhandlung wollen wir uns der Geschichte und Ideologie der Gnostik widmen, deren Ideen wir von ihren Anfängen bis in die heutige Chaos-Magie hinein verfolgen werden.

Praktische Übungen

ÜBUNG 56
MUDRA-SCHULUNG (IV)

Wir kommen nun zu einer Variante der Übung 22. Führe nach wie vor die IAO-Formel durch, doch anstatt die Arme bei »I« und »O« vom Körper herabhängen zu lassen bzw. sie bei »A« auszustrecken, benutzt Du nun die Vokalmudras, wie in diesem Abschnitt beschrieben. Das hat den Vorteil, daß Du die Mudras in eine Dir bereits vertraute Übung einbaust, sie also in Deine Praxis integrierst; zugleich aber bricht es auch im Übungsrahmen erstarrte Gewohnheiten wieder auf.

Halte im Magischen Tagebuch fest, welche Unterschiede Du bemerkst. Probiere die durch Mudras ergänzte IAO-Formel mindestens zwei Monate lang aus, bevor Du Dich entscheidest, ob Du sie in Zukunft in der alten oder der neuen Form durchführen willst. (Nach der zweimonatigen Übungsphase kannst Du auch damit experimentieren, abwechselnd mit und ohne Mudras zu arbeiten.)

ÜBUNG 57
MUDRA-SCHULUNG (V)

Variiere nach Art der Übung 56 nun auch die Übung 25 und beobachte zusammen mit Deinem Partner etwaige Unterschiede.

ÜBUNG 58
MUDRA-SCHULUNG (VI)

Experimentiere mit den in diesem Abschnitt vorgestellten anderen Mudras und Griffen und versuche, sie auf sinnvolle Weise in Deine rituelle und nichtrituelle Praxis einzubauen.

ÜBUNG 59
MUDRA-SCHULUNG (VII)

Entwickle für Dich selbst nach einiger Mudra-Erfahrung ein oder zwei eigene Symbolmatrices für Hände, Finger und/oder andere Körperteile und überprüfe sie in der Praxis.

WEITERFÜHRENDE LEKTÜRE

Ingrid Ramm-Bonwitt, *Mudras – Geheimsprache der Yogis*, Freiburg: Verlag Hermann Bauer, 1987

Das zur Zeit wohl umfangreichste, erschöpfendste und am leichtesten zugängliche Buch zum Thema östliche Mudras. Berücksichtigt werden sowohl die Mudras im indischen Tanz als auch ihre Rolle in der hinduistischen Ikonographie, die buddhistischen und tantrischen Mudras, Mudras des Hatha-Yoga und, in einem Schlußkapitel (allerdings nur sehr knapp), die Gestensprache des Okzidents und der christlich-orthodoxen Ikonik.

LITERATURNACHWEIS

Aleister Crowley, *Magick*

Franz Bardon, *Der Weg zum wahren Adepten*

Rudolf Freiherr von Sebottendorf, *Die geheimen Übungen der türkischen Freimaurer. Der Schlüssel zum Verständnis der Alchemie*, Neu durchges. u. mit e. Einl. versehen v. Waltharius, 3. verbesserte u. vermehrte Aufl., Freiburg: Hermann Bauer, 1954, S. 16

Mstr. ∴T. A. F.∴, »*Ritual-Magie (Teil II)*«, Saturn Gnosis 35, 1988

PRAKTISCHE SIGILLENMAGIE (IV)

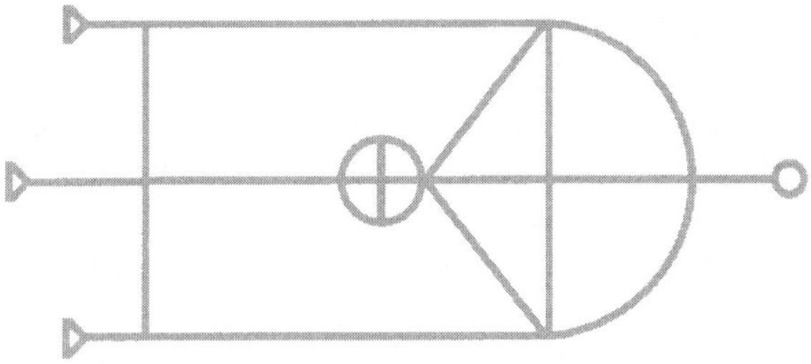

Das Alphabet des Wollens

Nachdem wir mit den verschiedenen Methoden der Sigillenherstellung experimentiert und hinreichend Erfahrung gesammelt haben, wollen wir uns nun einem anderen Aspekt der Sigillenmagie widmen, nämlich dem Alphabet des Wollens. Da Sie das Werk *Sigillenmagie in der Praxis* inzwischen ohnehin besitzen sollten, und da das Thema dort ausführlich behandelt wurde, sollten Sie bitte darin das 7. Kapitel »Das Alphabet des Wollens« (S. 39–51) noch einmal gründlich durcharbeiten.

Zur Stufe des »Gesellen« gehört auch, daß er am Ende dieser Entwicklungsphase ein funktionsfähiges »Gesellenstück« hergestellt hat. Wie die Lektüre des o.a. Abschnitts in meinem Werk *Sigillenmagie* deutlich macht, werden Sie für die Erstellung eines eigenen Alphabets des Wollens wahrscheinlich recht viel Zeit brauchen. Daher die Empfehlung, bereits jetzt damit zu beginnen (falls nicht schon früher geschehen), damit Sie spätestens bis zum Ende dieses Lehrgangs ein (vorläufig) komplettes Alphabet des Wollens erarbeitet und in der Praxis erprobt haben. Beschränken Sie sich dabei bitte allein auf das Strukturprinzip-Alphabet (*Sigillenmagie*, S. 39–47), Sie können also vorerst auf ein Seelenspiegel-Alphabet verzichten. Denn es geht uns dabei nicht nur um die Sigillenmagie allein. Vielmehr sollen Sie lernen, Ihr magisches Universum nach eigenen Prinzipien zu strukturieren, wobei diesem Akt natürlich eine gründliche Erforschung vorausgehen muß.

Seien Sie nicht enttäuscht, wenn Ihr erstes oder vorläufiges Alphabet des Wollens ein wenig »mickrig« aussehen sollte. Auch hierfür brauchen Sie in der Regel viel Erfahrung, und bis zum Abschluß der »Meister-Stufe« unseres Lehrgangs werden Sie möglicherweise noch manche Verbesserung und Änderung angebracht haben.

Ein Tip für die Erstellung der erforderlichen Grundmatrix

Ein Tip für die Erstellung der für ein persönliches Alphabet des Wollens erforderlichen Grundmatrix: Arbeiten Sie zu Anfang mit vertrauten, nicht zu komplizierten Oberbegriffen (z.B. mit dem dualistischen Elemente-Schema) und differenzieren Sie das Grundschema nur stufenweise, es sei denn, daß es Ihnen liegt, komplette, ausgereifte philosophische Ordnungsmodelle zu entwickeln. Tasten Sie sich also an Ihre Aufgabe langsam, aber beharrlich und sorgfältig heran.

Der Vorteil einer solchen Arbeit läßt sich kaum überbetonen. Zum einen lernen Sie dadurch die innere Unabhängigkeit von fremden

Systemen; zum zweiten werden Sie vertraut mit dem göttlichen Schöpfungsakt, den jeder Magier persönlich nachvollziehen muß, wenn er wirklich, wie Castanedas Don Juan fordert, »seine Macht/Kraft annehmen« will; drittens erleichtert die Übung in einer solchen Denkweise das Verständnis anderer, komplizierter Systeme wie beispielsweise das der Henochischen Magie, die in der Literatur immer wieder aufscheinen; viertens erhalten Sie dadurch eine zusätzliche Sigillenwaffe in die Hand, deren Wert sich in der Praxis immer wieder bestätigt; und fünftens schließlich schult Sie eine solche Vorgehensweise in der größten Aufgabe eines jeden Meisters, nämlich ein in sich stringentes, wirkungsvolles und in der Praxis erprobtes Magie-System zu entwickeln, das optimal an die eigenen Erfordernisse, Fähigkeiten und Erfahrungen angepaßt ist. Insofern dürfen Sie darin zu Recht die Vorbereitung auf die Aufgaben und Pflichten der Meister-Stufe dieses Lehrgangs sehen.

Einführung in die praktische Kabbala (1)

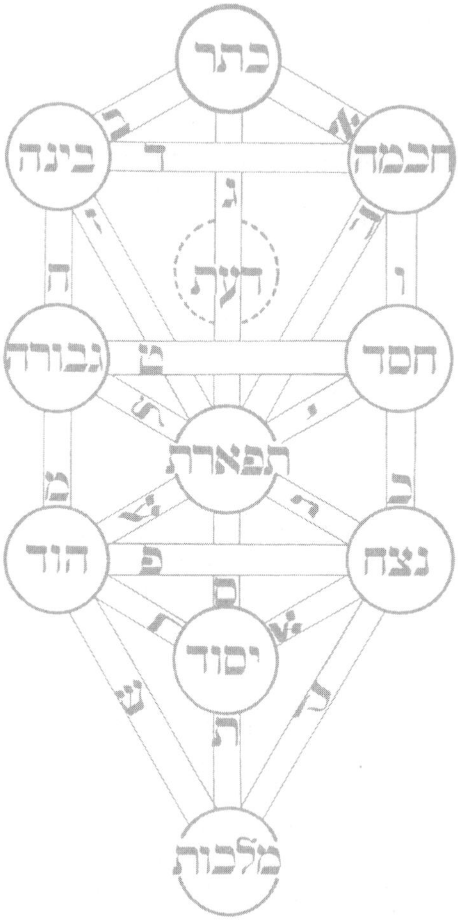

Drei Säulen der traditionellen westlichen Magie

In älteren Schriften zur Magie werden Sie immer wieder der Feststellung begegnen, daß die traditionelle westliche Magie auf drei Säulen ruhe: Kabbala, Astrologie und Alchemie. Diese Dreiteilung ist an sich bereits eine kabbalistische Aussage, denn sie bezieht sich auf die drei Säulen des kabbalistischen Lebensbaums, auf den wir später noch ausführlich eingehen werden.

Im Laufe der Magiegeschichte haben immer wieder Verschiebungen stattgefunden, mal wurde die eine, mal die andere Disziplin stärker betont. Waren im ausklingenden Mittelalter alle drei Säulen noch kräftig genug, um sich auch getrennt voneinander zu behaupten, verschob sich das Gleichgewicht in der Renaissance zumindest quantitativ doch schon bald in Richtung Astrologie und Alchemie (was natürlich nicht heißen soll, daß die Kabbala damals völlig ausgestorben wäre), während das Beispiel des französischen Okkultismus und der Golden Dawn im 19. Jahrhundert zeigt, daß in dieser Epoche vor allem die Kabbala gepflegt wurde, Astrologie und Alchemie dagegen ins Hintertreffen gerieten.

Auf die Magie unserer Tage hat wiederum die Astrologie einen stärkeren Einfluß genommen, auch die Kabbala wird (vor allem in den angelsächsischen Ländern) noch stark gepflegt, während die Alchemie zu einem Spezialgebiet wurde, dem sich nur noch vergleichsweise wenige Magier widmen. All dies sind freilich nur Annäherungen, die sich nicht statistisch exakt quantifizieren lassen, die aber einen Trend veranschaulichen, der vielen heutigen Magiern nicht immer bewußt zu sein scheint.

Ähnlich wie bei der Astrologie gibt es auch auf dem Gebiet der Kabbala eine Fülle guter Literatur auf dem deutschen und englischsprachigen Markt, so daß wir es nicht für sinnvoll halten, in unserem Lehrgang bei der theoretischen Behandlung der Kabbala allzusehr in die Tiefe zu gehen. Dies kann und soll die lehrgangsbegleitende Lektüre leisten.

Den meisten kabbalistischen Werken mangelt es an konkreten Bezügen zur angewandten Magie.

Den meisten uns bekannten kabbalistischen Werken mangelt es jedoch an konkreten Bezügen zur angewandten Magie, sie sind eher philosophischspekulativ ausgerichtet und bieten vielleicht eine brauchbare Einführung in die kabbalistische Erkenntnis-Mystik, schweigen sich jedoch darüber aus, wie kabbalistische Erkenntnisse in der magischen Praxis zu nutzen sind. Außerdem sind sie nur selten pädagogisch und didaktisch geschickt genug aufgebaut, um dem Leser den Einstieg in diese gewiß nicht einfache Materie zu erleichtern.

Dem wollen wir in unserem Lehrgang insofern abhelfen, indem wir im Übungsteil auch eine Reihe konkreter Trainingsvorschläge anbieten, mit deren Hilfe ein tieferes Einsteigen in die kabbalistische Praxis ermöglicht wird, während zugleich der Geist des Magiers eine Paradigmenschulung erfährt, die ihm den Zugang zur traditionelleren Literatur über die Schwarze Kunst vereinfacht. Wer sich bereits gründlich mit Disziplinen wie Gematria, Notarikon, Temurah und Lebensbaum-Mystik vertraut gemacht hat, braucht die einschlägigen Abschnitte nur zu überfliegen und wird selbst wissen, was er davon verwenden möchte.

Was ist Kabbala?

Das Wort »Kabbala« bedeutet »Überlieferung«, gemeint ist damit zunächst die »geheime«, nur vom geistigen Lehrer auf den Schüler übertragene Wissensüberlieferung. Doch gründet der Begriff noch tiefer, so weist er deutliche Parallelen zum griechischen »Gnosis« auf, unter dem, wie bereits bekannt, »offenbartes, erfahrenes Wissen« verstanden wird.

»Geheime«, nur vom geistigen Lehrer auf den Schüler übertragene Wissensüberlieferung

In der Religionsgeschichte und der Theologie wird die Kabbala meist als »Mystik des Judentums (Mosaismus)« definiert. Wie die christliche Mystik auch, war die Kabbala stets die Domäne einiger weniger, meist wurde sie von Rabbinern in kleinen Zirkeln von Eingeweihten gepflegt, was übrigens noch heute vereinzelt der Fall ist. Wundern Sie sich also nicht, wenn Sie den Rabbiner Ihrer städtischen Synagoge nach der Kabbala befragen und als Antwort nur ein verständnisloses Achselzucken ernten sollten: Nur selten wird sich dahinter ein Streben nach »Geheimhaltung« verbergen, in den allermeisten Fällen wird der gute Mann von der Kabbala nämlich tatsächlich ebensowenig verstehen wie ein durchschnittlicher christlicher Pfarrer von Mystikern wie Meister Ekkehard, Jakob Böhme oder Quirinus Kuhlmann! Zudem lag der Schwerpunkt kabbalistischer Arbeit eher beim Ostjudentum (Chassidismus). Aufgrund der Judenverfolgungen im Abendland bis ins 20. Jahrhundert hinein nimmt es auch nicht wunder, daß sich in Europa nur noch wenige jüdische Kabbalisten finden lassen.

Reiche Tradition der »christlichen Kabbala«

Im Mittelalter und in der Renaissance entwickelte sich eine reiche Tradition der »christlichen Kabbala«, die sich weitgehend vom Judentum löste, ja die im Rahmen des Bekehrungsstrebens oft dazu verwendet wurde, um Juden mittels kabbalistischer Formeln und Beweise von der Richtigkeit des christlichen Glaubens und – vor allem – des Erlösungsanspruchs des Jesus von Nazareth als Messias zu überzeugen. Hier wurden Elemente der jüdischen Kabbala (z. B. die Disziplin der Gematria) übernommen und auf christliche Glaubensinhalte, Mythen und Texte angewandt.

Lange Zeit verstanden Laien und halbgebildete Esoteriker unter der Kabbala übrigens ausschließlich »Numerologie«, also die Lehre von der tieferen Bedeutung der Zahlen (bis hin zur Charakterdeutung durch Umrechnung des Namens in Zahlenwerte), und noch heute werden unter dem irreführenden Attribut »Kabbala« numerologische Machwerke verhökert. Der Grund dafür liegt darin, daß Teile der Kabbala (aber keineswegs die gesamte Kabbalistik!) sich tatsächlich mit den Entsprechungen von Zahlen und Buchstaben beschäftigen; leider wird darob allerdings nur zu oft vergessen, daß es sich dabei um eine rein hebräische Zahlen- und Buchstabenmystik und -magie handelt. Immerhin hat es schon sehr früh Versuche gegeben, eine griechische, eine deutsche, eine englische »Kabbala« usw. zu entwickeln, worunter man lediglich die Zuordnung von sinntragenden Zahlenwerten zu den Buchstaben der jeweiligen Alphabete verstand. Wir können darin eine Art Vulgarisierung der jüdischen Kabbala sehen, die übrigens fast immer von Autoren vertreten wird, die des Hebräischen persönlich nicht mächtig sind. (Es gibt zwar auch gelegentliche Ausnahmen, doch wollen wir diese Angelegenheit hier nicht weiter vertiefen.)

Inzwischen unterscheidet man in eine »esoterische« und eine »jüdische« Kabbala, obwohl es zwischen beiden Disziplinen viele

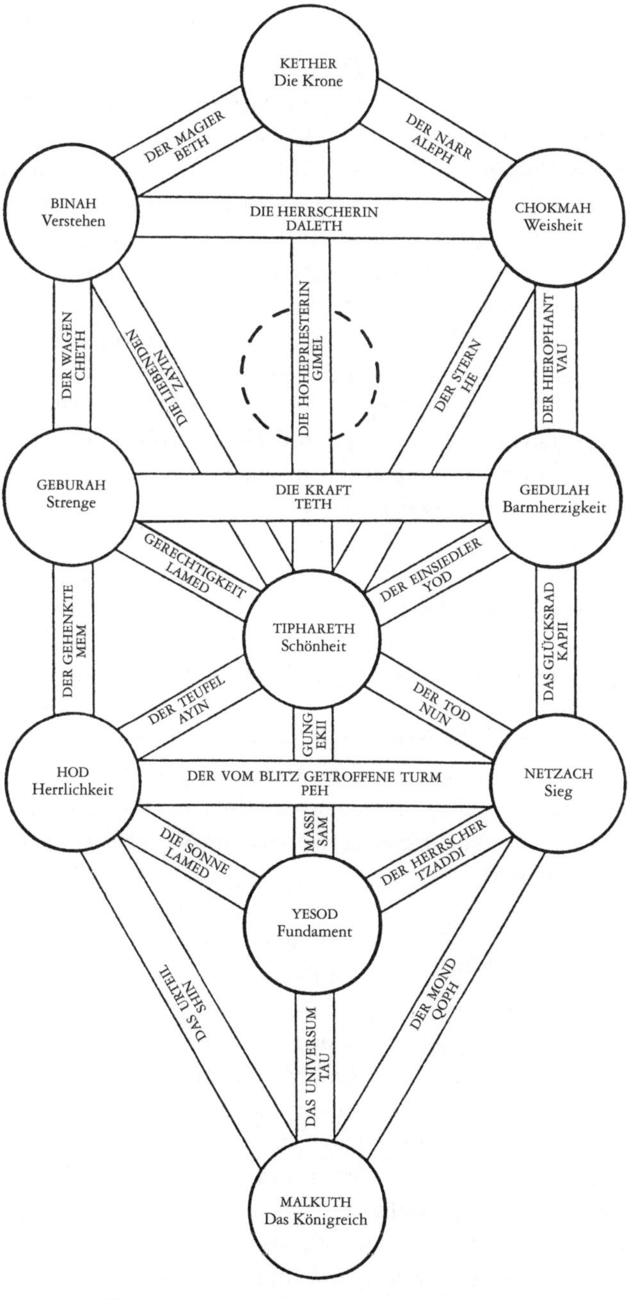

Abbildung 17: Der Kabbalistische Lebensbaum
(mit Tarot-Zuordnungen)

Eine »esoterische« und eine »jüdische« Kabbala

Überschneidungen gibt. Diese Entwicklung dürfte im späten 18. Jahrhundert eingesetzt haben (Cagliostro, St. Germain, ja selbst Casanova versuchte sich gelegentlich an kabbalistischer Mantik), um schließlich in den sechziger Jahren des 20. Jahrhunderts ihren vorläufigen Höhepunkt zu erreichen. Mitauslöser war sicher Court de Gebelin, der dem Tarot zu populär-okkulten Weihen verhalf, indem er behauptete, daß sich in den Karten dieses Spiels altägyptisches Wissen verberge, ja daß der gesamte Tarot seinen Ursprung in Ägypten gehabt habe. Das geschah um 1780, also einige Jahrzehnte vor der Entdeckung und Entzifferung des Rosettasteins durch Champollion, in einer Zeit, als die ägyptischen Hieroglyphen noch sehr viel geheimnisvoller und »magischer« erschienen als heute.

Immerhin hatte Gebelins (und das seines Nachfolgers Alliette-Etteilla) Engagement zur Folge, daß das Interesse am »esoterischen« Tarot geweckt war. Doch es blieb Autoren wie Eliphas Lévi, Papus und den Begründern der Golden Dawn vorbehalten, die ägyptizistische Tarotbetrachtung zumindest zu relativieren, indem sie den Tarot in Bezug zum kabbalistischen Lebensbaum setzten. Seitdem verstehen viele westliche, nichtjüdische Kabbalisten unter der Kabbala vor allem die Lehre von den Entsprechungen zwischen Tarot und Lebensbaum, und die allermeisten heutigen kabbalistischen Werke beschäftigen sich mit nichts anderem.

Die Kabbala – viel mehr als nur die philosophische Betrachtung des Lebensbaums

Dabei kennt die Kabbala sehr viel mehr Disziplinen als nur die philosophische Betrachtung des Lebensbaums. Angefangen bei der mystischen Schau der Gottheit durch kultische Praktiken reicht ihr Spektrum von der bereits erwähnten Buchstaben- und Zahlenmystik und -magie bis zur Erforschung geheimer Inhalte und Deutungen der heiligen Schriften (Thora /Altes Testament), der Erkundung innerer Zusammenhänge scheinbar unzusammenhängender Begriffe, magischer Formeln und Zauberpraktiken usw.

Die »jüdische Kabbala« ist untrennbar mit dem mosaischen Glauben des Alten Testaments verbunden, sie steht in seiner Tradition, und wo sie über ihn hinausgeht oder ihn gar in Frage stellt, tut sie dies allenfalls im gleichen Sinne wie es die christliche Mystik mit dem Christentum tut, die islamische mit dem Islam usw. Die »esoterische Kabbala« (auch »westliche Kabbala« genannt) dagegen greift allenfalls Teilbereiche der jüdischen Disziplin heraus und stellt sie in einen anderen, wenngleich oft verwandten religiösen, weltanschaulichen, gesellschaftlichen und zeitlichen Kontext. (Wir sollten uns bei der Kritik an der esoterischen Kabbala vergegenwärtigen, daß das Christentum, auf dessen Boden sie einst entstand, tatsächlich nichts anderes als eine Verlängerung des Judentums darstellt: Beide unterscheiden sich prinzipiell nur dadurch voneinander, daß die christliche Religion in Jesus den verheißenen Messias sieht und daraus ein neues offenbartes Gesetz – das des Neuen Testaments – ableitet, während das Judentum dies leugnet und noch heute auf den Messias wartet, so daß es logischerweise bis zur Verkündigung eines neuen Gesetzes beim ursprünglichen – nämlich dem des Alten Testaments – verharrt. Daher erscheint es auch nicht überraschend, daß die Kabbala als Teil des Judentums auch eine andere, christlich geprägte Weiterentwicklung durchlaufen konnte.)

Grund für die Verflachung der esoterischen Kabbala

Der Grund für die vergleichsweise Verflachung der esoterischen Kabbala liegt nicht zuletzt an der abnehmenden Verbreitung der hebräischen Sprache. Gehörte das Hebräische noch im 18. Jahrhundert neben Latein und Griechisch zum Allgemeinwissen der gebildeten Schichten, so ließ dieser Trend doch schon im 19. Jahrhundert deutlich nach, während wir heute feststellen müssen, daß es nur noch unter Spezialisten (Hebraisten, Judaisten, Fachtheologen) verbreitet ist. Anstatt sich der Mühe zu unterziehen, Hebräisch zu lernen, zogen und (ziehen es noch heute) viele Autoren vor, sich der spekulativeren, fremdsprachenunabhängigen Bereiche der Kabbala anzunehmen.

Doch gerade für die praktische Magie haben Disziplinen wie die kabbalistische Gematria einen nicht zu unterschätzenden Wert, weshalb wir uns nun als erstes diesem Teilaspekt der angewandten Kabbalistik zuwenden wollen.

NOTARIKON, TEMURAH, GEMATRIA

Keine Sorge: Sie brauchen nicht unbedingt perfekt Hebräisch zu lernen, um sich eingehender mit der Kabbala beschäftigen zu können, zumindest brauchen Sie es nicht zu tun, was die praktische, auch kabbalistisch beeinflußte Magie angeht. Dennoch sind einige Grundlagenkenntnisse erforderlich, vor allem dann, wenn Sie ältere Autoren genauer verstehen wollen. Auch Aleister Crowleys Schriften sind ohne solche Fundamentalkenntnise kaum verständlich, während ein lange Zeit recht einflußreicher englischer Autor wie Kenneth Grant kaum etwas anderes zu betreiben scheint als eine Weiterentwicklung der crowleyschen Kabbalistik.

Grundlagenkenntnisse des Hebräisch erforderlich

Zu den weltanschaulichen Grundlagen, die für ein Verständnis der Gematria erforderlich sind, gehört das Wissen um die Auffassung vom Hebräischen als »Ursprache der Schöpfung«. Dies haben wir bereits an früherer Stelle angerissen, und wir möchten Sie daher bitten, jetzt noch einmal kurz die unten angegebene Passage ein zweites Mal durchzulesen, bevor Sie mit der Lektüre fortfahren.

Wir sehen, daß der Hebräer seine Sprache sakralisiert hat: Schon im Alten Testament wird erwähnt, daß Gott die Welt nach Maß, Zahl und Gewicht erschuf, und dies wird auch auf die hebräische Sprache bezogen. Das hat zwei Grundgedanken zur Folge:

1. Die Sprache selbst ist Instrument der Magie. Ihr wohnen magische Gesetze inne, die der Eingeweihte zu erkennen und zu nutzen vermag.
2. Die offenbarten Schriften besitzen eine oder mehrere verborgene, geheime Deutungsebenen, zu deren Verständnis es der Einweihung bedarf.

Was dies im einzelnen bedeutet, werden wir im Laufe unserer Betrachtungen noch feststellen. Es leiten sich daraus drei Grunddisziplinen der Kabbala ab, die wir zur besseren Übersicht kurz erläutern wollen, bevor wir auf eine davon näher eingehen.

Die »schriftliche Kabbala« (im Gegensatz zur reinen »Zahlenkabbala«) wird in drei Teile unterschieden:

a) GEMATRIA (GMTRIA)
b) NOTARIKON (NVTRIQVN)
c) TEMURAH (ThMVRH)

Mit der Gematria wollen wir uns gleich ausführlicher beschäftigen. Betrachten wir aber zunächst die beiden anderen Disziplinen, die wir in unserem Lehrgang zwar vielleicht gelegentlich wieder erwähnen, nicht jedoch tiefergehend abhandeln werden, da sie zu große Anforderungen an die Hebräischkenntnisse des einzelnen stellen. Dabei folgen wir im wesentlichen den Ausführungen von William Wynn Westcott (dem Mitbegründer der Golden Dawn) bzw. dessen Einführung in die Kabbala, die auch Crowley in seinem *Liber* 777 zitiert.

NOTARIKON (AUCH: NOTARIQON)

Notarikon leitet sich vom lateinischen Wort *notarius* ab, was soviel wie »Kurzschrift-Schreiber« bedeutet. Es gibt zwei Grundarten des Notarikon: Beim ersten werden die Anfangsbuchstaben eines Wortes als Anfangsbuchstaben der Wörter eines weiteren (»dahinterliegenden«) Satzes aufgefaßt, die es zu erkennen gilt. Dazu ein Beispiel:

Das Buch Genesis beginnt mit dem hebräischen Wort BRAShITh (»Im Anfang«). Jeder Buchstabe dieses Wortes allein für sich genommen wird nun wie in einem Akrostichon als Anfangsbuchstabe eines weiteren Wortes behandelt, was beispielsweise folgende »Deutung« ergeben könnte:

BRAShITh RAH ALHIM ShIQBLV IShRAL ThVRH.

Transkribiert: Berashith Rahi Elohim Sheyequebelo Israel Torah.

Übersetzt: »Im Anfang sah Elohim, daß Israel das Gesetz annehmen würde.« Auf diese Weise erhält jedes einzelne Wort eine zusätzliche eigene Bedeutungsebene – wie man sich denken kann, ein Feld unendlicher Spekulationsmöglichkeiten! So gibt es natürlich eine Unzahl möglicher weiterer Deutungen, von denen wir nur noch eine aus der christlichen Kabbala erwähnen wollen; mit dieser hat der zum Christentum konvertierte Solomon Meir Ben Moses im 17. Jahrhundert einen weiteren, dem Christentum ursprünglich feindselig gegenüberstehenden Juden bekehrt:

BN RVCh AB ShLVShThM IChD ThMIM – Ben Ruach Ab Shaloshethem Yechad Thaumim: »Der Sohn, der Geist, der Vater, ihr sollt ihre Dreifaltigkeit gleichermaßen verehren.« (In der hier zitierten Crowley-Ausgabe wird das letzte Wort übrigens fälschlicherweise mit Thaubodo transkribiert, ein Fehler, der auch in Eschners deutscher Übersetzung kommentarlos übernommen wurde.)

Die zweite Form des Notarikon besteht aus dem genauen Gegenteil der erstgenannten Vorgehensweise: Man nimmt die Anfangs-, End- oder auch Mittelbuchstaben der Einzelwörter eines Satzes und bildet damit ein neues Wort oder mehrere.

Beispiel: Die Kabbala selbst wird auch als ChKMH NSThRH (Chokhmah Nesethrah) bezeichnet, als »geheimes Weistum«. Fügt man die beiden Anfangsbuchstaben dieser zwei Wörter zusammen, erhält man das Wort CHN, Chen, »Gnade«, womit kabbalistisch der göttliche, gnadenbringende Charakter der Kabbala »bewiesen« wird. Aus den Anfangs- und Endbuchstaben der Worte MI IOLH LNV HShMIMH, Mi Iaulah Leno Ha-Shamayimah, »Wer will für uns in den Himmel fahren?« (5. Mose, xxx,12) werden die Wörter MILH, Milah, »Beschneidung« und IHVH, Tetragrammaton (= hier Iod-He-Vau-He und nicht YHVH geschrieben, eine gängige Alternativtranskription). Damit wird »bewiesen«, daß der biblische Gott die Beschneidung als Weg in den Himmel befohlen hat.

Temurah

Temurah – eine Permutationstechnik

Bei der Disziplin des Temurah handelt es sich um eine Permutationstechnik. Nach bestimmten Regeln wird dabei beispielsweise in einem vorgegebenen Text ein Buchstabe durch den ihm in der Alphabet-Reihenfolge vorangehenden oder nachfolgenden Buchstaben (also durch den vorigen oder den nächsten) ersetzt, so daß aus einem Wort ein völlig anderes werden kann. Da das Schrifthebräische keine Vokalisierung kennt, bleibt natürlich jede Menge Spielraum für eigene Vokalergänzungen und somit Deutungen. Es gibt Dutzende verschiedener Methoden, mit deren Hilfe Temurah betrieben wird, doch wir wollen sie hier nicht näher behandeln, da das Prinzip wohl durch die Erläuterungen klar geworden sein dürfte. (So kann aus ShShK, Shehshakh, durchaus BBL, Babel, werden usw.)

Wescott läßt sich auch noch auf einige weitere Feinheiten ein, aus denen wir zur Illustration kabbalistischen Denkens (und hoffentlich nicht nur zur Abschreckung!) ein weiteres, letztes Beispiel anführen wollen:

Nimmt man sich das schon erwähnte BRAShITh noch einmal vor, lassen sich unter anderem folgende erhellende Manipulationen durchführen: Der erste Buchstabe (B), mit dem dritten (A) verbunden, ergibt AB, Ab, »der Vater«. Verdoppelt man den ersten Buchstaben (B) und fügt man danach den zweiten (R) hinzu, erhält man BBR, Bebar, »im/durch den Sohn«. Liest man alle Buchstaben bis auf den ersten, ergibt dies RAShITh, Rashith, »der Anfang«. Verbinden wir nun noch den vierten Buchstaben (Sh) mit dem ersten (B) und dem letzten (Th), bekommen wir ShBTh, Shebeth (Sabbath), »das Ende, Ruhe«. Die ersten drei Buchstaben für sich allein genommen ergeben BRA, Bera, »erschaffen«; stellen wir den fünften und den vierten Buchstaben hinter den dritten, erhalten wir AISh, Aish, »Mensch«.

Schließlich sei noch erwähnt, daß die Form der Buchstaben selbst Gegenstand zahlreicher Spekulationen geworden ist, was freilich angesichts der Tatsache, daß das hebräische Alphabet von seiner kanaanäischen oder phönizischen Fassung bis zur heute allgemein üblichen Quadratschrift mannigfache Wandlungen durchgemacht hat, doch ziemlich dubios erscheint. Allerdings werden manchmal die Endbuchstaben in der Mitte eines Wortes geschrieben, die Normalform wird am Ende verwendet usw., was wiederum Anlaß für zahllose Spekulationen geben kann.

Aus dem bisher Gesagten dürfte wohl deutlich geworden sein, daß zur Ausübung von Notarikon und Temurah sehr fundierte Hebräisch- und Bibelkenntnisse erforderlich sind, denn es genügt ja nicht, einzelne Vokabeln nachzuschlagen, auch die Grammatik will beherrscht sein. Bleibt vielleicht noch zu erwähnen, daß Crowley beide Disziplinen nicht sonderlich schätzte, ja sie sogar als Wege in den Wahnsinn bezeichnete, weil sie ihm, dem dezidierten Anhänger der Gematria, als viel zu subjektiv, willkürlich und spekulativ erschienen. In seiner Abhandlung über Gematria macht er sich entsprechend über beide Methoden auf bissigste Weise lustig.

Wir wollen uns nun mit dem ersten der beiden weiter oben angeführten Grundsätze beschäftigen, also mit dem Gedanken, daß die Sprache selbst ein magisches Werkzeug der Erkenntnis und des Handelns sein kann. Dies wird vor allem bei der Gematria deutlich.

Die Grundlagen der Gematria

Einer der unbezweifelbaren Vorteile, den die Gematria gegenüber den beiden anderen oben erwähnten Diziplinen hat, ist ihre vergleichsweise hohe technische Objektivität. Gematria besteht daraus, daß man Wörter in Zahlenwerte umsetzt und Wörter mit demselben Zahlenwert meditativ miteinander vergleicht. Wenn also beispielsweise das hebräische Wort für »Liebe« denselben Zahlenwert hat wie das Wort »Einheit«, so ergibt dies eine Reihe interessanter Gedankenfolgen, z. B.: »Liebe« = »Einheit« = »Einswerden« = »Einssein« = »erkennen, daß alles eins ist, bedeutet, alles lieben zu können« usw. Die Objektivität rührt von der Tatsache her, daß jeder hebräische Buchstabe seit altersher einen feststehenden Zahlenwert besitzt, der nicht verändert werden darf.

Das Umsetzen der Wörter in Zahlenwerte

Andererseits handelt es sich bei obiger Illustration (»Liebe« = »Einheit«) zwar um ein in der kabbalistischen Literatur sehr beliebtes Paradebeispiel, die allgemeine Praxis jedoch sieht weitaus weniger rosig aus. Tatsächlich kann es sich zur argen Plackerei entwickeln, aus dem Wörterbuch willkürlich ausgewählte Vokabeln solange umzurechnen, bis man zufällig auf ein Wort mit demselben Zahlenwert stößt – eine Entsprechung, die freilich in den allermeisten Fällen keineswegs so einleuchtend erscheint wie in unserem Beispiel. Dies ist eine sehr ermüdende Aufgabe und eine ziemlich stupide dazu.

Inzwischen gibt es zwar auch Computerprogramme, die einem die Knochenarbeit des Auszählens (und des erneuten Nachzählens zur Kontrolle!) unendlicher Vokabelschlangen abnehmen, doch bedeutet ihre Verwendung im Grunde einen Verstoß gegen den Geist dieser kabbalistischen Disziplin.

Entsprechende Computerprogramme sind im Grunde ein Verstoß gegen den Geist dieser kabbalistischen Disziplin.

Denn das Geheimnis der Gematria besteht eben darin, daß der psychische Zensor durch eine monotone, robotische Tätigkeit lahmgelegt wird, um intuitive Erkenntnisse aufsteigen zu lassen. Insofern hat die Gematria eine ganz ähnliche Funktion wie das Intonieren von Mantras: Sie dient der Erzeugung von magischer Trance oder Gnosis, freilich mit dem einen Unterschied, daß ihre Ergebnisse schriftlich festgehalten oder »eingefroren« werden können.

Dies gilt übrigens für die gesamte schriftliche Kabbala: Durch die überintellektuelle Beschäftigung mit einer den meisten Magiern völlig fremden Sprache, mit exotisch wirkenden Texten, von denen nicht einer »wirklich« das zu bedeuten scheint, was er oberflächlich betrachtet auszusagen vorgibt, durch das Permutieren von Buchstaben und Zahlen bricht der rationale Verstand zwangsläufig irgendwann zusammen wie bei dem Versuch, einen Zen Koan zu »knacken«.

Die Gefahren einer solchen Vorgehensweise liegen allerdings ebenso deutlich auf der Hand: Reine Verkopfung, eine Entfremdung von jeder körperlichen und feinstofflichen Wahrnehmung, der Verlust eines »erdenden« Bezugssystems in der Alltagswelt, die Entwicklung eines paranoiden Beziehungswahns – all dies und noch viel mehr ist oft der Preis, den ein Kabbalist dafür zahlt, daß er hinter den Schleier der Schöpfung spähen will. Was wunder, daß daher früher von einem angehenden Kabbalisten erwartet wurde, daß er zuerst ein ordentliches Handwerk erlernt und auch längere Zeit ausgeübt hatte, bevor er sich einem kabbalistisch arbeitenden Zirkel anschließen durfte! Denn im Grunde ist das ganze Judentum eine weitaus pragmatischere und diesseitigere Religion als die christliche, und es fordert, daß jeder Rabbiner auch im Alltagsleben seinen Mann zu stehen weiß – Kabbala hin, Mystik her.

Im Grunde ist das ganze Judentum eine sehr pragmatische und diesseitige Religion.

Die eigentliche Technik der Gematria ist ebenso schlicht wie schnell zu erklären, ja sie ergibt sich eigentlich aus dem bereits Gesagten von selbst. Daher sollen hier nur noch einige zusammenfassende Hinweise gegeben werden, mit deren Hilfe Sie einen schnelleren Zugang dazu bekommen.

1. Hebräische Wörter werden in Zahlenwerte umgerechnet.

Dies können beliebig aus dem Wörterbuch ausgesuchte Wörter sein, aber auch Begriffe, die für den Magier eine bestimmte Bedeutung haben oder die ihm in irgendeinem wichtigen Zusammenhang auffallen.

2. Wörter mit gleichem Zahlenwert werden meditativ ergründet.

Der kabbalistische Magier meditiert über den Sinnzusammenhang zwischen Wörtern mit gleichem Zahlenwert. Dabei geht er von der Prämisse aus, daß ein solcher Zusammenhang bestehen muß, da er durch ihre Zahlenentsprechung »bewiesen« wurde. Weil die Welt »nach Maß, Zahl und Gewicht« erschaffen wurde, gilt es, durch Zahlenmanipulationen entdeckte Beziehungen auch auf anderen Ebenen zu erkennen. Gerade bei Wörtern, die keine augenscheinliche Sinnverwandschaft miteinander haben, kann dies zu einer sehr langwierigen Prozedur werden, die eine umfassende innere, geistige Umstellung verlangt.

3. Gematrische Sinnentsprechungen haben meistens Offenbarungscharakter.

Bei der Gematria handelt es sich um eine Buchstaben- und Zahlenmystik im wörtlichen Sinne: Die Beziehung zwischen vorher vielleicht nicht erkennbar sinnverwandten Begriffen wird in der Regel als »Offenbarung« (»Heureka«-Erlebnis) empfangen und ist für andere Magier nicht unbedingt nachvollziehbar.

4. In der praktischen Magie werden offenbarte gematrische Sinnentsprechungen zur Erstellung von Korrespondenzen genutzt und für operative Zwecke verwendet.

Der Magier kann die auf gematrische Weise erhaltenen Entsprechungen zur Erstellung eigener Korrespondenztabellen nutzen, er kann daraus aber auch Werkzeuge für sein magisches Tun schmieden, indem er diese Entsprechungen beispielsweise in seine rituelle Praxis einbaut. Ein solches Vorgehen ist meist von ungeheurer Kraft, da hinter ihm das Bewußtsein einer »persönlichen Offenbarung« (und damit auch der Überlegenheit dieser Offenbarung über alle anderen, fremden Systeme) steht. Mit anderen Worten: Durch gematrische Forschungen gelangt der Magier zu eigenen operativen »Betriebsgeheimnissen« und »Geheimentsprechungen«.

Halten wir zum Schluß noch einen Merksatz fest, mit dem die Gematria steht und fällt:

ZAHLENENTSPRECHUNGEN BEDEUTEN STETS AUCH SINNENTSPRECHUNGEN:

Dieses Paradigma ist für jede sinnvolle gematrische Forschung als Arbeitshypothese unerläßlich. Selbst wenn Sie also eigentlich nicht daran glauben sollten, empfiehlt es sich, das Paradigma für die gematrische Praxis zu übernehmen und damit zu experimentieren.

Das hebräische Alphabet

In Abb. 18 finden Sie eine Aufstellung des hebräischen Alphabets mit den Namen und Zahlenwerten der einzelnen Buchstaben, den Merkbegriffen und ihren Entsprechungen im lateinischen Alphabet. Wir folgen dabei der zwar mittlerweile veralteten, in der Okkultliteratur aber immer noch üblichen englischen Umschrift, um Sie nicht zu verwirren, falls Sie sich mit anderen kabbalistischen Autoren auseinandersetzen wollen.

Auch wenn Sie sich nicht eingehend in die vom Hebräischen beeinflußte Mystik und Magie einarbeiten möchten, sollten Sie sich doch folgende Grundregeln einprägen:

1. Das Hebräische wird von rechts nach links geschrieben.

2. Das hebräische Alphabet kennt keine echten Vokale mit Ausnahme des Aleph, das aber ursprünglich ebenfalls ein Konsonantzeichen

war und von manchen Linguisten immer noch als Konsonant gewertet wird.

Die Entsprechungen in unserer Liste sind daher nur als Annäherungen zu verstehen. Beispiel: Das Ayin ist in Wirklichkeit kein »O«, sondern, wie bereits früher ausgeführt, ein Stimmabsatz-Knacklaut. Da das Hebräische aber, wie alle anderen Sprachen auch, durchaus Vokale spricht, werden manche der Konsonanten unter bestimmten Bedingungen wie Vokale ausgesprochen (z. B. Yodh und Vau). Um die Eindeutigkeit der heiligen Schriften zu gewährleisten, wurden sogenannte »diakritische Zeichen« eingefügt, die die Funktion von Vokalen erhielten, selbst aber nicht zum Alphabet gehören. Wir brauchen sie für unsere gematrischen Studien in der Regel nicht und wollen deshalb auch nicht näher darauf eingehen.

3. Manche Buchstaben verändern ihre Form, wenn sie am Wortende stehen. Auch ihr Zahlenwert ändert sich dadurch. Diese sogenannten »End-Buchstaben« sind in der Liste stets unter ihrem jeweiligen Urbuchstaben angeführt (z. B. Kaph und End-Kaph).

4. Die Merkbegriffe sind nur der Vollständigkeit halber angeführt, für einen des Hebräischen Unkundigen bringen sie kaum Vorteile. Sie beziehen sich auf die Buchstabenform bzw. auf Wörter, die mit den entsprechenden Buchstaben anfangen. Da manche Autoren sie jedoch zum Ausgangspunkt mystischer Spekulationen machen, wollten wir sie Ihnen nicht vorenthalten. Das hebräische Alphabet hat sich, wie das griechische, aus dem phönizischen entwickelt, das wiederum aller Wahrscheinlichkeit nach ein Abkömmling der altägyptischen Hieroglyphenschrift ist. Seinen endgültigen eckigen Charakter (»Quadratschrift«) hat es erst in den letzten Jahrhunderten vor der Zeitenwende in Israel erhalten. Daher erscheint es uns, wie bereits erwähnt, nicht sonderlich sinnvoll, in die Form der Buchstaben mehr »hineinzugeheimnissen«, als darin steckt. Sollten Sie daran jedoch Vergnügen finden und mit Ihren Ergebnissen zufrieden sein, so können Sie diese Praktik natürlich gern weiterführen.

Alle anderen erforderlichen Hinweise finden Sie im Übungsteil sowie an späterer Stelle dieses Lehrgangs.

Hebr.		Name	Zahlenwert	Merkbegriff	Entsprechung
א	=	ALEPH	1	OCHSE	»A«
ב	=	BETH	2	HAUS	»B«
ג	=	GIMEL	3	KAMEL	»G«
ד	=	DALETH	4	TÜR, TOR	»D«
ה	=	HEH	5	FENSTER	»H« (»E«)
ו	=	VAU	6	NAGEL, HAKEN	»V« (»U«)
ז	=	ZAYIN	7	SCHWERT	»Z«
ח	=	CHETH/KHETH	8	ZAUN	»CH«
ט	=	TETH	9	SCHLANGE	»T«
י	=	YODH	10	HAND	»Y« (»I«/»J«)
כ	=	KAPH	20	HANDFLÄCHE	»K«
ך	=	END-KAPH	500		
ל	=	LAMED	30	OCHSENZIMMER	»L«
מ	=	MEM	40	WASSER	»M«
ם	=	END-MEM	600		
נ	=	NUN	50	FISCH	»N«
ן	=	END-NUN	700		
ס	=	SAMEKH	60	STÜTZE	»S«
ע	=	AYIN	70	AUGE	»O« (»A'A«/»NG«)
פ	=	PEH	80	MUND	»P«
ף	=	END-PEH	800		
צ	=	TZADDI	90	ANGELHAKEN	»TZ«
ץ	=	END-TZADDI	900		
ק	=	QOPH	100	HINTERKOPF	»Q«
ר	=	RESH	200	HAUPT	»R«
ש	=	SHIN	300	ZAHN	»S« (»SCH«)
ת	=	TAU	400	TAU-KREUZ	»T« (»TH«)

Abbildung 18: Das Hebräische Alphabet

Praktische Übungen

ÜBUNG 60
PRAKTISCHE SIGILLENMAGIE (III)

Befasse Dich, falls nicht bereits geschehen, gründlich mit dem Alphabet des Wollens, wie weiter oben in diesem Abschnitt beschrieben. Entwickle ein vollständiges eigenes Alphabet (Strukturprinzip). Dafür hast Du Zeit bis zum Ende dieses Lehrgangs. Schiebe die Angelegenheit jedoch nicht auf die lange Bank, denn Du wirst wahrscheinlich tatsächlich jede Minute dieser Zeit dafür benötigen: Unterschätze diese Aufgabe nicht! Die Anforderungen des Lehrgangs an Deine magische Kreativität und Selbständigkeit werden schon bald exponentiell steigen, und die Erstellung eines eigenen Alphabets des Wollens ist nur eine der ersten Stufen dieser Entwicklung. Versäumst Du es, den Anforderungen dieser Übung gerecht zu werden, wirst Du später möglicherweise immer größere Schwierigkeiten haben, mit dem Pensum des Lehrgangs schrittzuhalten. Denke daran: Es geht dabei nicht allein um die Entwicklung eines zusätzlichen Sigillenwerkzeugs, Du schulst damit vielmehr auch zahlreiche andere Fähigkeiten, die Dich einst zu einem echten Meister der Magie machen sollen.

ÜBUNG 61
LAMPEN-MEDITATION

Meditiere über die magische Lampe.

Diese Übung solltest Du so oft wiederholen, bis keine Fragen zur Lampe mehr offen sind und Du in schweigender Erkenntnis verstanden hast, was Erleuchtung oder Illumination für Dich bedeutet. Später kannst Du zur Kontrolle Deiner Entwicklung die Übung gelegentlich wiederholen.

ÜBUNG 62
HEBRÄISCH-TRAINING (I)

Schreibe fünfmal das hebräische Alphabet ab und sprich dabei laut die Buchstabennamen aus. Lerne auch die Zahlenwerte auswendig.

ÜBUNG 63
HEBRÄISCH-TRAINING (II)

Einige Buchstaben sind leicht zu verwechseln, deshalb solltest Du sie noch getrennt von den anderen einüben. Schreibe deshalb folgende Buchstabengruppen ebenfalls fünfmal ab und sprich dabei laut die Buchstabennamen aus:

ו ז   ם ס   ר ך ד   ת ה ח   כ ג ב

Abbildung 19: zu Übung 63

ÜBUNG 64
GEMATRIA-TRAINING (I)

Untersuche folgende Liste auf gematrische Bezüge. Berechne also den Zahlenwert der einzelnen Wörter und stelle sie zu Begriffsgruppen zusammen. Meditiere über ihre geheimen Zusammenhänge. Halte Deine Ergebnisse im Magischen Tagebuch fest.

אט	=	»ZAUBERER«
טמא	=	»UNSAUBER, UNREIN«
יחוד	=	»VEREINIGUNG, EINHEIT«
שם יהשוה	=	»(DER) NAME JESUS«
זאב	=	»WOLF«
אבד	=	»VERLOREN, RUINIERT«
חבלי	=	»SCHMERZEN, LEIDEN«
חב	=	»VERBORGENER ORT, BUSEN«
סורט	=	»SORATH (SONNEN-INTELLIGENZ)«
או	=	»VERLANGEN, ENTWEDER, ODER«
טיט	=	»LEHM«
גבה	=	»ERHABEN, ERHOBEN, HOCH«
כח	=	»MACHT«
אליסטיר קרולי	=	»ALEISTER CROWLEY«

Abbildung 20: zu Übung 64

ÜBUNG 65
GEMATRIA-TRAINING (II)

Setze folgende Begriffe in Beziehung zu anderen Vokabeln oder zu Zahlen, denen du im Laufe deiner gematrischen und numerologischen Forschungen bereits begegnet bist. (Dazu können auch sogenannte »Glücks-« oder »Schicksalszahlen«, Geburtsdaten usw. gehören, ebenso Planetenkorrespondenzen o. ä.)

בהו = »LEERE«

חוא = »TIER«

אלהיך = »DER HERR, DEIN GOTT [IST EIN VERZEHRENDES FEUER]« (5 Mose, iv, 24)

Abbildung 21: zu Übung 65

WEITERFÜHRENDE LEKTÜRE

Diesmal sollen Einführungswerke zur angewandten Kabbala empfohlen werden. Die Liste wird später noch um speziellere Abhandlungen (z. B. Fortune, Halevi, Sturzaker u. a.) erweitert.

Rufus Camphausen, *Spiegel des Lebens. Tarot und Kabbala*, Basel: Sphinx, 1983 (Sphinx Pocket 19)

Dieses kleine Taschenbuch ist einerseits eine recht unorthodoxe Studie über Tarot und Kabbala (es gibt ein eigenes, dazugehöriges Tarotblatt, das »Kabbalistische Tarot« von Camphausen / Van Leuwen, das uns hier jedoch nicht weiter zu interessieren braucht), andererseits aber auch eine der knappsten und klarsten Einführungen sowohl in die Gematria als auch in die Philosophie des kabbalistischen Lebensbaums. Auch ohne Camphausens Auffassungen beispielsweise zur Zuordnung der Planeten zum Lebensbaum immer zu teilen, werden Sie großen Gewinn aus dieser Lektüre ziehen.

Wenn Sie das Werk noch nicht kennen sollten und sich auch noch nicht eingehend mit Gematria befaßt haben, empfehlen wir, zuerst einmal nur die Seiten 59–69 zu lesen. Allerdings ist darauf zu achten, daß der Autor eine etwas andere Transkription der Buchstaben verwendet (z. B. bayth statt beth, yud statt yod usw.), was am Anfang ein wenig gewöhnungsbedürftig ist.

Gareth Knight, *A Practical Guide to Qabalistic Symbolism*, New York: Samuel Weiser, 1987 (erstmals als zweibändige Ausgabe 1965 in England bei Helios Book Service erschienen)

Ein Standardwerk der esoterischen Kabbala, das sich allerdings in erster Linie auf den Lebensbaum bezieht und Disziplinen wie Gematria, Temurah und Notarikon vernachlässigt. Dafür hat es enzyklopädischen Charakter, ist also sehr gut zum Nachschlagen geeignet, läßt sich aber auch mit großem Gewinn systematisch durcharbeiten. Wer letztere Methode wählt, hat damit einen kompletten Lehrgang der praktischen, esoterischen Lebensbaum-Kabbala in der Hand, von dem auch viele spätere Autoren zehren. Für jeden englischlesenden Kabbalisten ein absolutes Muß.

Gershom Scholem, *Zur Kabbala und ihrer Symbolik*, 3. Aufl., Frankfurt/M.: Suhrkamp Verlag, 1981 (stw 13) (Erstausgabe: Zürich, Rhein-Verlag, 1960)

Der große alte Mann der Judaistik und der »orthodoxen« akademischen Kabbala-Forschung hat uns mit diesem Werk eine Studie hinterlassen, die man sicher als eine der besten Einführungen in die mystischen Aspekte der jüdischen Kabbala bezeichnen kann. Dabei geht er gelegentlich auch auf esoterische, nicht spezifisch jüdische Spekulationen kabbalistischer Art ein, untersucht unter anderem den Golem-Mythos und seine Beziehung zur Magie und beschert dem Leser einen sehr fundierten Einblick in die Grundlagen kabbalistisch-mystischen Denkens. Ein Buch, das als Hintergrundwerk allen kabbalistisch arbeitenden Magiern anzuempfehlen ist.

ders., *Von der mystischen Gestalt der Gottheit. Studien zu Grundbegriffen der Kabbala*, Frankfurt/M.: Suhrkamp Verlag, 1977, (stw 209) (Erstausgabe: Zürich, Rhein-Verlag, 1962)

Etwas spezieller ausgerichtet als das obige Werk, bietet uns diese Sammlung von Einzelstudien eine Vertiefung der kabbalistischen Grundbegriffe und befaßt sich unter anderem auch mit der Seelenwanderung und dem Astralleib aus der Sicht der jüdischen (und teilweise auch der esoterischen) Kabbala.

Bei der Beschäftigung mit Gematria darf natürlich ein Hinweis auf Wörterbücher nicht fehlen. Als empfehlenswertestes Standardwerk gilt dabei nach wie vor das folgende, über tausend Seiten starke Buch:

Wilhelm Gesenius, *Hebräisches und aramäisches Handwörterbuch über das Alte Testament*, In Verb. m. Prof. Dr. H. Zimmern, Prof. Dr. W. Max Müller u. Prof. Dr. O. Weber, bearb. v. Dr. Frants Buhl, unveränd. Nachdr. d. 1915 ersch. 17. Aufl., Berlin et al.: Springer Verlag, 1962

LITERATURNACHWEIS

Aleister Crowley, *Das Buch des Gesetzes*. Liber Al vel Legis, aus d. Engl. von Philip, Basel: Sphinx, 1981, S. 34 u. 38

ders., *Magick*

ders., *The Qabalah of Aleister Crowley*. Gematria. Liber 777. Sepher Sephiroth, intr. by Israel Regardie, New York: Samuel Weiser, 1973, S. 1–26

EINFÜHRUNG IN DIE PRAKTISCHE KABBALA (II)

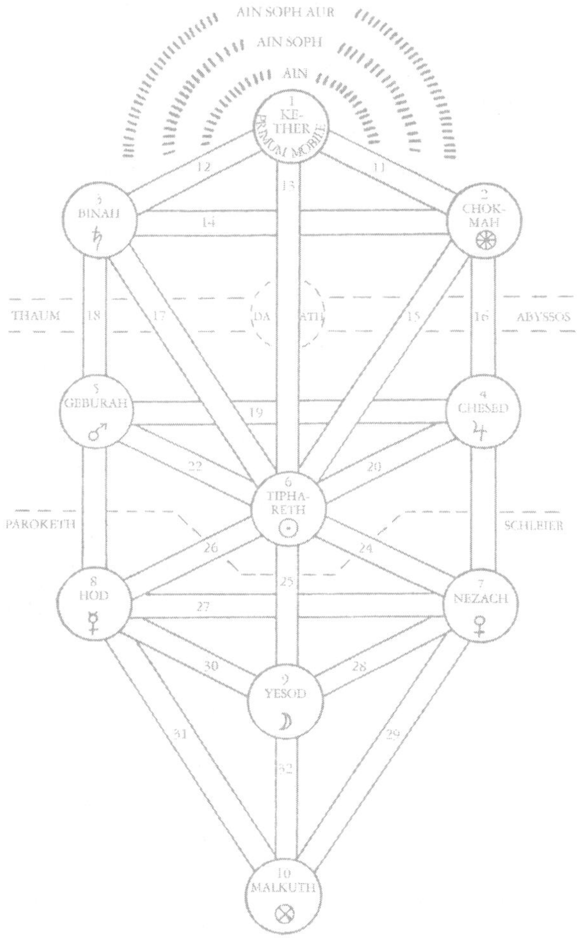

Der kabbalistische Lebensbaum (I)

Wie im letzten Abschnitt bereits erwähnt, ist der kabbalistische Lebensbaum für viele Autoren das einzige interessante Gebiet der Kabbala. Die anderen kabbalistischen Disziplinen stellen, wie wir gesehen haben, hohe Ansprüche an den Adepten, der sich – will er nicht nur dilettieren – erst mit zahlreichen linguistischen, kulturhistorischen und religionskundlichen Einzelheiten abplagen muß, bevor er überhaupt zum Zuge kommen kann. Das aber überfordert manchen, und vor allem in unserer Zeit sehen die wenigsten Magier noch ein, weshalb sie sich die Mühe machen sollten, einen gewaltigen Aufwand für vergleichsweise magere Ergebnisse zu betreiben.

Doch es ist sicher nicht allein diese Mühsal, die dazu geführt hat, daß sich die meisten nichtjüdischen Kabbalisten schon seit Jahrhunderten vorzugsweise mit dem Lebensbaum befassen. Denn dem Lebensbaum ist eine einmalige, bestechende Strukturstärke eigen, die sich besonders auf dem Gebiet der Korrespondenzphilosophie hervorragend bewährt hat.

Ein »kosmisches« Ordnungsschema

Kurz zusammengefaßt stellt der kabbalistische Lebensbaum ein »kosmisches« Ordnungsschema dar, mit dessen Hilfe der Magier wie der Mystiker sein ganzes Leben definieren und lenken kann. (Daher auch die Bezeichnung »Lebensbaum« oder »Baum des Lebens«, hebräisch »Otz Chaim«.) Alle Phänomene, fein- wie grobstoffliche, lassen sich in diesem Ordnungsschema unterbringen, ganz ähnlich wie in den beiden Schemata, die wir bereits früher kennengelernt haben: im Element- und im Planetenmodell.

Das kabbalistische Schema scheint kompliziert …

Freilich ist das kabbalistische Schema auf den ersten Blick ungleich komplizierter als diese beiden, was auch quantitative Gründe hat. Denn während das Elementschema zunächst mit fünf Ordnungsfaktoren (Erde, Wasser, Luft, Feuer, Äther) auskommt und das Planetenmodell sich aus sieben Grundbestandteilen (eben den sieben klassischen Planeten) zusammensetzt, kennt der Lebensbaum gleich zweiunddreißig solcher Grundfaktoren, nämlich die zehn Sephiroth und die zweiundzwanzig Pfade zwischen denselben. Dazu kommen noch die »Nicht-Sephira«

Daath, die drei Säulen, der Schleier »Paroketh« und der Abyssos oder Abgrund »Thaum«, diverse Verlaufsfolgen der emanierten Energien und nicht zuletzt auch die drei Ursphären Ain, Ain Soph und Ain Soph Aur jenseits von Kether. (Genauere Erklärungen zu diesen Begriffen folgen weiter unten.)

… mit zweiunddreißig Grundfaktoren, nämlich den zehn Sephiroth und ihren zweiundzwanzig Verbindungspfaden

Zudem kennt auch der Lebensbaum noch weitere, zusätzliche Faktoren, etwa die vier kabbalistischen Welten mit ihren über hundert spezifischen Lebensbäumen, die »Welt der Schalen« (»Qliphoth«), die Zuordnung der Tarotkarten zu Sephiroth und Pfaden u.a.m. Dies macht das Studium des Lebensbaums zu einem außerordentlich umfangreichen Gebiet, das sich nach einhelligem Votum aller Kenner in einem einzigen Menschenleben niemals gänzlich ausloten läßt. Das führt nicht selten dazu, daß vor allem Anfänger sich vor diesem Studium scheuen und es nach Möglichkeit übergehen.

Die scheinbare »Schlichtheit« der anderen Systeme erweist sich allerdings in der Praxis sehr schnell als trügerisch, denn auch sie wird zur besseren Differenzierung immer weiter verfeinert: So kennen wir im Elementmodell beispielsweise die Unterelemente (»Feuer von Erde, Luft von Erde, Wasser von Erde« usw.); das Planetenmodell ist eng mit der Astrologie verknüpft und kompliziert sich schon ungeheuerlich durch seine Einbindung in diese Disziplin, etwa wenn die Aspekte (Winkelbeziehungen) zwischen Planeten oder ihre Häuserstellungen wichtig werden, ebenso wenn wir die Wandelsterne mit antiken Gottheiten gleichsetzen, die wiederum ihre eigene, meist recht umfangreiche Mythologie mitbringen usw.

Keine Ausbildung in westlicher Magie wäre jedoch vollständig ohne ein gründliches Studium des kabbalistischen Lebensbaums. Deshalb werden auch wir ihm einigen Platz in unserem Lehrgang einräumen, wobei wir, wie immer, wieder auf geeignete Fachliteratur verweisen, wo dies sinnvoller erscheint, als unnötig kostbaren Platz

Keine Ausbildung in westlicher Magie wäre vollständig ohne ein gründliches Studium des kabbalistischen Lebensbaums.

auf Detailfragen zu verwenden. Immerhin möchten wir das ganze System in seinen Grundzügen so erläutern, daß auch sein praktischer Wert für die angewandte Magie deutlich erkennbar wird, was leider nur wenige (und dann fast ausnahmslos nur englische) Autoren tun. Auch bleibt es Ihnen selbst überlassen, inwieweit Sie diese Kenntnisse im Eigenstudium vertiefen wollen. Gewiß wäre es übertrieben zu behaupten, daß ohne kabbalistische Kenntnisse keine westliche Magie möglich wäre, wie das manche angelsächsische Autoren tun: Gerade der deutsche Okkultismus der zwanziger Jahre des 20. Jahrhunderts kommt in sehr vielen seiner Facetten ohne die Kabbala aus und berücksichtigt sie allenfalls als Hilfsdisziplin. Beispielsweise ist Franz Bardons »Quabbalah« (eine Schreibweise, die sich ansonsten meist nur bei Bardon-Anhängern findet) nach seiner eigenen Definition eine reine »Wissenschaft der Buchstaben, die Wissenschaft des Wortes und der Sprache« (*Schlüssel zur wahren Quabbalah*, S. 21), also eine Wort-, Buchstaben- und Lautmagie bzw. -mystik. Was Bardon unter Kabbala versteht, ordnen wir in unserem System in die Rubriken »Mudras«, »Buchstabenmagie« bzw. »Mantramistik« ein, wie das die Mehrheit anderer Autoren ebenfalls tut. Es hat also trotz vorgeblicher Kabbalistik praktisch gar nichts mit der Kabbala des Lebensbaums zu tun.

Doch sollte man den Wert des Lebensbaums andererseits auch nicht voreilig unterschätzen. Das System ist durch seine große Differenziertheit sehr brauchbar. Wer noch kein ebensogutes Schema kennen oder verwenden sollte, tut gut daran, sich eingehend damit zu befassen. Im übrigen gilt auch hierfür, wie schon bei der Gematria, daß viele magische Autoren ohne genauere Kenntnisse um die Philosophie des Lebensbaums überhaupt nicht zu verstehen sind. Sehr wichtig wird der Lebensbaum auch bei der Beschäftigung mit dem Tarot.

Sehr wichtig wird der Lebensbaum auch bei der Beschäftigung mit dem Tarot.

Wir haben im Rahmen unserer Auseinandersetzung mit den Korrespondenzen bereits den Wert solcher Systeme kennengelernt und brauchen daher hier nicht wieder darauf einzugehen. Wie jedes Pantheon, wie jedes übergeordnete, mythische Ordnungsschema spiegelt natürlich auch der Lebensbaum die Zeit, die Psychologie und das weltanschauliche Umfeld seiner Entstehung wider. Es ist unverkennbar, daß er einem vornehmlich linearen Denken entspringt und stark patriarchalische/monotheistische Züge trägt. So ist es auch kein Wunder, daß sich vor allem Dogmatiker mit ihm befaßt haben, was jedoch seinen Nutzeffekt für die Pragmatische Magie keineswegs schmälern muß.

Es wird dem Lebensbaum gern vorgeworfen, daß eine Orientierung mit ihm damit zu vergleichen sei, sich mit einer Kanalisationskarte in einer Stadt zurechtfinden zu wollen: Gelegentlich treffe man zwar auf übereinstimmende Punkte bzw. Kanaldeckel, aber ständig seien Gebäude und Straßen »im Weg«, so daß man schließlich dazu gezwungen sei, sich unterirdisch durch Gullies und Abflußröhren fortzubewegen, wenn man die Karte überhaupt noch nutzen wolle. Damit legt der Skeptiker den Finger auf die Wunde all solcher Systeme: ihre Tendenz zur Erstarrung und zur undifferenzierten Globalaussage, ohne Rücksicht auf die tatsächliche Beschaffenheit der kleinen Einzelheiten. Wir neigen gerade als Magier allzu leicht dazu, uns kritiklos in Welterklärungssysteme zu verrennen und dabei die Karte mit der Landschaft selbst zu verwechseln. Die Karte (in diesem Fall: das Schema des Lebensbaums) ist ein Werkzeug zur Orientierung – nicht mehr, aber auch nicht weniger! Die Arbeit mit dem Lebensbaum ist eine ausgezeichnete Schulung in mythischer Wahrheit und symbol-logischer Denkweise, in ihr erblüht die Korrespondenzlehre zu einem Prunkstück menschlicher Erkenntnis – sofern wir nicht über unserer Begeisterung die Praxis vergessen und uns mit reiner Spekulation begnügen, wo doch eigentlich die praktische Erfahrung angezeigt wäre. Gehen Sie dieses Thema also gleichzeitig maßvoll und konsequent an, um den Fallgruben, deren es unterwegs zahlreiche gibt, unbeschadet zu entgehen.

Die Gefahr der Erstarrung und der undifferenzierten Globalaussage

Die Lehre von den Emanationen der Gottheit

Die kabbalistische Mythologie des Lebensbaums geht von der Schöpfung durch eine Urgottheit (Tetragrammaton, IHVH, Jahwe) aus, die in grundsätzlich zehn Stufen (beginnend von oben) verläuft. Diese »Stufen« sind jedoch in Wirklichkeit ebensosehr Seinszustände

Die Schöpfung durch eine Urgottheit in zehn Stufen

wie Entwicklungsabschnitte, man nennt sie »Sphären«. Eine jede solche Sphäre wird hebräisch als Sephira (auch Sephirah) bezeichnet, die Pluralform lautet Sephiroth. Bevor jedoch die Sephiroth entstanden, durchlief die Uressenz der Gottheit eine eigene Manifestationsentwicklung: Die Uressenz oder das »Nichts« (das Ain) erkannte sich selbst in seiner Unendlichkeit (Ain Soph) und dehnte sich als grenzenloses Licht, als reine Strahlungsenergie aus (Ain Soph Aur). Wir können es mit den Wellenringen vergleichen, die ein ins Wasser geworfener Stein erzeugt, und tatsächlich wird diese Zustandstrinität meistens in Form von drei konzentrischen (oder zumindest ineinander verschlungenen) Kreisen dargestellt, wie auch Abb. 22 zeigt. Übrigens ist dieses Konzept sehr alt, wir finden es auch in der griechischen Formel KONX OM PAX, die eine Verballhornung des alt-ägyptischen KHABS AM PEKHT darstellt und wie dieses in etwa »ausgedehntes Licht« oder »Licht in grenzenloser Ausdehnung« bedeutet.

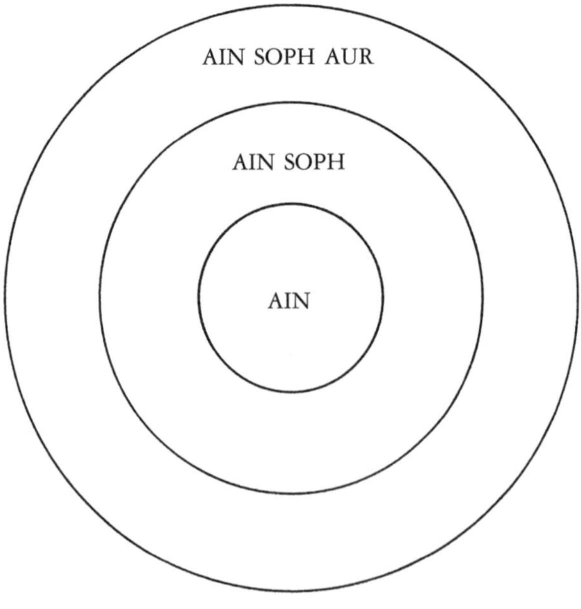

Abbildung 22: Die Entwicklung der Uressenz

Aus dieser Dreiheit entstanden die zehn Emanationen (»Ausstrahlungen«) der Sephiroth in der folgenden Reihung.

KETHER (»Die Krone«)
CHOKMAH (»Weisheit«)
BINAH (»Verstehen«)
CHESED (auch: GEDULAH, »Barmherzigkeit«)
GEBURAH (auch: PAHAD, »Strenge«)
TIPHARETH (»Schönheit«)
NETZACH (»Sieg«)
HOD (»Herrlichkeit«)
YESOD (»Das Fundament«)
MALKUTH (»Das Königreich«)

Wir werden noch detailliert auf die einzelnen Sephiroth eingehen. Sollten Sie noch ein kabbalistischer Anfänger sein, brauchen Sie sich vorerst nur zu merken, daß die Emanation von der »Krone« (Kether) hinunter zum »Königreich« (Malkuth) verläuft. Mit anderen Worten: Aus dem Geist entsteht die Materie; genauer gesagt verdichtet sich der Geist in ihr bzw. »zu ihr«. (Daß wir heute auch in der Magie von solchen polaren Systemen zunehmend abkommen, braucht uns vorläufig nicht zu stören. Wir werden uns im Zusammenhang mit modernen Modellen der Magie noch intensiv damit auseinandersetzen.)

Die Emanation verläuft von der »Krone« hinunter zum »Königreich«.

Vorerst wollen wir uns mit drei der für den Anfang wichtigsten Aspekte des Lebensbaums befassen, bevor wir zu einer genaueren Untersuchung seiner einzelnen Sphären übergehen: erstens das Spannungsfeld Kether-Malkuth; zweitens die drei Säulen; drittens der Gebrauch des Lebensbaums als Supermatrix für magische Korrespondenzen.

Das Spannungsfeld Kether-Malkuth

Eine Emanation ist ein Ausströmen oder Ausstrahlen. Nach kabbalistischer wie neuplatonischer Lehre ist die Schöpfung daraus entstanden, daß die Uressenz – kabbalistisch: das »Ain« (nicht zu ver-

Die Uressenz verströmte sich in immer dichter werdenden Stufen.

wechseln mit dem hebräischen Buchstaben Ayin!) – sich in immer dichter werdenden Stufen verströmte. Kether ist als »Krone« die Herrscherin über sämtliche anderen, darunterliegenden Sephiroth, deren materiell verdichtetste die Sephira Malkuth, das »Reich« ist. Die drei Aggregatzustände Ain, Ain Soph und Ain Soph Aur befinden sich jenseits der Schöpfung, sie bedingen diese zwar, haben aber an ihr keinen unmittelbaren Anteil. (Genaugenommen findet die materielle Schöpfung, wie wir sie kennen, erst in der unteren Triade Netzach, Hod und Yesod statt und mündet in Malkuth. Die materielle Welt befindet sich also in Malkuth. Die drei oberen Sephiroth Kether, Chokmah und Binah werden als »übernatürliche Sphären« – hebr. neschamah, engl. Supernals – bezeichnet.)

Malkuth ist die »Erde« im allgemeinen Sinne: vom Planeten über das Element Erde bis zum Körper des Menschen usw. Kether dagegen ist der reine manifestierte Geist. Diese Sephira liegt entlang der mittleren Säule auf der gegenüberliegenden Seite, also über Malkuth. Nun hat dieser Entwicklungsprozeß Kether-Malkuth eine doppelte Richtung: Während sich der Geist von oben nach unten zunehmend verdichtet (und »vergröbert«), strebt die so entstandene Materie danach, sich wieder nach oben zu entwickeln, um flüchtiger (und »verfeinert«) zu werden.

In diesem Spannungsfeld findet alles Leben statt: Der Geist inkarniert sich in der Materie, die Materie entwickelt sich empor zum Geist. Für unsere magische Praxis ist es von Bedeutung, sich stets vor Augen zu halten, daß es sich bei den Sephiroth um unterschiedliche Aggregatzustände des Geistes bzw. der Materie handelt. Dies ist insofern von Bedeutung, als der kabbalistische Magier stets in Ebenen und Sphären denkt und handelt, die jedoch weniger als Orte denn als Zustände begriffen werden. Dieser Punkt kommt in den meisten Texten zur kabbalistischen Magie viel zu kurz. Denn es ist ja keineswegs so, als stellten die einzelnen Sphären starre, unbewegliche Bezugspunkte im Kosmos dar, im Gegenteil: Der Lebensbaum ist eine dynamische Struktur, wie wir unter anderem noch bei der Behandlung der

Sephiroth – unterschiedliche Aggregatzustände des Geistes bzw. der Materie

Pfade, der Energiebahnen und der vier kabbalistischen Welten sehen werden. Ganz deutlich wird dies auch bei der Planetenzuordnung.

Weiter unten bei der ersten Besprechung des Lebensbaums als Supermatrix für magische Analogien und Korrespondenzen werden wir dieses dynamische Prinzip in Aktion sehen.

Die drei Säulen

Betrachten Sie einmal den Lebensbaum in Abb. 23, so werden Sie die Säulenstruktur desselben sofort deutlich erkennen. Diese Säulen sind in der westlichen Hermetik zu wichtigen Symbolen geworden, beispielsweise in der Freimaurerei. Wir unterscheiden in die rechte Säule der Strenge, sie setzt sich zusammen aus den Sephiroth Binah, Geburah und Hod. Ferner in die linke Säule der Barmherzigkeit, die sich aus den drei Sephiroth Chokmah, Chesed und Netzach zusammensetzt. Und schließlich kennen wir noch die mittlere Säule des Ausgleichs, bestehend aus den vier Sephiroth Kether, Tiphareth, Yesod und Malkuth. Darauf befindet sich zudem, gestrichelt gezeichnet, die »Nicht-Sephira« Daath, auf die später noch gesondert eingegangen werden wird.

> *Diese Säulen sind in der westlichen Hermetik zu wichtigen Symbolen geworden.*

Diese drei Prinzipien stellen zugleich Zugangswege dar. Denn es ist nicht beliebig, auf welchem Wege sich die Energien von Malkuth wieder hinauf nach Kether entwickeln. Zwar gibt es durch die Pfade verschiedene Möglichkeiten des Hinüberwechselns von einer Säule zur anderen, die drei Idealwege »zurück zur Gottheit« verlaufen jedoch entlang der Säulen. Im Klartext heißt dies nichts anderes, als daß es drei Hauptwege zur Transzendenz gibt: den Weg der unbeugsamen Strenge und Konsequenz, den Pfad der Barmherzigkeit und großzügigen Vergebung und den mittleren Pfad der Ausgeglichenheit zwischen beiden, nämlich den des mystischen Bewußtseins und der Milde.

In Abb. 24 finden Sie diese Prinzipien noch einmal tabellarisch zusammengefaßt.

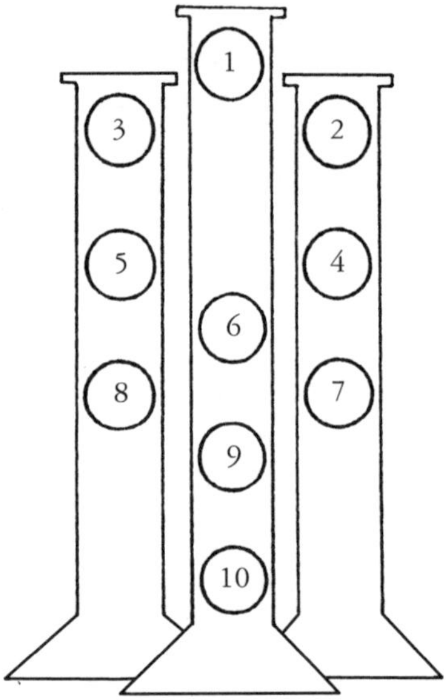

Abbildung 23: Die drei Säulen auf dem Lebensbaum

Säule der STRENGE und KONSEQUENZ	Säule des AUSGLEICHS	Säule der BARMHERZIGKEIT und GROSSZÜGIGEN VERGEBUNG
links	mitte	rechts
schwarz (rot)	grau	weiß
negativ	±	positiv
weiblich	androgyn	männlich
Salz	Quecksilber	Schwefel
Wasser	–	Feuer
Materie	Seele	Geist
Yin	Tao	Yang
Urteil	Milde	Vergebung
Boaz	–	Jakin

Abbildung 24: Die Eigenschaften der drei Säulen

Es fällt auf, daß die Strenge dem weiblichen, die Barmherzigkeit dagegen dem männlichen Prinzip zugeordnet wird. Auch sind es die eher »aggressiven« Sephiroth wie Hod und Geburah, die auf der weiblichen Säule zu finden sind, während die »lieblicheren« Sephiroth Netzach und Chesed ausgerechnet die männliche Säule bestimmen. Dieses Faktum ist, wie so vieles andere am Lebensbaum auch, Ziel endloser Spekulationen gewesen. Wir wollen hier bewußt nicht näher darauf eingehen, sondern es als Teil der kabbalistischen Schulung Ihrer Intuition und Meditation überlassen, diesen scheinbaren Widerspruch zu durchleuchten und ihn – eventuell – aufzulösen.

Die linke Säule (auch: »Säule der Gerechtigkeit«) wird in der Freimaurerei als »Boaz« (auch: »Boas«, »Bo'az«) bezeichnet, die rechte als »Jakin« (auch: »Jachin«, »Yakin«), was sich auf den Tempelbau Solomos bezieht, bei dem zwei gleichnamige Säulen erwähnt werden: »Und er richtete die Säulen auf vor der Vorhalle des Tempels; die er zur rechten Hand setzte, nannte er Jachin, und die er zur linken Hand setzte, nannte er Boas.« (1. Könige, vii,21) Die Deutung dieser beiden Namen hat Anlaß zu zahlreichen Spekulationen geboten, nach einer Interpretation sollen sie zusammen einen Satz ergeben, der zum Sinninhalt »Er (Gott) verleihe Festigkeit mit Kraft« hat, also eine Beschwörung für den möglichst langen Bestand des Tempels. Nach einer anderen Auslegung steht Boas für den alten Baalkult, Jakin dagegen für Jehovah, womit die Vereinigung der Völker Israels (die zum Teil noch dem alten Gott Baal folgten) symbolisiert wurde. Dafür spricht auch die sonst nur schwer verständliche Äußerung: »Da trat Elija zu allem Volk und sprach: ›Wie lange hinket ihr auf beiden Seiten? Ist der Herr Jehovah, so wandelt ihm nach, ist's aber Baal, so wandelt ihm nach.‹« (1. Könige, xviii,21) (Die Einheitsübersetzung der Bibel weicht diesem Problem aus, indem sie formuliert: »Wenn Jahwe der wahre Gott ist, dann folgt ihm! Wenn aber Baal es ist, dann folgt diesem!« Darin ist eindeutig eine spätere Präferenz für den Glauben an einen »konsolidierten« Monotheismus Israels zu erkennen, obwohl aus dem Kontext doch eindeutig hervorgeht, daß Elija im Baal eine Konkurrenzgottheit sieht.)

Tempelsäulen als »Gottesantennen«

Im Altertum waren die physischen Tempelsäulen Träger der unsichtbaren Gottheit, man könnte sie modern auch als »Gottesantennen« bezeichnen, mit deren Hilfe die Verbindung zwischen

Erde und Himmel hergestellt wurde. Einen solchen Zweck hatten beispielsweise die ägyptischen Obelisken, während im römischen Kult die Gottheiten regelrecht in die Säulen »einfuhren«, so daß man diese magietechnisch als »Materielle Basis« oder überdimensionierte »Fetische« deuten darf. Auch die Germanen kannten heilige Säulen, die sogenannten »Lichtträger«, am bekanntesten dürfte die Baumsäule Irminsul gewesen sein, die zugleich Weltsäule und All-Trägerin war. (Ebenso gab es auch »Fluchpfähle«.)

So wie der Tempel des Salomo (der immerhin als einer der berühmtesten Magier der Geschichte gilt!) als Abbildung des Kosmos verstanden wird, stellt auch der Lebensbaum alles dar, was erschaffen wurde – und noch mehr als dies, da auch die unerschaffene Gottheit darin ihren Platz hat. Wir erkennen in den obigen Spekulationen bereits, wie stark kabbalistische Symbolik und magisches Tun im Abendland ineinandergreifen.

Der Lebensbaum als Supermatrix

Der Lebensbaum dient bereits seit der Renaissance und dem Zeitalter des Humanismus als Über- oder Supermatrix für magische Operationen aller Art. Als Strukturprinzip fand er auch im Gradsystem der Golden Dawn seinen Ausdruck, worauf wir noch an späterer Stelle eingehen werden.

Für den heutigen Magier ist es unerläßlich, mit der Korrespondenz-Struktur des Lebensbaums vertraut zu sein, fußen doch alle größeren überlieferten Analogiesysteme, magische Bünde und Autoren (von der schon erwähnten Golden Dawn bis zu Crowleys Argenteum Astrum, William Gray und Israel Regardie) auf der Grundmatrix dieser kabbalistischen Glyphe. Dabei soll uns für diesmal nur die Zuordnung der Zahlen und Planeten zu den Sephiroth interessieren.

Alle größeren überlieferten Analogiesysteme, magischen Bünde und Autoren fußen auf der Grundmatrix dieser kabbalistischen Glyphe.

Den beiden Sephiroth Kether und Chokmah werden keine der sieben klassischen Planeten zugeordnet, wohl aber die Zahlen Eins und Zwei. Kether ist vielmehr das »Primum mobile«, die erste Regung, aus der alle Schöpfung entstand. Chokmah vertritt den Tierkreis (Zodiak) als Ganzes.

Erst mit Binah beginnt die eigentliche Planetenzuweisung: Hier herrschen Saturn und die Zahl Drei. Es folgen: Chesed mit Jupiter und der Vier, Geburah mit Mars und der Fünf, Tiphareth mit Sonne und Sechs, Netzach mit Venus und Sieben, Hod mit Merkur und Acht, Yesod mit Mond und Neun und schließlich Malkuth, die Erde, mit der Zehn. Hieraus ergibt sich auch die bereits behandelte kabbalistische Zahlenzuordnung der Planeten, die von der chaldäischen bekanntlich abweicht. (Dort hat die Sonne den Zahlenwert 1, der Mond 2 usw.)

Die Zuordnung der Planeten

Es ist zwar eigentlich ein sehr unkabbalistischer Fehler, die Sephiroth nun mit den Planeten gleichzusetzen, ganz so als wären beispielsweise Binah und Saturn dasselbe anstatt durchaus unterschiedliche Aspekte ein und desselben Grundprinzips. Die heute gängige Zuordnung der Planeten ist wohl um einiges jünger als der Lebensbaum, und noch immer werden Sie gelegentlich auf Texte stoßen, die davon abweichen. Letzteres geschieht vor allem bei jenen Autoren, die sich darum bemühen, auch die drei nichtklassischen Planeten Uranus, Neptun und Pluto dem Lebensbaum zuzuordnen, was allerdings manchmal zu recht abenteuerlich anmutenden geistigen Verrenkungen führt, etwa wenn die im kabbalistischen *Sepher Yetzirah* ausdrücklich als Nicht-Sephira Daath bezeichnete als vollwertige elfte Sephira gewertet wird, um die Erde noch auf dem Baum unterzubringen, was wiederum zu unaufhebbaren Widersprüchen bei der Durchnumerierung der Pfade führt usw.

Dennoch fällt es dem eher astrologisch als kabbalistisch versierten Magier von heute wohl leichter, den Lebensbaum von dieser Planetensymbolik her zu verstehen, als mit den recht abstrakten hebräischen Begriffen zu hantieren, die zudem auch nur den Charakter von Merkwörtern haben, ganz ähnlich wie die Merkbegriffe beim hebräischen Alphabet, die wir im letzten Abschnitt kennengelernt haben. In der rituellen Praxis unserer Zeit spielen die astrologischen Zuordnungen zusammen mit dem Tarot ohnehin eine weitaus größere Rolle als die orthodoxe Kabbalistik des Lebensbaums.

Die einzelnen Sephiroth sind durch die bereits erwähnten Pfade miteinander verbunden, die ebenfalls (von 11 aufwärts) durchnume-

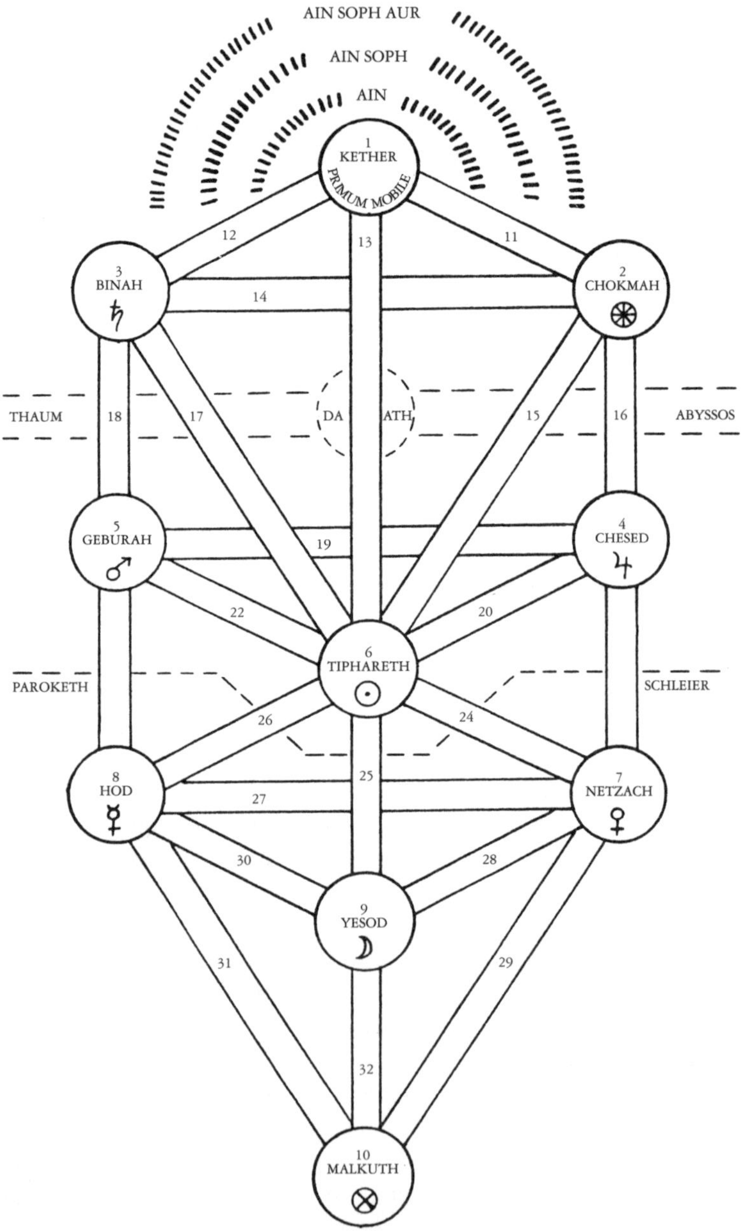

Abbildung 25: Der kabbalistische Lebensbaum
(mit Zahlen und Planetenzuordnungen)

riert werden. Da es 22 Pfade gibt, liegt eine Zuordnung der 22 Buchstaben des hebräischen Alphabets nahe, ebenso natürlich die Anpassung der erst sehr viel später hinzugekommenen Großen Arkana des Tarot.

Auf diese Weise wird der Lebensbaum zu einer echten Supermatrix für verschiedenste magische Disziplinen und Werkzeuge. Die Möglichkeiten der Zuordnungen sind schier unbegrenzt, doch genügt es für unsere Zwecke, wenn wir uns auf Zahlen, Planeten, hebräische Buchstaben und Große Arkana beschränken.

Der Lebensbaum ist eine echte Supermatrix für verschiedenste magische Disziplinen und Werkzeuge.

Die Suche nach einer solchen Supermatrix entspringt dem Verlangen, auch die allerheterogensten Elemente miteinander in Beziehung bringen zu können (Einheitsstreben). Lange Zeit wurde sehr viel in solche Beziehungen »hineingeheimnist«, ohne daß dies jedoch erkennbare Vorteile für die magische Praxis gebracht hätte. Der Wert des Umgangs mit solchen Schemata liegt vielmehr darin, daß wir auf diese Weise nicht nur den Umgang mit magischen Analogien schulen, sondern zudem auch lernen, solche bei Bedarf willentlich herzustellen. Das wiederum dient dem angewandten Paradigmenwechsel und der geistigen wie praktischen Flexibilität des Magiers. Wer heute noch ernsthaft danach streben sollte, vor allem die Einheit der Welt zu erkennen und zu erfahren, ohne zugleich ihre unendliche Vielheit sehen zu wollen, der verhält sich darin so ängstlich wie der Vogel Strauß, wenn er in der Hoffnung den Kopf in den Sand steckt, daß sein Feind ihn nun nicht mehr sehen könne. Für solche Menschen wird es Zeit, aufzuwachen und erwachsen zu werden, sich der Vielheit zu stellen und sie erst einmal zu erfahren und zu erleben, bevor sie sich eventuell wieder an die Suche nach der Einheit machen, die wir hier ja keineswegs pauschal verdammen wollen. Aber man kann auch auf der Suche nach etwas vor etwas anderem davonlaufen, und das sollte kein echter Magier bei sich selbst zulassen. Denn sonst kann es geschehen, daß er sich in spekulative Wolkenkuckucksheime verspinnt und den Kontakt zur Basis des Alltags verliert – und dieser wird ihn dann erfahrungsgemäß solange aufs Schmerzvollste einholen und peinigen, bis er seine Lektion gelernt hat und zugleich ganzheitlich wie auch detailgetreu wahrzunehmen vermag, eben ohne die Landkarte mit der Landschaft zu verwechseln.

Der Lebensbaum ist eine Art Skelett für Korrespondenzen.

Der Lebensbaum stellt in der esoterischen Kabbala eine Art Skelett für Korrespondenzen dar. Nach heutigem Denken sollten Korrespondenzen uns jedoch weniger dabei behilflich sein, die Einheit hinter den Dingen zu erkennen, als vielmehr dabei, ein und dasselbe Ding auf möglichst differenzierte, vielseitige Weise zu betrachten bzw. im magischen Bereich anzuwenden. Um noch einmal unser altes Beispiel von den Korrespondenzen aufzugreifen: Merkur ist eben nicht Thot, ist nicht Hermes allein, er ist Merkur und bleibt es auch. Was ihn mit diesen verbindet, ist ein kleinster gemeinsamer Nenner, weiter nichts.

Doch betrachten wir einmal einen solchen »kleinsten gemeinsamen Nenner« genauer, um zu begreifen, was es mit Korrespondenzen in Wirklichkeit auf sich hat. Nehmen wir als Beispiel die Zahlen 4, 6, 8 und 10, so erkennen wir, daß diese als kleinsten gemeinsamen Nenner (»Be-Nenner«!) die 2 haben. Dennoch »ist« weder die 4 eine 2 noch die 6, die 8 und die 10. Sie sind vielmehr Multiplikatoren der 2, ohne diese selbst zu sein. Eine 6 ist und bleibt nämlich eine eigenständige 6, auch wenn sie sich als »dreifache 2« verstehen läßt. Auf der theoretischen und spekulativen Ebene ist diese »Erklärung durch die 2« zwar sehr erhellend und zur Erkenntnis von Zusammenhängen wertvoll, doch liegen solche Zusammenhänge meist jenseits der praktischen Ebene und dienen eher der Paradigmenpflege.

Und schließlich gibt es auch Primzahlen wie die 3, die 5, die 7 oder die 11, die sich, von der 1 abgesehen, durch keine andere Zahl außer sich selbst teilen lassen, ohne daß wir einen Bruch erhalten. Solche lassen sich zwar, wie soeben geschehen, in die Rubrik »Primzahlen« einordnen, doch erhalten wir dadurch noch lange keine Auskunft darüber, welche Primzahlen es außer ihnen noch gibt. Mit anderen Worten: Jede Primzahl muß, will sie kabbalistisch »verstanden« werden, für sich allein entdeckt und erforscht werden, und ganz ähnlich verhält es sich mit den magischen Korrespondenzen. Auch sie wollen zwar einerseits zwecks besserem Verständnis geordnet (also einem einheitlichem Prinzip unterworfen) werden, doch müssen wir sie stets für sich erfahren und im Leben umsetzen.

Solche scheinbar abschweifenden Anmerkungen sind bisweilen leider nötig, weil vor allem magische und kabbalistische Anfänger häufig dazu neigen, eine Gleichheit bzw. Identität zu postulieren, wo in Wirklichkeit nur eine Ähnlichkeit vorliegt. Dies kann aber zu schwerwiegenden symbol-logischen Fehlern führen, etwa wenn wir unsere Zuordnungssysteme nicht mehr auseinanderhalten können: Gehört zur Rose nun die Farbe Rot, weil sie die »Blume der Liebe« ist und letzterer das Rot zugeordnet wird? Oder gehört sie der Farbe Grün zu, weil sie ein Symbol der Venus ist, der diese Farbe eignet (und die zudem auch noch die Göttin der Liebe ist)?

Das Beispiel macht deutlich, wie wichtig es ist, uns Klarheit über unsere Matrices zu verschaffen. Denn wenn ich einerseits kabbalistisch arbeite und dem Mars die Farbe Rot zuordne, andererseits aber gleichzeitig der Rose dieselbe Farbe zuspreche, weil ich mich auch an die volkstümliche (und literarische) Symbolik halten will, kann ein roter Rosentalisman zu völlig unverhofften Resultaten führen, etwa indem die Zielperson, deren Liebe er doch durch seine venusische Ladung erwecken soll, auf derlei Avancen mit höchst marsianischer Aggressivität reagiert! Derlei wird dann von Dogmatikern gern auf das Konto »Ritualfehler« gebucht, ohne daß jedoch dadurch klar würde, was eigentlich genau falsch gemacht wurde. Tatsächlich geht es aber nicht um die »objektive« Farbkorrespondenz der Rose, des Mars oder der Venus, sondern vielmehr um das säuberliche Auseinanderhalten der unterschiedlichen Bezugssysteme, auf die wir uns zwar teilweise im Laufe unserer magischer Praxis konditioniert haben, die uns zu einem nicht unerheblichen Teil aber auch von der frühesten Kindheit an durch Eltern, Schule, Gesellschaft usw. aufgeprägt wurden und uns oft gar nicht recht bewußt sind. So gerät unser Unbewußtes in Konflikt mit widersprüchlichen Bildern und deutet diese auf eigenwilligste Weise – die leider nur in den seltensten Fällen der ursprünglichen, bewußten Absicht entspricht.

Wichtig: das säuberliche Auseinanderhalten der unterschiedlichen Bezugssysteme

In Abb. 26 finden Sie zum Abschluß den kabbalistischen Lebensbaum mit seinen hebräischen Bezeichnungen.

Damit soll für diesmal unsere Einführung in den kabbalistischen Lebensbaum enden. Im nächsten Abschnitt werden wir uns mit den Sephiroth im einzelnen befassen, ebenso mit ihrer Grundstruktur. Des weiteren werden wir im Laufe des Lehrgangs unter Zuhilfenahme lehr-

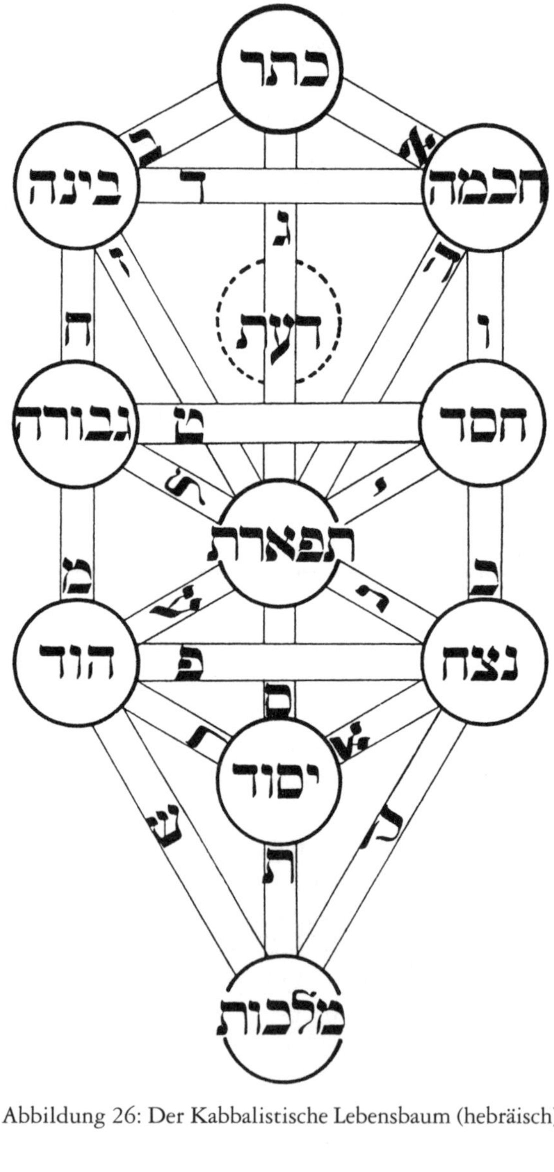

Abbildung 26: Der Kabbalistische Lebensbaum (hebräisch)

gangsbegleitender Literatur noch um einiges tiefer in die Disziplin Kabbalistik einsteigen, die lange Zeit mit magischem Wissen überhaupt gleichgesetzt wurde.

PRAKTISCHE SPIEGELMAGIE (IV)

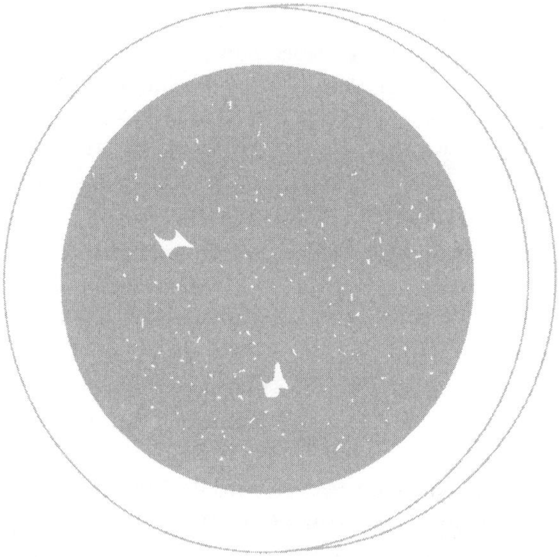

Der Gebrauch des magischen Spiegels (III)

Astralarbeit mit dem magischen Spiegel

Die Astralreise mit Hilfe des magischen Spiegels stellt eine besonders häufige Verwendungsart dieses Instruments dar. Dazu wird meist der optische Sog ausgenutzt, den der Spiegel aufgrund seiner konkaven Form in der Regel ausübt.

Der Spiegel kann dabei gundsätzlich auf zweierlei Weise verwendet werden, wobei mit den schon bekannten Techniken des Astralaustritts gearbeitet wird: als »Relaisstation« für den geistigen Transport zu anderen Orten auf der Alltagsebene, dann fungiert er also als eine Art »Schacht«. Dabei tritt der Astralleib des Magiers am Ziel wieder aus, um seinen Aktivitäten nachzugehen, bei seiner Rückkehr benutzt er den Spiegel wieder als Transportschacht.

Der Spiegel als Tor zur magischen Anderswelt

Die zweite Verwendungsart ist eine Variante der ersten: Der Spiegel dient dabei als Tor zu verschiedenen Gegenden der magischen Anderswelt. So können damit Astralsphären, mythische Reiche oder andere Epochen bereist werden. Zu diesem Zweck wird der Spiegel vor allem von Magiern der alten Schule gern separat geladen oder sogar eigens dafür hergestellt. Will ein solcher Magier beispielsweise in die Merkur-Sphäre reisen, so fertigt er entweder einen speziellen Merkur-Spiegel an oder er lädt einen magischen Allzweckspiegel für diese Operation(en) mit Merkur-Kraft, schmückt ihn von hinten mit Merkur-Symbolen wie achteckigen Messingscheibchen, der Abbildung eines Fischs oder der Sigill des Götterboten, bestreicht die Rückseite mit Weißwein, gibt einen merkurischen Kondensator hinein o. ä.

Magietechnisch ist eine solche Separatladung bzw. -herstellung der Arbeit mit einem gar nicht oder nur allgemein geladenen Spiegel vorzuziehen, und zwar wieder wegen der damit verbundenen Symbol-Logik. Immerhin stellt der Spiegel nicht nur auf der bildlichen, sondern auch auf der energetischen Realitätsebene ein Tor dar, daher sollte der Magier schon sichergehen, daß es auch wirklich das richtige ist.

Fernbeeinflussung mit dem magischen Spiegel

Die Fernbeeinflussung mit dem magischen Spiegel stellt eine der mächtigsten Anwendungen dieses Geräts dar. Dabei wird meist folgendermaßen verfahren: Der Magier versetzt sich, nachdem er sich entsprechende Klarheit über das Ziel seiner Operation verschafft hat, vor dem aufgebauten Spiegel in eine geeignete Gnosis. Nun evoziert er das Bild der Zielperson so kräftig, bis es wie eine bewußt herbeigeführte Halluzination im Spiegel erscheint. Dies sollte möglichst quasi-optisch geschehen, da der Spiegel ohnehin eine stark optisch ausgerichtete magische Waffe ist und es in der Regel schwierig sein dürfte, mit den anderen Sinnesorganen analog zu verfahren.

Die Fernbeeinflussung mit dem magischen Spiegel ist eine der mächtigsten Anwendungen.

Eine sehr wichtige Stelle bei der Einflußnahme, speziell zum Zwecke der Willensbeugung der Zielperson, ist das sogenannte »Todeschakra«, also der feinstoffliche Energiepunkt dicht oberhalb des Nackenansatzes. An diesen Punkt kann der Magier nun solange einen mit seinem Willen geladenen Strahl senden, bis ihm sein Gefühl sagt, daß die Operation abgeschlossen ist. Danach wird durch Lachen gebannt. Trotz seiner martialischen Bezeichnung kann das Todeschakra übrigens auch zum Zwecke der Heilung beeinflußt werden, es wird also nicht nur für Schadenszauber aufs Korn genommen.

Ein solcher magischer Willensstrahl kann auf verschiedene Weise »geladen« werden. Der Begriff »Ladung« ist jedoch vielleicht ein wenig irreführend, denn genaugenommen handelt es sich dabei meist eher um eine Symbolisierung des Willens durch den Strahl und weniger um eine echte Energieladung wie bei einem Talisman. Daher lassen sich auch die herkömmlichen Korrespondenzen hervorragend dazu verwenden: Will der Magier seiner Zielperson beispielsweise schaden, wird er vielleicht einen sengenden roten Strahl (für Mars) senden, für eine Heilung wird dagegen ein beruhigender orangefarbener Strahl (für Merkur) geschickt. In der herkömmlichen Magie pflegte der Magier sich

Eine Symbolisierung des Willens durch den Strahl

dabei gleichzeitig möglichst intensiv auf das Ziel seiner Operation zu konzentrieren.

Es ist allerdings meiner Erfahrung nach vorzuziehen, in das Todeschakra der Zielperson eine Sigil zu projizieren, die mit Hilfe der Wort- oder der Bildmethode hergestellt wurde – und zwar ohne dabei an den Inhalt des Willenssatzes zu denken! Damit wird eine störende Zensoraktivität vermieden, wie sie sich manchmal scheinbar ganz harmlos in Überlegungen wie »Ob es wohl klappen wird?« äußert, die sehr schnell zu äußerst unangenehmen Torpedos werden können.

Die Applikation von Strahl oder Sigil kann auch dann erfolgen, wenn von der Zielperson eine Frontalansicht im Spiegel erscheint, was übrigens meistens geschieht. Der Magier braucht nur durch die Zielperson hindurch auf den entsprechenden Punkt zu blicken, als wäre sie durchsichtig, was sie ja magietechnisch auch ist.

Nach einiger Übung kann der Magier dazu übergehen, Sigillen an anderen Punkten der Zielperson zu applizieren, beispielsweise am Scheitelchakra, wo die Sigil ein »morphogenetisches Einflußfeld« erzeugt, um einmal eine moderne Metapher zu verwenden. Dies ist vor allem bei Operationen angezeigt, die erst längerfristig wirksam werden sollen oder können. Im Prinzip ist jedes Chakra beeinflussungsfähig, ebenso lassen sich auch andere magische Symbole verwenden.

MAGIE UND YOGA (IV)

Die Unendlichkeits-Meditation: Abschluss oder Weiterführung

Das halbe Jahr der Unendlichkeitsmeditation wird irgendwann für Sie abgelaufen sein.

Wenn Sie sich an unser Übungspensum gehalten haben und fleißig gewesen sind, wird irgendwann das halbe Jahr der Unendlichkeitsmeditation für Sie abgelaufen sein. Ziehen Sie dann Bilanz, und stellen Sie fest, was sich durch diese wichtige Praktik für Sie geändert hat. Vielleicht ist die Meditation aber auch ohne erkennbare Folgen für Sie geblieben? Dann sollten Sie besonders im Laufe der nächsten 24 Monate darauf achten, inwieweit Ihre Visualisationsfähigkeit, Ihre Intuition, Ihre Konzentrationskraft und Ihre seelische Ausgewogenheit nicht vielleicht doch ganz unbemerkt manch einen »Quantensprung« vollzogen hat, der sich zunächst nur in winzigen Kleinigkeiten äußern mag. Auf jeden Fall werden Sie spätestens nach dieser Nachbereitungsphase zu dem Schluß gelangen, daß diese Übung ganz bestimmt nicht umsonst gewesen ist!

Wie geht es nun weiter? Nun, das bleibt Ihnen selbst überlassen. Selbstverständlich können Sie die Meditation beliebig lang weiterführen, wenn Sie wollen. In den ersten ca. zwei Jahren (von denen Sie ja nun schon ein halbes absolviert haben) ist dann allerdings zu empfehlen, auf jeden Fall beim täglichen Üben zu bleiben, da die Meditation sonst praktisch eine reine Zeitverschwendung wäre. Erst danach können Sie sie ganz bewußt gelegentlich einmal auslassen, um zu beobachten, was sich dadurch verändern mag. Natürlich können Sie sich vorläufig auch nur ein einziges weiteres Jahr der Meditationspraxis vornehmen.

Bleiben Sie auf jeden Fall beim täglichen Üben.

Die Vorsichtsmaßregeln (kein Alkohol, kein Fieber, keine Drogen vor der Meditation usw.) gelten nach wie vor. Bleiben Sie in diesem Punkt sich selbst gegenüber unnachgiebig und konsequent, denn es ist wirklich gefährlich, diese Regeln zu mißachten, besonders in dieser Phase Ihrer magischen Schulung, da Sie wahrscheinlich zunehmend empfänglicher für feinstoffliche Energien werden und immer mehr der sorgfältigen Erdung bedürfen. Da können Sie es nicht gebrauchen, den empfindlichen alchemistischen Prozeß in Ihrem Innern, der spätestens durch unser Übungsprogramm eingeleitet wurde, durch plötzlich und unkontrolliert emporsteigende, meist verdrängte Seeleninhalte zu stören.

Überlegen Sie sich also, ob Sie die Meditationspraxis vertiefen wollen oder nicht. Wenn Sie damit aufhören möchten, so fassen Sie Ihre Ergebnisse im Magischen Tagebuch kurz zusammen. Das Meditationsmantra können Sie auch weiterhin verwenden, etwa als »Hintergrundprogramm« im Alltag. Dies ist vor allem für mystisch gesinnte Magier interessant, die auf diese Weise ihren Zugang zur Transzendenz erschließen, verstärken oder beibehalten wollen. Zudem dient das Mantra, wird es korrekt innerlich aktiviert, der Harmonisierung des Atems, was an sich bereits von großem gesundheitlichem Wert ist.

PRAKTISCHE ÜBUNGEN

ÜBUNG 66
GEMATRIA-TRAINING (III)

Stelle Dir selbst ein gematrisches Trainingsprogramm zusammen. Dazu solltest Du Dir zunächst einmal Klarheit darüber verschaffen, wie tief Du in die Praxis der Gematria einsteigen willst. Interessiert Dich dieses Gebiet nicht sonderlich, so genügt es, mit einem Minimalprogramm zu arbeiten, das beispielsweise daraus besteht, mit Hilfe eines hebräischen Wörterbuchs 100 willkürlich gewählte Wörter auf ihre Zahlenzusammenhänge zu untersuchen.

Möchtest Du Dich stärker mit diesem Aspekt traditioneller Magie befassen, so mußt Du zu einem eigenen, umfangreicheren Übungsplan finden. So könntest Du beispielsweise 500 bis 1000 Wörter überprüfen, über die Zahlenentsprechungen in Crowleys *Liber Sephiroth* (Anhang zu *Liber* 777) meditieren, es durch eigene Erkenntnisse ergänzen usw.

ÜBUNG 67
LEBENSBAUM-SCHULUNG (I)

Lerne die Struktur des kabbalistischen Lebensbaums und seiner Sephiroth auswendig. Zeichne ihn so oft wie möglich ab, bis Du es sogar mit verbundenen Augen vermagst, ihn vor dem geistigen Auge erstrahlen zu lassen.

ÜBUNG 68
LEBENSBAUM-SCHULUNG (II)

Meditiere über die Zuordnung »Männlich/Weiblich« zu den beiden äußeren Säulen des Lebensbaums. Was hat sie zu bedeuten – handelt es sich dabei um einen inneren Widerspruch des kabbalistischen Systems, oder ist darin eine verborgene Polarität zu erkennen? Halte Deine Ergebnisse im Magischen Tagebuch fest, sofern sie sich nicht jeder sprachlichen Artikulation entziehen sollten.

Diese Übung wird Dir zugleich größere Klarheit über Dein Verhältnis zu den Prinzipien »Männlich« und »Weiblich« bescheren.

ÜBUNG 69
LEBENSBAUM-SCHULUNG (III)

Lerne die Zuordnung der Planeten und Zahlen zum Lebensbaum auswendig. Meditiere mit Hilfe weiterführender Literatur darüber, weshalb die Planeten ausgerechnet auf diese Weise angeordnet wurden. Inwieweit entsprechen die Planetenprinzipien tatsächlich jenen der Sephiroth, inwieweit nicht? Bei welchen Zuordnungen hast Du eventuell Zweifel?

Mit dieser Übung optimierst Du auch Dein Verständnis der kabbalistischen Planetenmagie.

ÜBUNG 70
LEBENSBAUM-SCHULUNG (IV)

Meditiere über die Mittlere Säule: Was bedeutet es, von Malkuth über Yesod nach Tiphareth zu gelangen und von dort durch den Abyssos zu Kether vorzustoßen? Berücksichtige dabei auch die Zuordnung der Planeten zu den Sephiroth.

LITERATURNACHWEIS

Franz Bardon, *Der Schlüssel zur wahren Quabbalah. Der Quabbalist als vollkommener Herrscher im Mikro- und Makrokosmos*, Freiburg: Hermann Bauer Verlag, 1957

EINFÜHRUNG IN DIE PRAKTISCHE KABBALA (III)

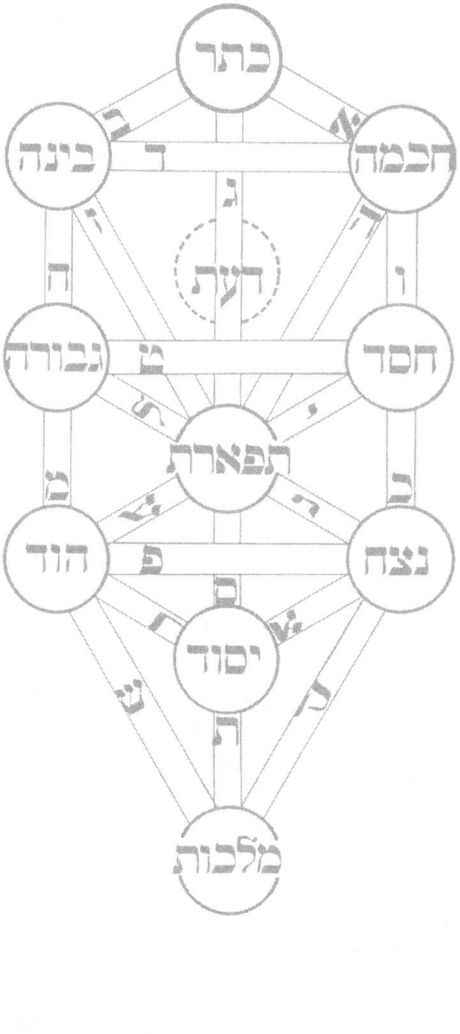

Der kabbalistische Lebensbaum (II)

Die Sephiroth im Einzelnen

Betrachten wir nun die Sephiroth des Lebensbaums im einzelnen. Wir folgen dabei weitgehend der esoterischen, westlichen Kabbala, da diese für die magische Praxis relevanter ist als die orthodoxe jüdische Mystik, über deren magische Bezüge ohnehin nur sehr wenig bekannt ist. Bei der Auflistung der Pfade geben wir noch einmal den jeweils zugeordneten hebräischen Buchstaben und die Tarotkarte (aus den Großen Arkana) an. (In Klammern finden sich gängige Alternativbezeichnungen der Karten.) Die in Anführungszeichen erwähnten Bezeichnungen der unterschiedlichen »Intelligenzen« werden noch später bei einer eingehenden Beschäftigung mit den Pfaden und ihrer Funktion eine Rolle spielen. Auch andere Einzelheiten (z. B. die Zuordnung zu den kabbalistischen Welten) werden an anderer Stelle noch ausführlicher erklärt. Es bedarf wohl keiner weiteren Erläuterung mehr, daß die hier aufgeführten Korrespondenzen nur eine mögliche Auswahl von vielen darstellen.

Die esoterische, westliche Kabbala ist für die magische Praxis relevanter als die orthodoxe jüdische Mystik.

ZUM UMGANG MIT DEN TABELLEN

Wie bei anderen Korrespondenzen auch, sollten Sie die folgende Übersicht in aller Ruhe betrachten und intuitiv angehen. Durch begleitende Lektüre können Sie sich im Laufe der Zeit immer mehr in die Thematik vertiefen und die Analogien zunehmend in Ihre rituelle Praxis integrieren, sofern Sie gern kabbalistisch arbeiten wollen. Und natürlich gilt auch hier, daß Sie schließlich auch zu Ihren eigenen, in der Praxis erprobten Korrespondenzen finden müssen.

Malkuth - Das Königreich

»Die Herrliche Intelligenz«; die Erde; das materielle Sein; die Vollendung des in Kether gefaßten Plans; verdichteter Geist; die Erdmutter; Mikroprosopus; die »Braut« (Kethers); die metallische Frau; die Luna der Weisen; der Acker.

Zahl: 10
Planet: Erde
Gottesname: Adonai Malekh (»der Herr der Könige«) oder Adonai ha Aretz (»der Herr der Erde«)
Erzengel: Sandalphon (Planet Erde); [Uriel: Element Erde; Metatron: als Erzengel von Kether: »Geist als Geist«, als Erzengel von Malkuth: »Geist als Materie«]
Farbe in Atziluth: Gelb
Farben in Briah: Zitrin; Olivgrün; Rotbraun; Schwarz
Farben in Yetzirah: Zitrin; Olivgrün; Rotbraun; Schwarz; geflecktes Gold
Farben in Assiah: Schwarz; gestreiftes Gelb
Symbole: Kalvarienkreuz; (Messing-)Altar; Doppelkubus; durchkreuzter Kreis
Adam Kadmon: Füße
Chakra: Füße
Gottheiten: Seb; Persephone; Ceres
Magische Waffen: Magischer Kreis; Dreieck
Edelstein: Bergkristall
Pflanzen: Weide; Lilie; Efeu
Duftstoff: kretischer Diktamus
Alchemistisches Gold: Zahab Ophir (Gold von Ophir)
Tugend: Unterscheidungsvermögen
Laster: Habgier; Geiz

DIE PFADE VON UND NACH MALKUTH

29. Malkuth-Netzach: QOPH; XVIII DER MOND;
»die Körperliche Intelligenz«

31. Malkuth-Hod: SHIN; XX DAS URTEIL (DAS JÜNGSTE GERICHT; DAS ÄON); »die Intelligenz der immerwährenden Bewegung«

32. Malkuth-Yesod: TAU; XXI DAS UNIVERSUM (DIE WELT);
»die Verwaltende Intelligenz«

YESOD - DAS FUNDAMENT

»Die Reine Intelligenz«; das Fundament der physischen Welt (Malkuth); die Astralwelt; Welt des Begehrens; Sexualität; Anima; das kollektive Unbewußte

Zahl: 9
Planet: Mond
Gottesname: Shaddai el Chai (»der allmächtige lebende Gott«)
Erzengel: Gabriel
Farbe in Atziluth: Indigo
Farbe in Briah: Violett
Farbe in Yetzirah: Dunkelpurpur
Farben in Assiah: Zitrin; geflecktes Himmelblau (Azur)
Symbole: Sandalen; Kerzen
Adam Kadmon: Fortpflanzungsorgane
Chakra: Muladhara
Gottheiten: Diana; Shu; Luna
Magische Waffen: Sandalen; Duftstoffe
Edelsteine: Bergkristall; Mondstein
Pflanzen: Banyan; Mandragora; Damiana
Duftstoffe: Jasmin; Ginseng
Alchemistisches Gold: Zahab Tob (»gutes Gold«)
Tugend: Unabhängigkeit
Laster: Trägheit

DIE PFADE VON UND NACH YESOD

25. Yesod-Tiphareth: SAMEKH; XIV MÄSSIGUNG;
»die Prüfend-Bewilligende Intelligenz«

28. Yesod-Netzach: TZADDI; IV DER HERRSCHER;
»die Natürlich-Kosmische Intelligenz«

30. Yesod-Hod: RESH; XIX DIE SONNE;
»die Intelligenz der Kollektivität«

Hod – Herrlichkeit

Die Absolute oder Vollkommene Intelligenz«; Intellekt; Diplomatie; Intrige; Täuschung; Sprache; Philosophie; Theorie; Kommunikation

Zahl: 8
Planet: Merkur
Gottesname: Elohim Tzabaoth (»Gott der Heerscharen«)
Erzengel: Michael
Farbe in Atziluth: Violett-Purpur
Farbe in Briah: Orange
Farbe in Yetzirah: Rotbraun
Farben in Assiah: Gelblich-Schwarz; gefleckte Weiß
Symbole: Name; Schurz
Adam Kadmon: rechte Hüfte; rechtes Bein
Chakra: Svadisthana
Gottheiten: Thot; Anubis; Hanuman; Odin; Loki; Hermes; Merkur
Magische Waffen: Versikel; Schurz
Edelsteine: Opal; Feueropal
Pflanzen: Goldlauch; Anhalonium Lewinii
Duftstoff: Styrax
Alchemistisches Gold: Zahab parvajim (»rotes Gold«)
Tugend: Wahrhaftigkeit
Laster: Falschheit; Unehrlichkeit

DIE PFADE VON UND NACH HOD

23. Hod-Geburah: MEM; XII DER GEHENKTE;
»die Intelligenz der Beständigkeit«

26. Hod-Tiphareth: AYIN; XV DER TEUFEL;
»die Intelligenz der Erneuerung«

27. Hod-Netzach: PEH; XVI DER TURM;
»die An- und Aufregende Intelligenz«

(30 u. 31 s. o.)

NETZACH – SIEG

Die Okkulte (Verborgene) Intelligenz«; Standhaftigkeit; Imaginationskraft; Erreichen von Vollkommenheit; Triumph der Schönheit; sexuelle Liebe; Kunst; Muse; Freude; Gelingen

Zahl: 7
Planet: Venus
Gottesname: Jehovah Tzabaoth (»Herr der Heerscharen«)
Erzengel: Haniel
Farbe in Atziluth: Bernstein
Farbe in Briah: Smaragd
Farbe in Yetzirah: helles Gelbgrün
Farben in Assiah: Oliv, geflecktes Rotbraun
Symbol: Rose
Adam Kadmon: linke Hüfte; linkes Bein
Chakra: Manipura
Gottheiten: Hathor; Nike; Aphrodite; Venus
Magische Waffen: Lampe; Gürtel
Edelstein: Smaragd
Pflanzen: Rose
Duftstoffe: Benzoin; rotes Sandelholz; Rose
Alchemistisches Gold: Zahab Sagur (»eingeschlossenes Gold«)
Tugend: Selbstlosigkeit
Laster: Wollust

DIE PFADE VON UND NACH NETZACH

21. Netzach-Chesed: KAPH; X DAS GLÜCKSRAD;
»die Belohnende Intelligenz«

24. Netzach-Tiphareth: NUN; XIII DER TOD;
»die Erfinderisch-Schöpferische Intelligenz«

(27, 28 u. 29 s. o.)

Tiphareth - Schönheit

Die Intelligenz des Vermittelnden Einflusses«; das Zentrum der Hingabe; die Sphäre der geschlachteten Götter; Paradoxien (Leben und Tod); Heilung

Zahl: 6
Planet: Sonne
Gottesname: Jehovah aloah va Daath (»Gott, manifestiert in der Sphäre des Geistes«)
Erzengel: Raphael
Farbe in Atziluth: klares Rosa (Pink)
Farbe in Briah: Gelb
Farbe in Yetzirah: sattes Lachsrosa
Farbe in Assiah: Bernstein-Gold
Symbole: Rosenkreuz; stumpfe Pyramide
Adam Kadmon: Herz
Chakra: Anahata
Gottheiten: Ra; Adonis; Apollo; Mithras; Quetzalcoatl; Christus
Magische Waffe: Lamen
Edelstein: Topaz
Pflanzen: Akazie; Lorbeerbaum; Rebe; Stechginster
Duftstoff: Olibanum
Alchemistisches Gold: Paz und Zahab Muphaz (»reines Gold«)
Tugend: Hingabe ans Große Werk
Laster: Stolz; Hoffart

DIE PFADE VON UND NACH TIPHARETH

13\. Tiphareth-Kether: GIMEL; II DIE HOHEPRIESTERIN (DIE PÄPSTIN); »die Verneinende Intelligenz«

15\. Tiphareth-Chokmah: HE; XVII DER STERN; »die Verfassungsgebende Intelligenz«

17\. Tiphareth-Binah: ZAYIN; VI DIE LIEBENDEN (DIE ENTSCHEIDUNG); »die Verteilend-Ordnende Intelligenz«

20\. Tiphareth-Chesed: YOD; IX DER EINSIEDLER (DER EREMIT); »die Intelligenz des Wilden«

22. Tiphareth-Geburah: LAMED; VIII GERECHTIGKEIT;
»die Gläubig-Vertrauensvolle Intelligenz«

(24, 25 u. 26 s. o.)

GEBURAH - STRENGE

»Die Radikale Intelligenz«; Strenge; Gerechtigkeit; Feuer; Gewalt; Krieg; Kampf; Zerstörung; Macht; Zentrum des Karma

Zahl: 5
Planet: Mars
Gottesname: Elohim Gibor (»allmächtiger Gott« oder »mächtige Götter«)
Erzengel: Khamael
Farbe in Atziluth: Orange
Farbe in Briah: Scharlachrot
Farbe in Yetzirah: helles Scharlachrot
Farbe in Assiah: Rot; geflecktes Schwarz
Symbole: Pentagon; fünfblättrige Rose; Schwert; Speer
Adam Kadmon: rechter Arm
Chakras: Handchakras
Gottheiten: Horus; Nephthys; Thor; Mars; Ares
Magische Waffen: Schwert; Geißel; Kette
Edelsteine: Rubin
Pflanzen: Eiche; Nessel; Hickory
Duftstoff: Tabak
Alchemistisches Gold: Zahab (»glänzendes Gold«)
Tugenden: Kraft; Mut
Laster: Grausamkeit; Destruktivität

DIE PFADE VON UND NACH GEBURAH

18. Geburah-Binah: CHETH; VII DER WAGEN;
»die Intelligenz aktiver Einflußnahme«

19. Geburah-Chesed: TETH; XI DIE KRAFT (LUST);
»die Intelligenz spiritueller Tätigkeit«

(22 u. 23 s. o.)

Chesed - Barmherzigkeit

»Die Zusammenhaltende oder Empfangende Intelligenz«; Liebe; Empfindungen; Gefühle; Rechtschaffenheit; Großzügigkeit; Großmut; Anmut; Sphäre der Meister

Zahl: 4
Planet: Jupiter
Gottesname: El (»Gott«)
Erzengel: Tzadkiel
Farbe in Atziluth: Dunkelviolett
Farbe in Briah: Blau
Farbe in Yetzirah: Dunkelpurpur
Farben in Assiah: Dunkelazur; geflecktes Gelb
Symbole: Tetraeder; Kugel; Kreis; Hirtenstab
Adam Kadmon: linker Arm
Chakra: Anahata
Gottheiten: Amon; Brahma; Indra; Wotan; Poseidon; Iovis (Jupiter)
Magische Waffen: Stab; Zepter; Krummstab
Edelsteine: Amethyst; Lapislazuli
Pflanzen: Olive; Goldklee
Duftstoff: Zedernholz
Alchemistisches Gold: Zahab Schachut (»feines und gezogenes Gold«)
Tugend: Gehorsam
Laster: Bigotterie; Heuchelei; Völlerei; Tyrannei

DIE PFADE VON UND NACH CHESED

16. Chesed-Chokmah: VAU; V DER HIEROPHANT (DER HOHEPRIESTER; DER PAPST);
»die Ewig Siegreiche Intelligenz«

(19, 20 u. 21 s.o.)

Binah - Verstehen

»Die Heiligende Intelligenz«; Begrenzung; Beschränkung; Konzentration; Einweihung durch Strenge; Vitalkraft; Tiefe des Verstehens; die Mutter (Am und Aima);

die See; Widerstand; Empfänglichkeit; Rast; das erste Innehalten ungezügelter Kraft

Zahl: 3
Planet: Saturn
Gottesname: Jehovah Elohim (»Gott der Herr«)
Erzengel: Tzaphkiel
Farbe in Atziluth: Scharlachrot
Farbe in Briah: Schwarz
Farbe in Yetzirah: Dunkelbraun
Farben in Assiah: Grau, geflecktes Hellrosa
Symbole: die Yoni; die Kteïs; Taube; der Äußere Umhang des Verbergens;
Adam Kadmon: rechte Gesichtshälfte
Chakra: Visuddhi
Gottheiten: Shakti; Isis; Cybele; Rhea; Demeter; Frigg; Hera; Juno; Hekate
Magische Waffe: Kelch
Edelsteine: Perle; Saphir
Pflanzen: Zypresse; Mohn
Duftstoffe: Myrrhe; Zibet
Alchemistisches Gold: Charutz (»geschürftes Golderz«)
Tugend: Schweigen
Laster: Geiz

DIE PFADE VON UND NACH BINAH

12. Binah-Kether: BETH; I DER MAGIER;
»die Offenkundige Intelligenz«

14. Binah-Chokmah: DALETH; III DIE HERRSCHERIN;
»die Leuchtende Intelligenz«

(17 u. 18 s. o.)

Chokmah – Weisheit

»Die Erleuchtende Intelligenz«; Krone der Schöpfung; Herrlichkeit der Einheit; erste Abstraktion; das Wissen der Zeiten; Dualität; Schau der Herrlichkeit; höchster Vater

Zahl: 2
Planeten: Zodiak; Fixsterne
Gottesname: Jehovah (»Gott«; Tetragrammaton)
Erzengel: Ratziel
Farbe in Atziluth: reines sanftes Blau
Farbe in Briah: Grau
Farbe in Yetzirah: schimmerndes Perlgrau
Farben in Assiah: Weiß; geflecktes Rot; Blau; Gelb
Symbole: Lingam; Phallus; der Innere Umhang der Herrlichkeit; Turm; gerader Strich; Strich und Kreuz
Adam Kadmon: Nüstern
Chakra: Ajna
Gottheiten: Thot; Pallas; Athene; Minerva; Uranus; Hermes; Odin; Vishnu; Ishvara; Mahat; Kwan Shon Yin
Magische Waffen: Stab; Lingam/Phallus
Edelsteine: Türkis; Rubin
Pflanze: Amarant
Duftstoff: Moschus
Alchemistisches Gold: Batzar (»Goldstaub«)
Tugend: Hingabe
Laster: –

DIE PFADE VON UND NACH CHOKMAH

11. Chokmah-Kether: ALEPH; 0 DER NARR;
»die Spontan-Feurige Intelligenz«

(14, 15 u. 16 s. o.)

KETHER – DIE KRONE

Die Herrliche oder Verborgene Intelligenz«; reine Existenz; der Alte; vollkommenes Bewußtsein; Alpha und Omega; Das Haupt Das Nicht Ist; der/das Verborgene; die Ursprüngliche Herrlichkeit; Makroprosopus; der göttliche Funke

Zahl: 1
Planet: Primum Mobile
Gottesname: Eheieh (»Ich werde sein«)
Erzengel: Metratron
Farbe in Atziluth: Strahlen
Farbe in Briah: reines weißes Strahlen
Farbe in Yetzirah: reines weißes Strahlen
Farbe in Assiah: Weiß; geflecktes Gold
Symbole: der Punkt; der Punkt im Kreis; die Krone; das Hakenkreuz; Mandelblüte; Schwan; Falke
Adam Kadmon: Scheitel
Chakra: Sahasrara
Gottheiten: Kronos; Ptah; Atum-Ra; Osiris; Zeus
Magische Waffen: Lampe
Edelsteine: Diamant
Pflanzen: Mandelblüte
Duftstoff: Ambra
Alchemistisches Gold: Chetham (»reines Feingold«)
Tugend: Vollendung des Großen Werks
Laster: –

DIE PFADE VON UND NACH KETHER

(11, 12 u. 13 s. o.)

Praktische Übungen

ÜBUNG 71
LEBENSBAUM-SCHULUNG (V)

Meditiere anhand der in diesem Abschnitt aufgelisteten Korrespondenzen über den Lebensbaum als Ganzes und über die Sephiroth im einzelnen. Diese Übung wirst Du wahrscheinlich über viele Jahre hinweg praktizieren müssen, wenn Du wirklich tief in die esoterische Kabbala einsteigen willst. Das kannst Du allerdings auch ohne viel Zeitaufwand in freien Minuten und Stunden Deines Alltags durchführen, wenn Du Dir erst einmal die Korrespondenzen eingeprägt und Dich intensiv mit der begleitenden Literatur befaßt hast.

WEITERFÜHRENDE LEKTÜRE

Die folgenden Titel haben sich zu Standardwerken der esoterischen Kabbala entwickelt. Sie bauen teilweise aufeinander auf und sind als Einführung und zur Vertiefung trotz gelegentlicher Abweichungen uneingeschränkt zu empfehlen.

Dr. Erich Bischoff, *Die Elemente der Kabbala*, Berlin: Verlag Richard Schikowski, 1985

Dion Fortune, *Die mystische Kabbala*, Freiburg i. Br.: Verlag Hermann Bauer, 1987

Zev Ben Shimon Halevi, *Der kabbalistische Weg zur Bewußtseinserweckung*, Freiburg i. Br.: Verlag Hermann Bauer, 1975

James Sturzaker, *Kabbalistische Aphorismen*, Bad Honnef: Edition Magus, 1983

Dieses auf Deutsch z. Zt. (1988) vergriffene Werk ist noch in englischer Sprache unter dem Titel *Kabbalistic Aphorisms* in verschiedenen Ausgaben erhältlich.

Ebenfalls ein Standardwerk, und dies schon seit einigen hundert Jahren, ist die (auch von Crowley vielzitierte) 1677–1678 erschienene *Kabbala Denudata* (»Die entschleierte Kabbala«) des Knorr von Rosenroth (1631 od. 1636–1689), ursprünglich in lateinischer Sprache verfaßt und z. Zt. leider nur in der wiederaufgelegten englischen Übertragung Mathers' aus dem Jahre 1887, nicht aber auf deutsch zu bekommen:

S. L. Macgregor Mathers [ed. & transl.], *The Kabbala Unveiled*, York Beach: Samuel Weiser, 1983

PRAKTISCHE SPIEGELMAGIE (V)

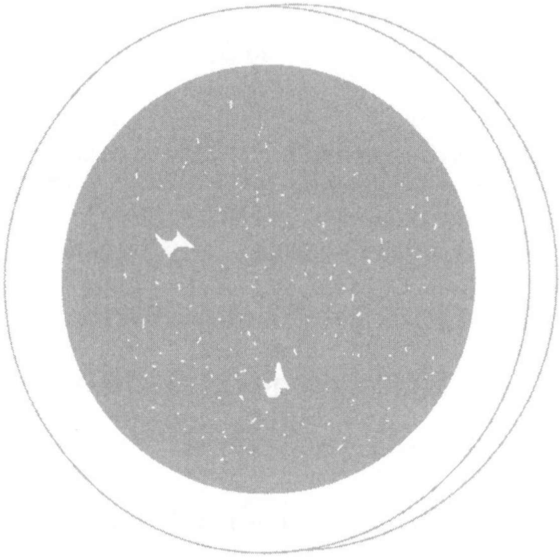

Der Gebrauch des magischen Spiegels (IV) Unsichtbarkeitszauber

Unsichtbarkeitszauber durch Starren in den magischen Spiegel: Leermachen des Geistes, um keinen Resonanzboden für die Sinneswahrnehmung anderer zu bieten – die totale Durchlässigkeit. Bildlich gesprochen: Das Licht hat keine Fläche, an der es sich brechen kann.

Totale Durchlässigkeit: Das Licht kann sich nirgends brechen.

Denken Sie bitte ein paar Minuten über diese Worte nach und versuchen Sie, Ihre eigenen praktischen Schlußfolgerungen daraus zu ziehen, ehe Sie weiterlesen. Damit wollen wir Sie an den Stil alter Grimoarien gewöhnen, deren Anleitungen oft ebenso knapp oder sogar noch lakonischer sind. Außerdem hat dies den Vorteil, daß Sie Ihren Geist schulen, auf dem Gebiet der Magie mit immer weniger Anregungen immer kreativer zu werden.

DENKEN SIE ALSO BITTE MINDESTENS EINE HALBE STUNDE LANG ÜBER DAS OBEN GESAGTE NACH, BEVOR SIE WEITERLESEN!

Aleister Crowley berichtet von seinen Versuchen mit Unsichtbarkeitszaubern in Mexico City. Er starrte dabei solange in den Spiegel, bis sein Abbild darin immer verschwommener wurde und schließlich völlig verschwand. Anschließend stolzierte er mit einem roten Umhang und einer Goldkrone auf dem Haupt in der Mittagsstoßzeit durch die Straßen, ohne daß sich auch nur ein einziger Passant nach ihm umdrehte oder ihn sonstwie beachtete.

Crowley weist auch darauf hin, daß der eigentliche Kniff beim Unsichtbarkeitszauber nicht etwa darin besteht, optisch nicht mehr sichtbar zu sein, sondern vielmehr, von anderen nicht mehr wahrgenommen zu werden. Es handelt sich also nicht um ein physikalisches, sondern um ein psychologisches Phänomen. Dies erlangen wir durch Herstellen absoluter Gedankenleere und/oder völliger geistiger Durchlässigkeit.

Der eigentliche Kniff besteht darin, von anderen nicht mehr wahrgenommen zu werden.

Das Totstellen, wie es viele Tiere bei Gefahr tun, ist eine instinktive Reaktion, von der wir vieles lernen können. Ganz automatisch bleiben wir still stehen, verhalten uns völlig ruhig und atmen nur noch ganz flach, wenn wir nicht bemerkt werden wollen. Dies ist bereits ein Fingerzeig, in welche Richtung der Unsichtbarkeitsmagier arbeiten sollte.

Bekanntlich sendet jeder Mensch unentwegt Signale aus, die von anderen bewußt und unbewußt empfangen werden. Sind diese Signale stark genug, reagiert unser Gegenüber und nimmt uns bewußt wahr: Wir haben uns »bemerkbar« gemacht. Indem wir diese Signalflut (zu der natürlich auch Faktoren wie telepathische Reize ebenso zählen wie Körperwärme, Gerüche, Bioelektrizität usw.) auf ein absolutes Minimum reduzieren, erschweren wir es dem anderen, uns unbewußt/bewußt zu registrieren, da die Signalintensität dafür zu niedrig wird.

Unsichtbarkeitsmagie mittels Ablenkung

Eine andere Form der Unsichtbarkeitsmagie ist die Ablenkung. Hierbei überlagert der Magier die von ihm ausgesandten Signale durch andere, er erzeugt also eine Art »astraler Statik«, was der Funktionsweise eines Störsenders gleichkommt. Eine beliebte Übung besteht darin, um sich herum eine Nebelwand zu imaginieren, während man sich in einer Menschenmenge bewegt. Die Nagelprobe besteht dann darin, sich auf diese Weise auch unter Bekannten, Freunden und Verwandten umherzubewegen. Dies ist übrigens oft viel leichter, als es sich zunächst lesen mag. Allerdings kenne ich persönlich keinen Magier, der über einen wirklich zuverlässigen Unsichtbarkeitszauber verfügt: Meistens sind – nach bisherigem Erkenntnisstand – die Ergebnisse nämlich ziemlich erratisch und unberechenbar. Dennoch ist diese Disziplin der Magie nicht ohne ihren Reiz und kann auch in Augenblicken der Gefahr sehr dienlich sein.

FORMEN DER EINWEIHUNG (I)

Das Wort »Einweihung« kommt in der gesamten geheimwissenschaftlichen bzw. esoterischen Literatur wohl so häufig vor wie kaum ein anderes. Auch auf dem kommerziellen Sektor wird es nicht selten zum Renner, etwa wenn für viel Geld »besondere Einweihungen« angeboten werden oder irgendwelche »Eingeweihte« ihre Dienste feilbieten. Der häufig recht große Erfolg solcher Unternehmungen zeigt, daß es ein allgemeines Interesse an der Einweihung gibt, auch wenn mittlerweile fast jeder Esoteriker darunter etwas anderes zu verstehen scheint.

Ein Thema von großem allgemeinen Interesse

Der Duden definiert »einweihen« ziemlich lapidar folgendermaßen:

> 1. a) bes. ein Bauwerk) nach seiner Fertigstellung in feierlicher Form der Öffentlichkeit übergeben [...] 2. jmdn. mit etw., was er noch nicht weiß od. kennt, was nicht allgemein bekannt ist, was als vertraulich behandelt werden soll, vertraut machen.

Es dürfte wohl deutlich sein, daß dies die Einweihung zwar auch beschreibt, daß damit aber noch längst nicht alles gesagt ist, was der Magier zu diesem Thema vorzubringen hat. Dabei wird allerdings häufig manches in einen Topf geworfen, das besser getrennt bliebe, und so möchten wir hier versuchen, die verschiedenen Formen der Einweihung etwas präziser zu definieren und untersuchen, was es in der Magie mit dieser uralten Erfahrungsdimension namens Einweihung auf sich hat.

Fünf Einweihungstypen

Wir wollen hier in fünf Einweihungstypen unterscheiden, wiewohl uns natürlich klar ist, daß sich auch andere brauchbare Kategorisierungen entwikkeln ließen. Die hier verwendeten orientieren sich unserer Meinung nach jedoch am engsten an den Bedürfnissen des praktizierenden Magiers. Selbstverständlich gibt es auch in diesem Bereich Mischformen und Überschneidungen, so daß Sie diese Strukturen, die vor allem der Veranschaulichung dienen, nicht allzu mechanistisch verstehen und anwenden sollten. Die Einweihungsarten finden Sie in der Tabelle auf der nächsten Seite abgebildet.

Danach werden wir anhand dieser einzelnen Einweihungstypen versuchen, die gesamte Spannbreite dieses Begriffs zu demonstrieren, anstatt erst die Einweihung noch genauer zu definieren und danach die Mittel ihrer Durchführung oder Erreichung zu schildern.

Formen der Einweihung
• Einweihung durch Belehrung
• Einweihung durch Offenbarung
• Einweihung durch Übergangsriten
• Einweihung durch die Praxis
• Selbsteinweihung

Einweihung durch Belehrung

Die gängigste Form der Einweihung

Die wohl gängigste Form der Einweihung ist die Einweihung durch Belehrung, ja sie ist so weit verbreitet, daß man sie kaum jemals als solche bezeichnet. In diesem Zusammenhang ist es interessant zu wissen, daß die indische Kultur im allgemeinen ihre Gurus (Guru heißt nach gängiger Deutung wörtlich: »der aus der Dunkelheit ins Licht führt«) in die Kategorien Upaguru und Satguru unterteilt. Ein Upaguru kann alles oder jeder sein, mit dessen Hilfe man mit etwas vertraut gemacht wird, was man vorher noch nicht wußte oder kannte, also ein Französischlehrer ebenso wie ein Mathematikbuch, ein Klempnermeister, ein Kulturfilm oder ein sachkundiger Freund, der uns über Briefmarken oder Sexualität aufklärt. Ein Satguru dagegen ist der »wahre, eigentliche Guru«, der ausschließlich für die spirituelle Entwicklung eines Menschen verantwortlich ist.

Schon das Wort »aufklären« beinhaltet die Lichtsymbolik des Vertreibens der Finsternis (»der Himmel klärt sich auf«), wie sie für Einweihungsschilderungen und -erlebnisse typisch ist, und so wird das Zeitalter der Aufklärung beispielsweise im Englischen heute noch als

»Age of Enlightenment«, also wörtlich: »Zeitalter der Erleuchtung« bezeichnet, ganz ähnlich wie im Französischen und Italienischen auch, um nur drei Beispiele zu nennen.

Die Beseitigung von Unwissenheit, der Wissenserwerb, ist also bereits ein gutes Stück Einweihung. Die Ehrfurcht, mit der man in früheren Zeiten der unangefochtenen Autorität des Lehrers begegnete, war wohl mehr als nur das Festschreiben hierarchisch-patriarchaler Strukturen: Dahinter stand zugleich die Gefühlsbeteiligung des Schülers angesichts eines geistigen Wachstumsprozesses, stand die Verheißung, durch die Vermittlung des Lehrers zu etwas Größerem zu werden, als er vorher war.

Die Einweihung durch Belehrung kann, wie bereits erwähnt, auch durch Gegenstände, Informationsträger usw. erfolgen. In schamanischen Kulturen kommt es häufig vor, daß der angehende Schamane von einem Baum, einem Stein oder auch von einem Tier eingeweiht wird. Es muß sich bei der Belehrung auch keineswegs nur um »profane« Einweihungen handeln, denn nicht selten versetzt ein guter Lehrer seinen Schüler in einen Zustand der Offenbarungsgnosis.

Nach heutigem Verständnis erklären sich die ungeheuer komplizierten Kosmogonien der späthellenistischen Gnostiker sicher nicht zuletzt dadurch, daß mit ihrer Hilfe der Verstand (Zensor) matt gesetzt werden sollte, damit die eigentliche Gnosis, die ja ebenfalls ein »offenbartes Wissen«, also das Produkt einer Einweihung war, sich dem Gnostiker offenbaren konnte.

Vergleich mit den Koans des Zen

Hier wäre daher ein Vergleich mit den Koans des Zen Buddhismus statthaft, jenen Rätselsprüchen, die der Meister dem Schüler als Meditationsaufgabe gibt und die mit dem rationalen Verstand allein nicht zu lösen sind (beispielsweise das berühmte »höre das Geräusch der einzelnen klatschenden Hand«), ja die überhaupt keine logisch-diskursive Antwort kennen: Ob der Schüler sie »gelöst« hat, zeigt sich allein durch sein Verhalten, wenn er schließlich seine Ergebnisse vortragen soll. Dem Meister also zur Antwort eine Ohrfeige zu erteilen, kann ebenso »richtig« sein wie eine spontane, pfiffige Gegenfrage – aber auch ebenso falsch, wenn nicht alles aus dem Bauch (Hara) heraus geschieht.

Einweihung durch Offenbarung

Allgemein handelt es sich bei der Einweihung durch Offenbarung eigentlich um eine Zwischenstufe bzw. um die Beschreibung eines spezifischen Einweihungserlebnisses, wie es auch in den anderen Einweihungsformen erfahren werden kann oder sogar soll. Wir haben es hier jedoch getrennt aufgeführt, weil wir damit einen ganz spezifischen Einweihungstyp beschreiben wollen, nämlich die plötzliche, unverhoffte Einweihungsvision. Von solchen »Heureka-Erlebnissen« berichten vor allem Mystiker immer wieder. Ein berühmtes Beispiel aus dem Neuen Testament ist die Bekehrung des Christenjägers Saulus zum Paulus (Apg. ix,3–21), wo es bezeichnenderweise auch nach der Vision heißt:

Plötzliche, unverhoffte Einweihungsvisionen

> Saulus aber richtete sich auf von der Erde; und als er seine Augen auftat, sah er nichts. Sie nahmen ihn aber bei der Hand und führten ihn nach Damaskus; und er war drei Tage nicht sehend und aß nicht und trank nicht. (8 f.)

Offenbarungseinweihungen, die zu physiologischen Veränderungen (vom Zittern, Keuchen und Schnauben bis zu Schwindelanfällen und vorübergehendem Gehör- und Augenlichtverlust) sind relativ typisch für Erlebnisse innerhalb eines schamanischen Kontextes, finden aber auch, wie wir am Beispiel des Saulus/Paulus sehen, außerhalb eines solchen statt.

Meist gibt es in derlei Fällen eine bereits bestehende Symbol- und Denkmatrix, in die der Betroffene dann eingeweiht wird (man vergleiche auch Blaise Pascals Gottesvision, wie er sie in seinen *Pensées* beschrieben hat): Besonders typisch ist das Bekehrungserlebnis, bei dem der Betroffene von einer bereits existierenden Religion oder Weltanschauung plötzlich in eine andere überwechselt. Aber auch die »reguläre« Gottesschau des Mystikers gehört dazu, ebenso die Visionen mancher religiöser Fanatiker, die ebenfalls in der Regel in ekstatischer Trance empfangen werden, wiewohl hier oft keine Bekehrung zu beobachten ist, sondern vielmehr eine Intensivierung bereits bestehender Auffassungen und Glaubenssätze.

Der Gnostizismus meinte, wie bereits mehrfach erwähnt, mit dem Begriff »Gnosis« vor allem »offenbartes Wissen«, das meist spontan und in einer Art Gottesschau empfangen wurde und aus dem profanen Menschen einen Eingeweihten machte. Auf der etwas profaneren Ebene können wir auch das »Heureka!« eines Archimedes oder ganz allgemeine Aha-Erlebnisse als »Offenbarungen« werten, sofern sie nur plötzlich und unverhofft – wenngleich oft als Frucht steten Bemühens darum – stattfinden.

Nicht selten entzieht sich die Offenbarung jeder sprachlichen Beschreibung.

Nicht selten entzieht sich die Offenbarung jeder sprachlichen Beschreibung, die Inhalte der Einweihung sind kaum oder überhaupt nicht vermittelbar. So kann die Einweihung selbst für die Außenwelt nur eine bloße Behauptung bleiben, weshalb diese meist irgendwelche Kriterien formuliert oder sie sich von als »Eingeweihte« akzeptierten Menschen formulieren läßt, mit deren Hilfe die Spreu vom Weizen getrennt werden soll. Diese nehmen meist die Form von Moralkodices an, deren Anwendung freilich häufig genug einer gewissen unfreiwilligen Komik nicht entbehrt, etwa wenn, wie es noch heute gang und gäbe ist, der »Einweihungsgrad« daran gemessen wird, inwieweit er irgendwelchen kleinbürgerlichen Normen der Moral und der Ethik entspricht. (Man beachte nur einmal die Reaktionen des Publikums bei esoterischen Vortragsveranstaltungen, nach welchen Kriterien es die Referenten beurteilt und bewertet! Welch ein Skandal, wenn da ein »Meister« plötzlich in aller Öffentlichkeit Zigaretten raucht, Alkohol trinkt, sich zur Sexualität bekennt und sich dabei nicht einmal die Schuhe ordentlich putzt oder lange Haare trägt!) Dergleichen finden wir übrigens auch bei zahlreichen magischen Autoren, klassische und herausragende Beispiele dafür sind Arthur Edward Waite, Franz Bardon und Dion Fortune.

Andererseits wird ein echtes oder vorgetäuschtes Einweihungserlebnis vom Betroffenen oft zum Vorwand genommen, sich aus dem Korsett seiner bisherigen Normen zu befreien und sich entsprechend tabulos zu verhalten – wobei den Nichteingeweihten gern mit einer gewissen Verachtung begegnet wird. Überhaupt sind die Einweihungen durch Offenbarung in dieser Hinsicht vielleicht die gefährlichsten: Denn nicht nur der Außenwelt fehlt es meist an zuverlässi-

Der Außenwelt fehlt es meist an zuverlässigen Bewertungskriterien.

gen Bewertungskriterien, auch der Eingeweihte selbst hat es oft schwer, zwischen Illusion und Offenbarung zu unterscheiden und nicht bloßen kindisch-kindlichen Großmachtsphantasien aufzusitzen.

Da die Einweihung stets aus dem vertrauten Sinngefüge hinausführt, ist es allerdings nur natürlich, daß sich der also Beglückte als »etwas anderes« fühlt und sein Kontakt zu seinen nichteingeweihten Mitmenschen entweder gestört wird oder gar völlig abbricht. Zweifellos handelt es sich bei vielen sogenannten »Einweihungen« um kaum etwas anderes als psychosomatische Krisen (meist mit einer vorhergehenden Depression oder einem traumatischen Schockerlebnis verbunden), so gesehen haben Einweihungen gelegentlich auch eine rein psychohygienische Funktion.

Zur Einweihung durch Offenbarung zählt auch die berühmte »Schamanenkrankheit«.

Zur Einweihung durch Offenbarung sollte man auch die berühmte »Schamanenkrankheit« zählen, die sich in ritualisierter Form auch in zahlreichen Übergangszeremonien (vgl. den nächsten Teilabschnitt) wiederfindet. Bekanntlich weist die Biographie vieler Schamanen die Eigenart auf, daß der Berufung zum Stammeszauberer eine schwere, nicht selten beinahe tödlich verlaufende Krankheit vorausgeht. Wenn es nicht – häufig im Fieberrausch empfangene – Visionen sind, die ihn zu seinem Schritt bewegen, so ist es in der Regel der Kontakt zum ihn behandelnden Schamanen selbst, der in dem Kranken / Genesenen den Entschluß reifen läßt, in Zukunft selbst den schamanischen Weg zu gehen und sich einer einschlägigen Ausbildung zu unterziehen. Es kommt auch vor, daß er ganz unverhofft mit irgendwelchen magischen Fähigkeiten aus seiner Krankheit hervortritt, deren gezielten Gebrauch er dann in Alleinregie durch Versuch und Irrtum erlernt. Ähnliches wird von Mystikern berichtet, die beispielsweise durch ihre mehr oder weniger regelmäßige »Himmelsschau« nach ihrer Initialeinweihung individuelle oder kollektive Schicksale voraussagen können.

Schließlich sei noch die »Berufung« erwähnt, die beispielsweise der katholische Priesteramtskandidat vor der Weihe »nachweisen« muß: Auch diese ist eine Form der Offenbarungseinweihung ähnlich der soeben geschilderten schamanischen, wenn auch meist nicht von Krankheit oder Todeserlebnis begleitet.

Halten wir also erst einmal fest, daß es sich bei der Einweihung stets um eine Transformation handelt. Dies wird noch deutlicher bei den Übergangsriten beispielsweise der Mysterienkulte, aber auch des Schamanismus, mit denen wir uns im nächsten Teilabschnitt befassen wollen.

Praktische Übungen

ÜBUNG 72
PRAKTISCHE SIGILLENMAGIE (IV)

Stelle, sofern nicht bereits geschehen, eine »magische Tretmine« des Inhalts her, daß jeder, der Dich gegen Deinen Willen magisch angreift, den Tod finden soll. (Begehe in diesem Punkt niemals den Fehler, zu zimperlich zu sein, wenn Du weitaus Schlimmeres vermeiden willst!) Lade diese Sigil wie bereits beschrieben und trage sie mindestens bis zum Ende dieses Lehrgangs am Leib oder in Greifnähe. Da Du Dich in diesem Lehrgang nun auch zunehmend riskanteren magischen Praktiken näherst, ist ein solcher passiver, aber sehr wirksamer Schutz unverzichtbar!

ÜBUNG 73
ANGEWANDTE SPIEGELMAGIE (II)

Ergänze Dein in Übung 52 entwickeltes Trainingsprogramm für die Spiegelmagie durch Übungen und Experimente mit Unsichtbarkeitszaubern, wie in diesem Abschnitt beschrieben.

Praktischer Schamanismus (I)

Der Schamane hat als der eigentliche Ekstasespezialist zu gelten.
Mircea Eliade

Schamanismus – die Mutter aller Magie

Sie haben im Laufe dieses Lehrgangs schon mehrfach gelesen, daß der Schamanismus als Mutter aller Magie gilt. Nun wollen wir uns mit diesem kultur- und magiegeschichtlichen Phänomen etwas näher auseinandersetzen.

Die akademische Forschung hat sich des Schamanismus erst vergleichsweise spät angenommen. Sieht man von einigen, vor allem volkskundlich orientierten Vorläufern früherer Zeiten ab, setzt die eigentliche Auseinandersetzung mit ihm erst im 19. Jahrhundert im großen Stil ein. Seitdem ist dieses Feld kontinuierlich beackert worden, so daß wir heute darüber mehr wissen als je zuvor. Möglich geworden war dies vor allem durch einen Gesinnungswandel der Forscher selbst: Betrachtete man noch vor fünfzig Jahren das Leben der »Wilden« herablassend mit eurozentrischem, ja sogar rassistischem Hochmut, so ist dieser inzwischen doch einer gewissen Demut und Bescheidenheit gewichen: An die Stelle kolonialistischer Eroberung tritt die Feldforschung, bei der der Ethnologe als Suchender oder zumindest als möglichst neutraler Beobachter daherkommt. Das ändert freilich nichts daran, daß sich der europäische oder amerikanische Forscher dabei in erster Linie mit seiner eigenen Andersartigkeit auseinandersetzen muß – und dieser Aufgabe ist gewiß nicht jedermann gewachsen. Die skurrilen Auswüchse dieser Problematik haben wir auch im Bereich der Schamanismusforschung immer wieder beobachten können, man denke beispielsweise an die lange Zeit gängige These, daß Schamanen in der Regel Epileptiker seien, die von ihren Stammesgenossen wegen ihrer »göttlichen Krankheit« (als solche galt die Epilepsie den Griechen ja tatsächlich) verehrt würden und dadurch eine primitive Form der Therapie erführen – eine seltsamere Verquickung von Wahrheit und Fehldeutung kann man sich kaum denken. Denn zwar gab und gibt es sicher zahlreiche Schamanen, auf die dies in gewissem Umfang zutreffen mag, doch ist es mit der Epilepsie (die übrigens auch unter Schamanen eine Ausnahme bleibt) allein bestimmt nicht getan.

Tatsächlich hat der Schamane schon früh eine ganze Reihe von Funktionen übernommen, die wir heute auf verschiedene Spezialisten aufgeteilt haben: Priester, Hexer, Arzt, Seelsorger, Psychotherapeut, Lebensberater, Philosoph, Historiker und nicht selten auch Richter oder sogar Scharfrichter. Als Priester stellte er die Verbindung zu den Göttern her, als Hexer sorgte er für gute Jagderträge und für Kriegsglück (und war zudem meist magischer Leibwächter des Häuptlings), als Arzt und Psychotherapeut war er für das körperliche und seelische Wohlbefinden der Stammesmitglieder verantwortlich, als Lebensberater (»weiser Mann/weise Frau«) wurde er bei wichtigen Entscheidungen des Kollektivs ebenso herangezogen wie als Trostspender für den einzelnen, als Philosoph (und wiederum als Priester) formulierte er die Ethik und die Moralgesetze des Stammes, und als Historiker schließlich war er der Hüter der Tradition und mußte sämtliche Mythen und Überlieferungen der Gemeinschaft kennen, bewahren und weitergeben. Zu alledem waren und sind reine »Profischamanen« die Ausnahme, denn der Schamane oder die Schamanin ging in der Regel ebenso der Sicherung des eigenen Lebensunterhalts nach wie alle anderen: als Jäger, als Fischer, als Ackerbauer, als Weberin, als Schmied, als Nomade usw.

Die zahlreichen Funktionen des Schamanen

Doch was ist denn nun dieser Schamanismus? Das Wort ist ursprünglich über das Russische aus dem Tungusischen (*shaman*) auf uns gekommen und bezeichnet nach der heute gängigsten, von Mircea Eliade geprägten Interpretation eine Technik der Ekstase. Inzwischen ist der Begriff »Schamane« ein auf Naturvölker weltweit angewandtes Synonym für »Medizinmann (oder auch -frau), Hexendoktor, Fetischpriester, Stammeszauberer« usw. Darüber hinaus hat sich die Forschung auf einige Grundmerkmale geeinigt, die für den Schamanismus als kennzeichnend gelten und mit deren Hilfe man beispielsweise reine »Stammestheologen« oder Kräutersammler von Schamanen im eigentlichen Sinne unterscheidet. Darauf werden wir gleich noch näher zu sprechen kommen.

Der Begriff »Schamane«

Am weiter oben Gesagten erkennen wir, daß es eigentlich unzulässig ist, den Schamanismus nur auf »Naturzauberei« reduzieren zu wollen, wie dies gerade in den letzten Jahren in der magischen Literatur häufiger geschehen ist. Andererseits erscheint es uns durchaus legitim, vor allem jene Bestandteile des Schamanismus verstärkt zu betrachten, die uns als westliche Magier im Rahmen unserer doch völlig andersgearteten Kultur besonders interessieren. Dies ist nicht als Abwertung oder geistige Ausbeutung gedacht, sondern vielmehr als aufrichtiger Versuch des Dazulernens.

Die Auseinandersetzung mit dem Schamanismus hat uns Magiern erst die Bedeutung der Trance bewußt gemacht.

Und lernen können wir gerade als westliche Menschen von den Schamanen sehr viel. So war es die Auseinandersetzung mit dem Schamanismus, die uns Magiern überhaupt erst die Bedeutung der Trance für den magischen Akt bewußt gemacht hat. Erinnern Sie sich noch an unsere zweite Grundformel der Magie, in der die Faktoren Wille, Imagination und Trance die Gleichung ausmachten? Noch bei Magieautoren wie Israel Regardie, William Gray und David Conway finden wir jedoch nur die Faktoren Wille und Imagination behandelt. Erst als westliche Magier, vor allem Pragmatiker, damit begannen, frei von Vorurteilen und Geheimnistuerei die magischen Praktiken der Naturvölker genauer zu untersuchen, wurde ihnen plötzlich bewußt, wie wichtig der veränderte Bewußtseinszustand für die praktische Magie ist. Natürlich wurde auch in der westlichen Magie schon immer mit Trance gearbeitet, doch geschah dies meist mehr oder weniger ungewollt oder zumindest unreflektiert, zu groß war noch die Tradition der Verkopfung und des Glaubens an rein rationale Erklärungsmuster. Denn der spätaufklärerische Geist verabscheut alles, was den rationalen Verstand (und damit den Zensor) ausschaltet, benebelt oder teilweise bis völlig funktionsunfähig macht. Die abendländische Realität hängt nun einmal vor allem vom gemeinsamen Konsensus und der Präzision der Beobachtung und ihrer Wiedergabe ab, lange Zeit sollte sie möglichst mathematisch und mechanisch bleiben, das Uhrwerk wurde wichtiger als die Zeit selbst.

Es ist dem amerikanischen »Schamanen-Professor« Michael Harner zu verdanken, daß wir heute den Schamanismus weltweit in seinen Grundstrukturen auch praktisch erfassen und erfahren können. Wiewohl Harner selbst inzwischen sowohl in der akademischen als auch in der magischen Szene wegen seines Seminar- und Finanzgebahrens recht umstritten ist, dürfte sein Hauptwerk *Der Weg des Schamanen* doch nach wie vor die wichtigste praxisorientierte Studie zu diesem

Thema überhaupt sein. Daher haben wir es auch zur lehrgangsbegleitenden Pflichtlektüre erhoben, genauere Angaben finden Sie im Anhang. Zwar sind wir nicht mit allen seiner Aussagen restlos einverstanden, so halten wir beispielsweise seine etwas dogmatische Abgrenzung des Schamanen vom »Zauberpriester« für ziemlich künstlich, und auch seine Aussagen zum Thema Drogen beruhen, wie wir aus persönlichen Gesprächen und Interviews mit ihm wissen, kaum auf eigener Erfahrung (das im oben erwähnten Buch geschilderte Drogenerlebnis war Harners einziges) – dennoch sollte sich jeder Magier damit gründlich befassen.

> *Dank Michael Harner können wir heute den Schamanismus auch praktisch erfahren.*

Lernen können wir vom Schamanismus auch den etwas leichthändigeren Umgang mit Visionen und Naturzaubern, mit Tierkräften und anderen Atavismen, mit Trancereisen und dem raschen Hinundherspringen von einer Realität in die andere, sowie vor allem das Vertrauen auf die Gültigkeit der eigenen, individuellen Fähigkeiten und Wahrnehmungen.

Jenseits aller schönfärberischen Theorie einschlägig engagierter Alternativkreise muß jedoch hier eindeutig erklärt werden, daß die schamanische Ausbildung und Lehrzeit in den entsprechenden Stammeskulturen meistens außerordentlich dogmatischer Natur ist. Das ist auch kein Wunder, wenn wir an die Aufgaben denken, die der Schamane für das Kollektiv wahrnehmen muß: Als oberster Seelsorger und Prophet seines Stammes obliegt es ihm ebenso wie dem Häuptling, den Zusammenhalt der Gemeinschaft mit allen Mitteln zu fördern und zu kräftigen; das Ausscheren exzentrischer Individuen aus dem gemeinschaftlichen Wertekodex ist bei Naturvölkern vielleicht sogar noch unerwünschter als in der industrialisierten Massengesellschaft unserer Zivilisation. Wie alle anderen Kulturen haben natürlich auch die schamanischen Regeln für den Umgang mit Außenseitern entwickelt, doch wird deren Nichteinhaltung wiederum oft noch viel stärker sanktioniert und geahndet als in der angeblich so »verdorbenen« Welt des weißen Mannes. Es sei hier ein längeres Zitat aus dem im

> *Die schamanische Ausbildung und Lehrzeit in den Stammeskulturen ist meistens außerordentlich dogmatisch.*

Anhang ebenfalls aufgeführten Werk von Sujja Su'a'No-ta erlaubt, da es die Grundlagen jeder vernünftigen Auseinandersetzung mit dem Schamanismus anschaulich formuliert:

> »Zunächst müssen wir uns darüber klar werden, daß wir zwar Schamanen, nicht aber Eskimos, Sibirer, Indianer o. ä. werden können. Wir verfallen leicht der Illusion, wir könnten, sobald die Mythen, Zeremonien, Rituale etc. erforscht und internalisiert wurden, unsere eigene kulturelle Herkunft auslöschen und einer fremden Kultur unserer Wahl ›beitreten‹ [...]
>
> Was manche Ethnologen und Anthropologen zuviel an Skepsis und Kritik mitbrachten, wird von den heutigen Schamanenschülern wieder wettgemacht: Es herrschen Wortgläubigkeit, Hingabe und blinder Gehorsam vor. Die Faszination, die wir angesichts der Mythen, Philosophien, Zeremonien und Rituale fremder Kulturen empfinden, läßt unsere Welt grau und nichtssagend erscheinen. Hinzu kommt, daß man sich, will man von einem in der Tradition stehenden Schamanen lernen, der fremden Welt mit Leib und Seele verschreiben muß. Eigene Ideen oder Vorstellungen werden von einem Schamanenlehrling in der Regel weder gefragt noch geduldet. Trotzdem sehnt sich jeder Schüler nach einem persönlichen Lehrer. Das Gefühl der Vertrautheit, des Verständnisses und der Verbundenheit mag man auch empfinden, wenn man die einschlägige Literatur studiert. Doch dies ist nichts im Vergleich zum persönlichen Kontakt zu einem Schamanen und der Unmittelbarkeit der daraus resultierenden Erfahrungen [...] Die schamanischen Gebräuche und Techniken kann man z. T. nachlesen und, sofern man über ein wenig Einfühlungsvermögen verfügt und die grundlegenden Regeln und Gesetze verstanden hat, selbst vervollständigen und nachvollziehen. Der Schamane versetzt seinen Schüler jedoch in Angst und Schrecken, bringt ihn in gefährliche oder verwirrende Situationen, führt ihn an der Nase herum etc., damit er unter dieser sowohl physischen als auch psychischen Belastung seine eigenen Fähigkeiten erkennt. Natürlich kann man auch allein eine Nacht im Wald verbringen und sich mit imaginären Bedrohungen konfrontieren. Dennoch ist es wesentlich wirkungsvoller, zu wissen, daß der Lehrer irgendwo im Gebüsch lauert und seine Fallen aufgestellt hat. Deshalb sind die meisten Schüler auch bereit, ihre eigene

Geschichte, Lebenserfahrung, Kultur etc. zu verleugnen und Diener einer fremden Kultur zu werden. [...] Die Gefahr dabei ist, daß wir mehr oder weniger süchtig nach dieser Art von Erlebnissen und Erfahrungen werden können. Wir sind bereit, für ein paar Fellfetzen, schmuddelige Knochen und Federn unsere Seele zu verkaufen. Wir, die wir früher die ›primitiven‹ Kulturen verachtet und bekämpft haben, fallen nun ins andere Extrem und dienern vor jedem, der ein Federkostüm trägt und sich gnädigerweise herabläßt, den verkopften Weißen in Seminaren Geschichten seines Volkes zu erzählen und sie an Zeremonien teilhaben zu lassen. Andererseits ist es völlig unmöglich, den Wert, die Botschaft einer solchen Geschichte zu erkennen, wenn man sie kritisch betrachtet. Mythen, Parabeln und Analogien sind nicht in unserem wissenschaftlichen Sinne ›wahr‹. Die Wahrheit ist auf einer anderen Denk- und Gefühlsebene zu suchen, die wir jedoch nicht erreichen können, wenn wir die Geschichte kleinlich zerpflücken. Dies gilt auch für die Erfahrungen im veränderten (schamanischen) Bewußtseinszustand. Die Botschaft einer Vision erfahren wir nicht dadurch, daß wir ihre Symbole analysieren und rational über sie nachdenken. Wir müssen sogar in hohem Maße unkritisch sein, um lernen zu können. [...]

Wenn wir nicht fester Schüler eines Schamanen werden wollen, stehen wir vor ganz anderen Problemen. Schamanismus im Selbststudium erfordert sehr viel Disziplin, Aufmerksamkeit, Kreativität und Selbständigkeit. Allerdings hat das Selbststudium den Vorteil, daß das, was wir uns selbst erarbeitet haben, nicht zwangsläufig von den Gegebenheiten der heutigen Zeit und unseres Kulturkreises getrennt ist. Lernen wir von einem ›echten‹ Schamanen, sind wir mehr oder weniger dazu gezwungen, die Tradition seiner Kultur zu übernehmen. Da unsere Lebensbedingungen jedoch andere sind, geraten wir bei der Anpassung meist in Schwierigkeiten. Es ist zwecklos, sich Phantasien von unberührter Natur, Leben in Stammesform, Jäger- und Kriegerstatus etc. hinzugeben. Schamanismus beinhaltet in erster Linie praktisch orientierte Lebenshilfe. Der Schamane handelt im Idealfall gemäß den Notwendigkeiten, Zeiterfordernissen und -qualitäten und vermeidet die Illusion. Schamanismus ist ursprünglich und lebensnah. [...] Ein paar bunte Visionen machen noch keinen Schamanen aus. Wir können vieles aus den alten Überlieferungen lernen, aber wir müssen das Wissen an die heutige Zeit anpassen. Es müssen neue Visionen gesucht und verwirklicht werden. Alten, überkommenen Visionen nachzuhängen, heißt den Kopf in den Sand zu stecken, blind zu sein. [...] Wie der Schamane die damals aktuellen Probleme lösen half, so sollte er sich auch heute an die Gegebenheiten der Jetztzeit anpassen. [...] Im heutigen Kleinfamilien- und Einzelgängerzeitalter muß der Schamanismus besonders auf die Bedürfnisse und Probleme des einzelnen abgestimmt und ausgerichtet werden.

Der Schamanismus ist eine ›Erfahrungswissenschaft und -kunst‹. Abgesehen von gewissen Grundregeln, die man beachten muß, bietet uns gerade der Schamanismus eine der größten Möglichkeiten, alte Traditionen umzuformen und an andere Gegebenheiten anzupassen, auch wenn man dies am Anfang nicht sofort bemerkt. Schamanismus ist z. B. unabhängig von dem Ort, an dem er ausgeübt wird. Er funktioniert auf einer belebten Straße ebenso wie im tiefen Wald, und die ›echten‹ Schamanen wissen das auch. Sie mögen zwar lieber in freier Natur arbeiten, sind aber nicht abhängig davon.«

[*Schamanische Magie im Alltag*, S. 1–6.]

Da der Schamanismus gerade in unseren Tagen oft für neuromantische Naturverklärung herhalten muß, kann es sehr gefährlich sein, sich allzu kritiklos auf ihn bzw. auf seine Vertreter einzulassen. Machen wir uns klar, daß alle Magie schamanisch ist, auch wenn sich beispielsweise die Buch- und Schriftmagie eines Kabbalisten sehr weit von der Naturzauberei eines afrikanischen Fetischpriesters entfernt haben mag.

Im folgenden wollen wir nun einige Grundlagen des Schamanismus zusammenfassen.

Die schamanischen Welten

Wie fast alle magischen Systeme kennt auch der Schamanismus seine Realitäts- und Symbolmatrices. Ähnlich wie die Kabbala arbeitet auch er in den meisten Fällen mit verschiedenen

»Welten«, die freilich nicht räumlich verstanden werden dürfen, sondern eher »Zustände« bezeichnen. Zwei dieser Welten-Modelle wollen wir hier skizzieren.

TONAL UND NAGUAL

Seit der Verbreitung der Werke von Carlos Castaneda haben die Begriffe Tonal und Nagual in weiten Kreisen die Runde gemacht, vor allem in der spirituellen Indianerszene werden sie häufig gebraucht. Da das zweite Werk unserer lehrgangsbegleitenden Pflichtlektüre (*Schamanische Magie im Alltag*) sich ausführlich damit befaßt, mögen hier einige grundsätzliche Bemerkungen genügen. Weiteres und Tiefergehenderes entnehmen Sie bitte der Literatur.

Alltägliche und nichtalltägliche Realität

Das Tonal entspricht der »alltäglichen Realität«, das Nagual dagegen der »nichtalltäglichen Realität«. Was wir wahrnehmen, fühlen, schmecken, riechen, verstehen usw. gehört zum Tonal, was wir jedoch normalerweise nicht wahrnehmen oder verstehen, macht das Nagual aus. Zugang zum Nagual verschafft sich der Schamane durch einen veränderten Bewußtseinszustand, also durch die Trance oder Gnosis. Damit wird er zum Grenzgänger zwischen den Realitäten. (Man vergleiche beispielsweise auch unser heutiges Wort »Hexe«, das sich aus dem althochdeutschen »hagazussa« = »Zaunreiterin« entwickelt hat, womit eine Zauberin beschrieben wurde, die auf der Grenze zwischen den Realitäten oder Welten balancierte und beider teilhaftig sein konnte.)

Nur durch ein gefestigtes Tonal kann der Schamane sichergehen, daß er im Nagual nicht den Halt verliert.

Wie kaum eine magische Tradition nach ihm war der Schamanismus schon immer insofern alltags- und wirklichkeitsnah, als er die Stärkung des Tonal zu seinem zentralen Anliegen machte. Denn nur durch ein gefestigtes und geordnetes Tonal kann der Schamane sichergehen, daß er im Nagual nicht den Halt verliert. Daher gab und gibt es in authentischen schamanischen Stammeskulturen auch nur ganz selten Zauberprofis: Stets muß der Schamane auch einer geregelten Tätigkeit als Fischer, Jäger, Bauer o. ä. nachgehen, um sich hinreichend zu erden.

Trotz aller Differenziertheit im einzelnen hängen die meisten schamanischen Systeme im allgemeinen doch dem Geistermodell an, und das im letzten Abschnitt dazu Gesagte läßt sich ausnahmslos darauf anwenden.

UNTER-, MITTEL- UND OBERWELT

Das Modell der drei Welten

Eine andere Gliederung der Realität, die freilich die Matrix vom Tonal und Nagual keineswegs ausschließen muß, ist das Modell der drei Welten: Unter-, Mittel- und Oberwelt.

Wiederum sollten Sie beachten, daß es sich hierbei nicht so sehr um räumliche Einheiten als vielmehr um verschiedene Wirklichkeiten handelt.

Die Unterwelt ist das Reich (der Bewußtseinszustand), das vom Schamanen am häufigsten bereist wird. Hier findet er seine Krafttiere und Hilfsgeister, hier empfängt er Wissen für die Heilung, sucht verschollene Seelen, kämpft mit bösen Geistern usw. In die Unterwelt gelangt er auf seiner Trancereise, indem er im Geiste in ein Erdloch, eine Höhle, eine Wasserquelle o. ä. eintritt und sich fallen läßt, hinabsteigt usw.

Die Oberwelt wird zwar meistens nicht als solche bezeichnet, zu ihr gelangt der Schamane jedoch fast immer durch eine Trancereise, bei der er einen Baum, einen Pfahl oder einen realen oder mythischen Berg besteigt oder sich vom Rauch des Feuers emportreiben läßt. Tiefenpsychologisch könnte man hier von einer Analogie zum Über-Ich sprechen, treffender wäre allerdings wohl der Vergleich mit dem Kollektiven Unbewußten. Hier findet der Schamane Zugang zum Reich der Götter und der großen Visionen und Träume; wo in der Unterwelt alltägliche, oft vorübergehende Anliegen erledigt werden, dient die Oberwelt als Informationsquelle für die Lebenssuche, für die innere Bestimmung und gelegentlich auch als Mittel

Zugang zum Reich der Götter und der großen Visionen und Träume

zur Kommunikation mit den Ahnen oder mit mythischen Stammeshelden.

Die Mittelwelt entspricht der Welt des Alltags. Eine Reise durch die Mittelwelt wird der Schamane unternehmen, um beispielsweise Clairvoyance zu betreiben, etwa um festzustellen, wo eine Tierherde aufzufinden ist, welche kriegerischen Maßnahmen der Nachbarstamm eingeleitet hat o. ä. Auch verlorene Gegenstände können in der Mittelwelt gesucht und wiedergefunden werden, sehr häufig finden auch magische Fernbeeinflussungen vom Tötungs- bis zum Wetterzauber auf dieser Ebene statt.

Dieses Modell erweist sich in seiner tatsächlichen Handhabung oft als reine akademische Spielerei.

So elegant dieses Modell auch erscheinen mag, erweist es sich in seiner tatsächlichen Handhabung jedoch sehr oft als reine akademische Spielerei: Denn der Schamanismus ist – bei allem kultur- und stammesspezifischen Dogmatismus – viel zu pragmatisch, um der Theorie den Vorrang vor der Praxis einzuräumen. Wenn der Regenzauber beispielsweise besser gelingt, indem der Schamane in die Unter- anstatt in die Mittelwelt reist, so wird er, sofern er ein wirklicher Könner ist, jede Ideologie beiseite fegen und sich eben der Unterwelt bedienen oder umgekehrt. Auch sind die Grenzen oft sehr fließend, nur selten wird wirklich so scharf zwischen den Welten unterschieden, wie europäische und amerikanische Autoren es uns glauben machen wollen. Ja es ist doch gerade die für westliches Empfinden notorische Unzuverlässigkeit des Schamanen in Dingen wie Pünktlichkeit und Wahrhaftigkeit, die uns zeigt, daß zwischen Trance, Traum und Alltagswahrnehmung häufig genug nur wenig unterschieden wird. So kann es geschehen, daß Ihnen ein Schamane ohne jede Ironie davon erzählt, wie er letzte Nacht mal eben im Jet kurz nach Australien gereist sei, um dort an einer Zeremonie teilzunehmen, aber zum Frühstück wieder zurück war, und wenn Sie Pech haben, nennt er Ihnen sogar allen Ernstes auch noch die Fluglinie, die er benutzt hat! Wo ein gänzlich anderer Wahrheits- und Objektivitätsbegriff vorherrscht, wäre es töricht, den starren Maßstab

Der starre Maßstab abendländischer Logik scheint oft töricht.

abendländischer Logik und Rationalität anlegen zu wollen. Immerhin hat uns vor allem die strukturalistische Anthropologie die Augen dafür geöffnet, daß eine andere, »primitive« Logik keineswegs Merkmal einer kollektiven Zurückgebliebenheit sein muß, sondern vielmehr in sich ebenso stringent und einleuchtend ist wie die mathematisch-diskursive Denkweise, an die wir uns zufälligerweise in zweieinhalbtausend Jahren gewöhnt haben.

Sehen Sie daher in der folgenden Skizze bitte auch nur eine grobe Veranschaulichungshilfe, deren Grenzen sehr fließend sind und die man nicht allzu streng auf die Goldwaage legen sollte.

Es ist wohl wahr, daß zahlreiche moderne Schamanen einen regelrechten Kult daraus machen, genau zwischen den verschiedenen Bewußtseinszuständen zu unterscheiden: So treten sie beispielsweise bei den heiligsten Nagual-Zeremonien ganz unverhofft wieder ins Tonal ein, um ein paar (nicht selten ziemlich schmutzige) Witze zu

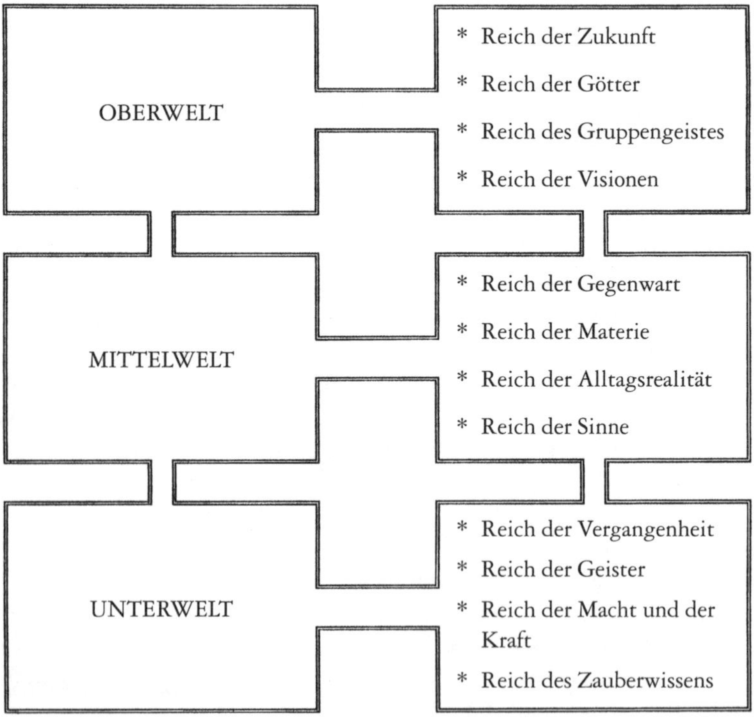

Abbildung 27: Die drei schamanischen Welten

reißen, nur um im nächsten Augenblick wieder voller Andacht bei der Sache zu sein und ins Nagual zurückzukehren. Doch gelingt dies nur deshalb, weil eben beides, tägliches und nichtalltägliches, Bewußtsein auch im Alltag voll miteinander integriert ist und es eben keine starre Trennung zwischen »Magie« und »Nicht-Magie« gibt.

Keine starre Trennung zwischen »Magie« und »Nicht-Magie«

Das bedeutet freilich nicht, daß schamanische Kulturen nicht zwischen Realität und Einbildung, zwischen Wahn und Wirklichkeit unterscheiden könnten. In allen Stammesgesellschaften glaubt man an die Existenz von Geistern, sie zu sehen oder sonstwie wahrzunehmen ist also nichts Unerhörtes. Andererseits werden Menschen, die unentwegt Geister wahrnehmen und von ihnen beherrscht werden, ohne dies selbst noch kontrollieren zu können, in solchen Kulturen ebenso als »verrückt« betrachtet wie in unserer. Es kommt also stets auf die kontrollierte Integration solcher Erfahrungen an, bloßes Schwelgen in schillernden magisch-schamanischen Visionen und Phänomenen allein ist überhaupt nichts wert, was zählt ist die Beherrschung der verschiedenen Realitäten.

Die zahlreichen schamanischen Traditionen kennen die unterschiedlichsten Schöpfungsmythen und Kosmogonien (Lehren von der Entstehung des Kosmos), die sich oft radikal voneinander unterscheiden. Einheit herrscht dagegen mit wenigen Ausnahmen fast immer in folgenden Punkten:

- Der Schamane ist Grenzgänger zwischen den Realitäten.
- Der Schamane begreift alle Wesen und Dinge als beseelt.
- Der Schamane verändert Bewußtseinszustand und Wahrnehmung.
- Der Schamane führt Geist- bzw. Trancereisen durch.
- Der Schamane arbeitet mit Naturkräften (Tiere, Pflanzen, Mineralien).

Wenn Ihnen dieses Minimalgerüst vertraut ist, werden Sie auch die verschiedenartigsten schamanischen und nachschamanischen Systeme schnell verstehen, sobald Sie damit in Berührung geraten, ob es sich um die Naturmystik der nordamerikanischen Indianer handelt, um die Trance- bzw. Ekstasetechniken der Tungusen oder Laoten, die Zauberpraktiken der Aborigines Australiens, die Besessenheitskulte der Karibik usw.

Gehen wir als nächstes in Abweichung von unserer bisherigen Praxis, die Besprechung magischer Paraphernalia in die Rubrik »Einführung in die Ritualistik« einzureihen, dazu über, einige schamanische Zaubergerätschaften in lockerer Reihenfolge zu betrachten.

Die Mesa: schamanisches Abbild des Kosmos

Das spanische Wort *mesa* bezeichnet ursprünglich nur einen Tisch oder eine Tafel. Im schamanischen Sprachgebrauch Südamerikas versteht man darunter in der Regel ein Tuch, auf dem der Schamane beim Ritual seine Zaubergegenstände auslegt. Seine Funktion gleicht dem Altar in der westlichen Magie. Häufig wird die Mesa in symbolische Abschnitte unterteilt, dann stellt sie ein Abbild des persönlichen Kosmos des Schamanen dar. Das dabei verwendete System ist meist völlig individuell und wurde dem Schamanen in Trance offenbart. Die in den Abbildungen weiter unten folgenden Mesas sind also nur Veranschaulichungsbeispiele, die Sie auch als Anregung für die Gestaltung Ihres magischen Altars verwenden können.

Ein Abbild des persönlichen Kosmos des Schamanen

Je nachdem, welche magischen Waffen der Schamane in welchem Bereich seines Kosmos einsetzt, wird er sie beim Ritual entsprechend plazieren. Unterteilt er seine Mesa beispielsweise in drei Abschnitte, die jeweils für »das Reich des Lichts«, das »Reich der Finsternis« und für das »Reich des Zwielichts« stehen, so wird er einen Heilungskristall wahrscheinlich im »Reich des Lichts« auslegen, einen Angriffs- und Todesfetisch dagegen wohl eher im »Reich der Finsternis«, während eine Rassel, mit der er sowohl gute als auch böse Geister ruft, im »Reich des Zwielichts« ihren Platz hätte. Die auf Schamanenseminaren in Europa und den USA oft zu hörende Unterteilung in »weiße« und »schwarze« Hexer gibt es zwar theoretisch durchaus, und auch das Stadt- und Landvolk, von dem beispielsweise moderne indianische Schamanen in Lateinamerika heutzutage leben, seit die Stammesgesellschaft zur Ausnahme geworden ist, unterteilt gern derart undifferenziert. Tatsache ist allerdings, daß etwa in Peru, wo man streng zwischen *curandero* (»Heiler«, meist positiv konnotiert) und *brujo* (»Hexer«, meist negativ konnotiert) trennt, zahlreiche Brujos Heilungen durchführen, während Curanderos sich auch auf Gebieten wie magischer Fernbeeinflussung (z.B. Liebeszauber, Regenmachen usw.) betätigen. Insofern ist es ratsam, solche Äußerungen mit etwas Vorsicht zu genießen.

Für das strukturale Verständnis ist es wichtig zu wissen, daß die Mesa zugleich ein Abbild des persönlichen Kosmos wie auch ein Dokument der magischen Erfahrung und des Könnens eines Schamanen ist. Auf ihr wird er nämlich alle wichtigen magischen Waffen ausbreiten wie ein Chirurg sein Besteck, um wie in einer Art kosmischen Schachspiels die Energien und Geister zu manipulieren. Dieses naturmagische »Schaltpult« kann, wenn seine Symbolik im Magier entsprechend fest

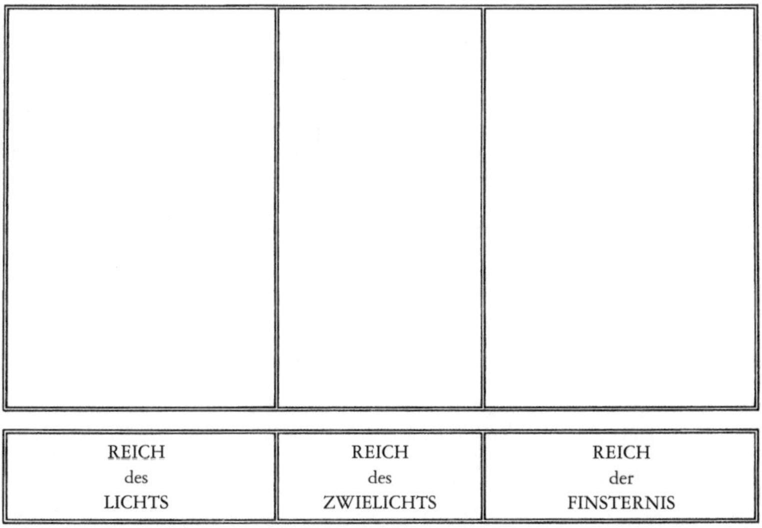

Abbildung 28: Mesa mit Dreierteilung

Naturmagisches »Schaltpult«

verankert ist und es durch kontinuierlichen Gebrauch entsprechend geladen wurde, eine ungeheure Wirksamkeit erzielen. Es sei Ihnen daher empfohlen, damit zu experimentieren, sich eine derartige Mesa anzufertigen und sie in der Praxis zu erproben. Ihr Vorteil gegenüber einem gewöhnlichen Altar ist nicht zuletzt auch die Tragbarkeit, sofern Sie dafür ein Tuch oder eine kleine Matte verwenden. Inzwischen sollten Sie genügend Erfahrung mit Symbolmatrices gesammelt haben, um eine solche Aufgabe zu bewältigen, zwei Vorschläge dazu finden Sie in den Abbildungen 28 und 29.

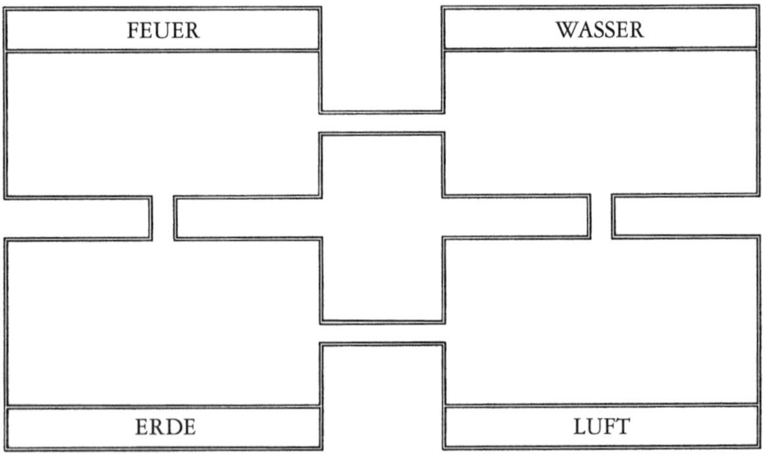

Abbildung 29: Mesa mit Viererteilung (Mandala-Form)

FORMEN DER EINWEIHUNG (II)

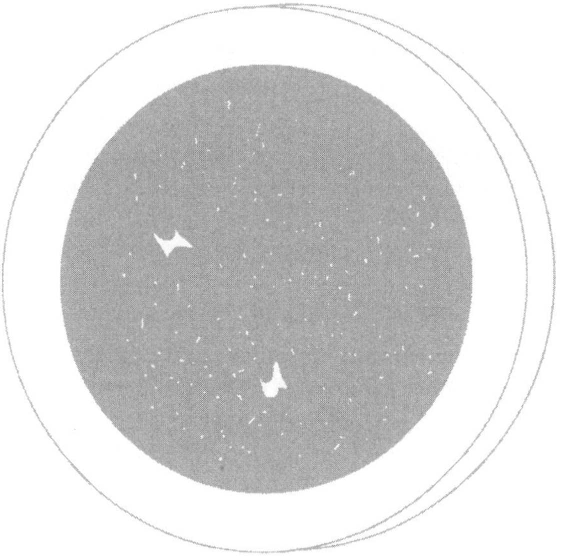

Einweihung durch Übergangsriten

Es ist ein altes Menschheitsthema, daß es eine spirituell-geistige Weiterentwicklung gibt, zu der sich meist nur eine Minderheit hingezogen fühlt. Die damit notgedrungen verbundene Andersartigkeit wird in zahlreichen Kulturen bis heute als rituelle Transformation formuliert. Noch häufiger geht es aber darum, durch eine solche Transformation aus einer gesellschaftlichen Gruppe in eine andere überzuwechseln, etwa vom Kind oder Jugendlichen zum Erwachsenen. Auch kleinere Gruppen kennen untereinander Einweihungsriten, man denke nur an die zahlreichen »Mutproben« in unserer Kindheit, aber auch an die Aufnahme von Rekruten in eine Armee, an Schulabschlüsse (z. B. das Abitur, bei dem es ein »Reife«-Zeugnis gibt; im süddeutschen Sprachraum wird auch noch immer die lateinische Bezeichnung für »Reife« als Abschlußbezeichnung verwendet, nämlich der Begriff »Matura«), an Beschneidungszeremonien usw. Ethnologisch bezeichnet man solche Kulthandlungen als »Übergangsriten«, da bei ihnen die Seele, die Persönlichkeit oder auch die Physis des Initianden nach mehr oder weniger kurzer Probe- und Ausbildungszeit rituell von einem Seinszustand in den nächsten überwechselt.

Transformation aus einer gesellschaftlichen Gruppe in eine andere

Übergangsriten sind auch im magischen Bereich die wohl häufigste Form der Einweihung überhaupt. Schon die alten Mysterienschulen haben sich ihrer fleißig bedient, etwa wenn im Kult der Mysterien von Eleusis der Initiand die vier klassischen Elemente rituell erleben und verinnerlichen mußte – um danach als ein anderer, als »Geläuterter« einer anderen Menschengruppe (eben den »Eingeweihten«) Angehörender daraus hervorzugehen.

Übergangsriten sind auch im magischen Bereich die wohl häufigste Form der Einweihung.

Es gibt Einweihungsformen, die den Anspruch erheben, den Initianden auf alle Zeiten zu verändern, ihn also auf Dauer zu einem »anderen« zu machen, beispielsweise die Priester- oder Bischofsweihe der christlichen Kirchen, die nicht mehr rückgängig zu machen ist, wenngleich der Betroffene sich ihrer natürlich später durchaus als unwürdig erweisen oder sogar abtrünnig werden kann. Begründet wird dies meist durch das sakramentale Wirken einer göttlichen Macht, das sich im Endeffekt jeglicher menschlichen Beurteilung und Negierung entzieht. (Der den Übergangsritus der Priester- oder auch der Totemtierweihe Durchführende ist nach dem Selbstverständnis dieses Modells also nur Werkzeug einer Gottheit oder einer anderen, wie auch immer definierten transzendentalen Instanz.)

Andere Einweihungen wollen den Initianden zwar ebenfalls verändern, doch tun sie dies ihrer eigenen Aussage zufolge nur stufenweise; zentrales Anliegen ist ihnen vor allem, dem Initianden eine bestimmte Erfahrung zu ermöglichen, nach der er später immer wieder streben soll, bis er sie schließlich voll und ganz in sein Leben integriert hat. Dies ist bei den meisten Ordenseinweihungen der Fall, bei denen beispielsweise ein Novize oder Neophytenanwärter während seiner Aufnahme in Kontakt mit dem Kraftfeld einer Bruderschaft gebracht wird, in das er danach langsam hineinwachsen soll.

Auch bei späteren Gradeinweihungen (z. B. in den »Gesellengrad«, den »Meistergrad« usw.) geht es primär darum, dem Kandidaten einen »Vorgeschmack« auf das zu geben, was ihn nach seiner Graduierung erwartet. Daher spricht man in der Ordenswelt auch häufig davon, daß man seinen Grad »erst noch ausfüllen« müsse. In diesem Modell erhält der Initiand seinen Grad nicht etwa verliehen, weil er ihm bereits gerecht wird (wenngleich er diesem Ideal natürlich schon möglichst weit entsprechen sollte), sondern vielmehr, weil seine ihn beurteilenden Ordensoberen es ihm zutrauen, diese Stufe eines Tages tatsächlich einmal zu erreichen. Die Tatsache, daß derlei Strukturen sich sehr leicht zu machtpolitischen Zwecken mißbrauchen lassen und auch oft genug mißbraucht wurden, hat sicher erheblich dazu beigetragen, das gesamte Ordenswesen in der Öffentlichkeit in Verruf zu bringen. Wem etwa in einem magischen Orden ein hoher Grad allein deshalb verliehen wird, weil er vielleicht seiner Loge eine großzügige Geldspende überreicht hat oder sonstwie für den Orden wichtig sein könnte (politisch, wirtschaftlich, kulturell oder auch nur als publizistische Galleonsfigur), ohne zugleich über nennenswertes magisches Potential oder Wissen zu verfügen, der schadet dem Ruf seiner Bruderschaft auf Dauer mehr, als daß er ihm nutzen würde. Derartige Günstlingswirtschaft führt schließlich dazu, daß das allgemeine Niveau sinkt und die Jagd nach Posten, Ämtern und Würden das eigentliche, inhaltliche Anliegen eines solchen Ordens verdrängt.

Der rituell nachgespielte mystische Tod

Eine sehr häufige Form des Übergangsritus ist der rituell nachgespielte mystische Tod. Auch wenn ein Außenstehender solche Zeremonien als »kindisches Theater« belächeln mag, ist die Erfahrung bei gut durchdachten und kraftvoll durchgeführten Riten dieser Art jedoch derart real, daß sie dem Nahtod-Erlebnis beispielsweise bei einem Unfall an Intensität in nichts nachstehen muß. Ob wir etwa das tibetanische Tschöd-Ritual betrachten, bei dem der Schamane seinen Körper symbolisch (aber darum nicht minder real empfunden und schmerzhaft) unter grausamsten seelischen und körperlichen Qualen an die Elemente zurückgibt, oder ob wir als Beispiel den Sargritus mancher Rosenkreuzerbünde heranziehen, bei dem der Kandidat längere Zeit mit verbundenen Augen wie ein Toter in einem Sarg verbringen muß, um schließlich wieder zu neuem, anderem Leben erweckt zu werden – stets ist die Struktur dabei die gleiche: Bewußt wird ein Todeserlebnis angestrebt, das den Gesamtorganismus (also den psychischen wie den physischen) einer tiefgreifenden Transformation aussetzen soll, damit er danach, nach seiner »Wiedergeburt« und »Erneuerung« auf einer anderen, »höheren« Bewußtseinsstufe weiterleben und -agieren kann.

Eine rituelle Todeserfahrung sollte man nicht leichtfertig herbeiführen.

Wer sich einmal voller Hingabe einer solchen rituellen Todeserfahrung ausgesetzt hat, der weiß, daß dies nichts ist, was man leichtfertig tun sollte, weshalb sie in manchen magischen Orden auch ausschließlich den höheren Graden vorbehalten bleibt, wenn sie nicht sogar völlig tabuisiert wird. Manche Schamanen sprechen von »drei« oder auch »sieben« mystischen Toden – also von einem lebenslangen Entwicklungs- und Einweihungsweg, dessen einzelne Stufen durch ebensolche Todesriten markiert werden. Gelegentlich wird auch angeraten, diese häufig auch zum Zwecke der gesundheitlichen Gesamterneuerung durchgeführte Technik maximal einmal pro Jahr durchzuführen, was ich aus persönlicher Erfahrung voll bestätigen kann. (Nachdem ich im Abstand von nur wenigen Wochen gleich zwei Todesriten durchlief, bekam ich schnell am eigenen Leib zu spüren, wie lange der Organismus und die Psyche in der Regel doch brauchen, um solche Erlebnisse gründlich zu verarbeiten: Gesundheitliche Probleme,

Depressionen und eine tiefe Verunsicherung waren die Folgen, die auch mein magisches Können über einen längeren Zeitraum hinweg stark beeinträchtigten.)

Technisch gesehen handelt es sich bei den meisten Übergangsriten um eine Form der Einweihung durch Schrecken: Das im Kandidaten künstlich herbeigeführte Entsetzen soll sein Alltagsbewußtsein aufbrechen, die Zensoraktivität lähmen und das Unbewußte für neue Erfahrungsinhalte öffnen. Gemäß unserer zweiten Grundformel der Magie läßt sich feststellen, daß diese Form der Einweihung besonders stark darauf abzielt, die Gnosis (Faktor g) zu verstärken, die magische Verbindung zum Ziel (Faktor v, bei der Aufnahme in eine Gruppe: die Verbindung zum Orden o. ä.) zu intensivieren, durch Lähmung des Bewußtseins dabei die Bewußtheit (Faktor b) um das Transformationsgeschehen zu senken und ebenso den innerseelischen Widerstand (Faktor w_i) gegen diese Transformation selbst zu minimieren.

Angst, Entsetzen und Schrecken – schnelle und gründliche Einweihungen

Angst, Entsetzen und Schrecken, die wir im Zusammenhang mit den gnostischen Erregungstrancen bereits als Tore zum magischen Bewußtsein kennengelernt haben, weisen gegenüber vielen anderen Methoden der Einweihung einen entscheidenden Vorteil auf: Sie wirken schnell und gründlich, da sie unmittelbar die biologischen Urängste ansprechen und das Stammhirn aktivieren. Andererseits ist dabei die Schwelle zur unfreiwilligen Komik oft nur einen kurzen Schritt entfernt, weshalb derartige Rituale auch einer sehr sorgfältigen, gekonnten Planung und Durchführung bedürfen. Je unsicherer der Kandidat ist, was ihn bei der Einweihung erwartet und welche Risiken er tatsächlich dabei eingehen wird, um so wirkungsvoller ist die Zeremonie, um so nachhaltiger ist das Erlebnis und schließlich auch die angestrebte Transformation.

Einweihung durch das Erzeugen von Ehrfurcht und Demut

Zur Einweihung durch Schrekken gehört auch die vergleichsweise harmlosere Einweihung durch das Erzeugen von Ehrfurcht und Demut. Nicht selten kommen dabei auch einfache psychologische Tricks und Gaukeleien zum Tragen, etwa wenn, wie schon in der Antike belegt, Stein- oder Metallstatuen vor dem Initianden plötzlich zu sprechen beginnen und ihm – vorher vom im Verborgenen durch die Statue sprechenden Priester in Erfahrung gebrachte – Dinge über ihn selbst mitteilen, die in ihm das Gefühl erwecken, sich in Gegenwart einer allwissenden göttlichen Macht zu befinden usw. Bereits der Aufbau antiker und vorantiker Tempelanlagen etwa in Ägypten, in Griechenland oder in Rom war dazu gedacht, den Initianden durch die schiere Größe der Bauwerke mit Ehrfurcht zu erfüllen. Im Zustand der Ehrfurcht aber wird der Mensch empfänglich für Suggestionen aller Art.

Der Gebrauch solcher Tricks ist durchaus nicht so verwerflich, wie der rationalistische Wahrheitsfanatiker oft meint. Denn sie dienen keineswegs immer nur der Verdummung von Gläubigen (obwohl auch dies natürlich häufig vorkommt), sondern werden vornehmlich als Technik der Gnosiserzeugung verwendet. Es ist auch eine bekannte Tatsache, daß oft gerade das Vortäuschen paranormaler Effekte die Manifestation echter Phänomene überhaupt erst ermöglicht: Bekommt der Zuschauer bei einer Bühnenvorführung durch Taschenspielertricks den Eindruck vermittelt, daß Telepathie tatsächlich möglich ist, so sinkt sein Widerstand gegen die Möglichkeit eigener telepathischer Erfolge, und es wird ihm leichter gelingen, diese herbeizuführen. Ähnlich verhält es sich überhaupt mit magischen Praktiken, die ja, wie wir schon mehrfach erwähnten, oft darin bestehen, solange ein So-tun-als-ob durchzuführen, bis der gewünschte Effekt tatsächlich eintritt. Dieses So-tun-als-ob ist also auch in zwei Richtungen wirksam: Entweder (was die Regel ist), der Magier praktiziert es selbst, oder ein anderer tut es für ihn. In beiden Fällen soll die Realität schließlich im Sinne des Magiers gebeugt und manipuliert werden, die »Täuschung«, die man eigentlich besser als »Paradigmenhilfe« bezeichnen sollte, ist also kein Selbstzweck, sondern entspricht der Grundmaxime der Chaos-Magie, daß der Glaube nur eine Technik ist.

> *Oft ermöglicht erst das Vortäuschen paranormaler Effekte die Manifestation echter Phänomene.*

Einweihung durch Überraschung

Die Einweihung durch Überraschung stellt dagegen eine Technik dar, mit der durch das Erzeugen von plötzlicher

Verblüffung die inneren Fähigkeiten des Kandidaten geweckt werden sollen, damit sie hervortreten und sich offenbaren. Dies geschieht beispielsweise, indem von einem vorher minutiös in allen Einzelheiten besprochenen Einweihungsritual ohne Vorwarnung abgewichen wird und bestehende Erwartungshaltungen (»ist doch ohnehin nur eine reine Formsache«) über den Haufen geworfen werden, was den Initianden verunsichert und ihn zum Improvisieren zwingt.

Aktive Einweihung durch die Praxis

Eine individuellere Methode ist die Einweihung durch die Praxis: Dabei experimentiert der Magier mit überliefertem, aus Büchern oder von anderen gewonnenem Wissen und sammelt seine eigenen Erfahrungen, ohne formell einem bestimmten Weg oder roten Faden zu folgen. Entsprechend ungeradlinig ist dann auch oft eine solche Magierkarriere: Ein buntes Sammelsurium verschiedenster Techniken und Philosophie verschmilzt auf diese Weise zu einem meist recht unhomogenen neuen Ganzen. Vertreter traditionellerer, geregelterer Einweihungssysteme pflegen solchen »Wildwuchs« meist stirnrunzelnd und verächtlich abzutun – und doch ist gerade dies der Humus, auf dem die wahre magische Kreativität gedeiht.

Der Magier experimentiert und sammelt seine eigenen Erfahrungen.

Der Preis für diesen anarchischen Weg ist oft sehr hoch, viele Magier scheitern nämlich bei dem Versuch, ihr eigenes System zu entwickeln, oder sie können es im Erfolgsfall anderen nicht mehr vermitteln, weil es sich der sprachlichen Beschreibung entzieht: Wie soll man anderen Menschen urpersönliche Erfahrungen und Entwicklungsprozesse verständlich machen? Allerdings machen die Vertreter des reglementierten Traditionalismus oft viel zu viel aus diesem Argument. Schließlich ist auch alle organisierte Magie einmal durch die Initiative erfahrener magischer Einzelkämpfer entstanden. Die alte Gegenfrage lautet daher stets: »Wer hat denn den ersten Meister eingeweiht?« Wer

Viele Magier scheitern bei dem Versuch, ihr eigenes System zu entwickeln.

sich daraufhin mit irgendwelchen »göttlichen Instanzen« aus der Affäre zu ziehen versucht, setzt sich dem Vorwurf aus, als reaktionärer Menschenverächter apriorisch die Möglichkeit auszuschließen, daß auch noch heute der Zugang zum »offenbarten« Wissen offenstehen könnte. Projektionen der Weisheit und Allwissenheit in die ferne Vergangenheit eines Atlantis oder in irgendwelche dubiose »Meister im Himalaja« haben zwar seit der Theosophie-Mode des 19. Jahrhunderts noch immer Hochkonjunktur, sind aber, wie der Chaos-Magier und Freistilschamane von heute sagen würde, bestenfalls ein kindlich-kindischer Elternersatz, mit dessen Hilfe andere wiederum geknebelt und in ihrer eigenständigen Entwicklung gehindert werden sollen.

Die Einweihung durch persönliche Praxis ist all jenen ein Dorn im Auge, die daran glauben, daß der Mensch reglementiert werden muß, weil er sonst vom »wahren Weg« abirrt. Auch hier gilt zwar die alte Regel, daß man intelligenterweise aus der Geschichte lernen sollte. Sicher sind viele Erfahrungen der Vergangenheit noch heute von größtem Wert, der Magier der Jetztzeit wäre schlecht beraten, wenn er sie mit verächtlichem Ungestüm als »verzopftes, verstaubtes Zeug« beiseite schöbe, ohne um ihre historischen und auch magiepraktischen Zusammenhänge zu wissen. Doch zeigt gerade die Geschichte der allermeisten traditionalistischen, jeden magischen Alleingang ablehnenden Orden und Bruderschaften, wie wenig stabil und produktiv ihr Ansatz auf die Dauer ist: Die besten Leute scheren früher oder später doch aus dem Gleis aus und gehen ihrer eigenen Wege, Schismen und Auflösung sind die unausweichlichen Folgen.

Gelegentlich gelingt es, eine Reihe charismatischer Praktiker zu einem magischen Bund zusammenzufügen.

Gelegentlich gelingt es zwar, eine Reihe charismatischer, intelligenter Praktiker für eine Weile zu einem magischen Bund zusammenzufügen, der dann als Kollektiv Großes leistet und die Entwicklung der Magie nachhaltig beeinflußt. Das war sicher bei den Templern ebenso der Fall wie bei den Rosenkreuzern und der ursprünglichen Freimaurerei, bei den Illuminaten wie bei der Golden Dawn, beim O. T. O. wie bei der Fraternitas Saturni. Dennoch bedurften und bedürfen auch diese Einweihungssysteme (denn etwas anderes ist ein magischer Orden selten) immer wieder der

Erneuerung und der Infusion frischen »Blutes« in Form von oft recht wilden, ungestümen Exzentrikern der Magie, die meist schon lange vor ihrem Eintritt in eine derartige Organisation mehr an magischer Praxis und somit Einweihung absolviert haben als alle anderen, langjährigen Mitglieder zusammen.

Die aktive Einweihung durch die Praxis geht naturgemäß in der Regel ohne formelle Gradverleihungen vor sich, allenfalls wird ein Magier in ihrem Verlauf vielleicht seinen Namen ändern, gelegentlich auch seine Selbstbezeichnung (»Frater«, »Magister« usw.). Herausragende Beispiele für einen derartigen Entwicklungsweg sind bedeutende Gestalten der Magiegeschichte wie beispielsweise Theophrastus Bombastus Paracelsus oder Cornelius Agrippa von Nettesheim.

Oft verwechseln Laien (und nicht selten auch Ordensoberhäupter, die es eigentlich besser wissen sollten) die Einweihung durch Praxis mit der Einweihung durch Offenbarung, was freilich durchaus verzeihlich ist, weil gerade diese Form der Einweihung häufig mit Offenbarungserlebnissen einhergeht. Es ist jedoch ein bedeutender Unterschied, ob die Einweihung im Bewußtsein des Initianden aus seinem eigenen Tun und Bemühen entspringt oder als Gnade bzw. Gunstbezeugung anderer (menschlicher wie transzendenter) Instanzen erfahren wird. Im ersten Fall fördert die Einweihung die Unabhängigkeit, im zweiten führt sie nicht selten zu neuer Abhängigkeit von ebenjenen Offenbarungen oder die Einweihung vermittelnden Instanzen, eine Abhängigkeit, deren Spektrum von dankbarer Treue bis zum blinden Fanatismus reicht.

Selbst-Einweihung

Aleister Crowley wird oft das Verdienst zugesprochen, die magische Selbsteinweihung in die Tradition der westlichen Magie eingeführt zu haben. Das ist insofern nicht ganz richtig, als die Einweihung durch die Praxis, die wir soeben besprochen haben, ja bereits eine Form der Selbsteinweihung ist. Tatsächlich hat er aber die Selbsteinweihung revolutioniert,

Aleister Crowley hat die Selbsteinweihung revolutioniert.

indem er sie formalisierte und als erster im großen Stil salonfähig machte. Das Unerhörte an diesem Akt begreift nur, wer die rigide Ordensstruktur der damaligen Zeit kennt, gegen die sich Crowley damit auflehnte: Denn nach dem Verständnis seiner okkulten Zeitgenossen galt immer noch sinngemäß der alte katholische Grundsatz des Cyprianus, *extra ecclesiam nulla salus* (»außerhalb der Kirche [gibt es] kein Heil«) – die Vorstellung, daß es sich ein einzelner Mensch »anmaßen« könnte, außerhalb einer durch höhere (göttliche) Instanzen abgesegneten Gemeinschaft von »Gralshütern« aller Art zur geheimen Wahrheit zu finden, war ihnen viel zu absurd, als daß sie darauf mehr als ein verächtliches Lächeln verschwendet hätten. Man war schon seit dem frühen Rosenkreuzertum und der im 17. Jahrhundert entstandenen Freimaurerei rückhaltlos auf bündisches Denken getrimmt und kam gar nicht auf den Gedanken, im magisch-okkulten Einzelgängertum mehr zu sehen als eine ekle Pervertierung hehrer Einweihungshierarchien. (Schließlich war dies, vergessen wir es nicht, trotz des Schocks der Reformation, der amerikanischen Unabhängigkeitserklärung und der Französischen Revolution immer noch die Epoche der Monarchien, die von der nach und nach verbürgerlichten Gesellschaft noch weitaus stärker gestützt wurden als früher durch den Adel in der Zeit des reinen Feudalismus.)

Der große Erfolg der 1875 gegründeten Theosophischen Gesellschaft beruhte sicher nicht zuletzt auf ihrem Postulat der geheimen Mahatmas, die die Geschicke der Welt lenken (und sich der Gesellschaft natürlich als Sprachrohr Nummer eins bedienen) sollten. Dieses Beispiel machte schon bald Schule, und auch die Golden Dawn sollte später mit ihrer Behauptung der Existenz »Geheimer Oberer« ein dem theosophischen zum Verwechseln ähnliches Konzept entwickeln.

Crowley entdeckte den individuellen Menschen für die Schwarze Kunst wieder.

Zu Crowleys wohl größten Leistungen auf dem Gebiet der Magie zählt zweifellos die Tatsache, daß er den individuellen Menschen für die Schwarze Kunst wiederentdeckte. Daher war es nur einleuchtend, daß er auch die Vorstellung der Selbsteinweihung propagierte und durch seine persönliche Autorität gewissermaßen legitimierte. Sein auch in diesem Lehrgang schon zitiertes *deus est homo, homo est deus*, das er seinen entsetzten, meist noch tief kirchenreligiös fühlenden Mitmagiern penetrant um die Ohren schlug, kommt in der Intensität und Kompromißlosigkeit seiner Revolte dem Aufstand des Protestantismus gegen Papsttum und Klerusherrschaft gleich.

Es ist sicher auch kein Zufall, daß es ausgerechnet Rudolf Steiner war, der immerhin neun Jahre die deutsche Sektion des O. T. O. leitete, welcher – selbst Sekretär der TG – mit der Theosophie (also der »Wissenschaft von Gott«) brechen und an ihre Stelle seine Anthroposophie (»Wissenschaft vom Menschen«) setzen sollte – eine deutliche Parallele zu Crowley, auf die unseres Wissens in der bisherigen Forschung noch nicht hingewiesen wurde.

Tatsächlich handelt es sich bei der Selbsteinweihung in der Praxis vornehmlich um eine Form des magischen Eids: Der Magier geht vor sich selbst oder vor etwaigen anderen Mächten, an die er glaubt, rituell die Verpflichtung ein, den Weg der Magie aktiv zu beschreiten, bestimmte magische (Lebens-)Ziele anzustreben usw. Zugleich dokumentiert er damit das Erreichen eines bestimmten Bewußtseins- und Entwicklungsstands. Bei entsprechenden praktischen Voraussetzungen kann ein derartiger Akt der formellen Einweihung durch andere von seiner Intensität her durchaus ebenbürtig sein, freilich gehört dazu schon sehr viel Erfahrung, selbstkritische Ehrlichkeit und Imaginationskraft, soll der Ritus nicht bloß eine leere Hülse bleiben.

In der Regel sind Einweihungen einmalige Erlebnisse.

In der Regel sind Einweihungen einmalige Erlebnisse, werden also nicht wiederholt, es sei denn, der Kandidat besteht die Einweihung beim ersten Mal nicht (dann hat sie zugleich den Charakter einer Aufnahmeprüfung) und bekommt Gelegenheit, es zu einem späteren Zeitpunkt aufs neue zu versuchen. Bei der Selbsteinweihung kommt es darauf an, daß der Magier mit den durch seinen Ritus wachgerufenen Energien und Bewußtseinszuständen uneingeschränkt zufrieden ist, sonst wird er sich meist nach einer Weile der Besinnung und der verstärkten Arbeit an seiner magischen Entwicklung zu einer Wiederholung entschließen.

Letztlich geht es bei jeder echten Einweihung um die schon erwähnte Erfahrungsdimension. Wer, wie es in der Ordensszene leider allzuoft vorkommt, Einweihungen sammelt wie andere Leute Briefmarken oder Sexualpartner, der hat den Sinn dieses vielleicht beeindruckendsten aller Transformationserlebnisse nicht verstanden. Damit soll nicht etwa die Zugehörigkeit zu mehreren Bruderschaften pauschal kritisiert werden, denn solche Mehrfachmitgliedschaften können sich gegenseitig oft auf das fruchtbarste ergänzen und sie vermeiden zudem bornierte Einseitigkeit. Doch die rastlose Jagd nach immer neuen Einweihungserlebnissen wird schließlich zum Selbstzweck, die Erfahrungen bleiben letztlich im Oberflächlichen verhaftet und werden nicht integriert, die magische Persönlichkeit bleibt unterentwickelt und klammert sich verzweifelt an legitimistische Detailfragen (»Welcher O. T. O. ist denn nun der echte?«; »Von wem hat der Orden X seine Charta?« usw.) anstatt sich, was doch eigentlich gefordert wäre, auf die eigene Einweihung zu konzentrieren und dieser gerecht zu werden. Ohne diese wirkliche Weihung des Selbst aber bleibt jeder Initiationsritus ein hohler Mummenschanz.

Woran erkennt man Eingeweihte?

Diese Frage wird häufig gestellt, doch schon ihre Formulierung ist falsch: Sie setzt nämlich unausgesprochen und unreflektiert voraus, daß ein Eingeweihter unabdingbar ein Mensch sein muß, der Zugang zu einem bestimmten, feststehenden, objektivierbaren Wissenspool erworben hat – einem Wissenspool zudem, der für alle der gleiche ist. Tatsächlich aber kann der eine Eingeweihte die Erfahrung machen, daß die Erde in Wirklichkeit eine Scheibe ist, während ein anderer durch entsprechende Offenbarung zu der felsenfesten Überzeugung gelangt, daß wir in einer Hohlwelt leben und der Erdkern aus Eis besteht, um einmal zwecks besserer Veranschaulichung zwei besonders abstruse Beispiele zu nehmen. In beiden Fällen wäre es jedoch grundfalsch, von einer »Pseudo-Einweihung« zu sprechen, nur weil wir selbst diese Denkweise nicht teilen oder nachvollziehen können. Denn was die magische Einweihung ausmacht, ist eine Veränderung der Persönlichkeit, der Wahrneh-

Die magische Einweihung – eine Veränderung der Persönlichkeit, der Wahrnehmung, der Lebensdeutung und -führung mung, der Lebensdeutung und -führung. Nicht auf die vermittelten Inhalte oder »Wahrheiten« kommt es dabei an, sondern auf den Akt der Transformation. Wer vom normalen Alltagsmenschen zum kompromißlosen Magier geworden ist; wer seine bisherige Weltanschauung samt Ethik und Moralvorstellungen hat umkrempeln müssen und diesen Schritt auch tatsächlich gewagt hat; wer alles, aber auch alles aufgegeben hat, um allein sich selbst zu folgen, der ist im magischen Sinne eingeweiht. Es hat einen guten Grund, daß die Einweihung durch Belehrung nach allgemeinem Empfinden meist nicht als solche verstanden wird: Denn der bloße, rationale Wissenserwerb allein ist noch keine Transformation, erst durch das Wirken des neuen Wissens auf allen Ebenen der Persönlichkeit wird es zur echten Weihe, eben zur Einweihung.

Das biblische »an ihren Früchten sollt ihr sie erkennen« darf nicht so mißverstanden werden, daß es ein Freibrief dafür wäre, alles und jeden nach unseren eigenen, allzu oft äußerst kleinkarierten Vorstellungen zu beurteilen und fröhlich das Richtbeil zu schwingen. Ob ein Mensch tatsächlich »eingeweiht« ist oder nicht, kann letztlich nur er selbst beurteilen – so wie es uns umgekehrt vorbehalten bleibt darüber zu entscheiden, ob wir mit einem solchen Menschen etwas anfangen können. Auch die gern zitierte Maxime, daß wahre Eingeweihte sich selbst nicht öffentlich als solche bezeichnen, ist leider nicht viel mehr als eine grobe, auf einem unhinterfragten Bescheidenheitsideal aufbauende Faustregel. Immerhin könnte es ja auch eine Auswirkung der Einweihung sein, daß der Magier durch Prahlerei und lärmendes Auftreten nach außen wirken muß – wer will das schon entscheiden?

Ob ein Mensch tatsächlich »eingeweiht« ist, kann letztlich nur er selbst beurteilen.

Wenn Sie den Weg des Magiers bis an Ihr Lebensende gehen wollen, werden Sie nicht nur zahlreiche »große« und »kleine« Einweihungen durchlaufen, Sie werden sich auch zwangsläufig mit der Einweihung anderer Menschen (Schüler, Lehrlinge, Freunde) befassen müssen. Denn kaum ein Magier von Format konnte bisher darauf verzichten, anderen beizubringen, wie sie die Welt und sich selbst verändern können, und so wird es nicht ausbleiben, daß auch Sie andere einweihen sollen und werden. Denn wenn es überhaupt ein äußeres Kriterium gibt, an dem

Ab einer gewissen Entwicklungsstufe heißt die Devise »Lernen durch Lehren«.

man einen Eingeweihten erkennt, so ist es sicher die Tatsache, daß ein solcher Mensch früher oder später freiwillig oder unfreiwillig auch andere um sich scharen wird, die begierig sind, von ihm zu lernen. Damit ist sein Lernprozeß jedoch noch keineswegs abgeschlossen, er nimmt lediglich andere Dimensionen an. Ab einer gewissen Entwicklungsstufe heißt die Devise nun einmal »Lernen durch Lehren«, und das ist Verpflichtung und Chance zugleich.

Praktische Übungen

ÜBUNG 74
PRAKTISCHER SCHAMANISMUS (I)

Stelle Dir nach gründlicher Lektüre der in diesem Abschnitt aufgelisteten Pflichtlektüre ein eigenes, mindestens zwölfwöchiges schamanisches Übungsprogramm zusammen. Achte dabei wie immer auf Ausgewogenheit, pflege also sowohl Gebiete, die Dir leichtfallen, wie Praktiken, mit denen Du Dich zu Anfang noch schwertun magst. Schwerpunkt sollte auf jeden Fall die Schulung der magischen Wahrnehmung und der Trancereisen sein, ebenso die Arbeit mit Tierkräften (Atavismen) und der möglichst schnelle Wechsel von einer Gnosis in die andere. Nach dem bisher Bearbeiteten dürfte es Dir keine sonderliche Mühe machen, entsprechende Übungen auszusuchen oder erforderlichenfalls selbst welche zu entwickeln.

ÜBUNG 75
PRAKTISCHE EINWEIHUNGSSCHULUNG (I)

Entwickle für einen wirklichen oder imaginierten Menschen ein vollständiges Einweihungsritual. Du brauchst dieses nicht durchzuführen, solltest es aber ebenso sorgfältig planen und durchdenken sowie schriftlich festhalten, als wolltest Du es ohne zusätzliche Einweisung einem eventuellen Nachfolger übergeben können.

Wenn Du mit einem Partner zusammenarbeiten kannst, solltest Du Dich nach einer Pause von nicht weniger als einem Monat von diesem mit Hilfe Deines eigenen Rituals einweihen lassen – das soll ein Probelauf sein, um am eigenen Leib die Qualität des Ritus zu überprüfen.

Nimm Dir das Ritual im Laufe Deiner magischen Karriere in regelmäßigen Abständen immer wieder vor und stelle fest, ob Du etwas daran verändern möchtest oder nicht. Du kannst auch später, wenn Du es für nötig halten solltest, ein gänzlich neues Ritual schreiben. Tue dies solange, bis Du mit Deinem Ergebnis restlos zufrieden bist.

ÜBUNG 76
PRAKTISCHE EINWEIHUNGSSCHULUNG (II)

Entwickle für Dich selbst und/oder einen anderen Menschen ein Ritual der Selbsteinweihung. Nachdem Du es eine Weile beiseite gelegt hast, führe es allein durch und überprüfe seine Qualität.

Nimm Dir das Ritual im Laufe Deiner magischen Karriere in regelmäßigen Abständen immer wieder mal vor und stelle fest, ob Du etwas daran verändern möchtest oder nicht. Du kannst auch später, wenn Du es für nötig halten solltest, ein gänzlich neues Ritual schreiben. Tue dies solange, bis zu mit Deinem Ergebnis restlos zufrieden bist.

ÜBUNG 77
PRAKTISCHE CHAOS-MAGIE (I)

Falls Du es nicht schon früher getan haben solltest, so setze Dich sorgfältig mit den weltanschaulichen Grundsätzen der Chaos-Magie auseinander. Ziel dieser Übung soll es nicht etwa sein, Dich zum Chaos-Magier wider Willen zu machen, vielmehr geht es darum, Dich mit ihrem im Rahmen der allgemeinen Esoterik doch recht ungewohnten Paradigma zu befassen und dazu Stellung zu beziehen. Dies ist erforderlich, um später auch die praktischen Techniken dieses Zweigs der Magie genauer aus ihrem Zusammenhang heraus zu verstehen.

WEITERFÜHRENDE LEKTÜRE

Michael Harner, *Der Weg des Schamanen*
Reinbek: Rowohlt Verlag, 1986ff., rororo transformation (TB) 7989*

Sujja Su'a'No-ta, *Schamanische Magie im Alltag*
Berlin: Edition Magus – Werkmappen zur Magie 2, 1985**

Mircea Eliade, *Schamanismus und Archaische Ekstasetechnik*, Frankfurt/ M.: Suhrkamp Verlag, TB 126, 1975ff.

Frater V∴D∴, »*Magie in den Städten oder: Gibt es einen Betonschamanismus?*«, Unicorn, H. 5, 1983, S. 91–95.

* *Dieses mehrfach aufgelegte Werk gibt den Stand der akademischen Forschung bis zum Jahre 1951 (Erscheinungsdatum der französischen Erstausgabe) wieder, es gilt als bis heute unübertroffene Standardstudie zum Thema Schamanismus und sollte in keiner magischen Bibliothek fehlen.*

** *Pflichtlektüre! Dieses Werk sollten Sie sich auf jeden Fall anschaffen, um den Zugang zum praktischen Schamanismus zu vertiefen.*

Sie erhalten es für z. Zt. € 29 beim Verlag Edition Magus. (Anschrift s. Impressum im vorderen Teil des Buchs.)

PRAKTISCHER SCHAMANISMUS (II)

Atavistische Magie: Die Arbeit mit Tierkräften (1)

Im Laufe dieses Lehrgangs und der ihn begleitenden Lektüre sind Sie immer wieder auf Begriffe wie »atavistische Magie«, »Arbeit mit Tierenergien« usw. gestoßen. Nun wollen wir das Konzept der Arbeit mit Atavismen ausführlicher behandeln und uns danach ganz der praktischen Arbeit widmen. Eine kleine Zusammenfassung in Form von Merksätzen und Thesen soll noch einmal Klarheit verschaffen, damit das folgende besser verständlich wird.

1. Der Begriff »Atavismus« (vom lateinischen Wort *atavus* = »Großvater, Urahne«) bezeichnet in der Biologie einen Rückfall in frühere Entwicklungsstufen. Unter »atavistischer Magie« versteht man die magische Arbeit mit vormenschlichen Bewußtseinsstufen und Körperkräften.

2. Der Mensch trägt genetisch die gesamte Entwicklungsgeschichte allen Lebens in sich. Diese Energien und Informationen lassen sich durch entsprechendes Training aktivieren und magisch nutzen.

3. Nach einhelligem Votum aller Schamanen und atavistischen Magier liegt die eigentliche magische Kraft in früheren Urzuständen bzw. hirnphysiologisch ausgedrückt: im Stamm- oder »Echsen«-Hirn.

4. Indem sich der Magier oder Schamane in tierische (oder auch vortierische) Bewußtseinszustände versetzt, wird er der Fähigkeiten und Kräfte des jeweils aktivierten (oder »invozierten«) Tiers (oder vortierischen Wesens) teilhaftig und kann auf eine Weise agieren, wie es ihm im Menschbewußtsein allein nicht oder nur sehr schwer möglich wäre.

5. Die Arbeit mit Atavismen ist ein Beitrag zur Ganzwerdung und/oder Befreiung des Menschen von seinen soziokulturellen, religiösen, philosophischen, politischen und anderen Fesseln. Durch sie erfährt er sich als ganzheitliches, planetares Lebewesen.

Auf der ganzen Welt finden wir Tierkulte, die schon seit der Steinzeit nachweisbar sind, und auch Hochkulturen wie beispielsweise die altägyptische oder die indische kennen zahlreiche Gottheiten in Tiergestalt. Die Arbeit mit Tierkräften ist einer der sichersten Hinweise auf das Vorhandensein alten, schamanischen Wissens. Die Ablehnung des Tierischen (beispielsweise im Judentum und seinen beiden Ausläufern, dem Christentum und dem Islam, aber auch in der laizistischen bürgerlichen Gesellschaft etwa des 19. Jahrhunderts) ist stets ein Indiz für eine hochgradige Betonung des intellektuellen »Kopf-Elements« auf Kosten des intuitiven »Bauch-Elements«, mithin ist sie auch Ausdruck patriarchalischer Macht- und Bewußtseinsstrukturen. Sie zeigt lineares, logisch-diskursives Denken an, während Tierkulte die Realität in der Regel zyklisch und mythisch, also »magisch« definieren.

Von dieser Haltung sind wir naturgemäß als Kinder unserer Kultur unweigerlich geprägt, und es fällt uns oft schwer, sie wieder aufzugeben.

> Ein »tierhaftes« Verhalten meint immer auch ein »triebhaftes« Verhalten, ja die ganze Zivilisation definiert sich an der Triebunterdrückung oder, im Idealfall, -sublimierung. Reiner Trieb zu sein heißt aber auch, den steuernden Verstand, den moralischen Zensor auszuschalten, der Sprache des Körpers zu gehorchen und ihr allein. Die Angst vor der Ekstase und dem Verlust dieser Kontrolle ist es, die uns das Tier hat unterdrücken lassen und alles, was wir in uns selbst an Tierischem wittern mögen.
>
> Und doch stehen [...] die Käfigtüren unserer Atavismen offen, wartet das Tier in unserem Inneren darauf, bei Bedarf in Aktion zu treten: »Tief im ›inneren Afrika‹ unsere Seele lauern die Echsen der Vorzeit, geduldig, behäbig – aber sprungbereit.« Gewiß, es ist nicht ungefährlich, sie ungeschult zu wecken, doch müssen wir uns endlich von der Vorstellung lösen, daß sie unsere Gegner sind: Die Echsen lauern dort nicht auf uns, sondern für uns! In Zeiten großer Gefahr [...] kommen sie zum Vorschein: die Mutter, die plötzlich – und ohne nachzudenken! – einen ganzen Bus hochstemmt, um ihr überfahrenes Kind darunter hervorzuziehen; der Flüchtling, der sich unter MG-Feuer trotz schwerster Verwundungen mit physiologisch »unmöglicher« Kraftanstrengung über den Stacheldrahtzaun rettet; die in die Enge getriebene Frau im nächtlichen Park, die voller Verzweiflung ganz allein, ohne jede Nahkampfschulung, drei stämmige bewaffnete Angreifer flachlegt – sie alle kennen das Gefühl »tie-

rischer«, eben über-menschlicher Kraft, die in solchen Streßsituationen plötzlich freigesetzt wird.

Aber es gibt auch Beweise dafür, daß sich die Kraft der Atavismen bewußt einsetzen läßt. So etwa die Elephantengeheimgesellschaft in Zentralafrika, deren Mitglieder tagaus, tagein die unglaublichsten Lasten schleppen können – nämlich Urwaldriesen, die sie nach dem Fällen zum Flößen oft kilometerweit durch den Wald tragen. Sie befinden sich in dem, was der Schamane eine »Elephanten-Trance« nennt, mit anderen Worten, sie sind zu Elephanten geworden. Wir müssen also nicht erst in Todesgefahr schweben und völlig verzweifelt sein, um uns die »Echsen« in unserem Inneren dienbar zu machen. Ja unser Gehirn selbst ist ein Beweis für ihre Präsenz, nennt man das Stammhirn, also den evolutionsgeschichtlich ältesten Teil des menschlichen Gehirns, populärwissenschaftlich doch auch das »Echsenhirn«.

Gefährlich werden die Atavismen allenfalls dann, wenn man sie zu unterdrücken versucht. Allerdings muß man sich bei der Arbeit damit über eines im klaren sein: Tierische Atavismen sind zwar einerseits eben keine blutrünstigen Ungeheuer, andererseits aber auch keine niedlichen Maskottchen im Teddybär-Look! Wenn wir uns ihnen mit einem Wust von vorgefertigten Erwartungen und moralischen Normen nähern, werden wir möglicherweise böse Überraschungen erleben. Statt dessen sollten wir sie so hinnehmen, wie sie sind – ohne sie zu verklären, aber auch ohne sie zu verteufeln! [...]

Es gibt nämlich einen Aspekt dieser atavistischen Arbeit, der sich zwar weltweit beobachten läßt, der aber leider in der anthropologisch-ethnologischen Literatur nur wenig beachtet wird. Nehmen wir die schon erwähnte Elephantengeheimgesellschaft in Afrika: Diese Baumträger werden zu Elephanten, haben wir gesagt. Doch was bedeutet das? Bekommen sie Stoßzähne und Rüssel, eine dicke Haut und große, flatternde Ohren? Die Antwort lautet ja und nein zugleich. Nein, wenn man erwartet, daß ein uneingeweihter Außenstehender sie mit physischen Elephanten verwechseln könnte – rein äußerlich bleiben sie ganz normale Menschen, die bei der Arbeit sogar ganz normal schwitzen, Witze reißen und einen seltsamen Singsang von sich geben, nur ihre Blicke wirken vielleicht ein wenig nach innen gekehrt, ein Zeichen ihrer Trance. Ungewöhnlich ist äußerlich allenfalls die schier unmöglich erscheinende körperliche Leistung, die sie vollbringen, noch dazu ohne irgendwelche bemerkenswerten Erschöpfungserscheinungen.

Andererseits lautet unsere Antwort ja in dem Sinne, daß diese Träger subjektiv, also innerlich völlig zu Elephanten geworden sind. Das ist keine bloße geistige Vorstellung, sondern fühlt sich völlig körperlich an: Sie spüren ihren Rüssel und ihre Stoßzähne, ihre riesigen Gliedmaßen und ihre ledrige, runzlige Haut so physisch, daß sie sogar Gegenständen instinktiv ausweichen, die ihnen nur dann wirklich ein Hindernis wären, wenn sie tatsächlich einen viel breiteren Elephantenkörper besäßen, während sie als wesentlich schmalere Menschen mühelos an ihnen vorbeigehen könnten. Die Identifikation mit einem Elephanten ist also eine totale! Doch am Abend, nach getaner Arbeit, wechseln diese Träger wie die Werwölfe des westlichen Volksglaubens nahtlos in ihre »normale« Menschenexistenz über. Sie sind keine abartigen Monster, sondern ganz gewöhnliche, lebensfrohe Menschen, Familienväter und produktive Stammesmitglieder wie alle anderen auch.

[Ralph Tegtmeier, *Evolutions-Training*, S. 46–51]

Arbeit mit Atavismen – eine Form des Ahnenkults

Oft wird übrigens bei der magischen Arbeit mit Atavismen vergessen, daß es sich dabei tatsächlich um eine Form des Ahnenkults handelt, um die gezielte Kontaktaufnahme zu den Seelen (Geistermodell), den Kräften (Energiemodell), den Erfahrungen und Bewußtseinsstufen (psychologisches Modell) und/oder den Informationen (Informationsmodell) der – menschlichen wie vormenschlichen – Vorfahren handelt. Dies sollten wir uns jedoch um des besseren Verständnisses willen stets vor Augen halten.

In animistischen Kulturen, wie wir sie vor allem bei Naturvölkern finden, werden die Ahnen nicht einfach geistig »abgehakt«, sie leben vielmehr in der Gemeinschaft weiter, nehmen – auch im Tod noch – an ihrem Leben teil, erscheinen ihren Nachkommen in Träumen und Visionen, erteilen Ratschläge und begehen gelegentlich sogar manchen Unfug! Der Naturmensch weiß ganz instinktiv um eine Tatsache, die erst in jüngster Zeit von der modernen Anthropologie mit Hilfe von Molekularbiologen mit einiger Sicherheit wissenschaftlich nachgewiesen wurde, obwohl fast alle Schöpfungsmythen der Menschheit schon seit Jahrzehntausenden ganz Ähnliches verkündet haben: daß nämlich alle Menschen miteinander genetisch verwandt sind. Während dem Stammesmenschen jedoch die Sage und Legende als »Beweis« vollauf genügt, verlangen wir, naturwissenschaftlich orientiert wie wir sind, schon nach »härteren« Tatsachen, um uns von derlei Behauptungen überzeugen zu lassen. Dafür bietet sich die Wilson-Studie an, die vor einiger Zeit an der Universität Berkeley durchgeführt wurde.

Der amerikanische Molekularbiologe Allan Wilson untersuchte zusammen mit seinen Mitarbeitern die Gene von 147 Menschen aller Rassen und Völker, und zwar, um genau zu sein, die Erbsubstanz (Desoxyribonukleinsäure – DNS) ihrer Mitochondrien. Bei den Mitochondrien handelt es sich um sogenannte »Zellorganellen«, die aus Eiweißkörpern und Lipoiden bestehen und von einer Doppelmembran begrenzt werden. Sie sind unter anderem Träger des Zitronensäurezyklus sowie zahlreicher lebenswichtiger Enzyme und versorgen die Zellen mit Adenosinphosphorsäuren (ATP) und somit mit Energie, wie sie beispielsweise für Muskelkontraktionen benötigt wird. Das Kuriose an diesen Mitochondrien ist nun die Tatsache, daß sie die einzigen Zellbausteine des menschlichen Körpers sind, die ein eigenes Genfragment besitzen, das von der Gen-Gesamtsubstanz abgelöst ist. Die DNS der Mitochondrien verändert sich, so war bekannt, innerhalb von einer Million Jahre um ca. 2 bis 4 Prozent, was einen relativ genauen und zuverlässigen Vergleich ermöglicht, wie stark verwandt zwei verschiedene Arten miteinander sind oder nicht. Das Ergebnis der Wilson-Studie war erstaunlich: Alle Versuchspersonen stammen mit an Sicherheit grenzender Wahrscheinlichkeit von ein und derselben afrikanischen Gruppe des Homo sapiens ab. Allan Wilson wagte daraufhin sogar die Vermutung, daß sämtliche Menschen, die heute die Erde bevölkern, von denselben Ureltern abstammen, die vor etwa 140 000 Jahren in Afrika lebten!

Wir sind also alle miteinander verwandt, auch wenn es nicht immer den Anschein haben mag. Doch gerade diese Diskrepanz zwischen genetischer und affektiver Wirklichkeit ist es, die unser heutiges Verhältnis zu unseren Vorfahren besonders prägt. Kaum ein Mensch der westlichen Welt, der heute noch ein ungebrochenes, unproblematisches Verhältnis zu seinen Eltern und Großeltern hätte, kaum eine Familie, die wirklich noch im herkömmlichen Sinne »intakt« ist: Die Verwurzelung innerhalb der genetisch nächststehenden Verwandschaft hat spätestens mit dem Aussterben der Großfamilie, wie sie zum Teil unsere Großeltern und Urgroßeltern noch als Norm kannten, ihr Ende gefunden. [...]

Ein weiteres mögliches Mißverständnis sollte ebenfalls vermieden werden: Unser Vorgehen hat nämlich nichts mit Spiritismus zu tun! Wir wollen Ihnen keine Séancen anempfehlen, bei denen Sie sich nach dem Wohlergehen von lieben Verstorbenen erkundigen und sich von ihnen »Beweise« materieller Art für ein Leben nach dem Tod geben lassen sollen. Gewiß, auf der Trance-Ebene mag es oft den Anschein haben, als seien die dort gerufenen Wesen (und nicht nur die menschlichen!) »Geister« wenn nicht sogar »Gespenster«, doch bedarf es keiner solchen umstrittenen Behauptung, um diese Phänomene zu erklären. Vielmehr soll es uns genügen, wenn wir uns sagen, daß wir es hier mit dem zu tun haben, was man auch als Erberinnerung bezeichnen könnte – um ein genetisches Ur-Wissen, das sich uns über das Unbewußte vor allem auf der Ebene der Bilder und Symbole erschließt.

Mit dem Begriff Erberinnerung ist vor allem zur Zeit des Nationalsozialismus viel Mißbrauch getrieben worden, zahlreiche mystisch gesinnte völkische Gruppen (auch schon lange vor der Nazizeit) versteckten dahinter ihre Vorliebe für Visionen und spiritistische Praktiken – alles, was dem Unbewußten als plötzliche Eingebung kam und irgendwie »germanisch« war oder so klang, galt eben als Erberinnerung. Wir wollen die Bezeichnung hier in dem Sinne rehabilitieren, daß wir Erberinnerung als eine Form der symbolorientierten, bildhaften Auseinandersetzung mit früheren Existenzformen (wiederum nicht nur menschlichen!) definieren, die auf verschiedenen Bewußtseinsstufen stattfinden kann, in der Regel allerdings in der atavistischen Trance.

Dabei spielt es im Grunde gar keine wirkliche Rolle, inwieweit das, was wir durch unser Atavismus-Training erfahren, »historisch wahr« sein mag oder nicht. Denn es geht uns vielmehr um die Wiederherstellung der Einheit mit früheren Daseinsformen auf ganzheitlicher Ebene und um die Nutzung der dadurch freigesetzten Kräfte und Fähigkeiten, nicht aber etwa darum, mit Hilfe dieser Methode irgendwelche historischen und archäologischen Forschungen zu betreiben!

[Tegtmeier, S. 66–70]

Auf der praktischen Ebene finden wir im Schamanismus vor allem die Arbeit mit Krafttieren, -pflanzen und -mineralien. Wir wollen uns vorläufig auf die tierischen Energien konzentrieren und uns den anderen Formen atavistischer Arbeit in späteren Abschnitten widmen, da für diese erst ein gründliches Sichvertrautmachen mit Krafttieren, Totemtieren usw. erforderlich ist.

Krafttiere

In den beiden im letzten Abschnitt aufgeführten Werken von Michael Harner und Sujja Su'a'No-ta finden Sie eine Reihe von Techniken, mit denen Sie Kontakt zu Ihrem Krafttier (oder Ihren Krafttieren) aufnehmen können. Wenn Sie darüber hinaus bereits mit der Übung 74 aus dem selben Abschnitt begonnen haben, dürften Sie bereits einige Erfahrungen mit Ihren Krafttieren gesammelt haben.

Krafttiere haben die Funktion von Hilfsgeistern.

Grundsätzlich haben Krafttiere im schamanischen Kosmos die Funktion von Hilfsgeistern, auch wenn es manche spitzfindige Debatte in Akademikerkreisen darüber gibt, ob man dies wirklich so unwidersprochen sagen darf. Da es uns hier nur um die praktische Arbeit mit diesen Atavismen geht, wollen wir auf solche, allenfalls für den Universitätsforscher interessanten Feinheiten der Differenzierung verzichten, wo dies für unser Anliegen sinnvoll erscheint.

Wichtig ist bei der Arbeit mit Krafttieren, daß diese ganz bestimmte Eigenschaften, Fähigkeiten, aber auch Mängel und Fehler haben! Nicht nur handelt es sich bei ihnen – aus der Sicht des schamanischen Geistermodells – um individuelle Persönlichkeiten, sie wollen auch als solche behandelt werden. Von einem Adler also zu erwarten, daß er eine Expedition in die Tiefsee (zum Beispiel zum Zweck der Schatzsuche, der Bergung eines Schiffswracks o. ä.) unternimmt und dabei auch noch mit Erfolgsmeldungen aufwartet, wäre ebenso töricht, wie eine Schlange zu überfordern, indem man sie hoch über die Bergesgipfel fliegen läßt, um Ausschau nach einem Ort, einem anderen Tier, einem Menschen o. ä. zu halten. Ebenso besitzt jedes Krafttier seine eigenen Vorlieben und Abneigungen, und der atavistische Magier tut gut daran, auf diese einzugehen und sie zu respektieren.

Jedes Krafttier besitzt seine eigenen Vorlieben und Abneigungen.

Wenn wir an das Beispiel der zentralafrikanischen Elefantengesellschaft aus dem vorangegangenen Zitat denken, erkennen wir, welches Kraftpotential wir uns durch konsequente atavistische Arbeit erschließen können. Was auf der physisch-grobstofflichen Ebene bereits zu verblüffenden Ergebnissen führen kann (»da wird der Mensch zum Tier« – und verfügt plötzlich, beispielsweise in der Raserei, über eine schier übermenschliche Kraft), ist auf der geistig-feinstofflichen oft noch viel wirkungsvoller.

Der dahinter stehende Mechanismus ist uns bereits wohlvertraut: In der konsequenten Tiertrance hat unser Zensor keine Chance mehr, sich hindernd und bremsend in unser Tun einzumischen. Bei den afrikanischen und afro-karibischen Kulten geht dies sogar soweit, daß sich der Zauberer in eine atavistische Volltrance begibt, weshalb man in diesem Zusammenhang auch von »Besessenheitskulten« spricht.

Es gibt zahllose Legenden von Tieren, die dem Menschen weise Ratschläge geben, für ihn spionieren, ihn vor Gefahren warnen usw. Dies soll uns als Hinweis dienen, die atavistischen Tierkräfte auch zum Zweck des Wissenserwerbs und -zuwachses zu nutzen: Aus der Tierperspektive sieht manches anders aus, und es kann uns auch dabei helfen, viele scheinbar übermächtige, erdrückende Alltagssorgen in einem anderen Licht zu sehen und möglicherweise auch zu Problemlösungen zu finden, die uns im normalmenschlichen Bewußtseinszustand verschlossen blieben.

Grundsätzlich kann ein Magier mehrere Krafttiere haben. Auch innerhalb des modernen Schamanismus gibt es allerdings dogmatische Systeme, die die Zahl der Krafttiere künstlich beschränken wollen. Dennoch herrscht Einigkeit darüber, daß dem Menschen oft mehrere

Tiere eignen, und sei es auch nur, daß seine Krafttiere sich im Laufe seines Lebens abwechseln. Im psychologischen Modell können wir in jedem Krafttier die theriomorphe (tiergestaltige) Projektion eines bestimmten Bewußtseins- oder Entwicklungsstadiums sehen. Somit ist es also beispielsweise möglich, daß der Magier nach einer »Löwenphase« in eine »Tigerphase« eintritt, um nach einigen Jahren in eine »Bärenphase« zu gelangen usw. Freilich ist ein solches Denken einem dem Geistermodell verhafteten Schamanismus fremd: Der Schamane spricht nicht von Projektionen, weil er seinen Krafttieren eine reale, spiritistische Existenz zubilligt. Er nimmt sie als real außerhalb seiner selbst existierende Wesenheiten wahr und geht auch entsprechend mit ihnen um. Wenn ein Krafttier fortgeht, so nimmt er das eben hin und sucht notfalls nach einem neuen.

Der Schamane billigt seinen Krafttieren eine reale, spiritistische Existenz zu.

Hierbei werden sowohl Krafttiere (also »geistige« oder magische Tiere) als auch normale Tiere im Alltag vornehmlich als Partner und nicht etwa als Gegner, als Sklaven oder bestenfalls als zurückgebliebene biologische Verwandte begriffen, wie das im Westen die Regel ist. Diese Einstellung erweist sich in der Praxis immer wieder als außerordentlich vernünftig und pragmatisch. Denn nur bei entsprechender Behandlung können wir mit unseren Krafttieren zu einer magisch wirklich fruchtbaren Vereinigung gelangen.

Der Hauptvertreter der atavistischen Magie im Westen, dem wir bekanntlich auch den Begriff »atavistische Nostalgie« verdanken, war Austin Osman Spare. In seinem Modell fehlen allerdings Konzepte wie Kraft- oder Totem- bzw. Clantier (letzteres soll im nächsten Abschnitt eingehender behandelt werden). Nach allem, was wir über sein System wissen, scheint die Suche nach dem »eigenen« Kraft- oder Clantier für ihn keine große Rolle zu spielen, seine Atavismen sind vielmehr beliebig: Der Magier sucht sich je nach Bedarf ein bestimmtes, seinem Anliegen entsprechendes Tier aus und aktiviert es durch eine entsprechende Sigillenoperation. Andererseits ist auch überliefert, daß er seine zahlreichen Katzen als »Tiger«

Der Hauptvertreter der atavistischen Magie im Westen war Austin Osman Spare.

zu bezeichnen pflegte, was durchaus ernstgemeint gewesen zu sein scheint. Dies erinnert an die berühmte, schon aus dem Mittelalter überlieferte Praxis europäischer Hexen, sich einen Familiargeist (den sogenannten »Familiar«) in Tiergestalt zu suchen oder diesen in ein physisches Tier zu bannen. (Daher auch die schwarze Katze, mit welcher die Hexe typischerweise dargestellt wurde und wird.) Manche der uns zugängigen Berichte mögen vielleicht auf blankem Aberglauben und Unwissenheit beruhen, doch sieht die Sache aus schamanischer Sicht grundsätzlich anders aus: Das physische Tier diente der Hexe als materielle Basis für ihren Hilfgeist, und es ist für Hexen und Volkszauberer bis heute noch durchaus üblich, das Tier mit Gewalt zum Wirtskörper eines Geists zu machen.

Allerdings fehlt bei dieser Praktik in der Regel die Identifikation mit dem Tierischen selbst, weshalb wir darin bestenfalls eine Spielart der aller Wahrscheinlichkeit nach weitaus älteren Methode der atavistischen Trance sehen dürfen. Immerhin ist dies jedoch eine interessante, aufschlußreiche Parallele, die uns erwähnenswert scheint. Im Zusammenhang mit der Kampfmagie werden wir noch näher auf den Einsatz physischer Tiere zu magischen Zwecken eingehen. Fürs erste soll es genügen, daß wir mit dem Konzept vom Krafttier eine ungeheuer vielseitige magische Waffe in der Hand halten, deren Gebrauch zu erlernen sich allemal lohnt.

WEITERFÜHRENDE LEKTÜRE

Ralph Tegtmeier, *Evolutions-Training. Die Methode zur Erschließung der Kraftzentren des Unterbewußtseins – durch Trance-Reisen in die eigene Entwicklungsgeschichte*, Haldenwang: Edition Schangrila, 1986

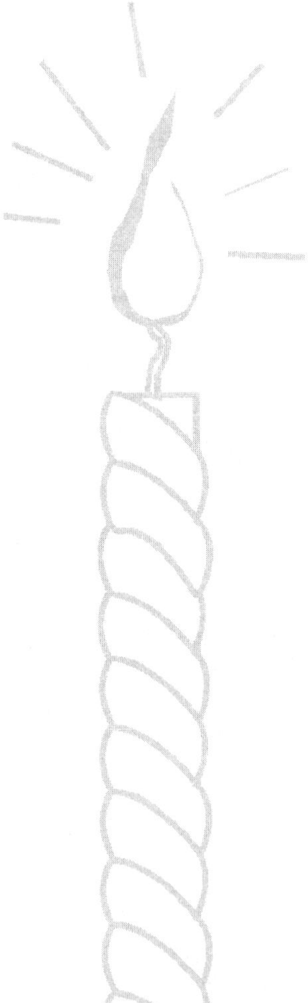

MAGISCHE ORDEN (1)

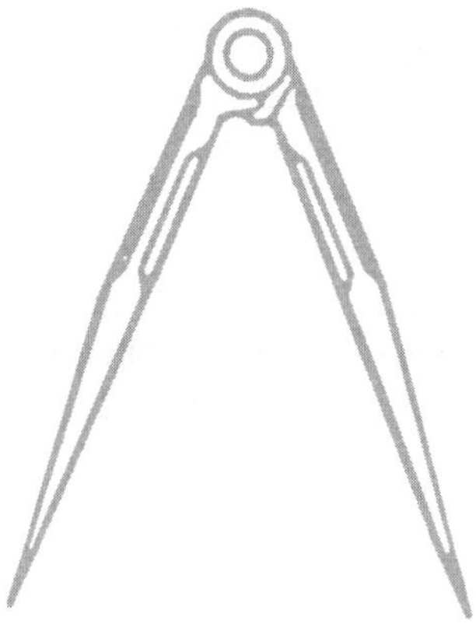

Einige magische Bünde der Gegenwart

Unter dieser Rubrik wollen wir uns einigen magischen Bünden der Gegenwart widmen. Es bedarf wohl keiner besonderen Erläuterung, daß diese Abhandlungen keinen Anspruch auf Vollständigkeit erheben können. Dazu war und ist das bündische Leben allzu vielseitig und differenziert, und allzuoft hat sich eine mit viel Begeisterung gegründete und weltweit propagierte Bruderschaft am Ende doch nur als provinzielle Eintagsfliege erwiesen. Eine annähernd vollständige Schilderung der Geschichte, der Irrungen und der Wirrungen auch nur der allerwichtigsten westlichen magisch-mystischen Geheimgesellschaften würde allein schon mehrere tausend Seiten füllen. So können und wollen wir Ihnen nur einen groben Gesamtüberblick geben, wobei wie immer vor allem die Grundstrukturen im Vordergrund stehen sollen. Wer sich für detailliertere Studien zu diesem sicher manchen faszinierenden Thema interessiert, der sei auf die einschlägige Literatur verwiesen.

Wenn im folgenden von »Geheimbünden« die Rede ist, so sind damit von ihrem eigenen Selbstverständnis her rein metaphysisch (»esoterisch«) und/oder magisch ausgerichtete Bruder- und/oder Schwesternschaften gemeint, also nicht etwa vornehmlich politisch oder kriminell orientierte Vereinigungen (z. B. Mafia, Triaden usw.).

Abendländische Geheimbünde: Die Freimaurer

Freimaurerei: Vorbild für zahlreiche andere Bünde

Der wohl bekannteste abendländische Geheimbund dürfte die Freimaurerei sein. Das liegt sicher nicht zuletzt an ihrer hohen Mitgliederzahl (allein in Deutschland schätzt man ca. 21 000 Freimaurer, in zahlreichen Ländern sind es noch sehr viel mehr, weltweit sind es zwischen sechs und sieben Millionen) – und natürlich an der wichtigen Rolle, die sie im Laufe der europäischen und nordamerikanischen Geschichte immer wieder gespielt hat. Diese Rolle wird zwar von den Freimaurern selbst gern etwas heruntergespielt, und zwar, wie wir noch sehen werden, aus verständlichen Gründen. Dennoch leugnet niemand, daß eine gewaltige Anzahl führender Persönlichkeiten aus dem politischen, wirtschaftlichen und kulturellen Leben Freimaurer waren und sind. Um nur einige wenige Beispiele zu nennen: Friedrich der Große, Benjamin Franklin, Goethe, Klopstock, Kleist, Wieland, Lessing, Mozart, Haydn, Sibelius, Puccini, Schliemann, Hahnemann, Amundsen, Montesquieu, Fichte, Puschkin, Oscar Wilde, Kipling, Mark Twain, Stendhal, Arthur Conan Doyle, Thorwaldsen, Hogarth, Lindbergh... Und aus der eigentlichen Magieszene interessieren uns vor allem: Samuel Liddell »MacGregor« Mathers, Lynn Wescott, Theodor Reuss, Aleister Crowley.

Fast alle Präsidenten der Vereinigten Staaten waren Freimaurer.

Fast alle Präsidenten der Vereinigten Staaten waren Freimaurer, allein in den USA kann die Freimaurerei heute an die fünf Millionen Mitglieder verzeichnen.

Diese große Verbreitung vor allem unter begüterten und politisch wie wirtschaftlich sehr einflußreichen Männern war nicht ohne Nachteile: Die Gegner der Freimaurerei traten schnell auf den Plan, noch heute sieht manch einer von ihnen in dem Bund eine gigantische Weltverschwörung (deren angeblichen Ziele freilich nie so ganz genau und rückhaltlos überzeugend definiert werden), die je nach politischer Couleur des Betrachters mal als »kommunistisch« (»bolschewistisch«), mal aber auch als »faschistisch«/«reaktionär« gesehen wird. Wegen seiner Arkandisziplin, also der – zumindest theoretischen – Geheimhaltung seiner Rituale und internen Angelegenheiten, hat sich der Bund natürlich als ideale Zielscheibe zahlloser Spekulationen und Gerüchte präsentiert: Da ist dann die Rede von Fememorden an »Abtrünnigen« und »Verrätern«, ja von unsäglichen, rituellen Kinderschlachtungen, von satanistischen Praktiken usw. Da blieb die Verfolgung nicht lange aus, und so wetteiferten besonders katholische Kirche (durch Exkommunikation von Freimaurern) und Staat immer wieder darum, wer diesem verhaßten Bund vermeintlich Andersdenkender als erster würde den Todesstoß versetzen können. Im Deutschland der Nazizeit wurde der Orden bereits 1933, also unmittelbar nach der Machtergreifung, verboten,

Zielscheibe zahlloser Spekulationen und Gerüchte

seine Gebäude, Bibliotheken und Archive wurden ersatzlos beschlagnahmt, zahlreiche Mitglieder wurden inhaftiert oder kamen sogar in den KZs um. Noch heute steht in manchen Ländern besonders der dritten Welt auf Mitgliedschaft im Freimaurerbund die Todesstrafe. Dafür gehört es in anderen Staaten schon fast zum guten Ton, Freimaurer zu sein. Aufgrund ihrer judäischen Symbolik (Tempelbau Salomos) wurde die Freimaurerei auch oft gerade vom Antisemitismus als »infame Verschwörung des Weltjudentums« gewertet, und antikommunistische Emotionen nehmen die Freimaurerei – über deren Anliegen und Praktiken der Durchschnittsbürger ja so gut wie überhaupt nicht informiert ist – gern zum Ziel ihrer Angriffe. Aber auch antikapitalistische und antifaschistische Ressentiments finden in der Freimaurerei ein willkommenes Opfer ihrer Repressalien: Stets blieb die Bruderschaft in den Ländern des Ostblocks verboten, stand Mitgliedschaft folglich auch unter Strafe.

Wir können hier die wahren Gründe für diese Verfolgung leider nicht in aller Ausführlichkeit untersuchen, möchten aber doch wenigstens stichwortartig auf Parallelen hinweisen, die sie zur Verfolgung jeglichen Okkultismus (und besonders der Magie) durch Staat und Kirche aufweist. Dies ist insofern wichtig, als es uns als Magiern die Mechanismen der Verfolgung aufzeigt, so daß wir uns vor ihr besser schützen können.

Andersartigkeit wurde schon immer vom Kollektiv mit Mißtrauen betrachtet.

So ist als erstes die an sich recht banale Tatsache zu nennen, daß Andersartigkeit schon immer vom Kollektiv mit Mißtrauen betrachtet wurde. Wer erkennbar oder scheinbar von der Norm abweicht, wird als Bedrohung dieser – oft erst mühsam errungenen – Norm verstanden und je nach gesellschaftlichen oder politischen Gegebenheiten unterdrückt, verfolgt oder sogar eliminiert. Diese Tendenz verstärkt sich noch, wenn zur Andersartigkeit auch noch die Exklusivität kommt. Nicht jeder Mensch kann Freimaurer werden, denn wenn die Freimaurer es gelegentlich auch gern anders darstellen, sind sie sich in Wirklichkeit ihres eigenen elitären Anspruchs durchaus bewußt. In der »regulären« Freimaurerei sind beispielsweise keine Frauen zugelassen (die sogenannte »Co-Freimaurerei«, bei der auch Frauen mitarbeiten, gilt gemeinhin als »irregulär«), und auch ein Mann kann sich normalerweise nicht um Mitgliedschaft bewerben, sondern muß dazu von

Mitgliedern eingeladen werden, die zudem als Bürgen fungieren. In vielen Logen spielt auch der wirtschaftliche Faktor eine Rolle, denn obgleich es gelegentlich Ausnahmen gibt, ist die Freimaurerei im allgemeinen doch eine recht kostspielige Angelegenheit, die jährlichen Kosten liegen – angefangen bei den Monatsbeiträgen bis zum Erwerb der Utensilien und den recht häufigen Spenden für logeninterne, aber auch karitative Zwecke und Veranstaltungen – oftmals bei einigen tausend Euro, nicht selten wird auch von fünfstelligen Summen gesprochen. Das variiert jedoch erheblich von Loge zu Loge und von Land zu Land, so daß sich keine einheitlichen Zahlen nennen lassen. Sicher ist jedoch, daß die Freimaurerei im allgemeinen als »fein« gilt und daher sogar Managermagazine sie unter ihrem Exklusivitätsaspekt behandeln. Seltener wird freilich von den vielen Logen berichtet, die unter finanziellen Schwierigkeiten leiden.

Der nächste Faktor, der eine Verfolgung fördert, ist das Prinzip der Geheimhaltung oder Arkandisziplin (das »Schweigen über Arkana/Geheimnisse«): Ein Gegner, der sich nicht offenbart, flößt Angst ein, und diese Angst sucht sich ihr Ventil in Mutmaßungen, Gerüchten und – wenn entsprechend politisch-religiös manipuliert und/oder gesteuert – Diffamierungen. Dergleichen kann auch unfreiwillig geschehen, etwa beim Judentum, das durch seine, dem Durchschnittsmenschen unverständliche hebräische Sakralsprache und Schrift immer wieder zur Angriffsfläche für Spekulationen aller Art wurde. Der unbekannte Feind wird hochstilisiert, man projiziert alle Ängste, Erlösungshoffnungen, aber auch Neid und Mißgunst auf ihn, macht ihn zum Sündenbock für eigenes Versagen und Verschulden. Nicht selten war die Freimaurerei gerade wegen ihrer oft übersehenen Uneinigkeit ein geradezu ideales Opfer, weil sie eben doch nicht so stark und mächtig war wie beispielsweise andere gesellschaftliche Gruppen (z. B. das Großkapital): Es ist immer leichter, eine vergleichsweise schwache Minderheit zu zerschlagen, als die gesellschaftlichen Verhältnisse in einem Schub völlig umzukrempeln. Das infame Argument – noch heute von Kirchenvertretern und stramm autoritären Innenministern des öfteren artikuliert –, daß jeder, der Geheimnisse wahre, wohl auch etwas Schlimmes zu verbergen haben müsse, ist anscheinend immer noch nicht abgenutzt genug, um als Munition bei der Verfolgung von Geheimbünden zu dienen. Das erscheint um so lächerlicher, als es nach einhelligem Votum der Freimaurer selbst in der Freimaurerei eigentlich nichts gibt, was nicht inzwischen schon veröffent-

Die »Erfahrungsdimension« der Freimaurerei läßt sich durch keine »Verräterschrift« vermitteln.

licht worden und jedermann zugänglich wäre. Mit einer Ausnahme: Das, was Hans Biedermann so treffend als die »Erfahrungsdimension« der Freimaurerei beschrieben hat, läßt sich durch keine noch so detailfreudige »Verräterschrift« vermitteln, denn es ist eben etwas anderes, ob man ein Ritual nur liest oder es selbst erlebt. Und für den magisch arbeitenden Menschen hat die Geheimhaltung, wie Sie inzwischen wissen, ohnehin eine völlig andere Funktion als nur das Fernhalten »profaner« Nichteingeweihter.

Wir wollen hier nicht der Frage nachgehen, inwieweit die Freimaurer auch schwerwiegende Fehler begangen haben mögen, die einer solchen Verfolgung Vorschub leisteten. Da ich selbst kein Freimaurer bin, möchte ich mir kein derartiges Urteil erlauben. Verlassen wir daher auch den sumpfigen Boden der Gerüchte und Unterstellungen, und beschäftigen wir uns statt dessen mit der in unserem Zusammenhang weitaus interessanteren Frage, welche Rolle die Freimaurerei in der magischen Welt bisher gespielt hat und vielleicht noch heute spielt.

Freimaurerei und Magie

Im allgemeinen setzte sich der rationalistische Geist der Aufklärung durch.

Nachdem es anfänglich im 18. Jahrhundert einige durchaus magisch orientierte freimaurerische Gruppen und Logen gab (man spricht von der »Magischen« oder »Okkultistischen« Freimaurerei), setzte sich im allgemeinen doch der rationalistische Geist der Aufklärung durch. Die noch an anderer Stelle zu behandelnden Gold- und Rosenkreuzer bedienten sich schon sehr früh freimaurerischer Symbolik, aber spätestens seit dem 19. Jahrhundert wächst innerhalb der magischen Szene, die bis dahin sehr stark von Freimaurerei und Rosenkreuzertum beeinflußt gewesen war, der Widerstand vor allem gegen die Freimaurerei.

Zum einen befriedigte die Freimaurerei nicht die nach »Geheimwissen« dürstenden Seelen der Zeitgenossen besonders um die Jahrhundertwende, weil sie eben zu »exoterisch« arbeitete, zu »aufgeklärt-rationalistisch« mit ihrem eigenen Mythenschatz verfuhr; dabei kam als erschwerender Faktor noch hinzu, daß sie von vielen Kritikern lediglich als Gesellschaftsklub begüterter Intellektueller und Geschäftsleute angesehen wurde. Andererseits jedoch bot gerade die Ambiguität freimaurerischer Mythen und Symbole in Verbindung mit dem »ehrwürdigen« Alter der Freimaurerei, ob dieses nun wahr oder fiktiv sein mag, ein gern verwendetes und ausgebeutetes Reservoir für spätere Ordensgründungen. Jedenfalls orientierten sich nicht nur sogenannte »irreguläre Freimaurer« später an diesem Beispiel; auch andere, mit der Freimaurerei an sich in keiner organisatorischen oder ideellen Verbindung stehende Bünde übernahmen gern das Gradsystem, teilweise auch Titel und Riten ihres ansonsten nicht sonderlich geschätzten Vorbilds. Viele Geheimgesellschaften verdanken bis heute ihre Existenz dieser oft artikulierten, manchmal aber auch vielleicht eher unbewußten Auflehnung gegen die Freimaurerei.

[Tegtmeier, *Okkultismus und Erotik*, S. 22 f.]

Herausragende Beispiele »irregulärer« Freimaurerei

Zu den herausragenden Beispielen »irregulärer« Freimaurerei oder zumindest maurerischer Symbolikverwertung gehören solche Orden wie die Societas Rosicruciana in Anglia, aus der später die Golden Dawn hervorging, Crowleys Argenteum Astrum, der Ordo Templi Orientis und die Fraternitas Saturni. Wir erkennen daran, daß der Einfluß freimaurerischen Gedankenguts außerordentlich groß war, und sei es auch nur ex negativo, indem eine magische Gruppe sich ganz bewußt von der Freimaurerei abgrenzen wollte – und sich dadurch natürlich wieder an ihr definierte.

Nun wird es Zeit, sich näher mit der Freimaurerei selbst zu befassen. Auch hierüber sind schon viele ausgezeichnete und gelehrte Bücher geschrieben worden, so daß wir uns hier mit einer gerafften Zusammenfassung des Wesentlichen begnügen können und ansonsten auf die einschlägige Literatur verweisen wollen.

Profanhistorisch läßt sich die Freimaurerei seit dem Jahre 1717 nachweisen.

Profanhistorisch läßt sich die Freimaurerei in ihrer heutigen, seit damals prinzipiell weitgehend unveränderten Form seit dem Jahre 1717 nachweisen, als zu London die erste Großloge, ein Zusammenschluß vierer maurerisch tätiger Logen, gegründet wird. Doch geht dem naturgemäß eine sehr viel längere Vorgeschichte voraus. Die Freimaurerei selbst versteht sich als unmittelbare Nachfolgerin der mittelalterlichen Dombauer und Steinmetzzünfte (daher auch »Maurer«), ihre Logen werden daher als symbolische »Bauhütten« verstanden. (Näheres dazu weiter unten bei der Behandlung des Mythos vom Tempelbau Salomos und des Prinzips des »behauenen Steins«.)

Schon um 1620 nimmt, ebenfalls zu London, die »Masonic Hall« ihre Arbeit auf, im Jahre 1641 wird der erste Nicht-Steinmetz, ein »Amateur« also, aufgenommen. Bereits 1709 werden in der englischen Zeitschrift *The Tatler* Freimaurer (»Freemasons«) und ihre Erkennungszeichen beschrieben.

Die Ableitung des Begriffs »Freimaurer« ist umstritten, zur Zeit werden vor allem zwei Theorien bevorzugt: Da ist zum einen davon die Rede, daß die mittelalterlichen »francs mestiers« oder »freemasons« ihre Privilegien – unter anderem auch das der Freizügigkeit – nicht von der weltlichen Obrigkeit, sondern von der Kirche erhielten. Eine andere Auffassung besagt, daß es sich bei den Freemasons um Werkmaurer, also Facharbeiter gehandelt habe, die beispielsweise ein Gewölbe mit Quadersteinen (free stones) zu errichten wußten und daher auch privilegiert waren, weil sie eben über – weitgehend geheimgehaltenes – Fachwissen auf dem Gebiet der Baugeometrie verfügten. Entscheidender als dieser Historikerstreit ist in unserem Zusammenhang wohl der rote Faden, der sich durch die verschiedenen Deutungen zieht, daß es sich nämlich bei den ersten »Freimaurern« um Dom- oder Kathedralenbaumeister gehandelt hat, um Handwerker also, die stets an einem besonders »heiligen«, weil Gott wohlgefälligen und gottgeweihten Bau arbeiteten. Was lag da näher, als diese Tätigkeit ebenfalls zu sakralisieren und daraus eine Art Berufsreligion oder -mystik zu machen? Dies um so mehr, als die Baumeister den meisten,

Die ersten »Freimaurer« waren Dom- oder Kathedralenbaumeister.

der Architektur und der Geometrie ebenso wie des Lesens und Schreibens unkundigen Menschen ohnehin aufgrund ihrer überragenden Kenntnisse und ihres eifersüchtig gehüteten Zunftbrauchtums (heute würden wir von »Betriebsgeheimnissen« reden) mit Ehrfurcht, aber eben auch mit Schauer betrachtet wurden. Sie waren gewissermaßen die »Medizinmänner« ihrer Epoche – bewundert, aber eben doch auch unheimlich.

Im 18. Jahrhundert beginnt sich die sogenannte »spekulative Freimaurerei« durchzusetzen. Die bereits erwähnte Aufnahme eines Nicht-Steinmetzen macht deutlich, daß hier bereits über die engen Grenzen des Zunftdenkens hinausgegangen wird. Unter spekulativer Freimaurerei versteht man die symbolische Arbeit mit den Mythen und Bildern des Freimaurertums. Nicht mehr das stoffliche Maurerhandwerk steht im Vordergrund, sondern vielmehr seine »wahre« oder »geheime« Bedeutung, seine Stellung im Weltganzen – und die Rolle des Menschen innerhalb dieses kosmischen Gefüges. So wird aus einer Handwerkszunft, wie es sie ja noch heute gibt, ein metaphysischer Bund, das geistige Streben ersetzt das physische Tun. Weiter unten werden wir noch den symbolischen und mythischen Bezugsrahmen kennenlernen, innerhalb dessen sich freimaurerisches Denken bewegt. An dieser Stelle sei darauf hingewiesen, daß die Freimaurerei ein Kind der Aufklärung war und geblieben ist: Ihre Ideale sind vor allem humanistischer Art, ein großer Teil ihres Bemühens richtet sich auf karitative Aktivitäten, »Freiheit, Gleichheit, Brüderlichkeit« sind zumindest als Absichtserklärung an ihre Fahnen geheftet, auch wenn sich die Freimaurer in der Regel (ja zum Teil sogar schon von ihren Regularien her) außerordentlich staatstreu verhalten, was all jene Lügen straft, die sie revolutionärer Umtriebe bezichtigen.

Spekulative Freimaurerei – die symbolische Arbeit mit den Mythen und Bildern des Freimaurertums

Die Freimaurerei ist ein Kind der Aufklärung.

Es ist auch ein weitverbreiteter Irrtum, daß es nur eine einzige Form der Freimaurerei gebe. In Wirklichkeit gibt es innerhalb der Bewegung die unterschiedlichsten Richtungen, man spricht meistens von »Obödienzen«. Die bekannteste und weltweit größte Richtung sind die »Altschotten«, die dem »Alten Angenommenen Schottischen

Innerhalb der Bewegung gibt es die unterschiedlichsten Richtungen.

Ritus« (AASR) folgen. Darüber hinaus gibt es beispielsweise aber auch den »Freimaurer Orden« der Großen Landesloge der Freimaurer von Deutschland, den ko-masonischen (also Männer und Frauen aufnehmende) »Droit Humain«, man unterscheidet in die altschottische, deistisch-christliche Observanz der Großloge von England und in die un-deistische oder atheistische Observanz des Großorients von Frankreich, es gibt die Strikte Observanz und den Rektifizierten Ritus, den Swedenborg-Ritus, den Ritus Memphis-Misraim (der eigentlich aus zwei Einzelriten besteht), den Cerneau-Ritus, die Afrikanischen Bauherrn usw.

Die »Orthodoxen« bekämpfen die »Unorthodoxen«.

Nicht alle diese Richtungen und Subrichtungen erkennen einander an, die »Orthodoxen« (die sich selbst die »Regulären« nennen) bekämpfen die »Unorthodoxen« (die sie als »Irreguläre«, ihre Gruppen als »Winkellogen« bezeichnen), und selbst innerhalb des Lagers der regulären Freimaurerei gibt es erhebliche Differenzen, etwa wenn die Landesloge von Österreich zwar von 48 amerikanischen Logen anerkannt wird, nicht aber der von Texas, wenn manche amerikanische Freimaurerlogen keine Schwarzen aufnehmen, andere dagegen schon usw.

Einer von vielen Gründen für die Entstehung irregulärer freimaurerischer Gruppen ist sicher schon immer die Tatsache gewesen, daß die reguläre oder orthodoxe Freimaurerei (die im wesentlichen aus dem AASR und aus der Oberservanz des Großorients von Frankreich besteht, wiewohl beide Gruppen einander wiederum nur eingeschränkt anerkennen) vielen Mitgliedern zu wenig magisch arbeitet, ja nach einhelligem Votum ihrer Kritiker überhaupt nicht. Die spekulative Arbeit der »symbolischen Logen« befaßt sich vielmehr vor allem mit der Erforschung von Symbolstrukturen und -bedeutungen, der praktische Bezug im Alltag bleibt für viele Mitglieder im Dunkeln (oder wird auch gar nicht gesucht), von einer Erfolgsmagie gar, bei der es darum geht, gezielt auf das Schicksalsgeschehen Einfluß zu nehmen, kann so gut wie überhaupt nicht die Rede sein. Die patriarchale Struktur dieses »mystischen Sonnenkults« widerstrebt manchem Zeitgenossen, und die für viele allzu verbürgerlichte, dem Establishment verpflichtete und konformistische Grundhaltung der regulären Freimaurerei war schon vor zweihundert Jahren zahlreichen eher gesellschaftskritisch gesinnten Mitgliedern ein Dorn im Auge.

Dennoch wurde selten geleugnet, daß die Freimaurerei Hüterin urältesten Weisheitsguts sei, im Gegenteil. Die Kritik richtete sich vielmehr (und tut es bis heute) vornehmlich dagegen, daß das Wissen um die tiefere Bedeutung und Anwendungsmöglichkeit dieses zweifellos vorhandenen Weisheitsschatzes innerhalb der maurerischen Gemeinschaft so gut wie völlig verlorengegangen sei. Dennoch wurde bei aller Schärfe der Kritik immer wieder mit der Freimaurerei geliebäugelt, galt ihr Entwicklungsweg als Voraussetzung für die Mitgliedschaft in anderen Vereinigungen. So waren beispielsweise die Societas Rosicruciana in Anglia (der kein geringerer als Bulwer-Lytton angehörte, angeblich aber auch Eliphas Lévi) ausschließlich Hochgradfreimaurern vorbehalten, ebenso übrigens der frühe O. T. O.

Jede Epoche hat ihre typischen, eigenen Einstiegsmöglichkeiten in die Magie.

Jede Epoche hat ihre typischen, eigenen Einstiegsmöglichkeiten in die Magie. Während die meisten Magier von heute zunächst den Weg über östliche Philosophien und Praktiken (Buddhismus, Hinduismus, Taoismus, Yoga, Tantra, Zen) gehen oder auch zunehmend über westliche Disziplinen (Tarot, Hexenkult, Runenweistum, Kabbala) zur Magie finden, waren es in früheren Zeiten vor allem die Freimaurerei und später die Theosophie, die das Sprungbrett ins magische Universum abgaben. So ist es verständlich und erklärbar, daß praktisch alle Ordensgründungen des 19. Jahrhunderts auf freimaurerische Symbolik und Ritualistik zurückgriffen, auch wenn sie »eigentlich« eine andere Provenienz behaupteten oder eine andere Ausrichtung besaßen (Templer, Martinisten, Katharer, altägyptische und hellenistische Mysterien usw.) Selbst ihre Kritiker bescheinigten der Freimaurerei im 19. Jahrhundert immer wieder, daß sie sich zumindest darum verdient gemacht habe, altes Mysterienwissen (besonders das der Templer und der Rosenkreuzer) über Jahrhunderte bewahrt, ja »gerettet« zu haben. Als Vollstreckerin dieses Wissens aber habe sie weitgehend versagt.

Die Freimaurerei hat altes Mysterienwissen über Jahrhunderte bewahrt, ja »gerettet«.

Anders argumentieren natürlich die Freimaurer: Ihrer Meinung nach gibt es Wahrheiten, die sich aufgrund ihrer gewaltigen Tiefe nicht durch Worte oder Begriffe, sondern allenfalls durch Symbole ausdrücken lassen. Diese Symbole stellen die eigentlichen Schlüssel zu den Mysterien dar, sie erschließen sich nur dem Eingeweihten, das freimaurerische Ritual aber ist Symbolhandlung par excellence, es wirkt in zahlreichen tiefen, meist unbewußten Schichten.

Aus fundamentalmagischer Sicht läßt sich dazu sagen, daß es zweifellos so etwas wie ein freimaurerisches Egregore* gibt. Das ist auch nicht weiter verwunderlich, wenn wir an die lange Geschichte der Freimaurerei und an ihre große Mitgliederzahl denken: Unter feinstofflichen Gesichtspunkten wäre es sogar eher verwunderlich, wenn es kein solches Egregore gäbe! Manche regulären Freimaurer arbeiten inzwischen auch magisch mit ihren eigenen Utensilien und Symbolen, doch sind dies immer noch Ausnahmen. Wenn dergleichen auch im Gruppen- oder gar Logenrahmen stattfinden sollte, so wird darüber jedenfalls bisher nach außen strengstes Stillschweigen gewahrt. Immerhin ist der Trend zu einer wieder »esoterischer« werdenden Freimaurerei besonders im süddeutschen Sprachraum relativ stark – nicht immer zur Freude der mit magisch-mystischem Gedankengut meist gänzlich unvertrauten Leitung!

Der Trend zu einer wieder »esoterischer« werdenden Freimaurerei

* *Zur Erläuterung: Der in der magischen Literatur speziell der zwanziger Jahre des 20. Jahrhunderts häufig verwendete Begriff Egregore (sächl.; auch: der Egregor, das Eggregore, das Egregora) bezeichnet ein autonomes Wesen, das aufgrund eines schöpferischen Gedankens – Mentalmagie – entstanden ist und solange wirksam bleibt, wie die Anhänger dieses ursprünglichen Gedankens es am Leben erhalten bzw. durch ihre eigene Gedanken- und/oder Glaubensenergie »speisen«.*

Im allgemeinen hat sich inzwischen die Bedeutung »feinstofflicher Gruppengeist« eingebürgert, der von den magischen Bünden teils bewußt (Fraternitas Saturni), meist aber eher unbewußt und oft sogar völlig unbemerkt gepflegt wird. Technisch gesehen handelt es sich beim Egregore um eine Art »Gruppenpsychogon« (der/das Psychogon: magisches Kunstwesen), der seine Anhänger – wiederum rein technisch und völlig wertungsfrei beschrieben – vampirisiert, um mit der so aufgenommenen Gruppenenergie übergeordnete oder spezifische Ziele der Gruppe (Schutz des Kollektivs und des einzelnen, Mitgliederzuwachs usw.) zu gewährleisten.

Greifen wir nun aus der Vielzahl der freimaurerischen Praktiken, Symbole und Mythen einige besonders wichtige heraus, und zwar solche, die für unsere eigene magische Praxis relevant sind. Dazu gehören:

1) der Mythos vom Tempelbau Salomos
2) der mystische Tod
3) Zirkel und Winkelmaß als Maßgeber des Seins
4) die Gradstruktur
5) die Logenstruktur
6) Tapis und Zentrierung
7) die Ritualstruktur

Der Mythos vom Tempelbau Salomos

Wiewohl sich die Freimaurerei zumindest von ihrem Brauchtum her nachweislich von den mittelalterlichen Dombauzünften ableiten läßt, geht ihr historischer Anspruch doch sehr viel weiter. Kernpunkt ihres Entstehungsmythos ist der Tempelbau des biblischen Königs Salomo. Dieses jüdische Nationalheiligtum wurde in den sieben Jahren von 966 bis 959 v. d. ZR. auf Anweisung Salomos erbaut, die Weihe erfolgte im siebten Monat. Als Baumeister fungierte der Tyrer Hiram Abif (eigentlich: Chûrâm-âbi; gelegentlich auch Huram bzw. Abiff geschrieben), der der Legende zufolge der größte Architekt seiner Zeit gewesen sein soll (vgl. weiter unten den Abschnitt »Der mystische Tod«). Die Quellen für den Mythos vom Tempelbau wie auch für die weiter unten behandelte Hiramslegende finden sich sowohl bei Historikern wie Josephus Flavius als auch in der Bibel (2 Chronik, 10–15; 1 Könige, 7, 13–26). Wichtigstes Merkmal des Tempels waren die beiden, in unserem Lehrgang schon im Zusammenhang mit der Kabbala behandelten Säulen Boas und Jachin, die einen archaischen, später auch alchemistischen Dualismus symbolisieren.

Der Freimaurerei geht es eher um den symbolischen Tempel Salomos als um ein reales Bauwerk.

Nun geht es der Freimaurerei freilich eher um den symbolischen Tempel Salomos als um ein reales Bauwerk, zudem letzteres im Jahre 586 v. d. ZR. von Nebukadnezar zerstört wurde. (Er wurde danach noch mehrmals wiederaufgebaut bzw. umgestaltet – zuletzt unter Herodes als »Herodianischer Tempel« im griechischen, also nicht mehr im tyrischen Stil, bis er 70 n. d. ZR. im jüdisch-römischen Krieg endgültig zerstört wurde. Seit 644 n. d. ZR. steht auf dem Tempelplatz die Haram el Sherif-Moschee.) Der Salomonische Tempel ist vielmehr das Lehrbild und die Lebensglyphe des Freimaurers: Gemeint ist damit der »Tempel der Humanität«, und all sein Tun nennt er »Bauarbeit.« Vorträge im Logenrahmen werden als »Baustücke« bezeichnet, und die deistische Freimaurerei beispielsweise des AASR spricht nicht von Gott, sondern vom »Allmächtigen Baumeister aller Welten«, der meist mit A. B. a. W. (oder auch G. B. a. W. für »Großer Baumeister aller Welten«) abgekürzt wird.

Die Übernahme biblischer Vorgaben für die Struktur freimaurerischer Tempel hat lange Zeit Schule gemacht, und so folgen die meisten magischen Orden dieser Grundmatrix. Diese werden wir noch detaillierter bei der Auseinandersetzung mit der »winkligen Tradition« der westlichen Ritualistik behandeln. Um nur einige wenige Elemente zur Verdeutlichung herauszugreifen: Das Konzept von einem »Vorhof«, einem »Innenhof«, einem »Allerheiligsten« usw. ist zwar weitaus älter als die Freimaurerei, wurde aber vor allem durch diese in die abendländische Ordensszene eingebracht.

Der mystische Tod: Die Hiramslegende

Der Baumeister Hiram Abif – ein hoher Eingeweihter

Im freimaurerischen Mythos wird der Baumeister Hiram Abif als hoher Eingeweihter beschrieben, der über magische Fähigkeiten verfügte. So soll er nach einer Fassung der Hiramslegende beim Besuch der Königin von Saba auf deren Wunsch sämtliche 24000 Maurer und 1000 Meister zur Parade herbeigerufen haben, indem er einfach ein Tau-Kreuz in die Luft zeichnete. Salomo soll Furcht vor ihm empfunden und eine Intrige gegen ihn gesponnen haben, durch welche Hiram schließlich ermordet wurde. Die gängigere Version besagt, daß drei ehrgeizige Gesellen Hiram mit Gewalt das

Geheimnis des Meistergrads entreißen wollten und ihn töteten, als er ihrem Begehren nicht entsprach. Zunächst versuchten sie es mit Sabotage, bis sie ihm schließlich auflauerten. Der Geselle am Osttor schlug ihm seinen 24zölligen Maßstab quer über den Hals, der zweite Verschwörer traf Hiram nach seiner Flucht am Südtor mit dem Winkelmaß auf die linke Brustseite, so daß er taumelnd zum Westtor floh. (Ein Nordtor gab es nicht, weil aus dieser Richtung keine Sonnenstrahlen in den Tempel einfielen.) Dort erhielt er schließlich einen Hieb mit dem Schlegel oder Spitzhammer, der ihm den Schädel zertrümmerte. Mit letzter Kraft gelang es ihm noch, das goldene Dreieck mit dem Meisterzeichen, das er auf der Brust trug, von der Kette zu reißen und in einen tiefen Schacht zu schleudern. Danach gab er seinen Geist auf, und die Mörder verscharrten seinen Leichnam in einer 6 Fuß langen, in ost-westlicher Richtung ausgehobenen Grube. Der Grabhügel wurde mit einem Akazienzweig markiert.

Bald fiel auf, daß Hiram nicht zur Beaufsichtigung des Baus erschien, auch seine Mörder waren verschwunden, und so sandte man Suchtrupps in alle Himmelsrichtungen aus. Endlich fand man die reumütigen Mörder (die nach einer anderen Fassung bereits Selbstmord begangen hatten) und dann, fünfzehn Tage später, den Leichnam des Hiram, der sich bereits im Verwesungsstadium befand. Schließlich wurde auch der Schacht wiederentdeckt, in den der sterbende Meister seinen Talisman geworfen hatte – unter einem Gewölbe auf einem dreieckigen Altar unter einem steinernen Würfel mit den eingemeißelten Zehn Geboten eingemauert.

Der Akazienzweig auf dem Grab des Hiram aber trieb neue Schößlinge: ein Symbol des ewigen Lebens, das immer weitergeht, solange die Kunst des Meisters bewahrt und gepflegt wird. Und so identifiziert sich jeder freimaurerische Meister bei seiner Gradverleihung rituell mit dem Hiram Abif und setzt sein Leben in einer symbolischen Auferstehung fort.

Ein sogenanntes »Bauopfer«

Wir haben es bei diesem – in seinen Strukturen uralten, ja archaischen – Mythos mit einem sogenannten »Bauopfer« zu tun, wie es bis in jüngste Zeit noch üblich war (man denke beispielsweise auch an Theodor Storms *Schimmelreiter*): Der Bau verlangt ein Opfer (früher Menschen-, dann Tierblut, später Wein, Nahrungsmittel, Räucherungen o.ä.), damit er »vollendet« werde.

Zugleich wird aber auch mit der Symbolik von Tod und Wiedergeburt ein Kernthema aller Übergangsriten aktualisiert, wie es fast sämtliche bekannten klassischen Einweihungssysteme kennzeichnet. Auch darin greift die Freimaurerei auf weitaus ältere Vorlagen zurück, weshalb ihr historisch-mythologischer Anciennitätsanspruch auch seine Berechtigung hat. Es geht dabei – wie bei allen Mythen – nicht etwa um die Frage einer historischen Authentizität, sondern um die symbolische – wir würden in der Terminologie unseres Lehrgangs sagen »symbol-logische« – Wahrheit dieser Aussage. Bei unserer späteren Betrachtung des Rosenkreuzertums werden wir noch näher auf andere geistige Vorfahren der Freimaurerei eingehen.

So bleibt zunächst festzuhalten, daß das Element des rituellen mystischen Todes mit seiner Totenschädel-, Sanduhr- und Sargsymbolik vor allem durch die Freimaurerei auf die hermetische Zeremonialmagie überkommen ist.

Zirkel und Winkelmaß als Maßgeber des Seins

Zwei sehr wesentliche Symbole der Freimaurerei sind Zirkel und Winkelmaß. Auch hierbei handelt es sich um Maurerwerkzeuge, die mystisch überhöht und damit zu Ritualwaffen wurden. Mit einem einzigen Zirkelschlag soll der A.B.a.W. die Welt erschaffen haben, Kreis und rechter Winkel fügen sich zusammen zu dem seit der Zahlenmystik der Pythagoräer so bedeutsamen »Quadratur des Kreises«, unter der man die mathematisch-philosophische Vereinigung der Gegensätze verstehen kann.

Nach freimaurerischer Auffassung ist der Alltagsmensch ein »unbehauener« Stein, der erst durch sorgfältige Arbeit an sich selbst zum »behauenen, rechtwinkligen« Baustein werden muß, der sich harmonisch ins Weltgebäude einfügt. Hier sehen wir das alte Prinzip von *ordo ab chao* (»aus dem Chaos entsteht die Ordnung«) verwirklicht. (Um Verwirrungen zu vermeiden: Dabei handelt es sich natürlich um einen anderen Chaos-Begriff als ihn die Chaos-Magie verwendet, bei der »Chaos« nicht etwa

> *Der Alltagsmensch ist ein »unbehauener« Stein.*

»Unordnung« oder »Durcheinander« impliziert, sondern vielmehr die Summe aller latenten Manifestationsmöglichkeiten, vergleichbar dem gnostischen »Pleroma«.)

Es geht der Freimaurerei also um eine ethische Evolution des Menschen und der Menschheit als Ganzes, wobei der rechte Winkel (der ja 90° oder das Viertel eines Kreises umfaßt) und die gerade Linie das Maß einer als geometrisch geordnet empfundenen Weltharmonie sind. So wie der Maurer sein Lot anlegt, um senkrecht-exakte Mauern zu bauen, so legt der Freimaurer das Maß seiner Ethik an sein eigenes Tun an, um zu einem harmonischen Baustein im Weltganzen zu werden. Dies wird unterstützt durch Ritual und Symbolik.

Eine ethische Evolution des Menschen und der Menschheit als Ganzes

Die Gradstruktur

Angelehnt an die mittelalterlichen Zünfte, entwickelte die Freimaurerei eine prinzipielle Dreiteilung ihrer »Grade« oder »Entwicklungsstufen«: Lehrling, Geselle und Meister. Ja es ist wohl nicht übertrieben, wenn wir davon ausgehen, daß alle magischen Orden des Westens, die mit einer Gradstruktur arbeiten, diese in der einen oder anderen Form aus freimaurerischem Gedankengut entwickelt haben, auch wenn sie sich von ihrem Vorbild zum Teil radikal unterscheiden mögen. Gewiß gab es schon in viel älteren Mysteriensystemen (Mysterien von Eleusis, Isis-Mysterien, Mithraskult usw.) unterschiedliche Einweihungsstufen, doch erst durch die Freimaurerei wurden Grade überhaupt im großen Stil zum Thema, zumal alle heute existierenden Orden profanhistorisch gesehen weitaus jünger sind als die Freimaurerei. (Was freilich nichts daran ändert, daß viele von ihnen das Gegenteil behaupten; das mag ideell oder mythologisch zwar sogar stimmen, nur mit den einer historisch-kritischen Untersuchung standhaltenden »Beweisen« ist es leider nie weit her...)

Eine prinzipielle Dreiteilung der »Grade«

Da wir im Laufe unseres Lehrgangs bereits einige Symbolmatrices kennengelernt haben und auch über ihre Funktion – wie auch über die der Einweihung im allgemeinen – Bescheid wissen, erübrigt es sich hier, den Sinn einer solchen Gradstruktur zu erörtern. Wichtig ist für uns in erster Linie, daß die Unterteilung in die Stufen »Lehrling«, »Geselle« und »Meister«, wie sie viele zeitgenössische magische Orden praktizieren (und wie wir sie rudimentär auch hier in unserem Lehrgang kennen), zumindest mittelbar der Freimaurerei entlehnt wurde.

Hinzu kommt in manchen Gruppen die Unterteilung in »Arbeits-« oder »Wissens-« und »Würdegrade«. Während die Würdegrade als Anerkennung für besondere Verdienste verliehen werden, müssen die Wissensgrade erarbeitet werden. Eine genauere Schilderung der maurerischen Gradstruktur folgt bei der späteren synoptischen Betrachtung verschiedener Gradsysteme.

Die Logenstruktur

Auch die Zusammenkunft kleiner Kreise innerhalb einer größeren Gemeinschaft ist sicher älter als die Freimaurerei. Das aus dem Französischen (*loge*) bzw. Altfranzösischen (*loge*) entlehnte, mit dem mittellateinischen *lobia* und dem deutschen *Laube* sowie dem englischen *lodge* verwandte Wort Loge bezeichnete ursprünglich einen abgeschlossenen Raum (vgl. z. B. »Pförtnerloge«, »Opernloge« usw.) oder eine Hütte. Die gängigste freimaurerische Deutung übersetzt es mit »Bauhütte«. Unter einer Loge wird sowohl die ordensmäßig organisierte Gemeinschaft Gleichgesinnter als auch der Ort ihrer Zusammenkunft (auch: »Logenhaus«, »Tempel« usw.) verstanden. Lange Zeit galt das Wort als synonym mit »Freimaurerloge«, was einmal mehr den großen Einfluß bekundet, den dieser Geheimbund einst hatte.

Loge – die ordensmäßig organisierte Gemeinschaft Gleichgesinnter und auch der Ort ihrer Zusammenkunft

Wenn auch viele magische Bünde andere Bezeichnungen wählen (sei es »Orient« oder »Hain«, »Coven« oder »Oase«, »Lager« oder »Höhle«), so läßt sich doch mit Fug und Recht behaupten, daß die Freimaurerei zumindest bei ihrer Organisationsstruktur stets Pate gestanden hat. Auch die Legitimierungspraxis des Verleihens einer Charta, also eines beglaubigten »Freibriefs« zur Gründung (freimaurerisch:

»Stiftung«) weiterer Logen an bestimmte Einzelpersonen oder Gruppen geht auf freimaurerische Vorbilder zurück. (Die ihrerseits dabei unter anderem auf das kirchliche Prinzip der apostolischen Sukzession zurückgreifen, wenngleich ohne deren sakramentalen Anspruch.)

Aufgrund der großen Vielfalt innerhalb der regulären und irregulären Freimaurerei selbst können viele unserer Ausführungen nur Annäherungen bleiben, Regeln mit zahllosen Ausnahmen also. Daher sehen Sie darin bitte vor allem einen allgemeinen Überblick, der sich nicht immer in jedem Punkt mit jeder existierenden freimaurerischen oder freimaurerartigen Organisation decken muß.

Man unterscheidet jedenfalls im allgemeinen zwischen »Mutterlogen«, »Tochterlogen«, »Großlogen« usw. Das Organigramm einer solchen Struktur finden Sie in Abb. 30, es erklärt sich von selbst. Bei aller unbestreitbaren Hierarchie der Bruderschaft sind die einzelnen

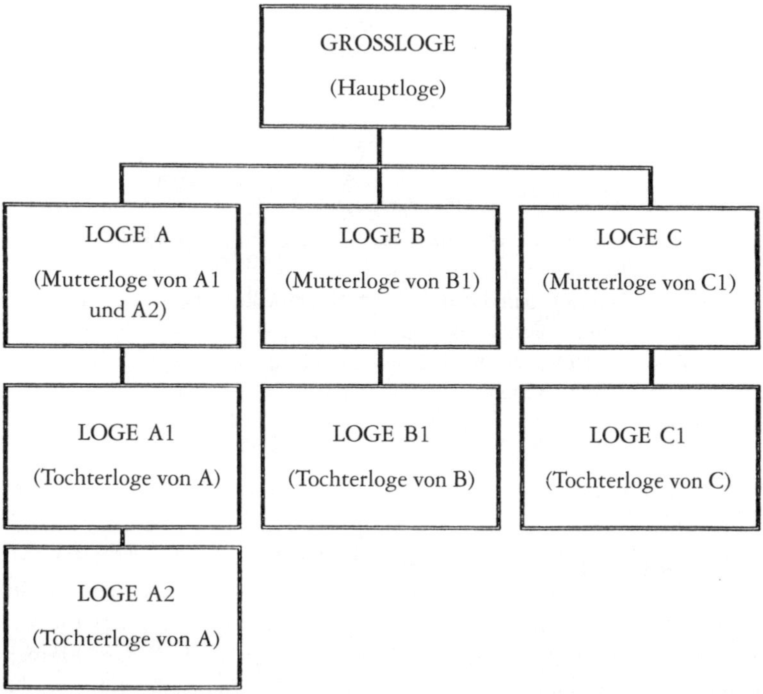

Abbildung 30: Beispiel für die Logenstruktur eines Ordens

> *Die einzelnen Logen sind in der Regel weitgehend autonom.*

Logen in der Regel doch weitgehend autonom, was ihre internen Angelegenheiten angeht, solange sie ihrer Verpflichtung gegenüber der Gesamtgemeinschaft nachkommen und nicht von der allgemeinen Grad- und Ritualstruktur abweichen.

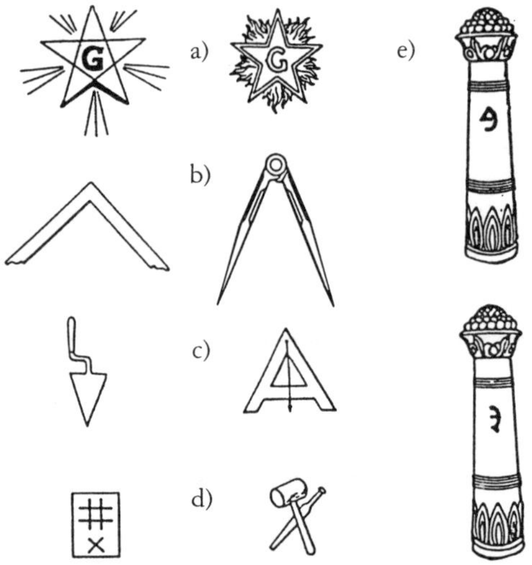

Abbildung 31: Freimaurerische Symbole und Paraphernalia
a) Der »Flammende Stern« als Penta- und als Hexagramm;
b) ungleicher Winkel (li.) und Zirkel (re); c) Maurerkelle (li.) und Setzwaage (re.);
d) Raster zur Konstruktion von Geheimschriften (li.) und Schlegel
und Meißel (re.); e) die Säulen J (Jachin) und B (Boas) des Tempels Salomos
(nach Biedermann, *Das verlorene Meisterwort*)

Tapis und Zentrierung

Ursprünglich war der Tapis ein Arbeitsbrett. Noch heute arbeiten einige freimaurerische Logen mit einem Brett, auf dem die maurerischen Paraphernalia wie Zirkel, Winkelmaß, Setzwaage usw. aufgelegt sind. (Einen kleinen Überblick der wichtigsten freimaurerischen Symbole gibt Ihnen Abb. 31.)

An sich bedeutet das Wort jedoch »Teppich« oder »Wandvorhang«, und in der Regel arbeiten die Logen auch mit einem bestickten Stoff. Auf dem Tapis sind symbolisch die Inhalte entweder der allgemeinen oder der speziellen Logenarbeit (z.B. bei Gradverleihungen) dargestellt. Meist liegt der Tapis in der Mitte des Tempels, dort wird er rituell enthüllt oder wieder bedeckt usw. So dient er sowohl als bildliche Erinnerung an die Ziele der Tempelarbeit wie auch als Instrument der Mittung.

Bildliche Erinnerung an die Ziele der Tempelarbeit und Instrument der Mittung

In gewissem Sinne können wir den Tapis mit der uns schon vertrauten schamanischen Mesa vergleichen; freilich mit dem einen Unterschied, daß auf der Mesa aktiv gearbeitet wird (z.B. durch Verschieben der Paraphernalia, durch Räucherung usw.), während der Tapis meist nur kontempliert wird und somit eher die Funktion eines Mandala oder Yantra hat. Abb. 32 zeigt drei Beispiele für freimaurerische Arbeitstafeln oder Tapis*.

Die Ritualstruktur

Der vielleicht entscheidendste Einfluß der Freimaurerei auf die moderne Magie seit dem 19. Jahrhundert dürfte ihr Ritualaufbau sein, der von vielen Orden zumindest struktural übernommen oder kopiert wurde. Wir haben bereits im Zusammenhang mit unserer Einführung in die Ritualistik von einer »Kreistradition« und einer »winkligen Tradition« gesprochen. Die winklige

Der entscheidendste Einfluß der Freimaurerei auf die moderne Magie ist ihr Ritualaufbau.

* *Zum Unterschied zwischen beiden: Ein Mandala ist eine graphische, meist umrandete Meditationshilfe – oder es ist auch selbst Gegenstand einer Meditation –, mit deren Hilfe symbolische Sinnzusammenhänge erfahren oder geschaut werden sollen. Ein Yantra hingegen ist meist eine abstrakte, geometrische Figur, mit deren Hilfe bestimmte Bewußtseinszustände oder Trancen herbeigeführt werden sollen. Dies kann sowohl zum Zwecke der mystischen Meditation/Kontemplation geschehen als auch zur Durchführung magischer Operationen.*

Ritualtradition wird vornehmlich in traditionalistischen und/oder dogmatischen magischen Orden gepflegt.

Kennzeichnend für winklige Operationen ist zunächst einmal die eckige Struktur des Tempelaufbaus und die Aufteilung in Tempelbeamte mit festgelegten Funktionen. So ist ein Arbeiten im Alleingang in der Regel nicht vorgesehen, die Arbeit in der Gruppe steht im Vordergrund. Ganz allgemein läßt sich sagen, daß die Kreistradition eher das Spontane zuläßt, meist sind auch die Texte mit möglicher Aus-

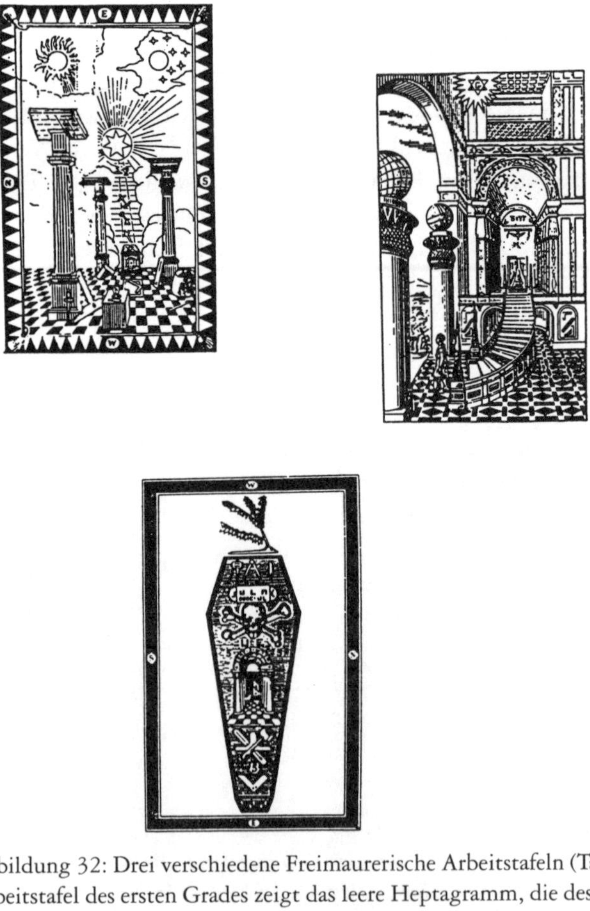

Abbildung 32: Drei verschiedene Freimaurerische Arbeitstafeln (Tapis)
Die Arbeitstafel des ersten Grades zeigt das leere Heptagramm, die des zweiten Grads zeigt das Hexagramm mit dem »G« (für »Gnosis, Gott, Geometrie«). Das »Grab des Meisters« zeigt den Akazienzweig als Überwindung des Todes.
[nach Biedermann, *Das verlorene Meisterwort*]

Kreistradition und winklige Tradition

nahme der Hymnen nicht so minutiös festgelegt wie in der winkligen Tradition, die auf einer gänzlich anderen Philosophie beruht. Ist der Magier in der Kreistradition das Zentrum seines Universums, in dem er frei schalten und walten will und kann, so fußt die eher mystische winklige Tradition auf der Einordnung ins Ganze. Das äußert sich konsequenterweise auch im Umgang mit den Ritualtexten, die beim winkligen Ritual bis ins kleinste vorgeschrieben sind, so daß keiner der Anwesenden eigene »Redefreiheit« hat, nicht einmal der Hohepriester, der hier »Meister vom Stuhl« heißt. Die einzige Ausnahme bilden organisatorische Ankündigungen und eventuelle »Baustücke« (meist Vorträge) einzelner Logenmitglieder, die aber überwiegend nicht innerhalb eines rituellen Rahmens vorgestellt werden.

Auch die Bewegungen sind größtenteils ritueller Natur, berühmt sind die freimaurerischen Schritte, die ähnlich wie die Griffe und Paßworte als Ausweis der Zugehörigkeit teils symbolische Schutzfunktion haben, teils die Grundphilosophie vom »behauenen Stein«, der sich nahtlos in die Weltharmonie einpaßt, verkörpern. Im allgemeinen sollen die Bewegungen rechtwinklig, ja militärisch-zackig sein, so daß selbst der Körper in die Symbolik des Ganzen einbezogen wird.

Eine solche Strenge mag den in der Kreistradition aufgewachsenen Magier von heute absonderlich anmuten, doch hat sie durchaus ihre Vorteile, wie sich in der Praxis bald zeigt. Dadurch, daß der einzelne Ritualteilnehmer entweder zum Schweigen verpflichtet ist oder nur völlig unindividuelle, genau festgelegte Texte sprechen darf, kann er eine nie gekannte Meditationstiefe erfahren, und auch manch mystisches Erlebnis wird ihm möglicherweise zuteil. Die Konzentration der Gruppe ist jedenfalls bei winkligen Ritualen erfahrungsgemäß wesentlich größer, die Arbeit oft sehr viel intensiver.

Wenngleich wir zwar prinzipiell alle ritualmagischen Operationen nach Belieben sowohl innerhalb einer Kreisstruktur als auch in einem winkligen Rahmen durchführen können, zeigt die Praxis doch, daß sich ekstatisch-extrovertierte Operationen innerhalb eines Kreisrituals meist leichter durchführen lassen als im Rechteck. Das soll Sie jedoch nicht davon abhalten, nach Gutdünken mit beiden Strukturen zu experimentieren. Im nächsten Abschnitt über Ritualistik werden wir noch genauer auf die Grundsymbolik des winkligen Tempelaufbaus

Ekstatisch-extrovertierte Operationen lassen sich meist leichter innerhalb eines Kreisrituals durchführen.

eingehen und die Funktionen der Tempelbeamten erläutern. Fürs erste soll Ihnen Abb. 33 einen solchen Tempel- und damit auch Ritualaufbau zeigen, damit Sie einen ersten Eindruck davon bekommen. Sie zeigt einen nach freimaurerischem Vorbild gestalteten, aber leicht modifizierten Tempel aus der winkligen Tradition, wie er für einen in dieser Richtung arbeitenden magischen Orden typisch wäre. Die leeren, unbeschrifteten Rechtecke zeigen die Sitzplätze der Ritualteilnehmer (d.h. der Nicht-Ritualbeamten) an, ihre Anzahl variiert natürlich von Loge zu Loge. Kennzeichnend für die winklige Tradition ist übrigens das Arbeiten im Sitzen, was auch meist erforderlich ist, da die ziemlich komplizierten Riten häufig mehrere Stunden dauern.

Die Böden eigens für freimaurerische Arbeiten gebauter Tempel sind oft schwarzweiß kariert gekachelt, man nennt dies das »musivische« Muster. Der Meister vom Stuhl sitzt hinter einem Altar, zu dem drei Stufen führen. Oft sind es vom »Vorhof«, einem Vorraum des Tempels, in dem die Ritualteilnehmer sich umkleiden und innerlich sammeln, zum eigentlichen Tempel weitere sieben Stufen, entsprechend der vielseitigen Bedeutungen der heiligen Zahl Sieben, die wir schon in der Architektur altägyptischer Tempel symbolisiert finden.

Tempelbeamte überprüfen die Sicherheit der Gruppe.

Eine wichtige Funktion der Tempelbeamten ist die Überprüfung der Sicherheit der Gruppe. Wird die Loge eröffnet, wird zunächst die Rechtmäßigkeit der Mitgliedschaft eines jeden einzelnen durch Abfrage von Erkennungszeichen geprüft, bei Ritualen, die bestimmten Graden vorbehalten sind, müssen auch die Erkennungszeichen des jeweiligen Grads gegeben werden.

Ist die Loge »gedeckt«, also nachweislich frei von Nichteingeweihten, kann die eigentliche Arbeit beginnen. Und hier beginnt auch für viele eher der praktischen Magie zugetanen Freimaurer meist die Enttäuschung: Wenngleich es dem einen oder anderen sicher gelingt, eine entsprechende Gnosis aufzubauen und sich tiefer in das Ritualgeschehen einzufühlen, wird doch meist beklagt, daß für die Mehrzahl der Freimaurer die symbolischen Handlungen völlig sinnent-

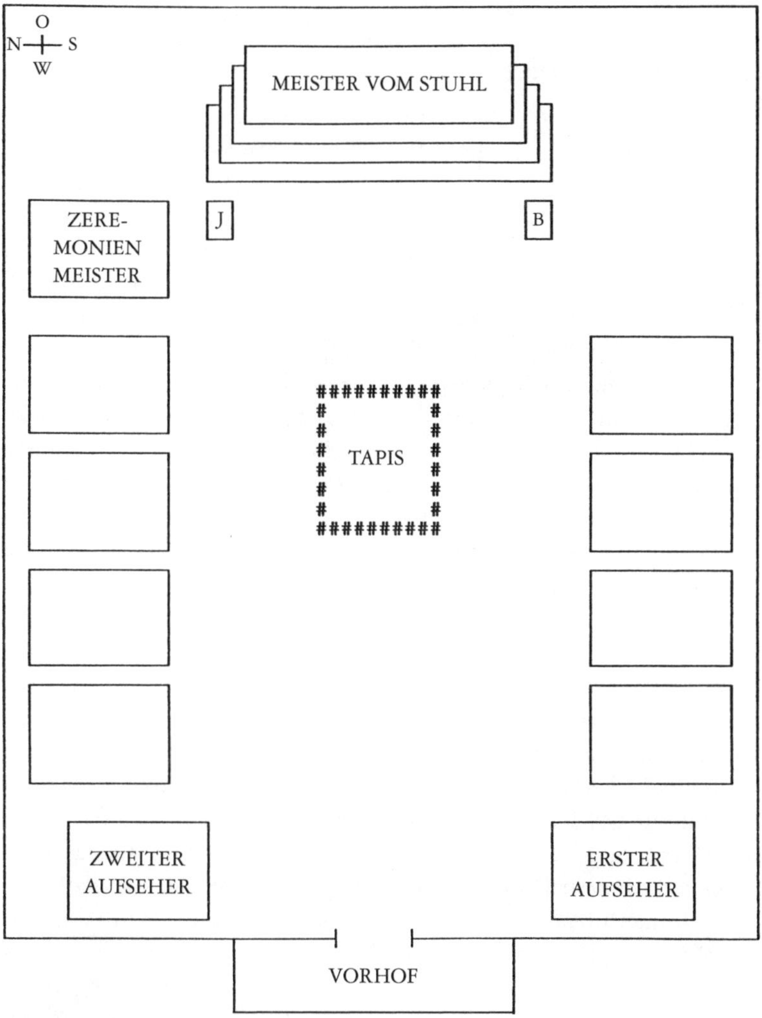

Abbildung 33: Beispiel eines Tempelaufbaus in der winkligen Tradition

leert seien und das Ganze eher dem geistlosen Herunterleiern vorgeschriebener, schlecht oder gar nicht verstandener Texte gleicht.

Diese oft kritisierte Erstarrung in Floskeln und Formalismen ist sicher eine der Hauptgefahren der winkligen Tradition wie ja überhaupt jeder Dogmatischen Magie. Wenn dann noch hinzukommt, wie

Hauptgefahr der winkligen Tradition: die Erstarrung in Floskeln und Formalismen

es in der regulären Freimaurerei eher die Regel als die Ausnahme ist, daß jegliche praktische magische Arbeit (meist abfällig als »Kerzenmagie« belächelt – dieser Begriff ist allerdings nicht mit dem Kerzenzauber der Volksmagie zu verwechseln, auf den wir weiter unten in einer anderen Rubrik eingehen) verpönt oder sogar geächtet wird, beginnt man zu begreifen, wie dieser Bund trotz all seiner durchaus magischen Elemente letztlich alles Konkret-Magische an »irreguläre« Gruppen und »Winkellogen« verlieren konnte.

Es fällt auf, daß die winklige Tradition auf einen Kreis zu verzichten scheint. Dem Schutz der Ritualteilnehmer muß dies keinen Abbruch tun, da die Loge ja nur »gedeckt«, also in einem geschützten Tempel arbeitet, oft wird noch eigens ein Torwächter bestallt, der nicht nur über den physischen, sondern auch über den feinstofflichen Zugang unerwünschter Elemente wachen soll. Und auch das Rechteck selbst hat seine Schutzfunktion.

Dennoch schließt die winklige Tradition die Arbeit mit dem Kreis nicht von vorneherein aus. Sei es, daß der Tapis die Funktion des Kreises zugesprochen wird, sei es aber auch, daß der Meister vom Stuhl (der in vielen Texten kurz als »M. v. St.« oder »M. v. S.« bezeichnet wird, weshalb Sie sich diese Abkürzungen merken sollten) als Hohepriester im Tempel selbst noch einmal einen Kreis zieht – das Konzept von der »Quadratur des Kreises« ist der winkligen Tradition jedenfalls nicht fremd, und es gibt durchaus auch Mischformen, wiewohl diese allerdings nicht innerhalb der regulären Freimaurerei praktiziert werden.

Immerhin offenbart sich aber in dieser Struktur das lineare, hierarchische, mithin patriarchalische Element der winkligen Überlieferung (also nicht nur der Freimaurerei), die sich unmittelbar von den monotheistischen judäo-christlichen Religionen ableitet, auch wenn viele ihrer Grundlagen älteren Ursprungs sein mögen. Dazu gehört auch die Tatsache, daß der »Menschheitsbund« der Freimaurer in seinen regulären Spielarten nach wie vor eine Hälfte der Menschheit, nämlich die weibliche, von seiner prakti-

Der »Menschheitsbund« der Freimaurer schließt nach wie vor eine Hälfte der Menschheit, nämlich die weibliche, von seiner praktischen Arbeit aus.

schen Arbeit ausschließt. Über dieses Thema ist schon viel gestritten worden, und es soll hier daher auch nicht in den Mittelpunkt gerückt werden. Uns interessieren vielmehr die Schnittstellen zwischen traditioneller Freimaurerei und magischer Ordenspraxis. Es blieb dem 19. Jahrhundert vorbehalten, in großem Stil die Frau für die Magie wiederzuentdecken.

Das Kraftfeld der Freimaurerei

Die wenigen aktiven Freimaurer, die sich zugleich auch der Magie befleißigen, betonen häufig in Gesprächen, daß die Freimaurerei über ein durchaus mächtiges eigenes, feinstoffliches Kraftfeld verfügt. Daher gelingt es ihnen auch, mit diesem Kraftfeld und innerhalb des maurerischen Symbolgefüges praktisch-magisch zu arbeiten. Das sind allerdings, wie schon erwähnt, äußerst seltene Ausnahmen.

Wir werden uns noch gesondert mit dem Kraftfeldproblem befassen. Hier bleibt erst einmal festzuhalten, daß das Kraftfeld nicht unbedingt dasselbe sein muß wie das weiter oben behandelte Egregore, wiewohl dieses sehr oft seine Verkörperung darstellt. Ein Kraftfeld entsteht in der Regel ohne bewußtes Bemühen darum, seine Enstehung ist ein unwillkürlicher, gruppendynamischer Prozeß, der praktisch automatisch abläuft. Aus diesem Grund sollte gerade der sich zur »Avantgarde« zählende heutige Magier, der nur zu gern alles Alte, Staubige über Bord wirft, nicht immer allerdings nach sorgfältigster Prüfung seines wirklichen Werts, auf die Kraftfelder alter, seit langem existierender Bünde achten, da diese ihm manchmal doch noch das eine oder andere geben können. Dazu zählt gewiß auch die Freimaurerei. Damit soll nicht gesagt werden, daß wir eine Mitgliedschaft in diesem Bund empfehlen – wir wollen nur einer vorschnellen Verurteilung dieser Bruderschaft gegensteuern.

> *Die Enstehung eines Kraftfeldes ist ein unwillkürlicher, gruppendynamischer Prozeß.*

Bei allen Vergleichen mit anderen magischen Systemen, die sich bewußt oder unbewußt an die Freimaurerei anlehnen, muß doch noch einmal in aller Deutlichkeit festgestellt werden, daß sich die heutigen Freimaurer

Die heutigen Freimaurer verstehen sich selbst nicht als magische Gruppierung.

selbst nicht als magische Gruppierung verstehen, ja sich sogar jegliche derartigen Vergleiche aufs schärfste verbitten. Wer den durchschnittlichen Freimaurer unserer Tage überhaupt so weit aus seiner Reserve hervorzulocken vermag, daß er mit einem Außenstehenden ausführlicher über seinen Bund spricht, wird sich als Magier immer wieder wundern, auf wieviel Unverständnis schon ganz allgemeine Fragen nach »Mystik« und »Magie«, nach »Ritualzweck« und »Kraftfeld« stoßen. So können wir die Freimaurerei wohl als Mutter zahlreicher magischer Orden und Bünde bezeichnen, doch handelt es sich dabei eher um eine Mutter wider willen, von der ihre Sprößlinge nicht allzu viel Unterstützung erwarten dürfen.

Etwas anders verhält es sich – wenngleich mit zahlreichen Einschränkungen – in der Regel mit den Rosenkreuzern, die den Schwerpunkt des nächsten Abschnitts dieser Spezialabhandlung bilden sollen.

PRAKTIKEN DER VOLKSMAGIE (I)

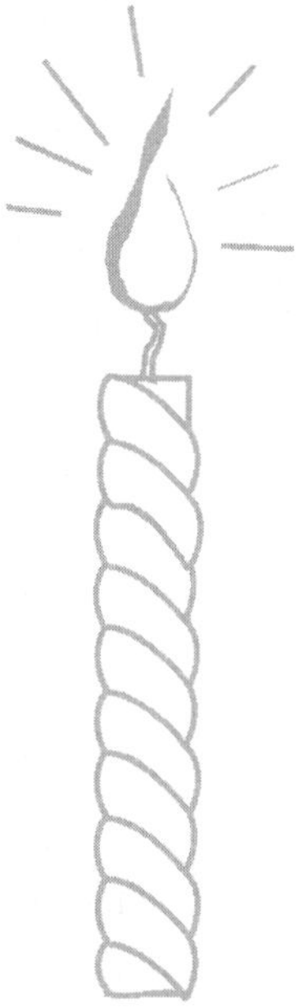

Die Volksmagie wurde jahrhundertelang von den Vertretern der Aufklärung und der Wissenschaft bekämpft.

Die Volksmagie, also die zahlreichen, weitgehend unsystematischen magischen Praktiken des einfachen Volks, wurde jahrhundertelang von den Vertretern der Aufklärung und der Wissenschaft bekämpft und ins Lächerliche gezogen. Noch heute sind die Illustrierten voll von süffisanten Kolumnen, in denen sich »namhafte« Wissenschaftler über den »alten Aberglauben« mokieren und scheinbar aufklärerisch, tatsächlich aber meist bar jeder wirklichen Sachkenntnis versuchen, an die Stelle volksmagischer »Unwissenheit« die nicht minder dummen Vorurteile des naturwissenschaftlichen Weltbilds zu setzen. Immerhin ist mit derlei Mummenschanz auf mühelose Weise sehr viel Geld zu verdienen, da sich in unserem wissenschaftsgläubigen geistigen Klima kaum jemals ein qualifizierter Gegensprecher findet, der das Spiel aufdeckt und die selbsternannten »Aufklärungsexperten« ihrerseits als Scharlatane entlarvt.

Auch die intellektuellen akademischen Magier wandten sich gegen die »Magie des Pöbels«.

Aber auch die intellektuellen akademischen Magier vor allem unter den Kabbalisten und Alchemisten, der Gold- und der Rosenkreuzer wandten sich in aller Schärfe gegen die »Magie des Pöbels«, darin kräftig von kirchlicher Seite unterstützt. Dazu muß man wissen, daß die im 17. und 18. Jahrhundert eng mit der Magie verknüpfte Alchemie keineswegs nur als spirituelle Spekulation betrachtet wurde, sondern als handfeste Technologie, von der sich vor allem die notorisch in Geldnöten stehenden Fürstenhöfe gewaltige Profite erhofften, sollte es den Alchemisten tatsächlich eines Tages gelingen, aus physischem Blei physisches Gold zu machen. Damit aber standen Scharlatanen aller Art Tür und Tor offen, und auch die Fülle der in dieser Epoche publizierten Zauberbücher mit ihren oft hanebüchenen, völlig verballhornten lateinischen und pseudohebräischen Formeln und ihrem Kochbuchcharakter zeugt davon, daß die Erfolgsgier der damaligen Gesellschaft um keinen Deut geringer war als heute – und daß damals wie heute Quantität allemal an die Stelle von Qualität trat.

Die Magie der Renaissance und des Barock, ja sogar noch die magische Kunst der Goethezeit war von einem radikalen Materialismus geprägt. Gold aber bedeutete Macht, um wieviel mehr aber erst das Wissen um seine Herstellung! Schon immer fühlte sich die christliche Kirche (später: die christlichen Kirchen) von dem Selbständigkeitsanspruch des Magiers bedroht, wurde doch dadurch ihr Transzendenzmonopol in Frage gestellt. Die Fürsten und Mäzene wiederum hatten kein Interesse daran, daß jedermann mit den Techniken der Magie erreichen konnte, was er begehrte, denn dies stellte ihre weltliche Macht in Frage.

Die Magie der Renaissance und des Barock war von einem radikalen Materialismus geprägt.

Und schließlich nahm man in der damaligen Ständegesellschaft schlichtweg nichts ernst, was »von unten« kam und das unverkennbare Odium der Spelunken und Armenschänken des gemeinen Volks trug. In einer Zeit, da »Aristokratie« gleichbedeutend mit »Intelligenz« war, durfte das, was unterhalb der anerkannten Glaubwürdigkeitsschwelle lag, ebensowenig »wahr« und »tauglich« sein wie heute.

Dazu trugen die Vertreter der Volksmagie das Ihre durchaus bei, etwa indem sie unsägliche Kolportagebücher über wirkliche und erfundene Zauberpraktiken in Umlauf brachten, die auch schon damals den Verstand jedes halbwegs vernünftigen Menschen beleidigen mußten. Marktschreierische Behauptungen verbanden sich mit widersprüchlichen bis aberwitzigen Rezepten, deren Wirksamkeit in umgekehrtem Verhältnis zur Kompliziertheit ihrer Empfehlungen standen.

Dennoch hat die Volksmagie einen beachtlichen Beitrag zur »hohen Magie« akademisch-hermetischer Prägung geleistet, wenn auch eher mittelbar: Kein geringerer als Agrippa von Nettesheim bezog einen großen Teil seines Wissens aus der Volksmagie, wenn er sie auch erst durch seine akribische Systematisierung salonfähig machte. Das gleiche gilt natürlich auch für Paracelsus.

Dennoch hat die Volksmagie einen beachtlichen Beitrag zur »hohen Magie« geleistet.

Freilich sollte die Tatsache, daß die hermetische Magie schon immer mehr oder weniger das Betätigungsfeld einer kleinen Minderheit war, nicht darüber hinwegtäuschen, daß die Zahl der Volksmagier die der akademischen »Bibliotheksmagier« mit Sicherheit um ein Vielfaches übertrifft.

Die Zuwendung der modernen Magie zum Schamanismus ist sicher nicht zuletzt auch Ausdruck eines zutiefst empfundenen Mangels, nämlich des Mangels an unkomplizierten, für jedermann nachvollziehbaren magischen Techniken ohne ziselierte Transzendentalismen. So ist es auch nur konsequent, wenn die Chaos-Magie im Rahmen ihres »Freistilschamanismus« zunehmend volksmagische Praktiken aufnimmt, sie weiterentwickelt und integriert.

Die Volksmagie hat viele Elemente, die dem System eines angstgeprägten, dogmatischen Automatismus angehören.

Dazu gehört allerdings, daß man die Volksmagie von vielen Elementen reinigt, die dem System eines angstgeprägten, dogmatischen Automatismus angehören. Denn es ist eben nicht so, daß jede Katze, die uns von rechts nach links über den Weg läuft, Unglück verheißt, daß das Erblicken des eigenen Doppelgängers den Tod bedeutet o. ä.: Das sind nur Glaubenssätze einer primitiven Philosophie, derzufolge der Mensch stets nur Spielball der Mächte ist und diese allenfalls anflehen kann, zu seinen Gunsten zu intervenieren oder davon abzusehen ihm zu schaden. Ebensowenig genügt es, den oft außerordentlich komplizierten Rezepturen alter Grimoarien zu entsprechen, indem man beispielsweise ein Quentchen zerstoßener Krötenherzen mit einem halben Dutzend getrockneter Fledermausflügel vermengt und den rechten Zeigefinger eines Gehenkten dazugibt, um die erhoffte Wirkung zu erzielen. Wenn derlei Rezepte gelegentlich doch funktionieren sollten, so nur deshalb, weil der Volksmagier sich dabei unbewußt an unsere Grundformeln der Magie gehalten hat, indem er beispielsweise Wille, Imagination und Gnosis wirkungsvoll miteinander verband – doch dazu bedarf es dann keiner barocken Zutatenfülle. Trotz solcher dümmlichen Exzesse, die die Volksmagie nicht ganz zu Unrecht in Verruf gebracht haben, können wir von ihr doch viele interessante Techniken lernen, die unsere allgemeine Praxis eher bereichern, als mit unnötigem Ballast beladen dürften.

Das wohl herausragendste Einzelelement der Volskmagie ist die Nekromantie.

Wenngleich das wohl herausragendste Einzelelement der Volksmagie die Nekromantie (der Verkehr mit der Welt der Toten) sein dürfte, hat sie uns doch noch einiges mehr zu bieten. Deshalb wollen wir uns mit einigen ausgewählten Praktiken aus diesem allzu lange sträflich vernachlässigten Bereich beschäftigen. Unser erstes Thema soll der Kerzenzauber sein.

KERZENZAUBER

Die oft auch als »Kerzenmagie« bezeichnete Praktik stellt eine der schlichtesten und wirkungsvollsten Techniken der Volksmagie dar. Die Kerze und ihr Licht wurde schon immer als Symbol der Erleuchtung gesehen. Zugleich galt das Licht auch als Erscheinungsform der Seele.

Die Kerze und ihr Licht wurde schon immer als Symbol der Erleuchtung gesehen.

Beim kirchlichen Lichtmeßfest wurden stets Kerzen geweiht, also magisch geimpft, um im Haushalt der Gläubigen ihren Dienst zu tun. So wurde aus dem Leuchtmittel Kerze ein magisches Instrument, auf das bis heute kein Magier verzichtet; das Wachs wurde, besonders in der Puppenmagie, zum Fetisch, auch zur Heilung wurde es gern verwendet. Zentral für jede Kerzenmagie ist jedenfalls, daß sie mit den energetischen Kräften des Lichts arbeitet, was allerdings nicht moralisch-ethisch gemeint ist (also im Sinne von »Licht = gut«), sondern rein technisch.

Wir wollen uns hier nicht näher mit den vielzähligen Kerzenorakeln und ihren Omen befassen, die von der Volksmagie (darin durchaus abergläubisch) mit dem Verhalten von Kerzen verbunden wurden und werden, etwa wenn das Flackern, das plötzliche Erlöschen einer Kerze oder heruntertropfende Talgteile als Zeichen für das baldige Ableben eines Menschen gesehen wurden usw.

Die Kraft des Lichts wird meist bedingt durch Material, Form und Farbe der Kerze, so daß es je nach System einen großen Unterschied macht, ob man mit einer gelben oder einer grünen, einer gewundenen oder einer geraden Kerze arbeitet usw. Wir verzichten hier jedoch darauf, die verschiedenen, sehr widersprüchlichen dogmatischen Systeme wiederzugeben, die zudem oft schon von Dorf zu Dorf variieren, und wollen einmal mehr die Grundstruktur jeder Kerzenmagie beschreiben. Im Übungsteil finden Sie dann eine entsprechende Aufgabe, an der Sie beweisen dürfen, wie gut Sie Ihr bisher erworbenes strukturales Wissen auf diesem Gebiet umsetzen können.

DIE KERZENTAUFE

In der Heilungs- und Schutzmagie werden Kerzen oft anstelle von Puppen verwendet. Meist wird dabei eine Kerze rituell auf den Namen einer Zielperson getauft oder dieser wird ins Wachs geritzt (= Herstellen der magischen Verbindung), um dann mit ihr so zu verfahren, wie man es eigentlich mit der Zielperson tun will. Soll beispielsweise ein Augenleiden behandelt werden, so wird die Kerze mit entsprechender Imagination abgebrannt (Kerze = Augenlicht), sinngemäß verfährt man, wenn der Zielperson Schaden zugefügt werden soll.

Die dahinterstehende Symbol-Logik ist leicht zu erkennen: Indem der Magier seinen Willenssatz dem Feuer übergibt, überantwortet er ihn dem Äther oder (theosophisch) der Kausalebene, wo er dann wirksam wird. Dies wird noch deutlicher beim Flammenopfer.

Die dahinterstehende Symbol-Logik

DAS FLAMMENOPFER

Dinge, von denen der Magier sich trennen will (Personen, Situationen, aber auch Krankheiten) werden schriftlich festgehalten und das Papier wird mit einer entsprechenden Imagination verbrannt. Dies ist ein Akt der Vernichtung von Ungewolltem. Der Magier nutzt hierbei also die zerstörerischen Kräfte des Feuers.

Ein Akt der Vernichtung von Ungewolltem

Die lebensspendenden Kräfte des Lichts und des Feuers werden verwendet, indem der Magier einen schriftlich fixierten Wunsch oder Willenssatz in der Kerze verbrennt und diesen ähnlich wie bei der Kerzentaufe bzw. der an sie anschließenden Operation dem Äther zur Verwirklichung übergibt.

Sowohl bei der Nutzung der zerstörerischen als auch der konstruktiven Kräfte ist es nicht erforderlich, daß der Magier das Abbrennen der Kerze abwartet. Es hat sich im Gegenteil in der Praxis immer wieder als empfehlenswert erwiesen, nach kurzer Konzentration die Kerze brennen zu lassen, ihre Umgebung vor einem Übergreifen des Feuers zu schützen und etwas völlig anderes zu tun, ganz ähnlich wie bei der Ladung einer Sigil.

DER HÖLLENZWANG

Das Verbrennen des Siegels eines Dämonen im Feuer einer Kerze (aber auch im Räucherfeuer) bei einer Evokation ist ein Akt des Zwangs, der meist nur erfolgt, wenn die evozierte Wesenheit (Geistermodell) nicht erscheint, sich unbotmäßig verhält o. ä. Diese Technik ist Teil des Höllenzwangs; letzterer besteht darin, ein Wesen der »Unterwelt« zum Gehorsam zu zwingen, meist indem ihm Unangenehmes angedroht oder auch tatsächlich zugefügt wird. Hier ist das Verbrennen ein Akt der Peinigung oder der Zerstörung. Dies kann symbol-logisch sehr wirkungsvoll sein, weil es der Psyche (psychologisches Modell) signalisiert, daß das Bewußtsein (nach anderer Deutung auch das Über-Ich) Herr der Lage bleiben will und wird.

PRAKTISCHE ÜBUNGEN

ÜBUNG 78
PRAKTISCHE KERZENMAGIE

Stelle Dir anhand der Dir mittlerweile gut bekannten Planetenkorrespondenzen Dein eigenes System der Kerzenmagie zusammen, indem Du farbige Kerzen verwendest und sie an den entsprechenden Wochentagen einsetzt, und experimentiere damit. Achte dabei auch auf Zeitqualitäten (sowohl Ritualdauer als auch Brennzeit der Kerzen) und stelle fest, welche Zeiten für Deine persönliche Kerzenmagie am geeignetsten zu sein scheinen.

ÜBUNG 79
PRAKTISCHE KERZENMAGIE (II)

Experimentiere mindestens ein halbes Dutzend Mal mit Sigillen, die Du in Kerzen ritzt und durch Abbrennen lädst. Vergleiche ihre Wirkung mit der herkömmlich geladener Sigillen.

ÜBUNG 80
PRAKTISCHE KERZENMAGIE (III)

Experimentiere mindestens ein halbes Dutzend Mal mit Sigillen, die Du aus Wachs formst und in einer Metallpfanne auf einem Feuer zeremoniell-meditativ zerschmelzen läßt. Vergleiche auch ihre Wirkung mit der herkömmlich geladener Sigillen. (Das Wachs bewahre auf. Nach Eintreten des gewünschten Erfolgs kannst Du es wiederverwenden.)

ÜBUNG 81
PRAKTISCHE KERZENMAGIE (IV)

Diese Übung solltest Du nur bei realem Bedarf ausführen. Willst Du eine Heilung, einen Bindungs- oder Lösungszauber o.ä. durchführen, so verfahre wie bei der Kerzentaufe beschrieben. Vergleiche die Wirkung, sofern bereits entsprechende Erfahrung vorliegt, mit anderen Operationen ähnlicher Zielsetzung.

WEITERFÜHRENDE LEKTÜRE

Hans Biedermann, *Das verlorene Meisterwort. Bausteine zu einer Kultur- und Geistesgeschichte des Freimaurertums*, München: Heyne Verlag, 1988 (Heyne TB 7298)

LITERATURNACHWEIS

Ralph Tegtmeier, *Okkultismus und Erotik in der Literatur des Fin de Siècle*, Königswinter: Edition Magus 1983

PRAKTIKEN DER VOLKSMAGIE (II)

Knoten-zauber

Wie die meisten volksmagischen Praktiken ist auch das Gebiet der Knotenzauber sehr vielseitig, und einschlägige Werke sind voll des widersprüchlichsten Materials. Aus alledem lassen sich nur einige wenige Grundaussagen herauskristallisieren, beispielsweise die, daß der magische Umgang mit Knoten und Knotenschnüren uralt ist. Die Knotenschnüre der Mayas dürften bekannt sein, sie wurden als schriftähnliches Kommunikationsmittel und zum Rechnen benutzt, und noch heute spricht der Chinese von der Zeit »vor den Knoten«, wenn er die vorgeschichtliche Epoche meint, als man noch nicht zählen konnte.

Eine uralte Praktik: der magische Umgang mit Knoten und Schnüren

Das Judentum kennt Vernichtungsknoten (beispielsweise das Verknoten einer Weide), mit deren Hilfe ein Opfer getötet werden kann, im deutschen Volksbrauchtum hat der Knoten unterschiedliche Funktionen, wobei meistens die negativen, zerstörerischen Aspekte hervorgehoben werden, obwohl es durchaus auch Heilungs- und Glücksknoten gibt. Im Wicca-Kult wird häufig mit Knotenzaubern zu unterschiedlichen Zwecken gearbeitet, und von finnischen Hexen (Schamanen?) des 17. Jahrhunderts weiß man, daß sie Seeleuten Windknoten verkauften, die ihnen bei Flaute gute Fahrt bescheren sollten. Überhaupt wurden Knoten besonders gern für Wind- und Regenzauber verwendet. Auch im alten Ägypten, in Indien, auf Sizilien und in Polynesien lassen sich Knotenamulette und -talismane nachweisen.

Struktural sind beim Knotenzauber vor allem das Binden und das Lösen von Bedeutung. So kann man mit Hilfe eines Knotens gewünschte Energien oder Wesenheiten einbinden und für spätere Zwecke aufheben (z. B. beim Glücksknoten); ebenso lassen sich aber auch unerwünschte Energien oder Wesenheiten in einen Knoten bannen und dadurch unschädlich machen (z. B. beim Heilungsknoten). Wie bei jedem Bindungszauber können mit Hilfe von Knoten aber auch Menschen gebunden oder in ihrem Handlungsspielraum eingeschränkt werden (Liebeszauber; Angriffszauber). Andererseits können bestehende Verbindungen dadurch aufgelöst werden, beispielsweise um die Abhängigkeit eines Partners vom anderen zu beheben oder um unter Gegnern Uneinigkeit zu erzeugen.

Betrachten wir aber auch einmal ein bekanntes Beispiel aus der Antike, um zu zeigen, welches Muster der Knotenmagie zugrunde liegt. Die Rede ist vom Gordischen Knoten, der nach einer gängigen Überlieferung im phrygischen Tempel zu Gordion aufbewahrt wurde. Wer ihn löste, der sollte nach einer alten Prophezeiung die Weltherrschaft erringen. Alexander der Große soll den Knoten durchhauen und auf diese Weise die in ihm gebannte göttliche Macht/Kraft freigesetzt haben. (Hier erkennen wir eine strukturale Ähnlichkeit mit dem Dschinn oder Flaschengeist der islamischen Zauberei.)

Der Gordische Knoten

Unserem pragmatisch-strukturalen Ansatz entsprechend, verzichten wir hier auf die Wiedergabe tausenderlei Knotenabbildungen mit ihren dazugehörigen »Wunderrezepten«. Der im Literaturnachweis angeführte Artikel von Walter Koch mit Anmerkungen von Arthur Lorber gibt dazu einen kleinen Überblick.

Im Wicca-Kult gibt es eine Praktik, bei der ein Knotenzauber im Gruppenrahmen ausgeführt wird. Es werden mehrere Stricke zu einer großen »Spinne« zusammengebunden. Jeder der Teilnehmer nimmt nun ein Strickende auf und bereitet einen Knoten vor, den er jedoch noch nicht zuschnürt. Nun spannen die Teilnehmer die Stricke (mit Ausnahme der Knoten) und beginnen einen Kreistanz, bei dem sich jeder auf seinen eigenen Wunsch konzentriert. Wer bis zur Erschöpfung getanzt hat, läßt sich zu Boden fallen und schließt im Fallen ruckartig seinen Knoten. Am Ende nimmt jeder seinen Strick mit nach Hause und erwartet die Verwirklichung des Wunsches.

An anderer Stelle habe ich den Fall eines befreundeten Magiers berichtet, dem ich einmal einen von mir in Finnland geladenen Windknoten schenkte. Ich hatte mich auf einer finnischen Insel bei starkem Sturm in den Wind gestellt und – ähnlich wie bei einer Sigillenladung in der Todeshaltung – spasmisch einige Knoten mit der Windenergie geladen. Die Technik selbst ist denkbar einfach: Man wartet in innerer Ruhe ab, bis sich das Gefühl eines Energiestaus im eigenen Körper entwickelt, um die Ruhe dann explosionsartig in die heftige, aber gesteuerte Bewegung des Knotenschließens münden zu lassen. Der Knoten ist bereits vorbereitet (auf die genaue Knüpfweise kommt es dabei nicht an) und wird dann mit einem spasmischen Ruck zugezogen. Dabei kann man auch ebenso heftig und ruckartig einatmen, um schließlich durch Lachen zu bannen. Mit etwas Übung können Sie auf diese Weise ein gutes Dutzend Knoten hintereinander auf Vorrat laden und diese bei Bedarf abschneiden und einzeln verwenden. Der Magier, dem ich den Windknoten schenkte, wollte mit der Analogie »Wind = Luft = Geld« arbeiten, was sich jedoch als unrichtig erwies. Er nahm den Knoten bei einem Besuch im Spielcasino mit. (»Um damit die Jetons vom Tisch zu fegen«, wie er hinterher erzählte.) Doch er machte beim Roulette nur Verlust. Als er allerdings das Casino verließ, tobte draußen plötzlich ein heftiger Sturm ... (Dies ist, worauf ich auch schon hingewiesen habe, eine Ermahnung, etwas sorgfältiger mit den eigenen Korrespondenzen umzugehen! Natürlich gehören sowohl Sturm als auch Geld dem Element Luft an, deshalb müssen sie aber noch lange nicht identisch sein.)

In einem anderen Fall lud ich nach einem Merkurritual, bei dem der Altar mit Geldscheinen und -börsen geschmückt gewesen war, einen Geldknoten auf die gleiche Weise und schenkte ihn einem anderen, befreundeten Magier. Auch dieser nahm ihn ins Spielcasino mit und erzielte sofort ca. 12 000 DM Gewinn. Als er mich anrufen wollte, um mir mitzuteilen, daß er mir aus Dankbarkeit zehn Prozent von dieser Summe schicken wolle, war ich nicht erreichbar. Am Ende der Woche hatte er alles wieder verspielt und noch weitere ca. 4 800 DM dazu – eine perfektere Merkur-Analogie kann man sich wohl kaum denken!

Breites Anwendungsspektrum der Knotenmagie

Diese Beispiele wurden gebracht, weil sie das breite Anwendungsspektrum der Knotenmagie zeigen. Es bleibt also Ihrer eigenen Phantasie überlassen, mit Knotenzaubern zu experimentieren und Erfahrungen damit zu sammeln. Geknotete Schnüre haben jedenfalls etwas geradezu Archaisches an sich, sie scheinen das Unbewußte und den psychischen Zensor besonders nachhaltig zu beeinflussen und sind daher oft sehr erfolgversprechend. Vielleicht kennen Sie aus Ihrer Kindheit aber auch noch die alte Praktik, einen Zwirnfaden um eine Warze zu binden, ihn abzunehmen und zu einem Knoten zu verschließen. Dieser Knoten wurde dann vergraben oder verbrannt, und die Warze sollte verschwinden, sobald der Knoten vernichtet oder verfault war. Mag sein, daß hier der Placebo-Effekt eine gewisse Rolle gespielt hat. Jedenfalls sind gerade solche scheinbar primitiven, »abergläubischen« Techniken (an die man freilich auch immer »glauben« muß) oft von einer ungeheuren Effektivität, die sich mit der Wirksamkeit hermetischer Planetenrituale und kabbalistischer Dämonenevokationen durchaus messen kann.

Berichte aus der magischen Praxis (VI)

Ein Beispiel für moderne Volksmagie erzählte mir die Magierin P., die auch professionell für Klienten arbeitet. Beim Schadenszauber nimmt sie ein Foto der Zielperson und befestigt es innen in einer Radkappe ihres Autos. »Der Rest funktioniert von allein«, berichtete sie. »Ich fahre los und lasse das Foto einige Tage in meiner Radkappe. Die Zielperson bekommt daraufhin Schwindelanfälle, Übelkeit und Erbrechen. Sie ist tagelang ausgeschaltet, und meine Klientin oder mein Klient kann endlich die Dinge in die Wege leiten, denen die Zielperson vorher im Wege stand.«

Hier haben wir es mit einer frappierend eleganten, intuitiv entwickelten Anwendung der magischen Symbol-Logik zu tun, die wohl keiner weiteren Erläuterung bedarf. Das Beispiel beweist aber auch, wie pragmatisch die Volksmagie im Kern doch ist: Mag sein, daß vieles von dem, was uns Volkskundler und andere Forscher aus zweiter Hand berichten, weitaus dogmatischer und engstirniger wirkt, als es in der eigentlichen Praxis tatsächlich gehandhabt wird. Diesem Phänomen begegnen wir ja bekanntlich auch auf anderen Gebieten, wo beispielhafte Lehrhilfen mit der Zeit ein Eigenleben entwickeln und zu Lehrinhalten hochstilisiert werden. Will etwa ein Kampfkunstmeister oder ein Yogi seinen Schülern die Möglichkeiten der Körperbeherrschung vorführen, und wählt er dazu einen sehr komplizierten Bewegungsablauf oder eine sehr vertrackte Körperstellung, so läßt sich mit einiger Sicherheit vorhersehen, daß der eine oder andere Schüler (gewiß aber ein den Vorgang beobachtender Laie) in dieser Bewegung oder Stellung das eigentliche Ziel der Übung sieht und auf diese Weise eine neue, natürlich völlig verfälschte »Tradition« entsteht, die mit dem eigentlichen Anliegen dieser Disziplin fast nichts mehr zu tun hat. (Von Rudolf Steiner wird beispielsweise überliefert, daß er sich gerade über diesen Mechanismus der äffischen, geistlosen Nachahmung bei seinen Schülern ständig mokiert und ihn immer wieder entlarvt hat.)

Bericht von einer geldmagischen Operation

Abschließend noch ein Bericht von einer geldmagischen Operation, der unser Diktum »nur Großzügigkeit führt zu großem Geld« veranschaulicht. Der Magier T. erzählte mir von einem magischen Schüler, der einige Geldrituale durchführte und dann, um einen zusätzlichen Geldkanal zu schaffen, zwei Lottoscheine ausfüllte. Das Ergebnis: einmal drei Richtige, also nur ein Bagatellbetrag. Das von ihm jedoch – nur auf dem zweiten Schein – nicht mitangekreuzte »Spiel 77« (das natürlich noch eine Mark zusätzlichen Einsatz bedeutet hätte) wäre ein Haupttreffer geworden! Es ist sicher leicht, über ein solches Mißgeschick zu lachen, doch sollten wir uns fragen, wie oft auch wir ähnliche Fehler begehen (und das nicht allein auf dem Gebiet der Geldmagie) und unsere magischen Operationen im Alltag nur halbherzig abrunden und absichern, um dann womöglich auch noch der Magie die Schuld für unser Scheitern zu geben. Die Philosophie, die hinter der Magie als Akt des Willens steht, ist doch im Grunde nur die Forderung nach der absoluten Konsequenz des Magiers in dem, was er will. Gewiß, oft sind wir blind für die Chancen, die uns das Universum nach einer magischen Operation anbietet, unser angestrebtes Ziel zu erreichen. Wer borniert von vorneherein den Weg festlegen will, auf dem der Erfolg zu ihm kommen soll, verbaut sich damit vielleicht zahllose weitere, möglicherweise sehr viel mühelosere Wege. Stets gilt es in der Magie, achtsam und wach zu bleiben, ein aufmerksames Auge für alle sich anbietenden Möglichkeiten zu behalten, ohne sich dabei zu verkrampfen, und vor allem keine halben Sachen zu machen!

Oft sind wir blind für die Chancen, die uns das Universum nach einer magischen Operation anbietet.

Wer geldmagischen Erfolg haben, also große Geldsummen auf magischem Wege erhalten will, muß sich auch entsprechend großzügig verhalten: »Der Schuh muß passen, sonst schmerzt er!«

LITERATURNACHWEIS

Aleister Crowley, *Magick*

Walter Koch, »*Zauberknoten und Knotenzauber*«, Unicorn H. 7, 1983, S. 210–213; dazu Anmerkungen von Arthur Lorber, S. 213–215

MAGIE ALS ULTIMATIVER AKT DER ZUGRIFFSBEWÄLTIGUNG

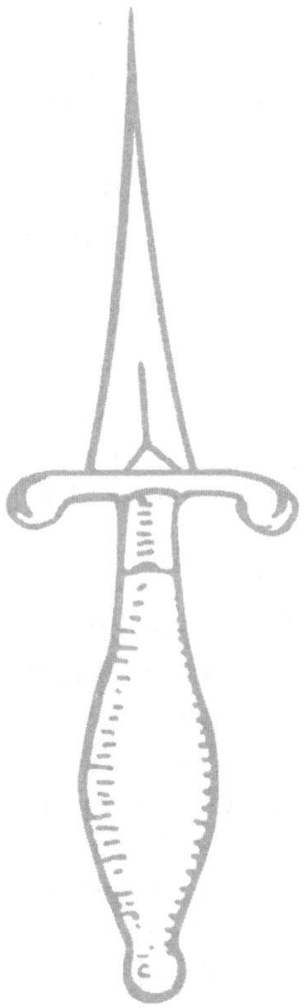

Zwischenbilanz und weiterführende Perspektiven

Nachdem nun einige Zeit des praktischen Magiestudiums verstrichen ist, wird es Zeit, einmal innezuhalten und Bilanz zu ziehen. Wir haben schon mehrfach erwähnt, daß dieser Lehrgang grob nach dem klassischen Einweihungsschema »Lehrling – Geselle – Meister« gegliedert ist, ohne daß diese Grenzen allzu scharf oder gar dogmatisch gezogen werden sollten. Es handelt sich vielmehr um Ungefähr-Werte, die sich in der Praxis oft genug verschieben, deren Übergänge fließend sind – niemals kann ein Magier wirklich von sich behaupten, mit seiner Kunst am Ende zu sein. Kein Menschenleben reicht aus, um den Fundus der Magie jemals zu erschöpfen. Stillstand ist Tod – wer glaubt, nichts mehr dazulernen zu können, ist tatsächlich nur ein erbärmlicher Wicht, dem es mehr um Anpassung geht als um echte Weiterentwicklung.

Niemals kann ein Magier wirklich von sich behaupten, mit seiner Kunst am Ende zu sein.

Wir haben es bisher vorgezogen, die Magie möglichst wertungsfrei zu vermitteln, Weltanschauliches oder gar Ethisches in den Hintergrund treten zu lassen, soweit es menschenmöglich ist, um vor allem das Technische und Strukturelle der Magie zu behandeln. Die Gründe für diesen neutralen Ansatz sind bekannt und brauchen hier nicht wiederholt zu werden. An alledem soll sich auch in Zukunft nichts ändern. Doch an der Schwelle zur »Meisterarbeit« sollte auch deutlich geworden sein, wie sehr die Magie eine »subjektiv Wirklichkeit« ist. Nicht etwa, wie es der materialistische Pseudo-Skeptiker verstehen würde, weil die Ergebnisse praktischer magischer Arbeit nur in der Phantasie des Magiers stattfänden – Sie haben inzwischen hinreichend Gelegenheit gehabt, sich davon zu überzeugen, daß dem ganz bestimmt nicht so ist. Aber dennoch findet die eigentliche Magie stets im Inneren statt, entwickelt jeder Magier seine ureigenen Gesetzmäßigkeiten und Strukturen durch die Praxis.

Ist die Phase des Lehrlings in der traditionellen Magie stets die des Aufnehmens und Lernens, setzt mit dem Gesellengrad die individuelle Umsetzung und Weiterentwicklung des Gelernten in die Praxis ein. Auf der Meisterstufe aber wird der Magier endgültig zum Ent-

Lehrling, Geselle, Meister

wickler seiner eigenen Magie, er verfeinert seine Fähigkeiten, nimmt komplexere (und zum Teil auch gefährlichere) Vorhaben in Angriff, beginnt damit, andere zu unterweisen, forscht und formuliert neue Erkenntnisse oder kleidet altes Wissen in ein neues, ansprechenderes Gewand. Nichtsdestoweniger hört natürlich auch der Meister nicht auf zu lernen.

Um so wichtiger ist es daher, daß sich der Magier seiner eigenen Grundlagen genauestens bewußt ist, bevor er sich anschickt, sich vollends in die Materie zu vertiefen oder »sich ihr endgültig zu verschreiben«, wie man es auch ausdrücken könnte. Welche Grundlagen sind damit gemeint? Nun, bisher haben wir uns in erster Linie auf das Praktische konzentriert. Sie sollten feststellen, über welche magische Fähigkeiten und Fertigkeiten Sie verfügen, sollten Sie schulen und etwaige Lücken und Mängel beheben. Weltanschauung und Philosophie haben dabei allenfalls eine untergeordnete Rolle gespielt, die Erfahrung und das Erlebnis standen im Vordergrund. Mag sein, daß Sie dann und wann einmal etwas weltanschauliche Führung vermißt haben, denn es ist ja bekannt, daß die Pragmatische Magie vor allem von Magiern abgelehnt und von Laien gefürchtet wird, die darin »den Gott« vermissen und »etwas Höheres« suchen, die also, in unserer Terminologie, einen eher mystischen Ansatz haben, wie er übrigens auch für Aleister Crowley typisch war. Aus dieser Orientierungsnot konnten überhaupt Formulierungen wie »Transzendentale Magie« (Eliphas Lévi) geboren werden. Man könnte dies spöttisch als Religionsersatz abtun, doch hieße dies verkennen, daß wohl der größte Teil westlicher Magie auf ebendiesem Boden gewachsen und entstanden ist. Das bedeutet natürlich nicht, daß wir eine solche Entwicklung (oder, genauer: einen solchen Entwicklungsstand) gutheißen müssen, aber es wäre töricht, wollte man diese Tatsache ignorieren und vermeiden, dazu Stellung zu beziehen, hat sie doch möglicherweis auch Grenzen und Beschränkungen in unsere Magie einprogrammiert, die wir ohne eine derartige, scharfe Analyse nicht erkennen und überwinden können.

Deshalb seien diesmal anstelle praktischer Unterweisungen einige Ausführungen zum Thema der Magie als ultimativer Akt der Zugriffsbewältigung gestattet. Diese sollten als Gedankenanstoß und nicht etwa als neue Form dogmatischer Wahrheitserzwingung verstan-

Ausführungen zum Thema der Magie

den werden. Beziehen Sie Stellung dazu, seien Sie dafür oder dagegen, bejahen Sie, hadern Sie, zweifeln Sie – schon diese Auseinandersetzung dürfte Ihnen dabei helfen, die Perspektiven Ihrer Magie und damit Ihres ganzen Lebens klarer zu erkennen und zu formulieren. Doch betrachten Sie diesen Vorgang auf keinen Fall als Übung! Es geht jetzt weder darum, Ihren analytischen Verstand oder Ihr philosophisches Talent zu schulen, noch sollen Sie irgendwelche Lehrinhalte übernehmen. Der folgende Text ist bewußt apodiktisch, ja dogmatisch und streckenweise vielleicht sogar kryptisch formuliert, doch nicht etwa weil er ein Glaubensbekenntnis wäre – was ihn von vorneherein hinfällig machen würde –, sondern weil er an die Substanz dessen gehen will, was wir meiner Meinung nach unter Leben und Zugriff, unter Macht und Einfluß, ja vielleicht sogar unter Unsterblichkeit verstehen sollten.

Magie oder die unvollendete Legende von Magier Luzifer

Und Gott sah, daß das Licht gut war. Da schied Gott das Licht von der Finsternis. (1 Mose, i,41)

Und als Wir zu den Engeln sprachen: Werft euch nieder vor Adam, da warfen sich alle nieder bis auf Iblis. Er aber verweigerte es aus Stolz und wurde zum Ungläubigen.
Al-Qur'an (2. Sure, v. 341)

Luzifer war der schönste der Engel. Und er war der Liebling Gottes. Bis er diesem eines Tages sein »*Non serviam*!« entgegenschmetterte, seine endgültige Gehorsamsverweigerung. Der »Sturz« Luzifers war tatsächlich ein Abtritt, eine Kündigung. Mit einem einzigen Akt der Auflehnung entlarvte er die Herrschaftsmuster der vermeintlich so »gütigen« Vaterschöpfung – für Rebellion war darin kein Platz, das Paradies konnte nur durch Unterwerfung existieren, durch Anpassung seiner Bewohner an ein »Glück«, das in Luzifers

Der »Sturz« Luzifers

Augen nur ein matter Abglanz dessen sein konnte, was der »Schöpfung« – die er nun als »ungeschaffen« erkannte – möglich war. Die Erschaffung eines Gottes hatte bereits Weichen gestellt, die auf alle Zeiten die Richtung festlegten, in der die »Schöpfung« ihren Sackbahnhöfen entgegenfahren sollte: die Herrschaft der Gewalt über die Ohnmacht, des Starken über den Schwachen, der Proteine über die Silikate.

Magie ist der Weg der Macht, das Vermögen zur Einflußnahme. Macht bedeutet Zugriff, bedeutet, daß es zwischen Sein und Bewußtsein, zwischen Subjekt und Objekt, zwischen Jäger und Beute keine Distanz mehr gibt. Es kann nur einer siegen. Es gibt nur zwei Wege, den Weg der Anpassung und den anderen. Warum heißt er so unscharf »der andere«? Weil die Menschheit bisher den Weg der Anpassung gegangen ist, seit Hunderttausenden von Jahren, und weil selbst unsere Sprache Ausdruck dieser Orientierungsnot und unserer Anpassung an das Außen, an das Innen, an das Fremde, an die Gefahr ist – ein Relikt aus jener Zeit, als es dem Menschen schon nicht mehr freistand, ja oder nein zu sagen. Für die allermeisten Menschen ist diese Frage längst entschieden, wird sie sich nie wieder stellen – die Entwicklung hat sie ein für alle Male ins Lager der Jasager getrieben.

Magie als Weg des Kampfes und der Raumnahme

Magie ist der Weg des Kampfes und der Raumnahme. Des Kampfes gegen die Zugriffsverweigerung durch Natur, Gesellschaft, Religion; des Kampfes für die Macht des Zugriffs auf Naturgesetze, auf Gesellschaftsentwicklung, auf Freiheit. Der Zivilisationsmensch ist von seinem Habitus und Gestus her ein Räuber, sein Gott ist die Aneignung und die Vereinnahmung durch Entzauberung der Welt, die Entschärfung der Danaergeschenke Freiheit und Feuer. Zivilisation ist die Technologie der Anpassung an Schwerkraft und Kälte, an Hitze und Jahreszeiten, an Licht und Finsternis, an Leben und Tod. Zivilisation verwaltet Not, Mangel, Furcht – und faßt diese schönfärberisch unter dem Etikett »Wirklichkeit« und »Versorgung« zusammen. Ein Entkommen ist nicht vorgesehen. Nicht im Bereich der Natur: Der Mensch kann nicht fliegen. (Kann er das wirklich nicht? fragt der Magier und versucht es.) Nicht im Bereich der Gesellschaft: Der unangepaßte Mensch wird für verrückt erklärt und eingesperrt. (Heißt verrückt nicht »im Abseits stehen« und nicht mehr beteiligt zu sein an der alten Narrenposse der Erlösung? fragt der Magier – und kultiviert seinen Wahn.) Nicht im Bereich der Religion: Der unangepaßte Mensch bedroht das Monopol des Zugriffs zur Transzendenz – Transzendenz ist »das, was über die Grenzen hinausführt«. (Mit einem Gott, dessen Gewalt auf der Kollaboration seelsorgerischer Sprechstundenhilfen aufbaut, will ich nichts zu tun haben, spricht der Magier – und er schafft sich seine eigenen Götter.)

Will der Magier Luzifer ernstmachen mit seiner Rebellion, mit seinem ultimativen Akt der Zugriffsbewältigung, so muß er zum »Alien« werden. Nichts von alledem, was ihn einst als Sterblichen auszeichnete, darf an ihm haftenbleiben. Er führt die Dinge zu Ende, ja er macht sie zunichte, indem er sie zu Ende führt. War er einst Materialist, so geht er nun der Materie und dem Materialismus auf den Grund. Was bleibt übrig? Eine waidwunde Religion der Angst, der Furcht vor dem Unberechenbaren und Unauslotbaren. War er Transzendentalist, so führt er die Religion und die Mystik bis an die Grenzen ihrer Belastbarkeit. Schon bald ist der Bogen überspannt, was bleibt, ist ein erbärmliches Häufchen Elend, die Wissenschaft von der Angstverwaltung, die Furcht vor dem Unberechenbaren und Unauslotbaren.

Doch was ist mit meinen »objektiven« Grenzen? fragt sich der Magier Luzifer. Ich kann nicht fliegen. Ich muß sterben. Ich muß essen und trinken. Ich brauche Wärme. Welche Gewalt einer nie genauer definierten Wirklichkeitsverwaltung hindert mich daran, es zu versuchen? Also versuche ich es, nicht ohne Erfolg. Aber soll das schon alles gewesen sein?

Gewiß, ich kann das Astralreisen lernen – ein Ersatz fürs Fliegen, und mehr, als meine Gegner zu leisten vermögen. Gewiß, ich kann mir eine Seele erschaffen, die mein physisches Ende beliebig überdauert – eine Verhöhnung des biologischen Todes und ein Stumpfen seines Stachels. Gewiß, ich kann wohl das Fasten lernen, kann meine Physiologie umstellen, wie es kein Sterblicher sonst vermag – eine Schmach für jede Ernährungslehre. Gewiß, ich kann den Tummo Yoga erlernen, um in eisigster Kälte den Schnee im Umkreis von zehn Fuß zur Schmelze zu zwingen.

Doch kann ich deshalb physisch fliegen? Kann ich in diesem meinem Körper tausend Jahre überdauern und länger? Kann ich für

Jahrhunderte des Tranks und der Speise entbehren? Kann ich im ewigen Eis unbekleidet einhergehen? Was ist meine Macht denn wert, wenn ich mich mit Fähigkeiten zweiter Wahl zufriedengebe?

Schon die Frage ist falsch gestellt, erkennt der Magier Luzifer. Fragen zu stellen heißt, von Anfang Grenzen zu setzen, nach Bestätigung für die Grenzen unseres Ver-Stehens (was sprachgeschichtlich soviel bedeutet wie »Zertrampeln«) zu suchen, wo doch ursprünglich einmal Freiheit gefordert wurde. Auf dem Weg zur Wahrheit vergessen wir, weshalb wir einst ausgezogen sind: Nicht um unsere Gier zu stillen, denn damit hätte der Widersacher den letzten Sieg errungen, sondern um ihr freien Lauf zu lassen. Dieses Vergessen ist unser letzter Feind, es ist die Verblendung, die uns den Zugriff verweigert auf das, was unser ist kraft der Gewalt und der Macht, nach der wir gegriffen haben, greifen und immer wieder greifen werden. Unsere Gier muß unersättlich sein – alles andere wäre nicht mehr als angepaßtes Gewinsel, behauptet Luzifer.

Fragen zu stellen heißt, Grenzen zu setzen.

Luzifer erkennt: Seine Rebellion ist keine, er darf sich weder an seinem Widersacher definieren, noch darf er sich mit den Brosamen vom Tisch des »Herrn« begnügen. Es ist ein anderes, ein viel tiefgehenderes, ein fremdes Leben der Unsterblichkeit, nach dem er so fordernd, so durch und durch unbescheiden strebt. Und es kostet Mühe, ans Ziel zu gelangen, denn der Weg ist gefährlich, die Schergen der Unterwerfung und des Vergessens lauern überall. Können sie ihn nicht schlagen, werden sie versuchen ihn zu kaufen. Ihm aber geht es um Größeres, als um den Trotz und den plumpen Budenzauber auf dem Jahrmarkt der Sklavenhändler. Frei will er sein und fröhlich, die Peitschenworte »Zwang« und »Müssen« sind ihm ein Greuel. Sein Haß kennt keine Grenzen – und erst durch diesen alles zerstörenden, lodernden, kochenden Haß auf den Schein des Seins, den man ihm als goldenen Käfig anbieten will, wird er fähig zur Liebe zu denen, die sich wirklich zu den Seinen zählen dürfen.

Wer uns Satanisten schimpft, kündet der Magier Luzifer, der macht sich selbst nur zum Gespött – denn wir sind schlimmer, bösartiger, zersetzender, als jeder Satanist es auch nur zu träumen wagt. Wer uns Gottlose heißt, der ahnt nicht einmal unsere Finsternis. Wer uns zu

Wer uns Gottlose heißt, der ahnt nicht einmal unsere Finsternis.

Unmenschen machen will, weiß nicht, wie nichtmenschlich unser Sein ist. Sucht ihr unsere Brüder? Es sind die Reptilien. Sucht ihr die Wahrheit in unseren Augen? Es sind die kalten Augen des Raubvogels, in die ihr blickt. Sucht ihr nach Wärme, gar nach Zärtlichkeit und Liebe in uns? Ihr werdet sie nur dort finden, wo ihr unseres innersten Geheimnisses teilhaftig seid: im wahren Heim, dem Hort, wo nichts Fremdes Platz hat und dessen billigen, bequemen Abklatsch ihr Zuhause nennt und mit eurer Sentimentalität zur Hölle macht. Ihr sucht, die Widersprüche miteinander zu versöhnen? (Heißt nicht das Wort versöhnen ursprünglich »versühnen«, also bestrafen?) Es wird euch nicht gelingen, denn sie schließen sich aus: Ihr seid nicht unsere Feinde, denn das wäre noch zuviel der Verwandtschaft, ihr seid uns fremd im tiefsten Sinne. Unser Reich ist nicht von dieser Welt, deshalb, und nur deshalb allein, werden wir sie uns untertan machen, indem wir uns ihr verweigern: in ihr lebend, mit Gift ätzend, was euch heilig ist; die Gaukelei unserer Zauberei soll euch die Sinne betören, ihr werdet unser niemals habhaft. Denn unser Reich ist nicht von dieser Welt. Luzifer ward von der Schlange gebissen. Und die Schlange war er selbst. Und sein Name ist Legion.

Und nun, zum Schluß, frage dich:

»Warum willst du Magier werden? Warum tust du das alles?«

Einführung in die Dämonenmagie (I)

Die umstrittenste aller magischen Disziplinen

Die Dämonenmagie dürfte wohl die umstrittenste aller magischen Disziplinen sein. Sie ist es nicht zuletzt gewesen, die zu dem schlechten Image der Magie geführt hat: Das Klischee vom magischen Bösewicht, der seine Seele dem Teufel verschreibt, um sich diesseitige, rein materielle Vorteile zu verschaffen und seine Mitmenschen zu peinigen, rührt nicht zuletzt von der geradezu manischen Beschäftigung spätmittelalterlicher Grimoarien mit »Höllenzwängen« und Dämonenzitationen her. Daran hat sich bis heute kaum etwas geändert, denn auch wenn der Pseudorationalist über magische Praktiken lachen mag, ist dies doch auch Ausdruck einer inneren Abwehr, die sich zudem sehr schnell auch äußerlich wieder manifestiert: Heute gilt der Magier zwar im allgemeinen nicht mehr als Gefahr für das Seelenheil, dafür wird er aber zum Scharlatan, Volksverführer oder Sittenverderber abgestempelt; die Umgangsformen mögen sich zwar vordergründig etwas geändert haben, die Verfolgung aber bleibt die gleiche. Die Scheiterhaufen von heute heißen »Sensationsmedien« und »Öffentliche Moral«; kaum ein »Seelsorger«, der nicht meint, das Seinige zur Verfolgung magisch denkender Minderheiten beitragen zu müssen – und bei alledem wird lediglich kaschiert, wo sich magisches Denken seit Jahrtausenden fest etabliert hat –, sei es in der Religion, in der Wissenschaft oder in der Kunst.

Direkte Spiegelung der Auseinandersetzung des Dämonenmagiers mit seinen Ängsten

Dieser Konflikt ist eine direkte Spiegelung der Auseinandersetzung des Dämonenmagiers mit seinen Ängsten oder, genauer, mit angsteinflößenden, gefährlichen Kräften oder Wesenheiten. Wer sich auf den Umgang mit ihnen versteht, der muß anderen fast zwangsläufig als Bedrohung erscheinen, führt er ihnen doch auch ihre eigene Unzulänglichkeit vor Augen. Und da dem Menschen alles angst macht, was er nicht kennt, das ihn zugleich aber fasziniert, projiziert er häufig auf den Magier, was er selbst einerseits fürchtet und andererseits brennend gern erführe. Das war und ist in schamanischen Gesellschaften nicht anders. Auch der Stammeszauberer wird immer mehr gefürchtet als geliebt. Wer große Heilungen vollbringt, von dem nimmt man auch an, daß er ebensoleicht Schaden zufügen kann – und diese Annahme ist ja sogar berechtigt.

Bevor wir uns praktisch mit der Dämonenmagie auseinandersetzen, müssen wir uns darüber im klaren sein, daß wir es beim Dämonenkonzept grundsätzlich mit einer Spielart des Geistermodells zu tun haben. Doch das ist leichter gesagt als getan. Vor allem moderne Autoren haben im Zuge der Auseinandersetzung mit der Tiefenpsychologie C.G. Jungs versucht, die Dämonenmagie zu psychologisieren. Da werden Dämonen dann zu »projizierten Schatteninhalten der Seele« erklärt, oder man bezeichnet sie als »äußerlich manifestierte Verdrängungen«. Das ist sogar noch eine der Magie eher wohlwollend gesinnte Einstellung, denn der Schulpsychiater und -psychologe sieht in dämonischen Phänomenen bestenfalls das Produkt psychischer Störungen, von der Schizophrenie bis zu Paranoia und psychotischen Schüben. Ja es gibt in der herkömmlichen Medizin sogar die Begriffe »Dämonomanie« und »Dämonopathie«, mit der man den »krankhaften Wahn, von einem Dämon besessen zu sein« bezeichnet.

Dämonenkonzept als eine Spielart des Geistermodells

Als Akt der Bannung mag der Sprung in ein solches Paradigma für den praktizierenden Magier vielleicht gerade noch wirkungsvoll sein. Wie wir im Zusammenhang mit dem magischen Schwert gesehen haben, kann ein plötzlicher, radikaler Paradigmenwechsel in Augenblicken großer magischer Gefahr oder des drohenden Kontrollverlusts im Ritual den letzten Ausweg darstellen. Läßt sich der Dämon also nicht bezwingen, besteht immerhin die – allerdings nicht sehr zuverlässige – Möglichkeit, daß man ihn dadurch bannt, indem man plötzlich nicht mehr an ihn glaubt: ein äußerst schwieriges Unterfangen, das zudem mindestens ebenso gefährlich sein dürfte wie die Zitation des Dämons selbst, weil es nämlich unsere gesamte magische Praxis grundlegender zunichte macht als jedes vorübergehende Sichabwenden von der Magie.

Das eigentliche Problem dürfte für den heutigen Dämonenmagier allerdings darin bestehen, daß er sich dem gängigen Psychologismus kaum zu entziehen vermag, weil er sich unentwegt und überall mit ihm konfrontiert sicht: Der Aberglaube der Verflachungspsychologie hat mittlerweile die Ausmaße einer Weltreligion angenommen und

Der Dämonenmagier vermag sich dem gängigen Psychologismus kaum zu entziehen.

beherrscht jedwede westliche »Realität«. Schon aus diesem Grund empfiehlt es sich, sich etwas kritischer mit dem tiefenpsychologischen Modell auseinanderzusetzen, und zwar gerade weil es für die Praxis der Dämonenmagie keinerlei andere Relevanz als die eines Störfaktors hat. Dies wollen wir nach einer anfänglichen linguistischen Betrachtung des Begriffs »Dämon« im ersten Teil der Abhandlung durch den Rückgriff auf eine frühere Arbeit zu diesem Thema bewältigen, deren relevante Passagen hier zwecks besserer Zugänglichkeit weitgehend ungekürzt wiedergegeben werden.

Die Sprachgeschichte bietet dem Dämonenmagier viele aufschlußreiche Einzelinformationen. Das Wort »Dämon« leitet sich vom altgriechischen *daimon* ab, das die Urbedeutung »Verteiler, Zuteiler des Schicksals« hatte, später »Gott« oder »Teufel« bedeutete und über das lateinische *dæmon* auf uns gekommen ist. Es ist dem griechischen *daiesthai*, »(ver)teilen«, zugehörig und steht nach Auffassung der Sprachforschung daher in Beziehung zu der älteren, indogermanischen Wurzel *da(i)*, »teilen, zerschneiden, zerreißen«. Das armenische *ti*, »Lebenszeit, Alter, Jahre«, leitet sich davon ebenso ab wie das alt- und mittelhochdeutsche *zît*, »Tages-, Jahreszeit, Lebensalter«, das englische *tide*, »Gezeiten« (noch heute im Niederdeutschen als Tide gebräuchlich), auch das neuhochdeutsche *Zeit* und das englische *time*, »Zeit« (altenglisch *tima*, schwedisch *timme*, »Stunde«) gehören dazu. Eine Verwandschaft besteht auch zum griechischen *demos*, das ursprünglich »Volksabteilung« bedeutete und dann den Wortsinn »Volk, Gebiet, Gau« erhielt (daher auch »Demoskopie«, eigentlich »Volksschau«, ebenso »Demokratie«, »Demagogie« usw.). Bei Sokrates ist das »Dämonium« (griechisch *daimonion*, lateinisch *dæmonium*) die »warnende innere Stimme (der Gottheit)«; im allgemeinen wird der Dämon als »Zwischenwesen« (zwischen Mensch und Gott) oder auch als Verkörperung des »Bösen« verstanden. In einem dualistischen Weltbild gibt es »gute« und »böse« Geister, die um das »Seelenheil« des Menschen kämpfen.

»Dämon«: »Verteiler, Zuteiler des Schicksals«

Man könnte Dämonen also verkürzt als »zerteilende Bemesser« oder »in Stücke Teilende« bezeichnen, wie ja auch der »oberste« Dämon des Christentums, Satan also, in der Regel mit »Entzweier« tituliert wurde. In diesem Sinne sind Dämonen Machtbeschränker. In einem anderen dagegen sind sie Antrieb und innere Führung, Instrumente des Machtzugriffs des Magiers auf seinem Weg, zur Gottheit zu werden und auch diese noch zu transzendieren. In der jüdischen und christlichen wie auch in der islamischen Theologie werden Dämonen (oder »Teufel«) zu Gegenspielern Gottes, der seinerseits über die Heerscharen der »Engel« gebietet, die man daher zu Recht etwas spöttisch als »liebe Teufel« verstehen darf. (Es kennzeichnet natürlich die einseitige Lichtbetonung solarer Religionen, daß sie es vorziehen, Teufel als »böse Engel« zu bezeichnen.)

Bevor wir diesen Aspekt vertiefen, wollen wir, wie oben angekündigt, die wichtigsten Abschnitte aus meinem Artikel *»Wie schächte ich mein Alter Ego? Anmerkungen zur Dämonenmagie«* heranziehen, der im Jahre 1985 in der inzwischen ja seit langem vergriffenen Magiezeitschrift *Unicorn* erschien. Wenngleich in diesem Artikel auch auf andere Studien Bezug genommen wird, geht der Inhalt des Behandelten stets aus dem Gesagten hervor, so daß diese hier nicht noch zusätzlich wiedergegeben werden müssen.

> [...] Es ist in den letzten Jahren Mode geworden, den Begriff des Dämons [...] mit dem des »Schattens« aus der Tiefenpsychologie C.G. Jungs gleichzusetzen. [...] Romantisch gesinnte Gefühlsmagier werden dies sicherlich, trotz aller gegenteiligen Beteuerungen [...] als »Elektriker-Magie« oder, auf einer etwas anspruchsvolleren Ebene als »plumpen Psychologismus« abtun wollen. Ich glaube allerdings, daß dem ein Mißverständnis zugrunde liegt, welches einer genaueren Klärung bedarf, wenn wir uns nicht nur theoretisch, sondern auch und gerade praktisch mit der Dämonenmagie auseinandersetzen wollen. Unter Psychologismus versteht man bekanntlich eine Überbewertung psychologischer Erkenntnisse und Verfahrensweisen, den Irrglauben, alle Phänomene des menschlichen Lebens ließen sich ausschließlich aus der Psyche heraus (und nur durch die Disziplin der Seelenkunde, wie man die Psychologie ja übersetzen muß) erklären. Diese Haltung, dem irrationalen und aus den seligen Zeiten mechanistischer Physik vererbten Aberglauben an die Allmacht der Wissenschaft (dem sogenannten »Szientismus«) durchaus verwandt, fußt auf der Prämisse, daß die Psychologie sich tatsächlich mit der

»Seele« befasse – was aber m. E. so ausgemacht noch lange nicht ist! [...]

Doch will ich mich hier nicht mit der Misere und den Nöten der Psychologen befassen, sondern nur darauf hinweisen, wie relativ all diese Erkenntnismodelle im Grunde sind, und wie »unwissenschaftlich« und im Prinzip irrational damit allenthalben umgegangen wird. Wenn Jörg Wichmann [in seinem Artikel »*LUCIFER/LUCI-FER. Zur Psychologie des Dämonischen*«, Unicorn II/82, S. 108–109] dagegen den Schattenbegriff Jungs übernimmt, um mit ihm einen Aspekt des Dämonischen in der Magie zu erläutern, so ist dies ein in Natur- wie Geisteswissenschaft als völlig legitimer Akt anerkanntes Vorgehen: Er übernimmt ein brauchbares, z. T. auch recht bewährtes Konzept (vielleicht auch nur mangels eines besseren), ohne sich damit gleich in das Lager jungianischer Orthodoxie zu schlagen und die Zeremonialmagie auf eine Art Archetypen-Cocktailparty zu reduzieren. Völlig unberührt bleibt davon die Frage, inwieweit das, was die »Tiefenpsychologie« zu erkunden (und zu erkennen) vorgibt, tatsächlich die »Seele« des Menschen ist, oder eben nur (wie es die Esoteriker vom Kirlianeffekt behaupten) so etwas wie eine Gasblasenentladung des menschlichen Biocomputers ohne Bezug zum »wahren« Kern (Pneuma, Kia, Atman, Gottesfunken), der den eigentlichen Menschen erst ausmachen soll.

Diese vielleicht etwas weitschweifig wirkenden Ausführungen waren notwendig, um ein wenig mit dem Vorurteil aufzuräumen, die Sache der Dämonenmagie sei erkenntnistheoretisch bereits geritzt und man könne nun mit der Jungschen Formel »DÄMON = SCHATTEN« die Welt der Magie aus den Angeln heben. Solch einem Spuk ist ja auch schon das Mittelalter auf den Leim gegangen, als Dämonen ebenso schlicht wie (für die damalige Denkweise) einleuchtend zu den bösen Buben der göttlichen Schöpfung erklärt wurden, zu Handlangern des Widersachers Satan, die vielleicht ein wenig beschränkter sein mochten als dieser, dafür aber auch noch herzerfrischend engen »Kontakt zur Basis« menschlicher Bedürfnisse hatten. Die allermeisten Dämonen waren ziemlich diesseitige Gesellen, denen es viel weniger um abstrakte Laster wie Hoffart und mangelnde Lust am Papsttum ging, als vielmehr um recht bodenständige Werte wie Sex & Drugs und natürlich good old money. »Aggressivität, Wildheit, Lüsternheit, Macht, Häßlichkeit oder berückend-verführerische Schönheit, Gefährlichkeit, dumme Grobheit oder berechnende Intelligenz«, so führt Jörg Wichmann aus [S. 108], sind einerseits die Eigenschaften, welche man Dämonen zuschrieb (und immer noch zuschreibt), andererseits aber auch in der christlichen Gesellschaft des Mittelalters und der nachchristlichen Kultur unserer Tage (die ihren Kalender – welch eine Ironie der Doppeldeutigkeit! – immer noch »nach Christus« beginnen läßt) verpönte Größen darstellen. Somit verkörpert der Dämon schlechthin durchaus den kollektiven, den gesellschaftlichen Schatten einer Kultur, den man auch den soziologischen nennen könnte.

Andererseits gibt es jedoch neben der kollektiven auch die individuelle Ebene, worauf Jörg Wichmann zu Recht hinweist: »Es kommt aber eben nicht darauf an, einen Schatten zu beschwören, sondern seinen eigenen« [ibid.]. Diese Auffassung ist natürlich nicht zuletzt ein Produkt der Renaissance, der Aufklärung und des in unseren Breiten heute allgemein gängigen demokratischen Individualismus. [...]

Wir haben also sowohl den soziologischen als auch den individuellen Imperativ des Dämonischen kennengelernt. Ohne sonderlich kalauern zu wollen, möchte ich mir doch die Bemerkung gestatten, daß sich dieser »Imperativ« in der Regel ziemlich latent (grammatikalisch: verbal) verhält: Erst durch die Dämonenevokation wird daraus ein (substantivischer) Akkusativ, durch die seelische Integration des Dämonischen schließlich ein Nominativ; damit erst ist die ganzheitliche Persönlichkeit hergestellt bzw. erarbeitet worden, die sich weder in ihre Licht- noch in ihre Schattenseiten verliebt und nicht mehr aller Welt mit ihrem ungefragten Erleuchtungsgefunzel und/oder »Licht aus!«-Geschrei auf den Wecker geht. Latent ist der Imperativ natürlich nur, was seine Bewußtmachung angeht. Ansonsten ist er es, der unsere »irrationalen« Handlungen, unser zwangweises Tun bestimmt, er ist der »Nicknack Man«, der uns im 17. Stock am geöffneten Fenster ins Ohr flüstert: »Spring doch, mein Junge, du bist eine weiße Taube!«, wie Frank Zander einmal so schön sang. Wenn wir ihn nicht kontrollieren, kontrolliert er eben uns – es geht also bei der Dämonenmagie durchaus auch darum, wer die Hosen anhaben soll! [...]

Meiner Meinung nach sind die Modelle vom soziologischen und individuellen Imperativ zwar korrekt, aber immer noch zu vordergründig. Sie setzen im Grunde beide erst mit der Gesellschaftsbildung ein und ignorieren den Menschen als vorsoziologisches, biologisches Wesen, das, wenn man der Evolutionslehre (sowohl Darwins als auch Lamarcks!) Glauben schenken darf, seine gesamte Entwicklung vom Einzeller bis zum Primaten genetisch noch heute mit sich herumträgt. Austin Osman Spare hat sich in seiner Magie verstärkt damit auseinandergesetzt: Sein Konzept von der »Wiederbelebung der Atavismen«, (*atavistic resurgence*), auch »Atavistische Nostalgie« genannt, gründet auf der Annahme, daß es dem Magier möglich sei, bewußt in seine vormenschlichen Existenzstufen zurückzukehren. Mit anderen Worten: Er macht sich seine Vogel-, Echsen- und Amöbenexistenz nicht nur bewußt, er bezieht aus dieser Bewußtmachung auch Magis, arbeitet mit dieser Urkraft und wird dadurch zum wahrhaft mächtigen Zauberer. Das hat freilich nicht unbedingt etwas mit der Reinkarnationslehre theosophischer Prägung zu tun, wie sie landläufig bekannt und beliebt ist, sondern entspricht viel eher dem, was manche Ariosophen gern »Erberinnerung« nennen; ein zwar politisch stark belastetes, im Prinzip aber m. E. vernünftigeres und vor allem ehrlicheres Konzept als das vom penetranten Herumschwirren einer geflügelähnlichen Lichtseele (...).

Wenn wir den Evolutionsprozeß als eine Form der biologischen »Zivilisierung« betrachten, so läßt sich feststellen, daß die Geschichte der Menschwerdung zugleich eine Geschichte der Verdrängung ist: Altes Instinktverhalten wird immer mehr abgeschwächt, gerät in den Hintergrund und wird vom Intellekt überlagert. Wenngleich uns unsere tierischen Vorfahren noch immer »in den Knochen« stecken (was sich bei Massenveranstaltungen aller Art mühelos beobachten läßt, besonders dann, wenn etwa Panik mit im Spiel ist, z. B. bei einem Brandausbruch im Kinosaal o. ä.), haben wir sie, nein, hat die Evolution sie fein säuberlich in den Käfig unserer Gene eingesperrt. »Da gehören sie auch hin!« wird jetzt manch einer erleichtert rufen, und vom Standpunkt der gesellschaftlichen Interaktion mag das sogar stimmen. Leider sind diese Urzeitmuster damit jedoch keineswegs ausgeschaltet, im Gegenteil: Die Käfigtüren sind oft nur angelehnt, wenn sie nicht sogar sperrangelweit offenstehen. Und so ist jeder einzelne von uns im Prinzip ein Dr. Jekyll, der nur der richtigen Reize bedarf, um seinen Mr. Hyde zum Vorschein treten zu lassen. (Beliebte gesellschaftliche Ventile dafür sind noch heute Krieg, Mob-Fanatismus und Kreuzzüge aller Art bis zur papiernen Lynchjustiz der Massenmedien; aber auch die Sportarenen werden Woche für Woche mit fahnenschwenkenden Werwölfen bevölkert, und König Alkohol tut sein staatlich besteuertes Übriges, um den Druck des hart gespannten Bogens der Sozialisation und Zivilisierung verpuffen zu lassen. [...]) Unser zivilisatorischer Firnis ist nur hauchdünn, und wenn man ihn erst einmal abgekratzt hat, springt nicht etwa ein edler Wilder voller anmutiger Naturfreude hervor, sondern die Bestie in unserem Inneren. Mag sein, daß derlei Zoomorphisierung selbst wiederum nur eine Projektion darstellt – doch projizieren wir ja ohnehin meist nur Verdrängtes, mithin subjektiv »Wahres«. Was für den Anthropologen und Psychologen jedoch nur eine schlimme Regression, also ein »pathologischer Rückfall in nichtsozialisierte Gefühls-, Denk- und Verhaltensweisen« darstellt, kann für den echten Dämonenmagier dagegen das gefährlichste Wagnis, die größte Herausforderung seines Lebens sein: den bewußten Kontakt mit seiner eigenen Tiernatur herzustellen, um diese derart in seine Gesamtpersönlichkeit zu integrieren, daß er nicht nur zum »ganzheitlichen Menschen« (ein Ideal der an Jung angelehnten Tiefenpsychologie, das leider – wie so häufig bei solchen Dingen – inzwischen weitgehend zu einem hohlen Klischee verkommen ist wie zu Papa Freuds Zeiten der Begriff »Minderwertigkeitskomplex«), sondern zum ganzen Lebewesen, zu einer planetaren Intelligenz wird, von der heutzutage allenfalls noch oder schon Science-fiction-Autoren träumen. Die Dämonen sind, so gesehen, keineswegs nur astrale Lausejungen, deren Streichen wir ständig ausweichen müssen – sie stellen vielmehr Wegmarken dar, an denen wir uns definieren können, die uns die Richtung anzeigen, die Möglichkeit, wie wir uns unsere Seelen, durchaus im Sinne Gurdjieffs, erarbeiten können, um zu dem zu werden, was Nietzsche so glücklos den »Übermenschen« genannt hat.

Der Unterschied zwischen dem Mystiker nach herkömmlicher Definition und dem Magier wird hier sehr kraß offenbar:

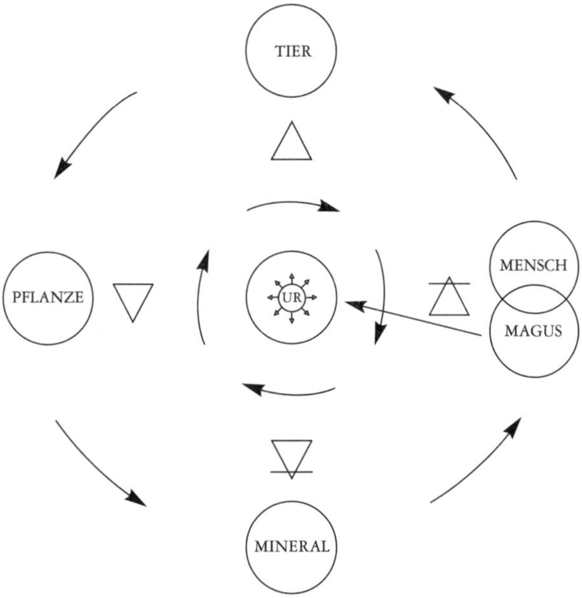

Abbildung 34: Die Entwicklungslehre; innerer Kreis: die mundane Evolution vom Mineral über Pflanze und Tier zum Menschen; äußerer Kreis: die magische Entwicklung vom Alltagsmenschen über Tier-, Pflanzen- und Mineralbewußtsein zum Magus, dem der Eintritt in die Mitte (ins »Ur«) möglich ist.

Während der Mystiker, wenngleich meist eher unfreiwillig, zum Urgrund des Seins (Gott, Ain, Urknall oder wie auch immer) auf direktem Weg vorzustoßen sucht, beschreitet der Magier, sofern er vorgeht wie hier beschrieben, den organischeren Weg der Entwicklung. Damit schließt er den (Spiral-)Kreis vollständig; vom Urknall über das Mineral zur Pflanze, zum Tier und zum Homo sapiens vulgaris – zurück zum Tier, zur Pflanze, zum Mineral und zum Homo sapiens magicus, dem erst der freie Zutritt zur Kreismitte gewährt wird (vgl. Abb. 34).

Der innere Kreis der Abbildung beschreibt den Schöpfungskreislauf (vom Mineral über die Pflanze zum Tier und zum Menschen), der äußere den magischen Weg. »Aha!« werden nun alle Mitglieder der Großen Weißen Bruderschaft im Chor brüllen, »der Kerl will ja gegen das Deosil! Das ist doch satanisch!« Abgesehen davon, daß derlei Modelle stets willkürlich sind (man hätte die einzelnen Punkte ja auch anders anordnen können), wird daraus aber auch immerhin erklärbar, wieso die Dämonenmagie schon immer (auch z. B. im Alten Testament) als »gotteslästerlich« galt: Alle institutionalisierten Religionen sind auf starre, fixierte Systeme angewiesen, weil das Dogma schon per definitionem keine Flexibilität dulden kann, wenn es überleben will. Dahinter steckt der unausgesprochene, meist sogar unbewußte Gedanke, daß man ja im wahrsten Sinne des Wortes heilfroh sein muß, wenn es einem überhaupt einmal gelingt, ein bißchen Ordnung in eine uneingestandenermaßen als chaotisch empfundene Schöpfung zu bringen. Zyklische Philosophien, die vom Wandel leben, wie etwa der Taoismus, haben dagegen nie im gleichen Umfang strenge Hierarchien und Zentralismen entwickelt wie die eher linear ausgerichteten Religionen. Für einen Taoisten wiederum wäre die Bezeichnung »Frevel« für meine antideosilische Richtung der magischen Entwicklung völlig unverständlich. Man könnte argumentieren, daß Magie eben etwas Widernatürliches sei, könnte als Gnostiker formulieren, daß der Magier erst dadurch Gnosis und Befreiung erlangt, daß er gegen den Strom des Demiurgen und seiner Schöpfung anschwimmt – doch ebensogut ließe sich die Auffassung vertreten, daß auf einen rechtsläufigen Zyklus eben stets ein linksläufiger folgen muß und wird. Beliebt ist in der Esoterik auch das Spiralmodell, bei dem man den Magier aus unserer Skizze vertikal ein Stück höher plazieren würde als den Normalmenschen. [...]

Ich meine, daß die Dämonenmagie, und darin gebe ich Jörg Wichmann recht, nicht darauf beschränkt bleiben darf, sich mit zusammengekniffenem Hintern dafür auf die Schulter zu klopfen, daß man mutig genug gewesen ist, ein schreckliches Höllenwesen anzurufen, damit es einem drei Richtige im Lotto beschert – das ist [...] Micky-Maus-Magie [...]. »Die wirklich wichtigen, tiefgehenden Entwicklungsschritte kann man nicht ›machen‹ oder ›forcieren‹ «, schreibt Jörg Wichmann [...], »man kann sich die ›Rituale‹ dafür nicht ausdenken.« [loc. cit., S. 109] Ein Schatten, der nach gelungener Beschwörung Arm in Arm mit einem in die nächste Eisbude strebt, ist eine doch allzu lächerliche Figur und sein Geld nicht wert. Doch darf man andererseits nun auch nicht zu sehr am Jungschen Konzept des Schattens kleben: Der sadistische Frater SM aus dem Artikel »Lucifer/Luci-Fer« mag zwar bei seiner Jack-the-Ripper-Invokation vielleicht nicht wirklich seinen Schatten beschworen haben, doch muß die dabei angelockte Wesenheit deswegen noch lange kein Dämon gewesen sein! Frater SM kann sich nämlich trotz oder sogar wegen seiner Bürgerschreckspose durchaus vor seinem eigenen »Lustmörderdämon« fürchten und – allen gegenteiligen Beteuerungen zum Trotz – die Hosen bei besagter Arbeit gestrichen voll haben. (Abgesehen von dem eher technischen Einwand gegen Jörg Wichmanns Beispiel, daß Dämonen für gewöhnlich nicht invoziert, sondern evoziert werden, und zwar möglichst, wie Crowley es für die Adepten seines AA forderte, »bis zur Konsistenz dichter Dämpfe«. Hier arbeiten wir also eher mit den beiden Faktoren »Angst« und »Schwierigkeiten beim Materialisieren von Wesenheiten«, was dem Ganzen doch eine etwas andere Note verleiht.) Andererseits dürfte unserem armen Frater SM die ihm von Jörg Wichmann anempfohlene Invokation (richtig: Evokation) einer viktorianischen Gouvernante oder eines bornierten Moralpredigers zwar den Schweiß gehörig auf die Stirn treiben, doch wenngleich dies gute, saubere Schattenintegration sein mag, wird er die betreffende Wesenheit dennoch nicht unbedingt als »Dämon« einstufen wollen. Das wäre allenfalls dann der Fall, wenn es sich bei diesem Dämon um die Verkörperung seiner eigenen Moraländgste usw. handeln sollte. Allerdings ist dies eine moderne Umkehrung des alten Vorgehens: Früher sollten die Dämonen erscheinen, obwohl man vor ihnen Angst hatte, heute sollen sie es tun, weil man sie hat – eine höchst bemerkenswerte Entwicklung! Ganz am Rande bemerkt, bliebe es noch zu untersuchen, ob es nicht eher die Invokation ist, die man als »Schattenarbeit« bezeichnen sollte, weil bei ihr die Integration ja naheliegt, die »Projektion« bei der Materialisationsevokation dagegen in der Regel bestehenbleibt bzw. nicht wirklich aufgelöst wird. Zwar mag ein psychologistischer Magier dagegen einwenden, daß die Evokation ja nur eine »Projektion auf Zeit« mit anschließender Reintegration der projizierten Seeleninhalte ist, doch möchte ich die Behauptung wagen, daß unsere heutigen Schwierigkeiten bei der echten Materialisation von Wesenheiten nicht zuletzt aus ebendiesem Paradigma herrühren. Es ist leider nicht gerade einfach, etwas objektiv zu materialisieren, wenn man im Grunde der Auffassung ist, daß es ja ohnehin »in einem selbst« enthalten ist. Gerade die Trennung,

Abbildung 35: Dämonendarstellungen aus Barretts *The Magus* (1801).

die Nicht-Identität also von Magier und Dämon, macht zumindest die Materialisationsevokatorik so wirkungsvoll.

Dann wird es aber wohl langsam Zeit, mag nun der eine oder andere Leser einwenden, den Begriff »Dämon« etwas genauer zu definieren. Doch leider geht dies wohl nicht in der gewünschten Aalglattheit, sowenig wie man »Engel« oder »Seele« wirklich »definieren« kann. Man kann allenfalls einige Eigenarten aufzählen. Immerhin sind Dämonen in der Regel für irgendetwas zuständig, sie sind sozusagen Handwerker des Astralen. Es genügt nicht, daß sie einem Furcht einflößen oder vom jeweiligen Lokalpopen mit dem Bannfluch bedacht wurden; ein Dämon, der etwas auf sich hält, hat auch etwas anzubieten: vielleicht die Fähigkeit, den Magier die Kriegskunst oder die hehre Wissenschaft des Viehverhexens zu lehren, oder Tricks, um die eine oder andere geschäftliche Gaunerei erfolgreich zu einem Ende zu führen. Mag sein, daß wir es hier (psychologistisch argumentiert) mit bloßen Personifikationen tiefsitzender, unbewußter Wünsche, Triebe und Ängste zu tun haben, doch mir persönlich gefällt die spiritistische Position (im Gegensatz zur animistischen) besser, die diesen mal netten, mal weniger netten Zeitgenossen immerhin ein echtes (wenn auch etwas beschränkt-dümmliches) Eigenleben zugesteht, anstatt sie mit einem Taschenspielertrick aus der gerade mal gängigen Psychokiste zu relativieren. Darüber hinaus erklärt die spiritistische These auch die bisweilen recht skurril anmutende Selbständigkeit solcher Wesen, wovon jeder Magier ein Lied zu singen weiß, der eine Weile mit praktischen Dämonenevokationen gearbeitet hat. Doch will ich in diesem Punkt aus meinem Herzen gewiß keine antipsychologistische Mördergrube machen und konzidieren, daß der psychologische Ansatz durchaus seine Stärken und Vorteile hat.

Charakteristisch ist für den Dämon auch, daß er Angst einflößen muß. Mit anderen Worten: Die Dämonenmagie funktioniert nach moderner Auffassung heutzutage vor allem deswegen so schlecht, weil wir auch als Magier im Prinzip viel zu stramme, linientreue Rationalisten sind, um bei der Beschwörung in eine echte Angsttrance zu verfallen. Dämonenmagie ist nämlich stets traumatisch! Wenn man eine Bartzabel-Evokation plant und diese mit den Worten »Habt ihr Lust, am Dienstag mal den Bartzi zu beschwören?« arrangiert, so ist zwar nichts gegen die ziemlich flappsige Formulierung, wohl aber etwas gegen die Grundhaltung einzuwenden, die daraus spricht: Auch Dämonen haben so ihren Stolz und möchten nicht gern als reine Konsumgüter gehandelt werden. Und am besten rächt sich ein Dämon dafür eben dadurch, daß er halt nicht erscheint, was um so ökonomischer ist, als unser eingebauter Rationalismus-Skeptizismus ohnehin die beste Bannung ist, die man sich als Magier eigentlich nur wünschen kann …

Ramsey Dukes hat in seinem unsterblichen Werk *Thundersqueak* darauf hingewiesen, daß man die meisten Dämonen am besten durch eine Vorwärtsverteidigung bannen kann: Indem man ihnen nämlich den eigenen Selbstmord anbietet, verschreckt man sie wie einen Parasiten, der seinen Wirtskörper hurtigst verlassen wird, sobald diesem der Tod und ihm selbst damit ebenfalls die Vernichtung droht. Das ist keine bloße intellektuelle Spielerei: Es ist oft der wirksamste Exorzismus in Fällen echter Besessenheit! Dummerweise gibt es allerdings auch Dämonen, die noch bessere Pokerspieler sind und den Tod ihres Opfers glatt in Kauf nehmen – doch lohnt es nicht, über derlei Charakterlosigkeit zu lamentieren, schließlich sind echte Dämonen eben keine viktorianischen Gouvernantennaturen! In einem solchen Fall hat man freilich ziemlich schlechte Karten. Der legendäre »Teufelspakt« stellt im übrigen eine Prozedur dar, die für einen orthodoxen Psychoanalytiker der reinste Albtraum sein muß, macht er ihn nicht zuletzt doch auch arbeitslos: Anstatt seine Komplexe und Verdrängungen (hier: »Dämonen«) zu beheben, die Seele also hübsch zu wienern, mit Psycho-Chirurgie zu »verschönern« und sauberzufegen, wagt es der Dämonenmagier vielmehr, sich mit ihnen zu arrangieren, sie bestehen zu lassen, die innerseelische Spannung zu erhalten. Fürwahr, ein recht gewagter Balanceakt, der oft genug im Wahnsinn endet. Dahinter steht aber die Erkenntnis, daß es in der Magie ohne Spannungen einfach nicht geht: Langweilige Pantoffelmuffel mit Schrebergärtnermentalität haben keine Chance. Wie Nietzsche im *Zarathustra* singt: »Ich sage euch: Man muß noch Chaos in sich haben, um einen tanzenden Stern gebären zu können. Ich sage euch: Ihr habt noch Chaos in euch.« Dies ist das Holz, aus dem der Magier, und nicht nur der dämonisch versierte, geschnitzt sein muß, wenn seine Magie nicht, wie Mahamudra es einmal nannte, »Herumgepfusche in der Psyche« oder buntes Psycho-Video bleiben soll. Das ist etwas ganz anderes als das Saubermann-Ideal der heutigen Psychologie, die – übrigens genau wie das Christentum – am liebsten alles ausmerzen würde, was nach Funktionsstörung riecht. Dem zyklisch orientierten Magier ist dieses Reparaturwerkstattdenken ein Greuel: Er will zwar in der Regel möglichst »frei« werden, über sein Schicksal selbst bestimmen, aber nicht wie ein steriler Hygienebolzen durch eine keimfreie Laborwelt laufen, wie sie manchem mechanistischen Seelenklempner vorzuschweben scheint.

Beim jüdischen Koscher-Schlachten wird das Tier geschächtet und völlig ausgeblutet. Dahinter verbirgt sich die alte magische Auffassung, daß im Blut die Lebenskraft gespeichert ist. Diese ist zu kostbar, als daß man sie einfach in der Gegend verspritzen darf. Ich möchte nun gewiß nicht das alte, in der Esoterik ohnehin viel zu weit verbreitete Feindbild vom bösen Zivilisationsapparatschik aufpolieren, indem ich einmal mehr die alte Mär vom Rationalismus, dem »Großen Feind der Wahrheit« referiere. Dennoch möchte ich die Behauptung wagen, daß die heutigen Dämonen (im übertragenen Sinne) eher in den Hemmungen zu finden sind, die uns daran hindern, die Bestie in unserem Inneren zu erkennen und auszuleben. Sie gilt es zu schächten und ihnen die Kraft zu entziehen, um mit ihr zu arbeiten.

Immerhin führt uns dies zurück zu Austin Osman Spares Atavismen. Peter Ellert und ich haben diesen Angang einmal auf die Formel »Echsenmagie« gebracht: Tief im »inneren Afrika« unserer Seele lauern die Echsen der Vorzeit, geduldig, behäbig, aber sprungbereit. Es ist nicht ungefährlich, sie zu wecken. Gegen eine solche Begegnung macht sich manch ein Planetendämon eher wie ein neurotischer Gartenzwerg aus! Wenn wir dem Kreismodell folgen wollen, welches ich weiter oben vorgeschlagen habe, so sollten wir auch diesen Zweig der Magie organisch angehen. Befassen wir uns erst einmal mit menschenspezifischen Dämonen, die sprachlich wenigstens noch einigermaßen erfaßbar sind und die der Psychologe etwa Wut, Aggression, Machtgier, Lüsternheit usw. nennen würde. Nach dem soziologischen können wir auch den individuellen Imperativ bearbeiten, evozieren, wobei die Grenzen selbstverständlich fließend sind. Dann erst sollte man sich an den biologischen oder atavistischen Imperativ wagen und die eigenen wie die kollektiven Tier-Existenzen wiederbeleben – sie sind in unseren Genen verwurzelt und nicht sonderlich schwierig freizusetzen, wozu freilich eine stabile Psyche gehört, will man nicht plötzlich mit Schaum vorm Mund jedem Briefträger in die Waden beißen und in der Gummizelle landen (oder, bei allzugroßem Erfolg, im Zoo!). Diese Tier-Dämonen, die schließlich unsere Ahnen sind, haben uns einiges zu bieten, denn in ihnen sitzt, das hat A. O. Spare richtig erkannt, die Urkraft der Magie. Nicht immer sind es sonderlich gemütliche Gesellen, und es wird Phasen geben, da der Magier und mit ihm seine Umwelt an seiner eigenen Menschlichkeit erhebliche Zweifel bekommen wird. Doch ist eben auch diese Einweihung – wie jede gute Initiation – eine notwendige Feuertaufe, die der Läuterung und der Stärkung dient.

Über die nach unserem Schema nun folgenden Dämonen des Pflanzen- und Mineralreichs will ich an dieser Stelle nichts sagen: Erstens verfüge ich persönlich noch nicht über genügend Erfahrung damit, um vertretbare Äußerungen darüber machen zu können, und zweitens entziehen sie sich noch viel mehr der sprachlichen Darstellung, als dies schon bei den tierischen Atavismen streckenweise der Fall ist. Ebensowenig will ich hier auf die Frage nach dem »Wie« eingehen. Die reinen Techniken sind dabei nicht das Problem, schon die recht simple Sigillenmagie bietet eine Vielzahl von Möglichkeiten, und Literatur über klassische Dämonenevokationen findet man zuhauf. Weitaus wichtiger ist die Frage nach der persönlichen Reife des Magiers. Diese definiert sich freilich nicht daran, wie manche selbsternannte »Weiß«-Magier glauben, daß man dergleichen »schwarzen Kram« eben nicht tut, sondern stellt eher einen Energiepegel dar. Es geht darum, diese Erfahrungen mit den Dämonen auch verkraften zu können; man muß sie nicht nur einigermaßen unbeschadet überleben, sondern an ihnen wachsen und durch sie an Magis gewinnen. Und so stehen wir vor der paradoxen Aufgabe, daß wir unsere Dämonen schächten und ihr Blut trinken müssen, damit sie uns dienstbar sein können. Ob Animist, ob Spiritist, ob psychologistischer, ob romantischer Magier: Die Dämonenmagie ist mit Sicherheit eines der größten und aufregendsten Abenteuer, die sich uns heutzutage noch anbieten.

Bevor wir zum eigentlichen, praktischen Teil der Dämonenmagie übergehen, sollten Sie erst eine Weile über das oben Gesagte meditieren und sich mehr Klarheit darüber verschaffen, was Dämonen »eigentlich« sind oder sein können. In einem Punkt müssen wir den traditionellen Zauberbüchern uneingeschränkt recht geben: Dämonenmagie ist gefährlich! Wäre sie es nicht, so hätten wir es auch nicht mit Dämonenmagie zu tun, denn es gehört

Dämonenmagie ist gefährlich!

zum Urwesen der Dämonen, destruktiv, skrupellos und grausam zu sein. Wer mit Dämonen spielt, spielt mit dem Wahnsinn. Oder wie es der Sohar formuliert: »Halt ein! Mit Gespenstern spielend, wirst du selber zum Gespenst!« Es wäre falsch, wollte man die Risiken der Dämonenmagie verharmlosen: Wahnsinn, Paranoia, Gefahr für Leib und Leben, merkwürdige Unfälle und Erkrankungen – all diese können (und werden zum Teil auch) Begleiterscheinungen dieser Disziplin sein.

Andererseits begegnen wir im Dämon auch dem vielleicht mächtigsten und konsequentesten Teil unserer selbst. Ihn zu ignorieren oder nicht wahrhaben zu wollen, ihn gar um jeden Preis der Anpassung zu meiden, weil der Umgang mit ihm mit sozialer und moralischer Ächtung verbunden ist, wäre allerdings für die magische Entwicklung noch viel gefährlicher. Deshalb führt beim Streben nach einer ganzen, vollständigen Magierpersönlichkeit kein Weg an der Dämonenmagie vorbei.

DIVINATION (I)

Das Wesen des Orakels

Magier und Hellseher zu sein ist nicht dasselbe. Die meisten Hellseher sind Naturtalente, sie durchlaufen allenfalls eine kurze, meist dogmatische Schulung, sei es in Mediumismus, sei es in irgendeiner Orakeldisziplin (meist Kartenschlagen oder Kristallkugelschau). Gewiß, es gibt auch viele Magier, die hellseherisches Talent mitbringen; andererseits bietet die Magie aber auch eine Reihe mantischer Schulungsmöglichkeiten an, die – entsprechend fleißige Praxis vorausgesetzt – selbst den »untalentiertesten« Menschen dazu in die Lage versetzen können, einigermaßen treffsichere Aussagen über die Zukunft zu machen.

Es kann nicht Zweck dieses Lehrgangs sein, Platz und Zeit darauf zu verschwenden, mantische Disziplinen wie Tarot, I Ging oder Geomantie genauer zu erläutern, um nur drei Beispiele zu nennen, denn darüber gibt es eine Fülle ausgezeichneter Literatur auf dem Markt. Weniger häufig finden sich jedoch Werke, die die Arbeit mit Orakeln struktural betrachten und somit einen Gesamtüberblick über verschiedenste Techniken ermöglichen. Es gibt kaum einen Magier, der im Laufe seines Lebens nicht mindestens zwei oder drei, oft sogar noch sehr viel mehr Orakeltechniken unterschiedlichster Art versucht hätte.

Die wichtigsten Strukturmerkmale der Orakelarbeit

Wir wollen uns hier darauf beschränken, die wichtigsten Strukturmerkmale der Orakelarbeit zu behandeln. Damit erhalten Sie eine fundierte Grundlage, um mit verschiedenen Orakeltechniken zu experimentieren oder, falls Sie dies ohnehin schon seit längerem tun sollten, Ihre eigene Praxis einmal im Lichte des hier Geschilderten zu betrachten und eventuell zu modifizieren bzw. zu optimieren.

Hellsichtigkeit ist die Fähigkeit, Raum und Zeit zu relativieren. Ist sie gut entwickelt, sei es durch Begabung, sei es durch intensive Schulung, kann sie in der Regel auf äußere Hilfsmittel verzichten. Orakel sind Werkzeuge der Schicksalsergründung. Nicht immer dienen sie der reinen Zukunftsschau, oft sollen sie auch den Blick in die Vergangenheit (Ursachenforschung) oder in die Gegenwart (Ist-Zustandsbestimmung) ermöglichen oder schärfen. Immer aber sind sie äußere Hilfsmittel, Werkzeuge, die der Polung des Geistes dienen.

In früheren Zeiten galten Orakel meist als »beseelt« (Geistermodell), sie führten ein Eigenleben und mußten auch entsprechend respektiert und behandelt werden. Heute wird dieser Standpunkt allenfalls noch von Vertretern der Volksmagie eingenommen, während man im allgemeinen in den Orakeln psychologische Techniken des Zugangs zum Wissensfundus des Unbewußten sieht. Es hat allerdings wenig Zweck, sich hier mit den zahlreichen Erklärungsmodellen auseinanderzusetzen, die von verschiedensten Disziplinen aufgeboten worden sind, um die Orakelkunde erklärbar zu machen oder sie – häufiger – wegzuerklären. Es genügt uns zu wissen, daß Orakel zwar nicht immer, aber doch oft genug funktionieren, um als ein wertvolles Instrument der Trendanalyse und Zukunftsschau zu dienen.

In früheren Zeiten galten Orakel meist als »beseelt«.

Dem im Literaturverzeichnis erwähnten Werk von Bettina Tegtmeier im wesentlichen folgend, unterscheiden wir zwischen seherischen und deuterischen Orakeln. Die seherische Methode setzt Hellsichtigkeit voraus und vermag auch konkrete Zukunftsereignisse zu prognostizieren. Die deuterische Methode hingegen kann auf Hellsichtigkeit verzichten und bietet dafür eine Trendanalyse der Gegenwart (»Gegenwartsvertiefung«) anstelle einer Ereignisprognose. Angesichts der allgemein vorherrschenden Oberflächlichkeit und Symptomdoktorei überrascht es nicht weiter, daß die meisten Menschen die seherische Methode vorziehen, weil sie ihnen »konkreter« erscheint – dafür kann sie aber prinzipiell auch nur innerhalb eines fatalistischen Paradigmas der Schicksalsvorherbestimmtheit existieren. Die deuterische Methode wirkt vager, unschärfer, ja bisweilen sogar völlig nutzlos (»Morgen werden sich große Dinge tun«), dafür läßt sie dem Orakelnehmer aber auch mehr Entscheidungsspielraum und erschließt ihm eine Panoramasicht des Ganzen anstelle einiger weniger Reizereignisse.

Für jede Orakelbefragung gelten einige Grundregeln, die zu beherzigen meist schon den halben Erfolg ausmacht:

- ORAKEL STETS NUR IM ZUSTAND DER ENTSPANNUNG BEFRAGEN
- RICHTIGE FRAGESTELLUNG
- NÜCHTERNE, EMOTIONSFREIE DEUTUNG
- NACHBEREITUNG

Behandeln wir diese Punkte nun kurz im einzelnen.

»Orakel stets nur im Zustand der Entspannung befragen«

Es gibt volksmagische Empfehlungen, bei Gewitter, Sonnen- und Mondfinsternis sowie am »bösen Freitag«, an einem 13. usw. grundsätzlich keine Orakelbefragungen durchzuführen. Wenn solche Regeln auch meistens zu Recht ins Reich des Aberglaubens verwiesen werden, haben sie doch immerhin einen wahren, ernstzunehmenden Kern: Wer beispielsweise sehr wetterfühlig ist, dem wird seine für jede – auch die deuterische – Orakelbefragung erforderliche Intuition bei Gewitter, Föhn, Sturm, Schwüle usw. höchstwahrscheinlich unangenehme Streiche spielen. Ein gläubiger Christ, den jeder Freitag an den Karfreitag erinnert (man denke auch an das noch heute gelegentlich befolgte Verbot des Fleischessens), wird an diesem Wochentag kaum die gewünschte innere Gelassenheit aufbringen, um zu einer erfolgreichen Befragung zu gelangen. Wer stark abergläubisch ist, dem jagt der 13. ohnehin oft einen Schrecken ein, vor allem dann, wenn er noch auf den »Unglückstag« Freitag fällt. Auch bei Müdigkeit, starker Erregung und Krankheit ist auf die Orakel (oder, genauer, auf die Orakeldeuter) in der Regel nur wenig Verlaß.

Mehr braucht zu diesem Thema eigentlich nicht gesagt zu werden: Befolgen wir das Gebot Austin Osman Spares, alle magischen Operationen (also auch divinatorische) in einem Zustand des »Nichtverhaftetseins / Nicht-Desinteresses« auszuführen. Dies gewinnt besonderes Gewicht bei der eigentlichen Deutung des Orakels.

»Richtige Fragestellung«

Gegen dieses Gebot wird in der divinatorischen Praxis leider immer wieder verstoßen. So hat es beispielsweise keinen Zweck, einem auf Bildern beruhenden Orakel wie dem Tarot Ja-Nein-Fragen zu stellen oder Datumsangaben von ihm zu verlangen. Da nützt auch das Argument nichts, daß die Karten in der Regel durchnumeriert sind und daher doch »eigentlich« auch Lottozahlen prognostieren müßten. (Abgesehen davon, daß man, selbst wenn dem so sein sollte, wahrscheinlich besser bedient wäre, die Zahlen zu erwürfeln, weil einen dann keine Bilder ablenken.)

Die Frage muß dem Orakeltyp adäquat sein.

Zunächst einmal gilt, daß die Frage dem Orakeltyp adäquat sein muß. Ein binäres Orakel (beispielsweise das Werfen einer Münze) kann nur Ja-Nein-Fragen beantworten, und kein Mensch käme auf den Gedanken, mit ihm die Frage nach dem Sinn des Lebens beantworten zu wollen. Der Tarot hingegen setzt eher Wie-Fragen voraus, was auch für das I Ging gilt.

Grundsätzlich sollte man, unabhängig von der Struktur des benutzten Orakels, alle Suggestivfragen vermeiden. Wer die Frage stellt: »Wann gewinne ich im Lotto?« oder »Wann finde ich die Frau meines Lebens?«, nimmt das ersehnte Ereignis bereits vorweg und läßt dem Orakel keine Chance, ihn vielleicht eines besseren zu belehren, was den Vorteil hätte, daß er sich dann auf aussichtsreichere Ziele konzentrieren könnte. Sinnlos sind auch überspezifische Fragen im Stile von: »Was wird am 15.4. um 9.34 Uhr geschehen?«

Ebensowenig ist allerdings zu empfehlen, allzu vage Fragen zu wählen, etwa: »Wie werde ich glücklich?« Solche Formulierungen sind das Produkt einer tiefsitzenden Orientierungsnot (aus der heraus natürlich grundsätzlich jedes Orakel befragt wird), die es sinnvoller erscheinen läßt, erst einmal die eigene Energie darauf zu verwenden festzustellen, was man eigentlich genau will und/oder wissen will, bevor man sich über ein Orakel hermacht. Das gleiche gilt für Fragen, die einen sehr langen Zeitraum abdecken: »Wie sieht meine Gesundheit in dreiundvierzig Jahren aus?« Darauf erhält man stets nur ebenso vage, durchschnittliche Antworten. Zur Respektierung der Aussagegrenze gehört es auch, daß sich der Magier bei der Orakelbefragung grundsätzlich nur innerhalb seiner gegenwärtigen Reichweite bewegt – gewiß, ein sehr vager Rat, der individuell nur sehr unterschiedlich gehandhabt werden kann. Es ist zwar unter Esoterikern sehr beliebt, möglichst im Kollektiv Fragen nach dem »Weltfrieden«, der »nächsten Weltkatastrophe« oder der »wahren, geistigen Ursache der AIDS-Seuche« zu stellen, ebensogut könnte man aber auch hier die Antwort erwürfeln oder die Fragerei – noch besser – gleich bleiben lassen. Wenn Sie das nicht glauben sollten, können Sie natürlich gern einmal probeweise mit solchen Orakeloperationen hantieren – die Ergebnisse werden Sie wahrscheinlich schon bald überzeugen!

Anstatt also zu fragen: »Wieviel werde ich am 29.1. im Lotto gewinnen?«, formulieren Sie lieber: »Wie wird sich meine finanzielle

Situation entwickeln, wenn ich nächste Woche Lotto spiele?« Und beherzigen Sie dabei bitte stets, was wir im ersten Band dieses Lehrgangs über die symbol-logische Unschärferelation geschrieben haben!

»Nüchterne, emotionsfreie Deutung«

Gelassenheit ist bei jeder Orakelbefragung Trumpf!

Und noch einmal: Gelassenheit ist bei jeder Orakelbefragung Trumpf! Schon durch eine korrekte Fragestellung vermeiden wir zum Teil das fiebrige Greifen nach dem Strohhalm der Antwort. Gewiß, man muß solche Phasen einmal durchgemacht haben, in denen man einem Orakel oder mehreren voller Verzweiflung immer wieder dieselbe Frage stellt, weil man eine ganz bestimmte Antwort hören will. Wer danach aber das Orakel angeekelt und enttäuscht beiseite wirft, weil er irgendwann zwar die gewünschte Antwort erhalten hat, diese sich aber leider als unrichtig herausstellte, der verhält sich infantil und erkennt nicht, daß jedes Orakel nur ein Spiegel des eigenen Inneren sein kann. Kein Zweifel, die Orakelkunst ist aus der Not geboren, die Zukunft in den Griff zu bekommen, doch darf der Magier nicht in dieser Not steckenbleiben. Vollzieht er aber irgendwann den Schritt zu einem nüchternen Divinationshandwerker, so erweist sich das Werkzeug »Orakel« tatsächlich als unschätzbare Entscheidungshilfe. Dann, aber wirklich auch erst dann, ist es ein Instrument der Befreiung vom Fatalismus abergläubischer Prägung. Und schließlich entwickelt sich durch häufige Orakelpraxis die Intuition von allein, bis das Werkzeug schließlich überflüssig geworden ist und man es allenfalls aus Nostalgie, oder um nicht einzurosten, mal zur Hand nimmt, um eher liebevoll mit ihm zu spielen, anstatt das eigene Schicksal in die Waagschale zu werfen und von der erhaltenen Antwort abhängig zu machen.

Durch häufige Orakelpraxis entwickelt sich die Intuition.

»Nachbereitung«

Die Nachbereitung ist zumindest in der Lernphase von größtem Nutzen. Sie unterscheidet sich von der herkömmlichen Erfolgskontrolle in erster Linie dadurch, daß der Divinationsmagier nicht nur beobachtet, ob sich seine Deutung bewahrheitet hat oder nicht, sondern vielmehr alles in minutiösen Einzelheiten noch einmal durcharbeitet, um festzustellen, was er beim nächsten Mal besser machen kann, worauf er stärker achten muß, kurzum, wo seine eigenen Stärken und Schwächen liegen. Dies geschieht normalerweise nur bei Mißerfolgen, doch ist es vor allem am Anfang zu empfehlen, eine dauernde Negativkonditionierung zu vermeiden und sich auch mit den eigenen Erfolgen gründlich auseinanderzusetzen.

Man sollte auch später auf das Orakel Bezug nehmen, etwa indem man – auch nachdem ein prognostiziertes Ereignis oder ein Zustand eingetreten ist – nach weiteren »Verästelungen« der Orakelaussage sucht. Es empfiehlt sich daher in der Trainingsphase unter Umständen sogar das Führen eines eigenen Orakeltagebuchs, was freilich eher für Magier interessant sein dürfte, die sich später einmal professionell und dauerhaft mit Orakeln befassen wollen. In den meisten anderen Fällen genügt es, wenn die Divinationsarbeiten im regulären Magischen Tagebuch festgehalten werden.

Es empfiehlt sich das Führen eines eigenen Orakeltagebuchs.

Prinzipiell ist die Divination der Omendeutung verwandt und läßt sich daher psychologisch in die Rubrik »selektive Wahrnehmung« oder, im pathologischen Fall, »Beziehungswahn« einordnen. Das weist auch auf die Gefahren hin, die damit verbunden sind: Von der völligen Abhängigkeit und dem destruktiven Fatalismus bis zur wahnhaften Omen-Überdeutung reicht die Palette möglicher Risiken. Auch aus diesem Grund haben wir eine ganze Weile gewartet, bis wir Sie im Rahmen dieses Lehrgangs mit der Divination konfrontierten, denn jetzt können wir davon ausgehen, daß Sie sich aufgrund Ihrer bisherigen magischen Erfahrung mit Souveränität und Freude der Orakelkunst widmen können.

Verschiedene Orakeltypen

Der Bequemlichkeit halber wieder Bettina Tegtmeiers Werk folgend, möchten wir hier in folgende Orakeltypen unterscheiden. Im nächsten Abschnitt werden wir dann im einzelnen darauf eingehen. Hier genügt zunächst einmal ein grober Überblick mit den wichtigsten Beispielen zur Veranschaulichung der benutzten Kategorien.

1. EIDETISCHE ORAKEL
(Kaffeesatz-/Teeblätterlesen; Steinsehen; Bleigießen; Baumrindensehen usw.)

2. VISIONSORAKEL
(Kristallkugelschau; Kristallsehen; Spiegelschau; Feuersehen, Wassersehen; Wolkenschau usw.)

3. GEISTREISENORAKEL
(Tattwareisen; schamanische Geistreisen usw.)

4. GEISTWESENORAKEL
(Mediumismus; Ouija-Brett usw.)

5. KOMBINATORISCHE ORAKEL
(Runenorakel; Kartenlegen; Geomantie; Kauriorakel usw.)

6. OBJEKTIVIERTE KOMBINATORISCHE ORAKEL
(Astrologie; Chiromantie usw.)

7. NUMEROLOGISCHE ORAKEL
(Zahlendeutung; Gematria usw.)

8. TEXTORAKEL
(Buchstechen; I Ging usw.)

9. BINARE ORAKEL
(Münzenwerfen; Pendeln; Losen usw.)

10. TRAUMORAKEL
(Traumprophetie; Trauminkubation usw.)

11. VOLKSORAKEL
(Salzorakel; Ringorakel usw.)

12. OMENDEUTUNG
(»Schwarze Katze von rechts«; »Schafe zur Linken« usw.)

PRAKTISCHE ÜBUNGEN

ÜBUNG 82
PRAKTISCHE DIVINATORIK (I)

Diese Übung brauchst Du nicht durchzuführen, wenn Du seit mindestens drei Jahren mit mindestens zwei Orakelsystemen praktisch vertraut bist. Selbstverständlich bleibt es Dir unbenommen, sie auch dann anzugehen oder entsprechend zu modifizieren.

Entwickle einen Arbeitsplan für Deine Orakelpraxis. Stelle fest, welche Orakelsysteme Dir am meisten zusagen und welche am wenigsten. Suche Dir aus der ersten Gruppe mindestens ein System aus und aus der zweiten ebenfalls mindestens eins; insgesamt solltest Du am Anfang höchstens mit vier Systemen experimentieren. Erst wenn Du zwei Systeme einigermaßen zufriedenstellend beherrschst, kannst und sollst Du weitere hinzunehmen. Suche Dir selbst relevante, brauchbare Literatur zusammen; auch die – oft sehr umständliche – Literaturermittlung und -beschaffung gehört leider zu den Pflichten eines echten westlichen Magiers. Wir können und wollen sie Dir nicht gänzlich abnehmen. Kaufe jedoch nichts ungeprüft, sondern verschaffe Dir von jedem Werk vorher wenigstens einen allgemeinen Eindruck.

Terminiere dieses Orakelexerzitium auf mindestens sechs Monate. In dieser Zeit solltest Du regelmäßige Orakelbefragungen durchführen, beispielsweise zweimal in der Woche mit jeweils einem anderen Orakelsystem. Vermeide es auf jeden Fall, zweimal dieselbe Frage zu stellen! Versuche keine Antworten zu erzwingen – sollte das Orakel mal nicht zu Dir »sprechen«, so halte auch dies gewissenhaft im Magischen oder Orakeltagebuch fest. Du kannst die Orakel auch für andere Menschen befragen; das ist sogar wünschenswert, weil Du auf diese Weise den Unterschied zwischen einer Befragung in eigener Sache und der Orakelnahme für andere kennenlernst. Möglicherweise machst Du dabei die Erfahrung, daß Du ein bestimmtes System nur für Dich selbst, ein zweites nur für andere und ein drittes für beides benutzen kannst. Das ist sehr häufig der Fall. Es bedarf aber einer gewissen Praxis, um dies herauszufinden.

Behalte im übrigen stets im Auge, daß alle Orakel der Befreiung dienen sollen, indem sie Dir relevante Informationen geben, die Du auf andere Weise nur sehr schwer oder überhaupt nicht erhalten würdest.

Mache Dich also niemals von Orakelantworten abhängig; gehe aber auch mit jedem Orakel respektvoll um wie mit einem weisen Freund und verschiebe eine geplante Befragung auf einen günstigeren Termin, wenn Du Dich nicht wohlfühlen solltest oder Deine Intuition Dir sagt, daß es im Augenblick besser wäre, die Befragung zu unterlassen. Vielleicht stellst Du nach einer Weile auch fest, daß Du manches lieber gar nicht im voraus wissen willst...

LITERATURNACHWEIS

Bettina Tegtmeier, *Der große Schlüssel zum Orakel. Fünfzig Techniken der Schicksalsbefragung*, Interlaken: Ansata 1985

Dieses Buch dürfte inzwischen wohl das Standardwerk der Orakeltechnik sein. Leider ist es zur Zeit vergriffen und nur noch antiquarisch erhältlich.

Frater V∴ D∴, »*Wie schächte ich mein Alter Ego? Anmerkungen zur Dämonenmagie*«, in: *Unicorn* XIII/85, S. 64–69, Anm. S. 119

Jörg Wichmann, »*Lucifer/Luci-fer. Zur Psychologie des Dämonischen*« in: *Unicorn* 11/82, S. 108–109

MAGISCHE ORDEN (II)

Rosenkreuzertum und Magie

Zwischen Rosenkreuzertum und Freimaurerei herrscht seit jeher eine scharfe Rivalität, die sich auch um die Frage rankt, welche von beiden magischen Gruppen oder Richtungen tatsächlich die ältere ist. Diese Kontroverse wird nicht zuletzt dadurch geschürt, daß manche rosenkreuzerische Orden außerordentlich vollmundig mit ihren eigenen historischen Ansprüchen umgehen und geradewegs behaupten, daß ihre Tradition sich aus dem alten Ägypten oder noch früheren Kulturen ableitet und seitdem angeblich in ununterbrochener Überlieferung von ihnen bewahrt werde. Da erscheint es dann auf skurrile Weise nur konsequent, wenn beispielsweise eine Organisation wie AMORC (Anciens Mystica Ordo Rosæ Crucis = Alter Mystischer Orden vom Rosenkreuz) in einer Werbeschrift verkündet, daß schon Echnaton oder Sokrates der Bruderschaft angehört hätten... Seitdem die westliche Magie (wieder) lernt, mythische Symbole nicht mehr mit »wissenschaftlichen Fakten« zu verwechseln, können wir solchen Ansprüchen zwar etwas gelassener gegenübertreten, doch sind derartige mißglückte Formulierungen gewiß keine Hilfe, weil sie künstlich Streit schüren, wo doch die Einigkeit gegenüber dem gemeinsamen Gegner (besonders den Kirchen) weitaus angebrachter wäre.

Profanhistorisch läßt sich der Begriff »Rosenkreuzertum« erst mit dem Erscheinen der Fama Fraternitatis *im Jahre 1614 nachweisen.*

Wie dem auch sei: Profanhistorisch läßt sich der Begriff »Rosenkreuzertum« erst mit dem Erscheinen der *Fama Fraternitatis* im Jahre 1614 nachweisen, also etwa hundert Jahre vor der Gründung der ersten freimaurerischen Großloge zu London. Wo aber die Freimaurer eine Herkunft aus mittelalterlichen Dombauzünften postulieren (und dies nach heutigem Erkenntnisstand höchstwahrscheinlich zu Recht), ist doch die Geschichte des Rosenkreuzertums eher durch »Wildwuchs« und Uneinheitlichkeit gekennzeichnet. Das nimmt auch nicht weiter wunder, wenn wir uns einmal genauer mit der historischen Entwicklung dieser für die abendländische Magie so wichtigen Geistesströmung befassen.

Auch die Symbolik der Bewegung selbst gibt Anlaß zu zahlreichen Spekulationen. Leitet sich das Wort »Rosenkreuz« von Christian Rosencreutz ab, dem Protagonisten der *Fama Fraternitatis*? Zwar legt

Die Symbolik der Bewegung gibt Anlaß zu zahlreichen Spekulationen.

die Namensähnlichkeit das nahe, aber dabei dürfte es sich mit Sicherheit nur um ein Pseudonym handeln, das der Bruderschaft entlehnt wurde, und nicht umgekehrt. Immerhin ist die Verbindung von Rose und Kreuz ja eine altbekannte Symbolik. In der christlichen Allegorie stehen beide Symbole häufig für die Jungfrau Maria und für Jesus Christus. Das Kreuz ist darüber hinaus weltweit in den verschiedensten Mythologien bekannt und wird im Christentum mit Opfer und Leid gleichgesetzt.

Da die geistigen Väter der Bewegung stark protestantisch dachten, wählten sie vielleicht auch die Rose und das Kreuz, weil diese Symbole im Wappen Martin Luthers vorkommen. Andererseits wird aber auch die These vertreten, daß die Bezeichnung aus der Alchemie stammt, wobei das Wort *ros* im Lateinischen »Tau« bezeichnet, der in der Alchemie als wesentliches Element bei der Verwandlung unedler Metalle in Gold gilt, während *crux* sowohl das alchemistische Symbol des Lichts ist als auch das Zeichen, mit dem die vier Elemente dargestellt werden.

So überrascht es kaum, daß auch die Rosenkreuzer selbst ihre Schwierigkeiten damit haben, sich über Ursprung, Ritual und Lehren der Bewegung zu einigen. Es erschiene uns auch falsch, von *der* Bruderschaft der Rosenkreuzer zu sprechen, da die Organisationsstruktur dieser Geistesrichtung noch viel verworrener und unübersichtlicher ist als die der Freimaurerei.

Die Legende des Rosenkreuzertums

Betrachten wir die Legende des Rosenkreuzertums daher mit Nachsicht und verfolgen wir sie, wie wir es der Freimaurerei ja auch schon zugestanden haben, indem wir ihre eigenen Ansprüche referieren und uns dabei wohlwollend-kritisch mit ihr auseinandersetzen.

Es beginnt, wie gesagt, mit dem 1614 zu Kassel erscheinenden Werk, dessen voller Titel lautet: *Allgemeine und General Reformation der gantzen weiten Welt. Beneben der Fama Fraternitatis, Deß Löblichen Ordens des Rosenkreuzes/an alle Gelehrte und Häupter Europæ geschrieben: Auch einer kurtzen*

Responsion, von dem Herrn Haselmeyer gestellet/welcher deßwegen von den Jesuitern ist gefänglich eingezogen/und auff eine Galleren geschmiedet. Das deutsche Manuskript begann wahrscheinlich schon um 1610 zu zirkulieren, das Werk wurde danach in mehreren Sprachen veröffentlicht.

Jene Leser, die bei einer »Generalreformation der Welt« mitmachen wollen, werden dazu aufgefordert, von »Bapst, Aristoteles, Galenus, ja was nur einem Codice gleich siehet« abzulassen. Der anonyme Autor betont, daß niemand sich unmittelbar um die Mitgliedschaft bewerben könne, zugleich aber heißt es: »Es soll auch keinem, der seinen Nahmen wird angeben, fählen, daß er nicht mit unser einem entweder Mündlich, oder da er es je bedenckens hette, Schrifftlich solle zu Sprach kommen: Diß sagen wihr aber für gewiß, daß wer es ernstlich und hertzlich mit uns wird meinen, der sol dessen an Gut, Leib und Seel geniessen ...«

Um von vorneherein etwaigen Hoffnungen auf Unterweisungen in der bei seinen Zeitgenossen äußerst beliebten praktischen Alchemie den Wind aus den Segeln zu nehmen, erklärt der Autor: »Was aber sonderlich zu unser zeit das gottloß und verfluchte Goldmachen belangt ... So bezeugen wir hiermit öffentlich, daß solches falsch und es mit den wahren Philosophis also beschaffen, daß ihnen Gold zu machen ein geringes und nur ein perergon ist, derengleichen sie noch wol andere etlich tausend bessere stücklein haben.«

Mit anderen Worten: Es wird behauptet, daß die Rosenkreuzer sehr wohl um die Verwandlung unedlen Metalls in Gold sowie um die Herstellung medizinischer Elixiere wissen, doch ihre mächtigste Alchemie ist einem anderen, höherwertigen Zweck vorbehalten: der Verwandlung des Intellekts des gewöhnlichen Sterblichen in spirituelle und philosophische Weisheit. Dieser Nimbus der im Geheimen wirkenden Wissenden soll von nun an das Bild des Rosenkreuzertums im Bewußtsein der Öffentlichkeit nachhaltig prägen.

Die Verwandlung des Intellekts in spirituelle und philosophische Weisheit

Die *Fama* fährt fort mit einer Schilderung des Lebens eines gewissen Christian Rosencreutz, des Gründers und geistigen Vaters der Rosenkreuzerbruderschaft. Dem Werk zufolge wird Rosencreutz im Jahre 1378 in Deutsch-

Das Leben eines gewissen Christian Rosencreutz

Allgemeine vnd General
REFORMATION,
der gantzen weiten Welt.
Beneben der
FAMA FRA
TERNITATIS,
Deß Löblichen Ordens des
Rosenkreutzes / an alle Gelehrte
vnd Häupter Europæ geschrie-
ben:
Auch einer kurtzen RESPONSION
von dem Herrn Haselmeyer gestellet / welcher
deßwegen von den Jesuitern ist gefänglich ein-
gezogen / vnd auff eine Galleren ge-
schmiedet:
Jtzo öffentlich in Druck verfertiget
vnd allen trewen Hertzen communiciret
worden.

Gedruckt zu Cassel / durch Wilhelm Wessell /
ANNO M. DC. XIV.

Abbildung 36: oben: Titelblatt der *Fama Fraternitatis*;
unten: Sinnbild der Rosenkreuzer: »Die Rose gibt den Bienen Honig«

land als Kind einer adligen, aber verarmten Familie geboren. Christians Eltern geben ihn, weil sie nicht für ihren Sohn sorgen können, in seinem fünften Lebensjahr in ein Kloster. Nachdem er »beyde Sprachen, Griechische und Lateinische ziemblich« erlernt hat, macht sich der noch junge Mann zusammen mit einem Mönch auf die Pilgerfahrt ins Heilige Land. Bei einem Aufenthalt auf Zypern stirbt der Mönch jedoch. Der zielstrebige Junge aber »schiffet vollend hinüber und zohe auff Damascum zu«, wo er lange Zeit bleibt.

Rosencreutz beweist dort seine große angeborene Fertigkeit auf dem Gebiet der Medizin und der Heilkunde, und zieht die Aufmerksamkeit der weisesten Männer der Stadt auf sich. Er läßt sich seinerseits von ihren Kenntnissen über Wissenschaft, Mathematik und andere Geheimdinge inspirieren. Endlich will er seine ursprünglichen Reisepläne über den Haufen werfen, um die Weisheit Arabiens an ihren Quellen zu suchen. Die Weisen von Damaskus schicken ihn in eine Stadt namens Damcar, ein Ort, der nie identifiziert wurde und der wohl als mythisch gewertet werden muß. In Damcar, so fährt die *Fama* fort, empfangen ihn die Weisen, denen »die gantze Natur entdeckt were … nicht wie einen Frembden, sondern gleichsamb auff denen sie lange gewartet hetten, nenten ihme auch mit Nahmen, zeigten ihme auch andere Heimbligkeiten« – wozu nicht nur Mathematik, Physik und Alchemie gehören, sondern vor allem auch ein Dokument, das in der *Fama* als *Buch M.* bezeichnet wird. Diese letztere Kostbarkeit, die wohl mit vollem Titel *Liber Mundi* oder *Buch der Welt* geheißen hat, soll die Geheimnisse des Universums enthalten. Der junge Rosencreutz faßt den Entschluß, dieses umfangreiche Werk ins Lateinische zu übersetzen, damit nach seiner Rückkehr nach Europa auch andere daran teilhaben können.

Nach dreijährigem Aufenthalt in Damcar reist Rosencreutz weiter nach Ägypten, wo er Naturgeschichte studiert sowie wahrscheinlich die dem Hermes Trismegistos, dem legendären altägyptischen Weisen, zugeschriebenen metaphysischen Schriften. Als nächstes begibt er sich ins marokkanische Fez, wo er mit der Magie vertraut gemacht wird und die Kabbala studiert. Rosencreutz staunt über die Leichtigkeit, mit der Araber und Afrikaner hier neues Gedankengut austauschen und altes weiterentwickeln. All dies tun sie nur, um das allgemeine Wissen zum Wohle der Menschheit zu mehren. Und wenn ihn die »Unreinheit« der Magie, wie sie in Fez praktiziert wird, auch beunruhigen mag, erkennt er doch Möglichkeiten, sie zur Förderung seines eigenen christlichen Glaubens zu nutzen.

Schließlich kehrt Rosencreutz über Spanien nach Europa zurück. Er brennt darauf, sein neues Wissen weiterzugeben. In seiner Naivität erwartet er, daß die spanischen Gelehrten nun frohlocken werden, weil ihr mangelhaftes Wissen, ihre falschen Methoden und ihre fehlgeleitete Moralphilosophie endlich eine Verbesserung und Korrektur erfahren können. Statt dessen begegnen dem jungen Gelehrten jedoch nur Hohn und Feindseligkeit: »aber es war ihnen alle lächerlich und weil es noch new, besorgten sie, ihr grosser Nahme würde geschmälert, so sie erst lehrnen und ihre vieljährige irrung bekennen sollten«. Enttäuscht reist Rosencreutz weiter, doch die Gelehrten der anderen Länder erweisen sich auch nicht als besser. Nur für seine alchemistischen Fähigkeiten interessieren sie sich voller Begehrlichkeit, doch er weigert sich kategorisch, diese Gier zu befriedigen.

Entmutigt kehrt Rosencreutz schließlich nach Deutschland zurück, um dort über die Torheit seiner Mitmenschen nachzugrübeln. Nach mehreren Jahren kommt er zu dem Schluß, daß die Welt für seine große moralische und geistige Reformation einfach noch nicht reif genug ist.

Rosencreutz kommt zu dem Schluß, daß die Welt für seine große moralische und geistige Reformation noch nicht reif genug ist.

Weil er aber das angesammelte wissenschaftliche und geistige Wissen nicht verlorengehen lassen will, will er es in Büchern niederschreiben, die solange geheim bleiben sollen, bis bessere, aufgeklärtere Zeiten kommen. Zur Unterstützung bei dieser wichtigen Arbeit lädt er drei Mitbrüder aus dem Kloster seiner Jugend dazu ein, seine Helfer zu werden: Auf diese Weise gründen Christian Rosencreutz und seine Kollegen einen neuen, quasi-mönchischen Orden, eben die »Bruderschaft vom Rosenkreuz« oder die Rosenkreuzer, deren einziges Ziel – dem Autor der *Fama* zufolge – darin besteht, anderen den rechten Weg zu zeigen.

Die Arbeit geht nur schleppend voran, denn die Zeit und die Kräfte der Rosenkreuzer werden auch von vielen anderen Dingen in Anspruch genommen: Die medizinischen Kenntnisse, die Vater Christian, wie er nun genannt wird, den Brüdern vermittelt, sprechen sich überall herum, so daß unentwegt Kranke an die Tore der Rosenkreuzer klopfen. Darüber hinaus gilt es, ein ehrgeiziges Bauvorhaben zu verwirklichen: Denn Vater Christian hat beschlossen, einen großen Tempel zu erbauen, das »Domus Sanctus Spiritus« (»Haus zum Heiligen Geiste«), das zum geistigen Heim des Ordens werden soll. Endlich beschließen die Brüder, vier weitere Mönche in ihren Orden einzuweihen; gemeinsam verwirklichen sie Vater Rosencreutzens großen Plan und gründen zudem eine Bibliothek der Künste und Wissenschaften.

Die Rosenkreuzer einigen sich auf sechs Grundsätze, die sie für immer miteinander verbinden sollen.

Als das Werk beendet ist und es für die Rosenkreuzer keinen Grund mehr gibt, weiterhin zusammenzubleiben, beschließen sie, auseinanderzugehen und ihr medizinisches Wissen auf der ganzen Welt zu verbreiten. Zuvor jedoch einigen sie sich auf sechs Grundsätze, die sie für immer miteinander verbinden sollen: Erstens darf jeder von ihnen nur einen medizinischen weltlichen Beruf ergreifen und muß seinen Patienten stets kostenlos dienen. Zweitens dürfen sie niemals den Habit eines Mönchs anlegen, wie es andere Orden tun, sondern müssen sich nach den Bräuchen des jeweiligen Landes kleiden, in dem sie sich gerade aufhalten, um dort nicht aufzufallen. Drittens versammeln sie sich einmal im Jahr im Sanctus Spiritus am »Tage C«. Man hat spekuliert, daß es sich dabei um das Fest Corpus Christi – Fronleichnam – handeln könnte, das an dem auf den achten Sonntag nach Ostern folgenden Donnerstag begangen wird. Das Treffen dient dazu, Wissen auszutauschen und die Bruderschaft zu erneuern. Viertens erwählt jeder der Brüder einen würdigen Nachfolger, an den er vor seinem eigenen Tod all sein Wissen weitergibt, damit die Mission des Ordens auf Erden fortgesetzt werden kann. Fünftens sollen die Initialen »RC« – die Abkürzung für das lateinische Rosae Crucis – als Siegel, Losung und Symbol des höchsten Strebens der Bruderschaft dienen. Mit diesen Initialen wird auch der Name Rosencreutzens selbst abgekürzt. Und sechstens sollen Existenz des Rosenkreuzerordens und sein besonderes Wissen solange ein streng gehütetes Geheimnis bleiben, bis die Brüder ein Zeichen erhalten, daß sie alles preisgeben dürfen.

Die *Fama Fraternitatis* berichtet, daß die Brüder und ihre auserwählten Nachfolger Jahr um Jahr, Jahrzehnt um Jahrzehnt ihren Auftrag ausführen und einen hohen Ruf als Heiler genießen (einer von ihnen soll den jungen englischen Herzog von Norfolk vom Aussatz geheilt haben), während sie im Stillen den Boden für die kommende Moralreformation vorbereiten. Schließlich stirbt Christian Rosencreutz 1484 im Alter von 106 Jahren. Er wird von zweien seiner treuen Jünger begraben, die geschworen haben, seine letzte Ruhestätte ihr ganzes Leben lang geheimzuhalten.

Nun tritt der geheime Orden in ein Jahrhundert der Ruhe und der Erneuerung ein. Im Jahre 1604 entdeckt der Autor der *Fama* zusammen mit mehreren der Brüder an einem verborgenen Ort ein geheimnisvolles Grabmal, das hinter einer Geheimtür versteckt ist. Es trägt die lateinische Inschrift: »Nach 120 Jahren werde ich wieder erscheinen.« In der Mitte des Grabmals finden die Brüder eine siebeneckige Gruft, deren Wände alle in zahlreiche weitere Gemächer unterteilt sind, und in der ein Altar steht. Im Inneren schimmert ein strahlendes Licht.

Ein geheimnisvolles Grabmal

Bei näherer Untersuchung dieser Gemächer entdecken die Brüder vom Rosenkreuz nicht nur Kopien sämtlicher Bücher des Ordens, sondern auch ein Exemplar des *Vocabularium* des berühmten Schweizer Arztes und Alchemisten Paracelsus; ferner die Lebensgeschichte des Vaters Christian sowie »Spiegel von mancherley Thugend, also auch anderstwo Glöcklein, brennende Ampeln, sonderlich etliche wunder künstliche Gesänge«. Die Brüder gelangen zu dem Schluß, daß sie die letzte Ruhestätte ihres Ordensgründers entdeckt haben.

Hier liegt offenkundig ein historischer Anachronismus vor, denn Paracelsus wurde erst 1493 geboren, also fast zehn Jahre nach der Beisetzung des Christian Rosencreutz. Das hat spätere Forscher zwar vor Rätsel gestellt, ließ die Zeitgenossen der *Fama* aber ungerührt und tat dem Erfolg des Werks keinen Abbruch. Im Grabmal finden die Brüder jedenfalls einen vollständigen Satz der für eine eventuelle Neukonstituierung des Ordens erforderlichen Schriften – sowie den Leichnam des Christian Rosencreutz, »ein schöner und ruhmwürdiger Leib, unversehret und ohne alle verwesung«. Sogar im Tod hält er in seiner Hand noch ein in Goldlettern geschriebenes Exemplar des Buchs T., von dem die *Fama* sagt, daß es »nach der Bibel unser höchster Schatz« sei. Spätere Profanhistoriker freilich konnten dieses Werk nie identifizieren.

Nun scheint für die Ordensbrüder die Zeit angebrochen zu sein, um hinauszuziehen und ihre Botschaft von einer weltweiten moralischen Erneuerung zu verkünden und ihre Reihen für eine größere Zahl neuer Mitglieder zu öffnen.

Der *Fama Fraternitatis* war sofort ein durchschlagender Erfolg beschieden, und schon bald war sie in ganz Europa Gesprächsthema Nummer

Der Fama Fraternitatis *war sofort ein durchschlagender Erfolg beschieden.*

eins. Man fragte sich natürlich, ob der Orden tatsächlich noch existiere, was es mit Christian Rosencreutz auf sich habe, wie eine Mitgliedschaft in dem Geheimbund zu erlangen sei und was die dem Okkulten und Spirituellen außerordentlich aufgeschlossenen Zeitgenossen jener Epoche eben noch so bewegte. Doch damit nicht genug, denn schon bald erschienen noch zwei weitere Werke über das Rosenkreuzertum, die nicht weniger Furore machten. Das erste trug den Titel *Confessio Fraternitatis Oder Bekanntnuß der löblichen Bruderschafft deß hochgeehrten Rosen Creutzes an die Gelehrten Europas geschrieben* und erschien im Jahre 1615 zunächst in lateinischer Sprache. Im Prinzip handelt es sich bei der *Confessio* um eine etwas detailliertere Ausarbeitung der bereits in der *Fama* geschilderten Rosenkreuzerphilosophie. Sie wies aber auch noch einmal deutlich darauf hin, daß der Orden allen geeigneten Menschen offenstehe, unabhängig von ihrer Klassenzugehörigkeit. Ferner verkündete das Traktat den grundlegend christlichen Glauben der Bruderschaft und ihre Verdammung des Papstes, des islamischen Propheten Mohammeds, der »falschen Alchemisten« sowie all jener, die die neue Wissenschaft nicht akzeptieren konnten. An der Kritik am Papsttum können wir auch eindeutig erkennen, daß es aus protestantischen Kreisen stammen mußte – wie die spätere Forschung auch zweifelsfrei bestätigen sollte.

Das »New Age« gab es auch schon damals.

Das »New Age« gab es auch schon damals: Anhand mannigfacher Zeichen »im Buch der Natur« wollten die Brüder vom Rosenkreuz erkannt haben, daß nun eine neue Zeit anbreche, »wenn die Welt nemblich von ihrem schweren Schlaff auffwachen und der new auffgehenden Sonnen, mit eröffnetem Hertzen, entblöstem Haupt und nacketen Füssen frölich und frewdig entgegen gehen wird«.

Schließlich erschien ein Jahr später zu Straßburg das dritte und letzte Buch in der Rosenkreuzertrilogie, nämlich die *Chymische Hochzeit: Christiani Rosencreutz: Anno 1459*. Die Jahreszahl ist natürlich eine Fiktion und entsprach damals gängigen Konventionen. Das schmale Werk bezeichnet sich selbst als »hermetische« Romanze und erzählt die abenteuerliche Geschichte des Christian Rosencreutz, der noch im hohen Alter zur Hochzeitsfeier eines mythischen Königspaars geladen wird. Die Geschichte ist reich mit allegorischen Einzelheiten ausgeschmückt, ebenso mit kosmologischen, alchemistischen, astrologischen, magischen und heraldischen Symbolen.

Die Chymische Hochzeit – *ein »Einweihungsroman«*

Man kann die *Chymische Hochzeit* mit Fug und Recht als »Einweihungsroman« bezeichnen. Zu Beginn der Erzählung bereitet Rosenkreutz sich gerade auf die Feier vor. Er muß alle möglichen Prüfungen, Bewährungsproben und Einweihungsriten durchlaufen, bis er endlich sein Ziel erreicht und als Ehrengast willkommen geheißen wird. Ihm wird der ritterliche »Orden vom Goldenen Stein« verliehen, wohl eine Anspielung auf den legendären Stein der Weisen.

Wie schon in den früheren Traktaten verwendet der Autor auch hier große Mühe, um darauf hinzuweisen, daß das Ziel des Christian Rosencreutz und aller anderen, die den Goldenen Stein verliehen bekommen, eine Verwandlung des Geistes sei, nicht aber die kruderen Formen der Alchemie.

Alle drei erwähnten Texte erschienen zwar anonym, doch stellte sich bald heraus, daß ihr Verfasser ein Gelehrter namens Johann Valentin Andreæ war. (Es mag hier am Rande interessieren, daß ich im Jahre 1979, also genau 365 Jahre nach Erscheinen der *Fama*, zusammen mit einem direkten Nachkommen Johann Valentin Andreæs und dessen Frau zu Bonn die magisch-esoterische Fachbuchhandlung »Horus« eröffnete ...) Andreæ, ein hochgebildeter Mann, der einst in Tübingen studiert hatte, war eine Autorität auf den Gebieten der Optik, der Astronomie, der Philosophie und der Mathematik. Auch die wichtigen Werke der hebräischen und arabischen Gelehrten waren ihm gründlich vertraut, ebenso die humanistischen Autoren des 14. und 15. Jahrhunderts, die Autoren der Reformation und natürlich auch die Schriften des elisabethanischen Magiers und Wissenschaftlers (damals nannte man die Wissenschaftler noch »Naturphilosophen«) John Dee. Er gehörte zum visionären Kreis um den anerkannten Tübinger Rechtsgelehrten Christoph Besold und schätzte die Literatur der ägyptischen Hermetiker, der christlichen Mystik und der jüdischen Kabbala.

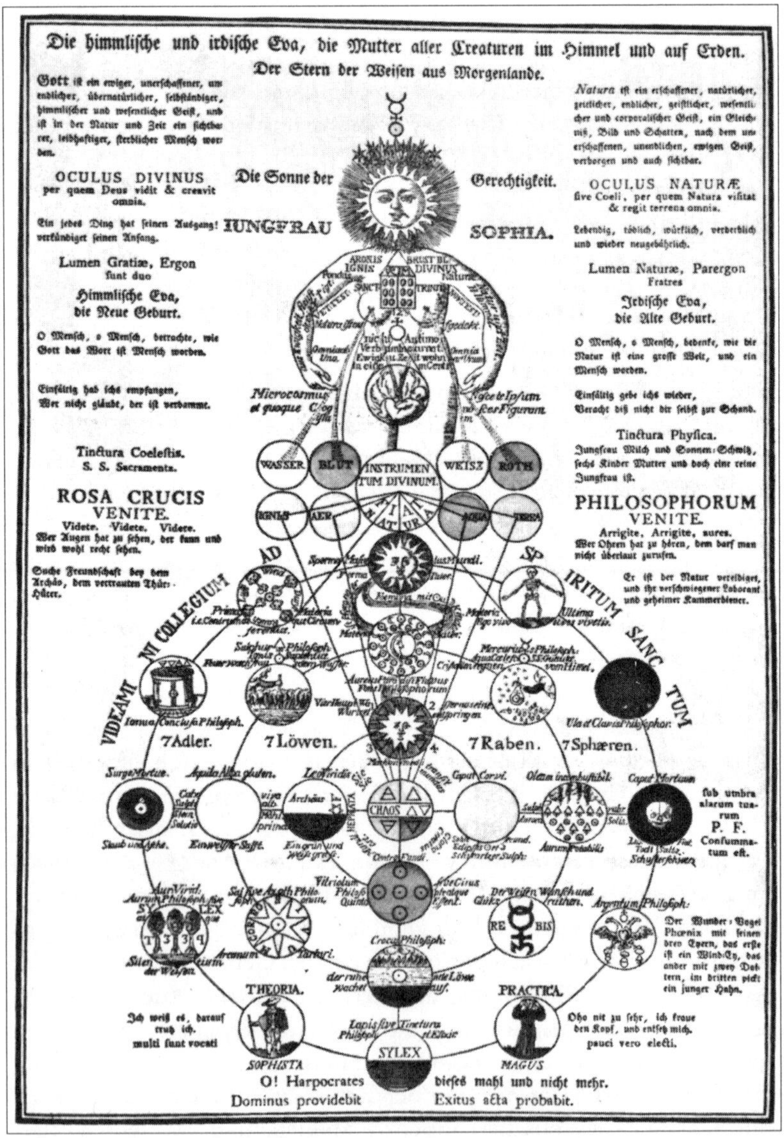

Abbildung 37: Alchemistische Kosmologie der Rosenkreuzer

Mit der in den Rosenkreuzerschriften erwähnten »Generalreformation« der Welt war es Andreæ und seinen Zeitgenossen sicher ernst. Zudem hatte das Jahrhundert solche Utopien auch bitter nötig: Reformation und Gegenreformation sowie der 1618 ausbrechende Dreißigjährige Krieg, bei dem in Deutschland immerhin ein Drittel der Bevölkerung ums Leben kam, ließen das Verlangen nach Frieden, Einheit und Wohlstand immer stärker werden.

Die »Generalreformation« der Welt

Die Schriften lösten jedenfalls in ganz Europa eine regelrechte Rosenkreuzerwelle aus. Überall wurden Gelehrte von »Suchenden« belagert, die Aufnahme in den Orden begehrten, Scharlatane schröpften die Leichtgläubigen, indem sie ihnen angebliche Rosenkreuzertexte und Splitter vom Stein der Weisen verkauften. Wovon die einen profitierten, das geriet den anderen zum Nachteil. So mußte sich der französische Mathematiker Descartes 1624 nach seiner Rückkehr aus Deutschland im heimischen Frankreich gegen den – sicher teilweise als großes Lob gemeinten – Vorwurf wehren, er sei einer der im Unsichtbaren wirkenden Eingeweihten des Rosenkreuzerordens: kein ungefährliches Unterfangen, hatte die katholische Kirche doch bereits strenge Sanktionen gegen solche »Ketzerei« angekündigt …

Die Schriften lösten in ganz Europa eine regelrechte Rosenkreuzerwelle aus.

Vorerst bleibt festzuhalten, daß der Rosenkreuzerorden in der von Andreæ beschriebenen Form profanhistorisch zunächst eine reine Fiktion war, mit deren Hilfe die Zeitgenossen aufgerüttelt und moralisch-geistlich erbaut und geläutert werden sollten. Doch wie so oft in der Geschichte der Magie wurde auch diesmal Wirklichkeit, was zunächst nur Wunschdenken gewesen war: Da die drei Rosenkreuzerschriften die Nachfrage nachhaltig geweckt hatten, zog die Realität schließlich nach, indem zahlreiche rosenkreuzerische und rosenkreuzerähnliche Bünde aus dem Boden schossen wie die Pilze. Das war nicht zuletzt auf das große Interesse vieler gelehrter Häupter zurückzuführen, die sich – wie beispielsweise der Deutsche Michael Maier und der Engländer Robert Fludd (der »geistige Nachfolger« John Dees) – alle nur erdenkliche Mühe gaben, auf wohlwollendste Weise über Existenz, Organisation und moralische Ziele der Bruderschaft zu spekulieren und auf diese Weise so nachhaltig Werbung für sie machten, daß die Wirkung noch bis in unsere Tage zu beobachten ist.

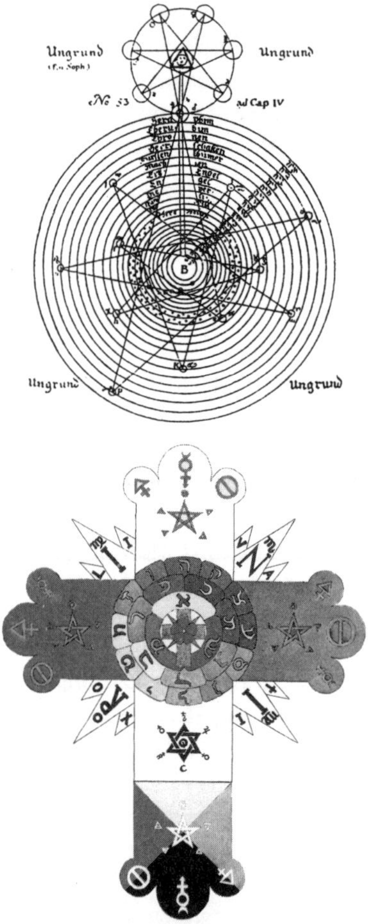

Abbildung 38: oben: Astrologisches System der Rosenkreuzer;
unten: kabbalistisch-hermetische Rosenkreuzsymbolik der Golden Dawn

Die Echtheit der Rosenkreuzerschriften wurde schon kurz nach ihrer Verbreitung angezweifelt.

Die Echtheit der Rosenkreuzerschriften wurde schon kurz nach ihrer Verbreitung angezweifelt, vor allem natürlich von entsprechend interessierten katholischen Kreisen, wodurch sie zusätzliche politische Sprengkraft erhielten; ein Aspekt, der heute schnell vergessen wird, da dem Durchschnittslaien und

-interessenten einfach die historischen Grundkenntnisse fehlen. Ein Blick in die Geschichte zeigt zudem, daß die Authentizitätsansprüche mancher Rosenkreuzerorganisationen schon damals, zu Andreæs Zeiten, weitaus weniger eng gesehen wurden, als dies heute meist der Fall ist. Bereits Robert Fludd räumte in seiner 1616 erschienenen Schrift *A Compendious Apology for the Fraternity of the Rosy Cross, Pelted with the Mire of Suspicion and Infamy, but Now Cleansed and Purged by the Waters of Truth (Eine umfangreiche Verteidigung der Bruderschaft vom Rosenkreuz, einst in den Sumpf des Mißtrauens und der Schändlichkeit herabgezogen, nun aber vom Wasser der Wahrheit wieder reingewaschen)* ein, daß es möglicherweise gar keine formale Rosenkreuzerorganisation gebe. Er argumentierte aber, daß eine Gemeinschaft Gleichgesinnter, die dieselben philosophischen und moralischen Ziele verfolgten, bereits genüge, um eine echte Bewegung zu schaffen. Und er führte sogar aus: »Ich behaupte, daß jeder Theologus der Mystischen Kirche ein wahrer Bruder vom Rosenkreuz ist.« Für ihn waren die Rosenkreuzer wahre Christen und die geistigen Erben des Hermes Trismegistos, denen er sich sehr verbunden fühlte, ohne jedoch selbst Mitglied im Orden zu sein.

So beobachten wir die paradox anmutende Situation, daß sich die Hauptvertreter des Rosenkreuzertums unter Gelehrten fanden, die eingestandenermaßen selbst gar keine Mitglieder der Bruderschaft waren, ja nicht einmal in Kontakt zu ihr standen. Dies wurde, wie in der oft doch sehr obskurantistischen Tradition der westlichen Magie, von interessierten Kreisen (nämlich späteren Organisationen, die meist den Anspruch erhoben, die »wahren Rosenkreuzer« zu sein) natürlich als bewußte Irreführung gedeutet, ohne daß dafür jedoch Belege präsentiert werden könnten. Dieser Punkt ist insofern von Bedeutung, als alles das, was in späterer Zeit als »rosenkreuzerisches Gedankengut« und »Wissen« ausgegeben wurde, tatsächlich weitgehend aus der Feder hermetischer und/oder kabbalistischer Autoren (John Dee, Francis Bacon, Robert Fludd, Paracelsus usw.) stammte und mit einem profanhistorisch nachweisbaren Rosenkreuzerorden nicht das geringste zu tun hatte.

Die formale Entstehung der Freimaurerei und ähnlicher Bünde wurde von rosenkreuzerischem Denken inspiriert.

Es gilt heute als erwiesen, daß die formale Entstehung der Freimaurerei und ähnlicher Bünde (z.B. die Illuminaten) von rosenkreuzerischem Denken inspiriert wurde, so daß sie in diesem

Sinne tatsächlich die ersten wirklichen Rosenkreuzer waren... Nach Fludds Tod im Jahre 1637 wurde es wieder still um den Orden. Dieses Schweigen sollte bis zum Beginn des 18. Jahrhunderts andauern, als plötzlich gleich mehrere Organisationen auf den Plan traten, die alle den Anspruch erhoben, die alleinigen und wahren Rosenkreuzer zu sein. Diese Bünde waren allerdings weniger mystisch-theologisch orientiert als ihre vermeintlichen Vorläufer, sie beschäftigten sich vielmehr vor allem mit der praktischen Alchemie und der Magie.

Der »Orden der Gold- und Rosenkreuzer«

Im Jahre 1710 erschien zu Breslau das Werk *Die wahrhaffte und vollkommene Bereitung des Philosophischen Steins, der Brüderschafft aus dem Orden des Gülden- und Rosen-Creutzes* aus der Feder eines gewissen »Sincerus Renatus«, der mit bürgerlichem Namen Sigmund Richter hieß. Damit war der »Orden der Gold- und Rosenkreuzer« geboren, von dem Richter einiges Wundersame zu berichten wußte und dessen Rituale er auch ausführlich beschrieb. Wir wollen uns hier nicht auch noch mit diesem Seitenzweig des Rosenkreuzertums mit seinen magisch-alchemistischen Komplexitäten befassen, dazu reicht unser Platz leider nicht aus. Erwähnenswert sind die Gold- und Rosenkreuzer vor allem deshalb, weil sie um 1699 in Holland eine Nachfolgeorganisation hervorbrachten, deren Gradsystem im Prinzip das der späteren Golden Dawn vorwegnahm: die von Baron Hans Heinrich von Ecker und Eckhoffen gegründeten »Brüder Sankt Johannes des Evangelisten aus Asien in Europa« (in der Literatur häufig als »Asiatische Brüder« bezeichnet); dieses System ist seinerseits vom älteren Graduierungsplan der Gold- und Rosenkreuzer abgeleitet und umfaßt folgende neun Grade: Junior, Theoreticus, Practicus, Philosophus, Minor, Major, Adeptus exemptus, Magister und Magus.

Manchen Kritikern zufolge handelte es sich bei den Asiatischen Brüdern allerdings vornehmlich um ein Schwindelunternehmen, mit denen der Baron nur seine Geldbörse füllen wollte, was ihm freilich auch durchaus gelang.

Der Mythos des Rosenkreuzertums blieb nicht ohne Folgen. Umstrittene Gestalten wie Cagliostro und der Graf von Saint-Germain brüsteten sich mit ihren Verbindungen zur Bruderschaft, ohne jedoch direkt eine Mitgliedschaft zu behaupten. Das hat spätere Rosenkreuzerorganisationen aber nicht daran gehindert, Saint-Germain kurzerhand zu vereinnahmen, indem sie ihn zu einem der Ihren ernannten.

Durch den großen Einfluß Eliphas Lévis sollte das inzwischen von der Freimaurerei in den Schatten gestellte Rosenkreuzertum im 19. Jahrhundert wieder neuen Auftrieb bekommen. Auch er behauptete nie, Mitglied in der Bruderschaft zu sein, löste aber mit seinen Theorien über die Magie eine neue Begeisterung für die Rosenkreuzerei aus. Im Jahre 1866 wurde die »Societas Rosicruciana in Anglia« (»Gemeinschaft der Rosenkreuzer Englands«), in der Literatur meist mit SRIA abgekürzt, von Hochgradfreimaurern gegründet. Aus dieser Vereinigung sollte 1887 die auch vom rosenkreuzerischen Gedankengut geprägte Golden Dawn hervorgehen, die allerdings auch theosophisches und rein hermetisches Wissen in ihr Lehrgebäude integrierte. Ein Jahr später gründete der exzentrische Marquis Stanislas de Guaïta in Frankreich seinen »Ordre Kabbalistique de la Rose-Croix« (»Kabbalistischer Orden vom Rosenkreuz«), der schließlich von dem durch den Schriftsteller und Okkultdichter Joséphin Péladan 1890 gegründeten schismatischen »Orden vom Rosenkreuz, vom Tempel und vom Gral« an Popularität deutlich überrundet werden sollte. Péladan, den man heute wohl als »PR-Genie« bezeichnen würde, christianisierte – genauer: katholisierte – die Lehren des Ordre Kabbalistique und bekam großen Zulauf, als er ab 1892 im kunstbegeisterten Paris seine seitdem berühmt gewordenen künstlerischen »Rosenkreuzer-Salons« organisierte und selbst Vorträge über mystische Malerei hielt.

Durch den großen Einfluß Eliphas Lévis sollte das Rosenkreuzertum wieder neuen Auftrieb bekommen.

Neue Impulse sollte das Rosenkreuzertum weltweit durch die Rosenkreuzer in den Vereinigten Staaten erhalten. Zwar dauerte es bis zum 20. Jahrhundert, bis sich die Bewegung auch in der Neuen Welt etabliert hatte, danach aber gab sie weltweit schnell den Ton an. Der deutsche Auswanderer Carl von Grasshof, seines Zeichens Theosoph, gründete nach einer Europareise als erster 1907 in Kalifornien unter seinem neuen Namen Max Heindel die noch heute aktive »Rosicrucian Fellowship« (»Rosenkreuzer Gemeinschaft«). Hier finden wir bereits sehr viel theosophisches Gedankengut integriert, beispielsweise die Karma- und Reinkarnationslehre, den Vegetarismus usw.

Das Rennen aber sollte der eingangs schon erwähnte AMORC machen, der von H. Spencer Lewis 1915 gegründet und durch seine sehr aggressiv anmutende Zeitungswerbung schnell einen gewaltigen Mit-

H. Spencer Lewis machte aus seiner Version des Rosenkreuzertums ein kommerzielles Unternehmen im amerikanischen Stil.

gliederzugang zu verzeichnen hatte. Lewis, im bürgerlichen Beruf ein erfahrener Werbefachmann, machte aus seiner Version des Rosenkreuzertums ein kommerzielles Unternehmen im amerikanischen Stil. Die Werbetrommel rührte er unter anderem auch dadurch, daß er im Beisein einiger Schüler und in Anwesenheit eines Reporters im Rahmen eines alchemistischen Experiments Gold herstellte. Ob es sich dabei um eine echte Vorführung oder nur um einen Taschenspielertrick handelte, läßt sich heute natürlich nicht mehr zweifelsfrei feststellen. Mit Sicherheit münzte Lewis die daraus resultierende Publicity in bares Geld um, indem er ein regelrechtes Rosenkreuzerimperium aufbaute (noch heute dürfte AMORC der weltgrößte Rosenkreuzerorden sein), das jährlich viele Millionen Dollar Umsatz machte. Er führte auch das Prinzip der Selbsteinweihung ein (etwa zeitgleich mit Aleister Crowley, zu dem Kontakte bisher allerdings nicht einwandfrei nachgewiesen werden konnten). Zu seinen geistigen Vorfahren zählt der Orden immerhin den Pharao Echnaton, Platon, Aristoteles, Jesus Christus, Cicero, Thomas von Aquin, Francis Bacon, Benjamin Franklin und Claude Débussy, um nur wenige Beispiele zu nennen. (Eine ähnlich eklektische Liste von »Heiligen« finden wir auch schon in Aleister Crowleys »Gnostisch-katholischer Kirche«.)

Lewis baute ein regelrechtes Rosenkreuzerimperium auf.

Die praktischen Unterweisungen des AMORC halten sich in engen Grenzen.

Die praktischen Unterweisungen des AMORC halten sich, wie übrigens die der allermeisten Rosenkreuzerorganisationen, in engen Grenzen: Abgesehen von milden Visualisations- und Intonationsübungen bemüht man sich um die Entwicklung von PSI-Kräften und konzentriert sich ansonsten auf geistige Spekulationen, z. B. über Atlantis, über den angeblichen Kashmir-Aufenthalt Christi usw., wie es eigentlich eher für die Theosophie charakteristisch ist. Dafür unterhält der Orden im kalifornischen San José einen ganzen Park mit zahlreichen Gebäuden im ägyptizistischen Stil, einem ägyptischen Museum, einem Planetarium, Labors, Tonstudios usw.

In der zeitgenössischen Magie spielt das Rosenkreuzertum nur noch eine sehr untergeordnete Rolle, auch wenn sich zahlreiche rosenkreuzerische Organisationen unvergleichlich aufspielen, wenn die Sprache auf das »Bewahren alten, geheimen Wissens« kommt. Immerhin haben sich rosenkreuzerisches Gedankengut und Gradstrukturen ebenso durchgesetzt wie die spätere Beschäftigung mit jüdischer Kabbalistik. Auch die Freimaurerei kennt ihre »Rosenkreuzergrade«, und noch immer scheint der Name der Rosenkreuzer für viele Menschen für Authentizität und erhabenen Edelmut zu bürgen.

Es bleibt jedoch festzuhalten, daß die Rosenkreuzer schon lange ihre innovative Kraft eingebüßt haben. Was zur Zeit Andreæs und Fludds noch revolutionär und systemsprengend war, ist im Laufe der Jahrhunderte zumeist in selbstgefällige Anpassung und Selbstbeweihräucherung abgeglitten – auch hier hat die Realität der Vereinsstrukturen mit ihren systembedingten Querelen und Schismen die Utopie vom humanistischen Idealstaat längst eingeholt und zunichte gemacht.

Diese kritischen Bemerkungen über das Rosenkreuzertum fußen auf zahlreichen Kontakten zu aktiven und ehemaligen Rosenkreuzern verschiedenster Provenienz, die sich einhellig darüber beklagen, daß die magische Ausbildung in ihren jetzigen oder früheren Orden stets viel zu kurz gekommen sei – ein Vorwurf, den man freilich auch im Zusammenhang mit anderen, angeblich »wirklich« magischen Orden allzu oft vernimmt. Da die Rosenkreuzer ursprünglich keinen ausgesprochen magischen Anspruch hatten, sondern eher mystisch-religiös ausgerichtet waren, ist es eigentlich nicht weiter verwunderlich, wenn ihre heutigen Nachfolgeorganisationen die praktische Magie kleinschreiben und sich – ähnlich wie die Freimaurerei – weitaus mehr symbolischen Spekulationen widmen. Freilich müssen es sich jene rosenkreuzerischen Organisationen, die mit vollmundigen Versprechungen ernsthaft an praktischer Magie interessierte Menschen anzulocken versuchen, auch gefallenlassen, wenn man sie an ihren eigenen Ansprüchen mißt: ein Vergleich, der häufig genug negativ ausfällt.

Die Rosenkreuzer hatten ursprünglich keinen ausgesprochen magischen Anspruch.

Der Gerechtigkeit halber soll hier nicht verschwiegen werden, daß die Rosenkreuzer selbst ihre eigene Geschichte natürlich anders

Die Rosenkreuzer selbst begreifen ihre eigene Geschichte natürlich anders.

begreifen. So sind viele von ihnen beispielsweise der Auffassung, daß sich rosenkreuzerische Elemente bereits im 11. Jahrhundert finden lassen. Sicher sollte man unsere obigen historischen Ausführungen durch die Feststellung ergänzen, daß Andreæ mit seinen Schriften (deren Autorenschaft er nur im Falle der *Chymischen Hochzeit* offiziell zugegeben hat – doch ist das Beweismaterial erdrückend, daß er tatsächlich auch für die beiden früheren Pamphlete verantwortlich zeichnete) vor allem deshalb einen solch überwältigenden Erfolg haben konnte, weil sie auf einen durch zahllose Bruderschaften, geheime »hermetische Parlamente« und Zusammenschlüsse alchemistischer Gelehrten sehr gut vorbereiteten Nährboden fielen; ja man könnte in dieser Epoche sogar von einer ebensolchen »okkultistischen Vereinsmeierei« sprechen, wie sie beispielsweise auch für die zweite Hälfte des 19. Jahrhunderts so bezeichnend war. Insofern mag das Rosenkreuzertum als Gedankenkonstrukt durchaus schon viel früher »in der Luft« gelegen haben. Sicher hat die Verfolgung magischer Umtriebe durch die katholische wie protestantische Kirche auch nicht eben dazu beigetragen, die ohnehin stets beliebte Geheimhaltung aufzulockern. Aber gleich zu behaupten, daß man »nur richtig zwischen den Zeilen lesen« müsse, um bereits viel früher Belege für die Existenz »des« Rosenkreuzerordens zu finden, entbehrt jeder objektiven Grundlage. Gewiß, auch Khunrath und sein Lehrer Paracelsus verwenden Kreuz und Rose als Symbol, doch erscheint uns der Zirkelschluß nicht zulässig, daraus gleich eine schon sehr viel früher aktive Rosenkreuzerbruderschaft zu konstruieren. Liegt nicht vielmehr umgekehrt der Verdacht nahe, daß sich Andreæ und seine Zeitgenossen einfach der gängigen, beliebten Symbolik bedienten, um ihre an sich doch eher utopisch-chiliastische Botschaft besser transportieren zu können? Wahrscheinlich wird sich dies heute nicht mehr mit völliger Sicherheit klären lassen, andererseits kann man sich aber auch fragen, was denn für den Menschen von heute damit gewonnen wäre, wenn man die Existenz der Rosenkreuzer um einige Jahrhunderte vorverlegte; denn letztlich bleibt dies eine Frage von rein akademischen Interesse, deren akribische Analyse häufig genug nur davon ablenken soll, daß es überhaupt nicht mehr um das eigentliche, ursprüngliche Anliegen dieses doch einst gesellschaftlich und weltanschaulich äußerst progressiven Bundes geht.

Praktische Übungen

ÜBUNG 83
PENDELSCHULUNG (II)

Verwende Dein Pendel vier Wochen lang täglich mindestens einmal für divinatorische Zwecke (besonders: Ja-Nein-Fragen) und führe genau Buch über die Ergebnisse.

LITERATURNACHWEIS

Joh. Valentin Andreæ, *Fama Fraternitatis* (1614). *Confessio Fraternitatis* (1615). *Chymische Hochzeit: Christiani Rosencreuz.* Anno 1459 (1616), Stuttgart: Calwer Verlag 1976[2]

Karl R.H. Frick, *Die Erleuchteten. Gnostisch-Theosophische und Alchemistisch-Rosenkreuzerische Geheimgesellschaften bis zum Ende des 18. Jahrhunderts – Ein Beitrag zur Geistesgeschichte des Neuzeit*, Graz: Akademische Druck- und Verlagsanstalt 1973

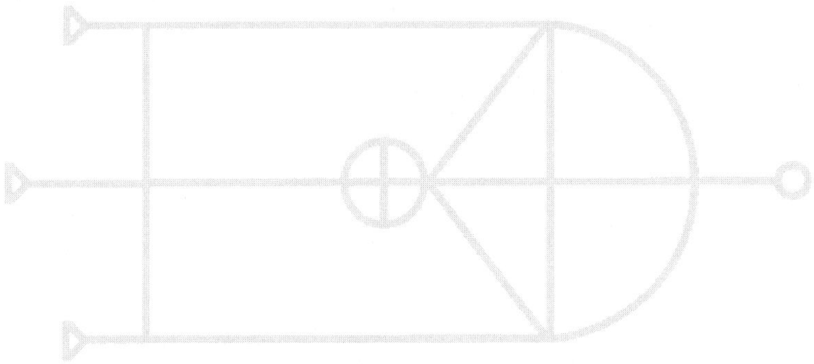

BUCHSTABENMAGIE

A B R A C A D A B R A
A B R A C A D A B R
A B R A C A D A B
A B R A C A D A
A B R A C A D
A B R A C A
A B R A C
A B R A
A B R
A B
A

Die folgende zusammenfassende Abhandlung wurde ursprünglich auf Englisch geschrieben und erschien vor einigen Jahren in der britischen Magie-Zeitschrift *The Lamp of Thoth* (13/vol. II, no. 7, 1984). Sie wurde von mir für diesen Lehrgang ins Deutsche übersetzt und überarbeitet, um unnötige Überschneidungen und Wiederholungen zu vermeiden. Ebenso wurden Erklärungen weggelassen, die sich ausschließlich an ein britisches, mit der deutschen Magietradition weitgehend unvertrautes Publikum richteten. Andere Stilelemente, wie sie für Magazinartikel kennzeichnend sind, wurden um der besseren Lesbarkeit willen beibehalten.

Eine der weniger bekannten, aber äußerst wirksamen magischen Techniken, die schon seit den Anfängen des 19. Jahrhunderts von deutschen Magiern erforscht wurde, ist die Buchstabenmagie, eine Art Schwingungsalchemie, die auf der physischen, mentalen und geistigen Ebene wirkt. Allgemein gesprochen kennen wir zwei Hauptzweige dieser Disziplin: erstens die Runenmagie und zweitens die Techniken, die einer Tradition zugehören, welche Rudolf von Sebottendorf (1875–1945?) im Jahre 1924 als »Türkische Freimaurerei« bezeichnete. Vorausgesetzt, daß dieses System tatsächlich orientalischen Ursprungs ist, so wäre es wohl korrekter, von Derwisch- oder Sufi-Wissen zu sprechen, hauptsächlich vom Wissensgut der Bektashi- und Mevleki-Tradition, doch ist Sebottendorfs Behauptung einer Einweihung in Derwischorden günstigstenfalls als etwas zweifelhaft zu bezeichnen. Es ist so gut wie sicher, daß er die Werke des schwäbischen Freimaurers Johann Baptist Kerning (1774–1851) plagiierte, dessen Schüler Karl Kolb diese Übungen bereits 1857 veröffentlichte. Sie sollen auch im Inneren Kreis der frühen Adyar-Theosophie verwendet worden sein, ebenso vom O.T.O., von Rudolf Steiner und von Franz Bardon. Wir finden Überreste davon sogar in manchen Praktiken der Christlichen Wissenschaft, während Louis Cullings *Complete Magick Curriculum of the Secret Order G. B. G.* eine ähnliche Technik erwähnt, bei der mit I-Ging-Trigrammen gearbeitet wird. Culling behauptet, von dieser Buchstabenmagie aus dem Buch eines deutschen Adepten namens »König« erfahren zu haben, doch es ist sehr wahrscheinlich, daß er tatsächlich ein Werk von Kerning gelesen hat. Der von ihm erwähnte Titel *(Man and His Highest Pur-*

Die Buchstabenmagie ist eine Art Schwingungsalchemie.

pose, London *1932)* stammte jedenfalls von dem tschechischen Okkultisten Karl Weinfurter, worauf mich Fr. Mahamudra hingewiesen hat. Nichtsdestoweniger gibt es tatsächlich reichlich Beweise für einen früheren Gebrauch dieser Praktiken auch im islamischen Kulturraum, so daß die Frage nach der Richtigkeit von Sebottendorfs und Cullings Behauptungen allenfalls von akademischem Interesse sein dürfte.

Wie dem auch sei, die Übungen selbst sind jedenfalls äußerst wirkungsvoll und nichts für Leute mit schwachen Nerven. Das ist keine leichtfertige Warnung: Es gehört nicht zu meinen Gepflogenheiten, nach Art des dogmatischen Obskurantismus oder gar der Skandalpresse leere Drohungen auszustoßen; wenn ich also sage, daß es sich bei diesen Techniken um ziemlich schwere Kaliber handelt, so ist das durchaus so gemeint. Doch dieses System spricht ohnehin für sich, sobald man es damit einmal drei bis vier Wochen versucht hat.

Allein die alchemistischen Implikationen, die mit diesem System zusammenhängen, könnten eine detailreiche Abhandlung füllen, doch möge hier die Feststellung genügen, daß das Ziel dieser besonderen Form der Buchstabenmagie und -mystik darin besteht, die unedle Basis des Aspiranten in geistiges Gold zu verwandeln. Ein solcher Prozeß braucht natürlich seine Zeit, so daß die Durchschnittsübungsdauer in der Regel mindestens 17 Mondmonate umspannen dürfte. Manche Menschen können das Ganze schneller absolvieren, vor allem wenn sie bereits eine magische Ausbildung hinter sich haben, aber auch dies nur dann, wenn bestimmte feststehende Phänomene und Wahrnehmungen auftreten, die die starke Verbindung zwischen diesem System und der praktischen Alchemie dokumentieren.

Die Durchschnittsübungsdauer dürfte in der Regel mindestens 17 Mondmonate umspannen.

Das hört sich nach einem ziemlich anspruchsvollen Programm an, und das ist es auch. Andererseits braucht der Aspirant kaum mehr als 10–30 Minuten täglich auf diese spezielle Ausbildung verwenden, und andere Einschränkungen gibt es nicht. Vegetarismus ist nicht unbedingt erforderlich, doch sollten Alkohol und andere Genußgifte auf ein Minimum reduziert werden. Das gilt übrigens auch für den Genuß von Tabak. Doch es ist sinnlos, einen Satz apriorischer Regeln festlegen zu wollen, da der Aspirant schon sehr, sehr schnell selbst herausfinden wird, was er tun oder besser lassen sollte. Man kann bekleidet oder unbekleidet arbeiten, nur Seide sollte dabei vermieden werden.

Es ist von größter Wichtigkeit, keinen einzigen Tag der Übung auszulassen, da einen dies um Wochen zurückwerfen könnte! Andererseits sollte man es aber auch nicht übertreiben. Ein, zwei oder sogar drei Übungen täglich von jeweils ungefähr zehn Minuten genügen vollauf. Es muß hier auch darauf hingewiesen werden, daß es keinerlei Zweck hat, diese Form innerer Entwicklung forcieren oder »beschleunigen« zu wollen. Übertreibung kann hierbei nur schaden, niemals nützen – wie auf anderen Gebieten, ist auch hier die Intensität weitaus wichtiger als die Häufigkeit des Übens.

Übertreibung kann hierbei nur schaden, niemals nützen.

Die eigentliche Arbeit ist in drei Abschnitte eingeteilt:

1) Vorarbeit; 2) Hauptarbeit; 3) Nacharbeit.

Die verwendeten Techniken: Handmudras; Vokaltöne (I, A und 0); eine Kombination dieser Vokale mit dem Konsonanten S; verschiedene arabische Formeln; Halsgriff; Brustgriff; Mittelgriff; Meister- oder Bauchgriff und Schlußgriff.

Die Vorarbeit: Handmudras und Vokalaktivierung

I – Benutze die rechte Hand (außer: Linkshänder); balle sie zur Faust und strecke den Zeigefinger und den Arm gerade in die Höhe; denke stumm den Vokal: »i, i, i ...« usw.

A – Strecke die Hand und hebe den Arm senkrecht in die Höhe; recke den Daumen rechtwinklig ab; denke stumm den Vokal: »a, a, a ...« usw.

0 – Strecke die Hand zurück und biege die Finger, bis Daumen- und Zeigefingerspitze einander gerade eben berühren; Zeigefingerspitze

und innerer Handgelenkknöchel sollten eine gerade Linie mit der Ellenbogenmitte bilden; der Arm wird wieder senkrecht gehoben; denke stumm den Vokal: »o, o, o ...« usw.

Beim Gebrauch der I-Formel wirst Du bald spüren, wie sich der Zeigefinger erwärmt. Dann senkst Du den Arm und hebst ihn wieder zur A-Formel. Dies tust Du, bis Du im Daumen eine Art trockener Wärme verspürst. Lasse den Arm sinken und hebe ihn erneut zur O-Formel.

Der ganze Vorgang sollte nicht länger als ca. fünf bis zehn Minuten dauern.

(Übungsdauer: ca. drei Tage)

Wurde die Wärmeempfindung erreicht, gehst Du dazu über, die Mudras mit SI, SA und SO zu aktivieren. Nach der SI-Formel (»si, si, si ...« usw.) läßt Du den Arm wieder sinken; nachdem Du die Wärme verspürt hast, hebst Du ihn wieder, um sofort mit der A-Mudra und der Formel SA (»sa, sa, sa ...« usw.) fortzufahren, bis die Wärme erreicht wurde.

Nun führst Du den HALSGRIFF durch:

Lege die abgewinkelte Hand auf den Hals. Der Daumen berührt dabei die rechte Halsschlagader, der Zeigefinger ruht auf der Kehle. Ziehe die abgewinkelte Hand scharf, aber nicht zu schnell ab (der Zeigefinger »durchschneidet« die Kehle), bis sie vor der rechten Schulter ruht. Damit aktivierst Du das Halschakra.

Hebe den Arm erneut, vollziehe die O-Mudra und aktiviere mit dem mentalen Mantra »so, so, so ...« usw., bis Wärme eintritt.

Nun führst Du den MEISTER- oder BAUCHGRIFF durch:

Lege die abgewinkelte Hand unmittelbar unter Deinen Bauchnabel, so daß die Fingerspitzen gerade den linken Arm berühren. Der Daumen ist um 90° abgewinkelt und zeigt, auf dem Körper ruhend, nach oben. Ziehe scharf nach rechts ab, bis die Fingerspitzen Deine rechte Körperseite berühren.

(Übungsdauer: ca. sieben Tage)

Die Hauptarbeit – Teil 1

Wiederhole die Vorarbeit sieben Tage lang (täglich fünf bis zehn Minuten). Am sechsten Tag führst Du nach dem Aktivieren der SA-Formel die abgewinkelte Hand an die Nase und beriechst den Zeigefinger. Wenn Du einen feinen Schwefelgeruch wahrnehmen kannst, kannst Du weitermachen. Im anderen Fall setze die Vorarbeit weitere sieben Tage fort. Dies ist die Schwefelphase, und die alchemistische Putrefaktion (Fäulnis) hat eingesetzt.

14 Tage lang, täglich zehn Minuten: Vollziehe die I-Mudra und aktiviere mit der SI-Formel, bis Du Wärme verspürst. Senke den Arm, hebe ihn erneut zur A-Mudra und aktiviere mit dem Mantra »alám«. Vollziehe den HALSGRIFF, während Du mental beständig »alám« wiederholst. Gehe zur O-Mudra über wie gewohnt, aktiviere diese mit der SO-Formel und vollziehe den MEISTERGRIFF. Nach vierzehntägiger Praxis lege die Spitze des Zeigefingers mit angewinkelter Hand an die Zunge. Nun solltest Du den bitteren Geschmack von Quecksilbersublimat wahrnehmen. Dies ist die Quecksilberphase.

14 Tage lang, täglich zehn Minuten: Aktiviere die I-Mudra mit der SI-Formel, danach die A-Mudra mit den folgenden Formeln:

alám (zwei Tage)
alamas (zwei Tage)
alar (sieben Tage)
alamar (drei Tage)

Nach vier Tagen wirst Du einen salzigen Geschmack im Mund spüren, wenn Du mit angewinkelter Hand die Zeigefingerspitze an die Zunge legst. Dies ist die Salzphase.

Nun ist die Zeit gekommen, um die Wahrnehmung zu schärfen. Sobald der Adept einen SCHWARZEN SCHATTEN erblickt, ist dieser Teil der Arbeit für ihn beendet. Natürlich können sich diese Phänomene und Wahrnehmungen von Mensch zu Mensch geringfügig unterscheiden – das gilt sowohl für die Geruchsphänomene als auch für die inneren »optischen« Wahrnehmungen und die Geschmacksempfindungen. Manchmal wird der Schatten nur sehr vage wahrgenommen. Andere Adepten sehen wortwörtlich den Caput corvi (Rabenkopf) der Alchemisten. Dies ist das Zeichen, daß die Putrefaktion beendet ist. Nun beginnen Mortifikation und Sublimation.

Der »Schatten«: Wir wissen noch nicht wirklich, worum es sich dabei handelt.

Eine Anmerkung zu diesem ominösen »Schatten«: Wir wissen noch nicht wirklich, worum es sich dabei tatsächlich handelt. Manchen Theorien zufolge soll er ein Indiz für die beginnende Entwicklung eines neuen »inneren Körpers« sein. Peter Ellert hat mich (nach über zehnjähriger Praxis dieses Systems) darauf hingewiesen, daß der Schatten höchstwahrscheinlich der physische Körper des Adepten ist, der über das innere Auge von außen wahrgenommen wird. Das ergibt alchemistisch betrachtet sehr viel Sinn. Anscheinend hat der Adept nun seine Verhaftung an seinen eigentlichen physischen Körper verloren und befindet sich in einem Stadium, da er im wahrsten Sinne des Wortes außersinnliche Wahrnehmungen entwickelt. Natürlich ist dies eine rein phänomenologische Beschreibung, doch könnte es nützlich sein, darüber einmal nachzudenken.

Die Hauptarbeit – Teil 2

Der folgende Teil des Großen Werks stellt eine völlige Erneuerung dar. Er kann vom üblichen Minimum von drei Monaten bis zu 696 Tagen (nach der Tafel des Propheten) und länger dauern, was vom Entwicklungsstand des Aspiranten abhängt. Diese Erfahrung läßt sich gut mit dem Zustand des »Säuglings des Abgrunds« vergleichen, da sie meist mit ähnlichen Emotionen und Phänomenen einhergeht und weil ihr die wahre Unio Mystica folgt (oder folgen sollte), die Transmutation von Blei in Gold. Nach der Mortifikation folgt die Chymische Hochzeit oder Konjunktion (Conjunctio).

Der Aspirant aktiviert die I-Mudra und geht sofort zur A-Mudra über, die er wiederum mit den folgenden Mantras aktiviert (auch hierbei sollte über mehrere Tage hinweg täglich immer nur ein Mantra verwendet werden):

alar
kaha ja as

taha
tasam
tas
tasam

und vollzieht den BRUSTGRIFF:

Lege die abgewinkelte Hand (der Daumen ist rechtwinklig abgespreizt) auf die linke Brust, bis die Fingerspitzen gerade den linken Arm berühren, und ziehe die Hand ab, bis sie die rechte Körperseite berühren. Dies aktiviert das Herzchakra. (Vollziehe diesen Griff niemals öfter als fünfmal am Tag; besser ist es, ihn nur dreimal durchzuführen, da er ein starker Kundalini-Erwecker ist.)

Nachdem der Aspirant den schwärzlichen Schatten wahrgenommen hat, sollte sich seine Wahrnehmung nach und nach in einer Sinfonie der Farben von Schwarz über Blau und ein schwaches Rot bis zu einem fahlen Grün entwickeln, das täglich stärker leuchten sollte. Ist der grüne »Schatten« sehr strahlend geworden, ist dieser Abschnitt der Arbeit beendet.

Nun geht der Aspirant zum MITTELGRIFF über:

Lege die Hand etwas tiefer (eine Daumenlänge) als beim BRUSTGRIFF und ziehe ab wie gehabt. Die zu verwendenden Mantras sind:

alám
jas
sa
cham

Die Wahrnehmung verändert sich nun und durchläuft eine weitere Vielzahl von Farben, bis ein gelbliches Weiß erreicht wird. Dies verwandelt sich in ein blendendes Weiß durch Gebrauch des MEISTERGRIFFS und der Mantras:

cham
cham asak
ka

Die Nacharbeit

Ihr Ziel ist es, dieses blendende Weiß in ein »prächtiges Rot« zu verwandeln. Es wird allein das Mantra NA verwendet. Der Aspirant vollzieht den SCHLUSS-GRIFF, der nichts anderes als ein verkürzter Meistergriff ist, der links vom Nabel angesetzt und über diesen hinweg gezogen wird. Der weiße Schatten entwickelt sich zu einem schmutzigen Grau, aus dem schon bald ein volles Rot entsteht. Hat der Aspirant die Wahrnehmung dieses roten Schattens erlangt, ist er zum kubischen, zum »behauenen« Stein geworden.

Diese Übungen mögen simpel bis trivial erscheinen, aber sie sind sehr kraftvoll.

Gewiß, diese Übungen mögen zunächst simpel bis trivial erscheinen, aber sie sind sehr kraftvoll, wie schon eine kurze Praxis beweisen wird. Sie verändern die Chemie des Körpers, so daß man Stadien erfahren mag, in denen man einfach keinen Tabak, keinen Alkohol, keinen Knoblauch usw. verträgt. Man braucht sich also nicht zur Abstinenz zu zwingen, mit dieser Methode erfährt man automatisch, was gut für einen ist. Die durch die I-Mudra und -Formel angesammelte Energie kann mit A-Mudra und -Formel durch den ganzen Körper geleitet werden, doch sollte man darauf achten, den Kopf frei zu behalten und nicht in unerwünschte Trancen oder gar in Mediumismus zu verfallen.

Wiewohl diese Techniken völlig ungefährlich sind, wenn sie maßvoll durchgeführt werden, kann es zu gelegentlichen Schwindelanfällen, Schweißausbrüchen, Übelkeit und sogar zum Phänomen des »Feuers in der Wirbelsäule« kommen; doch sind diese Begleiterscheinungen harmlos, solange sie nicht länger als ein paar Tage andauern. Sollten sie jedoch wochenlang anhalten, so ist zu empfehlen, daß Sie die Übungen mindestens ein Jahr unterbrechen und zu einem späteren Zeitpunkt wieder damit anfangen. (»Denn viele werden gerufen ...«) Die Erfahrung zeigt, daß es praktisch unmöglich ist, sie fortzusetzen, wenn man nicht wirklich bereit für diese Methode der Einweihung ist.

All dies ist nur ein kurzer Überblick. Sind Sie mit den zahlreichen, durch diese Praktiken wachgerufenen Energien erst einmal vertraut, können Sie mit den verschiedenen Formeln auch bestimmte Körperpartien aktivieren, den Kraftstrom gezielt lenken usw. Magier, die in die mystische Bedeutung der IAO-Formel eingeweiht sind, werden sie zur Förderung ihrer eigenen Weiterentwicklung zu nutzen wissen, zur Aktivierung ihrer Sigillen und Talismane usw. Auch wenn diese beständige Ermahnung langsam langweilig werden mag, muß ich doch darauf beharren, daß es sehr viel Mut und Durchhaltevermögen bedarf, um diese Arbeit korrekt angehen zu wollen. Mut, Geduld und eine stabile Psychenökologie sind zwar bei jeder magischen Arbeit gefordert, doch hier sind sie wichtiger denn je.

Einige Varianten der Buchstabenmagie

Dem obigen Artikel bleibt hinzuzufügen, daß es noch einige Varianten der Buchstabenmagie gibt, bei denen beispielsweise nicht mit islamischen Mantras aus dem Koran gearbeitet wird, sondern statt dessen die Buchstaben in verschiedenen Farben auf verschiedene Körperteile projiziert werden (z.B. ein silbernes I auf die Fußsohlen usw.). Kennzeichnend ist für alle Systeme, daß meist sinnfreie Vokale oder Silben (z.B. »i«, »SI« usw.) mit einer Imagination und/oder Wahrnehmung (z.B. Farbe, Form, Energiestrom usw.) verbunden und zugleich mit einem Körperanker (z.B. Mudra, Griff usw.) aktiviert werden. Es handelt sich also in der Regel um eine Kombination mehrerer magischer Unterdisziplinen, von der Mantramistik über die Form-, Farben- und Symbollehre bis zur Lehre von den Mudras, Griffen und Schritten. Diese Verbindung unterschiedlicher Elemente ist auch der Schlüssel zu ihrer Wirksamkeit.

Die Strukturformel der allgemeinen Buchstabenmagie lautet also:

$$M_b = b + i + k$$

Legende

M_b = buchstabenmagischer Akt

b = Buchstabenlaut (Mantra)
i = Imagination (Farbe, Form)
k = Körperanker (Mudra, Griff)

Selbstverständlich kann auch mit hebräischen Buchstaben, mit Runen, mit I-Ging-Trigrammen und anderen Symbolen bzw. Lauten gearbeitet werden. Es ist für jeden Magier eine sehr reizvolle Aufgabe, auf diese Weise sein eigenes System der Buchstabenmagie zu entwickeln und auszuprobieren. Der Phantasie sind dabei keine Grenzen gesetzt.

Zum Abschluß noch eine Anmerkung zum Geschmack des »Quecksilbersublimats«: Natürlich weiß niemand wirklich, was darunter zu verstehen ist, denn wer hätte diese alchemistische Substanz schon jemals kennengelernt? Tatsächlich gilt in der Praxis ein leicht bitterer, metallischer Geschmack als Indiz für das Einsetzen der Quecksilber- oder Merkurphase. Wie bei allen dogmatischen Anleitungen sollte man auch hier nicht alles auf die Goldwaage legen!

כתר
בינה
חכמה
דעת
גבורה
חסד
תפארת
הוד
נצח
יסוד
מלכות

PRAKTISCHE SPIEGELMAGIE (VII)

DER GEBRAUCH DES MAGISCHEN SPIEGELS (V)

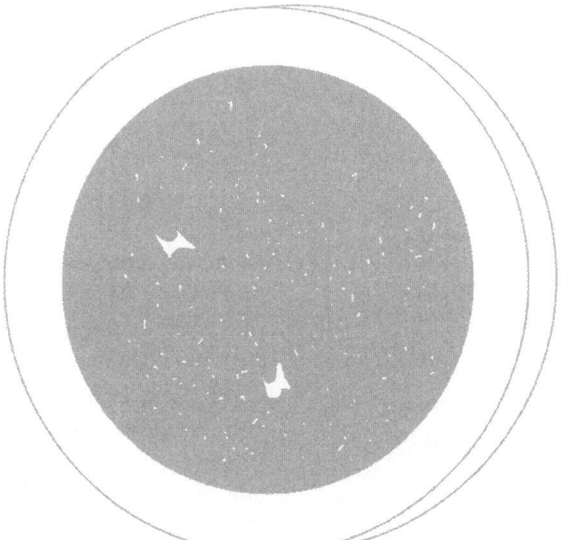

Exorzismus und Geisterfallen (II)

Der Exorzismus – eine sehr heikle Angelegenheit

Warnung: Die folgenden Ausführungen sind nicht als Handlungsaufforderung zu verstehen! Der Exorzismus ist eine sehr heikle Angelegenheit, die vom Exorzisten eine große psychische und körperliche Stabilität verlangt wie auch fundierte Kenntnisse sowohl auf dem Gebiet der Psychologie/Psychiatrie als auch der Medizin – und natürlich der Magie, insbesondere der Dämonenmagie. Aus juristischen Gründen müssen wir daher darauf hinweisen, daß unsere Ausführungen rein informativen Charakter haben und dem historischen Interesse dienen. Wer in unseren Breiten heutzutage Exorzismus praktiziert, macht sich sehr schnell strafbar (Körperverletzung, Nötigung, Verstoß gegen das Heilpraktiker- oder Heilgesetz usw.) und sollte sich daher vorher auch im rechtlich-bürgerlichen Sinne entsprechend absichern.

Besessenheit

Die gewaltsame Übernahme des Geistes und/oder des Körpers eines Wesens durch ein anderes

Besessenheit wird in der klassischen Magie als die gewaltsame Übernahme des Geistes und/oder des Körpers eines Wesens durch ein anderes definiert. Die Medizin verstand darunter früher eine Form der Epilepsie, heute spricht man eher von Persönlichkeitsspaltung (»Schizophrenie«, ein Begriff, der inzwischen allerdings auch als viel zu unscharf und vieldeutig kritisiert wird) oder von »psychotischen Schüben« usw. Herkömmlich gelten als Symptome von Besessenheit: das unkontrollierte Hören von »Stimmen«, die das Opfer häufig zu Zwangshandlungen verleiten; radikale Persönlichkeitsveränderungen bis zum Verlust des eigenen Identitätsgefühls; das Gefühl, daß ein fremdes Wesen sich im Körper des Betroffenen eingenistet hat; überhäufig auftretende Albträume; Verfolgungswahn (dieser tritt allerdings seltener auf, da die Besessenheit eher ein aktives, dynamisches Phänomen ist); die Entwicklung ungeheurer körperlicher Kräfte, die sich vor allem in Augenblicken der Bedrohung (z. B. beim Versuch der Ruhigstellung durch Helfer) und der Angst manifestieren; Gedächtnisverlust nach destruktiven oder für den Patienten augenscheinlich völlig untypischen Handlungen; plötzliche Schüttelanfälle und Schweißausbrüche bis hin zu Fieberschüben; starke Veränderungen der Stimme; starke Weitung der Pupillen; Herzrasen; tage-, ja sogar wochenlange Schlaflosigkeit; generelle Übernervosität usw.

Von magischer Seite kommen noch als Beobachtungen hinzu: das Auftreten von Poltergeistphänomenen in Gegenwart des Opfers, besonders wenn es sich in einem Zustand starker Angst oder Erregtheit befindet; »mediale Durchsagen« meist destruktiven oder angstbetonten Inhalts (Untergangsvisionen, Verwünschungen usw.); starke, allerdings fast immer unkontrollierte Steigerung magischer Fähigkeiten, besonders auf dem Gebiet der Fluchmagie und der Schadenszauber; plötzliche Hellsichtigkeit; geschärfte Wahrnehmung feinstofflicher Zusammenhänge und Kräfte/Energien usw.

Unter Exorzismus versteht man das Vertreiben von besessen machenden Wesenheiten (Geistermodell), Kräften (Energiemodell), pychischen, aber meist magisch bedingten oder ausgelösten Störungen (psychologisches Modell) oder das Löschen falscher oder schädlicher Informationsmatrices und Programme (Informationsmodell) bei Menschen, Tieren und Gegenständen bzw. Orten. Der geistige »Wahnsinn« wird von vielen Magiern technisch als Form der Besessenheit gewertet und auch so behandelt, wobei es dafür natürlich die unterschiedlichsten Techniken gibt.

Unter Exorzismus versteht man das Vertreiben von besessen machenden Wesenheiten.

In der Regel wird beim Exorzismus allerdings vom Geistermodell ausgegangen, da dieses auf eine jahrtausendealte Tradition und Erfahrung zurückblicken kann, die den anderen Modellen in bezug auf Besessenheitsphänomene doch meist abgeht. Indem er den Geist wahrnimmt, sein Wesen erkennt und mit ihm aggressiv kommuniziert oder mit ihm »geschäftlich« verhandelt, um sein Opfer wieder freizugeben, sorgt der exorzierende Magier dafür, daß der Patient die Fähigkeit zur Selbstbestimmung wiedererlangt. Allerdings darf das Phäno-

Das Geistermodell hat eine jahrtausendealte Tradition und Erfahrung.

men der »bösen Seele« hier nicht verschwiegen werden: Darunter versteht der Schamane oder Stammeszauberer einen Fall lang andauernder oder chronischer Geistesgestörtheit. Diese Fälle gelten gemeinhin als unheilbar, ein Exorzismus kann allenfalls vorübergehende Linderung bringen, dauerhafte Heilungen jedoch sind fast völlig ausgeschlossen. Dies ist nur ein Erfahrungswert und kein Dogma, es hätte jedoch wenig Zweck, ihn ignorieren zu wollen. Aber die abendländische Psychiatrie steht in diesem Punkt auch nicht besser da: Gegen echte Psychosen vermag auch sie nichts auszurichten außer einer Ruhigstellung des Patienten mit pharmazeutischen Mitteln, was im Prinzip einer Dauerbetäubung gleichkommt. Sinnvoller erscheinen da noch die Ansätze der Sozialtherapie, bei der versucht wird, geistig gestörte Menschen in eine Gemeinschaft mit Gesunden zu integrieren, wie wir es ja auch – notbedingt – in den meisten Stammesgesellschaften beobachten können.

Gegen echte Psychosen vermag auch die abendländische Psychiatrie nichts auszurichten.

Es besteht allerdings kein Zweifel daran, daß der Exorzismus auch seine psychologische Seite hat. Zum einen tritt der Exorzist gegenüber dem Patienten als Autorität auf – schließlich ist der Schamane in der primitiven Gemeinschaft der einzige, der sich auf dieses Geschäft wirklich versteht und sich relativ gefahrlos im Reich der Geister bewegen kann, weil er ihre Gesetze kennt und schon viel Zeit darin verbracht hat. Zum anderen kann es beim Exorzismus durchaus auch Placebo-Effekte geben, was aber nichts zur Sache tut, solange das Ziel – die Befreiung des Patienten von seiner Besessenheit – erreicht wird.

Allerdings besagt das noch lange nicht, daß es mit milden Ermahnungen zum »positiven Denken« und mit der Aufforderung, »die Sache doch einfach optimistischer zu sehen« oder gar fleißig zu beten getan ist. Das Gebet ist sicher noch die wirkungsvollste dieser insgesamt äußerst uneffizienten Techniken, aber dies auch nur, wenn der Patient ein wirklich religiöser Mensch ist, der bei seiner Gottheit echten Schutz findet. Mit dem Glauben erst dann zu beginnen, wenn die Besessenheit schon eingesetzt hat, ist dagegen ein hoffnungsloses Unterfangen.

Die eigentlichen Techniken des Exorzismus (im Christentum meist »Teufelsaustreibung« genannt) sind zwar oberflächlich betrachtet sehr vielseitig, bei genauerer Untersuchung stellt sich jedoch heraus, daß ihre Strukturen sich weltweit fast bis aufs Haar gleichen:

DIE GRUNDSTRUKTUREN DES EXORZISMUS

1. Es wird fast ausschließlich im Geistermodell gearbeitet.

2. Die Dämonenaustreibung findet fast immer nur im rituellen Rahmen statt.

3. Das Ritual ist in aller Regel kompliziert, langwierig und von starken äußeren Reizen (z.B. Lärm, Lichteffekte, entsprechendes Ambiente) begleitet.

4. Die ohnehin meist starke Erregung des Patienten wird vom Exorzisten noch künstlich bis ins Orgiastische getrieben, wobei auch Emotionen wie Angst, Wut, Entsetzen, Trauer usw. genutzt und ggf. übersteigert werden.

5. Häufig wird dazu beim Exorzismus auf körperliche Gewalt zurückgegriffen oder es wird zumindest mit ihr gedroht. Dazu gehören sowohl Zwangsfasten als auch das Fesseln des Opfers bis zum Zufügen körperlicher Schmerzen.

6. In Extremfällen spiegelt der Exorzist das anomale Verhalten des Patienten in stark übertriebener Form wider, bis dieser durch Schock in die Alltagswelt zurückfindet.

7. Meistens finden mehrere Behandlungen in zeitlich möglichst kurzem Abstand statt, oft wird der Patient auch »stationär« untergebracht, so daß er dem Exorzisten völlig ausgeliefert ist.

8. Die Auseinandersetzung mit dem besitzenden Geist oder Dämon artikuliert sich meist als Willenskampf zwischen Exorzist und Wesenheit. Dabei bedient sich der Exorzist oft einer höheren Instanz (Gott, Schutzgeist usw.) und spielt deren Macht gegen die des feindseligen Wesens aus. Das schließt nicht aus, daß auch mit Lockmitteln und Versprechungen gearbeitet wird und regelrechte »Verträge« zwischen Exorzist und Geist ausgehandelt werden. Ziel solcher Verhandlungen ist es zumeist, das Wesen in eine Geister-

falle zu locken, aus der es aus eigener Kraft nicht mehr entweichen kann, und dem Willen des Exorzisten gehorchen muß.

9. Im anderen Fall bedient sich der Exorzist einer Reihe von Gegenständen und Substanzen (z.B. Kruzifix, Weihwasser), die dem Dämon zuwider sein sollen, oder er ergeht sich in Schmähreden gegen das als »untergeordnet und unterlegen« begriffene Wesen, rezitiert für den Dämon abscheuliche »heilige Litaneien« (= Worte der Kraft/Macht) usw. Damit soll es in ein »Jenseits«, in die »Leere« oder »zurück in die Hölle« verbannt werden, wonach die Schnittstelle zwischen dieser Anderswelt und dem Diesseits rituell/magisch »versiegelt« wird, um eine Rückkehr zu unterbinden.

Das Rituale Romanum *der römisch-katholischen Kirche*

Hier ist es wohl angebracht, kurz auf das *Rituale Romanum* der römisch-katholischen Kirche einzugehen. Aus irgendwelchen Gründen sprechen auch viele heutige Magier von diesem Werk immer noch mit einer gewissen Ehrfurcht, was vielleicht daran liegen mag, daß die wenigsten diesen Text gelesen haben. Und so vermutet man in ihm eine Kraft, die man in der eigenen Tradition scheinbar vergeblich sucht, doch eben nur scheinbar, denn tatsächlich ist es mit dem *Rituale Romanum* auch nicht viel weiter her als mit den anderen, gängigen Exorzismus-Techniken. Es wird endlich Zeit, dieses Relikt früheren, dogmatischen Magieverständnisses ein für allemale aus dem Weg zu räumen, genau wie die Gerüchte über angebliche »hochmagische« Praktiken im Vatikan! Als Übung in Projektionsbeobachtung mag so etwas noch angehen, doch ist dem Praktiker nicht damit gedient, wenn er die Kompetenz immer nur beim anderen sucht. (Ein ähnlicher Mechanismus ist in der ganzen Magiegeschichte zu beobachten, etwa wenn Völker ihren Nachbarn oder »unheimlichen« Minderheiten im eigenen Volk – z.B. Zigeunern oder Juden – größere magische Fähigkeiten zusprechen als den eigenen Zauberern.)

Das *Rituale Romanum* ist sicher recht wirksam, wenn es sich beim Opfer um einen gläubigen Katholiken handelt – aber eben auch nur dann. Interessanterweise äußern sich besitzende Dämonen ja meist sehr kulturspezifisch, so daß man etwa im christlichen Kontext nur selten auf balinesische oder islamische Dämonengestalten treffen wird usw. Manifestiert sich das Dämonische beim Katholiken, so ist schnell der Name »Satan« dafür gefunden, und in der Tat wird es einem solchen Wesen vor allem Freude bereiten, alles im kirchlichen Sinne »Heilige« anzugreifen und zu entweihen. Es liegt nahe, daraus den Schluß zu ziehen, daß es sich bei diesen Erscheinungen »nur« um subjektive, rein psychische Störungen des Opfers handelt. Andererseits gibt es aber auch zahlreiche Fälle, bei denen die psychologische Theorie nur ungenügend oder überhaupt nicht greift, etwa wenn die Besessenheit von realen magischen Phänomenen begleitet wird (Poltergeisterscheinungen, Hellsichtigkeit, erfolgreiche Schadenszauber usw.), die bis zur feinstofflichen Bedrohung (und im Extremfall: bis zur physischen Vernichtung des Exorzisten mit feinstofflichen Mitteln) führen können.

Dämonen äußern sich meist sehr kulturspezifisch.

Wie beim magischen Angriff gilt es wohl auch beim Exorzismus, zwischen realer Besessenheit und bloßer psychischer Störung zu unterscheiden. Das scheint ein Widerspruch zum Primat des Geistermodells zu sein, wie wir es weiter oben formuliert haben. Und in der Tat ist es auch ebendieser Widerspruch, der dem Dämonenmagier und Exorzisten von heute so sehr zu schaffen macht: Das bereits im vorletzten Abschnitt zum Thema Dämonenmagie behandelte psychologische Erklärungsmodell der Wirklichkeit sitzt zumindest bei intellektuellen Magiern inzwischen allenthalben so tief, daß es schier unmöglich wird, gänzlich darauf zu verzichten. Insofern ist das eben Gesagte kaum mehr als ein Hilfskonstrukt, ein Kompromiß, der unserem psychologistisch verdorbenen Zensor etwas Futter gibt und ihn ruhigstellt. Andererseits kann man natürlich nicht übersehen, daß nicht jede psychische »Eingebung« ihre Entsprechung in der gemeinhein

Es ist zwischen realer Besessenheit und bloßer psychischer Störung zu unterscheiden.

Nicht jeder Wahn besitzt eine Wirklichkeit über das Universum des unmittelbar davon Betroffenen hinaus.

als Realität definierten Außenwelt findet, nicht jeder Wahn besitzt eine Wirklichkeit, die über das Universum des unmittelbar davon Betroffenen hinaus von Relevanz ist. Es verlangt also viel Erfahrung und Feingefühl, wenn man sich an eine exorzistische Arbeit machen will. Vor allem aber bedarf sie der absoluten Disziplin und Wachheit des Magiers: Ob »psychische Störung«, ob »Dämon«, stets hat er es dabei mit einer Raffinesse des Gegners zu tun, wie sie ihm im Alltagsleben nur selten begegnen wird. Und die Sache ist auch gefährlich: Die dabei entfesselten Energien sind heimtückisch, da sie oft erst im letzten Augenblick, also ohne jede Vorwarnung, explodieren, so daß der Exorzist unentwegt auf der Hut sein muß. Auch der Erfolg des Exorzismus kann trügerisch sein: Das Wesen oder die psychische Störung wird nicht selten so tun, als sei der Normalzustand wiederhergestellt, um dann aus dem Hinterhalt zuzuschlagen, sobald sich der Magier in Sicherheit wähnt. Hat es großen Respekt vor ihm, wird es sich verbergen und den Patienten stets nur peinigen, solange sein Widersacher nicht zugegen ist. Auch eine »innere Emigration« läßt sich gelegentlich beobachten, bei der das Opfer immer introvertierter wird, sich dabei nach außen zwar völlig normal gibt, in der Einsamkeit jedoch seiner Besessenheit freien Lauf läßt, wenn es nicht gar zum heimlichen Gewaltverbrecher wird.

Schon aus technischen Gründen ist es sinnvoller, beim Exorzismus das Geistermodell zu bemühen und die anderen Faktoren allenfalls als untergeordnete Randerscheinungen zu werten, etwa indem man die feinstofflichen Kräfte des Dämons (Energiemodell) attackiert, die Psyche des Betroffenen abwechselnd überreizt und wieder beruhigt (psychologisches Modell), ihm kybermagische Matrices überträgt, die seinen Widerstand gegen seinen Peiniger stärken können usw.

Der magische Spiegel als Instrument der Kommunikation mit dem Dämon

Der magische Spiegel fungiert beim Exorzismus zum einen als Instrument der Kommunikation mit dem Dämon, in dem sich dieser manifestiert, wobei der Patient dann meist im Koma liegt oder anderweitig ausgeschaltet wird (z. B. wenn ihm durch Knebelung und Fesselung die Möglichkeit genommen wird, sich auf gewöhnlichem Weg zu artikulieren). Dies ist vorgehenstechnisch eine Evokation.

Mit dem Spiegel kann der Patient auch bestrahlt werden, nachdem der Magier ihn entsprechend aufgeladen hat. Seine bedeutendste Funktion aber hat er als Geisterfalle: In ihn wird die auszutreibende Wesenheit entweder mit Versprechungen hineingelockt oder mit Gewalt hineingetrieben – das sogenannte »Flaschengeistprinzip«. Wie diese Bezeichnung schon verrät, kennt diese Praktik noch zahlreiche andere Spielarten. Indianische Heiler benutzen beispielsweise mit Vorliebe große Bergkristalle, um Geister in diese zu bannen, aber auch andere Steine werden gern verwendet, ebenso Pflanzen, Flüssigkeiten und Rauch, wobei der Geist mit letzteren zusammen verdunsten bzw. sich verflüchtigen soll.

Das biblische Beispiel der Austreibung des Teufels in die Schweine

Aus der Bibel kennen wir das schon erwähnte Beispiel der Austreibung des Teufels in die Schweine durch den Nazarener (das Schwein als »unheiliges« Tier bot sich für diese altjüdische Zauberpraktik natürlich an), wie denn überhaupt die Auslagerung des Geistes aus dem menschlichen in einen tierischen Körper früher viel praktiziert wurde. Das Tier wurde danach entweder rituell geschlachtet (oft auch ertränkt oder verbrannt) oder verjagt, man denke beispielsweise an den Sündenbock der alten Hebräer.

Ist der Geist erst einmal gefangen, geht man mit ihm um wie mit jedem anderen feinstofflichen Wesen: Er wird »ernährt« und gepflegt und, sofern dies gewünscht wird und machbar erscheint, abgerichtet, um dem Magier als Helfer zu dienen. Doch ist das die Ausnahme, meist wird er vertrieben oder – sofern das Geisterparadigma des Magiers dies überhaupt zuläßt – vernichtet.

Die wichtigste Geisterfalle von allen aber ist sicher der Magier selbst: Indem er die zu vertreibende Wesenheit in seinen eigenen Körper lockt, hat er die Chance, sie sich zu unterwerfen. Wie riskant ein derartiges Vorhaben allerdings ist, braucht hier wohl nicht mehr hervorgehoben zu werden.

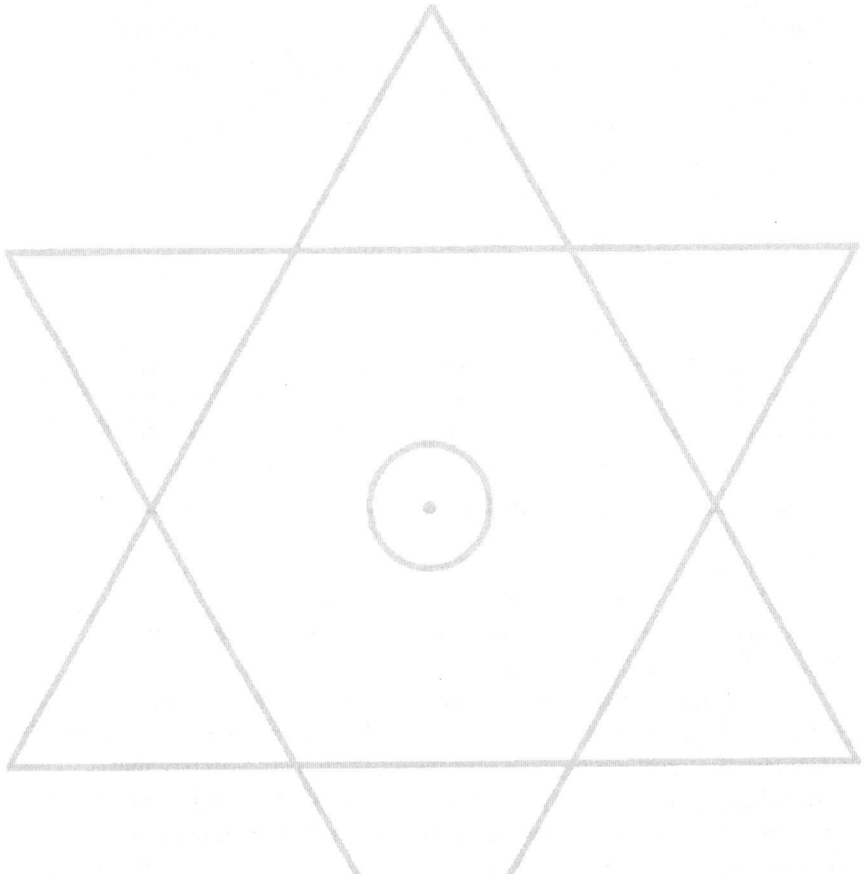

PRAKTISCHER SCHAMANISMUS (III)

Atavistische Magie: Die Arbeit mit Tierkräften (II)

Clantier und Totem

Mehr der Vollständigkeit halber als wegen seiner praktischen Bedeutung für unseren Lehrgang wollen wir hier ganz kurz auf das Clan- oder Totemtier eingehen, wobei unsere Ausführung eher auf persönlicher Erfahrung als auf ethnologisch-anthropologischen Studien fußt.

Wir haben bei unserer Auseinandersetzung mit dem Schamanismus und der entsprechenden Literatur das Konzept des Krafttiers kennengelernt. Das Krafttier hat die Funktion eines Geisthelfers, ähnlich dem Familiar, das ja auch häufig Tiergestalt aufweist, etwa die berühmt-berüchtigte schwarze Katze, mit der Hexen oft dargestellt werden. (Zu den Fragen der Inquisitoren gehörte es auch, bei Zeugen und Beschuldigten Erkundigungen nach Haustieren von seltsamem Aussehen und auffälligem Verhalten einzuziehen.)

Das Krafttier hat die Funktion eines Geisthelfers.

Während in vielen schamanischen Systemen die Krafttiere jedoch kommen und gehen, also im Leben eines Menschen auch wechseln können, ist dies beim Clan- oder Totemtier nicht der Fall. Man hat das Clantier (das übrigens keineswegs immer nur tierische Gestalt haben muß und sogar völlig amorph sein kann – korrekter würde man eigentlich allein vom »Totem« sprechen) mit dem »Heiligen Schutzengel« der Abramelin-Magie verglichen. Bekanntlich zielt die gesamte Abramelin-Magie allein darauf ab, den Kontakt zum Heiligen Schutzengel des Magiers herzustellen und die Zwiesprache mit ihm zu ermöglichen.

Aleister Crowley hat einmal darauf hingewiesen, daß das Konzept vom Schutzengel für den heutigen Menschen derart absurd sei, daß man gerade darin seinen eigentlichen Wert sehen müsse. Mit anderen Worten: Das, worum es beim Heiligen Schutzengel – und das gilt sinngemäß auch für den Totem – eigentlich geht, entzieht sich so sehr jeder sprachlichen Beschreibung, daß gerade abstruse Begriffe ihm am nächsten kommen, weil sie den Intellekt entweder auf eine völlig falsche Fährte locken oder ihn so sehr überstrapazieren, daß die wahre Intuition zum Zuge kommt. In diesem Sinne kann man den Schutzengel ohne eigene, direkte Erfahrung allenfalls erahnen, nicht aber erdenken. Tiefenpsychologisch versteht man den Schutzengel zwar als eine Art Mischung aus Daimonium und Über-Ich, doch greift auch diese Konzeptualisierung kaum, weil sie die allesüberwältigende Erfahrung der Begegnung mit dieser Instanz allenfalls formalisieren und dadurch verwalten, nicht aber nachvollziehbar machen kann.

Unterschiede zwischen Schutzengel und Totem

Allerdings gibt es auch manche Unterschiede zwischen Schutzengel und Totem. Das fängt damit an, daß verschiedene Menschen auch verschiedensten Clans angehören können: dem Schlangenclan, dem Löwenclan, dem Wolfsclan usw. Menschen, die zum selben Clan oder Totem gehören, sind somit aus feinstofflicher Sicht »Blutsverwandte«, auch wenn sie im grobstofflichen Leben durch nichts miteinander verbunden zu sein scheinen. (Es gibt freilich auch vereinzelte Fälle, wo ganze Dorf- oder Stammesgemeinschaften einem einzigen Clan angehören sollen.) Mitglieder eines Clans finden sich gelegentlich auch in Geheimbünden zusammen, beispielsweise die gefürchteten Simbas (Löwenmenschen) in Ostafrika.

Die gefürchteten Simbas (Löwenmenschen) in Ostafrika

Am Beispiel dieser Geheimgesellschaft kann man auch sehen, zu welchen Auswirkungen die systematische Arbeit mit dieser Art des Atavismus führen kann: Ihre Mitglieder kleiden sich bei Ritualen in Löwenfelle und versetzen sich in eine regelrechte Löwentrance, bei der sie nicht etwa nur die Bewegungen und das ganze Verhalten ihres Totemtiers nachahmen, sondern im magischen Sinne voll zu diesem Tier werden, so daß selbst halbwegs nüchterne Außenstehende berichten, daß diese Leute sich vor ihren Augen in wirkliche Löwen verwandelt hätten. In einem solchen Zustand besitzt dieses Zwischenwesen auch sämtliche Eigenschaften, Stärken und Schwächen des Tiers, ohne daß es dabei jedoch zu einem völligen Kontrollverlust des menschlichen Geistes käme. Die kriegerischen Löwenmenschen nutzen dies dazu, um ihre Gegner niederzustrecken und auf Beutezüge auszuziehen.

Doch dürfen wir bei alledem nicht verkennen, daß es sich hierbei schon um eine dekadente Formalisierung des Clantier-Prinzips handelt, die mit der ursprünglichen Grunderfahrung der Selbstverwandlung in ein tierisches oder nichtmenschliches Wesen kaum noch etwas zu tun haben dürfte.

Charakteristisch für den Totem ist auch, daß man ihn sich nicht aussuchen kann. Man erfährt ihn meist völlig unverhofft entweder in Augenblicken großer Gefahr oder durch die Einweihung eines anderen Magiers, der über die Fähigkeit zur Aktivierung des Totems anderer verfügt. Man kann ihn also nicht etwa durch Fleiß erwirtschaften, wie dies bei der Abramelin-Magie im Prinzip doch der Fall ist. (Die Visionssuche der nordamerikanischen Indianer endet zwar auch oft in der Schau eines Tiertotems, ist aber in der Regel ebenfalls nur der zivilisatorisch gebrochene, schematisierte Abglanz dieses Urerlebnisses.) Der Totem offenbart sich meist plötzlich und heftig, nicht selten findet zur »Begrüßung« sogar ein Kampf um Leben und Tod zwischen Totemwesen und Mensch statt. Diesem Kampf folgt häufig eine Anpassungsphase, die große Ähnlichkeit mit dem Zustand des »Säuglings des Abgrunds« aufweist, wie wir ihn von der Lebensbaumkabbala bei der Überquerung des Abyssos kennen. Die Erfahrung ist oft stark körperlicher Art und läßt sich mit Sprache nur unzulänglich beschreiben.

Kampf um Leben und Tod zwischen Totemwesen und Mensch

Mit dem Clantier oder Totem »findet« der Mensch zugleich seine »Bestimmung«, ohne daß dies in irgendeinem jenseitigen oder fatalistischen Sinne zu verstehen ist. Ab nun wird der Totem zu seinem eigentlichen Lebenslehrer, oder er sorgt dafür, daß der Mensch, der jetzt technisch gesehen sowohl zum Diener als auch zum Herrscher seines Clans geworden ist, stets auf die richtigen Lehrer trifft.

In Übereinstimmung mit der Abramelin-Magie könnte man formulieren, daß es Ziel aller Magie sein sollte, diesen Totem zu aktivieren. Das läßt sich aber unserer Erfahrung nach weder formalisieren noch künstlich erzwingen. Zudem ist es keineswegs so, als sei mit dem Erreichen dieses Sollzustands das Lernen beendet – im Grunde genommen fängt es nämlich dann erst an.

Es wäre also falsch, im Clantier oder Totemwesen nur eine Art »Über-Krafttier« zu sehen, das sokratische *daimonion* kommt ihm dagegen schon näher. Thelemitische Magier könnten darin vielleicht die Personifizierung des eigenen Thelema sehen, doch am treffendsten ist noch der Vergleich mit der Lykanthropie, also dem Werwolftum.

Diese knappen Ausführungen müssen genügen – wer Ohren hat, der höre! Nicht etwa weil wir ein Freund obskurantistischer Geheimhaltung wären, sondern weil alles andere nur durch die Erfahrung selbst verständlich gemacht werden kann. Wer aber den Weg der Magie konsequent bis zu jenem Ende weitergeht, an dem ihn ein neuer Anfang erwartet, der wird früher oder später mit dieser Erfahrung konfrontiert werden. Nur aus diesem Grunde wurde sie hier – zum ersten und letzten Mal – erwähnt.

DIVINATION (II)

Die Orakeltypen im Einzelnen (1)

Betrachten wir die im vorigen Abschnitt vorgestellten Orakeltypen nun etwas genauer.

1. EIDETISCHE ORAKEL
(Kaffeesatz-/Teeblätterlesen; Steinsehen; Bleigießen; Baumrindensehen usw.)

Die Fähigkeit, sich einen Gegenstand optisch so genau vorzustellen, als würde man ihn real wahrnehmen

Die Fähigkeit, sich einen Gegenstand optisch so genau vorzustellen, als würde man ihn real wahrnehmen, bezeichnet man als Eidetik. Dazu bedarf es stets eines äußeren Blickfangs, der meist aus einer unregelmäßigen Struktur (Baumrinde, Stein, Tapete usw.) besteht. Eidetische Phänomene finden meist in einem Zustand der Geistesabwesenheit statt: Man betrachtet einen Blickfang, ohne ihn zunächst bewußt wahrzunehmen. Dadurch beginnt er sich scheinbar zu verändern, und plötzlich sehen wir in einer schlichten Badezimmerkachel einen ganzen Urwald oder ein Pandämonium aus Fratzen und Gesichtern. Wichtig ist, daß es sich dabei nicht um eine Imagination handelt, denn diese geschieht ja willentlich oder hat sogar den Charakter einer gezielt herbeigeführten Halluzination.

Charakteristisch für die eidetischen Orakel ist, daß sie dem Auge Muster, Symbole, Bilder liefern und daß diese in der Regel ebenso intuitiv gedeutet werden, wie sie wahrgenommen wurden. Gewiß, es gibt zwar Anleitungen etwa für das Kaffeesatzlesen, die jeder geschauten Figur eine bestimmte Bedeutung zuweisen (ähnlich wie es die meisten primitiven Traumdeutungsbücher tun), doch sind das allenfalls Behelfe für den Anfänger. Der erfahrene Kaffeesatzleser wird sich auf Dauer niemals an ein derartig starres und im Grunde nutzloses Schema halten, auch wenn er selbst oft glaubt, dies noch zu tun. Die eidetisch geschauten Symbole dienen vielmehr als Assoziations- und Manifestationshilfen der Intuition des Sehers. In diesem Sinne ist die eidetische Orakeltechnik auch nicht wirklich vermittelbar. Es ist lediglich möglich, Beispiele anzubieten, die von jedem früher oder später nicht nur modifiziert, sondern am besten sogar wieder völlig vergessen werden sollten.

Das technische Vorgehen

Ist die Orakelfrage gestellt, lenkt der Orakelnehmer bzw. -deuter entweder seine Aufmerksamkeit ab oder er versetzt sich in einen Zustand der Gedankenruhe, während er einen Gegenstand (z. B. einen eigens für diese Befragung beschafften Stein, ein Stück Rinde usw.) fixiert. Exerzieren wir dies einmal am Beispiel des Kaffeesatzlesens durch, wobei wir wieder dem schon erwähnten Werk von Bettina Tegtmeier folgen.

Das Beispiel des Kaffeesatzlesens

Der normale, viel zu grobkörnige Filterkaffee ist zur Herstellung von Kaffeesatz völlig ungeeignet, deshalb sollte man mit staubfein gemahlenen Sorten (türkischer Mokka, Espresso u. ä.) arbeiten. Man gibt den Kaffee in eine Tasse und überbrüht ihn. Dann wird gewartet, bis der Satz sich am Boden abgelagert hat. Nun wird die Flüssigkeit langsam ausgetrunken. Als nächstes stülpt der Orakeldeuter die Tasse nach kräftigem Schwenken umgekehrt auf die Untertasse. Nun läuft die verbleibende Restflüssigkeit in die Untertasse und am Tassenrand lagert sich Satz ab. Jetzt werden Untertasse und Tasse einzeln noch einmal kräftig geschwenkt. Bettina Tegtmeier empfiehlt, den inneren Tassenrand für die Gegenwarts- und die Untertasse für die Trendanalyse oder eigentliche Zukunftsschau zu verwenden.

Der Orakeldeuter betrachtet sorgfältig die beiden Orakelhälften (gut geeignet dazu: der 180°-Blick), bis er darin Muster, Symbole oder Bilder erkennt. Diese setzt er in Beziehung zur Frage und gelangt so zur Deutung.

Dazu nun ein Beispiel, das aber eben nur ein Beispiel ist und sein will.

Lautete die Frage etwa: »Wie wird sich meine berufliche Situation im nächsten Jahr entwickeln?« und sieht er im Tassenrand einen Gebirgszug, ein Haus und einen Vogel, auf der Untertasse dagegen einen Baum, einen Fisch und einen Speer, so könnte der Orakeldeuter nach einiger Meditation diesen Symbolen folgende Bedeutung zusprechen:

Gegenwartsanalyse
Gebirge: Schwierigkeiten; beschwerlicher Anstieg
Haus: Gefängnis; Einschränkung; Bindung
Vogel: Freiheit; Höhenflug; schnelle Bewegung; Scharfblick

Trendanalyse
Baum: Standfestigkeit; Beharrlichkeit; Weisheit
Fische: Schnelligkeit; Lebendigkeit; Geschmeidigkeit
Speer: Reichweite; Treffsicherheit

Dann könnte die Deutung etwa folgendermaßen aussehen:

»Der Fragende sieht sich in seiner gegenwärtigen beruflichen Situation stark eingeschränkt und vor große Schwierigkeiten gestellt. Das macht ihn unsicher und fahrig, möglicherweise begeht er dadurch auch schwerwiegende Fehler. Indem er sich dieser Situation bewußt wird und mehr Bewegung in sein Leben bringt, also seinen eigenen Freiheitsdrang nutzt und seinem Ehrgeiz Spielraum gibt, wird er mehr Selbstsicherheit gewinnen. Dies führt zu größerer Souveränität und Weitblick, was wiederum seine Position stärken dürfte. Nun wird er seinen Scharfblick und seine Treffsicherheit bei wichtigen Entscheidungen beweisen können.«

Ebensogut hätte der Deuter aber auch zu folgenden Aussagen gelangen können:

Gegenwartsanalyse
Gebirge: Gipfel; Überblick; Erhabenheit
Haus: Sicherheit; Geborgenheit; Ruhepunkt
Vogel: Haltlosigkeit; Oberflächlichkeit

Trendanalyse
Baum: Verwurzelung; Bewegungslosigkeit; Trotz
Fische: Sprachlosigkeit; Anpassung; Hilflosigkeit
Speer: Kampf; Konflikt; Streit; Feinde

Hier könnte die Deutung dann folgenden Inhalt haben:

»Die berufliche Situation des Fragenden bietet ihm eigentlich Sicherheit, einen festen Bezugspunkt und große Aufstiegsmöglichkeiten. Hinderlich ist seine eigene Rastlosigkeit und die Unwissenheit darüber, was er eigentlich will. Bekommt der Fragende diese nicht in den Griff, so wird die Situation im Laufe des nächsten Jahres an Dynamik verlieren, Erstarrung und das Gefühl des Eingesperrtseins sind die

Folge. Es kommt zu Konflikten und Streitigkeiten, die mit Phasen der sprachlosen, grollenden Anpassung und Unterwerfung unter die Macht seiner überlegenen Gegner abwechseln.«

Welche dieser beiden Deutungen (bzw. der zahreichen anderen möglichen Interpretationen oder Schauen) die richtige ist, kann, darf und muß allein die Intuition des Orakeldeuters entscheiden.

Dieses Beispiel soll genügen, um den grundsätzlichen Umgang mit Orakeln ohne festgelegtes Bedeutungsschema zu veranschaulichen. Für die anderen Orakeltypen gilt also sinngemäß das gleiche.

2. VISIONSORAKEL
(Kristallkugelschau; Kristallsehen; Spiegelschau; Feuersehen; Wassersehen; Wolkenschau usw.)

Technisch gesehen handelt es sich beim divinatorischen Umgang mit dem magischen Spiegel um ein Visionsorakel. Da wir dieses bereits kennengelernt haben, erübrigen sich hier weitere Erläuterungen.

3. GEISTREISENORAKEL
(Tattwareisen; schamanische Geistreisen usw.)

Über schamanische Geistreisen gibt das bereits erwähnte Werk von Michael Harner hinreichend Aufschluß. Bei Tattwareisen handelt es sich um den Eintritt in die Elementsphären mit Hilfe spezieller Elementsymbole. Charakteristisch für alle Geistreisenorakel ist, daß die gesamte Reise als Orakelantwort gedeutet wird.

4. GEISTWESENORAKEL
(Mediumismus; Ouija-Brett usw.)

Geistwesenorakel bedienen sich, wie die Bezeichnung ja auch schon deutlich macht, der Befragung von Geistern oder feinstofflichen Wesen. Am bekanntesten dürfte wohl die spiritistische Séance sein, bei der der postulierte Kontakt zu Verstorbenen dazu genutzt wird, um Erkenntnisse über das Diesseits und das Jenseits zu erlangen. Dazu bedarf es eines Me-

Die spiritistische Séance

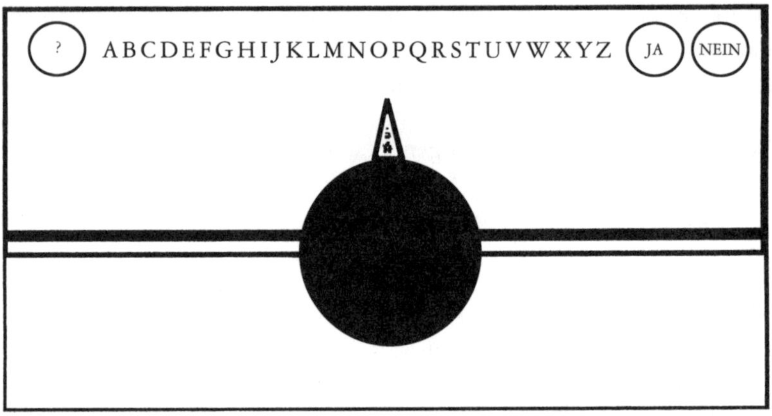

Abbildung 39: Ouija-Brett und Planchette auf Laufschiene

diums, das sich meist in Tieftrance begibt, um zum Kanal für Mitteilungen zu werden, die die Séance-Teilnehmer in der Regel als Antwort auf ihre Fragen erhalten.

Die vor einigen Jahren unter der Bezeichnung »Channeling« bekannt gewordene Praktik ist im Prinzip (auch wenn ihre Vertreter dies immer wieder gern bestreiten) nichts anderes als eine Variante des klassischen, spiritistischen Mediumismus. Zwar wird hierbei nicht immer in Tieftrance gearbeitet (im Spiritismus allerdings auch nicht in allen Fällen), aber schon früher war es durchaus üblich, auch andere, sogenannte »nichtinkarnierte« Wesenheiten (Engel, Geistführer usw.) zum Zwecke der Divination zu kontaktieren.

Das altehrwürdige Ouija-Brett

Das in jüngster Zeit wieder zu neuen Ehren gekommene altehrwürdige Ouija-Brett (vgl. Abb. 39) stellt ein Hilfsmittel für den telepathischen Verkehr mit der Geisterwelt dar. Das Brett entstand im 19. Jahrhundert im Zuge der damaligen weltweiten Spiritismuswelle. Sein Name ist eine Zusammensetzung aus dem französischen »oui« und dem deutschen »ja«. Auf dem eigentlichen Brett sind Buchstaben und einzelne, knappe Begriffe (z. B. »Ja«, »Nein« und ein Fragezeichen für »Ich weiß nicht« – denn auch Geister sind schließlich nicht allwissend!) aufgemalt oder graviert; gearbeitet wird mit einer Planchette, einem auf Rollen, Gleitkufen oder in einer Schiene ruhenden kleineren Brett mit Zeiger oder Schauloch. Die Teilnehmer der Ouija-Brett-Séance berühren gemeinsam z. B. mit den Zeigefingern die Planchette und stellen fest, »ob jemand da ist«, also ob sich ein Geist im Raum befindet. Nach den üblichen Vorstellungsmodalitäten wird dieser Geist schließlich befragt, wobei er seine Antworten durch das sich unwillkürlich bewegende Brett gibt, das mal auf den einen, mal auf den anderen Buchstaben oder Begriff zeigt. Die zusammengesetzten Buchstaben ergeben im Idealfall Worte oder sogar ganze Sätze – eben die Antwort auf die Orakelfragen.

Praktische Übungen

ÜBUNG 84
BUCHSTABENMAGIE

Führe, wenn Dir diese Disziplin zusagen sollte, ein buchstabenmagisches Exerzitium durch, das Du nach eigener Maßgabe entsprechend unseren Empfehlungen gestaltest. Vermeide dabei jede Übertreibung! Sollten eventuelle unangenehme Begleiterscheinungen unerträglich werden, so brich diese Operation ab. Versuche auf keinen Fall, sie mit Gewalt zu Ende zu bringen! Da ist es weitaus empfehlenswerter, in einem Jahr noch einmal damit zu beginnen.

ÜBUNG 85
PRAKTISCHE DIVINATORIK (II)

Sammle möglichst viele Erfahrungen mit eidetischen Orakeln, indem Du Dir nach eigener Maßgabe ein entsprechendes Übungsprogramm zusammenstellst. Damit verfeinerst Du zugleich Intuition und magische Wahrnehmung. Beherzige dabei aber stets die bereits erwähnten Grundregeln jeder Divinatorik und führe natürlich auch genau Buch über die Ergebnisse. Sollte es Dir schwerfallen, zu guten Erfolgen zu gelangen, so übe dies mindestens ein halbes Jahr lang mit ca. drei bis vier Divinationen pro Woche.

LITERATURNACHWEIS

Die geheimen Übungen der türkischen Freimaurer. Der Schlüssel zum Verständnis der Alchimie. Eine Darstellung des Rituals, der Lehre und der Erkennungszeichen orientalischer Freimaurer, bearbeitet von Rudolf von Sebottendorf, neu durchgesehen und mit einer Einleitung versehen von Waltharius, 4. verbesserte und vermehrte Auflage, Freiburg i. Br.: Verlag Hermann Bauer, 1977

Frater V.: D.:, »*The IAO Formula and the Alchemy of Letters*«, in: *The Lamp of Thoth*, (Leeds), 13/vol. II, no. 7, 1984

Bettina Tegtmeier, *Der große Schlüssel zum Orakel. Fünfzig Techniken der Schicksalsbefragung*, Interlaken, Ansata Verlag, 1985

DIVINATION (III)

A B R A C A D A B R A
A B R A C A D A B R
A B R A C A D A B
A B R A C A D A
A B R A C A D
A B R A C A
A B R A C
A B R A
A B R
A B
A

Die Orakeltypen im Einzelnen (II)

5. KOMBINATORISCHE ORAKEL
(Runenorakel; Kartenlegen; Geomantie; Kauriorakel usw.)

Anders als die bisher vorgestellten Typen stellen kombinatorische Orakel mindestens zwei feststehende Deutungs- oder Analogiesysteme in Beziehung zur Frage.

Im Beispiel des Kartenlegens heißt das: Die Karten und ihr Legeplatz haben jeweils ihre eigene Bedeutung, die so viele Interpretationsmöglichkeiten erschließt, daß vor allem die Kombinationsgabe des Orakeldeuters gefordert wird. Er muß blitzschnell entscheiden, muß das Wahrscheinliche vom weniger Wahrscheinlichen trennen, ohne Überraschungen gänzlich auszuschließen, muß abstrahieren und sich seine Aussagen oft mühsam erarbeiten.

Die Kombinationsgabe des Orakeldeuters ist gefordert.

Ähnlich verhält es sich mit der Geomantie (Punktierkunst), bei der man die in Erde gestochenen Löcher zusammenzählt, in Figuren umrechnet und in ein astrologisches Häuserschema einordnet.

Es ist nicht sinnvoll, diese und die nächsten beiden Orakeltypen hier ausführlicher abhandeln zu wollen, weil ihre Darstellung sehr platzraubend ist und es dazu bereits ausreichend gute Literatur gibt.

Ein Hauptgrund für den hohen Stellenwert, den kombinatorische Orakel genießen, ist sicher ihre vergleichsweise hohe Objektivität. Sie sind ausreichend kompliziert, um eine normale Manipulation auszuschließen. Ein Beispiel: Die Karten werden gründlich gemischt und es bleibt dem Zufall – nach anderem Paradigma: den Geistern, dem Unbewußten, dem Schickal – überlassen, welche von ihnen – selten alle – zur Orakeldeutung herangezogen werden. Anders als bei Visionen, die man in der Erinnerung leicht ausschmücken oder verzerrt wiedergeben kann, steht die Auswahl und Anordnung der auskunftgebenden Faktoren (Karten, Steine, Muscheln usw.) fest, sobald der Akt der Orakelmanipulation (Mischen, Ziehen, Werfen usw.) erst einmal abgeschlossen ist.

6. OBJEKTIVIERTE KOMBINATORISCHE ORAKEL
(Astrologie; Chiromantie usw.)

»Objektiviert« ist an diesen kombinatorischen Orakeln die Ausgangsbasis. Auf diese hat der Orakelnehmer keinen Einfluß: Der Stand der Gestirne ist objektiv, die Handlinien können nicht manipuliert werden. Er stellt also die Antwort nicht aktiv her, sondern berechnet oder beobachtet bereits Bestehendes nach festgelegten Regeln. Relativ frei ist er natürlich in seiner Interpretation des Wahrgenommenen, die sich aus Kombinatorik, Gewichtung, Ausschluß bestimmter Faktoren usw. zusammensetzt. Aufgrund ihrer hohen Komplexität erfordern diese Orakel meist ein jahreslanges (Bücher-)Studium.

7. NUMEROLOGISCHE ORAKEL
(Zahlendeutung; Gematria usw.)

Anspruch auf ein hohes Ausmaß an Objektivität erheben auch die Anhänger numerologischer Orakel. Die Zahlenmystik ist sicher so alt wie der Umgang mit Zahlen selbst. So lag es nahe, auch divinatorische Systeme auf Zahlenbeziehungen aufzubauen. Vergessen wir nicht, daß die Schrift (und dazu gehören natürlich auch die Zahlen) in den meisten Kulturen ursprünglich als etwas Heiliges, von der Gottheit Offenbartes galt.

Die Zahl numerologischer Orakel ist Legion. Ihr Spektrum reicht von schlichten Zuordnungen bestimmter Charaktereigenschaften zu bestimmten Geburtszahlen (meist die Quersumme aus dem Geburtsdatum eines Menschen) bis zu hochkomplizierten harmonikalen Spekulationen und mathematischen Gedankenspielen nach Art der Pythagoräer. Man kann die numerologische Divination auch als »objektivierte Omendeutung« bezeichnen, bei der der Divinant nach eigenem Verständnis Zusammenhänge aufdeckt, nicht aber künstlich (z. B. durch das Losen) herstellt: Wie bei den objektivierten kombinatorischen Orakeln arbeitet er mit vorgebenem Material.

Die Zahl numerologischer Orakel ist Legion.

Mit der Gematria haben wir uns schon befaßt, so daß sich weitere Erläuterungen erübrigen. Als praktisch-divinatorischer Hinweis genüge die Erwähnung der Tatsache, daß manche, wenn auch wenige

Kabbalisten die Gematria insofern divinatorisch nutzen, als sie in der Begegnung mit bestimmten Zahlen ein Omen sehen. Wer sich beispielsweise mit irgendwelchen persönlichen Problemen herumschlägt und häufiger über eine bestimmte Zahl stolpert, kann diese in hebräische Buchstaben umrechnen und durch einen Blick ins Hebräischlexikon eine entsprechende Antwort erhalten usw.

Einführung in die Dämonenmagie (II)

Dämonen gelten einerseits ganz allgemein als »böse«, andererseits sind sie angsteinflößend, weil sie Gewalt über uns erringen können. Noch viel schlimmer aber ist, daß sie all das verkörpern, was wir einerseits an uns selbst verachten, andererseits aber gern wären oder täten: Der Ultrafromme hat einen geheimen Hang zum Laster, den er entweder völlig verdrängt und leugnet (dann kämpft er ständig mehr oder weniger erfolgreich mit irgendwelchen »Versuchungen«) oder nur im Verborgenen auslebt; der Verbrecher hegt eine Haßliebe zum Gesetzeshüter; in jedem Helfer steckt ein Sadist, jeder Sadist verbirgt einen inneren »Helfer-Schatten«; der Zyniker ist ein enttäuschter Idealist, der Idealist sehnt sich danach, seine heimliche Grausamkeit ausleben zu können usw. Das ist zwar sicher eine sehr vereinfachende Sicht der Dinge, doch macht sie das Grundprinzip deutlich, um das es psychologisch betrachtet bei der Dämonenmagie geht.

Dämonen verkörpern all das, was wir einerseits an uns selbst verachten, andererseits aber gern wären oder täten.

Wenden wir uns nun der Praxis zu. Allgemein geht man in der Magie davon aus, daß Dämonen unter anderen deshalb so schwer zu evozieren sind, weil sie als Wesen der feinstofflichen Welt zur grobstofflichen Manifestation nicht besonders gut geeignet sind. Dämonenmagie ist stets auch die Magie des Zwangs. Beim faustischen »Höllenzwang« geht es buchstäblich darum, sich die Höllenkräfte durch Gewalt untertan zu machen. Diese Gewaltanwendung hat also auch technische Gründe, man kann darin aber auch die symbol-logische Entsprechung zu der Schwierigkeit sehen, seinen eigenen »inneren Schweinehund« in den Griff zu bekommen. Jedenfalls muß dem Dämon nach traditioneller Lehrmeinung stets eine materielle Basis (Materia prima) zur Verfügung gestellt werden, eine Art »Manifestationsbatterie«, aus der er die Kraft gewinnt, die für ihn an sich unnatürliche Manifestation zu vollziehen. Es heißt auch, daß der Dämon zum erbitterten Feind eines Magiers wird, wenn dieser von sich aus nicht genügend eigene Kraft zur Verfügung stellt und der Dämon die Hauptlast der Materialisation selbst tragen muß. Dies wird dem Magier als Schwäche ausgelegt, entsprechend

Dämonenmagie ist stets auch die Magie des Zwangs.

heftig sind denn auch die Versuche des Dämons, sich seiner Gewalt zu entziehen.

Ferner verlangt die Dämonenmagie der Tradition zufolge stets ein Opfer, allerdings ist dieses oft identisch mit der Materia prima. Heute werden meist üppige Räucherungen verwendet, früher waren Tieropfer die Regel, weil das Blut des frisch getöteten Tiers als besonders kraftvoll und manifestationsfördernd galt. Es soll hier nicht geleugnet werden, daß auch in der hermetischen Tradition vielleicht gelegentlich zu Menschenopfern gegriffen wurde, wie sie in allen Kulturkreisen in der einen oder anderen Form üblich waren, doch war das meist die absolute Ausnahme – schon aus Gründen der schwierigen Beschaffung geeigneten Menschenmaterials. Dergleichen kennen wir schließlich auch aus orthodoxen Religionen, man denke an die Menschenopfer der Azteken und an die Praktiken einiger indischer Kali-Kulte. Aber auch das nordische Brauchtum kennt dergleichen; die wohl bekannteste literarische Verarbeitung dieses Themas dürfte Theodor Storms *Der Schimmelreiter* sein: Hier muß jedem neuen Deich »etwas Lebendiges« geopfert werden, damit er halte, meist wohl ein Tier, gelegentlich eben aber auch ein Mensch.

Die Dämonenmagie verlangt der Tradition zufolge stets ein Opfer.

Auch die Druiden kannten das Menschenopfer, ein erst in jüngerer Zeit entdeckter Fund, der »Mann von Lindow«, macht dies sehr deutlich und straft auch all jene Lügen, die behaupten, das Druidentum sei von Julius Cäsar (der in seinem *De bello gallico* druidische Menschenopfer erwähnt) allein aus politischen Gründen diffamiert worden: Bei dieser Moorleiche im englischen Cheshire handelte es sich um einen offensichtlich hochgestellten Druiden, der im Alter von fünfundzwanzig bis dreißig Jahren um das zweite Jahrhundert vor Christus gleich mehrfach getötet wurde: Man hatte ihn mit zwei Kopfhieben betäubt, danach stranguliert und ihm schließlich die Halsschlagader geöffnet, um ihn ausbluten zu lassen. In seinem Magen wurden Reste eines angekohlten Gerstenmehlkuchens gefunden, wie er traditionellerweise bei keltischen Frühlingsfeiern verzehrt wurde. Nach Auffassung der Archäologen gab es eine alte Druidensitte, an die Feiernden Stücke eines speziellen Ger-

Auch die Druiden kannten das Menschenopfer.

stenmehlkuchens zu verteilen, von denen eines geschwärzt war. Wer es erhielt, war damit zum Opfer der Götter bestimmt. Von »Ritualmord« kann dabei strenggenommen also nicht die Rede sein, da das Opfer freiwillig aus dem Leben schied.

Meistens hatte das Menschenopfer allerdings – so »dämonisch« es Andersdenkenden auch erscheinen mag – keinen evokatorischen Zweck, sondern diente der Förderung der Fruchtbarkeit des Bodens, der Beschwichtigung erzürnter Gottheiten usw. Derlei Abschweifung ist leider erforderlich, weil sich immer noch viel zu viele Menschen – auch Magier! – völlig falsche Vorstellungen von der Funktion der Dämonenmagie machen. Es ist üblich, einem Dämon für seine Dienste eine Gegenleistung anzubieten, die meist mit ihm auszuhandeln ist. (Ein Beispiel dazu finden Sie unten im Abschnitt »Berichte aus der magischen Praxis«.) Das kann zu einer mittelschweren Konfrontation mit orientalischer Basarmentalität werden, denn so wie die Dämonen alles in allem sehr zähe, unzimperliche Gesellen sind, so sind sie auch stets auf ihren Vorteil bedacht und schenken dem Magier nichts. Selbst wenn dieser dem Dämon gar nichts gibt und ihn statt dessen mit Hilfe einer vorher um Unterstützung gebetenen geistigen Hierarchie schlichtweg nur unter Druck und Zwang setzt, ist dies doch immerhin keine geringe Anstrengung, die beim Zauberer nicht selten in völliger Erschöpfung und Apathie endet.

Einen »Pakt« abschließen

Es ist jedenfalls erfahrungsgemäß immer vorzuziehen, mit dem Dämon ein Geschäft nach allen Regeln der Kunst abzuschließen, also einen »Pakt«, damit klare Verhältnisse herrschen. (Sie sind inzwischen vertraut genug mit den verschiedenen Modellen der Magie, um sich selbst zu überlegen, was in welchem Modell aus welchem Grund dafür spricht.) So etwas will – wie ja überhaupt die ganze Operation – wohlüberlegt sein, und auch auf den genauen Wortlaut von Abmachungen ist zu achten, denn oft gebärden sich Dämonen nicht minder heimtückisch-wortgetreu wie die Willenssätze der Sigillenmagie.

Crowley forderte für die Adepten seines A∴A∴, daß die Dämonen bis zur »Konsistenz dichter Dämpfe« beschworen werden sollten. Das bedeutet, daß die sichtbare Manifestation zwar gefordert, aber meist von der uns schon vertrauten magischen Unschärfe begleitet wird. Mit anderen Worten: Der Dämon wird im Zustand der Gnosis geschaut.

Dem wird oft mit den üblichen Mitteln kräftig nachgeholfen, manche Lösungen dagegen sind eher unkonventionell: So erzählte mir der Schweizer Mythenforscher und Schriftsteller Sergius Golowin von alten Zauberbüchern, in denen Anleitungen für den Bau eines Spezialaltars zu finden sind, der der Dämonenbeschwörung dient: Im Inneren des Kastens ist eine Art Camera obscura eingebaut, die mit Hilfe eines ausgeklügelten Systems von Spiegeln ein Dämonenbild auf die Rauchsäule im Dreieck projiziert – als Vorläufer einer »dreidimensionalen Dia- oder Holographieshow«.

Handelt es sich dann bei Dämonen also nur um Hirngespinste, um Halluzinationen? Der Psychologe würde das zwar so sehen, doch beweist die Praxis immer wieder aufs neue, daß die Dämonenmagie zumindest während der Evokation selbst nur funktioniert, wenn der Magier in diesem Augenblick voll und ganz im Geistermodell arbeitet. Zudem benutzen besonders die traditionellen Magier in der Regel eine Vielzahl weiterer Kontrollmechanismen, die über das optische Aussehen weit hinausgehen, etwa indem sie Fragen nach kabbalistischen Problemen stellen, die der Sphäre des Dämons zugehören und von ihm zufriedenstellend beantwortet werden müssen usw. Das setzt freilich fundierte Kenntnisse in den unterschiedlichsten Disziplinen (Kabbala, Korrespondenzen, Mythologie, Astrologie usw.) voraus.

Handelt es sich bei Dämonen nur um Hirngespinste, um Halluzinationen?

Im nächsten Abschnitt werden wir uns mit der rituellen Praxis der Dämonenevokation befassen.

PRAKTIKEN DER VOLKSMAGIE (III)

Puppenmagie

Die Puppenmagie ist eine uralte Praxis der Volksmagie, die keineswegs, wie oft geglaubt wird, nur im karibischen Voodoo beheimatet ist. Bereits im alten Ägypten wurde mit Puppen gearbeitet, sie spielten im Jenseitskult eine große Rolle, etwa wenn einem begüterten Toten Fayencefiguren (Ushebtis) als »Sklaven« für das Jenseits mit ins Grab gegeben wurden. Im Zuge der mittelalterlichen Hexenverfolgung wurden auch Strohpuppen entdeckt, die zu magischen Zwecken gebraucht wurden.

Puppenmagie ist im Kern Sympathiemagie.

Puppenmagie ist im Kern schon immer Sympathiemagie gewesen, sie funktioniert nach einer sehr schlichten sympathiemagischen Formel: Der Magier fertigt eine Puppe an, die er mit der Zielperson magisch identifiziert, um danach mit der Puppe zu tun, was er der Zielperson zufügen möchte. Das muß keineswegs immer destruktiv sein (die meisten Menschen verbinden ja mit dem »Puppenstechen« ausschließlich Schadenszauber): Mit dieser Technik wird nämlich auch geheilt, werden Glückszauber übertragen usw.

Die Puppe kann aus unterschiedlichstem Material angefertigt werden: Wachs, Holz, Stroh, Leder, Stoff, Lumpen usw. Entscheidend ist, daß ihr Geschlecht erkennbar ist, ansonsten ist physische Ähnlichkeit nicht gefordert. Allenfalls werden besondere Körpermerkmale (z. B. Buckel, amputierte Gliedmaßen o. ä.) bei der Gestaltung mitberücksichtigt. Es kommt also nicht auf künstlerische Qualitäten an, solange das Unbewußte des Magiers (psychologisches Modell) die Puppe als Stellvertreterin der Zielperson akzeptiert. Das wird durch eine förmliche oder materielle Identifikation hergestellt.

Diese geschieht durch rituelle Taufe der Puppe, durch das Einarbeiten von sympathiemagisch bedeutsamen »Bindegliedern« wie Nagelabschnitten, Haaren, Blut oder anderen Körpersekreten der Zielperson (vorzugsweise Schweiß, Sperma/Vaginalfluid), sofern vorhanden. Heute werden auch gern Fotografien verwendet, meist Paß- oder Porträtfotos, die anstelle des Gesichts auf die Puppe appliziert werden. Es bedarf nicht unbedingt eines speziellen Rituals, um Puppe und Zielperson magisch »eins« werden zu lassen, für die meisten Magier gilt die Puppe bereits als geladen, sobald sie fertiggestellt ist, was der Magier dann allerdings auch selbst tun muß. Es hat also keinen Sinn, eine fertiggekaufte Puppe – wie man sie als »Voodoo-Zubehör« mittlerweile gelegentlich im Handel angeboten bekommt – ungeladen bearbeiten zu wollen.

DIE BEARBEITUNG DER PUPPE

Wichtigstes Utensil der Puppenmagie ist neben der Puppe selbst die Nadel – allerdings in der Regel nur beim Schadenszauber. Man kann beispielsweise eine Fernheilung auch durch Handauflegen o.ä. bewerkstelligen; wer sich auf Akupunktur versteht, wird die Puppe und damit den Patienten auch mit Nadeln entsprechend behandeln können.

Fernheilung mit Hilfe der Puppe

Was die Behandlung der Puppe angeht, so gibt es verschiedene Schulen der Magie, die natürlich alle auf ihre eigenen Methoden schwören. Die drei wichtigsten wollen wir hier kurz skizzieren.

1. DIE KONZENTRATIVE METHODE

Diese herkömmliche Methode wird wohl mit Abstand am häufigsten verwendet: Der Magier konzentriert sich bei der Bearbeitung der Puppe mit voller Willenskraft auf die Identifikation der Puppe mit der Zielperson sowie darauf, was mit dieser geschehen soll. Diese Willenskraft wird systematisch solange gesteigert, bis sie ihren – meist spasmischen – Höhepunkt erreicht hat.

Eine Variante besteht darin, die Puppe in regelmäßigen Abständen zu bearbeiten, also eher auf Häufigkeit als auf Intensität zu setzen.

Technisch soll diese Methode in erster Linie deshalb wirken, weil die Willens- und Gedankenkraft sich so stark bündelt, daß die Zielperson davon unweigerlich betroffen wird (Energiemodell).

2. DIE VERGESSENSMETHODE

Diese Methode entspricht eher dem, was wir aus der Magie Austin Osman Spares kennen: Der Magier bearbeitet die Puppe, vermeidet dabei aber jeden Gedanken an eine Identifikation derselben mit der Zielperson. Am besten hat er dabei sogar sein Anliegen vergessen. In seinem Bewußtsein sticht er also »irgendeine Puppe« (auch wenn diese zuvor ganz konventionell mit der Zielperson identifiziert wurde), versucht aber dem Konflikt aus dem Weg zu gehen, daß die Puppe ja »in Wirklichkeit« rein äußerlich doch nicht so aussieht wie ihr Ziel.

Diese Methode wird wie die Sigillenmagie im psychologischen Modell begründet. Ihre Verfechter argumentieren, daß die augenscheinliche Diskrepanz zwischen der Zielperson und ihrer Darstellung in Puppenform die konzentrative Methode sehr störanfällig mache. Zudem meinen sie, daß das gezielte Vergessen magischer Willenssätze und -akte ohnehin magisch wirksamer sei als jede Konzentration, die zudem meist zur Verkrampfung führe, weil jeder Wunsch automatisch die Angst vor dem Scheitern seiner Erfüllungsbestrebungen gebäre.

3. DIE DEPRIVATIONSMETHODE

Diese wenig bekannte Methode ist nur etwas für sehr erfahrene Magier mit einem auch magiephilosophisch geschulten Hintergrund. Sie zielt vordergründig betrachtet auf absolute Kontrolle unter Ausnutzung einer gewissen Frustrationsgnosis ab. Kurz gesagt: Man nimmt die Puppe (ohne Konzentration auf Ziel oder Inhalt der Operation) und sticht – daneben! Die Schwierigkeit dieser Methode liegt in der Vermittlung des dazu erforderlichen philosophischen Überbaus, was hier zu weit vom Thema der praktischen Handhabung wegführen würde. Zusammenfassend könnte man immerhin sagen, daß es um die völlige Beherrschung der menschlichen Motorik geht, bei deren Bewältigung sich bereits fundamentale Fragen auftun wie die nach der tatsächlichen Kontrolle über einen scheinbar so einfachen Akt wie des Führens einer Nadel oder sogar der Herstellung einer Puppe selbst.

Durch die Verweigerung des an sich gewünschten Stechens werde, so argumentieren die Verfechter dieser Methode, die Verweigerung jeder Beschränktheit zur totalen Ablehnung, was wiederum die entsprechenden energetischen Aussteuerungen in Gang setze.

DIE DEFLEKTIONSPUPPE

Die Deflektionspuppe ist eine Puppe, die der Magier von sich selbst herstellt, in die er also auch alle klassischen Identifikationszutaten (von der Haarlocke bis zum Blutstropfen) hineingibt, um die Puppe dann rituell mit sich selbst zu identifizieren. Ihre Funktion besteht darin, im magischen Krieg wie auch bei kleineren Konflikten als »Strohmann« stellvertretend für den Magier feindliche Energien aufzunehmen und zu speichern. (Diese Energien kann der Magier dann seinerseits nutzen, um sie – entsprechend magisch geimpft – gegen seine Gegner zu richten, da diese gegen ihre eigene Energie nicht immun sind.) So wirkungsvoll diese Praktik auch ist, liegen ihre Gefahren doch auf der Hand: Die Puppe muß absolut zugriffssicher aufbewahrt werden, damit sie nicht in falsche Hände gelangen kann. Eine solche absolute Sicherheit aber gibt es natürlich nicht. Daher ist sie auch nur als Notmaßnahme zu empfehlen. Sie kann auch eigens dafür behandelt werden, Gegner vom gegenwärtigen Standort des Magiers abzulenken, also die Ortung zu erschweren. (Das nützt freilich nur etwas bei Magiern, die in ihrer Arbeit von einer geographischen Standortbestimmung des Gegners abhängig sind, was allerdings häufig der Fall ist.)

Hat eine Puppe ihren Zweck erfüllt, wird sie nach der üblichen Methode unter fließendem Wasser entodet und danach vernichtet.

Berichte aus der magischen Praxis (VII)

Vor einigen Jahren führte ich zusammen mit einem anderen Magier eine Evokation des Merkur-Dämons Taphthartharath in klassischer Manier durch. Der Dämon erschien schon nach kurzer Anrufung, jedoch nicht als dreidimensionale Figur, sondern er blickte als Gesicht aus dem Boden des Dreiecks empor. Für seine Dienstleistungen boten wir ihm – darin ganz und gar nicht »klassisch«! – eine Computerdiskette mit der Kopie eines Textverarbeitungsprogramms an, was er auch akzeptierte. (Das Ziel der Operation, das hier nichts zur Sache tut, wurde übrigens durch die Evokation vollinhaltlich erreicht.)

Etwa zwei Jahre später evozierten zwei andere, mir bekannte Magier ebenfalls den Dämon Taphthartharath. Dieser erschien zufriedenstellend deutlich im Dreieck. Als das Gefeilsche um die Gegenleistung losging, boten sie ihm auch eine Diskette an. Groß war das Erstaunen, als Taphthartharath herummäkelte, er habe schon einmal eine Diskette bekommen, mit der er aber nichts habe anfangen können. Schließlich einigte man sich darauf, daß einer der beiden Magier dem Dämon eine ganze Diskette mit einem immer wiederholten Satz vollschreiben sollte, in dem der Dämon gelobt und gepriesen wurde. Dies geschah auch, nachdem die gewünschte Leistung erbracht worden war.

Wir wollen die Sache nicht anders erscheinen lassen, als sie ist: Beide Magier wußten von unserer vorhergehenden Operation, es braucht also nicht unbedingt ein sogenanntes »Psi«-Phänomen vorgelegen zu haben. Aber das ist in diesem Zusammenhang unerheblich. Entscheidend sind vielmehr zwei andere Dinge: Erstens die Idee, mit modernsten Mitteln (Computerdiskette) zu arbeiten und damit tatsächlich auch den gewünschten Erfolg zu erzielen, und zweitens die phänomenologische Vernetzung von miteinander zwar persönlich und weltanschaulich verbundenen, ansonsten aber doch völlig eigenständig und getrennt voneinander arbeitenden Magiern. (Unter dem Gesichtspunkt des Geistermodells bedarf diese Anekdote ohnehin keines Kommentars.)

Praktische Übungen

ÜBUNG 86
BILDER AUS DER REALITÄTSPRODUKTION (I)

Nimm an einem öffentlichen Ereignis teil, von dem Du mit Sicherheit weißt, daß es am nächsten Tag (oder nach dem Wochenende) in der Zeitung stehen wird. Das könnte beispielsweise eine Sportveranstaltung sein, ein Rock-Konzert, eine Wahlkampfrede o.ä. Gehe ohne Vorurteile dorthin, denn Du sollst nur Beobachter sein. Es ist also eine möglichst große Objektivität gefordert. Wenn Du willst, kannst Du Hilfsmittel mitnehmen, die Dir als Gedächtnisstützen dienen: Notizblock, Diktiergerät, Kamera usw. Verfolge das Ereignis möglichst ungerührt und stelle Dir vor, Du solltest später über alles, was Du beobachtest, ein ausführliches Augenzeugenprotokoll verfassen.

Kehre danach nach Hause zurück und halte in Stichworten oder auch ausführlicher fest, wie Du diese Veranstaltung wahrgenommen hast. Dabei solltest Du nicht nur auf herausragende Ereignisse, auf Höhepunkte usw. achten, sondern auch scheinbar Nebensächliches festhalten.

Am nächsten Tag (oder nach dem Wochenende) besorgst Du Dir sämtliche erreichbaren Zeitungen, die über dieses Ereignis berichtet haben. Bevor Du Dich jedoch an die Lektüre machst, gehst Du noch einmal Deine Aufzeichnungen durch und rufst Dir die Veranstaltung möglichst klar ins Gedächtnis.

Nun beginnst Du in einer ruhigen Stunde mit einer systematischen Lektüre der Zeitungsartikel. (Später kannst Du auch eventuelle Radio- und Fernsehberichte sowie die Erzählungen von Bekannten oder Freunden hinzunehmen, die ebenfalls an der Veranstaltung teilgenommen haben. Zu Anfang solltest Du jedoch ungestört und allein arbeiten.) Vergleiche jeden Bericht mit Deinen eigenen Eindrücken: Was »fehlt«? Was ist »richtig«? Was ist »falsch«? Inwieweit vermittelt der Bericht die Stimmung, die Du selbst wahrgenommen hast? Inwieweit tut er es nicht?

Es geht bei dieser Übung nicht darum zu erkennen, daß jeder dasselbe Ereignis mit anderen Augen sieht – für eine solche Banalität wäre der Aufwand zu groß. Stelle vielmehr fest, was dies ganz allgemein (große Richtung), aber auch sehr speziell für Dein Verhältnis zur »Wirklichkeit« zu bedeuten hat. Und überlege Dir auch selbst, ob Du irgendwelche Konsequenzen daraus ziehen oder es nicht tun willst. Vermeide es aber, Dir ganz direkt die Frage: »Was ist Wirklichkeit?« zu stellen, sondern gehe die Sache lieber indirekt bzw. konkret im Detail an. Dadurch verhinderst Du, von unhinterfragten Konzepten und Vorurteilen geleitet zu werden.

Es ist empfehlenswert, diese Übung von Zeit zu Zeit in beliebigen Abständen zu wiederholen. Lege vorher fest, wie oft Du das tun willst – und halte Dich auch an Deine Abmachung mit Dir selbst!

ÜBUNG 87
BILDER AUS DER REALITÄTSPRODUKTION (II)

Besuche eine beliebige, nicht zu große politische Veranstaltung mit Publikumsdiskussion. (Es kann sinnvoll sein, dies in einer Gegend zu tun, wo Du aller Wahrscheinlichkeit nach auf keine Bekannten treffen wirst.) Es spielt keine Rolle, ob Du vom dort behandelten Thema etwas verstehst oder nicht, ja es ist sogar vorzuziehen, möglichst Bereiche zu wählen, die Dir unvertraut sind. Ebensowenig darfst Du Dich davon beeinflussen lassen, ob die jeweilige politische Richtung Dir behagt oder mißfällt. Wenn Du willst, kannst Du diese Übung auch mehrfach durchführen, wobei Du möglichst unterschiedliche politische Referenten und Richtungen aussuchen solltest.

Lausche den Vorträgen oder Referaten so aufmerksam wie möglich und mache Dir eventuell auch Notizen für die darauffolgende Diskussion. Sorge auch dafür, daß Du einen für die Diskussion strategisch günstigen Platz bekommst, wo Deine Wortmeldungen nicht zu übersehen sind und wo Du mit dem Referenten Blickkontakt pflegen kannst.

Melde Dich so schnell wie möglich zu Wort. Beginne damit, ganz ernst und ruhig Sachfragen zu stellen, falls Du etwas nicht verstanden hast. (Du kannst Dir auch einige Fremdwörter oder Floskeln erklären lassen – selbst wenn Du sie in Wirklichkeit verstehst.)

Meide am Anfang jede Aggressivität, versuche Deinen Kontrahenten einzulullen und nicht etwa zu reizen, strebe also vorerst danach, Sympathien zu gewinnen. Nachdem Du das eine Weile getan hast, solltest Du auch andere zu Wort kommen lassen, damit Du nicht gleich als Schwätzer abgeschrieben wirst und man Dir gar die Redeerlaubnis entzieht.

Nun geht es in die nächste Runde: Wähle Dir einen kontroversen Punkt (er darf ruhig schon eine Zeit zurückliegen, muß also nicht unbedingt soeben diskutiert werden), und konfrontiere den Referenten mit einer entgegengesetzten Meinung. (Dabei ist es völlig gleichgültig, was Du »wirklich« meinst; es ist sogar besser, wenn Du »eigentlich« auf seiner Seite bist – nur überzeugend mußt Du wirken!) Nun heize ihm ordentlich ein und gib heftig Kontra: Dabei kannst Du emotional werden, unsachlich, hysterisch – aber wahre stets die äußere Form und verstoße nie gegen die allgemeinen Gebote der Höflichkeit, um nicht den Eindruck zu erwecken, daß du nur ein unwichtiger »Flegel und Querulant« bist. Wenn Du es Dir zutraust, kannst Du auch gelegentlich die Fronten wechseln und mal für eine Sache, dann wieder dagegen, und schließlich wieder dafür argumentieren. (Das ist am wirkungsvollsten bei Gruppendiskussionen.) Durch Deine bisherige Schulung in Paradigmenwechseln dürfte Dir das nicht allzu schwerfallen. Beobachte, was geschieht: Wie verhält sich der Referent? Was geht in Deinem Inneren vor? Wie reagieren die anderen Anwesenden? Was ist Wahrheit?

Konfrontiere den Referenten mit einer entgegengesetzten Meinung.

Wir haben für diese Übung eine politische Versammlung gewählt, weil diese Veranstaltungen meist – vor allem im Wahlkampf –

von Menschen durchgeführt und geleitet werden, die auf »Seelenfang« aus sind. Das macht sie blind für etwaige Gefahren und Gegner – und solange sie sich noch Hoffnungen machen, daß sie Dich für ihre Sache gewinnen könnten, werden sie sich zwangsläufig von Dir das Tempo der Debatte aufzwingen lassen.

Nutze das schamlos aus – und verschmähe auch keine Gratisgetränke und -imbisse, sollten diese gereicht werden! Zeige Dich interessiert, offen, engagiert, unschuldig, gib Dich beeinflußbar, willig, wach, aber nicht allzu fügsam. Diese Übung kann Dein Leben verändern ...

ÜBUNG 88
BILDER AUS DER REALITÄTSPRODUKTION (III)

Eine Übung nach Aleister Crowley: Suche ein besonders vornehmes und teures Restaurant auf – natürlich in entsprechender Kleidung – und bestelle dort ein möglichst anspruchsvolles, mehrgängiges Menü. Verlange aber, die Speisen in umgekehrter Reihenfolge zu verzehren, also z. B. beginnend mit Kaffee und Cognac/Likör und endend mit der Suppe. Verziehe dabei keine Miene und benimm Dich ansonsten völlig gediegen und unauffällig. Diese Übung ist besonders wirkungsvoll, wenn Du noch keine Erfahrung mit derartigen »Freßtempeln« hast.

Selbstverständlich kannst Du sie auch wiederholen und variieren, etwa indem Du darauf bestehst, das ganze Essen schon vorher zu bezahlen und gelegentlich bei Nachbestellungen (etwa von Getränken) zaghaft oder besorgt nachzufragen, »ob noch genügend Geld übrig« sei. Am Ende gibst Du dann ein fürstliches Trinkgeld.

ÜBUNG 89
BILDER AUS DER REALITÄTSPRODUKTION (IV)

Bei allen vorangegangenen Übungen geht es nicht darum, irgendwelche Leute zu ärgern (obwohl das zweifellos nicht ausbleiben wird). Vielmehr hast Du mit diesen kleinen Kunstgriffen eine Inversion hergestellt: Du spielst gewissermaßen »verkehrte Welt«, wahrst dabei aber die korrekte äußere Form, um nicht achselzuckend als Verrückter abgestempelt zu werden (wenngleich auch das früher oder später nicht ausbleiben dürfte). Wenigstens bietest Du auf diese Weise keinen Anlaß, einen Psychiater herbeizuholen und hältst der Welt dennoch den Spiegel vors Gesicht. Am meisten aber wirst Du selbst davon profitieren.

Selbst wenn Dir der Sinn der Übungen nicht sofort einleuchten sollte, wirst Du zumindest eine Menge Spaß haben!

Ein tiefer Einblick in Deine sozialen Angst- und Anpassungsmuster

Nicht zuletzt verschaffst Du Dir damit auch einen tiefen Einblick in Deine sozialen Angst- und Anpassungsmuster, die Deine praktische Magie mehr behindern dürften als die meisten »Privatängste«. Meditiere darüber.

Entwickle nach eigener Maßgabe vergleichbare Übungen für Dich und Deine (realen oder zukünftigen) Schüler und beobachte, was dies für Auswirkungen auf die praktische Magie hat. Je weniger Du zum Exzentriker neigst, um so wichtiger ist diese Praxis.

MAGISCHE ORDEN (IV)

Magie im 19. Jahrhundert

Die Magie der Golden Dawn

Die bewegte Geschichte des schon öfter erwähnten englischen Hermetischen Ordens der Goldenen Dämmerung (Hermetic Order of the Golden Dawn) könnte viele Bände füllen und hat es auch schon getan. Anders als Freimaurerei und Rosenkreuzertum, mit denen der praktische Magier von heute in der Regel nur noch selten ernsthafte Berührung haben wird, ist das Wissen um die Golden Dawn mittlerweile zum Allgemeingut geworden. Zudem gibt es in mehreren Weltsprachen gute, fundierte Einführungsliteratur.

Deshalb sollen Geschichte und System dieses Ordens hier auch nur in ihren Grundzügen behandelt werden, anstelle einer ausführlicheren Abhandlung sei auf die Literatur im Anhang verwiesen. Dafür wird aber auch ein anderer Aspekt zur Sprache kommen, der in der Literatur im allgemeinen eher stiefmütterlich abgehandelt wird, nämlich der Innovationscharakter dieses Bundes.

Die Golden Dawn ging im wesentlichen aus der Societas Rosicruciana in Anglia hervor.

Streifen wir also kurz das Grundgerüst. Die Golden Dawn ging im wesentlichen aus der Societas Rosicruciana in Anglia (SRIA; »Rosenkreuzergesellschaft in England«) hervor. Dieser Bruderschaft durften nur hochgradige Freimaurer angehören. Sie zählte unter anderem Edward Bulwer-Lytton und möglicherweise (die Quellenlage ist hier nicht ganz eindeutig) Eliphas Lévi zu ihren Mitgliedern. Alle drei Gründungsmitglieder der Golden Dawn gehörten ursprünglich auch zur SRIA. Die Entstehungsgeschichte der Golden Dawn ist in manchen Punkten bis heute sehr umstritten, herauskristallisiert haben sich immerhin bisher folgende Fakten: Im August des Jahres 1887 erhielt der Londoner Coroner (Leichenbeschauer) Dr. William Wynn Westcott (1848–1925) von dem anglikanischen Geistlichen (nach anderer Fassung: Arzt) Adolph Frederick Alexander Woodford ca. 60 Blätter eines chiffrierten, in einem Geheimalphabet geschriebenen Manuskripts (allgemein als »Cipher Manuscript« bezeichnet), das dieser in einem Londoner Buchantiquariat entdeckt haben wollte. Das verwendete Papier war zwar alt und wies teilweise das Wasserzeichen des Jahres 1809 auf, war aber mit an Sicherheit grenzender Wahrscheinlichkeit nicht vor 1870 beschrieben worden – möglicherweise sogar noch sehr viel später, wie wir noch sehen werden.

Westcott gelingt es, das Manuskript zu entziffern. Es enthält fünf englischsprachige Entwürfe für Initiationsrituale nach rosenkreuzerischem Schema. Ein loses Blatt mit den Initialen A. L. C. läßt Woodford vermuten, daß es aus dem Besitz Lévis stammt, dessen bürgerlicher Name bekanntlich Alphonse Louis Constant war. Im Manuskript wird eine Person namens »S. D. A.« (Sapiens Dominabitur Astris) erwähnt, die auf Wunsch weitere Auskunft geben werde. Westcott schreibt an die im Manuskript angegebene Adresse eines Fräulein Anna Sprengel in Deutschland, die sich in der daraus entstehenden Korrespondenz durch ihren Sekretär Frater In Utroque Fidelis als führendes Mitglied eines deutschen Rosenkreuzerordens vorstellt. Westcott wird mit der Gründung eines eigenen Ordens beauftragt. Im Dezember 1887 stirbt Woodford. Bereits im Oktober hat Westcott an Samuel Liddell »MacGregor« Mathers (1854–1918) geschrieben, einem exzentrischen Pseudo-Highlander, Theosophen und Privatgelehrten, der sich den schwarzen Künsten verschrieben hat, allen voran der Kabbala. Er fordert ihn auf, zum Zwecke der Gründung des Ordens aus dem vorhandenen, sehr rudimentären Material Rituale zu entwickeln. Er bietet Mathers auch ein Amt als Mitoberhaupt des Bundes an.

Also gründen Westcott und Mathers 1888 zusammen mit dem pensionierten Arzt Dr. William Robert Woodman, der der SRIA als Oberster Magus oder Präsident vorsteht, tatsächlich den Orden. (Nach anderer, gängigerer Fassung soll Westcott die *Cipher Manuscripts* übrigens von Woodman erhalten haben. Hier liegt bei den Autoren möglicherweise auch eine Verwirrung hinsichtlich der ähnlichen Namen Woodford und Woodman vor.) Westcott unterschreibt die Gründungsurkunde stellvertretend auch in Anna Sprengels Namen. Der Londoner Isis-Urania-Tempel soll zum Zentrum der Bruderschaft werden, zu der auch – anders als in der SRIA – Frauen vollberechtigten Zutritt haben. Westcott behauptet, daß der Orden sehr alten Ursprungs sei und auf deutsche und französische Vorgänger zurückgehe. Auch Eliphas Lévi (der 1875 verstorben war und natürlich nichts mehr dementieren konnte) soll zu seinen Mitgliedern gehört haben.

Dann erhält Westcott 1891 aus Deutschland die Mitteilung, daß Fräulein Sprengel verstorben sei. Die Verbindung wird von deutscher Seite abgebrochen, und der englische Zweig wird aufgefordert, von sich aus den Kontakt zu den transzendenten Kräften herzustellen, die hinter dem Orden stehen sollen. Mathers behauptete schon bald, daß ihm dies gelungen sei (er bediente sich dazu spiritistisch-mediumistischer Praktiken), und so konnte der Orden weitermachen. Dies führte zur Gründung des »Zweiten Ordens« innerhalb der Golden Dawn, dem Ordo Rosae Rubeae et Aureae Crucis (Order of the Rose of Ruby and the Cross of Gold, »Orden der Rubinrose und des Goldkreuzes«), ein Rückgriff auf den Mythos der Gold- und Rosenkreuzer. Diente der Erste oder »Äußere« Orden in erster Linie der Wissensvermittlung, so stellte der Zweite Orden den eigentlichen praktisch-magischen Kern der Organisation dar. Der Dritte Orden existierte der Ordensfama zufolge nur auf der astralen Ebene.

Zu einem klassischen Orden gehört auch ein Gradsystem.

Zu einem klassischen Orden gehört natürlich auch ein Gradsystem. Die Grade der Golden Dawn orientierten sich vornehmlich am Lebensbaum und weniger, wie angesichts der geistigen Heimat ihrer Gründungsmitglieder eigentlich zu erwarten gewesen wäre, an freimaurerischen und rosenkreuzerischen Gradsystemen. Damit soll nicht behauptet werden, daß es von diesem Gedankengut völlig frei gewesen sei. So stellte beispielsweise das von Mathers später entwickelte Ritual für den 5° = 6° eine rituelle Manifestation des Mythos von Christian Rosencreutz dar. Doch lag der Schwerpunkt eindeutig auf kabbalistischen Überlegungen. Hier erkennen wir auch den großen Einfluß Eliphas Lévis, dem die Kabbala ja ihre Renaissance im 19. Jahrhundert zu verdanken hat.

Die Grade im einzelnen:

Äußerer Orden

0° = 0° Neophyt (engl.: Neophyte)
1° = 10° Zelot (engl.: Zelator)
2° = 9° Theoricus
3° = 8° Practicus
4° = 7° Philosophus

Zweiter Orden

5° = 6° Adeptus Minor
6° = 5° Adeptus Major
7° = 4° Adeptus Exemptus

Dritter Orden

8° = 3° Magister
9° = 2° Magus
10° = 1° Ipsissimus

Die ominösen »Geheimen Oberen« (»Secret Chiefs«), den theosophischen Mahatmas vergleichbar, waren die eigentlichen Chefs des Ordens und hielten den Grad des 7° = 4° (Adeptus Exemptus) inne. Über diesen standen noch die nichtinkarnierten, noch geheimeren Oberen des Dritten Ordens.

Soweit die Fama der Golden Dawn. Der englische Okkultismushistoriker Ellic Howe hat in unserer Zeit Westcotts Briefwechsel mit Deutschland sowie die *Cipher Manuscripts* mit Hilfe eingehender graphologischer Untersuchungen und Gutachten des Schweizer Graphologen und Okkultismuskenners Oscar Schlag (der zu seinen Lebzeiten über die wohl bedeutendste okkulte Privatbibliothek der Welt verfügte) als klare Fälschungen entlarven können. Es gilt als wahrscheinlich, daß Westcott die Papiere fälschen ließ, um seine Ordenslegende damit auszuschmükken. An ihrer Echtheit wurde übrigens schon zu seinen Lebzeiten gezweifelt. Nicht zuletzt diese Zweifel waren es, die schließlich den Niedergang, ja Zusammenbruch der Golden Dawn auslösen sollten. Das sagt freilich nichts über den Wert des überwiegend von Mathers erarbeiteten Materials aus.

Zusammenbruch der Golden Dawn

Madame Blavatsky hatte sich 1887 in London niedergelassen, was das allgemeine Interesse am Okkulten in England in einem nie dagewesenen Ausmaß entfachte. Davon profitierte nicht zuletzt auch die Golden Dawn. Der Mitgliederzulauf war für damalige Verhältnisse recht beachtlich, und es wurden auch einige Tochtertempel in anderen Teilen Englands gegründet. Die Mitglieder setzten sich vor allem aus Vertretern der begüterten Mittelschicht zusammen, wozu allerdings auch zahlreiche Intellektuelle und Künstler gehörten, allen voran der irische Dichter und spätere Literaturnobelpreisträger William Butler Yeats, der 1890 im Alter von 25 Jahren aufgenommen wurde und um die Wende zum 20. Jahrhundert eine führende Rolle bei der Auseinandersetzung mit Aleister Crowley spielen sollte.

Ellic Howe schreibt, daß der Orden in seiner ersten Periode von 1888 bis 1891 »nichts als ein Kindergarten für angehende Okkultisten« gewesen sei. Man studierte unter Mathers', Wescotts und Woodmans Anleitung den kabbalistischen Lebensbaum, seine zehn Sephiroth und 22 Pfade, befaßte sich mit Alchemie, Astrologie, Geomantie und mit dem Tarot. Woodman starb 1891, ohne daß für ihn ein Nachfolger gewählt wurde. Im Jahre 1892 leitete Mathers dann eine tiefgreifende Reform des Ordens ein und verdrängte seinen Rivalen Westcott faktisch aus der Führung. Nun wurde aus dem Ordo Rosae Rubeae et Aureae Crucis (O. R. R. et A. C.) ein voll funktionierender innerer Orden im Orden, dem er selbst allein vorstand. Im selben Jahr übersiedelte er mit seiner 1890 geehelichten französischen Frau Moina (nach anderer Fassung: Mina), einer Schwester des Philosophen Henri Bergson, nach Paris und überließ Westcott die Leitung des äußeren englischen Zweigs. Ab jetzt erfolgte die Zulassung und Einweihung in den Zweiten Orden nur nach persönlicher Einladung und nach Absolvieren einer Prüfung. Der Zweite Orden wurde streng geheimgehalten: Die Mitglieder des Äußeren Ordens durften weder von seiner Existenz erfahren, noch durften ihnen die Adresse seiner Räumlichkeiten und die Namen seiner Mitglieder mitgeteilt werden. Dafür wurde hier nicht nur Theorie gelehrt, sondern es erfolgten ganz handfeste, praktische Unterweisungen in Zeremonialmagie.

Handfeste, praktische Unterweisungen in Zeremonialmagie

Wer in den Zweiten Orden eingeweiht worden war, mußte als nächstes seine eigenen Ritualwaffen herstellen: einen Lotusstab, das magische Schwert und das Rosenkreuzerlamen, sowie vier Elementwaffen: einen Stab für das Element Feuer, einen Kelch für das Wasser, einen Dolch für die Luft und ein Pentakel für das Element Erde. Diese mußten nach festgelegten Regeln koloriert und mit Symbolen versehen werden, danach wurden sie rituell geweiht.

Mathers entwickelte einen Studienplan für den neugeschaffenen Fortgeschrittenengrad 5° = 6° des Theoricus Adeptus Minor (der Anfängergrad war der Zelator Adeptus Minor). Dieses Curriculum war nicht zwingend vorgeschrieben, aber wer es tatsächlich durchlief (was sicher nur die wenigsten wollten und/oder schafften), konnte danach auf eine außerordentlich gründliche Ausbildung in westlichhermetischer Geheimwissenschaft zurückblicken. Hier wurde aus dem »Kindergarten« eine formidable »Hochschule« der Magie, wie sie die Welt der Neuzeit noch nie gesehen hatte.

Seine eigentliche Blüte erlebte der Orden in den Jahren 1892 bis 1896. Dann stieß Mathers' autokratischer Führungsstil bei immer mehr Mitgliedern auf Widerstand. Zudem bekamen die britischen Justizbehörden 1897 nun Wind von Wescotts Verbindung zur Golden Dawn. Dies sei, so meinten Wescotts Vorgesetzte, mit seiner Ausübung des Amts eines Leichenbeschauers und Untersuchungsrichters unvereinbar. (Wie Aleister Crowley so treffend spottete: »Denn sie

Seine eigentliche Blüte erlebte der Orden in den Jahren 1892 bis 1896.

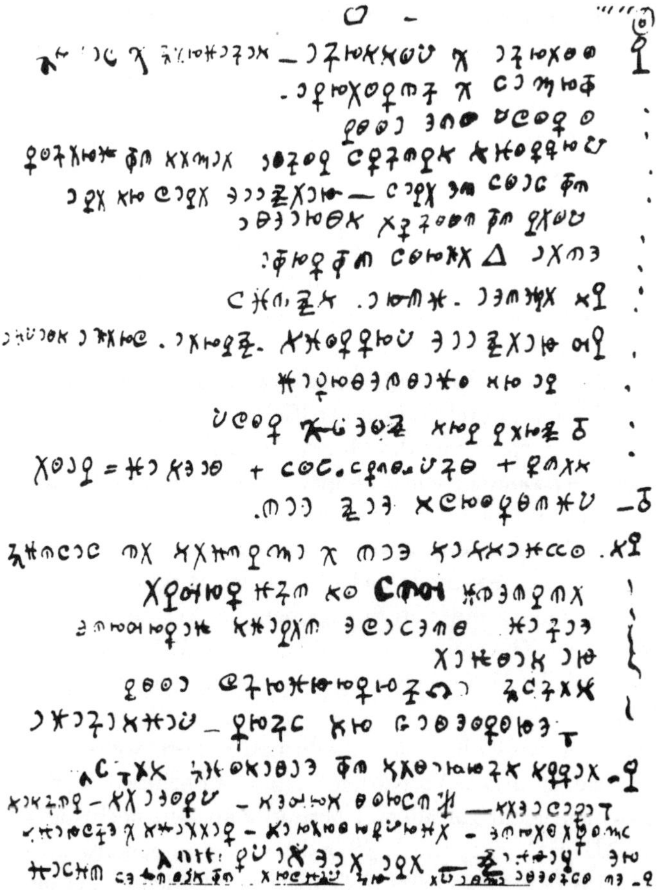

Abbildung 40: Ausschnitt aus dem *Cipher Manuscript* der Golden Dawn

waren der Meinung, daß er dafür bezahlt werde, sich auf Leichen zu setzen und nicht dafür, sie auferstehen zu lassen.«) Westcott war schließlich dazu gezwungen, im Interesse seiner Karriere und seines öffentlichen Ansehens den Orden zu verlassen, den er einst mitgegründet hatte. Die Schauspielerin Florence Farr übernahm Wescotts Posten innerhalb des Ordens, doch zeigte sie nur wenig Interesse an der mühsamen Verwaltungs- und Kleinarbeit, der sich Westcott bis dahin so liebevoll gewidmet hatte, und so ließen die Aktivitäten stark nach. Mathers steckte inzwischen in großen finanziellen Schwierigkeiten. Mit gewaltiger Mühe gelang es ihm, *Das Buch von der Heiligen Magie des Magiers Abra-Melin* nach einem altfranzösischen Manuskript in der Pariser Bibliothèque de l'Arsénal zu transkribieren und mit Hilfe eines Mäzens zu veröffentlichen.

Rebellion der Londoner Mitglieder im Februar des Jahres 1900

Die Krise gipfelte in einer offenen Rebellion der Londoner Mitglieder im Februar des Jahres 1900. Florence Farr deutete in einem Brief an den autokratischen Ordenschef an, daß vielleicht die Zeit gekommen sei, den Orden sanft einschlafen zu lassen. Mathers tobte: Er witterte ein Komplott, Westcott wieder auf den Befehlsstand zu hieven, und beging den Fehler zu enthüllen, daß Westcott Fräulein Sprengels Briefe gefälscht habe. Er, Mathers, habe zwar davon gewußt, sei aber zuvor von Westcott durch Eid zum Stillschweigen verpflichtet worden. Das war denn doch zu viel des Guten. Es gehört ja zu den typischen Merkmalen der Dogmatischen Magie, großen Wert auf die Legitimation durch eine alte, wie auch immer nachweisbare Tradition zu legen. Für manchen Dogmatiker gilt noch heute die Gleichung »alt = wahr«. Zudem hatten Mathers und seine Kollegen den Mitgliedern des Ordens im Laufe der Jahre einiges an Engagement, an Vertrauensvorschüssen und geldlichen Zuwendungen abverlangt, so daß es nur verständlich scheint, daß seine Offenbarungen einschlugen wie die sprichwörtliche Bombe.

Westcott verschlimmerte die Situation noch weiter, indem er sich weigerte, zu diesen Vorwürfen Stellung zu nehmen oder sie auch nur zu dementieren. Zu allem Überfluß kam nun noch die »Affäre Crowley« dazu: Crowley war 1898 in den Orden aufgenommen worden und sollte im Dezember 1899 in den Zweiten Orden eingeweiht werden. Die anderen Londoner Mitglieder waren jedoch der Auffassung, daß Crowley ungeeignet sei, was möglicherweise mit seiner unverhohlen ausgelebten Bisexualität und seiner allgemeinen Vorliebe für Skandale aller Art zusammenhing. Crowley reiste nach Paris und ließ sich dort von Mathers persönlich in den Zweiten Orden einweihen. Nach seiner Rückkehr weigerten sich die Londoner Mitglieder, diese Einweihung anzuerkennen und Crowley die dazugehörigen Ordenspapiere auszuhändigen. (Sämtliche Manuskripte der Golden Dawn mußten vom Mitglied handschriftlich kopiert werden.)

Mathers ernannte Crowley im Gegenzug zu seinem außerordentlichen Bevollmächtigten, er sollte in London eine Säuberungswelle einleiten, was jedoch nicht gelang. Dafür sorgte nicht zuletzt W. B. Yeats, von dem Crowley in charakteristischer Bescheidenheit behauptete, er neide ihm, Crowley, nur sein überragenderes dichterisches Talent. Yeats wurde zum Chef des Äußeren Ordens gewählt und versuchte sich mit anderen Mitgliedern an einer Reform. Doch es half nichts mehr: Inzwischen hatten sich innerhalb des Bunds Fraktionen und inoffizielle geheime Zirkel gebildet, Intrigen, Zank und Streit waren an der Tagesordnung, und so gab Yeats ein Jahr später auf.

Der Orden zersplitterte in verschiedene Unter- und Nachfolgeorganisationen.

Nun zersplitterte der Orden in verschiedene Unter- und Nachfolgeorganisationen. A. E. Waite übernahm einen großen Teil der Mitglieder des Londoner Isis-Urania-Tempels und formte seine eigene Organisation, den Independent and Rectified Rite (Unabhängiger und Rektifizierter Ritus), die der praktischen Ritualmagie entsagte und sich statt dessen der christlich-hermetischen Mystik widmete. Dieser Orden löste sich 1914 auf. Unter Dr. R. W. Felkin entstand der Order of the Stella Matutina (Orden vom Morgenstern), der die ursprüngliche, magische Tradition der Golden Dawn weiterführte und dem sich auch Yeats anschloß. Spätestens im Jahre 1903 war die Golden Dawn also praktisch aufgelöst. Ellic Howe erwähnt allerdings, daß der Orden in zwei englischen Tempeln bis in unsere Tage weitergelebt habe. Schließlich flackerte der Name Golden Dawn wieder auf, als der mittlerweile verstorbene Israel Regardie, der lange Zeit ehrenamtlicher Privatsekretär Aleister Crowleys war und 1937 die ihm zugänglichen Ordensdokumente in vier Bänden veröffentlichte, den Orden in den Vereinigten Staaten aufs neue gründete oder, wie die heutige Fama behauptet, fortführte und wieder an die Öffentlichkeit trug.

Die genaue Mitgliederzahl der Golden Dawn läßt sich aufgrund lückenhafter Unterlagen nicht mehr präzise ermitteln, im offiziellen, aber unvollständigen Adreßbuch sind laut Gilbert bis 1897 genau 332 Einträge vorzufinden, so daß eine Schätzung von maximal 400 Mitgliedern realistisch erscheint. Der Laie überschätzt oft – sicher von Daten über die zahlenmäßig weitaus größere Freimaurerei in die Irre geführt – die Größe magischer Orden. Selbst der heutige O. T. O. kalifornischer Provenienz spricht offiziell weltweit von nur ca. 800 Mitgliedern, wobei die zahlreichen »Karteileichen« schon mitgezählt sind. Und auch die Fraternitas Saturni hatte unter der Leitung ihrer Gründers Gregor A. Gregorius zu ihren besten Zeiten nur knapp 100 Mitglieder bei rund 50 Prozent Fluktuation im Jahr. Es sind eben immer nur wenige, die sich dazu entscheiden, einem praktisch arbeitenden magischen Orden beizutreten, in dem von Magie nicht nur geredet wird. Sicher gab es auch in der Golden Dawn zahlreiche Mitläufer, und manches wurde letztendlich wohl doch nur für die Schublade geschrieben. Aber immerhin schaffte es dieser Orden in nur 15 Jahren, die dokumentierte Geschichte der westlichen Magie nicht nur entscheidend mitzuprägen, sondern sie sogar zu schreiben. Nicht einmal Crowleys A.˙.A.˙. und sein O.T.O. können sich einer derart nachhaltigen Wirkung rühmen.

Der Laie überschätzt oft die Größe magischer Orden.

Innovativ war an der Golden Dawn vor allem ihr ungeheuer weitgespannter Synkretismus. Sie machte letztlich wahr, wovon die Magier seit der Renaissance immer wieder geträumt hatten: Sie erschuf ein kohärentes, an der praktischen Anwendung orientiertes Gerüst fast aller Symbole und Praktiken der unterschiedlichsten Systeme. Dieses gewaltige Gebäude wurde zwar in der Regel stets als die »Wiederentdeckung uralten Wissens« dargestellt, was die meisten Mitglieder wohl auch arglos glaubten. Tatsächlich wurde vieles aber entweder nach Mutmaßungen »rekonstruiert« oder sogar gänzlich neu entwickelt. So gibt es beispielsweise unseres Wissens keine nachweisbare, ältere magische Tradition der vier Elementwaffen Dolch/Schwert, Stab, Kelch und Pentakel – diese stellen

Innovativ war an der Golden Dawn vor allem ihr ungeheuer weitgespannter Synkretismus.

eine Übertragung der Tarotsymbolik auf die Ebene praktischer Ritualmagie dar. Auch das Kleine Bannende Pentagrammritual ist in seiner uns heute bekannten Form ein Produkt der Golden Dawn und somit des 19. Jahrhunderts, dem der Orden in all seiner zweifellos oft übersteigerten Pompositát und in seiner Konzentration auf dogmatisch-spekulative Nebensächlichkeiten bis zur Vasallentreue verhaftet blieb.

Wenn aber noch heute unter Magiern von Tattwareisen die Rede ist, von henochischem Schach und henochischer Magie, von Planetenmagie, von Hexagrammritualen und von Ritualwaffen, von Tarotsymbolik und kabbalistischer Pfadarbeit, vom Lebensbaum und von Astromagie; wenn Magier immer noch Roben und Zeremonialgewänder anlegen und sich hebräischer Formeln befleißigen, um ihre In- und Evokationen zu vollziehen; wenn sie die geistigen Hierarchien der Planeten- und Elementsphären praktisch erforschen und als Wettbewerbsvorteil im Alltag anwenden; wenn sie sich im Ritual eines sprachlich häufig überladenen, archaisierenden Stils befleißigen; wenn sie mit Begriffen wie »Astral« und »Akasha« oder »Äther« hantieren; wenn sie systematisch Talismane und Amulette laden, so verdanken sie all dies gewiß nicht nur, aber auch nicht zuletzt der Golden Dawn und ihrem bis in unsere Tage unverkennbaren Einfluß. Man könnte formulieren, daß die Golden Dawn neben der Theosophie (von der sie selbst stark beeinflußt wurde) die für das 20. Jahrhundert einflußmäßig wohl wichtigste Einzelgruppe des abendländischen Okkultismus war.

Die Golden Dawn war neben der Theosophie die für das 20. Jahrhundert einflußreichste Einzelgruppe des abendländischen Okkultismus.

Dieser Orden hat in der abendländischen Magie nicht nur neue Maßstäbe gesetzt, an denen sich alle späteren Organisationen messen lassen müssen, er hat zudem – was magisch vielleicht viel wichtiger ist – eine bestimmte Atmosphäre, eine Stimmung und emotionale Grundhaltung in die Magie eingeführt, deren Auswirkungen weit über den angelsächsischen Kulturraum hinausreichen. Er hat viel altes Wissen wiederentdeckt, bewahrt und erweitert; und er hat, darauf aufbauend, mehr Neues geschaffen und ihm den Nimbus des Altehrwürdigen verliehen, als manch ein Magier von heute sich bewußt ist. Die Golden Dawn war ebensogroß im Nehmen wie im Geben, und wenn man sie rückblickend im historischen Zusammenhang betrachtet, so wird deutlich, welch gewaltige Leistung sie in der vergleichsweise kurzen Zeit ihres aktiven Daseins vollbracht hat.

Chris Bray hat in seinem Vorwort zu *Psychonautik* bemerkt, daß die Leiter der Golden Dawn ihren Schülern immer nur einen Schritt voraus waren. Das mag überspitzt sein, aber es dürfte doch den Kern der Sache treffen: Der ungeheuer belesene Mathers, der für jede andere, bürgerliche Tätigkeit ungeeignet schien und sein Dasein die meiste Zeit in finanzieller Abhängigkeit von Mäzenen und Anhängern fristete, schaffte es mit seinem dramaturgischen Geschick und seinem persönlichen Charisma, die magischen Träume einer ganzen Epoche – und ihrer Nachfahren – Wirklichkeit werden zu lassen, an die er selbst glaubte wie kein zweiter. Dabei nahm er auch Schwindeleien und bewußte Fälschungen in Kauf. Er brachte eben nicht nur sein Wissen ein, sondern auch seine Persönlichkeit, seine Paranoia, seinen Egozentrismus – und seine magische Kraft, sein Genie, sein Gespür für die magischen Bedürfnisse seiner Zeit, die sich eher am Atmosphärischen als an der technischen Effizienz ausrichteten. Doch was für die Rosenkreuzer stets nur Mythos war und Mythos bleiben sollte, nämlich die Idee des Domus Sanctus Spiritus, die uralte, seit der Antike nie mehr ausgeträumte Utopie von der Mysterienschule, der Akademie okkulten Wissens, wurde im kurzen, neuromantischen Aufflackern dieses Ordens an der Wende vom 19. zum 20. Jahrhundert vorübergehend zur Realität. Dazu war es aber nicht selten erforderlich, daß Mathers seiner eigenen Intuition (und Phantasie) freien Lauf ließ. Unverkennbar trägt die Golden Dawn und damit auch alles, was in der magischen Welt auf sie folgte und sich an ihr orientierte und definierte, die Handschrift von Samuel Liddell »MacGregor« Mathers und seines engsten Kreises von Vertrauten. Gewiß war es dazu mehr als einmal erforderlich, dort Autorität und reiche Erfahrung vorzugaukeln, wo er sich selbst gerade erst (gewissermaßen fünf Minuten vor Ritualbeginn) sachkundig zu machen begann. In diesem Sinne war Mathers, wie immer man ihn als Menschen einschätzen mag, sicher selbst die vollkommene Verkörperung des Prinzips von »lernen durch lehren«. Damit, daß seine Fähigkeiten der Menschenführung und der Diplomatie mit der Entwicklung seines magi-

Eine Akademie okkulten Wissens

schen Wissens nicht schritthielten, steht er in seiner Epoche keineswegs allein da: Es war noch immer die Zeit der Autokraten und der Monarchien; die Machtverwaltungsstruktur von Befehl und Gehorsam war gerade für ihn, der zeit seines Lebens von einer militärischen Karriere träumte, überhaupt nicht diskussionsfähig. Sein Starrsinn und die Verbissenheit, mit der ein von ihm für vollkommen gehaltenes magisches System über die Fehler, Mängel, aber auch Bedürfnisse jener Menschen zu stellen suchte, die diesem System überhaupt erst ihr Fleisch und Blut liehen, sind unverkennbar; ebenso unverkennbar ist aber auch sein Verdienst um die westliche Magie, die er wie kein zweiter zusammenfaßte und zu einer handhabbaren, wenn auch bisweilen ziemlich pompösen, mit Schnörkeln überladenen Struktur schmiedete.

Heute gerät die Magie der Golden Dawn zwar keineswegs in Vergessenheit, wie wir gesehen haben. Aber natürlich kennt auch die Magie seit jeher ihre Schwerpunkte, ihre Moden und ihre neuen Richtungen. Sah es noch vor etwa 15 Jahren danach aus, als würde der Wicca-Kult der Magie den Rang ablaufen, so führt inzwischen kein Weg mehr an der Chaos-Magie vorbei. Auch die Golden Dawn wurde, wie vor ihr die Freimaurerei, zur Zielscheibe der Auflehnung und der Abgrenzung: Crowleys A.˙.A.˙. war ein Beispiel dafür. Der O. T. O. und die Fraternitas Saturni wollen ebenso andere Wege gehen wie der IOT. Was bleibt, ist die Tatsache, daß vieles, was für die Magie unserer Tage immer noch kennzeichnend ist, ohne die Golden Dawn unbekannt geblieben oder in Vergessenheit geraten wäre.

Inzwischen führt kein Weg mehr an der Chaos-Magie vorbei.

In mancher Hinsicht war die Theorie der Golden Dawn weitaus pragmatischer als die Praxis ihrer Mitglieder. Der Orden scheiterte letztlich weder an Material- noch an Kräftemangel – den Todesstoß erhielt er vielmehr durch die unbewältigte menschliche Komponente, wie sie jeden größeren Verein gefährdet: Exzentrische Eigenbrödlerei und Gruppenegoismus zerstörten schließlich den allgemeinen Konsensus, Schwächen im Bereich der Menschenkenntnis und Menschenführung, Bigotterie und überflüssige Betrugsmanöver machten etwas zunichte, das nicht nur ein großer Wurf hätte werden können, sondern tatsächlich für eine begrenzte Zeit auch ein solcher großer Wurf war.

Heute beschreitet die Magie andere Wege, andere Interessen rücken in den Vordergrund, die Erinnerung an die Golden Dawn verblaßt zusehends. Für manch einen Jungmagier ist sie allenfalls noch eine vage historische Legende, ein Echo der Vergangenheit, dessen Hall zwar angenehm klingt, dessen Mitteilung aber überholt erscheint. Dennoch lohnt sich unserer Meinung nach eine intensivere Beschäftigung mit der Golden Dawn und ihren magischen Praktiken auch heute noch.

DIVINATION (IV)

Die Orakeltypen im Einzelnen (III)

8. TEXTORAKEL
(Buchstechen; I Ging usw.)

Über Textorakel ist nicht viel zu sagen, weil sie sich meist von selbst erklären. Ihre Grundstruktur besteht darin, daß eine Frage gestellt und mit einer aleatorischen, also dem Zufall unterworfenen Methode ein bereits feststehender Text ermittelt und als Antwort ausgedeutet wird. Die sicher einfachste Vorgehensweise besteht darin, blindlings ein Buch aufzuschlagen und mit dem Finger auf eine Stelle zu deuten, ohne vorher hinzusehen. Diese Stelle wird dann als Antwort interpretiert. Ihre Bezeichnung »Buchstechen« bezieht diese Methode von der alten Praktik, eine Messer- oder Dolchklinge zwischen die Seiten eines geschlossenen Buchs (meist eine »heilige« Offenbarungsschrift wie die Bibel o. ä.) zu schieben und so zur gewünschten Aussage zu gelangen.

Die einfachste Vorgehensweise

Über das *I Ging* oder *Buch der Wandlungen* gibt es auf dem Markt inzwischen eine Vielzahl guter Grundlagenwerke, so daß sich eine ausführlichere Betrachtung hier erübrigt. Nach wie vor gilt als meistgelesener und -verwendeter Klassiker die Übersetzung des deutschen Sinologen und Missionars Richard Wilhelm, die im Diederichs Verlag in verschiedenen Ausgaben vorliegt. Diese Fassung hat die bis dahin gängige Version von James Legge abgelöst, die noch Aleister Crowley bevorzugt verwendete. (Crowley hat übrigens selbst eine gereimte »Übersetzung« bzw. Nachdichtung – er war des Chinesischen nicht mächtig – des *I Ging* verfaßt.) Sollten Sie noch nicht über ein *I Ging* verfügen, so ist zu empfehlen, daß Sie sich einmal einen Nachmittag die Zeit nehmen, in einer ruhigen, gut sortierten esoterischen Buchhandlung verschiedene Fassungen gründlich miteinander zu vergleichen. Experten werden ohnehin mehrere Versionen in ihrem Bücherschrank haben, denn Übersetzungen sind natürlich meist Interpretationssache, und viele Autoren behandeln in ihren Ausgaben die unterschiedlichsten

I Ging: *Ein Klassiker ist die Übersetzung des deutschen Sinologen und Missionars Richard Wilhelm.*

Aspekte. Außerdem hat jeder natürlich seine eigenen Stärken und Schwächen.

Richard Wilhelms Übersetzung beispielsweise ist zwar sicher zu Recht zu einem Standardwerk geworden, andererseits bleibt er oft sehr abstrakt und moralisierend, zitiert mit Vorliebe Goethe, um bestimmte Dinge zu veranschaulichen, und kann bei aller Einfühlsamkeit und bei allem Respekt vor der chinesischen Kultur letztendlich doch nur schwer den christlichen Missionar verbergen.

Auf jeden Fall darf man von einem versierten Magier erwarten, daß er einige Erfahrungen mit dem *I Ging* gesammelt hat und diese auch weitervermitteln kann. Dabei sollten Sie sowohl mit der Technik des Münzwurfs als auch mit der aufwendigeren klassischen Methode des Auszählens von Schafgarbenstengeln vertraut sein.

9. BINÄRE ORAKEL
(Münzenwerfen; Pendeln; Losen usw.)

Binäre Orakel werden so bezeichnet, weil sie auf Ja-/Nein-Fragen antworten. Das einfachste binäre Orakel dürfte das Münzenwerfen sein. Aber auch das Pendeln und Losen sind sehr beliebt.

Die Vor- und Nachteile binärer Orakel liegen auf der Hand: Auf der einen Seite sind sie sehr schlicht und leicht zu benutzen, der Fragende erhält sehr schnell die gewünschte Antwort; auf der anderen Seite sind sie in ihrem Aussagespektrum sehr beschränkt und lassen der Intuition des Deutenden so gut wie überhaupt keinen Spielraum. Das dürfte nicht zuletzt auch ein Hauptgrund für ihre Beliebtheit sein, nehmen sie dem Fragenden doch die mühsame Arbeit des Differenzierens und der Selbstkritik ab.

Einführung in die Dämonenmagie (III)

Die Praxis der Dämonenevokation (I) Vorgehensstruktur und Tempelaufbau

Die klassische Dämonenmagie arbeitet mit Kreis und Dreieck.

Generell wird in der klassischen Dämonenmagie mit Kreis und Dreieck gearbeitet. Dabei steht der Magier wie gewohnt in seinem Schutzkreis, wo er seine üblichen Gerätschaften auf dem Altar aufgebaut hat. Der Dämon wird grundsätzlich in das außerhalb des Kreises befindliche Dreieck zitiert. Das Dreieck sollte auf jeden Fall optisch erkennbar markiert und geschlossen sein, auch wenn der Kreis selbst meist nur imaginiert wird. Die Markierung kann mit Hilfe von Kreide, Holzlatten, Stricken o. ä. erfolgen. In diesem Dreieck befindet sich meist ein separates Räuchergefäß mit einer üppigen Menge Weihrauch. Dieser wird erst nach Abschluß der einleitenden Bannung (z. B. durch das Kleine Bannende Pentagrammritual) entzündet. Die Symbol-Logik dürfte klar sein: Der Magier begibt sich damit absichtlich aus seinem eigenen Kreis, d. h. seiner Mitte heraus, stellt also schon durch den Akt des Verlassens oder – beim Herausgreifen – Durchbrechens des Symbols der Mitte jenes Ungleichgewicht her, das für die Dämonenmagie so kennzeichnend ist.

Dabei kann der Kreis mit einer Geste wie beim Öffnen des Schleiers geöffnet und wieder geschlossen werden, ganz linientreue Traditionalisten bauen an der Öffnung zuvor noch zwei weitere Schutzgeister als Wächter auf. Es gibt auch Magier, die bei Evokationen bis zum Ellenbogen reichende schwarze Seidenhandschuhe tragen, um gefahrlos aus dem Kreis greifen zu können, doch verletzt dies unseres Erachtens die Symbol-Logik mehr, als es den Magier wirklich schützt. Vergessen wir nicht, daß Dämonen zwar sehr einseitig sind und wegen dieser Einseitigkeit sehr berechenbar erscheinen mögen, daß ihnen aber auch ein ungeheures Ausmaß an Gerissenheit und Heimtücke eigen ist, die wiederum jede Berechenbarkeit zunichte macht und das Element der Überraschung vorherrschen läßt. Der Magier muß also auf alles gefaßt sein, ohne jedoch diese Achtsamkeit in Paranoia gipfeln zu lassen.

Es ist von größter Wichtigkeit, daß der evozierte Dämon sein Dreieck nicht verläßt, er muß »gebändigt« bleiben. Wir arbeiten hier bekanntlich im Geistermodell. Deshalb kann nur davor gewarnt werden, durch nachlässiges Vorgehen und Willensschwäche eine dauerhafte, möglicherweise sogar tödliche Besessenheit zu provozieren. Das Dreieck ist also sein Manifestationsort und Gefängnis zugleich, weshalb moderne Magier es vielleicht vorziehen würden, anstelle eines Dreiecks einen großen Käfig zu verwenden.

Der Dämon muß »gebändigt« bleiben.

Wenn der Magier nicht darauf setzt, daß der Dämon allein mit Hilfe der dichten Rauchschwaden erscheinen wird, baut er im Dreieck einen Fetisch oder ein anderes geeignetes Manifestationsobjekt (die sogenannte Materia prima) auf. Das kann beispielsweise eine Statue sein, die vom Material, von ihrer Form und/oder ihrer symbolischen Bedeutung oder schlicht von ihrem Aussehen her dem zitierten Dämonenprinzip entspricht. In diesem Fall dient die Räucherung im Dreieck als Opfer bzw. Energiespender für die Manifestation.

Es ist in der Tradition üblich, daß man bei der Evokation von Dämonen, deren Namen und Sigillen man kennt (siehe z.B. den Anhang in meiner Werkmappe *Sigillenmagie in der Praxis*), zuvor eine gewisse Anzahl von Pergamentstreifen mit dem Siegel des Dämons beschriftet und auf dem Altar aufbewahrt. Mit Hilfe dieser Siegel soll der Dämon zum Erscheinen gezwungen werden, falls er sich weigert; oder es wird ihm bei Unbotmäßigkeit mit der Vernichtung der Siegel gedroht, die dann im Ernstfall im Räucherfeuer auf dem Altar verbrannt werden. Sind alle Pergamentstreifen verbraucht (meist benutzt man eine dem Dämon entsprechende Anzahl, also z.B. bei Bartzabel, dem Dämon der Mars-Sphäre, fünf Stück), ohne daß der Dämon erschienen ist oder sich dem Willen des Magiers gefügt hat, wird die Operation dergestalt abgebrochen, daß der Dämon wieder gebannt und entlassen wird (auch wenn er nicht sichtbar wurde!). Danach wird eine besonders sorgfältige abschließende Bannung durchgeführt. Es ist auch empfehlenswert, den Tempel nach der Schlußbannung noch einmal gründlich auszuräuchern, mit geladenem Wasser zu reinigen o.ä.

Gern wird bei der Arbeit ein Stirn- und/oder Herzschutz aus Blei usw. verwendet, um die entsprechenden Chakras vor schädlichen Einflüssen zu bewahren. Doch hat dies unserer Mei-

Gern wird ein Stirn- und/oder Herzschutz aus Blei verwendet.

nung nach im Prinzip den gleichen Charakter – und die gleiche Unwirksamkeit – wie die armlangen Seidenhandschuhe, wenn die Symbol-Logik des Ungleichgewichts oder, genauer, der Risikonahme verletzt wird. Immerhin: Da Dämonenmagie vor allem mit der Angst des Magiers arbeitet, kann sich gelegentlich sogar ein Übermaß an Schutzmaßnahmen als sehr wirkungsvoll erweisen, weil es die Angst manifestiert und damit das Gefürchtete erst anzieht ...

Letztendlich ist es eine Frage des Temperaments und der persönlichen Magiephilosophie, ob man sich bei einer Evokation bewußt Blößen gibt, um den Gegner (und ein solcher ist der Dämon per definitionem immer) anzulocken, oder ob man mit einer Vielzahl von Schutzvorkehrungen seine Aufmerksamkeit und Manifestationslust weckt.

Die Vorgehensweise bei der Zitation selbst unterscheidet sich struktural nicht wesentlich von der Invokation. Zwar wird man keine Hymne vortragen, die den Dämon preist, aber er wird mit seinem Namen gerufen und zum Erscheinen aufgefordert usw.

Etwas anders verhält es sich bei noch unbekannten Dämonen. Hier wird vager formuliert, z.B.: »Ihr dunklen Wesen der Erde, erscheint mir!« o.ä. Es ist empfehlenswert, derartige Operationen durch vorherigen Besuch in der entsprechenden Element-Sphäre vorzubereiten und sich dort die erforderlichen Informationen zu beschaffen.

Im nächsten Teil werden wir uns mit dem Prinzip der Dämonenopferungen, dem menschlichen Dämonenmediumismus, dem Umgang mit manifesten Dämonen, dem »Höllenpakt« und den subtilen, feinstofflichen Folgen evokatorischer Operationen befassen.

Praktische Übungen

ÜBUNG 90
BILDER AUS DER REALITÄTSPRODUKTION (V)

Erlebe die ganze Welt als belebt. Das ist ein altes magisches Prinzip und die Grundlage des Geistermodells. Lege für die Dauer dieser Praktik eine bestimmte Zeitspanne fest, beispielsweise einen Tag. Lebe in dieser Zeit in dem Paradigma, daß alles um Dich herum belebt/beseelt ist, und verhalte Dich auch so. Führe also Gespräche mit Deinem Küchentisch, laß Dich von der Steckdose aufhalten, streite Dich mit Deiner Waschmaschine, diskutiere mit Deinem Bett usw. So etwas nennt der Psychologe eine »animistische Regression«, einen Rückfall ins »Primitive«. Du aber weißt aus der Sigillenmagie und aus dem Schamanismus, daß gerade in derartigen Regressionen die magische Macht verborgen liegt. Bemühe Dich jedoch, das ganze möglichst absichtslos zu tun, vermeide die Suche nach irgendeinem Sinn oder Zweck. Anschließend führst Du im Magischen Tagebuch kurz Protokoll über Deine Erfahrungen – aber bewerte nichts, beobachte nur und stelle fest!

WEITERFÜHRENDE LEKTÜRE

I. DIE GOLDEN DAWN

Wer sich mit der Golden Dawn näher beschäftigen möchte, dem sei die folgende kleine Auswahl der derzeit wichtigsten Titel empfohlen, die hier auch als Literaturnachweis zu betrachten ist. Wie bei diesem Thema zu erwarten, wurden alle Werke in englischer Sprache verfaßt, eine Übersetzung liegt gegenwärtig nur von Israel Regardies – allerdings wesentlichem – Standardwerk mit den allermeisten verfügbaren Texten des Ordens vor.

Richard Cavendish, *A History of Magic*, London: Weidenfeld & Nicholson 1977

Encyclopedia of the Unexplained. Magic, Occultism and Parapsychology, Edited by Richard Cavendish, London: Routledge & Kegan Paul 1974, s. v. »Golden Dawn«, S. 99–106 (Beitrag von Ellic Howe, s. d.)

R. A. Gilbert, *The Golden Dawn. Twilight of the Magicians*, Wellingborough: Aquarian Press 1983

ders., *The Golden Dawn Companion. A Guide to the History, Structure, and Workings of the Hermetic Order of the Golden Dawn*, Wellingborough: Aquarian Press 1986

ders., *A. E. Waite. Magician of Many Parts*, Wellingborough: Crucible 1987

Ellic Howe, *The Magicians of the Golden Dawn. A Documentary History of a Magical Order 1887–1923*, with a foreword by Gerald Yorke, London: Routledge & Kegan Paul 1972

Francis King, *Magic: The Western Tradition*, London: Thames and Hudson 1975

ders., *The Magical World of Aleister Crowley*, London: Spearman 1977

ders., *Ritual Magic in England: 1887 to the Present Day*, London: Spearman 1970

Israel Regardie, *Das magische System des Golden Dawn*, hrsg. von Hans-Dieter Leuenberger, ins Deutsche übertragen von Roland Pawlowski (Teile I + II) und Jörg Wichmann (Teile III – X), 3 Bde., Freiburg i. Br.: Verlag Hermann Bauer 1987–1988

Robert George Torrens, *The Golden Dawn. Its, Inner, Teachings*, New York: Weiser 1977[2]

DIE MAGIE DES ALTEN ÄGYPTEN UND DER SPÄT-HELLENISTISCHEN ANTIKE (I)

Das alte Ägypten – Wiege der Magie

Das alte Ägypten gilt als Wiege der Magie: Schon die antiken Autoren Griechenlands und Roms legten immer wieder Wert auf die Feststellung, daß sie über ägyptisches Wissen oder eine Einweihung in den Tempeln des Nillandes verfügten. In der arabischen Welt genießen ägyptische Ärzte noch heute einen ausgezeichneten Ruf, nicht anders als in der Pharaonenzeit. Die fünftausendjährige Geschichte Ägyptens hat manche Wunder hervorgebracht, nicht zuletzt die Pyramiden, die Totenbücher, die spezifische Form der Einbalsamierung usw.

So war es naheliegend, daß spätere Zeiten in die ägyptische Kultur alles hineingeheimnisten, was sie an Verheißungen, Ängsten und Hoffnungen auf magischem und mystischem Gebiet aufzubieten hatten. Das fiel zwar vor der Entzifferung der Hieroglyphenschrift durch Champollion Anfang des 19. Jahrhunderts noch sehr viel leichter, doch sind esoterische Autoren bis heute nicht müde geworden, alles mögliche und unmögliche ins alte Ägypten hineinzuprojizieren. Da wird dann kühn behauptet, daß Freimaurerei, Rosenkreuzertum, Templer, Illuminaten, Martinisten oder wer sonst noch die »wahren Hüter der altägyptischen Mysterien« und des »Tempelwissens« seien. Noch immer versteigen sich selbsternannte »Experten« in rührender Unkenntnis der schlichtesten Grundlagen der Ägyptologie zu den abstrusesten Theorien über die altägyptische Herkunft der Tarot-Karten, ganz zu schweigen von den zahllosen Tüftlern, die aus den Größenverhältnissen und Abmessungen der Cheops-Pyramiden irgendwelche mystisch-physikalischen Weltformeln herausdeuten wollen usw. Wie gesagt – schon in der Antike war Ägypten das Land der Mysterien, des Geheimwissens und der Magie. Daran hat sich bis heute nichts geändert.

Wie so häufig stellt aber auch hier die Wirklichkeit das Erfundene deutlich in den Schatten. Das, was wir profanhistorisch über die ägyptische Magie wissen, genügt vollauf, um uns ins Staunen zu versetzen.

Denn viele Elemente unserer heutigen Magie – der hermetischen ebenso wie der Volkszauberei – finden ihren Ursprung – oder zumindest zahlreiche Entsprechungen – in der Religion des alten Ägypten, Talismantik, Invokationsmagie, die Arbeit mit der Annahme von Gottesformen, Evokatorik, Totenbeschwörung, Sympathiezauber, die Verwendung von Tageslosen, Puppenmagie usw.

Der Begriff »Alchemie« leitet sich vom arabischen *al khem* ab, wobei Khem die alte Bezeichnung für das Land Ägypten war, wie es die Ägypter selbst nannten. Wörtlich bedeutet es »schwarze Erde«, womit der schlammige, ungeheuer fruchtbare Boden nach der Nilüberschwemmung gemeint ist. (Im Gegensatz dazu bezeichnete man die unfruchtbare Wüste, die den größten Teil des Landes ausmacht, als »rote Erde«.) Schon früh hat man die altägyptische Zauberkunst als Alchemie bezeichnet.

Der Begriff »Alchemie« leitet sich vom arabischen al khem *ab.*

Es bedarf wohl keiner ausführlicheren Erläuterung, daß es vermessen wäre, wenn wir uns anmaßen wollten, im begrenzten Rahmen dieses Lehrgangs das gesamte Spektrum altägyptischer Magie abhandeln zu können.

Außerdem gibt es dazu inzwischen in hinreichendem Ausmaß gute Literatur. Deshalb wollen wir uns hier vor allem darauf konzentrieren, altägyptische Zauberpraktiken zu erläutern und einen Bezug zur Magie der Gegenwart aufzuweisen.

Tatsächlich war die altägyptische Religion von der Magie nie zu trennen und so manifestierte sie sich in mannigfacher Form im Alltagsleben. Die Zauberei war durch die Religion voll legitimiert, und die Priester galten nicht nur als bloße Verwalter des göttlichen Willens, sondern waren darüber hinaus auch Meister der Zauberkunst. Ihre Aufgabe bestand zwar einerseits darin, dafür zu sorgen, daß die vollkommene Urordnung erhalten blieb, indem die Gesetze der Götter befolgt wurden. Andererseits aber nutzten sie die Magie auch zu ganz irdischen Zwecken.

Die Zauberei war durch die Religion voll legitimiert.

Es wurde auch nicht in »weiße« und »schwarze« Magie unterschieden, jene bigotte Erfindung des christlichen Mittelalters. Die ägyptischen Gottheiten waren dafür »viel zu wenig ethisch bestimmt«, wie es Bonnet ausdrückt, und selbst die Dämonen existierten jenseits von Gut und Böse.

Üblich war der Wettstreit zwischen Zauberern. Wer am Hofe des Pharao etwas werden wollte, mußte sein Können unmißverständlich unter Beweis stellen. Wir haben bereits ein Beispiel dafür im Abschnitt

»Magie in der Bibel« mit Moses und Aaron kennengelernt, und es wird unter anderem die Vorführung eines alten »obersten Vorlesepriesters« am Hofe des Cheops überliefert, der dort wahrlich Wunderbares vollbrachte: So schnitt er Tieren den Kopf ab und ließ ihn wieder anwachsen. Damit verlieh er seinen Weissagungen größeres Gewicht.

Die Ägypter kannten den Bemächtigungszauber ebenso wie die Schadens-, die Schutz- und die Heilungsmagie.

Die Ägypter kannten den Bemächtigungszauber ebenso wie die Schadens-, die Schutz- und die Heilungsmagie. Die ägyptische Medizin kam ebensowenig ohne Schutzformeln aus, wie es die Religion tat. Deshalb gab man den Ärzten oft den Beinamen »Schutzzauberer«.

Ein sehr wesentliches Merkmal der ägyptischen Magie, wie wir sie aus der Überlieferung und der Entzifferung von Hieroglyphentexten kennen, war der Zauberspruch. Sogar die von der traditionellen Ägyptologie als »Kapitel« bezeichneten Abschnitte des Ägyptischen Totenbuchs (korrekter: »Das Buch vom Heraustreten bei Tage«) heißen im Original *Ra-U*, also eigentlich »Zauberspruch«.

Bonnet zitiert in seinem *Reallexion der ägyptischen Religionsgeschichte* unter dem Stichwort »Zauber« zwei schöne Beispiele für solche Formeln, die wir Ihnen nicht vorenthalten wollen. So wurde ein Krankheitsdämon mit folgenden Lockworten ausgetrieben:

> Komm, gehe schlafen, gehe dahin, wo deine schönen Weiber sind, in deren Haar Myrrhen getan sind und frischer Weihrauch an ihre Achseln.

Und ein Schutzzauber gegen Schlangen lautet:

> Gefallen ist die Schlange, die aus der Erde kam; gefallen ist die Flamme, die aus dem Nun kam. Falle, rolle dich zusammen.

In beiden Beispielen fällt die große Schlichtheit und Bildhaftigkeit auf, es handelt sich also keineswegs um komplizierte Ritualformeln, wenngleich es natürlich auch diese gab. Eine kurze, fast freundliche Aufforderung muß dem altägyptischen Zauberer anscheinend oft genügt haben, um das Gewünschte zu erreichen.

Allerdings blieb die Magie keineswegs auf sanfte Ermahnungen beschränkt. Mit Vorliebe bediente man sich des Anrufens höherer

Mächte, zu denen regelrecht gebetet wurde, um Zauberwirkung zu erzielen: »O Re, komme zu deiner Tochter, die ein Skorpion gebissen hat.« Dabei wählt man aber auch sorgfältig Gottheiten, die dem zu bezwingenden Wesen feind sind, etwa wenn man bei der Heilung eines Schlangenbisses die Schlangenfeindin Mafnet herbeiruft usw.

Getreu dem altägyptischen Glaube, daß alles schon einmal dagewesen ist, sucht man in der Mythologie nach Präzendenzfällen, um dann jene Gottheiten zu beschwören, die sich früher einmal in einer ähnlichen Lage bewährt haben – der Mythos bleibt ewige Gegenwart, eine echte Zukunft gibt es in diesem Sinne nicht, allenfalls die immerwährende Wiederkehr des Vergangenen.

Der altägyptische Magier stellt eine gezielte Einswerdung mit der Gottheit her.

Hier finden wir auch den Urgrund aller westlichen Invokationsmagie: Der altägyptische Magier stellt eine gezielte Einswerdung mit der Gottheit her, die zur völligen Identifikation wird. Dann heißt es, um ein weiteres Beispiel zu nehmen, »Ich bin Osiris«, wodurch die Zauberworte erst ihre eigentliche Wirksamkeit erhalten. Heute würden wir von einer theistischen Gnosis oder Trance sprechen. Die Psychologie der alten Ägypter war ausgefeilt genug, um auch etwaigen Einwänden des Zensors zu begegnen und sie auszuschalten, etwa wenn der Zauberer etwas pragmatischer formuliert: »Nicht ich bin es, der da spricht, Horus ist es, der spricht.«

Im Zustand des Gottgewordenen vermag er auch den Göttern selbst zu drohen. Aber auch unmittelbar gerufenen Gottheiten wird gedroht, beispielsweise damit, daß man die dem Chaos mühsam abgerungene, bestehende Ordnung vernichten wird, wenn der Gott oder die Göttin nicht das Verlangte tun.

Nicht selten erhebt der ägyptische Zauberer den Anspruch, den »geheimen Namen« der Gottheit zu kennen und damit Macht über sie zu besitzen, so daß sich in vielen Zaubersprüchen unverständliche Wortgefüge und Klangkombinationen finden, die wohl solche geheimen Namen darstellen.

Schon im alten Ägypten selbst wurde das alte Ägypten mythisiert! Wie zahlreiche Esoteriker von heute, ja aller Zeiten, hielten auch die alten Ägypter vor allem jene Zauberformeln und -rituale für wirkungsvoller, die besonders alt waren. Deshalb schrieb man ihre Entstehung gern irgendwelchen Gottheiten zu, vor allem dem Thot (Tahuti) und der Isis, aber auch Bes und Sekhmet galten als »zauberreich« und waren Schutzpatrone der Magier. Auch seltsame Vorkommnisse wurden im Zusammenhang mit der Offenbarung von Zauberwissen gern bemüht. So zitiert der unerschöpfliche Bonnet beispielsweise die Schilderung des Erhalts eines der Isis zugeschriebenen Beschwörungstexts: »Diese Schrift wurde in der Nacht gefunden, niedergefallen in der Halle des Tempels in Koptos als Geheimnis dieser Göttin (Isis), von dem Vorlesepriester dieses Tempels, die Erde lag in Dunkelheit, aber auf dieses Buch schien der Mond auf seinem ganzen Weg; es wurde gebracht als Wunder zu König Cheops.«

Die Zaubersprüche wurden in gehobenem Ton rezitiert, den man als »Singen« bezeichnet, unterstrichen von Gesten und Mudras der Kraft. Beim Fluch wurde häufig der Name der Zielperson auf einen Topf geschrieben, der dann rituell zerschlagen wurde, man arbeitete mit Tonfiguren, und zwar genauso wie bei der Puppenmagie, und man bediente sich ganz allgemein mit Vorliebe sympathiemagischer Praktiken.

Vorliebe für sympathiemagische Praktiken

Auch Schutzsymbole und heilige Kraftglyphen kannten die alten Ägypter bereits. Beim Ritual bemalte sich der Magier beispielsweise mit den Sigillen einer Gottheit, um damit die Invokation derselben zu verstärken. Selbst die Deflektionspuppe war bereits bekannt: Diese Funktion übernahm auch der Ushebti, der dem Toten im Jenseits zudem als Sklave dienen sollte.

Eine typisch ägyptische Entwicklung sind auch die Zaubertafeln oder Stelen, die als Schutz für Orte, Gebäude und ihre Bewohner aufgestellt wurden. Im Zusammenhang mit Amuletten erfreute sich auch der Knotenzauber großer Beliebtheit. Amulette und Talismane wurden meist an Schnüren getragen, die mit bestimmten Knoten versehen werden sollten, wobei es sogar genaue Anweisungen gab, welcher Knoten zu welcher Tageszeit herzustellen sei. Die Zahl der Knoten variiert zwar, beträgt aber meist vier, sieben oder 14. Dabei wurden dem Knoten selbst kaum jemals magische Eigenschaften zugeschrieben, vielmehr galt er als Bewahrer, Verstärker und Auslöser, weil er die Zauberkraft band und festhielt.

Auch der Knotenzauber erfreute sich großer Beliebtheit.

Wegen seiner Bindungskraft kommt der Knoten mit Vorliebe natürlich auch – vorzugsweise – beim Liebeszauber zur Verwendung. Auch damals schon schätzte man Blut (aus dem linken Ringfinger entnommen), besonders Menstrualblut, aber auch Sperma und Haare zur Herstellung eines sympathiemagischen Kontakts. Aus der demotischen und koptischen Zeit sind uns zahlreiche Potenzzauber überliefert, ebenso magische Mittel, um einen unwilligen Partner gewogen oder willfährig zu machen. Dazu wurde auch die »Beischläferin« verwendet, eine meist aus Ton gefertigte weibliche Figur mit ausgeprägten Geschlechtsmerkmalen, manchmal auf einem Bett ruhend, die nicht selten den Toten beigegeben wurde und die schon in der frühgeschichtlichen Zeit nachzuweisen ist. Diese Figuren wurden zudem für den Fruchtbarkeitszauber verwendet. Interessant ist in diesem Zusammenhang die Sitte, einem Toten eine derartige Figur mit ins Grab zu legen, weil man sich von ihm Befruchtung erhoffte. Der Mythos von der posthumen Zeugung des Horus durch Osiris mag hier seinen Ursprung oder seinerseits zur Entstehung dieses Brauchs beigetragen haben.

Zur Abwehr unerwünschter Einflüsse dient der Schutzknoten. So wurden Knoten beispielsweise geknüpft, um die Ausbreitung von Gift im Körper buchstäblich zu unterbinden. Beliebte Knoten waren die als *sḥn* bezeichnete Schleife, ferner das berühmte Isisblut sowie das Lebenszeichen oder Ankh (Henkelkreuz).

Besonders kurios ist die Form ägyptischer Zauberstäbe, die meist aus Knochen oder Horn gefertigt und mit magischen Inschriften versehen waren, die häufig ihre Funktion schilderten: Sie waren nämlich halbrund und erinnern an vor- und frühgeschichtliche Messer, weshalb man sie auch als »Zaubermesser« bezeichnet hat. Sie könnten aber auch älteren Wurfhölzern nachempfunden sein. Meist sollten sie Kind und Mutter bei der Entbindung und im Wochenbett vor Unheil schützen. Als Grabbeigabe findet man sie fast nur bei Frauen und Kindern.

Die Zauberstäbe galten als Amulette, oder sie waren selbst Schutzgeister. Es wurde viel mit ihnen hantiert, wie die zahlreichen Abreibungs- und Gebrauchsspuren zeigen. Abb. 41 zeigt zwei Zauberknoten und ein Beispiel für einen altägyptischen Zauberstab. In Abb. 42 sehen wir einen typischen Beschwörungstext aus dem *Papyrus Ani*, den man fälschlich als das *Ägyptische Totenbuch* bezeichnet. Er behandelt die Verwandlung (des Toten) in den Krokodilgott Sobek. Abb. 43 gibt eine Hymne an Re wieder, die zu Neumond vorgetragen werden soll. Dazu

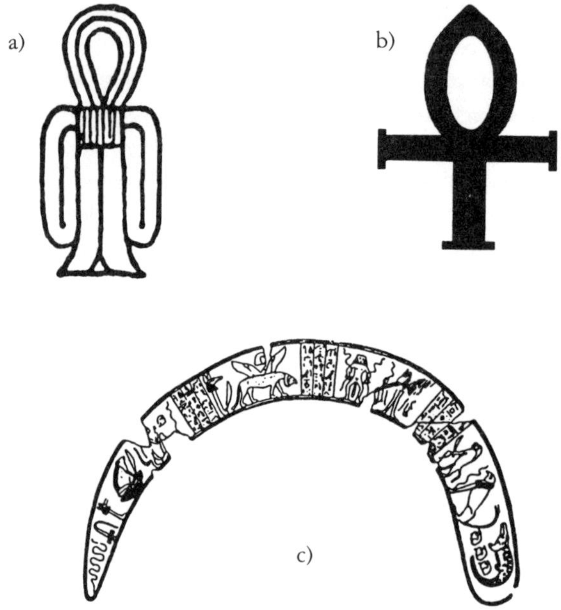

Abbildung 41: a) Der Zauberknoten »Isisblut«; b) Zauberzeichen Ankh; c) altägyptischer Zauberstab (Mittleres Reich)

gehört noch die Rubrik (Abb. 44), in der genaue Angaben stehen, wie mit dem Zauberspruch zu verfahren ist, welches Zubehör erforderlich ist usw.

Der Glaube an Dämonen und Totengeister oder Gespenster war im alten Ägypten weitverbreitet.

Weitverbreitet war im alten Ägypten der Glaube an Dämonen und Totengeister oder Gespenster. Allerdings hat der Ägypter nicht so scharf zwischen Dämonen und Göttern getrennt, wie es der christlich-dualistisch geprägte Abendländer für gewöhnlich tut. Man stellte sie als Tiergestalten oder groteske Mischformen dar, aber auch Menschendarstellungen von Dämonen waren üblich. Meist bestehen ihre Namen aus Tätigkeits- oder Eigenschaftsbezeichnungen, etwa »Blindgesicht«, »Scheitelfasser«, »Knochenbrecher« usw.

Im Jenseits treten Dämonengestalten oft als Wächter auf, die die Seele des Toten verjagen oder vernichten sollen, falls er keinen Anspruch auf einen Aufenthalt in der Unterwelt hat; sie »leben von den Übeltätern und trinken ihr Blut«, haben also im altägyptischen Wertekanon durchaus eine konstruktive Stellung. Dennoch stellen sie die gefährlichste Herausforderung an den Toten dar, indem sie ihm als seine schlimmsten Feinde begegnen.

Es sind aber auch rein destruktive Dämonen bekannt, ja sogar solche, die selbst den Göttern die Vernichtung androhen. Andererseits gelten die »Horussöhne« als Helfer des Toten, die ihn vor Hunger und Durst bewahren.

Im Diesseits reinigt man die Luft durch das Schlagen von Zweigen von den überall präsenten Dämonen. Auch mit Feuer lassen sie sich vertreiben, denn sie sind sehr lichtscheu, wie sie auch die Sonne meiden. In späterer Zeit wird Seth, der Vernichter des Osiris, zur Verkörperung aller destruktiven Dämonen schlechthin. So treten sie schließlich hinter dieser Gestalt zurück, um allenfalls Bei- und Decknamen des Gotts zu werden, beispielsweise Apophis, Bebon und Nebed.

Auch im Alltagsleben gab es freundliche Dämonen, die von ihrer Funktion her unseren Feen und Heinzelmännchen gleichen. Krankheit jedoch wurde meist als Dämonenbefall oder -heimsuchung gesehen. Geradezu modern wirkt die Auffassung, daß sie mit der Luft in den Körper ihres Opfers eindringen können – eine Infektionsübertragung durch die Atemwege, bei der schädliche Wesenheiten (heute Bakterien oder Mikroben genannt) eingeatmet werden.

Abbildung 42: Zauberspruch (»Kapitel«) LXXXVIII aus dem *Papyrus Ani*

Übersetzung zu Abbildung 42:

1. {DER ZAUBERSPRUCH1} VON DER VERWANDLUNG IN DEN KROKODILGOTT {SOBEK}. Der Osiris Ani, dessen Wort Wahrheit ist, spricht:

2. Ich bin der Krokodilgott {Sobek}, der da haust inmitten seiner Schrecken. Ich bin der Krokodilgott und packe {meine Beute} wie ein reißendes Tier.

3. Ich bin der große Fisch, der im Kem-Ur-See weilt. Ich bin der Herr, dem

4. die Verneigungen und die Verehrung in Sekhem {Letopolis} gelten. Und der Osiris Ani ist der Herr, dem die Verneigungen und die Verehrung in Sekhem gelten.

Übersetzung zu Abbildung 43:

1. Das folgende soll am Tage des Mondes {Neumond} rezitiert werden. Der Osiris, der Schreiber Ani, dessen Wort Wahrheit ist, spricht: Re besteigt seinen Thron

2. an seinem Horizont, und die Gesellschaft der Götter ist in seinem Gefolge. Der Gott tritt hervor aus seinem verborgenen Ort, und Tchefau-Nahrung fällt {?}

3. vom östlichen Himmelshorizont auf Geheiß der Nut. Sie {die Götter} frohlocken ob der Pfade des Re, des Großen Ahnen,

4. wie er umherwandert. Darob bist du erhaben, o Re, der du in deinem Schrein wohnst. Du verschlingst die Winde, du ziehst den Nordwind in dich ein,

5. du verzehrst das Fleisch {?} deines Sitzes {?} am Tag, da du die Wahrheit hauchst. Du verteilst sie {unter den} Göttern, die {deine} Gefolgsleute sind.

6. {Deine) Barke segelt auf dein Geheiß weiter inmitten der Großen Götter. Du zählst deine Knochen, du sammelst deine Glieder,

Abbildung 43: Zauberspruch (»Kapitel«) CXXXIII aus dem *Papyrus Ani*

7. du richtest dein Antlitz gen Westen zur Schönen Amenti, und du begibst dich dorthin, täglich verjüngt. Siehe, du bist das goldene Standbild, dein sind die

8. Vereinigungen der Himmelsscheiben, dir eignen die Schrecken, du gehst um im Kreis und wirst jeden Tag neu erschaffen. Heil! Da ist Frohlocken

9. am Horizont. Die Götter, die am Firmament wohnen, steigen die Taue [deiner Barke] herab, wenn sie schauen

10. den Osiris Ani, dessen Wort Wahrheit ist, sie preisen ihn allwie den Re. Der Osiris Ani ist ein Großer Häuptling.

11. Er sucht die Ureret-Krone. Seine Vorräte werden ihm zugeteilt, dem Osiris Ani, dessen Wort Wahrheit ist. [Sein] Schicksal ist mächtig vom erhabenen Leib

12. der Aamu-Götter, die in der Gegenwart des Re weilen. Der Osiris Ani, dessen Wort Wahrheit ist, ist stark auf Erden und in Khert-Neter.

13. O Osiris Ani, dessen Wort Wahrheit ist, [er]wache und sei so stark wie Re, jeden Tag. Der Osiris Ani, dessen Wort Wahrheit ist, wird nicht zögern,

14. er wird nicht ewig reglos sein in diesem Lande. Scharf sehen wird er mit beiden Augen, scharf hören mit beiden Ohren, die Dinge, die wahr sind, die Dinge, die wahr sind.

15. Der Osiris Ani, dessen Wort Wahrheit ist, ist in Anu [Heliopolis], der Osiris Ani, dessen Wort Wahrheit ist, ist dem Re gleich, und er wird gepriesen

16. ob [seiner] Ruder unter den Anhängern des Nu. Der Osiris Ani, dessen Wort Wahrheit ist, kann nicht berichten, was er geschaut hat,

17. [oder] berichten [was er gehört] im Haus des Gottes der Geheimnisse. Heil! Es erklinge Jauchzen dem Osiris Ani, dessen Wort Wahrheit ist,

18. der göttliche Leib des Re in der Barke des Nu, die die Opfer für das Ka des Gottes von dem, was er liebt, trägt. Der Osiris

19. Ani, in Frieden dessen Wort Wahrheit ist, ist Horus gleich, dem mächtigen Verwandler.

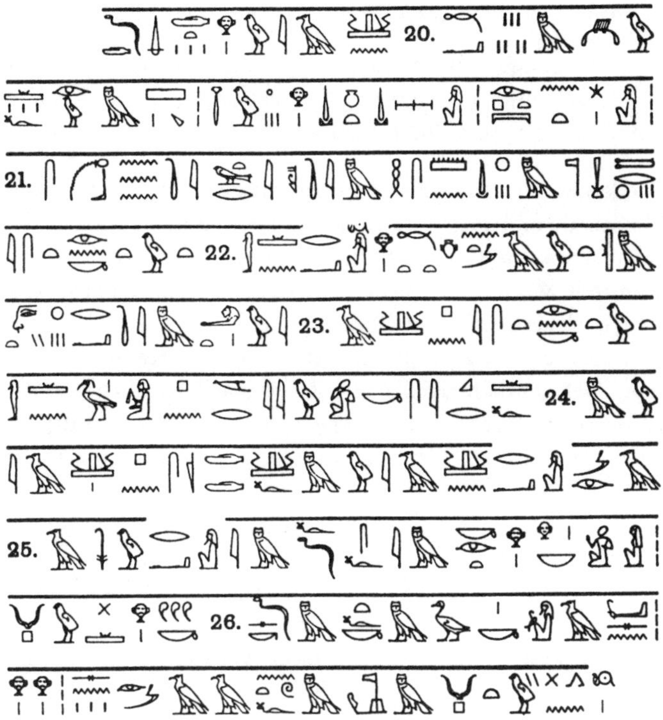

Abbildung 44: Zauberspruch CXXXIII aus dem *Papyrus Ani* (Rubrik)

Übersetzung zu Abbildung 44:

Dieser Zauberspruch soll gesprochen werden über einem Boot.

20. Sieben Ellen lang, geschaffen aus grünem Stein [oder Fayence] von Tchatchau. Mache ein Firmament aus Sternen

21. und reinige es mit Natron und Weihrauch. Mache dann eine Figur

22. des Re auf einem Tablett aus neuem Stein, grün bemalt, und stelle sie ans Bug

23. des Bootes. Dann mache eine Figur von dem Verstorbenen, den du zu vervollkommnen trachtest, [und stelle sie]

24. in das Boot. Lasse sie segeln in der Barke des Re, so wird

25. Re selbst über sie wachen. Tue all dies nur, so du allein bist

26. oder in Gegenwart deines Vaters oder deines Sohnes. Dann sollen sie eifrig wachen, und sie werden den Verstorbenen in Khert-Neter schauen in Gestalt eines Boten des Re.

Die Wiederkehr des Toten als Gespenst gilt dem Ägypter als etwas sehr Natürliches, denn der Tote ist nicht an das Grab und an das Totenreich gebunden. Diese Auffassung finden wir auch in den meisten anderen Weltkulturen. War das Verhältnis zum Verstorbenen zu seinen Lebzeiten gut, ist er auch als Gespenst willkommen und kann sich als Hilfsgeist für seine Angehörigen nützlich machen, etwa indem er Krankheitsdämonen vertreibt. Gelegentlich werden die Toten sogar nachhaltig um derlei Dienste ersucht, aber wie alle Gespenster kommen sie natürlich auch ungerufen. Wie bei den meisten Ahnenkulten geht es jedoch auch im alten Ägypten meist darum, die ungebetene Wiederkehr eines Verstorbenen zu verhindern, damit das Alltagsleben ungehindert seinen Lauf nehmen kann.

Die ungebetene Wiederkehr eines Verstorbenen

Werden Grabpflege und Totenkult vernachlässigt oder gestört, kehrt der Tote immer wieder und gibt erst Ruhe, bis dem Kult genüge getan wurde. In großen Scharen geistern auch die vergessenen Toten durch das Diesseits und bringen Krankheit und Tod. Entsprechend groß war auch die Gespensterfurcht im ägyptischen Volk und ist es bis heute geblieben.

Um Streit und Feindschaft mit Gespenstern zu vermeiden oder zu schlichten, gibt man den Toten häufig Briefe mit ins Grab oder läßt sie durch andere Tote überbringen. Die Fürsprache anderer Toter wird ebenso in Anspruch genommen, wie man sich auch mit Drohungen nicht zurückhält, wenn es sein muß. Der Götterkönig der 21. Dynastie erläßt sogar ein Dekret, demzufolge Tote gehalten sind, ihren Angehörigen Gutes zu tun und ihnen niemals Schaden zuzufügen – die Trennung von Diesseits und Jenseits ist eben nicht so scharf wie in unserer Kultur.

Es gäbe noch sehr viel über die altägyptische Religion und Magie zu sagen, doch das würde ganze Bücher füllen und hat es auch schon getan. Allein ein auch nur annähernd umfassender Kanon ägyptischer Gottheiten, ihrer Funktionen und ihre Eigenschaften würde Hunderte von

Seiten erfordern. Daher ist es sinnvoller, an dieser Stelle einige Schlüsselbegriffe zu erläutern, die auch in späteren, abendländischen Magie-Texten immer wieder vorkommen.

Totenbücher

Das ägyptische Totenbuch an sich gab es nicht, es ist das Produkt der Zusammenstellung von 190 Kapiteln durch den deutschen Ägyptologen R. Lepsius, die dieser vielen verschiedenen Papyrustexten entnahm. Dieses Konvolut enthält allerdings die wesentlichen Elemente auch anderer Totenbücher. Bei den »Büchern« dieser Gattung (z. B. *Von den Geschehnissen im Jenseits* und *Das Buch der Pforten*) handelt es sich um lange Papyrusrollen, die individuell für begüterte und auserwählte Verstorbene angefertigt wurden, allen voran für den Pharao, seine Minister und die Hohepriester. Mit der Zeit entwickelte sich die Herstellung von Totenbüchern zu einer regelrechten Industrie. Man beschriftete Papyrus- oder Lederrollen »auf Vorrat«, in die erst später, nämlich bei Bedarf, der Name des Toten eingesetzt wurde, sogenannte »Formulartotenbücher«. Entsprechend schlampig sind denn teilweise auch die erhaltenen Texte: Auslassungen, grammatikalische Fehler, Verdopplungen ganzer Passagen und sogar Kapitel, die von unten nach oben niedergeschrieben wurden, also mit der Überschrift enden, sind keine Seltenheit.

Das Totenbuch wurde der Mumie als Grabbeigabe meist zwischen die Beine gelegt und mit ihr zusammen bestattet. In der Regel umspannt ein Totenbuch die Reise in die Unterwelt, das Totengericht in der Halle der Götter und das darauffolgende Leben im Jenseits. Dabei wird das lautere Leben des Toten im Diesseits beschrieben, ein »negatives Glaubensbekenntnis« (Kapitel 125) soll seine Verfehlungen per magischer Akklamation auslöschen (»Die Götter habe ich nicht gelästert. Dem Bedürftigen habe ich nicht die Nahrung entzogen. [...] Nie habe ich ein Leiden veranlaßt. Die Hungersnot habe ich nie verursacht« usw.).

In der Regel umspannt ein Totenbuch die Reise in die Unterwelt, das Totengericht in der Halle der Götter und das Leben im Jenseits.

Der Verstorbene soll das Erbe der alternden Götter antreten, denn er gilt im Jenseits als »neugeboren«, jung, frisch, kräftig und unverbraucht. Das schließt freilich nicht aus, daß er zunächst einmal völlig desorientiert im Jenseits eintrifft. Er bewegt sich auf gefährlichem Terrain und muß ständig auf der Hut sein.

Wie Kolpaktchy es formuliert:

> Der Verstorbene befindet sich in einem Zustand, der ihn zwingt, alle seine seelischen Energien aufzurufen. Denn in jedem gegebenen Augenblick kann er sich in einer Lage befinden, wo niemand ihm zu Hilfe kommen kann; alles hängt von seiner Geistesgegenwart, von seiner Tapferkeit und vor allem von seinem esoterischen Wissen ab.
>
> Es genügt nicht, einen reinen und tadellosen Lebenswandel geführt zu haben; der Verstorbene muß die Fallen und Schlingen der Dämonen vereiteln können, er hat die Namen der Götter, denen er begegnet, im Gedächtnis aufzubewahren; er muß auch die Wege kennen, die er zu durchlaufen hat, sowie die geographische Lage der Berge, der Ströme, der Sümpfe, der Inseln der Unterwelt usw.
>
> [*Ägyptisches Totenbuch*, S. 13]

Das Totenbuch als Landkarte und Handlungsanweisung

Das Totenbuch dient ihm dabei als Landkarte und Handlungsanweisung zugleich. Er durchläuft eine regelrechte Metamorphose, indem er zu einem Gott nach dem anderen wird: Osiris, Tum, Ptah, Horus usw. Deshalb wird der Verstorbene auch immer mit dem Namen einer Gottheit in Verbindung gebracht, etwa im *Papyrus Ani*, wo der Schreiber Ani stets als »der Osiris Ani« bezeichnet wird. Aber auch zahlreiche Tierverwandlungen gehören dazu: Falke, Ibis, Schlange, Kuh, Krokodil usw.

Der Verstorbene reist in der Sonnenbarke und tritt durch zwölf »Pforten«, die für die zwölf Nacht- bzw. Tagstunden stehen und jeweils ihre eigenen Gefahren bergen. Im Laufe dieser Reise erfährt er – wie sein Vorbild Osiris – alle Stufen der Alchemie: Tod, Verwesung, Auferstehung, Läuterung, Transformation, Sublimierung und Fixierung. Doch wird er nicht etwa automatisch verklärt, dazu bedarf es auch der Opfer des Totenpriesters wie überhaupt des gesamten Totenkults. Dann erst kann aus dem Verstorbenen ein »verklärter Toter« oder »Ach« (s. u.) werden. Der Opferdienst wurde daher pauschal mit »Opfer den Göttern, Totenopfer den Achu« [pl. v. Ach] umschrieben.

Das Ägyptische Jenseits und die Götter

Es ist gewiß keine Übertreibung, die dokumentierte ägyptische Zivilisation als eine reine Jenseitskultur zu beschreiben: Wurden die Wohnhäuser des diesseitigen Alltags aus Lehmziegeln gebaut, so verwendete man für die Denkmäler und Gräber der Ewigkeit beständigere Materialien wie Basalt und Granit – deutlicher kann man kaum unter Beweis stellen, wie sehr man die Wichtigkeit des Jenseits gegenüber dem Diesseits betonte. Der Tod als Übergang ins »eigentliche« Leben – aus dieser Grundhaltung heraus formulierten spätere Epochen dann das immer noch gängige esoterische Mißverständnis, daß die alten Ägypter an die Reinkarnation glaubten, wie wir sie uns heute vorstellen. Zwar gab es Ansätze für einen solchen Glauben, doch entsprangen diese gänzlich anderen Überlegungen, wie wir noch bei der Betrachtung des Ba und des Ka sehen werden.

Der Tod als Übergang ins »eigentliche« Leben

Man könnte die Ägypter als »Jenseitsspezialisten« bezeichnen. Um das Leben nach dem Tod rankte sich jede diesseitige Existenz, und so finden wir erwartungsgemäß eine reich ausgeschmückte Kosmogonie der jenseitigen Welt, die hier nur knapp in ihren Grundzügen geschildert werden soll.

Das Jenseits gliederte sich nach altägyptischer Auffassung in zwei wesentliche Teile, die Amenti und das Duat. Die Schöpfung als Ganzes war dreigeteilt in Himmel, Unterwelt und Erde. Amenti übersetzt sich als »Land des Westens«, hier wohnt Osiris, der der Herrscher der Unterwelt im allgemeinen war. Das Duat ist die finstere Region des »Feuersees« und der »Felder des Feuers«, also die »Hölle«. Hier werden die Seelen der Verdammten von Dämonen gefoltert – eine Vorstellung, wie wir sie später auch im Christentum und im Islam wiederfinden.

Die altägyptischen Götter unterlagen – genau wie der Mensch – dem Zeitprozeß. Daher unterschied man in a) die jungen Götter (die »Horus-Klasse«); b) die regierenden Götter (Re, Thot, Anubis) und c) die uralten Götter (Hathor, Khepra, Nu, Shu, Tefnut, Geb, Nut [Nuit], Atum [Tum]). Die Gottheiten Ptah, Amon und Chnum galten als Weltschöpfer, also

Die altägyptischen Götter unterlagen dem Zeitprozeß.

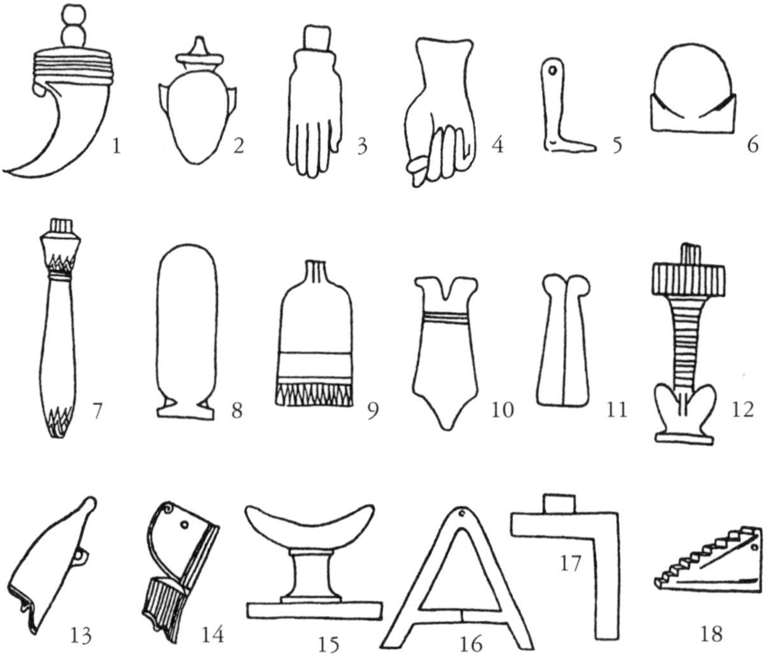

Abbildung 45: Altägyptische Amulette: 1) Kralle; 2) Herz; 3) & 4) Hände; 5) Bein; 6) aufgehende Sonne; 7) Papyrusstab; 8) Namensring; 9) Troddel; 10) Messer (Peseschkaf); 11) Federn; 12) Vereinigungszeichen; 13) & 14) Königskronen; 15) Kopfstütze; 16) Winkelmaß; 17) Winkelmaß; 18) Treppe [nach Bonnet, *Reallexikon*]

Demiurgen. Entsprechend hervorgehoben ist auch die Rolle des Menschen, der im kosmischen Gesamtgefüge nicht etwa nur dem göttlichen Willen unterworfen ist, sondern eine eigene Erlöserfunktion besitzt – tatsächlich steht er im Mittelpunkt des Weltalls, sofern er nur die göttliche Ordnung bewahrt, fördert und erweitert.

Götter in Tiergestalt

Häufig treten die Götter in Tiergestalt auf, meist haben sie jedoch einen menschlichen Körper mit Tierkopf. Darin kann man ältere, schamanische Einflüsse erkennen, die wohl schon in der Vorzeit aus den Tiefen des afrikanischen Kontinents kamen. Sicher darf man in diesen Darstellungen Überreste (oder vielleicht sogar die Vollendung) eines frühzeitlichen Totemismus sehen, der freilich durch die theologischen Spekulationen von Heliopolis, der Sonnenstadt des Alten Reichs (ca. 3200 v. d. ZR.), immer mehr in eine Art pantheistischen Polytheismus umformuliert wurde und schließlich auch im Rituellentleerten erstarrte, bis ihnen geistige Revolutionen wie die Reform des »monotheistischen« Pharaos Echnaton und die späteren Einflüsse hellenistischen Gedankenguts neuen Auftrieb gaben.

Der Mensch/Gott in der Tiermaske – eine durch und durch schamanisch-magische Betrachtungsweise, die im Atavismus (für den der alte Ägypter ohnehin sehr viel übrig hatte) die eigentliche magische Kraft erblickte. Diese Deutung der ägyptischen Kultur finden wir leider nur selten in der Literatur, sicher auch deshalb, weil die einschlägigen Autoren in der Regel über keine weitergehenden ethnologischen und anthropologischen Kenntnisse verfügen und das ganze Phänomen des magischen Atavismus allenfalls von außen kennen. Wenn beispielsweise Kolpaktchy, immerhin ein sehr angesehener Professor der Ägyptologie, sich gegen die »Unwissenschaftlichkeit« des von Frazer angeblich »erfundenen« Totem-Begriffs wendet und behauptet, die Tierköpfe seien Ausdruck des künstlerischen Bedürfnisses, in das »fade« und »unbedeutende« menschliche Antlitz mehr Eindeutigkeit und starre Unverwechselbarkeit zu bringen, so übersieht er dabei zunächst einmal die offenkundige Tatsache, daß viele ägyptische Gottheiten nicht nur mit Tierköpfen, sondern auch -körpern dargestellt wurden. (Der Ba hat sogar eine Vogelgestalt mit Menschenkopf.) Vor allem aber verkennt er völlig das Faktum, daß sich Ägypten am Nordrand des afrikanischen Kontinents befindet und es in dieser Region in der Vorzeit auch eine – höchstwahrscheinlich schamanische – Kultur gab. Jeder Magier, der einmal mit Tieratavismen gearbeitet hat, kann über einen derartigen Fehlgriff nur den Kopf schütteln. Trotzdem ist er nur ein Beispiel von vielen für das ungeheure Ausmaß von Verkennungen, mit denen man noch heute der altägyptischen Religion und Magie begegnet.

Der Ba (pl. »Bai«)

Der Ba wird oft mit »Psyche« oder »Seele« übersetzt, doch verstanden die alten Ägypter darunter etwas anderes, als es die christlichen Kulturen tun. Insofern kann dieser Begriff bestenfalls nur eine grobe Annäherung sein.

»Ba«, eine Vogelgattung der man die Verkörperung göttlicher Kräfte zuschrieb

Zunächst bezeichnete »Ba« eine Vogelgattung, wahrscheinlich eine Storchenart, der man die Verkörperung göttlicher Kräfte zuschrieb. Im Volksglauben sah man in den leuchtenden Sternen Seelen, weshalb der Ba auch häufig mit einer kleinen Öllampe dargestellt wird. Wie der Ach (s. u.) wird auch der Ba in der älteren Literatur oft mit den Göttern gleichgesetzt.

Gewiß kann man den Ba als eine Geistkraft verstehen oder auch als »Seele« im Sinne von Macht und Gewalt. Anders als im späteren Christentum kennt der Ägypter ursprünglich keine Seele des Diesseits: Der sterbliche Mensch erlangt sein Ba erst durch den Tod, nachdem der Leichnam durch die magischen Rituale des Totenkults »verklärt« wurde. So spricht ein Verstorbener in einem Pyramidentext: »Zu mir kommen die Götter um Verneigung und die Verklärten, daß sie mich zu meiner Seele geleiten.«

Mit der zunehmenden Demokratisierung des Totenkults erlangt der Begriff »Ba« eine neue Bedeutung: Nun wird er zu einem mit dem Menschen und seinem Schicksal sehr eng verbundenen Wesen, das beim Tod aus den Ausflüssen des Toten hervorkommt und zu einer in neuer Gestalt fortlebenden Seele wird. Diese Seele wird zum Träger der Erlösung im Jenseits, denn an sie knüpfen sich nun alle Hoffnungen auf Unvergänglichkeit. Sie »gedenkt des Leichnams« und sorgt für ihn. Der Ba setzt das ungehinderte Leben des an sein Grab gebundenen Leichnams fort und gewährleistet so die Unabhängigkeit und Beweglichkeit des Toten. Nach Möglichkeit soll er auch alle Gestalten annehmen können, nach denen es ihn verlangt, eine Fähigkeit, der man im Totenkult mit entsprechenden Zauberformeln nachhalf.

Der Ba-Vogel wird mit einem Menschenkopf dargestellt, oft trägt er auch einen Götterbart, was seine Göttlichkeit anzeigen soll. Meist handelt es sich dabei um eine Falkendarstellung, womit ein Bezug zum Gottkönig Horus angezeigt wird.

Der Ka

Das ägyptische Konzept vom Ka mit wenigen Worten beschreiben zu wollen wäre kein sinnvolles Unterfangen. Sowenig wie man den Ba pauschal als »Seele« definieren kann, sowenig ist es zulässig, den Ka schlicht als »Doppelgänger« oder »Schutzgeist« zu bezeichnen, wie dies noch heute immer wieder gern getan wird. Auch als »personifizierte Lebenskraft« wird er beschrieben. Keiner dieser Begriffe ist völlig falsch, doch gibt auch keiner davon die Essenz des Ka wirklich wieder.

Der ägyptische Ka ist dem chinesischen Chi und dem indischen Prana verwandt.

In seinem Aspekt als Lebenskraft ist der ägyptische Ka dem chinesischen Chi und dem indischen Prana verwandt, freilich werden letztere nicht personifiziert dargestellt. Für den Ägypter gibt es zudem keine abstrakte oder unpersönliche Lebenskraft. So wird der Ka konsequenterweise auch mit dem individuellen Menschen zusammen geboren oder erschaffen. Ab nun begleitet er ihn wie ein Doppelgänger durch das Leben. Mit dem Tod stirbt zwar der Mensch, sein Ka aber erfährt keine Veränderung, »er lebt fort und mit ihm der Mensch, dessen Leben nichts anderes als Wirken jenes Ka gewesen war« (Bonnet). Er ist also der Garant für das ewige Leben nach dem Tod, doch bedarf auch er der Nahrung durch Opfer und Totenkult.

Selbst Götter bedürfen eines Kas; so schreibt man beispielsweise dem Re gleich vierzehn Kas zu. Darunter dürften allerdings weniger vierzehn Einzel-Kas zu verstehen sein als vielmehr vierzehn Aspekte desselben Kas, die nur zur Veranschaulichung als Einzelwesen personifiziert wurden.

Diese Ka-Geister bestehen auch ohne das irdische Einzelleben, eher dürften sie für das Lebensprinzip schlechthin stehen, man könnte sie als seine kollektive Verkörperung bezeichnen. So entwickeln sie sich auch in gewissem Sinne zu Schutzgeistern des Menschen.

Das Lebensprinzip schlechthin

In der Spätzeit wird der Ka mit dem Bild oder dem Namen gleichgesetzt, wodurch er besonders in die Schutz- und Schadensmagie einbezogen wird, eine Tendenz, die sich allerdings bereits im Alten Reich abzeichnet.

Das Leben wird durch Nahrung erhalten, und so benutzt man die Kollektivform Kau als Synonym für Opferspeisen. Gelegentlich wird vor dem Toten anstelle des Opfertisches auch ein Ka-Zeichen aufgebaut, das mit seinen ausgebreiteten Armen als Wesensbestandteil des Verstorbenen Speisen umfaßt.

Alte Texte umschreiben das Sterben als ein »zu seinem Ka gehen«: Hier wird die Gemeinschaft des Menschen mit seinem Ka deutlich, die erst durch den Tod richtig Wirklichkeit wird. Denn da der Ka in der jenseitigen, »unsinnlichen« (Bonnet) Welt beheimatet ist, kann der Mensch nur hier zu einer innigen Beziehung mit seinem Ka finden. Dabei geht der Tote allerdings nicht im Ka ein, vielmehr behält er seine irdische Gestalt, während der Ka als »Schützer und Bürge seines Seins« (Bonnet) neben ihm steht, wie er es schon im Diesseits tat.

Der Ach (pl. Achu)

Unter den Achu verstand der alte Ägypter einen Bestandteil der »Summe der höher organisierten Wesen« (Bonnet), die sich aus lebenden Menschen, Göttern, Achu und Toten zusammensetzten. Der Begriff Achu leitet sich vom Wortstamm her von »leuchten, glänzen« ab und bezeichnet zunächst ganz allgemein Wesen, die sich in einem »lichteren« Daseinszustand befinden, der über das Diesseitige hinausgeht.

Schon bald beschränkte man den Begriff allerdings auf überirdische Mächte niederen Ranges, wozu sowohl die niederen Gottheiten als auch die Dämonen, die unsauberen Geister und die »verklärten Toten« zählen, also jene Verstorbene, die die Segnungen des Totenkults erfahren haben (Bonnet). Wurde er zu Anfang noch als Vogel mit Haarschopf dargestellt (Schopfibis [Ibis comata] oder Schattenvogel [Scopus umbretta]), so nimmt der Ach doch schon bald irdische Gestalt an, wenngleich er nichts mit dem physischen Körper zu tun hat, da er ein reines »Himmelswesen« ist.

Wenn es in einem Pyramidentext dann heißt, »der Tote ist erfüllt von seinem Ach«, so wird deutlich, daß man unter dem Ach schließlich auch die übernatürliche, magische Kraft des Jenseitswesens verstand, der Begriff ist abstrakt geworden und erhält somit die Bedeutung »Geistermacht« oder »Verklärtheit«. Selbst dann bleibt der Ach aber noch eine Wesenheit, die hinter dem Toten her-

Ach – die übernatürliche, magische Kraft des Jenseitswesens schreitet. Der Ach kann zudem eine Eigenschaft oder ein Besitzstand der Götter sein, etwa wenn gesagt wird, daß diese »ihre Kas [s. u.], ihre Achu, ihre Speisen und alle ihre Dinge« haben. Moderner ausgedrückt könnte man unter dem Ach eine Form der Magis verstehen, die sich gelegentlich personifizieren kann. In der älteren Literatur wird allerdings zwischen Göttern und Achu nicht scharf getrennt, ja sie werden häufig gleichgesetzt.

Hike (auch: Heka)

Unter Hike versteht man im alten Ägypten jene geheime Kraft, die magische Wirkungen hervorbringt. Den Göttern eignet Hike als Wesensbestandteil, und wer ihren Körper verschlingt, der nimmt auch diese Zauberkraft in sich auf. Der Mensch hingegen besitzt zwar auch Hike, aber nur durch Handlungen und Worte, die von Hike durchströmt werden. Dieses Wissen wird ihm von den Göttern geschenkt, und zwar als Mittel und Waffe im Überlebenskampf. Mit ihrer Hilfe kann er der Willkür des Chaos trotzen. Hinter dem, was ihm als Zufall zustößt, kann allerdings auch häufig Hike stehen – sie kann also auch als feindliche Macht präsent sein. Doch auch diese läßt sich mit noch stärkerer Hike überwinden.

Der Tote bedarf in seinem ungeschützten Zustand ganz besonders der Zauberkraft, die auch ihm nur von außen zuteil wird, nämlich durch die Ausstattung seines Grabes mit Zaubersprüchen.

Der Tote bedarf in seinem ungeschützten Zustand ganz besonders der Zauberkraft.

Natürlich wird auch Hike im ägyptischen Pantheon wiederum personifiziert, und so kann sich der Verstorbene wie der Magier in den Gott Hike verwandeln, in einen Sohn (und eine der ersten Schöpfungen) des Atum. Er ist es, der die Götter »nach dem Willen des Allerzeugers« (Bonnet) ausstattet – als Aspekt des Schöpfergottes wird er demzufolge auch als »Ba des Atum« bezeichnet. Um Hike entstand ein Kult mit eigenen Heiligtümern, etwa in On und im Nekropolengebiet von Memphis. Dort wurde Hike als »der Älteste des heiligen Platzes des Urbeginns« verehrt, um sich in der Spätzeit sogar zu einem jugendlichen Urgott und Sohn des Ptah und der Sekhmet zu entwickeln. Er geht verschiedene Verbindungen ein, so etwa mit dem Widdergott Chnum und mit dem Krokodilgott Sobek, was in letzterem Fall auch zu seiner Darstellung als Krokodil führt. Gelegentlich wird er sogar als Sphinx abgebildet. Ärzte, die, wie wir bereits gesehen haben, als »Schutzzauberer« bezeichnet wurden, nannten sich selbst übrigens auch gern »Priester des Hike«.

Hike steht ferner in engem Zusammenhang mit Hu und Sia, die wir im zweiten Teil dieses Lehrgangsabschnitts behandeln werden.

Einführung in die Ritualistik (VIII)

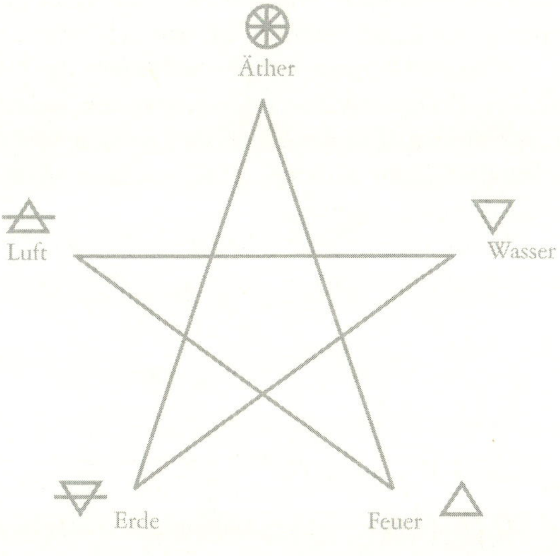

Das Hexagramm-Ritual und die Elemente

Abgesehen von seiner schon behandelten Funktion als rufendes oder bannendes Planetenritual (meistens: Teilritual) gibt es auch noch eine weitere Möglichkeit, mit dem Hexagrammritual zu arbeiten, die vor allem in der planetaren Element-Magie Verwendung findet. Abb. 46 möge genügen, um dies zu veranschaulichen: Die Hexagramme werden in ihrer entsprechenden Himmelsrichtung gezogen, wobei man wiederum sieben Zugrichtungen hat, nämlich für jeden Planeten eine.

Übrigens können auch die Stellungen der Planeten in den astrologischen Tierkreiszeichen angerufen werden, indem man beim Großen Hexagrammritual in die Mitte des Pentagramms unter das Planetenzeichen die Glyphe des jeweiligen Tierkreiszeichens schlägt, wie wir sie aus der Astrologie kennen.

Etwas ausführlicher schildern wollen wir hier das Kleine Hexagrammritual, mit dem die Elemente beschworen werden.

Das Kleine Hexagramm-Ritual

Auch dieses Ritual stammt aus der Tradition der Golden Dawn. Wir geben es hier ohne die damals obligatorischen, ordensinternen Paßworte und Gradzeichen wieder.

1. Kabbalistisches Kreuz

2. Beginnend im Osten: Invokation od. Bannung durch Ziehen des entsprechenden Hexagramms in seiner jeweiligen Himmelsrichtung (Intonation stets: ARARITA)

3. Kreis vollenden und schließen (wieder im Osten)

Dieses Ritual eignet sich auch zur Verbindung mit der Tattwa-Arbeit, wie es denn überhaupt viele Magier lieben, die vier Himmelsrichtungen ihres Tempels mit den Tattwa-Symbolen zu schmücken, wobei die Äther-Tafel meist über dem Altar hängt oder auf ihm ruht.

Das Kleine Hexagrammritual wird in der Regel nach einem einleitenden Pentagrammritual zur Beschwörung von Elementkräften benutzt, wobei entweder a) das jeweils zu beschwörende Element in

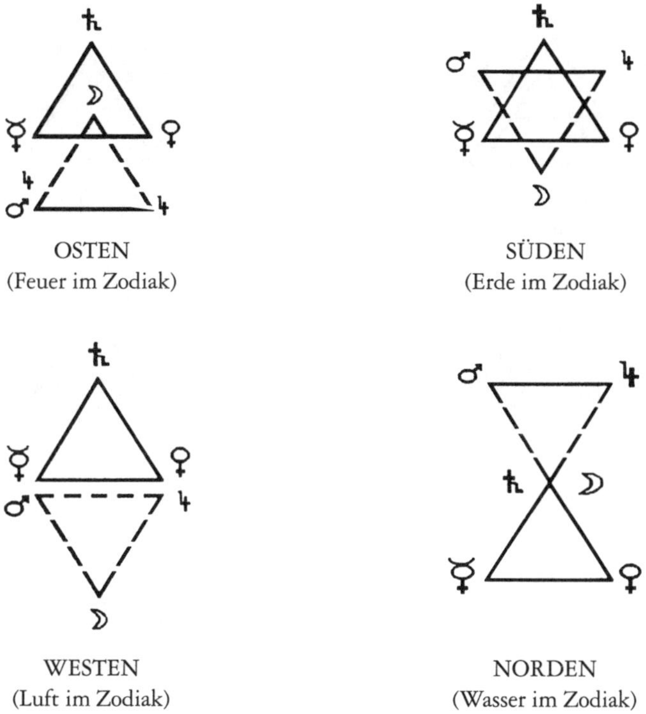

Abbildung 46: Vier Formen des Hexagrammrituals

allen vier Himmelsrichtungen durch das entsprechende Hexagramm angerufen wird oder b) alle vier Elemente nacheinander in ihren jeweiligen Richtungen angerufen werden (Zugrichtungen s. Abb. 47).

Nach vollendeter Operation wird das Ritual wiederholt, nur daß diesmal natürlich gebannt wird.

PRAKTISCHE ÜBUNGEN

ÜBUNG 91
DAS HEXAGRAMMRITUAL

Experimentiere nach eigener Maßgabe mit den verschiedenen Formen des Hexagrammrituals und arbeite auch mit Planetenkräften in den verschiedenen Tierkreiszeichen (z. B. Jupiter im Stier, Venus in den

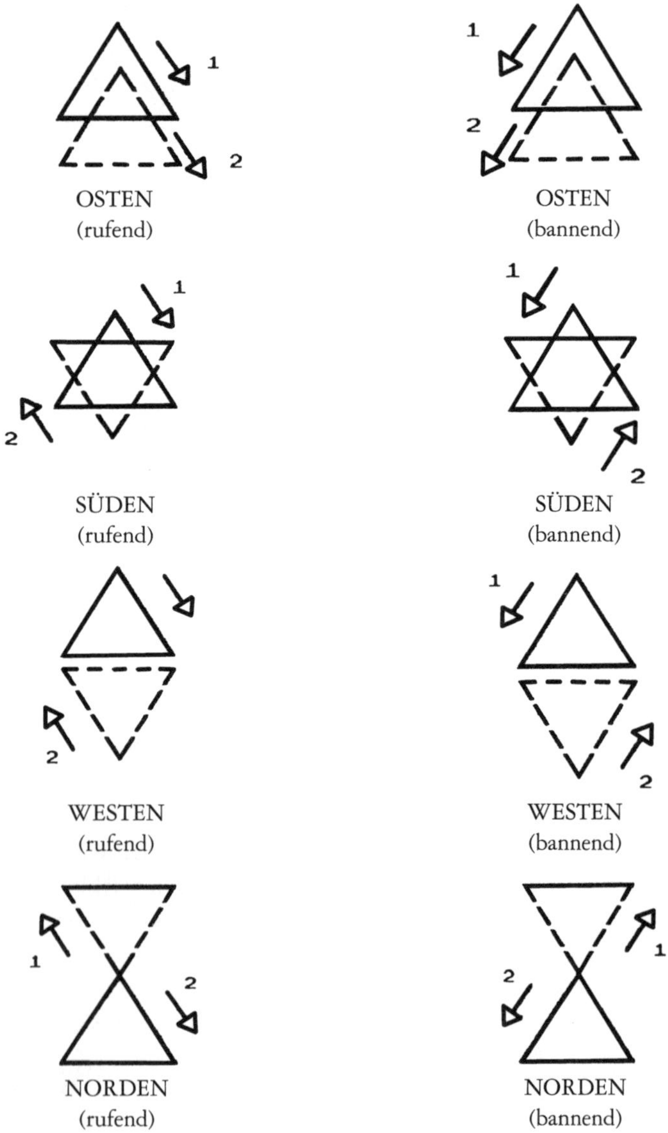

Abb. 47: Das Kleine Hexagrammritual

Fischen, Mars im Löwen usw.). Dies kannst Du auch, wenn Du willst, mit ihrer aktuellen astrologischen Position abstimmen. Halte die Ergebnisse im Magischen Tagebuch fest.

ÜBUNG 92
DAS KLEINE HEXAGRAMMRITUAL

Experimentiere nach eigener Maßgabe mit dem Kleinen Hexagrammritual im Zusammenhang mit der Magie der Elemente, beispielsweise indem Du für jedes Element einen Talisman oder einen Fetisch lädst usw. Halte die Ergebnisse im Magischen Tagebuch fest.

WEITERFÜHRENDE LEKTÜRE

LITERATURNACHWEIS

DAS ÄGYPTISCHE TOTENBUCH

Ägyptisches Totenbuch, übersetzt und kommentiert von Gregoire Kolpaktchy, München: O. W. Barth, 1973[3]

Hans Bonnet, *Reallexikon der Ägyptischen Religionsgeschichte*

The Book of the Dead, The Hieroglyphic Transcript of the Papyrus of Ani, the Translation into English and An Introduction by E. A. Wallis Budge, Late Keeper of the Egyptian and Assyrian, Antiquities in The British Museum, Secaucus, New Jersey: University Books, 1960

E. A. Wallis Budge, *Egyptian Magic*, New York: Dover Publications, 1971
[0 = London, 1901]

ders., *Egyptian Religion*, New York: Bell Publishing, 1959 [0 = London, 1900; mit neuer Einl. u. zusätzl. Abb.]

Harry Eilenstein, *Hathor und Re. Mythen und Magie im alten Ägypten*, unveröff. MS, im Besitz d. Verf.

ders., »*Heka – Ägyptische Magie*«, Teil 1, in: *Unicorn*, H. 7, Winter 1983, S. 221–225

ders., »*Heka – Ägyptische Magie*«, Teil 2, in: *Unicorn*, H. 8, Frühjahr 1984, S. 21–28

Florence Farr, *Egyptian Magic. An Essay on the Nature and Applications of Magical Practices in Pharaonic and Ptolemaic Egypt by a Member of the Hermetic Society of the Golden Dawn*, Introduction by Timothy d'Arch Smith, Wellingborough: Aquarian Press, 1985[3] [0 = London, 1896]

Jörg Roestel, *Ägyptische Magie*, Berlin: Stein der Weisen, 1983

Andreas Trofimowitsch, »*Der Ka*«, in: *Saturn Gnosis*, H. 1, Juli 1928, S. 27–35

Einführung in die Dämonenmagie (IV)

Die Praxis der Dämonen-Evokation (II)

»Der kleine Schlüssel Salomos«

Anstelle langer Ausführungen wollen wir nun unmittelbar in die Praxis der Dämonenmagie übergehen.

Dazu finden Sie in diesem Abschnitt 28 Siegel der ersten der insgesamt 78 Dämonen des kabbalistischen Schemhamphorasch nach der *Goetia*, bekannter unter dem Titel »*Der kleine Schlüssel Salomos*« (Clavicula Salomonis). Mit diesem Werk haben sich schon Magier wie Samuel Liddell »MacGregor« Mathers, Arthur Edward Waite und Aleister Crowley befaßt, wobei letztere sogar eine eigene Ausgabe des Texts bearbeiteten. Wir wollen hier jedoch nicht auf die Theorie dieser speziellen Form der Dämonenmagie eingehen, sondern vielmehr eine schamanische Annäherung wählen, wie sie ursprünglich ja auch für jede dämonenmagische Operation charakteristisch war: Nur durch persönliche Erfahrung mit den jeweiligen Geistern konnte der Magier ihre Eigenschaften, Fähigkeiten und Gefahren erkennen.

Daher haben wir für die nächste Mondphase ein dämonenmagisches Exzerzitium angesetzt, zu dem nun die Anweisungen folgen.

Exerzitium Dämonenmagie

Beginne das dämonenmagische Exerzitium zum nächsten Neumond, so wirst Du etwa eine volle Mondphase absolvieren. Es erfordert keine besondere Vorbereitung, vielleicht solltest Du aber Deinen Alltag entsprechend vorausplanen, da Du täglich etwas Zeit für die Operationen brauchen wirst. Beherzige dabei folgende Grundregeln:

- Arbeite täglich nur mit einem Dämon, am besten in der hier vorgeschlagenen Reihenfolge.

Die tägliche Operation besteht aus zwei Teilen:

1. Morgenanrufung
2. Abendanrufung

Ferner wirst Du tagsüber (nicht aber in der Nacht bzw. in der Schlafphase) ein Lamen mit der Dämonenglyphe am Körper tragen, die den Kontakt zum jeweils angerufenen Dämon verstärkt.

- Die Anrufungen sollst Du nur im Schutzkreis (Kleines Bannendes Pentagrammritual) durchführen.
- Führe äußerst sorgfältig Tagebuch über Deine Operationen und Erfahrungen, insbesondere über etwaige Zeichen, Paßworte und Abmachungen (Pakte). Das ist für die spätere evokatorische Arbeit unerläßlich!
- Laß Vorsicht walten! Solltest Du nach einer oder mehreren Operationen feststellen, daß sich Dein Leben zum Schlechteren entwickelt (z. B. durch Krankheiten jeglicher Art – auch scheinbar »harmlose«; Albträume; Verfolgungswahn; Neurosen; »Pechsträhnen« usw.), so brich das dämonenmagische Exerzitium sofort ab und beginne mit einer mindestens einwöchigen Reinigungs- und Bannungsphase nach eigener Maßgabe. Zu dieser sollten mindestens vier tägliche Bannungsrituale (z. B. Kleines Bannendes Pentagrammritual) sowie mehrmals tägliche Kraftaufladungen (z. B. IAO-Formel) gehören. Zur Sicherheit kannst Du Dir aber auch noch vor Beginn des Exerzitiums eine magische »Tretmine« anfertigen (s. *Sigillenmagie in der Praxis*), sofern noch nicht geschehen.
- Meide während des Exerzitiums jede sexualmagische Tätigkeit mit Partnern, um eine unerwünschte Übertragung dämonischer Energien zu vermeiden. Schütze Dich vor jedem eventuellen Geschlechtsakt durch eine entsprechende Imagination (z. B. IAO-Formel, Schutzmudras, imaginierter Schutzkreis o. ä.).

Die Morgen-Anrufung

Sie erfolgt zu Sonnenaufgang. Bereite den Kreis vor, indem Du auf den Altar jungfräuliches Papier (am besten Pergament oder sogar Jungfernpergament), Feder und Tusche legst, ebenso die Glyphe des anzurufenden Dämons. (Näheres dazu siehe unten.)

Im Nordwesten des Kreises legst Du mit Hilfe einer Kordel o. ä. ein Dreieck aus, das mit der Spitze in den Kreis zeigt. (Ausnahme: Wenn bei einem der Geister ausdrücklich eine andere Himmelsrichtung erwähnt wird.) Statt dessen kannst Du das Dreieck aber auch mit Kreide auf den Boden malen. Achte darauf, daß es sorgfältig geschlossen ist, also keinerlei Lücken aufweist. Es sollte so groß sein, daß Du bequem darin stehen könntest, obwohl Du das während der Operation natürlich nicht tun wirst. Dann stellst Du in das Dreieck ein eigenes, separates Räuchergefäß, das nur für dämonenmagische Operationen verwendet wird. Entzünde kurz vor Beginn der Operation die Kohle im Gefäß.

Achte darauf, daß das Dreieck sorgfältig geschlossen ist.

Führe das Kleine Bannende Pentagrammritual durch, wie Du es bereits kennst. Dann konzentriere Dich auf den Namen des anzurufenden Dämons und zeichne seine Glyphe mit Feder und Tusche ab, wodurch Du ein Lamen erhältst, das maximal handtellergroß sein sollte. Nun rufst Du den Dämon mit einer eigenen Hymne an, die auch ganz einfach aus einer Wiederholung seines Namens bestehen kann.

Gib dabei Räucherwerk aus dem Kreis ins Räuchergefäß im Dreieck. Lege das Lamen hinein und kehre sofort in den Kreis zurück. (Es wird genügen, Dich aus dem Kreis herauszubeugen und sofort wieder in die aufrechte Haltung zurückzukehren.) Fordere den Dämon nun auf, am heutigen Abend vor Dir zu erscheinen. Tue dies mit Macht und Kraft.

Beende nun das Ritual, indem Du das KBP wiederholst – und vergiß dabei die abschließende Entlassungsformel nicht!

Danach löschst Du das Feuer im Dreieck, entnimmst das Lamen und trägst dieses ab nun bis zur Abendanrufung am Körper. (Dazu kannst Du es, wenn Du willst, in Seide isolieren.)

Denke tagsüber möglichst wenig an diese Operation und gehe Deinen normalen Alltagsgeschäften nach.

Die Abend-anrufung

Sie findet frühestens zu Sonnenuntergang und spätestens eine Stunde vor Mitternacht statt.

Verfahre wie bei der Morgenanrufung, wobei Du natürlich kein Lamen mehr anzufertigen brauchst, sondern dieses vor Beginn des Rituals ins Dreieck legst.

Diesmal rufst Du den Dämon mit der Aufforderung an, Dir heute sichtbar zu erscheinen. Dabei verstärkst Du mehrmals die Räucherung, bis Du dichten Rauch im Tempel erzeugt hast.

Mit Hilfe des 180°-Blicks betrachtest Du die immer noch auf dem Altar liegende Dämonenglyphe aus diesem Abschnitt. Schließe nach einer Weile die Augen und benutze die Glyphe als Tor, durch das Du im Geiste hindurchgehst oder -springst (ähnlich wie bei einer Tattwareise). Wenn vor Deiner inneren Wahrnehmung eine eigene Welt erscheint, rufe darin den Dämon solange bei seinem Namen, bis er Dir erscheint. Kommuniziere mit ihm, indem Du ihn dazu aufforderst, Dir fortan zu dienen und bei Benutzung eines bestimmten Machtworts (das Du mit ihm vereinbarst) zu erscheinen. Handle mit ihm die Bedingungen aus, unter denen er Dir Folge leisten wird, aber laß Dich dabei auf nichts ein, was Du nicht wirklich tun willst. Achte auch genau auf die Formulierung, um jede Zweideutigkeit auszuschließen! (Diese Vorgehensweise hat sich in der Praxis als weitaus effizienter erwiesen als die leeren Drohungen und wüsten Beschimpfungen, mit denen Magier in der mittelalterlichen Tradition im Namen ihres Gottes o. ä. versuchten, Dämonen zu zwingen.)

Zur Probe soll der Dämon mindestens bis zur Konsistenz dichter Dämpfe vor Dir im Dreieck erscheinen. Nachdem Du ihn dazu aufgefordert hast, öffnest Du die Augen und starrst mit dem 180°-Blick ins Dreieck. (Möglicherweise mußt Du jetzt noch etwas Räucherwerk ins Gefäß nachfüllen. Halte dabei auf jeden Fall abwehrbereit den Dolch in der Hand, um notfalls eine Schutzglyphe, z. B. das Pentagramm, zu schlagen.) Kannst Du den Dämon dort erkennen (optisch oder auch einfach nur gefühlsmäßig), ist die Operation gelungen und die Abmachung ist gültig. Nun kannst Du dem Dämon für sein Erscheinen danken und ihn entlassen. Der Kontakt ist jetzt hergestellt und läßt sich bei Bedarf jederzeit wieder aufnehmen. Du beendest das Ritual wie gewohnt (Entlassungsformel nicht vergessen!) und verstaust das in reine Seide eingewickelte Lamen an einem sicheren, für Fremde unzugänglichen Ort.

Erscheint der Dämon Dir nicht im Dreieck, brich die Operation sofort ab, indem Du sorgfältig bannst und entläßt. Danach verbrennst

Du unverzüglich das Lamen. Wiederhole diese Operation frühestens, nachdem Du bei mindestens drei anderen Evokationen dieses Exerzitiums Erfolg gehabt hast.

Wurde der Kontakt erfolgreich hergestellt, kannst Du Dich in Zukunft der Hilfe der von Dir beschworenen Wesenheiten bedienen, um erfolgsmagische Operationen durchzuführen. Natürlich bleibt es dabei Dir überlassen, in welchem Umfang Du davon Gebrauch machst.

Die langen Listen mit den Eigenschaften der Dämonen sind allenfalls Gedächtnisstützen.

Bedenke, daß die langen Listen mit den Eigenschaften der Dämonen, wie sie für mittel- und nachmittelalterliche Grimoarien typisch sind, allenfalls Gedächtnisstützen sind. Häufig wird auch darauf hingewiesen, daß ein Dämon oder Geist mehrere Namen und Siegeln besitzt, sein Aussehen verändert usw. Insofern wurden diese Wesenheiten auch schon früher keineswegs als in ihrem Äußeren objektiv festgelegt verstanden. So kann beispielsweise der Dämon Bael für den einen Magier völlig anders aussehen als für den anderen. Es ist daher auf jeden Fall vorzuziehen, Deine eigenen Erfahrungen zu sammeln, eigene Protokolle zu erstellen und Dich danach an diese zu halten.

Wenn Du Geschmack an dieser Form der Magie finden solltest, kannst Du die Arbeit später nach eigener Maßgabe fortsetzen, indem Du Dir beispielsweise eine Ausgabe der *Goetia* beschaffst und auch die restlichen Dämonen zitierst (Literaturangaben dazu im nächsten Abschnitt).

Es folgt nun eine Stichwortliste zu den einzelnen Dämonen, wie sie die *Goetia* enthält.

Kurzbeschreibung der ersten 28 Dämonen aus der Goetia

1. Geist
Name: Bael
Rang: König
Erscheinung: verschiedene Gestalten: Katze, Kröte, Mann, Mischformen; spricht krächzend; herrscht im Osten
Beherrscht: 66 Legionen höllischer Geister
Fähigkeiten: bewirkt Unsichtbarkeit

2. Geist
Name: Agares, auch Agreas
Rang: Herzog
Erscheinung: alter, schöner Mann auf einem Krokodil mit Hühnerhabicht in der Faust; herrscht im Osten
Beherrscht: 31 Legionen Geister
Fähigkeiten: bewirkt Stillstand; bringt Flüchtiges zurück; kann zerstören und Erdbeben verursachen

3. Geist
Name: Vassago
Rang: Prinz
Erscheinung: –
Beherrscht: 26 Legionen Geister
Fähigkeiten: von guter Natur; Divination; entdeckt Verborgenes

4. Geist
Name: Gamigin, auch Samigina, Gamygyn
Rang: Marquis
Erscheinung: kleines Pferd oder Esel; auf Verlangen Mensch, heiser
Beherrscht: 30 Legionen Geister
Fähigkeiten: lehrt allgemeine Wissenschaft; gibt Nachricht von »toten Seelen, die in Sünde starben«

5. Geist
Name: Marbas
Rang: Präsident
Erscheinung: großer Löwe; auf Verlangen Mensch
Beherrscht: 36 Legionen Geister
Fähigkeiten: antwortet wahrheitsgemäß über Verborgenes und Geheimes; kann Menschen in andere Gestalten verwandeln; Unterweisung in mechanischen Künsten/Technik

6. Geist
Name: Valefor, auch Malaphar
Rang: Herzog
Erscheinung: Löwe mit Eselskopf; brüllt
Beherrscht: 10 Legionen Geister
Fähigkeiten: Schutzgeist; stellt seine Vertrauten aber auch auf die Probe

7. Geist
Name: Amon
Rang: Marquis
Erscheinung: Wolf mit Schlangenschwanz; speit Feuer; sehr streng; auf Verlangen Mensch mit Hundegebiß und Rabenkopf oder Mensch mit Rabenkopf
Beherrscht: 40 Legionen Geister
Fähigkeiten: Divinatorik (Vergangenheit und Zukunft); verschafft Lehen; versöhnt zerstrittene Freunde

8. Geist
Name: Barbatos
Rang: Herzog
Erscheinung: erscheint am liebsten, wenn Sonne im Schützen steht (kannst Du für dieses Exerzitium vernachlässigen), begleitet von vier edlen Königen und großen Truppen
Beherrscht: 30 Legionen Geister
Fähigkeiten: schenkt Verstehen von Tiersprachen; bricht alle magisch verborgene Schätze auf; kennt alles Vergangene und Zukünftige; versöhnt Freunde; beschwichtigt Machthaber

9. Geist
Name: Paimon
Rang: König
Erscheinung: gekrönter Mann auf Dromedar, vor ihm eine Schar von Geistern und Männern mit Trompeten, Zimbeln und anderen Musikinstrumenten; mächtige Stimme; brüllt beim ersten Erscheinen; redet schwerverständlich, bis der Magier ihn bezwungen hat; nach Westen gerichtet zu schauen; wird er gerufen, muß ihm ein Opfer dargebracht werden; ihm warten die beiden Könige Labal und Abalim auf, ebenso andere Geister der Ordnung der Herrscher, sowie 25 weitere Legionen; diese erscheinen allerdings nur durch Zwang des Magiers; er besitzt zwei Lamina
Beherrscht: Legionen 200 Geister (teilweise auch Engel und Herrscher s. oben)
Fähigkeiten: kann alle Künste, Wissenschaften und Geheimnisse lehren; gibt Würden und festigt sie; bindet Menschen nach dem Willen des Magiers und macht sie ihm untertan; gibt gute Schutzgeister

10. Geist
Name: Buer
Rang: Präsident
Erscheinung: erscheint im Schützen, und dies ist auch seine Gestalt, wenn die Sonne in diesem Zeichen steht
Beherrscht: 50 Legionen Geister
Fähigkeiten: lehrt Philosophie sowie Moral- und Naturphilosophie und Logik, ebenso Kräuter- und Pflanzenwissen; heilt Krankheiten und gibt gute Schutzgeister

11. Geist
Name: Gusion; auch Gusayn, Pirsoyn
Rang: Herzog
Erscheinung: Hundsaffe
beherrscht: 40 Legionen Geister
Fähigkeiten: »erzählt alle Dinge« (vergangene, gegenwärtige, zukünftige); zeigt Bedeutung und Lösung aller Fragen; versöhnt Freundschaften; gibt Ehre und Würde

12. Geist
Name: Sitri
Rang: Prinz
Erscheinung: zuerst mit Leopardenkopf und Greifflügeln; auf Verlangen Mensch (schöne Form)
beherrscht: 60 Legionen Geister
Fähigkeiten: entflammt die Menschen in Liebe zum anderen Geschlecht; bewirkt, daß sie sich nackt zeigen

13. Geist
Name: Beleth; auch Bileth, Byleth, Bilet
Rang: König
Erscheinung: reitet auf bleichem Pferd, von Trommeln und Musikinstrumenten begleitet; beim ersten Erscheinen sehr wild und furchteinflößend; sein Mut muß zuerst gebannt werden; dazu muß der Magier einen Haselnußstab in der Hand halten und damit nach Süden und Westen schlagen; muß ins Dreieck gezwungen, aber höflich empfangen werden; dabei trage der Magier am Mittelfinger der linken Hand einen silbernen Ring, oder er halte die Linke schützend vor das Gesicht; er besitzt zwei Lamina

beherrscht: 85 Legionen Geister
Fähigkeiten: bewirkt Liebe jeder Art

14. Geist
Name: Leraje; auch Leraikha
Rang: Marquis
Erscheinung: grüngekleideter Bogenschütze mit Bogen und Köcher; gehört zum Sternbild Schütze; besitzt zwei Lamina
beherrscht: 30 Legionen Geister
Fähigkeiten: bewirkt große Schlachten und Streite; macht Verletzungen und läßt (Pfeil-)Wunden faulen

15. Geist
Name: Eligos
Rang: Herzog
Erscheinung: stattlicher Ritter mit Lanze, Fahne und Schlange
beherrscht: 60 Legionen Geister
Fähigkeiten: entdeckt alle verborgene Dinge; kennt die Zukunft; ebenso die Kriege und die Kriegsplanung

16. Geist
Name: Zepar
Rang: Herzog
Erscheinung: rote Tracht und Rüstung/soldatische Kleidung
beherrscht: 26 Legionen Geister
Fähigkeiten: bewirkt, daß Frauen Männer lieben; führt sie zusammen; macht unfruchtbar

17. Geist
Name: Botis
Rang: Präsident u. Graf
Erscheinung: erscheint beim ersten Mal als häßliche Viper; auf Verlangen als Mensch mit großen Zähnen und zwei Hörnern sowie mit glänzendem, scharfem Schwert in der Hand
beherrscht: 60 Legionen Geister
Fähigkeiten: Divination; versöhnt Freunde und Feinde

18. Geist
Name: Bathin; auch Marthim
Rang: Herzog
Erscheinung: kräftiger Mann mit Schlangenschwanz, auf hellem Pferd oder Esel reitend
beherrscht: 30 Legionen Geister
Fähigkeiten: kennt die Wirkung von Kräutern und Edelsteinen; kann Menschen plötzlich von einem Land ins andere befördern; er besitzt zwei Lamina

19. Geist
Name: Sallos; auch Saleos oder Zaleos
Rang: Herzog
Erscheinung: tapferer Soldat, auf Krokodil reitend, mit Herzogskrone geschmückt, aber friedlich
beherrscht: 30 Legionen Geister
Fähigkeiten: bewirkt Liebe zwischen den Geschlechtern

20. Geist
Name: Purson; auch Curson
Rang: König
Erscheinung: anmutiger Mann mit Löwengesicht und grausamer Viper in der Hand, auf einem Bären reitend; von Trompetenschall begleitet
beherrscht: 22 Legionen Geister
Fähigkeiten: kennt alle verborgenen Dinge; kann Schätze entdecken; Divination (Vergangenheit, Gegenwart, Zukunft); kann menschlichen oder ätherischen Leib annehmen; antwortet wahrheitsgemäß bei allen irdischen Dingen (geheime und göttliche) wie über die Erschaffung der Welt; bringt gute Schutzgeister hervor

21. Geist
Name: Marax auch Morax, Forfax, Foraii
Rang: Graf und Präsident
Erscheinung: großer Stier mit Menschengesicht
beherrscht: 30 Legionen Geister
Fähigkeiten: vermittelt Kenntnisse der Astronomie und der anderen allgemeinen Wissenschaften; gibt gute Schutzgeister und solche, die um die Wirkungen von Kräutern und Edelsteinen wissen

22. Geist
Name: Ipos; auch Ipes, Aypeos, Ayporos
Rang: Graf und Prinz
Erscheinung: Engel mit Löwenkopf, Gänsefuß und Hasenschwanz
beherrscht: 36 Legionen Geister
Fähigkeiten: kennt alle vergangenen, gegenwärtigen und zukünftigen Dinge; macht geistreich und kühn

23. Geist
Name: Aim; auch Aym, Aini, Haborym
Rang: Herzog
Erscheinung: stattlicher Mann mit drei Köpfen: ein Schlangen- und ein Kalbskopf sowie der Kopf eines Mannes mit zwei Sternen auf der Stirn; reitet auf einer Viper, hält brennendes Holzscheit in der Hand
beherrscht: 26 Legionen Geister
Fähigkeiten: Brandstiftung (Städte, Burgen, große Ortschaften); macht geistreich; gibt in privaten Angelegenheiten wahre Antworten

24. Geist
Name: Naberius; auch Cerberus
Rang: Marquis
Erscheinung: schwarzer Kranich, der um den Kreis flattert und mit krächzender Stimme spricht
beherrscht: 19 Legionen Geister
Fähigkeiten: macht in allen Künsten und Wissenschaften schlau, vor allem in der Rhetorik; stellt verlorene Würden und Ehren wieder her

25. Geist
Name: Glasya-Labolas; auch Cacrinolaas
Rang: Präsident und Graf
Erscheinung: Hund mit Greifflügeln
beherrscht: 36 Legionen Geister
Fähigkeiten: lehrt »in einem Moment« alle Künste und Wissenschaften (= Infozauber!); verursacht Blutvergießen und Totschlag; lehrt alle vergangenen und kommenden Dinge; bewirkt Liebe unter Freunden und Feinden; kann Unsichtbarkeit verleihen

26. Geist
Name: Bimä; auch Bune
Rang: Herzog
Erscheinung: dreiköpfiger Drache: Hunde-, Greif- und Mannkopf; spricht mit hoher, anmutiger Stimme
beherrscht: 30 Legionen Geister
Fähigkeiten: verändert den Ort der Toten; veranlaßt die ihm unterstellten Geister, sich auf ihren Gräbern zu versammeln; gibt Reichtümer; macht weise und redegewandt; gibt wahre Antwort; er besitzt zwei Lamina, von denen das zweite das geeignetste ist (s. Abb.)

27. Geist
Name: Ronové; auch Ronobe
Rang: Marquis und Graf
Erscheinung: Ungeheuer
beherrscht: 19 Legionen Geister
Fähigkeiten: gibt Diener; lehrt Rhetorik; verleiht Sprachkenntnisse; bewirkt die Gunst von Freunden wie Feinden

28. Geist
Name: Berith; später (»nach Salomo«) auch Bofi, Bolfry, Beal
Rang: Herzog
Erscheinung: rotgekleideter Soldat auf rotem Roß mit goldener Krone; sehr klare, sanfte Stimme
beherrscht: 26 Legionen Geister
Fähigkeiten: Divinatorik (Vergangenheit, Gegenwart, Zukunft); kann jedes Metall in Gold verwandeln; kann Würden verleihen und bestätigen (= soziale Anerkennung); großer Lügner, nicht vertrauenswürdig; der Magier muß bei der Beschwörung einen Ring tragen (s. a. 13. Beleth)

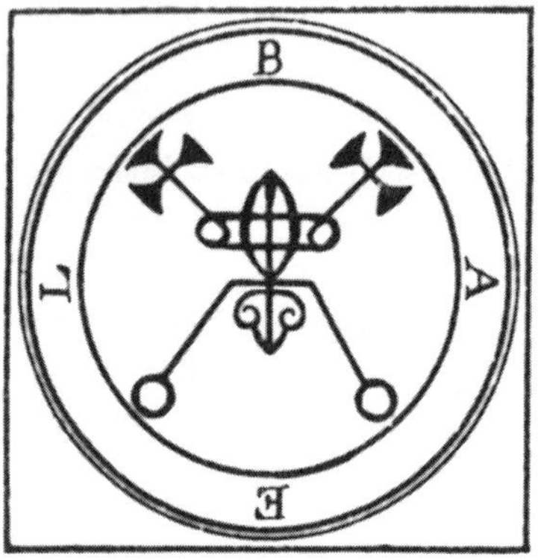

1

2

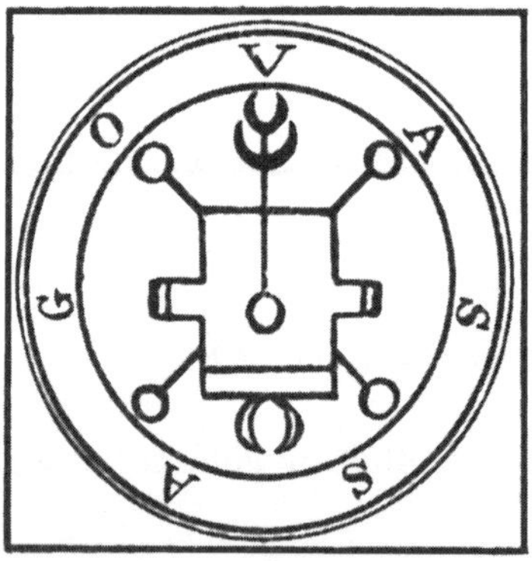

3

4

5

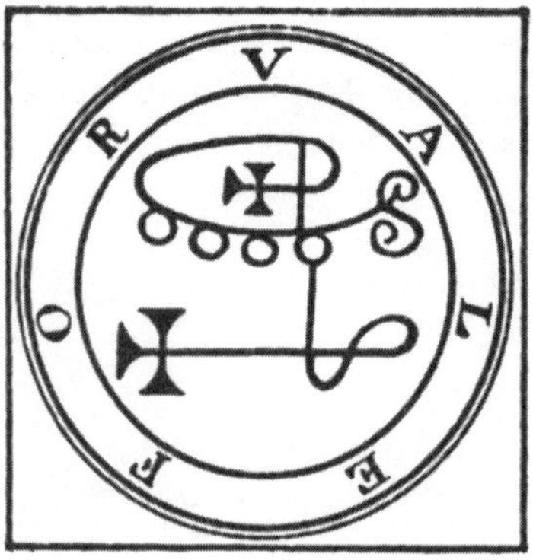

6

7

8

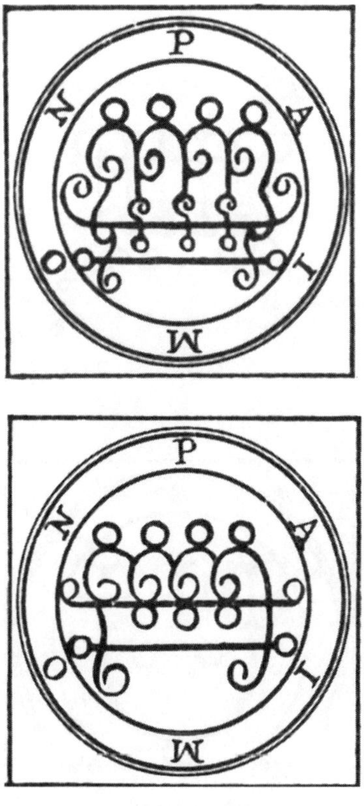

9

10

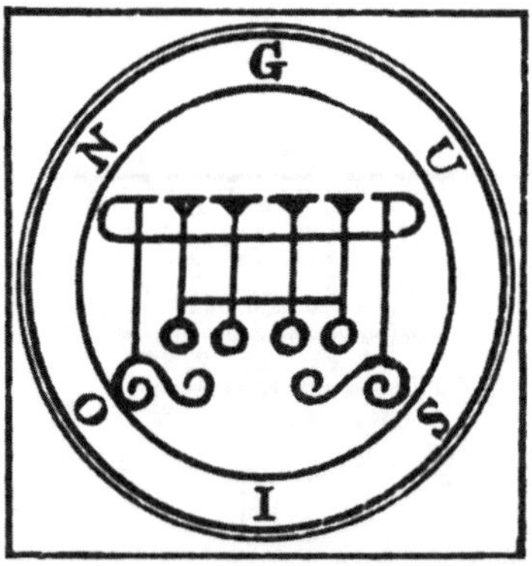

11

12

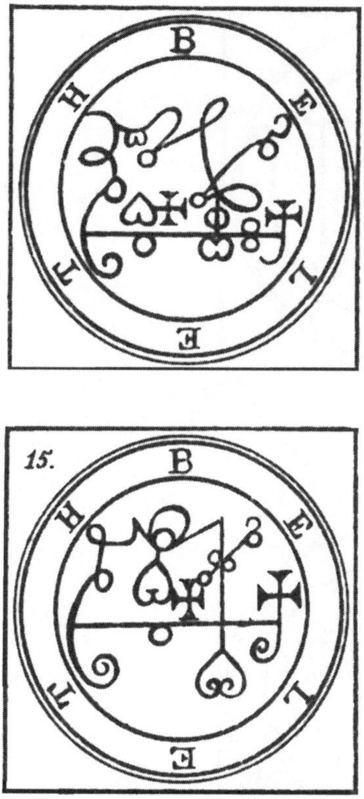

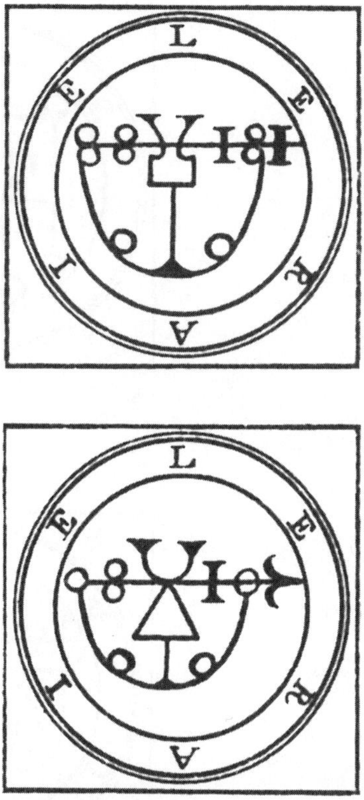

13

14

15

16

17

18

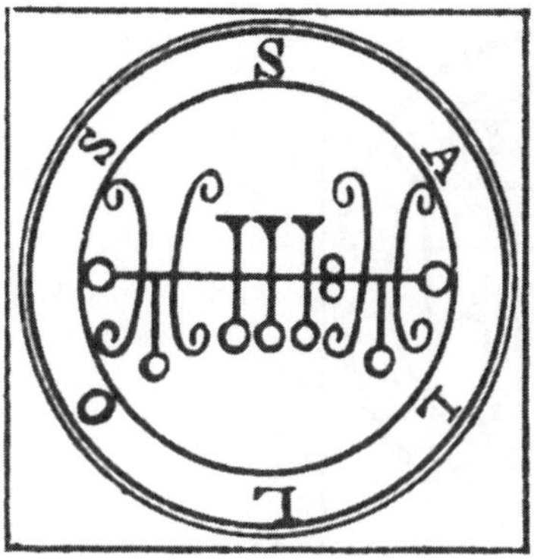

19

20

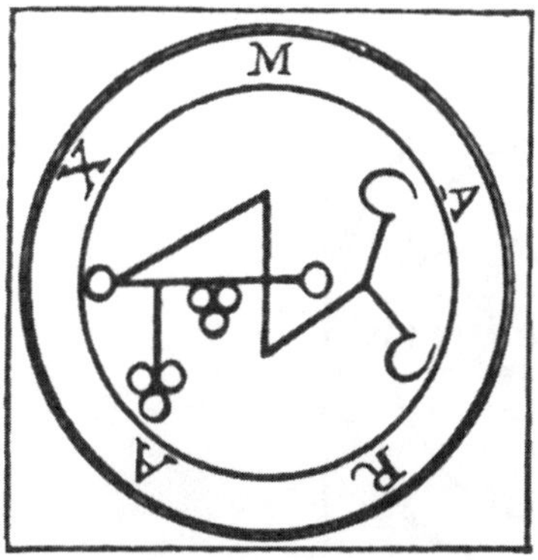

21

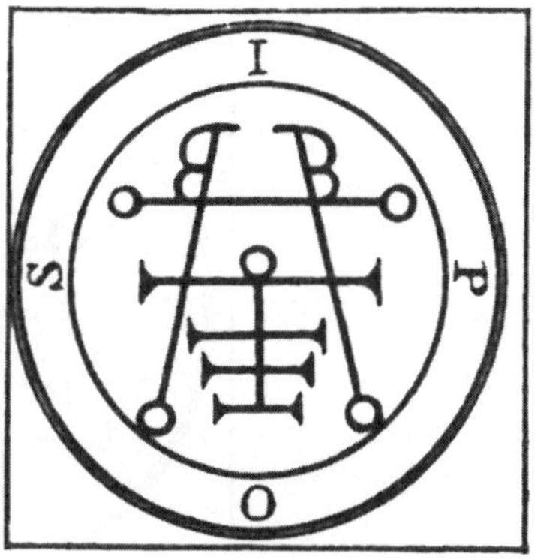

22

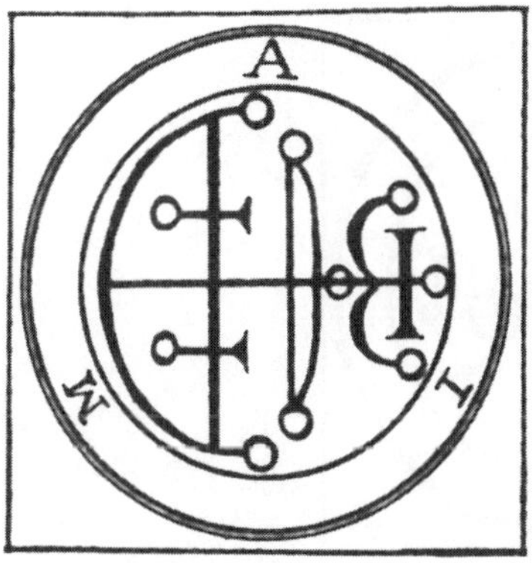

23

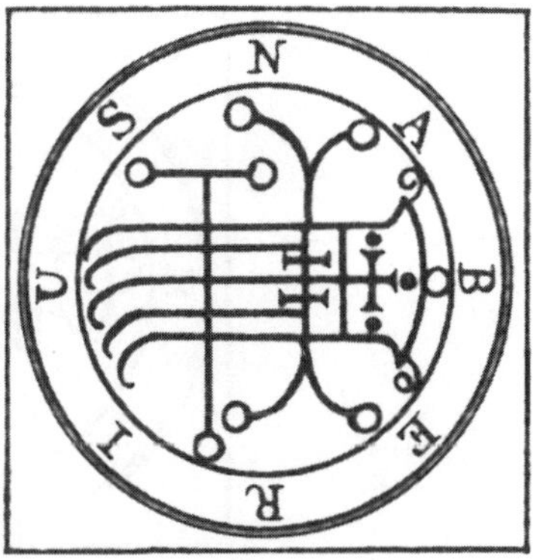

24

25

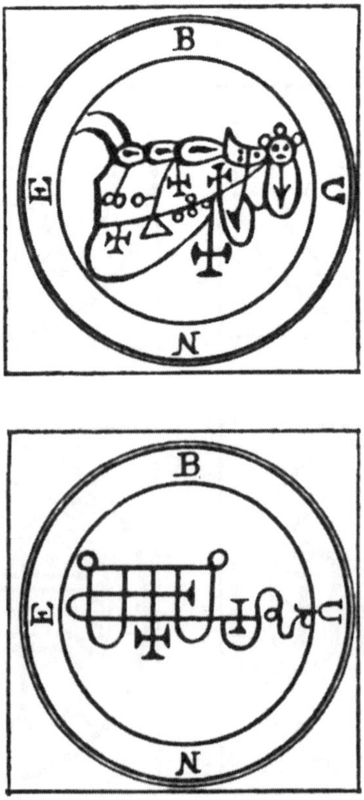

26

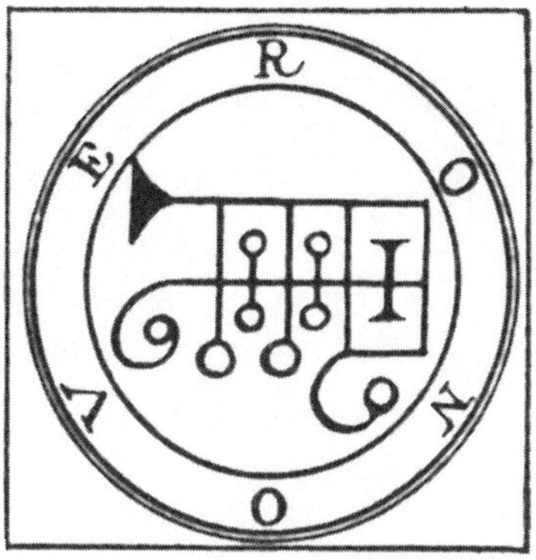

27

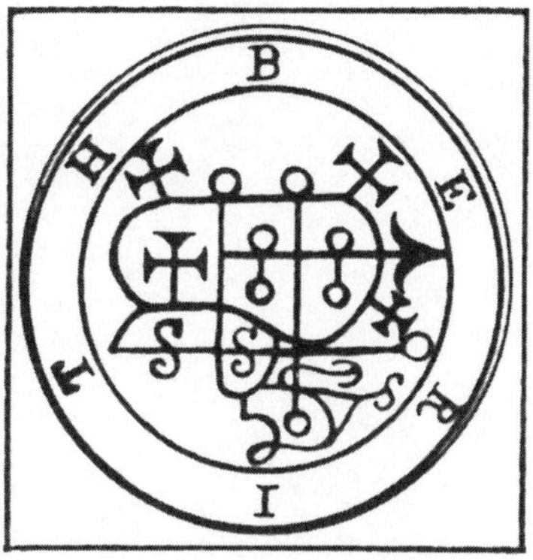

28

DIVINATION (V)

Die Orakeltypen im Einzelnen (IV)

10. TRAUMORAKEL
(Traumprophetie; Trauminkubation usw.)

Traumorakel gehören grundsätzlich in die allgemeine Kategorie der Traumdeutung. Diese Wahrsagekunst kennen wir bereits aus frühester Zeit, auch in der Bibel finden sich immer wieder Berichte über prophetische Träume. In der Antike gab es sogar regelrechte Schlaftempel, in denen Kranke nach bestimmten zeremoniellen Vorbereitungen schlafen durften, während sie von Priestern überwacht wurden. Auch Menschen, die eine Orakelantwort in einer wichtigen Angelegenheit wünschten, legten sich dort nieder. In diesem Zusammenhang ist es vielleicht von Interesse, daß das Wort Hypnose ursprünglich bedeutet, einen Menschen in den Schlaf zu versetzen. Allerdings kann man darunter natürlich verschiedene Formen des Schlafs verstehen. Vor allem in den letzten Jahren ist die Beschäftigung mit dem sogenannten »luziden Träumen« in den Vordergrund des Interesses gerückt. Das bringt uns auch auf das Gebiet der Schlafmagie, mit der wir uns dann im nächsten Abschnitt befassen wollen.

Auch in der Bibel finden sich Berichte über prophetische Träume.

Bevor wir nun auf Traumorakel eingehen, noch eine kurze Warnung: Hände weg von Traumdeutungsbüchern! Schon in der Renaissance, aber auch in außereuropäischen Kulturen früherer Zeit hat der Unfug dieser Bücher mehr Schaden angerichtet, als er nützte. Diesen Vorwurf kann man in gewissen Grenzen auch ohne Umschweife der psychologischen Traumdeutung des 20. Jahrhunderts machen. Im Grunde haben wir es hier, struktural betrachtet, mal wieder mit dem alten Problem »kollektive Dogmatik« kontra »individuelle Pragmatik« zu tun. Verkürzt gesagt: Alle Traumdeutungsbücher und -systeme gehen davon aus, daß die Psyche aller Menschen mehr oder weniger denselben Symbolhaushalt besitzt. Wenn sich Laien darüber lustig machen, daß in der freudianischen Traumdeutung alle »länglichen, leicht ovalen« Dinge grundsätzlich Phallussymbole sein sollen, was natürlich auf Salatgur-

Hände weg von Traumdeutungsbüchern!

ken ebenso zutrifft wie auf Stopfeier und Kugelschreiber, so ist diese Kritik sicher übertrieben, weil die psychologische Traumdeutung doch etwas differenzierter vorgeht. Dennoch trifft sie den Kern des Problems. Andererseits finden wir in manchen esoterischen Traumdeutungsbüchern solch atemberaubende Erkenntnisse wie: »Von Schuhen zu träumen bedeutet, eine lange Reise zu machen.« Mit derlei Unsinn ist allerdings niemandem gedient, der sich wirklich eingehender mit der Symbolwelt seines Unbewußten auseinandersetzen und diese für magische Zwecke nutzen will.

Um aber einmal bei diesem Beispiel zu bleiben, möchte ich eine kleine Anekdote erwähnen, die sich auf ebendiese Symbolik bezieht. Als ich vor gut zwanzig Jahren eine Buchhandlung leitete, hatte ich eines nachts einen Traum, in dem ich ein Paar Schuhe über unsere Versandabteilung an einen Verlag zurückschicken sollte, weil sie nicht geputzt waren. »Typisch absurder Traumblödsinn«, dachte ich bei mir und beachtete die Sache nicht weiter. Wenige Tage später besuchte mich eine alte Freundin zu Hause für einige Tage, vergaß bei ihrer Abreise aber ein Paar Schuhe. Kurz darauf bemerkte sie es und rief mich an mit der Bitte, ihr die Schuhe an die Adresse von Bekannten weiterzuleiten, da sie gerade auf einer längeren Auslandsreise war. So sah ich mich also mit der Verwirklichung meines doch recht absurden Traums konfrontiert, als ich nämlich ihre Schuhe tatsächlich über die Versandabteilung meiner Buchhandlung verschicken ließ, wenn auch natürlich aus anderem Grund. Hätte ich mich auf eines jener oben erwähnten esoterischen Traumdeutungsbücher verlassen, so hätte ich noch lange auf meine Reise warten können! Andererseits hätte hier aber auch weder eine freudianische noch eine jungianische Deutung wirklich greifen können.

Prophetische Träume

Denn im Prinzip handelte es sich dabei schlichtweg um einen prophetischen Traum. Solche Träume kommen in der Regel ungefragt, allerdings kennen manche Naturvölker Praktiken, mit deren Hilfe sie zumindest dafür sorgen können, daß sie häufiger auftreten. Das gezielte Herbeiführen eines Traums nennt man Trauminkubation. (Inkubieren bedeutet »brüten«, man brütet den Traum also förmlich aus.)

Das Problem bei prophetischen Träumen – wie bei vielen Orakeln – besteht natürlich darin, ihre genaue Bedeutung im vorhinein zu erfassen. Das übersteigt in der Regel unsere Vorstellungskraft, oder es überreizt sie so sehr, daß wir uns allerlei passende Bilder ausmalen, die sich später nur leider nicht mit der Wirklichkeit decken.

Erschwerend kommt hinzu, daß derlei Träume oft mit überflüssigem Beiwerk überladen sind, das mit tatsächlichen späteren Geschehnissen nichts zu tun hat, uns dafür aber um so gründlicher bei der Deutung ablenkt und in die Irre führt. Im Grunde sind Menschen, die häufig oder ständig mit prophetischen Träumen arbeiten – oder diese meist passiv empfangen –, als Traummedien einzustufen. Nach allgemeiner Erfahrung beziehen sich prophetische Träume zudem überwiegend auf sehr triviale Ereignisse, wie in meinem oben beschriebenen Beispiel. Oft sind sie auch so vage, daß man sich hinterher immer vormachen kann, eine echte »Vorausahnung« gehabt zu haben. Wer beispielsweise von einem Weltuntergang träumt, nur um am Morgen neben einem leeren Bett aufzuwachen, weil seine Ehefrau über Nacht mit dem Nachbarn das Weite gesucht hat, bezieht diesen Traum natürlich auf seinen ganz persönlichen »Weltuntergang«. Ist die Ehefrau aber noch da, muß dann eben die Nachrichtenmeldung über die jüngste Tankerkatastrophe herhalten, oder irgendwelcher Ärger im Beruf wird zur Bestätigung herangezogen. Ebensogut kann es auch sein, daß das Ereignis erst in sehr ferner Zukunft liegt oder daß man irgendwelche zukünftigen Ereignisse relativ willkürlich auf lange zurückliegende Träume bezieht. Gewiß, auch Weltereignisse lassen sich gelegentlich im voraus erträumen, doch stellt das normalerweise die Ausnahme dar. Auch hier gilt es also stets, die Aussagegrenze zu berücksichtigen.

Prophetische Träume beziehen sich überwiegend auf sehr triviale Ereignisse.

Durch die Beschäftigung mit esoterischer und psychologischer Traumdeutung ist auch ein wenig die Tatsache in den Hintergrund gerückt, daß viele Träume tatsächlich kaum etwas anderes als Tagesrestverarbeitungen zu sein scheinen. C. G. Jung spricht daher auch von den »Großen Träumen«, die schon eher der Vision beispielsweise von Indianerkriegern entsprechen und meist irgendwelche sehr wichtigen Lebensereignisse oder Phasenbrüche anzeigen.

Prophetische Träume sind also in jedem Fall mit sehr viel Vorsicht zu genießen. Eidetiker neigen dazu, ihrer Bildlichkeit den Vorrang über alle anderen Formen der Wahrnehmung einzuräumen, entsprechend übertrieben sind dann auch meistens ihre Aussagen und Deutungen.

Andererseits darf dies aber auch nicht davon ablenken, daß es, wenn auch selten, tatsächlich prophetische Träume gibt und daß diese dem Magier eine wertvolle Hilfe sein können. Mehr dazu läßt sich aber nur aus der eigenen Traumarbeit beziehungsweise -beobachtung entwickeln. Indem Sie sorgfältig buchführen und diesen Aspekt Ihres Traumlebens mit kritischer Offenheit begutachten, können Sie eines sehr nützlichen Instrumentariums teilhaftig werden.

Die magische Technik der Trauminkubation

Die magische Technik der Trauminkubation bedient sich der Erkenntnis, daß in unserem Unbewußten oft sehr viel wertvolles Wissen gespeichert ist und daß sich dieses entsprechend aktivieren läßt. Im Grunde ist die Trauminkubation überhaupt nicht erforderlich, wenn unsere Tranceschulung weit genug gediehen ist, um die erforderlichen Bilder auch auf andere Weise zu aktivieren, beispielsweise durch die Schau in die Kristallkugel oder in den magischen Spiegel. Viele Magier argumentieren allerdings, daß ihr Zensor im Schlafzustand eben doch nicht so aktiv ist, so daß sie zu besseren Ergebnissen gelangen, wenn sie mit Träumen arbeiten. Zweifellos hat diese Technik den zusätzlichen Vorteil, daß wir auch die Schlafphase für magische Zwecke nutzen können, was die Magie noch stärker in unseren Alltag integriert und Zeit sparen hilft.

Die wohl schlichteste Methode, Trauminkubation zu divinatorischen Zwecken zu betreiben, besteht darin, die gewünschte Frage auf einen Zettel zu schreiben und diesen nachts unter das Kopfkissen zu legen. Der Zettel ist natürlich nur ein Hilfsmittel, denn es kommt eigentlich darauf an, die Frage bewußt in jene Schwellengnosis hineinzuführen, in die wir kurz vor dem Einschlafen eintreten. Das geschieht am besten auf dem Rücken liegend wie bei der Tiefentspannung. Ja, es ist sogar wünschenswert, die Tiefentspannung in der sogenannten »Totenlage« bis zum Einschlafen fortzusetzen, wobei es weniger darauf ankommt, ständig konzentriert an die Frage zu denken als vielmehr darauf, sie ähnlich wie eine Sigil zu internalisieren, ohne mit dem Frageninhalt emotional verbunden zu sein.

Wenn Sie noch keine intensive Traumarbeit betrieben haben sollten, ist es sicher sinnvoll, die Trauminkubation nicht zur üblichen Schlafenszeit durchzuführen. Denn sonst haben Sie möglicherweise das Problem mit dem Erinnern des Traums, wenn Sie nicht sogar gleich mehrere Träume erinnern, ohne sicher zu sein, welcher davon sich denn nun auf die Orakelfrage bezieht. Meistens wird man es allerdings schon spüren oder ahnen, wenn man es mit der gewünschten Antwort zu tun hat. Wie auch sonst bei der Traumarbeit gilt besonders hier, daß Sie den erinnerten Traum sofort schriftlich festhalten oder auf eine Kassette sprechen. Lassen Sie wirklich keine Sekunde ungenutzt vestreichen, denn jede Verfälschung mindert natürlich die Effizienz Ihrer Orakelbefragung.

11. VOLKSORAKEL
(Salzorakel, Ringorakel usw.)

Volksorakel sind sehr unkompliziert und bedingen keinen sehr großen Deutungsaufwand.

Der Reiz der sogenannten Volksorakel besteht vor allem darin, daß sie einerseits keine seherischen Fähigkeiten voraussetzen, andererseits sehr unkompliziert sind und daher keinen sehr großen Deutungsaufwand bedingen. Das besagt allerdings noch nichts über ihre Effizienz. In der Regel dürften sie eher etwas für schlichtere Gemüter sein, die im herkömmlichen Gut-Böse-Schema zu denken und zu fühlen gewohnt sind, intellektuellere Menschen können mit ihnen meist nur wenig anfangen. An dieser Stelle möchten wir nur zwei aus der üppigen Reihe zahlloser Volksorakel vorstellen, vielleicht möchten Sie damit ja mal experimentieren.

Zu den vielen Orakeln, die man in der Neujahrsnacht befragte, gehörte früher auch die Sitte, ein Häufchen Salz auf den Küchentisch zu schütten. Damit sollte festgestellt werden, ob die Ernte im nächsten Jahr gut oder schlecht werden würde. Hatte sich das Häufchen nicht verändert, wurde die Ernte schlecht; gut wurde sie dagegen, wenn das Salz über den ganzen Tisch verbreitet war. Natürlich lassen sich auch andere Fragen mit dieser Orakelmethode kombinieren, Ihrer Phantasie sind dabei keine Grenzen gesetzt. Sicher kann es auch ganz interessant sein, das Salz im Tempel in das Dämonendreieck zu geben ...

Beim Ringorakel handelt es sich um eine Variante des Pendelns. Es wird noch heute gern in dörflichen Gemeinschaften benutzt, und dies nicht unbedingt nur als heitere Belustigung. Eine Überlieferung besagt, daß ein Mädchen einen Fingerring an einem Faden befestigt und in ein zur Hälfte mit Wasser gefülltes Glas hält, bis der Ring dicht

Ringorakel als Variante des Pendelns

über der Wasseroberfläche schwebt. (Noch besser soll es freilich sein, anstelle eines Fadens ein Haar des Mädchens zu verwenden.) Bei der Frage geht es darum, ob das Mädchen heiraten wird und wann. Der Ellenbogen wird abgestützt, die Hand ruhig gehalten, genau wie beim gewöhnlichen Pendeln. Beginnt der Ring sich zu bewegen und schlägt er gegen das Glas, so zeigt dies an, daß eine Heirat stattfinden wird, wobei die Anzahl der Schläge auch die Zahl der Jahre angibt, die bis dahin noch verstreichen werden. Ähnlich verfährt man, um bei einer Schwangeren das Geschlecht des ungeborenen Kindes zu bestimmen. Bleibt der Ring still, ist es ein Mädchen, bewegt er sich, ein Junge. Klopft er deutlich vernehmbar zweimal schnell hintereinander gegen das Glas, wird es Zwillinge geben usw.

Interessant an dieser Technik ist die Verwendung des Wassers. Wie wir ja wissen, wird das Wasser generell mit Intuition und Divination in Verbindung gesetzt. Hinzu kommt, daß das Starren auf die Wasseroberfläche, über der der Ring ja schwebt, einen leichten Kristallkugel-Effekt erzeugen kann, so daß die Antwort entweder unerwarteterweise visionär geschaut oder in entsprechende motorische Bewegungen umgesetzt wird, damit der Ring sie anzeigt. Anstelle eines Rings wird auch gern ein Schlüssel oder eine Stecknadel verwendet. Letztere sollte allerdings auch schwer genug sein, um sich mühelos in Bewegung setzen zu können.

12. OMENDEUTUNG

Die wohl passivste Form der Divination ist die Omendeutung. Und doch hat gerade der praktizierende Magier am häufigsten damit zu tun, wie jeder Kabbalist und Planetenzauberer weiß. Da die Magie zumindest am Anfang immer auch aus der Wahrnehmung der Magie besteht, sind wir meist darauf angewiesen, magische Zusammenhänge aus ungewöhnlichen Ereignissen oder gar aus einer Häufung solcher herauszulesen. Das aber ist bereits Teil der Omendeutung.

Dazu bedarf es großer Wachsamkeit. Oft offenbaren sich magische Effekte zuerst – oder auch nur ausschließlich – auf der Ebene der Omen. Allerdings besteht ein wesentlicher Unterschied zur reinen

Omendeutung bedarf großer Wachsamkeit.

Omendeutung darin, daß letzterer in der Regel kein magischer Akt vorausgeht, zumindest kein bewußter. Omen, die gemeinhin dem Volksaberglauben zugeordnet werden, haben ähnlich wie Traumsymbole nur dann eine Funktion, wenn sie in ein persönliches Sinngefüge eingebettet sind. Ein Grundsatz wie »Katze von rechts bringt Pech« oder »Schafe zur Linken, Glück tut dir winken« kann nur aufgrund einer innerseelischen Vereinbarung mit sich selbst sinnvoll sein. Solche Vereinbarungen müssen nicht unbedingt bewußt getroffen werden, dann nennt man sie herkömmlich Aberglauben. Es gibt aber auch anspruchsvollere Beispiele, wie wir sie aus der praktischen Arbeit mit Kabbala und Astrologie bereits kennen.

Die Gefahr, eine selbsterfüllende Prophezeiung zu provozieren

Wie bei vielen Orakeln besteht auch bei der Omendeutung die Gefahr, eine selbsterfüllende Prophezeiung zu provozieren, also einen Erfüllungszwang, der letztlich nur dazu dient, den innerseelischen Druck einzulösen, der sich meist in der Orakelfrage selbst manifestiert oder, genauer, in der existenziellen Unsicherheit, die dahintersteht.

In diesem Sinne ist der Umgang mit Omen immer sehr problematisch. Einerseits bedarf der Magier ihrer, nicht zuletzt um feinstoffliche Zusammenhänge wahrzunehmen, zur Erkennung magischer Angriffe, günstiger Zeitpunkte zum magischen Handeln usw. Andererseits darf er nur solche Omen oder Indizien ernst nehmen, die in sein Konzept passen, weil er sich sonst zum Spielball der Willkür des Schicksals macht. Und wie beim prophetischen Traum stellt sich auch beim Omen immer wieder die Frage, wie man es vor einem Ereignis richtig deuten soll.

Der Begriff der Synchronizität

Der in diesem Zusammenhang vielzitierte Begriff Synchronizität, der aus der Tiefenpsychologie C. G. Jungs entlehnt ist, ist natürlich nicht, wie gelegentlich geglaubt, eine Erklärung solcher Phänomene, sondern vielmehr nur ihre Beschreibung. Es bleibt dahingestellt, ob der »Sinn«, den diese an sich kausal nicht erkennbar zusammenhängenden, gleichzeitig auftretenden Ereignisse gemeinsam anzeigen, nur die gehirnstrukturbedingte Projektion unserer Psyche ist oder auf realen Zusammenhängen beruht. Unstrittig aber ist, daß es gelegentlich sehr sinnvoll sein kann, von einem solchen Zusammenhang auszugehen. Ähnliches gilt ja auch für andere mantische Disziplinen wie beispielsweise die Astrologie. Ein Fehler wäre es nur, den Bogen zu überspannen und darin eine wie auch immer geartete »Objektivität« sehen zu wollen.

Damit haben wir unseren Abschnitt über die praktische Divination abgeschlossen. Wie auf so vielen Gebieten, die wir behandelt haben und noch behandeln werden, ließe sich auch hier noch sehr viel mehr ausführen. Doch kann unser Lehrgang nur strukturale Überblicke bieten, die sich in der Praxis allerdings weitaus besser bewährt haben als die Detailflut ausführlicher Spezialmonographien.

DIE MAGIE DES ALTEN ÄGYPTEN UND DER SPÄT-HELLENISTISCHEN ANTIKE (II)

Hu

Wie Hike, Ka und Ach wird auch das Hu verkörpert. Zunächst bezeichnet es den Begriff »Ausspruch, Befehl«, womit die Wort-Kraft des Sonnengottes Re gemeint ist, der mit seinem Wort die Schöpfung hervorbringen kann. Voraussetzung für dieses Wort ist das denkende Erkennen, das wiederum durch den Gott Sia verkörpert wird, mit dem das Hu daher auch eng verbunden ist. Hu und Sia gehören zur Reihe der Kas des Re, die wir im ersten Teil dieses Abschnitts bereits besprochen haben. Sia hat in den theologischen Spekulationen von On (Heliopolis) seinen Sitz im Herzen (wo nach altägyptischer Auffassung der Verstand wohnt), Hu dagegen auf der Zunge. In späterer Zeit werden Sia und Hu verdrängt, um den Schöpferorganen des Ptah zu weichen. Entstanden sind sie übrigens einer anderen Spekulation zufolge aus dem Blut des Re, als dieser sich selbst beschnitt. Hu hat aber auch noch eine weitere Bedeutung, nämlich »Nahrung«, und wird auch als solche verkörpert, doch sind die Grenzen zwischen beiden Gottheiten schon wegen ihrer Namensgleichheit fließend, so daß die Mehrheit der Forscher darin inzwischen lediglich unterschiedliche Aspekte desselben Prinzips sieht. Wichtig ist in unserem Zusammenhang in erster Linie das Prinzip des Hu als Kraft/Macht des Wortes, dem wir ja in Zauberformeln immer wieder begegnen. Sicher dürfen wir darin auch eine – bereits zivilisatorisch überhöhte – Vorstufe des Wortglaubens der semitischen Völker sehen, wie er sich später vor allem in der Kabbala manifestieren sollte.

Sia

Sia ist, wie wir bereits gesehen haben, die Verkörperung der Erkenntnis und des Verstands. Zu seiner Verwirklichung bedarf Sia der Macht des Hu, weshalb die beiden auf Abbildungen auch meist als Partner nebeneinander stehen. Während das göttliche Schöpfungswort, verkörpert durch Hu, jedoch fast ausschließlich mit dem Schöpfergott verbunden wird, ist Sia eine allgemeine göttliche Eigenschaft und wird oft sogar zum Namen anderer Götter, allen voran für Thot, den Herrn des Wissens und der Weisheit. Thot, der Erfinder der Schrift, findet sein Gegenstück in Sia, der zur Rechten des Re in der Sonnenbarke steht und das Götterbuch hält. In der griechisch-römischen Zeit wird Sia dann sogar zu einem Synonym des Thot.

Wir haben bereits eine ganze Reihe ägyptischer Zauberutensilien kennengelernt. Hier seien abschließend noch einige weitere Instrumente erwähnt. Beginnen wollen wir mit den Gottesstäben und -keulen, um uns danach etwas ausführlicher den Stelen zu widmen, die wir in verschiedenen Formen und Funktionen kennen und von denen eine, nämlich die Stele der Offenbarung, bekanntlich in der Religion und Magie Aleister Crowleys eine herausragende Rolle spielt.

Gottesstab und Gotteskeule

Ein direkter Vorläufer unseres magischen oder Zauberstabs

Wenn man einmal von seinen schamanischen Ursprüngen absieht, ist der altägyptische Gottesstab ein direkter Vorläufer unseres magischen oder Zauberstabs.

Der ägyptische Kultus war vornehmlich tempelzentriert. Im Allerheiligsten bewahrte man in der Regel eine Barke mit einer Statue der jeweiligen Gottheit auf, die bei feierlichen Prozessionen hinausgeführt wurde. Begleitet wurde sie vom Gottesstab. Dabei handelte es sich um einen Stock, der mit einer Figur der dazugehörigen Gottheit oder mit den ihr heiligen Tieren geschmückt war. Den Stäben wurden eigene Priester zugewiesen, man opferte ihnen und setzte Stiftungen für sie aus, man behandelte sie also wie selbständige Gottheiten, wenngleich sie natürlich der Gottheit untergeordnet blieben, der sie zugeschrieben waren. Im offiziellen Ritus trugen sie den Namen »Ehrwürdiger Stab des Gottes X«, und gern ließen sich im Neuen Reich die Priester und Beamten mit ihnen darstellen. Personennamen wie Pamedunacht (»der Stab ist stark«) und Nesipamedu (»dem Stab zugehörig«) legen beredtes Zeugnis von ihrer großen Bedeutung ab.

Der Gottesstab ist bewegliches Götterbild und Fetisch in einem.

Sie waren, wie diese Beispiele zeigen, durchaus mehr als nur Attribute der Gottheiten, denn in ihnen verkörperte sich der Gott selbst, weshalb man sie auch anbetete und magisch nutzte, etwa wenn der König auf Kriegszügen den Gottesstab des Amun auf einem eigenen Wagen mitführte, um damit seinen Sieg sicherzustellen. Die Stäbe verliehen Macht und Schutz; wir wissen noch aus unserer Betrachtung der biblischen Magie, daß auch die Hofzauberer und Priester viel mit ihnen hantierten. In diesem Sinne ist der Gottesstab bewegliches Götterbild und Fetisch in einem. Als Symbol der Macht besitzt der König auch einen eigenen Königsstab, dessen Funktion mit dem des Gottesstabs verschmilzt.

Wir wissen, daß es nicht nur im alten Ägypten für Herrscher üblich war, ihr Eintreffen durch Läufer anzukündigen, die mit Stäben ausgerüstet waren und somit als »verlängerter Arm« der herrscherlichen Macht fungierten. Später wurden die Stäbe verkleinert und abstrahiert, man denke an die weißen Kurzstäbe römischer Läufer, von denen vornehme Römer sich den Weg durch Menschenmengen bahnen ließen. Überliefert ist auch, daß der glatzköpfige Julius Cäsar seine Läufer mit ihren Stäben vor seinem Eintreffen mit dem Ruf durch eroberte Dörfer schickte: »Versteckt eure Weiber, der kahle Buhler kommt!« – ein deutlicher Rückbezug auf den Stab als Phallussymbol.

Ebenfalls im Allerheiligsten verwahrt wurde die Gotteskeule, die wie der Gottesstab ihre eigenen Priester besaß und auf gleiche Weise verehrt wurde. Besonders bei Feldzügen diente sie als Spender des göttlichen Schutzes und als Verkörperung der göttlichen Macht. Beide, Gottesstab und Gotteskeule, besitzen also eine sehr ähnliche Funktion. Oft werden sie auch in einem Atemzug genannt, etwa im Falle des Horus, von dem es hieß, er sei »Herr des Stabes, um seinen Weg zu bahnen, Herr der Keule, um seine Feinde niederzuwerfen«. Als Machtsymbol des Königs begleitet seine Keule die Unterfeldherren in die Schlacht. Wir haben es dabei also mit einer Art symbolischer »Verschiebethematik« zu tun. Es ist zwar nicht bekannt, inwieweit mit den Keulen tatsächlich auch magisch gearbeitet wurde, doch dürfte dies nach aller Wahrscheinlichkeit zumindest in früher Zeit sicher eher die Regel als die Ausnahme gewesen sein. Und es gibt auch einige ernstzunehmende Forscher, die das hebräische Wort für den Stab des Moses auf die altägyptische Bezeichnung für den Gottesstab (*mdw*) zurückführen.

Der Horusspeer

An die Stelle der Gotteskeule tritt bei Horus häufig seine bevorzugte Waffe, der Speer. Dieser Horusspeer gleicht einer Harpune, denn der Mythologie zufolge benutzte er ihn zur Nilpferdjagd im Delta. Man nennt ihn daher auch den »Harpunierer«. Aber auch die Köpfe seiner Widersacher spießt er damit auf, sein Erzfeind Set fällt dieser Waffe zum Opfer. Set, der ja im späteren ägyptischen Pantheon schon bald alles Böse verkörperte, galt naturgemäß auch als Widersacher der Toten, die sich ja in der Unterwelt mit Osiris bzw. Horus identifizierten. Deshalb formte man die schmalen Bretter, auf denen die Mumien rücklings festgebunden wurden, gern zu solchen Horusspeeren oder benutzte kleinere Nachbildungen als Amulette zum Schutz gegen Set. Möglicherweise stellt der in der mittelalterlichen Magie weitverbreitete Dreizack ein Relikt dieser altägyptischen Praktiken dar.

Abb. 48 zeigt oben eine Jenseitsszene (Stelendarstellung): Der Tote greift nach seinem Ka (die beiden nach oben gereckten Arme). Darunter sehen Sie links den Ka des Pharaos Thutmosis II – beachten Sie bitte den langen Stab, den der König zum Zeichen seiner Macht in der linken Hand hält. Daneben ist ein Beispiel für einen Horusspeer abgebildet.

Stelen-Magie

Grundsätzlich handelt es sich bei den ägyptischen Stelen um Gedenksteine, ja wir dürfen darin auch von ihrer stilistischen Gestaltung her die Vorläufer unserer Grabsteine sehen. Sie dienten sowohl zur Erinnerung an den Toten als auch als Votivtafeln. Gleichzeitig hatten sie die Funktion des magischen Schutzes und wurden zu Heilungen herangezogen, was besonders für die zahlreichen Horusstelen belegt ist, die sich vor allem in ptolemäischer Zeit großer Beliebtheit erfreuten. Mit der wachsenden Zahl verwendeter Stelen wurden auch immer weitere Schutzgottheiten herangezogen und zusammen mit Zaubersprüchen abgebildet.

Viele Stelen wurden öffentlich in Tempeln ausgestellt, nicht selten stammten sie von privaten Stiftern, die auf diese Weise »ihren Namen fortleben lassen« (Bonnet) wollten – wieder begegnen wir einem Vorläufer viel späterer christlicher, vor allem römisch-katholischer Zauberpraktiken. Außerdem trug man sie aber auch in miniaturisierter Form als Amulette an einer Halsschnur, sie spielten also auch in der Alltagsmagie eine gewisse Rolle, wo sie vor allem vor Tierbissen schützen und Heilung bewirken sollten.

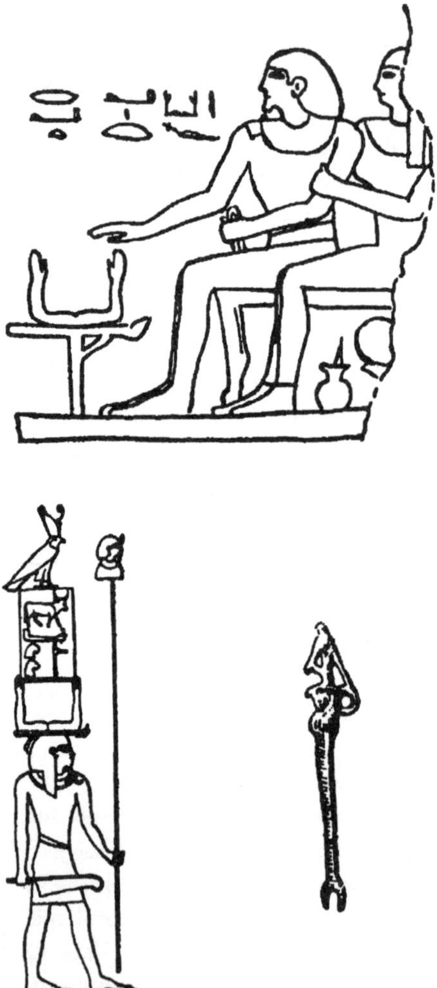

Abbildung 48: a) Der Tote greift nach seinem Ka; b) Thutmosis III mit Ka und Königsstab; c) Horusspeer [nach Bonnet, *Reallexikon*)

Crowleys Stele der Offenbarung (vgl. Abb. 50) ist für unsere praktischen Zwecke zwar kaum von Belang, doch sollte man wissen, daß sie für den Meister Therion einen Teilbeweis dafür darstellte, daß seine spätere Offenbarung des *Liber Al* tatsächlich überirdischen Ursprungs war. Unter anderem begründete er damit auch seine Behauptung, eine

Abb. 49: Horusstele (nach Bonnet, *Reallexikon*)

Inkarnation des ägyptischen Priesters Ankh-f-n-Khonsu zu sein, um dessen Grabstele es sich bei der Stele der Offenbarung handelt.

Einen modernen Rückbezug auf die Stelen des alten Ägypten finden wir bei Austin Osman Spare. Während die ägyptischen Stelen in der Regel aus behauenem oder bemaltem Stein bestanden, benutzte Spare zu ihrer Herstellung Alltagsmaterialien, meist ausgediente Sperrholzrückwände von Radios, die er mit verschiedensten Mitteln (Öl, Kohle, Aquarellfarben) bemalte.

Es ist nicht völlig gesichert, welche genaue Funktion die Stelen für Spare hatten, aller Wahrscheinlichkeit nach aber verwendete er sie zugleich als Fetische und als Tor-Symbole für Trancereisen. Letzteres würde auch altägyptischem Brauch entsprechen, denn erstens glichen die Denksteine mit ihrem Rundbogen nicht ohne Grund Türen, also gewissermaßen

Stelen als Fetische und Tor-Symbole für Trancereisen

Schnittstellen zwischen dem Diesseits und der Welt jenseitiger Mächte und Kräfte; und zweitens dienten viele Stelen als »Scheingräber«: So konnte der Verstorbene beispielsweise eine Stele an einem heiligen Wallfahrtsort (z. B. in Abydos) aufstellen, sich aber in seiner Heimat beisetzen lassen. Auf diese Weise wurde er der Vorteile des Tempelkults teilhaftig, vor allem aber besaß er damit Zugriff auf die Segnungen dieser Kraftorte, ohne dort physisch präsent sein zu müssen.

Stelen zur Evokation

Den erfahrenen Magier läßt diese Aussage der Ägyptologie natürlich sofort aufhorchen, verbirgt sich dahinter doch eine Formel der Bilokation: Mit Hilfe einer Stele kann er symbolisch gleichzeitig an zwei Orten sein. Oder in der modernen Terminologie des Energiemodells: Die Stele dient als Relaisstation zur (permanenten) Übertragung magischer Energien. Umgekehrt läßt sie sich aber auch wie ein gewöhnlicher Fetisch verwenden, und auch zur Fernbeeinflussung ist sie gut geeignet.

Darüber hinaus werden Stelen heute gern zur Evokation verwendet, wobei durch ihre vorherige Gestaltung mit den passenden Korre-

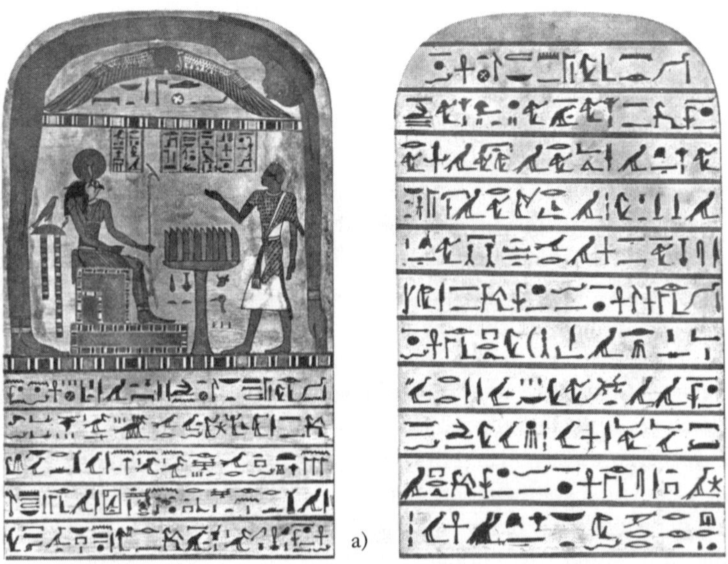

a) b)

Abbildung 50: Die Stele der Offenbarung; a) Vorderansicht; b) Rückansicht spondenzen ein regelrechtes Mikrouniversum erschaffen wird, das der zu evozierenden Wesenheit entspricht und dadurch die Manifestation erheblich erleichtert. So könnte die Stele also beispielsweise bei der Dämonenevokation das Dreieck ersetzen, wie sie in anderem Zusammenhang auch eine dem Pentakel ähnliche Funktion übernehmen kann. Ganz ähnlich gibt es auch Stelen-Amulette und -Talismane.

Ein Magier, der sich ein sorgfältig durchstrukturiertes Universum erschafft, sei es durch Selbsteinbettung in einer Tradition (z. B. Astrologie, Kabbala u. a.) oder durch eigene Neuformulierung, besitzt in der Stele ein mächtiges Instrument für die praktische Arbeit.

Diese Andeutungen mögen genügen, da Sie inzwischen die besten Voraussetzungen haben, um daraus eine eigene Stelen-Magie für die verschiedensten Zwecke zu entwickeln. Zwei zeitgenössische Beispiele für individuelle Stelen zeigen die Abb. 51 und 52. Die Stele von Spare (Abb. 51) ist recht typisch für seinen Stil, neben Sigillen finden sich auch alltagssprachliche Elemente: »Formula – of – Zos vel – Thanatos«. Mit »Zos« bezeichnete Spare sich selbst, dieser Begriff war für ihn eine Art magischer Name, so auch in seinem Werk *The Anathema of Zos*. (Bekanntlich sieht sich der IOT unter anderem als Erbe des Spareschen Zos-Kia-Kultus.) Die beiden Männerköpfe (rechts außen bzw. in der Mitte unten) sind übrigens Selbstporträts Spares, wobei der rechte in beinahe kubistischer Manier ein stilisiertes Horusauge aufweist. Zur Linken fällt die Gestalt der Isis auf, während der geflügelte Löwe mit dem Donnerkeil und dem erigierten Glied assyrischen Ursprungs ist. Rechts davon sehen wir das in Spares magischem Werk häufig vorkommende altägyptische Symbol des Ka, während wir links außen einen ägyptischen Götterstab erkennen können. In der rechten unteren Ecke ist Ah Bolom Tzacab abgebildet, der »Gott mit der Blattnase«, der bei den Mayas über den Ackerbau sowie über Regen und Donner herrschte.

Besonders auffällig sind die zahlreichen Sigillen, die über die ganze Stele verteilt sind. Der Stelentitel macht deutlich, daß Spare hier eine Art Pentakel, also eine Darstellung seines persönlichen Kosmos (oder auch: eines seiner zahlreichen Kosmen) erschaffen hat. Somit besitzt die Stele den Charakter eines individuellen Grimoires mit mnemotischer und magischer Funktion. Es ist jedem Magier zu empfehlen, sich wenigstens zeitweise praktisch mit dieser Art von Stelenherstellung zu befassen, um sich von ihrem Wert überzeugen zu können. Dazu wäre es zielführend, die hier vorgestellten Stelen längere Zeit – auch wiederholt – meditativ zu betrachten.

Die Stele der Abb. 52 stammt aus meinem eigenen magischen Arsenal. Im Original handelt es sich um eine Platte aus ofengehärteter schwarzer Kunstformmasse (Fimo) von 16,5 cm Höhe und 9,5 cm Breite – also ein vergleichsweise handliches Format, das den Transport erleichtert. Das Material ist fest, aber flexibel und damit weitgehend bruchsicher. Die Reliefdarstellung ist einer im Ägyptischen Museum zu Berlin aufbewahrten sumerischen Granitstele um ca. 900 v. d. ZR. nachempfunden, die das Symbol einer Blitz- und Feuergottheit im Tiefrelief zeigt. Es bedarf eigentlich keiner gesonderten Erwähnung, daß es sich dabei um einen Feuerfetisch handelt, der, wie andere Element-Stelen, auch für Trancereisen in das Feuerelement geeignet ist.

Abb. 51: Stele von Austin Osman Spare

Abbildung 52: Feuer-Stele nach sumerischem Vorbild (Fra V.˙. D.˙.)

Wer »natürlichere« Materialien bevorzugt, kann sich auch Holzscheiben bzw. -platten zurechtsägen und diese entweder schnitzen oder nach sorgfältiger Grundierung (am besten mit einer Mischung aus Kieselgur und Leim, die in mehreren Schichten aufgetragen wird) bemalen. Metallplatten aus Kupfer, Zinn oder Blei lassen sich relativ unaufwendig gravieren oder ätzen – lassen Sie Ihrer Phantasie dabei ebenso freien Lauf wie bei der Herstellung des Pentakels.

Überhaupt machen diese Beispiele deutlich, daß die stilistische und inhaltliche Gestaltung der Stelen beliebig variiert werden kann, was auch schon im alten Ägypten so gehandhabt wurde, wie die große Vielfalt verschiedenster erhaltener Stelen beweist.

Über die ägyptische Magie gäbe es noch viel zu sagen, doch würde das leider den Rahmen unseres Lehrgangs sprengen. Deshalb sei der interessierte Leser auf die einschlägige Literatur verwiesen, die allerdings leider auch nicht immer hält, was sie verspricht, da die meisten Autoren eben doch keine Magie-Praktiker sind und nur selten über den eng begrenzten Horizont der Ägyptologie, der Religionswissenschaft, der Archäologie oder der Kulturgeschichte hinauszublicken vermögen.

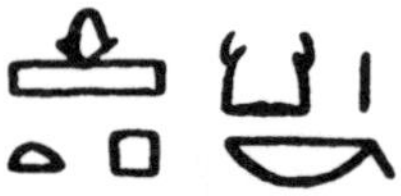

»Dein Ka ist zufrieden«

»Tue was dein Ka liebt.«

»Um zu tun, was sein Ka liebt«

Abbildung 53: Formeln der Ka-Behandlung: Vorläufer von Thelema
(Texte nach: Trofimowitsch, »*Der Ka*«)

DER HEILIGE SCHUTZ-ENGEL UND DIE MAGIE DES ABRAMELIN (I)

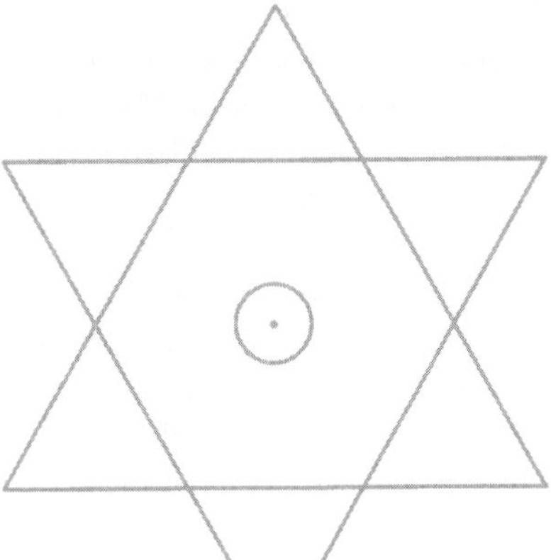

Es ist S.L.M. Mathers und Aleister Crowley zu verdanken, daß die abendländische Magie des ausklingenden 19. und auch des 20. Jahrhunderts vor allem einen alten Text praktisch zum Dogma gemacht hat, der bis dahin fast völlig in Vergessenheit geraten und nur noch wenigen Okkultismus-Experten bekannt war. Die Rede ist von dem unter verschiedenen Titeln kursierenden, vorgeblich von einem gewissen »Abraham von Worms« verfaßten Werk, das von der »Heiligen Magie des Abramelin« handelt. (Übrigens ist auch die Schreibweise »Abra-Melin« gängig.)

Die Herkunft dieses Texts ist strittig. Mal wird 1387 als Datum der Vorlage angegeben, mal soll das hebräische Original im Jahre 1379 oder auch 1458 verfaßt worden sein. Mit Ausnahme des Schweizer Freimaurers Jürg von Ins, dessen vorgeblich »textkritische« Ausgabe ich in einer Rezension genauer untersucht und kritisiert habe (vgl. Literaturnachweis im Anhang dieses Hefts), gehen die meisten Forscher allerdings aufgrund der im Werk enthaltenen historischen und stilistischen Unstimmigkeiten sowie zahlreicher anderer Indizien davon aus, daß es tatsächlich frühestens im 17. Jahrhundert entstanden sein kann. Das läßt natürlich entsprechende Zweifel an der Authentizität des Autors selbst sowie seiner Lebensgeschichte aufkommen. Dieser gibt vor, ein Jude zu sein, der seinem Sohn Lamech davon berichten will, was er bei seinen Morgenlandfahrten an Magischem gelernt habe. Nun sind derlei literarische Konventionen ja keine Seltenheit. Um so verwunderlicher ist es, wie häufig selbst akademisch-geisteswissenschaftlich ausgebildete Menschen, die mit derlei Dingen doch täglich zu tun haben, immer wieder auf solche Fiktionen hereinfallen und für bare Münze nehmen, was für einen Autor kaum mehr als ein Kunstkniff und ein Stilmittel ist.

Wie dem auch sei, es kann hier nicht unsere Aufgabe sein, die Abramelin-Rezeption durch eine umfangreiche Textkritik zu hintermalen, wiewohl das in anderem Zusammenhang durchaus wünschenswert wäre. Halten wir also nur soviel fest, daß die ganze »Affäre Abramelin« historisch-kritisch auf ziemlich wackligen Beinen steht, zumal die verschiedenen Ausgaben (Jürg von Ins hat davon sechs verschiedene nachgewiesen, keine davon allerdings in hebräischer Sprache) sich auch inhaltlich zum Teil erheblich voneinander unterscheiden. (Wer sich gründlicher in dieses Thema einarbeiten will, sei auf die Literaturangaben im Anhang verwiesen.)

Die »Affäre Abramelin«

Entscheidend für die Geschichte der westlichen Magie war jedoch nur jene Ausgabe in französischer Sprache (vorgeblich ebenfalls eine Übersetzung aus dem Hebräischen, tatsächlich aber wohl auf eine deutsche Vorlage zurückgreifend), die Mathers in der Pariser »Bibliothèque de l'Arsenal« entdeckte, übersetzte, kommentierte und nach manchem Mißgeschick 1898 endlich veröffentlichen konnte. (Sehr viel später, nämlich um 1960, wird der französische Forscher Robert Ambelain für seine französische Ausgabe dieselbe Vorlage benutzen wie Mathers.) Wie Mathers und die gesamte Golden Dawn ging auch Aleister Crowley stets von der Echtheit des Texts aus, ja, es ist wohl keine Untertreibung zu behaupten, daß er der darin geschilderten Magie und ihren Prinzipien sein ganzes Leben widmete. Das werden wir weiter unten noch ausführlicher behandeln.

Hier genügt es vorläufig zu wissen, daß sowohl Golden Dawn als auch A.·.A.·. der Abramelin-Magie mit großem Respekt begegneten, Grund genug, uns auch damit zu befassen.

Dabei sollen aber weniger die technischen Einzelheiten des Abramelin-Texts im Vordergrund stehen, die sich mit wenigen Worten schildern lassen: Der Magier nimmt für ein halbes Jahr Abschied von der Alltagswelt, beschafft sich nach bestimmten, festgelegten Regeln eine Behausung und arbeitet darin (im sogenannten Oratorium oder Gebetshaus) in asketischer Reinigung an sich, wozu unter anderem tägliche Gebete und Anflehungen der Gottheit gehören. Schließlich besorgt er sich einen jungfräulichen Knaben, den er als Medium benutzt, um – darin besteht das eigentliche Ziel dieses Exerzitiums – damit endgültig das »Wissen um und das Zwiegespräch mit dem Heiligen Schutzengel« zu erlangen bzw. herzustellen. Der letzte Teil des Buchs bietet schließlich in der Manier mittelalterlicher Grimoarien magische Quadrate und Formeln, mit deren Hilfe zahlreiche verschiedene magische Ziele erreicht werden können, sofern der Magier allerdings auch das vorangehende Exerzitium absolviert hat.

Unseres Erachtens wird die Originalität des Abramelin doch stark überschätzt. So liest man z. B. bei englischen Autoren gelegentlich, daß es sich dabei um das einzige abendländische System der Magie handle, das es in seiner Stringenz und Konsequenz mit dem indischen Yoga aufnehmen könne. Dem ist jedoch zu widersprechen: Erstens besitzt das Christentum eine lange Tradition magisch-spiritueller Exerzitien und Erbauungsübungen, von den jesuitischen Exerzitien des Ignatius von Loyola bis zu den Meditationen der Mystiker. Allenfalls könnte man davon ausgehen, und dieser Verdacht liegt angesichts der zahlreichen Hinweise auf einen christlichen Autor (z. B. durch Bezugnahme auf Gedankengut der christlichen Kabbala des Pico della Mirandola) nahe, daß hier umgekehrt christlich-kirchliche Elemente in die praktische magische Arbeit eingeführt wurden – auch das an sich nichts sonderlich Ungewöhnliches.

Zweitens aber ist auch das Konzept des »Heiligen Schutzengels«, nach einhelligem Votum aller Magier wohl das wichtigste Element innerhalb des Abramelin-Systems, nicht neu. Die Römer sprachen vom *ingenium* oder vom *genius*, die Griechen kannten ihn als *daimonion* und als *Augoeides*. Wie Abb. 53 zeigt, besaßt der Ka der Ägypter eine ganz ähnliche Funktion, nämlich die der Verkörperung des »wahren Willens« (Thelema), mit dem wir uns schon eingehender befaßt haben. Trotz antichristlicher Tiraden in manchen Versionen nehmen die Abramelin-Texte doch immer wieder Bezug zum monotheistischen System und seinen Engels- und Dämonenhierarchien. Erfahrungsgemäß gibt es jedoch Systeme, die den Kontakt zum »inneren Genius« weitaus schneller, unaufwendiger und effizienter herstellen können, beispielsweise die Rufung eines Clan-Totems in der afrikanischen Magie, eine Operation, die allenfalls zwei bis drei Sitzungen von je ca. einer halben bis einer Stunde beansprucht und nicht selten sogar schon in wenigen Minuten bewältigt wird.

Der Kontakt zum »inneren Genius«

Die für solche Einweihungserfahrungen typische seelische und physische »Durststrecke« setzt in diesem Fall meist nach der Kontaktherstellung zum eigenen Totem ein, was das Erlebnis nicht nur nachhaltiger und wirkungsvoller macht, sondern auch die vielen unangenehmen, meist auch dritte Personen in Mitleidenschaft ziehenden magischen Begleiterscheinungen auf ein Minimum reduziert: Wohl erfährt der Magier eine Einweihungskrise, doch findet diese zum überwiegenden Teil in seinem Inneren statt, er durchlebt also eine Art »Feuertaufe«. Zudem wächst seine magische Macht bereits im Augenblick der Einweihung, während die Abramelin-Operation dieses Phänomen in der Regel erst gegen Ende des Exerzitiums bewirkt.

Die Einweihungskrise

Die Abramelin-Magie löst machtvolle innerseelische und materielle Prozesse aus.

All das bedeutet jedoch nicht, daß die Abramelin-Magie wirkungs- oder gar wertlos wäre, im Gegenteil: Sämtliche Magier, die sich ihrer Praxis gewidmet haben, bestätigen, daß sie äußerst machtvolle innerseelische und materielle Prozesse auszulösen vermag. Von S. L. M. Mathers und Aleister Crowley ist bekannt, daß sie teilweise sehr unangenehme Nebenerscheinungen im Zusammenhang mit dem Text und der eigentlichen Abramelin-Arbeit erlebten. Mathers' Arbeit an der Herausgabe verzögerte sich immer wieder, er erlebte eine gesundheitliche und persönliche Katastrophe nach der anderen. Kurz vor Fertigstellung kamen ihm sogar 100 Seiten seines – natürlich noch nicht vervielfältigten – Manuskripts abhanden.

Crowley dagegen berichtet von seinem Metzger, der ganz plötzlich starb, als der Magier seine Lieferantenrechnung als Lesezeichen in das Abramelin-Buch einlegte. Ja der Meister mußte die Operation sogar abbrechen und konnte sich nur mit spitzfindigster Gedankenakrobatik aus seinem magischen Eid herauswinden, indem er sie Jahre später nach einem anderen Einweihungserlebnis kurzerhand für abgeschlossen erklärte, obwohl die Vorgaben doch eindeutig besagen, daß die Arbeit in einem Stück absolviert werden muß. Im Zuge seines Exerzitiums auf seinem berühmten schottischen Gut Boleskine (das er eigens zur Durchführung der Operation erwarb) sollen die Hunde in der Nachbarschaft wild geworden sein und Vieh gerissen haben, es kam zu weiteren unerklärlichen Todesfällen bzw. zu Amokläufen durch plötzliche geistige Umnachtung usw.

Horst Miers führt in seinem *Lexikon des Geheimwissens* den »Fall« des deutschen Ehepaars Petersen an und bietet zugleich ein Paradebeispiel für moralisierende Mißbilligung, wie sie uns Magiern von Seiten der »Weißesoteriker« und »Lichtarbeiter« (Lichtknechte?!) ja immer wieder begegnet:

> Noch schlimmer erging es Dr. C. H. Petersen [d. i. Frater Fines Transcendam, der Crowleys Hymne an Pan so kongenial übersetzte; Anm. d. Verf.] und seiner Frau (Bendestorf bei Hamburg), die an unvorhergesehenen Rückwirkungen des Rituals zerbrachen und Selbstmord begingen; Dr. Petersen war nach 1947 der

Nachfolger Crowleys als Großmeister des O.T.O. [hier ist unklar, ob Miers sich schlicht irrt oder ob er sich nur undeutlich ausdrückt, denn der »Outer Head of Order« (O.H.O.) war zu dieser Zeit Karl »Sascha« Germer (Frater Saturnus); es entzieht sich meiner Kenntnis, ob Petersen möglicherweise zu dieser Zeit Chef der deutschen Sektion des O.T.O. war; Anm. d. Verf.]. Verwunderlich sind diese erschreckenden Mißerfolge jedoch nicht; als Vorbedingung eines positiven Gelingens der Operationen heißt es nämlich im Text: »Willstu daß dir Gott helffe, so mußt du an seiner Gnad nicht zweifflen, sondern ihme gänzlich vertrauen; du mußt ihne fürchten, und waß er gebieth gehorsamb sein.« Der O.T.O. (Illuminaten-Orden) indes verkündet seinen Schülern: »Es gibt überhaupt keinen Gott, und Gott seid ihr selbst.« Für Atheisten war aber das Ritual des A. nicht bestimmt.

(Miers, *Lexikon des Geheimwissens*, s. v. »Abramelin, Ritual des«)

Es fällt auf, daß schon dieser kleine Auszug voller Fehler steckt. Abgesehen davon, daß es unzulässig ist, den O.T.O. pauschal und kommentarlos als »Illuminatenorden« zu bezeichnen, dürfte wohl das Mißverständnis am gravierendsten sein, daß die Mitglieder des O.T.O. zwangsläufig Atheisten seien – wäre das der Fall, so wäre das Abramelin-Ritual für sie wohl tatsächlich fehl am Platze, doch würde dann wohl auch kaum ein Bedürfnis entstehen, es durchzuführen. Miers, der sich auf die Abramelin-Ausgabe von Beeken stützt, scheint auch nichts von der Mathers-Ausgabe zu wissen, denn er berichtet etwas ratlos: »Crowley will eine Ausgabe des Rituals von 1458 besessen haben« ...

Allerdings sind dies struktural wie inhaltlich so ziemlich die gleichen Schauergeschichten, wie man sie in kirchlichen und volksmagischen Kreisen noch heute über den Besitz des Sechsten und Siebenten Buch Mosis kolportiert. Damit ist zwar noch nicht bewiesen, daß sie unwahr wären, doch sollte man sich bei ihrer Berücksichtigung zumindest ein gesundes Maß Skepsis bewahren. Es liege uns fern, den Stoff, aus dem die Mythen sind, nicht mit dem ihm gebührenden

Schauergeschichten aus kirchlichen und volksmagischen Kreisen über den Besitz des Sechsten und Siebenten Buch Mosis

Respekt zu behandeln, aber es ist andererseits auch wenig zielführend, damit den Aberglauben der Laien zu schüren.

Der Gerechtigkeit halber muß allerdings erwähnt werden, daß weder Crowley noch Mathers allzuviel Aufhebens um diese Erlebnisse machten. Ihre Beschreibungen sind zwar nicht unbedingt von kalter, wissenschaftlicher Nüchternheit geprägt, doch fehlt im Prinzip der sonst bei solchen Gelegenheiten doch so gern ins Feld geführte erhobene Zeigefinger: Man hatte unangenehme Erfahrungen gemacht, wies seine Zeitgenossen darauf hin – und ging zur Tagesordnung über. Aus dieser Einstellung läßt sich vielleicht sogar sehr viel mehr lernen als aus den eigentlichen Erlebnisberichten ...

Der Begriff »Heiliger Schutzengel«

Crowley formulierte einmal sinngemäß, daß man den Begriff »Heiliger Schutzengel« schon deshalb verwenden solle, weil er für den Menschen der heutigen Zeit so absurd sei, denn das, worum es dabei tatsächlich gehe, sei mit menschlicher Sprache ohnehin nicht auszudrücken. Der Kritiker könnte darauf manches einwenden, zum Beispiel, daß der Meister Therion hier nur eine Spielart des jesuitischen *sacrificium intellectualis* formuliert. Der allbekannte Leitsatz dieser Glaubensrichtung lautet *credo quia absurdum est*, also ungefähr: »ich glaube [es], gerade *weil* es absurd ist« – nicht nur eine eindeutige Absage an die Überbetonung des überschätzten rationalen Verstands, sondern auch an die Sentimentalität der Gefühle, durch die er sich ja meistens doch beeinflussen läßt oder sogar artikuliert. Mit anderen Worten: Wahrer Glauben im Sinne von »uneingeschränkter Gutheißung« kann weder mit dem Intellekt noch mit dem Gefühl zu tun haben, weil er dadurch schon per definitionem eingeschränkt wäre.

Zum anderen, so könnte unser Kritiker fortfahren, lebe darin sowohl die alte Hoffnung auf Zugang zum Absoluten (dessen Existenz er selbst natürlich bestreitet) wieder auf wie das fatalistische Vertrauen auf ein deterministisches Universum. Denn ist der Wille tatsächlich »göttlichen«, »transzendenten« oder wie auch immer definierten »absoluten« Ursprungs und wird er wirklich vom Schutzengel verkörpert, dann haben wir es hier nur einmal mehr mit dem alten Geisterprinzip zu tun, in dem der Mensch sich der jenseitigen Welt letztlich hoffnungslos ausgeliefert sieht, was allenfalls durch gelegentliche

Bemühungen um (magische) Einflußnahme abgemildert wird. Dies aber vertrage sich nicht (und dieses Argument führen auch dezidierte Magier gern ins Feld, also nicht allein materialistische Skeptiker) mit dem vorgeblichen Anspruch der Magie, den Menschen selbst zu vergotten, anstatt ihn zum Untertan der Willkür irgendeiner Gottheit zu machen.

Dabei wird allerdings grundsätzlich verkannt, daß Crowley nur darauf hinweisen will, daß es sich beim Heiligen Schutzengel eben nicht um eine Wesenheit in Engelsgestalt handeln muß, und schon gar nicht ist diese Verkörperung des Thelema »lieb«, wie wir uns das aufgrund der religiösen Erziehung unserer Kindheit meist vorstellen. Tatsächlich wird der Heilige Schutzengel (ebenso wie sein schamanisches Pendant, der manifestierte Clan-Totem) aber vornehmlich daran erkannt, daß er dem Adepten sehr viel Unangenehmes mitteilt oder aufbürdet. Er zwingt ihn zu Dingen, die er immer vermieden hat, weckt ungeahnte Ängste, konfrontiert seinen »Schützling« mit Gefahren und Schwierigkeiten, bis dieser sich schon im grausen Abyssos wähnt. Ja man könnte den Kontakt zu und die Zwiesprache mit dem »Heiligen Schutzengel« zumindest in der Anfangszeit des »Sichzusammenraufens« als einen regelrechten Machtkampf entgegengesetzter Willen beschreiben – ein oft sehr herber Anpassungsprozeß, der am Ende meist eine völlig veränderte (und abgehärtetere) Persönlichkeit hervorbringt.

Tatsächlich wird der Heilige Schutzengel daran erkannt, daß er dem Adepten viel Unangenehmes mitteilt oder aufbürdet.

Diese Schilderung ist sicher etwas überspitzt, verdeutlicht aber, daß der Heilige Schutzengel eher mit dem von C. G. Jung postulierten Schatten verwandt ist als mit irgendwelchen erbaulich-kindlichen Geborgenheitsphantasien von Ersatzmüttern oder Nestwärme.

Der Vollständigkeit sei übrigens erwähnt, daß der Heilige Schutzengel im Englischen Holy Guardian Angel genannt und von vielen Autoren mit HGA abgekürzt wird, worüber man in englischen Magietexten immer wieder stolpern kann.

In C. G. Jungs Anwesen befindet sich ein Turmzimmer, über das er testamentarisch verfügte, daß es erst 50 Jahre nach seinem Tod geöffnet werden dürfe. Unter Magiern hält sich hartnäckig das Gerücht, daß

Das Turmzimmer in C. G. Jungs Anwesen – ein Tempel?

es sich dabei um einen Tempel handeln muß, höchstwahrscheinlich sogar um ein Oratorium der Abramelin-Magie, doch weiß niemand etwas Genaueres darüber. Immerhin ist bekannt, daß Jung den Abramelin-Text sehr sorgfältig studierte, und Jürg von Ins bestreitet einen wesentlichen Teil seiner »Rekonstruktion« des Urtexts mit Jungs Typoskript-Abschrift, die sich von anderen Ausgaben in einigen Punkten stark unterscheidet. Da von Ins jedoch leider nicht deutlich kenntlich macht, welche Passagen seines Texts der Fassung Jung entlehnt sind, was er daran genau gekürzt und »vereinfacht« hat usw., läßt sich über Wert und Unwert dieser Version keine Aussage machen. Immerhin zeigt dieses Beispiel, daß die Abramelin-Magie nicht nur von exzentrischen Amateur- und Profimagiern ernstgenommen wurde – und daß es bei C. G. Jung möglicherweise noch sehr viel mehr zu entdecken gibt, als seine gnostischen *Septem sermones ad mortuos* (ein hochinteressantes Frühwerk, das er später jedoch als eine Art Jugendsünde abwertete) und seine doch etwas ahistorisch-oberflächlich wirkenden Schriften zur Alchemie vermuten lassen.

Im nächsten Abschnitt über die Abramelin-Magie werden wir uns noch etwas ausführlicher mit dem Prinzip des Heiligen Schutzengels beschäftigen und seine Bedeutung für die Magie Aleister Crowleys untersuchen.

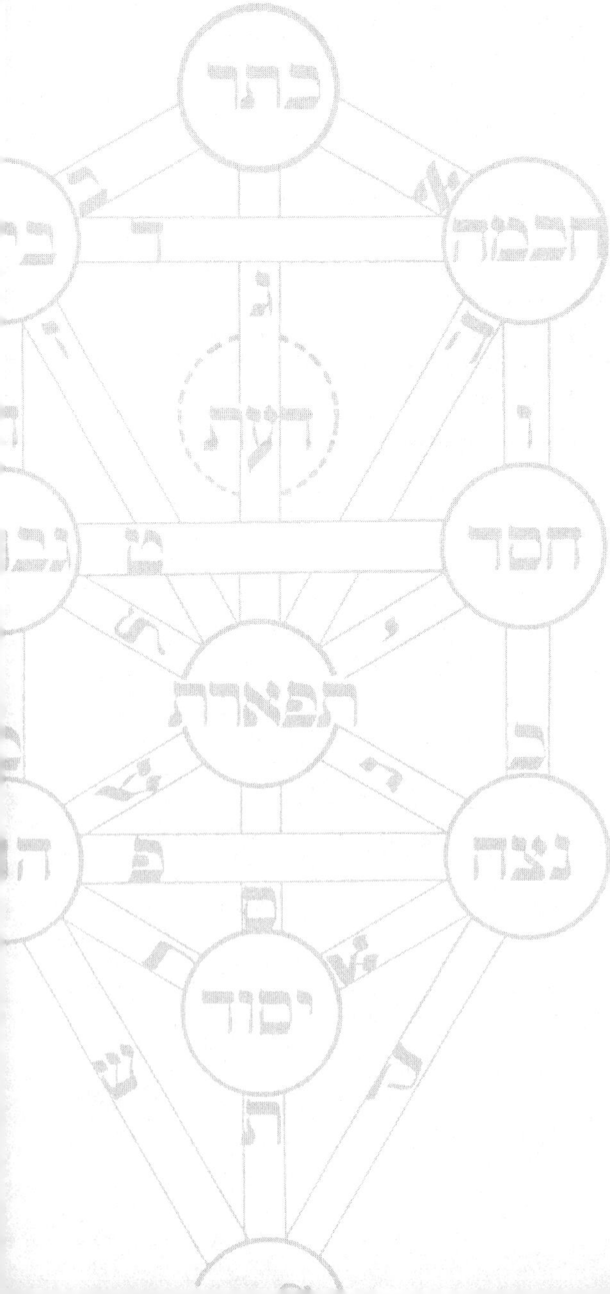
כתר
חכמה
דעת
חסד
תפארת
נצח
יסוד

DER GEBRAUCH DES MAGISCHEN SPIEGELS (VI)

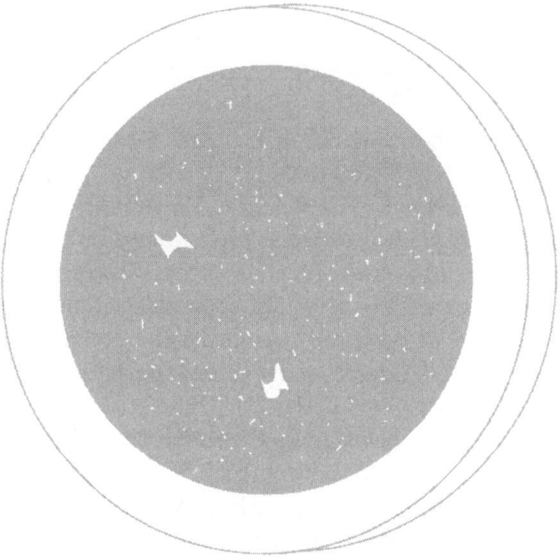

Inzwischen sind Sie hinreichend in die Materie eingeführt, so daß wir uns in den beiden letzten Abschnitten der Spiegelmagie mit wenigen Stichworten begnügen können.

Evokationsmagie

Anstelle des Dreiecks wird bei der Dämonenevokation auch gern der magische Spiegel verwendet. Er steht dabei gut sichtbar auf dem Altar, während der Magier sich in eine entsprechende Gnosis versetzt und ihn wie bei der Divination anstarrt, nur daß er jetzt gezielt eine bestimmte gewünschte Wahrnehmung herbeiführt.

Um die eigenen Zweifel (und Ängste!) aus dem Weg zu räumen, sollte diese Technik jedoch erst nach einiger Erfahrung mit Dreiecksevokationen eingesetzt werden, bei denen Dämonen mit Erfolg sichtbar und hörbar zitiert bzw. manifestiert wurden. Denn eine rein visionäre Manifestation ist zwar weitaus unaufwendiger zu bewerkstelligen als eine physische, dafür ist hier die Täuschungsschwelle aber auch wesentlich niedriger. Mit entsprechender Tranceerfahrung sollte dieser Unsicherheitsfaktor jedoch kein großes Problem mehr darstellen.

Dazu noch ein letzter Tip, der übrigens prinzipiell für alle Tracearbeit gilt: Versuchen Sie stets, Ihre Wahrnehmung über den Körper (besonders: Haut, Muskeln, Sehnen) zu lenken, anstatt sich besonders stark auf die Kopforgane zu konzentrieren, denn diese werden assoziativ doch meistens mit dem Denken und somit dem Zensor verbunden.

Todes- und Schadenszauber

Eine sehr gefürchtete Technik der Spiegelmagie ist die Nutzung des magischen Spiegels zum Zweck des Todes- und Schadenszaubers. Dabei wird der Spiegel geladen wie ein Fetisch, beispielsweise mit Vernichtungsenergie. Durch seine konkave Form fällt es leicht zu imaginieren, wie er seine Strahlen (Energiemodell) gebündelt auf die Zielperson sendet, etwas modern formuliert haben wir es dabei also mit einer Art »Astrallaserkanone« zu tun. Gern wird auch eine Mumia oder Puppe der Zielperson angefertigt und mit zwei Spiegeln dauerbestrahlt, das erspart die genaue geographische Ortung des Gegners.

PRAKTIKEN DER VOLKSMAGIE (IV)

A B R A C A D A B R A
A B R A C A D A B R
A B R A C A D A B
A B R A C A D A
A B R A C A D
A B R A C A
A B R A C
A B R A
A B R
A B
A

Das Besprechen

Sie haben inzwischen feststellen können, daß viele Praktiken der »Volksmagie« tatsächlich auch fester Bestandteil der herkömmlichen, hermetischen Magie sind, die man etwas abfällig, aber nicht ganz zu Unrecht auch als »Bibliotheksmagie« bezeichnet hat. Das Besprechen ist ein klassisches Beispiel für diese enge Verflechtung zwischen beiden magischen Richtungen.

Schon immer gehörte das Besprechen zur Zauberei. Als Ausübung des Wortzaubers wurde es häufig mit Hauch- und Berührungszaubern verbunden, auch die Tradition der Zaubersprüche bzw. -formeln gehört dazu. Die etymologische Verknüpfung lautet:

sprechen, singen → besprechen, besingen
→ bezaubern, verzaubern, entzaubern

Entscheidend für die Wirksamkeit des Besprechens sind erstens die verwendeten Worte selbst und zweitens natürlich der Bewußtseinszustand des Magiers.

Die wohl älteste Form der Heilungsmagie ist das Entzaubern im exorzistischen Sinne: Da Krankheiten im Geistermodell von Dämonen verursacht werden, gilt es, diese durch entsprechende Zauberformeln zu bannen. Folglich handelt es sich bei der Heilung auch stets entweder um einen Kampf oder um den Versuch einer Versöhnung des feindlichen Prinzips durch Opfer (in manchen Landschaften spricht man daher auch vom »Büßen«). Auch die Religionen kennen das Besprechen, nennen es aber Gebet.

In seinem *Handwörterbuch des deutschen Aberglaubens* weist Bächtold-Stäubli zu Recht darauf hin, daß zwischen heidnischem Zauberspruch und christlichem Gebet kein strukturaler und funktionaler Unterschied besteht: Beide arbeiten mit Worten, die »wunderbare Kraft« enthalten. Allerdings stimmt für die hermetische Magie nicht uneingeschränkt, was er darüber hinaus behauptet, daß nämlich der Christ sich auf ein höheres Wesen beruft, der Magier dagegen »aus eigener Machtvollkommenheit unmittelbar« wirke. Denn natürlich ist das zwar das Ziel der Magie, doch wird zumindest aus funktionalen Gründen oft eine Gottheit o.ä. angerufen oder es wird in ihrem Namen gehandelt, etwa bei der Invo-

Heidnischer Zauberspruch und christliches Gebet arbeiten mit Worten, die »wunderbare Kraft« enthalten.

kationsmagie. Ähnliche Praktiken sind durchaus auch für die Volksmagie belegt.

Interessant ist ferner, daß das Besprechen in der deutschen Volkssprache unmittelbar mit dem *Brauchen* verbunden wird, das ebenfalls die Bedeutung »zaubern« besitzt. So spricht man beispielsweise unter anderem im Schwäbischen vom Braucher und vom Brauchspruch, ein Brauchbüchlein ist ein volksmagisches Grimoire usw. Ganz ähnliches finden wir übrigens auch im Altgriechischen, wo *chrasthai* sowohl »machen, tun« als auch »weissagen, zaubern« bedeuten kann. Der Duden gibt die Herkunft des Worts brauchen mit ahd. *briuwan*, mhd. *briuwen* mit der Grundbedeutung »Nahrung aufnehmen, verwenden« wieder, die Bedeutung »nötig haben« tritt erst im 17. Jahrhundert auf. Es gibt aber auch Forscher, die das Wort von *berauchen* = beräuchern ableiten, was die magische Bedeutung natürlich nahelegt, doch ist diese These sehr umstritten. Nach einer anderen Theorie soll es mit dem hebräischen Wort *berech*, »segnen«, verwandt sein. Im Niederdeutschen heißt »wat brüken« soviel wie »Arznei nehmen«, und die Kranken »lassen sich brauchen«, also behandeln. Weise Frauen brauchen den (Dativ!) Leuten, der Heiler braucht dem Kranken usw.

Weitere Bezüge zwischen besprechen bzw. brauchen bestehen zu *schirmen* und *stillen*, wobei letzteres ursprünglich ebenfalls brauchen bedeutete. Eine verwandte Bedeutung erhält eher auf der praktischen als auf der sprachgeschichtlichen Ebene der Begriff *büßen*, der sich vom ahd. *puozan*, *betan*, »dem Übel abhelfen, heilen« ableitet. So bedeutet *buoze* das »Zaubermittel«, die Buße wird zum »Heilmittel«.

Die klassischen Besprecher sind die Schäfer, wohl wegen ihrer Naturverbundenheit, aber wahrscheinlich auch weil sie in den langen Perioden der Abgeschiedenheit generell magische Fähigkeiten entwickeln. Doch auch Schmiede, Metzger, Schinder, Hebammen, Bauern und Scharfrichter sind dem Volksbrauchtum zufolge zum Besprecher prädestiniert. Auch unter Besprechern (die man je nach Landschaft auch als Braucher, Blaser – von ihrer Praxis des magischen Anhauchens –, Büßer oder Beter bezeichnete) gab und gibt es Spezialisten: Nur wenige können alle Krankheiten heilen, die meisten vermögen nur bestimmte Leiden zu behandeln. Besprechungsformeln werden oft in der Familie von einer Generation auf die andere

> *Auch unter Besprechern gab und gibt es Spezialisten.*

vererbt und streng geheimgehalten. Wird ein Familienfremder in diese geheime Kunst eingeweiht, kann dies nur von Mann auf Frau oder umgekehrt, also gegengeschlechtlich erfolgen, eine Sitte, die wir auch aus der modernen Wicca-Bewegung kennen.

Manche Besprecher dürfen für ihre Dienste überhaupt nichts annehmen: »Ein Heilmittel, für das man dem Geber dankt, hilft nicht« – dahinter steht wohl die Erkenntnis, daß Danksagung ja im Prinzip eine Entlassungsformel und damit eine Bannung ist, wie wir es noch in dem Wort *abdanken* finden. (Das schweiz. *Abdankung* bedeutet »Leichenfeier«!) Es stellt also Distanz her, wenn es nicht sogar ein Akt des Zugriffs auf den anderen ist: Das ahd. *dancbari* und das mhd. *dancbære* bedeutet schließlich auch »Geneigtheit hervorbringen«, was man auch etwas salopp als »den Kopf nach unten zerren« (durch Zwang neigen, vgl. beugen, Beugehaft usw.) deuten kann.

Andere Besprecher dürfen dagegen annehmen, was sie von ihrem Patienten oder Klienten unaufgefordert und freiwillig erhalten. Nur das Geld war in früheren Zeiten tabu. Noch heute gibt man es dem Besprecher (oder natürlich der Besprecherin) meist nicht direkt in die Hand, sondern legt es irgendwo in seiner Nähe ab, wo er es dann später »wie zufällig« finden kann, oder man reicht es ihm oder einer assistierenden Person in einem Umschlag o. ä.

Meist wird das Besprechen, das normalerweise in Anwesenheit des Patienten/Klienten stattfindet, mit Räucherungen oder dem Entzünden des Herdfeuers eingeleitet. Oft muß das Feuer mit bestimmten Zauberkräutern (z. B. Wermut) gespeist werden. Im Gegensatz zum eigentlichen Besprechungsvorgang mit seiner sprachlichen Artikulation steht das Gebot, daß alle anderen Anwesenden, sofern sie nicht ohnehin hinausgeschickt wurden (was bei Kindern grundsätzlich der Fall ist), während der Arbeit schweigen müssen. Kehrt der Kranke nach einer Behandlung nach Hause zurück, wird ihm häufig aufgetragen, mit keinem anderen Menschen darüber zu reden, wie er denn auch während der Operation schweigen muß – hier soll also das gesprochene Wort nicht »zerredet« werden. Außerdem wird damit die heilende Macht des Geheimnisses genutzt und ein Gegenzauber verhindert.

Das Besprechen geht in der Regel mit anderen Handlungen einher, findet also fast nie als Einzelakt statt. Dazu gehören: das Anhauchen erkrankter Körperstellen; ihr Bestreichen mit Speichel, geweihten Salben oder Flüssigkeiten; Massage; Handauflegung und das Schlagen bzw. Ziehen magischer Zeichen (Kreuz, Pentagramm usw.). Nicht selten beschwört der Besprecher auch eigene Schutzgeister (im christlichen Kontext meist Heilige). Der Patient soll den Besprecher fixieren, beispielsweise indem er ihm fest in die Augen sieht oder seinen Blick auf einen anderen Gegenstand heftet – offensichtlich wird also auch mit hypnotischen Mitteln gearbeitet.

Die Arbeit mit schriftlichen Zauberformeln

Eine Variante des Besprechens ist die Arbeit mit schriftlichen Zauberformeln, die auf Papier geschrieben und mit Trank oder Speise eingenommen oder auf Amuletten und Talismanen (in der Volksmagie meist als Brauchsteine bezeichnet) plaziert werden, doch würden wir dies doch eher der Talismantik zuordnen wollen.

In der Volksmagie gilt die Mondphase als besonders wichtig: Heilungen finden fast immer bei abnehmendem Mond statt, die Krankheiten sollen wie das Gestirn »schwinden«. Geht es dagegen um die Förderung geschäftlicher Unternehmungen, wird die zunehmende Mondphase bevorzugt. Auch Voll- und Neumond gelten als günstiger Zeitpunkt, und im allgemeinen wird bevorzugt in der Nacht gearbeitet.

Im schamanischen Kontext kennen wir natürlich die Worte der Kraft oder Macht, die meist in Trance oder Vision offenbart werden und geheim bleiben müssen, um ihre Wirkung nicht zu verlieren. Mit Hilfe des Alphabets des Wollens kann sich der Sigillenmagier von heute ebenfalls derlei Formeln konstruieren. Da wir mittlerweile die Grundstrukturen magischer Akte besser erkennen und durchschauen, sind wir nicht mehr auf den Zugriff auf eine Tradition (z. B. Familienüberlieferung) angewiesen, was das Handlungsspektrum des Magiers erheblich vergrößert.

Praktische Übungen

ÜBUNG 93
PRAKTISCHE STELEN-MAGIE

Beschäftige Dich eingehend mit dem Prinzip magischer Stelen und experimentiere im Laufe der nächsten beiden Monate extensiv mit mindestens fünf Stelen, die Du selbst anfertigen und laden solltest. So könntest Du beispielsweise Deine eigene Element-Symbolik oder auch ein persönliches Alphabet des Wollens (vgl. *Sigillenmagie in der Praxis*) dafür entwickeln.

ÜBUNG 94
ABRAMELIN-MAGIE UND GEISTIGE VERNETZUNG

Befasse Dich, sofern Du es nicht schon getan haben solltest, ausführlich mit der Magie des Abramelin. Damit ist weniger eine praktische Umsetzung gemeint (die Dir natürlich jederzeit freisteht) als vielmehr eine quellenkritische und historische Betrachtung. Besorge Dir also verschiedene Ausgaben (auch vergriffene!) und studiere nicht nur abramelingläubige Magier, sondern auch Kritiker des »Pseudo-Abraham« wie z. B. Gershom Scholem, um Dein Bild abzurunden. Ebenso natürlich auch Praktiker (ein Tip: S. L. Mathers; Georges Chevalier; Aleister Crowley).

Sinn dieser Übung ist es vor allem, Deinen kritischen Geist zu schulen und/oder zu schärfen bzw. wachzuhalten. Gerade für den philologischen und historischen Laien und für den Bibliotheksscheuen gilt: Indem Du Dich mit allen Konsequenzen wie ein akademischer Forscher in eine solche Materie vertiefst, lernst Du mit der Zeit nicht nur sehr viel über das Thema selbst, sondern entwickelst Deine Kritikfähigkeit weiter. Gleichzeitig vertiefst Du Dich damit in einen sehr wichtigen Aspekt unserer westlichen Magie-Tradition.

Die Dauer dieser Übung kannst Du beliebig terminieren, in der Regel dürften ein bis zwei Jahre genügen, um aus Dir einen Abramelin-Experten zu machen. Solltest Du Dich mit Abramelin quellenkritisch bereits intensiv auseinandergesetzt haben, kannst Du natürlich auch ein anderes Thema wählen, z. B. die Gestalt des John Dee oder des Abts von Tritheim. Es ist empfehlenswert, durchaus »abseitigere« Gebiete auszuwählen, weil Du dabei um so mehr Überraschungen erleben kannst, was Dich wiederum stärker motivieren wird. Möglicherweise wirst Du feststellen, daß eins zum anderen führt und Du schon nach kurzer Zeit von mehreren Gebieten immer faszinierter bist und daher mehrgleisig zu forschen beginnst. Unterwegs werden Dir mit Sicherheit die merkwürdigsten Menschen und Ansichten begegnen, und darin liegt der eigentliche Wert dieses Vorgehens. Betrachte diese Übung also weniger als lästige Pflicht, sondern vielmehr als wohlgemeinte Aufforderung zur »intellektuellen Wanderschaft«.

ÜBUNG 95
ANGEWANDTE SPIEGELMAGIE (III)

Führe Deine spiegelmagische Ausbildung zu Ende, indem Du Deine Techniken verfeinerst und vielleicht auch die in diesem Abschnitt dazu gegebenen Anregungen aufgreifst. Hilfreich kann es auch sein, Dich (z. B. an einem freien Wochenende) einem umfangreichen Selbsttest zu unterziehen, indem Du Dir verschiedene spiegelmagische Aufgaben stellst und die Ergebnisse überprüfst. Insbesondere solltest Du jetzt dazu in der Lage sein, den Spiegel virtuos zum Zwecke der Heilung (wie auch bei Bedarf des Schadenszaubers) und der Divination zu handhaben, aber auch die Evokation sollte in Deinem Repertoire nicht fehlen.

ÜBUNG 96
BESPRECHEN

Entwickle aus Deiner bisherigen Praxis und dem in diesem Abschnitt Gesagten Techniken des Besprechens und der Wortmagie. Solltest Du diesen Aspekt bisher vernachlässigt haben, so übe Dich in mantrischen Sigillen, Worten der Kraft und im Alphabet des Wollens (vgl. *Sigillenmagie in der Praxis*).

WEITERFÜHRENDE LEKTÜRE

Abraham von Worms, »*Das Buch der wahren Praktik in der göttlichen Magie*«, vergleichende Textausgabe mit Kommentar, herausgegeben von Jürg von Ins, München: Diederichs Verlag 1988

Georges Chevalier, *The Sacred Magician.* A Ceremonial Diary, With an Editorial Introduction by Peter Sommer, Frogmore St. Albans: Paladin 1976

Die egyptischen großen Offenbarungen in sich begreifend die aufgefundenen Geheimnißbücher Mosis; oder des Juden Abraham von Worms Buch der wahren Praktik in der uralten göttlichen Magie und in erstaunlichen Dingen, wie sie durch die heilige Kabbala und durch Elohym mitgetheilt worden. Sammt der Geister- und Wunder-Herrschaft, welche Moses in der Wüste aus dem feurigen Busch erlernet, alle Verborgenheiten der Kabbala umfassend. Aus einer hebräischen Pergament-Handschrift von 1387 im XVII. Jahrhundert verteutscht und wortgetreu herausgegeben, Köln am Rhein: Peter Hammer 1725 [d. i. Stuttgart: Scheible 1853]

Die heilige Magie des Abramelin. Die Überlieferung des Abraham von Worms. Nach dem hebräischen Text aus dem Jahre 1458 in die deutsche Sprache übertragen und herausgegeben von Johann Richard Beecken, Berlin: Schikowski 1957

Frater V.˙. D.˙., *Rezension zu Abraham von Worms*, »Das Buch der wahren Praktik in der göttlichen Magie«, Vergleichende Textausgabe mit Kommentar, herausgegeben von Jürg von Ins, München 1988, Diederichs Verlag, in: Anubis, H. 11, März 1989, S. 52f.

S.L. MacGregor Mathers, *The Book of the Sacred Magic of Abra-Melin the Mage As Delivered by Abraham the Jew Unto His Son Lamech, A.D. 1458. Translated from the Original Hebrew into the French, and now rendered from the latter language into English*, From a unique and valuable MS. in the »Bibliothèque de l'Arsenal« at Paris by S.L. MacGregor-Mathers, Author of »*The Kabbalah Unveiled*«, »*The Key of Solomon*«, »*The Tarot,*« etc. in three books, with a special and copious Introduction and Explanatory Notes by the Translator, and numerous Magical Squares of Letters, Wellingborough: Thorsons 1977^{2} [O: London 1898)

PRAKTISCHE SONNENMAGIE

Ein echter Klassiker der Sonnenmagie

Anstelle langwieriger eigener Ausführungen möchten wir hier einen echten Klassiker der Sonnenmagie wiedergeben, nämlich Aleister Crowleys *Liber Resh*. Dieses Ritual verteilt sich in vier Abschnitten über den ganzen Tag und struktiert ihn dadurch nach dem Sonnenlauf.

Der folgende Text erschien erstmals in *Unicorn*, H. XI/1984, S. 219f. Da diese Zeitschrift schon seit langem vergriffen ist, wie auch um der besseren Zugänglichkeit willen, wird er hier unverändert wiedergegeben. Im Interesse einer besseren Lesbarkeit (vor allem beim späteren Nachschlagen) wurden die eigentlichen Anrufungspassagen hier in Kursivschrift gesetzt und eingerückt.

Liber Resh vel Helios Svb Figvra CC

A.˙.A.˙. Publikation der Klasse D
Imprimatur
N. Fra A.˙.A.˙.
Ins Deutsche übertragen von Frater V.˙.D.˙.

Vorbemerkung

Dieses scheinbar so unscheinbare Ritual Crowleys ist in Wirklichkeit wohl einer der wichtigsten seiner magischen Texte, vor allem für Anfänger der Magie, die noch mit dem Problem kämpfen, wie sie die Magie in ihren Alltagsablauf integrieren können. Auch ohne die Mitgliedschaft in Crowleys Orden Argenteum Astrum (und, dementsprechend, auch ohne die im Text erwähnten, auf den Orden bezogenen Gradzeichen usw.) läßt es sich äußerst gewinnbringend anwenden: Es strukturiert den Tag des Adepten, stellt einen sympathiemagischen Kontakt zum Sonnenlogos her und schärft das Bewußtsein um das eigene magische Ziel, mithin den eigenen magischen Willen (Thelema). Aber auch für Nicht-Thelemiter ist das Ritual hervorragend geeignet. Wer die ägyptischen Gottesformen nicht annehmen will oder kann, dem sei statt dessen das Stellen der Man-Rune empfohlen: aufrecht stehen, die

Auch für Nicht-Thelemiter ist das Ritual hervorragend geeignet.

Füße leicht auseinander, die Arme zu einem Y emporgereckt. Wichtig ist die Regelmäßigkeit und Pünktlichkeit der Operation, was man schon nach wenigen Tagen Praxis selbst bemerken wird. Dabei bleibt es dem Aspiranten überlassen, ob er sich nach der objektiven Sonnenzeit richtet (was mit einiger Rechnerei verbunden ist), oder ob er sich an der bürgerlichen Uhrzeit orientiert. Ersteres ist mit Sicherheit vorzuziehen. Informationen über Sonnenauf- und -untergangszeiten am eigenen Ort entnimmt man am besten der Tagespresse, aber auch Sternwarten und Flughäfen geben darüber Auskunft. Übrigens eignet sich das Ritual auch besonders gut zur Aufnahme von Heilungsenergie.

Fra V.·.D.·.

0. Dies sind die Anbetungen, die von allen Kandidaten für den A.·.A.·. ausgeführt werden sollen.

1. Möge er, gen Osten gewandt, die Sonne zur Morgendämmerung begrüßen, und möge er dabei das Zeichen seines Grades geben. Und möge er mit lauter Stimme sprechen:

> *Heil Dir, der Du Ra bist in Deinem Aufsteigen, eben Dir, der Du Ra bist in Deiner Stärke, der Du über die Himmel fährst in Deiner Barke, wenn die Sonne aufgeht.*
>
> *Tahuti steht in Seiner Pracht am Bug, und Ra-Hoor verweilt bei Seinem Ruder. Heil Dir von den Wohnorten der Nacht!*

2. Ebenso möge er zur Mittagszeit, gen Süden gewandt, die Sonne begrüßen und dabei das Zeichen seines Grades geben. Und möge er mit lauter Stimme sprechen:

> *Heil Dir, der Du Ahathoor bist in Deinem Triumphieren, eben Dir, der Du Ahathoor bist in Deiner Schönheit, der Du über die Himmel fährst in Deiner Barke, in der Mitte des Laufs der Sonne.*
>
> *Tahuti steht in Seiner Pracht am Bug, und Ra-Hoor verweilt bei Seinem Ruder. Heil Dir von den Wohnorten des Morgens!*

3. Ebenso möge er zu Sonnenuntergang, gen Westen gewandt, die Sonne begrüßen und dabei das Zeichen seines Grades geben. Und möge er mit lauter Stimme sprechen:

Heil Dir, der Du Tum bist in Deinem Untergehen, eben Dir, der Du Tum bist in Deiner Freude, der Du über die Himmel fährst in Deiner Barke, wenn die Sonne untergeht.

Tahuti steht in Seiner Pracht am Bug, und Ra-Hoor verweilt bei Seinem Ruder. Heil Dir von den Wohnorten des Tages!

4. Schließlich möge er zu Mitternacht, gen Norden gewandt, die Sonne begrüßen und dabei das Zeichen seines Grades geben. Und möge er mit lauter Stimme sprechen:

Heil Dir, der Du Khephra bist in Deiner Verborgenheit, eben Dir, der Du Khephra bist in Deinem Schweigen, der Du über die Himmel fährst in Deiner Barke zur Mitternachtsstunde der Sonne.

Tahuti steht in Seiner Pracht am Bug, und Ra-Hoor verweilt bei Seinem Ruder. Heil Dir von den Wohnorten des Abends!

5. Und nach jeder Anrufung sollst du das Zeichen der Stille geben und danach die Anbetung ausführen, die dich dein Superior gelehrt hat. Und sammle Dich hinfort zur heiligen Meditation.

6. Auch ist es besser, wenn du bei diesen Anbetungen die Gottesform Dessen, den du verehrst, annimmst, wie als ob du dich vereintest mit Ihm zur Verehrung Dessen, was jenseits Seiner ist.

7. Auf diese Weise sollst du stets eingedenk sein des Großen Werkes, welches du auszuführen unternommen hast, und ebenso sollst du gestärkt werden, es zu verfolgen bis zur Erlangung des Steins der Weisen, des Summum Bonum, Wahrer Weisheit und Vollkommener Glückseligkeit.

Anmerkungen:

(1) Übersetzungen sind oft Interpretationssache, »Traduttore – traditore« heißt es im Italienischen: »Der Übersetzer ist ein Verräter.« Eine vollständige Übersetzung dieses Rituals Crowleys liegt u. a. vor in Gregorius, *Aleister Crowleys Magische Rituale*, Berlin, Schikowski Verlag, 1980, S. 66f. Friedrich Meyers dortige Übertragung besitzt sicher Pioniercharakter und ist von der Kompaktheit der Textauswahl her und wegen der aufhellenden Kommentare nach wie vor zu empfehlen. Lei-

der hält sie jedoch einem genauen Vergleich mit dem englischen Original sowohl stilistisch als auch inhaltlich nur selten stand: Abgesehen von manchen Holprigkeiten und Hinzufügungen werden viele Nuancen und Feinheiten des Originals unterschlagen oder nur ungenau wiedergegeben. Dennoch ist sein Versuch immer noch unendlich besser als das meiste, was bisher von Michael Eschner & Co. in dieser Hinsicht an Verhunzungen auf den Markt geschleudert wurde. Ich habe versucht, nicht vom Stil des Originals abzuweichen und auch seine (nur scheinbaren) Ungereimtheiten übernommen, etwa wenn »Du« in ein und demselben Abschnitt mal groß-, mal kleingeschrieben wird. In einem Punkt bin ich jedoch Meyer in seiner Ungenauigkeit gefolgt: Die Zeile »Ra-Hoor verweilt bei *Seinem* Ruder« lautet im Original »Ra-Hoor abideth at *the* helm« (Hervorhebungen von mir). Aus Gründen der Rhythmik habe ich aus the ein Seinem gemacht. Solche Bemerkungen sind m. E. notwendig, weil ich glaube, daß es Texte dieses Formats verdient haben, mit philologischer Akribie veröffentlicht zu werden, ganz abgesehen von den Problemen, die sich bei ungenauer Übertragung für die Exegese ergeben.

Im übrigen stützt sich meine Übertragung auf den englischen Text, wie er in *The Equinox*, vol. 1, no. 6 (repr. New York, Samuel Weiser, 1972, 3rd impr. 1978), S. 29–32 abgedruckt ist.

Der heilige Schutzengel und die Magie des Abramelin (II)

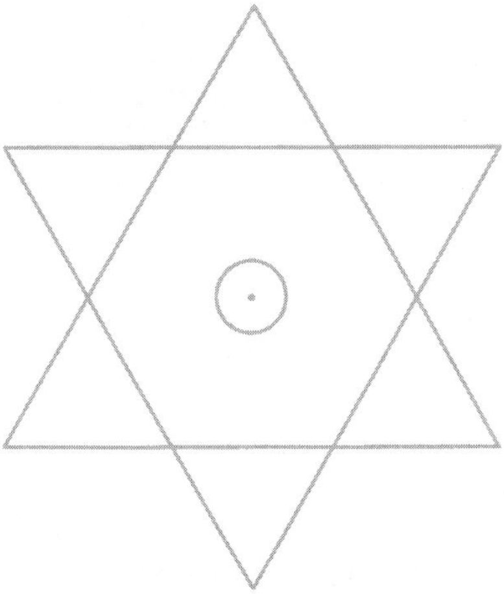

Wie im letzten Abschnitt bereits ausgeführt, handelt es sich bei der Gestalt des Heiligen Schutzengels um etwas völlig anderes, als es die Bezeichnung oberflächlich betrachtet nahelegen würde. Für Aleister Crowley gab es kaum etwas Interessanteres als die Frage, ob denn nun der Heilige Schutzengel den Wahren Willen (Thelema) des Magiers personifiziere, oder ob es sich dabei um ein anderes Prinzip handelte. Er hat diese Frage mehrmals recht widersprüchlich beantwortet. Wir wollen an dieser Stelle einen kleine Ausflug in die afrikanische Magie machen, der uns nicht nur – ganz nebenbei – dabei helfen wird, auch diese kaum bekannte, äußerst wirkungsvolle Disziplin der Magie näher kennenzulernen, sondern der zudem einen etwas merkwürdig anmutenden Widerspruch auflösen könnte, der sich im Textbuch der Abramelin-Magie zu finden scheint.

Ein kleiner Ausflug in die afrikanische Magie

Die Rede ist von der Tatsache, daß der erste Teil des Buchs von schier überwältigender »Reinheit« zu sein scheint, rein mystisch auf den Kontakt zur Gottheit bzw. seines Gesandten selbst orientiert. Hier haben wir es mit einer klassischen Einführung in die »Hohe« Magie zu tun. Um so mehr hat es schon zahlreiche Magier verwundert, daß sich der letzte Teil des Werks ausschließlich der »Niederen Magie« widmet. Dahinter steht allerdings die klassische judäo-christliche Unterscheidung und die Hierarchisierung der Prinzipien »Geist« und »Materie«. Beides ist im monotheistisch-dualistischen System nicht miteinander vereinbar, anders als in den Philosophien des Ostens, wo Gut und Böse schon immer Hand in Hand einhergingen, wenn auch eher in den intellektuelleren Philosophien der Oberschicht.

Doch diese seltsam anmutende Mischung aus Erfolgsmagie und Mystik verliert sicher etwas von ihrer Exotik, wenn wir den Heiligen Schutzengel einmal exemplarisch aus der Sicht des afrikanischen Clan-Totems betrachten, mit dem wir ihn bereits im letzten Abschnitt verglichen.

Einleitend muß dazu allerdings gesagt werden, daß das Konzept eines Totems oder bestimmter Clan-Wesen natürlich nicht allein auf den schwarzen Kontinent beschränkt ist, sondern sich vielmehr weltweit in animistischen Kulturen findet. Aus Gründen persönlicher Neigung und Erfahrung möchten wir allerdings hier in erster Linie die afrikanische Variante des Totem-Kults vorstellen.

Grundsätzlich handelt es sich beim Totem-Wesen zwar um eine zunächst meist als extern wahrgenommene oder empfundene Entität, die rein theoretisch beliebige Gestalt haben kann, in der Praxis jedoch in der Regel eine tierische Form aufweist. Deshalb spricht man auch verallgemeinernd vom Clan-Tier. Das darf jedoch nicht darüber hinwegtäuschen, daß es auch Clan-Tier-Gestalten gibt, die humanoider Form sind. Mir persönlich ist sogar der Fall einer Frau bekannt, deren Totem die Gestalt von zwei etwa eineinhalb Meter hohen Felskegeln besaß, die ihr seitlich aus den Hüften wuchsen – für einen Nichteingeweihten eine wahrhaft lächerliche Vorstellung, doch werden die folgenden Ausführungen vielleicht den Verdacht aus dem Weg räumen, daß es sich hierbei nur einmal mehr um ein typisches Produkt esoterischer Verkennung und Phantasterei handelt.

Es gibt auch Clan-Tier-Gestalten, die humanoider Form sind.

Bevor wir uns die eigentliche Erlebnisdimension genauer anschauen, ist es sicher von Nutzen, sich die Geschichte des heutigen Clan-Totem-Kults im Westen anzuschauen. Wiewohl es auch in der abendländischen Kultur seit eh und je eine ganze Reihe totemistischer Elemente gegeben hat, was sich nicht zuletzt auch im Symbolwert tierischer Darstellungen für die Heraldik (besonders auffällig bei Staats- und Städtewappen) zeigt wie auch in der immer wieder aufflackernden Tierkultthematik, beispielsweise im Hexentum, aber auch in der atavistischen Magie des Austin Osman Spare findet, wollen wir an dieser Stelle doch eine besondere Einweihungslinie verfolgen, in der ich persönlich auch stehe.

Die Geschichte einer besonderen Einweihungslinie

Die Geschichte dieser Einweihungslinie innerhalb der zeitgenössischen Magie-Szene begann vor etwa fünfzehn Jahren. Einige Zeit zuvor hatte ich die damals in Innsbruck lebende Germanistin und Ethnologin Johanna Wagner kennengelernt. Wir begegneten uns im schweizerischen Mürren anläßlich eines Schamanismus-Seminars des amerikanischen Anthropologieprofessors Michael Harner, den ich dort im Auftrag des Veranstalters dolmetschte. Dr. Johanna Wagner, eine gebürtige Schlesierin mit österreichischem Paß,

Dr. Johanna Wagner

unterhielt zwar zu Innsbruck eine Handelsschule, doch ihre wirkliche Leidenschaft gehörte Afrika. Dort verbrachte sie auch wann immer möglich einen großen Teil des Jahres, den Kontinent mehr als einmal auf einem Geländemotorrad durchquerend. In Ethnologenkreisen genoß sie wegen ihrer unorthodoxen Theorien einen etwas exzentrischen Ruf, doch wurden ihre verschiedenen wissenschaftlichen Aufsätze, die hauptsächlich in Fachzeitschriften erschienen, durchaus beachtet, und so handelte sie sich wegen ihrer Lieblingsthese den Namen »Reakkulturisierungs-Wagner« ein: Sie war nämlich der Auffasung, daß viele heutige Afrikaner in ihrem Bemühen, einen europäischen Lebensstil zu pflegen, zahllose, noch in ihrer Kindheit in traditionellen Stammeskulturen konditionierte Tabus brechen und an diesem innerseelischen Zwiespalt nicht selten förmlich zugrundegehen, wobei die relevanten Krankheitssymtome meist aus Depressionen, allgemeiner Entwurzelung und möglicherweise auch starken psychischen Störungen bestehen. Um dies auszugleichen, vertrat sie die Forderung nach »Reakkulturisierung« afrikanischer Menschen. In der Praxis sah das unter anderem so aus, daß sie – als Weiße mit Doktortitel – ein Buch mit dem Titel *Be Stronger than Black Magic* in besonders einfachem (»afrikanischem«) Englisch verfaßte. Es war für den afrikanischen Markt geschrieben und enthielt traditionelle, magische Anweisungen für den Umgang mit unerwünschten magischen Phänomenen sowie eine, in Dialogform gehaltene, quasi-wissenschaftliche Erklärung für dieselben. Damit wollte sie die traditionellen afrikanischen Methoden der magischen Therapie aufwerten, wollte etwas von dem Druck der weißen Kultur lindern, der auf dem Afrikaner von heute lastet, sobald er seine ursprüngliche Stammesgesellschaft verläßt und sich in die Stadt begibt, um sich dort in eine Zivilisation einzugliedern, deren Grundwerte und -interessen nach wie vor von den ehemaligen Kolonialmächten bestimmt und regiert werden.

Dieses Buch ist für uns insofern erwähnenswert, als es eines der wenigen Werke ist, in dem wir eine Schilderung des praktischen Erlebnisses einer Begegnung mit dem Clan-Tier finden. Es erschien einige Zeit später in deutscher Sprache unter dem originellen Titel *Die, die so aussehen wie jemand, aber möglicherweise etwas ganz anderes sind* (Literaturangaben im Anhang). Wenn man von den etwas dubiosen »naturwissenschaftlichen« Erklärungen der Magie absieht, handelt es sich um eine äußerst lohnende Lektüre für jeden, der sich, wie der Untertitel schon nahelegt, für die Praxis afrikanischer Medizinmänner interessiert. Johanna Wagner war zwar stets bemüht, ihren Ruf als Wissenschaftlerin zu wahren, dennoch war sie auch durch und durch Praktikerin: Sie konnte auf eine Vielzahl verschiedenster Einweihungen aus dem gesamten afrikanischen Kulturraum zurückblicken, und im privaten Gespräch ließ sie keinen Zweifel daran, für welche Seite ihr Herz in Wirklichkeit schlug. Sie war eine dezidierte Verfechterin des Kannibalismus (Originalzitat: »Warum soll man gutes Fleisch verschwenden!«), Motocross-Fahrerin und Karateka (schwarzer Gürtel) mit einer schier unbändigen Liebe zur Natur und zur ökologischen Bewegung. Sie starb im Januar 1990 in einem Schweizer Krankenhaus.

Der den Lesern der Zeitschrift *Unicorn* vertraute Magier Peter Ellert, ein Freund und langjähriger Vertrauter von mir, mußte eines Tages beruflich nach Innsbruck und fragte, ob ich ihm dort Kontakte zu Magiern verschaffen könnte. Ich stellte eine Verbindung zu Johanna Wagner her, die er daraufhin an zwei Abenden besuchte. Diese Begegnung zu beschreiben soll ihm selbst vorbehalten sein, hier wollen wir uns nur mit ihrem Ergebnis befassen: Johanna Wagner aktivierte in einem Ritual sein Clan-Tier, und so entstand eine neue Traditionsverzweigung, die bis heute aktiv weitergeführt wird. Denn schon bald stellte sich heraus, daß sein Clan-Wesen die Fähigkeit besaß, seinerseits Initiationen durchzuführen, was durchaus nicht selbstverständlich ist. Denn die Clan-Wesen sind oft ausgesprochene Spezialisten, und ihre Interessen decken sich nicht unbedingt mit denen ihres menschlichen »Gastkörpers«. Jedenfalls weihte Peter Ellert mich kurz nach seiner Rückkehr in diese Magie ein. Nun begann ein entscheidender Entwicklungsabschnitt, der bis heute noch nicht gänzlich abgeschlossen ist.

Bei der Einweihung selbst handelt es sich um kein festgelegtes Ritual, vielmehr aktiviert gewissermaßen ein Clan-Wesen das andere, was meist durch leises Trommeln unterstützt wird. Hier liegt allerdings ein gewisser Bruch der orthodoxen Tradition vor, denn in den meisten afrikanischen Totem-Kulturen kann ein Mitglied eines Clan-Totems stets nur andere desselben Clans einweihen: »Löwe« aktiviert oder initiiert also stets nur »Löwe« und sonst niemanden. So entstanden auch die berüchtigten afrikanischen Geheimgesellschaften, z. B. die Simbas in Ostafrika, alles Mitglieder des Löwenclans, zu deren Exerzitien es gehört, sich, in echte Löwenfelle eingenäht, oft tage- oder wochenlang in freier Wildbahn aufzuhalten, sich wie ein Löwe zu ernähren und auch auf physischer Ebene im wahrsten Sinne des Wortes

Löwe zu sein. Meist sind solche Geheimgesellschaften auch geschlechtsspezifisch, nur selten finden wir gemischte Bünde. Bei der Totem-Linie, von der hier die Rede ist, ist diese Tradition bereits von Anfang an durchbrochen: Sowohl Johanna Wagner selbst als auch spätere, auf ihren Initialschub zurückgreifende Magier, deren Clan-Wesen die Fähigkeit besitzen, die Clan-Totems anderer zu aktivieren, kennen keine derartigen Beschränkungen. So habe ich selbst im Laufe von gut zehn Dutzend Clan-Tier-Einweihungen bisher nur wenige Male ein Mitglied des eigenen Clans initiiert. Da ich nicht über die Fähigkeit verfüge, stets im voraus zu wissen, um welches Clan-Wesen es sich bei einem Initianden handelt, findet auch keine vorhergehende Suggestion oder Konditionierung statt.

Es besteht allerdings einige Wahrscheinlichkeit, daß es sich dabei tatsächlich um die ältere »Tradition« handelt, doch soll uns diese Frage hier nicht weiter beschäftigen. Wichtig ist in unserem Zusammenhang dagegen, daß eine solche Einweihung weder verlangt, gefordert noch erkauft werden kann. Es ist vielmehr das Clan-Wesen des Initiators, das allein die Entscheidung darüber fällt und gelegentlich auch gegen den Willen der Beteiligten entsprechend aktiv wird.

Es ist das Clan-Wesen des Initiators, das die Entscheidung über die Einweihung fällt.

Damit sind wir aber auch schon wieder beim Konzept des Heiligen Schutzengels, das wir in der heutigen Magie hauptsächlich durch die Vermittlung Aleister Crowleys kennen. Wenn wir den Abramelin-Text in seinen verschiedenen Fassungen betrachten, stellen wir fest, daß sich um diese Gestalt darin nicht annähernd so viele Spekulationen und quasi-theologische Mutmaßungen ranken, wie man angesichts Crowleys zahlreicher Äußerungen erwartet hätte. Eine Würdigung der Abramelin-Magie darf auch nicht außer acht lassen, daß ihre Wiederentdeckung in eine Zeit fiel, als das Paradigma von den »Geheimen Meistern« allenthalben im Okkultismus fröhliche Urständ feierte, man denke nur an die Mahatmas der Theosophie, an die »Geheimen Oberen« (Secret Chiefs) der Golden Dawn usw. Hochgeheime Führerfiguren waren zwar schon früher im abendländischen Okkultismus sehr beliebt, gelangten aber erst Ende des 19. Jahrhunderts zu ihrer eigentlichen Popularität. Allerdings finden wir bereits bei Aleister Crowley einen Bruch zwischen Geister- und psychologischem Modell. Die jüdisch-christliche Angelologie (Lehre von den Engeln) orientiert sich ursprünglich allein am Geistermodell, wiewohl man allerdings der Genauigkeit halber erwähnen muß, daß es in früheren Zeiten nicht üblich war, so scharf zwischen dem Innen und dem Außen zu trennen, wie wir dies seit der Entwicklung der akademischen Psychologie gern tun. Der Autor des Abramelin-Texts läßt auch keinen Zweifel daran, daß der ihm »von Gott gesandte« Heilige Schutzengel die Funktion eines magischen Lehrers innehält und ihm durchaus jede Menge erfolgsmagische Operationen ermöglicht. Lesen wir dazu einmal die selten zitierte Scheible-Ausgabe von 1853:

> Nach Außgang der 18. Monathe, da ich alle nothdurfft zubereitet hatte, begnadete mich der Herr nach seinem wortt und verheissung mit Barmhertzigkeit, und sendete mir gleich in Vollziehung des schuldigen Gottesdienst, welcher in meiner Obern Bettkammer gleich an die Sommerlauben, erschienen seine Heil. Englen mit wahrhafftiger Erscheinung mit so grosser Freud und erquickhung meines gemüts, daß es mir (zudeme es sich auch nit gebührt) solches zu erzehlen unmöglich. Nachdeme ich nun 3 Tage nacheinander solch holdseeliges Anschauen in Demuth und Freuden genossen hate, ward ich auch von meinem Engel, den mir der getreue Gott in meiner Erschaffung verordnet und zu einem Wächter gesezt hate, ganz Lieblich und Freundlich angeredt, der mir nit allein die Göttliche weisheit und Kabalam vollkohmmentlich entdeckhte, sondern auch nachmahlen die wahrheit dieser Magiä entdeckhte, und Bestättigte auch die würckhung, so ich von Abramelim (vid. Cap. 6 auch 4. und 5. Cap. 11. Theils) bekhomen, bekräfftigte und noch darzu den Grund zeigte, danach ich andere mehr dergleichen nach meinem gefallen machen und Formiren Khönte, wie dan alle im 4ten Buch beschriebene heimbligkeiten daher kommen seind, gabe mir auch verständiglich Rath und Lehr und Anweisung, wie ich die folgende 3. Täg mich gegen die Bösen geister verhalten und Sie zum gehorsamb Bringen solte; Inmassen ich dann Thätte, und Sie durch die Gnad Gottes auff der Sommerlauben alle erscheinen machte, und Sie Bezwungen, auch von dorten biß auff diese Stund unverlezt der Ehren Gottes und Seiner Heil. Englen, ja vielmehr mit ihrer Hülff und Beystandt und wohlfahrt Unsers Hauses und Nutz unseres Nächsten, alß in volgenden Cap. ver-

> meldet soll werden, in gehorsamb und unterthänigkeit erhalten. Die gnade aber des Herrn und Beschirmung seiner Heyl. Englen weiche nimmer von mir Abrahamb und meinen Beeden Söhnen Joseph und Lamech und meinem gantzem Hauß, damit wir in unserem Elend, Trübsall und Gefänckhnüß keinen anderen weeg in dem gesatz, willen und weege des Herrn Handlen, und wandlen mögen. Amen.

Der mystisch-religiöse Unterton kann nicht darüber hinwegtäuschen, daß sich der Autor mit einer Instanz verbunden weiß, die ab nun für seine gesamte magische Praxis tonangebend sein wird. Lassen wir die Bezugnahme auf einen höchsten Gott außer acht, so haben wir die Schilderung eines Daimoniums vor uns, wie wir es aus jeder Totemkultur kennen. Es wäre ein Akt christlicher, eurozentrischer Verkennung, dies ignorieren zu wollen. Ähnlich wie der Heilige Schutzengel des Abramelin erweist sich auch das Clan-Tier als eine mit dem Magier auf innigste Weise verbundene Instanz, die über ein hervorragenderes Wissen um magische Prozesse zu verfügen scheint als dieser. Das Ziel ist dabei stets das gleiche: eine Steigerung des Zugriffs, der magischen Macht. Etwas anders Crowleys Deutung: Dort, wo er, was er wie erwähnt nicht immer tut, den Heiligen Schutzengel mit dem Thelema des Magiers gleichsetzt, geht es eher um Bestimmung und Berufung als um magische Effizienz, die allenfalls ein Nebenprodukt der Auseinandersetzung mit dieser Verkörperung ist. Auch an dieser Bruchstelle erweist sich wieder einmal, daß Aleister Crowley im Kern doch immer eher Mystiker war als Magier.

Ähnlich wie der Heilige Schutzengel des Abramelin erweist sich auch das Clan-Tier als eine mit dem Magier auf innigste Weise verbundene Instanz.

Das Clan-Wesen aus der hier beschriebenen, ursprünglichen afrikanischen Tradition zeichnet sich sowohl durch eine Reihe von Fähigkeiten als auch durch Fehler aus. Denn es wäre grundfalsch, davon auszugehen, daß der Totem unfehlbar oder allmächtig ist. Gewiß hat manch ein Adept nach einer derartigen Einweihung das Gefühl, als Magier endlich »erwachsen« geworden zu sein, und das

Das Clan-Wesen hat sowohl eine Reihe von Fähigkeiten als auch Fehler.

ist auch sicher richtig. Dennoch kann auch das Clan-Wesen Fehler begehen, und auch aus anderen Gründen ist nicht immer auf seine Aussagen Verlaß. Denn wie die Bezeichnung »Clan« schon sagt, handelt es sich dabei um einen durchaus unmetaphysischen Kollektivzusammenhang, innerhalb dessen der einzelne Magier nur ein Bindeglied von vielen ist. Mit anderen Worten: Der Clan und seine Interessen sind von übergeordneter Bedeutung, stellt sich der Magier dagegen, ist das Kollektiv an seinem Überleben nicht mehr zwangsläufig interessiert. So erklären sich auch die Tabus, die sich oft im Zusammenhang mit einer Clan-Einweihung artikulieren. So ist es beispielsweise sehr häufig verboten, das Fleisch seiner eigenen Clan-Art zu verzehren, aber es können auch andere Regeln und Verbote sein. Charakteristisch ist ferner, daß das Clan-Tier ebenso wie der Heilige Schutzengel dem Magier oft Dinge auferlegt, die ihm unangenehm sind oder ungelegen kommen. Es handelt sich also, wie wir bereit im letzten Abschnitt bemerkten, um alles andere als eine rein »harmonische«, »positive« Beziehung.

Im Gegensatz zu schamanischen Krafttieren (oder auch, im christlich-hermetischen Kontext, anderen Engeln und Schutzgeistern) ist das Clan-Wesen eine einzigartige, auf Lebenszeit gültige und zuständige Instanz, die sich vom Magier weder aussuchen noch wirklich dauerhaft ignorieren läßt, auch wenn es zu längeren, sogar mehrjährigen Unterbrechungen des bewußten Kontakts zwischen beiden kommen kann.

Einweihung durch die Abramelin-Magie oder totemistische Initiation sind entscheidende Wendepunkte im Leben des Magiers.

Sowohl die Einweihung durch die Abramelin-Magie als auch die totemistische Initiation erweisen sich meist als entscheidende Wendepunkte im Leben des Magiers. Auffällig ist im allgemeinen eine starke Veränderung der Persönlichkeit, die von der Außenwelt teils als »Reifung«, teils aber auch als »Brutalisierung« empfunden wird, da ein großer Teil menschlicher Schwächen, Ängste und Blockaden dadurch aufgelöst oder gesprengt wird, was allerdings auch für die Berührung mit dem Thelema und seiner Akzeptanz gilt.

Erfahrene Praktiker lassen aber auch keinen Zweifel daran, daß die »äußere« Gestalt des Clan-Wesens eher einen Kompromiß zwischen der tatsächlichen, meist amorphen Instanz und mangelhaftem menschlichen Auffassungsvermögen darstellt. Praktiker bestätigen immer wieder, daß sich diese Gestalt (sie läßt sich auch gelegentlich unter verschiedensten, allerdings nur selten widersprüchlichen Facetten und Aspekten erkennen) bei tieferer Trance in der Regel wieder auflöst, sie scheint also eher der leichteren Handhabung zu dienen, während das dahinter liegende Prinzip sich herkömmlicher menschlicher Bestimmung und Definition entzieht.

Die eigentliche Unterweisung erfolgt auf der intuitiven Ebene.

Die eigentliche Unterweisung durch Clan-Wesen oder Heiligen Schutzengel erfolgt meist auf der intuitiven Ebene: Plötzlich weiß der Magier, was er zu tun hat, auch ohne daß ihm dies ausdrücklich mitgeteilt wurde. Darüber hinaus entwickelt er in überdurchschnittlichem Ausmaß magische Fähigkeiten, von denen er vorher allenfalls träumen konnte. Er hat also seinen eigentlichen Meister gefunden, wird aber gelegentlich auch feststellen, daß er ab nun auf schicksalhaft anmutende Weise mit anderen Magiern zusammengeführt wird, die die Lücken seines magischen Wissens füllen oder seinem ganzen Lebensweg eine völlig andere, zugriffsreichere Richtung geben.

Charakteristisch für die Begegnung mit dem Clan-Wesen oder dem Heiligen Schutzengel ist auch, daß die üblichen Sorgen und Unzulänglichkeiten, mit denen der Magier als Mensch vorher immer wieder zu kämpfen hatte, einerseits von ihm weichen, andererseits aber durch Problemstellungen ersetzt werden, die bald immer größere Dimensionen annehmen und ihn ständig fordern. Eine herausragende Erfahrung ist auch die zunehmende Entfremdung vom Menschsein, wie es der Alltagsmensch versteht. Ein Mitglied des Löwen-Clans wird also auf metaphorischer wie praktisch-alltäglicher Ebene immer mehr die Eigenschaften seines Clan-Totems annehmen, herkömmliche menschliche Moral und Ethik rücken in den Hintergrund, die Machtfrage und das Denken in Kollektivzusammenhängen wird dagegen immer wichtiger. Das bedeutet zwar nicht zwangsläufig, daß der Magier nun die Gruppe sucht, doch bleibt ihm dies selten erspart, zumal sein Charisma immer stärker wächst und er geradezu zwangsläufig eine Schar von Schülern um sich sammeln wird. Doch auch der Weg

Herkömmliche menschliche Moral und Ethik rücken in den Hintergrund ...

vergleichsweiser Einsamkeit ist begehbar, wie das Beispiel Austin Osman Spares zeigt, wenngleich selbst dieser Eigenbrötler immer wieder Schüler annahm und ausbildete. Es hat wenig Wert, die zahllosen Verzweigungen aufzulisten, die auf eine solche Arbeit mit dem Clan-Prinzip meist folgen, zumal sie stets sehr individuell verlaufen und ohnehin schier unüberschaubar sind.

... die Machtfrage und das Denken in Kollektivzusammenhängen wird dagegen immer wichtiger.

Es sei hier noch eine Bemerkung gestattet, eine vielleicht etwas eigenwillige Interpretation der Abramelin-Magie, die ein anderes Licht auf diese insgesamt doch sehr aufwendige Operation wirft. Es wurde oben erwähnt, daß die Clan-Einweihung nicht gefordert oder erkauft werden kann. Nun scheint es sich bei der Abramelin-Operation allerdings um einen Prozeß zu handeln, der dieser Aussage widerspricht, denn von ihrem Wesen her handelt es sich dabei um eine Selbsteinweihung. Es wäre jedoch meiner Meinung nach falsch, darin einen Automatismus mit Erfolgsgarantie sehen zu wollen. Immerhin ließe sich auch die Auffassung vertreten, daß es gerade die Absurdität der Anstrengung des Abramelin-Exerzitiums ist, viel mehr als sein Inhalt selbst, was die Chancen für eine solche Einweihung erhöht. Denn wir wissen ja aus der Magie, daß sie nur selten nach logisch-linearen, quantitativen Gesichtspunkten funktioniert. Zwar gilt auch hier der alte Leitsatz, daß nichts so wirkungsvoll ist wie der Exzeß, doch ist mit diesem Exzeß eher ein Zustand der schier besinnungslosen Hingabe (man könnte auch etwas böswilliger formulieren: der Hysterie) gemeint, als das Befolgen irgendwelcher fremdbestimmter Regeln und Vorschriften. Diese Meinung wäre nur eine Verlängerung von Crowleys bereits zitiertem Diktum, daß man vom Heiligen Schutzengel gerade deshalb sprechen solle, weil dieses Konzept für einen heutigen Menschen so abstrus zu sein scheint.

Beschließen wir unsere Betrachtung mit einem weiteren Zitat, diesmal aus Johanna Wagners Werk selbst, das die Vereinigung mit Clan-Wesen und/oder Heiligem Schutzengel recht treffend schildert. Sie erzählt einem afrikanischen Mganga (Medizinmann) von ihrem Erlebnis mit einem weißen Gnu, »Wildebeest« genannt, das sich auf freier Wildbahn erfolgreich gegen zwei Löwinnen verteidigte. Dies war ihre spontane Clan-Tier-Einweihung, doch als sie mit dem Mganga sprach, war ihr das noch nicht völlig klar. Und so sagte er zu ihr:

»Du selbst hast mir erzählt, daß damals für dich nichts auf der Welt war als das Wunderbare Wildebeest, du sagst, daß du damals ganz vergessen hast, daß du du bist. Das ist es! Alles, was du je erlebt hast, war verschwunden. Du hattest z. B. keine Angst um das Wunderbare Wildebeest. Du hast es nicht bedauert und nicht bewundert, das tatest du erst später. Dein Gefühl war also weg von dir. Es war im Wildebeest. Und da dein Fühlen nicht in irgendeinem, sondern in dem Wunderbaren Wildebeest war, hatte dein Fühlen keine Angst und kein Bedauern und erst recht kein Bewundern. Dein Sein-Gefühl hatte Wichtigeres zu tun; es mußte kaltblütig sein. Du hast auch nichts gedacht. Es kam dir z. B. gar nicht in den Sinn zu denken: Hoffentlich geht das gut! Was wird jetzt geschehen? Es sollte jetzt das und das machen. Du konntest das alles nicht denken, denn dein Denken war in dem Wunderbaren Wildebeest. Und da hatte es Wichtigeres zu denken als deine kleinen überflüssigen Gedanken. Schließlich aber hast du auch nichts getan. Weder versuchtest du, die Löwinnen zu vertreiben noch sonst irgend etwas zu unternehmen. Das war, weil dein Tun in dem Wildebeest war. Da nun aber dein Fühlen, dein Denken und dein Tun ganz in dem Wildebeest war, wurdest du Ich-Es.« Der alte Mann legte seine beiden Zeigefinger übereinander. »Nein, so geht es nicht«, unzufrieden blickt er herum, geht ins Haus und kommt mit einem alten Bleistift und einem Papierfetzen heraus. Er zieht einen Strich. »Paß jetzt genau auf«, sagt er und macht einen zweiten Strich genau über dem ersten. »Jetzt kannst du sehen, was ich meine. Welches ist der erste Strich? Welches der zweite? Bald gibt es keine zwei Striche mehr, nur noch einen, der heißt Eins von Zwei – Moja ya mbili.«

[*Die, die so aussehen* …, S. 105 f.]

Manche Menschen erfahren den Clan in einem »Augenblick der Kraft«.

Eine Clan-Einweihung muß nicht unbedingt ein formalisierter ritueller Akt sein: Manche Menschen erfahren den Clan, wie es Johanna Wagner selbst auch tat, in einem »Augenblick der Kraft«, in Zeiten großer Gefahr, ja gelegentlich sogar schon in der Kindheit. Es wäre ein Irrtum zu glauben, daß der Heilige Schutzengel der Abramelin-Magie etwas wesentlich »Hehreres« ist. Für den normalen Mitteleuropäer mag die Vorstellung zwar erschreckend sein, ein »Schutzengel« könne die Gestalt eines Elefanten, eines Bären oder sogar eines Krokodils besitzen, könne auf rein tierische Weise fühlen und empfinden, ja könne sogar all das, was im Laufe des jahrtausendelangen zivilisatorischen Prozesses vermeintlich mühsam aufgebaut wurde (in Wirklichkeit handelt es sich dabei wohl eher um ein Vergessen alten Wissens und Zugriffs) in Frage stellen oder sogar beiseite fegen. Wer allerdings erkennt, daß der Begriff Zivilisation meist nur als beschönigendes Etikett für progressive Verohnmachtung mißbraucht wird, wird solchen »Werten« wohl kaum noch eine Träne nachweinen. Und wer erst eine Einweihung in das Clan-Totem-Prinzip erfahren oder den Kontakt zum Heiligen Schutzengel hergestellt hat, dem wird es auch nicht länger als verwunderlich erscheinen, daß sich der spätere Teil des Abramelin-Textes ganz profaner Alltagsmagie widmet, denn hinter aller, besonders für die dogmatische Tradition charakteristischer religiöser Fassade ist es in der Magie niemals um etwas anderes gegangen als um Macht und Zugriff. Diese aber zu bewältigen bieten Clan-Wesen bzw. Heiliger Schutzengel sicher die kraftvollste, effizienteste Voraussetzung.

Erwähnenswert sind im Zusammenhang mit der Abramelin-Magie noch die recht ungewöhnlichen Quadrate, mit denen die meisten Zauberer operieren. Nun sind magische Quadrate an sich nichts Neues, wir kennen sie bereits aus der Planetenmagie, und auch die Kabbala bedient sich ihrer gelegentlich. Die Quadrate des Abramelin aber sind auf besondere Operationstypen spezialisiert (z. B. für Unsichtbarkeit, für Reichtum usw.) und weisen eine völlig andere Struktur auf als herkömmliche magische Kameen. Sie werden in der Regel im Ritual bei Beschwörungen verwendet. Auch ist es möglich, in modernerer Anwendung beispielsweise das Foto einer Zielperson mit einem entsprechenden Quadrat zu präparieren, beispielsweise beim Bindungszauber.

Magische Quadrate

Abb. 54 zeigt einige Beispiele für solche Quadrate, die dem vierten Buch des Abramelin-Texts entnommen sind. Bei ihrem Gebrauch gilt es zahlreiche Vorschriften zu beachten, so soll keine Beschwörung an einem Sabbat stattfinden, »unehrenhafte«, verächtliche oder kriminelle Handlungen sollen unterbleiben, der Magier soll sogar jegliche andere magische Literatur meiden und sich allein auf Rat und Erlaubnis seines eigenen Engels verlassen. Auch Körper und Kleidung, ebenso das Gemüt sollen stets reingehalten werden, niemandem soll durch die Magie Schaden widerfahren, moralische und kultische Ermahnungen runden schließlich das Gesagte ab. Crowley hat darauf hingewiesen, daß derlei Ermahnungen vor allem darauf abzielen, dem Magier klarzumachen, daß er mit seiner religiösen Umwelt einigermaßen harmonisch zusammenleben soll, um unerwünschte Anfechtungen und den damit zwangsläufig verbundenen Streß zu meiden. Weitere Einzelheiten entnehmen Sie bitte den im letzten Abschnitt angegebenen Werken.

Vergangene Sachen zu wissen.

N	A	B	H	I
A	D	A	I	H
B	A	K	A	B
H	I	A	D	A
I	H	B	A	N

1. Punkt 3. Buechs, und 4. Punkts dessen Gebrauch.

6. Künfftige Betrübnüß vorzuwissen.

Dessen Gebrauch vide im 1. u. 4. Punkten 3. Buch

N	V	D	E	T	O	N
V	S	I	P	A	R	O
D	I	R	E	M	A	T
E	P	E	M	E	L	E
T	A	M	E	R	I	D
O	R	A	P	I	S	V
N	O	T	E	D	V	N

1. Einen jeden Geist zu erscheinen machen.

1mo.

1. In Gestalt eines Drachen.

M	A	R	L	I	F	I	M
I	T	H	I	S	I	R	O
D	S	E	K	E	N	I	M
A	T	R	A	R	A	T	V
T	I	R	A	R	A	I	N
M	I	N	E	K	E	S	D
O	L	A	R	A	H	L	A
S	O	M	F	O	R	O	S

Abbildung 54: Magische Quadrate nach Abramelin

MAGISCHE ORDEN (V)

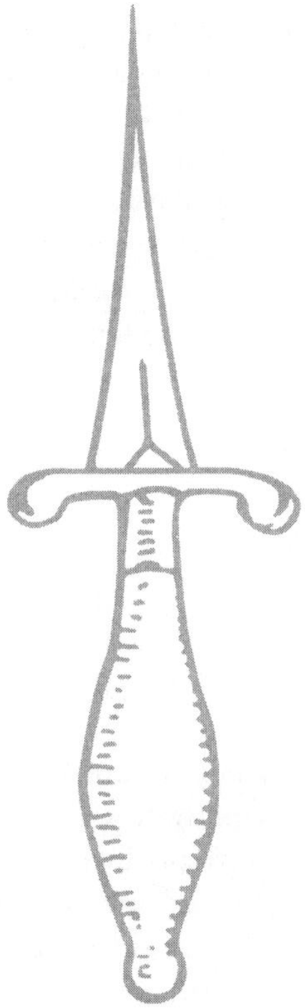

Die Fraternitas Saturni

Der amerikanische Forscher Stephen Edred Flowers hat in seiner Studie *Fire & Ice*, die er ausschließlich der Fraternitas Saturni (im folgenden: FS) gewidmet hat, diese Bruderschaft als einen der wohl wichtigsten magischen Orden des 20. Jahrhunderts bezeichnet. Wenngleich seine Ausführungen in einzelnen Punkten gewisse Ungenauigkeiten aufweisen und auch die Echtheit des von ihm verwendeten Materials in manchen Fällen zumindest zweifelhaft ist, stellt dieses Buch doch alles Bisherige in den Schatten, was zu diesem Thema veröffentlicht wurde. Denn anders als die reichlich wirren Materialsammlungen, Aufsatzfragmente und Spekulationen von Autoren wie Lehmberg, Aythos, Hemberger und Haack bietet Flowers uns eine sehr systematische, sachlich-nüchterne und einigermaßen objektive Beschreibung der Geschichte und Lehren dieses Ordens. Da ich selbst seit langer Zeit Mitglied der FS und durch Eid zur Wahrung der Arkandisziplin verpflichtet bin, muß ich an dieser Stelle um Verständnis dafür bitten, daß ich mich nur innerhalb des mir Gestatteten dazu äußern kann. Andererseits sollen hier auch einige Fehler richtiggestellt werden, die sich in die Literatur eingeschlichen haben und seitdem immer wieder kolportiert wurden.

Flowers bietet uns eine sehr systematische und einigermaßen objektive Beschreibung der Geschichte und Lehren dieses Ordens.

Der Ordensmythos spricht von saturnischen Bruderschaften Ende des 17. Jahrhunderts, die in Schweden, Dänemark und Polen tätig gewesen sein sollen. Auch Bezüge zu den römischen Saturnalien wurden hergestellt. Flowers geht allerdings etwas zu weit, wenn er die Bezugnahme zu nordisch-germanischer Tradition innerhalb der FS überbetont. Wir werden noch sehen, daß die FS zwar auch kurzzeitig ariosophisches Gedankengut integrierte, dieses aber schon bald, wie so manches andere, aus ihrem System wieder ausschloß. Trotz dieser historischen Vorfahren arbeitete die FS, anders als beispielsweise Golden Dawn oder O. T. O., nie mit der Behauptung, älter zu sein, als sich profanhistorisch tatsächlich nachweisen ließ. Es gab auch keine gefälschten Chartas, wie sie etwa der Golden Dawn

Zum Osterfest des Jahres 1928 wurde die Fraternitas Saturni offiziell gegründet.

zum Verhängnis wurden. Statt dessen ist das Gründungsdatum der FS nie ein Geheimnis gewesen: Zum Osterfest des Jahres 1928 wurde die Fraternitas Saturni offiziell durch Gregor A. Gregorius (Eugen Grosche) gegründet. Dem war im Jahre 1925 eine entscheidende Konferenz zwischen Aleister Crowley und seinen Anhängern sowie Vertretern der Pansophischen Loge Deutschlands vorangegangen. Die Liste der Teilnehmer an dieser Konferenz im thüringischen Weida liest sich wie ein Who's who des deutschen Okkultismus: Heinrich Tränker, Albin Grau, Eugen Grosche, Karl Germer, Martha Küntzel – zusammengekommen mit Aleister Crowley, Leah Hirsig (Crowleys damaliger Scharlachfrau), Dorothy Olsen und Norman Mudd. Crowley wollte sich bei dieser Gelegenheit von der Pansophischen Loge zum Weltenheiland ausrufen lassen. Es ging ihm um die Annahme seines Gesetzes von Thelema, und er versprach sich große Dinge von einer solchen Akzeptanz.

Crowley wollte sich von der Pansophischen Loge zum Weltenheiland ausrufen lassen.

Kurz zuvor war das *Buch des Gesetzes* hastig übersetzt und verteilt worden. Das blieb nicht ohne Folgen. Ein Teil der Brüder und Schwestern der Pansophischen Loge fühlten sich von seinem Inhalt abgestoßen, ein anderer Teil dagegen war begeistert. Schließlich einigte man sich doch auf ein Kommuniqué, in dem Crowley als neuer Weltenlehrer bestätigt wurde. (Das Konzept des Weltenlehrers selbst ist nicht sonderlich neu, wir finden es sowohl im Buddhismus als auch später in der Theosophie, die ihrerseits etwa zur gleichen Zeit versuchte, den Inder Jiddu Krishnamurti zum Weltenheiland aufzubauen – allerdings erfolglos, weil dieser sich schließlich weigerte, die für ihn bestimmte Rolle zu übernehmen.)

Doch es dauerte nicht lange, da machte einer der Beteiligten nach dem anderen einen Rückzieher. Selbst Crowleys engste Adepten, Norman Mudd und Leah Hirsig, zogen ihre Zustimmung wieder zurück. Der Endeffekt dieser Debatte war, daß die Pansophische Gesellschaft geschlossen wurde. Am 8. Mai 1926 wurde eine »Fraternitas Saturni« gegründet, die jedoch nur als Vorform oder Keimorganisation des späteren Ordens zu betrachten ist. Gregorius, bis dahin Sekretär der Pansophischen Loge, hatte sich mit vier weiteren Fratres zusammengetan, um einen thelemitisch ausgerichteten Orden zu erschaffen, der sich jedoch keiner fremden Observanz unterstellte und großen Wert darauf legte, vom O. T. O. unabhängig zu bleiben. Bis zum Osterfest 1928 war es dann schließlich soweit, die neue Gruppe hatte sich konsolidiert und feste Strukturen entwickelt, weshalb innerhalb der heutigen Loge auch nur dieser Termin als das eigentliche Gründungsdatum gilt.

Crowley und Gregorius

Trotz seiner ungeschminkten Bewunderung für Crowley hielt Gregorius doch zum Meister Therion stets eine gewisse Distanz ein, was allerdings durchaus auf Gegenseitigkeit beruht haben dürfte. Es sind zwar einige Schreiben erhalten, die Gregorius an Crowley richtete, und der Ordensfama zufolge soll der englische Magier sogar damit einverstanden gewesen sein, daß die FS seinen zweiten Teil des Gesetzes von Thelema um einen Zusatz ergänzte. So heißt die vollständige Fassung, wie sie von der FS gebraucht wird: »Liebe ist das Gesetz. Liebe unter Willen. Mitleidlose Liebe.« Andererseits sind jedoch keine Antwortbriefe Crowleys an Gregorius überliefert. Es scheint zudem doch recht unwahrscheinlich, daß der Meister Therion, der sich sonst stets an die Ermahnung im *Buch des Gesetzes* hielt, nicht einmal die äußere Form auch nur eines einzigen Buchstabens seiner Offenbarungsschrift zu verändern, einer solchen Erweiterung tatsächlich seine Zustimmung gegeben haben soll. Andererseits scheint es auch unsinnig, Gregorius zu unterstellen – wie es von Kritikern gelegentlich getan wird –, er habe einen solchen Briefwechsel nur vorgetäuscht. Schließlich kannten er und Crowley einander nachweislich und standen sich mit Sympathie gegenüber.

Ansonsten hatten die beiden Männer allerdings wenig gemeinsam: Während der merkuriale Meister Therion der Welt und dem Weltall in genialischer Selbstüberschätzung seinen Stempel aufdrücken wollte, wobei er in Intellektualität und Bildungsfanatismus schier schwelgte, war Gregorius eher ein Mann der Praxis als der Theorie. Seine Schriften zeugen von keiner besonders souveränen Beherrschung der deutschen Sprache. Er war alles andere als ein Stilist, dafür aber doch eine recht charismatische Persönlichkeit, der es immer wieder gelang, die führenden Köpfe des deutschen Okkultismus seiner Zeit für seine Bruderschaft zu gewinnen und sich ihres Wissens zu bedienen, um deren Lehre zu erweitern und abzurunden.

Die FS publizierte eine Menge Material, das meiste davon als ordensinterne Schriften, doch es gab auch eine Fülle von Texten, die einer breiteren Öffentlichkeit zugänglich gemacht wurden. Der Mitgliederbestand der Loge wuchs rasch an, doch nach der Machtergreifung Hitlers im Jahre 1933 wurde sie, wie die meisten Geheimgesellschaften der damaligen Zeit, verboten und geschlossen. Gregorius verließ das Land und begab sich zuerst in die Schweiz, um später nach Italien überzusiedeln. Auf Drängen der deutschen Regierung wurde er 1943 an das Deutsche Reich ausgeliefert, wo er etwa ein Jahr in Schutzhaft blieb. Danach wurde er aus bisher nicht ganz geklärten Gründen auf Ehrenwort entlassen und nicht weiter behelligt. Allerdings war es ihm nicht möglich, die Loge in irgendeiner offiziellen Form wiederzubeleben, bis schließlich 1945 der Zweite Weltkrieg und mit ihm die Herrschaft des Nationalsozialismus endete. Gregorius, dessen Herz politisch eher auf der sozialistischen Seite schlug, konnte offenbar während des Krieges noch einige Geheimkontakte zu ehemaligen Logenmitgliedern unterhalten. Er lebte zunächst in der sowjetischen Besatzungszone, wo er sogar kurzzeitig kommunaler Kulturkommissar war, bis er wegen »bürgerlicher Umtriebe« seinen Posten verlor und schließlich 1950 nach West-Berlin übersiedelte. Erst jetzt konnte die FS wieder zu wirklichem neuen Leben erblühen. Im April des Jahres 1950 erschien die erste Nummer der *Blätter für angewandte okkulte Lebenskunst*, das offizielle Mitteilungsblatt der Loge, eine Zeitschrift, die immerhin bis 1962 regelmäßig erst in monatlichen, später in zweimonatlichen Abständen erschien.

Nach der Machtergreifung Hitlers wurde die FS verboten und geschlossen.

Die Blätter für angewandte okkulte Lebenskunst

An Volumen und Qualität der Beiträge stellen die *Blätter* wohl alle bisherigen okkulten Magazine der Magiegeschichte in den Schatten. Selbst Aleister Crowleys *Equinox* kann es mit ihnen, wiewohl äußerlich weitaus anspruchsvoller gestaltet, nicht aufnehmen. Als Einblick in die traditionalistische Richtung des deutschen Okkultismus stellen sie ein Dokument von unschätzbarem historischen und praktischen Wert dar. Auf fast dreitausend Seiten findet der Leser eine Vielzahl von Themen behandelt, wobei es natürlich nicht ausbleibt, daß die einzelnen Beiträge von unterschiedlicher Qualität sind. Darüber hinaus erschienen bereits vor dem Krieg fünf Ausgaben der *Saturn-Gnosis*, ferner die *Logenschulvorträge*, in späterer Zeit kam noch die Publikation

Vita-Gnosis hinzu, ebenso einige Sonderdrucke der Loge, darunter der berüchtigte *Sonderdruck Nr. 2*, in dem es um die Verbindung des Sonnenstands mit sexualmagischen Koitusstellungen geht.

In den Jahren 1960 bis 1964 (als Gregorius starb) wurde die Loge, die inzwischen seit 1957 Großloge Fraternitas Saturni hieß und in zahlreichen Städten im deutschsprachigen Raum eigene Oriente (Tempel) unterhielt, von Querelen und Machtkämpfen erschüttert, ein Los, das ihre Geschichte bis in die achtziger Jahre kennzeichnen sollte. Die Mitgliederfluktuation dieser Zeit betrug bis zu fünfzig Prozent im Jahr, Ausschlüsse, Exkommunikationen, Intrigen und Abspaltungen wurden zur Regel.

Die Meisterin Roxane wurde Nachfolgerin des verstorbenen Gregorius.

Eine Frau als Ordensführerin

Die Osterloge 1964 wählte die Meisterin Roxane zur Nachfolgerin des verstorbenen Gregorius. Haack weist in seiner Studie *Die Fraternitas Saturni* darauf hin, daß damit »Erstmalig in der neueren Geschichte arkan-mystogener Geheimorden [...] eine Frau zur Ordensführerin geworden« sei (S. 29). Dabei unterschlägt er freilich durchaus bekannte Magierinnen wie Dion Fortune (d.i. Violet Mary Firth) und Marie de Naglowska, die in ihrem eigenen Bezugsrahmen ganz ähnliche Funktionen wahrnahmen. Roxane starb bereits am 8.6.1965, worauf die Loge bis Ostern 1966 von einem Triumvirat weitergeleitet wurde. Dann wurde der Meister Daniel, der erst im September des Vorjahrs den Meistergrad erworben hatte, zum neuen Großmeister gewählt. Daniel sollte zu einer der umstrittensten, aber auch fruchtbarsten Gestalten innerhalb der FS werden. Zwar hatte er bei der Führung des Ordens keine sonderlich glückliche Hand, unter seiner Ägide erfolgte die für Geheimbünde oft so typische Aufsplitterung in diverse »innere Zirkel«, das Logenwissen wurde immer restriktiver gradabhängig ausgeteilt, die Hierarchisierung nahm kein Ende. Andererseits hat gerade Daniel wohl wie kein zweiter die Tradition der deutschen Magie praktisch belebt und erforscht, was die erhaltenen Dokumente eindeutig beweisen.

Ihm folgt im Jahre 1969 Jananda, der bis dahin nur einen Lehrlingsgrad bekleidet hat. Über seiner Regentschaft steht kein guter Stern: Noch im selben Jahr gerät ein Teil des Logenarchivs in die Hände eines Außenseiters, des Gießener Professors Adolf Hemberger, der damit eine seiner zahlreichen Abhandlungen über die FS füllt. Das Archiv muß ihm offensichtlich durch Verrat zugespielt worden sein, es wurde anscheinend entweder verkauft oder, wie es eine andere Variante der Geschichte will, im Zuge eines Feuerausbruchs unterschlagen und beiseite geschafft (möglicherweise auch beides). Jananda muß schon nach kurzer Zeit sein Amt niederlegen.

Im April 1969 übernimmt der Logensekretär Andrzey das Großmeisteramt. Danach verliert sich die dokumentierte Geschichte der Loge im Dunkel. Die Bruderschaft ist jedoch, wie ich selbst bezeugen kann, seither ununterbrochen aktiv geblieben, wenn auch mit wechselnden Schwerpunkten und unter verschiedenen Großmeistern. Seit Anfang der achtziger Jahre hat eine Konsolidierung stattgefunden, und es ist gewiß keine Übertreibung zu behaupten, daß die Loge Fraternitas Saturni sich heute qualitativ auf einem neuen Höhepunkt befindet, was Ausbildungsniveau und ernsthafte praktische und magische Arbeit angeht. Sie unterhält wieder verschiedene Oriente in mehreren Ländern, ein neues Mentorensystem sorgt für systematische Schulung und Betreuung der Neophyten, und im Gegensatz zu einigen anderen Gruppierungen, die sich mit den fremden Federn der FS schmücken wollten, werden die Arbeitsgrade nicht etwa auf Anforderung per Post verliehen, sondern setzen dezidierte, langjährige praktische Arbeit voraus. Dennoch tritt die Loge, von einer Website im Internet abgesehen (Adresse im Anhang), nicht öffentlich in Erscheinung, sie lehnt jede Werbung ab und bemüht sich nicht aktiv darum, neue Mitglieder zu werben. Das ist auch nicht erforderlich, denn das allgemeine Interesse an diesem Orden ist nach wie vor ungebrochen, so daß die FS strenge Auswahlkriterien anwenden kann, ohne Gefahr zu laufen, zu veralten oder mangels Masse auszubluten. Zudem hat ein deutlicher Verjüngungsprozeß stattgefunden, der sicher zu ihrer heutigen moderneren, weniger dogmatischen, aber stets traditionsbewußten Ausrichtung entscheidend beigetragen hat.

Nach 1969 verliert sich die dokumentierte Geschichte der Loge im Dunkel.

Die Loge tritt nicht öffentlich in Erscheinung.

Im Laufe ihrer bewegten Geschichte hat es immer wieder Abspaltungen gegeben, beispielsweise die »Fraternitas Luminis« und die »Fraternitas Urani«. Erst vor etwas über zwanzig Jahren spaltete sich eine andere Organisation von ihr ab und versuchte, den Namen Fraternitas Saturni für sich zu beanspruchen, was ihr jedoch schließlich gerichtlich untersagt wurde. Bei dieser Organisation handelt es sich um den heutigen Ordo Saturni, eine Gruppierung, die durchaus Elemente der alten FS integriert hat und diese praktisch umsetzt, wenn auch mit einer stärkeren thelemitischen Ausrichtung als ihr Ursprungsorden. Gegen den Ordo Saturni lief vor einigen Jahren eine Hetzkampagne in der Presse, haltlose Vorwürfe, wie man sie schon von der Verfolgung des Thelema-Ordens Michael Eschners kannte, wurden wild zusammengewürfelt mit Sensationsmache und falschen Beschuldigungen, die sich ausnahmslos als infame Verleumdungen herausstellten. Seitdem ist es um den Ordo Saturni in der Öffentlichkeit etwas ruhiger geworden, während er noch kurz zuvor auch mit Zeitungsanzeigen in Erscheinung getreten war.

Imitationen der FS gab es nicht nur in Deutschland.

Imitationen der FS gab es nicht nur in Deutschland, sondern auch beispielsweise in Kanada, wo die Loge früher tatsächlich auch Mitglieder besaß. Es soll hier jedoch unmißverständlich erklärt werden, daß es nur eine ursprüngliche, als Verein eingetragene Fraternitas Saturni gibt und jemals gegeben hat. Andere Organisationen mögen im saturnischen Geist der FS arbeiten oder auch nicht, ihr Anspruch darauf, die »wahre« Fraternitas Saturni zu sein, entbehrt jedoch jeder Legitimation, anders als manche Gruppierungen namens O. T. O., die wenigstens zum Teil über entsprechende Chartas verfügen. Dies mag den Laien nicht weiter bekümmern, doch dürfen wir nicht vergessen, daß die Legitimation in den traditionalistischen Richtungen der Magie eine große Rolle spielt, von den vereinsrechtlichen Aspekten der Problematik ganz zu schweigen.

Ein Konglomerat verschiedenster Strömungen aus einer Vielzahl okkultistischer Quellen

Woraus besteht nun das System der FS? Es ist ein Konglomerat verschiedenster Strömungen, die sich aus einer Vielzahl okkultistischer Quellen speisen. Zunächst einmal ist da die Freimaurerei zu erwähnen, die für die winklige Tradition verantwortlich zeichnet, in der die

FS bis heute steht. Tempelaufbau, Verteilung und Funktion der Tempelbeamten, Ritualverlauf – sie alle verdanken der Freimaurerei entscheidende Impulse. Andererseits stand die Loge von Anfang an beiden Geschlechtern offen. Auch wurde nie versucht, eine organisatorische oder personelle Anbindung an die Freimaurerei herzustellen.

Zudem übernahm sie sehr viel okkultes Gedankengut, das in der Freimaurerei allenfalls eine symbolische Schattenexistenz führen durfte. Luziferianische Gnosis, Sexualpraktiken des O. T. O., Yoga, taoistische Lehren, Templerkult, Astralmagie, Alchemie, Buchstaben- und Runenmagie, die Zauberei Quintschers und Bardons, mittelalterliche Zeremonialmagie – sie alle gehen im Alembic der FS eine Verschmelzung ein. Doch keines dieser Elemente konnte je die Alleinherrschaft für sich beanspruchen.

Von ihrem Selbstverständnis her ist die FS eine saturnisch-uranische Loge.

Von ihrem Selbstverständnis her ist die FS übrigens gar keine rein saturnische, sondern vielmehr eine saturnisch-uranische Loge, die, wie so viele andere Geheimbünde auch, das »neue Zeitalter« einleiten und mitbestimmen will. In der Betrachtung der Kritik kommt das uranische Element meist zu kurz, dabei findet es sich in der Ordensgeschichte oft nur zu deutlich manifestiert. Im Gegensatz beispielsweise zum modernen IOT, der vor seinem Niedergang eher ein zentrifugales Prinzip verkörperte, bei dem die Kreativität gewissermaßen nach außen geschleudert wurde und keine Impulse festgehalten oder einer Geheimhaltung unterworfen wurden, verkörpert die FS eher das zentripetale Prinzip, indem sie nämlich fremdes Gedankengut zunächst einmal aufnimmt, dann filtert, überprüft, das eine ausscheidet, das andere übernimmt, kurzum saturnische Konzentration betreibt, bei uranischer Offenheit für alles Neue und Fremde. Selten hat die FS wirklich Originelles hervorgebracht, originell war an ihr vielmehr, wie sie Fremdes in ihr System integrierte und entsprechend anpaßte.

Eine Besonderheit der FS: der GOTOS

Eine Besonderheit dieses Ordens ist allerdings das Prinzip des GOTOS. Dabei handelt es sich um das Gruppendaimonium, gewissermaßen den personifizierten Egregor der Loge, der auch den höchsten, den 33° innehält. Zwar verfügen auch andere Bruderschaften über einen solchen Egregor, doch wird bei diesen in der Regel nicht gezielt und systematisch damit gearbeitet, während die FS diesem Daimonium eigens einen Grad vorbehält (der auch von einem Mitglied als Verkörperung des GOTOS innegehalten werden kann) und es in entsprechenden Ritualen bearbeitet. Rosenkreuzerische und illuministische Elemente trugen zusammen mit gnostischen ihr übriges dazu bei, um dieser Bruderschaft des Saturn ein völlig einzigartiges Kraftfeld zu verleihen.

Wissens- und Arbeitsgrade.

Das Gradsystem lehnt sich an die Freimaurerei an, man unterscheidet in Wissens- und Arbeitsgrade, wobei letztere nur durch Absolvieren verschiedenster Prüfungen auf magisch-mystischem Gebiet verliehen wurden und werden. Grundsätzlich gilt sowohl bei den einfachen als auch bei den Hochgraden die Dreiteilung in Lehrling, Geselle und Meister. Die Wissensgrade werden nicht »ausgefüllt«, sie stellen eher eine Anerkennung für geleistete Dienste, für Engagement innerhalb des Ordens sowie eine Art »Treueprämie« dar. Meist werden sie bei der Verleihung der Arbeitsgrade (die als einzige wirklich Berücksichtigung finden) übersprungen, wiewohl es gelegentlich Tendenzen gegeben hat, auch diese Grade schärfer zu definieren und entsprechende Anforderungen für ihre Verleihung zu entwickeln.

Saturn wird innerhalb der FS als der große Demiurg verstanden, als Hüter der Schwelle und Bewahrer der Einweihung. Mit ihm in Kontakt zu treten erweist sich nicht nur für den ungeübten Magier oft als sehr herbe Erfahrung. Erkrankungen, berufliche und finanzielle Katastrophen, Entwurzelung und andere Unannehmlichkeiten sind häufige Begleiterscheinungen der Anfangszeit innerhalb der Loge. Aus diesem Grund nimmt die Bruderschaft heute jeden Bewerber erst nach einem einjährigen Noviziat außerhalb der Loge auf, weil die Berührung mit dem durch die FS konzentrierten »Saturn-Strom« einer erheblichen Gewöhnung bedarf. Im übrigen hat sich die FS im Laufe ihrer Geschichte auf dem Gebiet der Lehre und Praxis stets als weitaus undogmatischer erwiesen, als man aufgrund ihrer Grundstruktur und Ideologie erwarten müßte. Letztlich hat innerhalb des Bundes, ganz im Geiste ihres Gründers, die Pragmatik stets gesiegt, wenn sie auch oft traditionalistisch-dogmatisch verbrämt wurde.

Diese im Kern doch sehr liberale Grundhaltung ermöglichte es, daß die Loge immer wieder die in ihrer Zeit führenden deutschen

Okkultisten als Mitglieder gewinnen konnte: Rah-Omir Quintscher und Karl Spiesberger sind nur zwei Beispiele dafür. Viele Magier (etwa der Meister Daniel) wurden ausschließlich durch ihre Aktivität innerhalb der FS bekannt, andere wiederum zogen es vor, im Stillen zu arbeiten und ihre Mitgliedschaft in dem Orden nicht an die große Glocke zu hängen.

Viele der heute gängigen magischen Praktiken wurden innerhalb der FS entweder wiederentdeckt oder erstmals thematisiert, beispielsweise der Umgang mit dem magischen Spiegel, der Pendelmagie und auch der Sexualmagie, wobei die FS auf letzterem Gebiet zumindest von der Theorie her weitaus konsequenter, praxisorientierter und umfassender vorging, als dies beispielsweise der doch – eigentlich zu Unrecht – vor allem wegen seiner Sexualmagie bekannte O. T. O. tat. Doch nimmt die Sexualmagie innerhalb der FS nur einen einzigen, den 18° ein, den berühmt-berüchtigten Gradus pentalphae. Weitaus weniger originell und praktisch orientiert ist dagegen die thelemitische Ausrichtung des Ordens, die, wie bereits oben erwähnt, auf den starken Einfluß Aleister Crowleys zurückgeht.

Ein hoher praktischer Erfahrungsstand innerhalb der FS

Der hohe praktische Erfahrungsstand auch der späteren Nachkriegsloge ist um so erstaunlicher, wenn man bedenkt, daß Gregorius aufgrund seiner Erfahrungen im Dritten Reich nach dem Krieg stets darauf beharrte, innerhalb der FS keine offiziellen praktischen Arbeiten durchzuführen, die über das Generalritual und einige wenige andere festgelegte Zeremonien hinausgingen. Statt dessen arbeitete man in kleinen, inoffiziellen Gruppen, die zumindest nach außen hin den Eindruck erwecken wollten, daß sie nichts mit der FS zu tun hatten. Doch das erwies sich eher als juristische Spitzfindigkeit denn als wirkungsvolle Maßnahme gegen Verfolgung.

Der Ruf der FS, die bis dahin weitgehend unerkannt im »Untergrund« gearbeitet hatte, erfuhr eine drastische Verbesserung und Verschlechterung zugleich, als Adolf Hemberger damit begann, unautorisiert Logenmaterial zu publizieren. Nicht alle von ihm veröffentlichten Ordensdokumente sind allerdings in dem Sinne echt, daß sie tatsächlich Bestandteil des

Die FS begreift sich auch als »Wissensloge«.

offiziellen Logenschrifttums gewesen wären. Da die FS sich auch als »Wissensloge« begreift, die in ihrem Archiv zahlreiche Aufsätze, Erfahrungsberichte und magische Dokumente ihrer Mitglieder aufbewahrt, ist es für einen Außenseiter nicht immer klar zu unterscheiden, was davon »offiziell« und was »inoffiziell« ist bzw. war. Der schlechte Ruf der FS, der ihr teilweise noch bis heute anhängt, basiert grundsätzlich auf zwei Vorwürfen, nämlich daß die Loge »satanistisch« sei und daß sie die Sexualmagie pflege. Letzteres gilt jedoch, wie erwähnt, nur für den schon erwähnten Grad, der nur von den wenigsten Mitgliedern bearbeitet wird. Gerüchte, denen zufolge ein Inhaber des Gradus pentalphae einem anderen Logenmitglied nur einen besonderen Gradring zu zeigen brauchte, damit dieses ihm zu sexualmagischen Zwecken willfährig sei, stellen eine Verwechslung mit dem O. T. O. dar, dem man ja ähnliches vorgeworfen hat.

Der schlechte Ruf der FS basiert auf zwei Vorwürfen.

Was das »Satanistische« angeht, so ist es richtig, daß die Loge luziferianisch-gnostisch ist, was sicher für viele fundamentalistische Christen bereits aussehen muß wie schiere Teufelsanbetung. Tatsächlich wird Saturn aber als herber Hüter der Schwelle und als Prinzip der Einweihung durch Strenge und Disziplin begriffen, von Schwarzen Messen keine Spur, und wer in der FS gar die Praktiken des Salonsatanismus des 19. Jahrhunderts erwartet (umgekehrte Kruzifixe, Jungfrauen auf dem Altar, Schändung katholischer Sakramente durch einen relegierten Priester usw.), wird sich bitter enttäuscht sehen. Es ist das Los aller Geheimorganisationen, daß ihre Gegner – aber auch ihre unkritischen Bewunderer! – mangels Wissen alles mögliche und unmögliche in sie hineingeheimnissen, ohne es mit der Überprüfbarkeit ihrer Aussagen allzu genau zu nehmen.

Es ist das Los aller Geheimorganisationen, daß ihre Gegner mangels Wissen alles mögliche und unmögliche in sie hineingeheimnissen.

Im übrigen gilt, wie bereits erwähnt wurde, für die Mitglieder das Gesetz von Thelema, dessen erster Teil in der deutschen Fassung mit »Tue was du willst, *ist* das ganze Gesetz« (also nicht, wie sonst üblich, »soll sein« oder »sei«) übersetzt wird, um anzudeuten, daß dieses Gesetz bereits Gültigkeit hat, daß das Neue Äon schon angebrochen ist. Die von der Loge aufgegriffenen Disziplinen und Lehren haben im

Laufe der Jahrzehnte grundlegende Veränderungen erfahren. Beispielsweise verfügte Gregorius zwar einst, daß das astrologische System des Berliner Astrologen Johannes Vehlow mit seiner äqualen Häusermanier offizielle Logenastrologie werden solle, doch wird heute wieder mit einer Vielzahl verschiedenster astrologischer Richtungen operiert. Ist ein Dogma überholt, wird es eben im Saturn-Strom verbrannt und relativiert.

Mehr zur FS erfahren Sie im Internet auf der Website des Ordens: http://www.fraternitas.de

Praktische Übungen

ÜBUNG 97
PRAKTISCHE SONNENMAGIE (I)

Führe mindestens einen Monat lang täglich das in diesem Abschnitt beschriebene Ritual des *Liber Resh* durch.

ÜBUNG 98
PRAKTISCHE SONNENMAGIE (II)

Entwickle ein eigenes, mindestens einwöchiges magisches Sonnenexerzitium und führe es zu einer günstigen Zeit durch. Beschäftige Dich im Vorfeld auch theoretisch mit Sonnenmythen und -kulten (z. B. Osiriskult, Odinskult, Christentum, Mithraskult usw.).

ÜBUNG 99
PRAKTISCHE MONDMAGIE (III)

Entwickle nach der Durchführung der beiden vorangegangenen Übungen im Lichte dieser neuen Erfahrung ein eigenes, mindestens einwöchiges magisches Mondexerzitium und führe es zu einer günstigen Zeit durch. Beschäftige Dich im Vorfeld auch theoretisch mit Mondmythen und -kulten (z. B. Ishtarkult, Isiskult, Marienverehrung usw.).

WEITERFÜHRENDE LEKTÜRE
AUCH: LITERATURNACHWEIS

Aythos, *Die Fraternitas Saturni – eine saturn-magische Loge*, München: Arbeitsgemeinschaft für Religions- und Weltanschauungsfragen 1979

Blätter für angewandte okkulte Lebenskunst, Darmstädter Ausgabe, Darmstadt: Gesellschaft für Psychotronik und Psi-Forschung 1989

CD-Rom-Ausgabe, Büllingen: Edition Magus, 2003

Stephen Edred Flowers, *Fire & Ice. Magical Teachings of Germany's Greatest Secret Occult Order*, St. Paul, Minn.: Llewellyn Publications 1990

Friedrich-Wilhelm Haack, *Die Fraternitas Saturni (FS) als Beispiel für einen arkan-mystogenen Geheimorden des 20. Jahrhunderts*, München: Arbeitsgemeinschaft für Religions- und Weltanschauungsfragen 1977

Adolf Hemberger, *Organisationsformen, Rituale, Lehren und magische Thematik der freimaurerischen und freimaurerartigen Bünde im deutschen Sprachraum Mitteleuropas.* Teil I: *Der mystisch-magische Orden Fraternitas Saturni. Versuch einer religionsphänomenologischen, soziologischen und tiefenpsychologischen, an der Werturteilsfreiheit der Heidelberger Schule orientierten Analyse*, Frankfurt/M.: Selbstverlag o. J. [1971]

ders., *Documenta et Ritualia Fraternitatis Saturni*, (Organisationsformen …, Bd. XII), Gießen: Selbstverlag 1977

ders., *Documenta et Ritualia Fraternitatis Saturni*, (Organisationsformen …, Bd. XIII), Gießen: Selbstverlag 1977

ders., *Documenta et Ritualia Fraternitatis Saturni* – Band 2, Gießen: Selbstverlag 1977

Ellic Howe, »*German Occult Groups*«, in: Richard Cavendish (ed.), *Encyclopedia of the Unexplained*, London: Routledge & Kegan Paul 1974, S. 89–92

F. W. Lehmberg (Hrsg.), *Sonderdrucke und Interna der Fraternitas Saturni*, München: Arbeitsgemeinschaft für Religions- und Weltanschauungsfragen 1980

Johanna Wagner, *Die, die so aussehen wie jemand, aber möglicherweise etwas ganz anderes sind. Aus der Praxis afrikanischer Medizinmänner*, Berlin: Clemens Zerling 1985

dies., *Be Stronger than Bad Magic*, transl. into African English by Isaac Oben, Göttingen: Edition Herodot 1984 (engl., aus dem MS übers. Fassung v. *Die, die so aussehen …*)

(Vgl. auch die schon öfter erwähnten Werke von Karl R. H. Frick.)

Kampfmagie

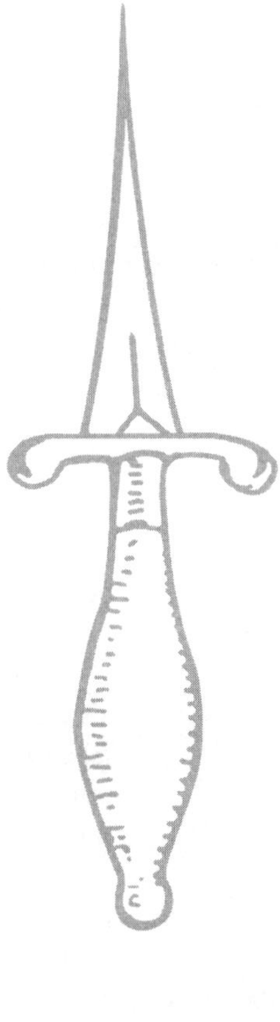

Der Begriff »Kampfmagie« wurde m. W. erstmalig im Jahre 1984 von mir verwendet. Zwei Jahre später veröffentlichte ich in der Zeitschrift *Anubis* einen dreiteiligen Artikel zu diesem Thema (Literaturangaben s. Anhang). Darin erläuterte ich zunächst einmal in allgemeinerer Form die Grundlagen jeder Kampfmagie. Das Technische trat dabei zunächst einmal in den Hintergrund, denn es galt zunächst, die zahllosen Vorurteile aus dem Weg zu räumen, mit denen die Magie im allgemeinen und die Kampfmagie im besonderen nach wie vor behaftet sind. An dieser Stelle soll in einer knappen, über den erwähnten Artikel jedoch hinausgehenden Zusammenfassung Funktion und Praxis kampfmagischen Tuns behandelt werden.

Die zahllosen Vorurteile aus dem Weg räumen

Unter »Kampfmagie« soll hier die Lehre und Praxis des Magischen Krieges in sämtlichen Verzweigungen verstanden werden. Dazu gehört selbstverständlich auch die Schutzmagie! Schon hier, ganz zu Anfang, begegnet uns auch der erste Stolperstein: Denn während Schutzmagie im allgemeinen als »gut, positiv, konstruktiv, lebensbejahend« betrachtet wird und selbst die schärfsten Gegner der Schwarzen Kunst noch einigermaßen versöhnen kann, wird allzu leicht übersehen, daß die Verteidigung schon immer Teil der übergeordneten Disziplin des Krieges war und nicht umgekehrt. Ebensowenig wie es eine rein auf Verteidigung ausgerichtete Kriegskunst geben kann, die die Problematik, Technik und Durchführbarkeit des militärischen Angriffs ignoriert, kann es eine reine Schutzmagie geben, die ihre Augen vor den Realitäten aggressiver Todes- und Schadenszauber verschließt – so etwas wäre nur die Verwaltung kindlich-fanatischer Moralvorstellungen, die bestenfalls ihren Platz in der spekulativen Theologie hätte, nicht aber unter Magiern, denen es in erster Linie um die Bewältigung der Effizienz ihrer Kunst geht.

Kampfmagie: die Lehre und Praxis des Magischen Krieges in sämtlichen Verzweigungen

Dazu gehört selbstverständlich auch die Schutzmagie!

Viel wichtiger als alle Techniken ist daher die absolute Unversöhnlichkeit oder Konsequenz des Magiers: Ohne diese Grundeinstellung ist jeder magische Schutz bestenfalls Glückssache. Als erste Regel gilt daher: Sie müssen sich selbst absolut schutzwürdig sein.

Sie müssen sich selbst absolut schutzwürdig sein.

Das Wort »absolut« ist hier ganz wörtlich gemeint. Nur mit der Grundeinstellung, daß das eigene Leben, die eigene Gesundheit und natürlich die eigene Macht um jeden Preis zu schützen und zu bewahren sind, haben Sie in der Kampfmagie eine Überlebenschance. Damit ist natürlich nicht der allgemeine magische Alltag gemeint. Denn der magische Krieg in seinen höher entwickelten Formen stellt nach wie vor einen Ausnahmezustand dar. Weil er sehr aufwendig ist und ungeheuer viel Aufmerksamkeit und Kraft verschlingt, wird er nur selten ohne triftigen Grund geführt – es sei denn von angehenden Kampfmagiern, die auf diese Weise vor allem ihre Beherrschung dieser Disziplin vervollkommnen wollen. Ungleich häufiger finden dagegen »kleinere«, oft nicht einmal bewußte Beeinflussungsversuche auf magischer Ebene statt, etwa im Affekt des Gegners durch bohrenden, hintergründigen Haß, durch Eifersucht, Neid, Groll oder andere Emotionen, die es auf eine Schädigung der Zielperson abgesehen haben. Mit dieser Form der Angriffsmagie bekommt auch der Magier, der sich eigentlich nicht in Profikreisen bewegt, häufiger zu tun, als ihm lieb ist. Nur aus diesem Grund ist es für jeden Magier sinnvoll, sich wenigstens mit den Grundlagen der Kampfmagie vertraut zu machen.

Da es in der Magie bekanntlich um Macht und Machbarkeit geht, darf es, was den magischen Schutz betrifft, keine Ausnahmen geben. Man denke an die unzähligen Legenden von großen Magiern, die durch Verrat endeten, allen voran einer der Urahnen unserer Zunft, Merlin. Dabei geht es viel weniger darum, wie es früher immer wieder gern thematisiert wurde, ob der Magier durch irgendein »böses Weib« zur Strecke gebracht wird. Entscheidend ist vielmehr, daß es auch den allerintimsten Freunden und Liebespartnern nicht gestattet werden darf, die Macht des Magiers in irgendeiner wie auch immer gearteten Weise zu schwächen. Wer diesen Rat nicht beherzigt, wer noch immer in dem verträumten Glauben lebt, die Welt sei im Kern »gut« und es gebe mensch-

Man denke an die unzähligen Legenden von großen Magiern, die durch Verrat endeten, allen voran Merlin.

liche Beziehungen, die nicht kannibalischer Natur sind, die frei von Revier- und Versorgungskämpfen und den damit verbundenen Anfechtungen wären, wird sich früher oder später eines Besseren belehren lassen müssen. Somit wird auch deutlich, daß es so leicht gar nicht ist, schon die allererste Regel der Kampfmagie zu befolgen. Denn die Sehnsucht nach »waffenfreier Geborgenheit«, das (im Kern natürlich doch nur räuberische) Anlehnungsbedürfnis und der allgemeine Hang zum »Menscheln« erweisen sich immer wieder als tückische Verbündete all jener Kräfte und Mächte, die dem Magier feindselig gegenüberstehen.

Auf der praktischen Ebene bedeutet dies, daß man den eigenen magischen Schutz auf jeden Fall mit einem Todesfluch absichern sollte, der nur bei einem Angriff wirksam wird. Dieses Prinzip der »magischen Tretmine« haben wir bereits im Zusammenhang mit der Sigillenmagie kennengelernt, es braucht daher hier nicht weiter erläutert zu werden. Wir dürfen auch als bekannt voraussetzen, daß die gleichen Techniken, mit denen der Magier heilt, auch schaden oder töten können. Doch das tun sie, wie alle Magie, nur dann, wenn die entsprechenden Voraussetzungen erfüllt sind, und mit diesen wollen wir uns hier vornehmlich befassen.

Die gleichen Techniken, mit denen der Magier heilt, können auch schaden oder töten.

Wie wichtig gerade auf dem Gebiet der Kampfmagie Konsequenz und gnadenlose Unversöhnlichkeit sind, zeigt das Beispiel afrikanischer und afrokaribischer Zauber. Im Laufe meiner Praxis konnte ich mich, wie viele andere Kollegen auch, immer wieder von der Mächtigkeit solcher Zauber aus diesem Kulturraum überzeugen. Zwei Beispiele mögen hier genügen, um das Gesagte zu veranschaulichen. Der erste Fall stammt aus meiner eigenen, der zweite aus der Praxis eines magischen Kollegen. Vor einigen Jahren rief mich ein junger Mann an, der meine magische Hilfe in Anspruch nehmen wollte. Er hatte ungefähr ein Jahr auf Jamaika gelebt und dort auch gleich zu Beginn seines Aufenthalts eine Jamaikanerin geheiratet. Die Beziehung ging schon bald in die Brüche. Es dauerte nicht lang, da zog er mit einer neuen Freundin zusammen im Haus eines Obeah-Manns ein. Obeah (auch Obea geschrieben) läßt sich etwas verkürzt als die jamaikanische Variante des Voodoo

Obeah – die jamaikanische Variante des Voodoo

beschreiben, wie wir ihn von Haiti kennen. Seine Frau nahm dies nicht kommentarlos hin. Eines Tages erschien sie vor der Tür. Als seine Freundin ihr öffnete, schleuderte sie ihr ein Pulver vor die Füße, worauf die Freundin in eine Lähmung verfiel, aus der sie erst nach mehreren Stunden wieder erlöst werden konnte.

Nach seiner Rückkehr nach Deutschland erlitt der Mann eine Pechsträhne nach der anderen. Er wurde arbeitslos, kränkelte, kämpfte mit dem finanziellen Ruin. Er war bereits ein halbes Jahr im Land, als er mit mir sprach. Wir vereinbarten einen Termin, da ich mir den Klienten erst persönlich anschauen wollte, bevor ich ein Urteil zu seiner Situation abgab.

Der Termin kam – und verstrich ungenutzt, der junge Mann erschien nicht. Etwa vierzehn Tage später rief er noch einmal an und wünschte einen zweiten Termin, ohne weiter auf sein unentschuldigtes Ausbleiben eingehen zu wollen. Ich wies ihn etwas unwirsch darauf hin, daß ich kein sonderliches Interesse an Klienten hätte, die glaubten, über meine Zeit verfügen zu können wie über ihre eigene. Damit beendete ich das Gespräch. Von meiner ehrlichen Verärgerung abgesehen, war dies für mich auch ein Test, wie ernst ihm die Sache überhaupt war. Postwendend erhielt ich einen Eilbrief, in dem er sich für sein Verhalten wortreich entschuldigte und mich förmlich anflehte, ihm doch einen weiteren, zweiten Termin zu gewähren. Das geschah dann auch. Am vereinbarten Tag erhielt ich jedoch einen Anruf einer Bekannten des Mannes, die mir mitteilte, daß er nicht kommen könne, weil er wegen eines Malariaanfalls ins Krankenhaus eingewiesen worden sei. Danach habe ich nie wieder von ihm gehört. Es drängt sich die Vermutung auf, daß er inzwischen gestorben ist. Die Schlußfolgerung, um die es uns hier gehen soll, wird besonders deutlich, wenn wir zuvor auch noch das zweite Beispiel betrachten, weshalb ich sie für einen Augenblick hintanstellen möchte.

In diesem Fall ging es um einen befreundeten Heilpraktiker, der zugleich auch Magier ist. Er hatte eine afrikanische Patientin, deren Bruder, wie sie ihm erzählte, in ihrer Heimat bei seiner Geburt verflucht worden war. Er lebte im benachbarten europäischen Ausland und kämpfte um seine psychische Gesundheit. Die Patientin fragte meinen Kollegen, ob er bereit sei, etwas in der Sache zu unter-

Eine afrikanische Patientin, deren Bruder, bei seiner Geburt verflucht worden war nehmen, und er bat mich um Rat. Es stellte sich heraus, daß der Bruder bereits drei Psychiater im wahrsten Sinne des Wortes »verschlissen« hatte: Alle drei waren binnen weniger Wochen nach Beginn der Behandlung gestorben.

Was lernen wir aus diesen Beispielen? Zum einen, daß ein erfolgreicher Angriffs- oder Todeszauber so weit geht, daß das Opfer nicht einmal mehr dazu in der Lage ist, Hilfe in Anspruch zu nehmen – oder daß notfalls auch potentielle Helfer dieser Magie zum Opfer fallen. Zum anderen können wir daran aber auch die große Wirkkraft afrikanischer und karibischer Zauber erkennen.

Da drängt sich die Frage auf, ob diese Magie denn tatsächlich effektiver ist als die westliche. Denn es ist ja auch kein Geheimnis, daß derlei im afrikanischen und karibischen Kulturraum zum magischen Alltag gehört und nichts sonderlich Verwunderliches darstellt. Es würde bester dogmatischer Tradition entsprechen, nun bei einem Mganga, einem Obeah-Mann, einem Voodoo Houngan, einem westafrikanischen Fetischpriester o.ä. in die Schule zu gehen, um die entsprechenden »Techniken« zu lernen. Der pragmatische Magier jedoch fragt zuerst nach den dieser Magie zugrunde liegenden Strukturen und entdeckt, daß sie sich von den abendländischen nicht wesentlich unterscheiden, wie wir am Beispiel des Voodoo und der Besessenheitskulte sehen können. Die Erklärung ist m.E. tatsächlich viel einfacher: Die afrikanischen Religionen kennen kein generelles Tötungsverbot. In diesem Punkt sind sie radikaler, man könnte auch sagen ehrlicher als das Christentum. Wer zur eigenen Sippe, zum Clan oder zum Stamm gehört, gilt zwar als schutzwürdig. Jeder andere aber ist fremd und somit auch ein Feind, mit dem man bestenfalls Geschäfte auf der Basis eines (meist nur vorübergehenden) Waffenstillstands tätigen kann. Mit anderen Worten: Dem afrikanischen und karibischen Zauberer fehlen die zahllosen Skrupel, mit denen Magier aus judäo-christlichen Kulturen selbst dann noch kämpfen müssen, wenn sie meinen, ihre religiös-ethische Primärprägung schon lange abgestreift zu haben.

Die afrikanischen Religionen kennen kein generelles Tötungsverbot.

Diese Erkenntnis ist auch noch in einem anderen Zusammenhang für die Kampfmagie von größter Wichtigkeit. Bekanntlich wird von Vertretern der »weißen« Esoterik immer wieder das

Gerücht verbreitet, die »schwarze« Magie würde stets auf ihren Verursacher zurückfallen. Damit mag man vielleicht Kinder (auch unreife Erwachsene) davon abhalten, unartig zu sein, was ja auch der typisch christlichen Angst-und-Schrecken-Pädagogik entspräche. Wenn wir uns die Geschichte der abendländischen Magie anschauen, finden wir gerade in der späteren Neuzeit immer wieder Beispiele dafür, wie gern mit diesem Argument gearbeitet wurde. Allen voran in der Theosophie, aber selbst in der Golden Dawn war dies üblich. Überall wurde die »reine, weiße, gute« Magie ans Banner geheftet, und überall wurden zugleich unliebsame Konkurrenten und aufmüpfige Mitglieder »schwarzmagischer« Praktiken bezichtigt! Darüber mag man heute lächeln, doch ist der Schoß immer noch fruchtbar, aus dem dies kroch.

Fataler ist allerdings die Sicherheit, in die der Esoteriker damit gewiegt werden soll: Denn nichts wäre falscher als die Annahme, daß man vor kampfmagischen Aktionen anderer allein schon deshalb geschützt sei, weil irgendein göttliches Vergeltungsprinzip die Bösen schon bestrafen werde. Abgesehen davon, daß es selbst in einem solchen Fall alles andere als wünschenswert wäre, erst zum Opfer zu werden, um sich dann – möglicherweise auch noch posthum! – an der Bestrafung der Bösewichter zu erfreuen, verkennt diese Spießeridylle leider die Grundmechanismen, nach denen die Kampfmagie funktioniert. Tatsächlich läßt sich zwar recht häufig beobachten, daß Magier, die einen Angriff gegen andere starten, mit plötzlichen Rückstößen (im Fachjargon: »Reperkussionen«) zu kämpfen haben, doch beweisen andererseits die vielen erfolgreichen Schadensmagier, daß dies wohl kaum an irgendeinem die Schwachen schützenden »Naturgesetz« liegen kann.

Nichts wäre falscher als die Annahme, daß man vor kampfmagischen Aktionen anderer allein schon deshalb geschützt sei, weil irgendein göttliches Vergeltungsprinzip die Bösen schon bestrafen werde.

Dafür gibt es aber zwei andere Erklärungen für dieses Phänomen, die weitaus einleuchtender sind. Erstens

Es kann vorkommen, daß ein magischer Angriff vom Schutzwall der Zielperson abprallt.

kann es vorkommen, daß ein magischer Angriff vom Schutzwall der Zielperson abprallt. Das zu ermöglichen ist ja auch der Sinn aller Schutz- oder Verteidigungsmagie. Ein solcher Schutz muß nicht unbedingt bewußt aufgebaut werden. So wissen wir beispielsweise auch, daß es eine gewaltige Immunität gegen Magie gibt, wenn man nur nicht an sie glaubt. (Freilich haben auch solche Menschen ihre Schwachstellen, die ein erfahrener Kampfmagier schnell aufspüren und unter Beschuß nehmen kann, doch das soll uns hier nicht näher beschäftigen.)

Auch die Verbindung mit einem anderen, vielleicht sehr starken und alles ihm Fremde ausschließenden Kraftfeld, wie wir es beispielsweise bei der Zugehörigkeit zu einer Religionsgemeinschaft beobachten können, bietet in gewissem Umfang Schutz. Daß ein derartiger Schutz allerdings den Angriffen eines Profikampfmagiers nicht standhalten kann, steht auf einem anderen Blatt; immerhin filtert er das Gröbste aus und besitzt daher einen gewissen, wenn auch sehr beschränkten Wert.

Der zweite Hinderungsfaktor besteht aus der psychischen Konditionierung des Magiers selbst. Hat er, und sei es auch nur verborgen im allerhintersten Winkel seiner Psyche das leiseste Gefühl moralischer Zweifel und Bedenken, etwa weil er glaubt, »eigentlich doch etwas Verbotenes« zu tun, so ist sein Scheitern praktisch vorprogrammiert. Auf der Grundlage des psychologischen Modells argumentiert, haben wir es hier mit Selbstbestrafungsmechanismen zu tun, läßt die moralische Instanz des Über-Ichs einen solchen Verstoß gegen die ethische Konditionierung nicht ungesühnt. Im Geistermodell erkennen wir darin sogar einen »Verrat« an den eigenen Hilfsgeistern, denen der Magier buchstäblich in den Rücken fällt, indem er ihr Tun insgeheim mißbilligt und ihnen dadurch die für jede Zusammenarbeit so wichtige Anerkennung schuldig bleibt, worauf sie sich im Interesse der Wiederherstellung eines tragbaren Arbeitsverhältnisses an ihm »rächen«, um ihn auf seine Tabuverletzung aufmerksam zu machen.

Reperkussionseffekte

(Machen Sie nun eine Weile Pause, und überlegen Sie sich, wie sich die Reperkussionseffekte aus der Sicht des Energie- und Informationsmodells erklären lassen. Das vertieft Ihr Verständnis für die Problematik und schult Sie zudem weiter in diesem Erklärungsangang.)

Wir sehen also, daß es nicht zwangsläufig irgendeiner eingreifenden Transzendenz bedarf, um derlei magische Phänomene zu erklären. Für die Praxis leitet sich daraus aber auch ab, daß es keinen Zweck hat, sich dort sicher zu wähnen, wo der Schutz bestenfalls aus Wunschdenken besteht. Inzwischen haben Sie wahrscheinlich genug praktische Erfahrung gesammelt, um erkannt zu haben, daß Magie eben nicht nur aus positivem Denken, kräftigem Wünschen und aus der Hoffnung auf Erfolg besteht, sondern daß vielmehr eine ganze Reihe von Wirkungsbedingungen und Vernetzungen zu ihrer Bewältigung erkannt und genutzt werden müssen.

Wie tief doch die Angst davor sitzt, sein Schicksal selbst in die Hand zu nehmen und sich auch möglicherweise zum Richter über Leben und Tod anderer zu machen, weiß wohl jeder erfahrene westliche Magier aus seiner eigenen Praxis. Wer hätte es nicht schon erlebt, wie ein Zauber so gut funktionierte, daß man selbst darüber erschrak? Ja es gibt sogar manch einen erfahrenen alten Hasen, dem noch heute mulmig wird, wenn er die Effekte seiner eigenen Magie vor Augen geführt bekommt – und damit sind keineswegs nur destruktive oder kampfmagische Operationen gemeint. Es scheint ein Grundcharakteristikum monotheistischer Zivilisationen zu sein, die Magie pauschal zu tabuisieren, wie denn jede institutionalisierte Religion, wir erwähnten es bereits, auf eine Monopolisierung jeglicher Zauberei abzielt. Somit hat sich in einigen Jahrtausenden manches Tabu eingeschliffen, das polytheistischen und vor allem animistischen Kulturen weitgehend fremd geblieben ist. Wir würden im Zuge unserer Lehre bei einem afrikanischen Medizinmann oder einer haitianischen Voodoopriesterin zwar eine Menge Praktiken und Techniken lernen, vor allem aber die unversöhnliche Skrupellosigkeit im allerbesten Sinne, was die Verfolgung unserer magischen Ziele angeht.

Wie tief doch die Angst davor sitzt, sein Schicksal selbst in die Hand zu nehmen.

Aus dem organisierten Verbrechen ist die Sitte bekannt, neue Bewerber auf die Probe zu stellen, indem man sie einen Mordauftrag ausführen läßt, möglicherweise sogar an einem nahestehenden Angehörigen. Beispiele dafür kennen wir von kriminellen Geheimbünden wie der Mafia, der Camorra, der Cosa Nostra usw. Dies geschieht zwar zum einen, um den Kandidaten erpreß- und somit manipulierbar zu machen, zum anderen aber, und hierin dürfte der Hauptgrund liegen, soll er damit auch unter Beweis stellen, daß er frei von Tabus, Zimperlichkeit und moralethischen Bedenken ist und der Gemeinschaft in vollem Umfang zur Verfügung steht. Denn es ist natürlich eine Sache, romantisch verklärt von einer »Räuber-« und »Piratenkarriere« als Gesetzloser zu träumen, eine völlig andere dagegen, sich den harten Realitäten des Alltags (und dem Todesröcheln der eigenen Mordopfer) zu stellen.

Gewiß wird manch ein Magier diesen Vergleich geschmacklos finden. Doch es ist auch nicht mit dem Einwand getan, man wolle mit »so etwas« doch gar nichts zu tun haben und interessiere sich allenfalls für einen Schutz im Rahmen des absolut Notwendigen. Um bei unserem Bild zu bleiben: Gegen den durchschnittlichen Taschendieb und Einbrecher kann man sich noch verhältnismäßig aufwandsarm schützen; weitaus schwieriger dagegen wird es, wenn man es tatsächlich einmal mit einem Gegner wie der Mafia zu tun bekommen sollte. Ganz ähnlich werden die meisten Magier nie in Konflikt mit Profis geraten, so daß die üblichen, vergleichsweise harmlosen Schutzmaßnahmen genügen. Doch es geht hier ja auch nur darum, die Grenzen magischer Effizienz – vor allem der eigenen – zu erkennen und sie bei Bedarf zu erweitern.

Das Erkennen magischer Angriffe

Paranoia nützt nur dem Gegner. Sich magisch angegriffen zu fühlen, obwohl man es vielleicht gar nicht ist, kompensiert Minderwertigkeitskomplexe, Vereinsamung, Mangel an Anerkennung und ähnliches. An die neunzig Prozent aller vermeintlichen magischen Angriffe dürften tatsächlich auf Selbsttäuschung oder auf geistigen Störungen der angeblichen Opfer beruhen. Das macht es um so schwerer, einen tatsächlichen magischen Angriff von einem eingebildeten zu unterscheiden. Dafür gibt es leider kein Patentrezept, so daß der Magier auf Erfahrung und Intuition angewiesen ist, dabei immer Gefahr

An die neunzig Prozent aller vermeintlichen magischen Angriffe dürften tatsächlich auf Selbsttäuschung oder auf geistigen Störungen der angeblichen Opfer beruhen.

laufend, den Verfolgungswahn seines Klienten/Patienten (oder auch seinen eigenen) noch zu unterstützen, indem er ihn bestätigt. Das alte schamanische Geistermodell kennt dieses Problem im wesentlichen nicht, zumindest was die therapeutisch-schutzmagische Seite angeht. Da hier hauptsächlich mit Geistern und gelegentlich mit Kräften (Energiemodell) gearbeitet wird, spielt es prinzipiell gar keine Rolle, ob es sich bei den schädlichen Wesenheiten, die sich im Patienten eingenistet haben, um von einem feindlichen Zauberer gezielt ausgeschickte oder durch Unfall bzw. Schwächung der eigenen Kraft und Macht angelockte Geister handelt – sie sind auf jeden Fall zu entfernen und ihre Rückkehr ist zu verhindern. Problematisch wird es allerdings auch hier, sobald man nach einem Schuldigen sucht, womöglich noch mit dem Ziel der Vergeltung.

Es ist daher stets vorzuziehen, einen solchen Klienten ganz pauschal zu schützen und nicht darauf abzuzielen, einen Verursacher zu ermitteln. Ist dieser Schutz erfolgreich, wird der Gegner, sofern es tatsächlich einen gibt, seine Anstrengungen entweder verdoppeln, wodurch er leichter zu orten sein wird, oder er erleidet einen Rückschlag wie oben beschrieben, was ihn empfindlich schwächen, ja sogar töten kann, wodurch er zumindest zeitweilig ausgeschaltet werden dürfte. Das ist ein sehr pragmatischer Angang, der sich in der Praxis vielfach bewährt hat. Dennoch sollte der Magier nicht darauf verzichten, die Frage, ob es sich denn nun um einen echten oder einen vermeintlichen magischen Angriff handelt, für sich selbst so klar und präzise zu beantworten, wie es ihm möglich ist. Denn er muß darauf gefaßt sein, daß ein paranoider, womöglich schizophrener Patient (im Geistermodell, wie an früherer Stelle erwähnt, als »böse Seele« bezeichnet und als unheilbar geltend) seine Aufmerksamkeit wie ein Vampir in einem sich unentwegt steigernden Ausmaß in Anspruch nehmen wird, bis die Meldungen über die jüngsten Entwicklungen an der »magischen Front« immer phantastischer werden und der Magier schließlich mit gutem Grund auch noch an seiner eigenen geistigen Gesundheit zu zweifeln beginnt. Hier wäre dann ein Exorzismus angebracht, nicht aber die Kampfmagie.

In meiner eigenen kampfmagischen Praxis haben sich bei magischen Angriffen, deren Echtheit sich später nachweisen ließ, sei es durch die Beobachtung der Wirksamkeit der angewendeten Schutzmaßnahmen, sei es auch durch Zeugenaussagen oder Geständnis der Angreifer selbst, vor allem folgende Symptome beobachten lassen:

Schlaflosigkeit
Albträume
Gedächtnisstörungen
Halluzinationen
Angst- und Beklemmungsgefühle
Herzrasen
Schwindelanfälle
Schwächung des Immunsystems
Übersprungshandlungen
Ohnmachtsanfälle
Depressionen
Selbstmordgedanken

Häufung von Unfällen
»Pechsträhnen«
Verrat durch Vertraute
Versagen/Ausbleiben von Verbündeten
Mißlingen magischer Operationen

Diese Liste ist selbstverständlich weder vollständig, noch sollte sie dazu mißbraucht werden, durch mechanisches Abhaken die dafür doch viel zu schwerwiegende Frage nach Wirklichkeit oder Unechtheit eines magischen Angriffs beantworten zu wollen. Vielfach wird auch der Fehler begangen, ein einziges dieser Symptome zu beobachten und daraus den völlig überstürzten, generalisierenden Schluß zu ziehen, daß tatsächlich ein Angriff vorliege. Doch selbst wenn eine Häufung der hier geschilderten Symptome vorliegt, bedarf es doch immer noch der nicht formalisierbaren Erfahrung und Intuition des Magiers, um die endgültige Entscheidung zu treffen. Eine solche Erfahrung jedoch läßt sich nicht aus Büchern lernen, sie läßt sich auch gar nicht in schriftlicher Form vermitteln. Deshalb muß der Hinweis darauf genügen, daß man zu Übungszwecken mit anderen Magiern Techniken und Wirkungen magischer Angriffe anwenden und überprüfen sollte. In vielen Schüler-Meister-Verhältnissen geschieht dies seitens des Lehrers meist ohne vorherige Ankündigung, natürlich erst nachdem der Schüler durch seine vorhergehende Ausbildung hinreichend schutzmagisch vorbereitet wurde.

Der Einsatz von Psychoterror

Oft genügt die bloße Ankündigung eines magischen Angriffs.

Bekanntlich genügt bei einem abergläubischen Opfer die bloße Ankündigung eines magischen Angriffs. Der Rest läuft dann nach bekanntem psychologischen Muster von allein ab. Wer seinem abergläubischen Nachbarn Unkrautvertilgungspulver in Form eines Pentagramms auf den Rasen streut, damit dieses magische Symbol nach einigen Tagen wie von Geisterhand aus dem Boden »herauswächst«, der braucht sich magisch nicht mehr sonderlich anzustrengen, um seinem Opfer den Gnadenstoß zu versetzen. Werbung und Politpropaganda, religiöse Missionsarbeit und »ökologischer Pietismus« (Sloterdijk), sie alle arbeiten damit, tiefsitzende, archaische Ängste des Menschen anzurühren und für ihre Zwecke auszubeuten. Dagegen hilft nur die innere Mittung, wie wir sie im Laufe unseres Lehrgangs immer wieder zum Thema gemacht haben. Das bannende Lachen – nirgendwo wird es so wichtig, zeigt es seine ungeheuere Wirksamkeit so deutlich wie in seinem Gebrauch gegen diese Art von Angriff.

Das bannende Lachen

Einmal mehr soll hier daher bekräftigt werden, wie wichtig gerade der Humor als Element des Ausgleichs für die bisweilen doch äußerst grimmige magische Praxis ist, wie sehr er aber auch ihr technischer Bestandteil sein sollte, denn er ist Abwehr und Ausdruck innerer Kraft zugleich. Er bedarf zwar keiner Rechtfertigung, doch kann man dies gar nicht genug betonen in einer Szene, in der bis heute das Lächeln die Erleuchtung scheinbar ausschließt und in der alles »Geistige« vom »Frivolen« abgerückt und überhoben erscheint. Vor allem die Dogmatik verweigert sich bis heute der Erkenntnis, daß Humor und Heiterkeit nicht allein Ausdruck dümmlicher Unernsthaftigkeit sein müssen, sondern vielmehr regelrechte Überlebensfunktionen wahrnehmen.

Abschließend sei auf die Übungen im Anhang verwiesen, die eine Schärfung der Wahrnehmung und Intuition auf kampfmagischem Gebiet durch Schulung der magischen Körperlichkeit ermöglichen.

Praktiken der Volksmagie (V) Tischrücken

Die Funktion des Tisches ist in ländlichen, bäuerlichen Kulturen stets vom Kultischen geprägt.

Wenn wir uns mit dem volksmagischen Phänomen des Tischrückens befassen wollen, müssen wir uns zunächst Klarheit darüber verschaffen, wie es zur Entwicklung einer solch doch vergleichsweise ungewöhnlichen Praktik kommen konnte. Die Funktion des Tisches ist in ländlichen, bäuerlichen Kulturen stets vom Kultischen geprägt. Schon in früher Zeit kannte man steinerne Tische, auf denen Geistern, verstorbenen Helden und anderen Toten Opfergaben angerichtet wurden. Im Zusammenhang mit der Weihung von Speisen, wie sie in vielen Gemeinschaften üblich ist, hat der Tisch eine ähnliche Aufgabe wie der Altar oder Opferstein, den wir bereits aus der Steinzeit kennen.

Es ist also nicht weiter verwunderlich, daß sich um den Tisch die unterschiedlichsten Gebräuche, Sitten und Tabus ranken. So gehörte es in manchen thüringischen Dörfern dazu, Tisch und Bibel zum Hausinventar zu zählen: Wurde das Haus verkauft, mußten sie dableiben. Als Symbol der Häuslichkeit und als Garant des Sippenglücks kommt dem Tisch auch eine große Bedeutung sowohl für die Geistermahlzeit zu als auch für Sitzordnung, Tischsitte usw. Oft ist es untersagt, ihn von der Stelle zu bewegen, zu bestimmten Zeiten wird er in manchen Gegenden sogar eigens angeklampt. Vielerorts blieb er sogar von der Pfändung verschont. Bekannt ist auch der Brauch, zu festlichen Gelegenheiten ein Gedeck (oder Besteck) mehr aufzulegen, um die Geister zu befriedigen, Glück und Wohlstand zu sichern usw. Chassidische Juden pflegen beim Passahfest ein überzähliges Gedeck aufzulegen, mit dem der Messias, sollte er sich plötzlich offenbaren, beköstigt werden kann.

Was vom Tisch an Speiseresten herunterfällt, ist Eigentum der Geister und Verstorbenen. In Schweden war es ebenso wie in Serbien üblich, zur Weihnachtsmahlzeit schweigend Speiseopfer unter den Tisch zu werfen, in Dänemark durften am Julabend verschüttete Speisen und Getränke erst nach Sonnenaufgang wieder hervorgeholt werden. In Mittelfranken war es sogar Brauch, beim Dreschermahl eine Puppe unter den Tisch zu setzen und sie zu füttern, wobei sie ebensoviele Speisen vorgesetzt bekam wie jeder andere Teilnehmer der Tischgemeinschaft. In Bayern dagegen konnte man mit einer Holzpuppe unter dem Tisch ein Wechselbalg zurücktauschen.

Nach manchen Überlieferungen hausen unter dem Tisch die Teufel und Dämonen. Wenngleich die Volkskunde davon ausgeht, daß das spiritistische Tischrücken und -klopfen erst durch die höheren Stände Eingang in die Volksmagie gefunden hat, läßt es sich doch auch heute noch in ländlichen Gemeinschaften häufig beobachten. Nach dem oben Gesagten liegt es ja auch nahe, den Tisch als Instrument des Kontakts zur Geisterwelt zu verwenden.

Die Technik ist vergleichsweise einfach.

Die dabei angewandte Technik ist vergleichsweise einfach. Die Teilnehmer setzen sich schweigend um den Tisch, die Hände liegen gespreizt auf der Tischplatte, so daß sich Sitznachbarn mit den Kuppen ihrer kleinen Finger berühren. Nun wird tief und ruhig eingeatmet, und der Leiter beginnt mit der Rufung oder Befragung der Geister. Mit der Zeit setzt sich der Tisch ohne bewußte Steuerung in Bewegung. Nicht selten kommt es dabei zu den erstaunlichsten Psi-Phänomenen, etwa wenn der Tisch zu schweben beginnt, selbst nachdem die Teilnehmer, seinen Bewegungen folgend, aufgestanden sind. Hauptanliegen ist dabei jedoch die divinatorisch-spiritistische Befragung, wobei die Antwort der Geister oder Verstorbenen durch Klopfgeräusche erfolgt, die entsprechend ausgedeutet werden.

Praktische Übungen

ÜBUNG 100
MAGISCHER KAMPFSPORT (I)

Reibe die Handflächen scharf gegeneinander, bis sie sehr heiß geworden sind. Bewege die Hände nun langsam auseinander und wieder aufeinander zu, bis Du Widerstand spürst, ähnlich wie beim Aurafühlen. Nun beginne damit, um Dich herum allein mit den Händen eine unsichtbare »Wand« abzutasten. Führe diese Übung über mehrere Monate täglich durch, beispielsweise nach dem Duschen, vor dem Zubettgehen usw. Damit sensibilisierst Du Dich für feinstoffliche Einflüsse.

ÜBUNG 101
MAGISCHER KAMPFSPORT (II)

Eine Partnerübung: Beide Magier stellen sich in einer Entfernung von ca. drei Metern einander anblickend auf. Nach Aktivieren der Hände durch kräftiges Reiben hebt einer der beiden als »Sender« die rechte, der »Empfänger« dagegen die linke Hand. Der Sender schickt feinstoffliche Energie in Wellenform in die Mitte der Handfläche des anderen. Spürt dieser den Energiestrom (z. B. durch Prickeln, Wärme, Kälte usw.), hebt er seine rechte Hand und sendet mit dieser auf die nun ebenfalls erhobene linke Hand des ersten Senders die empfangene Energie zurück. Auf diese Weise entsteht ein Kreislauf, dessen Laufrichtung gelegentlich umgekehrt wird.

Eine Steigerung des Schwierigkeitsgrads besteht darin, während der Übung die Augen zu schließen.

ÜBUNG 102
MAGISCHER KAMPFSPORT (III)

Eine Partnerübung zu dritt: Ein Empfänger setzt sich mit verbundenen Augen auf einen Stuhl und hebt beide aktivierten Handflächen. Jeder Sender konzentriert seinen Strahl (mit abgestütztem Handgelenk und mit den Fingern zielend wie mit einer Pistole) auf eine Handfläche. Spürt der Empfänger die Energie, gibt er mit der betreffenden Hand ein Signal. Spürt er sie auch mit der anderen Hand, gibt er ein weiteres Signal. Nun bewegen die Sender ihre Energiestrahlen sehr langsam beiseite. Aufgabe des Empfängers ist es, den Strahlen mit den Händen zu folgen. Die Sender überprüfen dies durch Beobachtung ihrer Ziellinie und geben notfalls Korrekturanweisungen.

Nach einer Weile tauscht einer der Sender die Rolle mit dem Empfänger, danach der zweite usw.

ÜBUNG 103
MAGISCHER KAMPFSPORT (IV)

Astraler Messerkampf (Partnerübung): Nach Absolvieren der Übung 102 nimmt jeder der Magier ein Kampfmesser auf. Nun findet ein »astraler« Messerkampf ohne physisch-grobstoffliche Berührung statt. Dabei ist alles erlaubt – mit Ausnahme physischer Berührung, also Finten,

Ausweichmanöver, Sprünge usw. Die Energien (»Stiche«) sollten möglichst deutlich wahrgenommen werden. Notfalls ist die Übung 102 solange zu wiederholen (auch über mehrere Sitzungen hinweg), bis eine hinreichende Sensibilisierung erreicht wurde.

WEITERFÜHRENDE LEKTÜRE AUCH: LITERATURNACHWEIS

Frater V.˙.D.˙., »*Spaltungsmagie. Der Doppelgänger als magisches Faktotum*«, in: *Unicorn*, H. 2. Lammas 1982, S. 79–81

ders., »›*Laue Schwertkunst ist ein schrecklich Ding.*‹ Zur Kampfmagie und ihren Regeln (I)«, in: *Anubis*, H. 3. Juli 1986, S. 7–14

ders., »›*Wer die Initiative verliert, verliert auch den Krieg.*‹ *Zur Kampfmagie und ihren Regeln (II)*«, in: *Anubis*, H. 4. Oktober 1986, S. 35–40

ders., »›*Denken, fasten, warten.*‹ *Zur Kampfmagie und ihren Regeln (III)*«, in: *Anubis*, H. 5. Januar 1987, S. 3–8

ders., »*Der Magier als Kyberpunk. Perspektiven einer Computermagie*«, in: *Anubis*, H. 11. März 1989, S. 38–47

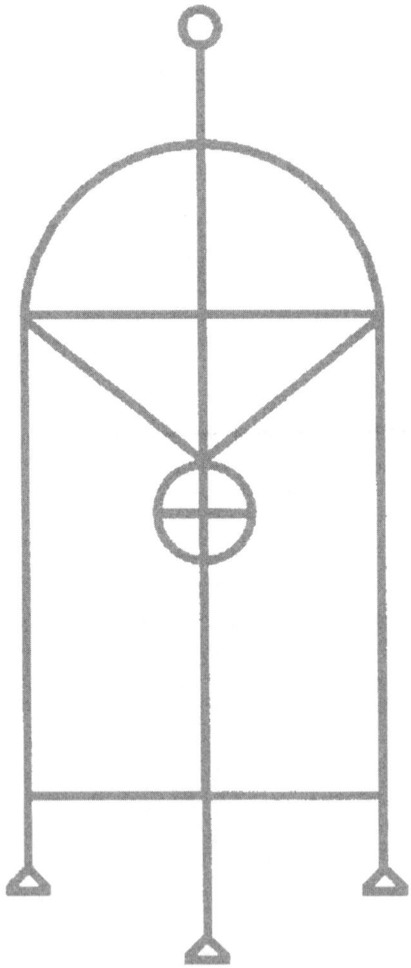

Verzeichnis der praktischen Übungen

BTZKASE
HEIDENE
DEIMO
XE
EL
ORABIA
EDEKIL

Schule der Hohen Magie I

Frater V.·.D.·.

Schule der Hohen Magie I

Einführung und Grundlagen der Praxis

Ansata

Edition Magus
Postfach 19
B-4760 Büllingen
Belgien
Tel./Fax: +32-80-549.247
E-Mail: eismagie@eismagie.de
Web: www.eismagie.de

FSC® www.fsc.org MIX Papier aus verantwortungsvollen Quellen FSC® C014496

Verlagsgruppe Random House FSC-DEU-0100
Das für dieses Buch verwendete
FSC®-zertifizierte Papier *EOS*
liefert Salzer Papier, St. Pölten, Austria.

Sonderausgabe 2011

Ansata Verlag
Ansata ist ein Verlag der Verlagsgruppe Random House GmbH

ISBN 978-3-7787-7451-9

Umschlaggestaltung: Reinert & Partner Werbedesign, München
Satz: Leingärtner, Nabburg
Druck und Bindung: GGP Media GmbH, Pößneck

INHALTSVERZEICHNIS

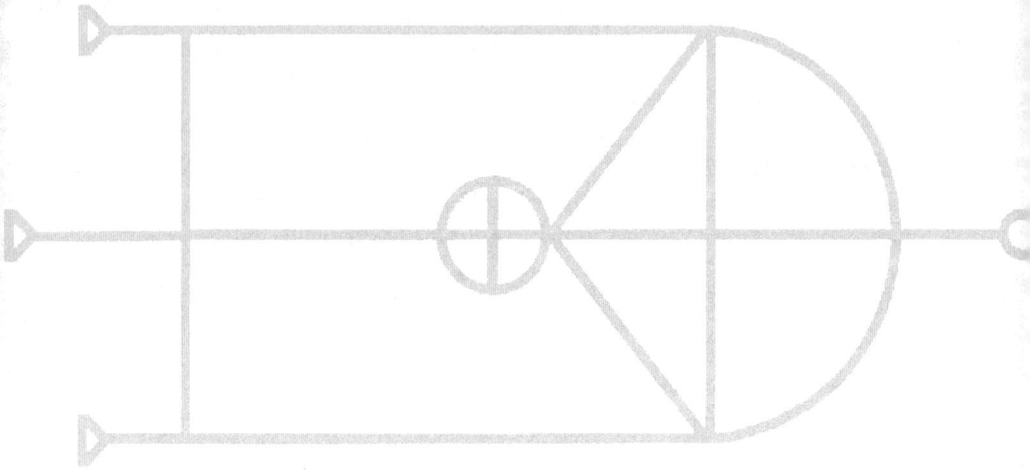

Einstimmung und Einleitung

TABULA SMARAGDINA HERMETIS

1. *Verum, sine mendacio, certum et verissimum.*

2. *Quod est inferius, est sicut quod est superius, et quod est superius, est sicut quod est inferius, ad perpetranda miracula rei unius.*

3. *Et sicut omnes res fuerunt ab uno, meditatione unius: sic omnes res natae fuerunt ab hac una re, adaptatione.*

4. *Pater eius est Sol, mater eius est Luna; portavit illud ventus in ventre suo; nutrix eius terra est.*

5. *Pater omnis thelesmi totius mundi est hic.*

6. *Vis eius integra est, si versa fuerit in terram.*

7. *Separabis terram ab igno, subtile a spisso, suaviter cum magno ingenio.*

8. *Ascendit in coelum, iterumque descendit in terram, et recipit vim superiorum et inferiorum. Sic habebis gloriam totius mundi. Ideo fugiat a te omnis obscuritas.*

9. *Hic est totius fortitudinis fortitudo fortis; quia vincet omnem rem subtilem, omnemque solidam penetrabit.*

10. *Sic mundus creatus est.*

11. *Hinc adaptationes erunt mirabiles, quarum modus est hic.*

12. *Itaque vocates sum HERMES TRISMEGISTUS, habens tres partes Philosophiae totius mundi.*

13. *Completum est quod dixi de operatione Solis.*

Die Smaragdtafel des Hermes Trismegistos

1. Wahr ist es, ohne Lüge und gewiß.

2. Was oben ist, ist gleich dem, was unten ist, und was unten, ist gleich dem, was oben ist, vermögend, die Wunder des Einen zu vollbringen.

3. Und wie alles aus Einem entspringt, durch das Sinnen des Einen, entspringt auch alles Gewordene durch Angleichung aus diesem Einen.

4. Sein Vater ist die Sonne, seine Mutter ist der Mond; der Wind hat es in seinem Bauche getragen; die Erde ist seine Nährerin.

5. Dies ist der Vater der Allgestaltung.

6. Ungeteilt und vollkommen ist seine Kraft, wenn sie sich der Erde zukehrt.

7. Trenne die Erde vom Feuer, das Feine vom Groben, sanft, mit großem Geschick.

8. Es steigt von der Erde zum Himmel empor und steigt wieder herab auf die Erde und empfängt die Kraft des Oberen und des Unteren. So wirst du die Herrlichkeit der ganzen Welt erlangen. Und alle Finsternis wird von dir weichen.

9. Hier ist die Kraft der Kräfte, die alles Feine überwindet und alles Feste durchdringt.

10. Solcherart wird die Welt erschaffen.

11. Hiervon stammen die Angleichungen, deren Wesen hier mitgeteilt ist.

12. Darum heißt man mich den Dreimalgrößten Hermes, der ich die drei Teile der Weltenphilosophie besitze.

13. Vollendet ist, was ich über das Werk der Sonne verkündete.

(Aus dem Lateinischen von Frater V.·.D.·.)

Einleitung oder: »Willkommen im Klub!«

Magie – ein geheimnisumwittertes Wort, und dies schon seit Jahrtausenden. Wie viele Köpfe haben sich schon mit dieser wohl schwierigsten, vielseitigsten und faszinierendsten aller Geheimwissenschaften befaßt, als Befürworter und als Gegner, als Adepten und als Unwissende! Magier galten (und gelten) oft als verruchte Subjekte, die sich keiner fremden weltlichen Macht zu beugen wünschen; als Menschen, die den Frevel wagen, sich nicht mit dem abspeisen zu lassen, was ihnen Religion und Gesellschaft, Priester und weltliche Herrscher als »Wirklichkeit« und »gesunde Grenzen der Moral und des Anstands« vorsetzen; als Menschen, die keinen Göttern, keinen Göttinnen dienen außer ihren eigenen, ob diese nun Hermes heißen mögen oder Hekate, Baal oder Baphomet, Lilith oder Luzifer, Idealismus oder Materialismus, Rationalismus oder Irrationalismus, Ich oder Selbst oder … oder … oder.

Schon immer war der Magier, war die Magierin Psychonautiker(-in), Seelenfahrer, jemand, der hinter den »Schleier der Isis« spähen wollte, ein Mensch, der nicht ruhte, bis er ergründet oder zumindest erahnt hatte, »was die Welt im Innersten zusammenhält«. Zoraster galt als Magier, aber ebenso Moses, Salomo und Milarepa, ja Jesus Christus sogar; Raimundus Lullus gehörte zu dieser Schar Andersdenkender und – vor allem – auch Andershandelnder, Jacques de Molay, Agrippa von Nettesheim, Theophrastus Bombastus Paracelsus, Doktor Faustus, Athanasius Kircher, Cagliostro, der Comte de Saint Germain … die Liste ließe sich beliebig verlängern, umfangreich mit wirklichen historischen Gestalten, schier unbegrenzt mit mythischen. Sie endet, trotz aller Verfolgung durch Kirche und Staat, auch in der Neuzeit nicht, auch nicht im Zeitalter der sogenannten »Aufklärung«, des Rationalismus, des Materialismus. Zeugen unserer Zunft waren und sind Robert Fludd, den man auch Robertus de Fluctibus hieß, Dr. John Dee, Edward Kelley, Frances Barrett, Alan Bennett, Eliphas Levi, Papus, Stanislas de Guaïta, Sâr Merodack Joséphin Péladan, Samuel Liddell McGregor Mathers, Arthur Waite, Karl Kellner, Theodor Reuss, Aleister Crowley, Austin Osman Spare, Ludwig Staudenmaier, Musallam, Rah-Omir Quintscher, Herbert Fritsche, Franz Bardon, Gregor A. Gregorius …

> *Schon immer war der Magier, war die Magierin Psychonautiker, Seelenfahrer.*

Die Lebenden (und es werden ihrer immer mehr) wollen wir von dieser ohnehin unvollständigen Liste aus Gründen der Bescheidenheit und der mangelnden historischen Distanz vorläufig ausnehmen, sie werden uns dafür im Laufe unserer Ausführungen um so häufiger begegnen.

Sie sehen also: Wenn Sie sich für den Weg der Magie entscheiden, befinden Sie sich in einer recht bunten Gesellschaft. Zu dieser zählen, wie in jeder großen Familie, Genies und herausragende Könner ebenso wie schlichtere Gemüter; und auch die – ebenfalls sehr notwendigen – Scharlatane! Magier sind allemal Individualisten und lassen sich nur ungern in Kategorien pressen oder mit bequemen Etiketten bekleben, durch welche nichts wirklich verstanden, dafür aber vieles verfälscht wird. Die scheinbaren Widersprüche in den Schriften magischer Autoren erklären sich sowohl aus dieser Tatsache wie auch aus der extremen Subjektivität der Magie, die uns immer wieder begegnen wird.

Magier sind allemale Individualisten.

Dieses Buch will Ihnen eine umfangreiche und abgerundete Einführung in die praktische Magie geben. Dazu gehört auch, daß die Geschichte der Schwarzen Kunst, von der alle Magier bewußt oder unbewußt zehren, gründlich behandelt wird. Die Beschäftigung mit älteren Autoren hat viele Vor- und manche Nachteile. Immerhin erspart sie es uns, wenn sie vernünftig und mit den geschärften Augen des Geschichtsbewußten geschieht, das Rad immer wieder aufs neue erfinden zu müssen. Zudem werden wir dadurch der reichen Erfahrungen und des Wissensschatzes unserer Vorgänger teilhaftig.

Um ihr Werk richtig beurteilen zu können, bedarf es freilich auch der Kenntnis um die ideengeschichtlichen Zusammenhänge. Die Rolle christlicher Floskeln in mittelalterlichen Zauberbüchern* läßt sich beispielsweise nur verstehen, wenn man auch um das geistesgeschichtliche Umfeld der damaligen Zauberer weiß, um die Vormachtstellung der Kirche, um die Gefahren der Hexenverfolgung und so weiter. Der Respekt gegenüber unseren Urahnen ist uns also Programm.

* *Den sogenannten* grimoires *oder, eingedeutscht, Grimoarien.*

Doch es muß dies auch ein kritischer Respekt sein: Nicht alles, was in der Magie alt ist, ist auch deswegen schon automatisch gut! Vieles hat sich in die Tradition der Magie eingeschlichen, auf das wir heute bequem verzichten können – ja sollten, wenn wir tatsächlich weiterkommen wollen. Dazu gehört die Geheimnistuerei früherer Zeiten ebenso wie das katalogartige Herunterleiern von Einzelrezepten ohne die Grundgesetze und Grundstrukturen der Magie zu erklären, aus denen sich solche Rezepte von jedem halbwegs intelligenten Laien binnen kürzester Zeit mühelos selbst entwickeln lassen. Aus diesem Grund wird es in unserer Schulung auch nicht an Kritik fehlen, wo uns diese geboten erscheint. Sie brauchen natürlich nicht unbedingt mit allem einverstanden zu sein – auch unsere Ausführungen sind nur ein subjektiver Zugang zur Magie, ja sie können auch nichts anderes sein, weil in der Magie ohnehin nichts anderes sein kann!

Nicht alles, was in der Magie alt ist, ist automatisch gut!

Die Ausführungen, die Sie nun erwarten, dienen vor allem der Praxis. Nun mag freilich jeder unter »Praxis« etwas anderes verstehen, deshalb wollen wir hier auch sofort ganz eindeutig erklären, wie dies gemeint ist: Magische Praxis bedeutet, magische Gesetze, Lehren und Techniken anzuwenden und ihre Wirkung zu überprüfen.

Magie, die nur auf dem Papier stattfindet, ist eine Verhöhnung magischer Erkenntnisse und magischer Weisheit. Denn mit der Magie will der Mensch – und *kann* der Mensch! – Einfluß nehmen auf jene Faktoren seines Schicksals, die sich der herkömmlichen Beeinflussung in der Regel entziehen. Wir werden mikro- und makrokosmische Gesetze erkunden und erforschen, Techniken, die zum materiellen Erfolg führen, und solche, die der mystischen Schau und dem geistigen, spirituellen Wachstum dienen.

Moderne Magie ist immer in erster Linie ein Weg zur Selbstfindung, zur seelischen Ganzheit. Im Gegensatz zur Religion und zum Mystizismus (nicht zu verwechseln mit Mystik) verneint sie grundsätzlich den Gegensatz von Geist und Materie. Vielmehr betrachtet sie beide als eins, als Einheit, als Ganzes. Der Geist ist nicht »besser« als die Materie, die Materie ist nicht »unheiliger« als der Geist. Beide ergänzen einander, lernen voneinander, sind miteiander verwoben zu jenem feinen Gespinst, das wir »Wirklichkeit« nennen und das unseren größten Köpfen ebensoviele scheinbar unlösbare Probleme aufgab, wie es unsere schlichtesten dazu verleitete, allzu schnelle, vordergründige Antworten und seichte Systeme zur Lösung derselben anzubieten.

Moderne Magie ist immer in erster Linie ein Weg zur Selbstfindung, zur seelischen Ganzheit.

Bewahren Sie sich bitte stets eine gewisse kritische Distanz. Übernehmen Sie nichts ungeprüft, glauben Sie alles erst dann, wenn Sie es durch Ihre eigene Praxis bestätigen konnten. Seien Sie ständig Forscher, Psychonaut eben, der die im Laufe der Jahrtausende schon oft besuchten, aber immer wieder neuen Gebiete bereist und sich einen eigenen Eindruck von ihrem Klima, ihrer Bodenbeschaffenheit, ihren Reichtümern und Gefahren und ... ja, auch von ihren Bewohnern macht.

Was Sie nicht selbst erlebt haben, ist nur wenig wert: ein papierner Traum, eine hohle Verheißung unsäglicher Abenteuer und Schätze im Innersten Ihrer Seele, deren Grenzen Sie nicht kennen und die Sie nie gänzlich ausloten werden. Nur die persönliche Erfahrung macht diese Welt, macht dieses Universum, ja diese Universen für Sie lebendig, macht die Magie zu mehr als einem bloßen Hirngespinst irregeleiteter, fiebernder Geister, wie es die voreingenommenen Pseudo-Skeptiker behaupten.

Magie ist stets nur so lebendig wie der Magier selbst – ohne ihn ist sie ein Nichts; doch erschrecken Sie nicht, wenn Sie eines Tages feststellen sollten, daß der Magier ohne die Magie ebenfalls ein Nichts ist!

Und noch eins: Wenn Sie diesen Weg gehen, so seien Sie sich von Anfang an darüber im klaren, daß er nicht enden wird, daß mit Magie zu beginnen zugleich auch heißt, bei der Magie zu bleiben. Denn nur wenige schaffen es jemals, sich von diesem Weg auf Dauer abbringen zu lassen, wenn sie erst einmal die ersten Hürden überwunden und die frische Luft der magischen Freiheit geschnuppert haben.

Magie ist stets nur so lebendig wie der Magier selbst.

Magie kann dem Menschen alles geben – aber sie kann ihm auch alles nehmen, wenn er sich nicht darüber im klaren ist, daß er dienen muß. Dienen nicht etwa irgendeiner senilen oder irren Gottheit, die ihm von anderen oktroyiert wird, sondern vielmehr dem, was sein eigentliches Menschsein ausmacht: seiner Bestimmung; seinem Lebensziel; seinem »Heiligen Schutzengel«, wie es die mittelalterliche

Magie nannte; seinem »Willen« oder »Thelema«, wie es einer der größten Magier des zwanzigsten Jahrhunderts ausdrückte; seinem Selbst oder seiner Ich-Findung und Integration, wie es der Tiefenpsychologe unserer Zeit formuliert; kurz gesagt dem, was ihn überhaupt zum Menschen – und zum Magier – macht, zum Suchenden, zum Pilger, zum demütigen Schüler und zum erhabenen Meister.

Moderne Magie will beide Seiten der Persönlichkeit abdecken und nutzen, die rationale wie die intuitive. Die heutige Gehirnforschung spricht, etwas vereinfacht dargestellt, von zwei »Gehirnhälften«: Die linke ist mit dem rechten Teil des Körpers verbunden, zugleich untersteht ihr alles Rationale, also das Denken, das Rechnen, das Planen und so weiter; die rechte Hirnhälfte dagegen regiert die linke Körperhälfte und zugleich das Intuitive, das Fühlen und Ahnen, die Trance und die Vision und so weiter. Diesem Prinzip werden wir gleich bei der ersten Definition der Magie im nächsten Abschnitt begegnen, wo von Magie als »Kunst« und als »Wissenschaft« die Rede ist. Auch in unserem praktischen Vorgehen beherzigen wir es. So werden die allgemeinen Ausführungen und Erklärungen in dieser Schulung stets in der Sie-Form gehalten sein; bei den praktischen Übungen dagegen wählen wir bewußt die Du-Anrede. Dies entspringt der Erfahrung, daß die Du-Form im Deutschen stärker den intuitiven, symbolisch und mythisch fühlenden und magisch eigentlich aktiven Teil unserer Persönlichkeit anspricht; die Sie-Form dagegen entspricht dem rationalen, formal-logischen Denken und Verstehen. Somit wollen wir Ihnen durch diesen kleinen formalen »Trick« gleich das Beste beider Welten bieten.

Moderne Magie will die rationale wie die intuitive Seiten der Persönlichkeit abdecken und nutzen.

Und nun heißt es: »Willkommen im Klub der Magier!« Möge Ihr magischer Weg ebenso bunt, ebenso reich, ebenso beglückend und furchterregend, ebenso fordernd und leicht, ebenso humorvoll und durch und durch individuell sein, wie es der all unserer magischen Vorfahren war – und auch der Weg desjenigen, der Ihnen hier seinen eigenen Erfahrungsschatz mit all seinen Reichtümern und Mängeln, mit seinen Stärken und Schwächen, seinen Weistümern und Torheiten anbietet zur Überprüfung, zur Nachahmung, zur Ergänzung, zur Erweiterung und zur Anpassung an Ihre ureigenen Bedürfnisse und Erkenntnisse. Das magische Motto des Autors dieser Zeilen lautet: »VBIQVE DÆMON… VBIQVE DEVS…« Auf deutsch: »DER DÄMON IST IN ALLEM, DER GOTT IST IN ALLEM.« Es ist dies eine Aufforderung, stets beide Seiten der Medaille zu erkennen und zu respektieren. Sie kennen vielleicht das mundartliche Sprichwort »Wat dem in' sin' Uhl, is dem annern sin' Nachtigul« (Hochdeutsch: »Was dem einen seine Eule, ist dem anderen seine Nachtigall«). Nun, der Angelsachse kennt etwas Vergleichbares, das freilich noch sehr viel drastischer, eindeutiger ist: »One man's meat is another's poison« (»Was für den einen Fleisch, ist für den anderen Gift«). Wenn Sie diesen Leitsatz beherzigen, lernen Sie nicht nur Toleranz gegenüber Andersdenkenden, Sie entwickeln dabei vor allem eine gewisse Widerstandskraft gegen die oft so süßen, aber auch heimtückischen Fallen der »großen Autoritäten«, die ihrerseits oft nichts anderes taten als das, was jeder gute Magier tut: aus ihrer eigenen Realität ein eigenes Universum zu erschaffen, eine eigene Atmosphäre. Das war und ist gut – doch sollte jeder nur eine Atmosphäre atmen, die ihm auch bekommt, für die er (oder sie) auch geeignet ist. Und deshalb, gewissermaßen als »Gebrauchsanweisung« für diese Schulung, der Leitspruch der alten Herren vom magischen Berg Drachenfels, der auch Ihnen eine Hilfe zum Umgang mit allem sei, was wir Ihnen hier anbieten wollen:

Und nun heißt es: »Willkommen im Klub der Magier!«

WÄGE – WAGE

Fra V.·.D.·.

VBIQVE DÆMON .·. VBIQVE DEVS .·.

WAS IST MAGIE?

Bevor wir uns mit der Praxis der Magie befassen, müssen wir natürlich zunächst einmal wissen, worum es dabei eigentlich geht. Es hat im Laufe der Zeit eine wahre Unzahl von Definitionen der Magie gegeben, und wir werden uns noch mit vielen von ihnen befassen müssen, wo dies der Praxis dienlich ist.

Es gibt eine wahre Unzahl von Definitionen der Magie

Die vielleicht bekannteste Definition stammt von einem der wichtigsten Magier des zwanzigsten Jahrhunderts, dem Engländer Aleister Crowley (1875–1947):

> MAGIE IST DIE KUNST UND DIE WISSENSCHAFT, IM EINKLANG MIT DEM WILLEN VERÄNDERUNGEN HERBEIZUFÜHREN.

Obwohl diese Definition tatsächlich den Kern magischer Praxis treffend beschreibt, ist sie für den Laien und Anfänger doch eher zu allgemein und zu weit gefaßt. Denn in der Regel wird vom Begriff »Magie« etwas anderes, Spezielleres erwartet, eine Disziplin nämlich, die sich eher mit »feinstofflichen« Einflüssen wie der Beeinflussung von Schicksalsfaktoren und »Zufällen« befaßt; außerdem bietet der obige Satz keinerlei Anhaltspunkte für die bei der Magie verwendeten Techniken und Methoden.

Einige angelsächsische Autoren wie Israel Regardie und Francis King haben dem Rechung getragen und versucht, Crowleys Definition zu erweitern:

> MAGIE IST DIE KUNST UND DIE WISSENSCHAFT, MIT HILFE VERÄNDERTER BEWUSSTSEINSZUSTÄNDE IM EINKLANG MIT DEM WILLEN VERÄNDERUNGEN HERBEIZUFÜHREN.

Auch diese Lösung ist zwar nicht ganz unproblematisch, doch für den Anfang genügt sie, und wir wollen sie uns einmal etwas genauer anschauen, da sie bereits eine wichtige praktische Formel enthält.

Wichtig sind für uns zunächst einmal die Begriffe »Kunst« und »Wissenschaft«. Oft ist ja von den »Geheimwissenschaften« die Rede, doch versteht der Okkultist (oder Geheimwissenschaftler) unter »Wissenschaft« in der Regel etwas anderes, als dies der sogenannte »exakte« oder »Naturwissenschaftler« tut. In dem Bemühen, von der orthodoxen Schulwissenschaft anerkannt zu werden, haben viele Okkultisten und auch Magier den Versuch unternommen, ihre Disziplin als »wissenschaftlich« zu erörtern. Das stimmt jedoch nur insofern, als die Magie mit wissenschaftlicher Methodik arbeitet. Sie ist im Fachjargon »empirisch« oder »erfahrungswissenschaftlich«, zumindest gilt dies für die Erfolgsmagie. Das bedeutet, daß sie sich zunächst einmal daran orientiert, was beobachtbar erfolgreich ist.

Hingegen meint der Begriff »Kunst« den eher intuitiven Bereich der Magie, wozu wir sowohl das »Fingerspitzengefühl« und das Gefühl überhaupt zählen, als auch die Sensitivität für feinstoffliche Energien (wie beispielsweise beim Hellsehen oder Hellfühlen). Traum und Vision zählen unmittelbar zum »Kunst«-Aspekt der Magie; zum »Wissenschafts«-Aspekt dagegen gehören das Denken und das Wissen um Zusammenhänge.

Magie ist »Wissenschaft« und »Kunst« zugleich.

Fassen wir es kurz zusammen, so bedient sich die Magie sowohl der sogenannten »rationalen« als auch der sogenannten »irrationalen« Bestandteile der menschlichen Persönlichkeit. Da das Wort »irrational« im Zeitalter des Rationalismus, das heute nach wie vor noch seine Höhepunkte feiert, sehr negativ besetzt ist (es wird gerne gleichgesetzt mit »unvernünftig«, »aberwitzig«, »wirr«, »undurchdacht«), sprechen wir lieber von der intuitiven Seite des Magiers.

Wir sehen daran, daß die Magie tatsächlich auf die seelische Ganzheit und Einheit des Menschen abzielt, und dies schon aus rein praktischen Erwägungen heraus, denn nur wenn beide Seiten harmonisch miteinander zusammenarbeiten, lassen sich magische Erfolge erzielen, die ja oft den Anschein haben, als würden sie sämtliche (naturwissenschaftliche) Naturgesetze widerlegen, was freilich, wie wir noch sehen werden, so nicht stimmt.

Nun ist Magie allerdings noch mehr als die Kunst und die Wissenschaft, eine Einheit der Seele zu erlangen. Beginnen wir mit der Erfolgsmagie, auch »Niedere Magie« genannt, was allerdings keine Abwertung bedeutet, sondern sie lediglich technisch und inhaltlich von der eher mystisch-religiösen »Hohen Magie« unterscheiden soll. In der Praxis sieht es so aus, daß man für einen erfolgreichen magischen Akt beide Aspekte (Rationales und Intuitives) wirkungsvoll einsetzen will. Dies geschieht durch zwei der drei wichtigsten Grundbestandteile des magischen Akts:

Grundbestandteile des magischen Akts

durch die Verbindung von Wille und Imagination. (Auf den dritten Faktor, nämlich den »veränderten Bewußtseinszustand«, gehen wir gleich noch ein.)

In Übersicht 1 haben wir dies veranschaulicht. Betrachten Sie die Skizze bitte eine Weile gründlich, und versuchen Sie dabei, die beiden Hauptkolonnen mit ihren Merkmalen zu ergänzen. Stellen Sie also fest, was noch alles zum Bereich der »Kunst« zählt, und was im Bereich der »Wissenschaft« noch ergänzt werden könnte. Sie werden auch bemerken, daß wir eine Beziehung hergestellt haben zwischen »Kunst« und »Imagination« sowie zwischen »Wissenschaft« und »Wille«.

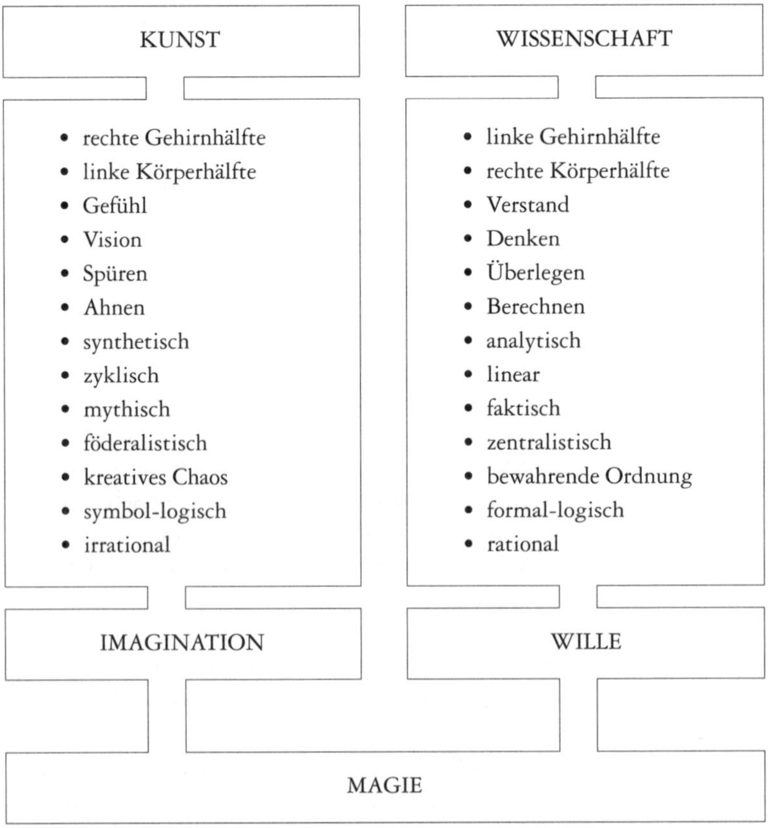

Übersicht 1: Darstellung der Grundstruktur der Magie (I)

Die »Kunst« entspricht der »Imagination« durch ihren intuitiven Charakter, die »Wissenschaft« entspricht dagegen dem »Willen« durch ihre Reflektiertheit und ihre klare, präzise Zielsetzung.

Wir bekommen also bereits eine vorläufige Gleichung:

WILLE + IMAGINATION = MAGIE

Tatsächlich galt dies lange Zeit als die Grundformel der Magie schlechthin. Disziplinen wie das Positive Denken, bei denen man sich gezielt (= »Wille«) bestimmte Ereignisse und Lebenszustände möglichst plastisch vorstellt (= »Imagination«), arbeiten fast ausschließlich danach, und dies durchaus mit gutem Erfolg. Wenn wir uns aber unsere Definition noch einmal anschauen, bemerken wir, daß in dieser Gleichung noch etwas fehlt: die »veränderten Bewußtseinszustände«. In der Magie verwendete, veränderte Bewußtseinszustände nennt man die Magische Trance oder auch Gnosis. Wichtig ist dabei, daß die Magische Trance in der Regel nichts mit der hypnotischen Volltrance zu tun hat, bei der der Wille des Hypnotisierten weitgehend ausgeschaltet oder zumindest fremdbeherrscht wird. Dies würde auch gegen unsere Forderung »im Einklang mit dem Willen« verstoßen, denn damit ist ein bewußter, erklärter Wille gemeint.*

Doch wenn wir schon die Imagination und den Willen einsetzen, wozu benötigen wir dann noch die Magische Trance?

Um dies zu verstehen, müssen wir wissen, nach welchem Muster unsere Psyche aufgebaut ist, und wie sie funktioniert. Denn zunächst einmal gehen wir davon aus, daß die magische Kraft und die Fähigkeit zur Magie eine innerseelische Erscheinung ist.

BEWUSSTSEIN
ZENSOR
UNBEWUSSTES

Übersicht 2: Die Grundstruktur der Psyche

* *Eine Ausnahme von dieser Regel der Nicht-Volltrance bilden die sogenannten »Besessenheitskulte«, wie wir sie vornehmlich im afrikanischen und afroamerikanischen Bereich – z. B. Voodoo, Macumba – beobachten können.*

In der Übersicht 2 haben wir in vereinfachter Form das gängige Modell der Psyche, wie es uns die moderne Tiefenpsychologie anbietet. Wir sehen als erstes das Bewußtsein, das wir gleichsetzen mit Tages- oder Wachbewußtsein. Im unteren Teil der Skizze erkennen wir das Unbewußte, das man auch das Unterbewußtsein nennt. Dieses umfaßt alles, was sich unserem Bewußtsein in der Regel entzieht; zwar ist es ständig aktiv, doch bemerken wir das meistens nur beim Träumen. Zwischen Bewußtsein und Unbewußtem liegt der sogenannte Zensor. Dieser stellt eine Art »Zweiwegfilter« dar: Einerseits sorgt er für die selektive Wahrnehmung der Reize der Außenwelt; andererseits schützt er das Bewußtsein vor der unkontrollierten Überflutung durch die Inhalte des Unbewußten, zu denen auch Verdrängungen und Komplexe gehören. Dem Zensor kommt also eine lebenserhaltende Funktion zu, er sorgt auch für das, was wir gemeinhin als »geistige Gesundheit« bezeichnen. Es ist von großer Wichtigkeit, dies zu erkennen, bevor wir, was leider häufig geschieht, im Zensor einen »bösen Feind« sehen, der uns als Magiern den Spaß am Leben verderben will!

Der Zensor hat freilich auch einen erheblichen Nachteil, er ist nämlich außerordentlich konservativ. Nur ungern gestattet er es dem Bewußtsein, einen direkten, unmittelbaren Kontakt zum Unbewußten herzustellen, der sich seiner Kontrolle entzieht. Man könnte ihn mit einem etwas mißtrauischen »Palastwächter« vergleichen: ein treuer, braver Diener seines Herrn, doch manchmal allzu ängstlich um dessen Sicherheit besorgt und nicht geneigt, Neues ungeprüft zu- beziehungsweise einzulassen.

Tatsächlich besteht nun der wichtigste »Trick« der Magie darin, den Zensor vorübergehend auszuschalten, um die »Kraftquelle Unbewußtes« direkt anzuzapfen und ihr gezielt Aufgaben zu erteilen. Dies geschieht durch die Magische oder Gnostische Trance. Oft gleicht dieser Zustand dem Dämmerzustand kurz vor dem Einschlafen, in dem das Bewußtsein ja auch noch aktiv ist, nur eben sehr gedämpft; dann findet, beispielsweise durch Bilder, ein direkter Austausch zwischen ihm und dem Unbewußten statt. In der Magischen Trance ist der Zensor gewissermaßen

Magie zapft die »Kraftquelle Unbewußtes« direkt an, um ihr gezielt Aufgaben zu erteilen.

»eingeschläfert«; im Idealfall wird er freilich einen sehr leichten »Schlaf« haben und stets dann, wenn echte, ernste Gefahr droht, wieder aktiv werden. Übrigens entspricht dies der Rolle des Schwerts in der Magie, wie wir bei unserer Beschäftigung mit den Ritualwaffen noch sehen werden.

Somit gelangen wir zur vollständigen Struktur der Magie, wie sie unserer erweiterten Definition entspricht und unten in der Übersicht 3 dargestellt ist.

In Übersicht 4 dagegen (weiter unten) gibt dieselbe Aussage noch einmal in Gestalt einer »mathemagischen Formel« wieder. Mit dieser Art der Darstellung sollten Sie sich schon jetzt gründlich vertraut machen, am besten, indem Sie diese Formel auswendig lernen. Denn wir werden ähnlichen Formeln im Laufe dieser Schulung häufiger begegnen. Das ist keine bloße Spielerei, im Gegenteil: Formeln stellen mnemotische, also gedächtnisstützende Abkürzungen für Regeln und Gesetze dar, aus denen man praktische Ableitungen gewinnt. Ein Ziel dieser Schulung ist, die Grundstrukturen der Magie aufzuzeigen und verständlich zu machen. Das ist insofern neu, als der Großteil der vorliegenden magischen Literatur eher »Rezeptbuchcharakter« hat. Anstatt die Grundgesetze zu erklären, nach denen Magie funktioniert, boten nicht etwa nur ältere Autoren häufig lediglich Einzelrezepturen: Rituale gegen Feindeinwirkung, magische Glyphen für Glück und Wohlstand, Amulettzeichnungen wider Pest und Cholera, Mantras (Zauberworte), »um einen Fürsten gnädig zu stimmen« oder um Geister zu beschwören, Rezepte gegen Warzen und Tränke, »um die Liebe einer Frau/eines Mannes zu gewinnen«, und so weiter. Auch – und gerade! – die volkstümliche

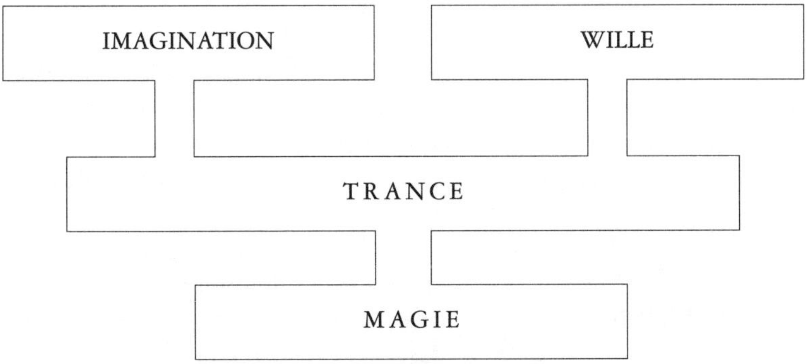

Übersicht 3: Die Grundstruktur der Magie (II)

$$M = w + i + g$$

Legende	
M	= Magischer Akt
w	= Wille
i	= Imagination
g	= Gnosis (Mag. Trance)

Übersicht 4: Die erste Grundformel der Magie

magische »Praxisliteratur« der allerjüngsten Zeit verfährt nach diesem Schema. Was dabei leider immer wieder mißverstanden wird, ist die Tatsache, daß solche Rezepturen nicht von allein, quasi »automatisch« wirksam sind! Dies ist ein Irrtum, dem vor allem der Anfänger immer wieder zum Opfer fällt. Dann sucht er nach dem »echten, wirklichen, hundertprozentig wirksamen Ritual« oder nach der »ultimativen Zauberformel«. Es gibt noch heute jede Menge Scharlatane, die nur zu gern die Hand aufhalten und ihm Rezepte verkaufen, ohne ihm die Bedingungen zu erklären, unter denen allein sie wirksam werden können.

Nun ist es keineswegs so, als wären solche Rezepturen grundsätzlich völlig nutzlos. Doch wenn wir bei ihrem Gebrauch nicht die erste Grundformel der Magie beherzigen, sind sie meistens nicht einmal das Papier wert, auf das sie gedruckt sind. Und selbst dort, wo sie gelegentlich funktionieren, läßt sich erkennen, daß Wille, Imagination und Gnosis mit im Spiel gewesen sind.

Kennt man die Grundgesetze und Grundformeln der Magie, kann man eigene »Rezepturen« daraus ableiten.

Kennt man jedoch die Grundgesetze und Grundformeln der Magie, so lassen sich ohne großen Aufwand eigene »Rezepturen« daraus ableiten, wie ja ohnehin jeder Magier im Grunde sein eigenes Grimoire oder »Zauberbuch« schreibt.

Diesen Ableitungen werden wir einen großen Teil unserer Arbeit widmen. Wie bei jeder Disziplin müssen dazu jedoch auch hier erst die Grundlagen »sitzen« – ohne das »Kleine Einmaleins« läßt sich eben nicht rechnen! Diese Grundlagen sind die mathemagischen Strukturformeln, die wir Ihnen in immer neuen Variationen vorstellen werden.

Aus dem bisher Gesagten ergibt sich, daß der Schwerpunkt der magischen Ausbildung auf der Schulung von WILLE, IMAGINATION und TRANCE liegen muß, wenn im Rahmen dieses Paradigmas bzw. Erklärungsmodells optimales Arbeiten ermöglicht werden soll. Nun gibt es bereits eine Reihe magischer Werke, die sich diesen Punkten widmen. Beispielsweise finden Sie in den Büchern von Franz Bardon (besonders in *Der Weg zum wahren Adepten*) zahlreiche Grundübungen, die vor allem der Selbstdisziplinierung bzw. Willensschulung und der Visualisation bzw. Imagination dienen. Bardons Übungen sind im Prinzip vorzüglich aufgebaut, und man kann mit ihrer Hilfe in der Magie sehr weit kommen. Freilich geschieht dies leider nur im Schneckentempo, wenn man sich an die von ihm so kompromißlos als »absolut« vorgeschriebenen Zeitangaben hält. So müßte man beispielsweise einen Gegenstand zehn Minuten lang ohne jeden Konzentrationsverlust visualisieren können, ebenso lang Gedankenleere herstellen und so weiter. Es ist nicht zu leugnen, daß dergleichen in der Magie sehr hilfreich sein kann. Die Praxis hat jedoch gezeigt, daß mit solchen Maximalforderungen vor allem der Anfänger nur unnötig abgeschreckt, ja sogar vom eigentlichen Prinzip der Magie abgelenkt wird. Die Angst, die Übung nicht »richtig« zu machen oder sie noch nicht richtig zu beherrschen, erweist sich häufig als vermeidbares Hindernis. Mit anderen Worten: Es geht auch erheblich einfacher und schneller, wie vor allem die Sigillenmagie beweist, mit der wir uns im nächsten Abschnitt befassen werden.

Der Schwerpunkt der magischen Ausbildung

Das soll allerdings nicht bedeuten, daß der angehende Magier getrost auf hartes, fleißiges Arbeiten verzichten könnte – dies kann er ebensowenig wie der »Meister«, dem es selbst noch nach jahrzehntelanger erfolgreicher Praxis nicht erspart bleibt, gewisse Grundübungen immer aufs neue zu wiederholen, um nicht »einzurosten«. Zumal ist vielleicht das Faszinierendste an der Magie die Tatsache, daß man in dieser Disziplin niemals ausgelernt hat – immer gibt es noch etwas Neues, etwas Unerforschtes, Unbekanntes und, vor allem, Ungemeistertes. Die Herausforderungen sind zahllos, und wer die Augen entsprechend offenhält, dem wird die Magie auch niemals langweilig werden. Deshalb gleich zu Anfang dieser Schulung die Grundmaxime:

> FLEISSIGES, REGELMÄSSIGES ÜBEN IST DER SCHLÜSSEL ZUM ERWERB MAGISCHER FERTIGKEITEN!

Sie sollten wissen, daß es von Ihnen allein abhängt, wie schnell oder wie langsam die Magie bei Ihnen »klappt«. Es ist zwar nicht zu leugnen, daß es so etwas wie ein »magisches Talent« gibt, das bei verschiedenen Menschen unterschiedlich stark ausgeprägt ist; doch wird die Wichtigkeit dieses Talents meist stark überschätzt. Begehen Sie nicht den häufigen Anfängerfehler, die »Naturtalente« zu beneiden, weil denen vieles in der Magie stets auf Anhieb (also ohne mühsames Erarbeiten und vorhergehendes Üben) zu gelingen scheint. Denn im Grunde sind diese Naturtalente meistens eher zu bedauern: Gerade weil ihnen so viel scheinbar »geschenkt« wird und gewissermaßen in den Schoß fällt, fehlt es ihnen an der Selbstdisziplin und Härte des weniger Begabten, der sich alles erst mit Schweiß und Tränen verdienen mußte. Diese Selbstdisziplin und Härte aber stellt magisch gesehen eine wichtige Erdung dar, sie ist der beste Schutz vor den beiden typischsten und gefährlichsten Magierkrankheiten: Selbstüberschätzung und Verfolgungswahn. Der gute Magier muß demütig sein im selben Sinne, wie der gute Krieger demütig ist: Er kennt seine eigenen Grenzen viel zu genau, um sich durch Wunschdenken über sie hinwegzutäuschen; er begeht nicht den Fehler, Probleme, Gegner oder Herausforderungen zu unterschätzen; er denkt und handelt ökonomisch, also mit einem Minimum an Aufwand bei einem Maximum an Effizienz; er ist charakterlich gefestigt, weil er im Laufe seiner Ausbildung die sinnvolle Selbstüberwindung gelernt hat und zwischen rein gefühlsbetonten und sachlich begründeten Urteilen zu unterscheiden weiß; er ist im Idealfall ein Techniker, ohne Technokrat zu sein, einer, der seine Disziplin aus dem Effeff beherrscht, ihre Gesetzmäßigkeiten – aber auch ihre Schwächen – kennt; und er respektiert und achtet sein Handwerk sowie alle, die es erlernt haben und noch erlernen. All dies wird einem Menschen nur selten in die Wiege gelegt, er muß es sich vielmehr in der Regel erst aneignen. Das Naturtalent aber neigt allzuoft dazu, diese Anforderungen zu übersehen, und so lernt es mei-

> *Der gute Magier kennt seine eigenen Grenzen genau.*

stens nur dadurch, daß es »ins Messer« läuft, also durch das Schmerzprinzip des Irrens und Scheiterns.

Doch das Leben ist ohnehin viel zu kurz, als daß ein einziger Mensch jemals die gesamte Magie und Geheimwissenschaft auch nur annähernd ausloten könnte. Die Zeit drängt – ob Sie nun achtzehn Jahre alt sein mögen oder achtzig! Dies bedingt die Forderung nach didaktischer und pädagogischer Ökonomie. Dieser Forderung wollen wir dadurch Rechnung tragen, daß wir nach Möglichkeit stets Übungen und Praktiken empfehlen, die so vielseitig und allumfassend sind, wie es im Rahmen des pädagogisch Sinnvollen zu vertreten ist. Etwas salopp ausgedrückt versuchen wir als moderne Magier, durch unsere Übungen möglichst mehrere Fliegen mit einer Klappe zu schlagen: Sie sollen zugleich den Willen schulen, die Imagination entwickeln und den Zugang zur kontrollierten Trance erschließen. Aus diesem Grunde trennen wir in unserer Schulung auch nicht scharf in Willens-, Imaginations- und Tranceschulung, wie es unser Modell eigentlich nahelegen würde. Im nächsten Abschnitt werden wir näher auf dieses Thema eingehen. Fürs erste soll es genügen, daß Sie sich der hier aufgezeigten Grundelemente der Magie bewußt werden und eine Weile darüber nachdenken.

Anstatt Sie, wie manche magische Autoren es gerne tun, monate-, wochen- und jahrelang mit Übungen hinzuhalten, die in keinem erkennbaren Zusammenhang zur magischen Praxis zu stehen scheinen (was freilich oft nur das Fehlurteil des Anfängers ist!), möchten wir Sie sofort und ohne große Vorarbeiten in die Praxis der Magie selbst einweisen. Dies bedingt allerdings, daß die Übungen, die am Schluß dieses Abschnitts stehen, an den einen oder anderen Leser am Anfang schier unmöglich zu erreichende Anforderungen zu stellen scheinen. Keine Bange – auch in der Magie wird nur mit Wasser gekocht! Bemühen Sie sich einfach so gut es geht, und seien Sie sich stets darüber im klaren, daß vieles erst durch die Praxis selbst zu erreichen ist.

Wisse, wolle, wage, schweige

Bevor wir zum praktischen Teil dieses ersten Abschnitts übergehen, wollen wir Ihnen eine weitere Maxime mit auf den Weg geben, die in der ganzen Esoterik immer wieder auftaucht und zurecht hochgeschätzt wird. »Wisse, wolle, wage, schweige« lautet die Aufforderung an den

Geheimwissenschaftler. Dies wollen wir hier nur ganz kurz erläutern, es soll Ihnen zur weiterführenden Meditation dienen.

WISSE

Ohne Wissen um das, was wir als Magier tun, sind wir nicht nur ziellos, wir laufen auch Gefahr, grundlegende Gesetze unseres magischen Tuns zu verkennen und bisweilen verheerende Fehler zu begehen. Allerdings gab es auch Zeiten, da dieses »Wissen« falsch verstanden oder stark überschätzt wurde. Es ist nämlich damit nicht allein ein reines Kopf- oder Verstandeswissen gemeint, das freilich auch dazu gehört; dieses wollen wir im vorliegenden Kurs umfassend vermitteln. In erster Linie geht es jedoch um intuitives oder Bauchwissen, und das läßt sich nur durch die eigene Erfahrung erlangen. Jeder Lehrer kann dem Schüler bestenfalls zeigen, wie er zu diesem intuitiven »Fleischeswissen« gelangt, den Lernprozeß selbst kann er ihm jedoch nicht abnehmen.

WOLLE

Ein Magier, der nicht weiß, was er will, ist schlußendlich hoffnungslos zum Scheitern verurteilt. Nur der unbeugsame Wille (und das ebenso kompromißlose Wollen – was nicht dasselbe ist!) führt gefahrlos ans Ziel. Tatsächlich sehen viele Magier der Neuzeit im Erkennen des eigenen wahren Willens (Thelema) das eigentliche Ziel jeder hohen Magie. Gerät das Wollen ins Schwanken, »kippt« auch die ganze magische Operation fast automatisch. Willensschulung bedeutet daher stets auch Erkenntnisschulung und Disziplinierung. Denn jeder Mensch neigt dazu, allein nach dem Lustprinzip zu handeln, wenn man es ihm gestattet. Daran ist zwar nichts Prinzipielles auszusetzen, doch führt es leider oft zu Fahrlässigkeit und Bequemlichkeit. Dem beugt das dezidierte Befolgen des eigenen Willens wirkungsvoll vor.

WAGE

Dies ist vielleicht der Grundsatz, gegen den in der Magiegeschichte am allerhäufigsten verstoßen wurde: Die nackte Angst vor der Praxis springt uns auf zahllosen Seiten magischer Autoren an, die sich geradezu davor zu fürchten scheinen, daß die Magie tatsächlich funktionieren könnte! Dies tut sie natürlich auch, doch wirklich effizient kann nur der Magier sein, der den Mut hat, auch durch die Tat für das einzustehen, was ihm sein Wille als notwendig und erstrebenswert eingegeben hat. Beachten Sie bitte, daß wir bisher noch nichts über die Gefahren der Magie gesagt haben: Es ist nicht so, als gäbe es diese nicht. Doch ist Magie tatsächlich nicht viel gefährlicher als das Autofahren. Eine gründliche Ausbildung und nüchterne Praxis sind die beste Voraussetzung für erfolgreiches, risikoarmes Arbeiten. Wenn man den angehenden Fahrschüler unentwegt damit erschreckt, wie gefährlich all sein Tun doch ist, erzieht man ihn lediglich zu einem verängstigten – und somit schlechten – Autofahrer, der Unfälle und Fehlverhalten geradezu anzulocken scheint. Ebenso verhält es sich mit dem Magier. Hüten Sie sich also vor den Warnungen »wohlmeinender« Nichtpraktiker, die Sie schon in der Hölle oder im Irrenhaus schmoren sehen, wenn Sie sich auch nur theoretisch mit Magie beschäftigen sollten! Vertrauen Sie lieber auf erfahrene »Morgenlandfahrer« und Psychonauten, die genau wissen, welche Gefahren tatsächlich drohen und welche nur eingebildet sind (und das sind die meisten!). Denken Sie an Martin Luthers Satz: »Aus einem verzagten Arsch kommt niemals ein fröhlicher Furz.« Tatsächlich stellt die Angst vor der Magie die größte Gefahr auf dem magischen Weg dar! Gerade aus diesen Überlegungen heraus ist auch die Auseinandersetzung mit den eigenen Ängsten von nicht zu unterschätzender Wichtigkeit.

SCHWEIGE

Viel Unfug ist in der Vergangenheit mit der Verpflichtung zum Schweigen getrieben worden. Oft wurde dieses Gebot mit einer Aufforderung verwechselt, die eigene Unwissenheit hinter geheimnisvollen Andeutungen (»darüber muß ich schweigen«, »wahre Eingeweihte werden wissen, was gemeint ist«) zu verbergen. Oft sollte auch der »profanen Masse« geheimes Wissen eifersüchtig vorenthalten werden. Doch ist dies bestenfalls das Verhalten einer verknöcherten Priesterschaft, die um ihre Vorherrschaft, welche auf der Unwissenheit der Beherrschten fußt, bangt. Schlimmstenfalls soll der Unwissende damit gezielt in die Irre geführt werden, wodurch er um so leichter ausgebeutet werden kann. In Wirklichkeit schützen die Mysterien sich ausnahmslos selbst und können überhaupt nicht »entweiht« werden! Denn ihr eigentliches »Geheimnis« ist die Erfahrung, die der Adept mit ihnen macht – und diese Erfahrungsdimension kann ihm niemand nehmen, sie kann von keinem Außenseiter und Unwissenden befleckt werden. Dennoch ist es ratsam, die eigenen okkulten Interessen nicht allzu offenherzig preiszugeben – zu groß sind nach wie vor die Vorurteile, die dem Magier selbst in unserer »aufgeklärten« und »toleranten« Zeit begegnen, zu groß die Energie, die er sonst darauf verwenden muß, sich selbst gegen diese Widerstände zu behaupten. Das bindet unnötig Kräfte und ist deshalb tunlichst zu vermeiden. Außerdem bedeutet das Schweigen, daß, um wieder ein Bild zu gebrauchen, »der Topf auf den Deckel« gelegt wird, damit entsprechender Druck erzeugt werden kann. Dieser Druck ist die magische Kraft, die wir Magis nennen.

Und nun wollen wir gleich zur Praxis übergehen.

Gleich zur Praxis: Das kleine bannende Pentagrammritual

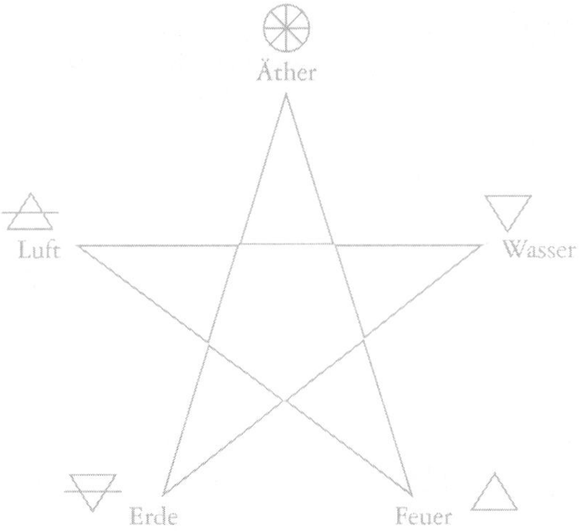

Einführung in das Kleine Bannende Pentagrammritual

Das Kleine Bannende Pentagrammritual ist eine Art kleinster gemeinsamer Nenner zwischen Magiern fast aller westlichen, hermetisch orientierten Traditionen. Es wird von Europa bis Amerika, von Asien bis Australien praktiziert – eben überall dort, wo Magier und Magierinnen in diesen Traditionen arbeiten. Die Zahl der Varianten ist groß, die wesentlichen Unterschiede zwischen ihnen jedoch vergleichsweise klein. Es läßt sich ohne Übertreibung sagen, daß das Kleine Bannende Pentagrammritual zum Grundrüstzeug eines jeden westlichen Magiers gehört. Es dient verschiedenen Zwecken: zum allgemeinen Schutz, als Teilritual einer größeren Zeremonie (meist zur Einleitung und als Abschluß verwendet), zum Ziehen des Schutzkreises, als Übung für Imaginations-, Visualisations-, Konzentrations- und Tranceschulung.

Das Pentagramm ist, kurz gesagt, eine uralte Glyphe, die in der westlichen Tradition für die fünf Elemente Erde, Wasser, Feuer, Luft und Geist (Äther) steht. Steht der Mensch aufrecht mit gespreizten Beinen und seitlich ausgestreckten Armen, bildet er auf natürliche Weise ein Pentagramm. Man hat im Pentagramm (das unter anderem auch als Drudenfuß oder Fünfzack bezeichnet wird) daher auch die Darstellung des Mikrokosmos gesehen, im Gegensatz zum Hexagramm (Davidsstern oder Sechszack), dem die Planetenkräfte (und somit auch der Makrokosmos) zugeordnet werden. Die traditionelle Zuordnung der Elemente findet sich in Abb. 1. Wir werden im ersten Teil dieser Ausführungen den technischen Ablauf des Rituals schildern und erst später auf Einzelheiten und Feinheiten eingehen.

Eine uralte Glyphe, die für die fünf Elemente Erde, Wasser, Feuer, Luft und Geist (Äther) steht.

Zusätzlich zum Kleinen Bannenden Pentagrammritual gibt es auch noch das Große Pentagrammritual, das wir an anderer Stelle behandeln werden.

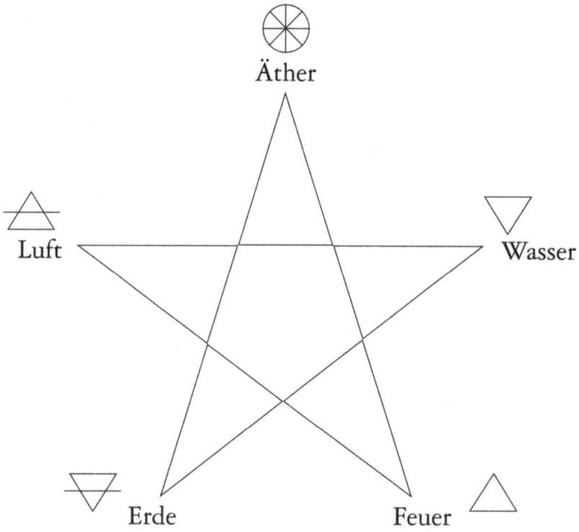

Abbildung 1: Das Pentagramm und die Elemente-Zuordnung

Aus der Zuordnung der Elemente ergeben sich auch bestimmte Zugrichtungen des Pentagramms mit unterschiedlichen Funktionen. Technisch gesehen handelt es sich bei der im Kleinen Bannenden Pentagrammritual verwendeten Zugrichtung um das bannende Erdpentagramm; das heißt, es wird von der Erde aus gebannt. Mit anderen Worten: Der Magier steht bei diesem Ritual »mit beiden Beinen auf dem Boden«, was seiner gnostischen Trance Stabilität und Konzentration verleiht. Dem Anfänger sei somit empfohlen, das Kleine Bannende Pentagrammritual in der hier vorgestellten Form einige Monate lang täglich ein- bis zweimal zu üben, bis alles richtig »sitzt«. Dies ersetzt ihm auch manche andere Imaginations- und Visualisationsübung und fördert die ritualmagische Praxis ungemein.

Wir werden (zum leichteren Nachschlagen) zuerst das Kleine Bannende Pentagrammritual in seiner kompletten Form darstellen, um es erst hinterher zu kommentieren und zu erläutern. Wenn Sie die Erläuterungen gründlich durchgearbeitet haben, werden Sie am Anfang allenfalls nur noch einige technische Einzelheiten in Ihrer Praxis überprüfen wollen.

Praxis des kleinen bannenden Pentagramm-rituals

Das Kleine Bannende Pentagrammritual ist nach einer Viererstruktur (am Ende eines Gesamtrituals nach einer Fünferstruktur) aufgebaut:

1. Kabbalistisches Kreuz
2. Schlagen (Ziehen) der Pentagramme und des Kreises
3. Anrufung der Erzengel/Visualisation weiterer Glyphen
4. Kabbalistisches Kreuz
5. Entlassungsformel (nur am Ende eines Gesamtrituals)

Das Ritual wird im Stehen durchgeführt, Blickrichtung ist Osten, die Gesten werden mit der rechten oder der linken Hand ausgeführt, die Zugrichtungen bleiben für Rechts- und Linkshänder dieselben. Man kann mit dem magischen Dolch arbeiten oder mit den ausgestreckten Zeige- und Mittelfingern, an die der Daumen angelegt wird.

1. KABBALISTISCHES KREUZ

Ziehe mit Fingern oder Dolch Energie von oben herab auf die Stirn, berühre diese und vibriere kräftig:

ATEH (= Dein ist);

berühre die Brust und vibriere kräftig:

MALKUTH (= das Reich);

berühre die rechte Schulter und vibriere kräftig:

VE-GEBURAH (= und die Kraft);

berühre die linke Schulter und vibriere kräftig:

VE-GEDULAH (= und die Herrlichkeit);

kreuze die Arme auf der Brust und vibriere kräftig:

LE-OLAM (= in Ewigkeit);

falte die Hände vor der Stirn, ziehe sie herab vor die Brust und vibriere kräftig:

AMEN (= so ist es).

2. SCHLAGEN (ZIEHEN) DER PENTAGRAMME UND DES KREISES

Schlage in Richtung Osten das erste Pentagramm. Atme ein, ziehe die Hand an die Brust zurück, steche ruckartig mit Fingern oder Dolch in die Mitte des Pentagramms und vibriere kräftig den Gottesnamen:

JHVH (Jeh-ho-wah oder: Jod-He-Vau-He)

Mit weiterhin ausgestreckter Hand wendest du dich nach Süden (Teilkreis abschreiten), wiederholst das Schlagen des Pentagramms und das Hineinstechen und vibrierst kräftig:

ADNI (Ah-do-nai)

Mit weiterhin ausgestreckter Hand wendest du dich nach Westen (Teilkreis abschreiten), wiederholst das Schlagen des Pentagramms und das Hineinstechen und vibrierst kräftig:

EHIH (Äe-hi-iäh)

Mit weiterhin ausgestreckter Hand wendest du dich nach Norden (Teilkreis abschreiten), wiederholst das Schlagen des Pentagramms und das Hineinstechen und vibrierst kräftig:

AGLA (Ah-g-lah)

Mit weiterhin ausgestreckter Hand wendest du dich zurück nach Osten (Teilkreis abschreiten) und schließt so den Kreis, der nun von Pentagrammitte zu Pentagrammitte reicht.

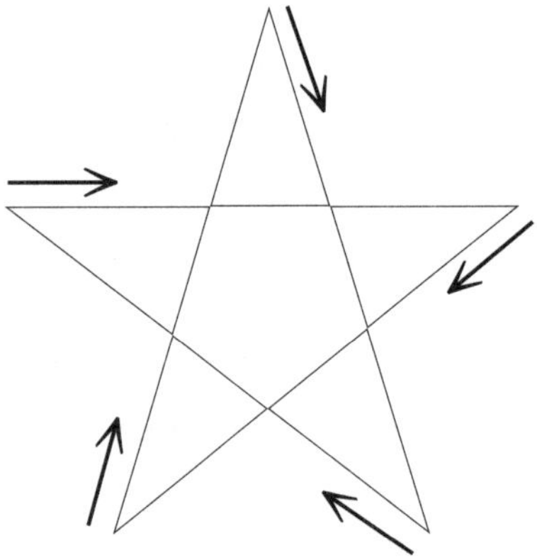

Abbildung 2: Zugrichtung beim Kleinen Pentagrammritual

3. ANRUFUNG DER ERZENGEL/ VISUALISATION WEITERER GLYPHEN

Strecke die Arme nach Osten blickend seitlich aus, und visualisiere dich selbst als überdimensionales schwarzes Kreuz, an dessen vorderem Schnittpunkt eine große rote Rose blüht. Ist diese Visualisation zufriedenstellend erfolgt, visualisierst du beim Vibrieren ihrer Namen die überlebensgroßen menschengestaltigen Formen der Erzengel.

Sprich dabei und vibriere die Namen kräftig:

Vor mir RAPHAEL;
hinter mir GABRIEL;
zu meiner Rechten MICHAEL;
zu meiner Linken AURIEL;
um mich herum flammende Pentagramme;
über mir strahlt der sechszackige Stern.

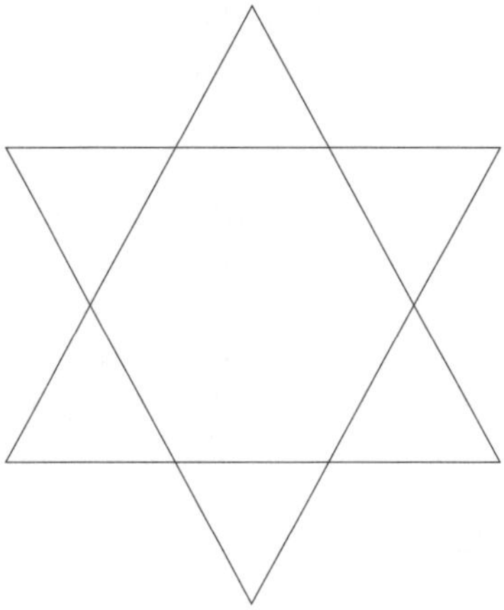

Abbildung 3: Das Hexagramm

4. KABBALISTISCHES KREUZ

Verfahre wie oben unter Punkt 1.

5. ENTLASSUNGSFORMEL (NUR AM ENDE DES GESAMTRITUALS)

Siehe die Erläuterungen zu diesem Punkt weiter unten.

ERLÄUTERUNGEN ZUM KLEINEN BANNENDEN PENTAGRAMMRITUAL

1. Imagination während des Kabbalistischen Kreuzes:
Die Zughand zieht einen Strahl aus weißem Licht durch die Krone des Kopfes in den Körper, durch den Solarplexus bis hinab zu den Füßen; dann von der rechten zur linken Schulter, so daß der Körper von einem Lichtkreuz durchstrahlt wird.

2. Schlagen (Ziehen) der Pentagramme und des Kreises
Die Pentagramme werden in Pfeilrichtung (s. Abbildung 2) vor dem Körper mit etwa einem Meter Gesamthöhe geschlagen. Es empfiehlt

sich, die Bewegung mit dem Atemrhythmus zu synchronisieren (aufsteigende Linien: einatmen; absteigende Linien: ausatmen; waagerechte Linie: anhalten).

Imagination während des Schlagens der Pentagramme und des Kreises:
Aus der Zughand strömt farbige Energie (weißlich-blau, silbern oder rot) wie aus einem Schreibstift, so daß Pentagramme und Kreis strahlend im inneren Raum stehenbleiben.

Die Gottesnamen sollten so kräftig vibriert werden, daß, wie es in alten Texten heißt, »die Wände des Tempels erbeben«. Dies ist keine Frage der Lautstärke, der Tempel ist der eigene Körper, und die Gottesnamen sollten in ihrer jeweiligen Richtung »bis ans Ende des Universums hallen« und somit alles durchdringen.

3. Anrufung der Erzengel/Visualisation weiterer Glyphen
Wie die Gottesnamen auch, sollen die Namen der Erzengel langgedehnt vibriert werden, so daß hier ebenfalls »die Wände des Tempels erbeben«.

Imagination/Visualisation während der Anrufung der Erzengel:
Raphael im Osten ist der Herrscher der Luft. Er trägt ein gelbes Gewand und einen Stab, evtl. auch einen Salbentopf. Von Osten weht dir bei der Anrufung ein leichter Wind ins Gesicht.
Gabriel im Westen ist der Herrscher des Wassers. Er trägt ein blaues Gewand und einen Kelch, während er in einem klaren, strömenden Wasserfall steht. Hinter dir plätschert das Wasser. Im Westen hinter dir spürst du die Feuchtigkeit.

Michael (auch: Mikael) im Süden ist der Herrscher des Feuers. Er trägt ein leuchtendrotes Gewand und ein Flammenschwert. Im Süden zu deiner Rechten spürst du die Hitze.

Auriel (auch: Uriel) im Norden ist der Herrscher der Erde. Er trägt ein erdfarbenes, braunes und olivgrünes Gewand, eine Ährengarbe im Arm, inmitten eines Weizenfeldes, und steht eventuell auf einem Pentakel. Im Norden zu deiner Linken spürst du die Festigkeit der Erde.

Das Hexagramm über dir wird golden imaginiert.

Vergiß nicht: Gleichzeitig nimmst du die Pentagramme und den Kreis wahr, hörst die vibrierenden Gottesnamen, bist selbst ein großes schwarzes Kreuz mit einer Rose und siehst/spürst die Erzengel bzw. die Elementkräfte! Sei nicht enttäuscht, wenn du viele Monate brauchen solltest, bis du dies alles zufriedenstellend beherrschst. Hier macht nur lange Übung – oder außergewöhnliches Talent – den Meister. Auch das noch unvollkommene Kleine Bannende Pentagrammritual des Anfängers ist von großer Wirksamkeit, sofern es mit Konzentration und Hingabe durchgeführt wird.

4. Kabbalistisches Kreuz
Nun wird das Kabbalistische Kreuz wiederholt wie unter Punkt 1 beschrieben.

5. Entlassungsformel
Bei größeren zeremonialmagischen Operationen wird das Kleine Bannende Pentagrammritual als einleitendes Schutz- und Kreisziehungsritual verwendet. Abschließend wird es wiederholt, um das Gesamtritual zu beenden.

In diesem Fall wird das zweite Kleine Bannende Pentagrammritual noch durch die Entlassungsformel ergänzt. Damit werden etwaige, durch die Zeremonie angelockte Wesenheiten (aber auch störende Gedanken, Assoziationen und Gefühle) entlassen. Die Entlassungsformel ist nicht festgelegt, sie könnte aber beispielsweise folgendermaßen lauten:

> Hiermit entlasse ich alle Wesen und Energien, die durch dieses Ritual gebannt wurden. Ziehet hin in Freiheit – Friede herrsche zwischen euch und mir!

Im nächsten Teil dieser Erläuterungen wollen wir uns näher mit den einzelnen Bestandteilen des Kleinen Bannenden Pentagrammrituals beschäftigen, mit verschiedenen Aspekten seines Gebrauchs, dem Prinzip der Zugrichtungen und anderem mehr. Beginnen wir, wieder der Reihenfolge des Rituals folgend, mit dem Kabbalistischen Kreuz.

1. DAS KABBALISTISCHE KREUZ

Unabhängig von jedweden religiösen und kulturspezifischen Assoziationen dient das Kabbalistische Kreuz vor allem zwei Zwecken:

a) Es stellt eine innere Harmonie und Mittigkeit im Magier her und sorgt für eine ausgewogene Aktivierung der feinstofflichen Körperenergien. Darin ist es Übungen, wie wir sie beispielsweise aus der Buchstabenmagie (Kerning, Kolb, Sebottendorf), aber auch aus anderen Kulturkreisen (etwa der Kleine Energiekreislauf im Chi Kung oder »Tao Yoga«) kennen, ähnlich. Diese Funktion kann gar nicht überbetont werden! Oft genügt es, allein das Kabbalistische Kreuz regelmäßig durchzuführen, um Heilung, innere Ruhe und – vor allem – magischen Schutz zu finden. Dies liegt auch am zweiten, im nächsten Absatz behandelten, Wirkungsfaktor dieser durch die Praxis zahlloser westlicher Magier als äußerst wirkungsvoll erwiesenen Übung.

b) Durch seine inhaltliche Aussage (»Dein ist das Reich und die Kraft und die Herrlichkeit, in Ewigkeit, amen!«) bestärkt es Selbstvertrauen und -sicherheit des Magiers, nimmt ihm die in der Magie so gefährlichen Ängste*; es schafft also auf bildlich-assoziativer Ebene jene Gewißheit, die den destruktiven Zweifel am eigenen Willen vertreibt. Denn mit dem »Dein« ist zunächst der Magier selbst gemeint, getreu dem alten Motto »Deus est Homo, Homo est Deus« (»Gott ist Mensch, der Mensch ist Gott«).

Dennoch ist es nicht unbedingt erforderlich, die Bedeutung der einzelnen hebräischen Mantras beim Intonieren bewußt zu reflektieren (gilt auch für die Gottesnamen). Sie wirken vielmehr am stärksten durch den Klang, weshalb es auch so wichtig ist, sie laut zu vibrieren. Später, bei genügend Praxis, kann dies auch lautlos oder mental (zum Beispiel bei der Doppelgängermagie) geschehen.

Das Herabziehen des weißen Lichts in den Körper verbindet im Magier Himmel und Erde (kabbalistisch: Kether mit Malkuth), macht ihn zum lebenden Symbol der Vereinigung der traditionellen Gegensätze von »Geist/Materie«, »Licht/Schatten«, »Gut/Böse«, »Solve/Coagula« (»Lösen/Trennen«) oder, östlich ausgedrückt, »Yin/Yang«. Somit wird er zur Verkörperung des (abgekürzten) hermetischen Gesetzes »Wie das Oben, so das Unten« der Smaragdtafel des Hermes Trismegi-

* *Besonders üble Stichwörter in diesem Zusammenhang: Paranoia und der für viele Anfänger so typische Größenwahn, der nur eine Art »umgekippter Angst« und psychologisch gesehen eine Kompensation von Minderwertigkeitsgefühlen ist; beides kann sich als fatale Fehleinschätzung und als schlimmer Realitätsverlust erweisen.*

stos, auf der es wortwörtlich heißt: »Was oben ist, ist gleich dem, was unten ist, und was unten, ist gleich dem, was oben ist, vermögend, die Wunder des Einen zu vollbringen.«

Wir erkennen, daß allein schon das Kabbalistische Kreuz genügend Stoff für kontemplative Betrachtung bietet, um den Magier philosophisch lange Zeit zu beschäftigen. Und gerade darin liegt der Wert tiefdurchdachter traditioneller Symbolhandlungen. Dennoch darf ob der metaphysisch-mystischen Betrachtung nie die Praxis selbst vergessen werden, wie das in der Magie leider allzu lange geschah und zum Teil heute noch geschieht; denn sonst stürzt die derart verletzte Symbol-Logik des Ganzen den Magier in unbewußte Konflikte, die den magischen Erfolg infrage stellen – den konkret-materiellen ebenso wie den philosophisch-mystischen. Will man Oben und Unten vereinen, so müssen Denken und Handeln eine Tateinheit bilden. Blutleere Spekulation ist ebenso zu vermeiden wie blinder Aktionismus ohne geistige Grundlage.

Will man Oben und Unten vereinen, so müssen Denken und Handeln eine Tateinheit bilden.

2. DIE PENTAGRAMME, DER SCHUTZKREIS UND DIE GOTTESNAMEN

Allein mit Betrachtungen über die tiefere Symbolik des Pentagramms ließen sich viele Seiten füllen. Das für den Anfang Wesentliche wurde jedoch bereits im ersten Teil gesagt, so daß hier allenfalls eine kleine überblickartige Zusammenfassung erforderlich ist. Das Pentagramm ist unter anderem Symbol der fünf Elemente Erde, Wasser, Feuer, Luft und Äther.

Damit steht es für die materielle, irdische Welt, welche die Alten auch als die »sublunare« (unterhalb des Mondes befindliche) zu bezeichnen pflegten. Früher galt der Mond, zumindest in der eher patriarchalisch geprägten Geheimwissenschaft des Westens – übrigens wie alles Weibliche – als Inbegriff der Täuschung und Verführung, der Illusion. Daraus leitete sich dann auch die Behauptung ab, es gebe so etwas wie »niedere« und »hohe« Magie. Heutzutage sehen

Das Pentagramm steht für die materielle, irdische Welt.

zumindest aufgeschlossene Magier, die nicht jeden alten Unfug kritiklos wiederkäuen, die Lage, nicht zuletzt auch dank der modernen Tiefenpsychologie, ein wenig differenzierter; sie haben erkannt, daß es wenig Zweck hat, den einen Pol (zum Beispiel den »kosmischen«, »göttlichen«, »geistigen« oder wie immer man ihn nennen will) auf Kosten des anderen überzubetonen. Schließlich ist Magie nicht zuletzt auch die Kunst, einerseits ein bestimmtes Gleichgewicht herzustellen und es andererseits aufzuheben und durch ein neues zu ersetzen.*

Mit dieser Tatsache konfrontiert uns das Pentagramm: Es bietet uns schon durch das bloße Schlagen (Ziehen) symbolisch die Möglichkeit, mit den Energien der Elemente auf bestimmte, gezielte Weise umzugehen. Dies wird uns bei der Betrachtung der Zugrichtungen noch klarer werden, die wir im dritten Teil im Zusammenhang mit dem Großen Pentagrammritual noch ausführlicher behandeln wollen. Nur soviel vorab: Das Ziehen der Linien des Pentagramms verbindet die Elemente miteinander. Auf der Tarotkarte I (»Der Magier«) wird der Magier meist an einem Tisch (»Altar«) dargestellt, und er jongliert mit den (vier) Elementen, dargestellt durch den Stab (Feuer), den Kelch (Wasser), das Schwert (Luft) und das Pentakel (Erde). Dies kann er nur durch den ihm innewohnenden Geist (»Äther«), oft, etwa im Golden Dawn Tarot, als Lemniskate (die liegende Acht, das Symbol der Unendlichkeit) dargestellt, die seinen Hut ziert oder über seinem Kopf schwebt.

Das Symbol der Magie schlechthin

Magie zu machen bedeutet also nicht zuletzt auch, ja zu sagen zur »sublunaren« Welt der Elemente. So gilt das Pentagramm auch als das Symbol der Magie schlechthin. Indem wir die vier Pentagramme beim Ritual in

* *Denn es gibt keineswegs, wie oft fälschlich geglaubt wird, immer nur ein einziges Gleichgewicht. Dazu ein Beispiel: Gleichgewicht und Ausgewogenheit innerhalb einer Gangsterbande bedeutet für die Bande ein reibungsloses, »harmonisches« Funktionieren beim Ausüben ihrer Tätigkeit; für die Beraubten – und die allgemeine, von der Bande bedrohte Gemeinschaft – dagegen bedeutet es »Unsicherheit der Straßen und Parks«, »Mangel an Schutz von Leben und Besitz«, also Ungleichgewicht und Benachteiligung gegenüber stärkeren oder skrupelloser vorgehenden Zeitgenossen. Stellt ein »starker Mann mit eiserner Hand«, zum Beispiel ein drakonischer Innenminister, dann wieder »Recht und Ordnung« her, entsteht daraus meist ein Ungleichgewicht für Andersdenkende. Politische Verfolgung ist die Konsequenz, es folgen Korruption und Unzufriedenheit, schließlich Rebellion, möglicherweise der Umsturz und ein neues Regime.*

die vier Himmelsrichtungen (auch »Ecken« genannt, eine Symbolik, auf die wir erst an anderer Stelle eingehen können) setzen, bekennen wir uns zum »Unten« und setzen gleichzeitig das Wissen und (hoffentlich!) die Weisheit (zum Beispiel den Wahren Willen oder Thelema, die Gnosis) des »Oben« in die Tat um. Hier leben wir, wir selbst verkörpern das Pentagramm, wie bereits im ersten Teil erwähnt, wenn wir uns mit gespreizten Beinen und ausgebreiteten Armen hinstellen (man denke an Leonardos berühmte Darstellung des goldenen Schnitts!) und indem wir den Kreis durch die Pentagramme zugleich markieren und durch ihre Harmonie sichern. Zudem ist das Schlagen der Pentagramme das praktische Umsetzen der »Choreographie der Energiebewegungen«, als welche man die Magie ebenfalls gelegentlich bezeichnet.

Dem Schutzkreis gebührt in der Magie ebenfalls eine herausragende Rolle, die hier zunächst nur angedeutet werden soll.

Der Schutzkreis ist ein Symbol der Unendlichkeit, da er weder Anfang noch Ende hat.

Er ist Symbol der Unendlichkeit, da er weder Anfang noch Ende hat. Der Magier steht in seiner Mitte, und dies im doppelten Sinne des Wortes: in der Mitte des Kreises und in der Mitte seiner eigenen Unendlichkeit. (Zumindest tut er dies im Idealfall; auf jeden Fall sollte er es stets anstreben.) Oft wird der Kreis übrigens auch als Kugel betrachtet oder gezogen. Der Kreis schützt vor ungewollten äußeren Einflüssen, doch nicht etwa automatisch durch seine bloße Existenz, sondern vielmehr indem der Magier diesen die eigene Zentriertheit entgegensetzt. Er ist somit auch ein Sinnbild der Konzentration, der vorübergehenden Ausschaltung alles Überflüssigen und Störenden. Von seiner Mitte aus zieht der Magier seine (»konzentrischen«) Kreise in der Welt, zugleich ist der Kreis sein symbolischer Mikrokosmos, er ist das Universum, welches der Magier beherrscht, dessen Herr und Meister, ja Schöpfer er ist. Doch jedes Universum ist immer nur so gut wie sein Schöpfer! Von daher ist der Kreis dem Magier auch Ansporn zur Vervollkommnung, zumindest aber zur Verbesserung seiner eigenen Fähigkeiten, seines Wissens, seiner Weisheit. Abschließend soll hier zum Kreis nur noch gesagt werden, daß er in der Praxis nicht nur visualisiert oder sonstwie sinnlich wahrnehmbar gezogen wird, er sollte auch und gerade körperlich spürbar sein wie eine Mauer. Nie sollte der Magier den Kreis während des Rituals verlassen, denn das hieße seine Mitte zu verlassen, was je nach Art der Energien, mit denen gerade operiert wird, schlimme Folgen haben kann, von Krankheit und Verwirrung bis zu echtem Wahnsinn oder gar physischem Tod. Man kann es dem Hantieren mit einer Starkstromleitung vergleichen: Wird die schützende Isolierung abgelegt, droht Gefahr für Leib und Leben. Freilich ist der Kreis auch ein Schutz vor den eigenen Energien, beispielsweise jener des Unbewußten. In diesem Sinne fungiert er gewissermaßen als eine Art projizierter Zensor und Filter. Denn er ist zugleich durchlässig, doch eben nur für die gewollten, angerufenen Kräfte.

Die Bedeutung der in die Himmelsrichtungen vibrierten Gottesnamen

Die in den vier Himmelsrichtungen vibrierten Gottesnamen haben zwar auch zum Teil ihre eigene Bedeutung, doch steht diese hinter ihrer mantrischen, vibratorischen in der Regel stark zurück. Der Vollständigkeit halber sollen diese Bedeutungen hier jedoch erwähnt werden.

J – H – V – H (Jehova oder Jahwe) wird herkömmlich als »ICH BIN DER ICH BIN« übersetzt – die Selbstdefinition des Schöpfergottes der Genesis. Die Tatsache, daß die Gottheit ist, der sie ist, muß der Mensch als Aufforderung verstehen, zu werden, wer er ist. Dies setzt man auch gleich mit dem Erkennen und Leben des eigenen Willens (Thelema), der Herstellung des Kontakts zum und dem Zwiegespräch mit dem Heiligen Schutzengel, der Verwirklichung der eigenen Bestimmung und so weiter. Papus hat umfangreiche kabbalistische Spekulationen über die Zuordnung der vier Elemente zu den einzelnen hebräischen Buchstaben dieses »unaussprechlichen« Namen Gottes vorgelegt, auf die einzugehen hier allerdings nicht der Ort ist. Wichtig ist noch zu wissen, daß man dieses JHVH meistens als TETRAGRAMMATON bezeichnet, wörtlich als »Vierer-Wort« oder als »vierbuchstabigen Namen Gottes«.

ADNI (häufig auch ADONAI geschrieben) bedeutet wörtlich »Herr« oder »mein Herr«. Es ist dies auch in der Regel der Name, den der orthodoxe Jude dort, wo in den heiligen Schriften Tetragrammaton erwähnt wird, an dessen Stelle laut liest. (Denn JHVH darf von ihm nicht ausgesprochen werden.)

EHIH (oft auch EHIEH geschrieben) wird als »Ich werde sein« übersetzt. Im Pentagrammritual steht das Wort für das Wollen des Magiers.

AGLA ist kein eigenes Wort, sondern eine Abkürzung aus den Anfangsbuchstaben eines ganzen Satzes (eine Technik, die man in der Kabbala als Notarikon oder Notariqon bezeichnet): »Athath gibor leolam Adonai«, was sich übersetzt als »Du bist mächtig in Ewigkeit, o Herr!« Auch hieran knüpfen sich zahllose eher mystische Spekulationen, welche natürlich meist auf der jüdischen Geheimlehre fußen.

Der genaue Grund für diese spezifische Zuordnung der Gottesnamen zu den Himmelsrichtungen bzw. Elementen ist unklar, zumal sich, wie wir im übernächsten Abschnitt beim Großen Pentagrammritual noch sehen werden, hier einiges verschiebt.

Wichtig ist vor allem ihre kraftvolle Schwingung, die es auch den nicht in der judäo-christlichen Tradition stehenden Magiern leichtmacht, einen schnellen Zugang zu ihren feinstofflichen Energien zu erlangen.

3. DIE ANRUFUNG DER ERZENGEL UND DIE VISUALISATION WEITERER GLYPHEN

Das, übrigens gleichschenklige, Kreuz, als das sich der Magier visualisiert, ist unter anderem ein altes Symbol für das Aufeinandertreffen von Geist (senkrechte Achse) und Materie (waagerechte Achse), an dessen Schnittpunkt der Mensch steht. Dort blüht auch die Rose der Erkenntnis und der Weisheit. Es ist aber auch die Rose des Schweigens, das heißt eine Aufforderung zum Schweigen über seine königliche Kunst.* Schweigen ist, wie wir bereits gesehen haben, eine äußerst wichtige Energietechnik, die der Steigerung magischer Kräfte dient, ähnlich wie erst der Deckel auf dem Topf mit kochendem Wasser Explosionsdruck entstehen läßt. Indem er also das »Kreuz der Welt«

Schweigen – eine äußerst wichtige Energietechnik!

* *»Sub rosae«, also »unter der Rose«, nennt man selbst noch heute gelegentlich Mitteilungen und Absprachen, die vertraulich oder gar geheim sind.*

verinnerlicht, erwächst dem Adepten die (schweigende) Weisheit der Vollendung.

Ein Element des Kleinen Bannenden Pentagrammrituals macht vor allem dem nichtchristlich gesinnten Magier meist Schwierigkeiten: die Anrufung der Erzengel. Ihre Visualisation mag bisweilen an Devotionalienkitsch erinnern, und manch katholisch erzogener Magier erinnert sich noch mit Grausen an die Schutzengelbildchen seiner Kindheit. Auch aus diesem Grund wurden und werden immer wieder Versuche unternommen, diese Gestalten zu ersetzen. Dies liegt insofern nahe, als sie vor allem als Verkörperungen der Elementkräfte gelten, wie im ersten Teil auch schon ausgeführt. Wer mag, der kann an ihrer Stelle Formeln benutzen wie »Ich rufe euch, ihr Mächte des Ostens, ihr Mächte der Luft«, oder »Ich rufe euch, ihr Mächte des Südens, ihr Mächte des Feuers«. Doch ist dies dann natürlich schon eine »unorthodoxere« Variante des Kleinen Bannenden Pentagrammrituals, und bei der Arbeit mit anderen Magiern muß man sich in diesem Fall auf das genaue Vorgehen einigen.

Erzengel gelten als Verkörperungen der Elementkräfte.

Es spricht jedenfalls einiges dafür, die Elementkräfte zu personifizieren und als Gestalten sichtbar zu machen, auch wenn man ihre bisweilen an das (freilich später liegende) Tarotblatt von A. E. Waite erinnernde Buntheit nicht unbedingt schätzt. Immerhin arbeitet ein großer Teil der Zeremonialmagie mit solchen Projektionen. Durch den Kontrast, den der Magier bewußt zwischen seinem Inneren und seinem Äußeren herstellt (zum Beispiel durch das Projizieren eigener Seeleninhalte), kann auch sein Unbewußtes geschickter mit den derart projizierten Energien umgehen.

Sicherlich sollte man sich als Magier stets auch mit solchen weltanschaulichen (Symbol-)Systemen auseinandersetzen, die einem fremd, unverständlich oder gar zuwider sind. Daraus lernt man oft am meisten und setzt entsprechende magische Energien frei.

Auch die Erzengelnamen haben Bedeutungen oder zumindest Assoziationen, die sich freilich nicht immer gänzlich mit ihrer Funktion im Kleinen Bannenden Pentagrammritual decken. In der Reihenfolge ihrer Anrufung:

RAPHAEL – »der Arzt Gottes«; weshalb er gelegentlich auch astrologisch und astromagisch dem Merkur zugeordnet wird;

GABRIEL – »der Mächtige aus Gott«; in den gnostischen Spekulationen entspricht er häufig dem Geist als Träger des Lebens bzw. dem Logos;

MICHAEL – »wer ist wie ich?«; Schutzengel des jüdischen Volkes, auch als »Schwert Gottes« (oder des Demiurgen) bezeichnet; Michael war es auch, der Adam und Eva aus dem Paradies vertrieb, nachdem sie vom Baum der Erkenntnis gegessen hatten;

AURIEL – »Feuer Gottes«; ebenfalls einer der führenden Engel.

Beachten Sie, was in der magischen Literatur immer wieder eine Rolle spielt, nämlich daß die Formel EL (häufig auch: AL) im Hebräischen gleichbedeutend ist mit »Gott«, mithin als Endung also »göttlich« oder »von Gott kommend«. Das berühmte ELOHIM, das uns später immer wieder begegnen wird, ist die Pluralform, bedeutet also streng genommen »Götter«, was wiederum für die Monotheismus-Debatte, also für die Auseinandersetzung um die Frage, ob es nur einen »Gott« gebe oder zahlreiche, in der jüdischen und gnostischen Tradition von Bedeutung ist und auch den magischen Umgang mit »Gottesformen« besonders in der Planetenmagie berührt.

Abschließend sei noch erwähnt, daß die strahlenden Pentagramme erneut bekräftigt werden und daß, dies ist neu, auch das Hexagramm über dem Haupt des Magiers visualisiert bzw. imaginiert wird. Steht das Pentagramm für die fünf Elemente, mithin für die schon erwähnte »sublunare« Welt, so symbolisiert das Hexagramm unter anderem die »astrale« Welt. Darunter ist die Sphäre der Sterne (lat.: »astrum«, pl. »astra«) zu verstehen, weshalb den sechs Zacken auch je einer der sieben klassischen Planeten zugeordnet wird. (Nur die Sonne als Hauptplanet steht in der Mitte des Sechssterns.) Das Hexagramm ist auch Sinnbild der Verschmelzung der kosmischen Polaritäten von »Männlich« (aufsteigendes Dreieck) und »Weiblich« (absteigendes Dreieck); insofern stellt es das Gegenstück zum östlichen Yin-Yang-Symbol (auch »Monade« genannt) dar. Als »Schlüssel (auch: Siegel) Salomos« ist das Hexagramm in der Tradition ebensosehr eine Glyphe für die Magie schlechthin wie das Pentagramm auch. Durch seine Visualisation behält der Magier im Auge, daß er nicht nur in der vergänglichen Welt der Elemente (die ja »nur« ein Produkt der Ur-Dualität sind) agiert und – noch wichtiger – daß er sich auch der kosmischen, übergeordneten Kräfte bedient. Zudem erinnert es ihn daran, daß er nicht nur allein um der materiellen Gesetze willen das »Kreuz der Welt« trägt. Man könnte im Hexagramm also auch gewissermaßen die »magische Laterne« höherer, weiterführender Erkenntnis und Weisheit sehen, mit welcher der Magier zugleich seinen Weg erhellt und der er folgt.

Wir sehen an diesen (bei aller scheinbaren Ausführlichkeit noch immer recht knappen und verkürzenden) Betrachtungen, daß das Kleine Bannende Pentagrammritual tatsächlich eine kleine »Summa« oder Zusammenfassung westlicher Ritualsymbolik ist, eine Art »Symbol-Enzyklopädie in Aktion«. Denn diesen Aspekt dürfen wir bei aller Freude an symbolologischen Spekulationen und Einsichten nie vergessen – westliche Magie heißt stets, das Symbol zugleich zu erkennen, es erfahrbar zu machen und es praktisch zu nutzen! Erst dadurch wirken Kopf und Hand zusammen, wird jene seelische und körperliche Ganzheit und Heilung (von »Heil- bzw. Ganz-Sein«) erlangt, welche für fast alle Magier westlicher Tradition oberstes Ziel ist – auch wenn dieses Ziel oft die unterschiedlichsten Bezeichnungen erhält …

Das Kleine Bannende Pentagrammritual: eine Art »Symbol-Enzyklopädie in Aktion«

Praktische Übungen

DIE BEDEUTUNG DES MAGISCHEN TAGEBUCHS

Grundlage aller magischen Arbeit sollte die Erfolgskontrolle sein. Diese verhindert einerseits Selbstbetrug und Größenwahn und sorgt andererseits für eine präzise, zutreffende Einschätzung eigener Stärken und Schwächen.

Grundlage der Erfolgskontrolle wiederum ist das Magische Tagebuch. Solltest Du noch kein solches besitzen, so besorge Dir ein möglichst stabiles und umfangreiches Notizbuch, das Du ausschließlich für Deine magische Arbeit benutzt. Es sollten täglich Eintragungen gemacht werden, auch dann, wenn Du Dein Übungsprogramm einmal vernachlässigen solltest! Dann trägst Du eben ein, weshalb Du »faul« gewesen bist. Im übrigen werden im Magischen Tagebuch auch Gedanken festgehalten, die Dir beispielsweise bei der Lektüre magischer Texte kommen, Fragen, denen Du erst später nachgehen kannst, und so weiter.

Eines der wichtigsten Instrumente magischer Praxis

Lasse hinreichend Platz für spätere Eintragungen und eventuelle Nachbemerkungen.

Unterschätze nicht die Wichtigkeit des Magischen Tagebuchs: Die Praxis wird Dich sonst schon bald auf schmerzliche Weise eines Besseren belehren. Betrachte das Magische Tagebuch als einen »Realitätsanker«, mit dem Du unkontrolliertes Wegdriften verhinderst. Zudem ist es das »Logbuch« Deiner psychonautischen Reise und gibt Dir nach einigen Monaten und Jahren reichen Aufschluß über Deine Entwicklung als Magier.

Sorge auch dafür, daß Dein Magisches Tagebuch nicht in unbefugte Hände gelangt.

ÜBUNG 1
AUSEINANDERSETZUNG MIT DEN EIGENEN ÄNGSTEN UND IHREM URSPRUNG

Führe Dir nacheinander sämtliche Deiner Ängste, die Dir bewußt sind, in entspanntem Zustand und fester, bequemer Körperhaltung vor Augen. Betrachte sie, ohne jedoch dabei Stellung zu beziehen. Nimm sie also einfach hin, wie man es mit Gedanken tut, wenn man (etwa bei der buddhistischen Satipatthana-Meditation oder beim Zazen) Gedankenleere herstellt.

Nach einer Weile stellst Du Dir die Frage: »Wer ist es, der/die Angst hat?« Und zwar immer und immer wieder, bis es fast ein Mantra geworden ist, aber ohne bewußt eine Antwort zu forcieren!

Halte etwaige Antworten, Erkenntnisse und persönliche Eindrücke schriftlich fest.

Dauer der Übung: etwa 15 Minuten.

Frequenz der Übung: mindestens dreimal wöchentlich, vorzugsweise nach dem Aufwachen oder dem Zubettgehen.

Führe diese Übung mindestens einen Monat regelmäßig durch und schreibe danach eine Zusammenfassung. Später wirst Du sie gelegentlich wiederholen.

ÜBUNG 2
KABBALISTISCHES KREUZ I

Führe eine Woche lang täglich dreimal das Kabbalistische Kreuz durch. Dies sollte vorzugsweise nach dem Aufstehen oder vor dem Zubettgehen geschehen, aber auch nach dem Baden, solange der Körper noch naß ist. Achte dabei darauf, daß Du während der Übung mit dem Gesicht zu einer (natürlichen oder künstlichen) Lichtquelle stehst, da Du dadurch die Energien des Lichts stärker wahrnehmen und aufsaugen kannst. Du brauchst Dich allerdings dabei nicht auf das Licht zu konzentrieren. Achte nach der Durchführung auf Deine Körperwahrnehmungen.

Wenn Du nicht ohne weiteres ungestört arbeiten kannst, so läßt sich die Übung auch im Bad oder auf der Toilette am Arbeitsplatz während der Mittagspause durchführen, wobei Du die Mantras nur leise, aber dennoch kraftvoll vibrierst.

Das Kabbalistische Kreuz kann bei Bedarf gefahrlos beliebig oft wiederholt werden. Es dient auch zur Kraftaufladung bei Schwächung durch Krankheit, Nervosität und Angst und stellt einen außerordentlich wirksamen magischen Schutz dar.

ÜBUNG 3
PRAXIS DES KLEINEN BANNENDEN PENTAGRAMMRITUALS

Nachdem Du Übung 2 eine Woche lang praktiziert hast, beginnst Du damit, das Kleine Bannende Pentagrammritual zu praktizieren. Dies sollst Du zweimal täglich tun, mindestens jedoch einmal am Tag. Natürlich mußt Du dafür sorgen, daß Du während des Übens nicht gestört wirst.

Vorläufig brauchst Du dafür weder besondere Kleidung noch sonstiges Zubehör oder gar einen separaten Übungsraum bzw. Tempel.

Nach Möglichkeit solltest Du aber regelmäßig üben, das heißt zur selben Uhrzeit und am selben Ort, sofern sich dies einrichten läßt.

Übung 2 setzt Du täglich fort, ziehst aber die durchgeführen Kleinen Bannenden Pentagrammrituale von der Zahl 3 (Übungsfrequenz) ab. Wenn Du also am Tag zweimal das Kleine Bannende Pentagrammritual machst, brauchst Du die Übung 2 nur einmal durchzuführen, bei nur einem Pentagrammritual dagegen zweimal und so weiter.

Auch das Kleine Bannende Pentagrammritual kann bei Bedarf gefahrlos beliebig oft wiederholt werden. Es dient ebenfalls zur Kraftaufladung bei Schwächung durch Krankheit, Nervosität oder Angst und bietet einen sehr wirksamen magischen Schutz.

Verzweifle nicht, wenn es Dir zu Anfang schwerfallen oder gar unmöglich sein sollte, alle Einzelheiten in der gewünschten Schärfe und Deutlichkeit zu visualisieren/imaginieren. Dies ergibt sich mit der Zeit von allein. Hüte Dich vor verkrampftem Erfolgszwang, arbeite vielmehr so gut und so gründlich, wie es Deinen Fähigkeiten entspricht.

Das Kleine Bannende Pentagrammritual wird Dich nun wahrscheinlich Dein ganzes Magierleben begleiten, mindestens aber während der gesamten Zeit der Schulung solltest Du Übung 2 täglich durchführen. Dies mag Dir zu Anfang als ein sehr großer Zeitaufwand erscheinen, tatsächlich wirst Du dafür jedoch später kaum mehr als 5 Minuten benötigen, zumal dann, wenn wir zu astralen und mentalen Arbeitspraktiken übergehen. Bis dahin sollst Du jedoch ausschließlich physisch (also nicht mental/astral!) arbeiten, wie hier beschrieben, um Dir eine solide Grundlage für die viel schwierigere (und riskantere) Mental- und Astralmagie zu verschaffen.

Altar

SIGILLENMAGIE (I)

Einführung in die Sigillenmagie

Was nun als Einführung in die Sigillenmagie folgt, gilt sinngemäß auch für die gesamte Magie. Selbst wenn Sie mit der Sigillenmagie bereits vertraut sein sollten, empfiehlt es sich daher, die folgenden Ausführungen genau zu studieren und in Ihre magische Praxis zu integrieren. Sie ersparen sich auf diese Weise unter Umständen manchen zeitraubenden Irrweg.

Wir haben im letzten Abschnitt einen Teil der Grundlagen der Magie kennengelernt: WILLE, IMAGINATION und TRANCE. Dies ist ein formaler Aufbau, der dem besseren Verständnis der magischen Arbeit dient und es uns ermöglicht, viele Gesetze der Magie aus eigenem Verstehen heraus abzuleiten und anzuwenden.

Eine magische Technologie, um die Kraft des Unbewußten gezielt zu nutzen

Nun wollen wir die Sache praktisch angehen. Sie wissen, daß zwischen Bewußtsein und Unbewußtem der Zensor steht, jene Instanz, die uns allzuoft mit pseudorationalen Zweifeln und Einwänden das Leben als Magier schwermacht. Dieser Zensor läßt sich durch die Trance ganz oder zumindest teilweise umgehen. Im Unbewußten liegt die magische Kraft. Gelingt es uns, Befehle oder Willenssätze des Bewußtseins am Zensor vorbei ins Unbewußte zu »schmuggeln«, so ermöglicht dies erfahrungsgemäß im Rahmen seiner (freilich äußerst mächtigen) Kräfte, das gewünschte Ereignis herbeizuführen.

Der Wunsch, etwas Bestimmtes zu bekommen, gebiert nach dem Gesetz von actio et reactio automatisch sein Gegenteil, nämlich den Wunsch nach Mißerfolg. Daran ändert auch die Tatsache nichts, daß uns dieser Gegenwunsch meist nicht bewußt wird. Unsere Psyche hat gelernt, ihn höchst geschickt in manche Verkleidung zu stecken: Zweifel, Ängste, moralische oder religiöse Bedenken, Unsicherheit – ja sogar die blanke Furcht vor dem Erfolg, die freilich nur selten eingestanden wird, sind die Inkarnationen dieser Anti-Energie. »Alles Leiden entspringt dem Wünschen«, sagt Buddha. Dies trifft auf der magischen Ebene sicher so lange zu, bis wir gelernt haben, zwischen Wunsch und Wille zu unterscheiden. Dies ist jedoch nicht immer so einfach, wie es sich anhören mag, und so wollen wir zunächst den etwas gängigeren Weg beschreiten, unsere Wünsche mittels der magischen Technologie direkt ans Ziel zu führen.

Wer nicht stark genug ist, um sich einem Gegner im offenen Kampf stellen zu können, muß statt dessen mit List und Tarnung arbeiten. Wir ziehen daraus die Konsequenz und tarnen unsere Wünsche und Willenssätze, damit der »Palastwächter« namens Zensor sie ungehindert zur Waffenkammer im Inneren der Seele vorläßt. Dies geschieht am besten, indem wir ihnen eine »harmlos« wirkende Verkleidung verleihen, die ihre wahren Absichten verschleiert, beispielsweise durch jene abstrakten Bilder und Glyphen (Zeichen), die wir SIGILLEN nennen.

Mit List und Tarnung zur Waffenkammer im Inneren der Seele ...

Nun mag man einwenden, daß soviel Aufwand doch gar nicht erforderlich sei, wenn man mit Suggestion arbeitet. Tatsächlich lassen sich mit derlei Techniken (zum Beispiel der Couéismus, das Positive Denken, die Selbsthypnose) oft beachtliche Erfolge erzielen. Sie sind der Magie auch keineswegs fremd und werden oft von ihr als Hilfsdisziplinen eingesetzt, doch sollte man sie nicht mit der Magie selbst verwechseln! Zudem erweist sich bei genauerem Hinsehen, daß diese Systeme erstens nicht annähernd so »unaufwendig« sind, wie es zunächst den Anschein hat, und daß sie es zweitens hinsichtlich ihrer Erfolgsquote mit der Sigillenmagie in der Regel kaum aufnehmen können.

Nehmen wir ein konkretes Beispiel: Sie wollen auf eine wichtige Person einen guten Eindruck machen, etwa bei einem Einstellungsgespräch. Nun würden Sie sich mittels der Autosuggestion, des Positiven Denkens oder ähnlicher Systeme darauf dergestalt vorbereiten, daß Sie sich täglich mehrmals suggerieren, daß Sie den gewünschten guten Eindruck machen und die Arbeitsstelle erhalten. Dies erfordert je nach Begabung und Situation mindestens fünf- bis zehnminütige Arbeit täglich, und dies über mehrere Tage, ja möglicherweise sogar Wochen oder Monate hinweg. Bei der Sigillenmagie dagegen können Sie dieselbe Aktion, etwas Erfahrung vorausgesetzt, mit einem einmaligen Aufwand von einer knappen Viertelstunde durchführen, und dies bei einer erwiesenermaßen weitaus höheren Trefferquote. Danach dürfen Sie die Sache nicht nur vergessen, Sie müssen es sogar!

Doch nicht nur der verringerte Zeitaufwand spricht für die Sigillenmagie. Wir haben es dabei nämlich mit einer durch und durch organischen Methode zu tun, und das ist ganz wörtlich gemeint: »Sigils will flesh« (»Sigillen werden Fleisch«), hat es Austin Osman Spare, der

Sigillenmagie wird zu einem integralen Bestandteil des Organismus.

Begründer der Sigillenmagie, einmal ausgedrückt. Sie werden somit zu einem integralen Bestandteil des Organismus, der seinerseits mit aller Macht und Kraft seiner Zellen darauf hinarbeitet, sie in Ereignisse umzusetzen. Was das im einzelnen zu bedeuten hat, werden wir noch erläutern und am Beispiel der Atavistischen Magie in die Praxis umsetzen.

Alles, was wir ins Unbewußte eingeben, wird dort umgesetzt: Fakten, Erlebnisse und Assoziationen werden abgespeichert; Unangenehmes wird ins Unbewußte verdrängt und erhält dadurch (als Komplex, als Neurose oder gar als Psychose) eine gewaltige Sprengkraft. In der Magie besteht die Funktion des BEWUSSTSEINS darin, die Zielvorgaben zu formulieren, es ist gewissermaßen der »Steuermann«. Es wird geschult durch Geistestraining, durch Konzentrations-, Disziplin- und Willensübung.

Das UNBEWUSSTE dagegen hat die Aufgabe, die Befehle und Zielvorgaben möglichst erfolgversprechend umzusetzen, es ist der »Maschinist«. Es wird geschult durch das Ritual und die Korrespondenzen/Analogien (dazu später mehr), durch Trancetraining sowie durch den Gebrauch von Symbolen.

Dem ZENSOR kommt die Funktion zu, den Gesamtprozeß abzusichern, das Ganze »am Laufen« zu halten und unerwünschte Fremd- und Eigenfaktoren auszumerzen. Er ist der »Wachhabende Offizier«. Da er uns am Anfang aufgrund seiner meist ultrakonservativen und übervorsichtigen Einstellung, die zudem durch magiefeindliche Umwelt und Erziehung bestärkt wird, eher Schwierigkeiten machen dürfte, als unsere magischen Ambitionen zu fördern, wird er zunächst umgangen und »umerzogen«, indem wir mit der Gnostischen oder Magischen Trance arbeiten. Später arrangiert er sich erfahrungsgemäß mit unserer Magie und wird zu einem wertvollen Verbündeten, der uns auf der robotischen oder automatischen Ebene einen Großteil unserer Arbeit abnimmt und für wirksamen magischen Schutz sorgt. Hat der Magier ihn erst einmal durch beständige Praxis mit seinem Wahren Willen (Thelema) verschmolzen, wird er zu dessen Verkörperung und erfüllt somit die Funktion dessen, was in der Magie des Abramelin als »Heiliger Schutzengel«, in der afrikanischen Magie (wie auch in anderen sogenannten »primitiven« Systemen der Naturvölker) als »Clan-Totem« bezeichnet wird.

Insofern ist das Umgehen des Zensors tatsächlich Teil seiner Weiterentwicklung. Seine Schulung erfolgt zudem durch die Erfahrung der Wirksamkeit und der Erfolge magischen Tuns.

Das Umgehen des Zensors ist tatsächlich Teil seiner Weiterentwicklung.

Die Übersicht 5 soll dies noch einmal verdeutlichen.

PSYCHISCHE INSTANZ	WEITERENTWICKLUNG DURCH
BEWUSSTSEIN	Disziplinschulung Willenstraining Mentalschulung
ZENSOR	Umgehung Tranceerfahrung Magieerfolg
UNBEWUSSTES	Ritual Tranceschulung Symbol

Übersicht 5: Die Magische Schulung/Weiterentwicklung psychischer Instanzen

Das bisher Gesagte genügt für den Anfang, um die Wirkungsweise der Sigillenmagie auf eine verständliche Grundlage zu stellen. In der Praxis sähe unser Beispiel von oben so aus, daß Sie zuerst Ihren Willenssatz formulieren, diesen mittels zeichnerischer Manipulationen in eine Glyphe oder Sigil umsetzen und diese Sigil wiederum mit Hilfe der Gnostischen Trance in Ihr Unbewußtes laden. Wie dies im einzelnen geschieht, wollen wir nun erklären.

Praxis der Sigillenmagie (I) – Die Wortmethode

Bevor sigillenmagisch gearbeitet werden kann, muß zunächst die Zielvorgabe erfolgen. Wir wollen uns vorläufig nur mit der sogenannten Wortmethode der Sigillenmagie befassen, in späteren Abschnitten folgen dann weitere Techniken und Einzelheiten.

DER WILLENSSATZ UND SEINE FORMULIERUNG

Die Sigillenmagie der Wortmethode basiert auf dem klar formulierten WILLENSSATZ. Dieser sollte so eindeutig und einspitzig wie möglich sein. Denn das Unbewußte hat die fatale Tendenz, manche Vorgaben allzu wörtlich auszulegen. Dazu ein authentischer Fall, den uns ein Seminarteilnehmer einmal erzählte und der dieses Prinzip sehr treffend veranschaulicht. Wir zitieren seinen Bericht:

> *Ein Arbeitskollege von mir ist ein leidenschaftlicher Reiter, der auch häufig an Wettkämpfen und Turnieren teilnimmt. Nun hatte es ihm ein ganz bestimmtes Reitturnier besonders angetan, und es war sein Traum, dieses wenigstens einmal im Leben zu gewinnen. Mit den Techniken des Positiven Denkens vertraut, benutzte er deshalb eine Affirmation mit folgender Formulierung: »Ich werde das Turnier gewinnen. Ich werde das Turnier gewinnen.« Diese wiederholte er täglich häufige Male.*
>
> *Endlich kam der große Tag, und er nahm am Turnier teil, genau wie geplant. Dabei gab er verständlicherweise sein Bestes, kam aber dennoch nur als Vierter durch die Ziellinie. Nun stellen Sie sich einmal seine Verblüffung vor, als er daraufhin einen Trostpreis erhielt – ein Rasierwasser Marke »Turnier«! Da konnte man das Universum laut lachen hören …*

Hand aufs Herz: Wären Sie vorher auf die Möglichkeit gekommen, daß die Aktion auf diese Weise enden könnte? Höchstwahrscheinlich nicht!

Immerhin ist dieses Beispiel aus mehreren Gründen lehrreich: Erstens zeigt es uns, wie sorgfältig man bei der Formulierung magischer Willenssätze vorgehen muß, um derlei Mißverständnisse zu vermeiden; zweitens lernen wir daraus, wie wörtlich das Unbewußte manche Vorgaben versteht – und welche »Zufälle« es oft herbeiführt, um diesen (falsch verstandenen) Vorgaben gerecht zu werden; drittens aber veranschaulicht es uns das Prinzip des »Erfolgs auf der anderen

Schiene«, bei dem wir oft »haarscharf daneben« liegen, andererseits aber nicht einmal einen echten Mißerfolg verbuchen können, da die Anweisungen formell ja erfüllt wurden. Dieses Phänomen ist allen erfahrenen Magiern vertraut, und nicht zuletzt dies ist es auch, was die Magie oft so bunt und überraschend macht. Weshalb wir in der Magie oft nur solche »Streuschüsse« erzielen anstelle der angestrebten »Präzisionstreffer«, darauf soll im nächsten Abschnitt noch ausführlicher eingegangen werden, wenn wir uns mit der »symbollogischen Unschärferelation« befassen.

Das Unbewußte hat die fatale Tendenz, manche Vorgaben allzu wörtlich zu nehmen.

Andererseits darf der Willenssatz jedoch auch nicht überpräzisiert werden. Eine Aussage wie: »Ich will am 14.3. im Lotto genau 15 054,48 Mark gewinnen« ist viel zu beladen mit Einzelvorgaben, um Hoffnung auf Erfolg zu rechtfertigen. Es mag zwar sein, daß derlei Formulierungen gelegentlich zum gewünschten Ziel führen, doch geschieht dies dann immer nur trotz der Formulierung, bestimmt aber nicht wegen ihr!

Es ist ähnlich wie bei der Divination mit Tarot-Karten, die ja in der Regel aus Bildern bestehen: Wer mit Hilfe der Karten erfolgreich Zukunftsaussagen machen will, muß auch Fragen stellen, die durch Bilder beantwortet werden können – ein Prinzip, gegen das leider allzuoft verstoßen wird. Hüllen Sie Ihren Willenssatz also in eine Form, die einerseits nicht zu ungenau ist, um Fehlinterpretationen weitgehend auszuschließen (was freilich so gut wie nie hundertprozentig zu erreichen ist), die aber andererseits der Bilderwelt des Unbewußten hinreichend Spielraum bietet, um wirkungsvoll in Aktion treten zu können. Es versteht sich, daß es dafür keine maßgeschneiderten Regeln und Muster geben kann, Sie müssen vielmehr – wie in der Magie ja so oft – auf Ihr Fingerspitzengefühl und Ihre wachsende Erfahrung vertrauen.

Als Faustregel können Sie sich jedoch merken, daß der Willenssatz sowohl klar als auch einspitzig sein sollte. »Klar« bedeutet, daß Sie nach Möglichkeit alle Zweideutigkeiten ausschließen.

Der Willenssatz sollte sowohl klar als auch einspitzig sein.

Wenn Sie formulieren: »Ich will reich werden«, so beinhaltet dies die Möglichkeit eines Lotteriegewinns ebenso wie die, daß Ihre Lieblingstante plötzlich das Zeitliche segnet und Ihnen Ihr Haus vermacht – oder daß Sie »reich an Erfahrung« werden, beispielsweise indem Sie auf einen Trickbetrüger hereinfallen, der Ihnen »todsichere« australische Goldminenaktien andreht, die sich schließlich als faule Papiere herausstellen ...

Die Forderung nach der »Einspitzigkeit« läßt sich da schon leichter erfüllen. Sie besagt nichts anderes, als daß der Willenssatz auf ein Ziel ausgerichtet und nicht zu allgemein formuliert sein sollte. Arbeiten Sie mit einem Willenssatz wie »Ich will, daß es mir gutgeht«, so mag dieser Zauber Erfolge zeitigen oder auch nicht – in jedem Fall ist es fraglich, ob Sie seine Wirkung überhaupt bemerken werden. Seien Sie also möglichst präzise, ohne überpräzise zu werden.

Empfehlenswert ist es, den Willenssatz stets mit derselben Anfangsfloskel beginnen zu lassen, beispielsweise »Ich will ...« oder »Dies ist mein Wille, daß ...« Dadurch konditioniert man das Unbewußte mit der Zeit darauf, quasi automatisch aktiv zu werden, sobald eine neue Sigil geladen wird.

Vermeiden sollten Sie bei der Formulierung des Willenssatzes:

a) *Negativformulierungen* – diese werden vom Unbewußten nämlich meist ignoriert und dadurch in ihr Gegenteil verkehrt. So wird aus »Ich will nicht krank werden« ein fatales »Ich will krank werden«. Formulieren Sie also möglichst positiv, in diesem Beispiel: »Ich will gesund bleiben.«

b) *Abstraktionen, Fremdwörter und allzu komplizierte Formulierungen*, es sei denn, diese sind Ihnen durch Beruf oder sonstige ständige Beschäftigung damit bereits »in Fleisch und Blut« (das ist durchaus wörtlich gemeint!) übergegangen. Das Unbewußte eines Durchschnittsmenschen kann mit »Diphenylazeton« oder mit »Gnoseologie« nur wenig anfangen, das Unbewußte eines Chemikers bzw. Philosophiewissenschaftlers hingegen vielleicht schon eher. Dennoch sollten auch diese Spezialisten stets die klare, einfache Formulierung vorziehen. Übrigens können Sie den Willenssatz auch in Mundart formulieren, wenn Sie diese im Alltag überwiegend gebrauchen und die Hochsprache Ihnen eher fremd sein sollte.

c) *Überpersönliche Ziele*, die den eigenen Wirkungshorizont eindeutig überschreiten: Die Magie ist zwar viel mächtiger, als man oft glaubt, dennoch ist sie aber nicht allmächtig. Sigillen »für den Weltfrieden« oder zur »Ausrottung des internationalen Terrorismus« laden zu wollen, ist schlichtweg Selbstüberschätzung. Man kann dergleichen zwar zur Befriedigung (oder Beruhigung) des eigenen Gewissens tun, doch mit gezielter, erfolgsorientierter und somit pragmatischer Magie hat das nichts zu tun.

Bedenken Sie bitte stets bei jeder magischen Aktion, daß Sie es Ihrem Unbewußten schuldig sind, realistische Ziele anzustreben, die sich im Rahmen seiner Einflußsphäre befinden – alles andere ist gefährlicher Größenwahn! Wer sich stets nur auf magische Ziele konzentriert, die (für ihn) nicht zu erreichen sind, der programmiert seine ganze Magierpersönlichkeit zwangsläufig auf Mißerfolg und verbaut sich dadurch den Weg zur Erweiterung seiner magischen Fähigkeiten. Deshalb sollte man gerade zu Anfang lieber »kleine Brötchen backen«. Beherzigen Sie auch folgende Regel:

ZAUBERE AUCH DANN FÜR EINE SACHE, WENN DIESE OHNEHIN BEREITS SEHR ERFOLGVERSPRECHEND IST!

Mit diesem kleinen Trick programmieren Sie Ihr Unbewußtes nämlich auf Erfolg und ermöglichen ihm so seine Weiterentwicklung, bis Sie schließlich tatsächlich auch »Großes«, wirklich Ungewöhnliches zu leisten vermögen.

Verzweifeln Sie nicht gleich, wenn all dies auf Sie den Eindruck machen sollte, als müßten Sie die Sigillenmagie bereits beherrschen wie ein Meister, bevor Sie damit überhaupt anfangen dürfen – das genaue Gegenteil ist der Fall. Denn nur die Praxis kann Ihnen zeigen, welche dieser Regeln für Sie wichtiger ist und welche Sie vernachlässigen können. Es ist nämlich ein Irrtum zu glauben, daß ein Unbewußtes dem anderen haargenau gliche. Jeder Mensch ist anders als andere, wir können hier nur eine Art »statistischen Durchschnitt« anbieten, der in den allermeisten Fällen zu erstaunlichen Erfolgen geführt hat.

Die Frage, ob ein Willenssatz korrekt ist oder nicht, läßt sich nur

Im Zweifelsfall sollten Sie sich auf Ihr Gefühl und Ihre Intuition verlassen.

durch den Erfolg der Operation selbst eindeutig klären. Im Zweifelsfall sollten Sie sich dabei vor allem auf Ihr Gefühl und Ihre Intuition verlassen. Durch beständige Praxis werden Sie mit der Zeit das entsprechende Fingerspitzengefühl entwickeln.

DIE HERSTELLUNG DER SIGIL NACH DER WORTMETHODE

Die Herstellung der Sigillen ist in der Regel der einfachste und unkomplizierteste Aspekt der Sigillenmagie. Wenn Sie nach den folgenden Anweisungen Ihre erste Sigil erstellt haben, können Sie in aller Ruhe unsere Erläuterungen noch einmal durchgehen und sich an die Ladung machen.

Nehmen wir als Beispiel ein Anliegen aus der Alltags- oder Erfolgsmagie: »Ich will morgen tausend Mark verdienen.« (Beachten Sie die Zeitangabe, die Ihnen eine spätere Erfolgskontrolle erleichtert.)

Als erstes wird der Willenssatz in Blockbuchstaben auf ein Stück Papier geschrieben:

ICH WILL MORGEN TAUSEND MARK VERDIENEN*

Nun werden sämtliche mehrfach vorkommenden Buchstaben ab ihrem zweiten Auftreten durchgestrichen, sie bleiben also nur einmal stehen:

ICH W~~I~~L~~L~~ MORGEN TAUS~~EN~~D ~~MAR~~K V~~ERDIENEN~~

Es bleiben also übrig:

I, C, H, W, L, M, O, R, G, E, N, T, A, U, S, D, K, V

Aus diesem Buchstabenmaterial machen wir nun eine Sigil:

* *Umlaute und Zahlen sollten übrigens ausgeschrieben werden, aus einem »Ä« würde also ein »AE«, aus »34« dagegen »VIERUNDDREISSIG« und so weiter. Satzzeichen wie Kommata, Punkte, Ausrufezeichen und so weiter werden nicht verwendet.*

Abbildung 4: Die erste Sigil

Sie sehen, daß wir die Buchstaben einfach in graphischer Form aneinandergereiht haben. Nun sollte eine Sigil jedoch nicht zu kompliziert sein, um das Unbewußte nicht zu überfordern; andererseits darf sie aber auch nicht zu schlicht sein, weil dies sonst das Vergessen (s. unten: »Die Bannung«) erschwert. Ein einfaches Quadrat oder ein Kreis lassen sich nur schwer vergessen. Außerdem sollten alle verwendeten Buchstaben bei genauerer Betrachtung zumindest theoretisch in der Sigil wiederzuerkennen sein.*

Bei der Vereinfachung der Sigil sollte diese zugleich etwas abstrahiert werden. Dies könnte aussehen wie in Abbildung 5 dargestellt.

Es fällt Ihnen sicher auf, daß wir einiges aus der Grundsigil weggestrichen, aber auch ergänzt haben. Dennoch können wir sämtliche Buchstaben aus unserer obigen Liste darin wiederfinden, und sei es auch mit einem kleinen Trick. Eine Linienführung kann nämlich auch

Abbildung 5: Die vereinfachte, abstrahierte Sigil

* *Diese Überprüfung geschieht allerdings ausschließlich vor der Ladung der Sigil, hinterher ist sie einleuchtenderweise nicht mehr sinnvoll.*

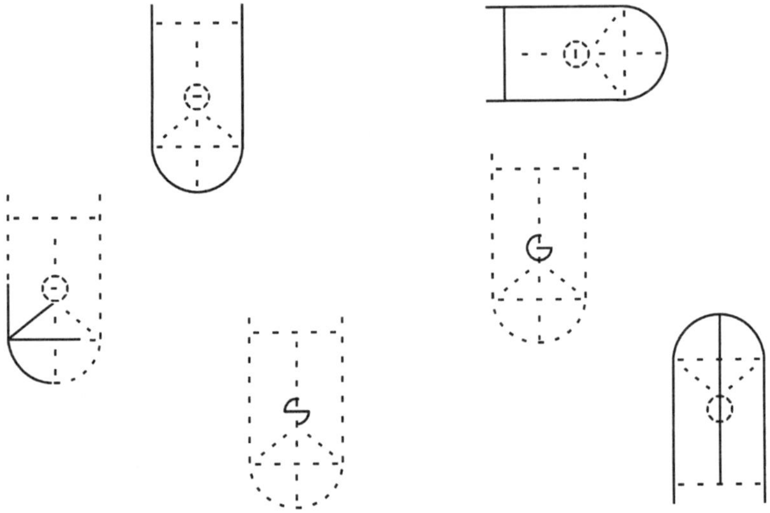

Abbildung 6: Einige in der fertigen Sigil enthaltene Buchstaben

mehrere Buchstaben zugleich beinhalten und ist auch in auf den Kopf gestellter Form gültig. So kann der Bogen zugleich als »U« und als »D« gewertet werden, wie Abbildung 4 zeigt; und auch die Buchstaben I, C, W, L, O, R, N und T sind ohne große Mühe in der fertigen Sigil wiederzuerkennen. Zur besseren Veranschaulichung haben wir in Abbildung 6 außerdem die Buchstaben K, G, S und M illustriert, um den ganzen Prozeß zu verdeutlichen.

Sie können die Sigil auch ein wenig ausschmücken, um ihr ein »noch magischeres« Aussehen zu verleihen, beispielsweise so:

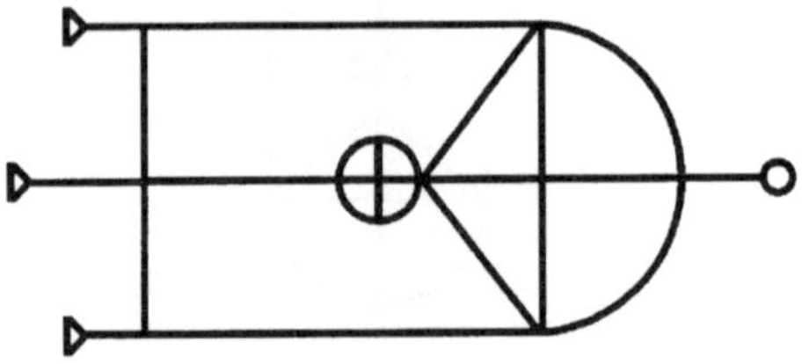

Abbildung 7: Die ausgeschmückte Sigil

Der Kreis und die Dreiecke der Verzierung haben keine eigene Bedeutung und dienen nur dazu, der fertigen Sigil ein an mittelalterliche Sigillenformen erinnerndes Aussehen zu verleihen. Es kommt bei der Sigillenherstellung nicht auf künstlerisches Talent an, oft erweisen sich Sigillen als sehr viel wirkungsvoller, wenn sie etwas »hausgemacht« und hölzern, ja sogar primitiv aussehen, da das Unbewußte damit erfahrungsgemäß auch eher Ur-Instinkte und -Energien assoziiert. Mit der Zeit werden Sie Ihren eigenen, unverwechselbaren Sigillenstil entwickeln, doch sollte jede Sigil natürlich ihre individuelle Prägung aufweisen und nicht mit anderen zu verwechseln sein.

Das fertige Produkt ist eine Glyphe, die keine erkennbare Bedeutung hat. Machen Sie einmal die Probe, und lassen Sie eine eigene fertige Mustersigil von einem Freund darauf untersuchen, welche Buchstaben sie enthält. Schon das Ausstreichen der überzähligen Buchstaben ist eine Kodierung des Willenssatzes, wie schon zu Anfang erklärt, und die graphische Umsetzung setzt diesen Prozeß fort. Durch die Kodierung wird der Inhalt des magischen Willenssatzes unerkannt am psychischen Zensor vorbeigeschmuggelt, der folglich auch keine Sperr- und Blockademechanismen auslöst, so daß das Unbewußte ungehindert ans Werk gehen kann.

Zusammengefaßt verläuft die Sigillisierung nach der Wortmethode also nach folgendem Schema:

WILLENSSATZ IN BLOCKBUCHSTABEN AUFSCHREIBEN

DOPPELTE UND MEHRFACHE BUCHSTABEN AUSSTREICHEN

AUS VERBLEIBENDEN BUCHSTABEN GRAPHISCHE SIGIL BILDEN

SIGIL VEREINFACHEN, ABSTRAHIEREN UND STILISIEREN

Übersicht 6: Das Herstellen einer Sigil (Wortmethode)

Mehr brauchen Sie vorläufig über die Technik der Sigillenherstellung nicht zu wissen. Diese Ausführungen reichen für den Anfang voll und ganz aus. Wenn Sie sie befolgen, wird dies erfahrungsgemäß bereits zu optimalen Ergebnissen führen, sofern Sie auch unsere anderen Ratschläge in diesem Abschnitt beherzigen.

DIE LADUNG DER SIGIL

Die Ladung der nach der Wortmethode hergestellten Sigil erfolgt spasmisch, also krampf- und ruckartig. Sie ist mit Kraftanstrengung verbunden, doch läßt sich die dafür erforderliche Energie auf verschiedenste Weisen aufbringen.

Austin Osman Spare empfahl die sogenannte Todeshaltung zur Sigillenladung, erläuterte diese aber kaum. Heutzutage haben sich die meisten Praktiker darauf geeinigt, daß es Ziel der Todeshaltung sein sollte, eine größtmögliche oder sogar völlige Gedankenleere herzustellen. Ist diese erreicht, so kann die Sigil ungehindert ins Unbewußte geladen werden.

Bei der Sigillenladung sollte größtmögliche Gedankenleere herrschen.

Beachten Sie bitte, daß das Wort »Ladung« im Zusammenhang mit der Sigillenmagie etwas anderes bedeutet als bei der Energetisierung von Talismanen und Amuletten. Bei letzterer wird magische Energie in einen Gegenstand hineingeleitet (oft übrigens ebenfalls spasmisch), der dann zum Träger dieser gepolten Kraft wird. Die Ladung bei der Sigillenmagie dagegen läßt sich eher mit einem Computerprogramm vergleichen, das in den Speicher des Rechners geladen oder eingespeist wird. Mit anderen Worten: DIE SIGIL WIRD INS UNBEWUSSTE GELADEN.

Man könnte auch bildlich von einer Patrone sprechen, die in die Kammer eines Revolvers geladen wird. Es ist wichtig, sich diesen Unterschied vor Augen zu halten, da es sonst später zu Mißverständnissen kommen kann. Aus diesem Grund wollen wir von nun an lieber von der »Aktivierung« der Sigillen sprechen.

Es ist im Prinzip gleichgültig, welche Form der Todeshaltung Sie für die Sigillenaktivierung wählen. Wichtig ist nur, daß dabei hinreichend Gedankenstille eintritt. Der Begriff »Todeshaltung« beruht eben darum auf dem Bild vom »Sterben« der Gedanken; aus dem gleichen

Grund bezeichnet man den Orgasmus auch als den »kleinen Tod«. Mit diesem Tod der Verstandestätigkeit geht eine vorübergehende Auflösung des Ich-Bewußtseins einher, das sich vor allem von der Gedankentätigkeit speist.

Der Begriff »Gedankenstille« hat in der esoterischen Literatur viel Aufsehen erregt, gilt er doch als Ziel aller Yogapraktiken sowie vieler anderer östlicher Meditationsformen. Es würde uns zu weit vom Thema abführen, wenn wir jetzt der Frage nachgingen, ob beispielsweise das Samadhi des Yoga oder das Satori des Zen nichts anderes sind als eine vorübergehende Ausschaltung der Denktätigkeit und des Ich-Bewußtseins – was ihre Anhänger heftig leugnen –, oder etwas anderes. Fürs erste soll es genügen, wenn Sie sich die Gedankenleere wie den Zustand vorstellen, den Sie aus Augenblicken extremer Wut oder Freude kennen: ein Zustand, in dem die ganze Außenwelt sich entweder auf einen einzigen Punkt konzentriert oder gar völlig verschwindet, in dem keine Reflexion über die eigene Identität mehr stattfindet. Dies läßt sich besonders schnell durch körperlichen Streß erreichen, was besonders die erste der beiden folgenden Techniken der Sigillenaktivierung beweist.

DIE TODESHALTUNG (I)*

Der Magier arbeitet im Stehen oder im Sitzen. Die Sigil hängt gut sichtbar vor ihm an der Wand oder liegt auf dem Tisch. Der Magier atmet tief ein und verschließt Mund, Augen, Ohren und Nasenlöcher mit den Fingern beider Hände. Dann hält er die Luft solange an, bis es schier unerträglich wird. Doch läßt er noch nicht los, sondern steigert sich weiter. Dabei denkt er weder an die Sigil noch an ihren Zweck. Schließlich reißt er – kurz vor der Ohnmacht – die Augen so weit auf, wie es nur geht, und starrt beim Ausatmen und dem Füllen der Lungen mit frischer Luft die Sigil an. Dann schließt er abrupt wieder die Augen und bannt die Sigil (siehe Abschnitt »Das Bannen der Sigil« weiter unten).

Wer will, kann die Sigil auch im Stehen anstarren und dabei die Arme in möglichst unnatürlicher Haltung hinter dem Rücken ver-

* ***Warnung:*** *Diese Technik sollten Sie auf jeden Fall vermeiden, wenn Sie unter Herzrhythmusstörungen, Herzinfarktgefährdung und/oder an einer Störung der Lungenfunktionen leiden, ebenso bei zu hohem Blutdruck und bei Blutgefäßverengung. In diesem Fall arbeiten Sie bitte ausschließlich mit der zweiten Praktik, wie sie im nächsten Abschnitt Die Todeshaltung (II) beschrieben wird.*

schränken und verdrehen, sich auf die Zehenspitzen stellen und den Rücken zurückbeugen, so daß er nur noch mit knapper Not das Gleichgewicht hält.*

DIE TODESHALTUNG (II)

Diese Variante der Todeshaltung ist weitaus milder als die erste, wirkt jedoch ebensogut wie diese, wenn sie entsprechend intensiv durchgeführt wird. Allerdings verlangt sie dafür auch nach etwas mehr Übung. Sie wird im Sitzen durchgeführt und eignet sich auch für Menschen mit Beschwerden im Bereich des Herzens oder der Atmungsorgane.

Die Sigil liegt vor dem Magier auf dem Tisch, während er gerade und aufrecht sitzt, die Handflächen auf die Tischplatte gelegt. Der Daumen wird rechtwinklig abgespreizt, die Hände liegen flach auf, so daß sich die Daumenspitzen berühren und die Sigil in dem durch die Hände gebildeten offenen Viereck liegt (s. Abb. 8). Die Sigil wird mit weit geöffneten Augen angestarrt, die nicht geschlossen werden dürfen, auch wenn sie zu tränen beginnen sollten.

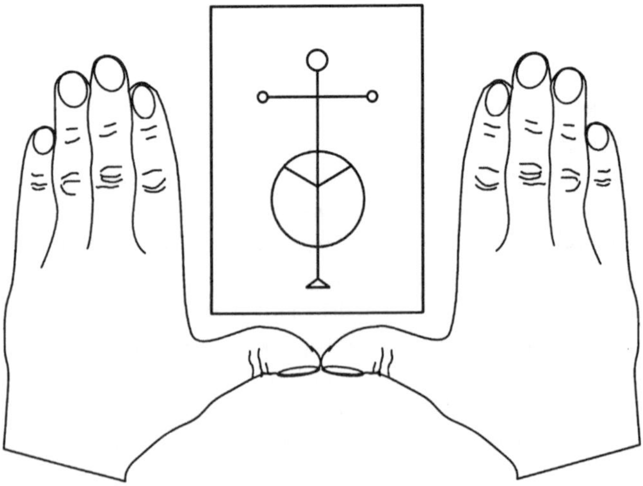

Abbildung 8: Die Lage der Sigil bei der Todeshaltung

* *Wird diese Technik durch einen etwas sanfteren Umgang mit dem Atemanhalten abgemildert, eignet sie sich in beschränktem Maße auch für Menschen mit den in der obigen Warnung erwähnten körperlichen Beschwerden.*

Nun zuckt der Magier ganz kurz mit den Muskeln der Unterschenkel, zuerst in einem Bein, dann im anderen, dann mit beiden gleichzeitig. Das Zucken sollte fest und locker sein, es genügt, wenn es nur einen Sekundenbruchteil umspannt, dafür aber möglichst intensiv ist. Dann sorgt der Magier dafür, daß sich das Muskelzucken in die Oberschenkel fortsetzt, dann durch Rumpf, Hände und Arme und schließlich bis zur Kopfhaut. Nach einiger Übung nimmt ein »Durchzucken« des ganzen Körpers nicht mehr als eine halbe Sekunde in Anspruch.

Auf dem Höhepunkt des Zuckens reißt der Magier die Augen noch weiter auf, wobei er immer noch die Sigil anstarrt, schließt abrupt die Augen und bannt die Sigil (siehe »Das Bannen der Sigil«).

DAS BANNEN DER SIGIL

Nach der Aktivierung muß die Sigil gebannt werden – dies ist der erste Schritt zum Vergessen der ganzen Operation. Die einfachste Bannung besteht aus einem lauten, herzhaften Lachen. Dieses wird zu Anfang wahrscheinlich ein wenig gekünstelt wirken, doch das spielt keine Rolle. Tatsächlich ist das Lachen einer der unkompliziertesten Zugänge zur bereits erläuterten Gedankenstille.*

Lachen ist ein unkomplizierter Zugang zur Gedankenstille.

Außerdem lenkt sich der Magier nach der sigillenmagischen Operation ab, indem er sich auf etwas möglichst Profanes konzentriert. Je weniger er sich nun mit magischen Dingen befaßt, um so besser. Deshalb eignen sich auch Tätigkeiten wie Fernsehen, Sport oder Computerspiele besonders gut zur zur anschließenden Ablenkung.

Die Schließung des »Kanals«, der durch die Trance ins Unbewußte führt, sollte nach der Ladung möglichst vollständig sein. Es ist also falsch, wie es einige meiner Schüler zu Anfang taten, nach der Sigillenladung zu meditieren. Man kann dies etwas volkstümlich mit dem Prinzip »Deckel auf den Topf!« umschreiben: Nur wenn der Deckel den Topf nach dem Hineingeben der Zutaten fest abschließt, entwickelt sich die nötige Hitze, die für ein Gelingen der Mahlzeit erforderlich ist.

* *Wer dies nicht glaubt, soll einmal versuchen, gleichzeitig schallend zu lachen und angestrengt über ein mathematisches Problem nachzudenken!*

Wenn wir uns also zuerst durch die Trance öffnen, um unsere Sigil ins Unbewußte einzupflanzen, müssen wir diesen Zugang danach sofort wieder schließen, damit keine Energie entweicht. Aus demselben Grund soll die Sigil auch *vergessen* werden. Würde der Magier ständig an ihre Form und ihren Inhalt erinnert, so würde sich dadurch der rationale Verstand in den Prozeß einschalten und durch Zweifel, Neugier oder Ungeduld die Aktion gefährden. Man stelle sich, da wir schon bei Bildern sind, das Pflanzen eines Samens vor. Wir graben ein Loch in die Erde, legen den Samen hinein und bedecken ihn wieder mit Erdreich. Keinem Gärtner, der noch bei Sinnen ist, würde es einfallen, den Samen nun jede Stunde wieder auszugraben, um nachzusehen, ob er schon keimt, gut gedeiht und so weiter. Denn so etwas würde das ganze Vorhaben zunichte machen. Einen ähnlichen Bärendienst würden wir unserem Unbewußten erweisen, wenn wir ständig überprüften (und sei es auch nur unbewußt und unwillkürlich), ob es auch wirklich richtig arbeitet. Hier haben wir es mit einer völlig unvermuteten Variante der Aufforderung »schweige« aus der aus dem ersten Abschnitt schon bekannten Reihe »wisse, wolle, wage, schweige« zu tun. Denn es ist auch oft notwendig, sich selbst bzw. dem eigenen Unbewußten gegenüber Schweigen und Stille zu bewahren, damit es ungehindert tätig werden kann.

Im Idealfall vergißt der Magier nicht nur die äußere Form der Sigil, sondern sogar ihr Ziel. Dies läßt sich in der Praxis leider nur selten ohne Mühe erreichen, denn meistens handelt es sich bei magischen Operationen ja um Dinge, die dem Magier recht wichtig sind. Daher empfiehlt es sich, bei langfristigen Zielen gleich eine ganze Reihe von Sigillen vorzufertigen und diese gemeinsam zu lagern, bis man nicht mehr weiß, welche Sigil für welchen Zweck gedacht war. Erst dann werden die Sigillen aktiviert.

Im Idealfall vergißt der Magier nicht nur die äußere Form der Sigil, sondern sogar ihr Ziel.

Sollte eine Sigil plötzlich wieder aus dem Unbewußten ungewollt auftauchen, wird sie erneut aktiviert und gebannt. Oft genügt es jedoch, die Aufmerksamkeit von der Sigil abzulenken, am besten durch Lachen, bis sie wieder verschwunden ist.

Wir können die gesamte Sigillenmagie noch einmal in einer Übersicht zusammenfassen:

WILLENSSATZ	eindeutig/einspitzig
SIGILLENERSTELLUNG	abstrakt/verfremdet
SIGILLENLADUNG	spasmisch/trancehaft
BANNUNG	energisch/gedankenleer

Übersicht 7: Die vier Stufen der Sigillenmagie

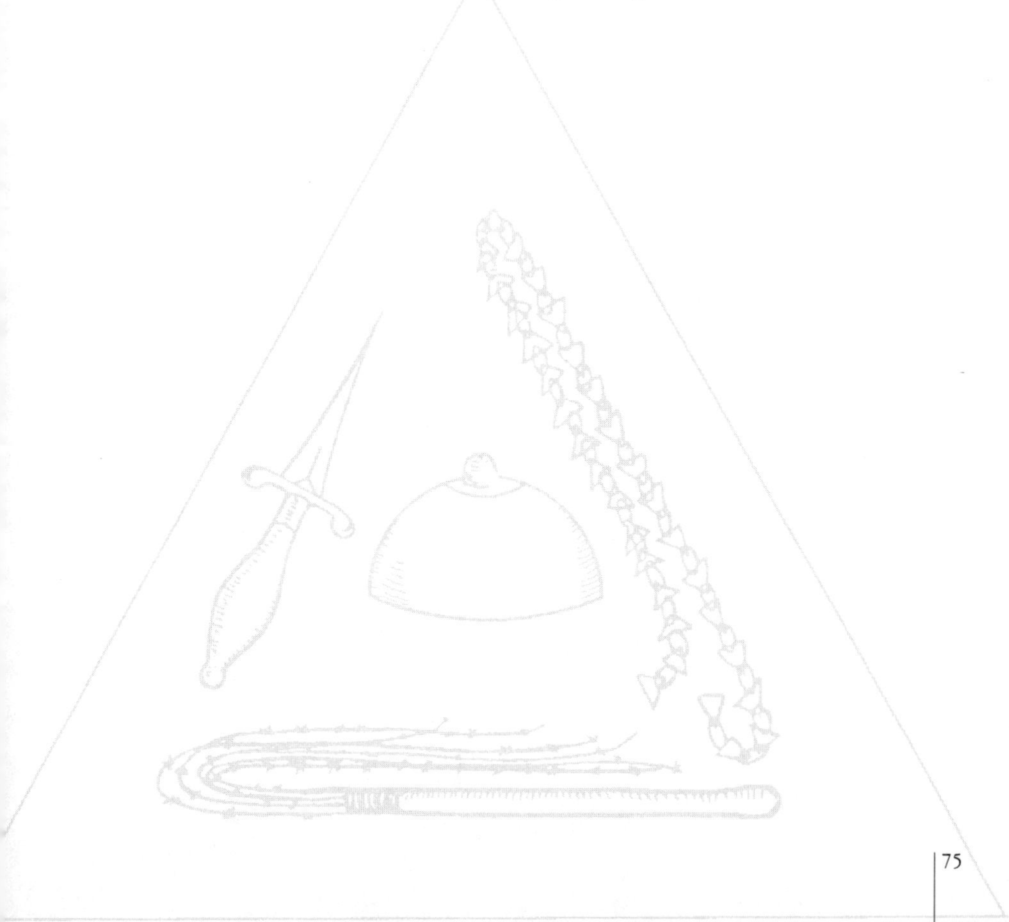

EL
BTZKASE
HEIDENE

EINFÜHRUNG IN DIE RITUALISTIK (I)

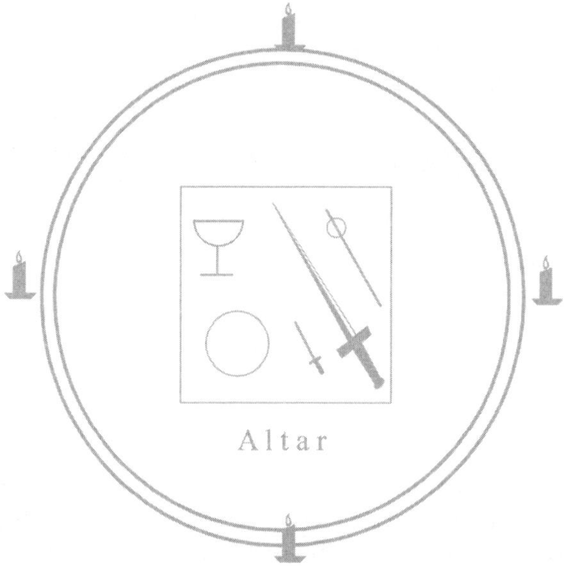

Magie ist Symbolhandlung

Rituale werden oft als »dramaturgisch umgesetzte Mythen« bezeichnet, und dies trifft auf einen großen Teil der traditionellen magischen Zeremonien sicher zu: Themen aus der Mythologie – etwa Leben, Tod und Wiedergeburt des Sonnengottes Osiris oder die Vereinigung von Simon und Helena – werden von den Ritualteilnehmern entweder miterlebt oder auch aktiv nacherlebt, indem sie in symbolischer, gleichnishafter Form in strukturell mehr oder weniger streng geregeltem Ablauf auf der »Bühne« des Tempels oder Altarraums (sei es mit oder ohne Publikum) inszeniert werden.

Ritual ist auf einen bestimmten Zweck ausgerichtetes Drama.

Der Unterschied zum gewöhnlichen Drama ist jedoch der, daß Rituale weniger der Unterhaltung oder Belustigung, ja nicht einmal so sehr der ästhetischen Erbauung und philosophischen Besinnlichkeit dienen, sondern vielmehr zielgerichtet auf einen bestimmten konkreten Zweck ausgerichtet sind, sei er erfolgsmagischer oder mystischer Art.

Dies zu erkennen hat auch wichtige Konsequenzen sowohl für die rituelle als auch die nichtrituelle Magie. Sie wissen, daß die Magie auch als »Illusionskunst« gilt. Darunter ist mehr zu verstehen als bloße Bühnenunterhaltung, bei der Jungfrauen scheinbar zersägt und danach wieder zum Leben erweckt oder Kaninchen aus scheinbar leeren Zylindern hervorgezaubert werden. Der Magier ist Herr der Illusion: Er durchschaut sie, lernt ihre Gesetze kennen, nutzt sie, zwingt sie der Realität auf. Das bedeutet freilich nicht, daß die Effekte der Magie nur »Einbildung« sind und auf optischen oder anderen Wahrnehmungstäuschungen beruhen. Tatsächlich sind die Auswirkungen der Magie nicht minder real und konkret als unsere gesamte Wirklichkeit, wenngleich oft etwas schwerer zu ergreifen und wahrzunehmen. Man könnte es mit dem Umgang mit Mikroben vergleichen: Dem unbewaffneten (in der Magie: dem ungeschulten) Auge ist es nicht möglich, Mikroorganismen (in der Magie: magische Energien und Effekte) zu erkennen, ja überhaupt ihre Existenz zu bestätigen; mit Hilfe von Mikroskopen und entsprechender Ausbildung (in der Magie: der Wahrnehmungsschulung und der Omendeutung) gelingt es uns hingegen, dies zu tun. Es hängt also von der Wahrnehmungsart ab, wie unsere Realität sich uns erschließt.

Beachten Sie, daß wir von Wahrnehmungsart und nicht von Wahrnehmungsschärfe gesprochen haben. Letzteres würde der materialistische Naturwissenschaftler tun, der der Ideologie anhängt, alles im Universum sei letztlich meßbar und mit unseren normalen fünf Sinnen zu erkennen, sobald die Wissenschaft nur hinreichende Fortschritte gemacht habe. Auch die angeblich so genauen und unbestechlichen Meßinstrumente des Wissenschaftlers sind im Prinzip nichts anderes als verlängerte menschliche Sinnesorgane. Tatsächlich geht es jedoch um eine Veränderung unserer jetzigen Wahrnehmung. Ziel der magischen Ausbildung sollte es daher unter anderem sein, die magische Wahrnehmung zu schulen.

Dazu wenden wir nicht zuletzt die oben angeführte Erkenntnis an, daß (rituelle) Magie auch »heiliges Theater«, »Mysterienspiel« ist. Es liegt in der Grundstruktur des Unbewußten begründet, daß das »So-tun-als-ob«, wird es nur konsequent genug praktiziert, schließlich den gewünschten tatsächlichen Effekt auf der materiellen oder Bewußtseinsebene herbeiführen wird. Ein negatives Beispiel dafür kennen wir alle: Wer sich lange Zeit einredet, er sei ein Mensch, der anderen unsympathisch ist, ein lächerlicher Versager ohne jede Wirkung auf andere (zum Beispiel auf das andere Geschlecht, aber auch auf Kollegen, Vorgesetzte und so weiter), der wird irgendwann tatsächlich so werden, wie er sich derart beharrlich sehen will: Er wird zu einem den anderen Menschen unsympathischen Versager ohne jede anziehende Ausstrahlung. Ähnlich ergeht es einem, wenn man ständig irgendeine Katastrophe herbeiredet (»Ich werde die Stellung nicht bekommen«, »Die Prüfung bestehe ich nie!«, »Mit mir hält es doch keine Frau/kein Mann aus«). Dies nennt die Psychologie eine »sich selbst erfüllende Prophezeiung«. Autosuggestionstechniken wie das Positive Denken und die Arbeit mit Affirmationen oder Selbsthypnose beweisen, daß dieser Mechanismus auch im Positiven funktioniert, also umgekehrt wirksam ist und in sein konstruktives Gegenteil verkehrt werden kann.

Konsequentes »So-tun-als-ob« kann mächtige Effekte haben!

Dies macht sich gerade der Magie-Anfänger nur selten hinreichend klar. Wenn Sie also bei unserer Übung des Kleinen Bannenden Pentagrammrituals festgestellt haben sollten, daß Ihnen die doch recht komplizierten Visualisationen dieses Grundrituals trotz aller anfänglichen Bemühungen nicht zufriedenstellend gelingen wollen, so halten Sie sich folgenden Grundsatz vor Augen:

> WAS BEI DER VISUALISATION NICHT REAL WAHRGENOMMEN WIRD, MUSS VORERST IMAGINIERT ODER ALS REAL ANGENOMMEN WERDEN!

Dies bedeutet ein Abrücken von älteren magischen Autoren wie Bardon, Crowley oder Gregorius, die meistens große Betonung darauf legten, daß die hundertprozentige Visualisation der eigentlichen magischen Handlung vorangehen müsse. Die moderne Praxis hat jedoch gezeigt, daß es sich dabei um ein äußerst zeitraubendes Mißverständnis handelt. In Wirklichkeit nämlich reicht es (zumindest am Anfang) oft aus, eine Visualisation einfach als real anzunehmen (auch wenn man sie nicht »wirklich« wahrnehmen kann), um die gewünschte Wirkung zu erzielen. Mit anderen Worten: Ihr Kleines Bannendes Pentagrammritual wird Sie auch dann schützen, wenn Sie die Erzengel nicht in allen nur erdenklichen farblichen Einzelheiten vor sich sehen sollten, solange Sie es nur regelmäßig genug durchführen und auf diese Weise Ihren »Magiespeicher Unbewußtes« darauf programmieren, mit diesem Ritual Schutz und innere wie äußere Mittung zu assoziieren.*

Der Anfänger steht oft im Kreis, führt das Ritual korrekt (das heißt den Anleitungen entsprechend) durch und *hofft* lediglich, daß die Pentagramme »tatsächlich« um ihn herum brennen, die Gottesnamen »bis ans Ende des Universums« hallen und die Erzengel als Hüter der Elemente präsent sind.

Erst nach einer Weile des Übens, die je nach Begabung Tage oder Jahre dauern kann, stellt sich die wirkliche Wirkung ein: Die visualisierten Symbole, Figuren, Mantras und so weiter werden mit derselben Realität wahrgenommen wie die Dinge der Alltagswelt. Dann wird der

* ***Warnung:*** *Begehen Sie jedoch nicht den Fehler, aufgrund dieser sicher sehr beruhigenden Erkenntnis Ihre Praxis zu vernachlässigen! Dieser Mechanismus funktioniert nämlich nur so lange, wie Sie sich in einem »Lernprozeß« befinden und Ihr Vorhaben darin besteht, zur optimalen Visualisation, Imagination und ähnlichen Zielen zu gelangen. Denn sonst stumpft nach einer Weile das Unbewußte ab und verwechselt die nachlässige Praxis mit dem eigentlichen Ziel – dadurch aber würden Sie auf lange Sicht verheerende Wahrnehmungsfehler vorprogrammieren, die auszumerzen oft ein ganzes Menschenleben dauern kann. Es wird Ihnen also trotzdem nichts geschenkt …*

Nur durch beständiges Üben erhalten Visualisierungen dieselbe Realität wie Dinge der Alltagswelt.

Magier ganz unwillkürlich eine physische Berührung spüren, wenn er aus Versehen gegen den »imaginierten« Kreis stößt – ein sicheres Anzeichen für die sich entwickelnde feinstoffliche Wahrnehmung. Damit ist die größte Hürde genommen, und es ist nur noch ein kleiner Schritt bis zur Wahrnehmung der magischen Energien anderer. Wir wollen dies ab nun die »magische Energiewahrnehmung« oder, kurz, die »Energiewahrnehmung« nennen.

Die Energiewahrnehmung wird zu Anfang also durch einen Trick entwickelt, bei dem man ihr Realität zuspricht, ohne sie wirklich wahrzunehmen. Wir leiten daraus einen Lehrsatz ab, der die gesamte magische Praxis prägt und den Sie sich auf jeden Fall merken sollten:

> DIE KUNST DER MAGISCHEN ILLUSION BESTEHT DARIN, ILLUSIONEN SOLANGE UND SO KRAFTVOLL ZUR WIRKLICHKEIT ZU ERKLÄREN, BIS SIE TATSÄCHLICH WIRKLICHKEIT GEWORDEN SIND.

Beachten Sie auch hier die Reihenfolge: »so lange und so kraftvoll«. Tatsächlich ist das Unbewußte ein Gewohnheitstier, das vor allem durch die Wiederholung lernt. Zuerst kommt also die Dauer der Praxis, danach freilich auch die entsprechende Energie. Einen solchen Prozeß kann man als schöpferische Erschaffung eines eigenen Universums begreifen.

Das Ritual dient nicht zuletzt auch dazu, diese magische Illusion zu erzeugen, indem es durch die Bewegung, die Analogien, ja sogar durch das anfängliche So-tun-als-ob und das Schauspiel gewissermaßen »Realitätsmarken« setzt, ob wir diese nun allein in der Psyche des Magiers oder in der Astralebene ansiedeln mögen. Es heißt oft, daß Rituale wie »astrale Leuchtfeuer« wirken und nichtinkarnierte Entitäten (Wesenheiten) anziehen wie die Motten das Licht. Dies ist auch ein wichtiger Grund für die abschließende Entlassungsformel, die folglich auch nach jedem Ritual (also nicht allein nach dem Kleinen Bannenden Pentagrammritual) ausgesprochen werden muß.

Selbst wenn man nicht an die Hypothese – und mehr als eine solche ist es nicht – von nichtinkarnierten Entitäten glauben sollte (die

Jedes Ritual hinterläßt seine Spuren in den tiefsten Schichten der Psyche.

meisten Magier tun es zwar, doch gibt es auch zahlreiche Ausnahmen), ergibt es durchaus Sinn, wenigstens davon auszugehen, daß jedes Ritual seine Spuren in den tiefsten Schichten der Psyche hinterläßt. Somit kann ein eher psychologistisch orientierter Magier auch argumentieren, daß unbewußtes, oft auch verdrängtes Seelenmaterial durch das Ritual aktiviert wird und entsprechend danach wieder gebannt werden muß, um sich nicht plötzlich selbständig – und damit den Magier besessen – zu machen.

»Visualisation« und magische Sinneswahrnehmung

Der Begriff »Visualisation«, wie er gemeinhin in der magischen Literatur verwendet wird, hat zu mancherlei Mißverständnissen geführt. Vielleicht erschüttert der folgende Satz eines Ihrer liebgewonnenen Vor- (oder Fehl-)Urteile, dennoch werden Sie sich durch die eigene Praxis davon überzeugen können, daß er zutrifft:

DIE MAGISCHE SINNES- UND ENERGIEWAHRNEHMUNG ERFOLGT DURCH KEIN BISHER BEKANNTES SINNESORGAN.

Daran ändern auch die Theorien vom »Dritten Auge« oder anderen postulierten feinstofflichen Organen nichts, die oft zur Erklärung magischer Wahrnehmung bemüht werden. Wir wollen die Existenz des Dritten Auges keineswegs leugnen – nur nützt es niemandem, wenn man zunächst, wie in der Magiegeschichte geschehen, erst die Thymusdrüse damit identifiziert, um dann (nach genauerer Erforschung dieses Organs) auf die noch mysteriösere Zirbeldrüse umzuschwenken, bis diese schließlich wieder irgendeinem anderen Zentrum

Feinstoffliche Wahrnehmung mag einer bestimmten Sinneswahrnehmung ähneln, sie ist aber nicht mit ihr identisch.

weichen muß. Und es ist auch ein Trugschluß zu glauben, daß mit solchen Modellen der Schulung der magischen Wahrnehmung wirklich gedient wäre.

Das Konzept eines Dritten Auges hat nämlich vor allem dazu geführt, daß die gesamte Magie über Jahrhunderte hinweg auf die optische Wahrnehmung reduziert wurde, die in Wirklichkeit bestenfalls doch nur eine quasi-optische ist und darüber hinaus nur eine von vielen Möglichkeiten magischer Wahrnehmung darstellt. Schließlich gibt es ja nicht nur das Hellsehen, sondern auch das Hellriechen, Hellhören, Hellschmecken und Hellfühlen. Alle diese Begriffe sind jedoch tatsächlich nur Annäherungen an eine Wahrnehmungsform, die eher einem Ahnen als einem Sehen, Hören, Fühlen gleicht. Die wenigsten Magier und Sensitiven können auf allen diesen Sinnesschienen gleich gut wahrnehmen, auch wenn dies im Interesse einer größeren Treffsicherheit gewiß wünschenswert wäre und aus diesem Grund auch geschult wird. In Wirklichkeit artikuliert sich die feinstoffliche Wahrnehmung nur auf eine Weise, die einer anderen Sinneswahrnehmung zwar ähnlich erscheint, mit dieser aber nicht identisch ist und keineswegs damit verwechselt werden sollte.

Zwar erfolgt die magische Wahrnehmung bei den meisten Menschen tatsächlich über die quasi-optische Schiene, sie scheinen feinstoffliche Energien also gewissermaßen zu »sehen«, doch gibt es auch zahlreiche Ausnahmen. Viele Magier sind sogar erstaunlich unvisuelle Typen und können so gut wie nichts visualisieren. Das bedeutet jedoch nicht, daß es sich bei ihnen um schlechte Vertreter ihrer Zunft handeln würde, sie sind lediglich anders gepolt und können die feinstofflichen Energien beispielsweise eher »riechen«, »schmecken«, »fühlen« und so weiter. Wenn man aber, wie dies in der Literatur bisher fast immer der Fall war, darauf beharrt, schwerpunktmäßig die optische Wahrnehmungsschiene zu trainieren, um feinstoffliche Energien erfahrbar zu machen, bekommen all jene Menschen unnötige Schwierigkeiten, die mit einer anderen Wahrnehmungsschiene zu den gleichen Ergebnissen gelangen könnten.

Mit anderen Worten: Wenn Sie das Gefühl haben, Sie könnten nicht richtig »visualisieren«, so versuchen Sie es statt dessen doch einmal mit einer anderen Wahrnehmungsform. Zwingen Sie sich nicht dazu, den magischen Kreis oder die Pentagramme um jeden Preis »sehen« zu wollen, sondern versuchen Sie lieber einmal, ihn mit den Händen zu »fühlen«, ihn zu »riechen«, zu »schmecken«, ja sogar ihn zu »hören«.

Konzentrieren Sie sich bei der »magischen Imagination« darauf, mit jenem Sinnesorgan zu arbeiten, das Ihnen am meisten liegt.

Einem visuell orientierten Menschen fällt es schwer, sich vorzustellen, wie man beispielsweise ein rotes Dreieck oder ein gelbes Viereck durch »Riechen« voneinander unterscheiden kann, und doch ist das für den »Nasenmenschen«, also den olfaktorischen Typ, überhaupt keine Schwierigkeit. Der Auditive dagegen kann unterschiedliche Farben und Symbole »hören«, und der Taktile kann sie »fühlen«.

Wenn Sie also in anderen Werken zur Magie das Wort »Visualisation« lesen sollten, so ersetzen Sie es einfach durch »magische Imagination«, und konzentrieren Sie sich gerade am Anfang darauf, mit jenem »Sinnesorgan« zu arbeiten, das Ihnen am meisten liegt. Später sollten dann freilich auch die anderen Wahrnehmungsformen geschult werden, weil dies das ganze Wahrnehmungsspektrum erweitert, weil mehr Informationen aufgenommen und verarbeitet werden und somit auch eine größere Entscheidungs- und Wirkungsvielfalt erreicht wird. Doch ist eine solche Maximalforderung für den Anfänger eher ein Stolperstein, der ihn nur frustriert und ihm die Motivation raubt.

Praktische Übungen

ÜBUNG 4
PRAKTISCHE SIGILLENMAGIE (I)

Führe entsprechend den Anleitungen in diesem Abschnitt drei Monate lang pro Woche mindestens eine Sigillenoperation nach der Wortmethode durch. Trage die Operation vorher ins Magische Tagebuch ein, und überdecke die Sigil nach der Ladung mit einem Blatt Papier, das Du an den Seiten festklebst, damit Du beim späteren Durchblättern des Tagebuchs nicht versehentlich die Sigil zu Gesicht bekommst und möglicherweise deaktivierst. Versäume nicht, ein Datum auf dieses

Abdeckblatt zu schreiben, das anzeigt, wann die Sigillenoperation auf Erfolg oder Mißerfolg überprüft werden soll. Hierbei ist es ganz besonders wichtig, im Tagebuch Platz für spätere Eintragungen zu lassen, die selbstverständlich ebenfalls datiert werden müssen.

ÜBUNG 5
SCHULUNG DER MAGISCHEN WAHRNEHMUNG (I)

Diese Übung wird zusammen mit dem Kleinen Bannenden Pentagrammritual praktiziert. Sie sollte im ersten Monat mindestens zweimal wöchentlich in ihrer vollen Form durchgeführt werden. An den übrigen fünf Tagen kannst Du täglich eine der fünf Einzelstufen der Übung (also die Punkte a, b, c, d oder e) im Anschluß an das Pentagrammritual praktizieren. Dabei solltest Du jedoch sorgfältig darauf achten, daß Du im ersten Monat wirklich auch regelmäßig abwechselnd jede Einzelstufe bearbeitest und keine bevorzugst.

Im zweiten Monat genügt es, die Übung in ihrer vollständigen Form mindestens zweimal wöchentlich durchzuführen. Ab dem dritten Monat führst Du die Übung nur noch dann durch (in beliebiger Häufigkeit), wenn Du es für erforderlich hältst. Solltest Du feststellen (was fast immer der Fall sein wird), daß Deine magische Wahrnehmungsfähigkeit durch die Übung gesteigert wird, so versuche, die Übungsdauer und -länge eine Weile zu intensivieren. Erst wenn Du mit Deiner magischen Wahrnehmung vollkommen zufrieden bist, brauchst Du diese Übung überhaupt nicht mehr durchzuführen. Doch selbst dann empfiehlt es sich, sie einmal pro Vierteljahr zu wiederholen, um nicht »einzurosten«.

a) Nachdem Du beim Kleinen Bannenden Pentagrammritual das zweite Mal das Kabbalistische Kreuz gezogen und intoniert hast, gehst Du mit geschlossenen Augen und vorgestreckten Händen den Kreis ab und versuchst ihn abzutasten. Versuche nun nicht mehr, den Kreis oder gar das Gefühl für ihn zu imaginieren, das wird überhaupt nicht nötig sein, auch wenn es die ersten Male nicht so gut gelingen sollte. Meistens wirst Du die feinstoffliche Energie als leises Prickeln, als Empfindung der Wärme oder der Kälte, möglicherweise sogar wie einen ganz leichten elektrischen Schlag wahrnehmen. Notiere sorgfältig alle Wahrnehmungen im Magischen Tagebuch.

b) Verfahre wie unter a), nur daß Du diesmal mit dem Gehör arbeitest. Zuerst versuchst Du beim Abgehen des Kreises, die von Dir vibrierten einzelnen Gottesnamen in ihren Richtungen zu hören, und zwar einen nach dem anderen. (Bleibe dabei stumm, versuche also nicht, Deiner Wahrnehmung durch erneutes Intonieren nachzuhelfen.) Dann stellst Du Dich in die Kreismitte und versuchst, alle Gottesnamen gleichzeitig zu vernehmen, und zwar in ihre jeweiligen Richtungen hallend. Notiere sorgfältig alle Wahrnehmungen im Magischen Tagebuch.

c) Verfahre wie unter a), nur daß Du diesmal mit dem Geruchssinn arbeitest. Zuerst versuchst Du beim Abgehen des Kreises, die allgemeine Geruchsnote des Ritualraums zu erspüren. Stelle fest, ob sie sich durch das Ritual verändert hat. (Beim nächsten Mal kannst Du ganz bewußt den Geruch im Raum vor und nach dem Pentagrammritual miteinander vergleichen.) Notiere sorgfältig alle Wahrnehmungen im Magischen Tagebuch.

d) Verfahre wie unter a), nur daß Du diesmal mit dem Geschmackssinn arbeitest. Zuerst versuchst Du beim Abgehen des Kreises, die allgemeine Geschmacksnote des Ritualraums zu erspüren. Achte auf Deine Geschmackswahrnehmungen vor und nach dem Ritual. Notiere sorgfältig alle Wahrnehmungen im Magischen Tagebuch.

e) Verfahre wie unter a), nur daß Du diesmal mit dem Gesichtssinn arbeitest. Zuerst versuchst Du beim Abgehen des Kreises, diesen mit weit geöffneten, auf »unscharf« eingestellten Augen wahrzunehmen: Meistens wirst Du zu Anfang nur ein vages Flimmern bemerken, eine Art Nebel oder ein Wabern der Luft, als wäre sie stark erhitzt worden. Dies ist ein gutes Zeichen. Nach einer Weile werden sich die Konturen des Kreises verstärken. Führe das gleiche mit den Symbolen durch; und schließlich nimmst Du auf dieselbe Weise die Erzengelgestalten wahr. Notiere sorgfältig alle Wahrnehmungen im Magischen Tagebuch.

Sei nicht entmutigt, wenn Du zu Anfang nur teilweise oder überhaupt keinen Erfolg im Tagebuch vermelden kannst. Diese Übung soll ja Deine magische Wahrnehmung erst richtig schulen! Zudem bekommst Du, in Verbindung mit der nächsten Übung 6, auf diese Weise klare

Auskunft darüber, wo Deine Wahrnehmungsschwerpunkte im feinstofflichen Bereich liegen. Diese müssen nicht unbedingt identisch mit den Schwerpunkten Deiner Alltagswahrnehmung sein. So kann ein allgemein sehr auditiver, vielleicht sogar musikalischer Mensch magische Energien vielleicht besser »riechen« oder »sehen« als hören; ein ausgesprochen taktiler Mensch macht dagegen vielleicht die Beobachtung, daß er im magischen Bereich eher »hört« oder »schmeckt«.

ÜBUNG 6
SCHULUNG DER MAGISCHEN WAHRNEHMUNG (II)

Nachdem Du die vorhergehende Übung mindestens vier Mal in ihrer vollen Form und entsprechend häufig in ihrer Teilform durchgeführt hast, beantwortest Du in Deinem Magischen Tagebuch im Anschluß an die Durchführung in der vollen Form folgende Frage:

1. Welche Form der magischen Wahrnehmung fällt mir am leichtesten? Kann ich besser »sehen«, »fühlen«, »schmecken«, »riechen«, »hören«, oder gibt es eine andere Form der Sinneswahrnehmung, für die ich (noch) kein Wort habe?

2. Nachdem Du die Frage unter Punkt 1 beantwortet hast, versuchst Du in Zukunft, Deine »beste« Wahrnehmungsschiene verstärkt zu nutzen. Wenn also in diesem Kurs später von »magischer Imagination« die Rede ist, setzt Du diese auf Deine persönliche Wahrnehmungsschiene um, es sei denn, Du wirst ausdrücklich zu einem anderen Vorgehen aufgefordert. (Wird also beispielsweise gesagt: »Imaginiere eine liegende silberne Sichel«, so kannst Du diese »hören«, »fühlen« oder ähnliches, brauchst sie also nicht unbedingt zu visualisieren, wenn Dir dies schwerer fallen sollte als die andere Vorgehensweise. Lautet die Anweisung jedoch: »Visualisiere einen Kraftkegel über dem Kreis«, so weißt Du eindeutig, daß Du quasi-optisch vorgehen sollst.)

ÜBUNG 7
PRAKTISCHE TRAUMARBEIT (I)

Über die Traumarbeit kannst Du Deine magische Wahrnehmung besonders wirkungsvoll schulen und erweitern. Denn die bewußte Aufmerksamkeit, die Du damit Deinem Unbewußten zuteil werden läßt, schmeichelt diesem und macht es gewillter, Dich bei Deinem magischen Bemühen zu unterstützen. Zudem fördert die Arbeit mit Träumen die Trancekontrolle, den Umgang mit der Divination, das Astralwandern und einige andere magische Praktiken, vor allem solche schamanischer Natur.

Wir wollen hier erst einmal ganz einfach anfangen und uns auf das Erinnern von Träumen beschränken. Wenn Du Dich damit noch nicht befaßt haben solltest, magst Du vielleicht glauben, dies sei recht schwierig, doch ist dem keineswegs so. Du brauchst nur ein wenig Geduld, Schreibzeug neben Deinem Bett – und schon kann es losgehen. Vor dem Einschlafen nimmst Du Dir vor, Dich am nächsten Morgen an Deine Träume zu erinnern. (Du kannst diese Arbeit auch durch eine entsprechende Sigil unterstützen.) Am Anfang solltest Du nach Möglichkeit mit diesem Gedanken einschlafen, ihn also während des Eindämmerns ins Unbewußte einsickern lassen.

Nach dem Aufwachen solltest Du Dich eine Weile nicht bewegen, bis Du Deine Träume möglichst vollständig erinnert hast. Erst dann schreibst Du sie in kurzen Stichworten auf. Bestimmte Eindrücke kannst Du auch in Form von Zeichnungen und Skizzen festhalten, das vermittelt Dir beim späteren Durcharbeiten oft einen viel präziseren Eindruck von der Energie- und Gefühlsqualität des Traums als jede noch so detaillierte sprachliche Beschreibung.

Solltest Du in der Nacht plötzlich aus einem Traum aufwachen, so notiere auch diesen sofort. Dies kann auch bei Dunkelheit geschehen, etwa wenn Du dabei nicht völlig wach werden willst, sofern Du einigermaßen leserlich schreibst.

Anstatt Deinen Traum sofort aufzuschreiben, kannst Du ihn auch auf ein Tonband sprechen, das Du neben dem Bett bereithältst. Das hat den großen Vorteil, daß Du in kürzerer Zeit mehr Einzelheiten festhalten kannst, und dies zudem noch viel plastischer als beim Schreiben. Der Nachteil besteht freilich darin, daß es recht zeitaufwendig ist, Bandaufzeichnungen noch einmal abzuhören und abzuschreiben (was für das spätere Nachschlagen und Vergleichen unerläßlich ist).

Führe ein separates Traumtagebuch, trage Deine Träume also nicht ins Magische Tagebuch ein. Denn mit der Zeit wirst Du immer mehr zu notieren haben, und schon bald würde dann Dein Magisches Tagebuch von der Traumarbeit regelrecht überwuchert werden. (Es wird auch eine Zeit kommen, da Du ganz bewußt auf das Erinnern von

Träumen verzichten sollst, dies werden wir Dir in einem späteren Abschnitt bekanntgeben.) Nur dann, wenn Deine Träume in erkennbarem Zusammenhang mit magischen Operationen stehen, kannst Du Teile daraus vielleicht auch zusätzlich im Magischen Tagebuch notieren. Oft genügt aber auch ein Querverweis zur entsprechenden Seite des Traumtagebuchs.

Es kann sein, daß in den ersten Tagen oder sogar Wochen die Traumerinnerung nicht gelingen will. Dieses Problem läßt sich nur durch Beharrlichkeit lösen: Versuche es immer wieder, jede Nacht aufs neue, irgendwann wird Dir der Erfolg sicher sein.

Möglicherweise wirst Du die Erfahrung machen, daß Deine magischen Aktivitäten Dein Traumleben erheblich intensivieren. Dies ist ein gutes Zeichen, zeigt es doch eine wachsende Bereitschaft des Unbewußten zur Mitarbeit an.

WEITERFÜHRENDE LEKTÜRE

Wir wollen in diesem Buch die Querverweise auf andere nützliche Werke auf ein notwendiges Minimum beschränken. Denn erstens ist die Zeit auch des gutwilligsten und engagiertesten Magiers zu beschränkt, als daß er zusätzlich zu den Schulungsinhalten auch noch Hunderte weiterer Bücher durcharbeiten könnte. Zweitens ist es nicht Sinn der *Schule der Hohen Magie*, wieder einmal das magische Wissen zu zerstückeln – sie soll Ihnen ja gerade diese bibliographische Mühsal weitgehend abnehmen.

Dennoch: Es gibt zahlreiche sehr gute Standardwerke beispielsweise über Astrologie oder Kräuterkunde, so daß es uns nicht sinnvoll erscheint, einmal mehr ausführlich den Tierkreis zu erklären oder verschiedenste Kräuter samt ihren Blütezeiten zu beschreiben.

Frater V.·.D.·., *Sigillenmagie in der Praxis,* Berlin: Edition Magus – Werkmappen zur Magie 1, 1985 (Bezugsquelle im Anhang)

Diese Monographie dient der Vertiefung sigillenmagischen Wissens. Sie führt auch in die Atavistische Magie Austin Osman Spares ein, erklärt das Alphabet des Wollens und gibt einen Überblick über die klassischen Planetensigillen und -quadrate, wie sie von Agrippa von Nettesheim kompiliert wurden.

Thorwald Dethlefsen, *Schicksal als Chance,* München: Goldmann TB 11723, 1980

Eine brillante Einführung in die Esoterik und das magische Denken. Dethlefsens Arbeit beschreibt auch sehr anschaulich die Grundzüge der Astrologie und den Umgang mit Analogien und Korrespondenzen.

EINFÜHRUNG IN DIE RITUALISTIK (II)

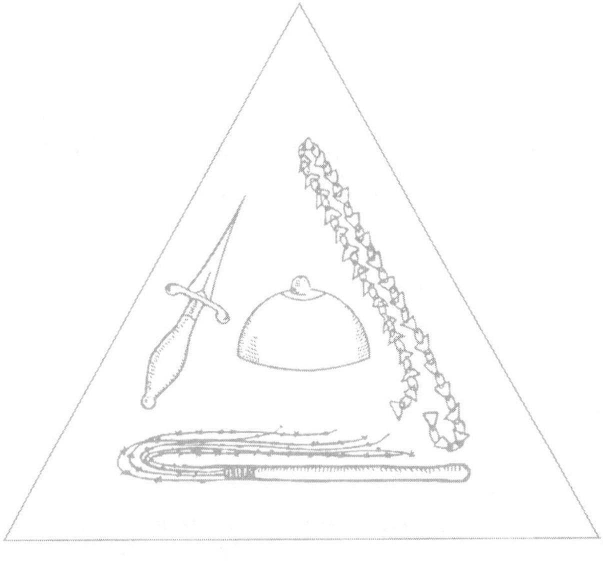

Psychologie oder Spiritismus?

Die Frage, ob magische Phänomene Projektionen innerseelischer Kräfte beziehungsweise Zustände sind oder sich auf das Wirken außermenschlicher Wesenheiten (Geister, Dämonen, Astralentitäten oder ähnliches) zurückführen lassen, bewegt die Parawissenschaft schon seit vielen Jahrzehnten. Die eine Richtung, die eher eine psychologische Erklärung vertritt und der Auffassung ist, alles Magische entspringe der Seele des Magiers, nennt man den Animismus (von lat. anima = »Seele«); die andere Schule, die von der Existenz realer außermenschlicher Lebewesen (auch feinstofflicher Art) ausgeht, wird als Spiritismus (von lat. spiritus = »Geist«) bezeichnet. Es ist wichtig, sich diese Unterscheidung zu merken, da sie in der Literatur immer wieder vorkommt.

Beide Erklärungsmodelle sind jedoch in Wirklichkeit gar nicht so weit voneinander entfernt, wie es ihre jeweiligen Verfechter oft darstellen. Wir können dies am Beispiel des Welle-Teilchen-Dualismus des Lichts veranschaulichen, wie er die Physik lange Zeit vor Rätsel gestellt hat. Licht kann sich mal als Welle verhalten, mal als Teilchen (»Korpuskel«) – und zwar abhängig von den Versuchsbedingungen! Es wäre also falsch, einseitig von Lichtwellen zu sprechen und die physikalische Wirklichkeit der Lichtkorpuskeln einfach zu ignorieren, und umgekehrt. Letztlich bestimmt der Physiker also selbst, auf welche der beiden Weisen das Licht sich in seinem Weltbild oder Versuch zu verhalten hat.

Ebenso ergeht es dem Magier. Es ist sinnvoll, sich schon früh mit dem Gedanken vertraut zu machen, daß unsere Wirklichkeit stets die Wirklichkeit der Beschreibung ist – Realität ist für uns nur das, was wir in irgendeiner Form ausdrücken und wahrnehmen.*

Dieser wichtigen Grundlage der modernen Magie werden wir im Laufe unserer Schulung immer wieder begegnen.

Für die Praxis müssen wir den erfolgversprechendsten Ansatz wählen; und welcher das ist, hängt von einer Vielzahl unterschiedlicher Faktoren ab, zum Beispiel von der eigenen seelischen Beschaffenheit, den eigenen weltanschaulichen Vorlieben, aber auch von ganz handfesten praktischen Erwägungen. So antiaufklärerisch es sich auch lesen mag, ist es erfahrungsgemäß doch stets sinnvoller, sich durch den scheinbaren Widerspruch zwischen animistischen und spiritistischen Erklärungsmodellen nicht verunsichern zu lassen; dies geschieht am

* *Dies ist der tiefere Sinn des Schamanenworts: »Was man wahrnimmt, ist auch wahr.«*

mühelosesten dadurch, daß man die Frage nach ihrem »Wahrheitsgehalt« einfach ignoriert.

Im Ritual zählt in erster Linie die Erfahrung, die Energiewahrnehmung also. Intellektuelle, ja akademische Konzepte wie Animismus oder Spiritismus haben darin wenig zu suchen. Wenn Sie lieber spiritistisch vorgehen wollen und daran glauben, daß Sie es dabei mit realen Geistwesen zu tun haben, so steht dem nichts im Wege. Sind Sie dagegen eher psychologisch eingestellt, und betrachten Sie die rituelle Arbeit vornehmlich als veräußerlichte (»projizierende«) Auseinandersetzung mit Ihren persönlichen Seeleninhalten, so werden Sie damit ebenfalls gute Erfolge erzielen können.

Im Ritual zählt in erster Linie die Erfahrung, die Energiewahrnehmung.

Auch diese Schulung wird nicht versuchen, Sie in die eine oder andere Richtung zu drängen. Denn die Gesetzmäßigkeiten des magischen Rituals sind in beiden Fällen dieselben. Dies erkennen wir jedoch oft erst nach langer Praxis. Daher werden wir auch schon in diesem Abschnitt damit beginnen, den flexiblen Umgang mit verschiedenen Weltanschauungen und Ideologien zu trainieren.

Die Grundstrukturen des magischen Rituals

Kommen wir nun zu den Grundstrukturen des magischen Rituals. Wenn wir die Geschichte der westlichen Zeremonialmagie betrachten, fällt auf, daß sich darin zwei Hauptströmungen parallel zueinander entwickelt haben, zwar ohne sich gegenseitig auszuschließen, aber auch ohne sich gegenseitig in nennenswertem Umfang zu befruchten. Wir meinen damit die *zyklische* oder *kreisförmige* und die *winklige* oder *eckige* Ritualform.

Fürs erste soll hier die Kreisstruktur im Vordergrund stehen, da sie sich vor allem dem Anfänger leichter erschließt als die winklige und zudem auch in Alleinregie müheloser zu handhaben ist.

Die zwei Hauptströmungen der Ritualistik

Die Winkelstruktur dagegen setzt ein hohes Maß symbolkundlichen Grundwissens voraus und eignet sich fast nur für die Arbeit in Gruppen von mindestens drei Personen. Auch hier bestätigen Ausnahmen natürlich die Regel, doch als groben Überblick kann man diese Feststellung durchaus gelten lassen. Zudem findet sich die Winkelstruktur typischerweise vornehmlich in dogmatischen und rein mystischen Systemen.

Zur Vermeidung von Mißverständnissen sei gesagt, daß die Bezeichnung »Kreisstruktur« sich nicht allein darauf bezieht, daß mit einem magischen Kreis gearbeitet wird, sondern vielmehr auch den Ablauf des Rituals selbst meint. Dieser soll hier zunächst Gegenstand unserer Betrachtung sein. Die nun folgende Schilderung der Ritualstruktur gibt einen Sachverhalt wieder, der sich zwar in den allermeisten Ritualen dieser Art findet, den sich die Praktikanten und Autoren aber nur selten bewußt machen. Es ist jedoch hilfreich, wenn man diese Grundstruktur verstanden hat, weil man dadurch symbol-logische Fehler oder Widersprüche bei der Entwicklung eigener Rituale vermeidet.

Ein typisches Ritual der Kreistradition ist folgendermaßen aufgebaut:

1. Vorbereitung des Rituals
2. Eröffnende Bannung/Reinigung
3. Hauptteil
4. Abschließende Bannung/Reinigung und Entlassungsformel
5. Nachbereitung des Rituals

Übersicht 8: Grundstruktur eines Rituals

Es folgt die ausführliche Darstellung der einzelnen Punkte dieser Übersicht.

1. VORBEREITUNG DES RITUALS

Zur Vorbereitung gehören die Bestimmung der Zielsetzung, die Auswahl der Utensilien, die Terminierung der Operation, das Festlegen des Ritualablaufs, bei Gruppenritualen die Aufgabenverteilung sowie natürlich auch das innere Sicheinstellen auf das Ritual und seinen Zweck.

Häufig gehen Perioden des Fastens, des Schlafentzugs, des ekstatischen Tanzens und andere, die rituelle Gnosis fördernde Praktiken dem eigentlichen Ritual voraus, ebenso Waschungen und bestimmte Formen der Reinigung. Auch das Anlegen von Ritualkleidung, das Entzünden des Weihrauchs und andere für das Ritual erforderliche Maßnahmen sind Bestandteil der Vorbereitung.

Oft stellt die Ritualplanung auf der feinenergetischen Ebene bereits eine Art Durchführung des Rituals selbst dar: Wenn man dann endlich anfängt, merkt man, daß eigentlich schon alles erledigt ist! Dennoch sollte man das Ritual auch dann noch durchführen, und sei es nur als symbolische Krönung und Danksagung. Immerhin zeigt dieses Phänomen aber auch, daß mit einer gründlichen Vorbereitung schon die halbe Arbeit erledigt wurde.

2. ERÖFFNENDE BANNUNG/REINIGUNG

Diese haben wir bereits im Zusammenhang mit dem Kleinen Bannenden Pentagrammritual erörtert.

3. HAUPTTEIL

Im Hauptteil finden spezielle magische Operationen statt. Dazu gehören beispielsweise das Rufen von Energien, ihre Polarisierung, Lenkung und »Verwertung«, ebenso aber auch ganz schlicht ihre Erfahrung. Invokationen, Ladung von Talismanen und Amuletten, mystische Erlebnisse, Evokationen, Fernbeeinflussungen – die Liste der Möglichkeiten ließe sich beliebig fortsetzen, und wir wollen erst im Laufe späterer Ausführungen detaillierter darauf eingehen.

In der Regel gehört auch eine Meditation zur Arbeit im Hauptteil des Rituals, gegebenenfalls auch – speziell bei festlichen Ritualen in der Gruppe, etwa zu Ehren von Pan, der Mondgöttin oder anderer Energien – ein lockerer Teil, bei dem beispielsweise Opfergaben verzehrt werden, gelacht und geplaudert wird, und so weiter.

4. ABSCHLIESSENDE BANNUNG/REINIGUNG UND ENTLASSUNGSFORMEL

Mit der abschließenden Bannung/Reinigung und der Entlassungsformel wird unter anderem der Wiedereintritt ins Alltagsbewußtsein symbolisch signalisiert. Auch diesen Ritualabschnitt haben wir bereits im Zusammenhang mit dem Kleinen Bannenden Pentagrammritual behandelt.

5. NACHBEREITUNG DES RITUALS

Die sorgfältige Nachbereitung ist sicher ebenso wichtig wie das ganze Ritual selbst. Dazu gehört nicht nur die Eintragung ins Magische oder Tempeltagebuch, auch die anschließende Erfolgskontrolle und Auswertung des Rituals (ebenso die Ritualkritik!) müssen dazugezählt werden. Auf die Kunst der Wahrnehmung magischer Effekte, besonders im Alltag bei der Erfolgsmagie, werden wir an anderer Stelle noch ausführlicher einzugehen haben.

Kreisrituale verlaufen stets mehr oder weniger symmetrisch: Beginnt man beispielsweise mit einem Kleinen Bannenden Pentagrammritual zur Bannung und Reinigung, so wird man auch mit diesem enden; wird der »Schleier der Mysterien« durch eine symbolische Geste geöffnet, so wird er zum Schluß auch wieder geschlossen und so weiter.

Unbedingt zu beachten: die zyklische Symmetrie des Ablaufs von Kreisritualen.

Die zyklische Symmetrie ist einer der wichtigsten Bestandteile dieser Ritualform und sollte stets beachtet werden. Verstößt man unbeabsichtigt dagegen, stellt dies oft den Erfolg der gesamten Operation in Frage, da es, bildlich gesprochen, dem Versuch gleichkommt, einen eckigen Klotz in eine runde Öffnung zu treiben – so etwas nimmt das magische Unbewußte nur selten gnädig auf. Bestenfalls geschieht überhaupt nichts (oder zumindest nichts Wahrnehmbares), schlimmstenfalls bekommt man es mit einem magischen Rohrkrepierer zu tun, bei dem die aktivierten Energien sich gegen den Magier selbst wenden. Gegen dieses doch eigentlich recht schlichte und einleuchtende Gesetz wird übrigens gerade auf den Gebieten der Heilungs-, Geld-, Liebes- und Kampfmagie immer wieder verstoßen.

Damit sollen für diesmal unsere Ausführungen zur Ritualistik enden. Es empfiehlt sich, sie noch einmal im Zusammenhang mit dem im letzten Abschnitt Gesagten durchzuarbeiten, macht dies doch sicher einiges von dem deutlich, was gerade dem völligen Anfänger zuvor noch vielleicht schwer nachvollziehbar gewesen sein mag.

Angewandter Paradigmenwechsel

Ein Paradigma ist nach heutigem Sprachgebrauch ein Satz von weltanschaulichen oder technologischen Grundannahmen bzw. Glaubenssätzen, mithin ein Erklärungsmodell. Da Magie stets auch »Realitätstanz« ist, liegt es nahe, praktisch mit verschiedenen Paradigmata zu experimentieren.

Magie ist »Realitätstanz«. Deshalb macht sich der Magier mit vielfältigen Weltanschauungen vertraut.

Der Magier sollte nicht nur in der Theorie, sondern vor allem auch durch die Praxis mit verschiedenen Weltanschauungen vertraut geworden sein, erst dann kann er seine eigene Realitätsproduktion (und nichts anderes ist Magie!) richtig »feinsteuern« und auf seine persönlichen Bedürfnisse abstimmen, ob diese nun erfolgsmagischer oder eher mystischer Art sein mögen. Letztlich steckt in jeder Weltanschauung eine Portion Wahrheit im Sinne von Wahr-Scheinlichkeit, ebenso natürlich auch ein gerüttelt Maß Lüge im Sinne von Un-Wahr-Scheinlichkeit. Nichts ist absolut, es hat bestenfalls den Anschein, es zu sein.

Dieser relativistische Grundsatz ist keineswegs so modern und bilderstürmerisch, wie es auf den ersten Blick erscheinen mag. Die traditionellen Kirchen und auch die Religionswissenschaftler und Kulturhistoriker haben dem Okkultismus häufig vorgeworfen, eine »Afterreligion« synkretistischer Prägung – und damit unseriös, konstruiert und inkonsequent – zu sein. Unter Synkretismus versteht der Duden eine »Vermischung verschiedener Religionen, Konfessionen oder philosophischer Lehren, meist ohne innere Einheit«. Sicher läßt sich auch der Okkultismus und mit ihm die gesamte Magie zurecht als eine solche Mischform bezeichnen. Doch abgesehen davon, daß diese vielgeschmähte »Bastardphilosophie« gerade aus dem Versuch geboren wurde (und aus ihm einen Großteil ihrer Energie und Überzeugungskraft bezogen hat), in allen religiösen, mystischen und magischen Systemen bzw. Denkgebäuden wenigstens ein Mindestmaß an innerer Einheit zu erkennen; abgesehen davon auch, daß der Okkultismus durch seinen Respekt gegenüber allen möglichen Paradigmata zu einer Toleranz gefunden hat, die manch einem homogeneren Denk- und Glaubenssystem wahrlich gut anstünde; abgesehen von alledem jedenfalls besteht die große Stärke des Okkultismus und der Magie gerade in ihrer Vielfältigkeit und Differenziertheit.

Jedes Pantheon, jedes System von Gottheiten also, ist nicht zuletzt auch Abbild einer bestimmten, in mythische Bilder gekleideten Psychologie – einer persönlichen oder einer kollektiven. Nun gibt es aber zum einen sicher trotz vieler Gemeinsamkeiten mindestens ebensoviele Psychologien, wie es Menschen gab und gibt.

Jeder Mensch hat zahllose Gesichter und Persönlichkeiten.

Zum anderen aber hat jeder Mensch zahllose Gesichter und Persönlichkeiten, die mit einem Pantheon allein oft gar nicht abzudecken sind.*

Aus diesem Grunde ist die Alltagspsychologie jedes Polytheismus in der Regel auch weitaus ausgefeilter und praxisnäher als die monotheistischer Systeme. Dies erkennen wir auch daran, daß letztere sich nach einer anfänglichen Blütezeit fast immer wieder in der einen oder anderen Form zu einem Quasi-Polytheismus hinentwickeln, der freilich oft nur sehr versteckt im Dunkeln blüht. So kamen im Christentum Dreifaltigkeit und Heiligenkulte auf; der Buddhismus machte aus einem Buddha Abertausende, besonders im tibetischen Tantrismus, aber auch im gesamten Mahayana-System; im Islam keimten, darin dem Christentum ähnlich, die schiitischen Richtungen mit ihren zahlreichen Heiligen und Fast-Propheten auf; ja sogar das besonders strenge Judentum entwickelte mit der Kabbala, ihrer Engels- und Dämonenlehre und ihren oft auch individuell verkörpert gesehenen Sephiroth wieder polytheistische Elemente.

Um es an einem Beispiel zu veranschaulichen, das wiederum dem hermetischen Okkultismus entlehnt ist: Wir kennen für das Prinzip des Intellektuellen den römischen Gott und astrologischen Planeten Merkur; ihm gleichgesetzt sind aber auch der griechische Hermes

* *Das Ägyptische Totenbuch drückt etwas ähnliches aus, wenn es sagt: »In jedem Glied deines Körpers wohnt eine Gottheit.«*

und der altägyptische Thot (auch: Tahuti, gesprochen Djahuti oder auch Dahaut). Ein Blick in Crowleys Buch der Korrespondenzen und Analogien, *Liber* 777, zeigt, daß diesen drei Gottheiten auf der praktischen Ebene die Zahl 8, die Farbe Orange und das Metall Quecksilber und so weiter gemeinsam sind. Doch ist Analogie nicht dasselbe wie Gleichheit: Merkur ist eben nicht Hermes oder Thot, auch wenn alle drei Aspekte ein und desselben Grundprinzips sind. Der magische Anfänger erkennt zwar die oft nur subtilen Unterschiede zwischen diesen drei Verkörperungen nicht auf Anhieb, und oft genug werden sie auch vom Altmagier noch in einem Atemzug genannt, als wären sie beliebig austauschbar. Tatsächlich zeigt sich jedoch spätestens im magischen Ritual und bei der praktischen Erfolgsmagie, daß dies keineswegs uneingeschränkt der Fall ist: Merkur ist weitaus verspielter als Thot, und wenn er auch seine Verwandschaft mit Hermes schon aus kulturgeschichtlichen Gründen nicht leugnen kann, ist er in mancher Hinsicht doch recht anders als dieser.*

Der ibisköpfige Thot dagegen ist viel strenger als beide anderen Gottheiten, zudem war er ursprünglich ein Mondgott, der auch als Herr der Zeit galt, eine Funktion, die im hellenischen und römischen Pantheon eher dem Chronos bzw. Saturn zukam.

Mit einer solchen Übung soll keineswegs die mühsam errungene »Einheit der kleinsten gemeinsamen Nenner« wieder zunichte gemacht werden, die für die Gleichsetzung der drei Götter bezeichnend ist. Diese Einheit ist zweifellos vorhanden, in vielen Punkten erschließt sie sich dem Adepten freilich erst durch tiefergehende Meditation. Vielmehr wollen wir dadurch die Differenzierung aufzeigen, die unser »Göttergemisch« uns ermöglicht. Denn im magischen Ritual haben wir durch ein derartiges Mischpantheon die Wahl zwischen höchst subtilen Schattierungen – für eine Gerichtssache beispielsweise, bei der es um die strenge Ausdeutung eines Gesetzes geht, würde der versierte Magier eher die Gottheit Thot als Energieschiene verwenden. Bei einem Betrugsprozeß, bei dem er eventuell sogar für den Angeklagten arbeiten soll, wäre dagegen Merkur angezeigt. Gerichtsmedizinische Gutachten wiederum würden eher in den Bereich des Hermes fallen – und so weiter.

* *Hermes trägt beispielsweise wie Thot deutliche Züge eines Totengottes oder Seelenbegleiters* – psychopompos –, *während bei Merkur, zumindest in seiner späteren astrologischen Prägung, eher der Aspekt des Händlergottes und Kommunikators in den Vordergrund tritt.*

All dies sind nur Annäherungen, die je nach subjektiver Einschätzung und Erfahrung auch Veränderungen unterworfen sein können. Doch zeigen sie immerhin den Wert der magisch genutzten Fähigkeit, in mehreren Systemen gleichzeitig zu Hause sein zu können. Oder, moderner und salopper ausgedrückt: das Paradigma wechseln zu können wie sein Hemd. Daraus ergibt sich auch folgender Merksatz, der allerdings nicht bloße Theorie bleiben darf, sondern tagtäglich in die Praxis umgesetzt werden muß:

DER MAGIER WÄHLT SEINE GLAUBENSSÄTZE AUS WIE DER CHIRURG SEIN BESTECK.

Wir wollen dieser Information, gewissermaßen um ihr den allerletzten Schliff zu geben, einen weiteren Leitsatz hinzufügen, der aus der modernen Chaos-Magie stammt und gerade durch seine ziemlich extreme Formulierung seine größte Wirkung erzielt:

DER GLAUBE IST NUR EINE TECHNIK.

Auch wenn Sie mit diesem Satz nicht gänzlich einverstanden sein sollten, empfiehlt es sich dennoch, länger über ihn zu meditieren und ihn zumindest als gültige Arbeitshypothese (und sei es nur der späteren Argumentation halber) schon jetzt zu verinnerlichen. Denn wenn wir an späterer Stelle auf die Magie Austin Osman Spares eingehen, wird ihm eine zentrale Rolle zukommen, wie übrigens auch in unserer gegenwärtigen Praxis.

Die zeitgenössische Praxis der Gehirnwäsche hat gezeigt, daß es relativ einfach ist, aus einem Atheisten einen Christen, aus einem Hindu einen Maoisten, aus einem Christen einen Buddhisten, aus einem Faschisten einen Kommunisten zu machen, wenigstens vorübergehend. Voraussetzung dafür ist lediglich der gezielte und gekonnte Einsatz entsprechender Reizzufuhr bzw. des Reizentzugs. Gewiß ist die politische Gehirnwäsche eine Form der Folter; doch anstatt hilflos eine Welt zu bejammern, in der solches möglich ist, sollten wir uns vielmehr die positiven Möglichkeiten vor Augen halten, die darin für uns als Magier stecken, wenn wir uns nämlich ihre Technik zu eigen machen, um dadurch unsere Magie zu optimieren. Zum einen wird durch den konsequenten, gewollten Paradigmenwechsel die Illusion aufgehoben, daß wir von unseren Glaubenssätzen abhängig seien und uns nur durch sie definieren könnten. Wer nicht nach Absolutem in der Äußerlichkeit strebt, dem kann das Außen auch keine Illusionen mehr als absolute Realität unterschieben. (»Nichts ist wahr, alles ist erlaubt«, soll der Alte vom Berge gesagt haben.) Er ist auch gefeit gegen die Verlockungen religiöser, politischer und gesellschaftlicher Indoktrination und beherrscht – durchaus im Sinne Mao Tse-tungs – die philosophische Guerillataktik.

Zum anderen bedeuten starre Systeme immer Beschränkung. Durch häufigen, bewußten Systemwechsel erobert sich der Magier einen viel größeren Handlungsspielraum, er wird nicht nur vielseitiger sondern vermag auch tatsächlich mehr, weil ihm der illusionäre Charakter der Grenzen bewußt geworden ist und er sie dadurch nicht mehr so hilflos hinzunehmen braucht wie früher.

Dennoch kann es sinnvoll sein, das eine oder andere Glaubens- und Denksystem über längere Zeit bis zur Neige auszukosten, sofern dies nicht auf Kosten der Flexibilität geht. Dadurch vermeidet man nämlich eine gewisse Oberflächlichkeit, die der anderen Praktik als Gefahr innewohnt.

Nun sind feste Glaubenssysteme allerdings nicht gänzlich ohne Wert, sonst hätten sie unsere gewöhnliche Alltagsrealität sicher nicht schon seit Jahrtausenden so fest im Griff. Sie geben dem Menschen einen wenn auch noch so zerbrechlichen Halt; und selbst wenn er diese arg wacklige Sicherheit mit einem äußerst hohen Preis bezahlen muß (beispielsweise mit dem Verlust seiner Freiheit und seiner denkerischen Eigenständigkeit), ist ihm dies in der Regel doch immer noch lieber, als dem Leben völlig hilflos ausgeliefert zu sein. Gerade etwas labilere und unsichere Charaktere können den heiklen Balanceakt zwischen den verschiedenen Realitäten nur mit Mühe verkraften.

Das Kunststück besteht darin, die volle Freiheit des Grenzgängers zu genießen.

Magie hat immer auch etwas von einem Hochseilakt ohne doppelten Boden an sich, und es ist sicher nicht falsch, zu sagen, daß man als Magier immer mit einem Bein im Grab und mit dem anderen im Irrenhaus steht. Das Kunststück besteht nun darin, weder im einen noch im anderen zu landen, sondern vielmehr die volle Freiheit des Grenzgängers zu genießen. Um dies zu gewährleisten, ist allerdings eine gründliche Erdung unverzichtbar.

Die Wichtigkeit der Erdung

Die authentischen Schamanen der Naturvölker sind nur äußerst selten reine Profis: Neben ihrer Tätigkeit als Medizinmänner oder -frauen, als Heiler und Hexer gehen auch sie den stammesüblichen Beschäftigungen als Jäger, Sammler, Fischer oder Bauern nach. Tatsächlich dürfte die wohl beste Erdung in der Ausübung eines ganz normalen Berufs bestehen.

Das erscheint nicht jedem sofort einleuchtend, weshalb es hier etwas ausführlicher erläutert werden soll.

Der Magier bewegt sich in extremen Bewußtseinszuständen …

Wenn wir das, was weiter oben ausgeführt wurde, einmal genauer durchdenken, stellen wir fest, daß der Magier sich in oft recht extremen Bewußtseinszuständen bewegt, die sich sehr deutlich vom gewöhnlichen Alltag abheben. Zwar wird er seine Magie (und damit auch seine angewandte Gnosis) mit zunehmender Praxis ohnehin immer stärker in den Alltag integrieren, doch bedeutet dies nicht, daß die Grenzen zwischen beiden verwischen – sie werden lediglich durchlässiger. Das ist nicht dasselbe, und gerade schamanische Kulturen zeigen uns immer wieder, wie ernst das Problem der geistigen Stabilität von diesen »Experten des Magischen« genommen wird. So akzeptiert beispielsweise jedes Stammesmitglied einer solchen Kultur die Tatsache, daß es Geister gibt, daß man diese wahrnehmen und mit ihnen kommunizieren kann. Anders in unserer rationalistischen Zivilisation: Wer bei uns Geister sieht und sich mit ihnen regelmäßig unterhält, wird schon recht bald in der Gummizelle enden, mit der wir solche Abweichungen von der Norm gerne aus der Welt schaffen.

Sieht ein Stammesmitglied jedoch ständig Geister, wird es von ihnen andauernd unkontrolliert heimgesucht, und vernachlässigt es darüber hinaus seine Alltagspflichten im Rahmen der Gemeinschaft, so wird diese den Betreffenden schon sehr bald für verrückt erklären und ihn sogar verstoßen.

… er sollte es deshalb mit seiner geistigen Stabilität sehr ernst meinen.

Ähnliches begegnet uns bei den alten Kabbalisten. Wer früher bei einem eingeweihten Rabbiner die Kabbala studieren wollte, mußte nicht nur bereits ein gewisses Alter erreicht, er mußte zudem auch unter Beweis gestellt haben, daß er im beruflichen und wirtschaftlichen Alltag seinen Mann zu stehen verstand.

Bei meinen eigenen Seminaren konnte ich immer wieder die Feststellung machen, daß gerade jene Menschen, die überdurchschnittlich fest im Berufsleben verankert sind, in der Magie tatsächlich am schnellsten vorankommen: Manager beispielsweise, die ohnehin schon eine 70- bis 80-Stunden-Woche haben, bringen es fertig, für die Magie noch zusätzliche drei bis vier Stunden abzuzweigen und setzen sie mit viel Phantasie und Intelligenz im Alltag ein. Menschen dagegen, die über sehr viel Freizeit verfügen, scheinen es oft weitaus schwerer zu haben, ihre Magie zügig weiterzuentwickeln. Ein gewisser Berufs- und Finanzdruck ist sicher nicht die schlechteste Voraussetzung für Leistungen aller Art, doch gründet dieses Phänomen noch sehr viel tiefer.

Wir müssen uns vor Augen halten, daß die schon erwähnten extremen Erfahrungen, welche die Magie uns beschert, gerade psychisch labilere Menschen ohne materielle Verwurzelung anlockt. Doch suchen diese meistens nicht die Magie selbst, sondern vielmehr ein Tummelfeld, auf dem sie ihre seelischen Probleme ungestört austoben können; oder sie streben einen Ersatz für herkömmliche Therapien an. Ganz selten kann die Magie ihnen sogar beides bieten und sie auch heilen (in der Bedeutung von »Heil-/Ganz-Machen«). Meistens werden von diesen Menschen eher die negativen, zerstörerischen Energien der Magie bevorzugt, weil diese in ihren Augen eine größere Intensität aufweisen.

In gewissem Sinne haben wir es hierbei mit einem Teufelskreis zu tun: Für die erfolgreiche Ausübung der magischen Kunst sind, wie wir später noch bei der Astromagie eingehender erläutern werden, bestimmte innerseelische Spannungen schlichtweg unverzichtbar. (Schon aus diesem Grund sind die wenigsten Magier langweilige Persönlichkeiten.) So betrachtet erfüllt die Magie tatsächlich für viele ihrer Praktikanten eine therapeutische Funktion, denn sie ermöglicht es ihnen, ihre psychischen Spannungen und Ungleichgewichte auf konstruktive Weise gezielt einzusetzen und sie dadurch in den Griff zu bekommen. Andererseits können extreme magische Erfahrungen auch unbewußte innerseelische Störungen erst richtig aktivieren. Beachten wir jedoch dabei, daß es nicht die Magie ist, die einen Menschen in den

Wahnsinn treiben kann. Sie zerreißt vielmehr lediglich den Schleier der psychischen Lebenslüge, in dessen Schatten manch eine Sumpfblüte im verborgenen gedeiht und den Gesamtorganismus (dessen Teil die Psyche ja ist) unbemerkt vergiftet. Die Auseinandersetzung mit den eigenen Ängsten, die jeder gute Magier äußerst gründlich betreibt, ist ein gutes Beispiel für diesen Prozeß.

Die Einbettung in einen »normalen« Berufsalltag hilft bei der Erdung, sie verleiht dem Magier Halt in Zeiten, da er vielleicht das Gefühl hat, daß ihm sonst jeder Boden unter den Füßen weggezogen wird; sie schützt ihn vor der Besessenheit durch Komplexe/Dämonen, weil sie ihm ständig eine andere, weitgehend unmagische Realität vor Augen führt, in der er ebenfalls gefordert wird und deren Herausforderungen er erfolgreich bestehen muß. Gewiß ist die Ausübung eines leistungsorientierten Berufs kein Allheilmittel gegen magische Probleme, doch können wir sie dadurch erfahrungsgemäß zum größten Teil vermeiden oder in den Griff bekommen.

Die Einbettung in einen »normalen« Berufsalltag verleiht dem Magier Halt.

Selbstverständlich verlangt die Magie nach mehr, und dies leisten wir beispielsweise durch die regelmäßige Praktik des Kleinen Bannenden Pentagrammrituals und des Kabbalistischen Kreuzes. Weitere Erdungs- und Stabilisierungsübungen werden noch folgen, am wichtigsten jedoch ist vielleicht das gesunde Selbstvertrauen, sofern es frei von Selbstüberschätzung und Überheblichkeit ist. Nur wer seine Grenzen wahrnimmt und kennt, kann sie auch überwinden.

Elementmagie

Das Grosse Pentagrammritual

Das Große Pentagrammritual ist eine Standardzeremonie der westlichen Ritualmagie, seit es in dieser Form von den Adepten der Golden Dawn entwickelt wurde. Wir werden uns hier zunächst nur mit seiner anrufenden, also nicht mit seiner bannenden Form befassen.

Ziel des Rituals ist es, den Magier mit der Kraft aller Elemente in harmonischem Gleichgewicht aufzuladen. Im Gegensatz zum Kleinen Bannenden Pentagrammritual wird hierbei erstens fast immer nur gerufen, also nicht gebannt (auf Ausnahmen werden wir an anderer Stelle eingehen), und zweitens wird das Element Äther oder Geist in das Schlagen der Symbole und Vibrieren der Formeln miteinbezogen. Im Gegensatz zum Kleinen Pentagrammritual wird in die Mitte der Pentagramme auch kein Aktivierungspunkt gestochen, statt dessen werden die Symbole der Elemente mit einem separaten Mantra hineingezogen, wie wir es in einem späteren Abschnitt auch beim Hexagrammritual kennenlernen werden.

Eine Standardzeremonie der westlichen Ritualmagie

Jedem Element eignet eine bestimmte Zugrichtung zu, beim Rufen schlägt man stets auf das Element zu, beim Bannen dagegen von ihm fort.*

Stets ist auch das rufende Pentagramm des einen Grundelements zugleich das bannende Pentagramm des Gegenelements und umgekehrt. So bedeutet »Luft rufen« zugleich »Wasser bannen« und so weiter.

Zum besseren Verständnis dieser Aussage muß man wissen, daß die vier Grundelemente in zwei Gruppen eingeteilt werden:

Es gelten als *aktive* Elemente: LUFT und FEUER.
Es gelten als *passive* Elemente: WASSER und ERDE.

Entsprechend unterteilt man auch in ein *aktives* und ein *passives* Ausgeglichenes Pentagramm des GEISTES; dieses nennt man gelegentlich auch das *Ausgleichende* oder *Äquilibrierende* bzw. *Äquilibrierte Pentagramm*.

* *Aus diesem Grund ist auch das Kleine Bannende Pentagrammritual ein bannendes Ritual, das, wie bereits im ersten Abschnitt erwähnt, allein mit dem bannenden Pentagramm des Elements Erde arbeitet.*

Als *Gegensatzpaare* gelten die Elemente: LUFT – ERDE sowie FEUER – WASSER.

Ganz bewußt wollen wir die Elemente erst in einem späteren Abschnitt ausführlicher behandeln, da in diesem Fall zuerst die sinnliche Praxis und erst danach der vertiefende intellektuelle Überbau kommen sollte. Deshalb sollen hier auch nur einige ganz allgemeine Stichworte zur Charakterisierung der Elemente in der Reihenfolge ihres Auftretens im Ritual gegeben werden:

LUFT: das Prinzip des Intellektuellen; Kommunikation und Sprache; analytisches (trennendes, aufteilendes) Denken

FEUER: das Prinzip des Triebhaften; Wille, Sexualität und Aggression; spontanes (»hitziges«) Tun

WASSER: das Prinzip des Fühlenden; Emotion, Intuition und Traum/Vision; synthetisches (verbindendes, zusammenfassendes) Spüren

ERDE: das Prinzip des Strukturierenden; Erhaltungswille und Konzentration; bedächtiges, bewahrendes Ordnungsschaffen

ÄTHER/GEIST/QUINTESSENZ: das Prinzip des Übergeordneten; Sinngebung und Sinnfindung; die (»fünfte«) Essenz der anderen Elemente; das überpersönliche Gestalten

Im übrigen folgt das Große Pentagrammritual in seiner Struktur dem Kleinen Bannenden Pentagrammritual.

Die Praxis des Grossen Pentagrammrituals

1. Kabbalistisches Kreuz
2. Schlagen (Ziehen) der Pentagramme und des Kreises
3. Anrufung der Erzengel/Visualisation weiterer Glyphen
4. Kabbalistisches Kreuz

Das Ritual wird im Stehen durchgeführt, Blickrichtung ist Osten, die Gesten werden mit der rechten oder der linken Hand ausgeführt, die

Zugrichtungen und die weiteren Einzelheiten bleiben für Linkshänder die gleichen. Man kann mit dem magischen Dolch arbeiten oder mit den ausgestreckten Zeige- und Mittelfingern, an die der Daumen angelegt wird.

1. KABBALISTISCHES KREUZ

(Siehe Abschnitt 1)

2. SCHLAGEN (ZIEHEN) DER PENTAGRAMME UND DES KREISES

Schlage in Richtung Osten das Ausgeglichene Aktive Pentagramm des Geistes. Vibriere beim Schlagen kräftig die Formel:

EXARP (Ex-ar-peh)

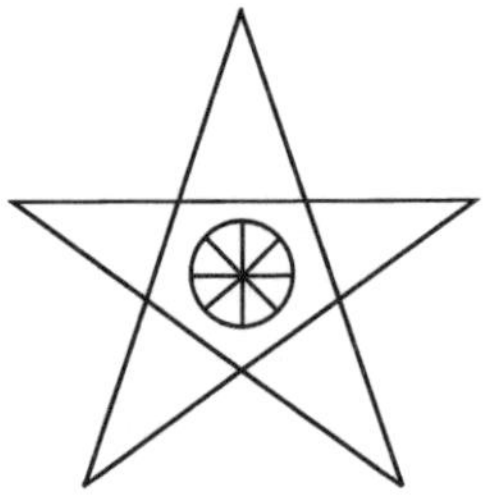

Abbildung 9

Ziehe in das Pentagramm das achtspeichige Rad des Geistes und vibriere dabei kräftig die Formel:

EHIH (Äe-hi-iäh)

Schlage nun das Anrufende Pentagramm der Luft. Vibriere beim Schlagen kräftig die Formel:

ORO IBAH AOZPI (O-ro-Ih-bah-Ah-oh-sod-pih)

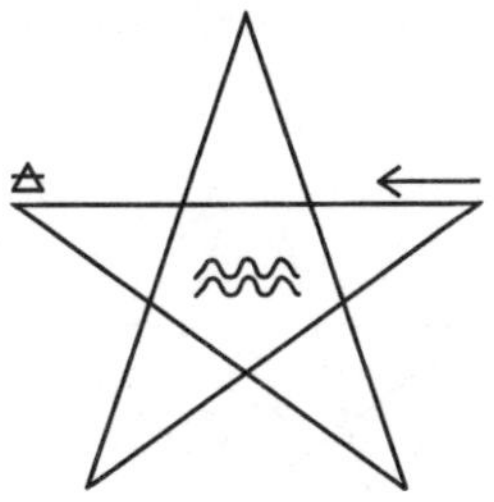

Abbildung 10

Ziehe in das Pentagramm das Zeichen des Wassermanns und vibriere dabei kräftig die Formel:

JHVH (Jeh-ho-wah oder: Jod-He-Vau-He)

Mit weiterhin ausgestreckter Hand wendest Du Dich nach Süden (Teilkreis abschreiten). Schlage in Richtung Süden das Ausgeglichene Aktive Pentagramm des Geistes. Vibriere beim Schlagen kräftig die Formel:

BITOM (Bi-toh-me)

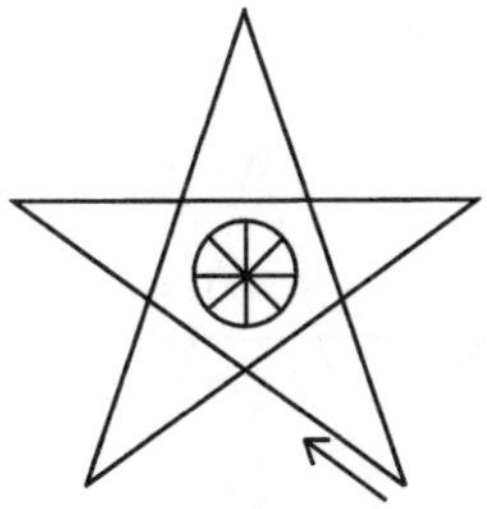

Abbildung 11

Ziehe in das Pentagramm das achtspeichige Rad des Geistes und vibriere dabei kräftig die Formel:

EHIH (Äe-hi-iäh)

Schlage nun das Anrufende Pentagramm des Feuers. Vibriere beim Schlagen kräftig die Formel:

OIP TEAA PEDOKE (Oh-ih-peh-Teh-ah-ah-Peh-doh-keh)

Abbildung 12

Ziehe in das Pentagramm das Zeichen des Löwen und vibriere dabei kräftig die Formel:

ELOHIM (Eh-loh-hii-mm)

Mit weiterhin ausgestreckter Hand wendest Du Dich nach Westen (Teilkreis abschreiten). Schlage in Richtung Westen das Ausgeglichene Passive Pentagramm des Geistes. Vibriere beim Schlagen kräftig die Formel:

HKOMA (Heh-ko-mah)

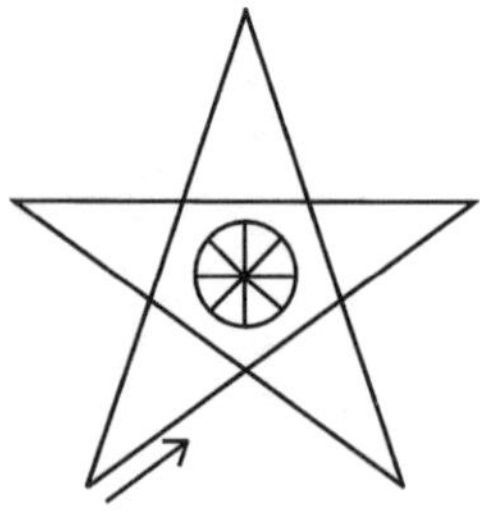

Abbildung 13

Ziehe in das Pentagramm das achtspeichige Rad des Geistes und vibriere dabei kräftig die Formel:

AGLA (Ah-g-lah)

Schlage nun das Anrufende Pentagramm des Wassers. Vibriere beim Schlagen kräftig die Formel:

EMPEH ARSEL GAIOL (Em-peh-heh-Ar-ess-el-Gah-ih-oh-leh)

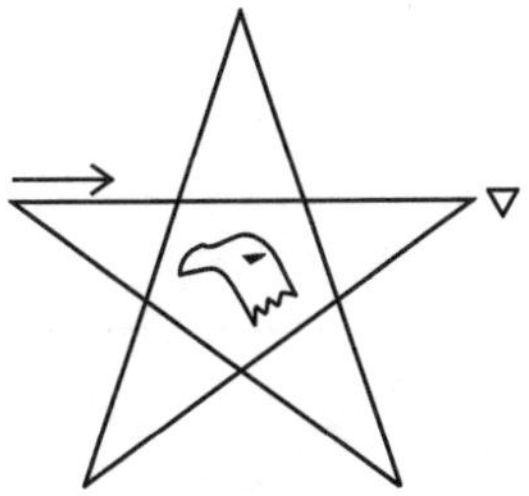

Abbildung 14

Ziehe in das Pentagramm das Zeichen des Adlerkopfs und vibriere dabei kräftig die Formel:

AL (A-ll)

Mit weiterhin ausgestreckter Hand wendest Du Dich nach Norden (Teilkreis abschreiten). Schlage in Richtung Norden das Ausgeglichene Passive Pentagramm des Geistes. Vibriere beim Schlagen kräftig die Formel:

NANTA (Nah-ne-tah)

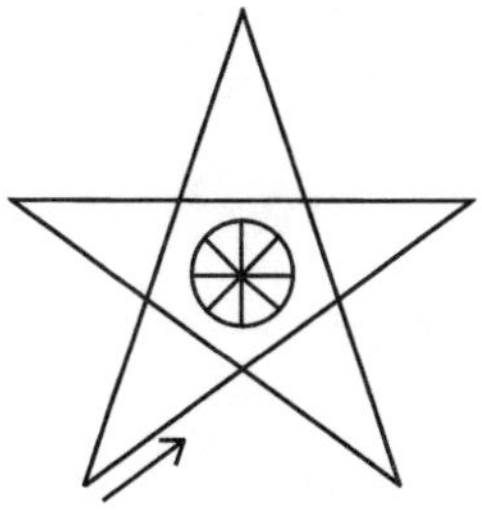

Abbildung 15

Ziehe in das Pentagramm das achtspeichige Rad des Geistes und vibriere dabei kräftig die Formel:

AGLA (Ah-g-lah)

Schlage nun das Anrufende Pentagramm der Erde. Vibriere beim Schlagen kräftig die Formel:

EMOR DIAL HEKTEGA (Eh-moh-ar-Di-ah-leh-Heh-keh-teh-gah)

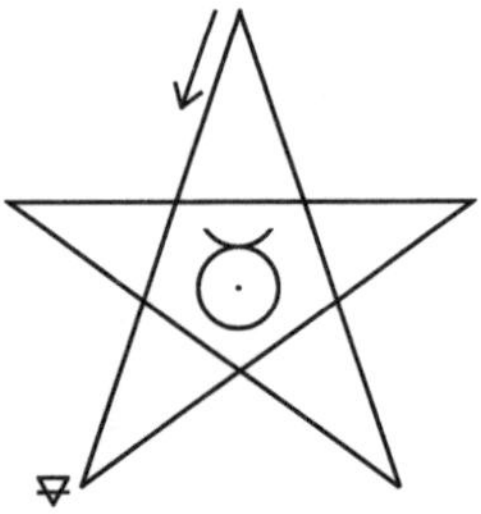

Abbildung 16

Ziehe in das Pentagramm das Zeichen des Stiers und vibriere dabei kräftig die Formel:

ADNI (Ah-do-nai)

Beende das Ritual im Osten wie beim Kleinen Bannenden Pentagrammritual mit der Anrufung der vier Erzengel und mit dem Kabbalistischen Kreuz:

3. ANRUFUNG DER ERZENGEL/VISUALISATION WEITERER GLYPHEN

(Siehe Abschnitt 3)

4. KABBALISTISCHES KREUZ

(Siehe Abschnitt 3)

Rein theoretisch kann das Große Pentagrammritual das Kleine Bannende Pentagrammritual auch ersetzen und als eigenständiges Ritual praktiziert werden. In diesem Falle wäre am Schluß des Gesamtrituals noch die übliche *Entlassungsformel* anzufügen.

Meistens freilich wird auch das Große Pentagrammritual durch das Kleine Bannende Pentagrammritual eingeleitet, und danach wird die Zeremonie mit demselben abgeschlossen. Dies mag wie sehr viel Aufwand aussehen, ist aber symbol-logisch völlig korrekt, wenn wir uns die eigentliche Aufgabe des Kleinen Bannenden Pentagrammrituals vor Augen führen, nämlich das Bannen unerwünschter Kräfte und Gedanken und die dadurch bewerkstelligte Reinigung des inneren (seelisch-körperlichen) und äußeren (räumlichen) Tempels. Zudem ist das Große Pentagrammritual in der hier vorgestellten Form eine rein anrufende Operation, hat also mit Bannung nichts zu tun.*

Weitere Erläuterungen zum Grossen Pentagrammritual

Wie schon das Kleine Bannende Pentagrammritual bietet auch das Große Pentagrammritual eine Vielzahl von Deutungsmöglichkeiten und Symbolbeziehungen, auf die wir hier nicht vollständig und erschöpfend eingehen können und sollten. Deshalb empfehle ich, daß Sie mit dem Großen Pentagrammritual erst einige Monate Erfahrungen sammeln und über seine innere Symbol-Logik und Struktur meditieren, bevor Sie sich an eine kompliziertere Ausdeutung derselben wagen. Letztlich geht es ja dabei auch vornehmlich darum, die Elemente durch das Ritual zu erfahren und sich mit ihren Kräften vertraut zu machen. Daher sollen nun lediglich noch einige Detailfragen erörtert werden.

* *In der Tradition der Golden Dawn wurden nach dem Schlagen der Elementpentagramme verschiedene Gradzeichen gestellt bzw. gegeben. Dies ist heutzutage praktisch ausgestorben, und es erscheint auch nicht sonderlich sinnvoll für Magier, die nicht in diesem – inzwischen aufgelösten bzw. nur noch in Form einiger selbsternannter Nachfolgeorganisationen existenten – Orden großgeworden sind und sein Gradsystem durchlaufen haben.*

DIE BEDEUTUNG DER FORMELN/GOTTESNAMEN BEIM GROSSEN PENTAGRAMMRITUAL

Die hebräischen Formeln*

JHVH (Jehova oder Jahwe) wird herkömmlich als »ICH BIN DER ICH BIN« übersetzt – die Selbstdefinition des Schöpfergottes der Genesis. Die Tatsache, daß die Gottheit ist, der sie ist, muß der Mensch als Aufforderung verstehen, zu werden, wer er ist. Dies setzt man auch gleich mit dem Erkennen und Leben des eigenen Willens (Thelema), der Herstellung des Kontakts zum und dem Zwiegespräch mit dem heiligen Schutzengel und der Verwirklichung der eigenen Bestimmung. Dieses JHVH wird auch als TETRAGRAMMATON bezeichnet, wörtlich als »Vierer-Wort« oder als »vierbuchstabiger Namen Gottes«.

ELOHIM (auch: ELHM) ist die Pluralform von AL (siehe dort), genauer: von ELOAH, »Göttin«. Daher wird es oft auch mit »Götter« oder sogar »Göttinnen« übersetzt. Die Tatsache, daß dieser Gottesname in der Bibel sehr häufig auch in einem Sinnzusammenhang vorkommt, der eine Mehrzahl nahelegt, läßt einige Zweifel am radikalmonotheistischen Charakter der urjüdischen Religion berechtigt erscheinen.

AL (auch: EL) wird herkömmlich als »Gott« übersetzt, hatte aber ursprünglich die Bedeutung »erhaben, mächtig«. (siehe auch ELOHIM)

ADNI (häufig auch ADONAI geschrieben) bedeutet wörtlich »Herr« oder »mein Herr«. Es ist dies auch in der Regel der Name, den der orthodoxe Jude dort, wo in den heiligen Schriften Tetragrammaton erwähnt wird, an dessen Stelle laut liest. (Denn JHVH darf von ihm nicht ausgesprochen werden.)

EHIH (oft auch EHIEH geschrieben) wird als »Ich werde sein« übersetzt.

AGLA ist kein eigenes Wort, sondern eine Abkürzung aus den Anfangsbuchstaben eines ganzen Satzes, nämlich: »Athath gibor leolam Adonai«, übersetzt als »Du bist mächtig in Ewigkeit, o Herr!«

Wie schon beim Kleinen Bannenden Pentagrammritual ist auch hierbei nicht deutlich, aus welchem Grund die einzelnen Formeln ihren jeweiligen Himmelsrichtungen zugeordnet werden.

* *Wegen der besseren Übersichtlichkeit geben wir hier auch die Bedeutung der aus dem Kleinen Bannenden Pentagrammritual bekannten Formeln/Gottesnamen noch einmal wieder.*

Die henochischen Formeln

Das Henochische ist eine Ritualsprache, die von dem englischen Magier, Alchemisten, Gelehrten und Hofastrologen Elisabeths I., John Dee (1527–1608) mit Hilfe seines Mediums Edward Kelley in einer Reihe von Ritualen empfangen wurde. Es handelt sich dabei um eine völlig eigenständige Sprache mit vollständig eigener Grammatik und Ausspracheregeln, deren Herkunft die Linguisten bis heute vor Rätsel stellt. Sie ist Teil des äußerst komplizierten und hochwirksamen Systems der Henochischen Magie, auf das wir hier aus Platzgründen nicht weiter eingehen können. So soll es genügen, die Bedeutung der im Großen Pentagrammritual verwendeten henochischen Formeln kurz zu erläutern. Anzumerken wäre noch, daß die Schreibweise des Henochischen je nach Quelle in Einzelheiten schwankt, auch die Ausspracheregeln lassen gelegentlich Abweichungen zu. Wir haben uns hier an die derzeit gängigste Fassung gehalten.

Eine rätselhafte, völlig eigenständige Ritualsprache

ORO IBAH AOZPI

Die sich aus dem henochischen Luftquadranten ergebende Formel wird herkömmlich als heiliger geheimer Gottesname gedeutet. Er übersetzt sich: »Der laut am Ort der Verlassenheit ruft.«

OIP TEAA PEDOKE

Die sich aus dem henochischen Feuerquadranten ergebende Formel wird herkömmlich als heiliger geheimer Gottesname gedeutet. Er übersetzt sich: »Dessen Name unverändert blieb.«

EMPEH ARSEL GAIOL

Die sich aus dem henochischen Wasserquadranten ergebende Formel wird herkömmlich als heiliger geheimer Gottesname gedeutet. Er übersetzt sich: »Der wahre Urschöpfer ist der Gehörnte.«

EMOR DIAL HEKTEGA

Die sich aus dem henochischen Erdquadranten ergebende Formel wird herkömmlich als heiliger geheimer Gottesname gedeutet. Er übersetzt sich: »Der ohnegleichen die Schändlichkeit verbrennt.«

Bei den folgenden vier Formeln handelt es sich um die im henochischen System beheimateten Herrscher der jeweils zu viert über die Unterelemente (also Luft von Luft, Feuer von Luft, Wasser von Luft und so weiter) gebietenden 64 Niederen Engel, die sich aus den Anfangsbuchstaben der ersten dieser Wesenheiten zusammensetzen und daher als Konstrukte keine Übersetzung haben. Die Affixe E-, B-, H- und N- (hier in Klammern gesetzt) beziehen sich auf die cherubinische Tafel der Einheit oder das Schwarze Kreuz der Henochia, so daß jeder Name fünf henochische Buchstaben enthält.

(E)XARP:	Herrschender Niederer Engel der Luft
(B)ITOM:	Herrschender Niederer Engel des Feuers
(H)KOMA:	Herrschender Niederer Engel des Wassers
(N)ANTA:	Herrschender Niederer Engel der Erde

Für den Anfang genügt es vollauf, ähnlich wie bei den hebräischen Gottesnamen, die henochischen Formeln allein wegen ihrer äußerst wirksamen Lautlichkeit zu verwenden und sich nicht allzulange bei ihrer tieferen Bedeutung aufzuhalten.

DIE ELEMENTSYMBOLE IN DEN PENTAGRAMMEN

Das achtspeichige Rad als Symbol des Äthers oder Geistes ist uns bereits von der Elementzuordnung beim Pentagramm her vertraut. Es steht für das Sonnenrad und stellt einerseits das Allesdurchdringende, Allgegenwärtige dar, andererseits aber auch die Zentriertheit und den Mittelpunkt, um den alles kreist.

Anstelle der üblichen alchemistischen Elementdreiecke jedoch werden beim Großen Pentagrammritual cherubinische bzw. astrologische Symbole verwendet. Dies mag gerade beim Anfänger zu etwas Verwirrung führen, deshalb wollen wir es kurz erläutern.

Erklärung cherubinischer und astrologischer Symbole

Bei den biblischen Cheruben (auch: Keruben, hebr. Cherubim) handelt es sich um Engel und Himmelswächter, die in der westlichen Zeremonialmagie auch als Hüter der Elemente verstanden werden. Jeder Cherub setzt sich zusammen aus vier Teilen verschiedener Wesen, nämlich aus Adler, Löwe, Ochse und Mensch.

Aus diesem Grund hat man die Cheruben auch als israelitische Parallele zu den ägyptischen Sphinxen gesehen. Zwei dieser Symbole finden sich im Großen Pentagrammritual bei den Pentagrammen der Elemente Feuer und Wasser, wobei im Falle des Feuers gleichzeitig die astrologische Glyphe des Löwen verwendet wird. Dies gilt ebenso für das Zeichen des Stiers beim Pentagramm der Erde.

Schwierigkeiten bereitet dem astrologieunkundigen Laien die Zuordnung des doch an Wasser erinnernden Symbols beim Pentagramm der Luft. Eher würde man hier den Adlerkopf erwarten. In den Schriften der Golden Dawn wird dies damit begründet, daß die Luft das Wasser in Form von Regen und Feuchtigkeit enthält. Dies mag nicht jedem als sonderlich logisch und überzeugend erscheinen, doch vergessen wir dabei nicht, daß das astrologische Sternzeichen Wassermann, mit dessen Symbol wir es hier ja ebenfalls zu tun haben, ein Luftzeichen ist.

Der Adler dagegen, der für den Laien eher an Luft erinnert, ist auch das alchemistische Symbol der Destillation, was den wäßrigen Prozeß andeutet. Zudem hat er früher nach Auffassung zahlreicher Autoren anstelle des wäßrigen Sternzeichens Skorpion gestanden. Deshalb ist seine Zuordnung zum Wasserelement durchaus verständlich.

Dem Element Erde wird dagegen das astrologische Zeichen des Stiers zugeordnet, das diesem Element zugehört und hier den Fleiß anzeigen soll. Beachten Sie bitte: Anders als bei der in der Astrologie üblichen Darstellung enthält der Kreis des Stiersymbols einen Punkt, wie wir es von der astrologischen Sonnenglyphe her kennen. Dadurch wird auch die »gehörnte Sonne« angedeutet, ein Bezug zum iranisch-römischen Mithraskult mit seiner Sterbethematik und seinem Fruchtbarkeitsanliegen.

Für ein tieferes Verständnis des Großen Pentagrammrituals ist es wichtig, sich vor Augen zu führen, daß die Elemente weder im Kreis noch im Pentagramm selbst statisch sind – sie stehen in direktem Austausch miteinander, ihre Choreographie der Energiebewegungen ist eine der kosmischen Grundvoraussetzungen sowohl für die animistische als auch für die spiritistisch ausgerichtete Magie. Panta rhei, »alles fließt«, heißt es bei Heraklit, und unsere Versuche, dieses Fließen in Strukturen festzuhalten, darf nicht zu der irrigen Annahme verleiten, daß wir es mit undynamischen Konstanten zu tun hätten. Sowohl

Eine Choreographie dynamischer Energiebewegungen

im Ritualkreis als auch im Pentagramm sind die Elemente ganz bewußt nicht in Gegensatzpaaren mit direkter Verbindungsschiene angeordnet: Im Kreis stehen sich nicht etwa Luft und Erde, Feuer und Wasser gegenüber, wie das einige naive, der Symbol-Logik unkundige Autoren fordern, sondern eben Luft und Wasser, Feuer und Erde.

Und auch im Pentagramm stehen die Gegensatzpaare einander nicht gegenüber, sondern vielmehr übereinander, sie sind also nur indirekt miteinander verbunden.

Denn eine Gegenüberstellung LUFT – ERDE bzw. FEUER – WASSER würde ein gegenseitiges Sichaufheben und Stillstand oder, moderner ausgedrückt, Entropie bedeuten. Denn kein Element ist stärker oder gar »besser« als das andere. Nur der Äther steht über der Polarität der Unterelemente, und oft wird er als ihr Ursprung betrachtet.*

Vielleicht meditieren Sie einmal einige Zeit über diese Symbolik und nehmen sie auch mit dem Bauch und der Intuition auf. Das wird die praktische Handhabung der Elementenergien später erheblich vereinfachen. Um Ihnen dies zu erleichtern, haben wir bewußt noch keine Abbildung zur Veranschaulichung dieses Sachverhalts gegeben. Statt dessen sollen Sie sich diese Skizze mit den Energieverbindungen in dem unteren Kasten selbst eintragen, weil dies dabei hilft, die Information in Ihr Unbewußtes zu laden.

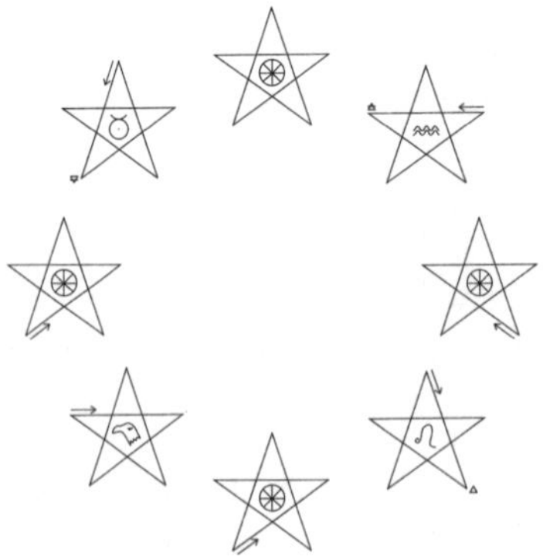

Abbildung 17: Die dynamische Anordnung der Elemente in Kreis und Pentagramm (selbst auszufüllen)

* *Wir ziehen es übrigens meistens vor, von Äther zu sprechen anstatt von Geist, weil wir damit die körperfeindlichen Assoziationen vermeiden wollen, die mit der Überhöhung des Geistes in der westlichen Magie so oft einhergehen.*

Als Übersicht darstellen wollen wir jedoch für das spätere Nachschlagen noch einmal sowohl die Zugrichtung der Pentagramme als auch die verwendeten Formeln sowie die Reihenfolge der Anrufungen. Später gehen wir, wie schon erwähnt, noch intensiver auf die Zugrichtungen der Pentagramme ein.

ELEMENT	PENTAGRAMM	FORMEL (henochisch/hebräisch)
LUFT	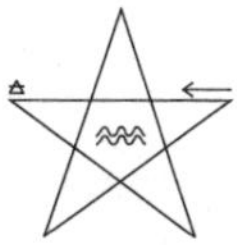	ORO IBAH AOZPI YBVH
FEUER		OIP TEAA PEDOKE ELOHIM
WASSER		EMPEH ARSEL GAIOL AL
ERDE	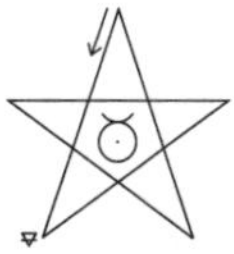	EMOR DIAL HEKTEGA ADNI
GEIST oder QUINTESSENZ (aktiv)		EXARPE (Osten) EHIH (Osten) * BITOM (Süden) EHIH (Süden)
GEIST oder QUINTESSENZ (passiv)		HKOMA (Westen) AGLA (Westen) * NANTA (Norden) AGLA (Norden)

Übersicht 9: Die Glyphen und Formeln beim Großen Anrufenden Pentagrammritual (alle Pentagramme invozierend/anrufend)

Auch die Reihenfolge der Anrufungen beim Großen Pentagrammritual wollen wir zur besseren Anschauung noch einmal tabellarisch darstellen:

HIMMELSRICHTUNG	PENTAGRAMME
OSTEN	QUINTESSENZ (aktiv) LUFT
SÜDEN	QUINTESSENZ (aktiv) FEUER
WESTEN	QUINTESSENZ (passiv) WASSER
NORDEN	QUINTESSENZ (passiv) ERDE

Übersicht 10: Die Reihenfolge der Anrufungen beim großen Pentagrammritual
(Alle Pentagramme: invozierend)

Die symbol-logische Unschärferelation und die Magie

Unsere rational und analytisch arbeitende linke Hirnhälfte strebt stets nach dem Eindeutigen, Berechenbaren und Präzisen. Darin sieht die rationalistische Zivilisation ihren großen Wert, da in der Unberechenbarkeit beispielsweise von Naturkatastrophen etwas Bedrohliches, das Überleben Gefährdendes gesehen wird.

Die intuitiv und synthetisch aktive rechte Hirnhälfte dagegen bevorzugt das Bildliche, Unberechenbare und Unpräzise. Daß dies für subtile kosmische und seelische Zusammenhänge empfänglich macht, wird heute nur mehr wenig verstanden.

Doch hat jede Präzision ihre Grenzen, ebenso natürlich auch das Unpräzise. In beiden Fällen ist ein Zuviel nicht wünschenswert, wird aber nur zu oft ungewollt praktiziert.

Sehen wir uns diesen Zustand einmal am Beispiel eines Orakels an. Dabei lernen wir schnell folgende Regel kennen:

> JE UNPRÄZISER DIE AUSSAGE EINES ORAKELS, UM SO HÖHER SEINE TREFFERWAHRSCHEINLICHKEIT.
>
> JE PRÄZISER DIE AUSSAGE EINES ORAKELS, UM SO GERINGER SEINE TREFFERWAHRSCHEINLICHKEIT.

Wenn Sie als Orakelgeber einem Fragenden prophezeien: »In der nächsten Woche wird sich vieles in Ihrem Leben ändern«, so wird der Skeptiker dies kopfschüttelnd als »Wischiwaschi-Aussage« abtun. Tatsächlich dürfte Ihre Trefferquote jedoch objektiv außerordentlich hoch sein – schließlich haben Sie ja auch keine Aussage darüber gemacht, was sich ändert, auf welche Weise und wann genau! Sie haben auf Kosten einer hohen Voraussagepräzision eine hohe Trefferquote erzielt.

Orakeln Sie jedoch: »Heute in einer Woche werden Sie um 15.03 Uhr am Hauptbahnhof auf Gleis 6 einem blonden Mann begegnen, der Ihnen einen Scheck über 4089,67 Mark überreicht«, dürfte Ihre Trefferquote im Vergleich zur ersten Aussage so gut wie null sein. Sie haben auf Kosten einer hohen Trefferquote eine hohe Voraussagepräzision erzielt.

Beide Beispiele sind natürlich Extremfälle, und es soll damit auch nicht grundsätzlich die Möglichkeit geleugnet werden, hohe Trefferquoten bei gleichzeitig hoher Voraussagepräzision zu erzielen – doch die tägliche Orakelpraxis bewegt sich in der Regel irgendwo in der Grauzone zwischen diesen beiden Extremen.

Veranschaulichen wollen wir damit nur, daß Bilder und Symbole sich der Präzisierung im Sinne der exakten Wissenschaften weitgehend entziehen und deshalb auch entsprechend gehandhabt werden sollten. Haben wir diesen Mechanismus erst einmal verstanden, fällt es uns auch leichter, mit Symbolen wie den Elementen, den Tarotkarten oder astrologischen Aspekten konstruktiv umzugehen, um nur ein paar Beispiele zu nennen.

Symbole sind stets mehrdeutig und nicht auf eine einzige Bedeutung festzulegen.

Symbole sind per definitionem stets mehrdeutig und nicht auf eine einzige Bedeutung festzulegen. Dazu sind sie nicht zuletzt auch viel zu subjektiv.

Fragen Sie beispielsweise nur einmal in Ihrem Bekanntenkreis herum, was die Menschen so alles mit dem Symbol des Kreises oder des Vierecks verbinden. Sicher werden sich die Aussagen in vielen Punkten decken – was bedeutet, daß Symbole zwar ambivalent sind, aber deswegen noch keineswegs beliebig. Aber sie werden sich auch in vielen Punkten unterscheiden – was wiederum bedeutet, daß Symbole Träger mehr als nur eines einzigen Sinninhalts sein können.

Wenn wir dem aus Bildern bestehenden Tarotspiel eine Frage stellen, so muß diese so formuliert werden, daß sie mit Bildern zu beantworten ist. Fragen nach Telefonnummern oder gar Lottozahlen werden dieses Orakel meistens überfordern. Gerade diese Erkenntnis fehlt oft, wenn wir angesichts der Kapriolen des Unbewußten und seiner Magie frustriert reagieren. (Denken Sie an das Beispiel mit dem Reitturnier im letzten Abschnitt!)

Das, was wir gerne die »symbol-logische Unschärferelation« nennen und hier eher spielerisch an einigen Exempeln veranschaulicht haben, birgt sehr konkrete Konsequenzen für die magische Praxis. Es ist nämlich beispielsweise wesentlich einfacher, ganz allgemein für »Reichtum« zu zaubern als für eine bestimmte Geldsumme. Ebenso können wir mit der Magie leichter dafür sorgen, daß wir unseren eigenen Willen richtig leben können, als mittels Magie die Außenwelt in Form von Sexualpartnern, Feinden, Erbtanten und so weiter diesem Willen zu unterwerfen. Darin wurde oft ein Argument für einen im Kern moralisch geordneten und ethisch verfahrenden Kosmos gesehen, doch ist dies keineswegs eine zwingende Schlußfolgerung: Einmal mehr haben wir es hier mit dem Karma als moralfreiem Gesetz von Ursache und Wirkung zu tun. Wer seine Ziele allzu präzise vorformuliert, schmiedet sich selbst die Ketten, die ihn letzten Endes häufig genug am Erreichen ebendieser Ziele hindern. In einem späteren Abschnitt werden wir auf dieses Thema im Hinblick auf das Prinzip des »Weder-weder« (neither-neither) in der Magie Austin Osman Spares noch näher eingehen. Dazu noch ein Beispiel: Sie wollen Kontakt zu einem bestimmten Menschen aufnehmen, dessen Adresse Sie nicht haben. Es ist weitaus vielversprechender, eine Sigil für eine allgemeine »Kontaktaufnahme« mit der Zielperson zu aktivieren als ganz präzise für einen telefonischen oder brieflichen Kontakt.

Hier wollen wir vorerst nur zusammenfassen, daß es keinen Zweck hat, Symbole und Bilder – und mit nichts anderem arbeiten wir in der Magie – rationalistisch vergewaltigen zu wollen. Wir wollen damit nicht behaupten, daß keine präzisen magischen Operationen möglich wären: Wenn etwa ein Magier eine bestimmte Wohnung zugesprochen, eine bestimmte Stelle erhalten oder einen bestimmten Gerichtsprozeß gewinnen will, so läßt sich dies mittels Magie durchaus bewerkstelligen – aber es ist eben sehr viel schwieriger, als allgemeinere Ziele zu erreichen. Die Herausforderung an den magischen Könner besteht im rationalistischen Paradigma sicher in der handwerklichen Präzision seiner Magie; doch sollte sich gerade der Anfänger davor hüten, sich allzusehr auf Präzisionstreffer zu versteifen. Auch erfahrene Magier erreichen in der überwiegenden Zahl ihrer Zauber nur Streuschüsse, was aber kein Manko ist, solange die allgemeine Richtung stimmt. Das Geheimnis des erfolgsmagischen Meisters besteht darin, das Ziel so präzise wie möglich zu definieren, den Weg zu seiner Verwirklichung dagegen möglichst weit offen zu halten und nur minimal festzulegen, um ungewünschte Ereignisse auszuschließen.

Es hat keinen Zweck, Symbole und Bilder rationalistisch vergewaltigen zu wollen.

Zudem hat die symbol-logische Unschärferelation der Magie Stärken, an die keine exakte Wissenschaft heranreicht. Zum einen erschließt sie uns, wenn wir geschickt mit ihr umgehen, die magischen Kräfte des Unbewußten und der rechten Hirnhälfte sehr viel leichter, weil diese eben besser auf etwas unscharfe, un-eindeutige (was jedoch nicht dasselbe ist wie »ungenaue«!) Bilder und Symbole reagieren. Zum anderen ermöglicht sie es uns aber auch, Zusammenhänge und Möglichkeiten zu erkennen, wo der Rationalist nur Trennung und Grenzen zu sehen vermag. Ja, schon der schlichte Grundsatz der Sympathiemagie, daß nämlich alles mit allem anderen in innerer Beziehung steht, fußt auf dieser Unschärferelation, die man zur besseren Veranschaulichung auch in einer mathemagischen Formel ausdrücken kann:

$$M \alpha \frac{1}{P_s}$$

Legende
M = Magischer Akt
P_s = Symbolpräzisierung

Übersicht 11: Die erste Grundformel der Magie

Der Grad des magischen Erfolgs verhält sich also umgekehrt proportional zum Grad der (rationalistischen) Präzisierung der beim magischen Akt verwendeten Symbole.

Dabei wollen wir es für diesmal bewenden lassen, damit diese Information erst einmal »einsickern« kann. Später werden Sie noch mehr dazu erfahren.

Praktische Übungen

ÜBUNG 8
KABBALISTISCHES KREUZ (II)

Führe acht Wochen lang täglich dreimal das Kabbalistische Kreuz durch. Dies sollte vorzugsweise nach dem Aufstehen oder vor dem Zubettgehen geschehen, aber auch nach dem Baden, solange der Körper noch naß ist. Achte dabei darauf, daß Du während der Übung mit dem Gesicht zu einer (natürlichen oder künstlichen) Lichtquelle stehst, da Du so die Energien des Lichts stärker wahrnehmen und aufsaugen kannst. Du brauchst Dich allerdings dabei nicht auf das Licht zu konzentrieren. Verfahre wie schon aus Übung 2 gewohnt, doch mit einem Unterschied: Berühre mit der Hand beim Ziehen der Linien nicht den Körper! Lasse die Hand vielmehr etwa 5–10 Zentimeter über den entsprechenden Körperpunkten schweben. Dies schult die feinstoffliche Wahrnehmung und den Umgang mit Körperenergien, erleichtert das Aura-Sehen und -Fühlen und stellt eine Vorstufe zur astralen/mentalen Arbeit dar.

Achte nach der Durchführung auf Deine Körperwahrnehmungen. Stelle auch eventuelle Unterschiede zur Praxis mit Körperberührung fest, und schreibe diese im Magischen Tagebuch auf.

ÜBUNG 9
PRAXIS DES GROSSEN PENTAGRAMMRITUALS

Führe mindestens vier Monate lang alle zwei Wochen einmal das Große Pentagrammritual zu einem beliebigen Zeitpunkt durch. Veranstalte dies wie ein ganz reguläres Ritual:

1. Bannung durch das Kleine Bannende Pentagrammritual
2. Durchführen des Großen Pentagrammrituals
3. Meditation über die Elemente
4. Bannung durch das Kleine Bannende Pentagrammritual mit Entlassungsformel

Achte besonders darauf, wie Du die Elemente wahrnimmst. Nach viermaliger Durchführung kannst Du diese Übung mit Übung 5 koppeln, um Deine Energiewahrnehmung zusätzlich zu verfeinern. Dazu mußt Du Übung 5 sinngemäß an das Große Pentagrammritual anpassen.

ÜBUNG 10
ANGEWANDTER PARADIGMENWECHSEL IN DER PRAXIS (I)

a) Begib Dich an einem Sonntag in einen katholischen Gottesdienst, und beobachte diesen unter magischen Gesichtspunkten. Wie ist das Ritual aufgebaut?

b) Tue dasselbe mit einem evangelischen Gottesdienst, und achte dabei auf die Unterschiede zum katholischen Ritus.

c) Tue dasselbe mit Gottesdiensten und Ritualen mindestens zweier anderer Glaubensgemeinschaften nach Wahl (es können sowohl andere christliche als auch nichtchristliche sein, zum Beispiel griechisch-orthodoxe, adventistische, mormonische, jüdische, islamische, buddhistische, hinduistische und so weiter). Je mehr Du Dich durch persönliche Anschauung mit möglichst vielen verschiedenen religiösen Riten vertraut machst, um so besser.

d) Versuche zu Hause schriftlich die Grundstruktur jedes Rituals zu skizzieren, also den Ritualaufbau, das verwendete Zubehör, die Rollenverteilung der Durchführenden, den Ritualverlauf und so weiter.

Der Grund, weshalb wir hier zunächst christliche Rituale empfehlen, liegt vor allem darin, daß es keiner allzu großen Mühe bedarf, sich diese »vorführen« zu lassen, da es überall Kirchen gibt, die solche abhalten.

Auch wenn Du kein religiöser Mensch sein solltest, kannst Du aus solchem Anschauungsunterricht sehr viel lernen. Nicht zuletzt wirst Du auf diese Weise aus erster Hand erfahren, wieviel Magisches sich in alten religiösen Kulten bis in unsere Tage erhalten hat – aber auch, wie wenig Wissen darum noch übriggeblieben ist.

Verhalte Dich während der Ritualfeiern möglichst unauffällig, und nimm die Energien eher passiv wahr, als Dich aktiv einzubringen. Vielleicht stellst Du nach einer Weile erstaunt fest, daß viele Rituale eine ganz eigenartige magische Energie entwickeln, auch wenn dies den Gläubigen und Priestern bzw. Ritualleitern gar nicht bewußt sein mag.

Du solltest diese Übung in ihrer Grundform innerhalb von zwei Monaten absolviert haben, kannst sie danach aber auch beliebig oft wiederholen.

ÜBUNG 11
SCHULUNG DER MAGISCHEN WAHRNEHMUNG (III)
DER 180°-BLICK

Diese Technik hast Du bereits ansatzweise in Übung 5 (e) kennengelernt. Wie keine zweite Praktik ist sie dazu geeignet, die magische Energiewahrnehmung (zum Beispiel auch der Aura) zu schulen. Dies soll nun intensiviert werden.

a) Stelle auf einen ansonsten leeren Tisch zwei hohe Gläser oder Flaschen in einem Abstand von etwa 30 cm voneinander auf. Setze Dich so davor, daß sie nach rechts und links fast Dein Gesichtsfeld begrenzen. Nun stellst Du die Augen auf »unscharf«, wie in Übung 5 bereits praktiziert, und achtest in einem Zustand der größtmöglichen Gedankenstille (»Nichtverhaftetsein-Nichtdesinteresse«) auf den Zwischenraum zwischen den beiden Gegenständen. Halte Deine Wahrnehmungen schriftlich fest (Dauer: etwa 10 Minuten).

b) Nutze einen Spaziergang durch ein Stück Dir vertrauter Natur, um den 180°-Blick zu praktizieren, indem Du beim Gehen die Augen auf unscharf stellst (»Defokussieren« nennt dies der Techniker) und völlig neutral auf das achtest, was Du nun optisch wahrnimmst, beispielsweise zwischen den Bäumen oder um andere Spaziergänger herum (Dauer: etwa 10 Minuten, danach Entspannung der Augen).

Diese Übung kannst Du so oft wiederholen, wie Du magst, Du solltest sie allerdings nach Ablauf eines Vierteljahrs mindestens fünfzigmal durchgeführt haben. Du darfst sie auch so variieren, daß Du sie gelegentlich am Arbeitsplatz, beim Warten an einer Verkehrsampel und in vergleichbaren Situationen durchführen kannst, was den Zeitaufwand erheblich verringert.

Mit Hilfe dieser Praktik erlernt sich die Wahrnehmung der Aura erfahrungsgemäß sehr schnell, außerdem steigert sie das Gespür für feinstoffliche Energien.

ÜBUNG 12
PRAKTISCHE TRAUMARBEIT (II)

Im Anschluß an Übung 4 und Übung 7 soll nun bereits der erste Schritt in Richtung Traumsteuerung getan werden. Diese hilft Dir nicht nur dabei, direkteren Kontakt zu den astralen Bereichen des Unbewußten herzustellen, sie erspart Dir auch manche spätere Mühsal bei der Tranceschulung.

Stelle eine Sigil her, um einen bestimmten Traum zu erhalten. Dieser sollte am Anfang nicht allzusehr präzisiert werden, es genügt beispielsweise, auf einen Traum hinzuarbeiten, in dem eine gelbe Katze vorkommt, eine afrikanische Landschaft, ein Hochhaus oder auch solch absurde Alltagsgegenstände wie Schuhlöffel oder Flaschenbürsten. Versuche, mindestens einmal pro Woche einen solchen Traum mittels einer sigillenmagischen Ladung zu erzeugen, terminiere also die Sigil entsprechend. Technisch gesehen handelt es sich bei dieser Arbeit um eine sogenannte Trauminkubation. Führe sorgfältig Tagebuch über Erfolg und Mißerfolg.*

Du merkst sicher, daß sich die Anforderungen unseres Übungsprogramms immer weiter steigern. Zu Anfang wird sich dies vor allem

* ***Warnung:*** *Es ist für diese Übung unerläßlich, vor dem Zubettgehen einen Schutzkreis um die Schlafstätte zu ziehen, was am besten in Form eines Kleinen Bannenden Pentagrammrituals geschieht. Da sie sehr stark für astrale Einflüsse sensibilisiert, was nicht zuletzt eines ihrer Ziele ist, darf dieser Punkt so lange nicht vernachlässigt werden, bis Du über hinreichend geistige und körperliche Festigkeit verfügst, um gelegentlich auf solche Vorsichtsmaßnahmen zu verzichten. Solltest Du den Schutzkreis nachts (zum Beispiel bei einem Gang ins Bad) durchbrechen, so mußt Du ihn noch einmal ziehen. Dies kann nun auch in mentaler Form geschehen, vorausgesetzt, Du hast regelmäßig die Übung 2 praktiziert.*

im Zeitaufwand bemerkbar machen, also quantitativ. Später wird der Zeitaufwand ein wenig sinken, dafür verschärfen sich aber die qualitativen Herausforderungen. Das ist freilich nicht nur in der Magie so, und Du tust gut daran, Dir immer wieder vor Augen zu halten, daß jede Lehrzeit ihre Zeit- und Energieopfer verlangt. Selbstverständlich kannst und sollst Du zu Deinem eigenen Tempo finden. Doch da die Übungen unserer Schulung zum großen Teil aufeinander aufbauen, also hierarchisch gegliedert sind, solltest Du Dich nach Möglichkeit auch bei zeitlich von unseren Vorgaben abweichender Praxis an die hier angegebene Reihenfolge halten. Vergiß nicht, daß es mit der Zeit immer schwieriger wird sein wird, versäumten Stoff nachzuholen; wenn Du an der Praxis zwar interessiert bist, dennoch aber die Zügel schleifen läßt, wird es Dir schließlich aufgrund mangelnder Erfahrung später immer schwerer fallen, die theoretischen Ausführungen dieser Schulung nachzuvollziehen, da sie sich zunehmend auf die praktischen Erfahrungen beziehen werden.

WEITERFÜHRENDE LEKTÜRE

Horst E. Miers, *Lexikon des Geheimwissens*, 6. verm. Aufl., München: Goldmann TB 11708, 1986

Wenngleich Miers' Werk es in vielen Punkten leider an Zuverlässigkeit und Objektivität vermissen läßt, ist es doch nach wie vor unumstritten das umfangreichste und erschöpfendste Lexikon zum Thema. Es geht vor allem auch auf verschiedene kleinere Gruppen und Strömungen in der Geschichte des Okkultismus bis etwa Anfang der sechziger Jahre des zwanzigsten Jahrhunderts ein (danach werden die Informationen spärlich bis verschwommen). Als Nachschlagewerk – bei entsprechender Vorsicht benutzt – durchaus zu empfehlen.

Hans Biedermann, *Handlexikon der magischen Künste*, 2 Bde., 3. verb. u. verm. Auflage, Graz: Akademische Druck- und Verlagsanstalt, 1986

Bei diesem Werk handelt es sich um die wissenschaftlich seriöseste lexikalische Sammlung des Geheimwissens bis zum Beginn des 19. Jahrhunderts. Ein absoluter Klassiker, der in keiner magischen Bibliothek fehlen darf, zumal er eine Vielzahl alter Quellen im Original zitiert, reich bebildert ist und durch seine sachkundige Objektivität besticht.

PLANETENMAGIE (1)

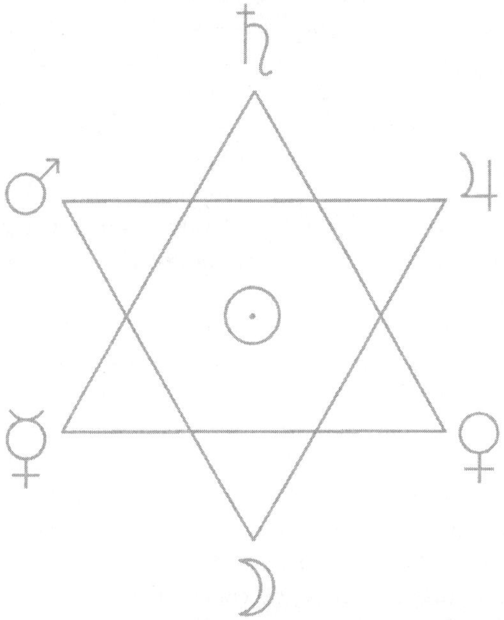

Einführung in das Hexagrammritual (I)

Das Pentagramm gilt in der westlichen Zeremonialmagie als Symbol des Mikrokosmos der Elemente, das Hexagramm dagegen als Symbol des Makrokosmos der Planetensphären. Etwas vereinfacht spricht man beim Pentagramm auch vom »irdischen«, beim Hexagramm dagegen vom »kosmischen« Aspekt der Schöpfung.

Zahllose Varianten des Hexagrammrituals

Beim Hexagrammritual allerdings hat die Einigkeit hier auch schon ihr Ende: Es finden sich zahllose Varianten, verstümmelt oder völlig in ihr Gegenteil verkehrt, und manche Autoren (zum Beispiel Miers in seinem *Lexikon des Geheimwissens*) bezweifeln sogar, daß es sich beim Hexagrammritual tatsächlich um einen echten, überlieferten Ritus aus der magischen Tradition handelt. Crowley unterscheidet zwischen einem »Großen« und einem »Kleinen Hexagrammritual«, die Golden Dawn sprach, wenn wir Regardies Werk Glauben schenken dürfen, nur vom »Hexagrammritual« und vom »Kleinen Hexagrammritual«. Diese sind zwar trotz ihrer unterschiedlichen Bezeichnungen im Prinzip mit Crowleys Fassungen identisch, doch sollte man gerade in der Magie auf derlei »Kleinigkeiten« achten, vor allem bei Autoren, die aus einer dogmatischen und somit vorgeblich streng wortgetreuen Tradition stammen. Aus praktischen Erwägungen und weil die Überlieferung der Golden Dawn nicht so spezifisch auf eine einzelne Magierpersönlichkeit ausgerichtet ist wie jene Crowleys, wollen wir hier deren System als Bezugspunkt nehmen, wenngleich auch wir in Details davon abweichen werden.

Die moderne Entwicklung hat Teile des in der Golden Dawn als »Hexagrammritual« (bei Crowley: »Großes Hexagrammritual«) bezeichneten Rituals für die praktische Planetenmagie ausgekoppelt. Dies erscheint durchaus logisch und vertretbar, wie wir noch sehen werden. Bevor wir jedoch darüber reflektieren können, müssen wir zunächst die Grundform des Hexagrammrituals nach der Tradition der Golden Dawn betrachten.

Dazu ist es notwendig, auf die Symbolik des Hexagramms selbst einzugehen. In Abbildung 18 finden Sie die Grundsymbole, aus denen sich das Hexagramm zusammensetzt. Das aufsteigende Dreieck steht dabei für das männliche (also nicht ausschließlich für das Element Feuer), das absteigende für das weibliche Prinzip (also nicht ausschließlich für das Element Wasser). In dieser Form und Deutung ist das Hexagramm uralt und findet sich auch in östlichen Kulturen, etwa im hinduistischen Tantra im Meditationssymbol des »Sri Yantra«, wo es als Vereingung von Shiva (= männliches Prinzip) und Shakti (= weibliches Prinzip) verstanden wird. Es entspricht in seiner symbolischen Aussage auch dem chinesischen Yin-Yang-Zeichen (dem sogenannten Tai-Chi).

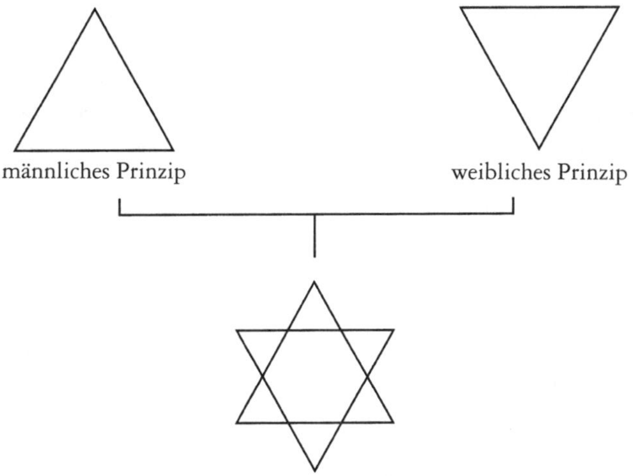

Abbildung 18: Der Aufbau des Hexagramms

In der westlichen Tradition wird das Hexagramm auch als »Siegel« oder »Schlüssel Salomos« bezeichnet, noch bekannter ist es unter dem Namen »Davidsstern«.*

Der Bezug zum biblischen König Salomo wird an anderer Stelle im Zusammenhang mit den Einflüssen des Judentums und der christlichen Überlieferung auf die Magie des Abendlands näher erörtert. Hier möge der Hinweis genügen, daß Salomo schon seit Urzeiten als Archetyp oder Inbegriff des weisen (gelegentlich aber auch des blasphemischen) Magiers gilt.

* *Von sachunkundigen Autoren – insbesondere Journalisten – wird es manchmal auch mit dem Pentagramm verwechselt, zudem nicht selten in umgekehrter Richtung. Dies liegt wohl daran, daß man das Hexagramm bisweilen auch als »Pentakel« bezeichnet, was bei Laien gelegentlich Verwirrung stiftet.*

Das Hexagramm stellt die Grundpolarität allen Seins dar.

Wir sehen also, daß das Hexagramm die Grundpolarität allen Seins darstellt.

Doch seine Symbolik geht noch tiefer, denn es steht eben auch für die (makrokosmische) Sphäre der Planeten, so wie das Pentagramm die (mikrokosmische) Sphäre der Elemente versinnbildlicht. Man hat deshalb das Hexagramm auch als Symbol des mystischen oder theurgischen Wegs bezeichnet, während das Pentagramm für den magischen oder dämonischen Weg stehen soll. Das hindert die Magier allerdings nicht daran, auch erfolgsmagisch mit Planetenkräften zu arbeiten und sich dabei des Hexagramms zu bedienen. Ohnehin ist eine solche Trennung in »mystisch« und »magisch« eher theoretischer Natur, wie wir noch sehen werden.

Verständlicher erscheint jenes Modell, demzufolge der Magier, wenn er mit Elementen arbeitet, damit in seine unmittelbare Einflußsphäre eingreift. Er ist also gewissermaßen im konkret Faßbaren »geerdet« oder verankert. Die Arbeit mit den Planetenkräften dagegen stellt den Kontakt zu subtileren Kräften dar, die zwar oft als überpersönlich empfunden werden (Stichwort: »Einfluß der Gestirne auf das Schicksal«), ebensogut aber auch als Aspekte innerseelischer Strukturen gedeutet werden können.

Weil das Hexagramm in der für uns sehr wichtigen Planetenmagie eine herausragende Rolle spielt, ist es erforderlich, auf die Planetenprinzipien im einzelnen ausführlich einzugehen. Dies kann im Rahmen unserer Schulung natürlich nicht in denselbem Maße geschehen, wie es in der astrologischen Literatur der Fall ist, weshalb zu einem späteren Zeitpunkt entsprechende Begleitlektüre unverzichtbar wird. Jedoch gehen die wenigsten astrologischen Werke auf die magischen Aspekte der Planetenkräfte ein. Wir werden bei unserer intensiveren Beschäftigung mit der Planetenmagie die einzelnen Prinzipien noch näher betrachten, so daß fürs erste ein grober Überblick genügt. Wer sich mit Planetenkräften bereits gut auskennt, braucht den nächsten Abschnitt nur zu überfliegen.

DIE PLANETENKRÄFTE IN DER MAGIE

Man unterscheidet in der herkömmlichen Magie zwischen sieben »klassischen« Planeten, wobei diese im astrologischen Sinne verstanden werden müssen.

Das bedeutet, daß Sonne und Mond, die ja astronomisch gesehen keine Planeten sind, hier als Planeten wie alle anderen gewertet werden. Dahinter steht ein auch in der heutigen Magie in symbolischer Form noch gültiges geozentrisches Weltbild, bei dem man davon ausgeht, daß alle Himmelskörper um die Erde als ihren Mittelpunkt kreisen. In die magische Terminologie umgesetzt bedeutet dies, daß der Magier im Zentrum seines eigenen Universums steht, worin sich alles um ihn dreht. Zugleich liegt in dieser Auffassung allerdings auch eine der größten Gefahren der Magie, nämlich der Größenwahn, der zu einer bedenklichen Überschätzung der eigenen Fähigkeiten und der eigenen Wichtigkeit führen kann. Dem können wir nur durch systematische Erfolgskontrolle – vor allem in der Erfolgsmagie – begegnen sowie durch entsprechende Sachlichkeit und Nüchternheit. Einer der Grundsätze abendländischer Magie, wir haben ihn schon früher erwähnt, lautet – und zwar nicht erst seit Aleister Crowley, der dieser Auffassung im zwanzigsten Jahrhundert freilich wieder zu ihrem Recht verhalf:

Sonne und Mond werden in der Astrologie als Planeten gewertet.

DEUS EST HOMO – HOMO EST DEUS

»Gott ist Mensch – der Mensch ist Gott« – eine fürwahr sehr gewagte Behauptung, die durch die magische Praxis jedoch tagtäglich belegt wird, allerdings nur, wenn wir sie auch richtig verstehen. Begreifen wir Magie als Weg zur Selbstfindung und Selbstverwirklichung, so leuchtet es ein, daß wir uns selbst zunächst einmal zum Mittelpunkt allen Geschehens machen müssen. Interessant wird in diesem Zusammenhang dann allerdings auch die Frage, wer dieses »wir selbst« eigentlich ist.

Ein besonderes Mißverständnis muß vor allem der Anfänger vermeiden: Die astrologischen oder magischen Planeten haben nicht allzu viel mit den astronomischen Himmelskörpern zu tun. Gewiß, die Horoskopie bedient sich der (übrigens astronomisch, nicht etwa astrologisch berechneten) Gestirnstandstabellen, Ephemeriden genannt; die

Die astrologischen Planeten haben nicht viel mit den astronomischen Himmelskörpern zu tun.

Bewegung der physischen Himmelskörper dient als Bezugspunkt – doch als Bezugspunkt für eine im Kern durch und durch mantische (also auf Omendeutung fußende) Interpretation ihres Laufs. Allen Ansprüchen auf Wissenschaftlichkeit (im Sinne des Wissenschaftsbegriff des rationalistisch-materialistischen neunzehnten Jahrhunderts) der Astrologie zum Trotz ist und bleibt dieses System doch stets eine intuitive Kunst und keine exakte Naturwissenschaft.

Symbol-logisch spielt es für den Magier überhaupt keine Rolle, wie es auf dem physischen Merkur oder Mars aussieht, welche Schwerkraft dort vorherrscht und wie sich die Atmosphäre zusammensetzt. Die symbolischen Planeten haben mit den physischen ebensowenig (und ebensoviel) zu tun wie das »O liebster Rosenmund!« eines Dichters mit der botanischen Familie der Rosazeen. Erst durch die Tiefenpsychologie C. G. Jungs mit ihrem Prinzip der Synchronizität (damit umschreibt man den Zusammenhang der Gleichzeitigkeit kausal nicht miteinander verbundener Ereignisse) und der Analogien, dem wir noch im Zusammenhang mit der magischen Lehre von den symbolischen Korrespondenzen begegnen werden, gelangen wir zu einer Übereinstimmung beider Komponenten. Mit anderen Worten: Wir gehen in der Magie nicht etwa davon aus, daß es die Anziehungskraft des Merkur oder irgendwelche kosmische Strahlen des Mars sind, die unser irdisches Wohlergehen beeinflussen, sondern sehen in den Wandelsternen vielmehr lebende äußere Symbole, welche Ereignisse und Zustände zwar anzeigen, diese aber nicht verursachen.

Die Planetenkräfte bieten eine differenzierte Psychologie und Daseinslehre.

Wie jedes Pantheon (und ein solches sind die Planeten bereits im alten Chaldäa gewesen) bieten uns die Planetenkräfte vor allem eine sehr differenzierte Psychologie und Daseinslehre, mit deren Hilfe wir als Magier unsere Ziele klar umreißen und ihre Verwirklichung in Angriff nehmen können.

Die drei »nichtklassischen« Planeten Uranus, Neptun und Pluto werden als solche bezeichnet, weil sie erst sehr spät entdeckt

Die drei »nicht-klassischen« Planeten Uranus, Neptun und Pluto

wurden: Uranus (der in älteren Texten noch nach seinem Entdecker als »Herschel« bezeichnet wird) wurde erstmals 1781 mit Hilfe des Teleskops gesichtet; Neptuns Entdeckung erfolgte (nach vorausgegangener Berechnung durch Leverrier und Adams) im Jahre 1846 durch Galle; Pluto wurde gar erst 1930 durch Tombaugh gesichtet. Ihre astrologische Deutung ist bis heute recht uneinheitlich geblieben, obwohl sich mittlerweile einige Gemeinsamkeiten zwischen den verschiedenen astrologischen Schulen abzeichnen. Immerhin gelten die symbolischen Kräfte dieser Planeten, die man auch die »Transsaturnier« nennt, weil sie jenseits der durch Saturn begrenzten klassischen Planetensphäre liegen, in der Magie als äußerst schwierig zu handhaben; wir wollen uns hier daher ausschließlich mit den klassischen Planeten befassen.

Diese sieben Planeten sollten Sie sich zusammen mit ihren Symbolen und ihren wichtigsten Entsprechungen möglichst bald einprägen. Zur besseren Veranschaulichung haben wir sie in der Übersicht 12 aufgelistet, wobei wir zugleich ihre astrologischen/magischen Symbole, ihre kabbalistischen Zahlenentsprechungen und ihre hebräischen Formeln im Hexagrammritual anführen. Weitere Entsprechungen (zum Beispiel Metalle, Farben, Sephiroth und so weiter) folgen in späteren Abschnitten im Zusammenhang mit magischen Korrespondenzen und Planetenritualen.

Die Planeten sind also, ebenso wie die Elemente, symbol-logische Ordnungsprinzipien. In diesem Sinne erfüllen sie eine ähnliche Funktion wie die zehn Sephiroth des kabbalistischen Lebensbaums, die drei alchemistischen Aggregatzustände Schwefel, Quecksilber und Salz, die drei indischen Gunas *sattva*, *rajas* und *tamas* sowie andere, vergleichbare Symbolstrukturen. Sie gliedern die magische Welt und machen sie handhabbar. Nicht mehr, aber auch nicht weniger: Es ist ein Trugschluß zu glauben, es handle sich bei ihnen um »objektive« Entsprechungen, wie sie zum Beispiel der Physiker definieren würde. Betrachten wir sie also als hilfreiche Analogien, die uns die magische Praxis erleichtern.

PLANET	SYMBOL	ZAHL	RITUALFORMEL
SONNE	☉	6	YOD-HE-VAU-HEH ELOA VA-DAATH ARARITA
MOND	☽	9	SHADDAI EL SHAI ARARITA
MERKUR	☿	8	ELOHIM TZABAOTH ARARITA
VENUS	♀	7	YOD-HE-VAU-HEH TZABAOTH ARARITA
MARS	♂	5	ELOHIM GIBOR ARARITA
JUPITER	♃	4	EL ARARITA
SATURN	♄	3	YOD-HE-VAU-HEH ELOHIM ARARITA

Übersicht 12: Die Planeten: Astrologische Symbole, kabbalistische Zahlen, Formeln im Hexagrammritual

Die Symbol-Logik der Planetenzuordnung beim Hexagramm

Jeder Spitze des Hexagramms ist einer der sieben klassischen Planeten zugeordnet, mit Ausnahme der Sonne, die in der Mitte plaziert wird. Dies leuchtet auch sofort ein, gilt die Sonne doch als »Summe« oder »Essenz« aller anderen Planeten, vergleichbar dem Äther oder Geist in der Welt der Elemente. Darüber hinaus deckt sich die Anordnung der Planeten auf den Hexagrammspitzen mit ihren kabbalistischen Sephirothentsprechungen: Der oben stehende Saturn (der sonst allein der Sephirah Binah zugeordnet wird) steht dabei für die Gesamtheit der oberen Triade Kether, Chokmah und Binah; der Mond entspricht der Sephirah Yesod, Jupiter entspricht Chesed, Mars Geburah, Venus zählt zu Netzach und Merkur zu Hod.*

Die Planeten werden in der klassischen Lehre auch nach sogenannten »Oktaven« unterteilt, die uns hier allerdings noch nicht in allen Einzelheiten zu interessieren brauchen. Halten wir lediglich fest, daß die sich gegenüberliegenden Planeten (also Saturn und Mond, Jupiter und Merkur sowie Mars und Venus) einander »wohlgesonnen« sind. Die Tatsache, daß sie im Hexagramm den Gegenspitzen zugehören, bedeutet also nicht etwa Gegnerschaft, sondern vielmehr das genaue Gegenteil.**

Sie finden die Planetenzuordnungen in der Abbildung 19 veranschaulicht.

Bitte prägen Sie sich die Anordnung der Planeten auf dem Hexagramm von Anfang an gut ein, Sie werden dies in der Praxis nämlich immer wieder brauchen, weil die Anordnung auch die Zugrichtung der einzelnen Planetenhexagramme bestimmt. Da das Hexagramm zumindest in seiner klassischen Form nicht wie das Pentagramm in einer Linie in den Raum geschlagen (= gezogen) werden kann, also ohne die Hand abzusetzen,

* *Wenn Sie sich mit dem kabbalistischen Lebensbaum noch nicht auskennen sollten, so können Sie diese Informationen vorläufig guten Gewissens übergehen, denn wir werden im geeigneten Zusammenhang noch ausführlicher darauf eingehen. Diese Ausführung ist vor allem als Gedächtnisstütze für Leser gedacht, welche die Symbolik des Lebensbaums bereits so verinnerlicht haben, daß sie auch tatsächlich schon jetzt damit arbeiten können.*

** *Dies trifft freilich nur mit gewissen Einschränkungen zu, wie jeder erfahrene Astrologe weiß. Wir geben hier nur in Form eines kurzen Überblicks die Doktrin der Golden Dawn wieder.*

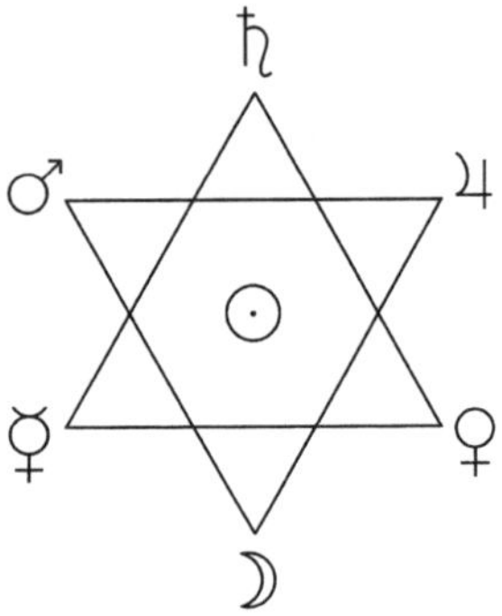

Abbildung 19: Das Hexagramm und die Planeten-Zuordnung

werden stets zwei separate, aber ineinanderliegende Hexagramme gezogen. Dabei gelten folgende Regeln, die Sie sich ebenfalls merken sollten:

GERUFEN WIRD STETS IM UHRZEIGERSINN
GEBANNT WIRD STETS GEGEN DEN UHRZEIGERSINN
DAS ERSTE HEXAGRAMM BEGINNT STETS AN
DER DEM PLANETEN ZUGEHÖRIGEN SPITZE
DAS ZWEITE HEXAGRAMM BEGINNT STETS AN
DER DEM PLANETEN GEGENÜBERLIEGENDEN SPITZE

In den Übersichten 13a und 13b sehen Sie die Zugrichtungen der einzelnen Planetenhexagramme. Wir müssen das Hexagrammritual auf diese zunächst vielleicht etwas umständlich anmutende Form beschreiben, weil seine unterschiedlichen Formen bzw. Versionen erst nach Beschäftigung mit seinen Grundlagen verständlich werden.

Dazu noch eine Anmerkung zum Prinzip des Rufens und Bannens. Es entspricht symbol-logischer Grundstruktur, daß eine magische Operation möglichst symmetrisch verlaufen sollte: Wird beispielsweise zu Beginn eines Rituals symbolisch »der Schleier zur magischen Welt geöffnet«, so muß er bei Beendigung der Operation auch wieder symbolisch geschlossen werden. Wird eine bestimmte Kraft gerufen, so muß sie später folglich auch wieder entlassen werden. Die Bezeichnung »Bannung« ist im Zusammenhang mit den Planetenenergien bzw. Planetengottheiten allerdings ein wenig irreführend, da der Laie darunter oft eine Art »Verscheuchen« oder »Vertreiben« versteht. Tatsächlich handelt es sich jedoch nur bei Dämonen oder Elementkräften um ein echtes Bannen, Gottheiten werden dagegen aufgrund ihrer übergeordneten Qualität nicht vertrieben, sondern verabschiedet.*

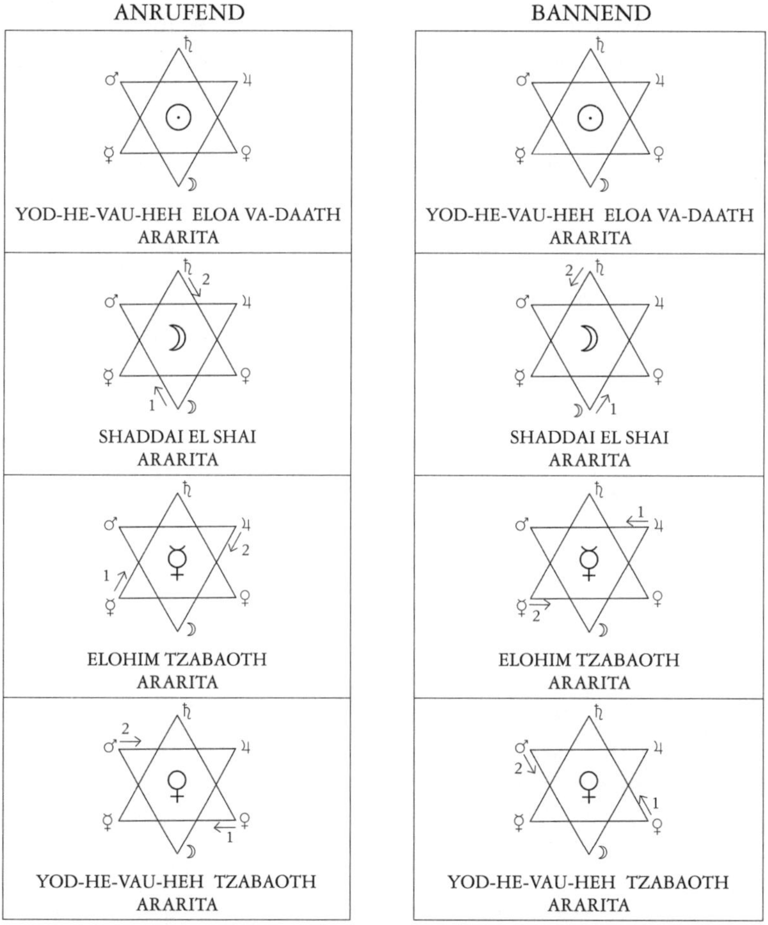

Übersicht 13a: Die Zugrichtung der Hexagramme und ihre Formeln (1)

* *Mit »Gottheit« wird in der heutigen Magie ein personifiziertes Prinzip bezeichnet, das allein über einen bestimmten Seinsaspekt regiert; so ist Merkur beispielsweise der »Herr der Sprache«, Saturn der »Herr der Einweihung« und so weiter. Die Gottheit ist dem Magier in dem Sinne stets übergeordnet bzw. überlegen, als sie auch über die in ihm verkörperten spezifischen Seinsaspekte herrscht. Merkur regiert also nicht nur die Sprache im allgemeinen, sondern bestimmt auch die sprachliche Ausdrucksfähigkeit des Magiers selbst, etwa seinen Erfolg bei Streitgesprächen.*

Nur im äußersten Extremfall, nämlich wenn der Magier Gefahr läuft, in eine unkontrollierbare Besessenheit zu geraten, wird er die Bannung auch gegen Planetenkräfte anwenden. In der Regel wird dies freilich nach Möglichkeit ein anderer Magier für ihn durchführen, weil das nicht nur einfacher, sondern aufgrund der größeren Distanziertheit des anderen auch erfolgversprechender ist. Es ist also ebenso wichtig, eine magische Energie sowohl rufen als auch entlassen oder bannen zu können. Diese Entlassung erfolgt durch das bannende Symbol.

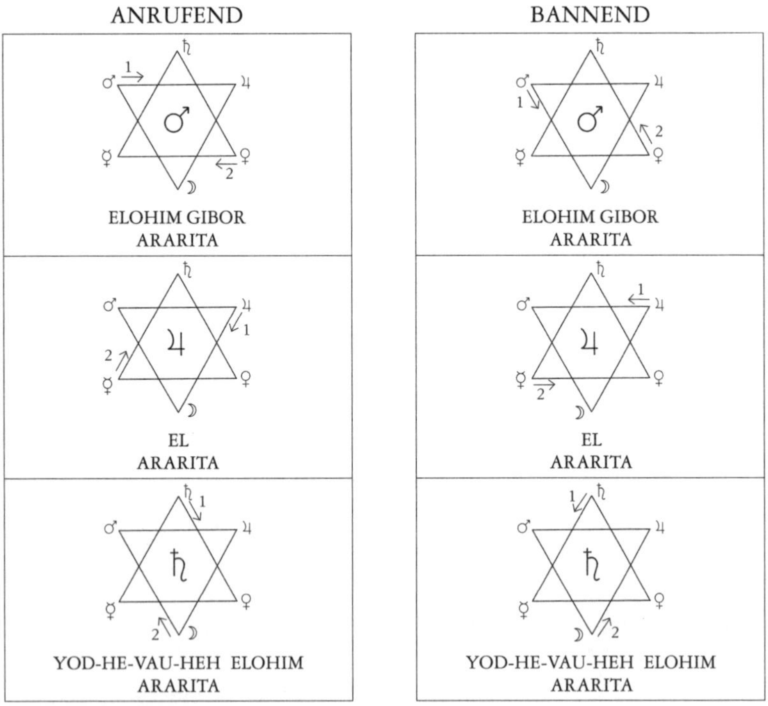

Übersicht 13b: Die Zugrichtung der Hexagramme und ihre Formeln (2)

Das Hexagramm der Sonne setzt sich aus allen anderen sechs Planetenhexagrammen zusammen, die jeweils mit dem Sonnensymbol in ihrer Mitte und unter Vibrieren der Sonnenformel geschlagen werden. Dies geschieht in folgender traditioneller Reihenfolge: 1. Saturn; 2. Jupiter; 3. Mars; 4. Venus; 5. Merkur; 6. Mond.

Sie schlagen also zuerst das Hexagramm des Saturn und intonieren dabei die Sonnenformel, um schließlich das Symbol der Sonne (den Kreis mit dem Punkt in der Mitte) hineinzuziehen und Ararita zu vibrieren, dann verfahren Sie ähnlich mit dem Hexagramm des Jupiter, des Mars und so weiter.

DIE PLANETEN-PRINZIPIEN IM ABRISS

Es folgt nun ein kurzer Überblick über die Planetenprinzipien, wobei die in der Literatur gelegentlich auftauchenden lateinischen Bezeichnungen in Klammern angegeben werden.

SONNE (SOL)
Grundprinzip: Vitalkraft, Ratio, Bewußtsein, Seinsmitte, Zentriertheit, Zeugungskraft, Geben, Erschaffen, lineares Wissen, intellektuelle Analyse, Strukturgebung;

erfolgsmagische Operationen: Erhöhung der Lebensqualität; Gesundheitszauber; Wohlstandsmagie; Erwerb von Weisheit und Mittigkeit; Stabilisierung der magischen Identität; Förderung allgemeiner und spezieller geschäftlicher, gesundheitlicher und machtpolitischer Vorhaben.

MOND (LUNA)
Grundprinzip: Weiblichkeit, Intuition, Gefühl, Sensitivität, Traum, Gebärkraft, Empfangen, Hervorbingen, Auflösung, Wandel, Unbeständigkeit, Rhythmik, zyklisches Wissen, emotionale Synthese, Strukturgespür;

erfolgsmagische Operationen: Mantik; Hellsehen; Anima-Verbindung; Traumarbeit; Sexualmagie; Gefühlsmagie; Förderung der feinstofflichen Wahrnehmung; Zersetzungs- und Verunsicherungszauber; Unterstützung der Wahrnehmung von Zyklen und Rhythmen.

MERKUR (MERCURIUS)
Grundprinzip: Intellekt, Sprache, Kommunikation, Heilkunde, Schläue, Raffinesse, Dieberei, Geschäftssinn, Strukturerkenntnis;

erfolgsmagische Operationen: Heilungszauber; geldmagische Operationen; Förderung von Prüfungen, Vorstellungsgesprächen, Geschäftsverhandlungen und so weiter; Unterstützung intellektueller Aktivitäten.

VENUS (VENUS)
Grundprinzip: Harmonie, Verbindung, Liebe, Erotik, Schönheit, Kunst, Romantik, Fingerspitzengefühl, Strukturharmonisierung;

erfolgsmagische Operationen: Harmonieherstellung; Beschaffung von Liebespartnern; Emotionsbeeinflussungszauber; Geldmagie; Förderung künstlerischer und werblicher Projekte.

MARS (MARS)
Grundprinzip: Triebkraft (Dynamik), Selbstdurchsetzung, Sexualität, Leidenschaft, Kampf, Wettbewerb, Aggression, Mut, Selbstschutz, Strukturkampf;

erfolgsmagische Operationen: Angriffs- und Schutzrituale; Durchsetzungsarbeiten; Beschaffung von Sexualpartnern; Steigerung der Leistungskraft; Arbeit mit Zorn-Gnosis.

JUPITER (IOVIS)
Grundprinzip: Überblick, Üppigkeit, Reichtum, Überfluß, Religion, Großzügigkeit, Weihe, Ethik, Ausdehnung, Wachstum, Strukturerhöhung;

erfolgsmagische Operationen: Reichtumszauber/Wohlstandsbeschaffung; Glücksmagie; Heilungsunterstützung; Erwerb philosophisch-ethischer Erkenntnisse; Selbstbehauptungsrituale.

SATURN (SATURNUS)
Grundprinzip: Beschränkung, Konzentration, Härte, Einweihung, Konkretisierung, Erdung, Durchhaltevermögen, Weisheit, Detailtreue, Krankheit, Tod, Zeit (in dieser Funktion auch als Chronos bezeichnet), Strukturerzwingung;

erfolgsmagische Operationen: Arbeitsbeschaffung; Immobilienangelegenheiten; Konzentrationssteigerung; Konkretisierung materieller Projekte; Todeszauber.

Es versteht sich eigentlich von selbst, daß mit den hier aufgezählten erfolgsmagischen Operationen natürlich keineswegs sämtliche Möglichkeiten erschöpft sind. Auch sollten Sie sich nicht daran stören, daß manches sich zu überschneiden scheint. Beispielsweise läßt sich Geldmagie sowohl auf der Sonnen- als auch auf der Jupiter-, Venus- und Merkurschiene verwirklichen, freilich mit unterschiedlichen Nuancen, auf die wir später bei den einzelnen Planetenritualen noch eingehen werden. Für den Anfang genügt es, sich mit den hier geschilderten Faktoren vertraut zu machen.

Zur Aussprache des Hebräischen in der westlichen Magietradition

Die hebräische Kabbala gilt als eine der Grundsäulen der abendländischen Magie. Dies hat vor allem geistes- und religionsgeschichtliche Gründe: Die Vorherrschaft des aus dem mosaischen oder jüdischen Glauben entwickelten Christentums bedingte eine starke, bisweilen geradezu fanatische Orientierung an der Bibel.

Was dem Durchschnittsesoteriker von heute seine Schamanen und Naturvölker, das waren dem mittelalterlichen Geheimgelehrten seine Juden: ein etwas exotisch wirkendes Volk, dessen religiöse Bräuche dem Nichteingeweihten nur mangelhaft vertraut waren, so daß man hinter dem jüdischen Kult oft ebenjenes Wissen vermutete, nach dem man in der eigenen Religion vergeblich suchte. So übernahm man auch die jüdische Doktrin, daß das Hebräische keine normale Sprache wie alle anderen sei, sondern vielmehr die Ursprache der Schöpfung selbst. Dadurch wohnten ihm logischerweise magische Kräfte inne, und eine genaue Kenntnis ihrer esoterischen Gesetzmäßigkeiten galt als Grundvoraussetzung für jede wirkliche Magie. Die gleiche Auffassung findet sich bis heute auch noch im Hinduismus, wo man dasselbe vom Sanskrit glaubt, was wiederum die gesamte Mantramistik entscheidend geprägt und zu dem Glauben geführt hat, manche Mantras seien für den Uneingeweihten so

Das Mittelalter hielt das Hebräische für die »Ursprache der Schöpfung«.

»gefährlich« wie scharfe Waffen für unwissende Kinder. Das war übrigens noch bis spät nach der vorletzten Jahrhundertwende der Fall, und besonders solch klassisch zu nennende Magie-Autoren wie Levi, Papus, Guaïta, aber auch Mathers, Crowley und Waite legten stets großen Wert auf kabbalistische und hebräische (was nicht unbedingt dasselbe ist!) Erklärungs- und Arbeitsformeln.

Sie haben beim Kleinen Bannenden Pentagrammritual, beim Großen Pentagrammritual und nun in diesem Abschnitt auch beim Hexagrammritual bereits zahlreiche hebräische Formeln (Gottesnamen, Namen von Erzengeln) kennengelernt. Dabei haben wir im Falle der Pentagrammrituale stets auch Empfehlungen für die Aussprache derselben gegeben, die wir der leichteren Anwendbarkeit wegen in quasi-phonetischer Schreibweise abdruckten. Dies wird auch in Zukunft der Fall sein, so etwa im nächsten Abschnitt bei der ausführlichen Schilderung des Hexagrammrituals. Auch wenn wir die Bedeutungen dieser Formeln, also ihren Sinninhalt, wiedergeben, muß doch auch immer wieder darauf hingewiesen werden, daß es vor allem auf ihren akustischen oder mantrischen Effekt ankommt. Bei der späteren Mantra-Schulung werden Sie auch mit Formeln aus dem Sanskrit, dem Pali, dem Arabischen, dem Japanischen und dem Altgriechischen arbeiten, um die Unterschiede in der Energiequalität der jeweiligen Sprachen besser kennenzulernen.

Beim Gebrauch der Formeln kommt es vor allem auf den akustisch-mantrischen Effekt an.

Die Aussprache des Althebräischen ist nicht einwandfrei gesichert. Wie jede andere Sprache machte sie im Laufe der Jahrhunderte eine phonetische Entwicklung durch, die nicht ohne weiteres zu rekonstruieren ist. Dies gilt übrigens für alle semitischen Sprachen, weil ihre Alphabete keine bzw. nicht alle Vokale kennen. Wenn der Hebräer oder der Araber also beispielsweise »KTB« schreibt, könnte dies sowohl als »KATABA« wie auch als »KITABU« gelesen werden, aber auch »KATABU« wäre denkbar. Natürlich bedeutet jedes dieser Worte etwas anderes (z.B. im Arabischen: »kataba« = »schreiben«; »kitabu« = »Buch«; »katabu« = »sie schrieben«), was diese Sprachen für den Europäer auch so schwer erlernbar macht. Zwar gibt es in älteren Texten »diakritische Zeichen«, mit denen vokalisiert wird, was die Lektüre erheblich vereinfacht. (Im Hebräischen sind dies verschiedene Punkte und Striche, etwa das segol, das tzere male, das shewa na', im Arabischen Sonderzeichen wie das fatah, das kasra und andere.) Doch gibt es auch unterschiedliche Interpretationen ganzer Sätze, die auf der Ausdeutung des Konsonantengerüsts beruhen, ja es haben sich sogar im semitischen Sprachraum ganze Literaturgattungen (speziell der Dichtung) entwickelt, deren Vertreter mit dieser Struktur spielen und Sinnsprüche oder Gedichte anfertigen, die auf zahlreiche verschiedene – auch widersprüchliche – Weisen gelesen und verstanden werden können.

Noch im neunzehnten Jahrhundert gehörte das Studium des Hebräischen zusammen mit dem des Griechischen und des Lateinischen zur humanistischen Allgemeinbildung, was auch die Magie und ihre Autoren deutlich geprägt hat. Das ändert freilich nichts daran, daß die Aussprache hebräischer Ritualformeln dadurch nicht wirklich verbindlich festgelegt wurde.

All dies sollte der Magier wissen, wenn er sich mit kabbalistisch beeinflußten Texten auseinandersetzt, die auf einer »einzig wahren« Aussprache speziell hebräischer Worte bestehen, freilich oft ohne diese dann preiszugeben. Tatsächlich gibt es für jede magische Formel nur eine einzige »wirklich wahre« Aussprache, nämlich die wirkungsvollste! Diese ist aber immer subjektiv und muß letzten Endes von jedem Magier selbst überprüft werden. Unsere Empfehlungen zur Aussprache sind der Praxis entnommen und haben nicht unbedingt etwas mit »richtigem Hebräisch« zu tun. Wenn wir vom heutigen gesprochenen Hebräisch (dem sogenannten Ivrit) ausgehen, müßten wir beispielsweise beim kabbalistischen Kreuz statt »ve«»wa« sprechen, wobei das »w« weich ausgesprochen wird wie im englischen »wine«, das »a« dagegen etwas kürzer als im Deutschen üblich. Das Wort »Malkuth« dagegen würde ungefähr »Mall-chút« ausgesprochen, und zwar mit kurzem »a«, etwas verhallendem »l« und kehligem »ch«, ähnlich dem deutschen »doch«. Die Formel »Ateh« läßt sich jedoch ohne wissenschaftliche Umschrift nur schwer in ihrer originalhebräischen Aussprache wiedergeben; eine Annäherung wäre »A'-ttä«, mit Stimmabsatz nach dem »a« wie im deutschen »beachten«, kräftigem »t« und scharfem, kurzem »ä« in der zweiten Silbe, auf der auch die Betonung liegt. Das letzte Beispiel macht deutlich, daß

Die »wirklich wahre« Aussprache ist immer diejenige, die am wirkungsvollsten ist.

der akustische Effekt ein völlig anderer wäre, wenn wir die relativ harten, kurzen und kehligen Originallaute des heutigen Hebräisch verwendeten. Ein gedehntes, sonores Mantra hat dagegen den Vorteil, den »inneren Tempel« tatsächlich zum Beben zu bringen, weshalb wir ihm hier auch den Vorzug geben. Bei den meisten heutigen Magiern geschieht dies jedoch in Unkenntnis der tatsächlichen Zusammenhänge, im Unwissen darüber, daß »ihr« Hebräisch nicht unbedingt das des orthodoxen Juden oder Thora-Gelehrten ist. Aber es kann nur von Nutzen sein, wenn Sie sich ein paar Regeln der hebräischen Aussprache merken, wie sie zumindest die Sprachwissenschaft sie festgeschrieben hat.

Hier soll es genügen, daß Sie sich mit den sogenannten »Sonnenbuchstaben« und ihrem Prinzip der Assimilation vertraut machen. Dabei verzichten wir auf einen Abdruck der Buchstaben in hebräischer Schrift und führen nur die Transskription in lateinischen Buchstaben auf, wobei wir wegen ihrer größeren Verbreitung innerhalb der magischen Literatur auf die übliche englische Umschrift zurückgreifen.

Die hebräischen Sonnenbuchstaben sind die Zahn- und Zischlaute Samekh (s), Shin (sh) und Daleth (d) sowie die Laute Resh (r), Lamed (l) und Nun. Diese assimilieren den Endkonsonanten des vorhergehenden Worts, also beispielsweise das »l« des vorangehenden Artikels »Al« (oder »El«). Man schreibt also zwar AL SCHAMASCH (»die Sonne«), spricht aber ASCH-SCHAMASCH (von diesem Beispiel-Kennwort beziehen die »Sonnenbuchstaben« auch ihre Bezeichnung). Im Beispiel des Mondhexagramms muß es also statt SHADDAI EL SHAI phonetisch korrekt heißen: SHADDAI ASCH-SCHAI. Wir berücksichtigen dies bereits in unserer Umschrift bei der Ritualerörterung, werden es aber in Zukunft nicht immer wieder erneut erklären.

EINFÜHRUNG IN DIE RITUALISTIK (III)

Das Werkzeug des Magiers

Da Rituale, wie wir gesehen haben, Symbole in Aktion sind, und zwar durchaus auch im veräußerlichten, physischen Sinne, wollen wir als nächstes das Zubehör betrachten, mit dem der Zeremonialmagier arbeitet.

> *Rituale sind Symbole in Aktion, magische Gerätschaften sind Symbolhilfen.*

Diese Gerätschaften werden übrigens sehr häufig als »magische Paraphernalia« bezeichnet, Sie sollten sich diesen Fachbegriff also auch für die Lektüre anderer magischer Texte einprägen, wenn Sie andere Magietexte lesen wollen. Unsere Betrachtung der magischen Geräte wird sich über mehrere Abschnitte erstrecken. Der Schwerpunkt wird dabei auf folgenden Paraphernalia liegen:

1. DER TEMPEL
2. DIE ROBE
3. DER GÜRTEL
4. DAS STIRNBAND
5. DIE SANDALEN
6. DER DOLCH
7. DER KELCH
8. DER STAB
9. DAS SCHWERT
10. DAS PENTAKEL
11. DER ALTAR
12. DIE KRONE
13. DIE HAUBE
14. DIE GLOCKE
15. DER BRENNER
16. DIE LAMPE
17. DAS LAMEN
18. DIE PHIOLE
19. DAS ÖL
20. DIE KETTE
21. DIE GEISSEL
22. DER RING
23. DIE MASKE
24. DER SPIEGEL
25. DAS BUCH

Dies sind nur die wichtigsten Gerätschaften – Gegenstände wie Talismane, Amulette, allgemeine und spezielle Fetische, Steine, Räuchermischungen, Duftöle, Imagospurien, Brustschilde, Elementtafeln, Kampfdolche oder Chaoskugeln gehören zu Spezialgebieten der Magie, die im jeweiligen Zusammenhang besprochen werden.

Sie brauchen jetzt keinen Schreck zu bekommen und befürchten, daß Sie Ihre Wohnung nun sofort in eine magische Gerümpel- oder gar Gruselkammer verwandeln müssen. Unsere Liste dient, wie einiges andere in dieser Schulung auch, zunächst einmal dem vollständigen Überblick, und es ist keineswegs üblich, daß ein westlicher Magier alle diese Dinge besitzt, schon gar nicht von Anfang an. Schon allein deswegen, weil ihre Beschaffung oder Anfertigung oft Jahre und Jahrzehnte dauert. Außerdem kann man echte magische Instrumente normalerweise nicht einfach irgendwo per Katalog bestellen, und wenn man es unter bestimmten Umständen doch tut, so erfordert ihre Ladung und feinstoffliche Eichung immer noch einen nicht zu unterschätzenden Energieaufwand. Und schließlich sind es ja auch bekanntlich die Techniken der leeren Hand, die den wahren Adepten kennzeichnen. Doch um diese wirklich zu beherrschen, müssen erfahrungsgemäß etwa 90 Prozent aller angehenden Magier zunächst die Arbeit mit physischen Gerätschaften erlernen, was wir im folgenden noch erläutern werden.

Seien Sie sich stets klar darüber, daß magische Gerätschaften zunächst einmal reine Symbolhilfen sind, die den Geist des Magiers in eine bestimmte Gnosis bringen sollen. Indem er sein Universum äußerlich wie innerlich durch Symbole strukturiert, setzt er »Bewußtseinszustandsanker«. Er projiziert bewußt einen Teil seiner selbst und nimmt diesen Teil wieder zurück, indem er damit praktisch oder erkenntnistheoretisch arbeitet. Man kann diesen Prozeß zwar so rational und intellektuell verstehen, wie er soeben beschrieben wurde, doch die Praxis selbst vollzieht sich ganz anders. Wer beim Anblick seines Dolchs bewußt denkt: »Du bist die Projektion meines Willens und nichts als ein Werkzeug, auf das ich ebensogut auch verzichten könnte«, dem wird dieser Dolch wohl keine sonderlich guten Dienste erweisen. Man hat die Magie nicht ganz zu unrecht auch als »kontrollierte Schizophrenie« bezeichnet, obwohl die Bezeichnung »kontrollierte Projektion« zutreffender ist. Die Veräußerlichung (Projektion) muß eine totale sein, wenn sie Eigendynamik entwickeln und im gewünschten Sinne wirksam werden soll. Andererseits darf dies auch nicht so weit gehen, daß man als Magier völlig handlungsunfähig wird, wenn die eigenen Geräte mal nicht zur Verfügung stehen oder gar abhanden gekommen sind. Doch paradoxerweise können wir diese Unabhängigkeit von unseren magischen Werkzeugen in der Regel nur dadurch erlangen, daß wir mit ihnen solange arbeiten, bis wir sie wieder soweit verinnerlicht haben, daß sie auch auf der innerseelischen (astralen) Ebene völlig real existieren. Nur sehr, sehr wenigen Naturtalenten ist es vergönnt, von Anfang an die Techniken der leeren Hand zu meistern, und oft genug geht dieser Meisterschaft eine langjährige Ausbildung in anderen Disziplinen voraus, mögen dies nun Yoga,

Meditation, Autogenes Training, Alchemie, Radiästhesie, östliche Kampfkunst oder etwas anderes sein. Selbst solche Begabten sollten jedoch in der Magie möglichst gründlich mit physischen Gerätschaften arbeiten, und sei es nur, um ihre eigene Praxis hinreichend zu erden und ein Gespür für die unterschiedlichen Energiequalitäten zu entwickeln.

Warum sind feststoffliche Paraphernalia so wirksam?

Warum aber sind feststoffliche Paraphernalia so wirksam? Die psychologische Erklärung lautet: Weil sie das Unbewußte auf direkte und subtile Weise beeindrucken. Das Unbewußte ist bekanntlich oft ein wenig »kindlich«, zumindest nach Dafürhalten unseres angeblich so »erwachsenen« Verstands. Wie ein Kind liebt es grelle, bunte Farben, kräftige Sinnesreize und eindeutige Festlegungen. Es ist kein Geheimnis, daß vielen Menschen die rituelle Arbeit nicht sonderlich liegt, besonders am Anfang ihrer magischen Karriere. Und gewiß sollte man die Bedeutung des Rituals in der Magie nicht überschätzen. Es gibt auch, wie wir bereits im zweiten Abschnitt bei der Sigillenmagie gesehen haben, andere, ritual-freie Formen und Unterdisziplinen der allgemeinen Magie, die ebenso wirksam und weitaus weniger aufwendig sind. Doch bietet uns nur das Ritual die Möglichkeit, gezielt die Choreographie der magischen Energiebewegungen wahrzunehmen, sie festzulegen und für unsere Zwecke zu nutzen. Nur das Ritual vermag zudem die Psyche des Magiers so nachhaltig auf magisches Tun, magische Wahrnehmung und – wohl am wichtigsten – auf magischen Erfolg zu eichen.

Nur das Ritual vermag die Psyche des Magiers nachhaltig auf magischen Erfolg zu eichen.

Wie wichtig Rituale und Ritualgegenstände sind, sieht man gerade auch im Alltagsleben: Ob wir Begrüßungs-, Beförderungs-, Jubiläums- oder Ordensverleihungsrituale betrachten, Eheschließungen, Taufen und Begräbnisse, Politikerwahlen, militärische Zapfenstreiche oder auch die rituelle Struktur von Sportveranstaltungen, stets finden wir den Menschen mit Symbolhandlungen beschäftigt, um seinen Kosmos auf diese Weise zu ordnen und überschaubar zu machen, sich Bezugspunkte, Orientierungsmarken und damit Handlungsmöglichkeiten und Aktionsspielräume zu verschaffen. In diesem Sinne sind magische Rituale die logische und konsequente Fortsetzung einer bewährten Lebenstechnik, die ohnehin bereits unser ganzes Dasein bestimmt. Mit dem Unterschied freilich, daß wir uns als Magier unsere Rituale weitgehend selbst entwerfen und sie damit im Idealfall auch zielgenauer machen können, ohne daß sie zu bloßen, sinnentleerten Hülsen werden.

Dabei dienen uns die Paraphernalia zugleich als unbewußte Gedächtnisstützen und als Energiespeicher feinstofflicher Kräfte. (Psychologisch gesehen ist dies im Prinzip sogar dasselbe.) Das bisweilen recht bizarre Eigenleben, das diese Gegenstände oft entwickeln, läßt sich mit psychologischen Mitteln jedoch nicht einwandfrei erklären. Doch darüber wird an anderer Stelle noch zu reden sein.

Betrachten wir nun den ersten Punkt unserer Liste, nämlich den Tempel.

Der magische Tempel

Der magische Tempel ist zunächst einmal ein Ort, an dem ausschließlich magisch gearbeitet wird. Das wird in der Regel entweder ein abgelegenes Zimmer sein oder eine Zimmerecke, die man der magischen Arbeit gewidmet hat. Viele Magier legen sich erst nach vielen Jahren der Praxis einen echten eigenen Tempel zu, vorher behelfen sie sich, indem sie beispielsweise ihr Wohn- oder Schlafzimmer bei magischen Arbeiten vorübergehend entfremden. Je nach Ihren Möglichkeiten müssen Sie selbst entscheiden, wie Sie das Problem des magischen Arbeitsplatzes lösen, ja Sie haben es ja teilweise sicher schon getan, sofern Sie das Angebot unseres Übungsprogramms aktiv angenommen haben. Der Grund, warum wir in unserer Liste ausgerechnet mit dem aufwendigsten Teil anfangen, liegt gerade darin, daß der Tempel gar keinen so großen Aufwand bedeutet, wenn man sein Prinzip erst einmal verstanden hat. Sprechen wir einmal vom idealen Tempel, damit Sie bei Ihrer räumlichen Planung auch wissen, was für Sie persönlich sinnvoll und erforderlich ist und worauf Sie getrost verzichten können.

Der ideale Tempel ist ein Raum, der nur zu magischen Zwecken benutzt wird und ansonsten verschlossen bleibt. Zutritt haben nur der Magier selbst und seine Kollegen bzw. auch Klienten, mit denen er magische Operationen durchführt. Neugierige Außenseiter haben im

Der ideale Tempel ist ein Raum, der nur zu magischen Zwecken benutzt wird und ansonsten verschlossen bleibt.

Tempel nichts zu suchen – denken Sie an das esoterische Schweigegebot! Der Magier hält seinen Tempel selbst in Ordnung, läßt also auch keinen Außenstehenden hinein, um dort zu putzen oder gar aufzuräumen. Es ist sinnvoll, daß der Tempel über eine gute Lüftungsmöglichkeit verfügt, da die bei Ritualen verwendeten Weihrauchmischungen oft recht dichte Schwaden erzeugen. Andererseits braucht ein Tempel nicht unbedingt Fenster, da ohnehin mit wenigen Ausnahmen im Dunkeln gearbeitet wird, weil dies die Konzentration fördert.

Der Tempel kann schwarz, weiß oder in jeder anderen Farbe gestrichen oder ausgelegt sein, die dem Magier zusagt. Schwarz und Weiß eignen sich erfahrungsgemäß am besten, weil ihr Ablenkungseffekt am geringsten ist. Außerdem handelt es sich dabei streng genommen um »Nichtfarben« (technisch gesagt: sie sind »unbunt«), was wiederum eine gewisse energetische Neutralität bewirkt. Lassen Sie sich nicht von Esoterikern ins Bockshorn jagen, die Ihnen gerne etwas von den »negativen Auswirkungen« der Farbe Schwarz vorfaseln. Vielleicht kontern Sie mal mit der Bemerkung, daß jeder Gegenstand optisch gesehen genau die Farbe *nicht* hat, die wir ihm zusprechen.

Schwarz gilt als Farbe der Magie, Weiß als Farbe der Mystik.

Mit anderen Worten: Eine Rose »ist« nicht rot, Rot ist vielmehr die einzige Farbe, die sie nicht ist, denn sie stößt sie ab. Schwarz gilt in manchen Traditionen auch als Farbe des Schutzes und der Konzentration – und eben der Magie. Weiß dagegen gilt als Farbe der Reinheit und der Durchlässigkeit sowie der Mystik. Doch im Zweifelsfall sollten Sie sich lieber auf Ihre Intuition als auf vorgekaute Farbtheorien verlassen. Vermeiden Sie jedoch nach Möglichkeit Blümchentapeten oder starke Musterungen, die den Blick ablenken und sich irritierend auf die Ritualgnosis auswirken könnten.

Im Tempel befinden sich alle Gegenstände, die der Magier für seine Praxis benötigt, also seine Ritualinstrumente wie oben aufgezählt, ebenso Kerzen, Kerzenhalter, Räuchermischungen, Räucherkohle, Pergament (für Talismane und Amulette), Stricke (für Knotenzauber), Kristallkugeln, Meditationskissen sowie natürlich auch die Regale, Vitrinen oder Schränke, um diese Gegenstände zu verstauen. Der Bodenbelag sollte aus schwer entflammbarem Material bestehen, da es beim Räuchern immer wieder mal zu Funkenflug kommt. Eventuelle Fenster sind entweder verhängt, oder sie sollten von außen nicht einsehbar sein.

Das wären auch schon die Grundanforderungen, die natürlich jeder nach Belieben ausweiten kann. Die meisten Magier ziehen Kerzenlicht beim Ritual vor, aber manche arbeiten auch gerne mit elektronischen Beleuchtungseffekten, was freilich eine entsprechende Anlage erfordert. Wer, ganz in romantischer Tradition, völlig ohne Elektrizität auskommt, wird auch keine Steckdose benötigen.

Die Größe des Tempels richtet sich ebenfalls nach den individuellen Bedürfnissen des Magiers, danach, ob er ausschließlich allein arbeitet oder zusammen mit Sinnesgenossen. Immerhin sollte der Tempel möglichst so groß sein, daß der Altar (sofern vorhanden) darin stehen und der Magier bequem um diesen herum den Kreis schlagen kann.

Für die klassische Dämonenevokation wird zudem außerhalb des Kreises noch Platz für ein Dreieck benötigt. Zur Not tut es zwar auch eine Besenkammer, doch ein wenig mehr Komfort kann nicht schaden, zudem magische Gesten (beispielsweise die Annahme von Gottesformen) einen gewissen Bewegungsspielraum verlangen, ebenso das Tanzen bei bestimmten Invokationen.

> *Zur Not tut es zwar auch eine Besenkammer, doch ein wenig mehr Komfort kann nicht schaden.*

Nur wer in der winkligen Tradition arbeitet, benötigt mehr Mobilar: Einen Altartisch für den Meister vom Stuhl, je einen Tisch für den 1. und 2. Aufseher und eine entsprechende Bestuhlung. In der bei uns vorläufig den Schwerpunkt bildenden Kreistradition wird in der Regel im Stehen gearbeitet, oder der Magier nimmt mal auf dem Boden Platz, zum Beispiel knieend oder im Meditationssitz.

Hauptblickrichtung ist in der Regel Osten, doch sollte die Einrichtung genügend flexibel sein, um auch die Arbeit in anderen Richtungen zu ermöglichen. In der Abb. 5 sehen Sie den Aufbau eines Tempels in der Kreistradition; wobei es sich natürlich nur um eine Empfehlung handelt.

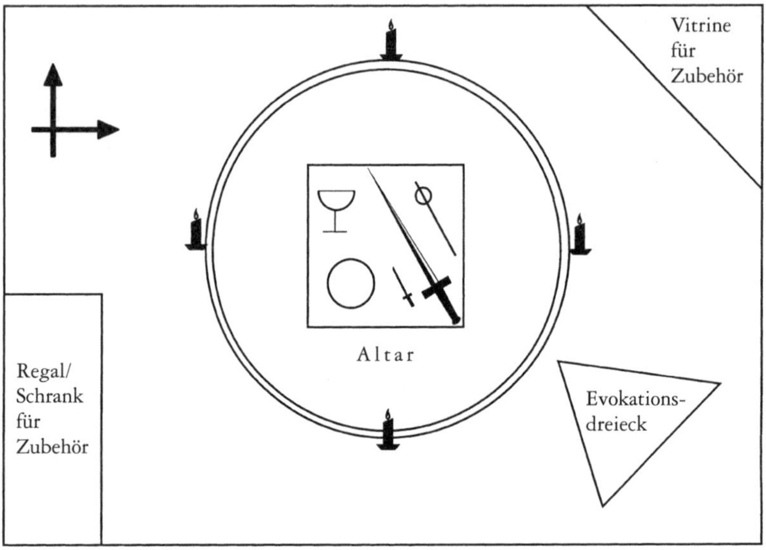

Abbildung 20: Der magische Tempel (Kreistradition)

Ein weiterer »Tempel« ist die freie Natur. Besonders Element- und Naturgottheitenrituale führt man am besten im Freien durch, doch sind uns Magiern in der heutigen zersiedelten Industrielandschaft in dieser Hinsicht leider oft empfindliche Grenzen gesetzt, vor allem wenn wir während des Rituals wirklich ungestört bleiben wollen.

Der eigentliche Tempel jedoch ist der Körper des Magiers selbst, wie bereits im Zusammenhang mit dem Kleinen Bannenden Pentagrammritual kurz erwähnt. Deshalb gilt die »Tempelpflege« auch ganz besonders dem vernünftigen, pfleglichen Umgang mit dem eigenen Körper. Es wird auch Zeit, daß die Magie endlich von der ihr durch das Christentum und falsch verstandene östliche Askeseideale (die den westlichen an Prüderie in nichts nachstehen) verordneten Körperfeindlichkeit abrückt und den Menschen wieder als Ganzheit von Körper und Geist begreift, ohne den einen zum Diener des anderen machen zu wollen. Zum echten magischen Tempel wird der Körper ohnehin erst durch die Mentalmagie, und um diese vorzubereiten, bedarf es eines vernünftigen, gesun-

Der eigentliche Tempel jedoch ist der Körper des Magiers selbst.

den Umgangs mit diesem Hauptmedium magischer Energien Nummer eins.

Wie Sie Ihren magischen Tempel auch anlegen und einrichten mögen, ob als Zimmerecke, als voll ausgebauten Ritualkeller oder gar -pavillon, auf jeden Fall sollten Sie dafür sorgen, daß dieser nicht ohne Ihr Wollen von anderen betreten oder, im Falle einer Zimmerecke, als Tempel erkannt werden kann. Denn der Tempel sollte so etwas wie Ihr Allerheiligstes sein, das unberührt von störenden äußeren Einflüssen gedeihen kann, Ihre Kraftbatterie, die Ihnen jedesmal aufs neue Energie und Ruhe, Konzentration und Besinnung, magische Kraft und Gnosis beschert, sobald Sie damit (und darin) zu arbeiten beginnen.

Der Tempel sollte so etwas wie Ihr Allerheiligstes sein, das unberührt von störenden äußeren Einflüssen gedeihen kann.

Es wird nicht immer einfach sein, sich einen voll ausgerüsteten Tempel zuzulegen, wie wir ihn beschrieben haben. Doch gerade diese Herausforderung kann oft Bewußtseins- und Kraftprozesse in Gang setzen, die für uns als Magier nicht mit Gold aufzuwiegen sind. Deshalb sollten Sie bei Anlage und Ausstattung (wie überhaupt in magischen Dingen) nicht geizen und sich Mühe geben, Ihr eigenes Ideal vom magischen Tempel möglichst vollständig zu verwirklichen, auch wenn dies meist nicht über Nacht zu bewerkstelligen sein wird.

Praktische Übungen

Diesmal haben wir nur zwei weitere Übungen angegeben, da Sie mit Ihrem bisherigen Übungsprogramm noch hinreichend beschäftigt sein dürften, zumal dann, wenn Sie einiges wirklich solange üben, bis Sie mit Ihren Ergebnissen zufrieden sind. Es empfiehlt sich, einen magischen Übungsplan ähnlich einem Stundenplan anzufertigen, damit Sie mit der Zeit nicht den Überblick verlieren. Da dieser auf die individuellen Möglichkeiten und Bedürfnisse zugeschnitten sein muß, haben wir darauf verzichtet, einen solchen Plan in fertiger Form vorzulegen.

ÜBUNG 13
SCHULUNG DER MAGISCHEN WAHRNEHMUNG (IV)
DIE ARBEIT MIT DEM WÜRFEL

Besorge Dir, falls nicht bereits vorhanden, einen gewöhnlichen Würfel, der allerdings nicht zu klein sein sollte. Du solltest ihn vor Dir auf dem Tisch deutlich sehen können. Einen solchen Würfel erhältst Du beispielsweise in Spielwarengeschäften.

Betrachte nun eine Seite dieses Würfels eine Weile lang (nicht unter 3 Minuten) unter Anwendung des 180°-Blicks. Schließe die Augen und versuche, das Abbild des Würfels vor dem geistigen Auge optisch wahrzunehmen. Wenn Du kein optischer Typ sein solltest, wird Dir dies möglicherweise erst nach einigen Monaten gelingen. Für diese Übung ist es jedoch wichtig, daß Du diese Form der Wahrnehmung beherrschst, deshalb mußt Du nötigenfalls entsprechend lange üben, nach Möglichkeit täglich.

Als nächstes konzentrierst Du Dich auf zwei Seiten des Würfels und verfährst sinngemäß wie oben.

Gelingt Dir dies zufriedenstellend, betrachtest Du drei Seiten des Würfels gleichzeitig und verfährst wie gewohnt.

Nun wird es etwas schwieriger: Versuche als nächstes, vier Seiten des Würfels gleichzeitig optisch wahrzunehmen, ohne den Würfel zu bewegen – sowohl mit dem 180°-Blick als auch danach vor dem geistigen Auge. (Letzteres wird Dir möglicherweise leichter gelingen als ersteres – das ist völlig normal und kein Grund zur Beunruhigung.)

Was nun kommt, kannst Du Dir schon denken: Sieh als nächstes fünf Seiten des Würfels, und zwar alle gleichzeitig – wieder ohne den Würfel zu bewegen. Spätestens jetzt wird Dir auffallen, daß wir es hier mit einer Form des »Meta-Sehens« zu tun bekommen, bei dem die Augen bestenfalls ein symbolisches Hilfsmittel sind. Doch es kommt noch drastischer:

Als nächstes versuchst Du, gleichzeitig alle sechs Seiten des Würfels zu sehen. Möglicherweise wirst Du dabei feststellen, daß Du dazu Deinen Blick gewissermaßen »krümmen« mußt, so als würdest Du »um die Ecke schauen«.

Hast Du auch dies erfolgreich absolviert, beginnst Du damit, den Würfel gleichzeitig von allen sechs Seiten zu betrachten und ihn in seiner Vergangenheit zu sehen, also als das, was er früher einmal war.

Mit Absicht geben wir nicht an, wie das auszusehen hat – das sollst Du nämlich selbst herausfinden!

Die nächste Stufe der Übung besteht darin, den Würfel gleichzeitig von allen sechs Seiten (= Gegenwart) im Zeitstrom der Vergangenheit und in seiner zukünftigen Beschaffenheit zu sehen. Glaube nicht, dies sei unmöglich – es wird Dir auf jeden Fall gelingen, sofern Du Dich in den richtigen Bewußtseinszustand versetzt, was auch der tiefere Sinn dieser Übung ist. Rein technisch gesehen handelt es sich dabei um eine multidimensionale Wahrnehmung, und erfahrungsgemäß führt schon der bloße Versuch derselben zu einer ungeheuer mächtigen magischen Trance bzw. Gnosis.

Diese Übung solltest Du eine Weile lang (etwa sechs Monate) täglich durchführen. Wenn Du Dich erst einmal daran gewöhnt hast, wirst Du sie ohne große Mühe binnen weniger Minuten auch im Büro in der Mittagspause, in der Straßenbahn oder kurz vor dem Abendessen absolvieren können. Ein geringer Aufwand – und ein gewaltiges Ergebnis, wie Du schon bald merken wirst! Denn durch eine solche Betrachtung der Realität öffnen sich Dir zahllose Universen.

ÜBUNG 14
SYMBOLSCHULUNG

Meditiere über die in diesem Abschnitt angegebenen Zuordnungen der Planetenkräfte in allen Einzelheiten. Präge Dir die Beschreibungen bis zum nächsten Abschnitt gründlich ein, besonders dann, wenn Du noch nicht mit Astrologie oder Planetenmagie vertraut sein solltest. Nimm Dir in den folgenden vier Wochen jeden Tag einen Planeten vor und achte auf die Manifestation der Planetenkräfte im Alltag. So könntest Du beispielsweise am Merkurtag auf die Kommunikationsfreudigkeit Deiner Umgebung und Deine eigenen Denkmuster achten, am Tag des Mondes auf Deine Gefühle und Eingebungen und so weiter.

Am besten hältst Du Dich dabei gleich an die Zuordnung zu den Wochentagen (wie nachfolgend angegeben), da diese in der Planetenmagie gern beachtet wird. Die Formeln des Hexagrammrituals brauchst Du noch nicht auswendig zu lernen; diese werden erst im nächsten Abschnitt erklärt. Ziehe aber jeden Morgen nach dem Aufstehen ohne hebräische Formel das anrufende Hexagramm des Tagesplaneten, um am Abend vor dem Zubettgehen das bannende Hexagramm zu schlagen. Tue dies auf jeden Fall in der erwähnten ersten Übungsperiode physisch und nicht etwa mental.

DIE PLANETEN UND DIE WOCHENTAGE*

Es entsprechen:

SONNE – SONNTAG
MOND – MONTAG
MARS – DIENSTAG (französisch mardi)
MERKUR – MITTWOCH (französisch mercredi)
JUPITER – DONNERSTAG (»Donner« = Wotan,
französisch jeudi = »Iovis-Tag«)
VENUS – FREITAG (von der germanischen Liebesgöttin Freya)
SATURN – SAMSTAG (englisch Saturday)

Halte auch bei dieser Übung Deine Eindrücke sorgfältig im Magischen Tagebuch fest. Langziel ist es nämlich, jede beliebige Erscheinung in Form von Planetenenergien ausdrücken zu können, erst dann ist echte Planetenmagie möglich.

Die zweite Grundformel der Magie

Wir wollen nun die zweite Grundformel der Magie vorstellen, wie sie von Pete Carroll und mir entwickelt wurde. Dazu müssen wir vorangehend erwähnen, daß derlei Formeln vor allem der Veranschaulichung, nicht aber der wissenschaftlichen »Erklärung« dienen. Sie sehen vielmehr nur wissenschaftlich aus, was aber immerhin den Vorteil hat, unseren durch das naturwissenschaftliche Weltbild stark beeinflußten Zensor und natürlich auch den rationalen Verstand ein wenig weichzuklopfen.

Diese zweite Grundformel der Magie ist eine qualitative, nicht aber eine quantitative Darstellung. Das bedeutet, daß sie vor allem Be-

* *In Klammern finden Sie Merkhilfen, überwiegend aus anderen Sprachen, in denen die klassische Planetenzuordnung noch deutlicher zu erkennen ist als im Deutschen.*

dingungen und Zustände veranschaulichen will; es hat jedoch wenig Wert, die einzelnen Faktoren durch konkrete Zahlen ersetzen zu wollen, zumal sie sich ohnehin nicht wirklich objektivieren lassen. Doch betrachten Sie zunächst einmal die Formel selbst, danach wollen wir sie ausführlicher erläutern.

Diese Grundformel ist eine qualitative, keine quantitative Darstellung.

$$M \propto \frac{g \cdot v}{b \cdot W_i} \cdot W_z$$

Legende		
M	=	Magischer Akt/Magie
g	=	Grad der Gnosis
v	=	Grad der magischen Verbindung zum Ziel/zur Zielperson
b	=	Bewußtheit um den Akt
W_i	=	Widerstand gegen den Akt
W_z	=	Zufallswahrscheinlichkeit des magischen Erfolgs

Übersicht 14: Die zweite Grundformel der Magie

Beachten Sie zunächst bitte, daß das Zeichen »$\propto$« in unserer Formel Proportionalität anzeigt. Der erfolgreiche magische Akt »M« (oder die Magie überhaupt) verhält sich also direkt proportional zum Grad der eingesetzten Gnosis oder magischen Trance, malgenommen mit dem Grad der Verbindung des Magiers zum Ziel oder zur Zielperson (bei der Beeinflussungsmagie); umgekehrt proportional verhält sich »M« zum Grad der Bewußtheit um den magischen Akt und dem innerseelischen Widerstand dagegen. Das Ganze wird zudem noch mit dem Grad der Zufallswahrscheinlichkeit des magischen Erfolgs malgenommen.

Betrachten wir nun die Formel im einzelnen, um zu sehen, was sie für die magische Praxis bedeutet.

Was die Formel für die magische Praxis bedeutet.

Daß der magische Erfolg vom Grad der beim magischen Akt eingesetzten magischen Trance (Gnosis) abhängig ist, wurde bereits an früherer Stelle ausführlicher erläutert und bedarf wohl keiner weiteren Erklärung.

Direkt proportional verhält sich der magische Erfolg aber auch zum Grad der magischen Verbindung zum Ziel oder zur Zielperson. Bei der Beeinflussungsmagie ist dies ganz offensichtlich: Will der Magier eine Zielperson beispielsweise heilen oder ihr schaden, so braucht er einen entsprechenden Zugang zu ihr. Dieser wird meist durch das erste sympathiemagische Gesetz der Entsprechung bestimmt oder auf seiner Grundlage gesucht. Diese Doktrin besagt beispielsweise, daß ein Gegenstand, der über längere Zeit mit einem anderen (oder einer Person) zusammen war, dessen (oder deren) Eigenschaften mit aufnimmt und mit ihm (oder ihr) in dem Sinne »eins« wird, daß der Magier mit ihm/ihr verfahren kann, als handele es sich dabei um die fragliche Person selbst. Daher auch die in alten Grimoarien so häufig zu findende Forderung, der Magier solle sich von seiner Zielperson Dinge wie Nagelabschnitte, Haarlocken, Blut oder andere Körpersekrete und -ausscheidungen beschaffen. Durch das zweite sympathiemagische Gesetz der Übertragung (auch: »Ansteckung«) wird die theoretische Grundlage für einen aktiven Umgang mit dem sympathiemagischen Objekt gelegt. Wenn der Magier also von seiner Zielperson beispielsweise eine Haarlocke (oder, moderner, ein Foto) besitzt, so kann er damit nach Belieben verfahren und wird durch Übertragung bewirken, daß alles, was diesem Objekt geschieht, auch der eigentlichen Zielperson widerfährt.

Der Grad einer solchen Verbindung kann sehr unterschiedlich sein; so hängt er fast immer entscheidend davon ab, wie gut sich der Magier in das Energiefeld seiner Zielperson einschwingen kann. Dies ist nicht selten eine Frage seines Einfühlungs- und Imaginationsvermögens und der Hilfsmittel, welche dieses benötigt, um den magischen Akt optimal zu unterstützen. Wo dem einen vielleicht der Name einer wildfremden Person bereits genügt, um sich magisch auf sie einzustellen, bedarf der andere dazu vielleicht weitaus umfassenderer, intensiverer Reize und Informationen, etwa dergestalt, daß er die Zielperson mindestens einmal persönlich gesehen, gesprochen und/oder berührt haben muß, ein Foto von ihr benötigt oder ähnliches. Wir sehen daran, daß der Faktor »v« nur sehr subjektiv zu bestimmen ist, was natürlich auch für den Grad der eingesetzten Gnosis gilt. Beachten wir auch in diesem Zusammenhang, daß die Ladung von Talismanen und Amuletten zuallererst der Herstellung einer *magischen Verbindung* dient!

Wir können unter »magischer Verbindung« also den Grad der Empathie (= des Gleichklangs) zwischen uns selbst und einer Zielperson oder eines Sachziels verstehen. Eine Verbindung zwischen Magier und Zielperson wird zwar auf theoretischer Ebene leicht als solche erkannt, doch haben selbst erfahrene Magier oft Schwierigkeiten, eine »Verbindung« beispielsweise zu ihrem Verlangen nach materiellem oder mystischem Erfolg wahrzunehmen. Tatsächlich heißt »binden« aber soviel wie Zusammentun, ja sogar Verschmelzen – gemeint ist hier also unsere eigene Mittigkeit, bei der die Trennung zwischen unserem Willen und unserem magischen Ziel möglichst klein oder gar völlig aufgehoben sein sollte. Ist unser Verlangen, wie Spare es nennen würde, organisch geworden, ist es gleichzeitig gemittet und ausgedehnt genug, um unser Ziel voll in unsere Gesamtpersönlichkeit zu integrieren, so können wir von einer starken magischen Verbindung sprechen. Einfacher ausgedrückt: Der Magier muß wie der Budo-Krieger mit seinem Ziel eins werden, dann schließt er innerseelische Mißerfolgsmechanismen aus.

Eine »magische Verbindung« ist der Gleichklang zwischen dem Magier und dem Ziel seiner Magie.

Es gibt allerdings noch einen viel subtileren Aspekt des Faktors »v«, nämlich die tatsächliche Eignung des Magiers für die gewünschte Aktion. Auch in der Magie gibt es schließlich ein Spezialistentum, obwohl natürlich jeder ernsthafte Magier bemüht ist, seine Fähigkeiten so vielseitig wie möglich zu entwickeln. Aber auch die Eignung des Magiers für sein gewünschtes Ziel spielt hier hinein. Wer etwa ein gestörtes Verhältnis zu Geld hat, dem werden Geldzauber erfahrungsgemäß nur selten zufriedenstellend gelingen; ähnlich funktioniert Sexualmagie fast nie bei Magiern, die ihre normale Alltagssexualität nicht richtig in den Griff bekommen haben.

Wer ein gestörtes Verhältnis zu Geld hat, dem werden Geldzauber nur selten gelingen.

Wer eher zum Liebes- oder Bindungszauber neigt als zum magischen Heilen, wird auf seinem schwächeren Gebiet eben auch größere Anstrengungen (und mehr Hilfsmittel) benötigen als auf dem seiner Stärke. Letztenendes ist die Beschaffung sympathiemagischer Objekte nach Meinung moderner Magier nur eine gefechtsunterstützende Maßnahme, deren Durchführung oft wichtiger ist als das Endergebnis. Der beste sympathiemagische Kontakt ist sicher ein möglichst präzises geistiges Abbild vom gewünschten Ziel oder der Zielperson. »Möglichst präzise« meint freilich eher eine gefühlsmäßige oder emotionale Präzision als eine physische oder gar physikalische. Stellt ein Magier eine Puppe als Abbild seiner Zielperson her, so kommt es weniger darauf an, daß dieses Abbild möglichst detailgetreu oder quasi-fotografisch ist, als vielmehr darauf, daß die Identität zwischen Puppe und Zielperson für ihn emotional optimal hergestellt ist. Der erfolgversprechendste geistige Zustand ist dabei jener, den Spare »Nicht-Verhaftetsein/Nicht-Desinteresse« genannt hat. Oft werden Puppen und andere Stellvertreterobjekte zu dem alleinigen Zweck hergestellt oder geladen, die Konzentration des Magiers stärker in Richtung seines Ziels zu bündeln und zu lenken.

Der erfolgversprechendste geistige Zustand ist »Nicht-Verhaftetsein/ Nicht-Desinteresse«.

Vermindert wird die Aussicht auf magischen Erfolg durch die Faktoren »b« und »w_i«. Die Bewußtheit um den magischen Akt ist sicher einer der größten Stolpersteine des Anfängers, wenn er seine ersten Gehversuche auf dem magischen Parkett unternimmt. Unter »Bewußtheit« verstehen wir hier vor allem die bewußte geistige Verkupplung der magischen Operation mit dem magischen Ziel durch den Zensor. Um beim Beispiel der Puppenmagie zu bleiben: Zwar sollte die magische Verbindung zwischen Puppe und Zielperson emotional optimal hergestellt werden, doch sollte bei der eigentlichen magischen Operation diese Identifikation wieder »vergessen« sein.

Geschieht die emotionale Ablösung von der Identifikation (man könnte von einer gezielten »Des-Identifikation« sprechen) nicht, so wird der Zensor nur zu oft alles in seiner Macht Stehende unternehmen, um einen Erfolg zu verhindern, schon um dem Dilemma eines späteren schlechten Gewissens (»Das habe ich nicht gewollt«; »So war das nicht gemeint«; »Das steht mir eigentlich nicht zu«) vorzubeugen, das oft sehr viel schlimmere seelische Belastungen zur Folge hat als ein magischer Mißerfolg. Eine derartige Befangenheit kann alles zunichte machen. Hier ist eine gründliche vorherige Seelenschau erforderlich, da die Konsequenzen sonst katastrophal sein können.*

Rational-skeptizistische Einwände (»Das klappt doch nie!«; »Das kann ich bestimmt nicht«; »Wie sollte das denn funktionieren?«) lassen sich, von wenigen Ausnahmefällen abgesehen, am einfachsten durch magische Erfolge aus der Welt räumen. Wer nicht gerade nach Palmström-Morgensterns Devise »Und also schloß er messerscharf/daß nicht sein kann, was nicht sein darf« lebt, den wird der Erfolg schon bald zumindest davon überzeugen, daß der Skeptizismus auch nicht unfehlbar ist und häufig genug an seine eigenen Grenzen stößt.

Zu den »sonstigen« Widerständen gehören Faktoren wie mangelndes seelisches und körperliches Wohlbefinden (»Energielosigkeit«), mangelhafte Motivation oder Langeweile (häufig beim Zaubern im Auftrag für andere!), Zerstreutheit (überstarke Beschäftigung mit subjektiv eigentlich als wichtiger empfundenen magischen Aufgaben) und ähnliches. Diese müssen situationsangepaßt behandelt werden, so daß wir dafür keine allgemeingültige Regel formulieren können.

Unterschätzt wird gerade vom Anfänger häufig der Faktor »w_z«, also die Zufallswahrscheinlichkeit eines magischen Erfolgs. Dies mag nicht zuletzt daran liegen, daß die esoterische Ideologie von heute den Begriff »Zufall« wie einen Paria behandelt und sich nur wenig darüber im klaren ist, daß – was der sogenannte gesunde Menschenverstand doch sehr wohl spürt und weiß – auch unserem Tun als Magier gewisse Grenzen gesetzt sind. Diese Grenzen sind sicher sehr viel weiter gesteckt, als wir oft glauben oder wahrhaben wollen, aber es wäre töricht, in der Magie nur eine Erfüllungsgehilfin für kindliche Allmachtsphantasien zu sehen. Sicher mag es rein theoretisch

Der gesunde Menschenverstand spürt sehr wohl: Auch unserem Tun als Magier sind Grenzen gesetzt.

* *In Crowleys Terminologie: Der magische Akt muß dem eigenen Wahren Willen – Thelema – entsprechen, sonst verstößt der Magier gegen die Urgesetze seines eigenen Universums und muß die meist äußerst schmerzlichen Folgen seines in diesem Sinne unverantwortlichen Tuns tragen. Denn: »Du hast kein Recht außer deinen Willen zu tun.«*

möglich sein, daß ein Magier mit seiner Kunst den physischen Planeten Mars oder Merkur zum Explodieren bringen könnte – doch sind solche Überlegungen meistens nichts anderes als rein akademische Gedankenspielereien, die nicht selten zu dem in der Magie tatsächlich sehr weitverbreiteten und recht gefährlichen Größenwahn verleiten. Nehmen wir hier ausnahmsweise ein quantitatives Beispiel. Angenommen, die Wahrscheinlichkeit, daß ein Meteorit binnen der nächsten halben Stunde im Tempel des Magiers einschlägt, beträgt 1:1 000 000 000 000 000. Nehmen wir ferner an, daß es ihm mit Hilfe einer entprechend intensiven Gnosis, einer hohen emotionalen Affinität zum Ziel »Meteoriteneinschlag im Tempel« und sehr geringer Bewußtheit um den magischen Akt sowie niedrigen innerseelischen Widerständen dagegen gelingt, diese Wahrscheinlichkeit auf 1:1 000 000 000 000 (also um drei Nullen oder um den Faktor tausend) zu seinen Gunsten zu »erhöhen«, ja vielleicht sogar, falls er ein wahrer Meister seiner Kunst sein sollte, um den Faktor hunderttausend auf 1:1 000 000 000, so hat er zwar im Rahmen der Wahrscheinlichkeitsrechnung bereits Gewaltiges, ja aus naturwissenschaftlicher Sicht sogar geradezu Ungeheuerliches geleistet, dennoch ist ein magischer Erfolg immer noch äußerst unwahrscheinlich.

Gewiß kann man gegen dieses Beispiel einiges einwenden: Erstens läßt sich die Wahrscheinlichkeit eines solchen Meteoriteneinschlags (oder überhaupt eines magischen Erfolgs) auf seriöse Weise nach gegenwärtigem Erkenntnisstand niemals so präzise bestimmen; zweitens läßt sich ebensowenig festlegen, wie viele »Nullen« sich durch die Magie wegstreichen lassen; und drittens sagt eine hohe Wahrscheinlichkeit oder Unwahrscheinlichkeit nichts darüber aus, ob ein angestrebtes Ereignis im Einzelfall nicht doch eintritt, denn Statistiken befassen sich bekanntlich immer nur mit Durchschnittswerten, nicht aber mit individuellen oder gar subjektiven Geschehnissen, Erlebnissen oder Empfindungen. Zudem läßt sich oft erst nach dem magischen Erfolg oder Mißerfolg feststellen (und selbst dann nicht immer), wie wahrscheinlich oder unwahrscheinlich der magische Erfolg war, je nachdem, auf welche Weise er dann schlußendlich zustandekommt oder eben nicht. Man kann beispielsweise dafür zaubern, daß einem eine absolut sichere Erbschaft möglichst bald zugesprochen wird; dennoch wird sie einem möglicherweise streitig gemacht, statt dessen gewinnt man vielleicht völlig unverhofft die fragliche Summe im Lotto oder beim Roulette. Gerade solche »Erfolge auf der anderen Schiene« zeigen oft die Grenzen solcher Gedanken- und Erklärungs- oder Veranschaulichungsmodelle auf.

Dennoch entspricht die Grundaussage unserer Formel der magischen Erfahrung, und zwar sowohl der subjektiven als auch der kollektiven.*

Dies macht einmal mehr deutlich, wie wenig sinnvoll es ist, die Faktoren unserer Gleichung durch Zahlenwerte ersetzen zu wollen. Halten wir fest, daß auch die Macht des Magiers einen eigenen Wirkungshorizont kennt. Sigillen für den »Weltfrieden« oder gegen den »Welthunger« zu laden, mag zwar einen gewissen Wert als moralische Erbauungsübung haben, mit pragmatischer Praxis hat dies jedoch wenig gemein, sie beruhigt allenfalls ein schlechtes Gewissen. Aus ähnlichen Überlegungen heraus haben wir die Regel aufgestellt, daß man auch – am Anfang sogar ganz besonders – dann für ein Ziel zaubern soll, wenn es auch ohne Magie sehr wahrscheinlich zu erreichen wäre. Wenn wir uns beharrlich zu schwierigeren Aufgaben emporarbeiten, anstatt gleich den zehnten Schritt vor dem ersten tun zu wollen, kommen wir auch psychisch besser mit etwaigen Mißerfolgen zurecht, die immer wieder einmal vorkommen, weil wir nämlich gelernt haben, kleinere Brötchen zu backen.

Fassen wir noch einmal kurz zusammen:
Im Idealfall sind die Werte unterhalb des Bruchstrichs gleich null, denn dann werden die Werte oberhalb gleich »unendlich« sein, doch dürfte dies in der Praxis nur selten wirklich vorkommen.

Je größer der Grad magischer Trance (»g«) und magischer Verbindung (»v«), um so höher also auch die Erfolgsquote des magischen Akts.

Gemindert wird sie durch die Faktoren »b« und »w_i«.

Je größer der innerseelische und rationale Widerstand (»w_i«) gegen den magischen Akt oder sein Ziel, um so niedriger ist übrigens auch ganz automatisch die magische Verbindung bzw. der Wert »v«, weil das magische Wollen dann nämlich nicht organisch genug ist, also eine Entfremdung zwischen Magier und Ziel vorherrscht anstelle einer absoluten Einheit.

Ohnehin wird Ihnen vielleicht schon aufgefallen sein, daß unsere Faktoren sich nicht immer eindeutig voneinander scheiden lassen. So bedeutet ein großer Trance-Wert schon per definitionem eine eingeschränkte Bewußtheit, Widerstände können auf einem Mangel an

* *Vergessen wir nie, daß wir es bei der Magie um eine Kunst mit wissenschaftlicher Methodik zu tun haben, nicht aber um eine Wissenschaft im Sinne der heute gängigen akademischen Definition.*

magischer Verbindung beruhen und so weiter. Es wären auch andere Formeln möglich, so könnte beispielsweise der Faktor »w_i« unter dem Bruchstück durch einen anderen Faktor »w« (= für »magischer Wille«) ersetzt werden. Dies ist mehr als intellektuelle Spielerei, verschafft es uns doch unterschiedlichste geistige Angänge zur praktischen Magie. Deshalb sollten Sie durchaus mit anderen Formeln experimentieren.

DIE MAGIE AUSTIN OSMAN SPARES

DIE METHODE DES »WEDER-WEDER«

Spares Sigillenmagie, mit der wir uns in diesem Abschnitt hauptsächlich befassen wollen, beruht auf einem Mechanismus, der in der Psychologie Sigmund Freuds eine Schlüsselrolle spielt. Es ist dies die psychische Verdrängung. Grob zusammengefaßt läßt sich feststellen, daß Freuds These besagt, daß die Psyche aus verschiedensten Gründen gewisse Traumata, Triebe, Ängste und andere Inhalte des Bewußtseins ins Unbewußte (bei Freud: ins Unterbewußtsein) verdrängt. Sie werden also unbewußt gemacht. Dies kann zu krankhaften Verhaltensweisen führen wie Zwangshandlungen, Neurosen oder Psychosen. Mit anderen Worten: Durch ihre Verdrängung bleiben diese Seelenbestandteile zwar nur im Unbewußten aktiv, sie verlieren dadurch jedoch keineswegs unbedingt an Wirkkraft und können im Gegenteil das Bewußtsein zu scheinbar rationalen, in Wirklichkeit aber durch das Unbewußte bestimmten Handlungsweisen zwingen.*

Verdrängte Seelenbestandteile bleiben im Unterbewußtsein aktiv.

Spares geniale Erkenntnis, die er kurz nach der Wende vom neunzehnten zum zwanzigsten Jahrhundert machte, in einer Zeit also, da Sigmund Freuds Werk in England erst einem winzigen Kreis von Spe-

* *Ein früher Vaterhaß kann für einen Mann zusammen mit einer sehr starken Mutterbindung zu Störungen im sexuellen Verhalten gegenüber dem weiblichen Geschlecht führen.*

zialisten bekannt war, bestand darin, diesen psychischen Mechanismus nicht als störend oder unerwünscht zu betrachten und wie der Vater der Psychoanalyse nach seiner Aufhebung zu streben*, sondern ihn völlig pragmatisch zunächst als vorgegeben anzuerkennen und für die praktische Magie zu nutzen. Wie groß die Leistung Spares war, läßt sich ermessen, wenn man die Geschichte der Psychoanalyse und der Tiefenpsychologie im zwanzigsten Jahrhundert und ihres gewaltigen Einflusses auf das Denken unserer Zeit berücksichtigt. Freuds Modell war durch und durch pathologisch orientiert, Verdrängung war für ihn und seine Anhänger nur etwas Abzulehnendes, das es rückgängig zu machen galt, um den Menschen von seinen unbewußten Zwängen und Ängsten zu befreien und auf diese Weise seine pathogenen Störungen (»Krankheiten«) zu beheben. Diesen Weg gingen auch Freuds Schüler, Anhänger, Nachfolger und akademische Geistesbrüder, ob wir nun Alfred Adler, C. G. Jung oder Georg Groddek betrachten. Selbst Wilhelm Reich war in erster Linie mit der Behebung und Verhinderung von Seelenkrankheiten beschäftigt. Auch wenn fast alle großen Schüler Freuds schließlich andere Wege einschlugen als der Altmeister der modernen Psychologie, die zum Teil durchaus in magische Gefilde führten (wie etwa bei C. G. Jung), so wurde die Möglichkeit der »Umkehrnutzung« des psychischen Verdrängungsprozesses doch nie ernsthaft erwogen. Dies blieb Austin Osman Spare vorbehalten, der daraus eine der ökonomischsten und wirkungsvollsten Disziplinen der Schwarzen Kunst entwickelte, nämlich die schon häufiger erwähnte Sigillenmagie.

Eine interessante Möglichkeit für den Magier: die »Umkehrnutzung« des psychischen Verdrängungsprozesses

Spares Gedankengang war in etwa folgender: Wenn die Psyche bestimmte Triebe, Wünsche, Ängste und so weiter verdrängt und diese dadurch derart wirksam werden können, daß sie die gesamte bewußte Persönlichkeit des Menschen bis in die subtilsten Kleinigkeiten prägen oder gar bestimmen können, so bedeutet dies nichts anderes, als daß erst durch Verdrängung (= »Vergessen«) viele Triebe, Wünsche und so weiter eine Realität erschaffen können, die ihnen verwehrt bleibt,

* *Freud: »Wo Es war, soll Ich werden.«*

solange sie entweder im Bewußtsein gehalten oder wieder in dieses zurückgeholt werden. Was verdrängt wird, wird also unter bestimmten Umständen mächtiger als das, was im Bewußtsein bleibt.

Aus solchen Überlegungen ergab sich fast zwangsläufig der Wunsch, diesen Mechanismus psychischer Macht konstruktiv zu nutzen, anstatt ihn auszumerzen, rückgängig zu machen oder zu unterlaufen. Gezielt herbeigeführte Verdrängungen, so dachte sich Spare, müßten zu ungeheurer Wirksamkeit führen und ebenso wie die »ungewollten« (weil nicht bewußt provozierten) Verdrängungen und Komplexe eine gewaltige Macht über den Menschen und seine Realitätsgestaltung erlangen können. So lag es nahe, im Unbewußten die Quelle aller magischen Kraft zu erblicken, was Spare auch schon bald tat. Erst wenn das magische Wollen organischer Bestandteil des Unbewußten geworden ist, so seine Argumentation, kann es wirklich wirksam werden. Das ist durchaus auch körperlich zu verstehen, weshalb Spare einleuchtenderweise großen Wert auf persönliche magische Körperhaltungen (Mudras) legte.

Spares Verdienst bestand aber nicht allein darin, eine auf der Psychoanalyse fußende theoretische Grundlage für den Prozeß magischen Handelns zu liefern, er ermöglichte es darüber hinaus, diesen Prozeß a) genauer zu verstehen und b) ihn wesentlich effizienter zu nutzen, als dies in der westlichen Magie bis zum neunzehnten Jahrhundert der Fall gewesen ist. Er entwickelte nämlich eine Technologie der kontrollierten Verdrängung, und diese kennen wir heute unter der Bezeichnung Sigillenmagie.

Fassen wir um des klareren Verständnisses willen noch einmal zusammen: Spares System, das Wollen »organisch« zu machen, läßt sich als Technik der bewußten Verdrängung definieren. Jedes Verlangen wird gar nicht erst für längere Zeit ins Bewußtsein gelassen, sondern sofort unterdrückt, ja abgedrückt ins Unbewußte, wo es schließlich wie ein Komplex regiert, sich selbständig macht und Erfüllung anstrebt.*

Bewußte Verdrängung – im Dienste des magischen Wollens

* *Möglicherweise erklärt dies auch die Tatsache, daß Menschen, die viel mit Gedankenleere meditieren, so häufig davon berichten, daß sie keiner aktiven Magie – beispielsweise ritueller Art – mehr bedürfen, da sich ihre Wünsche auch ohne eine solche verwirklichen, und zwar geradezu automatisch.*

Der Magier arbeitet nach der Methode Spares also mit Hilfe des Verdrängungsmechanismus der Psyche. Indem er gewünschte Zielvorgaben absichtlich verdrängt, nutzt er den seelischen Erfüllungsautomatismus und bringt das Unbewußte dazu, gegen den potentiellen Widerstand von Bewußtsein und Zensor das Gewünschte herbeizuführen. Ein von der Psychologie Freuds und seiner Nachfolger an sich als pathologisch gewerteter Prozeß wird zum Instrument magischen Handelns und garantiert weitgehend seinen Erfolg.

Es ist wichtig, daß Sie sich diesen Vorgang in aller Klarheit vor Augen führen, denn daraus leiten sich unverzichtbare Regeln der modernen Magie ab; wir finden diese Erkenntnis sowohl im Bereich der theoretischen als auch der praktischen Magie immer wieder.

Selbstverständlich soll hier nicht der falsche Eindruck entstehen, daß Freuds Thesen auch nur im entferntesten auf die Magie abgezielt hätten. Tatsächlich hat Spare, wie es in unserem Jahrhundert bei vielen Magiern der Fall war (etwa bei Aleister Crowley, Dion Fortune, William Gray, William Butler, Israel Regardie und anderen), Anleihen bei der Psychologie gemacht und ihre Erkenntnisse zur Erweiterung der zeitgenössischen Magie genutzt. Viele ursprünglich magische Techniken feiern ohnehin heutzutage im Gewand der Psychologie neue Triumphe, ohne daß sich die Magie jedoch allein auf eine etwas bizarre Spielart der angewandten Psychologie reduzieren ließe, wie wir in der eigenen Praxis immer wieder merken werden.

In Spares System gilt es jedoch nicht etwa aus irgendeiner Moralvorgabe heraus das Wünschen schlechthin zu verhindern oder zu dämonisieren, wie dies beispielsweise der Buddhismus und andere asketische Lehren fordern. Vielmehr soll es gezielt unterdrückt werden, um dadurch erfüllbar zu werden. Die Dämonen in der eigenen Psyche sorgen schon für seine Verwirklichung. Es liegt allerdings nach allem Gesagten auf der Hand, daß eine solche Praktik nach einer sehr robusten Psyche verlangt.

Das Unbewußte reagiert auf Unterdrückung und Untersagung/Entsagung wie ein Kind und versucht, nun erst recht sein Wollen durchzusetzen. Diese Technik hat zudem den Vorteil, daß der Verstand dabei hinsichtlich des Willensinhalts ausgeschaltet bleibt (etwa bei der Ladung einer Sigil) und die

Das Unbewußte reagiert auf Unterdrückung und Untersagung/Entsagung wie ein Kind.

Verwirklichung nicht durch Phantasien, rationale Überlegungen, Einwände, Hirngespinste, Tagträume, Zweifel oder durch regelrechte Angst vor dem möglichen Erfolg die ganze Operation behindern kann, indem er ihre Ausdrucksmöglichkeiten von vornherein beschränkt. Dies ist auch eine Umsetzung der Crowleyschen Forderung, beim Zaubern »frei von Verlangen nach Ergebnis« zu sein, die sich in ähnlicher Form ebenso im Karma Yoga und im Zen findet, um nur zwei weitere Beispiele zu nennen.

Verwendet man also die Verdrängungspraktik Spares, so muß man den Wunsch oder das Verlangen ersticken, es vom Ich abspalten und ihm danach Energie zuführen, damit es seinen Auftrag erfüllen kann. Es gibt Autoren, die der Auffassung sind, daß das Verlangen energetisiert werden muß, das reine Vergessen (= Verdrängen) genügt ihrer Meinung nach nicht, um den magischen Erfolg zu gewährleisten. Dies kann jedoch von Magier zu Magier unterschiedlich sein. Die Energetisierung geschieht durch die eigentliche Ladung, etwa mit Hilfe der Todeshaltung. Es läßt sich allerdings oft beobachten, daß auch bei magisch nicht aktiven Menschen gerade solche Wünsche am sichersten in Erfüllung gehen, die oft nur einen Bruchteil einer subjektiven Sekunde ins Bewußtsein aufsteigen, um dann sofort wieder zu verschwinden und durch andere Bewußtseinsinhalte überlagert zu werden. Sicher kennen Sie aus eigener Anschauung Beispiele für diesen Prozeß, etwa wenn Sie mal ganz kurz daran dachten, daß ein Bekannter Sie anrufen solle, um die Sache sofort wieder zu vergessen – bis kurz darauf das Telefon klingelte! Mag man dies vielleicht noch als Telepathie erklären, so greift dieser Erklärungsversuch jedoch nicht bei unverhofften »Glücksfällen« (etwa Geldgewinne, Arbeitsausfall ungeliebter Kollegen oder Vorgesetzter, Spontanheilungen, plötzliche Geschenke), wo wir es ganz eindeutig mit dem oben beschriebenen Mechanismus zu tun haben scheinen.

Die magische Technologie des Spareschen Systems fußt auf dem Weder-Weder-Prinzip.

Betrachten wir nun die magische Technologie des Spareschen Systems.

Es fußt vorbehaltlos auf dem sogenannten Weder-Weder-Prinzip (»neither-neither«). Dieses Weder-Weder-Prinzip beruht auf der Erkenntnis, daß es keine Wahrheit (und keinen Wunsch, kein Verlangen, kein Wollen) gibt, die nicht durch eine Gegenwahrheit aufgewogen würde. Nur unsere jeweilige Perspektive und unsere materiellen und seelischen Lebensumstände entscheiden darüber, was uns zeitweilig als »wahrer« erscheint. Das Weder-Weder-Prinzip führt unmittelbar über in eine magische Verfahrenstechnik, die Spare als »freies Glauben« (»free belief«) bezeichnet hat. Wir haben diese Praktik in unser Übungsprogramm integriert, und Sie finden ihre Einzelheiten im praktischen Übungsteil dieses Abschnitts. Durch die Technik des freien Glaubens erreicht der Magier ein undifferenziertes, da vom ursprünglichen »Sinn« abgespaltenes Energiepotential. Dies haben wir auch mit unserer Übung 10 schon in die Wege geleitet.*

Wir sprechen anstelle des freien auch vom »aleatorischen« (durch Zufall bestimmten) Glauben, etwa wenn wir diese Technik mit Hilfe eines Würfels durchführen**. Die Technik des freien oder aleatorischen Glaubens besitzt freilich noch mehr als eine nur grenzensprengende Wirkung: Die Glaubenssätze heben sich gegenseitig auf und erzeugen dadurch die meta-polaren Energien, die das wahre Geheimnis jeglicher Sigillenmagie sind.

Sigillenladung und Todeshaltung***

Bevor wir diesen ersten Abschnitt unserer Sonderabhandlung über die Magie Austin Osman Spares beschließen, wollen wir uns noch etwas näher mit den Techniken der Sigillenaktivierung befassen.

Techniken der Sigillenaktivierung

Zunächst einmal sollten wir uns darüber klar werden, daß Sigillenladung nicht etwa ein Aufladen mit magischen Energien, sondern eher das Laden eines Programms in den »Zentralrechner Unbewußtes« ist. Je »maschinennäher« die Sigil ist, je mehr sie also sprachlich und inhaltlich dem Unbewußten entspricht, um so leichter wird sie entziffert, und das Programm wird im Hintergrund aktiv (im Computerjargon: »Multitasking«), um dem Anwendungsprogramm (= Alltagsbewußtsein) schließlich die fertigen Ergebnisse zu liefern.

* *Vgl. auch unsere Merksätze über den Glauben als Technik und chirurgisches Werkzeug.*

** *Lat. »alea« = »Würfel/Würfelspiel; Unbestimmtheit«.*

*** *Aufgrund ihrer beispielhaften Klarheit und Präzision wollen wir uns im folgenden einiger Zitate aus einer amerikanischen Studie zur Magie bedienen. Sie stammen allesamt aus* Stealing the Fire from Heaven *von Stephen Mace; nähere bibliographische Angaben dazu im Anhang.*

Die Ladung erfolgt in Sparescher Tradition in der Regel durch die sogenannte Todeshaltung, die bereits eingehend beschrieben wurde. Hier sollen noch einige Ergänzungen dazu gegeben werden. »Die Todeshaltung ist ebensosehr Tun wie Stellung. Der Magier nimmt die Haltung des Todes ein [...] Indem er sein Ego zu einer Todesmimikry (= Nachahmung) zwingt, kann sich der Magier selbst ›zurücknehmen‹ und auf diese Weise erkennen, welche Kräfte/Mächte seinem eigenen Tun und dem anderer Energie verleihen, um auf diese Weise in Erfahrung zu bringen, wie er sich dieser Kräfte/Mächte am besten bedienen kann, damit sie seinen Willen ausführen.« [Mace, S. 59] Sie ist also ein Weg zur magischen Objektivität.

»Bei der Todeshaltung stellt der Magier Gedankenleere her, indem er alle Gegensätze innerlich und äußerlich annimmt (akzeptiert) und sie sämtlich miteinander vereint, so daß sie vernichtet werden.« [Mace, S. 60] Dabei tritt tatsächlich oft ein Gefühl der Vernichtung auf, ebenso der Macht und der Kraftausdehnung. Doch sollte der Geist still sein und im Zustand des »Weder-Weder« verharren. Wir nehmen also jeder möglichen inneren Entzweiung den Wind aus den Segeln, indem wir unser »Selbst« so weit ausdehnen, daß es alles einzuschließen vermag. Nur stetes Üben führt, so Spare, zum »Mittelpunkt des Verlangens«, der sich allerdings mit sprachlichen Mitteln nicht näher definieren läßt.

Der Geist sollte still sein und im Zustand des »Weder-Weder« verharren.

Die Todeshaltung ist also, in Spares eigenen Worten, »eine Todes-Simulation durch völlige Negation des Denkens, d.h. die Verhinderung des Verlangens und das Funktionieren allen Bewußtseins durch die Sexualität.« [nach Mace/Grant, S. 60] Denn durch die Sexualität verbinden wir uns mit dem Kia, wie Spare das Absolute bezeichnet.*

Allerdings sollten wir stets berücksichtigen, daß die Todeshaltung nichts mit dem physischen Tod des Magiers zu tun hat: »Es ist eine Sache, einen Todeskrampf zu simulieren, eine völlig andere jedoch, ihn zu stimulieren.« [Mace, S. 60] Zwar darf sie getrost mit Schweiß und Tränen einhergehen, doch ist jede gesundheitsschädigende Überanstrengung zu vermeiden.

* *Dieses Kia entspricht mit gewissen Einschränkungen dem Tao der Chinesen.*

PLANETENMAGIE (II)

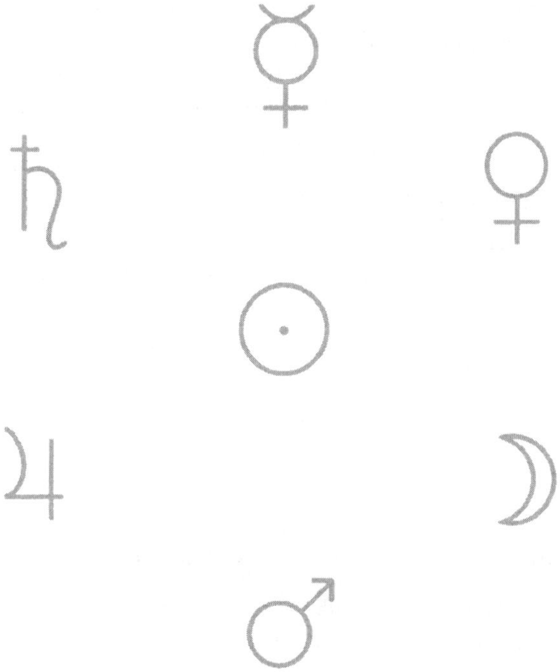

Einführung in das Hexagrammritual (II)

Das moderne Hexagrammritual hat, wie im letzten Abschnitt bereits erwähnt, Teile aus der Tradition der Golden Dawn herausgenommen, was besonders für die Planetenmagie von Bedeutung ist.

Nachdem wir die theoretischen Grundlagen behandelt haben, wollen wir uns nun der Praxis widmen. Das Hexagrammritual (das »Große« wie das »Kleine«) wird, wie fast alle anderen Rituale der modernen hermetischen Tradition, in der Regel nicht allein durchgeführt, sondern durch das Kleine Bannende Pentagrammritual eingerahmt. Wir betreten nun bereits das Gebiet der praktischen Planetenmagie, wollen uns aber zunächst auf das Hexagrammritual beschränken, was auch zu Übungszwecken sinnvoller ist, als sofort das volle Programm der doch oft recht aufwendigen Planetenbeschwörungen vorzustellen. Der Übersichtlichkeit halber geben wir aber schon jetzt die Grundstruktur eines typischen Planetenrituals wieder:

Wir betreten nun das Gebiet der praktischen Planetenmagie.

DIE STRUKTUR EINES PLANETENRITUALS

1. Kleines Bannendes Pentagrammritual
2. Meditation über die Planetenkraft
3. Kleines Rufendes Hexagrammritual
4. Anrufung der Planetenkraft (Hymne)
5. Arbeit mit der gerufenen Planetenkraft
6. Verabschiedung der Planetenkraft
7. Abschließende Meditation (in manchen Traditionen: Kleines Bannendes Hexagrammritual)
8. Kleines Bannendes Pentagrammritual (mit Entlassungsformel)

Die einzelnen Punkte dieses Gesamtrituals sollen zu gegebener Zeit erläutert werden. Vorläufig interessieren wir uns vor allem für das eigentliche Hexagrammritual, das eine sehr schlichte Form hat.

DIE GRUNDSTRUKTUR DES KLEINEN HEXAGRAMMRITUALS (RUFEND ODER BANNEND)

1. Schlagen des Hexagramms (im Osten)
2. dabei: Intonation der Planetenformel
3. Schlagen des Planetensymbols in die Mitte des Hexagramms
4. dabei: Intonation der Formel »Ararita«
5. Wiederholung des ganzen Vorgangs in den anderen drei Himmelsrichtungen

DAS KLEINE HEXAGRAMMRITUAL DER SONNE (RUFEND ODER BANNEND)

Einen Sonderfall stellt, wie im letzten Abschnitt bereits erwähnt, die Sonnenanrufung mittels des Hexagrammrituals dar. Der Vorgang ist zwar der gleiche wie bei der obigen Grundstruktur, doch werden alle sechs Planetenhexagramme gezogen, allerdings jeweils mit der Sonnenformel und dem Sonnensymbol in der Mitte. Technisch gesehen handelt es sich also dabei um sechs separate Hexagrammrituale, bei denen zwar unterschiedliche Zugrichtungen (nämlich die der sechs Planeten außer der Sonne) verwendet werden, ansonsten aber alles durch die Sonnensymbolik »überlagert« wird.

Dabei wird traditionsgemäß eine bestimmte Reihenfolge eingehalten.

Schematisch sieht dies folgendermaßen aus:

1. Schlagen des Saturn-Hexagramms (im Osten)
2. dabei: Intonation der Sonnenformel
3. Schlagen des Sonnensymbols in die Mitte des Hexagramms
4. dabei: Intonation der Formel »Ararita«
5. Wiederholung des ganzen Vorgangs in den anderen drei Himmelsrichtungen
6. Wiederholung von 1–5 mit dem Jupiter-Hexagramm.
7. Wiederholung von 1–5 mit dem Mars-Hexagramm.
8. Wiederholung von 1–5 mit dem Venus-Hexagramm.
9. Wiederholung von 1–5 mit dem Merkur-Hexagramm.
10. Wiederholung von 1–5 mit dem Mond-Hexagramm.

Was zunächst vielleicht etwas kompliziert erscheinen mag, erweist sich in der Praxis als logisch und einfach zu verstehen.

Sie brauchen sich die Vorgehensweise beim Hexagrammritual der Sonne vorläufig nicht einzuprägen, da wir zunächst mit den anderen Planetenkräften arbeiten sollten. Dazu bedarf es einer gewissen Vorübung, wie wir sie mit Übung 14 aus dem letzten Abschnitt bereits begonnen haben. Im Übungsteil des vorliegenden Abschnitts finden Sie weitere Anleitungen dazu.

DIE PLANETENFORMELN, IHRE AUSSPRACHE UND BEDEUTUNG

SONNE
Planetenformel/Gottesname: YOD-HE-VAU-HEH ELOA VA-DAATH
Übliche Aussprache: (Jod-He-Vau-He [od. Jeh-ho-wah] Eh-loh-a wa-da'at)
Bedeutung: »Gott, manifestiert in der Sphäre des Geistes«

MOND
Planetenformel/Gottesname: SHADDAI EL SHAI
Übliche Aussprache: (Schaddaj-asch-schaij)
Bedeutung: »Der allmächtige lebendige Gott«

MERKUR
Planetenformel/Gottesname: ELOHIM TZABAOTH
Übliche Aussprache: (Eh-loh-hiim tza-ba-oht)
Bedeutung: »Herr der Heerscharen«

VENUS
Planetenformel/Gottesname: YOD-HE-VAUH-HEH TZABAOTH
Übliche Aussprache: (Jod-He-Vau-He [oder Jeh-ho-wah] tza-ba-oht)
Bedeutung: »Herr der Heerscharen« oder »Ich bin der ich bin, Herr der Heerscharen«

MARS
Planetenformel/Gottesname: ELOHIM GIBOR
Übliche Aussprache: (Eh-loh-hiim Gibor)
Bedeutung: »Allmächtiger Gott«

JUPITER
Planetenformel/Gottesname: EL
Übliche Aussprache: (ALL) (gelegentlich auch: Aleph-Lamed)
Bedeutung: »Gott« bzw. »Ochse (Aleph) – Ochsentreiberstock (Lamed) = treibende Kraft, kosmische Dynamik«

SATURN
Planetenformel/Gottesname: YOD-HE-VAUH-HEH ELOHIM
Übliche Aussprache: (Jod-He-Vau-He [oder Jeh-ho-wah] Eh-loh-hiim)
Bedeutung: »Gott der Herr«

Die Zuordnung der hebräischen Gottesnamen entstammt der Kabbala. Die Formeln entsprechen den jeweiligen Sephiroth des Lebensbaums (beziehungsweise deren Gottesnamen), denen die Planeten zugeordnet werden.

Bewußt verzichten wir vorläufig auf umständliche Korrespondenztabellen, auf die Angabe von Weihrauchmischungen und anderes mehr. Im nächsten Abschnitt werden wir näher auf dieses Thema eingehen, bis dahin sollten Sie bereits genügend einschlägige Erfahrungen mit dem Kleinen Hexagrammritual gesammelt haben, um mit diesen Hilfsmitteln wirklich sinnvoll umgehen zu können. Dann wird auch das Tagespensum praktischer Arbeit vorübergehend ein wenig gelockert, damit sich Phasen der inneren Verarbeitung mit Phasen starker Aktivität abwechseln können.

4 B
B 6

EINFÜHRUNG
IN DIE RITUALISTIK (IV)

Die magische Robe

Wenn der Magier in seinen Kreis tritt (oder diesen erst aufbaut), so ist er vor allem geschützt, was ihn bei seinem Werk stören könnte. Es ist dies ein Eintritt in die »Anderswelt«, in das Reich der magischen Energien und Wesenheiten.

Wenn der Alltagsmensch in eine bürgerliche »Anderswelt« eintritt, vollzieht auch er zuvor seine Rituale: Er/sie nimmt sich Zeit, er/sie vollführt Waschungen und Salbungen – und das Outfit ist »festlich«, ob Abendkleid, Smoking oder »Sonntagsanzug«. Damit tut man äußerlich kund, in einen anderen, nichtalltäglichen Seins- und/oder Bewußtseinszustand eintreten zu wollen.

Wenn der Magier in seinen Kreis tritt, ist dies ein Eintritt in die »Anderswelt«.

So auch beim magischen Ritual: Der Magier dokumentiert seinen Eintritt in den magischen Bewußtseinszustand nicht nur durch Waschungen und Salbungen, sondern auch und gerade durch einen Wechsel seiner Kleidung. Diese Technik kann grundsätzlich zweierlei Formen annehmen: 1) Entweder der Magier arbeitet völlig unbekleidet; oder 2) er trägt Kleidung, die nur seinem magischen Tun vorbehalten ist. Zum Punkt 1) ist nicht viel mehr zu sagen, als daß dies nicht nur Geschmackssache ist, sondern auch evtl. von klimatischen bzw. Wettergegebenheiten abhängig sein mag. Immerhin kann das Arbeiten im »Himmelskleid«, wie es der Wicca-Kult bezeichnet, besonders bei der Gruppenarbeit schon von allein zu einem veränderten Bewußtseinszustand führen.

Arbeitet der Magier in einer Gruppe, so fördert eine möglichst gleichartige Bekleidung aller Beteiligten die Anonymität, was die Akzeptanz des anderen speziell bei der Invokationsmagie erheblich erleichtert: So ist es dann nicht mehr Ihr allzu leicht zu erkennender Freund Karl Müller, der plötzlich als Merkur zu Ihnen spricht, sondern ein anonymes menschliches Vehikel dieser Planetenkraft – Sie rauben dem Zensor also eine nicht zu unterschätzende Angriffsfläche, wenn Sie in einer Art anonymisierender magischer »Uniform« arbeiten.

Eine wichtige Funktion des unbekleideten oder uniformierten Arbeitens in der Gruppe war seit altersher auch die Aufhebung etwaiger sozialer Gegensätze, denn im Ritual sind im Rahmen der rituellen Rollenverteilung alle gleich.

Arbeitet der Magier dagegen allein, was eigentlich die Regel ist, so kann er sich natürlich ungestört zwischen beiden Möglichkeiten entscheiden.

Aleister Crowley führte einen Mechanismus vor, der in entsprechender Abwandlung für alles magische Zubehör gilt. Einerseits gab er detaillierte Anweisungen für die Anschaffung einer magischen Robe, andererseits meinte er aber auch, daß der Magier ebensogut in einem Bademantel arbeiten kann, sofern dieser allein für magische Arbeiten verwendet wird. Auf die präzise Einhaltung vorgegebener Ausstattungsregeln kommt es also nicht an, solange das Unbewußte darauf geeicht ist, mit einem bestimmten Gegenstand magisches Handeln zu verbinden.

Nicht auf die Ausstattung an sich kommt es an, sondern darauf, daß das Unbewußte damit magisches Handeln verbindet.

Über die magische Robe ist schon eine Menge Unsinn geschrieben worden, der vor allem den Anfänger nur verunsichert, anstatt ihm zu erläutern, worum es bei diesem Kleidungsstück eigentlich geht. Zunächst einmal haben wir es dabei mit einer Kleidung zu tun, die sehr schlicht ist und schon allein dadurch die Konzentration fördern dürfte. Ihre zweite, ebenso wichtige Funktion, ist der Schutz, wobei Konzentration und Schutz im Prinzip gleichartige Funktionen haben. Denn unter magischem Schutz verstehen wir vor allem das Ausschließen unerwünschter Energien, während die Konzentration unerwünschte Gedanken ausschließen soll. Symbolisch steht die Robe auch für die Aura des Magiers, zudem verbirgt sie ihn und seine Absichten oder konzentriert sie im Inneren. Mit ihrer Hilfe macht er sich symbolisch bei seinem Tun für die profane Außenwelt unsichtbar oder nichtidentifizierbar. Ihre Anonymität ist Garant dafür, daß sein Alltagsego (auch: der Zensor) ihm bei seinem Tun nicht in die Parade fährt. Unter der Robe ist der Magier in der Regel nackt, denn sie allein, sein Symbol der magischen Kunst, ist sein Bollwerk gegen störende Einflüsse und die manchmal recht gefährlichen Kräfte, die er beschwört.

Die Robe ist das klassische magische Kleidungsstück. Diese hat für gewöhnlich die sogenannte Tau-Form*, wie in Abbildung 21 darge-

* *Nach dem griechischen Buchstaben »τ« (= »tau«), an dessen Form sie erinnert.*

stellt. Die Ärmel werden nach unten hin zunehmend weiter und reichen in der Regel bis zur Mitte des Handrückens bzw. der Handfläche. Der untere Teil der Robe reicht entweder bis zur Wadenmitte oder bis zu den Fußknöcheln. Die Robe besitzt keine Taschen. Die schlichteste und üblichste Form der magischen Robe hat keine Vorderöffnung und wird einfach über den Kopf gestreift. Eine Robe mit Vorderöffnung, die dann meist senkrecht entlang der vorderen Mittellinie von oben nach unten führt, nennt man technisch einen magischen Mantel. Die Öffnung kann mit gewöhnlichen Knöpfen oder Druckknöpfen verschlossen werden, sehr modern gesinnte Magier verwenden auch einen Klettverschluß. Der Mantel wird oft von magischen Logen verwendet, ebenso zu sexualmagischen Arbeiten, bei denen die Geschlechtsteile zwar freigelegt werden sollen, eine komplette Nacktheit aber unerwünscht ist. Der Einfachheit halber werden wir im folgenden nicht weiter zwischen Robe und Mantel unterscheiden, da ihre Funktion dieselbe ist.

Das Material der Robe ist traditionellerweise reine schwarze Seide, weil Schwarz die Farbe der Konzentration und der Abwehr ist, während Seide als gute Isolierung gilt. Für theonische und mystische Arbeiten wird oft mit einer weißen Robe aus Leinen (Flachsleinen) gearbeitet (in der Regel ohne Kapuze), doch besitzen die meisten Magier nur eine einzige »Allzweckrobe«, die keineswegs immer aus Seide ist, selbst synthetische Stoffe finden relativ häufig Verwendung. Immerhin ist reine Seide kein eben billiges Material, so daß die Entscheidung für den Robenstoff auch die Brieftasche des Magiers mitberücksichtigen sollte. Sehr begüterte Magier verwenden für verschiedene Operationen auch verschiedenfarbige Roben, etwa für jeden Planeten eine, doch ist dies erfahrungsgemäß keineswegs zwingend erforderlich. Eine Seidenrobe hat den Vorteil, bei Bedarf warm oder kühl zu halten, sie fühlt sich auf der Haut angenehm an und läßt sich platzsparender und leichter zusammenfalten und verstauen als die meisten anderen Textilroben. Zudem hat sie, je nach Seidenart, nur ein geringes Gewicht. Manche dogmatischen Schulen fordern, daß die Robe nur aus reinen Naturstoffen bestehen soll, in diesem Fall muß auch mit Naturgarn vernäht werden.

Zur traditionellen Robe gehört außerdem eine Kapuze, die entweder – das ist die Regel – fest an der Robe angenäht ist oder bei Bedarf mit Hilfe von Sicherheitsnadeln, Druckknöpfen oder ähnlichem befestigt wird. Die Kapuze kann rund oder spitz sein und sollte beim Tragen ein gutes Stück über den Gesichtsrand hinausragen.

Um das Gesicht zu bedecken, was vor allem bei manchen Gruppenritualen gefordert ist, verwendet der Magier meistens eine eigene, gesondert am vorderen Kapuzenrand zu befestigende Gesichtskapuze oder eine Maske. Beide lassen in ihrer üblichen Form nur die Augen frei, und zwar in Form von entsprechenden Schlitzen.

Die Robe sollte der Überlieferung zufolge niemals gewaschen werden, um ihre »Astral-Imprägnierung« nicht zu verlieren. Sicher spricht manches dafür, die Gerüche, welche die Robe bei fleißigem Arbeiten durch Weihrauchschwaden, Körperausdünstungen, Salbungen und so weiter zwangsläufig annimmt, für die magische Trance zu nutzen, da sich speziell Düfte sehr gut dazu eignen, Assoziationsmechanismen des Unbewußten auszulösen, wodurch sich nach entsprechender Praxis aufwendige Vorbereitungsmeditationen auf ein Minimum reduzieren lassen; freilich auf Kosten der Hygiene, die allerdings gerade in unseren Breitengraden oft zu einem maßlos übertriebenen Fetischismus geführt hat.

In der Regel bleibt die Robe unverziert, manche Magier ziehen es allerdings vor, sie mit Gradabzeichen ihrer magischen Orden oder mit persönlichen Symbolen zu versehen.

Zur Aufbewahrung der Robe verwenden die meisten Magier einen quadratischen oder runden Robenbeutel, der aus praktischen Gründen fast immer aus demselben Material gefertigt ist wie die Robe selbst und meist aus entsprechenden Stoffresten gefertigt wurde. Im Robenbeutel sollte auch noch Platz für die Gesichtskapuze und den Gürtel sein, ggf. auch für die Sandalen.

Wichtiger als Material und Schnitt der Robe ist die Regel, daß dieses magische Kleidungsstück – wie übrigens alle magischen Gerätschaften – der westlichen Tradition zufolge ausschließlich für magische Zwecke verwendet werden soll. So können wir beispielsweise am Anfang ein ehemaliges Alltagskleidungsstück anstelle einer magischen Robe verwenden, doch müssen wir es dazu dem normalen Alltagsgebrauch entziehen. Der Sinn dieser Regel besteht darin, daß das Unbewußte mit der Robe ausschließlich magisches Handeln und Gnosis assoziieren soll, was jedoch schwerfällt, wenn wir die Robe beispielsweise kurz nach dem Ritual zu einer

Dieses magische Kleidungsstück soll ausschließlich für magische Zwecke verwendet werden.

Kostümparty anziehen, wie es gewisse amerikanische Adepten der Golden Dawn getan haben sollen!*

Spitzkapuze

Abbildung 21: Die magische Robe (Tau-Form)

Der Gürtel

Der Gürtel wird um die Robe geschlungen und verknotet, meist hängt er dann noch seitlich ein Stück herab (ungefähr bis zur Oberschenkelmitte oder bis zum Knie). Der Gürtel kann eine Farbe haben, die dem Magier aus symbolischen Gründen zusagt, beispielsweise ein weißer Gürtel zu einer schwarzen Robe, um den magischen Umgang mit den Polaritäten der Existenz zu verdeutlichen, oder ein roter Gürtel für sexualmagische Arbeiten, Gürtel in den jeweiligen Planetenfarben und so weiter.

Sein Material ist beliebig, meist wird Stoffkordel, gelegentlich auch Leder oder Seide verwendet. Symbolische Knoten können dem Gürtel eine zusätzliche Bedeutung geben, so etwa drei Knoten für eine Saturn-Arbeit oder auch in Knoten festgehaltene (»gespeicherte«) magische Energien oder Bewußtseinszustände.

* *Eine Ausnahme von dieser Regel, die ansonsten so gut wie weltweit gilt, bilden beispielsweise die afroamerikanischen Kulte wie Voodoo, Macumba, Candomblé, Santería, bei denen bei Bedarf auch Alltagsgegenstände wie Küchenmesser und -geschirr Verwendung finden. Diese Kulte arbeiten denn auch, mit anderen Trancetechniken, bei denen es in der Regel um gezielte Besessenheit mit Volltrance geht, also einen Weg, den die westliche Magie aus Gründen schwerer Kontrollierbarkeit gern vermeidet. Zudem wird dort die kontinuierliche Ladung vernachlässigt – um den Preis, Rituale durchführen zu müssen, die sich nicht selten über mehrere Tage hinziehen, bis das eigentliche Ziel der Zeremonie erreicht wird.*

Eine Spielart des Gürtels ist die Schärpe, die meist aus Seide gefertigt und mit magischen Symbolen bestickt wird. Oft hat sie eine ähnliche Funktion wie das Stirnband; ansonsten soll sie auch das Sonnengeflecht schützen.

Der Gürtel ist zugleich ein magischer Kreis, der den Körper des Magiers umgibt.

Eine weitere Symbolebene des Gürtels oder der Schärpe läßt sich mit dem Stichwort »Zucht« andeuten: Die Disziplin, die der Magier sich in der Ausübung seiner Kunst auflegen muß, wird durch den Gürtel versinnbildlicht, ebenso die Strenge seines Willens und seine Mittigkeit, denn der Gürtel ist ja zugleich ein magischer Kreis, der den Körper des Magiers dicht umgibt.

DAS STIRNBAND

Das Stirnband schützt oder aktiviert das Dritte Auge des Magiers, man kann es als »energetische Brennlinse« verstehen. Auch sein Material ist beliebig, oft ist es aus Leder oder Samt, seltener aus Seide. Das Stirnband kann jede gewünschte Farbe haben, etwa die eines Planeten bei einer Planetenarbeit; verwendet der Magier nur ein Stirnband, so hat es meist die Farbe seiner Robe.

Es läßt sich mit magischen Glyphen besticken oder bemalen, beispielsweise mit der persönlichen Sigil (dem »Astral-Stempel«) des Magiers, gelegentlich wird es auch mit Edel- und Halbedelsteinen bestückt, manchmal sogar mit kleinen Metallplatten. So soll beispielsweise der Mondstein die Visionsfähigkeit steigern, man würde ihn also für Mondanrufungen und Divinationen verwenden. Auch mythische Symbole finden ihren Niederschlag im Stirnband, etwa wenn es die Form der ägyptischen Uräusschlange aus reinem Gold hat. So wie der Gürtel die Körpermitte strafft und diszipliniert, so strafft und diszipliniert das Stirnband die Hirnmitte und dadurch – nach westlicher Symbolik – den Geist und das Denken.

Das Stirnband strafft und diszipliniert den Geist und das Denken.

Wer einmal mit einem Stirnband gearbeitet hat, schätzt das Gefühl der Sicherheit und der Konzentration, das es ihm verleiht. Natürlich darf es nicht zu straff sein, andererseits aber auch nicht zu locker. Es sollte ein leichter Druck spürbar sein, der nicht unangenehm ist und keine tiefen Eindrücke auf der Haut hinterläßt.

(Unter manchen Naturvölkern ist es üblich, mit Hilfe eines überstraffen Stirnbands bestimmte Trancen zu erreichen, doch verlangt dies nach großer Erfahrung und kundiger Aufsicht, weshalb wir hier von einer solchen Praktik abraten.)

Die Sandalen

Die Sandalen sind in gewissem Sinne ein etwas »altmodisches« magisches Zubehör, das heute nur noch selten verwendet wird. Die meisten Magier ziehen es inzwischen vor, barfuß zu arbeiten, was zudem die Symbolik beinhaltet, fest auf dem Boden der Materie zu stehen und sich der Kräfte der Erde zu bedienen.

Vor allem in vorgeblich »theonisch« orientierten Kreisen ultratraditionell eingestellter Dogmatiker, denen leider allzuoft eine extreme Körper- und Materiefeindlichkeit eignet, wird eine solche Erdung mit Mißfallen betrachtet, weil diese danach streben, den Geist zu überhöhen und den Körper zu überwinden. Dies ist jedoch nicht unser Weg, weshalb wir nicht näher darauf eingehen.

In der Tradition sind die Sandalen meist aus Leder und sollen einerseits den festen Halt symbolisieren, den der Magier in seiner Kunst hat, andererseits sollen sie die Fußchakras vor den chthonischen (tiefenirdischen) Kräften schützen.*

Andererseits gelten sie aber auch als Symbol des Merkur und des Hermes, der als Götterbote bekanntlich geflügelte Sandalen trägt. In diesem Sinne können die Sandalen auch ein Sinnbild der Schnelligkeit und Beweglichkeit des Magiers (auch: seiner Fähigkeit zum Astralflug) sein.

Wir sehen auch hier, daß magische Symbole oft sehr subjektiv gedeutet und verwendet werden, nur ihre Grundstrukturen sind nicht beliebig und stehen einigermaßen fest. Dieser Interpretationsspielraum mag den Anfänger zwar zunächst etwas verwirren, dem erfahrenen Magier bietet er jedoch Zugang zu großer praktischer Vielseitigkeit.

---

* *Interessanterweise sind dies ebenjene Kräfte, mit denen gerade Schamanen vorzugsweise arbeiten – schon an diesem Beispiel läßt sich der scharfe ideologische Gegensatz zwischen naturnahen und technozentrischen Kulturen verdeutlichen!*

PRAKTISCHE ÜBUNGEN

ÜBUNG 15
KONZENTRATIONS- UND AUFMERKSAMKEITSSCHULUNG

Diese Übung fördert Konzentration und Aufmerksamkeit. Im allgemeinen versuchen wir zwar Übungen zu vermeiden, die nicht in erkennbarem Zusammenhang zur praktischen Magie stehen, doch ist die hier vorgestellte Praktik von nicht zu unterschätzender Wichtigkeit. Dies betrifft auch ihren Wert für die Magie, denn immerhin fördert die Übung die Wachheit des Magiers auch gegenüber scheinbar belanglosen Dingen.

Schreibe einen Brief an eine beliebige Person. Das kann ein lebender oder ein verstorbener Mensch sein, eine reale oder eine fiktive Persönlichkeit, aber auch ein Tier, eine mythische Gottheit oder ähnliches. Der Inhalt des Briefs ist unerheblich, Du bist in der Themenwahl also völlig frei.

Es gibt nur folgende Regeln: Zu vermeiden sind die Worte »der«, »die« und »das« sowie »und« und »aber«, ebenso die Buchstaben »a«, »l« und »f«.

Wir wollen vorher keine weiteren Einzelheiten preisgeben, da Du diese Erfahrung möglichst unbeeinflußt machen sollst. Nur soviel: Beobachte Dein eigenes Tun sehr sorgfältig und achte auch auf Deine Bewußtseinszustände während dieser Übung. Nachdem Du den Brief fertiggestellt und korrigiert hast, läßt Du ihn einige Tage liegen. Danach korrigierst Du ihn ein weiteres Mal.*

Solltest Du bei der zweiten Korrektur einen völlig fehlerfreien Brief vorfinden, kannst Du diese Übung beenden. Ist dem nicht der Fall, so wiederhole sie solange mit weiteren Briefen, bis Du dieses Ergebnis erzielt hast.

Als kleiner Tip sei verraten, daß Du Dir auf diese Weise unter anderem der kleinen sinnfreien Bausteine Deiner Realität bewußt werden kannst, in diesem Fall der Buchstaben Deiner Sprache. Solche Bausteine prägen unsere Wahrnehmungsmuster auf allen Gebieten, also

* *Es kann sinnvoll sein, den Brief ein- oder zweimal von einem unbeteiligten Freund auf Fehler durchsehen zu lassen, da wir hier eine objektive Fehlerfreiheit anstreben und keine rein subjektive.*

auch das, was wir im Leben für wahr und unwahr halten. Wie Du weißt, lauert der Teufel stets im Detail, und das gilt besonders für die praktische Magie und den Umgang mit veränderten Bewußtseinszuständen. Gerade am Anfang ist es unverzichtbar, diese zahllosen Realitätsbausteine zu erkennen und ihre Wertigkeit zu begreifen. Erst dann können wir tatsächlich, wie es die Freimaurer nennen würden, zu Baumeistern unserer Wirklichkeit werden, die über der Suche nach Gesamtzusammenhängen die »kleinen« Einzelheiten nicht übersehen und sie ebenso sorgsam und ehrfürchtig behandeln wie das große Ganze.

ÜBUNG 16
PENDELSCHULUNG (I)

Besorge Dir, falls noch nicht vorhanden, ein Pendel. Form und Gewicht spielen zunächst keine große Rolle, am Anfang tut es zur Not auch ein Schlüssel oder ein Fingerring an einem Bindfaden, solange das Pendel nicht zu schwer in der Hand liegt. (Maurerpendel sind meistens zu schwer.) Gute Pendel in verschiedensten Ausführungen findest Du auch im esoterischen Fachhandel, am empfindlichsten reagieren in der Regel Spiralpendel, die relativ leicht sind und aus verschiedenen Materialien sein können (z. B. Messing, Kupfer, seltener: Silber oder Gold). Wichtig ist vor allem, daß das Pendel Dir persönlich zusagt.*

Nimm eine Reihe von männlichen und weiblichen Fotos (Paßfotos sind am besten geeignet, aber zur Not tun es auch Ausschnitte aus Illustrierten). Auf jedem Foto sollte nur eine Person zu sehen sein. Die Fotos legst Du mit dem Gesicht auf die Tischplatte und mischt sie gründlich durch, damit Du sie nicht an ihrer Rückseite erkennst. Vielleicht läßt Du sie nach dem Mischen eine Weile (auch mehrere Stunden) liegen, bevor Du weitermachst, das erleichtert das Vergessen.

Nun setzt Du Dich in bequemer Haltung davor und stützt den Ellenbogen auf die Tischplatte, so daß der Unterarm möglichst senkrecht steht. Das Pendel hältst Du zwischen Zeige- und Mittelfinger, es sollte dicht über dem ersten auszupendelnden Foto hängen (ca. 1–2 cm

* *Für Nichtpendler: Wenn Du noch nie über längere Zeit hinweg gependelt haben solltest, mußt Du Dich erst eine Weile mit Deinem Pendel vertraut machen. Bedenke, daß das Pendel einen direkten Zugang zu Deinem Unbewußten darstellt, der erst geschult werden will. Anstelle der üblichen Einprogrammierungsmethoden wollen wir hier lieber den Weg der unmittelbaren Paxis beschreiten.*

Abstand). Warte nun, bis das Pendel reglos hängt. Dann konzentrierst Du Dich auf die Frage, welches Geschlecht die Person auf dem Foto hat. Lasse das Pendel frei schwingen, aber versuche nicht, seiner Bewegung nachzuhelfen. Wenn Du unbedingst willst, kannst Du Dir selbst vorher suggerieren, daß das Pendel beispielsweise bei weiblichen Personen linksherum, bei männlichen dagegen rechtswendig dreht, doch ist es besser, wenn Du Deine individuelle Drehrichtung durch einige Proben selbst herausfindest. Führe Buch über Erfolg und Mißerfolg. Wiederhole die Übung nicht allzu häufig, damit keine vorzeitigen Ermüdungserscheinungen auftreten, zwei- bis dreimal pro Woche eine Viertelstunde genügt für den Anfang völlig. Sei nicht enttäuscht, wenn Du zu Anfang nicht so gut abschneidest, wie Du es vielleicht gerne hättest: Auch diese Form der feinstofflichen oder magischen Wahrnehmung braucht oft eine gewisse Übung.*

ÜBUNG 17
ANGEWANDTER PARADIGMENWECHSEL IN DER PRAXIS (II)**

Du wartest entweder ab, bis Du von der absoluten Wahrheit einer Sache überzeugt bist, oder Du nimmst Dir einen bereits vorhandenen Glaubenssatz dieser Art vor. Dann beschwörst Du ihre Gegenwahrheit herauf, bis sich beide neutralisiert haben. Es spielt dabei keine Rolle, aus welchem Bereich diese »Wahrheiten« stammen, Du kannst also ebensogut auf dem Gebiet der Religion oder der Philosophie, der Psychologie oder der Naturwissenschaft, des Gefühls oder der Wahrnehmung, der Partnerschaftsbeziehungen oder der Sexualität, des Berufs oder der Freizeitgestaltung arbeiten.

In der Praxis könnte dies vielleicht folgendermaßen aussehen:

a) Du bist beispielsweise absolut davon überzeugt, daß es eine Reinkarnation gibt. »Missioniere« nun so lange bei Dir selbst, bis Du jede Reinkarnationslehre ablehnst, sie für Humbug hältst

* *Nicht jeder Magier ist auch ein guter Pendler. So gibt es Menschen, die beispielweise weitaus besser mit Wünschelruten umgehen können. Diese können anstelle eines Pendels auch eine Rute beliebiger Wahl verwenden. Doch sollte man erst einmal einige Monate lang auch die Probe mit dem Pendel gemacht haben, bevor man endgültig umsattelt.*

** *Diese Übung baut auf Übung 10 auf und ergänzt sie.*

und so weiter. All dies sollte allerdings auch rational begründet sein. Dann verfährst Du wie unter Punkt c) beschrieben.

b) Wenn Du hingegen beispielsweise felsenfest vom Wert der Homöopathie überzeugt bist, so werde für eine Weile zum ebenso überzeugten Allopathen oder Homöopathiegegner (mindestens einige Wochen lang).

c) Danach kehrst Du wieder zu Deiner ursprünglichen Überzeugung zurück und analysierst sie im Lichte Deiner neugewonnenen Erkenntnisse (oder Deines gerade mühsam abgestreiften Fanatismus), oder Du wiederholst die Übung so lange, bis Du jederzeit dazu in der Lage bist, nach Belieben die eine oder die andere Position zu vertreten, und zwar ohne Deinen vorherigen Absolutheitsanspruch.

Der Umgang mit naturwissenschaftlichen Wahrheiten erfordert natürlich einiges an technischem Vorwissen; überhaupt solltest Du Dich zu Anfang möglichst nur auf solche Bereiche beschränken, von denen Du schon eine Menge verstehst. Das können auch banale Dinge sein, und auch gefühlsgeladene »Wahrheiten«, die oft eher den Charakter von Gewohnheiten haben, können bearbeitet werden. So kann ein passionierter Reiter beispielsweise eine vorübergehende Abneigung gegen die Reiterei entwickeln, ein fanatischer Japan-Enthusiast setzt sich ausschließlich mit den negativen Aspekten der japanischen Kultur auseinander, ein dezidierter Heterosexueller befaßt sich ebenso ausschließlich mit der Homosexualität und so weiter.

Wir wollen Dir keine Vorschriften machen, welche Bereiche Du für diese Übung wählen sollst, auch Zeitangaben können allenfalls Empfehlung bleiben. Wir halten es allerdings für sinnvoll, mindestens auf Wochenbasis, möglichst länger, zu arbeiten, da vor allem zu Anfang der rasche Paradigmenwechsel von einem Tag auf den anderen (oder gar, wie in der Praxis oft gefordert, von einer Sekunde zur anderen!) gewisse Schwierigkeiten machen kann.

Mit Hilfe dieser Übung wird es Dir wesentlich leichter gelingen, den für die westliche Ritualmagie so typischen Mischmasch verschiedenster Symbolelemente mühelos nachzuvollziehen, zum Beispiel kabbalistische Zuordnungsformeln bei der Annahme ägyptischer Gottesformen und ihre Einrahmung in rosenkreuzerische Symbolik, bei gleichzeitigem Gebrauch indischer Mantras und altgriechischer Hymnentexte ... So bleibt es Dir erspart, daß Du Dich erst einzeln in jeden Symbolbereich einarbeiten mußt.

Deshalb unser Rat: Führe diese Übung so oft durch, wie Du nur kannst, keine Minute davon ist vergeudet!

Führe dabei besonders über Deine Bewußtseinszustände Buch. Ziel ist die Erlangung des bereits erwähnten undifferenzierten (= nicht festgelegten) Energiepotentials, das die Quelle aller Magie ist.

ÜBUNG 18
PRAXIS DES KLEINEN HEXAGRAMMRITUALS (I)

Führe mindestens zwei Kleine Hexagrammrituale mit unterschiedlichen Planetenkräften durch. Am besten fängst Du mit Jupiter an und arbeitest beim zweiten Mal mit der Energie des Merkur. (Stelle selbst fest, warum wir Dir dies raten!) Vermeiden solltest Du vorläufig das Sonnenritual, weil dieses eine gründliche Erfahrung mit allen anderen Planetenkräften voraussetzt, wie wir im nächsten Abschnitt noch näher erläutern werden.

Verfahre wie bei der Grundstruktur der Planetenrituale, wobei Du die Punkte 4 und 5 allerdings nicht zu bearbeiten brauchst, weshalb sie hier auch in eckigen Klammern stehen. Dein Vorgehensmuster sieht also folgendermaßen aus:

1. Kleines Bannendes Pentagrammritual
2. Meditation über die Planetenkraft
3. Kleines Rufendes Hexagrammritual
[4. Anrufung der Planetenkraft (Hymne)]
[5. Arbeit mit der gerufenen Planetenkraft]
6. Verabschiedung der Planetenkraft
7. Abschließende Meditation
8. Kleines Bannendes Pentagrammritual (mit Entlassungsformel)

Die Meditation über die Planetenkraft kannst Du frei gestalten, zu Anfang wirst Du wohl hauptsächlich damit beschäftigt sein, Dir Ihre Eigenschaften einzuprägen. Das ist in diesem Übungsstadium auch durchaus erwünscht.

Die Verabschiedung der Planetenkraft besteht zu Anfang aus einem allmählichen Ausklingenlassen, eventuell auch einer Danksagung. Tue dies auch dann, wenn Du nichts gespürt haben solltest, denn oft wirken diese Rituale auf eine sehr subtile, zu Anfang kaum wahrnehmbare Weise.

Wieder trägst Du alle Eindrücke in das Magische Tagebuch ein.*

Die Härtung der Aura des Magiers

Wir kehren noch einmal zurück zur Bedeutung des magischen Kreises. Dieser ist nach Meinung mancher moderner Autoren nur erforderlich bei den mächtigsten magischen Operationen. So spricht Stephen Mace ihm lediglich Bedeutung bei a) Blutopfern und b) Evokationen von Geistern und Dämonen bis zur physischen Sichtbarkeit zu. Worauf es beim magischen Schutz vielmehr ankäme, sei die Aura des Zauberers. Diese müsse »gehärtet« sein, dann könne er auf jegliches spezielles Schutzritual verzichten: »Eine leuchtende, feste Aura, durch Jahre der regelmäßigen Bannung und des Loderns unter den Worten der Macht eines Hexers gehärtet, ist sein bester Schutz gegen Obsession, Besessenheit und magische Angriffe.« [Mace, S. 58]

So sehr sich gerade der Anfänger auch immer wieder dagegen sträuben mag: Das Schlüsselwort im obigen Zitat sind die »Jahre der regelmäßigen Bannung« – nur jahrelange Praxis vermag jenen magischen Schutzautomatismus herzustellen, den wir so oft bei großen Magiern und Schamanen beobachten können, obwohl sie doch oft keine einzige praktische Übung mehr regelmäßig durchführen.**

Das »Lodern« aber, das sicher ebenso wichtig ist, erlangen wir nur durch möglichst intensive, ja hingebungsvolle Praxis. Erst wenn

* *Die in diesem Abschnitt zitierten Stellen stammen aus Stephen Mace,* Stealing The Fire From Heaven. A Technique for Creating Individual Systems of Sorcery, *4th ed., rev. & enl., New Haven, Connecticut: Privatdruck, 1984. Dies ist ein sehr rares, aber höchst empfehlenswertes Werk eines ansonsten wenig bekannten amerikanischen Magiers. Nur für Leser mit sehr guten Englischkenntnissen geeignet! Bezugsquelle: Stephen Mace, c/o Book World, 1143 Chapel Street, New Haven, Connecticut 06511, USA.*

** *Ähnliches können wir bei sehr guten Hatha-Yogis feststellen, daß sie nämlich bestenfalls ein- oder zweimal im Monat ihre Asanas üben müssen, während Menschen unterhalb dieser Stufe täglich immer noch viele Stunden der Praxis benötigen, um in körperlicher und seelischer Bestform zu sein, ohne an die der Meister jedoch heranzureichen.*

die Magie zur lebensausfüllenden und -erfüllenden Leidenschaft geworden ist, wenn man auf die Frage »Warum tust du das alles?« mit Carlos Castanedas Don Juan antworten muß: »Weil man anders nicht leben kann«, erst dann kann man erwarten, daß sie soweit automatisiert oder integriert ist, ja daß der Zensor vollends so gründlich auf Magie umprogrammiert wurde, daß sie ihm zur alltäglichen Selbstverständlichkeit geworden ist, mit der er ebenso hantiert, wie er es früher mit der gewöhnlichen Alltagsrealität getan hat.

Mit dieser Leidenschaft ist jedoch nicht die überschnelle Begeisterung des Anfängers gemeint, der ob seiner Freude über die neue Welt, die sich ihm durch die Magie plötzlich erschlossen hat, allzu gern den zehnten Schritt vor dem ersten tun will, für den Geduld und Beharrlichkeit ekle Fremdworte sind – und der ebenso rasch und gründlich stürzt und dann oft sehr schnell wieder die Lust verliert, sobald die ganze Sache in Arbeit auszuarten beginnt. Nicht das Strohfeuer, sondern der Dauerbrand in der Seele ist es, der einen in der Magie wirklich weiterbringt, jenes geheime Pochen des »Ich will, ich will, ich will«, das jeden Herzschlag ummünzt in ein Streben nach dem Mehr, nach der Vollkommenheit, nach der Meisterschaft, nach der Vollendung, und sei diese auch so fern wie das Ende unserer Galaxie oder unseres Universums.

Nicht das Strohfeuer, sondern der Dauerbrand in der Seele bringt einen in der Magie wirklich weiter.

Von solchen eher psychologischen Faktoren abgesehen gibt es eine Reihe von magischen Übungen, durch welche diese gewünschte Härtung der Aura, die mit dem Aufbau eines automatischen Warn- und Signalsystems einhergehen sollte, erreicht werden kann. Die erste, die Sie im Rahmen dieser Schulung bereits kennengelernt haben, ist das Kabbalistische Kreuz, die zweite war das Kleine Bannende Pentagrammritual.*

Die dritte war das Kleine Hexagrammritual, und die vierte finden Sie weiter unten in diesem Abschnitt, es ist die IAO-Formel in ihrer ersten praktischen Anwendung. Im Übungsteil schließlich sind weitere Empfehlungen gegeben.

* *Selbstverständlich tragen alle magischen Übungen dazu bei. Wir sprechen hier lediglich von jenen Praktiken, die eine solche Härtung der Aura ganz gezielt fördern.*

Wenn wir hier also vergleichsweise früh die etwas ketzerische Auffassung referieren, daß magische Kreise von einigen Spezialarbeiten abgesehen »eigentlich unnötig« seien*, so wollen wir damit weder die bisherige Praxis abwerten oder in Frage stellen, noch zu einer allgemeinen Verwirrung beitragen. Vielmehr möchten wir damit einen kurzen Blick auf das freigeben, was uns als Magier in der Praxis noch erwartet, und aufzeigen, welchen Kurs das Schiff eigentlich nehmen soll.

Die Techniken allein sind jedoch noch keine Garantie für magischen Schutz und erfolgreiche Magie.

Techniken allein sind noch keine Garantie für magischen Schutz und erfolgreiche Magie.

Eher könnte man davon sprechen, daß es das beharrliche Üben selbst ist, das einer derartigen Garantie nahekommt. Die vielen grundverschiedenen magischen Systeme dieser Welt, die einander an Effektivität selten nachstehen, beweisen, daß es nicht so sehr darauf ankommt, *was* der Magier im Rahmen seiner Ausbildung tut, als vielmehr darauf, *wie* – und nicht zuletzt auch, *wie lange* – er es tut. Allerdings wird auch dreißigjähriges Üben nicht zum gewünschten Erfolg führen, wenn die richtige Grundeinstellung fehlt und die magische Wahrnehmung nicht entwickelt wird.

* *Die winklige Ritualtradition verzichtete beispielsweise sehr häufig darauf.*

MANTRAMISTIK (I)

A B R A C A D A B R A
A B R A C A D A B R
A B R A C A D A B
A B R A C A D A
A B R A C A D
A B R A C A
A B R A C
A B R A
A B R
A B
A

Einführung in die Mantramistik

Unter Mantramistik versteht man die Lehre von den magischen Wirkungen der sprachlichen Laute und Klänge.

Die Lehre von den magischen Wirkungen der sprachlichen Laute und Klänge

Das Sanskritwort mantra bedeutet soviel wie »magisch-mystische Lautformel«, und es hat inzwischen seit gut hundert Jahren in der Sprache der westlichen Esoterik seinen festen Platz gefunden.

Die Mantramistik ist ein hochkompliziertes Gebiet, das wir im Rahmen unserer Schulung immer wieder streifen werden, ohne es jedoch jemals erschöpfend abhandeln zu können. Wenn wir uns jedoch die Grundstrukturen magischer Mantras klar machen, wird es uns auch ohne großes religions- und sprachgeschichtliches Wissen gelingen, die Magie der Laute und Klänge wirkungsvoll für unsere Zwecke zu nutzen.

Jedes magisch verwendete Mantra hat vor allem einen Zweck: die Herstellung von Gnosis oder magischer Trance. Wir brauchen uns vorläufig nicht für die sehr verwickelten Theorien zu interessieren, die besonders die indische und die hebräische Mantramistik prägen. Es genügt, daran zu erinnern, daß in der hinduistischen und jüdischen Tradition (aber nicht nur dort) dem Sanskrit bzw. dem Hebräischen die Eigenschaft einer »Ursprache der Schöpfung« zugesprochen wird. Speziell das Sanskrit gilt in der hinduistischen Kultur als Kraftquelle, deren Beherrschung den Magier zur Gottheit werden lassen kann. Mit anderen Worten: Das – natürlich später liegende – Johanneszitat »Im Anfang war das Wort« findet hier einen sehr konkret gemeinten Ausdruck; wer die subtilen Energien einer solchen Sakral- und Ritualsprache meistert, der kann dadurch selbst zum Schöpfer werden. Ähnliche Überlegungen finden wir im Hebräischen, und auch dem Latein und dem Arabischen des Koran wurde gelegentlich derartige Macht zugesprochen. Dies ist der makrokosmische Angang.

Vom mikrokosmischen Angang aus betrachten wir vor allem die Wirkung von Mantras. Wir lassen die These von der den Mantras innewohnenden »objektiven« Kraft für eine Weile beiseite und experimentieren damit, welche Effekte sich mit welchen Mantras erzielen lassen. Es soll hier nicht verschwiegen werden, daß in der mantramistischen Literatur gelegentlich vor einer solchen »Profanierung« gewarnt wird. Doch hat unsere Praxis immer wieder gezeigt, daß in solchen Fällen keine magische, sondern vielmehr eine dogmatisch-religiöse Grundhaltung vorliegt, die nicht auf praktischen Erfahrungen mit der Magie beruht.*

Es interessiert uns also vorläufig gar nicht, welchen Sinninhalt, welche »Bedeutung« ein Mantra haben mag.

Es interessiert uns vorläufig gar nicht, welchen Sinninhalt, welche »Bedeutung« ein Mantra haben mag.

Auf kuriose Weise stimmen wir darin sogar mit den religiös-dogmatischen Mantramistikern überein, die den »heiligen« Mantras eine Eigenwirkung zugestehen, welche völlig unabhängig vom Verständnis des Verwenders existiert.**

Halten wir zunächst fest, daß es sich bei Mantras um Lautkombinationen handelt,

a) die der Herstellung von Gnosis dienen und
b) die magische Effekte erzielen sollen.

Sie haben aber auch noch weitere Funktionen, unter anderem:

c) Ausschaltung störender Außeneinflüsse;
d) Konzentrationsförderung;
e) Herstellung von Gedankenleere;
f) Erweckung magischer Kräfte und Wahrnehmungen.

Dabei ergeben sich zwangsläufig Überschneidungen zwischen den Punkten a) und c–f), doch brauchen wir vorläufig nicht auf solche Feinheiten einzugehen.

In der Praxis stellen wir fest, daß es keineswegs gleichgültig ist, ob wir beispielsweise Mantras aus dem Hebräischen, dem Sanskrit, dem

* *Der religiöse Kosmos ist nicht eigenmächtig zu erforschen, das wäre ein Sakrileg, vielmehr soll er erduldet und hingenommen werden, in diesem Sinne ist er auch statisch. Der magische Kosmos dagegen ist dynamisch, er kennt – zumindest im Idealfall – keine festgelegten Gesetze und erschließt sich dem Magier nur durch die persönliche praktische Erfahrung, ja, er wird durch diese überhaupt erst erschaffen.*

** *Ähnlich spricht aus magischer Sicht vieles für die Beibehaltung des Lateinischen als Liturgiesprache in der katholischen Messe, und dies wurde von weiten Kreisen innerhalb der Kirche bis zum Zweiten Konzil auch genauso verstanden.*

Tibetischen, dem Arabischen oder dem Japanischen verwenden – alle diese Sprachen haben eine eigene, unverwechselbare Energiequalität und erzeugen dadurch auch unterschiedliche Formen der Gnosis. Dies werden wir noch ausgiebig überprüfen können.

Bevor wir für diesmal unsere Ausführungen zur Mantramistik beenden, wollen wir noch auf die unterschiedlichen Anwendungsweisen von Mantras (im Sanskrit japa mantra genannt) eingehen. Grundsätzlich können nach der indischen Lehre Mantras auf dreierlei Arten intoniert werden:

1) laut
2) leise
3) stumm.

Dabei gilt die stumme oder mentale Intonation in vielen Mantraschulen als die »höchste«, doch ist damit eher die Feinstofflichkeit des Energiezustands gemeint als irgendeine moralische Wertung. Die Anwendungsart richtet sich logischerweise vor allem nach dem Zweck. Nicht immer ist die vergleichsweise subtile Energie des stummen oder mentalen Arbeitens erwünscht, wir sollten dabei also funktional denken und entsprechend auswählen. Als Faustregel läßt sich sagen, daß das laute Intonieren von Mantras Außenreize abblockt und einen Eintritt in die Trance fördert, das leise Intonieren ist der Konzentration und der Innenschau dienlich, und das stumme Intonieren erzeugt eine geistig-astrale Ablösung vom grobstofflichen Körper.

Die Anwendungsart richtet sich vor allem nach dem Zweck.

Wie Sie aus der Sigillenmagie wissen, kann sich der Magier aber auch eigene Mantras (z. B. akustische Sigillen) und »Worte der Kraft« erschaffen, die zwar aus der Alltagssprache entwickelt, aber dabei zugleich derart abstrahiert werden, daß sie mit dieser allenfalls noch genetisch etwas zu tun haben.

Im Anschluß an diesen eher theoretisch gehaltenen Teil werden wir nun zur Praxis mantrischer Sigillen übergehen, um dann im nächsten Schritt Beispiele für die praktische Arbeit mit traditionellen Mantras zu bringen.

PRAKTISCHE SIGILLENMAGIE (II)

Mantrische Sigillen

Bisher haben wir nur die Wortmethode der Sigillenmagie kennengelernt. Nun soll die mantrische Sigillenmethode zur Sprache kommen.

Anders als die Wortmethode werden mantrische Sigillen in der Regel bekanntlich nicht spasmisch geladen bzw. aktiviert, sondern durch rhythmisch-monotones Herunterleiern.*

Das hat seine Vor- und Nachteile. Der wohl wichtigste praktische Nachteil besteht in der vergleichsweise langen Dauer der Operation. Bei der spasmischen Ladung (Wort- und Bildmethode) läßt sich der gesamte magische Akt auf wenige Minuten terminieren, das Leiern von Sigillen dagegen kann oft Stunden, ja sogar – insgesamt gerechnet – Tage beanspruchen. Zudem sind die mantrischen Sigillen auffälliger, zumindest wenn man, wie es die Regel ist, laut intoniert und nicht stumm. Deshalb lassen sie sich nicht ohne weiteres ungestört aktivieren.

Doch gibt es auch einige Vorteile. Zum einen haben viele Magier das Gefühl, daß die mantrischen Sigillen »organischer« seien und nicht wie ein Vorschlaghammer »ins Gehirn hauen«, wie es die nach Wort- oder Bildmethode geladenen Sigillen oft tun. Zweitens wird durch das monotone Wiederholen eines scheinbar sinnfreien Mantras das Unbewußte bei manchen Magiern offenbar weiter geöffnet – mit Ausnahme der sexualmagischen Sigillenladung – als durch die nichtsexualmagische Todeshaltung. Und drittens kommt die mantrische Aktivierung vor allem jenen Magiern mehr entgegen, die bereits viel mit verbalen Suggestionen oder mit Hypnose gearbeitet haben, ebenso natürlich stark auditiv veranlagten Menschen wie etwa Musikern. Zum vierten sei noch einmal betont, daß auch die mantrischen Sigillen am wirksamsten sind, wenn wir ihren Inhalt vergessen haben. Gegenüber den anderen Methoden der Sigillenmagie hat das Ableiern mantrischer Sigillen den Vorteil, daß dieses Vergessen oder Verdrängen von Sinninhalten nach einer Weile ganz automatisch geschieht.**

> *Durch das monotone Wiederholen eines sinnfreien Mantras kann das Unbewußte geöffnet werden.*

* *Oft auch neudeutsch »Chanten« genannt, vom englischen »to chant« = »(liturgisch) singen, (ab-, herunter-)leiern«.*

** *Das gilt übrigens ganz allgemein für Worte: Wenn Sie eine halbe Stunde lang ununterbrochen das Wort »Käsekuchen« vor sich hinmurmeln, werden Sie schon sehr bald*

Es hat sich ferner als recht wirkungsvoll erwiesen, bei mantrischen Sigillen die Vokalisierung ausschließlich mit den Lauten I, A und O durchzuführen. Denn es hat den Anschein, als würde das Unbewußte auf diese Klangkombination besonders dankbar reagieren.

Wir werden weiter unten eine moderne Übung beschreiben, die auf der alten gnostischen IAO-Formel aufbaut und sich diesen Effekt gezielt zunutze macht. Vielleicht sollten Sie einmal mit mantrischen Sigillen experimentieren, indem Sie bei ein und derselben Operation mit verschiedenen Vokalisierungen arbeiten. So könnten Sie beispielsweise an einem Tag die akustische Sigil »BILAKO« verwenden, am nächsten »BALAKA«, am übernächsten »BELUKO«, und beobachten, welche Vokalkombination sich am besten anfühlt. Dabei muß die Reihenfolge der Laute I-A-O nicht unbedingt eingehalten werden, wir können also auch mit Umstellungen arbeiten (also z. B. mit O-A-I, I-O-A, A-O-I), was übrigens schon die antiken Gnostiker taten.

Die IAO-Formel

Über die sogenannte »IAO-Formel« ist schon viel geschrieben worden, dennoch läßt sich nicht immer eindeutig definieren, was in der Magie im allgemeinen darunter verstanden wird. In der spätantiken Gnosis spielte die Vokalfolge »I-A-O« eine große Rolle, und auch Aleister Crowley hat viel und gern mit ihr gearbeitet.***

gar nicht mehr bewußt wissen, was Sie da sagen – es bedarf eines Akts der Anstrengung, um dieses Wissen wieder zu aktivieren.

*** *Es sollte hier zum besseren Verständnis angemerkt werden, daß der Begriff »Formel« in der Magie ganz ähnlich verwendet wird wie beispielsweise in der Mathematik oder der Chemie. So definiert der Duden »Formel« als: »Folge von Buchstaben, Zahlen od. Worten zur verkürzten Bezeichnung eines {...} Sachverhalts«; als zusätzliche Bedeutung gilt in der Magie auch: »kurzgefaßter Satz od. Ausdruck, in dem sich ein gedanklicher Zusammenhang erhellend fassen läßt«. Tatsächlich stellen magische Formeln oft eine Mischform aus beidem dar. Mal bestehen sie, wie die hier behandelte IAO-Formel oder unsere hier häufiger besprochenen mathemagischen Strukturformeln – z. B. die symbollogische Unschärferelation – tatsächlich nur aus Buchstabenkürzeln, mal aber auch aus Merksätzen oder -worten mit praktischem Hintergrund, etwa die Formeln »V.I.T.R.I.O.L.«, »Thelema«, »93/93« (= ein thelemitischer Gruß, mit dem die Worte Thelema – Wille – und Agapé – Liebe – durch ihren kabbalistischen Zahlenwert zusammengefaßt werden).*

Hier wollen wir noch nicht auf die philosophische und symbolische Bedeutung der IAO-Formel eingehen und statt dessen die persönliche Erfahrung und Praxis in den Vordergrund stellen. Damit soll auch bewiesen werden, daß ein Großteil der magischen Techniken auch ohne allzu aufwendigen ideologischen Überbau auskommen und auch ohne genauere Kenntnisse von philosophischem »Faktenmaterial« geradezu automatisch wirken, sofern die entsprechende Gnosis vorhanden ist.

Anstelle philosophisch-mystischer Ausführungen werde ich Ihnen also hier diese von mir entwickelte Übung in diesem Abschnitt in ihren praktischen Einzelheiten schildern.

Dabei handelt es sich um eine Energetisierungs- und Schutzübung, die in ihrer Wirkungsweise dem Kabbalistischen Kreuz gleicht, aber unaufwendiger und in mancher Hinsicht sogar effektiver ist. Sie dient uns vor allem zur »Härtung« der Aura des Magiers, wodurch sie einen optimalen magischen Schutz ermöglicht.

Die Arbeit mit der IAO-Formel

Die IAO-Formel wird zu Anfang stets aufrecht stehend geübt, erst nach einiger Praxis solltest Du sie auch in anderen Stellungen versuchen.

DIE I-FORMEL

Du stehst aufrecht mit aneinandergestellten Füßen, auf Wunsch mit Blickrichtung Osten. Mit geschlossenen oder (sofern bereits entsprechende Meditationserfahrung vorhanden) halbgeschlossenen Augen intonierst Du langgezogen den Vokal I: »Iiiiiiiiiiiiiiiiihhhhhh«.

Gleichzeitig imaginierst Du einen senkrechten Lichtstrahl, der von oben kommend durch den Scheitelpunkt in Deinen Körper eindringt und sich senkrecht durch die Körpermitte nach unten fortsetzt, um im Boden zu verschwinden. Der Strom hat allerdings keine festgelegte Fließrichtung, tatsächlich fühlt es sich mit der Zeit so an, als würde er – meist im Rhythmus mit dem Atem – gleichzeitig von oben nach unten und von unten nach oben strömen. Der Strahl ist ein kontinuierlicher Strom, es handelt sich also nicht etwa um einen einmaligen »Blitz«. Spüre die Energie, die dich kraftvoll durchströmt. Oft wird sie als warmes Prickeln oder als Gefühl der Kraft und Macht empfunden.

Wenn Du es Dir zutraust, kannst Du diesen Strahl schon von Anfang an in weißer, durchschimmernder Farbe imaginieren. Sollte dies nicht problemlos gelingen, so übst Du erst einige Wochen ohne Farbimagination, um es dann aufs neue zu versuchen.

Dies ist die Vereinigung von Makro- und Mikrokosmos; die Chinesen sprechen von der »Vereinigung von Himmel und Erde«. Damit harmonisierst Du Deine Kräfte und stellst einen Einklang zwischen Deinem »Oben« und Deinem »Unten« her. Dieser Teil der IAO-Formel dient auch der Inspiration und öffnet das Scheitelchakra für Dein Informationsuniversum.

DIE A-FORMEL

Immer noch senkrecht stehend und mit geschlossenen bzw. halbgeschlossenen Augen breitest Du seitlich die Arme aus und intonierst langgezogen den Vokal A: »Aaaaaaaaaaaaaaaaaahhhhhh«.

Gleichzeitig imaginierst Du einen kontinuierlichen waagerechten Energiestrom, der Deinen Körper in der Horizontalen durchstößt und rechts und links von ihm in die Weite schießt, aus der er auch kommt. Der Strom hat keine festgelegte Fließrichtung, tatsächlich fühlt es sich so an, als würde er gleichzeitig von links nach rechts und von rechts nach links strömen. Spüre die Energie, die dich kraftvoll durchströmt. Oft wird sie als warmes Prickeln oder als Gefühl der Kraft und Macht empfunden.

Wenn Du es Dir zutraust, kannst Du diesen Strahl schon von Anfang an in roter, durchschimmernder Farbe imaginieren. Sollte dies nicht problemlos gelingen, so übst Du erst einige Wochen ohne Farbimagination, um es dann aufs neue zu versuchen.

Dies ist die Vereinigung von linker und rechter Seite, von Geben und Empfangen, von Handeln und Erdulden; die Chinesen sprechen von der »Vereinigung von Yin und Yang«. Damit aktivierst Du Deine Kräfte und stellst einen Einklang zwischen Deinem »Rechts« und Deinem »Links« her. Dieser Teil der IAO-Formel dient auch der Herstellung des geistigen und körperlichen Gleichgewichts und öffnet die Handchakras für Dein Informationsuniversum.

Dies ist Mittung, das innere Zentrieren, und es kommt in seiner Funktion dem magischen Kreis nahe. Damit konzentrierst Du Deine Kräfte und stellst Dich ins Zentrum Deines eigenen Kosmos.

DIE O-FORMEL

Immer noch senkrecht stehend und mit geschlossenen bzw. halbgeschlossenen Augen legst Du seitlich die Arme an den Körper und intonierst langgezogen den Vokal O: »Oooooooooooooooooohhhhhh«.

Gleichzeitig imaginierst Du einen kontinuierlichen doppelkreisförmigen Energiestrom, der Deinen Körper waagerecht und senkrecht im Umkreis von etwa eineinhalb Metern umgibt. Der Strom hat keine festgelegte Fließrichtung, tatsächlich fühlt es sich so an, als würde er gleichzeitig links- und rechtsherum, von oben vorne herab und umgekehrt strömen. Spüre die Energie, die dich kraftvoll umströmt. Oft wird sie als warmes Prickeln dicht über der Haut oder als Gefühl der Kraft und Macht empfunden.

Wenn Du es Dir zutraust, kannst Du diesen Kreis- bzw. Kugelstrom schon von Anfang an in blauer, durchschimmernder Farbe imaginieren. Sollte dies nicht problemlos gelingen, so übst Du erst einige Wochen ohne Farbimagination, um es dann aufs neue zu versuchen. Nun kannst Du den O-Kreis bzw. die Doppel-O-Kugel auf bis zu etwa sechs Metern ausdehnen, abhängig davon, wie gut Du ihn/sie aufrechtzuhalten vermagst.*

Dies ist die Mittung, das innere Zentrieren, und es kommt in seiner Funktion dem magischen Kreis nahe. Damit konzentrierst Du Deine Kräfte und stellst Dich ins Zentrum Deines eigenen Kosmos.

Dieser Teil der IAO-Formel dient auch der Herstellung des geistigen und körperlichen Gleichgewichts, der Sicherheit und des Selbstvertrauens, er reduziert die magische Verwundbarkeit und macht Dich zum Beherrscher Deines Informationsuniversums.

Die Intonationen müssen nicht sehr laut sein, Du solltest aber versuchen, sie so kraftvoll wie möglich durchzuführen. Mit etwas Übung wirst Du schon die für Dich richtige Lautstärke, Tonlage, Intonationsdauer und so weiter feststellen.

Die IAO-Formel dient also sowohl dem magischen Schutz als auch der Mittung und der Kraftaufladung. Sie kann auch vor Heilungen mit Erfolg praktiziert werden. Wir verwenden sie außerdem gern vor und nach dem Kleinen Bannenden Pentagrammritual sowie vor und nach

* *Dies sind nur Richtwerte, im Zweifelsfall solltest Du Deiner eigenen Intuition stets den Vorzug geben.*

Die IAO-Formel dient der Mittung, Kraftaufladung und Heilung.

jeder anstrengenden, kraftaufwendigen magischen Operation. Sie eignet sich ferner ganz hervorragend für die Arbeit mit dem magischen Doppelgänger sowie bei bzw. vor beeinflussungsmagischen Operationen und kann von Magiern, denen die Arbeit mit kabbalistischen Formeln nicht zusagt, beispielsweise anstelle des Kabbalistischen Kreuzes und anderer Mittungs- und Aufladungspraktiken, verwendet werden. Darüber hinaus läßt sie sich jederzeit völlig gefahrlos und ganz nach Bedarf einsetzen.

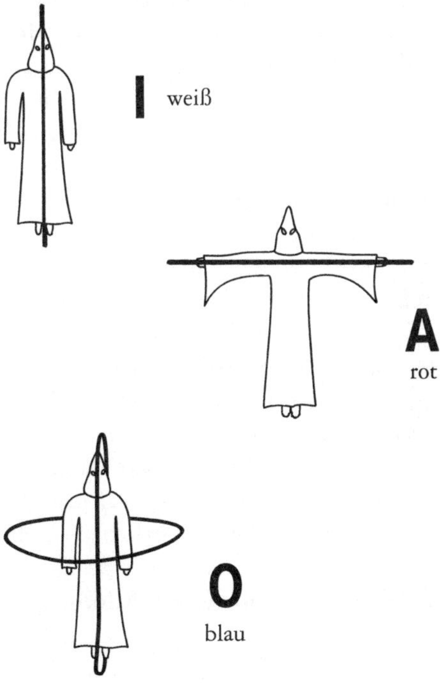

Abbildung 22: Die IAO-Formel

Exkurs: Die wunden Punkte der Magier-Seele (1)

Der Magier Gurdjieff widmete sein Leben dem »Kampf gegen den Schlaf«, wie er es formulierte. Dies ist übrigens auch der Titel einer sehr lesenswerten Gurdjieff-Studie von Colin Wilson. Unter diesem Schlaf verstand er etwas Ähnliches wie die alten Gnostiker, nämlich das Leben im Nicht-Bewußtsein um seine wahre Bestimmung. Die Antwort auf die drei gnostischen Fragen »Wer bin ich? Woher komme ich? Wohin gehe ich?« zu suchen, bedeutet aufzuwachen aus dem, was Colin Wilson die »Gewohnheitsneurose« genannt hat.

Im Gegensatz zu früheren Zeiten glauben heute nur noch die wenigsten Magier, daß es auf diese Fragen – oder auch auf die Urfrage nach dem »Sinn des Lebens« – eine allgemeingültige Antwort gibt. Zu differenziert sind Denken und Wahrnehmung des Menschen geworden, zu kompliziert die Zusammenhänge, in denen er mittlerweile denkt und handelt, um sich widerstandslos in die scheinbar allzu schlichten Erklärungssysteme der Vergangenheit einzufügen. Damit sollen die alten Weisheiten jedoch keineswegs abgewertet werden. Im Gegenteil, wenn wir sie einmal genauer und undogmatischer betrachten, werden wir möglicherweise feststellen, daß sie vielleicht doch gar nicht so schlicht und simpel sind, sondern daß es vielmehr ihre unreflektierte, ja geradezu dümmliche Interpretation war, die uns lange Zeit den Blick für ihre wahre Vielseitigkeit und Flexibilität verstellt hat. Erst in unserer Zeit kommt – spät, aber deutlich! – das Erbe der Renaissance und der Aufklärung in der Magie richtig zum Tragen: Das Individuum wird schonungslos ins Zentrum seines eigenen Universums gestellt, damit es endlich lernt, eigenverantwortlich mit seinem Leben und seiner Realitätsproduktion umzugehen, anstatt sich an den Rockzipfel irgendeiner Vater- oder Muttergottheit, »göttlicher« Gebote, oktroyierten Moral und Ethik, Kirche oder Gesellschaft zu hängen und nur danach zu streben, makellos funktionierender Erfüllungsgehilfe, ja Sklave fremder Vorgaben zu werden – in der Hoffnung auf einen schönen Platz an der Sonne im Jenseits, auf Vergebung der Sünden, auf »positives Karma«, auf gesellschaftliche Anerkennung und was der Karotten mehr sind, die man dem Esel »Menschheit« seit Jahrtausenden vor die Nase hängt, damit er pariert und unermüdlich weiter in seine Sackgassen hineintrabt. Statt dessen will die Magie von heute den selbstbestimmten, aus innerer Erfahrung und Weisheit handelnden Menschen, der keineswegs amoralisch oder verantwortungslos agieren muß, der sich aber seine Ethik weder von einer Kirche noch einem Geheimorden mit »Wahrheitsmonopol« vorschreiben läßt.

Die Magie von heute will den selbstbestimmten, aus innerer Erfahrung und Weisheit handelnden Menschen.

Bis dieses Ziel tatsächlich erreicht wird, ist es jedoch noch ein langer Weg voller Hindernisse, und das gilt sicher für jeden von uns. So individuell wie die einzelnen Lebensziele, so unterschiedlich können auch die wunden Punkte der Magier-Seele sein. Deshalb können wir hier auch keine verbindliche Liste sämtlicher Stolpersteine aufstellen, sondern nur einige der häufigsten aufzählen und Hinweise für einen konstruktiven Umgang mit ihnen geben. Einer davon soll jetzt im Vordergrund der Betrachtung stehen: die Gewohnheit.

DIE MACHT DER GEWOHNHEIT

Allzuoft vergessen wir, daß Floskeln und Zitate für vieles einen aufschlußreichen Anschauungsunterricht bietet.*

Ein Satz wie »die Macht der Gewohnheit«, den wir täglich – ja geradezu gewohnheitsmäßig! – gebrauchen, ohne über seine eigentliche Bedeutung nachzudenken, sollte uns eigentlich stutzig machen. Tatsächlich hat die Gewohnheit in der Regel eine derartige Macht über uns, daß sie

a) zum ernsten Hindernis beim für die moderne Magie so wichtigen Paradigmenwechsel werden kann;

aber auch

b) ausgenutzt werden kann, indem wir uns neue, magiefördernde Gewohnheiten aneignen.

Consuetudo est quasi altera natura.

(»Die Gewohnheit ist soviel wie eine zweite Natur.«)
nach Cicero

* *Oder, wie es L. Ron Hubbard in seinem Buch* Dianetik *formuliert: »Hat man erst einmal etwas entdeckt, das zur Lösung bisher ungelöster Probleme führt, so stellt man fest, daß sogar die Wörterbücher ›es schon immer gewußt‹ haben.«*

Deshalb ist es auch erforderlich, sich ein genaues Bild von den eigenen Gewohnheiten zu machen und diese so gut es geht auf ihre Ursachen abzuklopfen. Beides ist nicht so einfach, wie es sich lesen mag: Ein Großteil unserer Gewohnheiten ist im Unbewußten verankert und daher nur schwer aufzuspüren. Oft sind wir erstaunt, wenn uns Freunde und Bekannte auf Gewohnheiten aufmerksam machen, von deren Existenz wir überhaupt nichts ahnten. Noch schwieriger ist es, die Ursachen für solche Gewohnheiten festzustellen, zumal diese meist sehr vielschichtig sind und häufig bestenfalls erahnt, nicht aber präzise formuliert werden können. Aus diesem Grund sollten wir auch mit Gewohnheiten anfangen, die offensichtlicher sind, wie Rauchen, Abhängigkeit vom Morgenkaffee, regelmäßiges Sehen von Nachrichten- oder Sportsendungen und so weiter. Begnügen Sie sich bei der Ursachenforschung bitte nicht mit vordergründigen Erklärungen wie »Ich rauche, weil es mir Spaß macht« – vielleicht macht Ihnen das Essen von Eiskrem auch Spaß, dennoch werden Sie wohl kaum über Jahre hinweg zwanzig bis sechzig Tüten Eiskrem pro Tag vertilgen oder völlig nervös und zittrig werden, wenn mal kein Eis zur Verfügung steht – es sei denn, Sie sind wirklich eiskremsüchtig! Die Trennlinie zwischen Gewohnheit und Sucht ist oft nur haarfein, und ein wesentlicher Bestandteil von Sucht ist das hartnäckige Leugnen des Süchtigen, abhängig zu sein. Wenn Sie sich schon seit zehn Jahren vormachen sollten, daß Sie das Rauchen »ja jederzeit aufgeben« könnten, sofern Sie nur wollten, so beweisen Sie es sich auch, indem Sie beispielsweise mal sechs Monate oder gar zwei Jahre damit aufhören oder mal eine Woche damit aussetzen, dann einen Tag zwanzig Zigaretten rauchen und am nächsten nur drei, am übernächsten zehn und am Tag darauf eine und so weiter, bis Ihr Rauchverhalten völlig unberechenbar geworden ist. Als magisches Hilfsmittel für die Entscheidung können Sie auch den Würfel verwenden.

Die Trennlinie zwischen Gewohnheit und Sucht ist oft nur haarfein.

Wir möchten hier nicht für das Rauchen plädieren, wollen es aber andererseits auch nicht verteufeln – letztlich müssen Sie selbst entscheiden, ob Sie das damit verbundene gesundheitliche Risiko auf sich nehmen wollen oder nicht. Unsinn ist jedenfalls die in älteren Magietexten immer wiederkehrende Behauptung, als Magier müsse man unbedingt auf Tabak-, Alkohol- und Fleischkonsum verzichten und auch sexuell enthaltsam leben. Was von den Forderungen solcher Autoren zu halten ist, erkennen wir, wenn wir uns einmal vor Augen halten, daß ein Franz Bardon dem angehenden Adepten das Rauchen zwar streng verboten hat, selbst aber Kettenraucher war!

Das Rauchen ist jedoch insofern ein gutes Beispiel, weil es sehr verbreitet ist und uns die Möglichkeit bietet, uns mit ihm als Gewohnheit und/oder als Sucht sehr intensiv auseinanderzusetzen. Sollten Sie Nichtraucher sein, so versuchen Sie es beispielsweise mit Ihrem Trink- oder Eßverhalten, Ihren Sexualgewohnheiten oder ähnlichem. Im Übungsteil finden Sie weitere praktische Hinweise, mit deren Hilfe Sie das hier Behandelte umsetzen können.

Aus dem Gesagten ergibt sich, daß der Magier auch von Zeit zu Zeit mit seiner Magie aussetzen muß, um nicht wiederum von dieser gewohnheitsmäßig abhängig und ihr Sklave anstatt ihr Meister zu werden. Doch dazu muß meist erst eine jahrelange Magie-Routine aufgebaut worden sein.

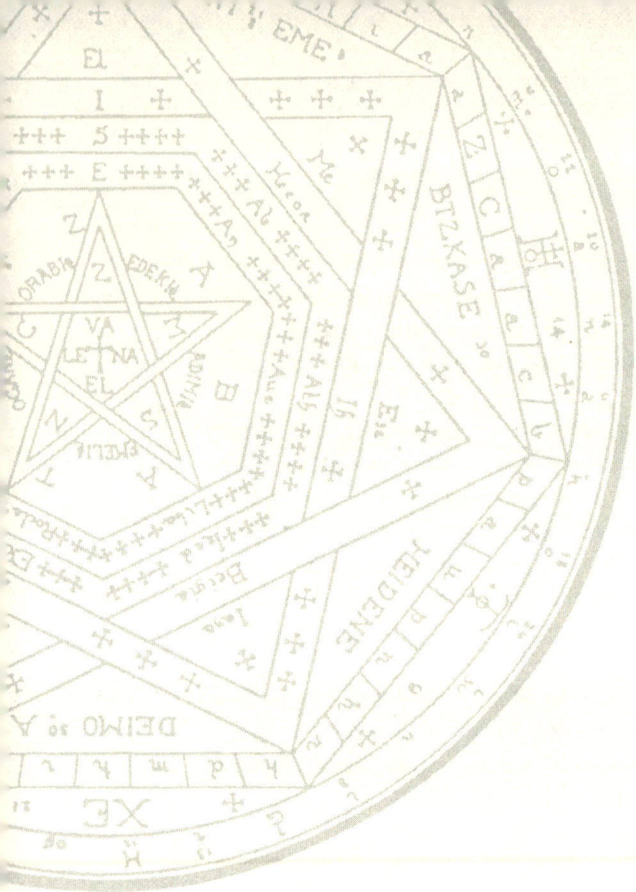
EME
EL
BTZKASE
HEIDENE

PLANETENMAGIE (III)

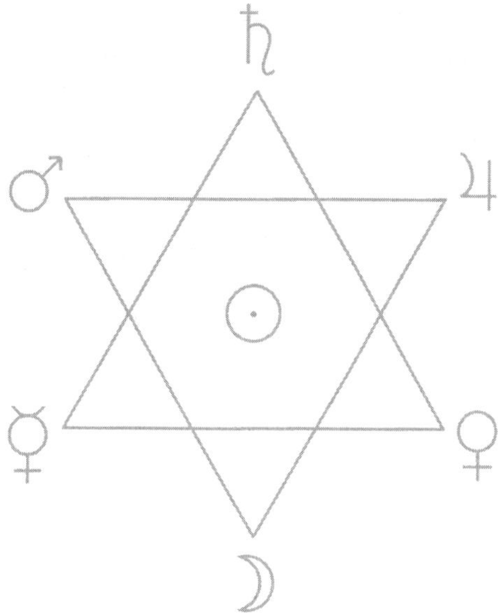

Die Lehre von den Korrespondenzen (1)

Bevor wir unsere Einführung in das Hexagrammritual und die Planetenmagie fortsetzen, wollen wir einige grundsätzliche Aspekte des Umgangs mit magischen Korrespondenzen behandeln, da diese die rituelle Praxis unmittelbar betreffen.

Das deutsche Wort für Korrespondenzen lautet »Zuordnungen, Übereinstimmungen«, doch hat sich das Fremdwort inzwischen in der Magieliteratur eingebürgert, weshalb wir auch dabei bleiben wollen. Statt »Korrespondenzen« wird auch, vor allem in jüngerer Zeit, häufig von »Analogien« gesprochen. Letzteres bedeutet zwar im Prinzip das gleiche, verleiht dem ganzen aber doch eine andere Nuancierung:*

Analogie meint Ähnlichkeit, nicht aber Gleichheit oder gar Identität: Mit Hilfe von Korrespondenzen ordnet der Magier sein Universum, um gewissermaßen aus makrokosmischen Problemen mikrokosmische Lösungsmöglichkeiten zu entwickeln, ein Vorgang, der sich Ihnen durch zunehmende Praxis noch von allein erklären wird. Dahinter steht das sogenannte Sympathiegesetz, demzufolge zwischen einander ähnlichen oder entsprechenden Dingen ein feinstofflicher Wirkungszusammenhang besteht.

Mit Hilfe von Korrespondenzen ordnet der Magier sein Universum.

Mit den Korrespondenzen ist vor allem in der Dogmatischen Magie Schindluder getrieben worden, etwa wenn sie als »objektiv« und somit unumstößlich verstanden wurden. So wird Ihnen ein dogmatischer Magier beispielsweise einzureden versuchen, daß das Metall Blei einzig und allein zum Planetenprinzip des Saturn, nicht aber etwa zur Venus oder zum Mond gehört. Wenn Sie also ein Mondritual unter Verwendung des Metalls Blei durchführen, so argumentiert unser Dogmatiker, ist dieses von vorneherein zum Scheitern verurteilt. Damit denkt er ähnlich wie ein Chemiker, in dessen Weltbild sich bei einem Laborversuch Natrium ja auch nicht beliebig durch Kalium oder

* *Aufschlußreich ist, was in diesem Zusammenhang der große Duden zum Begriff Analogie vermerkt: »(… lat. analogia < griech. analogía): 1. (bildungsspr.) Entsprechung, Ähnlichkeit, Gleichheit von Verhältnissen …« Ja, er kennt sogar das Wort Analogiezauber: »Zauber, der durch eine bestimmte Handlung Ähnliches bewirken will (z. B. das Verbrennen von Haaren eines Menschen, der dadurch geschwächt werden od. sogar sterben soll).«*

Helium ersetzen läßt, wenn ein bestimmtes Ergebnis gefordert wird. Von Ramsey Dukes stammt das Beispiel des Chemikers, den wir eben *nicht* dabei ertappen werden, wie er kopfschüttelnd und ungläubig vor einem Häuflein Tafelsalz (= Natriumchlorid) sitzt und murmelt: »Kann mir doch niemand weismachen, daß das Zeug Chlor enthält!« Dukes führt aber auch sinngemäß weiterhin aus, daß es falsch wäre zu glauben, das Metall Blei »enthalte« irgendwie den Saturn so wie Natriumchlorid Chlor enthält.

Gerade in einer naturwissenschaftlich so gründlich geprägten Welt wie der unsrigen ist es von größter Wichtigkeit, als Magier nicht der Versuchung zu erliegen, die Bezugsebenen zu verwechseln und die Korrespondenz, also die Entsprechung, mit Identität gleichzusetzen. Das ist nicht nur unwissenschaftlich gedacht, es schafft auch unnötige Probleme, die uns in der magischen Entwicklung um Jahre und Jahrzehnte zurückwerfen können, unter anderem auch deshalb, weil der subjektive Charakter von Korrespondenzen dadurch verkannt wird.

> *Es ist von größter Wichtigkeit, »Entsprechung« nicht mit »Identität« gleichzusetzen.*

Der praktische Nutzen der Korrespondenzen ergibt sich jedoch weniger aus der Ordnung, die sie dem sonst oft als chaotisch empfundenen Kosmos oktroyieren, sondern vielmehr aus den vielfältigen Anwendungsmöglichkeiten, die sie uns bescheren. Wie es Ramsey Dukes formuliert:

> *In der Ritualmagie lernen wir, Zuordnungen sowohl durch Meditation als auch durch Beobachtung herzustellen, doch anstatt den Status quo passiv zu studieren, um daraus eine Prophezeiung abzuleiten, wie es der Orakeldeuter tut, stellen wir absichtlich eine unnatürliche Konzentration passender Faktoren her, um ein bestimmtes Ereignis herbeizuführen. (Dies ist eine Parallele zum Laborexperiment.)*
> Ramsey Dukes, LIBER SGDSMEE

Innerhalb gewisser, freilich sehr eng gesteckter Grenzen sind die Korrespondenzen also im Prinzip beliebig und willkürlich: Ob wir dem Saturn nun, wie es eine von vielen widersprüchlichen Traditionen fordert*, das Metall Blei zuordnen oder das Eisen, spielt insofern keine Rolle, solange wir dabei konsequent bleiben und nicht einmal Blei, ein anderes Mal Eisen und ein drittes Mal Kupfer wählen, denn dies würde das Unbewußte vor allem am Anfang unserer Praxis erfahrungsgemäß stark verunsichern und zu völlig unberechenbaren Ergebnissen führen. Diese Grenzen brauchen uns im Augenblick allerdings noch nicht näher zu beschäftigen, da es die Materialflut nur unnötig vergrößern und möglicherweise von der eigentlichen Praxis ablenken würde. Wichtiger ist dagegen die Tatsache, daß uns die Korrespondenzen dazu dienen, im magischen Ritual künstlich eine Einseitigkeit herzustellen, die unseren Vorhaben förderlich ist. Wenn wir also beispielsweise mit dem Planetenprinzip des Jupiter arbeiten wollen, so werden wir aus dem Tempel so gut wie alles verbannen, was nicht dem Jupiter entspricht oder diesen gar ausschließt beziehungsweise ihm entgegenwirken könnte. Es ist dies ein Akt der symbolischen Konzentration, wie wir ihn in krankhafter Form auch in der Hysterie beobachten können – nur daß er hier gezielt und beherrscht stattfindet und darum auch zum gewünschten Erfolg führt.

Sie sollten sich immer vor Augen halten, daß Entsprechungen praktisch erfahren und erlebt sein wollen, wenn sie überhaupt einen Wert haben sollen. Oder, anders ausgedrückt: Ob Sie nun fertige, durch die Tradition sanktionierte Korrespondenzen übernehmen oder sich eigene erschaffen, stets müssen Sie diese durch die eigene Praxis zum Leben erwecken, wenn sie nicht reine intellektuelle Spielerei bleiben sollen.

Entsprechungen wollen praktisch erfahren und erlebt sein.

Haben wir es erst völlig verinnerlicht, so hat das Korrespondenzsystem den Vorteil, uns schnelle und flexible Reaktionen zu ermöglichen. Wir brauchen nicht lange für die »Sinnsuche«, sondern wissen sofort zu handeln, da alles einen (subjektiven) Sinn aufweist und in Beziehung zum Ganzen gesetzt werden kann, ohne

* *Zufälligerweise ist dies im Augenblick zwar die vorherrschende Tradition, doch war dem keineswegs immer so.*

daß allzuviel Zeit auf die Ursachenforschung verwendet werden müßte.*

Am deutlichsten hat vielleicht Mace den Vorgang der Korrespondenzbelebung zusammengefaßt, wenn er schreibt: »Der Magier unterscheidet viele verschiedene Arten verfügbarer Energie, bestückt sie mit Symbolen und Namen und ruft sie bei Bedarf herbei, sei es durch Meditation, durch Singsang (Mantras), Tanzen oder sogar durch sexuelle Aktivität.« [Mace, S. 28]

Der moderne Freistilhexer jedoch verzichtet darauf, aus den Kräften, mit denen er arbeitet, ein universales, allgemeingültiges System zu machen. Außerdem verwendet er so gut wie keine traditionellen Symbole, sondern fast nur solche, die seinem eigenen Unbewußten entspringen. Auch dorthin ist es freilich meist ein langer, dorniger Weg, den wir Ihnen mit unseren Ausführungen in den nächsten Abschnitten ein wenig abzukürzen hoffen.

Die nächsten beiden Übersichten zeigen die wichtigsten traditionellen Korrespondenzen der Planetenmagie, wie sie speziell für die rituelle Praxis relevant sind. Sie entstammen weitgehend den Systemen der Golden Dawn und Aleister Crowleys. Im Anschluß daran werden wir anhand des Ritualplans und seiner Erläuterung noch weiteres Anschauungsmaterial für den sinnvollen Gebrauch dieser Korrespondenzen unterbreiten.

Wenn Sie Wert auf eine gründliche Ausbildung auch im traditionellen Stil legen, sollten Sie sich diese Korrespondenzen nachhaltig einprägen, ja sie sogar auswendig lernen, bis sie richtig »sitzen« und jederzeit abrufbar in Ihrem Geist gespeichert sind. Erst dann können Sie darauf hoffen, Ihr magisches

Korrespondenzen sollten Sie sich gründlich einprägen, bis sie richtig »sitzen«.

* *Wenn uns viermal hintereinander ein Mißgeschick passiert, »wissen« wir sofort, daß wir es hier mit einer Störung im Jupiter-Bereich (Jupiter = 4) zu tun haben und können entsprechend aktiv werden, um diese Störung präzise zu orten und zu beheben. Selbst wenn dies, wie es uns der materialistische Psychologe vielleicht weismachen will, nur Einbildung wäre, zählt doch letztlich nur die Effektivität dieses Vorgangs, und in dieser Hinsicht braucht die Magie keinen Vergleich mit anderen Disziplinen der Schicksalsbewältigung (z. B. Religion, Psychologie oder Wissenschaft) zu scheuen …*

Leben mit ihrer Hilfe sinnvoll und überschaubar zu ordnen und zu einer entsprechend erfolgreichen Praxis zu gelangen.

Vergessen Sie bitte nicht, daß die Planeten selbst Korrespondenzen sind! Wir haben es hier also mit einer Verknüpfung und Ausweitung von Analogien zu tun.

Vermeiden müssen wir auch die in der Vergangenheit auf solch irreführende, unselige Weise immer wieder breitgetretenen Formeln wie »Planet = Edelstein«, »Zahl = Farbe« und so weiter. Noch einmal: Nicht mit einer mathematischen Gleichheit oder Identität haben wir es hier zu tun, sondern eben nur mit einer Analog-Entsprechung. Ähnlich sprechen wir auch im Alltag nicht davon, daß die Farbe Rot »gleich« Liebe oder die Farbe Schwarz »gleich« Trauer ist – sie zeigen ihre jeweilige Entsprechung lediglich an! Erst wenn wir dies gründlich verstanden haben, können wir die symbol-logische Unschärferelation wirklich

PLANET	SYMBOL	ZAHL	WOCHENTAG		METALL/FARBE/EDELSTEIN/DUFT/PFLANZE/FORMEL
SONNE	☉	6	Sonntag	m f e d p fo	GOLD GELB, GOLDEN HELIOTROP, TOPAS OLIBANUM, ZIMT/alle »HERRLICHEN DÜFTE« AKAZIE, LORBEER, WEIN YOD-HE-VAU-HEH ELOA VA-DAATH
MOND	☽	9	Montag	m f e d p fo	SILBER WEISS, SILBERN MONDSTEIN, KRISTALL, PERLE JASMIN, GINSENG/alle »SÜSSEN, JUNGFRÄUL. DÜFTE« DAMIANA, MANDRAGORA, MANDEL SHADDAI EL SHAI
MERKUR	☿	8	Mittwoch	m f e d p fo	QUECKSILBER, MESSING ORANGE [GELB] (FEUER-)OPAL, ACHAT STYRAX, MASTIX/alle »FLÜCHTIGEN DÜFTE« MOLY, SALBEI, PEYOTE ELOHIM TZABAOTH
VENUS	♀	7	Freitag	m f e d p fo	KUPFER GRÜN SMARAGD, TÜRKIS ROSE, MYRTE/alle »SANFTEN, LÜSTERNEN DÜFTE« ROSE, MYRTE, KLEE YOD-HE-VAU-HEH TZABAOTH
MARS	♂	5	Dienstag	m f e d p fo	EISEN ROT RUBIN PFEFFER, TABAK, DRACHENBLUT/alle »HEISSEN, STECHENDEN DÜFTE« EICHE, NESSEL, BRECHNUSS ELOHIM GIBOR

Übersicht 15: Die Planeten und ihre wichtigsten Korrespondenzen (I)

effektiv nutzen und brauchen uns nicht mit pseudowissenschaftlichen Pseudoproblemen herumzuschlagen wie beispielsweise der Frage, was denn die »wahre« Pflanzenkorrespondenz für einen bestimmten Planeten oder von welcher Frequenz ihre »Schwingungen« seien.

PLANET	SYMBOL	ZAHL	WOCHENTAG		METALL/FARBE/EDELSTEIN/DUFT/PFLANZE/FORMEL
JUPITER	♃	4	Donnerstag	m	ZINN
				f	BLAU (KÖNIGSBLAU)
				e	AMETHYST, SAPHIR
				d	ZINNKRAUT, SAFRAN/alle »GROSSZÜGIGEN DÜFTE«
				p	OLIVE, KL. GOLDKLEE (SHAMROCK)
				fo	EL
SATURN	♄	3	Samstag	m	BLEI
				f	SCHWARZ, BRAUN
				e	ONYX
				d	ASANT, SKAMMONIA, INDIGO/alle »ÜBLEN DÜFTE«
				p	EIBE, ZYPRESSE, NACHTSCHATTEN
				fo	YOD-HE-VAU-HEH ELOHIM

Übersicht 16: Die Planeten und ihre wichtigsten Korrespondenzen (II)

Einführung in das Hexagrammritual (III)

In diesem Abschnitt finden Sie das Hexagrammritual eingebettet in ein Merkur-Ritual. Das soll für diesmal genügen, um Sie mit der praktischen Anwendung dieses Rituals vertraut zu machen. Dies liegt schon deswegen nahe, weil es in der Regel ohnehin den Charakter eines »Teilrituals«, also eines Bestandteils eines übergeordneten, größeren Rituals hat.

Erläutern möchten wir an dieser Stelle lediglich, warum das Sonnenprinzip erst nach den anderen Planeten bearbeitet werden sollte: Da sie kein gewöhnlicher Planet, sondern vielmehr die Summe der anderen ist (eine Größe freilich, die größer ist als die Summe ihrer Teile), ist zur Auseinandersetzung mit der Sonne eine gründliche Kenntnis ihrer »Bestandteile« erforderlich.

In alten Magietexten wird immer wieder vor der Sonnenmagie gewarnt.

Aus diesem Grund wird auch in alten Magietexten immer wieder vor der Sonnenmagie gewarnt. Erst wenn wir beispielsweise den Saturn verstanden haben, können wir auch begreifen, was mit dem alten Diktum gemeint ist: »der Sonnenkern ist saturnisch«, oder erkennen wir, weshalb die Zahlen 3 (Saturn) und 6 (Sonne) miteinander in einer engen Beziehung stehen, die sich nicht allein durch »Verdoppelung« erklären lässt. Erst dann wird uns klar, weshalb »666« die Zahl des »Großen Tiers«, »333« dagegen die des Dämons »Choronzon« ist, was dies zu bedeuten hat und wie es sich praktisch nutzen läßt.

Dem magischen Neuling sind – mit gewissen, vom eigenen Horoskop abhängigen Einschränkungen – Planeten wie Merkur oder Jupiter im allgemeinen zugänglicher als beispielsweise Mars oder Saturn, und deshalb wollen wir uns zunächst diesen Prinzipien widmen, bevor wir uns an die schwierigeren und »härteren« Planeten machen.

DER RITUALPLAN

In der modernen Magie ist zwar viel Platz für Spontaneität, doch setzt diese eine gründliche Kenntnis der Materie voraus – erst der Magier, der sein Metier wirklich beherrscht, kann auch hoffen, im Notfall oder nach Gefühl effektiv zu improvisieren. Zwar neige ich persönlich nicht zu der übertriebenen Vorsicht, mit der vor allem Magier der alten Schule ihre Rituale oft monate-, ja jahrelang vorbereiten, aus Angst, es könnte etwas schiefgehen, die »falsche« Korrespondenz die ganze Operation sabotieren.

Verzagtheit sollte nicht an die Stelle des praktischen Handelns treten.

Doch ist natürlich nichts gegen ein gründliches Studium seines Handwerks einzuwenden. Nur sollte die Verzagtheit eben nicht an die Stelle des praktischen Handelns treten.

Vor allem der Anfänger hat oft Probleme, Rituale richtig zu »stylen«. Da eines der unmittelbaren Hauptziele der magischen Zeremonie, wie inzwischen deutlich geworden sein dürfte, das »Stimmungmachen« ist, also die Herstellung einer gnosisfördernden Atmosphäre, die dem Erlangen des magischen Ziels dienlich ist, sollte man auf Rituale zumindest dieselbe Sorgfalt verwenden, wie man es mit einer Party (zum Beispiel anläßlich einer Hauseinweihung) im Kreis lieber

Freunde täte. Immerhin können kleine Pannen eine Gesellschaft ungemein beleben und eine völlig unerwartete, sehr schöne Stimmung erzeugen, und das gilt ebenso fürs Ritual. Doch da sie sich in der Regel ohnehin oft genug ungewollt einstellen, braucht man nicht erst noch künstlich dafür zu sorgen.

In den nächsten beiden Übersichten finden Sie einen Musterplan für ein planetenmagisches Hexagrammritual, der zudem auf unserer Grundstruktur aufbaut, wie wir sie mit kleinen Abweichungen vorläufig für die allermeisten Rituale beibehalten werden, sowie ein ausgefülltes Beispiel eines solchen Plans für ein Merkur-Ritual. Sie können sich, wenn Sie wollen, diesen Plan – am besten unter Abdecken der Kopf- und Fußzeilen – einige Male kopieren (z. B. für jeden der sieben klassischen Planeten ein Exemplar) und im Laufe der Zeit ausfüllen und als Merkhilfe im Tempel auf den Altar legen. Es ist für die Rituale aus der zyklischen oder Kreistradition charakteristisch, daß sie mit einem Minimum auch an schriftlichem Aufwand auskommen. Die winklige Tradition bevorzugt dagegen meist weitaus umfangreichere Rituale mit minutiöser Rollenverteilung (man arbeitet in der Regel mindestens zu dritt) und festgelegten Ritualtexten. Unsere Rituale aus der Kreistradition, die vorläufig im Vordergrund unseres Interesses stehen sollen, sind jedoch mehr auf den »Hausgebrauch« zugeschnitten und können ohne große Mühe oder überzogene Anforderungen an Zubehör und Gedächtnisleistung durchgeführt werden.

> *Rituale aus der Kreistradition können ohne große Mühe oder überzogene Anforderungen durchgeführt werden.*

Dahinter steht eine ganz spezifische Psychologie: Anstatt, wie in der ohnehin stärker ordensorientierten Winkeltradition, den Magier durch ein Maximum an äußerem Aufwand – von der Tempelausstattung über die Paraphernalia bis zu manchmal äußerst barock wirkenden Ritualtexten und einem oft geradezu autokratischen Zeremonienleiter – in eine bestimmte Energie hineinwachsen zu lassen, ja ihn förmlich »per Masse« in diese hineinzudrängen, konzentriert sich die Kreistradition darauf, den Magier die entsprechenden Energien aus sich selbst heraus und möglichst in Alleinregie entwickeln zu lassen.

Damit keine Mißverständnisse entstehen: Ich will mit diesen Bemerkungen die Winkeltradition keineswegs angreifen; doch ist sie für den Anfänger meines Erachtens meist viel zu kompliziert und streng, wie überhaupt die Dogmatische Magie, der sie ja entstammt.

Sie können natürlich auch Ort und Zeitpunkt des Rituals auf der Checkliste festhalten, doch ist das eigentlich nicht erforderlich, es sei denn, Sie wollen in dieser schriftlichen Form eine ganze Gruppe von beteiligten Magiern benachrichtigen und auf das Ritual vorbereiten.

RITUALPLAN

für ________________ -Ritual

1. Tempel-/Ritualplatzaufbau:

2. Zubehör:

a) Beleuchtung:

b) weitere Korrespondenzen

Metall:

Farben:

Edelsteine:

Duftstoffe:

Pflanzen/Räuchermittel:

Sonstiges:

3. Ritualablauf:

1) Vorbereitung:

2) Kleines Bannendes Pentagrammritual:

3) Invozierendes Hexagrammritual:

4) Anrufung:

5) Konzentration der Energie:

6) Arbeit mit der Energie:

7) Danksagung und Verabschiedung:

8) Kleines Bannendes Pentagrammritual:

9) Entlassungsformel:

Anrufungstext:

Übersicht 17a: Der Ritualplan – Checkliste

RITUALPLAN
für *Merkur-Ritual*

1. Tempel-/Ritualplatzaufbau:
- Altar in der Mitte des Tempels
- Vorraum für Disput

2. Zubehör:

a)	Beleuchtung/Kerzen:	8 gelbe Kerzen/Punktstrahler
b)	weitere Korrespondenzen	
	Metall:	Messingplatte, achteckig
	Farben:	Orange, Gelb – Schleier, Stirnband
	Edelsteine:	Opal
	Duftstoffe:	Äther
	Pflanzen/Räuchermittel:	Mastix und Salbei
	Sonstiges:	Fisch, Weißwein, Schießbaumwolle, Flügelsandalen, Wörterbuch, Rap-Musik

3. Ritualablauf:

1)	Vorbereitung:	Meditation über Intellekt/Sprache, Lösung von Mathematikaufgaben/Denkpuzzles, philosophischer Disput
2)	Kleines Bannendes Pentagrammritual:	wie üblich
3)	Invozierendes Hexagrammritual:	1. ELOHIM 2. TZABAOTH
4)	Anrufung:	siehe unten
5)	Konzentration der Energie:	Meditation, Mantras
6)	Arbeit mit der Energie:	Talismanladung, Tarotbefragung, Verzehr der Opfergaben
7)	Danksagung und Verabschiedung:	wie üblich
8)	Kleines Bannendes Pentagrammritual:	wie üblich
9)	Entlassungsformel:	wie üblich

Anrufungstext:

HYMNE AN MERKUR
Hoher Geist des Intellekts,
spielerischer Narr der Diebe:
gibst uns Wissen um das Wissen,
flinkes Spiel des Worts und Denkens.
Wirst gerufen schon seit Zeiten
von den Ahnen unsrer Zunft:
Denker, Magier und Gaukler
heischen stets nach deiner Gunst.
Gibst uns spottend deine Gaben,
schnell gewonnen, schnell verloren:
silbern scheint Mercurius,
scheint und blitzt nur kurz im Auge,
bricht das starre Denken auf.
Gib mir, ach, Ideen zum Leben,
mach mich reich in deinem Wissen,
lehr mich Suchen, lehr mich Streben –
zeig die Fugen in den Rissen!

[danach acht Glockenschläge]

Fra V.·.D.·.

Übersicht 17b: Beispiel für einen Ritualplan (Merkur-Ritual)

ERLÄUTERUNGEN ZUM RITUALPLAN-BEISPIEL (ÜBERSICHT 17A UND 17B)

Anhand dieses Beispiels wollen wir stellvertretend für alle Rituale dieser Art einmal durchgehen, worauf es bei der Gestaltung einer magischen Zeremonie ankommt. Betrachten Sie die Übersicht 17b bitte nur als Vorschlag, eben als Beispiel – es soll Sie niemand hindern, alles nach Ihren eigenen Vorstellungen und Bedürfnissen umzugestalten!

1. Tempel-/Ritualplatzaufbau

Bei den meisten Planetenritualen ist der Aufbau des Tempels oder des Ritualplatzes derselbe. Doch bei manchen Operationen ist eine Veränderung erforderlich, beispielsweise bei traditionellen Dämonenevokationen, die nach einem Dreieck außerhalb des Kreises verlangen. Auch Gruppenarbeiten erfordern eine gewisse Vorbereitung des Raums, denn schließlich sollen sich die teilnehmenden Magier nicht gegenseitig auf die Füße treten. Rituale in der winkligen Tradition verlangen gelegentlich sogar nach einer richtig ausgefeilten Choreographie, nicht selten muß dabei ein Tempelbeamter den Teilnehmern ihre Plätze zuweisen.

Alles sollte an seinem Platz sein.

Auch bei der Arbeit allein sollte man darauf achten, daß alles an seinem Platz ist, denn eine zeitraubende Suche nach einem benötigten Gegenstand – zudem in magischer Trance! – stört den Ablauf empfindlich.

2. Zubehör und 3. Ritualablauf

Hier braucht nur das für das Ritual spezifische »Sonderzubehör« aufgeführt zu werden, also nicht etwa auch die üblichen Paraphernalia wie Robe, Dolch, Gürtel und so weiter. Vergeßliche Magier sollten allerdings auf jeden Fall daran denken, daß sie Schreibzeug auf dem Altar oder auf einem Beistelltisch bereithalten, denn oft erhält man in der Ritualtrance wichtige Informationen, die man sofort festhalten sollte – man kann dies mit der Traumarbeit vergleichen, bei der die sofortige Aufzeichnung ebenfalls eine Garantie für das Weiterkommen darstellt.

Die Auswahl des ritualspezifischen Zubehörs richtet sich nach den persönlichen Korrespondenzen des Magiers. Deshalb sei hier noch einmal ausdrücklich darauf hingewiesen, daß die behandelte Abbildung nur ein Beispiel sein will und kann! Oft wird dabei der Faktor »Beleuchtung« vergessen, obwohl sich dieser (besonders in Form von

Die Auswahl des Zubehörs richtet sich nach den persönlichen Korrespondenzen des Magiers.

farbigen Kerzen oder Lampen) zur Herstellung einer korrespondenzorientierten Atmosphäre geradezu anbietet. Es gibt zwar einige Autoren, die jedes elektrische Licht im Tempel ablehnen, doch lassen sich auch zahlreiche Gegenbeispiele aufführen. Auf jeden Fall bietet die moderne Beleuchtungstechnik dem aufgeschlossenen Magier eine Menge Möglichkeiten, um mit ihrer Hilfe korrespondenzentsprechende Farbeffekte herzustellen, nach denen sich unsere Ahnen sicher alle zehn Finger geleckt hätten – ein ganzer Tempel in orangefarbenes (Merkur) oder grünes Licht (Venus) getaucht, ist als theatralisches Stimulans gewiß nicht zu verachten.

Der Zahl der weiteren Korrespondenzen sind bei der Tempelausstattung natürlich keine Grenzen gesetzt, und so wollen wir hier nur auf einige übliche Beispiele eingehen, zumal diese den Umgang mit den magischen Analogien der Tradition veranschaulichen. Zunächst einmal finden wir unter 2.b eine achteckige Messingplatte eingetragen – hier liegt also eine Verbindung der Korrespondenzen »8« und »Messing« vor, und eine solche Verschmelzung ist relativ typisch für das praktische magische Denken. Ebenso könnte man beispielsweise bei einer Marsarbeit einen fünfeckigen Eisenring mit eingefaßtem Rubin verwenden, auf den mit Blut Symbole aufgetragen wurden.

Die verwendeten Korrespondenzen sind nicht einmalig, das heißt, sie können durchaus mehrfach auftreten. Wir könnten also beispielsweise eine zusätzliche achteckige Messingplatte an einem gelben oder orangefarbenen Stirnband befestigen, den Gürtel mit acht orangefarbenen achteckigen Lederstücken verzieren und in die (Messing-) Schnalle einen Achat einlassen. Dies mag manchem zwar als ziemlich aufwendig, ja theatralisch und kitschig erscheinen, doch sollten wir uns bei solchen Überlegungen auch immer daran erinnern, daß das Unbewußte in seiner »kindlichen« Art auf ein Übermaß an Reizen sehr dankbar reagiert. Denn in der Magie ist bekanntlich nichts so wirkungsvoll wie der Exzeß! Oder wie es der Volksmund ausdrückt: »Viel hilft viel.« Insofern kann man es mit den Korrespondenzen gar nicht übertreiben, und intellektuell-ästhetische Erwägungen müssen in den Hintergrund treten. Vieles am Magischen mag dem ästhetisch sensiblen Laien ohnehin eher geschmacklos vorkommen, doch geht es da-

In der Magie ist bekanntlich nichts so wirkungsvoll wie der Exzeß!

bei – wie in jedem Handwerk auch – in erster Linie um die Funktionalität. Wird es nur konsequent genug betrieben, entwickelt es schon von allein eine eigengesetzliche, spezifische Ästhetik, in die der Betrachter ebenso hineinwachsen muß wie beispielsweise in die Ästhetik des Futurimus oder des Kubismus.

Zwischen Duftstoffen und Räuchermitteln gibt es häufig Überschneidungen, da das eine oft die Stelle des anderen einnimmt. Im allgemeinen können wir in der Zeremonialmagie allerdings zwischen Duftstoffen unterscheiden, die als Parfüm oder Öl dienen, und solchen, die zur Räucherung verwendet werden. Ihre Verwendungsart ergibt sich häufig aus der Praxis selbst: Wenngleich Rosen in frischem Zustand recht lieblich duften können und durchaus an Venus erinnern, entwickeln getrocknete (aber auch frische) Rosenblätter beim Räuchern dagegen einen geradezu pestilenzialischen Gestank, der die Assoziationen »Venus« und »Lieblichkeit« selbst beim erfahrensten Magier ziemlich erschweren dürfte. Und nicht jedes Öl, das auf der Haut gut riecht, tut dies auch beim Verdampfen oder Verbrennen. Und es empfiehlt sich auch nicht, um auf unser Beispiel zurückzukehren, hochexplosiven Äther räuchern zu wollen – dagegen wird er, in geringen Dosen gerochen, (jedoch möglichst nicht bis zum Rausch!) durchaus etwas von der Beschwingtheit des Merkur vermitteln (aber Vorsicht mit offenem Feuer – Äther entflammt sich sehr schnell – also nicht offen herumstehen lassen!), während Salbeiöl auf der Haut mit Sicherheit keine intellektuelle Anregung (außer vielleicht dem Nachdenken über den bisweilen doch ziemlich exotischen Charakter der Magie ...) bescheren, sondern eher an Krankenzimmer erinnern dürfte, während das Kraut in getrocknetem Zustand geräuchert durchaus reinigend-klärend wirken kann.

Die Verwendung von Duftstoffen und Räuchermitteln ergibt sich aus der Praxis.

Wir haben die sogenannten Sakramente unter der Rubrik »Sonstiges« zusammengefaßt, da nicht jedes Ritual mit Opferungen arbeitet. Generell gesprochen gibt es in der Magie – wie übrigens auch in der Religion – zwei »Opferschulen«: Die Anhänger der einen pflegen die Opfergaben nach dem Ritus zu vernichten (was in Form von

Die sogenannten Sakramente

Verbrennen oder Vergraben geschehen kann), die Anhänger der anderen nehmen die Opfergaben zu sich. Letztere Schule, der ich persönlich auch angehöre, läßt sich wieder in zwei Gruppen unterteilen: a) Magier/Mystiker, die die Opfergabe erhöhen, zum Beispiel im Christentum, wo aus Brot der Leib der Gottheit wird, und b) Magier/Mystiker, die sich selbst zur Gottheit erhöhen, der die Opfergaben zustehen und die diese deshalb auch verzehren. Der Weg b) scheint mir im Rahmen der Invokationsmagie der logischere zu sein, doch soll damit nicht gesagt werden, daß für die anderen Richtungen nichts spräche. Im Prinzip handelt es sich dabei um eine Glaubens- und/oder Temperamentfrage, die jeder für sich selbst beantworten muß. Die theophagische (von griechisch theos – »Gott« und phagein – »essen, fressen«) oder kannibalische (»Gott ist Mensch geworden«, »Dies ist mein Leib«) Richtung hat unter magischen Gesichtspunkten immerhin den Vorteil, in ihrem Paradigma die Kraftaufnahme von außen (»Geist Gottes«, »Gnade des Höchsten«) zu verankern, was schon psychologisch einen nicht zu unterschätzenden Wert hat.

Die Flügelsandalen (die sich der Magier wohl selbst fertigen muß) entsprechen natürlich der herkömmlichen Gestalt des Merkur-Hermes in seiner Funktion als Götterbote. Auch die Zuordnung Fisch (unter anderem wegen der Schnelligkeit und Beweglichkeit dieser Wassertiere) und Weißwein (unter anderem wegen der Klarheit und beschwingenden Wirkung dieses Getränks) ist traditionell. Das Wörterbuch als Korrespondenz ergibt sich ganz logisch aus der Funktion des Merkur als Kommunikator (entsprechend dem altägyptischen Thot, dem Erfinder der Schrift). Weniger orthodox mögen auf den ersten Blick Zuordnungen wie Schießbaumwolle und Rap-Musik erscheinen, doch handelt es sich dabei nur um Erweiterungen der Tradition in die Moderne: Schießbaumwolle sieht völlig harmlos aus, sie läßt sich weitgehend wie ganz gewöhnliche Baumwolle beziehungsweise Watte verwenden. Erst durch die Berührung mit dem Feuer wird ihr wahres, durchaus nicht ungefährliches Wesen offenbar: Gibt es eine schönere Analogie für Merkur, der ja auch der Gott der Diebe und Gauner, der Trickbetrüger und Gaukler ist? Die Rap-Musik dagegen lebt vom gesprochenen Wort, Text und Sprache stehen einerseits im Vordergrund, andererseits gehen Wortbedeutung und -sinn auch eine pfiffige Symbiose mit ihrem rhythmischen Gebrauch ein. Dies spiegelt das Spiel des Merkur mit Sprache, Wahrheit und Witz wider.

Ein wesentlicher Bestandteil des magischen Umgangs mit Korrespondenzen ist ihre Umsetzung in praktisches Tun. Es hat sich gezeigt, daß dies besonders wirkungsvoll bei der Vorbereitung einer magischen Operation berücksichtigt werden kann. Zu Anfang mag es vielleicht etwas gekünstelt wirken, wenn man unmittelbar vor dem Ritual gewissermaßen auf Befehl einen philosophischen Disput (noch dazu womöglich mit sich selbst) vom Zaun brechen soll, doch wird sich schon sehr bald zeigen, daß es gerade solche Aktionen sind, die den Erfolg der Arbeit fördern oder sogar garantieren. Einfallsreichtum ist dabei nicht nur erwünscht, er ist sogar integraler Bestandteil der Magie selbst, denn nur durch die konsequente Umsetzung der Korrespondenzen in Alltagshandlungen und -wahrnehmungen erwachen diese zum Leben und geben dem Magier etwas von ihrer ihnen innewohnenden Kraft und Energie ab.

Nur durch die konsequente Umsetzung der Korrespondenzen in Alltagshandlungen erwachen diese zum Leben.

In die Rubriken 2 und 3 lassen sich vor allem zu Anfang kleine Merkhilfen eintragen, also etwa, wie in unserem Beispiel, die hebräischen Ritualformeln. (Die Formel »Ararita« haben wir hier als bekannt vorausgesetzt, da diese bei allen Hexagrammen verwendet wird.) Ebenso könnten aber auch die Zugrichtungen von Penta- oder Hexagrammen in Form von kleinen Skizzen vermerkt werden und so weiter.

Für die Gruppenarbeit ist es wichtig, daß jeder im voraus seine ihm zugewiesene Rolle kennt, das wird dann entsprechend im Ritualplan vermerkt. (Zum Beispiel würde dann unter 2 stehen »Frater X«, unter 3 »Soror Y« und so weiter.)

Wie unsere Übersicht zeigt, muß eine Hymne, also ein Anrufungstext, nicht unbedingt ganze Seiten füllen. Wir werden zwar, wie hier auch, gelegentlich Beispiele für derartige Hymnen wiedergeben, doch sollten Sie sich von Anfang an daran gewöhnen, Ihre Hymnen möglichst selbst zu schreiben! Das mag manchen sprachlich nicht sonderlich firmen Magier zunächst in wahre Höllenqualen stoßen, doch ist das eigentlich gar nicht nötig. Denn erstens müssen Hymnen nicht irgendwelchen literaturkritischen Normen entsprechen, Sie brauchen damit ja nicht gleich einen Literatur-Nobelpreis anzustreben. Und zweitens können Hymnen noch viel schlichter sein als die obige, oft genügt ein inbrünstiges Wiederholen des Planetennamens mit einem »Komm, komm!«, um die gewünschte Wirkung zu erzielen. Aus diesem Beispiel ersehen Sie, daß unsere Hymne aus der Übersicht 17b selbst wiederum Träger für allerlei Korrespondenzen ist (»Geist des Intellekts«, »spielerischer Narr der Diebe« und so weiter). Wenn Sie Schwierigkeiten mit der sprachlichen Formulierung von Hymnen haben sollten, so halten Sie den Text kurz und knapp, und sorgen Sie statt dessen für eine um so umfangreichere Ausstattung des Tempels mit Korrespondenzen.

Allerdings sollten Sie sich auch klar machen, welche Funktion eine Hymne im Ritual hat: Sie ist gewissermaßen der »Telefonanruf«, mit dem der endgültige Kontakt zu der gewünschten Energie hergestellt wird. (Man spricht ja aus gutem Grund von »Anrufungstexten«.) Psychologisch gesehen wird das Unbewußte durch eine Merkur-Anrufung darauf hingewiesen, daß es nun Merkur-Energien aktivieren soll. Deshalb sollten wir zumindest in den ersten Jahren der Praxis nicht auf solche Texte verzichten, stellen sie doch zudem auch eine Artikulation unseres Willens (also Willenssätze) dar. Später werden Sie die verwendeten Korrespondenzen reduzieren können.

Eine Hymne ist der »Telefonanruf«, mit dem Kontakt zu der gewünschten Energie hergestellt wird.

Durch den häufigen Gebrauch von Korrespondenzen wird das Unbewußte zudem regelrecht konditioniert, bis Sie schließlich mit Styrax-Duft oder der Farbe Orange schon ganz automatisch »Merkur« assoziieren. Haben Sie dies erreicht, werden Sie in Zukunft nur noch wenige Korrespondenzen benötigen, um die gewünschte Energie wachzurufen.

Auf jeden Fall sollten Sie sich im Rahmen Ihrer Beschäftigung mit der Planetenmagie auch mit der Mythologie auseinandersetzen, da es natürlich große Schwierigkeiten bereiten kann, eine Planetengottheit zu rufen, von der man so gut wie nichts weiß. Auch dies gehört zur magischen Konditionierung. Im Literaturteil geben wir Ihnen einige Empfehlungen für mythologische Grundlagen- und Nachschlagewerke, die bei der Ritualplanung sehr nützlich sein können.

Auf die Funktion des Weihrauchs bzw. der Räuchermittel im Ritual gehen wir im nächsten Abschnitt näher ein.

Praktische Übungen

ÜBUNG 19
ANGEWANDTER PARADIGMENWECHSEL IN DER PRAXIS (III)

Aufbauend auf die Übungen 10 und 17 und ergänzend dazu verfährst Du folgendermaßen:

Gehe eine Woche täglich die Liste Deiner Gewohnheiten durch und schreibe so viele davon auf, wie Dir einfallen. Vielleicht trägst Du zu diesem Zweck ein Notizbuch bei Dir, damit Du jedesmal, wenn Dir eine Gewohnheit auffällt, diese sofort festhalten kannst. Frage auch Freunde, Bekannte, Partner und Verwandte nach Gewohnheiten, die sie an Dir bemerkt haben – oft wirst Du über die Antworten staunen!

Nachdem Du eine einigermaßen vollständige Liste beisammen hast, suchst Du Dir eine dieser Gewohnheiten aus und gewöhnst sie Dir für eineinhalb Wochen ab. Es sollte möglichst eine Gewohnheit sein, die für Dich nicht stark emotionsgeladen ist wie etwa das Auf- und Abnehmen der Brille beim Sprechen, das Kratzen am Hinterkopf, das Essen bestimmter Marmeladen- oder Käsesorten beim Frühstück oder ähnliches.

Jedesmal, wenn Du Dich dabei ertappst, wie Du Deiner Gewohnheit (meistens »ganz unbewußt/ungewollt«, nicht wahr?) nachgibst, solltest Du Dir eine Erinnerung daran auferlegen. Crowley pflegte seinen Schülern pro Verfehlung einen Schnitt mit der Rasierklinge in den Unterarm zu befehlen, was zwar sehr wirkungsvoll sein kann, aber unter hygienischen und gesundheitlichen Gesichtspunkten nicht zu empfehlen ist. Doch ist das Prinzip der »Schmerz-Strafe« nicht unbedingt falsch, da wir uns ja auch viele unserer Gewohnheiten erst durch Schmerz (körperlichen oder seelischen) angeeignet haben, zum Beispiel im Laufe unserer Erziehung. Die »Erinnerung« an Dein Vorhaben sollte Dir also durchaus unangenehm genug sein, um Dich anzuspornen, es wirklich gründlich in die Tat umzusetzen. Allerdings solltest Du mit zunehmender Praxis unabhängig von solchen Hilfsmitteln werden.

Die folgenden eineinhalb Wochen versuchst Du nun, Dir eine andere, ebenso sinnfreie Gewohnheit anzueignen, den Verlust der alten also durch eine neue auszugleichen. Dadurch erkennst Du auch, wieviel Energie solche Gewohnheiten tatsächlich »auffressen«.

Nach insgesamt vier Wochen beginnst Du wieder von vorn, arbeitest aber natürlich diesmal mit anderen Gewohnheiten. Tue dies mindestens fünf Monate lang, um in den vollen Genuß dieser Übung zu gelangen.

Auf diese Weise lernst Du, Dich auch von tiefersitzenden Gewohnheiten zu lösen bzw. Dich, nachdem Du Deine Unabhängigkeit von ihnen hergestellt und bewiesen hast, bewußt für oder gegen sie zu entscheiden.

Die vorläufige Endstufe besteht darin, eine Gewohnheit, die Dir sehr wichtig ist, von der Du also stark abhängig bist (zum Beispiel Rauchen, Morgenkaffee, charakteristische Sexualgewohnheiten, täglicher Abendspaziergang oder ähnliches) für längere Zeit aufzugeben, ohne nach ihr zu verlangen oder gar rückfällig zu werden.

Eine hilfreiche Frage lautet in diesem Zusammenhang: »Woran würde ein anderer mich erkennen, wenn ich völlig verkleidet/entstellt/optisch nicht zu sehen – zum Beispiel im Dunkeln – wäre?«

ÜBUNG 20
PENDELSCHULUNG (II)

Fahre eine Weile mit Übung 16 fort, bis Du mit Deinem Erfolg zufrieden bist. Das kann unter Umständen noch einige Monate dauern – laß Dir also Zeit und gehe möglichst gründlich vor, bis Du mit dieser Übung fortfährst.

Als nächstes besorgst Du Dir zehn leere Streichholzschachteln und ein Stück Metallfolie. Jetzt pendelst Du in gewohnter Haltung bei möglichst großer Gedankenstille einige Minuten lang über dieser Folie und beobachtest genau den Ausschlag. Du kannst die Folie übrigens auch »fragen«, welchen Pendelausschlag sie hat. Nun gibst Du die Folie in eine der Schachteln und vermischst diese auf dem Tisch, bis Du nicht mehr weißt, in welcher Schachtel sie sich befindet. Lege die Schachteln in einer Reihe so aus, daß Du bequem über jeder von ihnen pendeln kannst, ohne sie verschieben zu müssen. Natürlich kannst Du Deinen Stuhl dafür verrücken. Versuche mit Hilfe des Pendelausschlags festzustellen, in welcher Streichholzschachtel sich die Folie befindet.

Anstelle einer Metallfolie kannst Du auch jeden beliebigen anderen Gegenstand verwenden, solange er leicht und klein genug ist. Denn Du sollst natürlich nicht beim Ausrichten und Verschieben am Gewicht der Streichholzschachtel erkennen können, wo sich der gesuchte Gegenstand befindet.

Hast Du daran Zweifel, oder möchtest Du mit schwereren Gegenständen arbeiten, kannst Du nach dem Auspendeln des freien Gegenstands auch den Raum verlassen und einen Freund oder Partner bitten, ihn für Dich in einer der Schachteln zu verstecken. Allerdings empfiehlt es sich, daß der andere nun seinerseits den Raum verläßt, bevor Du mit Deinem Experiment beginnst, damit er Dich nicht – auch ungewollt und unbewußt – in Deinem Pendeln beeinflußt.

Erzielst Du gute Ergebnisse (eine Trefferquote von 80 Prozent oder höher wäre schon ganz ausgezeichnet), so kannst Du die Zahl der Schachteln verdoppeln, das steigert die Konzentrationskraft beim Pendeln. Später kannst Du auch mit zusätzlichen Schachteln und unterschiedlichen Gegenständen arbeiten.

Stelle auch fest, wann Deine Trefferquote höher ist als sonst. Natürlich sollten die Versuchsbedingungen stets möglichst identisch sein. Indem Du lernst, auch auf Faktoren wie Witterung, Gemütszustand, Planetenstände, vorangegangene oder nachfolgende Rituale und anderes mehr zu achten, sensibilisierst Du zugleich Deine feinstoffliche oder magische Energiewahrnehmung und lernst die magische Erfolgskontrolle.

ÜBUNG 21
PRAXIS DES KLEINEN HEXAGRAMMRITUALS (II)

Führe mindestens zwei Merkur-Rituale durch, in die Du das Kleine Hexagrammritual integrierst wie in unserem Beispiel beschrieben. Verwende dabei einen dem Merkur entsprechenden Gegenstand, den Du bei jedem Ritual mit der gerufenen Energie lädst, indem Du diese mental durch die Hand in ihn überträgst.*

Diesmal verwendest Du die in Übung 18 angeführte Ritualstruktur in ihrer Gänze, berücksichtigst also auch die Punkte 4 und 5. Du wirst den Gegenstand insgesamt achtmal laden – stelle Dich also jetzt schon innerlich darauf ein. Im übrigen gilt sinngemäß das in Übung 18 Gesagte.

---

* *Das braucht nicht besonders erklärt zu werden – halte Dich an unseren Schulungsgrundsatz: »Was nicht ausdrücklich in bestimmter Form vorgeschrieben ist, kannst Du nach Gutdünken frei gestalten.«*

ÜBUNG 22
DIE IAO-FORMEL IN DER PRAXIS (I)

Führe jedesmal nach dem Baden oder Duschen mit noch feuchtem Körper die IAO-Formel durch, wie in diesem Abschnitt beschrieben.

Achte dabei auf feinstoffliche Wahrnehmungen vor allem in Deinem Körper: Wohin fließt die Energie bei welchem Vokal? Wie unterscheiden sich die drei Vokale in ihrer Wirkung?

Versuche nach der Übung, die Energiekugel mit geschlossenen Augen abzutasten. Was spürst Du dabei?

Halte alle Eindrücke im Magischen Tagebuch fest.

Nach einer Weile kannst Du die IAO-Formel beliebig häufig zu jeder passenden Gelegenheit durchführen, etwa nach dem Aufwachen oder vor dem Einschlafen. Sie läßt sich auch vor und nach dem Pentagrammritual, ja vor jeder magischen Zeremonie anwenden.

WEITERFÜHRENDE LEKTÜRE

Diesmal möchten wir Ihnen einige Standardwerke zur Mythologie empfehlen, die besonders bei der Vorbereitung von Planetenritualen und magischen Arbeiten mit traditionellen Gottheiten wertvolle Dienste leisten können.

Herbert Hunger, *Lexikon der griechischen und römischen Mythologie*, Reinbeck: Rowohlt, rororo 6178, 1974ff.

Eine gründliche, auch philologisch abgesicherte, sehr brauchbare Übersicht über die wichtigsten antiken Götter und Mythengestalten mit umfangreichem Quellenmaterial.

Knaurs Lexikon der ägyptischen Kultur, München/Zürich: Knaur, TB 574, 1978

Reich illustriertes Nachschlagewerk mit den wichtigsten ägyptischen Gottheiten und Mythen, auch nützlich zum Nachschlagen von bestimmten Einzelthemen (zum Beispiel die Funktion der »Sonnenschiffe«, die Rolle des »Skorpions« in der ägyptischen Kultur, »Menschenopfer«).

Umfangreichere Speziallexika*:

Hans Bonnet, *Reallexikon der ägyptischen Religionsgeschichte*, Berlin/New York: De Gruyter, 1971

Wenngleich inzwischen etwas veraltet (das Original erschien 1952), noch immer das wichtigste Nachschlagewerk des Ägyptologen. Umfangreich, mit zahllosen Fakten und Quellenangaben – eine wahre Fundgrube von einem Großen Alten Mann der Ägyptologie.

Der kleine Pauly, Lexikon der Antike auf der Grundlage von Pauly's Realencyclopädie der classischen Altertumswissenschaft, Olten/Freiburg: Walter, 1979

Ebenfalls ein »Klassiker der Klassik«, noch dazu mehrbändig (in Kassette).

Literaturnachweis

Die in diesem Abschnitt zitierten Stellen stammen (mit Ausnahme von Mace, s. vorigen Abschnitt) aus:

Ramsey Dukes, *LIBER SGDSMEE. Die Grundlagen der Magie*, Unkel a. Rhein: Edition Magus, 1987

Colin Wilson, *GURDJIEFF. Der Kampf gegen den Schlaf*, München: Knaur TB 4162, 1986

L. Ron Hubbard, *DIANETIK. Die moderne Wissenschaft der geistigen Gesundheit*, Genf: Ariston, 1979

MANTRAMISTIK (II)

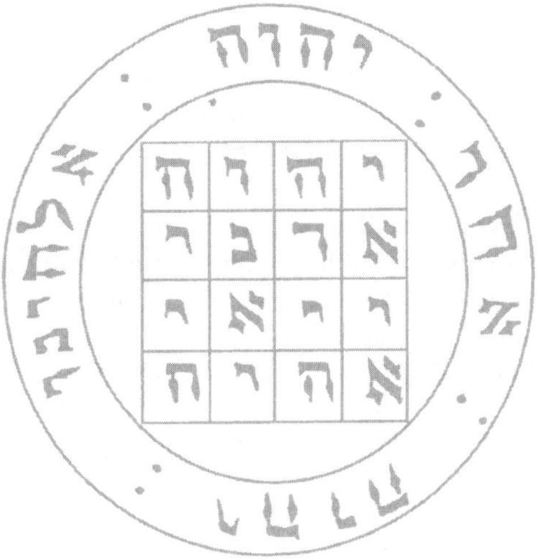

Mantras und Meditation

Eine kuriose Parallele, auf die meines Wissens in der Literatur bisher noch nicht hingewiesen wurde, läßt sich zwischen der Form der Mantra-Intonation und dem Grad der Augenöffnung bei der Meditation beobachten. Man kann meditieren

a) mit geöffneten Augen,
b) mit halbgeschlossenen Augen,
c) mit geschlossenen Augen.

Mantras dagegen werden, wie schon im letzten Abschnitt ausgeführt, entweder a) laut oder b) leise oder c) stumm intoniert. Die laute Intonation ist die einfachere, leichter zugängliche; die leise und vor allem die stumme Intonation verlangen wesentlich mehr Konzentrationskraft und die Ausschaltung von Außenreizen.

Es ist anfangs in der Regel leichter, mit geschlossenen Augen zu meditieren.

Bei der Meditation verhält es sich ähnlich, nur in umgekehrter Reihenfolge: Es ist zu Anfang in der Regel leichter, mit geschlossenen Augen zu meditieren, schon schwieriger, mit halbgeschlossenen Augen zu arbeiten – und gilt schließlich als reine Meisterschaft, es mit geöffneten Augen zu tun! Die folgende Übersicht stellt dies schematisch dar.

Da zumal die Energiequalität bei jeder Methode eine andere ist, empfiehlt es sich, bei der Mantra-Meditation mit verschiedensten Kombina-

MANTRAS	MEDITATION	SG
laute Intonation	geschlossene Augen	I
leise Intonation	halbgeschlossene Augen	II
stumme Intonation	geöffnete Augen	III

Übersicht 18: Mantra- und Meditationstechniken
(SG: Schwierigkeitsgrad, steigend von I–III

tionen aus beiden Bereichen zu arbeiten, also beispielsweise mit geschlossenen Augen leise zu intonieren, mit geöffneten Augen stumm und so weiter. Dies fördert außerdem die Flexibilität der Gewohnheiten.

Wir wollen diesmal einige traditionelle Mantras vorstellen, mit denen Sie sich in der Praxis vertraut machen sollten. Dies geschieht wie im Übungsteil angegeben.

Traditionelle Mantras*

OM MANI PADME HUM
(»Heil dir, Juwel im Lotus« – eine Anrufung des Buddha) (tibetisch)

Die Tibeter sprechen das »Padme« wie »Peme«, doch die Aussprache »Padme« ist durchaus üblich, und zwar unter Asiaten wie Europäern.

OM
(nach indischer Lehre die »Ursilbe« der Schöpfung) (sanskr.)

Ausgesprochen wie ein langgedehntes, sehr nasales »Aaauuuooommm«.

HARE KRISHNA, HARE KRISHNA, KRISHNA KRISHNA, HARE HARE, HARE RAMA, HARE RAMA, RAMA RAMA, HARE HARE
(Anrufung Krishnas und Ramas) (sanskr.)

Ein altes, durch das Musical *Hair* und die Krishna-Bewegung auch im Westen sehr bekannt gewordenes Mantra mit starken trancefördernden Eigenschaften. (Auch auf Schallplatten und Cassetten erhältlich, was gut für das Einhören ist.)

OM NAMO SHIVAYA
(»Heil sei Shivas Namen«) (sanskr.)

Zur shivaitischen Meditation verwendet. Shiva, der dritte Aspekt der hinduistischen Dreifaltigkeit Brahma, Vishnu und Shiva, ist nicht nur der Gott der (konstruktiven) Zerstörung, sondern auch der Herr der Yogis und Asketen sowie der Meister der Meditation.

* *Alle Mantras aus dem Sanskrit, dem Pali und aus dem Tibetischen sollten möglichst nasal ausgesprochen werden. Wer damit nicht vertraut ist, sollte sich die ersten Male beim Intonieren die Nase zuhalten, um ein Gehör dafür zu entwickeln (keine Dauerpraxis!).*

LAM VAM RAM YAM HAM OM
(die sogenannten Keimsilben der sechs unteren Chakras, mit deren Hilfe auch die Kundalini-Kraft geweckt wird) (sanskr.)

Das oberste Chakra (sahasrara, der »tausendblättrige Lotus«) kennt keine festgelegte Einzelsilbe, sondern verwendet vielmehr alle Mantras.

OM HRAM HRIM HRUM
(eigentlich Götternamen bzw. Keimsilben, von vielen Schulen aber auch als »sinnfrei« bezeichnet und verwendet) (sanskr.)

SO HAM
(»Er/Es/das Unendliche/Gott bin ich.«) (sanskr.)

Wird vor allem bei der Meditation als stummes Mantra eingesetzt.

HAM SO
(sanskr.)

Wie SO HAM (siehe dort).

OM NAMO BUDDHAYA
OM NAMO DHARMAYA
OM NAMO SANGHAYA
(Zufluchtnahme beim Erleuchteten – Buddha –, beim universalen Gesetz – Dharma – und bei der Gemeinschaft der nach Erleuchtung Strebenden – Sangha –) (sanskr.)

Meist beim Kirtan (siehe unten) und der Gruppenmeditation laut intoniert. Dient dem Buddhisten zudem zum Herbeirufen helfender Kräfte durch Anschluß an den Gruppengeist.

SHIKI FU I KU KU FU SHIKI SHIKI SOKU ZE KU KU SOKU ZE SHIKI
(ungefähr: »Form ist nichts anderes als Leere, Leere ist nichts anderes als Form, Form ist die Leere, Leere die Form«) (japanisch)

Dieses Mantra stammt aus dem Prajna Paramita Sutra oder »Großem Lehrbuch der Vollkommenen Weisheit« in seiner japanischen Übersetzung als Hannya Haramita Shingyô und wird vor allem in Zen-Klöstern viel rezitiert.

LA ILLALAH (auch: LA ILLALAHU)
(»Gott ist Gott«) (arabisch)

Dieses arabische Mantra, das viel in der Sufi-Tradition verwendet wird und das auch jeder andere gläubige Muslime zu rezitieren gewohnt ist, weist inhaltlich auf die Tatsache hin, daß das Göttliche nicht beschrieben werden kann (ähnlich dem Tao der Chinesen). Ganz wie ein Zen-Koan (= Meditationsrätsel in der Schule des Rinzai-Zen) schaltet es den rationalen Verstand aus, indem es ihn durch die Paradoxie in die Trance hinüberführt. Insofern gleicht seine Funktion dem »ICH BIN DER ICH BIN« (JEHOVA/JAHWE) des Judentums, das hebräische Mantra ist jedoch für den orthodoxen Juden tabu und darf nicht ausgesprochen werden.

ALAM	TASAM
ALAMAS	JAS
ALAR	KAHA JA AS
ALAMAR	CHAM
TA HAM	CHAM ASAK

Bei diesen arabischen Mantras handelt es sich um Zauberwörter aus dem Koran, deren Bedeutung nicht eindeutig feststeht. Sie finden im Sufismus und Derwischtum (»türkische Freimaurerei«) Verwendung und sind wesentliche Bestandteile der orientalisch ausgerichteten Buchstabenmagie Rudolf von Sebottendorfs.

Es wurde bereits erwähnt, daß das Intonieren von Mantras im Sanskrit *Japa Mantra* genannt wird. Wird ein Mantra dagegen (öffentlich) laut gesungen, spricht man vom *Kirtan*, zu dem auch meist unter Musikbegleitung getanzt wird. Die Kenntnis dieses Spezialvokabulars ist erforderlich, wenn man tiefer in die einschlägige Literatur eindringen will.

Fürs erste wollen wir es bei dieser Auswahl traditioneller Mantras belassen, zudem Sie durch Ihre Praxis der beiden Pentagrammrituale und des Hexagrammrituals bereits mit einer ganzen Reihe hebräischer Formeln vertraut sind.

Exkurs: Die wunden Punkte der Magier-Seele (II)

DUNKLER BRUDER ANGST

Von allen menschlichen Empfindungen ist die Angst vielleicht die gefährlichste, unberechenbarste und die am schwierigsten zu beherrschende. Angst legt den Menschen in Ketten, sie schnürt ihm die Luft ab, beraubt ihn seiner Vernunft, seines Selbstwertgefühls, seiner Selbstachtung, sie treibt ihn in Panik und Hysterie, nagt an seinem Organismus und zersetzt ihn, bohrt sich wie ein Stachel in seine Träume, macht ihn willenlos, läßt ihn alle Pflichten und Rechte vergessen, benebelt seine Wahrnehmung, lähmt seinen Geist – und greift ständig nach dem, was sie nährt, zieht das Gefürchtete an und fleht um Erlösung durch Betäubung, durch Errettung oder durch die aller Qual endlich einen Schluß setzende Katastrophe. Aus Angst verrät der Freund den Freund, die Mutter die Tochter, der Sohn den Vater, der Bruder die Schwester, im Krieg wird sie geächtet und notfalls sogar mit dem Tode bestraft, wenn der Ängstliche die gemeinsame Sache gefährdet ...

Und doch ist Angst lebensnotwendig, ja vielleicht sogar selbst der wichtigste aller Urtriebe.

Angst ist lebensnotwendig, ja vielleicht der wichtigste aller Urtriebe.

Angst bewahrt den Organismus vor Gefahr, läßt ihn weichen, wo er versagen und zu Schaden kommen würde, sichert den Fortbestand der Art. Ist der Überlebens- und Selbsterhaltungstrieb nicht eine Kehrseite der Angst vor dem Tod, vor der Vernichtung und der Auslöschung?

Folglich ist es auch keineswegs wünschenswert, die Angst total auszurotten – zumindest nicht solange, bis die Instinkte gelernt haben, auf einer anderen, angstfreien Ebene ihre lebenserhaltenden Funktionen optimal auszuüben, ohne daß der Gesamtorganismus der quälenden Angst bedarf, um sich außer Gefahr zu begeben oder diese unschädlich zu machen. Gewiß verdanken wir der Angst vor dem Erfrieren im Winter die Architektur, der Angst vor dem Verhungern den Ackerbau und die Viehzucht, das Konservieren und Langzeitlagern von Lebensmitteln und manches andere mehr.

Bis zum angstfreien Menschen, der dieses Alarmmechanismus' nicht mehr bedarf, ist es oft ein sehr weiter Weg, der sich über Jahrzehnte bis zum Lebensende hinziehen kann, ohne daß der Erfolg jemals garantiert wäre. Der Magier ist zu ungeduldig, mag keine kostbare Zeit vergeuden (ein Leben ist immer viel zu kurz für die Magie!), um erst darauf zu warten, bis er dieses Ziel erreicht hat. Deshalb geht er ganz pragmatisch vor und nutzt die Angst dort, wo er es vermag, um sie nach und nach in den Griff zu bekommen und frei darüber entscheiden zu können, welche Ängste er sich zu welchem Zweck bewahren will und welche er ausmerzt oder umwandelt und verfeinstofflicht. Für manche magische Operationen ist Angst schließlich unabdingbar, z.B. bei Dämonenevokationen sowie teilweise auch bei der Arbeit mit dem sogenannten Heiligen Schutzengel.

Wir sollten daher lernen, die Angst möglichst zu respektieren, ohne sie aber zu unserer alles beherrschenden Herrscherin werden zu lassen. Regiert die Angst bereits, müssen wir dieses Joch abschütteln und sie auf ihre eigentlichen Funktionen zurückstutzen. Das liest sich freilich viel leichter, als es sich verwirklichen läßt. Doch wer den Weg der Magie ernsthaft geht, dem bieten sich genügend Gelegenheiten, um aus dem Blei seiner Angst das Gold der Tapferkeit und des Muts herzustellen, der Unabhängigkeit und Furchtlosigkeit, der Sicherheit und der Gelassenheit, die aus wahrer Selbst-Liebe entspringen und aus dem Erkennen des eigenen Willens sowie aus der Annahme der eigenen Kraft und Macht. Magie hat also im besten Sinne des Wortes stets auch etwas mit Erwachsenwerden zu tun, und ihr Prüfstein ist nicht zuletzt die Angst und die Art, wie wir mit ihr umgehen.

Wir sollten die Angst respektieren, ohne sie zu unserer Herrscherin werden zu lassen.

Leider gibt es jedoch kein Patentrezept für diesen Umgang. Meist arbeitet man daher mit alten, mehr recht als schlecht bewährten, oft eher primitiven Methoden wie dem Aufbau eines Gegengewichts zur Angst durch bewußtes Erfahren des Angstmachenden. Wer beispielsweise unter Höhenangst leidet, gewöhnt sich nach und nach ans Bergsteigen und Fahrstuhlfahren; wer sich nicht auf die Achterbahn traut, löst eine Zehnerkarte und steht die Sache solange durch, bis die Angst ein für alle Male verflogen ist. Bei anderen, psychischen Ängsten, ist das schon schwieriger, etwa bei Eifersucht, Versagens- oder Existenzangst. Hier hilft nur viel Meditation und Einsicht, verbunden mit einem gezielten und möglichst systematischen Aufbau der eigenen Selbstsicherheit und des Selbstvertrauens. Denn die allermeisten Ängste gründen in mangelndem Selbstwertgefühl – entwickelt sich dieses erst einmal, so lösen sie sich von allein auf. Häufige Meditationen über den Tod, verbunden mit Saturn-Ritualen und die gelegentliche Erfahrung des mystischen oder schamanischen Tods führen zu einem gesünderen Verhältnis zum Tod und relativieren Ängste und Sorgen des Alltags.

Die allermeisten Ängste gründen in mangelndem Selbstwertgefühl.

Manche Ängste lauern tief im Verborgenen, und es ist oft gar nicht so leicht, sie aufzuspüren. Meist verraten sie sich durch unerklärliche Abneigungen und Vorlieben, durch »Freudsche Fehlleistungen«, besonders Versprecher, bei der direkten, unerwarteten Konfrontation mit angstauslösenden Dingen, Personen oder Situationen oder auf der Traumebene. Hier bedarf es häufig eines erfahrenen Psychologen (im Sinne von »Menschenkenner«), um die Ängste beim Namen zu nennen.

Halten Sie daher stets Ausschau nach etwaigen Ängsten, die Ihnen noch nicht bewußt waren, ergänzen Sie Ihre Erkenntnisse aus der Übung 1 durch einen Angstspiegel, also eine Liste Ihrer sämtlichen gegenwärtigen Ängste. Erweitern Sie diese Liste, wenn erforderlich – und streichen Sie auch Ängste, wenn Sie sie überwunden haben!

Behalten Sie in der Magie stets im Auge, daß jede Angst ihren Gegenpart anzieht. Dies können wir besonders gut beim Umgang mit Tieren beobachten. Wenn Sie einem fremden Hund zeigen, daß Sie Angst haben, wecken Sie dadurch seinen Jagdinstinkt, und er fällt Sie möglicherweise an. Zeigen Sie jedoch unerschrockene Furchtlosigkeit, so wird er sich im Normalfall Ihrem Willen beugen, oder Sie zumindest in Ruhe lassen.

Behalten Sie in der Magie stets im Auge, daß jede Angst das anzieht, worauf sie sich richtet.

Man sollte es mit dem Angstmodell gewiß nicht übertreiben, doch andererseits sind es nun einmal gerade die Ängste, die den Menschen am meisten peinigen und ihn von seinem Ziel der freien Selbstbestimmung abhalten.

Schließlich muß man noch zwischen Angst und Furcht unterscheiden, wiewohl wir beide bisher fast synonym gebraucht haben. Der Duden definiert Angst als: »undeutliches Gefühl der Beklemmung, des Bedrohtseins, des Ausgeliefertseins [verbunden mit bestimmten körperlichen Reaktionen]«. Furcht dagegen erklärt er folgendermaßen: »Gefühl des Bedrohtseins durch eine bestimmte Gefahr od. ein bestimmtes Übel«. Furcht ist also spezifischer, zielgerichteter, Angst dagegen allgemeiner, ungezielter. Für die Praxis spielt der Unterschied zwischen beiden vor allem bei der Frage eine Rolle, wie damit umgegangen werden soll. So ist die Furcht (umgangssprachlich durchaus auch »Angst«) vor dem Fahrstuhlfahren etwas Konkretes, das sich mit Hilfe eines Fahrstuhls beseitigen läßt. Existenzangst dagegen ist, wie schon erwähnt, mit derlei Äußerlichkeiten nicht beizukommen, sie muß gründlicher angegangen und durch Erfolgserlebnisse und Erfahrungen der Sicherheit und Geborgenheit aufgewogen werden, bis sie an Macht verliert (also durch den Aufbau einer ihrer selbst sicheren Existenz).

Die Lehre von den Korrespondenzen (II)

Vielleicht haben Sie sich bei der Lektüre des letzten Abschnitts gefragt, was eine solch vage Angabe von Korrespondenzen wie »alle herrlichen Düfte« oder »alle üblen Düfte« soll. Wir haben bewußt darauf verzichtet, dies schon bei der Auflistung selbst zu besprechen, um dadurch möglicherweise einen Denkprozeß zu provozieren, der sich mit diesem Problem auseinandersetzt.

Gerade am Anfang sucht man in der Magie oft viel präzisere Aussagen, möglichst mit genauen Mengenangaben und Gebrauchsanleitungen. Dies ist zugleich ein Produkt der inneren Unsicherheit und der Suche nach »objektiven« oder doch zumindest greifbaren Orientierungshilfen. Tatsächlich sind derart »unscharfe« Bezeichnungen wie die besprochenen jedoch meist sehr viel brauchbarer als Auflistungen von speziellen Kräutern, Salben oder Ölen. Eine Kategorisierung wie »alle herrlichen Düfte« (Crowley) überläßt die Entscheidung über die Zuordnung nämlich dem Magier selbst – und wird damit der Tatsache gerecht, daß Korrespondenzen immer nur subjektiv sein können, so daß jeder Magier sich schließlich sein eigenes, ganz persönliches Korrespondenzsystem aufbauen muß.

Jeder Magier muß sich sein eigenes Korrespondenzsystem aufbauen.

Auch hier gilt sinngemäß unsere symbol-logische Unschärferelation: Ein Übermaß an Präzision würde die Gewichtung zugunsten des ordnenden, einteilenden und analysierenden Intellekts verschieben, dadurch aber würden Intuition und Gefühl unterdrückt und von einer Flut unnötiger Einzelfakten vom eigentlichen Anliegen abgelenkt. Wieder einmal muß sich also die »Wissenschaft« innerhalb der Magie der »Kunst« unterordnen, wenn der Magier Erfolge erzielen will. Lesen Sie unter diesem Gesichtspunkt bitte noch einmal unsere diesbezüglichen Ausführungen im ersten Abschnitt.

Weitere Ausführungen zu diesem Thema finden Sie weiter unten, wo wir uns mit der Funktion von Räucherstoffen in der Magie befassen.

Magie als Realitätstanz

In einem Artikel wies der englische Magier Ramsey Dukes auf das Problem der Magie als Realitätsdurchsetzung hin. »Wie kommt es«, so fragten ihn immer wieder Menschen, »daß wir Europäer mit unserer weitgehend unmagischen rationalistischen Weltanschauung und Technik uns die angeblich doch über soviel magische Kräfte verfügenden schamanischen Naturvölker jahrhundertelang untertan machen konnten?« Dukes' Antwort darauf ist gleichzeitig unerwartet und außerordentlich aufschlußreich: »Weil wir die besseren Magier sind.« Tatsächlich, so führt er aus, bedeutet Magie ja vornehmlich, eine bestimmte, gewollte Realität herzustellen und sie gegen etwaige Widerstände der Außenwelt durchzusetzen. Ebendies aber hat der Weiße Mann getan, so daß inzwischen selbst der abgelegenste und rückständigste Schamane am Amazonas und in den Bergen Nepals seine Werte angenommen hat und danach zu leben versucht, beispielsweise indem er nach dem Besitz technischer Geräte wie Radios, Digitaluhren oder Gewehre strebt.

Alle Magie ist »Realitätsproduktion«.

Wenn wir einmal gründlicher darüber nachdenken, was es für die Praxis zu bedeuten hat, daß alle Magie tatsächlich »Realitätsproduktion« ist, so wird mancherlei deutlich, das sich mit anderen Gedankenmodellen nur sehr viel umständlicher, indirekter erschließt. Zum einen können wir daraus folgern, daß die Auswahl der Mittel in der Magie praktisch unbegrenzt ist, denn sie umfaßt eben alles, was der Herstellung von Realität dient – von der unbedeutendsten Alltagsgeste bis zum aufwendigen Zeremonialzauber. Zum anderen wird so auch deutlicher, was unter dem Satz zu verstehen ist, daß Magie »stets die Wahrnehmung der Magie« sei: Wir müssen Magie als solche erkennen (oder sie uns unter Umständen auch solange »einbilden«), bis sie zur »Wirklichkeit« wird. Letztere erkennen wir im wissenschaftlichen Paradigma zwar in erster Linie durch Effekte auf der grobstofflichen (= »objektiven«) Ebene, doch ist die Magie natürlich noch sehr viel subtiler. Und schließlich begreifen wir, wie sehr wir uns schon immer mit aktiver Magie im Leben durchgesetzt haben, ohne es bewußt so zu benennen oder zu erkennen.

Solche Überlegungen münden zwangsläufig in die Frage, was denn das Wesen der Realität oder Wirklichkeit sei – eine Frage, die zu beantworten Religion und Philosophie, Wissenschaft und Psycholgie schon seit Tausenden von Jahren sich bemühen. Wir können hier aus einleuchtenden Gründen ebensowenig eine allgemeingültige Antwort darauf geben wie andere Systeme auch, dürfen aber bemerken, daß sich die Realität für den modernen Magier nicht etwa als starre, unflexible Konstante darstellt, sondern vielmehr als fließende, nie völlig eindeutig und scharf zu umreißende Größe. Ja, er geht sogar soweit zu behaupten, daß es zahllose Wirklichkeiten gibt und daß seine Aufgabe als Magier vornehmlich darin besteht, möglichst vieler dieser Wirklichkeiten teilhaftig zu werden, um sowohl seine eigene Vielseitigkeit und Flexibilität zu gewährleisten als auch, als logische Schlußfolgerung daraus, sein Handlungsspektrum zu erweitern.

Für den modernen Magier gibt es zahllose Wirklichkeiten.

Einführung in die Ritualistik (V)

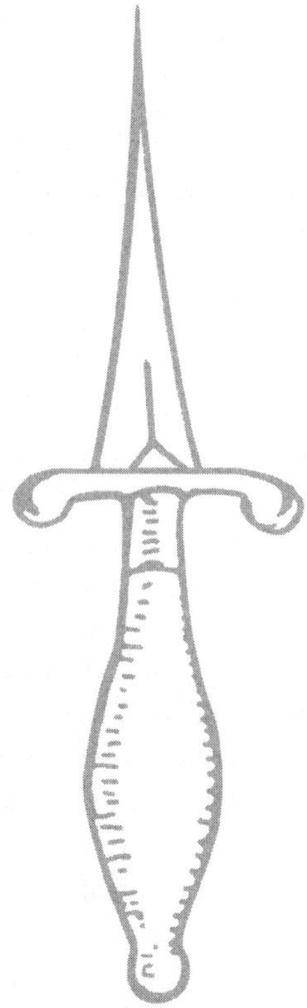

Der magische Dolch

Der magische Dolch ist zugleich die wichtigste und doch die scheinbar am leichtesten zu beschreibende Waffe des traditionell arbeitenden Magiers: Er steht für den Willen, und mit ihm werden alle wichtigen magischen Operationen durchgeführt, vom Ziehen des Kreises bis zur Ladung von Amuletten und Talismanen, Heilungs- und Schadenszaubern und dem Lösen und Binden anderer. Mit dem Dolch wird gebannt und geschützt, viele Magier lassen ihn als einzige ihrer Waffen niemals von anderen berühren.

Welch für den Laien seltsames Eigenleben magische Waffen bekommen können, läßt sich am Beispiel meines eigenen Dolchs zeigen: Es handelt sich dabei um einen Brieföffner, eine Silberarbeit mauretanischer Herkunft, die im Senegal zu mir kam. Ich benutzte ihn schon einige Zeit, als eine vertraute Person ihn mir im Rahmen einer Auseinandersetzung stahl. Ohne magisch etwas gegen die Person zu unternehmen, wartete ich einfach ab und beschloß sofort, nur noch astrale Waffen zu verwenden. Nach einigen Tagen der Übung gelang mir dies auch zufriedenstellend, und fortan hantierte ich täglich mit ihnen. Etwa eine Woche später gab mir die besagte Person den Dolch freiwillig zurück. Die weiche Silberklinge war verbogen und blutbefleckt: Ergebnis eines mißglückten Selbstmordversuchs. Vorsichtig geworden, nahm ich die Waffe an mich und verstaute sie nach Richten der Klinge in Seide isoliert an einem sicheren Ort und arbeitete eine ganze Weile weiterhin ausschließlich mit astralen Waffen. Später zahlte sich meine Vorsicht aus: Als die Auseinandersetzungen zum magischen Krieg eskalierten, konnte ich mich des Gegners, dessen Blut ich besaß und mit dessen Fotografien ich arbeiten konnte, erfolgreich erwehren, jeden weiteren magischen und körperlichen Angriff verhindern beziehungsweise abschmettern und ihn schließlich von seinem Vorhaben meiner Vernichtung durch ständige Mißerfolge, Rückschläge körperlicher und seelischer Art und durch magische Rohrkrepierer (also Angriffe, die nicht richtig zündeten und den Verursacher selbst trafen) abbringen. Dabei arbeitete ich nicht mehr astral, sondern verwendete den physischen Dolch mit der mumia (= an Körpersekrete gebundene Lebenskraft bzw. diese Sekrete selbst) des Gegners.

> *Magische Waffen können seltsames Eigenleben bekommen.*

Die seitdem unter magischen Kollegen kursierende Legende, ich besäße einen Dolch, der »immer wieder zurückkäme«, ist zwar stark übertrieben, doch ist es eine Tatsache, daß Waffen dieser Art oft einen regelrecht individuellen Charakter bekommen und sich manchmal völlig unberechenbar verhalten, nicht zuletzt auch auf der materiellen Ebene. Das ist um so mehr Grund für einen Magier, sorgfältig mit ihnen umzugehen und sie vor dem Zugriff Unbefugter zu bewahren – weniger weil die Waffen dadurch an Kraft einbüßen könnten, was bei richtiger Ladung ohnehin nicht passieren dürfte, sondern vielmehr wegen ihrer nicht vorhersehbaren Auswirkungen auf ebenjene Unbefugten. Auch deshalb trägt jeder erfahrene Magier Sorge dafür, daß mit seinen Waffen nach seinem Tod sachgemäß umgegangen und entsprechend über sie verfügt wird.

> *Waffen dieser Art bekommen oft einen regelrecht individuellen Charakter.*

Als Symbol des magischen Willens ist der Dolch zusammen mit dem später zu erörternden Pentakel beziehungsweise Lamen die individuellste Waffe des Magiers. Folglich sind Form und Material auch beliebig, und die Abbildung zeigt nur eine von vielen Möglichkeiten auf.

Es sollte noch angemerkt werden, daß es magische Traditionen gibt, die bei Arbeiten der Bannung und der Ladung das Schwert dem Dolch vorziehen, andere wiederum sehen im magischen Schwert nur eine Waffe der äußersten Not, die so gut wie nie gebraucht wird.

Wird er in das Spannungsfeld »Männlich/Weiblich« einbezogen, so ist der Dolch der Vertreter des männlichen Prinzips, der Kelch dafür jener des weiblichen, etwa beim Hexen- oder Wicca-Kult; in der hermetischen Tradition nimmt diese männliche Stellung häufig auch der – meist phallisch geformte – Stab ein.

Stellt man seinen Dolch selbst her, oder kann man sich eine entsprechende Waffe aussuchen, sollte man dafür sorgen, daß sie gut zu greifen ist und fest in der Hand liegt. Auch sollte die Klinge scharf und spitz zugleich sein, ebenso kräftig, fest und frei von Scharten. Doch kann es andererseits (wie etwa in meinem Fall) geschehen, daß eine Waffe unter seltsamen Umständen zu Ihnen kommt (oder für Sie »erwacht«), die zwar nach herkömmlichen Maßstaben nicht dem Ideal entspricht, dennoch für Sie genau die richtige ist. Dann sollten Sie stets Ihrer Intuition und Ihrem Gefühl gehorchen und keine Waffe von

Gehorchen Sie stets Ihrer Intuition und Ihrem Gefühl.

anderer Form herbeizwingen wollen. Dies gilt auch für »sprechende Waffen« wie einen Dolch, der den Magier bei der ersten Berührung verletzt und sein Blut zieht, und so weiter. Das für den Dolch Gesagte trifft übrigens sinngemäß auf alle magischen Waffen zu.

In manchen, noch heute gängigen Traditionen westlicher Magie wird weniger Wert auf den Dolch gelegt als in anderen. Crowley sieht ihn ihm lediglich das Symbol des alchemistischen Quecksilbers (wobei Geißel und Kette ihrerseits für den Schwefel respektive für das Salz stehen), doch verlangt er von ihm immerhin, daß seine Klinge mit Gold eingelegt werden solle, während der Griff bei ihm ebenfalls aus Gold bestehen muß beziehungsweise mit diesem Metall beschichtet ist.

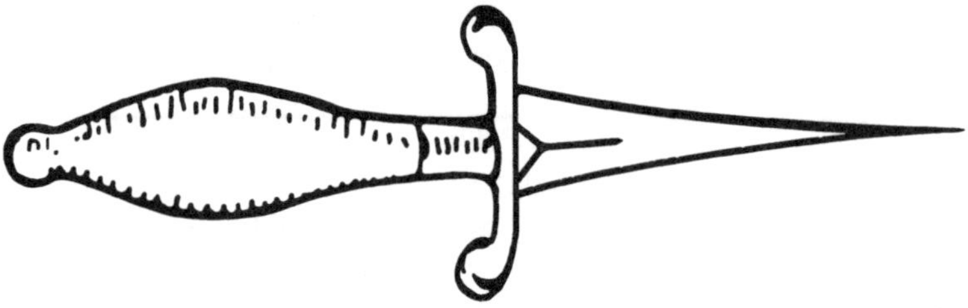

Abbildung 23: Der magische Dolch (Muster nach Crowley)

Die Funktion von Weihrauch und Räuchermitteln im Ritual

Unser Geruchssinn ist aus Sicht der Entwicklungsgeschichte der älteste aller menschlichen Sinne, er ist direkt mit dem Stammhirn verbunden. Aus diesem Grund wirkt er auch eher auf der Ebene des Unbewußten, weshalb manche Wissenschaftler sogar behauptet haben, es sei unmöglich, ihn zu steuern oder gewollt Geruchshalluzinationen herbeizuführen, worüber der Magier freilich nur lächeln kann, schult er seinen Geruchssinn doch systematisch, um nicht zuletzt solche »Halluzinationen« gezielt herbeizuführen. Allerdings ist es richtig, daß den meisten Menschen dieser Umgang mit dem Riechorgan ohne entsprechende Übung sehr schwerfällt.

In der Zeremonialmagie spielen Düfte und Gerüche eine wichtige Rolle, und das war schon immer so. Auch schamanische Kulturen kennen den Gebrauch von Ölen und Räuchermitteln, und schon in der Antike gab es eine regelrechte Industrie, die sich auf die Herstellung sakraler Räuchermischungen spezialisiert hatte, die bei privaten und gemeinschaftlichen Kulthandlungen Verwendung fanden. Kein indischer Tempel, keine buddhistische Pagode, kein Shinto-Schrein ohne Räucherstäbchen – das Räucheropfer mag vielleicht eine der ältesten menschlichen Praktiken überhaupt sein.

In der Zeremonialmagie spielen Düfte und Gerüche eine wichtige Rolle.

Insofern ist es also keineswegs so, wie man manchmal liest, daß sich die westliche Magie mit ihrem Gebrauch von Weihrauch und ähnlichem beim Ritual nur an die katholische Kirche anlehnen würde, tatsächlich steht die Kirche in dieser Hinsicht selbst in einer uralten vorchristlichen Tradition.

Die Funktion des Räucherwerks ist zweifach: Es dient zur grob- und feinstofflichen Reinigung und zur Herstellung eines bestimmten Bewußtseinszustands, also einer magischen Trance oder Gnosis. Da die Erinnerung an Duftstoffe oft tief im Unbewußten gespeichert wird, stellen diese eine geradezu ideale Möglichkeit der Psychenkonditionierung dar. Wenn wir beispielsweise zehn- oder zwanzigmal bei einem Mars-Ritual immer die gleiche Räuchermischung verbrannt haben, prägt sich die Mars-Trance viel tiefer ein als ohne derlei Hilfsmittel, so daß schon bald das bloße Räuchern des Mars-Weihrauchs genügt, um beim Magier die gewünschte Mars-Gnosis herzustellen bzw. herbeizurufen.

Um so enttäuschender mag es erscheinen, daß sich magische Autoren so gut wie immer uneins sind, welche Düfte welchem Prinzip (hier: welchem Planeten) zuzuordnen sind. Um nur ein Beispiel für die zahlreichen widersprüchlichen Aussagen zu geben, wollen wir einmal betrachten, welche Räucher-Korrespondenzen vier bekannte magische Autoren deutscher und englischer Zunge für die Planetenkraft des Jupiter angeben:*

Welche Düfte sind welchem Prinzip zuzuordnen?

* *Zusammenstellung und Übersicht nach Ivanovas, siehe Literatur im Anhang.*

ALEISTER CROWLEY: Safran; alle großzügigen Düfte.

FRANZ BARDON: allein = Safran, oder mit: Leinsamen, Veilchenwurzel, Pfingstrosenblüten, Betonienblätter, Birkenblätter.

KARL SPIESBERGER: Safran, Eschensamen, Aloeholz, Styrax, Benzoe, Lasurstein, Spiegel, Pfauenfeder.

JAMES STURZAKER: Ochsenzunge, Apfelbaum, Esche, Gerste, Rotbuche, Nelke, Mais, Löwenzahn, Lolch, Hartriegel, Alant, weiße Feige, Haselnuß, Bilsenkraut, Stechpalme, Roßkastanie, Jasmin, Muskatnuß, Eiche, Olivenbaum, Pfirsichbaum, Pflaumenbaum, Pappel, Trauben, Rhabarber, Salbei, Weizen, Odermenning, Lavendel.

Es fällt auf, daß immerhin der Safran bei drei unserer Autoren erwähnt wird, doch ist selbst dies nicht immer die Regel, es sei denn, daß ein Autor – wie so häufig in der okkulten Literatur – vom anderen abschreibt, auch wenn sein Vorbild sich nicht an der »Tradition« orientiert. Das Wort »Tradition« steht hier in Anführungszeichen, weil sich zumindest im Bereich des Räucherwerks nicht ernsthaft von einer solchen reden läßt, obwohl es in der Magiegeschichte natürlich immer wieder Überschneidungen gab.

Jeder Magier muß im Hinblick auf Räucherwerk seine eigenen Korrespondenzen erschaffen.

Wir können also festhalten, daß es auch auf diesem Gebiet nicht die objektiven Korrespondenzen gibt, daß traditionelle Autoren einander oft erheblich widersprechen – und wir müssen daraus für die Praxis die Konsequenz ziehen, daß sich jeder Magier gerade im Hinblick auf Räucherwerk seine eigenen Korrespondenzen erschaffen muß. Dies wird für den Anfänger nicht immer sehr leicht sein, da er mit den Planetenkräften noch nicht hinreichend vertraut ist, um eindeutige Entscheidungen dieser Art zu treffen. Deshalb genügt es am Anfang auch, sich fertige, im Handel erhältliche Mischungen zu beschaffen, die sich meist an den Vorgaben eines älteren Autors orientieren oder von Magiern komponiert wurden, die über die erforderliche Erfahrung verfügen.

Ein solches Vorgehen hat allerdings auch einige Nachteile: Zum einen macht sich der Magier dadurch abhängig von Lieferanten und

Herstellern, was zum Problem werden kann, wenn eine solche Firma einmal ihre Tore schließt oder ihr Produkt nicht mehr herstellt. Dergleichen ist auf dem doch recht kleinen, ja winzigen Markt für Magiezubehör keine Seltenheit. Ist man erst einmal gründlich auf eine bestimmte Duftmischung konditioniert, bedarf es oft gewaltiger Anstrengungen, um mit neuen, anderen Duftreizen die gleichen Erfolge zu erzielen wie zuvor. Des weiteren verführt das passive Kaufen magischer Hilfsmittel auch zu einer allgemeinen Passivität in magischen Dingen. Zudem ist gutes Räucherwerk nicht eben billig.

Will man sich allerdings eigenes Räucherwerk herstellen, entdeckt man bald, daß dies keine leichte Aufgabe ist, sondern viel Feingefühl und eine gute Nase erfordert, wie auch viel Fleiß und Geduld. Manche Magier ziehen es deshalb vor, mit möglichst wenigen, leicht erhältlichen Ingredienzien auszukommen. Letztere bezieht man über den magischen Fachhandel, über Apotheken und aus Geschäften für Kirchenzubehör. Dies gilt speziell für Harzmischungen. Kräutermischungen stellt man sich auf gleiche Weise zusammen, große Auswahl bieten oft Kräuter- und Naturkostläden sowie natürlich Apotheken.

Zu den klassischen, schon in der Antike und im vorderen Orient hauptsächlich verwendeten Zutaten gehören:

STYRAX (auch: Storax, flüssiger Amber, Benzoin)
Dieser flüssige Balsam aus dem Amberbaum (Liquidambra orientalis) wird gern zu Mischungen gegeben, um den Rauch dichter zu machen. In flüssiger Form ist er recht klebrig und dient auch dazu, trockene Harze aneinanderzubinden, etwa zum Räuchern von größeren Weihrauchbrocken. Oft ist eigentlich Styrax gemeint, wenn von Ambra (siehe dort) die Rede ist.

GALBANUM (auch: Mutterharz)
Ein Gummiharz aus grünbläulichen, verklebten Körnern, das vor allem bei Mischungen aus der hermetischen, winkligen Tradition eine große Rolle spielt.

OLIBANUM (auch: Weihrauch, Thus, englisch frankincense)
Nach dem Erhärten nimmt dieser milchähnliche Saft des nordafrikanischen Boswelliabaums, der seinen Namen einer Verballhornung des hebräischen lebonah = »Milch« verdankt, die Form gelblicher oder bräunlicher, durchscheinender Körner an.

MYRRHE
Eines der am häufigsten verwendeten Gummiharze, es besteht aus spröden bräunlichen Körnern. In Form von Tinktur findet Myrrhe zudem in der Naturheilkunde Verwendung.

BENZOE (auch: wohlriechender Asant, Asa dulcis)
Das Harz des Benzoebaums ist überall leicht erhältlich und dient zum Würzen von Räuchermischungen.

ASANT (auch: Asafoetida, Teufelsdreck)
Dieses Gummiharz wurde im Mittelalter viel als Knoblaucherersatz verwendet und durfte in keinem Kuchen (!) fehlen. Heute wird es fast ausschließlich in der Tiermedizin verwendet, weshalb man es meist nur in sehr verschmutztem Zustand erhält und entsprechend säubern muß. Asant entwickelt beim Räuchern dichte Schwaden von sehr stechendem, üblem Geruch, der entfernt an Gummi und Knoblauch erinnert, und es wird vornehmlich für dämonische Operationen verwendet, gelegentlich auch beim Exorzismus.

AMBRA (auch: grauer Amber, Agtstein, Ambergris)
Ein Sekret des kranken Pottwals, das vor allem nach Stürmen an der Meeresoberfläche gefischt wird. Es ist sehr selten und teuer, daher nicht einfach zu beschaffen. Oft verstehen Autoren unter Ambra aber auch andere wohlriechende Stoffe, meist Styrax (siehe dort). Als »gelben Amber« bezeichnet man auch Bernstein, der ebenfalls – meist in gemahlener Form – gelegentlich zu Räucherzwecken verwendet wird.

BALSAM
Hierbei handelt es sich um einen Oberbegriff für wohlriechende, dickflüssige Harze. Unter Mekkabalsam (auch: Balsam von Gilead, Opobalsum verum) versteht man das Harz der Pflanze Somiphora opobalsamum, der süßliche Perubalsam besteht aus dem Harz des Baumes Toluifera pereitae und wird auch als »schwarzer indischer Balsam« bezeichnet. Tolubalsam (auch: Opobalsam) ist das Harz des Baumes Toluifera balsamum.

Alte Rezepte für Räuchermischungen stellen eine ständige Quelle des Irrtums dar: Oft werden Zutaten wie Benzoe und Benzoin, Ambra und Amber sowie auch die verschiedenen Balsame verwechselt, aus zahlreichen Sprachen übersetzt und weiterübersetzt, ungenau abgeschrieben und ohne große Sachkunde zusammengestellt. Ein sehr altes Rezept für Kyphi (ägyptischer Sonnenweihrauch) findet sich immerhin im Papyrus Ebers. Es lautet nach Hopfner: Trockene Myrrhe, Wacholderbeeren, Weihrauch, Cyperngras, Mastyxzweige, Bockshorn, Kalmus von Nordsyrien, Rosinen, Styraxsaft zerstoßen, zu einer Substanz gestalten. Frauen sollen dem Rezept noch Honig zusetzen und alles zusammen kochen.

Im 2. Buch Mose (30, 34ff.) finden sich ebenfalls Angaben für eine Räuchermischung, die Jahwe dem Moses offenbart:

> *Und der HERR sprach zu Mose: Nimm dir Spezerei: Balsam, Stakte, Galbanum und reinen Weihrauch, vom einen soviel wie vom andern, und mache Räucherwerk daraus nach der Kunst des Salbenbereiters, gesalzen, rein, zum heiligen Gebrauch. Und du sollst es zu Pulver stoßen {...} Es soll euch ein Hochheiliges sein.*

Doch warnt er Moses auch, die dem Gottesdienst vorbehaltene Mischung nicht zweckentfremden und dadurch profanieren zu lassen:

> *Aber solches Räucherwerk sollt ihr für euch nicht machen, sondern es soll dir als dem HERRN geheiligt gelten. Wer es macht, damit er sich an dem Geruch erfreue, der soll ausgerottet werden aus seinem Volk.*

Auch für die Altar-, Schrein- und Priesterweihe gibt Jahwe Anweisungen, und zwar für ein Salböl:

> *Nimm dir die beste Spezerei: die edelste Myrrhe, fünfhundert Lot,* und Zimt, die Hälfte davon, zweihundertundfünfzig Lot, und Kassia, fünfhundert nach dem Gewicht des Heiligtums, und eine Kanne Olivenöl. Und mache daraus ein heiliges Salböl nach der Kunst des Salbenbereiters.*
>
> (2. Mose 30, 23–25)

Auch dieses Öl war ausschließlich dem sakralen Gebrauch vorbehalten, und Schänder wurden mit Ausrottung bedroht.

---

* *Zur Orientierung: ein alttestamentarisches Lot entspricht etwa 11,2–12,2 Gramm.*

Nicht selten werden anstelle von Harzen aber auch Kräuter (meist in getrocknetem Zustand) zum Räuchern verwendet, und zwar sowohl für sich allein wie auch als Mischungen. Schamanen arbeiten bei Heilungen oft mit Tabakrauch, und unter den nordamerikanischen Indianern werden Salbeiräucherungen bevorzugt, was mittlerweile auch in schamanisch gesinnten Kreisen bei uns Schule gemacht hat.

Über Techniken und Praktikern des Räucherns

Bei der Dämonenmagie beziehungsweise -evokation soll eine Wesenheit »bis zur Konsistenz dichter Dämpfe« (Crowley) beschworen und materialisiert werden. Dies ist bisweilen ganz wörtlich gemeint: Ins Evokationsdreieck wird eine Räucherpfanne gestellt, und der Dämon soll sich in der Rauchsäule manifestieren. Vor wenigen hundert Jahren gab es zur Unterstützung dieses Vorgangs eigens angefertigte Altäre, die mit Hilfe von ausgeklügelten Spiegelsystemen vorbereitete Bilder in einer Art frühzeitiger »Dia-Show« auf die Rauchschwaden projizieren konnten. Sicher geschah dies nicht selten in betrügerischer Absicht, doch ist der Wert dieser Praktik als Imaginationshilfe noch heute ungebrochen. Es fällt leichter, ein bereits bestehendes Bild zu beleben, das sich auf einer flackernden, sich drehenden und wälzenden Rauchsäule optisch wahrnehmbar bewegt (Projektionstechnik), als abzuwarten, bis sich im Rauch ein geeignetes Bild manifestiert (sogenannte »eidetische« oder auch »Kristallkugeltechnik«).

Erwähnt werden sollte übrigens auch, daß Forschungen in jüngerer Zeit ergeben haben, daß sich beim Abbrennen von bestimmten Räucherstoffen (vor allem Olibanum) sogenannte Tetrahydrocannabinole oder »Haschisch-Inhaltsstoffe« bilden. Mit anderen Worten macht Weihrauch in gewissem Umfang »high«, was zumindest teilweise im Einklang mit dem Anstreben einer magischen Trance steht. Es wurden sogar unter Ministranten Fälle von »Weihrauchsucht« bekannt, die sich nicht allein im Einatmen, sondern auch im Kauen von Weihrauch äußerten.

Darüber hinaus hat Weihrauch auch ganz konkrete hygienische Funktionen, da er desinfiziert und Ungeziefer fernhält.

Zur persönlichen Praxis sei empfohlen, sich zunächst mit den Element- und Planetenkräften durch das Ritual vertraut zu machen, wobei entweder auf Räucherung verzichtet oder eine bestehende verwendet wird, die man entweder selbst mischt oder fertig erwirbt.

Nachdem sich der Magier entsprechend mit allen Planeten angefreundet hat, beschäftigt er sich mit ihnen einzeln und schwerpunktmäßig, bis ihm die dem jeweiligen Planeten zukommenden Korrespondenzen völlig klar und verständlich sind. Nun stellt er seine persönliche Räuchermischung her. Es leuchtet ein, daß dieser Prozeß sich über Jahre hinziehen kann, denn welcher Magier kann schon wirklich von sich behaupten, daß ihm sämtliche Korrespondenzen einer Energie vertraut und verständlich sind! Letztlich ist das Problem ohnehin rein akademisch, sofern genügend Nachschub von Räucherwerk gewährleistet ist und es das Ritual eindeutig fördert.

Wurden Räucherstoffe früher meist ins Opferfeuer geworfen, so werden sie heute lieber im Brenner verdampft oder verkohlt, anstatt sie zu verbrennen. Diese Praktik setzt die Aromastoffe schonender und wirkungsvoller frei. Die meisten heutigen Magier verwenden imprägnierte, selbstzündende Holzkohle, die auf einer Seite mit einer Mulde versehen ist, in die das Räucherwerk gegeben wird. Flüssigere Räucherstoffe und Öle gibt man zum Verdampfen auf ein Blech (zum Beispiel aus Kupfer), das von unten mit einer Kerze erhitzt wird und auf einem Gestellt ruht, beispielsweise auf einem Dreibein.

Der Brenner

Der Brenner zählt zu den am häufigsten verwendeten Paraphernalia der Zeremonialmagie. Für das Verständnis englischer Magie-Literatur ist es wichtig zu wissen, daß der Brenner im Englischen sowohl »thurible« als auch »censer« heißen kann – beides relativ ungebräuchliche Begriffe, weshalb wir sie hier auch erwähnen. Crowley unterscheidet in seinem *Magick* zwischen beiden und verwendet gleich zwei verschiedene Brenner.

Häufig besteht der Brenner aus einem Dreifuß mit halbkugelförmiger Brennschale. Kabbalistisch und biblisch ausgerichtete Magier verwenden gern Messing zur Herstellung des Brenners.

Man hat den Akt der Räucherung stark mit Symbolik geladen, und als Beispiel dafür wollen wir Crowley anführen:

> *Ins Magische Feuer wird alles geworfen. Es symbolisiert das letztliche Verbrennen aller Dinge im Shivadarshana. Es ist die absolute Vernichtung sowohl des Magiers als auch des Universums.*
>
> (Crowley, *Magick*, S. 115).

Der Wille des Magiers ist es, der dieses verzehrende Feuer entfacht, das das Alte vernichtet, auf daß Neues werde, und der Brenner ist das Gefäß (ja, das Universum), in dem dieser Akt fruchtbarer Zerstörung (zum Beispiel ungewollter Einflüsse und ablenkender Gedanken) stattfindet. Aber Crowley warnt auch vor der Überschätzung des Wahrgenommenen:

> *In diesem Rauch entstehen Illusionen. Wir suchten nach dem Licht und siehe, der Tempel verfinstert sich! In der Dunkelheit scheint dieser Rauch seltsame Gestalten anzunehmen, und vielleicht vernehmen wir auch Tiergeschrei. Je dichter der Rauch, um so dunkler wird das Universum. Wir keuchen und zittern, wenn wir gewahr werden, welch üble und vergängliche Dinge wir heraufbeschworen haben!*
>
> *Und doch können wir nicht ohne das Räucherwerk auskommen! Wenn unser Streben keine Form annimmt, kann es die Form auch nicht beeinflussen. Dies ist auch das Mysterium der Inkarnation.*
>
> (Crowley, S. 116)

Und er fährt später fort:

> *Alle diese Phantome, welcher Natur auch immer sie seien, müssen heraufbeschworen, untersucht und gemeistert werden; sonst stellen wir vielleicht fest, daß ebendann, wenn wir es wollen, eine Vorstellung auftaucht, mit der wir uns noch nie befaßt haben; und daß diese Vorstellung uns möglicherweise überraschend anspringt und uns gewissermaßen von hinten erdrosselt. Dies ist die Legende vom Magier, der vom Teufel erdrosselt wurde!*
>
> (Crowley, S. 118)

Allerdings meint der Altmeister der modernen Magie mit diesen Phantomen keineswegs nur das, was sich in den Räucherschwaden zeigt, sondern auch moralische und religiöse Ideen und Vorstellungen, wie überhaupt jeden Gedanken, der nicht analysiert und somit von unserem eigentlichen Selbst ferngehalten wird, damit dieses sich nicht mit ihm identifiziert und dadurch in den Abgrund der Illusion stürzt.

Auch ein Rezept für Räucherwerk gibt Crowley an: 1 T Olibanum (= die Opferung des Willens des menschlichen Herzens, also seines profanen Wollens), 1/4 T Styrax (= das irdische Verlangen: dunkel, süß, haftend), 1/4 T Aloe (Lignum aloes) (= Symbol des Sternzeichens Schütze und des Pfeils, somit des magischen Strebens selbst).

Für Crowley (der sich in seinem hier zitierten Abschnitt weniger zum eigentlichen Brenner äußert als zur metaphysischen Bedeutung des Räucherns und der dabei verwendeten Stoffe) steht der Rauch zudem für die Astralebene, was im Hinblick auf unsere Ausführungen zur Dämonenevokation wohl keiner weiteren Erklärung bedarf.

Über die Verwendung verschiedener Brenner

Vor allem bei Gruppenritualen und bei der Arbeit in großen Räumen finden Weihrauchschwenker Verwendung, mit denen auch der magische Schutzkreis nach dem Schlagen abgeschritten werden kann.

Dadurch bildet der Magier eine Rauchsäule, die ihm zusätzlichen Schutz verleiht, aber diese Säule hat auch etwas von einem Schleier, der das magische Tun vor profanen Augen verbirgt und die Undurchschaubarkeit des guten Magiers symbolisiert.

Es versteht sich natürlich von selbst, daß der Brenner aus feuerfestem Material bestehen muß. Häufig wird jedoch zu wenig auf eine hinreichende Luftzufuhr geachtet, so daß Kohle und Räucherwerk oft ersticken. Bei offenen Brennschalen ist dies kein Problem, doch werden häufig auch abgedeckte Brenner verwendet, weil sie den Funkenflug eindämmen und manchmal auch das Verdampfen von Ölen und Essenzen auf ihrem Deckel ermöglichen. Diese sollten aber stets genügend Belüftungslöcher aufweisen, um eine optimale Rauchentwicklung zu gewährleisten.

Eine Variante des Brenners ist die Räucherpfanne, manche Magier verwenden auch nur eines von beiden. Die Pfanne ist meist aus Kupfer, aus starkem Messing (ist das Messing zu dünn – zum Beispiel bei den meisten billigen Blumenübertöpfen –, springt es unter großer Hitze) oder sogar aus Eisen. Nur selten besitzt sie einen Deckel. Wegen ihres handlichen Stiels eignet sie sich besonders gut zum Schwenken, was vor allem bei Einweihungen gefragt ist, etwa wenn der Kandidat mit Rauchschwaden beräuchert werden soll, um ihn durch das Element Luft zu reinigen oder ihn mit diesem zu verbinden.

Abbildung 24: Der Brenner (Muster nach Crowley)

Praktische Übungen

ÜBUNG 23
ASTRALMAGIE UND MEDITATION (I)

Anders als andere Autoren beginnen wir die Schulung der Astralreisen und Astralmagie nicht damit, daß wir den Austritt des Astralleibs aus dem physischen Leib empfehlen. Es fällt nämlich besonders Anfängern, die im Astralreisen ungeübt sind, oft viel leichter, mit einer anderen, wesentlich einfacheren Technik in weitaus kürzerer Zeit zu einem ebensoguten Ergebnis zu gelangen wie mit der eigentlichen Reise, die wir aus diesem Grund auch erst später angehen wollen. Gleichzeitig schulen wir dabei bereits die Beherrschung der Asanas und die Körperkontrolle.

Begib Dich einige Wochen lang täglich mindestens fünfzehn Minuten in eine Asana Deiner Wahl, vorzugsweise in den Herrscher-, Drachen- oder Halblotusitz. Sammle Deine Gedanken und beobachte nur Deinen Atem. Sollten Gedanken aufkommen (und das werden sie mit Sicherheit!), so versuche nicht, sie mit Gewalt zu verdrängen, denn das macht sie nur noch störrischer – lasse sie vielmehr ohne inneres Interesse einfach an Dir vorüberziehen, ohne Dich an sie zu verhaften. Nach einer Weile beginnst Du, Dich selbst und Deinen Körper mit jedem Ausatmen im Geiste auszudehnen. Gehe dabei nur schrittweise vor, also erst vielleicht zwei bis drei Zentimeter, die Du mit zunehmender Praxis von Tag zu Tag steigerst, bis Du nach etwa vier Wochen das ganze Zimmer, in dem Du meditierst, ausfüllst. Beende die Meditation, indem Du Dich mit dem Einatmen langsam wieder kleiner werden läßt. Du kannst diese Übung auch mit der nachfolgenden koppeln, indem Du erst mit Mantras arbeitest, um eine zufriedenstellende Gnosis zu erlangen, und dann in die eigentliche Meditation übergehst.

ÜBUNG 24
MANTRASCHULUNG

Übe täglich mindestens zehn Minuten lang ein traditionelles Mantra, wie in diesem Abschnitt beschrieben. Du kannst aber auch andere Mantras verwenden, sofern diese aus möglichst unterschiedlichen Sprach- und Kulturkreisen stammen. Beginne auf jeden Fall mit der akustisch vernehmbaren Intonation (es muß aber nicht sonderlich laut sein), und hebe Dir die leiseren Formen für die spätere Praxis auf. Achte sorgfältig auf die unterschiedlichen Energiequalitäten.

ÜBUNG 25
DIE IAO-FORMEL IN DER PRAXIS (II)

Für diese Übung brauchst Du einen Partner. Wenn dieser kein Magier sein sollte und von Deinen magischen Aktivitäten nichts erfahren darf, kannst Du sie auch zur Ton- und Energieübung erklären, wie man sie ähnlich beim Gesangsunterricht oder bei der Eutonie verwendet. Auch der größte Zweifler wird schon bald bemerken, wie sehr sie seinen gesamten Organismus belebt, und wird sein Fragen einstellen.

Die Partner stellen sich voreinander auf. Nun richtet der erste die Arme mit senkrecht nach oben gestellten Handflächen auf die Halsgegend des anderen und intoniert möglichst kräftig den Vokal I. Der andere sollte nicht mitintonieren, sondern mit geschlossenen Augen die dadurch geweckten Energien in seinem Körper wahrnehmen. Dann breitet der Intonierende die Hände mit gerade ausgestreckten Armen im rechten Winkel zur Seite und intoniert, auf die Brustgegend des anderen gerichtet, den Vokal A. Schließlich breitet er die Arme kreisförmig aus, die Handflächen in Hüfthöhe auf den anderen gerichtet (als wollte er ihn in der Hüfte umarmen), und intoniert O. Bei alledem wird der Körper des anderen nicht berührt, da dies die Konzentration und den Energiefluß hemmen könnte.

Nun wird gewechselt. Diese Übung kann beliebig oft wiederholt werden, doch sollte man auf die Stimme des Körpers hören, damit dieser nicht überladen wird – er kündigt dies meist durch ein extrem gesteigertes Kraftempfinden an. Sie ist sehr gut geeignet für die Heilung und zur Vorbereitung aufs Ritual. Es ist wichtig, zu beachten, daß der Intonierende dabei dem anderen keine eigene Energie überträgt, sondern vielmehr dessen persönliche Energie weckt und zum Strömen bringt. Sonst wäre ein empfindlicher Kraftverlust die Folge. Diesen verhinderst Du durch beharrliche Konzentration auf das Intonieren.

ÜBUNG 26
TRATAK

Diese im indischen Yoga und Tantra als »Tratak« bezeichnete Praxis besteht aus der Konzentration auf einen äußeren Gegenstand zur Herstellung von Gedankenleere oder Gnosis. Wähle Dir ein Objekt aus, das Dich emotional nicht berührt, es kann durchaus etwas so Alltägliches sein wie eine Gabel, ein Wegwerffeuerzeug oder ein Schnürsenkel. Begib Dich ins Asana und mustere den Gegenstand, ohne dabei an irgendetwas zu denken. Du wirst feststellen, daß diese Übung eine andere Qualität hat als die Übung 23 weiter oben. Übertreibe es nicht – führe sie etwa drei- bis viermal pro Woche jeweils zehn Minuten durch, das genügt für den Anfang vollauf. Versuche auch nicht etwa, über den Gegenstand nachzudenken, nimm ihn einfach wahr und benutze dabei den 180°-Blick, solange Du ihn halten kannst, ohne daß Dir die Augen brennen. Nimm in keiner Form Stellung zum Objekt oder zur Übung, erst hinterher sollst Du natürlich Deine Eindrücke im Magischen Tagebuch festhalten. Führe diese Übung mindestens drei Monate lang durch wie besprochen, denn auch hier macht nur stetes Üben den Meister.

LITERATURNACHWEIS

Aleister Crowley, *Magick*, ed. & ann. by John Symonds & Kenneth Grant, London & Henley: Routledge & Kegan Paul, 1973

Georg Ivanovas, »*Räucherwerk – Nahrung der Götter*«, Unicorn H. 5, 1983, S. 80–121.

MYSTIK ODER MAGIE?

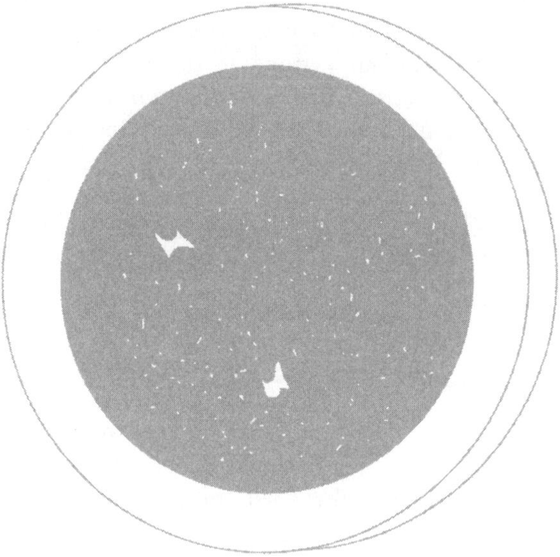

Das Überpersönliche und die Geheimwissenschaften

Auf den wesentlichen Unterschied zwischen Glauben und Wissen, zwischen Gebet und magischem Ritual, ja eigentlich auch zwischen Mystik und Magie weist Mace hin (a. a. O., S. 14): Das Gebet stellt hohe Anforderungen an den Glauben und die Hingabe, dagegen nur geringe an das Können und Vermögen des Betenden. Das magische Ritual verlangt nur wenig Glauben, dafür aber um so mehr Können; die Hingabe an eine Gottheit wird ersetzt durch Ausdauer und Beharrlichkeit.

Die heutige Magie: Abkehr vom Dogma und Betonung magischer Technik

Dies steht im Einklang mit dem Weg, den die heutige Magie beschreitet. Wenn wir uns ihre Entwicklung in den letzten dreißig Jahren vor Augen halten, so fällt auf, daß sie vor allem durch zwei qualitativ neue Charakteristika gekennzeichnet ist, nämlich durch die Abkehr vom Dogma sowie durch die Betonung magischer Technik. Beide Faktoren bedingen einander naturgemäß und verleihen dem magischen Handeln eine gänzlich andere, neue Qualität, was durchaus auch für seine Effektivität gilt.

Oft wird insbsondere von traditionalistischen Magiern beklagt, daß dieser Ansatz zu »unromantisch« und »technokratisch« sei. Dieser Vorwurf hat eine gewisse Berechtigung, und er ist nicht nur unter ideengeschichtlichen Gesichtspunkten ernstzunehmen, greift er doch zugleich ein praktisches Problem auf, mit dem sich eine erfolgs- und effizienzorientierte Magie ständig konfrontiert sieht. Denn es wäre ein Irrtum, zu glauben, mit der »Neuen Sachlichkeit« und durch die von ihr praktizierte Entlarvung alter geheimwissenschaftlicher Bluffs (zum Beispiel geheimer kosmischer Meister im Himalaya, astraler Ordensleiter und ähnlichem) sei das Grundbedürfnis des Menschen nach dem Mysterium und dem Numinosen, mithin dem »Göttlichen« endgültig aus der Welt geschafft. Zudem ist auch unter praktischen Gesichtspunkten fraglich, ob dies tatsächlich wünschenswert ist. Wie wir im Zusammenhang mit der Invokationsmagie immer wieder feststellen können, ist die zeitweise Unterwerfung des Magiers unter ein als »höherstehend« begriffenes Prinzip oft eine der Grundbedingungen des magischen Erfolgs.

Da wir stets mit dem Unbewußten arbeiten müssen, wenn wir magisch tätig werden, spielen auch Bilder und vor allem Mythen eine große Rolle. Sicher ist die moderne Magie in ihrem Bedürfnis nach Bilderstürmerei und Auflehnung gegen verknöcherte alte Strukturen und Dogmen manches Mal über ihr Ziel hinausgeschossen. Doch bringen Revolutionen und Umbrüche nun einmal dergleichen mit sich – man kann es mit einem reinigenden Gewitter vergleichen.

Sehen wir uns jetzt einmal näher an, was dabei geschehen ist, um einen genaueren Eindruck davon zu gewinnen, wie die Frage nach dem Überpersönlichen oder Göttlichen und der Magie zu bewerten ist.

Der Magier als Mystiker

Ob wir magische Autoren wie Eliphas Levi, Papus, Guaïta, Mathers, Waite und Crowley oder Quintscher, Bardon und Gregorius nehmen, oder ob wir die Magiegeschichte von der Antike bis in die jüngste Gegenwart betrachten, stets herrschen mystische Modelle vor, wird der Weg der Magie auch als Weg zur – wie auch immer definierten – Gottheit begriffen.

Von wenigen früheren Ausnahmen (zeitweise auch bei Crowley) abgesehen, haben erst die moderne Pragmatische Magie und die Chaos-Magie in größerem Stil eine Abkehr vom magischen Theismus vollzogen und dies philosophisch untermauert. Das ist um so verwunderlicher, wenn wir uns vor Augen halten, welch gewichtige Rolle doch beispielsweise dem ebenfalls nichttheistischen Frühbuddhismus in der Philosophie des Abendlands seit dem ausklingenden Klassizismus und der Romantik zukommt: Philosophen wie Schopenhauer oder Nietzsche sind ohne diese Beeinflussung nicht zu verstehen, ebensowenig Kierkegaard und die viel später einsetzende Existenzphilosophie.*

Erst die moderne Pragmatische Magie und die Chaos-Magie haben eine Abkehr vom magischen Theismus vollzogen.

* *Damit ist natürlich nicht gemeint, daß diese Denker jemals praktizierende Buddhisten gewesen wären. Vielmehr nahmen sie den östlichen Buddhismus durch den aus ihren ideen- und zeitgeschichtlichen Bedingtheiten bestehenden »Filter« wahr. Es ist unstrittig, daß der Hinayana-Buddhismus im 19. Jahrhundert unter Intellektuellen stark beachtet und wegen seiner Rationalität geschätzt wurde.*

Auch innerhalb der Geheimwissenschaften gab es starke buddhistische Elemente, nicht zuletzt bezeichnete sich Crowley ja auch lange Zeit als Buddhist und schrieb Essays wie »Wissenschaft und Buddhismus«, lehnte alle Theismen radikal ab und vertrat eine eher skeptisch-rationale Weltanschauung, bevor er schließlich durch die endgültige Annahme des Buchs des Gesetzes als Offenbarung mit Weltgeltung zum thelemitischen Mystiker wurde. Sowohl die Theosophie als auch die Anthroposophie, beides Bewegungen von spürbarer Bedeutung für die abendländische Esoterik, verbreiteten unter anderem auch buddhistisches Gedankengut, dieses allerdings bereits theistisch verfremdet und dem Mahayana-Buddhismus näherstehend.

Jedenfalls wurde und wird in der westlichen Esoterik fast immer mit irgendeiner Form des Theismus, ja sogar des Monotheismus gearbeitet. Darin erkennen wir den starken, schier unüberwindlichen Einfluß von Juden- und Christentum in unserer Kultur. Untrennbar damit verbunden ist auch die Auffassung, daß es »höhere« und »niedere«, »gute« und »böse« Sphären gibt, ja, daß die Religion letztendlich der Magie doch überlegen, weil »wahrer« sei. Es ist müßig, sich darüber zu streiten, ob die Religion nun die Mutter oder die Tochter der Magie sei, sowohl für als auch gegen beide Auffassungen gibt es gute Argumente. Ich persönlich neige zwar zu der Ansicht, daß die Religion erst aus der Magie hervorgegangen sein muß, obwohl es natürlich schon in frühester Zeit zu Überschneidungen kam. Doch ist dies eher eine sachliche Überlegung, die nicht darauf hinauswill, das eine gegenüber dem anderen durch postulierte »größere Ursprünglichkeit« aufwerten zu wollen. Letztlich handelt es sich dabei eher um eine Temperamentfrage: Es gibt eben stärker religiös ausgerichtete Menschen (wohl die Mehrzahl), und Menschen, die eher dem Weg des Magiers zuneigen, der sich ungern auf Dauer einer Gottheit unterwirft, die nicht er selbst ist.*

Nun sind Mystik und Religion allerdings auch nicht dasselbe, im Gegenteil: Der Mystiker begreift sich zwar als Vertreter der »wahren Religion« im Sinne der religio oder Rückverbindung zu dem Ursprung des Seins, steht damit aber meistens in heftigem Gegensatz zur religiösen Orthodoxie. Diese wittert im Mystiker eine Bedrohung ihrer sorg-

* *Auch hier muß zur Vermeidung von Mißverständnissen darauf hingewiesen werden, daß in der Praxis natürlich die Mischformen die Regel sind. Wir wollen mit unserer Vereinfachung lediglich die Grundpositionen stärker veranschaulichen, um den Disput schärfer abgrenzen zu können.*

fältig gehüteten Hierarchie, da er nicht ihrer Vermittlung bedarf, um die Kommunikation mit dem Göttlichen herzustellen. Meist werden Mystiker von den christlichen Kirchen mehr oder weniger totgeschwiegen oder bestenfalls unter ferner liefen erwähnt, ohne daß eine echte Auseinandersetzung mit ihren Mitteilungen stattfinden würde. Häufig wird als Grund für die Skepsis gegenüber der Mystik die Besorgnis um die geistige und seelische Gesundheit des »Durchschnittsmenschen« vorgeschoben, der derlei Erfahrungen »nicht gewachsen« sei – und nicht selten wird die Mystik regelrecht als gefährlich verteufelt, was angesichts ihrer anarchischen Grundhaltung auch nicht weiter überrascht, zumal viele Mystiker gründlich mit kirchlichen Dogmen aufgeräumt haben und durch ihre mystische Vereinigung mit der Gottheit in den Ruch der »Selbstvergottung« gerieten. (Hier scheint noch immer der Gnosis-Schock des Frühchristentums nachzuwirken.)

Dennoch sind sich der Mystiker und der Religiöse darin einig, daß es eine Gottheit gibt, der der Mensch untersteht. Für beide ist es Ziel des Lebens, sich auf irgendeine Weise mit dieser Gottheit dauerhaft zu arrangieren und die religio zu verwirklichen.

Der Mystiker und der Religiöse sind sich darin einig, daß es eine Gottheit gibt, der der Mensch untersteht.

Magie hingegen ist zunächst einmal eine weltanschaulich neutrale Technologie der Schicksalsbeeinflussung. Erst durch ihr soziokulturelles und natürlich auch religiöses Umfeld gerät sie in den Bann anderer Systeme und wird mit ihnen verschmolzen. Dies zeigt besonders deutlich die Entwicklung der abendländischen Magie, die, von einigen altheidnischen Elementen im Mittelalter einmal abgesehen, sehr früh ausschließlich jüdisch-christlich geprägt war. Auf der Suche nach einem Erklärungsmodell für die Wirksamkeit der Magie bot sich die vorherrschende Religion an, die ja im Einklang mit ihrem Erlösungsauftrag ohnehin vorgab, alles erklären zu können. Dies ist freilich keine spezifisch abendländische Erscheinung, der gleiche Prozeß läßt sich beispielsweise auch im islamischen und hinduistischen Kulturraum beobachten. Andererseits steht die Magie durch ihre aktive Handhabung der Schicksalsfaktoren der doch meist als »passiv« bezeichneten Mystik paradoxerweise näher als der eher erduldenden, vorgegebenen Offenbarungen und »göttlichen Gesetzen« folgenden Religion. Denn beide vereint der Geist des Widerspruchs gegen die

Der Magier will sich nicht mit einer Rolle als Spielball und Opfer des Schicksals abfinden.

Fremdbestimmung durch menschliche Autoritäten: Der Mystiker läßt sich nicht durch Verhaftung an ein von Menschen erschaffenes System von seinem Zugang zum Ursprung aller Erscheinungen abhalten, der Magier seinerseits will sich nicht mit einer Rolle als Spielball und Opfer des Schicksals abfinden und sucht die Mächte seinerseits zu beherrschen, deren Herrschaft über sich selbst und andere er beobachtet hat.

Dabei ist es struktural betrachtet unerheblich, daß die allermeisten Mystiker ihre Visionen und Informationen eher ungefragt erhalten und nur sehr selten nach ihnen streben, ihre Rebellion also eher unbewußt als gewollt ist. Auch ihre Demut gegenüber dem Göttlichen sollte nicht davon ablenken, daß hier – wie die Reaktion der Orthodoxie ja auch deutlich zeigt – ein im Grunde luziferischer Geist am Werk ist, der zwar das Höchste will, nicht aber das Gebäude, das andere (»Nichtwissende« und daher »Untergeordnete«) um dieses Höchste herum aufgebaut haben. Vom praktischen Standpunkt sind beide zudem Pragmatiker, der Religiöse dagegen Dogmatiker, da ihm fast immer die Erfahrungsdimension fehlt und er daher in der Regel nur aufgrund des Hörensagens anderer an etwas Nichterfahrenes glauben kann, das ihm zudem wiederum von anderen (etwa Priestern) interpretiert werden muß.

Diese Entwicklung hat innerhalb der westlichen Magie zu einer Verquickung mit monotheistischen und mystischen Vorstellungen geführt, die uns lange Zeit den Blick auf ihre eigentlichen Mechanismen verschleiert haben. Der Magier wird so als Mensch begriffen, der letztendlich seine Magie irgendwann aufgeben muß. Die Trennung zwischen sogenannter niederer und sogenannter höherer Magie, die wir so häufig in der Literatur finden, ist Ausdruck einer solchen Grundhaltung: Als »niedere« Magie gilt alles, was mit Beeinflussung der Materie zu tun hat, also Erfolgs-, Geld-, Liebes- und Gesundheitszauber, Schadens- und Todesmagie, wie denn die Ausübung des eigenen Willens überhaupt. Weil die Materie grundsätzlich als minderwertig betrachtet wird, gilt ihre Beeinflussung logischerweise nur als Vorstufe, die es hinter sich zu lassen gilt. Die »hohe« Magie läßt sich schon weniger eindeutig defi-

»Niedere« und »hohe« Magie

nieren. Heute unterscheiden wir in zwei Deutungen: a) die herkömmliche, nach der der Magier schließlich den Kontakt zur Transzendenz herstellt und sich nur noch von dieser leiten läßt (»Nicht mein, sondern dein Wille geschehe, Herr« und so weiter), mithin zu einer Art Heiligen wird; b) die modernere (und doch im Schamanismus schon seit Jahrtausenden anerkannte), die die Unabhängigkeit von äußeren Hilfsmitteln definiert (»die Techniken der leeren Hand sind das Zeichen des wahren Adepten«, wie Pete Carroll einmal schrieb), also eine unmittelbare Magie der direkten Einflußnahme auf das Schicksal ohne aufwendige Symbolgerüste, äußere Übungen und ohne Abhängigkeit von Außenfaktoren. In der ersten Definition wird der Magier zum theurgischen Mystiker, in der zweiten hingegen zum virtuosen Techniker, der keiner äußerlichen Werkzeuge mehr bedarf.

Schließlich hängt Magie aber auch ganz unmittelbar mit Wissen und Erkenntnis zusammen, mit persönlicher Entwicklung und mit Weisheit. Im Rahmen des religiös-monotheistischen Paradigmas kann der Weg nur linear verlaufen, also hierarchisch abgestuft von unten nach oben, wobei dieses Oben (zum Beispiel der Geist) für wertvoller gehalten wird als das Unten (zum Beispiel der Körper). Hier wird der Magier einmal mehr vor allem als Wahrheitssucher verstanden, weniger als ein Mensch, dem es um die persönliche Freiheit und Unabhängigkeit geht. Aufgrund der patriarchalischen Struktur dieses Paradigmas wurde nur selten die Möglichkeit in Erwägung gezogen, daß diese beiden Ziele einander nicht widersprechen müssen, da die Wahrheit ja durch den vorherrschenden Monotheismus bereits vorformuliert worden war und nur die Unterwerfung unter den einen Gott bedeuten konnte.

Der Magier als Wahrheitssucher

Was in diesem Zusammenhang oft vergessen wurde, ist die Tatsache, daß die Hoch-Zeit dieser Form der Magie keineswegs, wie häufig angenommen, im Mittelalter lag, sondern vielmehr in der Renaissance, der Vorstufe der Aufklärung also. In dieser Epoche, als die Unruhe über das plötzlich in Frage gestellte soziale und religiöse Gefüge der Welt (samt einem ersten versteckten Atheismus) zusammen mit einer Wiederentdeckung des Individuums und einer gleichzeitigen Furcht, ob solchen »widergöttlichen« Frevels der ewigen Verdammnis anheimzufallen, aufkam, entstand innerhalb der Magie jene kuriose Mischung aus Selbstbehauptung und Unterwerfung unter die Religion, die uns noch heute manches Kopfzerbrechen bereitet. Selbst vergleichsweise moderne Autoren wie Douval sind noch voll des alten Paradigmas und der inneren Widersprüche, etwa wenn der Magier von ihnen stets zur Frömmigkeit und Gottesfurcht angehalten wird, um schließlich sogar noch vor einem Schadenszauber erst die Heilige Dreifaltigkeit oder den Eingeborenen Sohn Gottes, Jesus Christus, sowie die himmlischen Heerscharen anzurufen, bevor er schließlich sein höchst unchristliches Tun in Angriff nimmt.

Auch die vielen Warnungen und Ermahnungen, mit denen sich diese Autoren so gerne schmücken, lassen sich durch ihr schlechtes Gewissen erklären, weil sie eben im Grunde gar keine wirklichen Magier, sondern vor allem (meist verhinderte) Mystiker sind, die es sich nicht leisten können oder wollen, sich von den Fesseln der orthodoxen Religion zu befreien und diese ebenso nüchtern und struktural zu betrachten, wie es die Wissenschaft tut. Es blieb Aleister Crowley vorbehalten, mit seinem »die Methode der Wissenschaft, das Ziel der Religion« eine Synthese zu versuchen, die dem gebrochenen Realitätsempfinden seiner Epoche entsprach, und die für viele von uns noch heute ihre Gültigkeit hat.

Der Magier als Anti-Mystiker

Die beschriebene geistesgeschichtliche Entwicklung war unter den gegebenen historischen Umständen wahrscheinlich unvermeidlich, so daß es nunmehr wenig sinnvoll erscheint, noch immer dagegen Sturm zu laufen, wie es in der zeitgenössischen Magie häufig genug geschieht.

Magie ist effektiver, wenn sie von religiösem und ethischem Ballast befreit wird.

Auch Revolutionen haben sich irgendwann einmal selbst überlebt. Was jedoch bleibt, sind – im Idealfall – ihre Errungenschaften. Zu diesen gehört in unserem Fall die Erkenntnis, daß Magie nicht nur möglich, sondern sogar effektiver ist, wenn sie von religiösem und ethischem Ballast befreit wird. Durch die Veränderungen, welche Moral und Ethik im zwanzigsten Jahrhundert erfahren haben, hat der Magier gelernt, seine

Kunst im relativistischen, weniger im religiös-dogmatischen Geist zu verstehen.*

So wie die Naturwissenschaft sich erst aus dem Würgegriff der apriorischen Religionen und Philosophien befreien mußte, um weltweit ihren Siegeszug antreten zu können, mußte es auch die Magie tun, um sich zu einer effizienzorientierten Technologie zu entwickeln. Magie wird heute meist nur noch als Werkzeug begriffen, als Handwerk.

Wenn sie dennoch mehr ist als nur dies, so deshalb, weil es sich bei der Magie im Unterschied zu den Disziplinen der Naturwissenschaft nicht um einen eng begrenzten Bereich bestenfalls »feinstofflicher« Naturgesetze handelt, sondern um einen ganzen Lebensprozeß, bei dem, wiederum anders als in der Wissenschaft, die Theorie vollkommen, der Operand aber unvollkommen ist, wie es Ramsey Dukes einmal formulierte. Denn das Rohmaterial der Magie ist der Magier selbst, sie bedarf stets des lebendigen Mediums, und ein wirklich fähiger Magier ist immer nur einer, der sein ganzes Leben in die Waagschale geworfen hat. Damit ist jedoch kein metaphysischer »Teufelspakt« gemeint, sondern vielmehr die Tatsache, daß unsere Realität ein Produkt unserer Bewußtseinszustände ist. Diese aber muß der Magier nutzen, verändern, manipulieren, will er in seinem Tun erfolgreich sein.

Wir haben den Begriff Magier natürlich nicht gepachtet und haben daher kein Recht darauf, das Richtbeil zu schwingen, indem wir unterteilen, wer denn »schon« und wer »noch nicht« wirklicher Magier ist. Deshalb muß der Hinweis genügen, daß wohl die Mehrzahl der heutigen Magier, sofern sie nicht ausschließlich traditionellen Systemen verhaftet sind, die Rebellion gegen den lange Zeit vorherrschenden Mystizismus und religiösen Dogmatismus begrüßen, weil dadurch die eigentlichen, die technischen Strukturen der Magie erst herausgearbeitet werden konnten. Indem wir nämlich die Magie zunächst auf eine Technologie begrenzen und alle

Die Begrenzung der Magie auf eine Technologie schafft Klarheit und erhöht die Effizienz.

* *Insofern wäre es heute sicher treffender, davon zu sprechen, daß die Magie »die Methode der Wissenschaft« und »das Ziel der Kunst« – und sei es die Kunst des Schicksalsingenieurs – verfolgt.*

ontologischen und heilsorientierten Fragen aus ihr heraushalten, verschaffen wir uns größere Klarheit über ihre Wirkungsmechanismen und können diese effizienter nutzen – übrigens auch für mystische Zwecke!

Zudem hat der Mensch der heutigen Zeit erkannt, daß er mit der Suche nach der einen, »objektiven« Wahrheit nur das eigentliche Problem umgehen will, nämlich die Erschaffung seiner eigenen, subjektiven Wahrheit. Es wäre vielleicht genauer, den modernen Magier nicht als Anti-Mystiker, sondern eher als »Anti-Mystizisten« zu bezeichnen. Die Suche nach der Antwort auf die gnostischen Fragen »Wer bin ich? Woher komme ich? Wohin gehe ich?« ist auch in unserer Zeit noch aktuell, und wird es wohl immer bleiben. Es ändern sich lediglich die Methoden der Antwortfindung und die Brillen, durch welche wir die Welt sehen.

Der wohl wichtigste Faktor bei der magischen Auflehnung gegen orthodoxe Religiosität und Mystik ist die sich daraus ergebende Befreiung von Angst und schlechtem Gewissen. Letzteres spielt in der Magie eine geradezu verhängnisvolle Rolle, lähmt es doch einen Großteil unserer magischen Möglichkeiten. Wer in der Angst magisch tätig wird, eigentlich etwas »Verbotenes«, »Widergöttliches« zu tun, sich also anmaßend und hoffärtig zu verhalten, es gleichzeitig aber nicht versteht, diese Angstenergie für seine Arbeit zu nutzen (wie wir es beispielsweise mit Hilfe unseres Modells von den magischen Trancen tun), der erzeugt in seinem Inneren einen dynamischen Widerspruch, dessen Auswirkungen oft genug verheerend sind, indem sie sich beispielsweise als »magische Rohrkrepierer« oder »Bumerangs« äußern.*

Zwar kann man auch ohne religiöse Bindungen und Abhängigkeiten so etwas wie ein schlechtes Gewissen haben, das die eigene Magie sabotiert; die Tiefenpsychologie hat uns ja deutlich genug die Mechanismen aufgezeigt, durch welche sich Derartiges entwickelt. Doch ist es schon ein Gewinn, zumindest jene hinderlichen Faktoren auszuschalten, die wir bewußt und relativ zügig angehen können.

Es soll hier also nicht dafür plädiert werden, Religion und Mystik grundsätzlich eine Abfuhr zu erteilen, denn das Streben nach

* *Klassische Beispiele dafür sind das Scheitern von geld- und sexualmagischen Operationen bei Magiern, die im Grunde einer eher puritanischen Weltanschauung verhaftet sind, was mit Einschränkungen auch auf Altmeister Crowley zutraf, wie seine Biographie und seine Tagebücher immer wieder belegen.*

der *religio* scheint dem Menschen nun einmal angeboren zu sein. Wem Religion und/oder Mystik ein tiefes inneres Anliegen sind, der wird sie früher oder später mit seiner Magie verbinden (müssen), und auch das ist Teil des thelemitischen Prinzips von »Tu was du willst«.

Doch halten wir uns im Interesse einer erfolgreichen Praxis dabei stets den bereits erwähnten Grundsatz vor Augen, daß sich der Magier seine Glaubenssätze aussucht wie der Chirurg sein Besteck, so daß in seinem Weltbild für »absolute« und alleinseligmachende Glaubensinhalte kein Platz ist.

Der Magier sucht sich seine Glaubenssätze aus wie der Chirurg sein Besteck.

Ist unser Interesse an magischer Effizienz freilich nicht gegeben oder nur untergeordneter Natur, so sind wir doch wohl eher religiös-mystische Naturen, für welche die Magie tatsächlich allenfalls eine Zwischenstufe auf dem Weg zur Erlösung darstellt.

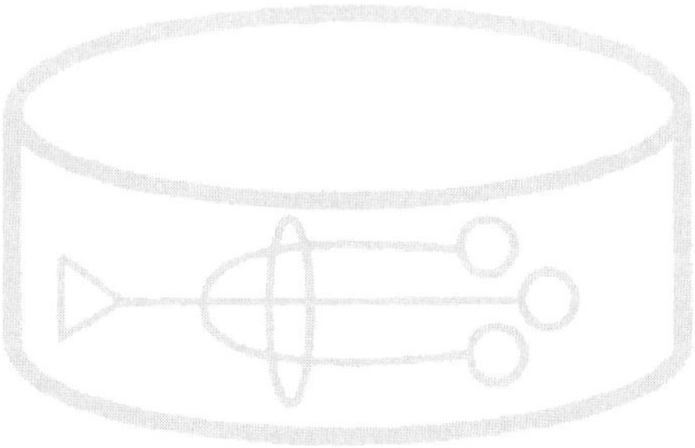

PRAKTISCHE SIGILLENMAGIE (III)

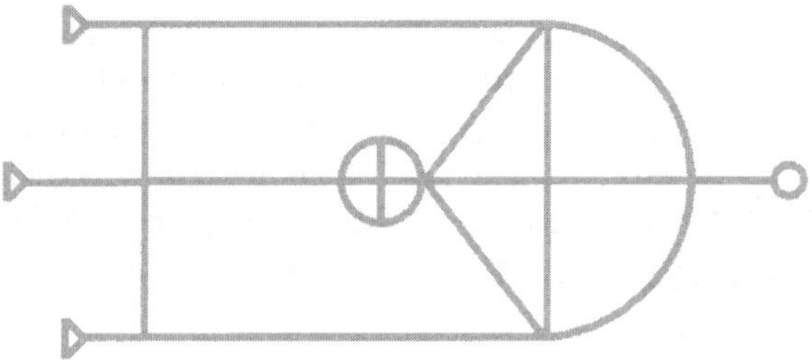

Die Bildmethode

Zur bereits bekannten Bildmethode der Herstellung magischer Sigillen nach dem System Austin Osman Spares ist wenig Ergänzendes zu sagen. Vielleicht verdienen ihre Vor- und Nachteile jedoch eine gesonderte Erwähnung.

Vor allem Menschen mit künstlerischen Neigungen, etwa Maler, Grafiker und Zeichner, bevorzugen in der Regel die Bildmethode, weil sie ihrem Talent entgegenkommt. Sie wirkt auch auf viele Magier (ähnlich wie die nach der mantrischen Methode erstellten Sigillen) »natürlicher«, weil sie nicht erst den Weg über das intellektuelle, sprachliche Konzept geht und keines rationalen Alphabets bedarf. Es ist auch einleuchtend, daß sie dem Unbewußten dadurch nähersteht, daß sie sich unmittelbar der Bilder bedient: Willenssätze werden nicht erst über die Schrift formuliert, sondern sofort in Piktogramme umgesetzt.

Willenssätze werden nicht erst über die Schrift formuliert, sondern sofort in Piktogramme umgesetzt.

Darin liegt freilich auch ihr Nachteil. Wie schon im Zusammenhang mit der symbol-logischen Unschärferelation ausgeführt, lassen sich Bilder und Symbol nicht ungestraft überpräzisieren. So taugt die Bildmethode denn auch wenig für Willenssätze und magische Operationen, bei denen es um genaue Zahlen, Termine und Maße geht. Wenn Sie also beispielsweise eine bestimmte Person an einem bestimmten Tag treffen wollen, so werden Sie dies in der Regel leichter mit Hilfe der Wort- als der Bildmethode bewerkstelligen.

Auch Konzepte wie »Erkenntnis« oder »Glück« lassen sich nur schwer in Bildern ausdrücken. Sollte Ihnen dies jedoch gelingen, so lassen Sie sich nicht davon abhalten, mit der Bildmethode zu arbeiten.

Ohnehin sollten Sie sich spätestens jetzt mit dieser Methode vertraut machen, um das Spektrum Ihrer Sigillenmagie zu erweitern und um festzustellen, mit welcher Methode Sie am erfolgreichsten sind.

Sigillenladung durch Visualisation

Grundsätzlich werden Sigillen entweder mit der sexualmagischen Methode oder mit Hilfe der Todeshaltung geladen, wobei letztere vielerlei Formen annehmen kann. Vor allem britische Magier arbeiten jedoch auch häufig mit einer Aktivierungsmethode, die eine Mischung zwischen Visualisation und Todeshaltung darstellt.

Erinnern wir uns daran, daß die Todeshaltung das Ziel hat, den Geist ruhigzustellen. Eine von Spare häufig verwendete Variante bestand beispielsweise darin, das eigene Antlitz im Spiegel lange Zeit zu fixieren bzw. anzustarren, ohne daß es vor dem Auge verschwimmt. Da der menschliche Verstand es in der Regel nicht erträgt, über längere Zeit ohne neue Reize auszukommen, ohne sie zu verfremden und ihnen »Sinninhalte« aufzuzwingen, wird er das Bild meist verzerren bzw. »ergänzen«: Plötzlich wachsen dem Spiegelbild Wülste, es wird zur Fratze oder nimmt andere Formen an. Sie können selbst einmal die Probe aufs Exempel machen, indem Sie versuchen, zehn Minuten lang eine schlichte weiße oder graue Rauhfasertapete zu betrachten, ohne darin unentwegt irgendwelche Bilder und Muster zu »erkennen«. Ähnlich werden Sie unter normalen Umständen in sinnfreiem Radiorauschen nach einer Weile »Nachrichten« und »Texte« hören.

Soll das Spiegelbild also ohne Verzerrung erscheinen, setzt dies voraus, daß Ihr Verstand nicht mehr aktiv ist und versucht, Muster und Mitteilungen hineinzuprojizieren, was meist durch Veränderung der Wahrnehmung geschieht. Erst nachdem dies gelungen ist, wird die Sigil internalisiert, und zwar durch intensive Visualisation, die schließlich durch spasmisches Lachen beendet wird.

Im Übungsteil haben wir eine Empfehlung gegeben, wie Sie, natürlich auch im Interesse Ihrer Visualisationsschulung, diese Technik mit der des aus dem letzten Abschnitt bekannten Tratak verbinden können.

Der einzige Nachteil der Visualisation von Sigillen besteht wohl darin, daß eine intensive bildliche Vorstellung der Glyphen ihr Vergessen erschwert, doch ist auch dies vor allem Übungssache.

Nachteil und Hauptvorteil der Visualisation von Sigillen

Ihr Hauptvorteil dagegen besteht im »leerhändigen« Arbeiten, Sie sind also unabhängig von einem Sigillenträger wie beispielsweise einem Blatt Papier oder ähnlichem. Das kann von großem Nutzen sein, wenn man aus irgendwelchen Gründen unbemerkt eine Sigil laden muß, etwa in Gesellschaft, im Wartezimmer beim Arzt, auf Reisen im Zug oder Flugzeug oder sonstwo.

Emotionen und Sigillenladung

Mancher Laie erschrickt, wenn er mit ansieht, wie kühl und berechnend Magier oft mit ihren Emotionen umgehen und sie ganz gezielt für ihre magischen Zwecke einsetzen. Besonders die Sigillenmagie reagiert sehr dankbar auf die Ausnutzung extremer Gefühlszustände, und es zeugt von der inneren Freiheit und Unsentimentalität des Magiers, wenn es ihm gelingt, sogar noch in einem Zustand starker Wut oder Furcht sein Magierleben ernstzunehmen, diese Emotionen für magische Operationen zu nutzen und keine wertvollen Energien zu vergeuden.

Magie ist immer auch ein Stück Selbsttherapie.

Zudem ist Magie ja immer auch ein Stück Selbsttherapie.

Wenn Sie sich beispielsweise vor der Fahrt mit Achterbahnen fürchten, können Sie diese Sie einengende Furcht zugleich beseitigen und sie nutzen, indem Sie während einer Achterbahnfahrt im Augenblick des größten Schreckens eine Sigil laden – bei längeren oder wiederholten Fahrten auch mehrmals oder eben mehrere Sigillen nacheinander. Die Praxis hat gezeigt, daß derlei Operationen oft von größter Wirksamkeit sind, sowohl was den Erfolg der Sigillen angeht als auch was die Überwindung der Angst bzw. Furcht betrifft.

Auch aus diesem Grund ist es so wertvoll, einen genauen Seelenspiegel der eigenen Ängste und Emotionen zu besitzen. Mit etwas Phantasie können Sie sich auf diese Weise ein reiches Übungsfeld für Ihre praktische Arbeit erschließen und zugleich durch Gewöhnung einen Großteil Ihrer Ängste auflösen. Versuchen Sie beispielsweise einmal eine Sigillenvisualisation bei Ihrem ersten Fallschirmsprung!

Gewarnt werden sollte lediglich vor dem Irrglauben, daß die Magie ausschließlich mit derlei extremen Bewußtseinszuständen funktionieren würde, dem nur zu viele, vor allem jüngere Magier unterliegen. Vielmehr ist die Suche nach derlei Zuständen integraler Bestandteil jener Ganzwerdung und Befreiung, nach der die allermeisten

Magier streben, und nicht etwa Selbstzweck oder unabdingbarer Bestandteil der magischen Technologie. Dennoch ist sicher etwas an dem Standpunkt, daß es vor allem der emotionale Exzeß ist, der in der Magie meist zu den besten Ergebnissen führt.

Die OMNIL-Formel

Die OMNIL-Formel stammt von dem englischen Magier William Gray, der eine ganze Reihe hervorragender Werke geschrieben hat, die jedoch zumeist bisher leider nicht ins Deutsche übersetzt wurden. Wir finden die Formel in seinem *Magical Ritual Methods*. Die Bezeichnung OMNIL ist eine Wortschöpfung aus den beiden lateinischen Begriffen omnis (= Alles) und nihil (= Nichts). Michael Gebauer schreibt zusammenfassend dazu: »Aus der Leere heraus, aus dem Nichts [...], kann sich Alles [...] entwickeln, kann ich neu schöpfen. Mit diesem sog. Null-Stadium erfahren wir einen gleichen Abstand zu allen Daseinsformen.« (*Thelema* H. 9, S. 33). Die OMNIL-Formel ist somit Zentrierungs- und Erkenntnismethode zugleich, sie dient der Herstellung einer kosmischen Gnosis im Magier, die ihn in den Mittelpunkt seines eigenen Universums stellt. Dieses Universum (das »All[es]«) wird aus dem Nichts erschaffen, und in diesem Spannungsfeld findet Magie, ja findet überhaupt alles Leben statt. Wir müssen also unser Nihil-Potential erst verwirklichen (in der Chaos-Magie »Chaos« genannt), bevor wir uns daran machen können, es umzusetzen und wahrhaftig zu Göttern zu werden, wie es Ziel der allermeisten magischen Systeme ist. Das Nihil erreichen wir aber zunächst vor allem durch eine gründliche Bannung all dessen, was in unserem Universum keinen Platz haben soll – erst in der vollkommenen Leere kann sich die Macht des Chaos voll und ungehindert entfalten. Um unseren magischen Kosmos Wirklichkeit werden zu lassen, müssen wir also bei Null anfangen, denn wenn noch Überreste fremder Kosmen vorhanden sind, wird unsere Schöpfung getrübt und ist nicht mehr allein die unsrige.

> *Erst in der vollkommenen Leere kann sich die Macht des Chaos voll und ungehindert entfalten.*

Gray erläutert dies sehr eindrucksvoll mit der rituellen Frage:

»Was ist das Wichtigste von allem?«
»Gott.«
»Was ist wichtiger als Gott?«
»Nichts ist wichtiger als Gott.«
»Dann lasse das Nichts vor Gott kommen.«
(*Magical Ritual Methods*, S. 27)

Er fährt fort: »Wir erkennen nun die esoterische Bedeutung der Aufforderung, »keine fremden Götter neben Mir zu haben«. Dies ist kein Gebot, mit dem Götzen oder andere Gottesvorstellungen als JHVH abgeschafft werden sollen, sondern vielmehr eine konstruktive Anweisung, erst vom Nihil- oder Nullpunkt auszugehen, bevor man zu irgendeinem Gotteskonzept gelangt.« (ibid.)

Mit seiner OMNIL-Formel gibt er uns also ein Werkzeug in die Hand, um uns, wie er es ausdrückt, zu »nullen« – ganz ähnliches will beispielsweise die östliche Meditation mit dem Herstellen von »Gedankenleere«, »Samadhi« und »Satori«. In vielen Einweihungssystemen wird der Kandidat seiner gesamten früheren Identität beraubt – er wird nackt ausgezogen, löst sich durch rituelle Waschungen vom »Schmutz« seiner vergangenen Existenz, nimmt einen neuen Namen an, formuliert ein neues Lebensziel und so weiter. Oft nimmt dies die Form einer rituellen Wiedergeburt an, und dieser Mechanismus läßt sich bei den antiken Mysterien von Eleusis ebenso beobachten wie in den noch heute üblichen Praktiken christlicher Klöster, indischer Ashrams und westlicher Freimaurerlogen, wenn auch mit teils sehr verschiedenen Zielvorgaben.

Rein äußerlich gleicht die OMNIL-Formel sehr stark der schon behandelten IAO-Formel, und tatsächlich gibt es auch Mischformen, die beide Elemente miteinander verbinden. Wir wollen uns hier jedoch zunächst mit der reinen Form dieser Praktik befassen, wie sie Gray vorgestellt hat. Seine Ausführungen sind zwar recht spärlich, nach unseren bisherigen Erfahrungen mit Ritualtechniken sollte es jedoch ein Leichtes sein, sie in die Praxis umzusetzen.

Die OMNIL-Formel in der Praxis

Stelle Dich an einem ungestörten Ort aufrecht gen Osten oder gen Norden gewandt, und richte Deine Aufmerksamkeit auf das Überpersönliche (»Göttliche«) über Dir und das unterhalb dem Menschen stehende Leben unter Dir. Nun zentrierst Du die Aufmerksamkeit in Dir selbst und polarisierst sie nach außen wie einen Stab oder einen Lichtstrahl. Mit diesem zentrierten Strom Deines Bewußtseins ziehst Du um Dich herum einen waagerechten Kreis. Dies kannst Du auch mit Hilfe eines Stabs oder Deines magischen Dolchs tun – doch sollte dies nur am Anfang erforderlich sein. Dieser Kreis ist die Null der Zeit.

Nun ziehst Du einen lateralen Kreis vom Zenith (Scheitelpunkt) nach rechts zum Nadir, von dort empor zur Linken und wieder hinauf zum Zenith. Dies ist die Null des Raums.

Schließlich ziehst Du einen dritten Kreis, diesmal vertikal vom Zenith nach vorn, hinten hinauf und wieder empor zum Zenith. Dies ist die Null der Ereignisse.

Beachte, daß die Kreise im Deosil (Uhrzeigersinn) gezogen werden. Im Idealfall solltest Du sie alle gleichzeitig ziehen bzw. projizieren, was Dir mit der Zeit immer leichter fallen wird (nach: Gray, S. 26).

Die ganze Operation nimmt nach einiger Übung allenfalls Sekundenbruchteile in Anspruch. Sie wirkt ungeheuer stark, stabilisiert den magischen Akt, fördert die Konzentration und leistet auf symbol-logischer Ebene, worauf das Kleine Bannende Pentagrammritual durch rituelles Tun abzielt. Gebauer hat sie in ihrer Wirkung mit dem Kabbalistischen Kreuz verglichen, doch deckt diese Feststellung nicht alle Aspekte des Gebrauchs der OMNIL-Formel ab. Am besten stellst Du selbst fest, welche Gemeinsamkeiten und Unterschiede zwischen beiden bestehen.

Der Gebrauch der OMNIL-Formel

Die OMNIL-Formel wird meist nicht allein verwendet, sondern als Einleitung zu einem größeren Ritual, oft auch als Bestandteil des Kleinen Bannenden Pentagrammrituals. Da sie keinen großen Arbeitsaufwand erfordert, läßt sie sich aber auch im Alltag einsetzen, beispielsweise als Konzentrationshilfe vor anstrengender geistiger Arbeit, zur Mittung in Gefühlskrisen und ähnlichem. Der Wert dieser Übung kann kaum übertrieben werden, und es hat sich gezeigt, daß sie ebenso wie die IAO-Formel der Härtung der Aura dient.

Eine Art Mischform zwischen IAO- und OMNIL-Formel stellt Michael Gebauer vor. Dabei werden zusammen mit den einzelnen Kreisen jeweils die Vokale I, A und O intoniert. Wir empfehlen jedoch, beide Übungen zunächst getrennt zu halten und erst später, nachdem Sie die unterschiedlichen Energiequalitäten gründlich kennengelernt haben, mit der Mischform zu experimentieren.*

Anmerkungen zur Imaginationsschulung

Viele Werke über die Magie legen ihren Schwerpunkt zu Anfang auf die Schulung der magischen Imagination, worunter sie freilich meist vor allem die Visualisation verstehen. Wir haben jedoch wiederholt darauf hingewiesen, daß die Magische Wahrnehmung nicht unbedingt optischer bzw. quasi-optischer Art sein muß.

Nun hat sich in der Praxis gezeigt, daß viele Menschen nur dann Schwierigkeiten mit der Imaginationsschulung haben, wenn diese ausdrücklich als solche bezeichnet wird, wohl hauptsächlich deshalb, weil sie früher – und teilweise noch heute – von zahlreichen Autoren überbewertet wurde. Dadurch entstand ein Leistungsdruck, der dem reibungslosen Funktionieren der Imagination eher abträglich war, anstatt es anzuspornen. Tatsächlich ist unsere gesamte »Schulung der magischen Wahrnehmung« nicht zuletzt auch Imaginationsschulung, doch läuft diese zunächst über die viel zugänglichere empfangende als über die aktive Schiene ab. Wir werden auch in Zukunft darauf verzichten, den Schulungsteilnehmer dadurch zu überfordern, daß wir die Imaginationsschulung unnötig kompliziert gestalten oder sie nicht zugleich in imaginationsfördernde Praktiken einbetten, wie es beispielsweise von Anfang an mit dem Kleinen Bannenden Pentagrammritual geschah.

Machen Sie sich also keine Sorgen über einen etwaigen Mangel Ihrer Imaginationsfähigkeit, sondern vertrauen Sie unserem Übungssystem zumindest soweit, daß Sie mit den hier behandelten Praktiken arbeiten, ohne zuvor zum Meister der Visualisation oder gar der magi-

* *Dies gilt sinngemäß natürlich für alle in dieser Schulung vorgestellten Übungen, denn wir wollen ja kein starres Gerüst vorgeben, sondern dazu ermuntern, zur eigenen Praxis zu finden, was fast immer durch Variation und Anpassung an individuelle Bedürfnisse geschieht.*

schen Halluzination geworden zu sein. Man kann auf vielen Wegen zur Magie gelangen, und das Beispiel der Sigillenmagie zeigt, wie wenig oft dazu gehört, erfolgreich praktisch zu arbeiten.

Ein Charakteristikum der magischen Imagination besteht darin, daß sie oft gar nicht bewußt als solche wahrgenommen wird. Das hat sie mit der magischen Trance gemeinsam. War die Magie früherer Zeiten eher projektionsorientiert (aktive Imaginationsprojektion), so arbeiten wir heute etwas leichthändiger mit der aktiven Wahrnehmungsorientierung, die zudem ursprünglicher ist, weil sie von ihrer Grundstruktur her aus dem Schamanismus stammt.

Wenngleich viele Magier mit der Projektionsmethode gute Erfolge erzielen, so verstärkt sich durch wachsende persönliche Erfahrung bei mir persönlich doch der Eindruck, daß die Wahrnehmungsorientierung im Schnitt die besseren Ergebnisse zeitigt. Es kommt also nicht so sehr darauf an, das Bild eines gewünschten Ereignisses möglichst kraftvoll und konzentriert zu visualisieren und zu projizieren, als vielmehr, es sehr genau (und sei es für noch so kurze Zeit) wahrzunehmen und ein Gefühl für seine Energiequalität zu haben. Denn eine der Erkenntnisse der modernen Magie besagt:

PRÄZISION IST WICHTIGER ALS KRAFT

Damit wird die Imagination jedoch nicht entwertet, es ist lediglich so, daß unsere Zweite Strukturformel der Magie der Ersten qualitativ eben doch überlegen scheint. In der Praxis wird diese Unterscheidung ohnehin nicht so streng gehandhabt, wie es sich in der Theorie lesen mag.

Gründliche Imaginationsschulung ist allerdings für jene Menschen unerläßlich, die entweder Schwierigkeiten haben, magisch wahrzunehmen (Wahrnehmungsblockaden), oder von ihren inneren Bildern geradezu überwältigt werden (Bildüberflutung). Erstere müssen überhaupt erst zur bildlichen/feinstofflichen Wahrnehmung gelangen, zweitere müssen diese beherrschen lernen, um ihrer Herr zu werden und nicht ständig in unkontrollierte Tagträume abzugleiten, welche die Magie in den allermeisten Fällen zunichte machen.

Aus diesem Grund gehen wir in unserer Schulung auch einen soliden Mittelweg und versuchen, einerseits die Imagination zu erleichtern und sie andererseits beherrschbar zu machen oder zu halten.

Einführung in die Astromagie

Das Gebiet der astrologischen Magie (häufiger: Astromagie) ist so umfassend und spezialisiert, daß wir es hier nicht umfassend behandeln können. Leser, die bereits über gute astrologische Kenntnisse und über einen eigenen Erfahrungsschatz verfügen, brauchen den folgenden Abschnitt nur zu überfliegen.

Wir wollen uns hier nicht auf eine bestimmte astrologische Richtung festlegen, denn Astrologie ist immer subjektiv und reine Erfahrungssache. Ob Sie also mit der klassischen Astrologie arbeiten wollen, ob Sie das Häusersystem von Placidus oder das von Koch (GOH) bevorzugen oder gar nach äqualer Manier verfahren, ob Sie der Hamburger Schule anhängen oder der Kosmobiologie Ebertins, ob Sie die Hubersche Schule oder die Münchner Rhythmenlehre vertreten, wichtig ist nur, wie Sie die Astrologie in Ihre Magie integrieren – wenn überhaupt.

Astrologie ist immer subjektiv und reine Erfahrungssache.

Denn eine ganze Reihe von Magiern verzichtet gänzlich auf den Gebrauch der Astrologie, und dafür gibt es durchaus überzeugende Gründe. Astrologie soll dem Menschen zwar die kosmischen Gesetzmäßigkeiten bewußt machen, getreu dem »Wie das Oben so das Unten« der Hermetik. Mit ihrer Hilfe vermag er die Rhythmen der Gestirnläufe mit seinem eigenen Schicksal in Beziehung zu setzen, sie liefert ihm ein mächtiges Instrumentarium der Selbsterkenntnis und der Prognostik und vermag ihm in der Magie eine wertvolle Hilfe bei der Abrundung magischer Vorhaben zu sein, die durch astrologisches Wissen in Einklang mit fördernden Zeitqualitäten gebracht werden können.

Doch hat die Sache auch ihre Haken: Wer sich von der Astrologie soweit abhängig macht, daß er nur noch bei bestimmten Konstellationen magisch tätig zu werden vermag; wer für jedes magische Scheitern »ungünstige« Gestirneinflüsse verantwortlich macht, anstatt die Schuld zunächst einmal bei sich selbst und seiner mangelhaften Sorgfalt, Achtsamkeit und Konzentration zu suchen; wer gar den alten Grundsatz mißachtet, daß die Sterne zwar geneigt machen, aber keineswegs zwingen, der wird nie ein guter Magier werden. Konstellationen können wir uns nur selten aussuchen: Wenn Sie für ein bestimmtes

> *Wer den alten Grundsatz mißachtet, daß die Sterne zwar geneigt machen, aber keineswegs zwingen, wird nie ein guter Magier werden.*

Ritual unbedingt ein Jupiter-Saturn-Trigon benötigen, weil Ihr Paradigma Sie davon abhängig macht, so können Sie unter Umständen jahrelang warten, bis Sie einen geeigneten Zeitpunkt dafür zur Verfügung haben. Wenn es womöglich noch der transitierende Saturn sein soll, der einen bestimmten Aspekt auf Ihren Geburtsjupiter wirft, kann dies sogar bis zu achtundzwanzig Jahren dauern. Noch komplizierter wird es natürlich, wenn gleich mehrere Planetenaspekte zusammenfallen sollen, zum Beispiel wenn Sie eine Konjunktion von Merkur und Jupiter benötigen, die zugleich ein Trigon zum Saturn und ein Sextil zur Spitze Ihres fünften Hauses wirft ...*

Darüber hinaus kann die Astrologie zu einer echten Fessel werden, etwa indem sie den Menschen abhängig von ihren Prognosen macht und ihn in seiner Entscheidungsfreiheit einschränkt (ein Problem, das freilich alle divinatorischen Systeme aufwerfen), oder wenn er sich selbst nur noch aus der Astrologie heraus begreift (»Ich kann mich gar nicht wirklich ändern, denn als Steinbock bin ich eben so ...«).

Aus all diesen Gründen raten wir Anfängern davon ab, ihre Magie allzu stark mit der Astrologie zu verknüpfen. Dennoch wollen wir die Astrologie damit keineswegs abwerten. Sie kann uns unschätzbare Dienste erweisen, beispielsweise wenn wir uns schnell über die Charaktereigenschaften eines Menschen und seine gegenwärtigen Lebensrhythmen informieren wollen, was besonders bei der Arbeit mit Klienten eine große Rolle spielen kann. Es kann auch nützlich sein, günstige Planetenstände auszunutzen, wenn sie sich schon anbieten, zum Beispiel bei der Ladung von Planetentalismanen und -amuletten oder beim Angriffszauber zur Bestimmung von Schwächephasen des Gegners.

Immerhin hat die Astrologie in der Geschichte der westlichen Magie lange Zeit eine wichtige Position eingenommen, und im Interesse einer möglichst umfassenden magischen Allgemeinbildung sollte kein Magier auf eine gründliche Auseinandersetzung mit ihr verzich-

* *Im Übungsteil werden diese Begriffe in ihren Grundzügen erklärt.*

Astrologie schult die magische Wahrnehmung und das Denken in Symbolen.

ten. In der magischen Alchemie ist sie sogar völlig unverzichtbar, und ein Großteil der magischen Literatur ist ohne genaue astrologische Kenntnisse völlig unverständlich. Zudem ist sie wohl eines der umfangreichsten und faszinierendsten Gebiete der Geheimwissenschaften und kann in einem Menschenleben niemals gänzlich ausgeschöpft werden. Ferner schult sie die magische Wahrnehmung und das Denken in Symbolen, ihre Symbol-Logik ist oft vorbildlich.

Deshalb werden wir uns auch näher mit ihr befassen, insofern dies im Zusammenhang mit der Magie von Bedeutung ist. Fürs erste sollen jedoch die im Übungsteil gegebenen Empfehlungen genügen.

EINFÜHRUNG IN DIE RITUALISTIK (VI)

Der magische Kelch

Der Kelch steht für das Element Wasser, also unter anderem für das weibliche, empfangende Prinzip, für Gefühl, Intuition, Traum, Vision und Divination. Crowley setzt ihn mit dem Verstehen gleich, womit allerdings nicht das logisch-rationale intellektuelle Verstehen gemeint ist, sondern vielmehr das, was man früher als »Herzenswissen« bezeichnete. Heute würden wir es mit dem Begriff »Instinktwissen« belegen – dies ist freilich ein Instinktwissen, das es gründlich zu schulen gilt.

Der Kelch steht für »Herzenswissen«.

Crowley schreibt ferner:

> *Am Anfang ist der Kelch des Schülers fast leer; und selbst solche Wahrheit, die er empfangen mag, kann aus ihm heraussickern und verlorengehen.*
>
> *Es heißt, daß die Venetier Gläser herzustellen pflegten, die ihre Farbe veränderten, wenn man Gift hinein gab; aus solchem Glas muß der Schüler seinen Kelch fertigen.*
>
> [*Magick*, S. 73]

Diese Aufforderung ist natürlich bildlich zu verstehen. Es ist hier auch der Hinweis angebracht, daß es mit der rein äußerlichen Herstellung der magischen Waffen nicht getan ist: Sie stehen nicht nur für abstrakte Elementprinzipien sondern sollen zugleich Spiegel des geistigen Entwicklungsstands des Magiers sein. Schon aus diesem Grund ist es nicht sinnvoll, Zeitvorgaben zu machen, bis wann welche Waffe anzufertigen ist.*

Während ein Magier beispielsweise am wenigsten Schwierigkeiten mit der Herstellung des Stabs oder des Schwerts haben kann, wird es ihn vielleicht viele Jahre kosten, bis er seinen Kelch vervollkommnet hat. Dies ist keine Frage des handwerklichen Könnens, sondern vielmehr der geistigen und charakterlichen Reife. Wir haben es dabei also im Prinzip mit einem alchemistischen Prozeß zu tun, bei dem das äußere Ereignis (hier: die Herstellung einer magischen Waffe) eine innere Entwicklung widerspiegeln soll und umgekehrt.

Der Kelch ist also auch Symbol und Werkzeug der Instinktsicherheit, der entwickelten, trainierten Intuition. Er ist gefährlich,

* *Eine Ausnahme von dieser Regel bilden magische Orden, die eine standardisierte Ausbildung vermitteln, in deren Interesse es liegt, eine möglichst synchrone und einheitliche Ausbildung zu gewährleisten, damit die Gruppe als Ganzes klar strukturiert bleibt.*

solange er noch nicht vollkommen ist: »Dieser Kelch ist voller Bitterkeit und Blut und Rausch.« [*Magick*, S. 73] Denn ein allzu offenes Unbewußtes zu haben, das alle erdenklichen Fremdeinflüsse kritiklos aufnimmt, ist gleichbedeutend mit einem defekten Zensor. Wahnvorstellungen und allgemeiner Realitätsverlust sind die häufigste Folge. Der Kelch empfängt nicht nur, er verleiht auch Gestalt, das Wasser, das in ihn gegeben wird, paßt sich seiner Form an – verliert sie aber wieder sofort, wenn es ausgegossen wird. Insofern kann man den Kelch nicht zuletzt als Sinnbild der geformten Illusion bezeichnen: Die empfangenen Bilder des Magiers bedürfen der Struktur, um wirksam werden zu können. Bleiben sie struktur- oder gestaltlos, lösen sie ihre Umgebung auf, verwandelt sich Wein in ätzende Säure und zerstört das Gefäß.

Der Kelch ist auch Symbol und Werkzeug der entwickelten, trainierten Intuition.

Dazu noch einige Zitate aus Crowleys Ausführungen, die zur Meditation anregen sollen:

> *Der Kelch kann kaum als Waffe bezeichnet werden. Er ist rund wie das Pentakel – nicht gerade, wie der Stab und der Dolch. Sein Wesen ist nicht die Projektion, sondern das Empfangen.* [S. 74]
>
> *Was das Wasser in diesem Kelch betrifft, so läßt sich von ihm sagen, daß es, so wie der Stab völlig steif sein sollte, der ideale Festkörper, das Wasser die ideale Flüssigkeit sein sollte.*
>
> *Der Stab ist aufrecht und muß sich in die Unendlichkeit ausdehnen.*
>
> *Die Oberfläche des Wassers ist flach und muß sich in die Unendlichkeit ausdehnen.*
>
> *Doch so, wie der Stab ohne Breite schwach ist, so ist das Wasser ohne Tiefe trügerisch. Das Verstehen des Magus muß alles umfassen, und dieses Verstehen muß unendlich tief sein.* [S. 74f.]
>
> *Die Oberfläche des Magischen Kelchs ist unendlich; es gibt auf ihr keinen Punkt, der sich von irgendeinem anderen Punkt unterscheidet.*
>
> *Folglich ist der Kelch, so wie der Stab eine Bindung und Beschränkung ist, eine Ausdehnung – ins Unendliche.*
>
> *Und dies ist die Gefahr des Kelchs; er muß notgedrungen für alles offen sein, doch wird etwas in ihn hineingegeben, das außer Proportion ist, unausgewogen oder unrein, so erleidet er Schaden.* [S. 78]

Die Form des Kelchs ist beliebig, gelegentlich wird er dem weiblichen Geschlechtsorgan nachgebildet, als Material wird häufig Silber genommen, aber auch Kupfer und Glas finden Verwendung.

Auf der praktischen Ebene dient der Kelch zur Verabreichung von Sakramenten beim Ritual. Nicht selten wird er auch zum Zwecke der Divination als magischer Spiegel verwendet, indem der Magier eine Frage formuliert und solange in die Flüssigkeit im Kelch starrt, bis er darin eine (meist bildliche) Antwort erkennt. Dazu muß das Wasser still sein – wieder ein Symbol des Geisteszustands, in dem allein solche Operationen möglich sind!

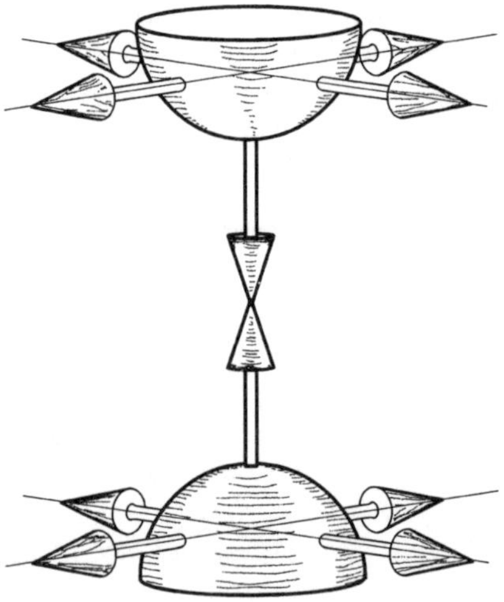

Abbildung 25: Der magische Kelch (Entwurf zu einem Chaos-Doppelkelch)

Praktische Übungen

ÜBUNG 27
DIE OMNIL-FORMEL IN DER PRAXIS

Experimentiere vier Wochen lang täglich mit der OMNIL-Formel, wie wir sie weiter oben beschrieben haben. Du kannst sie in Deine Praxis des Kleinen Bannenden Pentagrammrituals integrieren oder sie auf ähnliche Weise durchführen wie die IAO-Formel. Letztere solltest Du aber ebenfalls nicht vernachlässigen, da sich beide Übungen ideal ergänzen. So könntest Du beispielsweise die IAO-Formel am Morgen, die OMNIL-Formel dagegen am Abend durchführen. Halte auch diesmal Deine Eindrücke im magischen Tagebuch fest.

ÜBUNG 28
ASTRALMAGIE UND MEDITATION (II)

Verfahre bei dieser Übung wie im letzten Abschnitt unter Übung 23 beschrieben, jedoch mit dem Unterschied, daß Du diesmal im Geiste mit jedem Ausatmen kleiner wirst. Wieder gehst Du stückweise vor und steigerst die Übung täglich, bis Du nach etwa vier Wochen vor Beschließen der Übung die Größe eines Atoms erlangt hast. Zum Beenden der Übung wirst Du nach und nach mit jedem Einatmen wieder größer.

ÜBUNG 29
PRAKTISCHE ASTROMAGIE

Solltest Du noch keines haben, so beschaffe Dir ein persönliches Horoskop. Es spielt keine Rolle, ob Du es selbst berechnest oder von einem Computer ausrechnen läßt. Achte aber im im letzteren Fall darauf, daß Du lediglich eine reine Berechnung benötigst und keine Interpretation, da Computerdeutungen aufgrund ihrer starren, geistlosen Schematik für einen bewußt lebenden Menschen völlig unbrauchbar sind. Solltest Du Dein Horoskop erst jetzt selbst berechnen, so verwende dafür nur seriöse Tabellenwerke (Ephemeriden und Häusertabellen) und keine »Ungefähr«-Tabellen, wie man sie in vielen billigen Sternzeichenbüchern findet, denn diese sind notorisch ungenau.

Damit ein Horoskop berechnet werden kann, benötigt man folgende Daten: Geburtsdatum (Tag, Monat, Jahr); Geburtsort; Geburtszeit (eventuell Sommerzeit beachten!). Letztere erfährst Du am einfachsten entweder aus Deiner Geburtsurkunde (dies ist freilich nicht bei allen Jahrgängen der Fall), durch Nachfrage beim Standesamt oder über Eltern bzw. Verwandte. Zwar sind auch diese Aussagen nicht immer sehr zuverlässig, doch müssen wir erst einmal pragmatisch vorgehen und mit dem arbeiten, was uns zur Verfügung steht.*

Das Horoskop sollte nach klassischer Manier erstellt worden sein und folgende Daten aufweisen:

Planetenstände
Häuser (auch »Felder« genannt; System Placidus oder Koch)
Aspekte

Für den Anfang genügen die »großen Aspekte« oder Winkel völlig, also Konjunktion (0°), Opposition (180°), Sextil (60°), Quadratur (90°) und Trigon (120°).

Beschäftige Dich nun, sofern Du noch astrologischer Anfänger bist, ausführlich anhand von Deutungstabellen (empfohlene Literatur siehe Anhang) mit Deinem Horoskop. Dies ist sicher nicht die intelligenteste und zuverlässigste Methode, doch bleibt eine solche Tretmühle dem astrologischen Laien leider nicht erspart. Wenn Du also noch nichts von Astrologie verstehen solltest, wird Dir nichts anderes übrigbleiben, als Dich auf diese Weise in die Materie einzuarbeiten, bis Du die Symbole und die Choreographie ihrer Energiebeziehungen gründlich verinnerlicht hast und fähig zur virtuosen Kombinatorik bist. Durch die Praxis des Hexagrammrituals solltest Du inzwischen allerdings schon ein einigermaßen zuverlässiges Gespür zumindest für die feinstofflichen Energiequalitäten der Planeten entwickelt haben, was Dir sehr viel nützen wird.

Beginne auch damit, auf Transite zu achten, also auf die Übergänge der Planeten über Dein eigenes Radix (= Geburtshoroskop). Wenn Du noch nicht viel Übung damit hast, so beschränke Dich zunächst auf zwei oder drei Planeten (zum Beispiel Mond, Jupiter und Saturn). Beachte ihre Aspekte zu ihrer Stellung im Radix, also zum Beispiel an welchem Tag der transitierende Jupiter eine Opposition zum Radix-Jupiter hat, der transitierende Saturn eine Quadratur zum

* *Sollte sich Deine Geburtszeit überhaupt nicht ermitteln lassen, so wird die Sache sehr aufwendig, dann muß nämlich von einem seriösen Astrologen anhand von Lebensereignissen eine umfangreiche Korrektur durchgeführt werden, deren Richtigkeit sich nur durch Prognosen bestätigen läßt, die über Jahre hinweg verfolgt werden. Das ist ein sehr mühsamer Prozeß, den zudem nicht jeder Astrologe beherrscht und der natürlich auch nicht eben billig ist. Viele Astrologen behelfen sich damit, fürs erste eine Geburt um die Mittagszeit anzunehmen, doch ebensogut könnte man die Geburtszeit auch erpendeln.*

Radix-Saturn, der transitierende Mond eine Konjunktion mit dem Radix-Mond eingeht und so weiter.

Gleichzeitig beobachtest Du sorgfältig, wie sich die Transite auf Deine magische Wahrnehmung und auf Deine Magie im ganzen auswirken – falls überhaupt, denn nicht jeder Mensch reagiert, wie bereits erwähnt, gleich stark auf Transite.

Dies solltest Du mindestens ein Jahr lang tun, bis Du nach und nach sowohl Dein Horoskop als auch Deine Reaktionen auf solche Transite gründlich kennengelernt hast. Sinn der Übung ist es nicht etwa, Dich von astrologischen Faktoren abhängig zu machen, sondern vielmehr Dein Gespür für kosmische Energien und Schicksalsfaktoren zu schulen.

Wenn Dir die Astrologie völlig neu ist, solltest Du Geduld mit Dir selbst haben und am Anfang nicht zuviel erwarten. Durch Deine Praxis der Planetenrituale wirst Du immerhin leichteren Zugang zu den Planetenkräften finden, doch solltest Du die Sache langfristig angehen, bis Du über genügend Erfahrung verfügst.

Bist Du bereits ein erfahrener Astrologe, wirst Du diese Übung wahrscheinlich ohnehin schon in der einen oder anderen Form absolviert haben. Du kannst Sie also vernachlässigen, es sei denn, Du möchtest Deine astrologische Erfahrung stärker in Deine magische Praxis integrieren oder die Erfolge Deiner Magie auch astrologisch überprüfen.

Übrigens ist es eine gute Idee, das Erlernen der Astrologie durch sigillenmagische Operationen zu unterstützen.

ÜBUNG 30
PRAKTISCHE SIGILLENMAGIE (II)

Verbinde das Tratak aus Übung 26 mit der Sigillenmagie, indem Du als Konzentrationsobjekt eine Sigil verwendest, die Du nach der Bildmethode hergestellt hast. Dies kannst Du ein- bis zweimal pro Woche tun, bei Bedarf auch häufiger.

Verwende jedoch erst dann eine Sigil, wenn Du den Eindruck gewonnen hast, daß Du mit der Tratak-Übung bereits gut zurechtkommst, das könnte also beispielsweise auch erst in einigen Wochen der Fall sein. Du kannst auch damit experimentieren, die selbe Sigil mehrfach zu verwenden. Halte die Ergebnisse im Magischen Tagebuch fest.

WEITERFÜHRENDE LEKTÜRE

Es gibt mittlerweile eine solche Fülle wirklich brauchbarer astrologischer Literatur, daß es schwerfällt, eine Auswahl anzubieten. Daher wollen wir uns hier auf einige klassische Werke und auf Einführungsliteratur beschränken, ohne damit eine Wertaussage über nicht aufgeführte Titel zu treffen. (Aufgrund der zahlreichen Neuauflagen der meisten Werke wurde auf die Angabe von Jahreszahlen bzw. Erscheinungsdaten verzichtet.)

ASTROLOGIE

Allgemeine Einführungen

F. Riemann, *Lebenshilfe Astrologie. Gedanken und Erfahrungen*, München: Pfeiffer

Sehr aufschlußreiche Einführung in das astrologische Denken aus der Sicht eines Tiefenpsychologen, auch für erfahrene Astrologen noch lesenswert. (Keine praktischen Unterweisungen!)

R. Tegtmeier, *Astrologie*, Braunschweig: Aurum

Eine fundierte, praxisnahe Einführung in klarverständlicher Sprache. Mit Bezugsquellennachweis, Verbandsadressen usw. Moderner, undogmatischer Ansatz.

S. Strauß-Kloebe, *Das kosmopsychische Phänomen. Geburtskonstellation und Psychodynamik*, Olten/Freiburg: Walter

Ebenfalls tiefenpsychologische, aufschlußreiche Betrachtung.

U. Becker, *Lexikon der Astrologie*, Freiburg et al.: Herder

Wer einen Überblick über die erstaunliche Vielfalt der Astrologie sucht und auch einmal unvertraute Begriffe nachschlagen will, der ist mit diesem Lexikon gut beraten.

Wie bei den meisten Lexikonwerken sind auch hier nicht alle Beiträge erschöpfend, und manches ist unpräzise, doch fallen diese Mängel angesichts der reichhaltigen Informationen kaum ins Gewicht.

F. Sakoian/L. Acker, *Das große Lehrbuch der Astrologie*, München: Knaur TB 7607

Eine recht brauchbare Übersicht, gut zum Nachschlagen geeignet. Auch die Grundlagen der Horoskopberechnung werden – obwohl etwas oberflächlich – erklärt. Die Liste der Deutungsmöglichkeiten ist umfangreich und wird den allermeisten Problemen der astrologischen Praxis vollauf gerecht.

R. Schneider, *Wie berechnet und deutet man ein Horoskop*, Schnega-Warpke: Baumgartner

Etwas altväterlich und verzopft, aber durchaus noch lesbar; an der Klassik orientiert.

B. u. L. Huber, *Horoskop-Berechnung und Zeichnung*, Zürich: API

Eine moderne Darstellung mit starkem Einschlag der Huber-Schule.

R. H. Rohm, *Die Berechnung der Häuser und Planeten. 48–54 Grad nördlicher Breite*, Bietigheim: Zluhan

Vielleicht die brauchbarste, weil neutrale Darstellung der eigentlichen Horoskopberechnung.

Speziellere und umfangreichere Werke

A. M. Grimm, *Astrologische Aphorismen von Strauch-Leoviticus*, Schnega-Warpke: Baumgartner

Ein Standardwerk der Klassik bzw. Renaissance, für erfahrene Astrologen immer noch sehr interessant, dem Anfänger jedoch aufgrund seines Rezeptbuchcharakters nur bedingt zu empfehlen. Wichtig für die klassische Astromagie.

H. Frhr. v. Klöckler, *Kursus der Astrologie*, (3 Bände) Freiburg: Hermann Bauer

Ein Standardwerk der klassischen Astrologie. Die vorgestellten Berechnungsmethoden sind zwar teilweise etwas umständlich und altertümlich (z. B. die ausschließliche Arbeit mit Mittagsephemeriden), doch aufgrund seiner weiten Spannbreite und seines sachlichen Tiefgangs handelt es sich hier noch immer um ein Werk, das in keiner ernstzunehmenden astrologischen Bibliothek fehlen darf.

Th. Ring, *Astrologische Menschenkunde*, (3 Bände) Freiburg: Hermann Bauer

Wie auch die Bände von Klöckler eines der wichtigsten zeitgenössischen Standardwerke. Rings Analyse fußt auf der Tiefenpsychologie C. G. Jungs. Trotz der eigenwilligen Sprache ist dieser Ansatz in seinem scharfsinnigen Tiefgang bis heute unübertroffen und stellt eine der Glanzleistungen der neuzeitlichen deutschen Astrologie dar. Auch für Anfänger zu empfehlen, die bereits die ersten astrologischen Hürden (Grundstruktur des Zodiaks, Berechnungsmethoden) genommen haben und Sinn für poetisch-philosophische Sprache haben.

Leider z. Zt. vergriffen, gelegentlich aber noch in Antiquariaten erhältlich und sehr zu empfehlen sind auch die Werke älterer deutscher Autoren wie Brandler-Pracht, Kühr, Kündig, Sindbad-Weiß, Vehlow.

Über Tabellenwerke (Ephemeriden, Häusertabellen, geographische Positionstabellen) gibt der esoterische Buchhandel ausführlich Auskunft. In der klassischen Astrologie wird überwiegend mit Häusertabellen nach Placidus gearbeitet, moderne Astrologen verwenden aber auch häufig das Häusersystem von Walter Koch (sog. GOH).

Was Ephemeriden betrifft, so sollte beim Kauf darauf geachtet werden, daß sie auch die Werte für den erst 1930 entdeckten Planeten Pluto enthalten. (Bei manchen Werken ist dies erst ab Anfang der 60er Jahre der Fall!) Im allgemeinen werden heute aus berechnungstechnischen Gründen die Mitternachts- den Mittagsephemeriden vorgezogen.

LITERATURNACHWEIS

Aleister Crowley, *Magick*, s. I/7/S. 32

Michael Gebauer, »*Grundlagen der Zeremonialmagie I*«, Thelema, H. 9, 1984, S. 30–35.

William Gray, *Magical Ritual Methods*, New York: Weiser, 1969

Stephen Mace, *Stealing The Fire From Heaven*, s. vorigen Abschnitt

Der magische Blick (I)

Der berüchtigte »böse Blick« (auch bei uns gelegentlich unter seiner italienischen Bezeichnung *malocchio* bekannt) gehörte schon seit jeher zu den Grundtechniken der Hexen und Magier. Er wurde und wird noch heute vom Nordkap bis Sizilien gefürchtet und gilt den Ethnographen als Paradebeispiel für »volkstümlichen Aberglauben«.

Während Völkerkundler und Anthropologen jedoch den Glauben an den magischen Blick belächeln und in ihm ein faszinierendes Überbleibsel einer vorzivilisatorischen Zeit sehen, wird er von unserer Zunft dagegen durchaus ernstgenommen und mannigfach praktiziert.

Der magische Blick: ein komplexes Phänomen

Es hat schon viele verschiedene Erklärungsmodelle für seine Funktionsweise gegeben, doch ist das Phänomen in Wirklichkeit viel zu komplex, um es in wenigen Zeilen erschöpfend abhandeln zu können. Denn tatsächlich gibt es eine ganze Vielzahl verschiedenster

»Blicke«. Anders ausgedrückt, der magische Blick hat sehr unterschiedliche Funktionen und wird auch entsprechend vielseitig geschult und eingesetzt. Wir wollen uns in mehreren Abschnitten diesem Thema widmen, zudem wir daran zugleich unsere magische Wahrnehmungsfähigkeit trainieren können und ein ungeheuer machtvolles Instrument der Beeinflussungsmagie in die Hand bekommen.

Sie kennen bestimmt den Ausdruck »wenn Blicke töten könnten!« Nun, vom Standpunkt der Magie aus können Blicke – allerdings nur in äußerst seltenen Fällen – tatsächlich töten, zumindest aber, und dies weitaus häufiger, nachhaltigen Schaden anrichten. Dennoch wäre es falsch, nur den negativen Aspekt dieser Praktik zu sehen, denn sie läßt sich ebensogut zum Zwecke der Heilung, der Clairvoyance (Hellsehen) und der Beruhigung übermäßig erregter Menschen oder Tiere einsetzen. Es ist wahrscheinlich hauptsächlich der Tatsache zuzuschreiben, daß Technik und Funktion des magischen Blicks lange Zeit unbekannt geblieben sind, daß er in einen so bösen Ruf geriet.

Erschwerend kommt noch hinzu, daß der »böse Blick« häufig von völlig ungeschulten Naturtalenten ganz instinktiv verwendet wird. Solche Menschen aber sind meist, genau wie alle anderen Sensitiven – »Spökenkieker«, Hellseher und so weiter – Außenseiter und werden wegen ihrer Andersartigkeit von vornherein geächtet, bis sie sich oft schon aus reiner Notwehr dazu gezwungen sehen, den Blick auch für destruktive Zwecke einzusetzen. Gewöhnlich wird der Überbringer schlechter Nachrichten mit diesen identifiziert und für sie bestraft. Wer mit dem magischen Blick beispielsweise den Tod einer bestimmten Person voraussieht, der er auf der Straße begegnet, und womöglich unvorsichtig genug ist, darüber offen zu reden, gerät in eine gefährliche (im Zeitalter der Inquisition sogar lebensgefährliche) Situation: Im besten Fall geschieht nichts, und er wird verlacht oder als »ein bißchen nicht ganz richtig im Kopf« abgetan. Trifft die Vorhersage jedoch ein, finden sich schnell böse Zungen, die Ursache und Wirkung dergestalt verwechseln, daß sie dem Seher und seinem magischen Blick die Schuld für den Tod der betreffenden Person geben.

Da die Augen als »Fenster der Seele« gelten, hat die Magie sich schon immer mit Blicktechniken befaßt, teils um sie für magische Operationen zu nutzen, teils um der Tarnung willen (zum Beispiel zur Gedankenverschleierung). Blicke verraten ungeheuer viel über den jeweiligen Bewußtseinszustand eines Menschen, meist sind sie einer Veränderung der Mimik und Gestik zeitlich ein ganzes Stück voraus.

Die wichtigsten Anwendungsmöglichkeiten des magischen Blicks

Die wichtigsten Anwendungsmöglichkeiten des magischen Blicks, die uns hier interessieren sollen, sind unten aufgelistet.

Zu diesen Hauptfunktionen wollen wir hier aus Platzgründen nur stichwortartige Erläuterungen geben, denn vieles ergibt sich ohnehin durch die Praxis wie von selbst.

1) Konzentration von Gedankenkraft und Erlangung von Einspitzigkeit:
bedarf keiner Zielperson (keines »Opfers«), sondern dient als Technik der Gedankenkontrolle an sich;

2) Übertragung magischer Reize (Befehle) auf eine Zielperson ohne deren Wissen, um sie zu beeinflussen:
Aura- und Chakra-Manipulationen zu Heilungszwecken bis zur Implantation einer Sprengglyphe in die Aura eines Opfers;

3) Tarnung des eigenen Gemütszustands und der eigenen Absichten:
eine Verschleierung des eigenen Blicks oder die Vortäuschung eines irreführenden Gesichtsausdrucks (zum Beispiel gütig statt finster);

4) Wahrnehmung feinstofflicher Energien und ihre Lenkung sowie Clairvoyance:
eine Erweiterung des eigenen Wahrnehmungsspektrums zum Zwecke der Manipulation oder zur Zukunftsschau (zum Beispiel im magischen Spiegel oder in der Kristallkugel);

5) Abtasten eines Gegenübers zur Feststellung von Stärken und Schwachstellen:
Bestimmung und Diagnose des Status quo (zum Beispiel beim Heilungszauber, bei der Kampfmagie und ähnliches) als magieeinleitende Maßnahme;

6) Abziehen von Energien oder Informationen einer Zielperson:
Aura- und Chakra-Manipulation durch Abzapfen von feinstofflichen Energien und Schwächung bis zur (allerdings sehr seltenen) völligen Entodung des Opfers; aber auch zum Abzug unerwünschter Krankheitsenergien oder zum Exorzismus; ferner Duplizieren

und »Überspielen« der in der Zielperson gespeicherten bewußten und unbewußten Informationen.

Im Gegensatz zum schon behandelten 180°-Blick gehört der magische Blick zu den sogenannten Fixationstechniken. Hierbei werden die Augen also nicht »auf unscharf gestellt«, sondern vielmehr im Gegenteil auf einen bestimmten Punkt fixiert.

Wo der 180°-Blick (der eigentlich technisch gesehen natürlich ebenfalls unter die übergeordnete Rubrik »magische Blicke« fällt) eher der passiven Wahrnehmung, also dem Empfang von feinstofflichen Sinnesreizen und der Bewußtseinserweiterung dient, hat der magische Blick im allgemeinen (Ausnahme: die Punkte 4 und 5) die Aufgabe, feinstoffliche Sinnesreize zu senden und Bewußtsein sowie Energie auf einen einzigen Punkt zu konzentrieren.

Seine Macht erklärt sich nicht zuletzt aus der Tatsache, daß der Mensch besonders beim Dialog mit anderen auf Veränderungen im Augenbereich achtet und aus den Blikken des Gesprächspartners, meist gänzlich unbewußt, Informationen bezieht, die über den rein sprachlichen Austausch weit hinausgehen. Oft genügt schon die Verweigerung des direkten Blickaustauschs, um das Gegenüber nervös zu machen oder es sogar zu scheinbar völlig grundloser Wut anzustacheln.

Informationen beziehen, die über den rein sprachlichen Austausch weit hinausgehen

Dies können Sie selbst einmal ausprobieren: Fixieren Sie Ihren Gesprächspartner mit dem Blick auf den Punkt genau zwischen beiden Augen (Ajna Chakra). Sehen Sie ihm beim Sprechen also nicht in die Augen selbst, sondern heften Sie den Blick auf ihn, wie soeben erklärt, während Sie ansonsten ganz normal weitersprechen. Dies ist auch eine gute Übung für jene Magier, die Schwierigkeiten damit haben, dem Blick anderer standzuhalten. Das Raffinierte an dieser Technik liegt darin, daß sie vom Gegenüber fast nie durchschaut werden kann. Da der Partner nicht einmal behaupten kann, daß Sie seinem Blick ausweichen würden, weil er ja ständig in Ihre Augen sieht, aber deren Fixierung nicht zu erkennen vermag (er »kann den Blick nicht einfangen«), fällt seine eigene Unsicherheit mit voller Wucht auf ihn zurück. Die Folge sind steigende Nervosität, unkontrollierter Bewegungsdrang, ein unbestimmtes Gefühl des Unbehagens, mitunter bei unbeherrschten Naturen sogar heftige Schweiß- und Zornesausbrüche. Wenn Ihr Chef Sie gerade fürchterlich anschreit, weil Sie seiner Meinung nach einen Fehler gemacht haben, können Sie also seinen Tiraden mit diesem Blick mühelos standhalten, zumal er Ihnen eine um so größere innere Kraft und Sicherheit verleiht, je mehr diese Ihrem Gegenüber verlorengehen. Andererseits sollten Sie sparsam damit umgehen, weil sich der Ärger des anderen sonst womöglich in unkontrollierbarem Maße steigern könnte, was ja keineswegs immer wünschenswert ist.

Daß die Wirkung des Blicks jedoch nicht ausschließlich auf einen direkten Blickkontakt beschränkt sein muß und sich auch nicht mit den Mitteln der herkömmlichen Psychologie (»Einschüchterungsblick«) erklären läßt, beweist folgendes Experiment:

Die Wirkung muß nicht ausschließlich auf einen direkten Blickkontakt beschränkt sein.

Wenn Sie das nächste Mal im Kino, im Bus, in der Straßenbahn, im Großraumabteil eines Zugs oder sogar im Flugzeug sitzen, fixieren Sie den Hinterkopf eines irgendwo vor Ihnen sitzenden, Ihnen den Rücken zukehrenden Mitmenschen. Der korrekte Punkt ist das sogenannte »Nacken-« oder auch »Todeschakra« in der Mitte des Genicks, dicht oberhalb des Wirbelsäulenansatzes. Tun Sie dies solange, bis Ihr »Opfer« sich entweder umdreht, sich am Hals kratzt oder irritiert hin und her rutscht. Dann suchen Sie sich eine neue Zielperson.

Experimentieren Sie dabei auch mit unterschiedlichen Entfernungen, indem Sie sich vielleicht mal einen Passagier in der nächsten Reihe vornehmen, mal einen, der fünf oder zehn Reihen von Ihnen entfernt sitzt. Selbstverständlich können Sie auch im Restaurant damit arbeiten und beispielsweise den Kellner, der Sie ständig so geflissentlich übersieht, dadurch auf sich aufmerksam machen.

Haben Sie diese Technik zu Ihrer eigenen Zufriedenheit gemeistert, können Sie den Nackenpunkt auch von vorne angehen, indem Sie ganz einfach durch den Hals der Zielperson hindurchsehen, als wäre er aus Glas. Dies geschieht am Anfang meist mit geöffneten, später aber auch mit halb- und sogar gänzlich geschlossenen Augen.

Noch wirkungsvoller wird diese Methode, wenn Sie sich einem gründlichen Fixationstraining unterziehen, das ohnehin für die weitergehende Arbeit mit dem magischen Blick unerläßlich ist. Zu diesem Zweck zeigt Abbildung 26 einen Fixationskreis, der zusammen mit seinem Rahmen die Blick-Fixationstafel bildet. Mit dieser können Sie auf dreifache Weise verfahren:

1) Sie trennen sie aus dem Buch und klappen Ober- und Unterteil herum, damit Sie nicht von der Schrift irritiert werden;

2) Sie kopieren die Seite und schneiden den Mittelteil entlang des Rahmens aus;

3) Sie malen sich einen eigenen Kreis nach unserer Vorlage und verwenden diesen.

Zu empfehlen ist in jedem Fall, daß Sie den Kreis in einem fahlen Gelbton ausmalen. Am geeignetsten sind dafür weiche Buntstifte. Achten Sie darauf, daß der Mittelpunkt sich danach noch deutlich abhebt, denn er ist das Wichtigste an der Fixationstafel. Notfalls helfen Sie mit einem nicht zu dicken Filzstift ein wenig nach.

Nun hängen Sie die Fixationstafel in Sitzaugenhöhe an eine kahle Wand mit ungemusterter Tapete, am besten ist ein völlig weißer oder schwarzer Hintergrund. Wenn Sie zu Hause keine geeignete Wand zur Verfügung haben, können Sie auch ein weißes oder schwarzes Bettlaken glatt gespannt aufhängen und vor diesem üben. Nehmen Sie in etwa 1,5–2 Meter Entfernung davor auf einem bequemen Stuhl im Herrschersitz Platz; wenn Sie darin bereits gut genug geübt sind, können Sie natürlich auch im Halblotus-, im Drachen- oder gar im Lotussitz auf dem Boden Platz nehmen.

Atmen sie eine Weile mit halbgeschlossenen Augen tief ein und aus. Nun öffnen Sie die Augen ganz, und fixieren Sie den Mittelpunkt des Kreises. Mit starr geöffneten Augen (also ohne mit den Lidern zu zucken!) betrachten Sie den Mittelpunkt solange, bis die ersten Tränen kommen. Dann schließen Sie die Augen, legen die Handflächen leicht nach außen gewölbt schräg auf die Augen und geben mehrmals leichten Druck auf die Lider, indem Sie die Hände anpressen (sog. »Palming«). Das entspannt – und schon geht es in die nächste Runde!

Wiederholen Sie diese Prozedur mindestens zehnmal. Wenn Sie regelmäßig (am besten täglich) üben, werden Ihre Phasen des Starrens schon bald immer ausgedehnter werden. Das Optimum ist ein einstündiges Starren ohne Liderzucken. Doch sollten Sie zu Anfang jegliche

Überanstrengung vermeiden, um keine Augenschäden zu provozieren. Im Gegensatz zum 180°-Blick mit seiner Sehunschärfe werden bei dieser Technik die Augen ungleich stärker belastet, daher ist entsprechende Vorsicht geboten.*

Die durch dieses Training erlangten Fähigkeiten können Sie zu verschiedenen Zwecken anwenden: Nicht allein der eigentliche magische Blick als Mittel der Beeinflussungsmagie wird dadurch geschult, auch die Arbeit mit dem magischen Spiegel wird erheblich erleichtert, wie sie in diesem Abschnitt noch beschrieben werden soll.

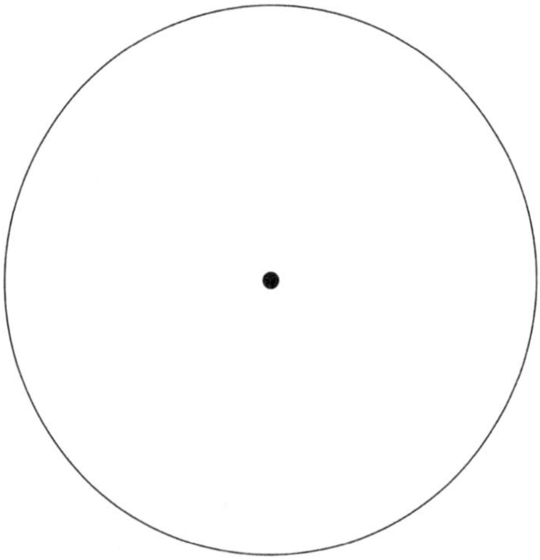

Abbildung 26: Blick-Fixationstafel

* *Sie sollten bei dieser Übung alle etwaigen Sehhilfen (besonders Kontaktlinsen) ablegen, da der Blick ohne solche Mittel geschult werden muß, um magisch effektiv zu sein. Wenn Sie extrem kurzsichtig sein sollten, müssen Sie die Entfernung zur Fixationstafel entsprechend verringern, bis Sie alles deutlich genug erkennen können.*

Es sei noch einmal ausdrücklich betont, daß es sich bei der Fixation nicht um den 180°-Blick handelt! Sie sollten also auf jeden Fall vermeiden, daß Sie aus Versehen in diesen überwechseln. Vorläufig sollten Sie also Tratak und magischen Blick sorgfältig auseinanderhalten.

EINFÜHRUNG IN DIE RITUALISTIK (VII)

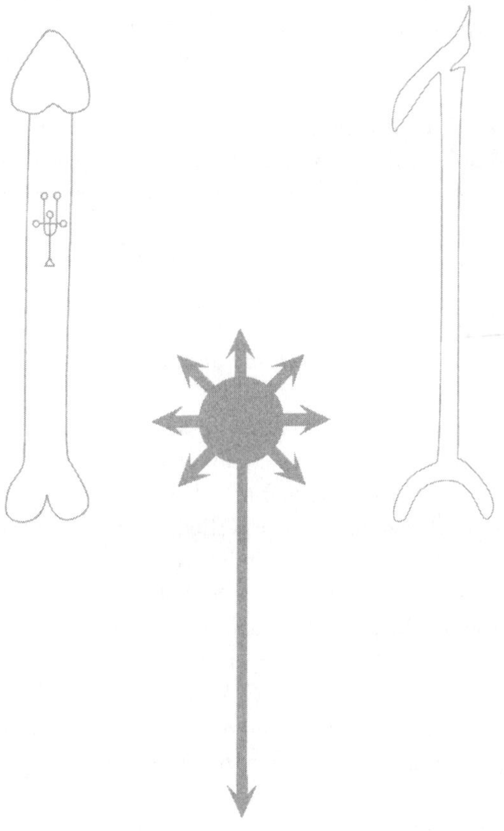

Der magische Stab

Der »Zauberstab« ist ein beliebtes Utensil klischeehafter Magierabbildungen.

Tatsächlich steht er in der hermetischen Tradition der Golden Dawn für das Element Feuer. Als solcher ist er immer wieder Gegenstand mannigfacher Diskussionen. Das hängt sicher auch damit zusammen, daß das Element Feuer unter anderem für die Sexualität steht, so daß selbst in Abhandlungen, in denen es nicht ausdrücklich um sexuelle Themen oder gar um Sexualmagie geht, manches verschämt verschwiegen oder beschönigt wird, wenn es nicht gar zum Gegenstand pompöser mystischer Spekulationen wird, wie dies beispielsweise bei Aleister Crowley streckenweise der Fall ist.

Der Stab als Symbol des magischen Willens

Allerdings müssen wir in diesem Zusammenhang eine wichtige Tatsache im Auge behalten: Jeder Magier, jede Magiergeneration scheint die magischen Waffen unterschiedlich zu gewichten, abhängig von den eigenen Präferenzen und Unzulänglichkeiten. Bei Crowley spielt der Dolch kaum eine Rolle, dafür scheint ihm der Stab die bedeutsamste Waffe von allen zu sein. Anstatt ihn jedoch mit Bezug zur rituellen Praxis zu behandeln (was bei seinen Ausführungen zu den Waffen ohnehin die Ausnahme bleibt), schreibt er seitenlang über die Wichtigkeit des magischen Willens und des magischen Eids, was vor allem den Anfänger eher verwirrt als erleuchtet.

Auch Bardon nennt den Stab das »allerwichtigste Hilfsmittel in der rituellen Magie« (Weg, S. 39) und weist darauf hin, daß Magier schon seit jeher mit einem Stab dargestellt wurden. Auch die Bühnenmagier von heute, die wir zur Vermeidung von Mißverständnissen lieber, darin übrigens ihrem eigenen Sprachgebrauch folgend, als »Illusionisten« bezeichnen wollen, möchten ihr Publikum glauben machen, daß es der Zauberstab sei, der ihnen ihre scheinbar übernatürlichen Kräfte verleiht und alle möglichen Wunder vollbringt. Wie für Crowley, dem er ohnehin weitaus mehr verdankt, als seine Anhänger zugeben wollen, ist auch für Bardon der Dolch eher eine untergeordnete Waffe. Sie ist für ihn sogar nur ein verkleinertes Schwert ohne nennenswerte eigene Symbolik.

Es ist wahrscheinlich, daß die große Bedeutung, die dem Dolch in den letzten Jahrzehnten zugekommen ist, vor allem auf den Einfluß der angelsächsischen Hexenmagie zurückführt. Es läßt sich mit Fug und

Recht behaupten, daß sich seit dem Ende des Zweiten Weltkriegs innerhalb der europäischen und nordamerikanischen Magie in dieser Hinsicht ein beachtlicher Paradigmenwechsel vollzogen hat, auf den meines Wissens in der einschlägigen Literatur bisher noch nie hingewiesen wurde: der Austausch des Stabs in seiner Funktion als Verkörperung des magischen Willens durch den Dolch. In der winkligen Tradition wird sogar bis heute so gut wie nie mit dem Dolch gearbeitet, und dort ist er ebenfalls meist nur ein Ersatz für das Schwert.

Der Austausch des Stabs in seiner Funktion als Verkörperung des magischen Willens durch den Dolch

Wenn Sie ältere Autoren lesen, müssen Sie sich also darüber im klaren sein, daß bei diesen der Stab in der Regel die Hauptwaffe ist: Sie steht für den Willen des Magiers und ist Symbol seiner Kraft und Macht. Andererseits arbeitet beispielsweise Bardon mit mehreren Stäben, die für unterschiedliche Zwecke oder Sphären geweiht werden, aber im Prinzip nur mit einem einzigen Schwert, wiewohl er zusätzlich durchaus auch den Dolch und den Dreizack gelten läßt, vor allem wenn es um dämonische Arbeiten geht.

Wie sieht nun die heutige Magie den Stab? Er ist, wie gesagt, Symbol des Elements Feuer. Somit verkörpert er die Lebenskraft und auch den Lebenswillen, sowohl den biologischen als auch den psychischen und magischen. Die Analogie »Stab = Wille« wird verständlicher, wenn wir als tertium comparationis den Begriff »Tat« heranziehen. Essentiell ist der Stab eine aktive Waffe, das Sinnbild des magischen Tuns und Wirkens, der Annahme und Ausübung persönlicher Macht. Da er aber auch für die Sexualität steht, wird er vor allem in der älteren, patriarchalischen Tradition in phallischer Form dargestellt. Und hieran erkennen wir auch, weshalb es in unserer Zeit fast zwangsläufig zu dem erwähnten Paradigmenwechsel kommen mußte: Die allgemeine Abkehr vom phallokratischen, patriarchalen, ausschließlich männlich betonten Weltbild früherer

Die Abkehr vom phallokratischen, patriarchalen, ausschließlich männlich betonten Weltbild früherer Magier

Magier äußert sich fast unbemerkt in ebendiesem Wandel vom Stab zum Dolch. Es fällt uns heute auch schwer, ausgerechnet in einem einzigen Element den ganzen Willen des Magiers verkörpert zu sehen, in diesem Fall im Feuer. Der Dolch hingegen ist keine Elementwaffe und entspricht unserem heutigen Empfinden nach daher weitaus besser dem Willen, der doch eigentlich der Herr der Elemente sein sollte und daher schon aus logischen Gründen nicht eines von ihnen sein kann. Zumindest ist dies die Argumentation der heutigen Magie, und wir wollen sie uns zu eigen machen, wenngleich es Ihnen natürlich freigestellt bleibt, eine andere Gewichtung zu treffen und sich beispielsweise lieber der älteren Tradition zuzuwenden. Ohnehin werden wir im Anschluß an die Besprechung der Ritualwaffen noch viel tiefer in die Symbolik und Philosophie magischen Denkens eintauchen müssen, damit wir nicht ausschließlich auf der Ebene der sogenannten »niederen« oder Erfolgsmagie stehenbleiben, so wichtig diese auch zweifellos ist.

Dennoch ist und bleibt der Stab eine wichtige magische Waffe, allerdings wird der um größere Vielseitigkeit bemühte Magier von heute nur ungern von einer Waffe behaupten, sie sei die »wichtigste«, auch wenn er wahrscheinlich immer zu manchen Waffen eine bessere Beziehung haben wird als zu anderen. Alle magischen Waffen sind grundsätzlich gleichwertig. Was sie – von ihrer Funktion bzw. Elementzuordnung einmal abgesehen – von den anderen unterscheidet, ist unsere eigene Stellungnahme dazu. Im Sinne eines ganzheitlichen, harmonikalen Weltbilds geht es jedoch nicht an, daß wir einem Element den Vorzug über das andere geben.

Wo der Kelch empfängt und gebiert, wird der Stab zum Träger des Willens, zu seinem ausführenden Organ.*

Dies ist jedoch nicht dasselbe wie eine völlige Identifizierung von Wille und Stab! Betrachten wir den Stab also als eine Art »rechte Hand« des eigenen magischen Willens. Er verkörpert die Zeugung und die Tat. Ist der Kelch zentripetal (sich zur Kreismitte hin bewegend) und weiblich, so ist der Stab zentrifugal (von der Kreismitte nach außen fliehend) und männlich. Taucht er ins kalte Wasser ein, läßt der heiße

---

* *Man denke an den Caduceus- oder Hermesstab wie auch an den des Äskulap/Asklepios. Wo Hermes der Psychopompos, der Seelenführer im Totenreich ist, ist Asklepios der Gott der Heilkunde und somit des Lebens. Zugleich symbolisiert der Stab die Kundalini, also die Schlangenkraft, die Essenz aller Sexualität und allen Lebens.*

Stab es verdampfen und erzeugt auf diese Weise die Luft: Das Denken wird aus der Polarität der Geschlechter geboren, auch die Erde ist das Kind dieser Ur-Vereinigung.

Der Stab ist also Kraft und Trieb-, ja Antriebskraft, zugleich, er ist die Macht der Beherrschung seiner selbst und des ihn umgebenden Universums, das er selbst erschafft. Doch erschafft er nicht allein, er bedarf dazu des Kelchs: Blindes Handeln ohne sichere Intuition ist Vergeudung von Energie und Leben. Der Lingam (Phallus, Stab) muß sich mit der Yoni (Vagina, Kteïs, Kelch) vereinen; nur aus dem Zusammenspiel zwischen Yang und Yin entsteht die Spannung, die zur Schöpfung führt.

Der Stab bedarf des Kelchs.

Die Tat ist es, die den Magier zum wirklichen Magier macht: Wer nur im stillen Kämmerlein über die Möglichkeiten der Magie spekuliert, ohne sich dem rauhen Wind der Praxis zu stellen, wird stets nur ein blutleerer Theoretiker bleiben und den »dunklen Bruder Angst« niemals in die Knie zwingen. Deshalb ist der Stab auch das Symbol der Furchtlosigkeit. Auf der praktischen Ebene wird er vor allem für die Energiebündelung und -übertragung verwendet, in der Sexualmagie wird er durch das Glied des männlichen Magiers ersetzt, so wie die Vagina der Magierin zum Kelch wird.

Auch seine Form ist beliebig, oft wird er als Phallus dargestellt, gelegentlich auch als Stab des ägyptischen Thot oder Tahuti, der in der Korrespondenz dem Hermes und dem Merkur entspricht. Die Golden Dawn bevorzugte den Hermesstab mit der Doppelschlange, die zeitgenössische Chaos-Magie hat den Stab als Blitz der Chaossphäre entwickelt. Sein Material variiert von geschnitztem Holz bis Gold oder Eisen. Dient er zugleich als Wünschelrute (Wasser-Sucher!), so kann er sogar gegabelt und aus Weidengerte sein. Wenn auch vielleicht nicht von seiner Symbolik her, so ist der Stab doch immerhin handwerklich die am leichtesten herzustellende Waffe: Ein dickeres Aststück und ein Schnitzmesser genügen schon, um einen brauchbaren Stab anzufertigen. Selten ist er länger als eine Elle (gemessen vom Handgelenk bis zum Ellenbogen), manchmal kann er allerdings doch auch Spazierstocklänge haben, vor allem in seiner ägyptischen Form. Auf jeden Fall sollte er nicht zu leicht sein, sondern gut und griffig in der Hand liegen. Drei Muster für magische Stäbe finden Sie in der folgenden Abbildung.

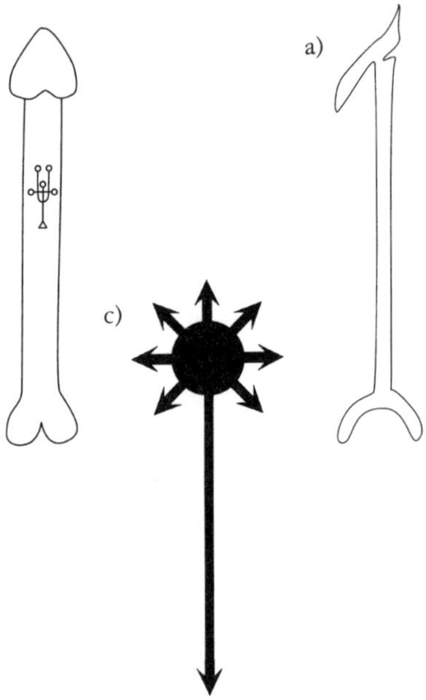

Abbildung 27: Der magische Stab
a) ägyptischer Stab; b) Phallus-Stab; c) Chaos-Stab

Der magische Spiegel

Bevor Sie sich an die faszinierende und vielseitige Arbeit mit dem magischen Spiegel machen, sollten Sie bereits einige Zeit sowohl mit dem 180°-Blick (Defokussierungsblick) als auch mit dem in diesem Abschnitt beschriebenen magischen Blick (Fixationsblick) gearbeitet haben, um optimale Ergebnisse zu erzielen. Wollen Sie sich Ihren eigenen magischen Spiegel herstellen, so können Sie die Zeit bis zu seiner Vollendung darauf verwenden, einen entsprechenden Trainingsstand zu erreichen, bevor es richtig losgeht. Richtwert für den Anfänger: etwa 3–6 minütiges zukkungsfreies Starren; mittelfristiges Übungsziel: etwa 10–15 Minuten.

Strenggenommen wird der magische Spiegel nicht zu den Ritualwaffen, sondern zum magischen Zubehör gezählt. Das ist freilich eine Konvention, die nicht immer ganz der Praxis entspricht, denn tatsächlich läßt sich der magische Spiegel wie kaum ein zweites Instrument auch als regelrechte Waffe der Kampfmagie verwenden, etwa zur Beeinflussung ferner Zielpersonen, bei der Fern-Entodung und so weiter. Die meisten Autoren beschreiben den Spiegel als Werkzeug der Divination, und in dieser Funktion gleicht er von seinem Gebrauch her der Kristallkugel.

Die Vielseitigkeit des magisches Spiegels

Wird er nur zur Divination und Evokation verwendet, so kann der magische Spiegel grundsätzlich aus jedem beliebigen glänzenden Material bestehen: Glas, Kristall, Edelsteine oder ähnliches. Es gibt auch magische Spiegel »auf Zeit«, etwa wenn der Magier eine Schale mit Wasser oder dunklem Öl füllt, welches nach der Operation ausgegossen wird. Sogar ein schwarzlackierter Daumennagel kann diese Funktion wahrnehmen! Manche Magier verzichten auf einen separaten Spiegel und verwenden zu divinatorischen Operationen den magischen Kelch.

Meist ist mit dem Begriff »magischer Spiegel« jedoch ein spezielles Utensil gemeint, das auch oft als »schwarzer Spiegel« bezeichnet wird. Der Grund für diese Benennung liegt auf der Hand, es wird nämlich eine schwarze Fläche verwendet. Diese ist meist konkav, also einwärts gewölbt, und besteht entweder aus gewöhnlichem Glas oder aus glänzendem Gestein, beispielsweise aus Obsidian oder sogar polierter Kohle. Auch Metalle finden Verwendung, vornehmlich Stahl oder Silber, wobei letzteres jedoch allenfalls durch Oxydation richtig »schwarz« wird. In der Regel arbeiten moderne Magier mit einem sogenannten Uhrglas-Spiegel, weshalb wir uns hier auch vor allem mit diesem beschäftigen wollen.

Die einfachste Möglichkeit, einen solchen magischen Spiegel herzustellen, besteht darin, sich beim Uhrmacher ein Uhrglas von etwa 10–18 Zentimeter Durchmesser zu beschaffen. Dieses wird an der Außenwölbung geschwärzt. Das Schwärzen läßt sich eigentlich sehr einfach durchführen, doch gibt es eine ganze Reihe von Möglichkeiten, es falsch zu machen. Um Ihnen unnötige Zeitverluste zu ersparen, sollen hier ausnahmsweise auch einige an sich recht naheliegende Methoden besprochen werden, die leider nicht zu empfehlen sind, von Anfängern aber immer wieder gern ver sucht werden. Doch ist es ja schließlich nicht nötig, das Rad jeden Tag aufs neue zu erfinden!

Ersparen Sie sich unnötige Zeitverluste!

Die Praxis hat nämlich gezeigt, daß gewöhnliche Glasfarbe zum Schwärzen nicht sonderlich gut geeignet ist, weil sie nicht die nötige Schwärze erzeugt: Das Glas bleibt allzu transparent. Der Gebrauch von Ruß (zum Beispiel durch Halten des Uhrglases über eine Kerze) ist insofern problematisch, als die Beschichtung nicht kratz- und schabfest ist. Wenn das Uhrglas dann in einen Rahmen gelegt wird, was bei dieser Methode unverzichtbar, aber auch sonst grundsätzlich zu empfehlen ist, muß äußerste Vorsicht geübt werden, sonst verwickelt man sich in endlose Neuversuche. Schwarzes Wachs wiederum schlägt meistens, genau wie Kunstharz, Blasen, haftet nur ungleichmäßig am Glas und erzeugt auf diese Weise eine unerwünschte Musterung, die den Blick nur ablenkt, anstatt ihn zu konzentrieren. Außerdem ist es sehr hitzeempfindlich und löst das Glas leicht aus seinem Rahmen.

Am besten bestreichen Sie die Glasfläche ganz schlicht mit Unterbodenschutzfarbe, wie Sie sie im Autozubehörhandel erhalten. (Gregor A. Gregorius empfiehlt auch Teerfarbe.) Dadurch erhalten Sie eine gleichmäßige, undurchsichtige Schwarztönung, wie sie für die praktische Arbeit optimal ist.

Die Gestaltung des Rahmens bleibt dem Magier selbst überlassen. Es gibt magische Spiegel in allen nur erdenklichen Rahmenformen: runde, viereckige, fünfeckige, ovale und so weiter. Die runde Form ist die üblichste, meist besteht der Rahmen aus gewöhnlichem schwarzlackierten Holz. Gebeiztes Holz lenkt durch seine Maserung ebenfalls den Blick ab, doch wird dies von manchen Magiern sogar bevorzugt. Es empfiehlt sich in der Regel nicht, das Uhrglas in eine Kunstharzform zu pressen, da es sich daraus nach einer Weile meistens wieder löst. Statt dessen kann der geübte Kunstharzgießer aber auch Spiegel und Rahmen in einem Guß, also komplett aus Kunstharz herstellen. Auch Pappmaché wird gelegentlich verwendet.

Eine etwas aufwendigere Methode der Spiegelherstellung besteht darin, in eine ebenmäßig schwarze Wölbung eine Edelsteinplatte zu schleifen und diese glattzupolieren, was Sie von einer guten Edelsteinschleiferei erledigen lassen sollten. Beliebtestes Material dafür ist der schon erwähnte Obsidian. Kleine Formate sind aber auch gelegentlich aus Onyx gefertigt.

Regeln für den Umgang mit dem magischen Spiegel

Für den Umgang mit dem magischen Spiegel geben ältere Autoren die unterschiedlichsten Regeln an. Einig sind sich die allermeisten jedoch darin, daß nach der Fertigstellung und Weihung des Spiegels nur noch der Magier selbst in diesen hineinschauen darf. Daher soll er auch bei Nichtgebrauch stets verhüllt und an für Unbefugte unzugänglicher Stelle versteckt werden. Traditionsgemäß wird er in schwarze Seide oder in Samt eingeschlagen, manchmal auch in einem eigenen verschließbaren Kasten aufbewahrt.

Der Sinn dieser Regel leuchtet sowohl psycho- als auch symbollogisch durchaus ein: Erstens ist der in der älteren Literatur ja fast ausschließlich divinatorisch gebrauchte Spiegel ein Tor zur Seele bzw. zum Unbewußten des Magiers; durch dieses Tor aber sollen keine Unbefugten eintreten dürfen. Deshalb lassen viele Wahrsager ihre Karten und Kristallkugeln auch niemals von Klienten berühren.

Zweitens gilt in der Tradition für sämtliche magische Waffen, daß sie nur von ihrem Besitzer berührt werden dürfen, da ein Außenstehender sonst ihre durch umfangreiche Rituale mühsam aufgebaute feinstoffliche Ladung zerstören könnte. Dies gilt sinngemäß auch für das »Berühren durch Blicke«.

Zum Dritten erzeugt das Bewußtsein, über Gegenstände zu verfügen, die kein anderer Mensch handhaben darf, eine gewisse innere Zuversicht, die wohl nicht zuletzt daher rühren dürfte, daß das Unbewußte sich bei seiner Öffnung sicherer (»unbeobachteter«) fühlt, was Trancesperren abbauen hilft.

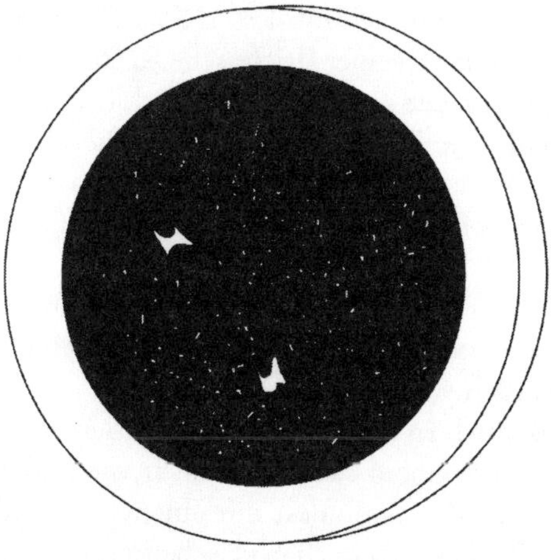

Abbildung 28: Der magische Spiegel

Berichte aus der magischen Praxis (I)

Mit dieser kleinen Serie wollen wir zur Abrundung unserer Schulung in unregelmäßigen Abständen über die Arbeit im magischen Alltag berichten. Alle Beispiele sind in ihrem Kern absolut authentisch und entstammen entweder meiner eigenen Praxis oder der anderer Magier. Sie dienen unter anderem auch dazu, Grundgesetze der Magie aufzuzeigen bzw. zu veranschaulichen, wie wir sie eben nur in der Praxis selbst erfahren können. Aus Gründen des Persönlichkeitsschutzes werden jedoch keine Namen anderer lebender Magier genannt, und wo dies in Form von Abkürzungen doch stilistisch erforderlich oder sinnvoll erschien, wurden diese wie auch Ortsbezeichnungen und Charaktere so verfremdet, daß eine Identifizierung der Beteiligten nicht mehr möglich ist. Nur dort, wo die Beispiele aus der allgemein zugänglichen Literatur stammen, wurde auf diesen Verfremdungseffekt verzichtet.

Alle Beispiele sind in ihrem Kern absolut authentisch.

Wie wichtig und bisweilen heikel die korrekte Formulierung des Willenssatzes bei der Sigillenmagie ist, konnte Frater A. in D. am eigenen Leib erfahren: Er fertigte eine Sigil mit der Wortmethode nach dem Willenssatz »Ich will bis übernächste Woche 1 000 Mark besitzen« und lud sie sexualmagisch.

Nach etwa eineinhalb Wochen besuchte Frater A. einen Freund und nahm im Wohnzimmer auf dessen Sofa Platz. Nach einer Weile begann der Freund nach seiner Brieftasche zu suchen und wurde schon nervös, weil er darin eine größere Summe Geldes aufbewahrte. Schließlich stellten beide fest, daß Frater A. sich versehentlich auf die Brieftasche gesetzt hatte. Zu seiner maßlosen Verblüffung erfuhr dieser dann, daß sich in der Brieftasche fast auf den Pfennig genau dieselbe Summe befand, für die er seine Sigil geladen hatte.

Was war passiert? Offenbar hatte sein Unbewußtes den Ausdruck »besitzen« ein wenig zu wörtlich genommen und ihn in ein be-»sitzen« verwandelt.

Ungewöhnlich an diesem Fall ist außerdem die Tatsache, daß es Frater A. danach bei einem zweiten Versuch, diesmal mit einem weniger zweideutigen (oder zumindest mit einem vom Unbewußten nicht umgedeuteten) Willenssatz doch noch schaffte, an die fragliche Summe zu gelangen. Meistens haben solche »Ausbesserungsoperationen« nämlich nur sehr geringe Aussichten auf Erfolg, zumindest dann, wenn sie in relativ kurzem Abstand zur bereits gescheiterten Operation durchgeführt werden. Immerhin zeigt uns das Beispiel, daß man die Hoffnung nie aufzugeben braucht und durchaus noch einen weiteren Versuch wagen sollte.

Wir sollten also bei solchen Formulierungen die Tatsache nicht außer acht lassen, daß das Unbewußte gerne den Weg des geringsten Widerstands geht (zumindest erscheint es unserem Bewußtsein meist so), wenn es um die Erfüllung eines magischen Auftrags geht. Sicher fiel es ihm im Falle des Fraters A. leichter, zunächst nur fremdes Geld herbeizuschaffen, auf das er sich setzen konnte. Dieses Beispiel macht aber auch ein grundsätzliches Problem der Sigillenmagie und der Arbeit mit Willenssätzen deutlich: Es ist so gut wie unmöglich, sämtliche möglichen Fehldeutungen (oder, genauer, »Allzu-wörtlich-Deutungen«) bei der Formulierung eines Willenssatzes von vorneherein mit absoluter Sicherheit auszuschließen. So bleibt uns nur der Weg über Versuch und Irrtum, um mit der Zeit ein entsprechendes Feingefühl für die Sprachlichkeit des eigenen Unbewußten zu entwickeln. Dies aber gelingt nur durch häufiges Üben und sorgfältige Erfolgskontrolle.

Die folgende Episode entstammt meiner eigenen Praxis. Eine Klientin in S. beauftragte mich, magisch darauf hinzuarbeiten, daß ihr Mann zu den von ihr gewünschten Bedingungen in die ersehnte Scheidung einwilligen solle. Er war zwar mittlerweile prinzipiell mit einer Scheidung einverstanden, wollte aber möglichst wenig finanzielle Verpflichtungen für seine Frau und die gemeinsamen drei Kinder eingehen und hatte deshalb auch schon manchen, zum Teil sogar gewalttätigen Streit vom Zaun gebrochen. Die beiden Eheleute lebten bereits in Trennung, und die Ehefrau wollte das Haus behalten sowie eine bestimmte monatliche Alimentenregelung. Zudem erhob sie Anspruch auf das Sorgerecht für die Kinder.

Anhand eines neuen Fotos des Mannes unternahm ich einen Beeinflussungszauber nach Art der Puppenmagie. Etwa drei Wochen später erschien der Mann plötzlich wie verwandelt bei meiner Klientin: Er war äußerst gut gelaunt, weil er sich auf den bevorstehenden Urlaub freute, den er mit seiner neuen Freundin zu verbringen gedachte. Wieder kam es zu einer Aussprache zum Thema Scheidung, doch diesmal willigte er in alles ein, was seine Frau von ihm schon monatelang verlangt hatte. Überglücklich rief sie mich am darauffolgenden Tag an, um mir darüber zu berichten.

Meine Nachfrage ergab allerdings, daß sie es leider versäumt hatte, sich seine Einwilligung schriftlich bestätigen zu lassen, schon gar nicht notariell. Sie hatte es über ihrer Freude völlig vergessen.

Ich wollte ihr den Mut nicht nehmen, hatte aber den Eindruck, daß die Sache noch lange nicht ausgestanden sei. Und in der Tat: Als der Ehemann aus dem Urlaub zurückkehrte, wollte er von der Vereinbarung nichts mehr wissen, er schraubte seine Angebote sogar noch unter den vorherigen Stand herunter.*

Erst nach mannigfachen weiteren magischen Operationen gelang es, das Problem wenigstens soweit hinzubekommen, daß schließlich, fast ein volles Jahr später, doch noch eine einvernehmliche Scheidung stattfand, bei der auch eine für meine Klientin halbwegs günstige, zufriedenstellende Lösung gefunden wurde. Doch war diese Lösung, wenngleich zwar nicht ausgesprochen schlecht, nur »zweite Wahl« im Vergleich zu dem ursprünglichen Ziel – das sie doch nur um Haaresbreite verfehlt hatte.

Mit diesem Beispiel will ich vor allem auf die Tatsache aufmerksam machen, daß die Auswirkungen magischen Tuns oft sehr flüchtig sind: Man muß sie mit wachem Auge erkennen und die günstige Gelegenheit sofort beim Schopf packen, sonst ist sie auch schon wieder fort, und es bleibt nur noch die Enttäuschung zurück. Immerhin wird Magie ja auch gerne als »Illusionskunst« bezeichnet. Die eigentliche Kunst besteht jedoch darin, den mit Magie erzeugten »Illusionen« genügend Substanz zu verleihen, damit sie beständig werden und sich auch ganz konkret-greifbar in materieller Form manifestieren.

Dazu ist es allerdings erforderlich, daß man auch auf der nichtmagischen Ebene alles Erforderliche tut, um einen Erfolg zu gewährleisten. Wo die Magie zum Ersatz für persönliche Anstrengung und Wachheit, für Pfiffigkeit und Geistesgegenwart werden soll, wird der Magier immer wieder einen äußerst schweren Stand haben. Nicht daß die Zauber sonst niemals wirken würden, doch kommt es in einem sol-

* *Übrigens eine typische Reaktion auf eine magische Fremdbeeinflussung, nachdem deren erster Bann erst einmal durchbrochen wurde. Wir haben es hierbei mit dem alten Gesetz des Ausgleichs – actio et reactio – zu tun.*

chen Fall zu häufigen Verzögerungen, zum »Erfolg auf der anderen Schiene«, zu unerwünschten Nebeneffekten und überhaupt zu Episoden aller Art, die eine schiere Karikatur des Ausdrucks »Ironie des Schicksals« zu sein scheinen.

PRAKTISCHE ÜBUNGEN

ÜBUNG 31
DER MAGISCHE BLICK (I)

Arbeite aktiv mit dem magischen Blick, wie in diesem Abschnitt beschrieben. Tue es spielerisch genug, um nicht zu ermüden, aber auch regelmäßig und ernsthaft genug (vor allem mit der Fixationstafel), um schon möglichst bald gute Ergebnisse zu erzielen.

ÜBUNG 32
DER MAGISCHE BLICK (II)

Für diese Übung brauchst Du einen Partner. Sie läßt sich übrigens besonders gut und unauffällig auch mit Kindern durchführen, die daran sehr viel Spaß haben und oft ausgezeichnete Ergebnisse erzielen, solange daraus kein Zwang wird. Sie dient der Sensibilisierung für den magischen Blick auf der Empfängerseite, damit Du selbst die Anwendung des magischen Blicks gegen Dich bemerkst – ein wichtiger Aspekt jeder Schutzmagie! Die Übung kann sowohl im Gebäude als auch in der freien Natur durchgeführt werden.

Der sendende Partner kann jede beliebige Haltung einnehmen, meist wird er bequem sitzen wollen, was allerdings vorzugsweise auf dem Boden geschehen sollte, da die optische Sendeperspektive dann besser ist. Du stellst Dich mit dem Rücken zum Partner in bequemer Haltung aufrecht hin, die Entfernung sollte nicht weniger als etwa 3 Meter und am Anfang nicht mehr als etwa 8 Meter betragen. Dies sind die durchschnittlichen optimalen Erfahrungswerte, die natürlich geringfügig variieren können. Am besten schließt Du nun die Augen, atmest eine Weile tief und ruhig durch und gibst dem Partner schließlich ein Handzeichen, damit er beginnen kann. Wenn Du etwas fortgeschrittener bist, kannst Du auch mit geöffneten Augen arbeiten.

Nun fixiert der Partner eine Körperstelle bei Dir, und es gilt, diese zu bestimmen. Verlasse Dich dabei ausschließlich auf Dein eigenes Feingefühl. Auf keinen Fall solltest Du die Sache vom Verstand her angehen und etwa überlegen, wohin Du an Stelle des Partners schauen würdest. Die Erfahrung hat gezeigt, daß diese Übung am besten funktioniert, wenn auch der Partner sein Denken dabei weitgehend ausschaltet. Er sollte also nicht etwa versuchen, Dir irgend etwas zu »senden«, eine bestimmte Wirkung (Brennen, Jucken oder ähnliches) erzeugen wollen oder ungeduldig darauf warten, daß Du vor Schreck zusammenzuckst. Im Idealfall genügt nämlich der bloße kurze Vorsatz, den magischen Blick zu trainieren, der Rest ist, wie bei der Sigillenmagie auch, Vergessen und Unverkrampftheit. (Denke stets an das Prinzip von »Nichtverhaftetsein/Nichtdesinteresse«!)

Es genügt für den Anfang vollauf, wenn Du als Empfänger nur 5–10 Minuten übst. Danach wird gewechselt. Wenn beide noch genug Lust dazu haben, könnt ihr die Übung noch zwei weitere Male wiederholen, öfter ist jedoch nicht angezeigt, da das unbekannte Organ der feinstofflichen Wahrnehmung sonst schnell ermüdet und dies die Ergebnisse (auch die späteren) beeinträchtigen könnte.

Der magische Blick (II)

Wir wollen nun etwas ausführlicher auf den eigentlichen Gebrauch des magischen Blicks eingehen. Dazu besprechen wir die im letzten Abschnitt erwähnten Punkte im einzelnen.

1) KONZENTRATION VON GEDANKENKRAFT UND ERLANGUNG VON EINSPITZIGKEIT:

Diese Praktik bedarf keiner Zielperson (keines »Opfers«), sondern dient als Technik der Gedankenkontrolle an sich. Wir üben den Blick also ausschließlich zu dem Zweck, die Gedanken zu beherrschen und unseren Willen zu konzentrieren.

Die Praxis des magischen Blicks

Es hat sich in der Praxis immer wieder gezeigt, daß bereits durch die bloße Blickkonzentration im Unbewußten eine magische Operation ausgelöst wird. Vgl. auch die Technik der Todeshaltung bei der Sigillenladung: Hier dient der Blick zur Herstellung der gewünschten Ladungsgnosis.

2) ÜBERTRAGUNG MAGISCHER REIZE (BEFEHLE) AUF EINE ZIELPERSON OHNE DEREN WISSEN, UM SIE ZU BEEINFLUSSEN:

Durch eine Ladung des Blicks mit einem Willenssatz oder Befehl (durch konzentratives Mitten desselben) können Aura- und Chakra-Manipulationen zu Heilungszwecken erreicht werden. Dies setzt allerdings voraus, daß die Blickbeherrschung bereits weit fortgeschritten ist. Wir versetzen uns dann in einen Zustand einspitziger Gnosis und übertragen den Befehl gleichzeitig imaginativ und halbbewußt auf die Zielperson. Dies kann bis zur Implantation einer Sprengglyphe in die Aura eines Opfers gehen. Eine Sprengglyphe ist eine Sigil bzw. Sigill (also entweder nach der Methode Spares oder auf andere Weise hergestellt), die in der Zielperson einen Selbstzerstörungsmechanismus auslösen soll. Bildlich gesprochen »sprengt« sie das Kraftfeld des Gegners von innen heraus. Da die meisten Schadenszauber das Immunsystem des Opfers angreifen, besteht der Sinninhalt einer Sprengglyphe auch aus einem entsprechenden Befehl. Die Glyphe wird wie eine bewußte Halluzination in die Aura der Zielperson hineinprojiziert, dort verankert und dann durch Aufheben des Blicks und Ablenkung (»Bannung«) aktiviert bzw. ihrer Selbstaktivierung überlassen. Wir sehen an diesem Beispiel einmal mehr, wie neutral die Techniken der Magie tatsächlich sind: Mit ein und derselben Praktik können wir sowohl heilen als auch krank machen.

3) TARNUNG DES EIGENEN GEMÜTSZUSTANDS UND DER EIGENEN ABSICHTEN:

»Blicke sind verräterisch«, »die Augen sind der Spiegel der Seele«: Wenn wir unsere Stimmungen und Absichten wirksam vor einem anderen Menschen verbergen wollen, müssen wir unter anderem eine Verschleierung des eigenen Blicks oder die Vortäuschung eines irreführenden Ausdrucks (zum Beispiel gütig statt finster) beherrschen. Bei oberflächlichen Kontakten wird dies bereits genügen. Haben wir es jedoch mit einem sehr sensitiven Gegner zu tun, so wird darüber hinaus auch eine scharfe Gedankenkontrolle erforderlich sein, damit der andere uns nicht auf telepathischem Wege »anzapft«. Empfehlenswert ist dabei die Aktivierung eines ablenkenden, völlig irrelevanten Gedankenstrangs, was der Funktion eines Störsenders entspricht. Gerade starke Gemütsbewegungen wie Angst, Zorn oder Freude lassen sich vom Ungeübten nur schwer verbergen. Das sprichwörtliche »Poker-Gesicht« des Berufsspielers wird nicht nur durch eine vollständige Kontrolle der Mimik bzw. der Gesichtsmuskulatur gekennzeichnet, sondern vor allem auch durch einen starren, »abblockenden« Blick, der keinen Aufschluß über die innerseelischen Vorgänge des Spielers erlaubt. Man könnte diese Vorgehensweise auch als »Panzerblick« bezeichnen. Gerade bei schwierigen Geschäftsverhandlungen kann eine derartige Blickbeherrschung von größtem Nutzen sein.

4) WAHRNEHMUNG FEINSTOFFLICHER ENERGIEN UND IHRE LENKUNG SOWIE CLAIRVOYANCE:

Im allgemeinen verwenden wir zur Wahrnehmung feinstofflicher Energien zwar den 180°-Blick, doch ziehen es manche Magier auch vor, den fokussierenden magischen Blick dazu einzusetzen. Hier müssen Sie selbst probieren, was Ihnen am meisten liegt. Ziel ist stets eine Erweiterung des eigenen Wahrnehmungsspektrums zum Zwecke der Manipulation oder zur Zukunftsschau (etwa im magischen Spiegel oder in der Kristallkugel). Die Lenkung feinstofflicher Energien dagegen findet fast ausnahmslos im fokussierten Zustand statt. Oft wird der fokussierte Blick zur Wahrnehmung feinstofflicher Energien verwendet, um den psychischen Zensor auszuschalten und Gedankenleere herzustellen. Erst wenn dies erreicht ist, geht der Magier dann zum 180°-Blick über.

5) ABTASTEN EINES GEGENÜBERS ZUR FESTSTELLUNG VON STÄRKE- UND SCHWACHSTELLEN:

Auch bei der Bestimmung und Diagnose des Status quo (zum Beispiel beim Heilungszauber oder bei der Kampfmagie) als magieeinleitende Maßnahme kann der fokussierte Blick von Nutzen sein. Während wir mit dem 180°-Blick eher über die Gesamtaura des Gegenübers schweifen, um bereits erste Stärke- und Schwächefelder auszumachen, setzen wir danach den fokussierten Blick ein, um Einzelheiten genauer zu erkennen. Auch hier ersetzt eine Unze Praxis eine Tonne Theorie: Üben

Sie mit einem Partner oder einer anderen Person das Abtasten mit beiden Blickarten, und vergleichen Sie die Ergebnisse.

6) ABZIEHEN VON ENERGIEN ODER INFORMATIONEN EINES GEGENÜBERS:

Indem wir die Augen als Saugkanal verwenden, können wir magische Aura- und Chakra-Manipulation durch Abzapfen von feinstofflichen Energien eines Gegenübers durchführen und sogar eine Schwächung bis zur (allerdings sehr seltenen) völligen Entodung des Opfers erreichen. Doch läßt sich diese Technik aber auch zum Abzug unerwünschter Krankheitsenergien, zum Exorzismus oder ähnlichem verwenden. Darüber hinaus können wir die in der Zielperson gespeicherten bewußten und unbewußten Informationen damit duplizieren und in unseren eigenen Informationsspeicher »überspielen«. Die Technik des Absaugens per Blick hat gegenüber der des Handauflegens oder des Gebrauchs anderer Hilfsmittel – wie beispielsweise Kristalle – den Vorteil, weitaus unaufwendiger und teilweise auch unauffälliger zu sein. Beim Exorzismus wird meist mit einem extrem starren Blick gearbeitet, der direkt in die Augen oder auf das Ajna Chakra des zu Exorzierenden gerichtet wird, um den Widerstand seiner Besessenheit zu brechen. Letzteres erkennt man in der Regel am Flackern im Auge des anderen. Dies ist auch der Moment, da man – meist synchron mit tiefem, ruckartigem Einatmen – die unerwünschte Energie oder Wesenheit aus dem anderen herauszieht. Je nach Stärke der Besessenheit kann dies mehrfache Versuche erfordern, die sich nicht selten über Wochen, ja Monate hinwegziehen.

Alle diese Praktiken lassen sich besser andeuten als genau beschreiben. Unsere Sprache ist wenig geeignet, derartig subjektive Vorgehensweisen zu präzisieren. Das hier Angedeutete sollte, zusammen mit Ihrer Praxis der Spiegelmagie, aber genügen, um Ihnen hinreichend Anregungen für eigene Experimente zu geben. Vergessen Sie nie, daß jeder Magier letztendlich seine ureigene Magie entwickelt. Unsere Schulung dient vor allem als Hilfe auf dem Weg zur individuellen Zauberei, anstatt Ihnen einen festen Kanon von Praktiken aufzudrängen.

Ihre Augen – Schaltzentralen der Kraft

Machen Sie aus Ihren Augen Schaltzentralen der Kraft! Lernen Sie, mit Ihrer optischen Wahrnehmung zu spielen, die Zwischenräume der Realität (auch jene zwischen ganz konkreten Gegenständen) zu schauen, also empfangend wahrzunehmen – und lernen Sie auch, aktiv Blicke der Kraft auszusenden. Zur Übung können Sie beispielsweise selbstgefertigte Wort- oder Bildsigillen projizieren, sei es zu Hause auf eine farblich neutrale Fläche, sei es aber auch im gesellschaftlichen Leben mit anderen Menschen. Interessant sind auch entsprechende Versuche mit Tieren, die teilweise sehr sensibel auf Blickmagie reagieren.

Einführung in die Ritualistik (VIII)

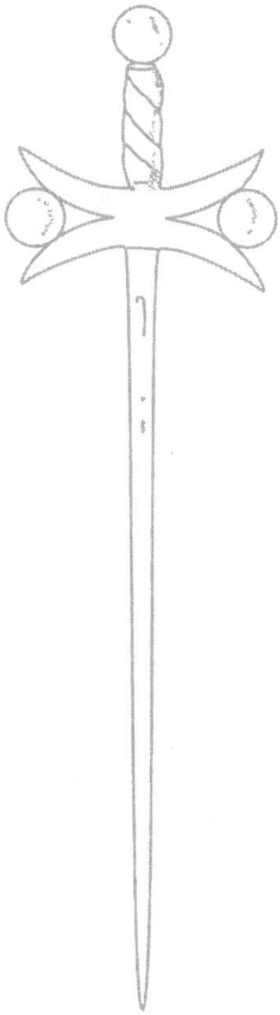

Das magische Schwert

Die magiephilosophisch wohl tiefschürfendste Betrachtung des magischen Schwerts als Ritualwaffe stammt erneut von Aleister Crowley:

> *Das Magische Schwert ist die Fähigkeit zur Analyse; wird es gegen einen beliebigen Dämon gerichtet, greift es dessen Komplexität an.*
>
> *Nur das Schlichte kann dem Schwert widerstehen. Solange wir uns unterhalb des Abyssos befinden, ist das Schwert folglich völlig zerstörerisch:*
>
> *Es entzweit Satan mit Satan. Nur in den niederen Formen der Magie, den rein menschlichen Formen, ist das Schwert zu einer solch wichtigen Waffe geworden. Es sollte ein Dolch genügen.*
>
> *Doch für gewöhnlich ist der Verstand dem Menschen so wichtig, daß das Schwert tatsächlich die größte seiner Waffen ist; glücklich, wer mit dem Dolch allein auskommt!*
>
> [*Magick*, S. 87]

Die Bedeutung des magischen Schwerts nach Crowley

Wie ist dies zu verstehen? Weshalb preist Crowley jenen Magier als glücklich, der des Schwerts nicht bedarf? Betrachten wir zunächst einige weitere seiner Ausführungen:

> *So notwendig es für den Anfänger auch sein mag, ist das Schwert doch nur eine grobe Waffe. Seine Aufgabe besteht darin, den Feind abzuwehren oder sich einen Weg durch dessen Reihen zu bahnen – und wenn es auch benutzt werden muß, um Eintritt zum Palast zu erhalten, kann es doch bei der Hochzeitsfeier nicht getragen werden.*
>
> *Man könnte sagen, daß das Pentakel das Brot des Lebens ist und das Schwert das Messer, mit dem es geschnitten wird. Man muß Ideen haben, aber man muß sie auch kritisch prüfen.*
>
> *Das Schwert ist auch die Waffe, mit der man den Dämonen Entsetzen einflößt und sie beherrscht. Das Ego muß der Herr der Eindrücke bleiben. Man darf es nicht zulassen, daß der Dämon den Kreis durchbricht; man darf es nicht zulassen, daß irgendeine Vorstellung einen mitreißt.*
>
> *Es ist leicht zu erkennen, wie grundlegend und falsch all dies ist – doch für den Anfänger ist es nötig.*

Bei allen Auseinandersetzungen mit Dämonen wird die Spitze des Schwerts nach unten gehalten, und es sollte nicht für Invokationen verwendet werden, wie in manchen Schulen der Magie gelehrt wird.

Wird das Schwert gegen die Krone erhoben, ist es kein wirkliches Schwert mehr. Die Krone kann nicht geteilt werden. Gewiß sollte das Schwert nicht erhoben werden.

Das Schwert kann jedoch mit beiden Händen gepackt und ruhig und aufrecht gehalten werden, um zu symbolisieren, daß das Denken eins geworden ist mit dem einzigen Streben und verbrannt wurde wie eine Flamme. Diese Flamme ist das Shin, der Ruach Alhim, nicht der bloße Ruach Adam. Das göttliche und nicht das menschliche Bewußtsein.*

Der Magier kann das Schwert nicht handhaben, wenn sich nicht die Krone auf seinem Haupt befindet.

*Jene Magier, die versucht haben, das Schwert zu ihrer einzigen oder auch nur zu ihrer Hauptwaffe zu machen, haben sich nur selbst vernichtet, nicht durch die Vernichtung des Verbindens, sondern durch die Vernichtung der Teilung.** Schwäche überwindet Kraft.*

Der Geist muß erst in eine Form des Wahnsinns aufgebrochen werden, bevor er transzendiert werden kann.

[S. 88f.]

Das Schwert ist also die kritische Instanz, mit seiner Hilfe bekommt der Magier die Gefühle in den Griff, die seine Wahrnehmung verzerren und ihm den Blick auf die Dinge, wie sie sind, verschleiern. Es gebrauchen zu müssen bedeutet, in der Gefahr der Selbsttäuschung und des Wahns zu schweben. Dann ist die Instinktsicherheit des Kelchs verletzt, herrscht gefährliche Disharmonie im Inneren des Magiers. Das Schwert ist aber auch das Instrument der Gedankenbeherrschung und der Einspitzigkeit, es ist das Ideal der Wissenschaftlichkeit und der gefühlsneutralen Objektivität.

* *Shin ist der hebräische Buchstabe des Geistes; der Ruach Alhim, der Odem des Geistes oder der Götter; Ruach Adam ist der Odem oder Geist des Menschen.*

** *Es sollte beachtet werden, das diese Mehrdeutigkeit des Wortes ›Vernichtung‹ zu zahlreichen Mißverständnissen geführt hat. Solve ist zwar Vernichtung, doch coagula ist es ebenfalls. Das Ziel des Magus ist es, sein Teildenken zu vernichten, indem er es mit dem Universalen Denken vereint, nicht aber, dem Ganzen einen weiteren Bruch und eine weitere Teilung zuzufügen.*

{...} jede Vorstellung muß vom Schwert analysiert werden. Folglich darf im Geist des Meditierenden auch nur ein einziger Gedanke existieren.

Nun kann damit fortgefahren werden, das Schwert in seiner Funktion des Reinigens von Gefühlen zu Wahrnehmungen zu betrachten.

Es war die Aufgabe des Kelchs, die Wahrnehmungen durch Neigungen zu deuten; das Schwert befreit die Wahrnehmungen vom Netz der Emotion.

Die Wahrnehmungen an sich sind bedeutungslos; doch die Emotionen sind noch schlimmer, denn sie verführen ihr Opfer dazu, sie für bedeutsam und wahr zu halten.

Jede Emotion ist eine Besessenheit; die schrecklichste aller Blasphemien besteht darin, Gott im Makrokosmos oder der reinen Seele im Mikrokosmos Emotionen zuzuschreiben.

{...}

Der Magier muß sich in dieser Hinsicht also absolut frei machen.

Es ist eine beständige Übung der Dämonen, daß sie versuchen zu entsetzen, zu schrecken, anzuekeln, zu verlocken. Gegen all dies muß er den Stahl des Schwerts wenden. Wenn er sich von der Ego-Vorstellung befreit hat, wird die Bewältigung dieser Aufgabe vergleichsweise leicht sein; bevor er dies erreicht hat, wird es fast unmöglich sein. Also spricht die Dhammapada:

> *Mich mißhandelte er, und mich schlug er, er beraubte mich, er beleidigte mich:*
>
> *Wer solche Gedanken beherbergt, in dem wird der Haß niemals aufhören zu sein.*

Und dieser Haß, das sind die Gedanken, welche die Liebe behindern, deren Apotheose der Samadhi ist.

Doch es wäre zu viel verlangt, von dem jungen Magier zu erwarten, daß er die Verhaftung an das Ungeliebte übt; so soll er denn zunächst unbeteiligt werden. Möge er versuchen, Tatsachen als Tatsachen zu erkennen, so schlicht, als seien sie historischer Natur. Möge er die einfallsreiche Ausdeutung jedweder Tatsachen meiden. Möge er sich nicht in die Lage jener begeben, auf welche die Tatsachen sich beziehen, oder tut er es doch, so soll es ausschließlich zum Zwecke des Verstehens geschehen. Sympathie, Empörung, Lob und Tadel sind beim Beobachter fehl am Platze.*

* *Es ist allerdings wahr, daß Sympathie gelegentlich für das Verstehen erforderlich ist.*

Sogar bei Instrumenten selbst erzeugen deren physikalische Eigenschaften, wie beispielsweise die Dehnung und die Kontraktion (die man in gewissem Sinne als die Wurzeln von Freude und Schmerz bezeichnen könnte), Verfälschungen.

Stellt man ein Thermometer her, so ist das Glas durch die dazu erforderliche Verschmelzung derart erregt, daß die Höhe des Quecksilbers Jahr für Jahr, noch dreißig Jahre danach und länger, schwanken wird; um wieviel mehr ist dies bei einer solch formbaren Materie wie dem Geist der Fall! Es gibt keine Emotion, die im Geist keine Markierung hinterließe, und alle Markierungen sind schlecht. Hoffnung und Furcht sind nur entgegengesetzte Phasen einer einzigen Emotion; beide sind unvereinbar mit der Reinheit der Seele. Etwas anders verhält es sich mit den Leidenschaften des Menschen, da sie Funktionen seines eigenen Willens sind. Sie müssen diszipliniert, aber nicht unterdrückt werden. Doch Emotion wird von außen aufgezwungen. Sie ist ein Einbruch in den Kreis.

[S. 92 f.]

Crowleys Ermahnungen machen – genau wie jene der Schamanen – immer wieder deutlich, daß der Verstand ein Diener sein sollte und kein Herr. Doch ist dies nicht als Abwertung zu verstehen: Auch dieser Diener hat eine wichtige, ja herausragende Funktion, denn ohne ihn stehen der Selbsttäuschung, der Paranoia und dem Größenwahn Tür und Tor offen. Das Schwert stellt unsere Garantie gegen die magische Besessenheit dar, weshalb wir auf seine Herstellung bzw. Weihung mindestens ebensoviel Sorgfalt verwenden müssen wie auf die aller anderen Waffen.

Dem Schwert entspricht das Element Luft, also unter anderem das Denken, die Kommunikation, die Sprache, das Rationale. Seine Form ist im Prinzip beliebig, am häufigsten werden Schwerter gebraucht, wie in der Abbildung 28 gezeigt. Der Griff ist meist aus mit Kupfer beschlagenem, umwundenem oder gefaßtem Holz*, manchmal aber auch aus massivem Kupfer.

Form und Material des Schwerts

Am Knaufende des Griffs befindet sich eine Kupferkugel oder -scheibe. Das Heft besteht aus zwei Mondsicheln, die für den zuneh-

* *Gerne wird Eibe verwendet, das klassische »Magierholz«.*

menden und den abnehmenden Mond stehen. Dazwischen sind kupferne Rundscheiben angebracht.*

Die drei Scheiben oder Kugeln bilden zusammen ein gleichseitiges Dreieck. Crowley gibt auch an, daß manche Magier die drei Kugeln aus Blei, Zinn und Gold anfertigen; die Mondsicheln bestünden aus Silber, während der Griff mit Quecksilber gefüllt sei, so daß das Schwert zum Symbol der sieben Planeten wird. Doch sei dies, so fährt er fort, nur eine manierierte Phantasterei.

Die Klinge des Schwerts besteht in der Regel aus rostfreiem Stahl und sollte gerade, spitz und scharf bis zum Heft sein. Die Korrespondenz-Symbolik der Metalle macht deutlich, daß wir es hier mit einer Waffe zu tun haben, die in sich die Prinzipien des Mars und der Venus vereint. Crowley schreibt dazu:

> *Diese beiden Planeten sind männlich und weiblich – und spiegeln so den Stab und den Kelch wider, wenngleich in einem viel niederen Sinne.*
>
> *Das Heft ist venusisch, denn die Grundlage dieser erbarmungslosen Analyse ist die Liebe – wäre dem nicht so, so handelte es sich bei dem Schwert um eine schwarzmagische Waffe.*
>
> [S. 87]

In die Klinge ätzt oder graviert der Magier Glyphen, Symbole oder Gottesnamen. Es könnte beispielsweise die Sigil des eigenen magischen Namens verwendet werden, Crowley gibt als Beispiel das Ätzen der Formel AGLA an, das mit Vitriol durchgeführt wird.**

In der rituellen Praxis der hier beschriebenen Schule wird das Schwert praktisch nur bei Evokationen, also dämonischen Arbeiten verwendet. Doch auch hierbei ist es stets nur eine »Waffe der letzten Instanz«. Man stelle sich dies ganz praktisch vor: Droht von dem Dämon im Dreieck Gefahr, gerät die Stabilität des Kreises ins Schwanken, so ist das

* *Gelegentlich werden auch kleine glattgeschliffene Kugeln aus reinstem Bergkristall bevorzugt, doch stellt dies für die Fertigung einige Probleme dar, da meist keine wirklich stabile Fassung möglich ist.*

** *Die Formel V.I.T.R.I.O.L. ist ein kabbalistisches Notarikon für: Visita Interiora Terræ Rectificando Invenies Occultum Lapidem. Etwas frei übersetzt: »Indem ich in den Mittelpunkt der Erde vorstieß und alles prüfte und richtete, entdeckte ich den Stein der Weisen.« Es ist dies eine alchemistische Aufforderung zur beharrlichen Gründlichkeit und Kritikfähigkeit.*

Verwendung des Schwerts

Schwert (= der Verstand, die Rationalität) gefordert. Nicht nur wird mit ihm der Dämon notfalls zurückgetrieben oder »vernichtet«; im Rahmen unseres Modells vom Paradigmenwechsel kann es für den Magier der letzte Ausweg sein, angesichts einer drohenden Besessenheit sofort in das Paradigma des »Magie-Ungläubigen« überzuspringen und die ganze Operation kurzentschlossen zu »abergläubischem Mummpitz« zu erklären. Das will freilich nicht nur gelernt sein, es bringt auch erhebliche Gefahren mit sich, denn dadurch wird die Symbol-Logik verletzt, die magische Operation wird praktisch einfach für null und nichtig erklärt, was im Trancezustand zu schwerwiegenden Negativkonditionierungen führen kann. Diese aber wieder abzubauen, kann oft Jahre dauern, Durststrecken erzeugen, wo magisch fast nichts mehr gelingen will und die Verzweiflung leicht die Oberhand gewinnt. Strenggenommen sollte das Schwert (ohne physische Berührung) vor der Operation verwendet werden, denn es ist auch die Verkörperung der Verstandesfunktion des Entscheidens, der Magier trifft seine Entscheidung (zum Beispiel für und wider ein Ritual) nach reiflichem Abwägen vorher. Danach führt er sie kompromißlos aus.

Also noch einmal die Ermahnung, die gar nicht oft genug wiederholt werden kann:

Wohl dem Magier, der das Schwert nie zu benutzen braucht!

Wir erkennen also, wie tief die Symbolik der Ritualwaffen reicht, und wenn wir es damit auch nicht übertreiben sollten, so wird doch deutlich geworden sein, was damit gemeint ist, daß der Magier sich sein Universum selbst erschafft. Dabei kommt es nicht darauf an, daß er sich einen wahren Wust an symbolkundlichem Material aneignet, denn oberstes Gebot ist stets, daß jedes individuelle Symbolsystem in sich stimmig sein muß, die Symbol-Logik muß also gewahrt bleiben. Deshalb ist auch das relativ einfache, grobschlächtige Symbolsystem des heutigen Anfängers dem geistlosen Nachäffen hochraffinierter Bildungsprotzerei früherer Zeiten auf jeden Fall vorzuziehen. Ohnehin müssen wir die Symbole selbst zum Leben erwecken – machen wir uns also schon in diesem Punkt zu Göttern, indem wir ihnen unseren Odem einhauchen!

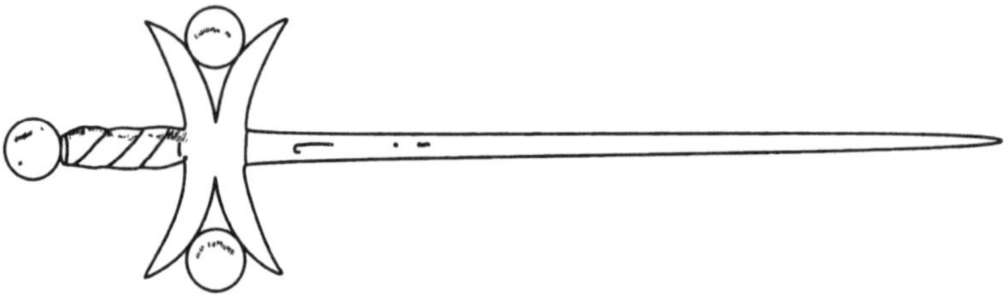

Abbildung 29: Das magische Schwert

Die Krone und die Haube

Heute nur noch selten verwendet, galt die Krone früher, vor allem in der Magie der Golden Dawn wie überhaupt in allen stark ägyptisch geprägten Systemen der schwarzen Kunst, einmal als wichtiges Utensil. Auch Crowley widmet ihr zwei Seiten in seinem *Magick*, und wie wir an seinen Ausführungen zum magischen Schwert gemerkt haben, stellt für ihn die Krone die Voraussetzung für den Gebrauch des Schwerts dar.

Häufiger dagegen wird heutzutage noch mit der magischen Haube (dem »Zauberhut«) gearbeitet, die in ihrer Funktion der Krone sehr ähnlich ist.

Crowley schreibt ziemlich lakonisch: »Die Krone des Magiers stellt das Erreichen seines Werks dar.« [S. 106] Danach beschränkt er sich jedoch auf Beschreibungen verschiedener Kronen und ihrer Symbolik. So empfiehlt er grundsätzlich zwei Typen von Kronen:

a) eine Goldreifkrone, die vorne drei Pentagramme aufweist (das mittlere faßt einen Diamanten oder Opal), hinten dagegen ein Hexagramm, und von der Uräusschlange (einem altägyptischen Herrscher- und Einweihungssymbol) umringt wird;

b) die klassische ägyptische Atef-Krone des »Magiergotts« Thot, die aus einem Widdergeweih mit einer großen und drei kleinen Sonnenscheiben besteht, dazu aus einem großen Gefieder und einem stilisierten Lotos (vgl. Abbildung 30).

An der hinteren Kreishälfte der Goldreifkrone ist ein scharlachrotes Tuch befestigt, das bis auf die Schultern herabfällt. Da derartige Kronen, wie bereits erwähnt, heute nur noch selten Verwendung finden, wollen wir uns hinsichtlich der Symbolik mit einem Hinweis auf Crowleys Werk begnügen.

Die Haube hat dagegen meist die Form eines Kegels und symbolisiert somit die auf den Magier im Kreis herabsteigende feinstoffliche Energie (sog. »Kraftkegel«). Ihr Material ist in der Regel Filz (auf ein Drahtgestell aufgezogen), Stoff oder sogar Leder. Häufig wird sie mit gängigen magischen Symbolen bestickt, auch die persönliche Sigil des Magiers wird verwendet.

Sowohl Krone als auch Haube haben, von ihrer symbolischen Bedeutung einmal abgesehen, vor allem die Funktion, das Gefühl der persönlichen Macht und Größe des Magiers zu erhöhen. Dies ist eine psychologische Hilfe, die den magischen Willen bei seiner Durchset-

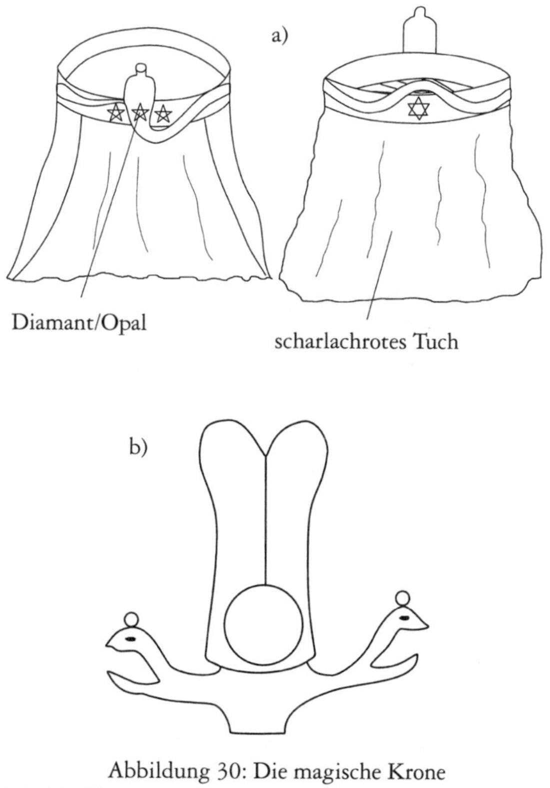

Abbildung 30: Die magische Krone
a) Goldreifkrone Vorderansicht/Rückansicht (nach Crowley)
b) ägyptische Atef-Krone

Funktion von Krone und Haube

zung unterstützt und kräftigt. Wer einmal eine Krone oder Haube beim Ritual getragen hat, weiß dieses Gefühl zu schätzen. Es ist wertvoll für die Konzentration und die Bündelung der Magis, setzt allerdings auch einen Tempel mit hoher Decke voraus, da besonders die Haube oft eine beträchtliche Größe hat. Als Anhaltspunkt sei die Strecke zwischen Bauchnabel und Kinn des Magiers genannt.

In allen Kulturen schmückten sich Herrscher und Zauberer, Schamanen, Medizinmänner und Hexer mit entsprechender Kopfbekleidung, da diese als trancefördernd gilt und zudem etwaige Zuschauer schon allein durch ihre Körperverlängerung beeindruckt. Sind Krone oder Haube nicht allzu schwer, aber doch spürbar, wird bereits durch ihr bloßes Tragen eine aufrechte, kraftvolle Körperhaltung erreicht, die den Armbewegungen mehr Wucht verleiht und auch im Körperlichen

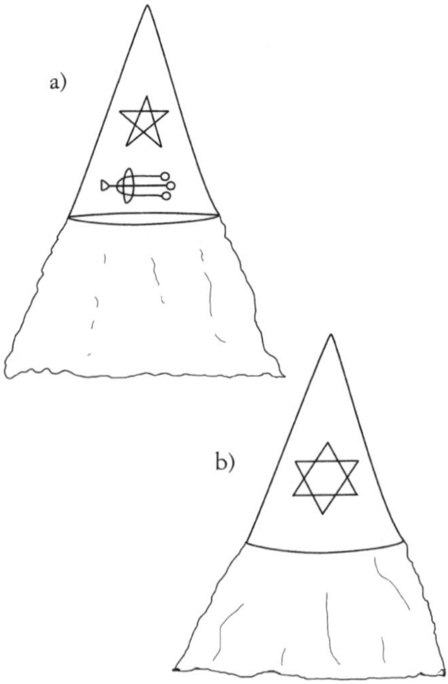

Abbildung 31: Die magische Haube
a) Vorderansicht; b) Rückenansicht

manifestiert, was im Geistigen gefordert wird: Einspitzigkeit, Mittung und Willenskonzentration.

Bei Gruppenritualen trägt in der Regel nur der Ritualleiter (beispielsweise der Hohepriester und die Hohepriesterin) eine Krone oder Haube als Zeichen der Würde und der Macht.

Wenngleich ein Fehlen der Krone oder Haube unter Ihren Ritualutensilien nicht unbedingt als empfindlicher Mangel zu werten ist, sollten Sie dennoch einmal den Versuch mit einer hohen, auch provisorischen Kopfbedeckung machen, um wenigstens ein Gespür dafür zu entwickeln, welchen Wert solche Paraphernalia haben können. Letztendlich ist ihr Gebrauch jedoch stark von persönlichen Vorlieben abhängig, und es wäre sicher falsch, ihre Funktion überzubewerten.

Der magische Name

Es ist auf der ganzen Welt üblich, daß sich Magier einen magischen Namen zuzulegen. Auch Mönche und Nonnen nehmen bei ihrem Eintritt in den geistlichen oder klösterlichen Stand einen solchen Namen an. Er stellt zugleich eine neue Identität und eine Abkehr von der Alltagspersönlichkeit dar. In magischen Gruppen und Orden ist er zudem ein Mittel, um die Anonymität zu wahren und die Infiltration durch Außenseiter zu erschweren.

Neue Identität und Abkehr von der Alltagspersönlichkeit

Der magische Name wird meistens in Trance empfangen, manchmal wird er aber auch kabbalistisch errechnet, oder er symbolisiert irgendein Prinzip, mit dem sich der Magier besonders verbunden fühlt, wie etwa Aquarius, Therion und so weiter. Gern werden auch ansprechende Vorbilder aus Mythologie und Geschichte als Namensgeber bemüht wie Merlin oder Kundry, Parzifal oder Kassandra.

In fast allen Fällen stellt der magische Name ein Lebensmotto dar, nicht selten besteht er sogar aus einem solchen. Mein eigener Name ist ein Beispiel dafür: V.·.D.·. ist die Abkürzung für VBIQUE DÆMON VBIQVE DEVS (lat. »der Dämon ist überall/in allem, der Gott ist überall/in allem«). Dies kennzeichnet den Vorsatz, stets beide Seiten der Medaille sehen und nicht schematisch in Gut und Böse unterteilen zu wollen. Andere Beispiele sind Crowleys Name Perdurabo (lateinisch »ich werde durchhalten«) oder der von William Butler Yeats, der sich in der Golden Dawn D.E.D.I. für lateinisch Demon est deus inversus (»Der Dämon ist ein umgekehrter Gott«) nannte.

Es gibt auch Phantasienamen, die, ebenfalls in Trance erhalten, ihre Bedeutung oft erst nach und nach enthüllen und möglicherweise nach einer Weile verblassen und von anderen abgelöst werden können.

Die Zusatzbezeichnung Frater (lateinisch »Bruder«) für männliche, bzw. Soror (lateinisch »Schwester«) für weibliche Magier ist vor allem in magischen Bünden und Orden üblich und entspricht auch christlich-klösterlicher Tradition. Doch ist im Laufe der Zeit daraus der Brauch entstanden, auch ohne Ordenszugehörigkeit darauf zurückzugreifen, vor allem bei Publikationen oder in der magischen Briefkorrespondenz; insbesondere weil man die Begriffe Frater und Soror auch als »Weggefährt/e/-in, Mitpilger/-in« verstehen kann.

Übrigens werden dem magischen Namen oft auch Zahlen hinzugefügt (etwa Abraxas 333), die für den Magier von besonderer Bedeutung sind, sei diese Bedeutung kabbalistischer oder anderer Art.

Für den Erwerb eines magischen Namens gibt es glücklicherweise keine Vorschriften. Es ist auch durchaus üblich, mehrere solcher Namen zu haben. Wenn man beispielsweise Mitglied in einem magischen Orden ist, so wird man neben seinem persönlichen auch noch einen Ordensnamen tragen. Zahlreiche Magier besitzen zudem noch einen Namen, den außer ihnen kein anderer Mensch kennt und den sie mit ins Grab nehmen, ohne ihn jemals zu offenbaren. Dahinter steht die alte magische Vorstellung, daß den »wahren« Namen eines Wesens – auch einer Gottheit – zu kennen gleichbedeutend mit Macht über dieses ist. Deshalb stellt der geheime magische Name eine »letzte innere Verteidigungslinie« dar, einen Fluchtpunkt der Identitätsbewahrung, ein geistiges Allerheiligstes sozusagen.

Keine Vorschriften für den Erwerb eines magischen Namens

In seiner Funktion als Lebensmotto spiegelt der magische Name das Lamen beziehungsweise Pentakel wider, auf das wir im nächsten Abschnitt eingehen werden. Stellt das Lamen den Ist-Zustand des individuellen magischen Kosmos, also die Gegenwart, dar, so symbolisiert der Name den Soll-Zustand oder das Ziel, dem der Magier zustrebt, seine angestrebte Zukunft.

Ein solcher Name kann Segen und Fluch zugleich sein: Hat man ihn erst einmal anerkannt und angenommen, so erinnert er ständig daran, was es noch zu erreichen gilt. Diese bewußte Namenswahl wird um so deutlicher, je weniger wir uns im Laufe unseres Lebens mit der Bedeutung unserer »zufällig« erhaltenen bürgerlichen Namen auseinandergesetzt haben. Es kann ein großartiger, beglückender Akt der Selbstbestimmung sein, sich einen magischen Namen zuzulegen; aber nicht selten werden wir ihn auch als ernste Mahnung erleben. Immerhin hilft er uns bei der Umschiffung mancher psychonautischer Klippe, er kann uns als Wanderstab und Krücke in einem dienen. Deshalb auch sollte man den magischen Namen weder leichtfertig annehmen noch wieder ablegen. Gewiß ist es in der magischen Tradition durchaus üblich, verschiedene persönliche Entwicklungsstufen durch unterschiedliche Namen zu dokumentieren. So reicht beispielsweise die Namenspalette eines Aleister Crowley von Perdurabo über V.V.V.V.V. und Baphomet bis zu seinem berühmtesten, To Mega Therion 666.

Andererseits ist ein Name aber auch mehr als nur ein willkürlich gewähltes Dokument des persönlichen magischen Entwicklungsstands, er wird bei entsprechend häufigem Gebrauch zu einem festen Bestandteil der magischen Persönlichkeit, zu einem »Teil der Aura« und läßt sich daher auch nicht so ohne weiteres problemlos wieder abstreifen.

Manchmal kann es geschehen, daß sich ein Magier für eine bestimmte, meist längerfristig geplante Operation einen Namen zulegt, den er nur dieses eine Mal verwendet. Dies kommt der Verkleidung oder Maske eines Schauspielers gleich, ist aber auch Ausdruck der Betonung eines einzigen, speziellen Persönlichkeits- oder Handlungsaspekts. Mit anderen Worten: Der Magier erschafft sich damit gezielt eine bestimmte Persönlichkeit, die für die vor ihm liegende Aufgabe konstruiert wurde. In diesem Sinne ist er also gewissermaßen sein eigener Psychogon! Doch ist dies nicht sehr häufig und findet fast ausschließlich zu kampfmagischen Zwecken statt.

> *Der Magier erschafft sich gezielt eine bestimmte Persönlichkeit.*

Es soll Ihnen selbst überlassen sein, ob und wann Sie sich einen magischen Namen (oder mehrere) zulegen, sofern nicht ohnehin schon geschehen. Wenn Ihnen keine andere Möglichkeit zusagt, können Sie auch einen entsprechenden Traum inkubieren, in dem Ihnen Ihr Name offenbart werden soll (am einfachsten gelingt dies durch eine sigillenmagische Operation). So ist es beste alte Schamanensitte. Überlegen Sie sich auch gut, ob Sie Ihren Namen anderen Menschen offenbaren wollen, immerhin geben Sie damit einen sehr intimen Teil Ihrer Persönlichkeit preis, und dazu bedarf es des gegenseitigen Vertrauens.

Einführung in das Pan-Ritual

Im folgenden wird ein Vorschlag für ein Pan-Ritual unterbreitet, das in dieser Form schon zahllose Male von verschiedensten Magiern praktiziert wurde.

Herkunft, Überlieferung und Bedeutung des Pan-Prinzips

Die Gestalt des griechischen Gottes Pan hat in der Magiegeschichte Europas immer eine große Rolle gespielt. Die Bedeutung seines Namens ist unklar, man hat sowohl versucht, ihn aus dem Sanskrit abzuleiten, als auch, darin ein Lallwort zu sehen (wie »Papa« oder »Mama«). Erst später bekam das Wort Pan die Bedeutung »All, Alles«, die es noch heute (in seiner Deutung als »gesamt-«) hat, etwa in Wortschöpfungen wie »panarabische Freundschaft«, »Pansexualismus« oder sogar »Panorama« (= »Allschau«). Pan als Allgott ist freilich erst in der Zeit Neros nachgewiesen.

Pan galt als Sohn des Zeus und einer Nymphe. Von Geburt an war er am ganzen Körper behaart und besaß sowohl Ziegenhörner als auch -beine. In der Überlieferung stellt er der Nymphe Syrinx nach, die aber auf ihr Flehen hin von ihren Schwestern (nach anderer Version auch von der Erdmutter Gaia) in Schilfrohr verwandelt wird. Betrübt seufzt Pan in dieses hinein, und es tönt ihm klagend entgegen. Er schneidet einige Rohre verschieden lang zu, fügt sie mit Wachs zusammen und erschafft so die Hirten- oder Panflöte. Diese Flöte verliert er später wieder, um sich aus Rohren eine neue zu fertigen, damit er auf einem Frühlingsfest des Dionysos aufspielen kann. Er fordert sogar Apollon zum musikalischen Wettstreit heraus, wird aber besiegt.

Pans Heimat ist Arkadien, er ist ein typischer Hirten- und Ziegengott, der wegen seiner Fruchtbarkeit verehrt wurde; er »besprang«

die Ziegen und machte ganze Herden fruchtbar. Doch wird er schon in frühester Zeit auch als zumindest teilmenschlich gesehen, besitzt also keine reine Tiergestalt.

Er kann Mensch und Tier durch sein plötzliches Auftreten erschrecken, beispielsweise wenn diese gerade in der Mittagshitze ruhen, aber er ist auch fröhlich, zu Späßen aufgelegt und weinselig.*

Pan ist keineswegs nur hinter den schönen Nymphen her, auch die Knaben haben es ihm angetan, und er wird schon früh als Inbegriff der Sexualität schlechthin verstanden. Bei Pindar wird er als Begleiter der Großen Mutter erwähnt, was sich übrigens im heutigen Hexen- und Wiccakult wiederfindet, wo er als der »Gehörnte« oder als der »Große Gott« verehrt wird. Er tritt in vielen Gestalten auf und wird später auch häufig mit anderen Gottheiten verschmolzen oder gleichgesetzt, beispielsweise mit Dionysos, wobei auch sein Stammbaum ein wenig durcheinander gerät. Verwandt ist er auch mit dem römischen Faunus, wie denn überhaupt Satyrn und Faune oft als Verkörperungen des Pan gelten.

Es war das Christentum, das aus Pan einen »Teufel« machte und ihn mit dem biblischen Satan gleichsetzte. Darin ist ganz eindeutig eine Dämonisierung des vorchristlichen Heidentums zu erkennen, und so nahmen Teufelsdarstellungen schon bald die Züge des Bocksgotts an. In diesem Sinne wird Pan auch mit dem Saturn verschmolzen, wobei auch ältere ägyptische Elemente eine Rolle gespielt haben dürften (Set – Satan – Saturn). Als Herold der körperlichen Sinnlichkeit wird er dem körperfeindlichen Christentum zur Inkarnation des Bösen und der Sünde schlechthin. Was die kabbalistischen Entsprechungen des Pan angeht, so sei hier und im folgenden aus meinem »Versuch über Pan« (vgl. Literaturhinweis am Ende dieses Kapitels) zitiert:

Es war das Christentum, das aus Pan einen »Teufel« machte und ihn mit dem biblischen Satan gleichsetzte.

Aleister Crowley ordnet in seinem LIBER 777, wie ich finde mit einigem Recht, Pan sowohl der Zahl 0 als auch der 13 zu. All-Gott und Teufel

* *Dionysos – der spätere römische Bacchus – war auch der Gott, dem Pan am meisten gefiel, als er nach seiner Geburt im Olymp vorgestellt wurde.*

– welch ein gewaltiger Schritt über den plumpen Dualismus des zoroastrischen und manichäischen Systems hinaus – von dem des Christentums, des Mosaismus und des Islam einmal ganz zu schweigen! Darin steht der Meister Therion natürlich in bester synkretistischer aber auch gnostischer Tradition.

{S. 4}

Das Wort »Panik« ist ebenfalls von dieser Gottheit abgeleitet – denn Pan ist eben nicht allein gütig, er verbreitet auch Angst und Schrecken, vor allem bei jenen, die eine verklemmte Sexualität und Virilität haben.

Das bringt uns zu seinen magischen Funktionen. Diese sind äußerst vielfältig:

Dem einen erscheint Pan wohl eher als die personifizierte Natur, der man den Frühling und die Ekstase des Lebenserwachens zuordnen sollte; andere wiederum sehen in ihm den Urgrund allen Seins, das Prinzips der Totalität, die Ekstase auch des Todes. Nicht umsonst wird (ebenfalls im LIBER 777 wie auch anderswo) Pan bisweilen der Planet Saturn zugeordnet, der ja auch lange Zeit mit dem Makel des ›Teuflischen‹ behaftet war.

Pan ist das Symbol der Ekstase überhaupt.

Für mich persönlich ist Pan das Symbol der Ekstase überhaupt, der Ekstase nämlich, die sich im Verschmelzen des Mystikers mit seinem Gott ebenso äußert wie im tosenden Tanz der Schöpfung, im Kreislauf von Geburt, Tod und Wiedergeburt, im Rausch der Sinne und des Geistes. Pan ist eben ALL und ALLES. Insofern hat er eine ähnliche Qualität wie CHAOS, wenn er auch stärker dessen schöpferischen, rauschhaften Aspekt verkörpert.

{S. 5}

Pan bringt, wenn er gerufen wird und kommt, fast immer etwas Üppiges, aber auch Plötzliches und Exzessives mit sich:

Pan liebt es eben, einem ab und zu einen Schlag Suppe zuviel in den Teller zu geben, das Glas über den Rand hinaus zu füllen – und das verkraften zu können ist eine der wichtigsten Voraussetzungen überhaupt für Magie mit dem Pan-Prinzip. Wenn er kommt, dann kommt er total. Ein Freund von mir berichtete einmal, daß er jedesmal nach einem Pan-

Ritual neue Bekanntschaften macht, und zwar so viele, daß ihm die Sache schon bald über den Kopf wächst. Wer Pan also um etwas Bestimmtes bittet (er kommt aber auch gerne ›einfach nur so‹ mal im Ritual vorbei), der sollte nie vergessen, daß er ein arger Scherzbold sein kann, der seinen Diener immer auch ein wenig neckt und ihm Streiche spielt. Humorlose Magier haben bei ihm keine Chance, ihnen macht er das Leben zur Hölle – wobei wir wieder beim Teufel wären.

Natürlich ist Pan auch die Sinnenlust, der Rausch, so daß er besonders gerne dann auftritt, wenn seine Feste orgiastischen Charakter haben. Da sprengt er alle Schranken {...}, denn das All läßt sich eben nicht in der Nußschale unserer Vorstellungen und Ordnungsschemata einkerkern. Wer wirklich einmal theurgisch erfahren will, was Grenzenlosigkeit und Panik {...} sein können, dem sei dieser Weg ans Herz gelegt. Pan ist ›teuflisch‹ insofern, als er Schluß macht mit alten, liebgewonnenen Routineansichten, er entzweit uns von unserer Illusion und führt uns zu einer neuen, ekstatischen Einheit. Dabei kann es vorkommen, daß man auch Federn lassen muß, aber wenn man sich dem einmal so entfesselten Strom anvertraut, dann wird man rasch merken, daß es nur Ballast gewesen ist, was man hat abwerfen müssen.

Pan ist ein Gott, der einem soviel Einblick in sein Prinzip gewährt, wie man eben noch verkraften kann. Zwar darf es bei ihm gern schon mal ›ein Viertelpfund mehr‹ sein, aber das bezieht sich erfahrungsgemäß eher auf das Quantitative. Insofern ist er auch, bei aller Raserei, ein milder Gott, ein schelmischer Kamerad, dem man allerdings auch keine Vorschriften machen kann.

{S. 6f.}

Wenn Sie es also einmal mit dem Pan-Prinzip versuchen wollen, allein oder in der Gruppe, so seien Sie dazu herzlich eingeladen. Pan kann einem die Magie vielleicht mehr versüßen als jede andere Gottheit, denn er ist die personifizierte Fröhlichkeit.

Pan ist die personifizierte Fröhlichkeit.

Magisch-therapeutisch wird er auch zur Behebung von sexuellen Störungen von Impotenz bis Frigidität gerufen, er hilft gegen Depressionen und steigert die Lebenslust, weckt die »müden Lebensgeister« und ist auch bei der Beschaffung von Liebes- oder, genauer, Sexualpartnern behilflich.

Nach dem Ritual sollten Sie verstärkt auf Veränderungen in Ihrem Leben achten, auf Omen im Alltag, plötzliche neue Bekanntschaften und so weiter.

Oft gibt Pan seinen Freunden ein Erkennungszeichen für spätere Anrufungen: etwa eine Melodie, ein Wort, eine Geste o. ä. Dieses Zeichen sollte man natürlich in Zukunft immer dann verwenden, wenn man mit Pan in Kontakt treten will. Das kann auch im Alltag und mental geschehen (im Auto, in der Straßenbahn, am Arbeitsplatz – also praktisch und überall). ›Viel hilft viel‹ – wenn man davon genug hat, dann wird man das schon merken. Pan läßt einen da selten im Zweifel …

Hat man aber tatsächlich genug, dann läßt man die Pan-Wirkung leise ausklingen und meidet natürlich eine Weile lang entsprechende Veranstaltungen. Da Pan ein Menschenfreund ist (wenn auch vielleicht nicht unbedingt im Sinne des Roten Kreuzes und der Christlichen Wohlfahrt), drängt er sich einem auch (fast) nie unaufgefordert auf.

[S. 8]

ZUM RITUALABLAUF

Wir beginnen mit einem einleitenden Schutz- und Reinigungsritual; dann folgt eine kurze Meditation; als nächstes wird Musik gespielt, vorzugsweise vom Magier bzw. den Teilnehmern selbst. (Es muß nicht unbedingt »schön« sein, solange es einigermaßen heftig und ekstatisch ist!) Nun wird das Liber A'ash des Magiers Aleister Crowley vorgetragen, beim Gruppenritual dann noch ein zweites Mal mit Musikbegleitung. Als Steigerung folgt nun das Vortragen der Hymne an Pan (ebenfalls mehrmals), auch dies sollte so ekstatisch wie möglich geschehen (Texte siehe unten). Dann (bei mehreren Teilnehmern synchron dazu) Musik, Tanz, Rufe/Mantras wie »IO PAN!« oder auch einfaches Jauchzen und Schreien.

Spätestens jetzt sollte Pan in jeden Teilnehmer spürbar »eingetreten« sein und den Rest des Rituals bis zu seiner Entlassung selbst bestimmen. Dies wird je nach Temperament meditativer oder orgiastischer sein, es kann auch sexualmagisch gearbeitet werden.

Nach einer abschließlichen Phase erneuter Meditation werden die Opfergaben verzehrt. Bei Gruppenritualen: keine feierlichen Trauermienen! Pan liebt das Lachen und auch mal einen schmutzigen Witz!

Zum Schluß erfolgt eine weitere kurze Meditation, die Danksagung, das abschließende Reinigungsritual und die Entlassungsformel.

Die folgende Checkliste sollte als Gedächtnisstütze benutzt und als Vorschlag verstanden werden, den Sie beliebig nach Ihren eigenen Bedürfnissen abändern können und sollen.

DAS PAN-RITUAL

Teilnehmer: Das Ritual wird sowohl allein als auch zu mehreren durchgeführt (für Gruppenarbeit besonders gut geeignet, auch für Anfänger).

Zeitpunkt: zu jeder Zeit; besonders gern zu Frühlingsanfang sowie im Sommer praktiziert.

Kleidung: gewöhnliche Robe; kann während des Rituals auch abgestreift werden.

RITUALPLAN

1. Tempel-/Ritualplatzaufbau:

- vorzugsweise in der freien Natur, ansonsten im Tempel
- Altar in der Mitte
- genügend Platz zum Tanzen

2. Zubehör:

a) Beleuchtung: nach Gegebenheiten (Kerzen, Fackeln)
b) weitere Korrespondenzen
Metall: keins
Farben: arkadische, ländliche Farben (Brauntöne)
Edelsteine: eventuell Onyx
Duftstoffe: herbe Öle
Pflanzen/Räuchermittel: herbe, sinnliche Düfte
Sonstiges:

- Opfergaben, die nach dem Ritual verspeist werden (Oliven, Weißbrot, Ziegenkäse, herber Weißwein/Retsina, Zwiebeln, Knoblauch, Zitronen und so weiter)
- Musikinstrumente (Panflöte, Zimbeln, Trommeln, Rasseln, Schlaghölzer)

3. Ritualablauf:

1) Vorbereitung: Auslegen der Gabe und so weiter
2) Kleines Bannendes Pentagrammritual: ja
3) Invozierendes Hexagrammritual: nein
4) Anrufung: ja
5) Konzentration der Energie: Tanzen, Singen
6) Arbeit mit der Energie: orgiastisch, eventuell sexualmagisch, danach Verzehr der Opfergaben
7) Danksagung und Verabschiedung: ja
8) Kleines Bannendes Pentagrammritual: ja
9) Entlassungsformel: ja

Anrufungstexte (siehe unten):

- Liber A'ash (Crowley)
- Hymne an Pan (Crowley) [auch mehrmals]
- Mantra: IO PAN!

Liber A'ash vel Capricorni Pneumatici

SUB FIGURA CCCLXX*

0. Knorrige Eiche Gottes! In deinen zweigen nistet der blitz! Über dir hängt der Augenlose Falke.
1. Verdorrt bist du und schwarz! Erhaben und einsam in dieser heide von büschen.
2. Empor! Über dir lasten die blutroten wolken! Es ist der sturm.
3. Da ist ein flammender spalt am himmel.
4. Empor.
5. Umhergeworfen wirst du im griff des sturmes aeonen-aeonen-aeonen-lang. Doch gibst du deinen saft nicht preis; du fällst nimmer.
6. Nur im ende sollst du deinen saft geben, wenn der große Gott F.I.A.T. den thron besteigt, am tage des Sei-mit-Uns.

* *Von Aleister Crowley. Aus dem Englischen von Frater V.·.D.·. und J. S. 209 (von Fra V.·.D.·. 1988 nochmals überarbeitet).*

7. Denn zwei dinge sind getan und ein drittes ist begonnen. Isis und Osiris geben sich hin dem inzest und dem ehebruch. Dreifach bewaffnet springt Horus hervor, aus dem schoß seiner mutter. Harpokrates, sein zwillingsbruder, ist in ihm verborgen. Set ist sein heiliger bundesgenosse, den er enthüllen wird am großen tage M.A.A.T., gedeutet als meister des Tempels des A.·.A.·., dessen name ist Wahrheit.
8. Darin wird nun die magische kraft erkannt.
9. Sie ist wie die eiche, die sich selbst härtet und dem sturme trotzt. Sie ist verwittert und narbig und kühn auch wie ein kapitän zur see.
10. Auch ist sie reißend wie ein jagdhund an der leine.
11. Stolz eignet ihr und große schläue. Ja, und heiterkeit ebenso.
12. Möge der magus in seiner beschwörung also verfahren.
13. Möge er sitzen und beschwören; möge er sich sammeln in jener kraftfülle; möge er dann sich erheben, straff und geschwollen; möge er die haube reißen von seinem haupt und sein basiliskenauge auf die sigill des dämon heften. Dann möge er schweigend die kraft hin und her schwingen wie ein satyr, bis das Wort aus seiner kehle hervorbricht.
14. Nicht niederstürzen darf er erschöpft, auch wenn die gewalt das menschliche zehntausendfach überstiege; denn was ihn durchflutet, ist die unendliche gnade des Genitor-Genetrix des Universums, für die er das Gefäß ist.
15. Auch täusche dich nicht selbst. Leicht ist es, die lebendige kraft vom toten stoff zu unterscheiden. Ebenso leicht ist es, die lebendige schlange von der toten schlange zu unterscheiden.
16. Ebenso gelübde betreffend. Sei beharrlich und sei nicht beharrlich. Verstehe das nachgeben der Yoni als eins mit dem strecken des Lingam. Du bist diese beide; und dein gelübde ist nur das rauschen des windes am Berge Meru.
17. So sollst du mich denn verehren, der Ich bin das Auge und der Zahn, der Geißbock des Geistes, der Herr der Schöpfung. Ich bin das Auge im Dreieck, der Silberne Stern, den ihr verehrt.
18. Ich bin Baphomet, das ist das Achtfache Wort, das aufgewogen werden soll mit der Drei.
19. Weder tat gibt es noch leidenschaft, die nicht eine hymne zu meinen ehren sein wird.
20. Alle heiligen dinge und alle symbolischen dinge sollen meine sakramente sein.
21. Diese tiere sind mir heilig; der geißbock und die ente, esel, gazelle, der mann, die frau und das kind.

22. Alle leichname sind mir heilig; sie sollen nicht berührt werden, außer in meiner eucharistie. Alle einsamen Orte sind mir heilig; wo einer sich sammelt in meinem namen, dort will Ich hervorspringen in seine mitte.
23. Ich bin der abscheuliche gott; und wer mich meistert, ist häßlicher denn Ich.
24. Und doch gebe Ich mehr denn Bacchus und Apoll; meine gaben übertreffen die olive und das pferd.
25. Wer mich verehrt, der verehre mich in vielen riten.
26. Ich bin verborgen mit allen verborgenheiten; wenn der Heiligste Alte entblößt und über den marktplatz getrieben wird, so weile Ich dennoch im geheimen und abseits.
27. Wen ich liebe, den züchtige ich mit vielen ruten.
28. Alle dinge sind mir heilig; kein ding ist durch mich heilig.
29. Denn da ist keine heiligkeit, wo Ich nicht bin.
30. Fürchtet euch nicht, wenn Ich in der raserei des sturmes falle; denn meine eicheln werden weit verstreut vom wind; und wahrlich, Ich werde wieder auferstehen, und meine kinder um mich, auf daß wir unseren wald errichten in Ewigkeit.
31. Ewigkeit ist der sturm, der mich umhüllt.
32. Ich bin das Sein, das Sein, das nicht ist außer durch sein eigenes Sein, das jenseits des Seins des Seins ist, und tiefer verwurzelt als der Kein-Ding-Baum im Lande Kein-Ding.
33. Und daran erkennst Du, daß Ich in dir bin, wenn meine haube über deinen schädel gebreitet ist, wenn meine macht größer ist als der gestaute Indus, und unbezwingbar wie der Riesengletscher.
34. Denn so wie du vor einer lüsternen frau stehst, in deiner nacktheit im bazaar, aufgesogen von ihrer verschlagenheit und ihrem lächeln, so bist du auch ganz und ungeteilt vor dem symbol der geliebten, sei es nur ein Pisacha, ein Yantra oder ein Deva.
35. Und in allem sollst du die Unendliche Glückseligkeit schaffen, und das nächste glied der Unendlichen Kette.
36. Es reicht diese kette von Ewigkeit zu Ewigkeit, ewig in dreiecken – ist nicht das dreieck mein symbol? – ewig in kreisen – ist nicht der kreis das symbol der Geliebten? Darin ist aller fortschritt eitles blendwerk, denn jeder kreis ist gleich und jedes dreieck ist gleich!
37. Doch der fortschritt ist fortschritt, und fortschritt ist verzückung, beständig, blendend, regen des lichtes, wogen von tau, flammen des haares der Großen Göttin, blüten der rosen um ihren hals, Amen!

38. Darum erhebe dich, wie Ich erhoben werde. Zügle dich, wie Ich ein meister der vollendung bin. Und am ende, sei dies ende auch so fern wie die sterne, die im nabel der Nuit ruhen, töte dich, wie Ich am ende getötet werde, im tod, der das leben ist, im frieden, der mutter des krieges, in der dunkelheit, die das licht in ihrer hand hält, wie eine hure, die ein juwel von ihren nüstern pflückt.
39. Also ist der anfang entzücken, entzücken das Ende, und entzükken ist auch in der mitte, wie auch der Indus wasser ist in der höhle des gletschers, und wasser inmitten der größeren Berge und kleineren Berge, zwischen den wällen der berge und in den ebenen, und wasser an seiner mündung, wo er hinfortspringt in die mächtige see, ja, die mächtige see.

HYMNE AN PAN*

Erbebe in gleißender Lust des Lichts!
O Mann, mein Mann!
Stürme heran
aus dem Dunkel der Nacht des Pan!
Io Pan! Io Pan! Io Pan!
Über die See sollst du zu mir ziehn –
aus Sizilien, aus Arkadien –!
Komm als Bacchus mit faunisch Gelächter
mit Nymphen und Satyrn als deine Wächter.
Über die See komm herbei auf weißem Getier.
Zu mir – zu mir!
Komm mit Apollo im Brautgeschmeid,
als Priesterin oder im Hirtenkleid –
komm auf seidenen Schuhen der Artemis,
und wasch deinen Schenkel, du Gott,
und – dies.
In dem Monde der Wälder auf marmornem Fels,
in der dämmrichten Höhlung des goldgelben Quells
wilden Gebetes Purpur tauch ein
in die blutrote Schlinge, den Scharlachschrein!
Der Seele unschuldig Auge erschrickt,
wenn es deine quellende Wonne erblickt,

* *Von Aleister Crowley. Aus dem Englischen von Frater V.·.D.·. unter Verwendung einer Vorlage von Frater Fines Transcendam.*

wie sie durchsickert den Busch, den Baum
des Lebens, der ist Geist und Traum
und Leib und Hirn – komm übers Meer
(Io Pan! Io Pan!)
Gott oder Teufel,
zu mir her, zu mir her,
mein Mann! Mein Mann!
Komm mit schrillem Trompetenklang,
vom Bergeshang!
Komm mit dumpfem Trommelschall
vom Wasserfall!
Mit Flötenblasen und grellem Gepfeif -!
Bin ich nicht reif?
Ich, der wartend und werkend sich windet,
ermattet nur Leere umarmt, die schwindet
vor meinem Zugriff, der sehnenden Brunst
meines Leibes voll Löwenstärke und Schlangenkunst –
Komm herbei!
Mach mich frei!
Von meiner Tumbheit und einsamen Teufelei!
Zerschlage die Fessel, die mich noch bezwingt,
du, der alles erschafft und verschlingt!
Das Zeichen des Offenen Auges gib mir!
Des dornigen Schenkels steilragend Rapier!
Heiligen Wahnsinns geheimes Panier –
O Pan! Io Pan!
Io Pan! Io Pan Pan! Pan Pan! Pan,
ich bin ein Mann –
tu was du willst, wie nur ein Gott es kann
O Pan! Io Pan!
Io Pan! Io Pan Pan! Oh, wie lange
bin ich erwacht im Griff der Schlange!
Der Adler hackt, seine Krallen fassen!
Die Götter verblassen …
Dein großen Bestien kommen!
Io Pan! Auf seinem Horn
trägt mich in den Tod das Unicorn.
Ich bin Pan! Io Pan! Io Pan Pan! Pan!
Ich bin dein Weib, ich bin dein Mann,

dein Herdenbock, dem man Goldene Göttlichkeit gab,
Fleisch deinen Knochen, Blüte dem Stab.
Von Sonnenwende bis Äquinox
klirrt mein Huf auf der Härte des Felsenblocks.
Und ich reiße und rase und wüt durch die Weiten –
ewig und immer, bis ans Ende der Zeiten,
Männlein, Mägdlein, Mänade, Mann –
in der Macht von Pan.
Io Pan! Io Pan Pan! Pan! Io Pan!

Wir wollen es Ihnen grundsätzlich selbst überlassen, sich durch beständige Meditation mit der tieferen Symbolik dieses Paradebeispiels Crowleyscher Ritualdichtung auseinanderzusetzen. Daher sollen auch nur einige wenige Hinweise gegeben werden, die vor allem dem kabbalistisch noch unbewanderten Magier eine Starthilfe sein mögen.

Das hebräische Wort A'ASH bedeutet zu deutsch »Schöpfung«, sein Zahlenwert ist 370. Crowley meint zu dieser Zahl in seinem 777: »Der Geißbock des Sabbat in seinem höchsten Aspekt. Dies zeigt das Ganze der Schöpfung als Materie und Geist. Die materielle 3, die spirituelle 7, und alles zur Null sich aufhebend.« Daher ist auch vom »pneumatischen Steinbock« die Rede (von griechisch pneuma = »Geist«). Es liegt also nahe, diesen Bocks-Aspekt der Transzendenz mit dem Prinzip des Pan zu verbinden.

Berichte aus der magischen Praxis (II)

Diesmal soll es um zwei magische Operationen gehen, bei denen Probleme im Vordergrund stehen, wie sie im Alltag immer wieder auftreten können.

Die beiden Magier P. und W. hatten eine nicht endenwollende Auseinandersetzung mit ihrem Vermieter. Sie lebten zusammen in einem abgelegenen Waldhaus, und der Vermieter schikanierte sie nach Herzenslust, eines morgens stand er sogar unangemeldet mit einem Preßluftbohrer im Wohnzimmer!

Als auch Drohungen mit rechtlichen Schritten nichts fruchten wollten, sahen die Magier sich dazu gezwungen, härtere Maßnahmen zu ergreifen. So erschufen sie einen Psychogon, um diesen dem Vermieter anzuhexen, damit er von ihnen abließ. Dabei verwendeten sie die Technik des Imagospurius, wie sie von Bardon beschrieben wird und auf die wir an anderer Stelle noch eingehen werden. Die Operation dauerte einen vollen Monat: Jeden Abend luden die beiden zwei Stunden lang den Psychogon und hetzten ihn auf den Gegner.

Wenige Tage nach Ende der Operation wurde plötzlich das junge Kind des Vermieters überfahren und starb nach schweren Verletzungen. Danach hörten die Auseinandersetzungen zwar auf, doch P. und W. zogen es vor, das Haus aufzugeben und sich eine wohnlichere Bleibe zu suchen. Noch heute werden die beiden allerdings von einem schlechten Gewissen geplagt. Ihre Lust auf Angriffszauber (auch, wie hier, zu Verteidigungszwecken) war lange Zeit spürbar gedämpft.

Wir haben es hier mit dem Prinzip des »magischen Querschlägers« zu tun, das eines der größten Probleme im Bereich der Kampfmagie und der Schadens- und Todeszauber darstellt: Man greift eine bestimmte Zielperson an, statt dessen aber bekommt ein dieser Zielperson nahestehender Mensch die volle Wucht des Angriffs ab. Meist sind dies Verwandte oder Liebespartner, es können aber gelegentlich auch Geschäftspartner oder Nachbarn getroffen werden. Wie kann so etwas geschehen?

Es gibt dafür mehrere mögliche Erklärungen, und wir wollen sie einmal näher betrachten. Als erstes kommt uns natürlich die bereits in einem früheren Abschnitt behandelte symbol-logische Unschärferelation in den Sinn. Die Präzision der Symbole, mit der wir in der Magie arbeiten, ist nicht dieselbe, wie wir sie von der Naturwissenschaft her kennen und erwarten.

Bekanntlich ist es gerade bei Angriffszaubern außerordentlich schwierig, die Wucht der Attacke genau zu dosieren und zielsicher zu applizieren. Immer wieder kommt es vor, daß der Magier anstelle seiner Zielperson einen scheinbar »unbeteiligten« Dritten trifft. Dennoch muß dies keineswegs immer als »Mißerfolg« gelten: Möglicherweise hat der Verlust seines Kindes dem Vermieter wesentlich stärker zugesetzt, als es eine eigene Erkrankung oder möglicherweise sein eigener Tod (der von den Magiern ebenfalls nicht beabsichtigt worden war) getan hätte. Es bleibt aber die unbestreitbare Tatsache, daß die Magier einen Menschen trafen, auf den sie nicht bewußt gezielt hatten.

Wir können also bestenfalls von einem »Erfolg auf der anderen Schiene« sprechen, ein Phänomen, das in der Magie immer wieder zu beobachten ist.

Eine weitere Erklärung besagt, daß die Zielperson unbewußt derart gut geschützt war, daß alles von ihr abprallte, so daß statt ihrer eben das Kind getroffen wurde. Dergleichen ist nicht selten. Wenn Sie einmal versucht haben, einen Betrunkenen magisch zu beeinflussen oder einen Menschen, der extrem erdverbunden und unsensibel ist oder der ganzen Magie mit größter Skepsis gegenübersteht, so werden Sie wissen, daß dies außerordentlich schwierig ist. Hier haben wir es mit einer »Härtung der Aura« zu tun, die oft völlig unbewußt erzielt wird. Die Angriffsenergie wird in einem solchen Fall automatisch deflektiert, vor allem dann, wenn die Zielperson sich bester Gesundheit erfreut. Nicht selten wird sie sogar unbewußt auf den Angreifer zurückgeworfen.

Die meisten Magier vergessen bei ihren Angriffen, vorher die Aura der Zielperson entsprechend abzutasten und auf ihre Härtung zu überprüfen. Im Zweifelsfall sollte erst eine Aufweichung der Aura (beispielsweise durch Einimpfung einer Sprengglyphe) angestrebt werden, bevor zum eigentlichen Angriff übergegangen werden kann. Solche, gelegentlich auch als »Säurezauber« bezeichneten Operationen verlangen allerdings eine ausgezeichnet geschulte magische Energiewahrnehmung, speziell die Spiegelmagie bietet sich dazu an.

Es ist aber auch denkbar, daß die eigentliche Ursache für das Versagen bei den Magiern selbst zu suchen ist. Wer nämlich aus einer Position psychologischer Schwäche heraus reagiert, anstatt zu agieren, dem fehlt es meistens an der erforderlichen Zielgenauigkeit. Im hier geschilderten Fall halte ich diese Erklärung übrigens für die wahrscheinlichste: Die Wut der beiden Magier fand nicht etwa nur im Ritual statt, dort bündelte sie sich nur, es wurde lange Zeit und immer wieder gegen das Gebot vom »Nichtverhaftetsein/Nichtdesinteresse« verstoßen, was die Qualität der magischen Operation von vorneherein beeinträchtigen mußte. Wer den Gegner lange Zeit als überlegen erlebt hat, wer erst mit dem Rücken an der Wand beginnt zuzuschlagen, schwächt sich selbst und stärkt den anderen.

Man kann dieses Vorgehen mit dem wilden Umsichschlagen eines Verzweifelten vergleichen: Er entwickelt zwar ungeheure Kräfte, so daß es manchmal eines halben Dutzend ausgewachsener, kräftiger Männer bedarf, um einen schmächtigen, aber wie besinnungslos tobenden Schwächling zu bändigen; doch ist es um seine Zielgenauigkeit nur selten gut bestellt, den größten Teil seiner Energie vergeudet er darauf, ungewollt auf völlig harmlose Gegenstände oder Personen einzudreschen, anstatt sich seinen wirklichen Gegner gezielt vorzunehmen. Auch seine Koordinationsfähigkeit ist beeinträchtigt. Was ihn dennoch so gefährlich machen kann, ist eben die schon erwähnte freigesetzte Kraft und seine Unberechenbarkeit. Und so wie der Tobende in seinem Eifer auch unschuldige Dritte treffen kann, kann auch ein Magier, der seinen eigenen Zorn nicht mehr unter Kontrolle hat, seine Zielperson verfehlen. Gewiß ist die Energie des Zorns nicht zu unterschätzen, und sie läßt sich magisch vortrefflich nutzen, doch muß dies in gebändigter Form geschehen, etwa in Gestalt der gnostischen Trance, und es ist unerläßlich, daß sie nach Beenden der Operation gründlich gebannt wird.

Schließlich wäre noch die Gedankenkontrolle zu erwähnen, die für jeden Angriffszauber, ja für jede konzentrative magische Arbeit überhaupt unerläßlich ist. Denn wenn die Gedanken bei dieser Form der Energieübermittlung auch nur ein einziges Mal abschweifen, kann es schnell geschehen, daß die Kräfte sich selbständig machen und zu völlig unvorhersehbaren Ergebnissen führen.

Etwas zielgenauer ging die folgende Operation aus: Das Magierehepaar T. und C. hatte ebenfalls Schwierigkeiten mit dem Vermieter, der zudem noch im selben Haus lebte. Als die beiden endlich magisch reagierten, war die Sache bereits derart eskaliert, daß die ersten Schadenszauber völlig erfolglos blieben. Schließlich entschlossen sie sich dazu, den Weg des geringsten Widerstands zu gehen und auszuziehen. Da jedoch noch rechtliche Auseinandersetzungen drohten, hinterließen sie beim Auszug an mehreren Stellen gut versteckte Sprengglyphen und Fluchfetische aus Pergament. Diese blieben unter Parkettbohlen und im Gemäuer verborgen und wurden beim Auszug nicht bemerkt.

Bei dem später stattfindenden Prozeß brach der Vermieter, der zugleich Kläger war, plötzlich zusammen und fing im Gerichtssaal an zu schluchzen: »Diese Leute haben uns fertiggemacht. Seitdem sie ausgezogen sind, hat niemand mehr die Wohnung mieten wollen. Meine Frau ist inzwischen in psychiatrischer Behandlung, und ich selbst fühle mich ebenfalls dem Tod nahe.« Unsere beiden Magier waren davon recht ungerührt; hatte doch das Vermieterehepaar nicht nur Rufmord zu begehen versucht, indem es sie bei ihrem neuen Vermieter anschwärzen wollte; es hatte auch eine Weile mit nächtlichem Telefonterror gearbeitet; zudem waren die rechtlichen Vorwürfe gegen die Magier völlig haltlos, wovon ich mich übrigens selbst überzeugen konnte. Noch beim Auszug war es von seiten der Vermieter und seiner Familie zu völlig unprovozierten Handgreiflichkeiten gekommen, bis sogar die Polizei hatte eingreifen müssen.

Hier haben wir es mit einem gelungenen Rachezauber zu tun. Man mag zu derlei Operationen stehen, wie man will, immerhin zeigen sie jedoch, welch subtile und nachhaltige Wirkungen die Magie haben kann. Es ist auch charakteristisch, daß der eigentliche Erfolg erst nach dem Auszug des Magierpaars stattfand: Denn damit war die Distanz des »Nichtverhaftetseins« auch räumlich hergestellt, was den Zauber mit Sicherheit erst richtig ausgelöst hat. Das Scheitern der vorangegangenen Versuche (an einem davon war ich selbst beteiligt), erklärt sich wie beim obigen, ersten Beispiel auch in erster Linie wohl aus der allzu großen Betroffenheit und dem Mangel an innerer Ruhe und Mittigkeit unserer Magier.

Aus diesem Grund kann ich jedem Magier nur eindringlich empfehlen, bei Bezug einer neuen Wohnung diese von Anfang an magisch gegen unerwünschte Störeinflüsse abzusichern, auch wenn keine unmittelbare Gefahr drohen sollte. Dann kann nämlich im Notfall auf einem bereits bestehenden Schutz aufgebaut werden, anstatt erst in allerletzter Minute Verteidigungslinien ausheben zu müssen. Eine gründliche Entodung vor dem Einzug durch Ausräuchern und ein entsprechendes Ritual, vielleicht auch unterstützt von einer Sigillenarbeit, wird das Schlimmste verhindern oder abwenden. Im Falle akuter Bedrohung sollten Sie auch täglich mental einen Schutzkreis um das ganze Anwesen legen, beispielsweise in Form eines Lichtgürtels. Dies wird auch als Schutz vor Einbruch und Brand empfohlen und kann auch beim Verlassen des Gebäudes geschehen. Beachten Sie dabei aber auch die Gesetze der Symbol-Logik: Wenn Sie von der Arbeit zurückkehren und den Schutzkreis beim Betreten der Wohnung oder des Hauses durchbrechen, müssen Sie natürlich einen neuen Kreis auslegen.

Praktische Übungen

ÜBUNG 33
DER MAGISCHE BLICK (III)

Wenn Du die Tratak-Übung drei Monate lang praktiziert hast, kannst Du sie nun mit dem magischen Blick verbinden, indem Du die Fixationstafel aus dem letzten Abschnitt verwendest. Jetzt geht es darum, abwechselnd den 180°-Blick und den magischen Blick zu üben. (Es handelt sich also um eine Verbindung aus Übung 26 und Übung 32.) Wechsle die unterschiedlichen Blicke zunächst in längeren Abständen von mehreren Minuten ab, um dann bei späteren Übungen immer schneller zu werden, bis Du jeden Blick jeweils etwa eine Viertelminute oder sogar nur fünf Sekunden aufrechthältst, um dann zu wechseln. Zu Anfang genügt eine Gesamtübungszeit von maximal 6–8 Minuten, später kannst Du die Übungsphasen sogar noch verkürzen.

Dies ist übrigens nebenbei auch ein ausgezeichnetes Augentraining.

ÜBUNG 34
DER MAGISCHE BLICK (IV)
BLICKPROJEKTION

Nimm Dir einen alltäglichen Gegenstand aus Metall vor (etwa einen Löffel, einen Fingerring oder ähnliches) und betrachte ihn zuerst mit dem 180°-Blick. Versuche über den Blick seine Temperatur wahrzunehmen. (Dies ist natürlich eine subjektive Größe, die nicht in °C gemessen werden kann!) Ist dies zu Deiner Zufriedenheit geschehen, projizierst Du nun mit Hilfe des fokussierten magischen Blicks Hitze auf den Gegenstand, zuerst auf seine Oberfläche, dann ein Stück tiefer und schließlich bis in den Kern hinein. Lasse ihn immer heißer werden und brich ab, wenn Du das Gefühl hast, Dein Ziel erreicht zu haben.

Führe diese Übung mindestens 500mal (!) durch, ohne danach durch Befühlen des Gegenstands zu prüfen, ob die Temperatur sich tatsächlich verändert hat! Diese Regel ist äußerst wichtig. Wenn Du nämlich derartige Psi-Ergebnisse erzielen willst, mußt Du Dich zuvor von jedem krampfhaften Erfolgszwang freimachen.

Lasse den Gegenstand also nach der Übung erst eine Weile unberührt zum Abkühlen liegen, bevor Du ihn wieder an Dich nimmst oder fortlegst.

ÜBUNG 35
DER MAGISCHE BLICK (V)
LADUNG DURCH BLICKPROJEKTION

Später, nachdem Du die vorangegangene Übung mindestens 100mal ausgeführt hast, übst Du auch die Blickladung von gewöhnlichem Leitungswasser (kein kohlensäurehaltiges Wasser verwenden). Dazu stellst Du vor Dir ein Glas Wasser auf, probierst einen Schluck, nimmst kurze Zeit mit dem defokussierten 180°-Blick seine Aura und seinen Zustand wahr, und wechselst dann in den fokussierten magischen Blick über. Versuche dabei, in den »Kern« des Wassers hineinzublicken. Danach probierst Du das Wasser erneut und stellst fest, ob Du irgendwelche Geschmacksveränderungen wahrnimmst. Experimentiere mit und ohne spezielle Imaginationen, oft genügt es schon, das Wasser nur hinreichend intensiv zu betrachten, um seinen Geschmack zu verändern. Es ist also nicht unbedingt erforderlich, ihm einen Befehl zur Geschmacksveränderung zu übermitteln. Danach versuchst Du, den alten Geschmack auf die gleiche Weise wiederherzustellen.

Diese Übung kannst Du auch mit einem oder mehreren Partnern zusammen durchführen, beispielsweise indem diese draußen warten, bis Du das Wasser mit dem Blick geladen hast, ein anderes Glas jedoch nicht. Danach können sie durch Abschmecken prüfen, welches der beiden Gläser geladen wurde und welches nicht. Dies solltest Du jedoch erst tun, nachdem Du allein hinreichend Erfahrungen gesammelt hast.

ÜBUNG 36
ARBEIT MIT DEM PAN-PRINZIP

Führe, wenn Dir danach ist, das oben beschriebene Pan-Ritual allein oder mit einer Gruppe durch. Dies kann auch und gerade dann geschehen, wenn Du Dich gesundheitlich nicht auf der Höhe fühlst, denn Pan ist die Vitalität schlechthin.

Experimentiere mit dem Pan-Prinzip zu verschiedenen Jahreszeiten: Wie fühlt sich der Gott im Frühling an, wie im Sommer, Herbst und Winter? Bevorzugst Du Pan-Rituale im Freien, zu Hause im Tempel oder gar in einer Höhle? Du brauchst keinen bestimmten Anlaß, um ein Pan-Ritual durchzuführen – es genügt, wenn Du Pan gerne wiedersehen möchtest, neugierig bist oder Dir über Deine Motive noch nicht so recht klar bist. Vermeide es jedoch, Pan irgendwelche Zwänge auferlegen zu wollen – wenn er in Dir ist, so gestatte ihm rückhaltlos sein Rasen. Oft wirst Du nach einem solchen Ritual sexuell erregt sein, weshalb es auch eine gute Idee ist, es gemeinsam mit einem Liebespartner durchzuführen.

LITERATURNACHWEIS

Aleister Crowley, *Magick*, s. I/7/S. 32

Frater V.·.D.·., »*Versuch über Pan*«, Thelema H. 7, 1984, S. 4–9

EINFÜHRUNG IN DIE GELDMAGIE (I)

»Geldmagie oder mit Dreck fängt man keine Mäuse«

Vor Jahren erschien in der Magie-Zeitschrift ANUBIS ein Artikel zum Thema Geldmagie. Da dieses Heft inzwischen vergriffen ist, soll er hier noch einmal abgedruckt werden.*

Wenn Ahmed keine Drachmen hat
lutscht traurig er am Dattelblatt (...)
Hat der Svenson keine Öre
elcht von dannen seine Göre.
Nimmt man mir den letzten Schilling
hab auch ich ein schlechtes Feeling.
Erste Allgemeine Verunsicherung, »Geld oder Leben«,
EMI/COLUMBIA

Das Verhältnis der Magier zum Geld ist schon seit Jahrhunderten merkwürdig gespalten, und dies nicht nur im Abendland.

Das Verhältnis der Magier zum Geld ist schon seit Jahrhunderten merkwürdig gespalten.

Vielen gilt es noch heute als Gipfel der Schwarzmagie, wenn man durch Rituale versucht, sein Haushaltsbudget aufzubessern, sei es, indem man für einen Lotteriegewinn zaubert, sei es gar, daß man für Bares Aufträge Fremder annimmt und sich womöglich als Magie-Söldner verdingt. Auch dem Osten ist diese Igitt-igitt-Einstellung nicht fremd, warnt doch mancher Guru, Yogi und Meditationslehrer davor, sich durch spirituelles Marketing die Karma-Weste zu beschmutzen. Meistens werden dergleichen Tiraden von Sätzen begleitet wie: »Nur kein spiritueller Materialismus!«, »Wissen ist ein Geburtsrecht«, »Die Wahrheit ist kostenlos« und so weiter.

Auf der anderen Seite stehen die Befürworter der Penunze und kontern, daß Wissen und Weisheit zwar vielleicht umsonst seien (was übrigens auch nicht unbedingt jedem einleuchten muß), daß dies aber

* *Der Artikel wird inhaltlich unverändert abgedruckt, nur Druck- und Stilfehler wurden berichtigt.*

keineswegs für ihre Vermittlung gelte und daß man sich schließlich auch als Erleuchteter die Butter aufs Brot beschaffen müsse ... Es gibt sicher auch in der Magie fiese Kommerzlinge, die nicht einen Finger rühren, ohne sich vorher nach Möglichkeit in Gold (oder wenigstens Silber) aufwiegen zu lassen, andererseits aber auch idealistische Naivhexer, die meinen, »gerade jetzt im Wassermannzeitalter und New Age« müsse doch alles für lau sein, wie der Rheinländer sagt.

Nun ist es gewiß kein Wunder, daß sich auch in der Esoterik und Magie die Gemüter am Geld entzünden – prägt diese Auseinandersetzung die Menschheit immerhin schließlich schon seit ihrer Entstehung, denn auch in den frühen Sammel- und Tauschgesellschaften dürfte es bereits deutliche merkantile Erscheinungen gegeben haben.

Woher die Verachtung des Geldes rührt, ist einigermaßen klar, versinnbildlicht es doch für die meisten Menschen das Materielle schlechthin. Kulturen wie die indische mit ihrer inhärenten Diesseitsfeindlichkeit und die christliche mit ihrem spätägyptischen Jenseitskult können es kaum dulden, daß sich die Massen freudig dem Gelderwerb widmen, anstatt die Augen fromm gen Himmelreich oder Moksha zu verdrehen – was die Priesterkasten aller Zeiten freilich nie daran gehindert hat, für sich selbst das Privileg der Geldhortung fleißig in Anspruch zu nehmen. »Gib das Geld her, dir verdirbt das nur den Charakter«, sagt Lupo in einem frühen Comic zu Lupinchen, und mit diesen Worten ist auch die Einstellung der meisten religiösen Hierarchien gegenüber ihren doch oft recht pekuniär denkenden Gläubigen treffend charakterisiert.

Warum sollte denn etwas so Nützliches und Wanderfreudiges wie Geld ausgerechnet den Charakter verderben? Gewiß, es kann süchtig machen wie so manche Annehmlichkeit des Lebens, und es ist kein Zufall, daß aus den gleichen Kreisen oft ebenso vehement gegen Alkohol, Sex und Vergnügungen aller Art gewettert wird. Und wer den Gelderwerb kontrolliert, der kontrolliert auch das Leben der Massen, jedenfalls weitgehend. Noch heute ist es radikal-islamischen Banken verboten, Zinsen zu nehmen und zu zahlen (statt dessen bedienen sich die Scheichs oft ausgetüftelter Genossenschaftsmodelle mit Gewinn- und Verlustverteilung), und im

> *Warum sollte etwas so Nützliches und Wanderfreudiges wie Geld den Charakter verderben?*

christlichen Mittelalter durften nur die Juden reine Geldgeschäfte (vor allem den Verleih gegen Zins) ausüben – wofür man sie dann, wie praktisch, gelegentlich heftig steinigen konnte, übrigens eine der Hauptursachen für die Entstehung des europäischen Antisemitismus. Man könnte dies auch als eine Übung im »systematischen Heranzüchten von Sündenböcken« bezeichnen, noch dazu als eine, die vom Neuen Testament abgesegnet wurde: Der angeblich so milde Jüngling aus Nazareth war plötzlich alles andere als lammfromm, als er die Geldwechsler aus dem Tempel prügelte, eine Geste, die nach wie vor auch jedes Marxistenherz höherschlagen läßt.

Wobei wir bei einer weiteren geldverachtenden Ideologie wären: Sozialismus und Kommunismus gebärden sich in Sachen Privateigentum und Gelderwerb zumindest in der Theorie oft nicht viel anders als weiland die Bettelorden der Albigenserzeit. Je mehr man sich übrigens mit dieser Materie befaßt, um so mehr gerät man ins Staunen über soviel Energie, die (zumindest pro forma) in die Ablehnung einer Sache gesteckt wird, ohne die dennoch keiner von uns auskommt und die, wie schon erwähnt, von hohem praktischen Wert ist. Oder, wie es in dem unsterblichen Roman von Douglas Adams, *Per Anhalter durch die Galaxis*, so schön über unseren Planeten heißt: »Die meisten seiner Bewohner waren fast immer unglücklich. Zur Lösung dieses Problems wurden viele Vorschläge gemacht, aber die drehten sich meistens um das Hin und Her kleiner bedruckter Papierscheinchen, und das ist einfach drollig, weil es im großen und ganzen ja nicht die kleinen bedruckten Papierscheinchen waren, die sich unglücklich fühlten.«[1] Wie wahr, wie wahr!

Beleuchten wir das Problem einmal von einer anderen Seite, und bedienen wir uns dazu zur Abwechslung der Symbolik des Tarot. Heute ist es allgemein üblich, den Pentakeln, die auch immer noch häufig als Münzen be- und gezeichnet werden, das Element Erde zuzuordnen, wohl weil Geld (wenn wir die uralte Analogie »Pentakel/Münzen« einmal beibehalten und auf das etwas euphemistische »Scheiben« verzichten) als Inbegriff des materiellen Besitzes galt. Doch seltsamerweise ist dies eine Entwicklung, die erst im neunzehnten Jahrhundert eingesetzt hat, in einer Zeit also, als »Besitz« vermehrt und beinahe ausschließlich mit »Immobilien« gleichgesetzt wurde. Auch damals wagte der Händler sein Glück zwar, wie zu allen Zeiten, mit beweglichen (»luftigen«)

[1] *Deutsch von Benjamin Schwarz, Frankfurt et al.: Ullstein, 1984, S. 7.*

Die »luftige« und die »erdige« Natur des Geldes

Waren, doch pflegte er die Gewinne nach Möglichkeit hurtigst »anzulegen«, und dies vor allem in statische (»erdige«) Wertobjekte wie Grundstücke, Gebäude und ganze Ländereien. Merkwürdigerweise finden wir aber im selben Jahrhundert noch eine wohl weitaus ältere Deutung, die den Münzen das Element Luft zuweist, nämlich bei keinem geringeren als Papus in seinem *Tarot der Zigeuner*! Mir persönlich leuchtet diese Zuordnung auch viel eher ein,[2] und dies aus mehreren Gründen: Zum einen, weil Geld ja essentiell beweglich ist, es lebt gerade davon, von einem Ort zum anderen gebracht zu werden, seinen Besitzer zu wechseln und so weiter. Ja nur dann kann es seine Funktion wirklich erfüllen, und so erscheint es geradezu widersinnig, Geld horten zu wollen. (In wirtschaftlich solideren Zeiten horteten die Banken auch weitaus weniger Bargeld als vielmehr Edelmetalle und Immobilien!) Der Händler ist im Prinzip ein merkurialer (»luftiger«) Charakter: Er lebt vom Transport, der Kommunikation und der Bewegung, nützt das Überangebot an einem Ort und den Mangel an einem anderen aus, indem er (hier läßt das Waage-Prinzip grüßen!) zwischen beiden ein, wenn auch geschickterweise nur vorübergehendes, Gleichgewicht herstellt. Ebendieser Funktion aber dient das Geld.

Der zweite Grund, der für die Zuordnung »Münzen = Luft« spricht, ist der, daß es sich beim Geld um eine Abstraktion (= Luftprinzip) ersten Ranges handelt. Es ist nicht eßbar und hat keinen anderen Nutzen, als sich auf andere, nichtgeldliche Werte zu beziehen,[3] also Vermittler (= Merkur/Hermes = Götterbote) zu sein.

Der dritte Grund erscheint mir freilich als der gewichtigste, weil er direkt die Psychologie des Geldes berührt. Indem man durch die Zuordnung zur Luft das Geld nämlich als etwas Unstatisches betrachtet, verliert es gleich einen großen Teil seiner Bedrohlichkeit, es sei

---

[2] *Dagegen, daß bei ihm die Schwerter dafür das Element Erde vertreten müssen, mag sich zunächst manches Nackenhaar sträuben, doch versteht man dies vielleicht etwas besser, wenn man einmal bedenkt, daß die Schwerter im französischen Blatt der Farbe Pik entsprechen, also dem Spaten; diese Farbe wird ja auch heute noch umgangssprachlich gern als »Schippe« bezeichnet, was die »Erde« ja wohl deutlich genug nahelegt.*

[3] *Vergleiche hierzu auch die exzellenten Ausführungen von Georg Ivanovas zu den Münzen im Tarot:* »Das Münz-As – Anmerkungen zu den Kleinen Arcana«, *UNICORN, Heft X/84, S. 146–148.*

denn, man krebst (pardon! steinbockt) immer noch in den ontologischen Kinderschuhen herum und bejammert haareraufend die Tatsache, daß der Wandel doch das einzige Beständige auf dieser Welt ist. Aber wer bringt es schon über sich, Geld als etwas Leichtfüßiges, Ephemeres nicht nur zu begreifen, sondern auch zu schätzen, wenn es ihm gerade fehlt? Dabei kommt es meines Erachtens gerade in Zeiten der Geldnot (von denen ich persönlich manch garstig Lied zu singen wüßte!) darauf an, diesen Schritt zu tun und das Geld als Spiel zu begreifen, als geradezu kosmischen Ausdruck des Tanzes der Schöpfung, als Verkörperung der sich ständig wandelnden, abwechselnden Energien von Yin und Yang, von Finsternis und Licht und so weiter.

Geld als Spiel, als Ausdruck des Tanzes der Schöpfung

Was hat nun all dies mit Magie zu tun? Eine ganze Menge, will ich meinen. Nicht etwa nur, weil auch Magier gelegentlich von Geldproblemen gepiesackt werden. (Das ist übrigens interessanterweise beinahe die Regel: Materiell-geldlich reiche Magier sind schon immer die absolute Ausnahme gewesen. Vielleicht haben viele erst durch ihren Geldmangel zur Magie gefunden, weil sie diesen durch jene zu beheben hofften? Wer weiß!) Schon eher deshalb, weil selbst Magier, die es eigentlich besser wissen sollten, von der Asketenschelte gegenüber der »Vermehrung unserer Währung« nicht unbeeinflußt geblieben sind und bei Geldzaubern ein geradezu phantastisches schlechtes Gewissen zu entwickeln pflegen. Und das hat so manche grausige Konsequenz für die Praxis.

Zahlreichen meiner Kollegen (und auch mir selbst) ist es bei der Geldmagie häufig so ergangen, daß sie entweder zu überhaupt keinem Erfolg führte oder zum glatten Gegenteil oder gar zu einem »Erfolg auf der anderen Schiene«, was ich gleich noch erläutern möchte.

Hat eine magische Operation überhaupt keinen Erfolg, so läßt sich dazu eigentlich nicht allzuviel sagen: Zu viele Faktoren können dabei eine Rolle gespielt haben, sicher auch jene, die im folgenden noch behandelt werden. Erzielt der Magier dagegen einen »Negativ-Erfolg«, wird die Sache schon aufschlußreicher. Aleister Crowley hat in seinen internen O.T.O.-Schriften im Zusammenhang mit der Sexualmagie auf dieses Phänomen hingewiesen. Sinngemäß paraphrasiert: Man zaubert, um, sagen wir, DM 10 000,– zu erhalten, und drei Tage später baut man schuldhaft einen Unfall, der einen ebendiese Summe kostet; oder der

Geldmagie: »Erfolg auf der anderen Schiene«

Gerichtsvollzieher taucht unvermutet auf (vielleicht sogar, was ja noch harmlos ist, völlig ungerechtfertigterweise, zum Beispiel weil das Finanzamt die Steuernummer verwechselt hat) und hätte gern, bitteschön, die zehn Riesen, notfalls auch in Naturalien, widrigenfalls er überall sein Krafttier, den Kuckuck, hinklebt und Wache halten läßt. Viele Magier haben derartige Erfahrungen gemacht, und dies keineswegs nur mit der Sexualmagie (weshalb man dieses Phänomen auch, meine ich, nicht wirklich dieser Disziplin selbst anlasten kann), daß sie nämlich oft genau die vorher bezeichnete Summe »erhielten«, nur eben mit umgekehrten Vorzeichen. Da hört man dann, wie es so schön heißt, »das Universum lachen«. Und wie bei jedem Witz, der auf unsere Kosten geht, gehört eine gewaltige Portion Distanz und Selbstironie dazu, in dieses Lachen miteinzustimmen, eine Praktik, die ich im übrigen gar nicht eindringlich genug empfehlen kann, aus psychologischen wie aus magischen Gründen. (Nicht vergessen: »Lachen bannt«!) Für solche Erlebnisse haben die Psychologen, flink wie sie nunmal gerne sind, eine hübsche Erklärung parat, sofern sie überhaupt dazu bereit sind, einen analogen Kausalzusammenhang zwischen Ritual und Minus-Erfolg zuzugeben: Versteckte Schuldgefühle und Selbstbestrafungsmuster könnten den ursprünglichen Willenssatz in sein Gegenteil umgekehrt haben. Dagegen läßt sich schwer andiskutieren, denn wenn man leugnet »Hab ich aber gar nicht!«, zieht der gewiefte Tiefenpsychologe seine Standard-Trumpfkarte aus dem Ärmel und sagt: »Ätsch! Hast du aber wohl! Nämlich unbewußt!« Und da man übers eigene Unbewußte ja schon per definitionem nichts Bewußtes aussagen kann, zumindest nicht unmittelbar, hat man prompt den Schwarzen Peter in der Hand. Dennoch will ich nicht leugnen, daß diese Erklärung etwas für sich hat, zumindest wirkt sie vor allem dann sehr bestechend, wenn sich derlei Vorfälle häufen und man sein eigenes Verhältnis zum Geld einmal ganz generell überprüft.

Richtig interessant wird es allerdings bei der dritten Möglichkeit, also beim »Erfolg auf der anderen Schiene«. Dieses Phänomen tritt recht häufig auf, und ich könnte eine wahre Unzahl wahrer Begebenheiten aus meiner eigenen Praxis wie auch aus der einiger magischer Freunde berichten. Doch soll ein Beispiel hier genügen: Vor einigen Jahren stand mir finanziell das Wasser bis zur Oberkante Unterlippe, so daß ich nicht mehr wußte, wovon ich im nächsten Monat leben sollte. Daraufhin

Wenn das Universum ganz perfide lacht ...

unternahm ich eine Reise ins Erd-Tattwa (immer noch an die Analogie »Geld = Erde« glaubend!) und erhielt von einer der dort zuständigen »Instanzen« ein vieltägiges Ritual genannt, welches ich durchführen sollte. (Man könnte dergleichen Mitteilung als »Offenbarung«, als »Durchsage« oder als »Information aus dem Unbewußten« bezeichnen, aber das ist hier jetzt nebensächlich.) Einige Tage vor Beendigung des Rituals erhielt ich dann anstelle irgendwelcher Lotteriegewinne oder unwahrscheinlicher Schenkungen an zwei aufeinanderfolgenden Tagen gleich fünf Aufträge auf einmal, von denen einer dringender und eiliger war als der andere. Da ich es mir nicht leisten konnte, auch nur einen davon abzulehnen (es standen immerhin auch spätere Anschlußaufträge auf dem Spiel – perfide, perfide!), endete die Angelegenheit damit, daß ich zwar im nächsten Monat nicht verhungern mußte, dafür aber zahlreiche Wochen lang einen 16-Stunden-Tag hatte, bis ich fast am Krückstock ging. Da hatte ich meine »Erde«!

Es gibt aber noch andere Varianten des »Erfolgs auf der anderen Schiene«: So etwa die Tatsache, die sich in langer Praxis bei einer ganzen Reihe von Magiern herauskristallisierte, daß es nämlich oft unverhältnismäßig viel leichter ist, Gegenstände und Wertobjekte herbeizuzaubern als Bares, das zu ihrem Erwerb nötig wäre. So brauchte ein Freund von mir mal ein Fahrrad, hatte aber kein Geld, um sich eins zu kaufen. Kurz nach einem Geldritual bekam er dann »zufällig« ein Fahrrad geschenkt... Wer Schwierigkeiten mit »Cash-Zauberei« hat, sollte es lieber mit dieser Methode versuchen, sie schont übrigens auch die Nerven ganz erheblich.

Grundsätzlich kommt es nicht unbedingt darauf an, welche Technik man bei der Geldmagie verwendet. Als sehr effektiv hat sich die Sigillenmagie erwiesen, aber auch die Planetenmagie konnte eine Menge Erfolge verbuchen. Bei letzterer wäre es zu empfehlen, zunächst einmal durch ein Jupiter-Ritual generell »gut Wetter« zu machen (Jupiter ist zwar für Reichtum und Überfluß zuständig, doch äußert sich dies oft eher in reichen Gaben wie beispielsweise fuderweise Sektflaschen oder Eimerchen voller Kaviar, jedoch weniger in Lotteriegewinnen oder ähnlichem), um dann die eigentliche Aktion etwas gezielter mit Merkur anzupeilen. Wer der ganzen Sache dann noch mehr Stabilität und Dauerhaftigkeit verleihen will, kann abschließend noch ein Saturn-Ritual »nachschieben«. Die Reisen in die Tattwa-Sphären (die ja im Prinzip eine urschamanische Technik darstellen) verlaufen ebenfalls recht erfolgreich, solange man möglichst darauf achtet, sich dort irgendwelche Rituale empfehlen zu lassen, die man auf der physischen Ebene durchführen muß, weil die Erfahrung dadurch im Materiellen gewissermaßen verankert wird. (Denn was nützen einem schon schnöde Astraldollar?) Auch die Sexualmagie eignet sich hervorragend für geldmagische Operationen, sofern man an dergleichen Geschmack findet.

Sexualmagie eignet sich hervorragend für geldmagische Operationen.

Es wird auch oft empfohlen, nach einer geldmagischen Operation möglichst einige Kanäle freizumachen, damit das Geld dann auch zu einem strömen kann, beispielsweise indem man gegen seine normale Gewohnheit Lotto spielt, abstruse Wetten eingeht oder ähnliches. Wenngleich ich dieses im Prinzip zwar auch so sehe, rate ich andererseits dennoch von Glücksspielen und Lotterien in diesem Zusammenhang ab, weil sie das Vergessen der Operation (laut Austin Osman Spare bekanntlich eine der wichtigsten Voraussetzungen für ihr Gelingen) erschweren. Ob man will oder nicht – hat man erst sein Los in der Tasche, wird man zunehmend nervöser, je näher der Tag der Ziehung rückt. Sinnvoller ist es da schon, einfach die Augen offenzuhalten und Gewinnchancen, Geschäfte und so weiter als solche wahrzunehmen.

Spielcasinos können im wahrsten Sinne des Wortes zur Spielhölle werden, wenn man nicht mit ihrer Atmosphäre vertraut ist. Nehmen wir als Beispiel das Roulette: Wenn wir es schon mit Magie angehen wollen, so stellt sich die Frage, ob wir versuchen sollen, die Kugel zu beeinflussen (= Telekinese), oder ob wir die kommende Zahl, Farbe, und so weiter erraten/erahnen wollen (= Präkognition), was übrigens für alle Glücksspiele gilt. Ersteres dürfte den meisten Menschen schwererfallen als letzteres, doch gibt es auch hierfür keine feststehenden Regeln. Eines sollte aber auch der Roulette-Magier beherzigen: Gute Spieler, erst recht Profis, spielen so gut wie nie länger als etwa 20 Minuten pro Tag, weil sie die für das Gewinnen erforderliche Distanzierungstrance nicht länger aufrechterhalten können. Und wenn man 100 Mark riskiert hat und nach einer halben Stunde mit 110 Mark herauskommt, so sollte man darüber nicht die Nase rümpfen: Wo kann man schon (bei einer reellen Gewinnchance von 48,3 Prozent) in einer halben Stunde 10 Prozent Zinsen einheimsen?

Es fällt meist leichter, Gegenstände oder Aufträge herbeizuzaubern als Bargeld und Erbschaften.

Die Tatsache, daß es meist leichterfällt, Gegenstände oder Aufträge oder ähnliches herbeizuzaubern als Bargeld und Erbschaften, mag vielleicht auch damit zu tun haben, daß unser Unbewußtes (das im psychologischen Modell ja für die Magie verantwortlich zeichnet) mit Abstraktionen wie Geld nur wenig anfangen kann, sondern lieber, wie es ein Kind auch täte, viele bunte Gegenstände herbeischaffen möchte. Und schließlich ist die Wahrscheinlichkeit, daß die Leute in Ihrer Umgebung ebenfalls alle ein Fahrrad wollen, viel geringer, als dies bei Geld der Fall ist, so daß die »Energieform« Fahrrad sich besser orientieren kann und sich wie ein Taxi zu dem begibt, der eben speziell nach ihr winkt.

Wir tun uns selbst und dem Geld gerade als Magier keinen Gefallen, wenn wir es zu wichtig nehmen. Das wirklich Entscheidende an der Geldmagie nämlich ist unsere Einstellung zum Geld und die Art und Weise, wie wir mit ihm umgehen. Es ist meines Erachtens eine weitaus bessere und gesündere Geldmagie, wenn wir spielerisch vorgehen und beispielsweise jeden Tag einen (möglichst großen!) Geldschein streicheln und humorvoll-spaßig »Hol doch mal deine Freunde!« flüstern, als wenn wir uns verkrampft in den Kreis stellen und verzweifelt versuchen, einen Dämon ins Dreieck zu evozieren, damit der dann irgendwann ein bißchen Kohle rüberschiebt. Recht amüsant kann es auch sein, sich seinen pekuniären Willenssatz (vielleicht auch als Sigil) mit dem Kugelschreiber auf die Schuhsohlen zu schreiben und sich seine Erfüllung gewissermaßen zu »erlatschen«. Das ist vor allem etwas für Naturen, die immer noch meinen, man müsse sich Geld »hart erarbeiten« und gleicht im übrigen der Technik der tibetischen Gebetsmühle ... Wie der Rev. Ike so schön sagt: »Wenn du Geld liebst, dann liebt Geld auch dich.« Betrachten wir es ruhig einmal, wie es schamanische Sitte ist, personifiziert. Warum sollte sich die Wesenheit namens »Geld« zu jemandem begeben, der sie im Grunde seines Herzens nicht mag und sie verachtet? Würden wir

Das wirklich Entscheidende an der Geldmagie ist unsere Einstellung zum Geld.

selbst das etwa tun, wenn wir die Wahl hätten? Und Geld hat die Wahl, das können Sie glauben! Überall stehen ihm Tag und Nacht Türen und Tore offen, wird es zärtlich willkommen geheißen und gehegt – und wieder ausgegeben. Ich habe es mir schon in meiner Studentenzeit angewöhnt, gerade dann, wenn ich am wenigsten Geld zur Verfügung hatte, die größten Trinkgelder zu geben. Und ich muß sagen, daß mir diese Art von Geldmagie weitaus mehr gebracht hat als jeder Versuch, es an mich zu reißen und aufzuhäufen. Geld ist luftig und verspielt; wo man es in dumpfen Verliesen oder dämlichen Sparschweinen einsperren will, da fühlt es sich nicht wohl und verduftet bei der nächsten passenden oder (meistens) unpassenden Gelegenheit – eben ganz wie wir es auch täten!

Geld will Spaß haben, wie jeder bessere Unterhaltungskünstler auch. Und wenn wir ihm diesen gönnen, etwa indem wir beim Merkur-Ritual den Altar mit prallen Geldbörsen und bunten Geldscheinen aus aller Welt schmücken, es liebkosen und streicheln, ihm aber auch ohne Zaudern seine Freiheit geben, wenn es wieder fort will – dann, und erst dann hört es auf, uns durch sein Fernbleiben zu beherrschen oder durch seine materiellen Aspekte (die es ja durchaus hat) zu versklaven und abhängig zu machen. Es ist wahr: Geld stinkt nicht, es läßt allenfalls stinken! Doch wie gesagt, überschätzen wir es nicht! Es ist das Blut unseres Wirtschaftskreislaufs, war es schon immer, es ist lebensnotwendig, aber es ist eben nur ein lebensnotwendiger Teil von zahllosen anderen. Es ist Unsinn, so zu tun, als wäre das Blut das Wichtigste von allem: Ohne Herz (für den Antrieb) und Leber und Nieren (für die Reinigung) ist es beispielsweise nichts, gerät es ins Stocken, verdickt und wird klumpig, verklebt die Adern, verklebt das Leben.

Geld will Spaß haben!

Und genau das ist es auch, was der Geldmagier beherzigen sollte: Geld ist Bewegung und braucht Luft, weil es selbst Luft ist! Reichsein heißt »reich sein«, und das hat nicht unbedingt mit Geld zu tun, wenngleich es ein herrlicher Indikator für den persönlichen magischen Erfolg sein kann. Geld ist, wie Elektrizität (und wie Magie!) eine

Geld ist, wie Elektrizität (und wie Magie!), eine völlig neutrale Kraft, eine Energie.

völlig neutrale Kraft, eine Energie, die zum Guten wie zum Bösen angewendet werden kann, und wer dies nicht nur im Kopf, sondern auch im Bauch verinnerlicht hat, dem offenbart es eine geheime Magie ganz besonderer Art: Geben ist seliger denn Nehmen – doch das schließt das Empfangen nicht aus …

Wir werden uns im nächsten Abschnitt umfassender dem Thema der angewandten Geldmagie widmen, empfehlen Ihnen aber schon jetzt, anhand des obigen Artikels die ersten praktischen Übungen durchzuführen.

EINFÜHRUNG IN DIE RITUALISTIK (IX)

Das Pentakel

Bevor wir auf die Funktion von Pentakel und Lamen eingehen, soll auf einen Umstand hingewiesen werden, der in der modernen Magieliteratur zu einiger Verwirrung geführt hat. Dort werden beide Paraphernalia oft miteinander verwechselt oder verschmolzen, wir aber werden beide magischen Waffen getrennt behandeln, wie es in der Tradition üblich ist. Warum zeitgenössische Autoren nur noch vom Pentakel sprechen, wollen wir vorläufig nicht erläutern, zumal sie dies selbst auch nicht tun. Halten wir nur fest, daß in der älteren magischen Tradition (noch bis Crowley und über ihn hinaus) zwischen Pentakel und Lamen klar unterschieden wird, dies aber heute nicht mehr bei allen Autoren der Fall ist. Wir werden uns in diesem Abschnitt allein dem Pentakel widmen und das Lamen erst an späterer Stelle behandeln.

Pentakel und Lamen werden in der modernen Magieliteratur oft miteinander verwechselt.

Das Pentakel ist die vierte und letzte Elementwaffe, die wir behandeln. So wie der Stab dem Feuer, der Kelch dem Wasser und das Schwert der Luft entspricht, ordnen wir dem Pentakel das Element Erde zu.*

Auch zum Pentakel hat Aleister Crowley die wohl klarste Zusammenfassung gegeben:

> *Wie der Magische Kelch die himmlische Speise des Magiers ist, so ist das Magische Pentakel seine irdische Speise.*
>
> *Der Stab war seine göttliche Kraft, das Schwert seine menschliche Kraft.*
>
> *Der Kelch ist hohl, um den Einfluß von oben zu empfangen. Das Pentakel ist flach wie die fruchtbaren Ebenen der Erde.*

Die Symbol-Logik des Pentakels nach Crowley

* *Aus unseren obigen geldmagischen Ausführungen über die Elementzuordnung zu den Pentakeln/Münzen/Scheiben im Tarot wissen wir, daß die Entsprechung »Pentakel = Luft« eigentlich die ältere, ursprünglichere ist. Da aber die Golden Dawn, von der unsere moderne Magie ja nach wie vor zehrt, den Pentakeln das Element Erde zuordnete, hat sich dies eingebürgert und ist meines Wissens in keiner modernen, elementorientierten Magierichtung jemals geändert worden. Deshalb wollen auch wir dabei bleiben.*

Der Name Pentakel deutet ein Bild des Ganzen an, omne in parvo; doch geschieht dies durch eine magische Transformation des Pentakels. So wie wir das Schwert durch die Kraft unserer Magie zum Symbol von allem gemacht haben, so bearbeiten wir auch das Pentakel. Was nur ein Stück gewöhnlichen Brotes ist, soll der Leib Gottes werden!

Der Stab war der Wille des Menschen, seine Weisheit, sein Wort; der Kelch war sein Verständnis, das Vehikel der Gnade; das Schwert war seine Vernunft; und das Pentakel soll sein Körper sein, der Tempel des Heiligen Geistes.

Welche Länge hat dieser Tempel?

Von Nord bis Süd.

Welche Breite hat dieser Tempel?

Von Ost bis West.

Welche Höhe hat dieser Tempel?

Vom Abyssos bis zum Abyssos.

Es gibt folglich unter dem ganzen Himmelsfirmament nichts Bewegliches oder Unbewegliches, das nicht in diesem Pentakel enthalten wäre, auch wenn dieses nur »von acht Zoll Durchmesser und von einem halben Zoll Dicke« sei.

Feuer ist überhaupt keine Materie; Wasser ist eine Verbindung aus Elementen; Luft ist fast gänzlich eine Mischung der Elemente; Erde enthält alles sowohl als Mischung wie auch als Verbindung.

Also muß es auch bei diesem Pentakel sein, dem Symbol der Erde.

Und da dieses Pentakel aus reinem Wachs ist, vergiß nicht, daß »alles, was lebt, heilig ist«.

Alle Erscheinungen sind Sakramente. Alle Tatsachen, ja sogar die Falschheiten müssen in das Pentakel eingehen; es ist das große Lagerhaus, aus dem der Magier schöpft.

[*Magick*, S. 97]

Crowleys Hinweis, daß das Pentakel aus reinem Wachs (Bienenwachs) zu sein habe, »acht Zoll im Durchmesser, ein halbes Zoll in der Breite«, wird heute nur noch wenig beachtet. Es werden auch andere Materialien verwendet, von Metall über Ton und Stein bis zum Holz. Das war sicher auch früher schon so.

Das Pentakel soll ein Abbild des persönlichen Universums des Magiers sein: Alles, was in diesem Kosmos enthalten ist, muß sich im Pentakel in symbolischer Form wiederfinden. Daher ist es auch von allen Elementwaffen am schwierigsten herzustellen. Nicht etwa, weil es

Das Pentakel soll ein Abbild des persönlichen Universums des Magiers sein.

uns vor allzu große handwerkliche Probleme stellen würde, das genaue Gegenteil ist der Fall: Es ist wirklich nicht schwierig, Wachs zu einer Scheibe zu kneten oder zu schmelzen und diese zu gravieren. Nein, die Herstellung des Pentakels verlangt nicht nur nach einem Feingespür für persönliche Symbolik, sie setzt vor allem voraus, daß der Magier sich selbst bis in alle Tiefen ergründet hat. Und das Pentakel ist auch keine statische, sondern im Gegenteil eine außerordentlich dynamische, wandlungsfähige magische Waffe, ist es doch das Dokument unseres gesamten Lebens.

> *{...} dieses Pentakel stellt folglich alles dar, was wir sind, das Ergebnis all dessen, was zu sein wir einmal geneigt waren. {...}*
>
> *Das Pentakel ist also in gewissem Sinne identisch mit dem Karma oder Kamma des Magiers.*
>
> *Das Karma eines Menschen ist sein Kontobuch. Die Bilanz wurde noch nicht erstellt, und er weiß nicht, wie sie aussieht; er weiß nicht einmal bis in alle Einzelheiten, welche Schulden er noch abtragen muß oder was ihm noch zusteht; auch weiß er nicht einmal, auf welches Datum jene Zahlungen fallen werden, deren Fälligkeit er voraussehen mag.*
>
> *Ein nach diesen Prinzipien geführtes Geschäft würde sich in einem schrecklichen Durcheinander befinden; und wir stellen fest, daß der Mensch sich in eben so einem Durcheinander befindet. {...}*
>
> *Nun bedenke, daß dieses Karma alles ist, was ein Mensch besitzt oder ist. Sein Endziel besteht darin, sich seiner vollkommen zu entledigen – wenn der Punkt kommt, das Selbst dem Geliebten hinzugeben*; doch am Anfang ist der Magier noch nicht dieses Selbst, er ist nur der Abfallhaufen, aus dem dieses Selbst aufgebaut werden muß. Die Magischen Instrumente müssen erst hergestellt worden sein, bevor sie vernichtet werden können.*
>
> [*Magick*, S. 100]

* *Um alles hinzugeben, muß man nicht nur das Böse, sondern auch das Gute aufgeben; nicht nur die Schwäche, sondern auch die Stärke. Wie kann der Mystiker alles hingeben, wenn er sich an seine Tugenden klammert?*

Aleister Crowley gibt zwar auch Hinweise für den Entwurf des Pentakels:

> *Alle Pentakel enthalten letztlich die Konzepte des Kreises und des Kreuzes, wenngleich manche es vorziehen, das Kreuz durch einen Punkt zu ersetzen oder durch ein TAU oder durch ein Dreieck. Manchmal wird die Vesica Pisces anstelle des Kreises verwendet, oder der Kreis wird symbolisch als Schlange dargestellt. Manchmal werden Zeit und Raum und die Vorstellung der Kausalität abgebildet; ebenso die drei Stufen der Geschichte der Philosophie, deren drei Studienobjekte nacheinander die Natur, Gott und der Mensch waren.*
>
> *Auch die Dualität des Bewußtseins wird manchmal dargestellt; und der Lebensbaum selbst mag darin auftreten oder die Kategorien. Es sollte ein Emblem des Großen Werks hinzugefügt werden. Doch das Pentakel wird unvollkommen bleiben, solange nicht jede Vorstellung auf ausgewogene Art mit ihrem Gegenteil ausgeglichen wird und solange es keine notwendige Verbindung zwischen jedem Vorstellungspaar und jedem anderen Paar gibt.*
>
> *Der Neophyt wird wohl gut daran tun, die ersten Entwürfe zu seinem Pentakel sehr groß und kompliziert zu machen, um danach zu vereinfachen, nicht so sehr durch Auslassung als vielmehr durch Verschmelzung, ganz wie ein Zoologe mit den vier großen Affenarten und dem Menschen beginnt, um sie schließlich alle in dem einen Wort »Primaten« zu vereinen.*
>
> *Es ist unklug, allzusehr zu vereinfachen, da die ultimate Hieroglyphe unendlich sein muß. Da aber die endgültige Auflösung noch nicht vollzogen wurde, darf ihr Symbol auch nicht wiedergegeben werden.*
>
> [*Magick*, S. 99]

Er macht aber auch noch einmal deutlich, wie schwierig die Herstellung des Pentakels ist:

> *Wie wenige Menschen können die Jahre der Vergangenheit betrachten und feststellen, daß sie in einer eindeutigen Richtung vorangekommen sind? Und bei wie wenigen ist doch ebendiese Veränderung eine Variable von Intelligenz und bewußtem Wollen! Die unbewußten Kräfte sind unvergleichlich größer als jene, von denen wir wissen. Dies ist die Festigkeit unseres Pentakels, das Karma unserer Erde, die einen*

Menschen, ob er will oder nicht, mit tausend Meilen pro Stunde um ihre Achse wirbelt. {...}

Es ist also sehr schwierig, dieses schwere Pentakel auf irgendeine Weise herzustellen. {...}

Wir ritzen eine Figur ins Eis; bereits am selben Morgen wird sie von den Spuren anderer Eisläufer verwischt; noch hat diese Figur mehr bewirkt als nur die Oberfläche des Eises anzukratzen, und das Eis selbst muß vor der Sonne schmelzen. Tatsächlich kann der Magier verzweifeln, wenn er sich anschickt, das Pentakel herzustellen! {...}

Also – sei achtsam! Wähle! Wähle! Wähle!

Dieses Pentakel ist ein unendliches Lagerhaus; die Dinge werden stets dort sein, wenn wir sie brauchen. Wir mögen gelegentlich dafür sorgen, daß sie abgestaubt werden und die Motten von ihnen fernbleiben, doch werden wir meistens zu beschäftigt sein, um sehr viel mehr zu tun als dies. Vergiß nicht, daß man es auf einer Reise von der Erde zu den Sternen nicht wagen darf, sich mit übermäßig viel schwerem Gepäck zu belasten. Nichts, was kein notwendiger Teil der Maschine ist, sollte in seine Komposition aufgenommen werden.

Doch wenngleich dieses Pentakel nur aus Falschheiten besteht, scheinen einige Falschheiten doch falscher zu sein als andere.

Das ganze Universum ist eine Illusion, aber es ist eine Illusion, die man nur schwer los wird. Verglichen mit den meisten Dingen, ist es wahr. Doch neunundneunzig von hundert Eindrücken sind sogar falsch in Relation zu den Dingen ihrer eigenen Ebene.

Solche Unterscheidungen müssen vom Heiligen Dolch tief in die Oberfläche des Pentakels eingegraben werden.

[*Magick*, S. 100f.]

Die Herstellung des Pentakels verlangt also die völlige Durchleuchtung und Erkenntnis unserer selbst. In diesem Sinne wird es immer die unvollkommenste unserer magischen Gerätschaften bleiben, eine, an der wir ein Leben lang arbeiten müssen, ohne sie jemals zu vollenden. Es ist die individuellste aller Waffen – und die größte Herausforderung von allen.

Die individuellste aller Waffen – und die größte Herausforderung von allen

Abbildung 32: Pentakel des John Dee (»sigillum dei æmeth«)

DER ALTAR

Spätestens nun ist die Zeit gekommen, daß Sie sich bei Ihrer zeremonialmagischen Arbeit auch intensiver um den magischen Altar kümmern. Bisher haben wir dieses Tempelmöbel nicht weiter beachtet, es diente uns vor allem als Abstellmöglichkeit für unsere diversen Utensilien.

Die meisten heutigen Magier machen sich nicht mehr die Mühe, einen aufwendigen Altar herzustellen: Der Altar ist zu einem rein funktionalen Möbel geworden. Meist werden irgendwelche Tische oder Kommoden als Altar zweckentfremdet, und damit hat es sich.

Unterschiedliche Betrachtungsweisen

Selbstverständlich steht es Ihnen frei, dies auch so zu handhaben. Doch sollte dem zuvor wenigstens eine Meditation darüber vorangehen, wie Sie Ihren Tempel überhaupt ausstatten wollen. Denken Sie daran, daß der Tempel im Idealfall ein kleines Universum für sich ist. So wie Sie als Magier das große Bauwerk Ihres Lebens und Schicksals selbst gestalten wollen, so sollten Sie dies auch in Ihrem Tempel äußerlich manifestieren.

Es ist vor allem die Magie des neunzehnten Jahrhunderts gewesen, die alles, aber auch wirklich alles, was der Magier tat, besaß und um sich herum aufstellte, mit Symbolik durchtränkte. Der Mensch von heute empfindet dies oft, wie übrigens auch viele Moden der damaligen Malerei, der Literatur und der Musik, als überspannt und überflüssig. Daß die Magie sich auch äußerlich dem Stil ihrer Zeit anpaßt, beweist die moderne Chaos-Magie, bei der beispielsweise gelegentlich anstelle von Kerzen auch Neonröhren verwendet und Mantras vom Computer abgespult werden.

Wir wollen Ihnen für die Herstellung eines »richtigen« magischen Altars keine Vorschriften machen. Die folgenden kurzen Hinweise dienen vielmehr als Beispiel für die Art, wie wir uns mit dem Altar befassen können. Finden Sie zu Ihrer eigenen Form und Weise der Betrachtung – denn das ist ohnehin das Endziel unserer Schulung.

Für Magier in der Tradition der Golden Dawn soll der Altar ein Doppelkubus sein. Warum dies? Weil der Altar, wie Crowley schreibt, »die feste Grundlage des Werks darstellt, den fixierten Willen des Magiers; und das Gesetz, unter dem er arbeitet.« [S. 52] Der Doppelkubus aber ist ein Symbol des Großen Werks, da die Verdoppelung des Kubus in der Antike ein Problem von ebensolcher Bedeutung war wie die Quadratur des Kreises. So dokumentiert der Altar auch das Wissen des Magiers um die Naturgesetze bzw. die Gesetze der Magie, durch welche er arbeitet.

Der Altar sollte dem Magier bis zum Nabel reichen, daraus ergeben sich dann seine Maße. (Die Höhe vom Boden bis zum Nabel geteilt durch 2 ergibt die Kante jedes Kubus.) »Doppelkubus« ist nicht unbedingt wörtlich gemeint, der Altar kann also durchaus aus einem Stück gefertigt sein, man braucht nicht unbedingt zwei Kuben aufeinanderzulegen. Doch sollte in diesem Fall die Bemalung den Doppelkubus-Charakter des Altars dokumentieren, indem jeder Kubus in einer anderen Farbe gehalten ist. Dies könnten beispielsweise, um die Dualität unserer Wahrnehmung und unser Bemühen zu symbolisieren, stets das Lichte und das Dunkle zu sehen, die Farben Schwarz und Weiß sein. Wir können aber auch Silber (= Mond) und Gold (= Sonne) oder Grün (= Venus) und Rot (= Mars) verwenden. Nun können wir bei-

Finden Sie zu Ihrer eigenen Form und Weise der Betrachtung!

spielsweise den vier Seiten des oberen Kubus je ein Element zuordnen und dies symbolisch kennzeichen. Crowley verwendet dazu das Zuordnungssystem des John Dee. So würde etwa die nach Osten zeigende Seite der Luft entsprechen, die westliche Seite wäre dem Element Wasser zugeordnet und so weiter, ganz wie beim Pentagrammritual. Die Oberfläche könnten wir entweder dem Element Äther zuordnen oder unserem manifesten magischen Willen, zum Beispiel durch unsere persönliche Namensglyphe oder -sigil. Ebensogut können wir aber auch die sieben Planetensymbole aufmalen oder eingravieren. Es gibt also zahllose Möglichkeiten, den Altar zu gestalten, und jeder Magier sollte seine eigene Altarsymbolik entwickeln.

Die obere Fläche des Altars läßt sich mit Gold bedecken, in das wir zum Beispiel den kabbalistischen Lebensbaum eingravieren oder, falls wir das preisgünstigere Blattgold verwenden, aufmalen.

Der Altar besteht in der Regel aus Holz, oft wird Eiche als Symbol der Beharrlichkeit und Unbeugsamkeit des magischen Gesetzes empfohlen, möglich ist aber auch die Akazie als Symbol der Wiederauferstehung. Dies ist freilich auch eine Frage des Geldbeutels, und viele Magier nehmen heute mit preiswerteren Hölzern oder Furnier vorlieb.

In der Praxis ergeben sich leider einige Schwierigkeiten: Wenn der Magier nicht gerade von hünenhaftem Wuchs ist, wird seine Nabelhöhe als Grundmaß einen Altar ergeben, der zwar schön symbolisch ist, dafür aber recht unpraktisch: Die Oberfläche ist einfach zu klein, um viel mehr als die elementarsten Waffen darauf abzulegen, schon das magische Tagebuch und ein paar Kerzenständer können erhebliche Probleme aufwerfen, wenn sie ebenfalls darauf Platz finden sollen. Es ist schließlich nicht Sinn der Sache, daß man beim Ritual aus schierem Platzmangel ständig alles mögliche umwirft!

Eine Lösung besteht darin, den Altar mit einem Beistelltisch zu ergänzen, doch nimmt dieser dann natürlich zusätzlichen Tempelplatz weg, der meist ohnehin sehr knapp bemessen ist. Viele Magier ziehen es vor, einen Hohlaltar zu verwenden, dessen Inneres ein paar Fächer oder einfache Bretter aufweist, um darin zumindest einen Teil ihrer Gerätschaften zu verstauen. Die offene Front wird entweder durch eine Tür oder durch einen Vorhang (ebenfalls mit Symbolen versehen) abgedeckt.

Versuchen Sie also, zu einer symbol-logisch schönen, zugleich aber auch praktischen Lösung zu finden, lassen Sie sich ruhig Zeit, um Ihren Altar zu durchdenken. Da Sie inzwischen genügend rituelle

Erfahrung haben, wissen Sie jetzt auch besser als am Anfang, welchen Anforderungen Ihr Altar gerecht werden sollte. Aus diesem Grund behandeln wir ihn auch erst an dieser Stelle.

Abbildung 33: Der magische Altar (nach Crowley)

Magische Eide

Ähnlich wie der magische Name stellt auch der magische Eid eine Verpflichtung dar, die der Magier aus den verschiedensten Gründen eingeht. Crowley schreibt dazu:

Die Bedeutung des magischen Eids nach Crowley

Das Wort sollte den Willen ausdrücken: Daher ist der Mystische Name des Probanden Ausdruck seines höchsten Willens.

Natürlich gibt es nur wenige Probanden, die sich selbst hinreichend verstehen, um diesen Willen allein formulieren zu können, deshalb wählen sie nach Beendigung ihrer Probandenzeit einen neuen Namen.

Daher ist es für den Studierenden nützlich, seinen Willen auszudrücken, indem er Magische Eide ablegt.

Da ein derartiger Eid unwiderruflich ist, sollte er wohlüberlegt sein; und es ist besser, keinen Eid auf alle Zeiten abzulegen; denn mit wachsendem Verständnis könnte sich eine Unverträglichkeit zwischen dem niederen und dem höheren Eid herausstellen.

Dies geschieht sogar beinahe mit Sicherheit, und man muß sich vor Augen halten, daß die ganze Essenz des Willens die Einspitzigkeit ist und ein derartiges Dilemma daher eines der schlimmsten ist, in dem sich ein Magier wiederfinden kann.

Ein weiterer wichtiger Punkt bei der Betrachtung Magischer Gelübde besteht darin, darauf zu achten, daß sie stets an ihrem richtigen Platz belassen werden sollen. Sie müssen mit einem klar definierten Ziel abgelegt werden, mit einem klar verstandenen Ziel, und nie dürfen sie über dieses hinausgehen.

Für einen Diabetiker ist es eine Tugend, keinen Zucker zu verspeisen, doch nur in Beziehung zu seinem eigenen Gesundheitszustand. Es ist jedoch keine Tugend von universaler Bedeutung. Elijah sagte einmal aus gegebenem Anlaß: »Ich tue gut daran, zornig zu sein«; doch solche Anlässe sind selten.

Zudem ist dem einen Gift, was dem anderen Fleisch sein mag. Ein Armutsgelübde mag sehr nützlich für einen Mann sein, der unfähig war, seinen Reichtum für das angestrebte einzige Ziel einzusetzen; für einen anderen dagegen ist es nur eine Energieverausgabung, die dazu führt, daß er seine Zeit mit Lappalien vergeudet.

Es gibt keine Macht, die sich nicht in den Dienst des Magischen Willens pressen ließe: Nur die Versuchung, diese Macht um ihrer selbst willen wert zu schätzen, ist verwerflich.

Man sagt nicht: »Schneide es ab; was überwuchert es den Boden?«, es sei denn, daß wiederholte Beschneidungen den Gärtner davon überzeugt haben, daß das Gewächs aufrecht und schlank sein muß.

»Wenn deine Hand sündigt, so haue sie ab!« ist der Ruf eines Schwächlings. Wenn man Hunde immer sofort tötete, wenn sie sich das erste Mal schlecht benehmen, würden nicht viele das Welpenalter überleben.

Der beste Eid und der mit den universalsten Einsatzmöglichkeiten, ist der Eid des Heiligen Gehorsams; denn er führt nicht nur zur vollkommenen Freiheit, er ist auch eine Übung in jener Preisgabe, die das schlußendliche Werk ist.

Er hat den großen Wert, daß er niemals einrostet. Wenn der Vorgesetzte, gegenüber welchem der Eid abgelegt wird, sein Geschäft versteht, wird er sehr schnell jene Dinge aufspüren, die dem Schüler zuwider sind, und wird ihn mit ihnen vertraut machen.

Ungehorsam gegenüber dem Vorgesetzten ist ein Kampf zwischen diesen beiden Willen im Untergebenen. Der in seinem Eid ausgedrückte Wille, der durch die Tatsache an seinen höchsten Willen gebunden wird, daß er ihn abgelegt hat, um ebendiesen höchsten Willen zu entwickeln, liegt im Wettstreit mit dem vorübergehenden Willen, der nur auf vorübergehenden Erwägungen beruht.

Der Lehrer sollte als nächstes danach streben, den Schüler sanft und streng soweit aufzubauen, bis der Gehorsam dem Befehl unmittelbar folgt, ohne Rücksicht darauf zu nehmen, um welche Art Befehl es sich handeln mag; wie Loyola schrieb: »perinde ac cadaver«.

{...} Es ist immer von Wert, Unkraut zu jäten, doch die Blume selbst bedarf der Pflege. Wenn wir alle Wünsche in uns selbst zermalmt haben, und, wenn notwendig, auch die anderer, die sich gegen unseren Wahren Willen stellen, wird dieser Wille selbst in größerer Freiheit wachsen können. Doch ist es nicht allein notwendig, den Tempel zu reinigen und zu weihen; es müssen auch Invokationen stattfinden. Daher ist es erforderlich, unentwegt Dinge positiver, nicht bloß negativer Natur zu tun, um diesen Willen zu bestätigen.

Entsagung und Opfer sind notwendig, doch sind sie vergleichsweise leicht. Es gibt Hunderte von Methoden, um das Ziel zu verfehlen, aber nur eine, um es zu treffen. Den Verzehr von Rindfleisch zu vermeiden, ist leicht; ausschließlich Schweinefleisch zu verzehren, ist jedoch schwer.

[*Magick*, S. 62 ff.]

Haben Sie vielleicht gestutzt, als Sie lasen, daß ausgerechnet der Meister Therion, der doch der größte Propagandist des freien magischen Willens überhaupt ist, einen solchen Wert auf den Gehorsam legt? Wir bewegen uns hier auf einem gerade in unserer von demokratischen, ja antiautoritären Idealen geprägten Zeit recht heiklen Gebiet. Es läßt sich auch nicht leugnen, daß der Mensch Crowley selbst nicht unbedingt das beste Beispiel für den vorbildlichen Umgang mit den Prinzipien von Befehl und Gehorsam gewesen ist.

Freiwillige Selbstzucht bedeutet nicht nur irgendeine willkürliche Zwangsjacke, sondern vielmehr die Vorbedingung für bestimmte Erfahrungen, die anders nur sehr schwer oder überhaupt nicht zu machen wären. In diesem Sinne handelt es sich bei der Selbstzucht um das bewußte und gewollte Herstellen bestimmter Versuchsbedingungen, wie sie auch der Wissenschaftler sucht, wenn er beispielsweise einen Nährboden sterilisieren muß, um darauf nur die gewünschte Zellkultur züchten zu können. »Konzentration« bedeutet nicht zuletzt auch das Ausmerzen des Unnötigen zugunsten des Gewünschten, die Trennung der Spreu vom Weizen.

Selbstzucht ist das bewußte und gewollte Herstellen bestimmter Versuchsbedingungen.

Es ist Mode geworden, jeder Art von Zwang mit Argwohn zu begegnen, »Lockerheit« ist angesagt, Selbstbeschränkung und Askese sind unerwünscht. Auch wir haben schon öfter in dieses Horn gestoßen und von der Freiheit gekündet, zu der die Magie uns alle führen soll. Es war auch notwendig (und ist es sicher noch immer), ein Gegengewicht gegen die versteinerten Askese- und Selbstkasteiungsideale eines falsch verstandenen Christentums zu schaffen, die selbst in der heutigen Magie noch immer gelegentlich ihr häßliches Gorgonenhaupt erheben. Zu lange wurde verkannt, daß Magie auch Spaß machen kann und soll, daß der Mensch sehr viel schneller und gründlicher vorankommt, wenn er durch Freude und Vergnügen motiviert ist.

Doch bedeutet dies nicht, daß Dinge wie Disziplin und beständiges Üben, mithin also auch die Selbstzucht gegen alle Einwände unserer Bequemlichkeit und Angst, gegen Trägheit und Indolenz unnötig geworden wären. Im Gegenteil: Auch hier müssen wir den Mittelweg zwischen dem blinden, freudlosen Kadavergehorsam und dem strukturlosen, entropischen Durcheinander widerstrebender, einander neutralisierender Gelüste und ephemerer Wünsche und Begierden finden.

Der Gehorsam, um den es beim individuell und autark arbeitenden Magier vor allem geht, ist der Gehorsam gegenüber seinem eigenen Eid. Soll der Rosenstock nicht irgendwann verfaulen, austrocknen und absterben, muß er von Zeit zu Zeit gezielt beschnitten werden. Das schmerzt zwar, verhindert dafür aber auch Schlimmeres.

Wenn Sie einen magischen Eid ablegen, und das sollten Sie auf jeden Fall einige Male im Laufe Ihres Magierlebens tun, seien Sie sich also ruhig darüber klar, daß Sie sich dadurch einschränken, behalten Sie aber auch im Auge, daß Sie dadurch Größeres schaffen wollen als nur die kurzsichtige Befriedigung Ihrer vorübergehenden Bequemlichkeit.

Gehorsam ist der Gehorsam gegenüber seinem eigenen Eid.

Der Magier muß alles, was er besitzt, in seine Pyramide einbauen; und wenn diese Pyramide die Sterne berühren soll, wie breit muß da doch ihre Grundfläche sein! Es gibt kein Wissen und keine Macht, die dem Magier unnütz wären. Man könnte fast sagen, daß im ganzen Universum kein noch so geringer Stoffetzen ist, den er entbehren könnte. Sein endgültiger Gegner ist der große Magier, der Magier, der die ganze Illusion des Universums erschaffen hat; und um diesem im Kampf entgegenzutreten, bis nicht von ihm oder von dir mehr übrig ist, mußt du ihm völlig gleichrangig sein.

Zugleich sollte der Magier niemals vergessen, daß jeder Ziegelstein zum Gipfel der Pyramide emporstreben muß – die Seiten müssen vollkommen glatt sein; es darf keine falschen Gipfel geben, nicht einmal in den untersten Schichten.

Dies ist die praktische und aktive Form jener Verpflichtung eines Meisters des Tempels, in der es heißt: »Ich werde jede Erscheinung als eine besondere Mitteilung Gottes an meine Seele deuten.«

[*Magick*, S. 67.]

Die Feststellung, daß der Proband aufgeben kann, wenn er dies will, gilt in Wirklichkeit nur für jene, die den Eid lediglich oberflächlich abgelegt haben.

Ein wahrer Magischer Eid kann nicht gebrochen werden: Du magst glauben, daß du ihn brechen kannst, aber das ist nicht möglich.

Das ist der Vorteil eines wahren Magischen Eids.

So weit du auch umherirren magst, wirst du dennoch am Ende ankommen, und alles, was du erreicht hast, indem du versuchtest, deinen Eid zu brechen, war, dich den schrecklichsten Mühsalen auszusetzen.

Man kann gar nicht klar genug begreifen, daß dies die Natur der Dinge ist: Es hängt nicht vom Wollen irgendeiner Person ab, so mächtig oder erhaben sie auch sein mag; noch kann IHRE Kraft, die Kraft IHRER großen Eide auch nur gegen den allerschwächsten Eid des allerschlichtesten Anfängers etwas ausrichten.

[*Magick*, S. 71.]

Es ist also gute Praxis, den magischen Eid vor allem funktional zu sehen. Ein Eid ist mehr als nur ein Vorsatz – er ist eine freiwillige Bindung. Binden Sie sich daher nur so, wie Sie es wirklich wollen. So könnten Sie beispielsweise mit einem »kleinen« Eid beginnen, im nächsten Monat regelmäßig Ihre magischen Übungen zu absolvieren, völlig unabhängig von jeglichen äußeren Widerständen. Dann können Sie einen Eid ableisten, eine Woche lang jeden Morgen eine halbe Stunde früher aufzustehen, um ein bestimmtes Ritual durchzuführen. Das Ablegen – und natürlich das Einhalten – von Eiden ist eine nützliche Übung zur Stärkung der Willenskraft und sogar der Omendeutung und der feinstofflichen Energiewahrnehmung, denn durch die damit einhergehende Einspitzigkeit wird diese stark geschärft, und Sie beobachten ganz von allein, wie das ganze Universum Ihnen beim Großen Werk hilft, sobald Sie erst einmal selbst einen wirklich ernstgemeinten Erstimpuls gesetzt haben.

Das Ablegen – und natürlich das Einhalten – von Eiden ist eine nützliche Übung zur Stärkung der Willenskraft.

Freilich sollten Sie eine »Eid-Inflation« vermeiden. Gehen Sie sorgfältig mit diesem mächtigen magischen Hilfsmittel um, dann werden Sie mit Sicherheit seiner gewaltigen Vorzüge teilhaftig. Vor allem die wirklich schwerwiegenden Eide haben eine nachhaltige, tiefgreifende Wirkung und können unser ganzes Leben verändern.

Crowley hat in seinem oben zitierten Text ein mittlerweile berühmt gewordenes Beispiel gegeben. Wer den hier als Eid des Magister Templi bezeichneten magischen Akt unternahm, konnte in seinem Orden A.·.A.·. sofort vom Neophyten in den höchsten Grad aufsteigen – doch solche Eide sind, wie ausgeführt, sehr gefährlich und sollten wohlüberlegt werden.

Berichte aus der magischen Praxis (III)

Der Magier G. aus K. war ein hochkreativer, aber gelegentlich heftig aufbrausender Mensch, der auch seine Magie oft etwas unbeherrscht einsetzte. Daß er inzwischen wesentlich vorsichtiger geworden ist, hat er folgendem Erlebnis zu verdanken, das er mir einmal erzählte und das meiner Meinung nach ein Paradebeispiel für die magische Symbol-Logik ist, mit der wir in der Praxis immer wieder konfrontiert werden.

Frater G. hatte sich außerordentlich über einen Mann geärgert, der ihm privat und beruflich große Schwierigkeiten gemacht hatte. Er fühlte sich von ihm hintergangen, betrogen, ausgenutzt und gedemütigt. Daß dies keine gute Grundlage für einen Schadenszauber ist, bei dem eher emotionale Kälte bzw. nur künstlich heraufbeschworene und danach wieder sorgfältig gebannte Gefühle die eigentliche Energiebasis darstellen sollten, war ihm damals nicht bewußt. So entschloß er sich zu einem Schadenszauber äußerst drastischer Art: Er wollte seinem Gegner einen Hodenkrebs anhexen!

Dazu arbeitete er mit den Energien des Elements Feuer und dem Erzengel-Prinzip des Michael, die eigentliche Technik soll uns hier vorläufig nicht weiter interessieren.

Anstatt jedoch mitanzusehen, wie sein Gegner krank wurde, mußte er zu seiner Enttäuschung feststellen, daß zunächst überhaupt nicht passierte. Dann, knapp eineinhalb Monate später, schwollen Frater G. die eigenen Hoden binnen weniger Stunden enorm an, bis sie fast Apfelgröße erreicht hatten, und er litt unter gewaltigen Schmerzen. Als er daraufhin ins Krankenhaus eingeliefert wurde, stellte sich heraus, daß dies keine Minute zu früh geschehen war: Eine Verzögerung von nur wenigen Stunden hätte, so teilten ihm die Ärzte mit, seinen sicheren Tod bedeutet.

Frater G. hatte zwar keinen Hodenkrebs, wie er zunächst befürchtete, dennoch wurde eine Operation erforderlich, an deren Folgen er noch lange zu tragen hatte. Noch viel wichtiger erschien ihm jedoch folgende Synchronizität: Sein behandelnder Arzt war ein »Dr. Krebs«, dessen Assistent ein »Dr. Michael«!

»Du kannst dir denken«, erzählte er mir, »daß es mir da plötzlich wie Schuppen von den Augen fiel – das Ziel der magischen Operation und das Erzengel-Prinzip, mit dem ich gearbeitet hatte, beide in den Namen meiner Ärzte vereint, nachdem bei mir selbst ausgerechnet jener Körperteil erkrankte, auf den ich bei meinem Gegner gezielt hatte! Seitdem bin ich sehr, sehr vorsichtig geworden, was Schadenszauber angeht, und ich setze ihn nur noch im allergrößten Notfall zur echten Selbstverteidigung ein.«

Wir haben es bei diesem Ereignis mit dem Phänomen des magischen Eigentors zu tun: Die Energie, die der Magier einem Opfer sendet, schlägt auf ihn zurück und bewirkt ebendas, was er der Zielperson zugedacht hat.

Solche Phänomene treten durchaus häufiger auf, und sie sind es wohl auch, die der »schwarzen« oder destruktiven Magie den Ruf eingebracht haben, vor allem für den Operanden selbst gefährlich und schädlich zu sein. Es wäre allerdings falsch, darin eine Art moral-ethischen Bestrafungsautomatismus »göttlichen« Ursprungs sehen zu wollen, ganz so, als würde das »Böse« stets auf seinen Urheber zurückfallen. Dem mag im kosmischen Maßstab gesehen (nach dem Tode, also karmisch) so sein oder auch nicht, in der täglichen kampf- und schutzmagischen Praxis gilt dies keineswegs durchgängig.

Die im letzten Abschnitt behandelten Erklärungen für das Scheitern eines Angriffszaubers können auch für diesen Fall gelten. Hinzu kommt jedoch noch ein weiterer Faktor, wie er vor allem bei magischen Rohrkrepierern der geschilderten Art in Erscheinung tritt: das schlechte Gewissen des Magiers selbst. Es muß wohl inzwischen nicht mehr erklärt werden, daß innere Vorbehalte gegen eine magische Operation diese von vorneherein zum Scheitern verurteilen; wobei der Grad des Scheiterns sich meist direkt proportional zur Intensität der Vorbehalte verhält. Auch Frater G. hat, genau wie die Fratres P. und W. aus dem letzten Abschnitt, seine Zornesenergie im Ritual bestenfalls nur vorübergehend gebündelt, er reagierte anstatt zu agieren, und er hat zu einem Mittel gegriffen, das zwar vielleicht seiner Wut, nicht aber seiner Charakterstruktur und inneren Ethik entsprach. Dafür spricht auch die enge Verknüpfung von Ritual-Symbolik (»Hoden«, »Krebs«, »Michael«) und Ereignis-Symbolik dieser Operation; denn sie zeigt das Ausmaß, in dem G. seine magische Energien projiziert bzw. (zu seinem eigenen Schaden) objektiviert hat. Wäre ihm einfach nur irgendein Mißgeschick widerfahren, das in keinem erkennbaren Zusammenhang zu seiner vorangegangenen Operation gestanden hätte, so hätte es schon einer gewissen Paranoia bedurft, um das eine mit dem anderen kausal zu verknüpfen. So aber hat sich die magische Symbolik selbst im Außen klar erkennbar manifestiert, so daß es töricht wäre, eine solche Verbindung zu leugnen.

Es ist von großer Wichtigkeit, auf derartige Zusammenhänge zu achten. Dies ist auch der eigentliche Grund, weshalb Frater G.s Beispiel hier überhaupt angeführt wurde: Die magische Erfolgskontrolle setzt voraus, daß wir einerseits mit einem gehörigen Fingerspitzengefühl und geschärfter Intuition vorgehen, andererseits aber nüchtern-realistisch genug bleiben, um nicht in Verfolgungswahn und Irrsinn zu verfallen. Wenn Sie den Erfolg oder Mißerfolg einer magischen Operation so objektiv bewerten wollen, wie es einem ohnehin stets im Subjektiven verhafteten Menschen eben nur möglich ist, so gehört dazu, daß Sie vor allem die Symbol-Logik mitberücksichtigen.

Leider gibt es viel zu viele Magier, die sich sofort und völlig hemmungslos in Larmoyanz und Paranoia ergehen, sobald ihnen nach einer wie auch immer gearteten Operation ein Unglück geschieht: Sofort ist die Magie an allem schuld, oder es muß irgendein böser, hexender Gegner herhalten, um von den eigenen Stolperdrähten abzulenken. »Vertraue auf Allah – aber binde zuerst dein Kamel an«, sagt ein islamisches Sprichwort. Es muß immer erst eine bestimmte äußere Eindeutigkeit vorliegen, bevor über eine magische Operation wirklich geurteilt werden kann. Wilde Vermutungen, hysteriedurchtränkte Ahnungen, Argwohn und Mißtrauen sind nicht genug: Meist werden sie nur mit Intuition verwechselt und täuschen uns über unsere Unfähigkeit hinweg, uns selbst und unser Tun mit einer gewissen inneren Distanz zu betrachten.

Daher folgender Rat: Man suche die Schuld immer erst bei sich selbst und weder bei der Magie noch bei einem anderen Menschen. Das ist sicher nicht immer einfach, denn viele unserer Stolperdrähte sind unsichtbar: Ein schlechtes Gewissen ist oft nur unbewußt. Erst durch beständige Selbstbetrachtung und wiederholte, anders nicht erklärbare Zwangshandlungen wird uns vielleicht klar, daß wir es mit einer inneren Blockierung zu tun haben. Daher ist die Selbsterkenntnis die Aufgabe auch des reinen Erfolgsmagiers, der mit seiner Kunst keine weiteren transzendenten Ziel verfolgen mag: Sie ist für ihn eine absolute technische Notwendigkeit, wenn er nicht ständig an sich selbst scheitern will.

Materialistisch gesprochen: Wenn wir davon ausgehen, daß das Unbewußte den »Rohstoff« der Magie darstellt, so gehört zur erfolgreichen Arbeit die genaue Materialkunde: Womit gehen wir um? Wie sieht es aus? Welchen Gesetzen unterliegt es?

Das folgende Beispiel stammt aus England und liegt schon einige Jahre zurück. Dort unternahm der arbeitslose Frater John, als er sich in finanziellen Schwierigkeiten befand, an einem Mittwoch ein Merkur-Ritual. Sein Ziel war eine Verbesserung seiner finanziellen Misere und allgemeiner Wohlstand.

Noch am selben Tag, als er, kurz nach der Operation, das Haus verließ, fand er auf dem Gehsteig eine Kreditkarte, die jemand dort verloren haben mußte. Nun stand Frater John vor einem moralischen Dilemma: Sollte er den Fund ignorieren bzw. die Karte im Fundbüro abgeben? Oder sollte er das Ereignis als Omen sehen, als Erfolg seines

Rituals, und die Karte unbefugt benutzen? Immerhin verlangt die Magie ja, daß man ihre Erfolge auch am Schopf packt, ehe sie sich wieder verflüchtigen.

Frater John befolgte diese Maxime aufs Wort: Bis zum Wochenende lebte er von seiner gefundenen Kreditkarte in Saus und Braus; er fälschte die Unterschrift des rechtmäßigen Inhabers und kaufte sich allerlei Dinge damit. Dies war natürlich Betrug. Immerhin hatte er beschlossen, spätestens am nächsten Montag damit aufzuhören, da ihm das Risiko zu groß schien. Schließlich beliefern die Kreditkartenfirmen ihre Vertragsunternehmen regelmäßig mit Listen verloren oder gestohlen gemeldeter Karten und verlangen von ihnen auch oft Kontrollanrufe, vor allem vor größeren Transaktionen. Am Sonntag sprach er mit einem engen Freund darüber. Dieser war anderer Ansicht: Es sei schließlich Weihnachtszeit mit viel Hektik und Trubel, da würde der Vorgang mit Sicherheit frühestens in vierzehn Tagen bearbeitet sein, er könne die Karte also getrost noch eine weitere Woche nutzen, das Risiko sei sehr gering.

Unvorsichtigerweise befolgte Frater John diesen Rat. Am Montag wurde er bei dem Versuch verhaftet, sich mit der Karte eine Stereoanlage zu kaufen.

Dieses Beispiel charakterisiert unter anderem auch das Funktionieren des Merkur-Prinzips. Bekanntlich ist Merkur auch der Gott der Diebe und Beutelschneider. Salopp gesagt: Wer einen Bankraub plant, wäre gut beraten, es lieber mit dem Merkur- als mit dem Jupiter-Prinzip zu versuchen; Jupiter ist zwar das »große Glück« – fortuna major –, andererseits aber auch die Gerechtigkeit, er nimmt niemandem etwas weg, er gibt nur. Auch der Verlust am Montag (Mond = Verlust, Einbuße) spiegelt eine geradezu bilderbuchmäßige Symbol-Logik wider.

Doch die Geschichte geht noch weiter. Frater John wurde wegen Kreditkartenbetrugs zu eineinhalb Jahren Haft verurteilt. Er kam in einen vergleichweise liberalen Strafvollzug: Im Gefängnis konnte er eine Elektronikausbildung absolvieren. Nach seiner Haftentlassung begann der Computerboom; Frater John nutzte ihn, er stieg in die Elektronikbranche ein – und ist heute Millionär!

Wir können in diesem Zusammenhang a) von einem direkten Erfolg und b) von einem »Erfolg auf der anderen Schiene« sprechen. Der direkte Erfolg war der kurzfristige Zugewinn und Wohlstand –

freilich durch betrügerische Mittel; der Erfolg auf der anderen Schiene dagegen war der langfristige Nutzen, den unser Magier aus seiner Haft und der dadurch »erzwungenen« Berufsausbildung ziehen konnte.

»Im Grunde genommen«, meint Frater John heute, »konnte mir überhaupt nichts Besseres passieren. Ich habe meinen ersehnten Reichtum und Wohlstand ja bekommen, wenn auch über komplizierte Umwege. Doch ohne meinen Gefängnisaufenthalt wäre ich heute wahrscheinlich wieder arbeitslos und arm wie eine Kirchenmaus.«

Fragen Sie sich einmal, wie Sie sich an Frater Johns Stelle verhalten hätten, wenn Ihnen unmittelbar nach dem Ritual auf der Straße die Kreditkarte aufgefallen wäre. Bevor Sie pauschal mit einem entrüsteten »So etwas würde ich doch nie tun!« antworten, bedenken Sie bitte, was wir über das Merkur-Prinzip gesagt haben. Einmal mehr kann ich nur wieder betonen, daß das eigentliche Problem bei der Magie nicht darin besteht, ob sie funktioniert, sondern vielmehr darin, *daß* sie es tut!

Sicher werden auch Sie der Meinung sein, daß es wünschenswerter ist, nicht erst über vertrackte, noch dazu kriminelle Umwege zu magischem Erfolg zu gelangen. Dies ist jedoch eine Frage der magischen (nicht der symbolischen!) Präzision und Erfahrung. Begreifen Sie die Magie auch als Chance, sich über Ihre eigene Ethik klar zu werden, zu erkennen, welchen Lebensweg Sie gehen wollen – und wie Ihre wahren Wünsche eigentlich aussehen.

Unabhängig von jeder moral-ethischen Debatte möchte ich an dieser Stelle darauf hinweisen, daß Frater John nach seiner Haft höchstwahrscheinlich nur deshalb zu wirklichem Reichtum gelangt ist, weil er bereits vorher bereit war, jedes Risiko einzugehen, auch das der Kriminalität, um seinen magischen Willen Wirklichkeit werden zu lassen. Ob wir sein Tun billigen mögen oder nicht, fest steht, daß er es vor allem seiner absoluten Konsequenz zu verdanken hat, daß die Magie ihm zu solchem Erfolg verhelfen konnte.

Schließlich lehrt uns das Beispiel auch noch, daß wir bei der Beurteilung magischer Operationen nicht allzu vorschnell und kurzsichtig urteilen dürfen. Manches, was zunächst wie eine absolute Katastrophe aussehen mag, erweist sich Jahre später als wahrer Segen. Das ist natürlich nicht nur in der Magie allein so, es gilt ganz allgemein für unser Leben. Der Magier ist auf mehreren Ebenen zugleich ein Künstler, ja ein Lebenskünstler: Er steuert den Zufall, schafft sich Chancen, wo der Normalmensch nur unabwendbare Schicksalsschläge sieht, ist lieber Täter als Opfer (wenn er schon Opfer sein muß, so will er wenigstens sein eigener Prügelknabe sein und nicht der eines anderen) – und er übernimmt bewußt in jedem Augenblick die volle und alleinige Verantwortung für sein Tun. Mit anderen Worten: Er lebt im Idealfall wahrhaft selbstbestimmt. Will er der Ethik der Gesellschaft folgen, will er herkömmliche Moralnormen übernehmen, so tut er es allenfalls aus eigener, freier Entscheidung heraus und nicht etwa, weil er sich bewußtlos dem Druck der Mehrheit beugt. Er kann Dieb sein und Wohltäter, Schlitzohr und Ehrenmann, Teufel und Gott, denn er hat erkannt, daß alles aus ihm selbst entspringt. Er macht kein Schicksal und keine strafende Gottheit für seine Mißgeschicke verantwortlich, er legt sich ständig Rechenschaft über sein eigenes Tun ab und lebt nach dem alten Motto der französischen Revolution, *ni dieu ni maître* (»Weder Gott noch Herr [sei über mir]«). Wenn er sich doch einer Gottheit unterwirft, so geschieht auch dies freiwillig, als bewußter Akt mystischer Einsicht, nicht jedoch aus feiger Unterwerfung in Fremdbestimmtheit oder aus Furcht vor einer Bestrafung nach dem Tode.

Der Weg zu diesem idealen Magier ist sehr weit, vielleicht bleibt das Ziel auch immer unerreichbar, aber wir sollten es stets vor Augen haben, wenn das Wandern uns mühsam erscheint und wenn wir verzagen wollen angesichts unserer eigenen Unzulänglichkeiten und der äußeren Widerstände, auf die wir immer wieder zwangsläufig stoßen werden. Utopien sind nicht unbedingt dazu da, verwirklicht zu werden, sie sind vielmehr Ziele, die angestrebt werden sollen, ganz im Sinne des Zen-Worts »Der Weg ist das Ziel«. Der Weg zum idealen Magier ist wichtiger als das Erreichen des Endzustands, die Arbeit am Selbst bedeutender als die Mühsal und Qual der Wanderschaft. Doch dürfen wir dabei nie vergessen, daß die Arbeit am Selbst auch Hand in Hand gehen muß mit dem Vergnügen am Selbst.

PRAKTISCHE ÜBUNGEN

ÜBUNG 37
PENDELSCHULUNG (II)

Diese Übung steht in Verbindung zu den beiden folgenden. Bevor wir näher auf die Theorie der Herstellung von Talismanen und Amuletten eingehen, ist es sinnvoll, das Prinzip der magischen bzw. feinstofflichen

Ladung von Gegenständen in der Praxis kennenzulernen. Die übernächste Übung wird zugleich die Erfolgskontrolle bieten und dies ebenfalls mit der Pendelschulung koppeln.

Beschaffe Dir, sofern nicht schon geschehen, sieben Metallstücke oder, besser, -scheiben, die den sieben Planeten entsprechen. Im Falle von Gold genügt auch ein Fingerring, ein Medaillon oder ähnliches, doch ungraviert, und es dürfen keine Steine eingefaßt sein.

Im Rohzustand (wie besorgt) legst Du jeweils ein Metallstück vor Dich auf einen schwarzen Untergrund; ein Stück schwarzer Seide ist wegen seiner laut Tradition großen Isolierfähigkeit besonders gut geeignet. Nun hältst Du Dein Pendel, wie schon geübt (siehe Übung 16), über das Metall und beachtest den Ausschlag. Diesen notierst Du auf einem Blatt Papier oder auch im Magischen Tagebuch.*

Führe dies nacheinander mit allen Metallen durch. Das muß nicht direkt hintereinander geschehen, Du kannst die Übung auch auf mehrere Tage verteilen, doch solltest Du dann in möglichst regelmäßigen Abständen und stets zur selben Tageszeit arbeiten.

Nun hältst Du das erste Metall etwa 10 Minuten unter fließendes kaltes Wasser und imaginierst dabei, wie alle unerwünschten Energien aus ihm entweichen und fortgespült werden. Dies ist die Entodung. Danach trocknest Du das Metall ab, ohne es mit den Händen zu berühren (z. B. indem Du es in ein Handtuch wickelst) und gibst es in unberührtem Zustand wieder auf die schwarze Unterlage. Wiederhole nun das Pendeln und stelle den Unterschied fest, den Du dann ebenfalls schriftlich aufzeichnest. Sollte kein Unterschied des Pendelausschlags zu beobachten sein, mußt Du die Entodung solange wiederholen, bis dies der Fall ist. Das entodete Metallstück wickelst Du – immer noch unberührt – in ein kleines Stück schwarzer Seide und legst es solange beiseite, bis Du die nächste Übung beginnst.

Jetzt verfährst Du auf gleiche Weise mit den anderen Metallen.

* *Zähle von Pendelstillstand bis Pendelstillstand; das kann unter Umständen etwas länger dauern. Beachte auch Art und Häufigkeit des Ausschlags. So könnte eine Eintragung beispielsweise lauten: »17 Rechtsdrehungen, 3 Linksellipsen, 4 Linksdrehungen«. Du solltest erst mehrere Durchläufe versuchen, bis Du immer wieder den gleichen Ausschlag beobachten kannst.*

ÜBUNG 38
PRAKTISCHE TALISMANTIK (I)

Nimm Dir eines der Metallstücke aus der letzten Übung vor, und führe ein dem Metall entsprechendes Planetenritual durch. Ziel des Rituals ist es, das auf dem Altar liegende, nach seiner Entodung immer noch unberührte Metall auf dem Höhepunkt mit der invozierten Planetenkraft zu laden. Dies tust Du, indem Du beide Hände dicht über das Metall hältst und durch kräftiges, stoßartiges Ausatmen die Energie überträgst. Dies ist die Odung. Danach führst Du die nächste Übung durch. Dies kann noch im Ritual geschehen, doch ist es vorzuziehen, das Ritual erst abzuschließen.

Wiederhole den Versuch mit anderen Materialien, besonders gut geeignet sind Bergkristalle und Edelsteine, aber auch Wasser und Steinsalz (Tafelsalz) sowie Steine aller Art. Das muß nicht unbedingt im rituellen Rahmen geschehen, Hauptsache ist am Anfang, daß Du die Energiequalität der Gegenstände irgendwie veränderst und dies mit der folgenden Übung überprüfst.

ÜBUNG 39
PENDELSCHULUNG (III)

Inzwischen solltest Du soviel Erfahrungen mit dem Pendel gesammelt haben, daß Du Deine Versuche nun auf ein weiteres Gebiet ausdehnen kannst.

Bei dieser Übung geht es darum, die Odung eines Gegenstands zu überprüfen. Aufgrund Deiner vorangegangenen Versuche mit der Übung 37 hast Du Vergleichswerte, anhand derer Du die Prüfung durchführen kannst. Du verfährst wie bei der ersten Odungsprüfung, indem Du einfach auspendelst, inwieweit sich die Energiequalität des geodeten Gegenstands verändert hat. Sollte keine Veränderung festzustellen sein, mußt Du die Odung solange wiederholen, bis dies der Fall ist.

Mit diesen drei Übungen machen wir die ersten Schritte in Richtung Talisman- und Amuletttherstellung. Deine geodeten Planetenmetalle sind nicht nur Übungsgegenstände: Es sind bereits einfache Planetentalismane, und Du kannst und solltest Sie ab jetzt bei jedem dem

Metall entsprechenden Ritual auf dem Altar plazieren. Ihre Odung wird sich von Mal zu Mal verstärken, was sich in der Regel an einem heftigeren Pendelausschlag zeigt. Doch solltest Du nicht den typischen Anfängerfehler begehen, nun nach jedem Ritual sofort Deinen Pendel zu zücken und begierig die Odung überprüfen. Es genügt, wenn Du dies alle drei oder vier Male tust, später kannst Du gänzlich darauf verzichten.

LITERATURNACHWEIS

Aleister Crowley, *Magick*, s. I/7/S. 32

Frater V.·.D.·., »*Geldmagie, oder mit Dreck fängt man keine Mäuse*«, Anubis, H. 1/85, S. 13–21.

Einführung in die Geldmagie (II)

Der Umgang mit Schulden

Im letzten Abschnitt haben wir einige Grundlagen der praktischen Geldmagie behandelt. Nun sollten wir konkrete Überlegungen anstellen, wie diese ins tägliche magische Leben einzubringen sind.

Nochmals: Über den Erfolg der Geldmagie entscheidet die innere Einstellung zum Geld.

Betonen müssen wir noch einmal, daß über den geldmagischen Erfolg nach allen bisherigen Erfahrungen einzig und allein die Einstellung des Magiers zum Geld entscheidet. Weniger weil wir es bei der Geldmagie ausschließlich mit einer Spielart der Geldpsychologie zu tun hätten, sondern weil in keinem uns bekannten Bereich der Magie – mit möglicher Ausnahme der Astralmagie und der Visualisation – unbewußte psychologische Faktoren eine derartig maßgebende Rolle dabei spielen können, einen Erfolg systematisch zu verhindern. Sogar die an sich doch fast immer mit allerlei Ängsten und Hemmungen behaftete Sexualität läßt sich magisch viel unproblematischer nutzen als das Streben nach finanziellem Reichtum. Mit anderen Worten: Wir können selbst mit der außerordentlich mächtigen, weil fast sämtliche unbewußten Hindernisse wirkungsvoll umgehenden Sigillenmagie geldmagisch nur dann Erfolge erzielen, wenn wir zuvor die psychologischen Barrieren gründlich erkannt und gebannt haben.

Das Problem wird vielleicht besser verständlich, wenn wir uns vor Augen führen, daß wir die Geldmagie in den meisten Fällen erst dann angehen, wenn es ohnehin bereits zu spät ist: Wer aus einer Position der Mittellosigkeit (oder gar der »Armut« – was natürlich sehr subjektiv ist) heraus damit anfängt, magisch etwas an seiner Situation ändern zu wollen, der hat denkbar ungünstige Startbedingungen. Denn sein Unbewußtes ist bisher auf finanziellen Mißerfolg konditioniert, und nun muß in der tiefsten Verzweiflung die Magie plötzlich alles wieder richten, was nicht selten schon jahrelang falsch gemacht wurde. Das läßt sich mit der Situation von Heilpraktikern, Naturheilkundlern und Geistheilern vergleichen, deren Patienten fast immer erst dann kommen, nachdem alle anderen, schulmedizinischen Methoden versagt haben. Weil die persönliche Geldproblematik so tief im

Psychischen wurzelt, müssen wir auch eine gehörige Portion Geduld mitbringen und uns auch damit abfinden, daß wir uns zu ihrer Lösung anfangs mit einigen Dingen zu befassen haben, die in keinem unmittelbar erkennbaren Zusammenhang mit dem Geldprinzip zu stehen scheinen.

Die innere Beziehung zwischen Schulden und Schuldgefühlen

Auch in weniger dramatischen Fällen, etwa wenn man »nur mal eben gern einen Tausender als kleines Zubrot« hätte, spielen alte Mißerfolgs- und, vor allem, Schuldgefühlsmuster eine große Rolle. Es gibt eine aufschlußreiche Gleichung, die wir auf dem Weg zu einer erfolgreichen Geldmagie von Anfang an beherzigen sollten.

SCHULDEN = OBJEKTIVIERTE SCHULDGEFÜHLE

Damit sind natürlich in erster Linie persönliche und drückende Schulden (»Problemschulden«) von jener Art gemeint, in die wir oft »ganz unverhofft« geraten zu sein meinen. Etwas anders verhält es sich bei der der »Fremdfinanzierung« etwa eines Unternehmens durch Bankkredite oder ähnliches, die ja meistens nur gegen Hinterlegung realer (gelegentlich aber auch durchaus fiktiver) Sicherheiten gewährt werden und die in der heutigen Wirtschaft für einen reibungslosen (»geschmierten«) Geschäftsablauf so gut wie unverzichtbar sind. Außerdem sei darauf hingewiesen, daß der obige Merksatz nicht bedeutet, daß Schulden per se etwas Schlechtes sind, das es um jeden Preis zu meiden gelte. Im Gegenteil, schon durch einen richtigen Umgang mit Schulden ist bereits viel gewonnen, und manchmal kann es auch bei geldmagischen Operationen erforderlich und sinnvoll sein, ein gewisses finanzielles Risiko einzugehen, um dem magischen Anliegen mehr Schubkraft zu verleihen.

Zudem sind Schulden in Wirklichkeit ja kein Minus, und es ist äußerst hilfreich, sich einmal unter anderem vor Augen zu führen, daß wir bisher: a) noch nie an Geldmangel gestorben sind; b) über das verflossene Kapital verfügt haben, es also zumindest ein vergangener Teil von uns war, den uns niemand nehmen kann (ebensowenig wie unsere Erinnerungen und alles, was wir einmal erlebt haben); c) der Wert des Geldes keineswegs objektiv ist, sondern auf ziemlich willkürlichen Vereinbarungen beruht, die zumindest theoretisch jederzeit widerrufbar sind, und daß ein »Minus« oder ein »Plus« vor der fraglichen Summe unmöglich eine solche Gewalt über uns ausüben kann und darf, daß wir daran seelisch zugrundegehen.

Auch wenn Sie, beispielsweise durch einen selbstverschuldeten Unfall oder eine unglückliche Erbschaft, eine hohe Schuldenlast auf sich nehmen mußten, für die Sie keinen erkennbaren materiellen Gegenwert erhielten, sollten Sie sich dennoch fragen, warum Sie sich diese Situation (unbewußt) ausgesucht haben und/oder was Sie dadurch lernen wollten! Die Antwort auf diese Frage zu finden, wird nicht immer ganz einfach sein, doch führt uns die Suche danach immerhin aus dem tödlich lähmenden Paradigma heraus, daß wir ein machtloses »Opfer der Umstände« und ein Spielball des Schicksals seien – wer eine solche Einstellung nicht erfolgreich zu bekämpfen vermag, wird auch in der allgemeinen Magie niemals durchschlagende Erfolge sehen.

Warum haben Sie sich diese Situation (unbewußt) ausgesucht?

Einer meiner Freunde, seines Zeichens Millionär, empfahl mir einmal in einer großen finanziellen Krise: »Wenn du überhaupt keine Geldmittel hast, auf die du zurückgreifen kannst, dann nimm einen Kredit von 100 000 Mark auf. Dann wirst du nie mehr ein bürgerliches Leben führen: Entweder du schaffst es, oder du gehst unter.« Dieser Rat ist keineswegs so abwegig, wie er sich zunächst anhören mag. Denn tatsächlich leben wir oft genug vom inneren und äußeren Druck, den wir uns geschaffen haben. Besonders die Freiberufler und Selbständigen, die über keine geregelte Arbeitslosen- und Altersversorgung verfügen, können ein Lied davon singen, wie sehr der Druck, gut doppelt soviel verdienen zu müssen wie ihre angestellten und beamteten Zeitgenossen, ihre Kreativität, ihren Einfallsreichtum und ihren Wagemut beflügelt. Das Kunststück besteht allerdings darin, nicht der grundfalschen Annahme aufzusitzen, daß man für viel Geld auch viel arbeiten müsse. Auch wenn unsere bisherigen persönlichen Erfahrungen oft dagegen sprechen sollten – eine genauere Betrachtung der Esoterik des Geldprinzips ergibt unter anderem folgende Regeln:

- Harte Arbeit ist nicht etwa der Schlüssel zum Reichtum, sondern vielmehr zum Armutsbewußtsein und zum Ausleben geldfremder Komplexe und Probleme.
- Geld kommt nur zu dem, der es liebt und richtig behandelt.
- Je mehr wir das Geld verachten, um so mehr verachtet es uns.
- Je mehr wir das Geld lieben, um so mehr liebt es uns.
- Geld ist nicht nur Mittel zum Zweck, sondern ein Wesen mit eigenem, unabhängigem Leben – jedenfalls sollten wir es stets als solches behandeln.
- Geldmagie ist immer auch die Magie des selbstbestimmten Lebens und der Überwindung innerseelischer Ängste und Barrieren.
- Da der Wert des Geldes fiktiv ist, muß der Magier sich darüber klar werden, welchen Stellenwert das Geld für ihn tatsächlich hat.

Übersicht 19: Regeln der Esoterik des Geldprinzips

Diese Merksätze sind natürlich nur ein Ausschnitt aus dem Gesamtkomplex der Geldmagie. Stellen wir jedoch vorläufig die eher theoretischen Ausführungen eine Weile beiseite und schauen wir, welche praktischen Konsequenzen wir aus dem oben Ausgeführten ziehen können. Dies wird freilich nicht den Charakter zeitlich präzise begrenzbarer Übungen haben, sondern die Form von allgemeinen Empfehlungen, die wir – mehr noch als sonst – in unseren Alltag einbauen sollten. Bevor dies geschehen ist, bevor wir die innerseelischen Widerstände wirkungsvoll beseitigt haben, werden die meisten geldmagischen Rituale höchstwahrscheinlich scheitern. Sollten Sie andere Erfahrungen machen, würde uns das freuen; in der Regel jedoch werden Sie erst dann geldmagische Erfolge erzielen, wenn Sie sich die Grundgesetze des eingeweihten Umgangs mit Geld zu eigen gemacht haben.

Vor jeglicher geldmagischen Arbeit die eigene Einstellung zum Geld überprüfen!

Wir empfehlen daher, vor jeglicher geldmagischen Arbeit erst einmal die eigene Einstellung zum Geld, zum Leben und zur Materie überhaupt zu überprüfen. Allzu leicht perlt uns der Satz »Der Magier ist Herr über die Materie« über die Lippen – doch inwieweit meinen wir es wirklich ernst damit, und in welchem Ausmaß behalten wir unsere magische Zuversicht und unser Selbstvertrauen bei, wenn es um finanzielle Probleme geht?

- Finde einen sinnlichen Zugang zum Geld.
- Stelle fest, welchen Stellenwert Geld bisher in Deinem Leben eingenommen hat.
- Bestimme, welchen Stellenwert Geld in Deinem Leben ab nun bekommen soll.
- Betrachte das Geld wie ein reales Wesen, das Verhältnis zu ihm wie eine Liebesbeziehung.
- Stelle fest, welche Fehler Du bisher vielleicht gemacht hast, und was Du ab nun besser machen willst.
- Gestalte die im letzten Abschnitt gegebenen Empfehlungen zu einem konkreten Arbeitsplan »gesundes Geldbewußtsein«, den Du im Alltag in die Praxis umsetzen willst.
- Verzichte auf jeden Geldzauber, solange Du Dir nicht darüber klar bist, was du mit Geld wirklich willst.

Übersicht 20: Prinzipien geldmagischer Arbeit

In Verbindung mit den Ausführungen im letzten Abschnitt dürften sich diese Ratschläge von selbst erklären. Als kleiner Tip für den sinnlichen Umgang mit Geld: Es empfiehlt sich, mit Geld umzugehen wie mit einem wohlgesinnten Hilfsgeist. Streicheln Sie es also gelegentlich, meditieren Sie über seine Form und Farbe, über seine Geschichte und vor allem auch darüber, was es für Sie wirklich bedeutet. Ist Ihnen tatsächlich am Geld selbst gelegen, oder wollen Sie eigentlich irgendwelche Gegenstände, materielle Sicherheit, Liebe, Gesundheit, Luxus, Macht, Unabhängigkeit oder ähnliches besitzen? Denken Sie an das im letzten Abschnitt Gesagte: In den allermeisten Fällen ist es viel sinnvoller und erfolgversprechender, für Ihr eigentliches Ziel zu zaubern als für das Geld als Mittler bzw. »Mittel zum Zweck«. Wir erkennen auf diese Weise außerdem, was wir wirklich wollen, und was dagegen nur unreflektiertes Nachbeten übernommener Konventionen ist. Im Übungsteil finden Sie eine Übung, die Ihnen dabei helfen kann, die Grundlage für erfolgreiches geldmagisches Wirken zu legen.

Praktische Übungen

ÜBUNG 40
MAGISCHES GELDTRAINING (I)

Ziehe Bilanz Deines gesamten Besitzes: Rechne möglichst genau aus, wieviel Geld Du bereits hast, indem Du jeden Gegenstand, der Dir gehört, in Geldwert umrechnest, vom Eigenheim bis zum losen Hosenknopf. Sei realistisch: Da man einzelne Hosenknöpfe in der Regel schlecht verkaufen kann, wirst Du dafür nur Pfennigbeträge ansetzen; im Zweifelsfall orientiere Dich an Flohmarktpreisen. Lasse jedoch nichts, auch nicht die geringste Kleinigkeit aus. Zähle auch geliehenes Geld bzw. Schulden dazu, denn darüber hast Du bereits verfügt. (Und wenn Du eine Million an Schulden haben solltest, bedeutet dies, daß Du irgend jemandem mindestens eine Million wert sein mußt!)

Am Schluß rechnest Du alles zusammen und meditierst über Deinen gegenwärtigen objektivierten Reichtum.

ÜBUNG 41
MAGISCHES GELDTRAINING (II)

Ziehe Bilanz Deines gesamten Besitzes: Rechne möglichst genau aus, wieviel Geld in Deinem Leben bereits durch Deine Hände gegangen ist, also alles, was Du jemals verdient, geerbt, geschenkt oder sonstwie bekommen hast. Zähle auch geliehenes Geld dazu.

Am Schluß rechnest Du alles zusammen und meditierst darüber, welche Summe Du in Deinem Leben zu beschaffen imstande gewesen bist. (Eine Million ist in wenigen Jahrzehnten schnell erreicht.)

Bei beiden Übungen genügt es vollauf, das Ergebnis so stehen zu lassen, wie es ist, und darüber zu meditieren. Unternimm in der gegenwärtigen Phase noch nichts, um eine etwaige finanzielle Misere durch magische Operationen zu beheben, sondern arbeite erst einmal gründlich an der Entwicklung Deines Geldbewußtseins.

Der Magische Wille und das Prinzip von Thelema (1)

»Schließlich wird der Magische Wille derart eins mit dem ganzen Wesen des Menschen, daß er unbewußt wird und eine ebenso konstante Kraft darstellt wie die Gravitation.«

[Crowley, *Magick*, S. 64]

Im Jahre 1904 »empfing« Aleister Crowley in Kairo sein *Buch des Gesetzes* (genauer: Liber Al vel Legis), das er als Offenbarung einer übernatürlichen Instanz namens Aiwass ansah. Wir wollen hier nicht im einzelnen auf die genauen Umstände dieser Offenbarung und ihrer Deutung durch Crowley eingehen. Wichtig soll für uns hier nur sein, daß damit das »Gesetz von Thelema« Einzug in die moderne Magie hielt. Das griechische Wort *thelema* bedeutet soviel wie »Wille«. Das vollständige Gesetz von Thelema lautet:

TUE WAS DU WILLST IST DAS GANZE GESETZ
LIEBE IST DAS GESETZ, LIEBE UNTER WILLEN

Da unsere Schulung nicht sektiererisch sein will, werden wir das System Crowleys möglichst ebenso neutral und wertungsfrei behandeln wie die Systeme anderer Magier und ihm nur so viel Platz einräumen, wie für ein allgemeines Verständnis erforderlich ist. Die Crowleyaner bzw. Thelemiten (auch: Thelemiter) unter den Teilnehmern mögen uns also verzeihen, wenn wir auch das Gesetz von Thelema nicht bis in sämtliche Verästelungen und Feinheiten verfolgen, sondern uns mit einem groben Überblick begnügen, der aber wohl genügen dürfte, die Grundprinzipien zu verdeutlichen. Allerdings muß festgehalten werden, daß kaum ein zweites Konzept der allgemeinen modernen Magie solch kräftige, fruchtbare Impulse gegeben hat, wenn wir einmal von der Magie Austin Osman Spares und der zeitgenössischen Chaos-Magie absehen.

Der Magische Wille wird eine ebenso konstante Kraft wie die Gravitation.

Crowleys Konzept geht davon aus, daß der Mensch einen »Wahren Willen« im Gegensatz zum bloßen Wollen oder Begehren des Alltagsegos besitzt. Wir können diesen Wahren Willen (dieses Thelema, wie wir es fortan immer wieder einmal nennen wollen) mit der »Berufung« oder »Bestimmung« gleichsetzen, mit dem Ziel aller Selbstverwirklichung, ohne daß es zu seiner Erschaffung (über die sich Crowley nicht ausführlich äußert) eines Gottes oder einer ähnlichen transzendenten Instanz bedürfte, was eine solche freilich aber auch nicht von vorneherein ausschließt.

Crowley folgend ist es das Ziel des Magiers, sein eigenes Thelema zu erkennen und es zu verwirklichen. Dies ist keineswegs so selbstverständlich, wie es auf den ersten Blick vielleicht scheint: Im Gegenteil kann es äußerst mühsam und schmerzlich sein, vor allem dann, wenn man lange Zeit (meistens über Jahrzehnte) gegen den eigenen Wahren Willen gelebt hat. Dann heißt es nicht etwa nur einfach umdenken, es wird auch erforderlich sein, manches an altem, oft liebgewonnenem Ballast abzuwerfen. Wenn Sie beispielsweise nach dreißigjähriger Karriere als nüchterner, kühl kalkulierender Geschäftsmann feststellen sollten, daß Ihr Wahrer Wille eigentlich darin besteht, in Sack und Asche zu gehen, der Askese zu frönen und unbezahlte Werke der Barmherzigkeit zu vollbringen, so wird sich dies schon sehr bald in manchen Schwierigkeiten mit Familie und Umwelt niederschlagen: vom Höhnen Ihrer Geschäftspartner über die »Midlife-crisis«, der Sie zum Opfer gefallen seien, über das Klagen Ihrer Familie wegen der plötzlichen »Verschlechterung des Lebensstandards« bis zu den »freundlichen« Schreiben von Bank und Bausparkasse, wenn plötzlich keine Kredittilgungen mehr erfolgen, weil Sie Ihr Einkommen einer wohltätigen Organisation überschrieben haben. Dies mag sich wie ein ziemlich unwahrscheinlicher Extremfall lesen, doch hat die Erfahrung gezeigt, daß es in Wirklichkeit meist noch sehr viel schlimmer kommt!

Und doch lautet Crowleys Diktum: »Du hast kein Recht außer deinen Willen zu tun.« Und das ist auch richtig so, denn wenn wir davon ausgehen, daß es uns im Leben vor allem darum gehen muß, glücklich zu werden bzw. unsere selbstgesteckten Ziele zu erreichen, leuchtet es auch unter magischen Gesichtspunkten ein, daß alles andere dagegen unwichtig wird.

Doch damit nicht genug. In Crowleys System gilt ferner die Prämisse, daß wir der gesamten Unterstützung und Schubkraft des Universums teilhaftig werden, sobald wir unseren Wahren Willen erkannt haben und danach leben. Es läßt sich mit dem Schwimmen in einem Fluß vergleichen: Da das Thelema stets im Einklang mit dem Gesamtwillen des ganzen Universums steht, bedeutet ein Leben in Harmonie mit dem eigenen Wahren Willen, mit dem Strom des Ganzen zu schwim-

Thelema und Tao haben manches gemeinsam.

men, anstatt dagegen anzukämpfen. Untersuchen wir diese Auffassung genauer, so erkennen wir darin eine Spielart des Taoismus, und in der Tat haben Thelema und Tao manches gemeinsam.

Selbst Crowleyanern ist oft nicht bewußt, daß Aleister Crowley keineswegs der erste war, der das Primat des Willens des einzelnen formulierte. Vom *fac quid vult* des Kirchenvaters Augustinus von Hippo (354–430) bis zum *fayce que voudras* des François Rabelais im zweiten Band seines 1532–1564 erschienenen Romans *Gargantua et Pantagruel* (in dem auch eine Abtei »Thélème« vorkommt, die als eine Art utopisches Anti-Kloster Träger humanistischer Freiheitsideale ist) reicht die Palette der Betonung der Willensfreiheit, und auch die Philosophen Bergson (dessen Schwester Moina die Frau des Chefs der Golden Dawn, Mathers, war), Schopenhauer und Nietzsche lassen unmißverständlich grüßen, wenn wir das Buch des Gesetzes einmal genauer unter die Lupe nehmen. Einen starken Einfluß stellt auch die bekannte Magie des Abramelin dar, mit der wir uns hier jedoch leider nicht näher befassen können.

Die größte Schwierigkeit des Magiers besteht darin, sein eigenes Thelema unmißverständlich zu erkennen, denn die Kräfte der Illusion sind stark, das Fleisch ist schwach und der Geist keineswegs immer willig. Dies ist Ziel aller Magie, wie Crowley sie versteht, so wie es Ziel der Magie des Abramelin ist, den Kontakt zum eigenen »Heiligen Schutzengel« herzustellen, den wir auch als eine Art Verkörperung des individuellen Thelema verstehen können. Ähnliche Konzepte finden wir in der schamanischen Magie und der Zauberei naturnaher Völker, beispielsweise beim sogenannten Totem oder Clan-Totem.

Die größte Schwierigkeit des Magiers: sein eigenes Thelema unmißverständlich zu erkennen

Crowleys System hört dort auf magisch zu sein und geht ins rein Religiöse über, wo aus dem Prinzip von Thelema ein dogmatischer Glaubenssatz wird, wo dessen konkret-magische, unmittelbar auf das Schicksal einflußnehmende Aspekte in den Hintergrund rücken und eben doch der Glaube und/oder die transzendente Utopie die Vorherrschaft an sich reißt. Dies werden wir bei seinem Glaubenssatz »Jeder Mann und jede Frau ist ein Stern« an anderer Stelle genauer untersuchen. Damit wollen wir die Thelemitik jedoch nicht abwerten, sie entzieht sich unter diesem Aspekt lediglich dem Aussagespektrum unserer Schulung, wie wir es bereits im ersten Abschnitt definiert haben.

Andererseits ist es für den angehenden Magier von großer Wichtigkeit, sich hierüber klar zu werden, weil er sonst einige Schwierigkeiten mit dem Verständnis der Werke Aleister Crowleys haben wird: Diese sind nämlich weniger für die magische Alltagspraxis geschrieben, sondern, darin ihrem Vorbild Eliphas Levi folgend, für die religiös-transzendente Mystik innerhalb des westlichen Okkultismus. Auch dies werden wir noch detaillierter herausarbeiten.

Als vorläufige Zusammenfassung soll genügen, daß »Tue, was du willst« keineswegs bedeutet »tue, was dir gerade in den Sinn kommen mag«, sondern eben »tue, was dein Wahrer Wille ist«. Crowley verstand darunter (zumindest tat er das theoretisch) das Erkennen und Befolgen des eigenen daimoniums, Thelema ist Berufung und Verpflichtung zugleich und hat nicht das geringste mit dem ständigen Auf und Ab der Wünsche und dem Verlangen unseres kleinen Alltagsegos zu tun. Für Crowley ist der Magier letztendlich immer ein Mystiker, einer, der zur »höchsten Wahrheit« strebt, wie sehr dies auch gegen die Normen herkömmlicher bürgerlicher Ethik und Moral verstoßen mag. Bei aller nicht zu leugnenden magischen Praxis geht es ihm doch in erster Linie darum, eine neue Weltreligion zu stiften, wie er an zahlreichen Stellen selbst bekundet und wie es sich ja auch 1928 bei der Konferenz von Weda zeigte, als er von der deutschen Pansophischen Bewegung verlangte, ihn offiziell zum »Weltenheiland« zu erklären, was schließlich zur Spaltung dieser magischen Crème des deutschsprachigen Okkultismus und – unter anderem – zur Gründung der Fraternitas Saturni führte. Auch im Untertitel seiner Zeitschrift *The Equinox*, nämlich »The Method of Science – the Aim of Religion« (»Die Methode der Wissenschaft – das Ziel der Religion«) wird dies sehr deutlich.

> *Thelema hat nicht das geringste mit dem ständigen Auf und Ab der Wünsche unseres Alltagsegos zu tun.*

Dennoch gibt es zahllose Thelemiten, die sich keineswegs als Crowleyaner bezeichnen würden. Weshalb das so ist und wie beides zusammenhängt, wollen wir im nächsten Abschnitt untersuchen.

Einführung in die Ritualistik (X)

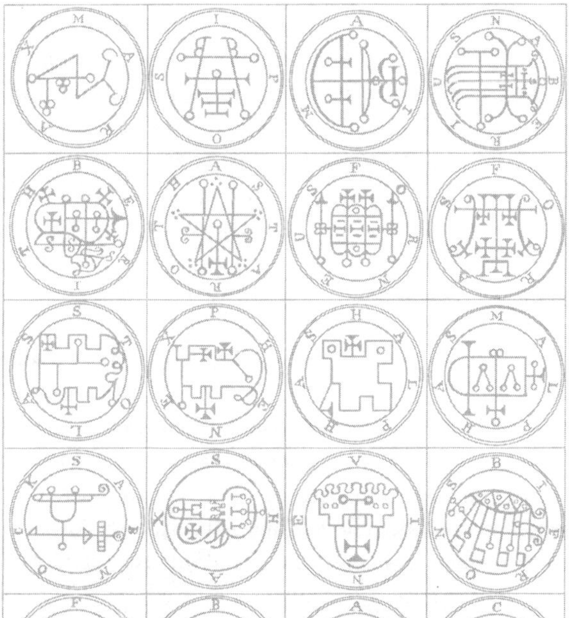

Das Lamen

Wie im vorletzten Abschnitt bereits erwähnt, wird in der modernen magischen Literatur häufig nicht mehr zwischen Lamen und Pentakel unterschieden. In der Tradition sieht das freilich anders aus, hier wird sehr wohl ein Unterschied zwischen beiden gemacht, und wir wollen deshalb der Vollständigkeit halber das Lamen an dieser Stelle separat behandeln.

Schon Crowley beklagt, daß nicht einmal Eliphas Levi sich eindeutig zwischen Lamen und Pentakel entscheiden konnte, und auch bei noch älteren Autoren kommt es oft zu Verwechslungen.

Das Lamen ist ein Brustschurz, wie ihn die Priester des Alten Testaments als Lostasche für die Divination trugen (vgl. 2 Mose, xxviii,15–30). Wir verwenden allerdings in der Regel heute nur noch eine einfache Metallplatte, die über dem Herzen getragen wird. Für Crowley ist das Lamen ein Symbol der Sephira Tiphereth, weshalb es eine Harmonie aller anderen Symbole, in einem vereint, ausdrücken sollte.

Verschiedene Formen und Funktionen des Lamens

Es gibt jedoch auch das Lamen, mit dessen Hilfe der Magier einen bestimmten Geist beschwört: Dabei wird das dem Geist bzw. Dämon entsprechende Lamen sowohl ins Dreieck gelegt als auch auf der Brust getragen – es gibt also genaugenommen zwei identische Lamina. Arbeitet der Magier nur mit einem einzigen Lamen, was heute eher die Regel ist, sofern es überhaupt noch verwendet wird, so stellt dieses das Ziel seines Großen Werks dar. Crowley schreibt dazu:

> *In dieses Lamen muß der Magier die geheimen Schlüssel seiner Macht geben.*
>
> *Das Pentakel ist lediglich das Material, das zu bearbeiten ist, das eingesammelt und harmonisiert wird, aber noch nicht aktiv ist, die zur Benutzung zurechtgelegten oder sogar schon zusammengesetzten Bestandteile einer Maschine, die jedoch noch nicht in Bewegung gesetzt wurde. Im Lamen sind diese Kräfte bereits am Werk; sogar der Erfolg ist vorgezeichnet.*
>
> *Im System des Abramelin ist das Lamen eine Silberplatte, auf welche der Heilige Schutzengel mit Tau schreibt. Dies ist ein anderer Ausdruck für dieselbe Sache, denn er ist es, welcher die Geheminisse dieser Macht verleiht, die hierin ausgedrückt werden soll.*
>
> [*Magick*, S. 113f.]

Sicher liegt es auch an dieser merkwürdigen Unsicherheit und Vagheit, daß das Lamen so gut wie abgeschafft wurde. Einerseits soll es als Symbol des Glaubens und der Unverwundbarkeit dienen, andererseits ist es praktisch eine Art Dämonentalisman, mit dessen Hilfe Geister herbeigerufen werden.

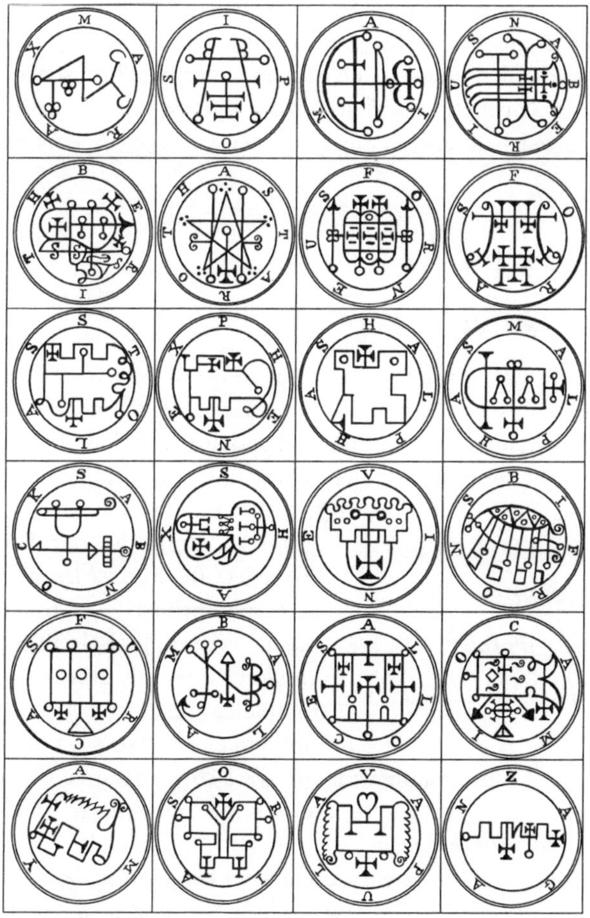

Abbildung 34: Lamina aus der Clavicula Salomonis

In der Abbildung 34 sehen Sie als Beispiel einige Lamina aus dem berühmten Kleinen Schlüssel Salomos (Clavicula Salomonis), einem spätmittelalterlichen Grimoire.

Wird das Lamen heute noch verwendet, so meistens in seiner Funktion als Schutz des Herzchakras. Zudem verleiht es dem Magier ein gewisses Gefühl der Sicherheit und Stärke, zumal dann, wenn es nicht zu leicht ist und sein Gewicht auf der Brust deutlich zu spüren ist.

Für die Dämonenmagie dagegen verzichten wir meist auf ein Lamen, da es ökonomischere Methoden der Evokation gibt, als gleich zwei identische Lamina pro Dämon anzufertigen.

Wenn Sie sich selbst ein Lamen anfertigen wollen, sollten Sie sich genau darüber klar sein, ob Sie den Unterschied zwischen Pentakel und Lamen wirklich begriffen haben; und Sie sollten natürlich auch wissen, zu welchem Zweck Sie das Lamen gebrauchen wollen.

Der magische Ring

Fast alle magischen Autoren behandeln den Ring recht stiefmütterlich, kaum daß er überhaupt jemals erwähnt wird. Dies ist um so verwunderlicher, als es sich beim magischen Ring doch um eines der gebräuchlichsten Instrumente in der Geschichte der Magie handelt und es kaum einen praktizierenden Magier gibt, der nicht über ein kleineres oder auch größeres Arsenal magischer Ringe verfügt.

Ein magisches Requisit mit variablem Symbolprinzip

Allerdings ist der Ring keine Elementwaffe, ihm ist kein feststehendes Symbolprinzip zugeordnet, er kann mal als Fetisch, mal als Talisman oder Amulett dienen, als Erkennungszeichen (beispielsweise einer Bruderschaft), als Emblem eines Grades – kurzum, er ist ein magisches Universalinstrument, das sich wie kaum ein zweites den Absichten des Magiers fügt und eine schier unbegrenzte Fülle an Einsatzmöglichkeiten aufweist.

Danach leuchtet es ein, daß sich der Ring nur schlecht in ein starres Regelgerüst zwingen läßt, was möglicherweise auch eine Erklärung für die große Zurückhaltung der (meist älteren) Autoren ist. Wir halten den Ring jedoch für eine der wichtigsten magischen Waffen überhaupt, und zwar sowohl aus praktischen als auch aus theoretischen Gründen.

Praktisch gesehen bietet sich der Ring als leichtes, bequem zu benutzendes und in seiner Herstellung im allgemeinen nicht zu aufwendiges oder zu teures Instrument an. Man verliert ihn nicht so ohne weiteres, sofern er gut am Finger sitzt, er kann äußerst unauffällig sein (was freilich nicht immer der Fall ist), denn schon ein einfacher Gold- oder Silberreif kann magisch geladen und am Körper getragen werden, ohne daß er allzu großes Aufsehen erregt. Da die große Mehrheit aller magischen Operationen mit Hand- und Fingertätigkeit verbunden ist, bietet es sich an, dies durch eine entsprechende »Bewaffnung« der Hände bzw. Finger zu unterstützen.

So ist es beispielsweise üblich, daß sich der Magier mindestens einen Ring anfertigt (oder anfertigen läßt), der seine magische Identität dokumentiert. Das kann ein schlichter, etwas breiterer Reif aus einem ihm genehmen Metall sein, in den er innen oder außen sein persönliches Motto in Form einer Sigil eingraviert oder auch Glyphen, die für jene Kräfte (z. B. Elemente, Planeten oder Dämonen bzw. Engel) stehen, mit denen er vornehmlich arbeitet, mit denen er einen Pakt geschlossen hat und so weiter. Es kann auch ein Ring für konstruktive Arbeiten sowie einer für destruktive Operationen angefertigt und durch Gebrauch geladen werden. Allerdings ziehen wir es vor, mit mindestens einem Ring zu arbeiten, der beide Seiten, die lichte wie die dunkle, miteinander vereint.

Die Gestaltung des Rings obliegt dem Magier selbst: Ob er bestimmte Edelsteine (zum Beispiel für Planetenkräfte) integriert, mit Mischmetallen arbeitet (zum Beispiel Gold und Silber als Symbol der »Chymischen Hochzeit« bzw. der Vereinigung der Gegensätze), ob er Ziselierungen anbringt oder Gravierungen/Bemalungen unter einer Metallbeschichtung (etwa durch Vergolden) verbirgt – seiner Phantasie sind in diesem Punkt keine Grenzen gesetzt.

Da Ringe, wie bereits angedeutet, auch die Funktion von Talismanen und Amuletten haben können, wird sich der Ringzauberer auch Ringe anfertigen, die nur zu bestimmten Zwecken oder bei besonderen Anlässen getragen werden, etwa einen Ring mit Heilungsenergie oder geldmagnetischen Eigenschaften, einen Ring für evokatorische Arbeiten, einen für Schutz im magischen Krieg und so weiter. Im alten Ägypten trug man auch gern Ringe mit Götterdarstellungen, die eine Verbindung zu den jeweiligen Energien herstellen sollten.

Logenringe sind Erkennungszeichen von Bruderschaften.

Logenringe sind Erkennungszeichen von Bruderschaften, sie können aber auch ganz allgemein die Verbundenheit mit einem bestimmten Prinzip bekunden. In der Abbildung 35 finden Sie zwei Beispiele dafür sowie einen dritten Ring aus meinem eigenen Arsenal.

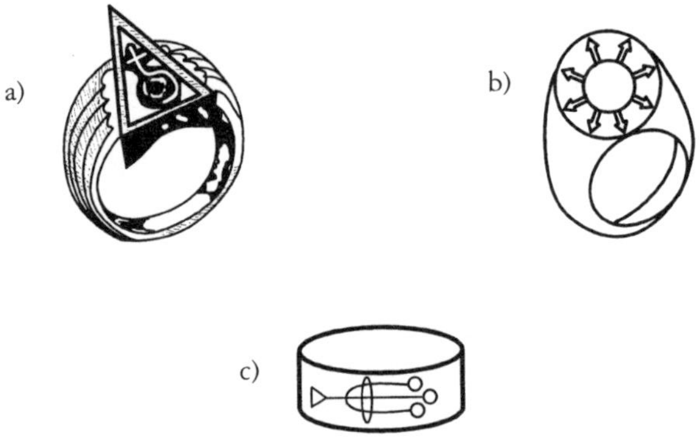

Abbildung 35: Magische Ringe
a) Logenring der Fraternitas Saturni;
b) Ring des magischen Pakts der Illuminaten von Thanateros (IOT)
c) Ring mit individueller Sigil (Fra V.·.D.·.)

Der magische Wille und das Prinzip von Thelema (II)

THELEMITEN, ABER NICHT-CROWLEYANER – WIE GEHT DAS?

> *I am the Magician and the Exorcist. I am the axle of the wheel, and the cube in the circle. ›Come unto me‹ is a foolish word: for it is I that go.*
>
> *(»Ich bin der Magier und der Exorzist. Ich bin die achse des rades und der würfel im kreise. ›Kommet zu mir‹ ist ein törichtes wort: denn ich bin es der geht.«)*
>
> *Liber Al*, II,7

Wir haben im letzten Abschnitt bereits gesehen, daß Crowley nicht der erste war, der sich in der Geschichte des Abendlandes mit dem Konzept des Wahren Willens befaßt hat. Sicher war er aber einer seiner radikalsten und kompromißlosesten Vertreter und steht damit zumindest weltanschaulich Seite an Seite mit einer Gestalt wie dem Marquis de Sade oder mit Gilles de Rais, die er übrigens beide hoch verehrte.

Ein weltweit verbreitetes magisches Konzept

Aber auch im außereuropäischen Raum finden wir ähnliche Vorstellungen, was ja bereits angedeutet wurde. Der Veranschaulichung halber sei hier noch auf eine weitere Praktik eingegangen. Es ist die Rede von der »Visionssuche«, wie sie beispielsweise in den schamanistisch geprägten indianischen Kulturen eine große Rolle spielt. Typischerweise wird sich dabei der angehende Schamane (oder auch jeder junge Mann kurz vor seiner Einweihung zum vollwertigen, erwachsenen Stammesmitglied) auf die Suche nach einer Lebensvision begeben. Dazu kann er Phasen der körperlichen Entsagung (Fasten, sexuelle Enthaltsamkeit, Zurückgezogenheit, Schmerzfolter) durchmachen, sei es als Vorbereitung oder als integraler Bestandteil der eigentlichen Visionssuche. Beispielsweise würde ein solcher Suchender nach längerer Fastenzeit mit einer fieberinduzierenden Droge behandelt, um sich im Fieberzustand in den Dschungel zu begeben und dort im Traum oder als Wachschau eine Vision zu erhalten, die ihm seinen weiteren Lebensweg aufzeigt. Offenbart ihm eine derartige Vision etwa, daß er zum Weg des Kriegers oder des Schamanen berufen ist, daß er sein Dorf verlassen und in die Fremde ziehen oder einen Krieg gegen den Nachbarstamm führen soll, so ist ihm dies für die Zukunft Leitschnur und Verpflichtung zugleich. Die Aussage »ich folge meiner Vision« gilt dann jedem anderen Stammesmitglied als unanfechtbare Rechtfertigung, doch versteht es sich von selbst, daß dergleichen nicht leichtfertig behauptet werden darf, da sonst die Schutzgeister oder der Große Geist das Sakrileg bestrafen würden.

Es gibt zahlreiche Berichte über indianische Menschen, denen keine Visionssuche gelingen wollte: Auch nach mehrmaligem Versuch kehrten sie ohne Erfolg zurück, was nicht selten eine schlimme Ächtung durch die Stammesgemeinschaft zur Folge hatte, so daß der Verdacht naheliegt, daß dabei zumindest gelegentlich doch kräftig nachgeholfen wurde, um einem solchen Schicksal zu entgehen. Wir erwähnen diesen Umstand vor allem deswegen, weil er zeigt, daß auch die in der heutigen romantisierenden Esoterik oft so vielgepriesenen Naturvölker nicht selten ihre liebe Müh' mit Visionsunfähigkeit und auch Schwierigkeiten bei der feinstofflichen Wahrnehmung haben.

Wer katholischer Priester werden will, der muß seine »Berufung« nachweisen; wie der Indianer sagen würde: seine Lebensvision als Seelsorger. Hier wird also zumindest in einem Teilbereich geprüft, ob das Thelema des Priesteramtskandidaten wirklich seiner Wahl entspricht oder ob darin nicht vielleicht eine bloße Laune oder das Ergebnis einer vorübergehenden Krise zu sehen ist.

So betrachtet ist Crowleys Konzept also keineswegs so neu, wie er es selbst gern darstellte. Auch mit dieser Relativierung wollen wir es nicht entwerten, doch ist es einer objektiveren Betrachtung der Magie sicher dienlich, wenn wir es in den richtigen Zusammenhang rücken. Wir erkennen auf diese Weise, daß Thelemiter sein noch lange nicht auch heißen muß, Crowleyaner zu sein. Dies ist insofern wichtig, als die Crowleyaner, wie es die Vertreter aller charismatischen Offenbarungsreligionen und Erlösungslehren tun, oft den Anspruch auf ein Definitionsmonopol des Begriffs Thelema erheben, der unserer Meinung nach weder durch Crowleys Buch des Gesetzes selbst noch durch den historischen Kontext des thelemitischen Konzepts zu rechtfertigen ist.

Thelemiter sein muß nicht heißen, Crowleyaner zu sein.

Wenig wird in der einschlägigen Literatur auch auf die Interpretationsmöglichkeiten des Thelema-Begriffs eingegangen. Die meisten Thelemiter scheinen davon auszugehen, daß das persönliche Thelema eine konstante Größe ist, die man einmal erfährt und die sich danach nicht mehr ändert. Eine solche Auffassung unterscheidet sich prinzipiell nur wenig vom sogenannten »Uhrwerk-Paradigma« früherer Zeiten, als man den Kosmos wie eine einzige große Zahnradmaschine verstehen wollte (vgl. zum Beispiel die newtonsche Physik). Nicht zuletzt durch die Erkenntnisse der modernen Teilchenphysik aber geraten solche Modelle zunehmend ins Wanken, so daß auch in der Magie von heute immer mehr relativistisches Gedankengut sowie Elemente der Philosophie des Kritischen Rationalismus (Popper), des Strukturalismus (Lévi-Strauss, Barthes, Lacan) und ganz allgemein des Skeptizismus Berücksichtigung finden. Ein solcher relativistischer, skeptischer Magier wird im Thelema

Ein relativistischer, skeptischer Magier wird im Thelema eine »Vision auf Zeit« sehen.

eine »Vision auf Zeit« sehen, eine Variable, die wie alles andere im Universum dem Wandel unterworfen ist und die es demzufolge immer wieder aufs neue zu erkennen und zu bestimmen gilt – ja, die vielleicht niemals wirklich in ihrer ganzen Spannweite erkannt werden kann.

Doch ist jetzt noch nicht die Zeit, um auf die spekulativeren Aspekte der magischen Philosophie einzugehen – zunächst ruft die Praxis! Nur durch die beständige persönliche Erfahrung kann der Magier zu einer fundierten Aussage über derlei Dinge gelangen, alles andere wäre bloßes Fürwahrhalten und Hörensagen.

Magie und Freier Wille

I am alone: there is no God where I am.
(»Ich bin allein: da ist kein Gott, wo ich bin.«)
Liber Al, II, 23

Bevor wir uns wieder praktischeren Dingen zuwenden, sollten wir uns allerdings noch ein wenig mit dem heftig umstrittenen Thema des »freien Willens« befassen. Das Spannungsfeld zwischen den Aussagen des Determinismus (»alles ist vorherbestimmt, der Mensch ist unfrei und abhängig von Natur, Gottheit, Schicksal«) und denen der Willensfreiheit (»alles ist offen und beeinflußbar, der Mensch ist frei und kann durch seinen Willen Einfluß auf Natur und Leben/Schicksal nehmen«) ist sehr groß, und dazwischen tobt seit einigen hundert Jahren ein erbitterter Kampf der Weltanschauungen.

Determinismus und Willensfreiheit

Auch die Magie ist davon nicht unberührt geblieben. Auf der einen Seite finden wir Aussagen westlicher wie östlicher Prägung, die dafür plädieren, daß der Magier sich der Ordnung des Weltganzen unterwerfen, sich in sie einfügen solle, denn nur dann könne er tatsächlich wirken und zum Mitbaumeister am Großen Werk werden. Auf der anderen Seite wird für die Einflußnahme des Magiers geworben, soll er sich selbst vergotten, soll seine eigene Macht erkennen, sie annehmen und sie nutzen, wie es seinem Willen entspricht.

Was den Anfänger natürlich oft verwirrt, ist die Tatsache, daß wir solche Aussagen nicht selten bei ein und demselben Magier finden,

Aleister Crowley selbst ist ein Paradebeispiel dafür, aber auch Autoren wie Levi, Papus, Quintscher oder Bardon befleißigen sich dieses scheinbaren Verwirrspiels. Häufig gewinnt man den Eindruck, daß hier ein Zwischenweg gesucht wird, daß gewissermaßen ein durch Anerkennung von (auch transzendenten!) Sachzwängen gemilderter freier Wille postuliert werden soll.

Das ist auch nicht verwunderlich, denn beide Auffassungen halten in ihrer Extremform der Wirklichkeitserfahrung nicht stand: Weder läßt sich unumstößlich belegen, daß der Mensch überhaupt keine Willensfreiheit besäße, noch können wir wirklich überzeugend die extreme Gegenposition vertreten, daß dem Menschen sämtliche Freiheit zur Verfügung stünde. Auf pragmatischer Ebene beschreiten wir ohnehin meist einen Mittelpfad. Zwei Beispiele können dies veranschaulichen:

1) Ein Straftäter wird von der Gesellschaft für sein Tun zur Verantwortung gezogen, weil sie ihm die Entscheidungsfreiheit zuspricht, sein schädliches Verhalten zu unterlassen. Er kann sich allenfalls auf mildernde (»die Willensfreiheit einschränkende«) Umstände berufen, wenn er sich dabei in einer Notlage befand, die seine Kräfte und Fähigkeiten offensichtlich überforderte. (Wer dem Hungertod ins Antlitz blicken muß, den können die Eigentumsansprüche reicher Lebensmittelläden nur wenig scheren.)

2) Trotz aller Willensmacht des Menschen bleibt er stets abhängig von zahllosen natürlichen Sachzwängen, so braucht er beispielsweise Sauerstoff und Wasser zum Überleben, kann sich keine Flügel wachsen lassen, um fliegen zu können, und so weiter.

Grundsätzlich handelt es sich bei der behaupteten Willensfreiheit um eine positive Utopie. Beispiel: Auch wenn der Mensch bisher noch keine Flügel zu entwickeln vermochte, muß dies doch nicht zwingend bedeuten, daß er es eines Tages nicht vielleicht doch noch tut.

Dieser Problematik wird sich der Magier täglich bewußt, weil er immer wieder an die Grenzen seiner Handlungsfähigkeit stößt und dennoch ebenso häufig erlebt, wie er früher für unüberwindbar gehaltene Grenzen sprengt und seinen Handlungsspielraum erweitern kann. So befindet er sich nicht selten auf einer Gratwanderung zwischen absolutem Selbstunwertgefühl (in seiner positi-

Auf Gratwanderung zwischen Demut und Selbstvertrauen

ven Ausformung: Demut) und ebenso absolutem Größenwahn (in seiner positiven Ausformung: Selbstvertrauen). Realistischer Magier zu sein heißt aber, auf dieser gefährlichen Fahrt zwischen Skylla und Charybdis sein inneres und äußeres Gleichgewicht zu behalten und nicht vom Mittelkurs abzukommen.

Betrachten wir abschließend einmal, wie Crowley das Problem behandelt. Bei dem hier zitierten Text handelt es sich um eine seiner eindeutigeren Passagen zum Thema:

> *Doch obwohl jeder Mensch »determiniert« ist, so daß jedes Tun nur das passive Ergebnis der Gesamtsumme aller Kräfte ist, die seit Ewigkeiten auf ihn einwirken, so daß sein eigener WILLE nur das Echo des WILLENS des Universums ist, ist dieses Bewußtsein um den »freien Willen« dennoch wertvoll; und je mehr er ihn wirklich als parteiischen und individuellen Ausdruck jener inneren Bewegung eines Universums begreift, deren Gesamtsumme die Ruhe ist, um so stärker wird er diese Harmonie, diese Totalität spüren. Und wenngleich das Glück, das er erfährt, dafür kritisiert werden kann, daß es nur die eine Schale einer Waage sei, deren andere Schale aus ebensogroßem Leid bestünde, gibt es doch auch jene, die der Auffassung sind, daß Leid nur darin bestehe, sich vom Universum abgetrennt zu fühlen und daß folglich jeder die geringeren Gefühle ausradieren könne mit Ausnahme jener unendlichen Glückseligkeit, die eine Phase des unendlichen Bewußtseins dieses ALLES ist. [...] Es hat keine besondere Bedeutung, zu bemerken, daß der Elefant und der Floh nichts anderes sein können als das, was sie sind; aber wir nehmen durchaus wahr, daß der eine größer ist als der andere. Das ist die Tatsache, die praktische Bedeutung hat.*
>
> *Wir wissen sehr wohl, daß Menschen dazu ausgebildet werden können, Dinge zu tun, die sie ohne Ausbildung nicht zu tun vermögen – und jeder, der einwirft, daß man keinen Menschen ausbilden könne, wenn es nicht sein Schicksal sei, ausgebildet zu werden, ist durch und durch unpraktisch. Ebenso ist es das Schicksal des Ausbildenden, auszubilden. Das deterministische Argument weist einen Denkfehler auf ähnlich jenem, der der Ursprung aller Spiel-»Systeme« beim Roulette ist. Die Wahrscheinlichkeit, daß zweimal hintereinander Rot kommt, beträgt etwas mehr als drei zu eins; doch wenn Rot schließlich einmal gefallen ist, haben sich die Bedingungen verändert.*
>
> *Es wäre sinnlos, auf einem solchen Punkt zu beharren, wäre da nicht die Tatsache, daß viele Leute Philosophie mit Magick verwechseln.*

> *Die Philosophie ist die Feindin der Magick. Die Philosophie versichert uns, daß im Endeffekt nichts wichtig sei und daß che sarà sarà.*
>
> *Im praktischen Leben, und Magick ist die praktischste aller Lebenskünste, tritt diese Schwierigkeit nicht auf. Es ist sinnlos, mit einem Mann, der gerade rennt, um einen Zug zu erreichen, darüber zu diskutieren, daß es ihm vom Schicksal bestimmt sein könnte, den Zug nicht mehr zu erwischen; er rennt einfach, und wenn er Atemluft erübrigen könnte, würde er nur sagen: »Zum Teufel mit dem Schicksal!«*
>
> [*Magick*, S. 65 f.]

Hier formuliert der Altmeister außerordentlich pragmatisch und nüchtern: Letztlich sollten alle Spekulationen über Determinismus und freien Willen hinter der Praxis zurücktreten. Es ist allemal besser, weil effektiver und beglückender, von sogenannten »Schicksalsgrenzen« abzusehen und nach der Maxime zu leben, daß man selbst Herr des eigenen Lebens ist. Andererseits hat es aber auch wenig Zweck, sich in kindlichem Allmachtswahn zu überfordern, um dann hinterher womöglich der Magie dafür die Schuld zuzuschieben. Deshalb betont Crowley übrigens auch im selben Zusammenhang die Wichtigkeit des »Magischen Verstehens« (Magical Understanding), ohne welches der Magische Wille nicht gedeihen kann.

Letztlich sollten alle Spekulationen hinter der Praxis zurücktreten.

EINFÜHRUNG IN DIE RITUALISTIK (XI)

37	78	29	70	21	62	13	54	5
6	38	79	30	71	22	63	14	46
47	7	39	80	31	72	23	55	15
16	48	8	40	81	32	64	24	56
57	17	49	9	41	73	33	65	25
26	58	18	50	1	42	74	34	66
67	27	59	10	51	2	43	75	35
36	68	19	60	11	52	3	44	76
77	28	69	20	61	12	53	4	45

Die magische Glocke

Abgesehen davon, daß bei vielen magischen Ritualen gern mit Klanginstrumenten gearbeitet wird, um einzelnen Phasen bzw. Abschnitte des Ritus zu markieren, hat die magische Glocke natürlich wie alle anderen Ritualwaffen auch eine ganze Reihe von symbolischen Bedeutungen. So gilt sie etwa als »Astrale Glocke«, womit der Kontakt zur »Anderswelt« angekündigt oder regelrecht eingeläutet wird. Sie dient daher als Werkzeug der Aufmerksamkeitserregung und der Warnung, zugleich aber feiert sie auch erhabene Passagen einer Hymne sowie besonders intensive Kommunikation mit den angerufenen Kräften und kann folglich auch als Instrument der Ekstase verwendet werden. Zudem markiert der Glockenschlag den Stillstand der profanen Zeit im Universum des Magiers, das sich in diesem ewigen Augenblick seinem Willen beugt.

Werkzeug der Aufmerksamkeitserregung, der Warnung und Kommunikation mit den angerufenen Kräften

Crowleys Beschreibung einer magischen Glocke unterscheidet sich nicht wesentlich von der einer Zimbel mit einem Schlagklöppel, der an einem Lederriemen hängt, welcher wiederum durch das Mittelloch der Zimbel gezogen und auf der anderen Seite zur Befestigung verknotet wird. Seiner Forderung nach soll die Glocke aus Electrum magicum bestehen, also einer Legierung aus den sieben Planetenmetallen, die schon in der mittelalterlichen Alchemie eine große Rolle spielte. Die einzelnen Metalle sollen bei günstigen Planetenständen nach und nach miteinander verschmolzen werden, zuerst also Gold und Silber bei förderlichen Sonnen- und Mondaspekten, dann Zinn, wenn der Jupiter gut steht, und weiter in diesem Sinne.

In der Praxis wird man meist mit einer nepalesischen oder tibetischen Zimbel vorliebnehmen, wie man sie im Asiatica-Handel erhält. Diese sind zwar häufig vorgeblich ebenfalls aus Elektrum gefertigt (was der Laie freilich kaum nachprüfen kann), entscheidender ist jedoch ihr wunderschöner Klang. Zimbeln werden in der Regel paarweise verkauft, wobei zwei Schalen miteinander durch ein Lederband verbunden sind. Geschlagen werden sie, indem man die Kante der einen leicht gegen die Kante der anderen Schale stoßen läßt. Durch langsames Entfernen der geschlagenen Zimbeln voneinander lassen sich interessante

Klangeffekte erzielen (vom »Wimmern« bis zum feinen Dröhnen), die wiederum sehr tranceförderlich sind.

Es soll an dieser Stelle allerdings auch nicht verschwiegen werden, daß die allermeisten heutigen Magier auf den Gebrauch einer Glocke als Symbol verzichten: Zwar verwenden sie durchaus Glocken, Zimbeln und andere Klanginstrumente, doch haben sie eher die Funktion eines Ritualbeiwerks, ohne daß ihnen noch große eigene Symbolkraft zugeschrieben würde.

Die magische Lampe

In Crowleys System ist die magische Lampe ein metaphysisches Symbol und Instrument von ungeheurer Komplexität, was Spötter zu der Bemerkung veranlaßt hat, seine Anleitungen zu ihrer Herstellung würden sich lesen, als wollte er dem Schüler empfehlen, mit bloßen Händen eine Glühbirne zu bauen. Allerdings gibt Crowley gar keine wirkliche Herstellungsempfehlung; im Gegenteil, die Lampe ist eine Ritualwaffe, die der Adept in seinem Orden A.·.A.·. sogar ohne Zustimmung seines Ordensvorgesetzten herstellen soll und die keiner Bestätigung durch andere bedarf.

Denn die Lampe symbolisiert für ihn das »Licht der reinen Seele«, die »Schau des Allerhöchsten«, vergleichbar Moses' Vision vom brennenden Busch. Es ist das ewige Licht der Erleuchtung, das über dem Altar hängt und allein vom Ätherelement gespeist wird. Ihr Licht sei, so schwärmt Crowley, »ohne Quantität noch Qualität, un-bedingt und ewig« [*Magick*, S. 104]. Er fährt fort:

> *Ohne dieses Licht könnte der Magier überhaupt nicht wirken; und doch sind es nur wenige Magier, die sie erfahren und noch weniger Jene, die ihr Leuchten geschaut haben!*
>
> *[...]*
>
> *Was immer du hast und was immer du bist sind Schleier vor diesem Licht.*
>
> *Und doch ist in einer solch großen Angelegenheit jeder Rat vergeblich. Es gibt keinen Meister, der so groß ist, daß er den gesamten Charakter eines Schülers erkennen könnte.*
>
> [*Magick*, S. 105]

Symbol der Verbindung zur Transzendenz

Die Lampe ist also Symbol des Zugangs zur Ätherebene, sie verkörpert die Illumination des Magiers, seine Verbindung zur Transzendenz. Ihr eigentliches Geheimnis ist es, daß sie keine physische Manifestation zu haben braucht. Technisch gesehen läßt sich die magische Lampe also als eine nichtstoffliche Ätherwaffe bezeichnen.

Aus dem Gesagten leuchtet wohl ein, daß es tatsächlich unmöglich ist, Anweisungen zu ihrer Herstellung zu geben. Daher sollte jeder Magier zu seiner eigenen Lampe finden.

STRUKTUREN MAGISCHER TRANCE (I)

Die Dämpfungs-trancen

Es ist nicht zuletzt ein Verdienst von Pete Carroll, dem Begründer der Chaos-Magie, unsere Aufmerksamkeit als Magier nicht nur auf die Bedeutung der von ihm als Gnosis definierten magischen Trance gerichtet, sondern diese zugleich auf anschauliche Weise kategorisiert zu haben. Wir wollen uns hier seiner Einteilung bedienen und diese etwas näher erläutern, da es nun an der Zeit ist, etwas tiefer in dieses vielleicht wichtigste Gebiet der modernen Magie einzusteigen.

Das vielleicht wichtigste Gebiet der modernen Magie

Grundsätzlich unterteilt Carroll im *Liber Null* in zwei Formen der Gnosis, nämlich in die Dämpfungs- und in die Erregungstrance. Schematisch sieht dies aus wie folgt.

DÄMPFUNGSTRANCE	ERREGUNGSTRANCE
• Todeshaltung	• sexuelle Erregung
• magische Trance auslösende Konzentrationen	• Gefühlsbewegungen wie Furcht, Wut und Entsetzen
• Schlafentzug • Fasten • Erschöpfung	• Schmerzfolter • Flagellation • Tanzen, Trommeln, Singsang
• Starren	• magisches Gehen
• hypnotische oder trance-induzierende Drogen	• erregende oder enthemmende Drogen • milde Halluzinogene • Hyperventilation
• Entzug der Sinnesreize (sensorische Deprivation)	• Reizüberflutung

Übersicht 21: Formen magischer Trance (nach Pete Carroll)

Wir werden uns als erstes intensiver mit den Dämpfungstrancen befassen, die Sie ja auch zum Teil bereits aus unserem Übungsprogramm kennen. Voranschickend soll noch erwähnt werden, daß die beiden magischen Grundprinzipien des »seelischen Emporloderns wie eine

Flamme« und des Herstellens »seelischer Stille, so tief wie ein See« (Crowley) sich in dieser Trancestruktur widerspiegelt. Die Art der gewählten Trance hängt ebensosehr vom Temperament des Magiers ab wie vom Ziel seiner jeweiligen magischen Operation.

DIE TODESHALTUNG

Über die Todeshaltung haben wir uns bereits ausführlich ausgelassen, so daß sie hier nicht weiter behandelt zu werden braucht. Dieser Zustand der forcierten Gedankenleere ist nach wie vor einer unserer wichtigsten Schlüssel zu magischen Kräften und Fähigkeiten, und es kann gar nicht genug betont werden, wie wesentlich es für jeden Magier ist, sich darin zu üben.

MAGISCHE TRANCE AUSLÖSENDE KONZENTRATIONEN

1. Konzentration auf Gegenstände
Dazu gehört unter anderem das Tratak. Diese Form der Konzentration läßt sich natürlich nach Belieben variieren.

2. Konzentration auf Klänge
Der Magier konzentriert sich konsequent auf akustisch vernehmbare, artikulierte oder imaginierte Klänge, meist Mantras, um auf diese Weise das Entstehen geistiger Worte zu verhindern und zugleich den Zugang zu Worten der Kraft zu entwickeln, ebenso seine Fähigkeit der lauten Beschwörung. (Es handelt sich dabei also auch um eine Form ritueller »Vor-Rhetorik«.)

3. Konzentration auf Bilder
Der Magier konzentriert sich auf Bilder oder Symbole, zum Beispiel auf einen Kreis, ein Quadrat oder ein Kreuz. Es können aber auch kompliziertere Bildabläufe verwendet werden. Dies ist der Schlüssel zur Mental- und Doppelgängermagie, ebenso zur Erschaffung von Psychogonen und zur Sigillenladung durch Starren. Auch die Dämonenmagie kann nicht auf diese Technik verzichten.

Durch diese drei Formen der Konzentration werden jene Hirninstanzen unter Kontrolle gebracht, die für die Entstehung von optischen und geistigen Bildern sowie gedanklichen Worte verantwortlich sind.

Sicher werden Sie bereits erkannt haben, daß alle drei Techniken in der Unendlichkeitsmeditation vereint waren, freilich mit der Ergänzung der Unendlichkeitsvorstellung. Lassen wir letztere nun weg, und setzen wir an ihre Stelle einen magischen Willenssatz, so erhalten wir eine äußerst wirkungsvolle magische Technik, vorausgesetzt, daß wir die durch unsere Meditationsübung erreichte Trancefähigkeit beibehalten oder – besser noch – weiterhin verfeinern.

Eine äußerst wirkungsvolle magische Technik

Im Gegensatz zu zahlreichen früheren Autoren ziehen wir es vor, in der praktischen Magie nicht allein mit Visualisationen zu arbeiten, da es sich gezeigt hat, daß wir auf diese Weise nur zu unzulänglichen und sporadischen Ergebnissen gelangen. Wo immer es anders auszusehen scheint, stellt sich bei genauerer Untersuchung heraus, daß in Wirklichkeit doch alle drei Konzentrationsformen beim erfolgreichen magischen Akt beteiligt waren.

Aus dem bisher über die Struktur der Psyche, die Gesetze des Vergessens sowie der Symbol-Logik und -Unschärferelation Gesagten dürfte deutlich geworden sein, daß diese Form der Magie weitaus effektiver und gründlicher vorgeht als alle rein gedanklichen Autosuggestionstechniken, die hauptsächlich mit Konzepten, aber nur wenig mit Bildern und Lauten arbeiten.

Dies hat sich in der modernen Magie nicht zuletzt darin niedergeschlagen, daß sie fast gänzlich auf die früher zur Regel gehörende Konzentration auf Gedanken verzichtet. Diese nahm früher meist die Form einer Konzentration auf das magische Ziel, auf den Wunsch des Magiers oder auf seinen Willenssatz an. An die Stelle dieser Form der Konzentration ist – sicher nicht zuletzt auch durch östliche, speziell tibetische Einflüsse – die Erzeugung von Gedankenleere getreten, die nach Herstellung während der magischen Operation mit einem verfremdeten Symbol des magischen Willens geimpft wird. Besonders deutlich ist dies bei der Sigillenmagie zu sehen, doch werden wir noch weiteren Disziplinen begegnen (beispielsweise der Puppenmagie), bei denen derart verfahren wird.

An die Stelle der Konzentration ist die Erzeugung von Gedankenleere getreten.

Vergessen Sie bei Ihrer Praxis bitte nicht, daß die hier aufgeführten Techniken zwar zur Gnosis führen, daß sie selbst aber noch keine Trance darstellen.

SCHLAFENTZUG, FASTEN, ERSCHÖPFUNG

Mit Hilfe dieser Techniken wird die Alltagsrealität »aufgeweicht«, und der Magier wird empfänglicher für die feinstoffliche Wahrnehmung, da der Zensor mit der Zeit immer matter wird. Von Pete Carroll als »beliebte alte Klostermethoden« (*Liber Null*, S. 32) bezeichnet, gehören diese Dämpfungstechniken noch heute zum Standardrepertoire aller Schamanen und Naturmagier. Die Kunst des Magiers besteht darin, aus dem zunächst etwas verwirrten Bewußtseinszustand, den diese drei Techniken bei hinreichender Dauer erzeugen, eine echte, schlagkräftige magische Trance zu schmieden, in der er sich noch genügend Kontrolle bewahrt, um sich selbst mit seinem magischen Willen zu imprägnieren. Etwas überspitzt ausgedrückt: Es genügt nicht, bis zum Umfallen zu fasten, es sei denn, daß man nur im Augenblick des Umfallens seinen magischen Willen zu laden vermag.

Die Alltagsrealität wird »aufgeweicht« und der Magier empfänglicher für die feinstoffliche Wahrnehmung.

Viel sinnvoller als jede übertriebene Selbstkasteiung ist ein maßvoller Umgang mit Schlafentzug, Fasten und/oder Erschöpfung, der präzise auf die natürliche (und die geschulte) Gnosisfähigkeit des Magiers abgestimmt ist. Das aber ist eine Frage der persönlichen Praxis und läßt sich von Außenstehenden nur schwer beurteilen, wenngleich zahlreiche Magier und Schamanen mit der Zeit einen gewissen Blick für Trancefähigkeit und -tiefe eines Menschen entwickeln und ihm entsprechend behilflich sein können, zu optimalen Ergebnissen zu gelangen. Dies wird vor allem vom Ritualleiter gefordert, der während einer Gruppenoperation dafür verantwortlich ist, die gemeinsamen Energien möglichst auf gleichem Niveau zu aktivieren, zu sammeln, zu imprägnieren und auf ihr Ziel hin weiterzuleiten.

Theoretisch kann man die wahre Meisterschaft eines Magiers daran erkennen, wie gut es ihm gelingt, auch unter widrigen Bedingungen die Teilnehmer an einem Gruppenritual möglichst synchron und ohne Ausnahme auf das gewünschte Gnosis-Niveau zu bringen, während er gleichzeitig – in Trance – den Überblick behält und dort gegensteuert, wo ein Teilnehmer außer Kontrolle zu geraten droht. Wenn Sie viel mit erfahrenen Könnern der Schwarzen Kunst zusammenarbeiten, werden Sie dies öfter beobachten.

Leider kennt aber auch diese Regel ihre Ausnahmen. So ziehen es vor allem jene Magier, die nach dem östlichen Paradigma des *wu-wei* (»nichthandelnd handeln«) arbeiten, meist vor, sich ausschließlich von der Gesamtqualität einer Gruppenarbeit zu überzeugen und den einzelnen Teilnehmer seiner eigenen Trance oder Nicht-Trance zu überlassen. Freilich beobachten wir in solchen Fällen oft, daß diese Meister die freigesetzte Energie entweder unbewußt durch die schiere Stärke und Qualität ihres eigenen Kraftfelds harmonisieren beziehungsweise nivellieren oder daß sie bewußt auf der Ebene feinstofflicher Energien auf subtile Weise etwaigen Disharmonien gegensteuern, was allerdings meist nur dem geübten Auge auffällt.

DAS STARREN

Dieses Thema haben wir bereits unter der Rubrik »Magischer Blick« gründlich genug abgehandelt, um hier auf weitere Erläuterungen verzichten zu können.

HYPNOTISCHE ODER TRANCEINDUZIERENDE DROGEN

Völlig abgesehen von der juristischen Problematik dieses Themas ist generell vom Gebrauch von Drogen zu magischen Zwecken abzuraten. Dies gilt zumindest für den Anfänger, besonders für jene, die bereits sehr viele Drogen ausprobiert haben und dies noch immer einigermaßen regelmäßig tun. Ein Trip ist noch lange kein Ritual! Wenngleich das Ritual auch zu Bewußtseinszuständen führen kann (aber nicht muß), die sehr stark jenen gleichen, welche wir durch den Gebrauch von Drogen herbeizuführen suchen, führen Drogen umgekehrt leider nicht zwangsläufig ins magische Ritual. Das Hauptproblem besteht vor allem darin, daß Drogen nicht nur den vielzitierten geistigen und körperlichen Kontrollver-

> *Vom Gebrauch von Drogen zu magischen Zwecken ist generell abzuraten.*

lust fördern, sondern zudem auch die Willensschärfe abstumpfen. Dies wird immer wieder vergessen, und so ist oft zu beobachten, wie sich vor allem jüngere Magier dabei auf Crowleys Drogeneskapaden berufen, die bei ihm aber, wie allzuoft vergessen wird, erstens zum Teil medizinisch indiziert waren (so bekam er beispielsweise Heroin ursprünglich gegen seine Asthmaanfälle verschrieben) und zweitens in einer lebenslangen Abhängigkeit endeten, aus der er sich bis zum Tod stets nur vorübergehend befreien konnte.

Doch selbst in seiner Abhängigkeit bewies Crowley noch eine Willensstärke und Charakterfestigkeit, die den meisten seiner heutigen Jünger leider abgeht. So erzählte mir ein später Freund Therions, wie dieser einmal, es war etwa drei Jahre vor seinem Tod, mitten im Gespräch plötzlich einen Asthmaanfall bekam, im Gesicht blau anlief und nur noch mit letzter Mühe zu einer Kommode wankte, der er eine bereits vorbereitete Heroinspritze entnahm, um sich die Droge zu verabreichen. Crowley mußte sich danach bei seinem Freund ausbedingen, daß dieser ihn im Wiederholungsfall niemals berühren oder behindern würde, da diese Spritze seine letzte Lebensrettungsreserve sei. Damals hatte Crowleys Hausarzt bereits damit begonnen, seine Heroinverschreibungen drastisch zu reduzieren, was dem Altmagier schwer zu schaffen machte, da er an eine sehr hohe Dosis der Droge gewöhnt war. Immerhin besaß er aber noch genügend Disziplin, um zumindest immer eine Reservespritze aufzubewahren, die er nur im äußersten Notfall eines Erstickungsanfalls anrührte. Wie viele heutige Junkies aber könnten da noch mithalten?

Wohl setzen Schamanen relativ häufig Drogen zur Trancestimulierung ein, doch geschieht dies in einem völlig anderen soziokulturellen Kontext, und meist ist in schamanischer Gesellschaft der Drogengebrauch stark sakralisiert, so daß dort jeder Mißbrauch letztlich ebenso streng geahndet wird wie in unserer Kultur.

Zu den hypnotischen und tranceinduzierenden Drogen gehören unter anderem: Alkohol in größeren Mengen, Cannabis sowie Schlaf- und Beruhigungsmittel, ebenso zahlreiche Psychopharmaka. Von einem wirklichen Könner entsprechend dosiert, ist es möglich, mit ihnen eine brauchbare magische Trance herbeizuführen, doch überwiegen die Nachteile leider ihren praktischen Nutzen, so daß ihr Gebrauch allenfalls bei schwerer Trancehemmung (wie sie gelegentlich bei völlig ungeschulten Anfängern zu beobachten ist) sowie bei Operationen in Frage kommt, bei denen stark visionär oder mit »weichen« Gruppenenergien gearbeitet wird; letzteres geschieht gelegentlich in der Sexualmagie.

ENTZUG VON SINNESREIZEN (SENSORISCHE DEPRIVATION)

Der sensorischen Deprivation dienten und dienen sowohl Klöster als auch Einsiedeleien, ebenso gelegentliche Exerzitien der Zurückgezogenheit.

Ziel ist es, dem Verstandesdenken möglichst wenige äußerliche Anhaltspunkte zu geben.

Ihr Ziel ist es, dem Verstandesdenken möglichst wenige äußerliche Anhaltspunkte zu geben, an die es sich klammern kann, bis es schließlich mangels äußerer Reize erlahmt.

Im Ritual stellen wir den Entzug von Sinnesreizen beispielsweise durch den Gebrauch von Augenbinden, Hauben und Dunkelheit her. Die Erfahrung lehrt, daß es aufgrund des damit verbundenen »Schockeffekts« erfolgversprechender ist, die Außenreize nur für eine kurze Weile auszuschalten, anstatt sie für längere Zeit zu verbannen. Längere sensorische Deprivation ist meist eher für mystische Praktiken geeignet.

Ein sehr gutes modernes Gerät für die Arbeit mit dieser Form der Gnosis ist der »Samadhi Tank« (auch »Meditationstank«), der von dem Bewußtseinsforscher John C. Lilly entwickelt wurde. In diesem Tank ruht man auf einer knapp fünf Zentimeter hohen Lake mit sehr starker Salzkonzentration (ähnlich wie im Toten Meer), während durch Tankdeckel und -wände alle optischen Reize sowie jeder Außenlärm ausgeschlossen bleiben. Schon nach wenigen Minuten verliert man jedes Zeitgefühl und erfährt eine außerordentlich tiefgehende Entspannung, da durch die hohe Treibkraft der Lake kein Muskel mehr belastet werden muß, um den Körper abzustützen. Derartige Tanks sind einerseits im Handel erhältlich, es gibt sie aber auch in vielen Großstädten in einschlägigen Therapiezentren. Wer damit noch keine Erfahrung gesammelt haben sollte, dem sei ein Versuch sehr empfohlen.

Es hängt, wie schon erwähnt, stark von den persönlichen Präferenzen und Zielen des Magiers ab, welchen Formen der Gnosis er den Vorzug geben soll. Es liegt auf der Hand, daß ein aggressiver Kampfzauber in der Regel eher mit einer Erregungstrance zu bewältigen sein wird als mit Dämpfungsgnosis. Andererseits kann ein solcher Zauber auch auf die Auflösung des Gegners oder seiner Situation abzielen, dann wird eine Art »ätzender Dämpfungstrance« sicher den größeren Erfolg davontragen.

Doch auch innerhalb jeder einzelnen dieser beiden Kategorien gibt es Unterschiede, die sich aber von einem Magier zum anderen völlig anders artikulieren können, so daß hierfür keine festen Regeln vorgegeben werden können. Im Idealfall führen alle Methoden natürlich zur selben Gnosis, doch zeigen sich in der Praxis einige Abweichungen, die sicher nicht zuletzt damit zusammenhängen, daß der Magier so gut wie nie eine Volltrance mit völligem Bewußtseinsverlust herbeiführt, da er dann ausschließlich vom Willen und Einfluß anderer abhängig wird.

Jeder Magier sollte die verschiedenen Energiequalitäten der hier vorgestellten Methoden gründlich kennen, damit er ein wirklich fundiertes Urteil über ihre Vorzüge und Nachteile fällen kann. Zudem ist es sinnvoll, stets mehrere Techniken parat zu haben für den Fall, daß die Durchführung der einen oder anderen Methode durch äußere Umstände erschwert oder verhindert wird. So wird es in einer Straßenbahn recht schwierig sein, eine echte sensorische Deprivation herbeizuführen, dafür läßt sich aber das magische Starren oder die Konzentration auf Klänge dort relativ leicht durchführen.

Es ist sinnvoll, stets mehrere Techniken parat zu haben.

Zudem will die Trance ja nicht nur erreicht, sondern auch beherrscht werden, sonst führt sie zum genauen Gegenteil dessen, was der Magier eigentlich beabsichtigt. Daher ist unermüdliches Üben auf diesem Feld oberstes Gebot aller modernen und schamanischen Magie.

Berichte aus der magischen Praxis (IV)

Aleister Crowley berichtet uns von einem mittlerweile berühmt gewordenen Zauber mit sehr seltsamen Auswirkungen. So wartete er einmal dringend auf einen Brief von einer bestimmten Person, die einige tausend Meilen entfernt war. Schließlich entschloß er sich zu einem Ritual, um den Erhalt des Schreibens zu erzwingen.

Tatsächlich kam auch wenige Tage später der gewünschte Brief – doch war er bereits über eine Woche zuvor abgeschickt worden. Den Kommentar zu diesem Ereignis entnehmen wir diesmal der Rubrik »Tante Klaras Kummertempel« aus der heute nicht mehr erscheinenden Magie-Zeitschrift *ANUBIS*:

> *Man hat verschiedene Erklärungsmodelle für solche Erscheinungen vorgeschlagen. Das einfachste, das zudem wegen seiner Schlichtheit nicht unsympathisch ist, besagt, daß hier im Prinzip eine Divination vorliegt: Der Magier spürt intuitiv, daß ein Ereignis sich anbahnt, und handelt instinktiv entsprechend, »um es herbeizuführen«.*
>
> *Die Frage ist allerdings, ob das gewünschte Ereignis trotz vorheriger Auslösung ohne das Ritual auch tatsächlich eingetreten wäre. (Der Brief hätte ja beispielsweise auch verlorengehen können o. ä.) Das läßt sich natürlich nicht überprüfen, aber es gibt Magier, die dazu raten, selbst dann noch ein Ritual für ein bestimmtes angepeiltes Ziel durchzuführen, wenn dieses bereits vor Ritualbeginn erreicht wurde! Das hat zumindest den Vorteil, die Angelegenheit in der Sprache der Seelensymbole endgültig abzuschließen, ein religiöser Mensch würde vielleicht eine rituelle Danksagung daraus machen.*
>
> *In der heutigen Magie fühlt man dem Problem der »retroaktiven Zauber«, wie man dieses Phänomen technisch nennt, immer stärker auf den Zahn. Schließlich leben wir modernen Zauberinnen und Zauberer ja auch in einer Welt, die mit Science-fiction und Zeitreisemythen vertraut ist und in der selbst Physiker mit »rückläufiger Zeit« rechnen. Wenn die Magie tatsächlich, und dafür spricht manches, im Grunde nur eine Informationssteuerung ist (daher auch der [...] erst kürzlich geprägte Begriff »Kybermagie« für diese noch in Entwicklung befindliche Magieform, abgeleitet von dem Wort »Kybernetik« oder »Steuerungslehre«); wenn Information ihrerseits aber über die Grenzen von Raum und Zeit hinweg existieren und übertragen werden kann (was übrigens die gesamte Inkarnationstheorie unnötig machen würde!) – schließlich besitzt sie ja keine Masse und möglicherweise auch keine Energie –, so sehen wir am Horizont zukünftige Erklärungsmodelle aufblitzen, die jedenfalls meinen armen Tantenkopf samt Dauerwelle gehörig ins Schleudern bringen könnten. Denn die Frage lautet dann: Können wir mit Magie die Vergangenheit verändern? Können wir – wohlgemerkt im nachhinein! – Zeitweichen stellen? Ehrlich gesagt scheue ich mich noch, eine derartig abgründige, realitätserschütternde Behauptung aufzustellen. Aber wenn, ich wieder-*

hole: wenn dem wirklich so sein sollte, so handelt es sich bei den retroaktiven Zaubern um »Erinnerungen an die Zukunft«, gegen die sich die Astronautengötter und UFOs der Herren Charroux und Däniken ausmachen wie harmlose Gartenzwerge. Wenn der Magier tatsächlich, wie ja oft behauptet und von uns Praktikern immer wieder bestätigt wird, die Realität verändert, wenn er zudem ein Realitätstänzer jenseits von Zeit und Raum ist und wenn es uns gelingen sollte, diese Behauptung auf eine theoretische und praktische, anwendbare, überprüfbare Grundlage zu stellen, dann dürfte die Feststellung wohl nicht übertrieben sein, daß wir innerhalb der Magie – und nicht nur dort – gegenwärtig vor dem größten geistigen Quantensprung in der gesamten Geschichte der Menschheit stehen.

{...} es tut mir aufrichtig leid, daß ich {...} nur mit zahllosen weiteren Fragen anworten konnte, vielleicht habe ich die Sache sogar noch dunkler und unverständlicher gemacht, als sie es vorher schon war. Doch tragen Sie's mit Fassung – noch ist nicht aller Tanten Abend, und wenn die gegenwärtigen Entwicklungen innerhalb der magischen Szene auch nur die Hälfte von dem halten, was sie augenblicklich versprechen, so werden wir wohl noch vor der Jahrtausendwende eine Magie unser eigen nennen können, wie die Menschheit sie noch nie gesehen hat. Dann werden wir nämlich möglicherweise ganz gezielt und bewußt retroaktiv zaubern können, daß unser Raum-Zeit-Kontinuum nur so wackelt! Die ersten Anfänge sind gemacht, und zur Zeit sind bereits unsere besten Köpfe (und das sind immerhin einige Dutzend) dabei, die Herausforderung anzunehmen und zu prüfen, was sich daraus machen läßt. In diesem Sinne leben wir in einer äußerst aufregenden, interessanten Epoche – was freilich nach chinesischem Diktum eher ein Fluch wäre. Aber egal, auch das werden wir überleben ... Es geht doch nichts über den rechten Pioniergeist – à l'hazard, Kybernautikos!

[ANUBIS, H. 8, S. 51–53]

Die obigen Ausführungen werfen die Frage nach fiktiven »morphogenetischen Feldern« auf, etwa wenn man früheren Generationen magische Fähigkeiten und so weiter zuspricht oder »uralte« Bruderschaften erfindet – ist dies vielleicht tatsächlich ein Versuch, die Gegenwartsrealität durch Zeitumkehr zu beeinflussen? Das Beispiel wurde bewußt ohne Lösungsvorschläge gebracht, um zu zeigen, daß es in der modernen Magie noch manches zu entdecken gilt und daß wir uns unserer Realitäts- und Zeitmuster niemals gänzlich sicher sein können, und um zu eigenem Nachdenken über derartige Probleme der Magie anzuregen.

Praktische Übungen

ÜBUNG 42
SYSTEMATISCHE TRANCE-SCHULUNG (I)
DÄMPFUNGSGNOSIS

Stelle Dir nach dem in diesem Abschnitt Beschriebenen einen eigenen systematischen Übungsplan zusammen, um auf regelmäßiger Basis immer vertrauter mit den verschiedenen Formen und Methoden der Dämpfungsgnosis zu werden. Dies solltest Du mindestens viermal wöchentlich üben, wobei kurze Phasen von etwa 15–30 Minuten meist genügen dürften.

LITERATURNACHWEIS

Pete Carroll, *Liber Null – praktische Magie. Das offizielle Einweihungshandbuch des englischen Ordens IOT*, Unkel: Edition Magus, 1986[3]

STRUKTUREN MAGISCHER TRANCE (II)

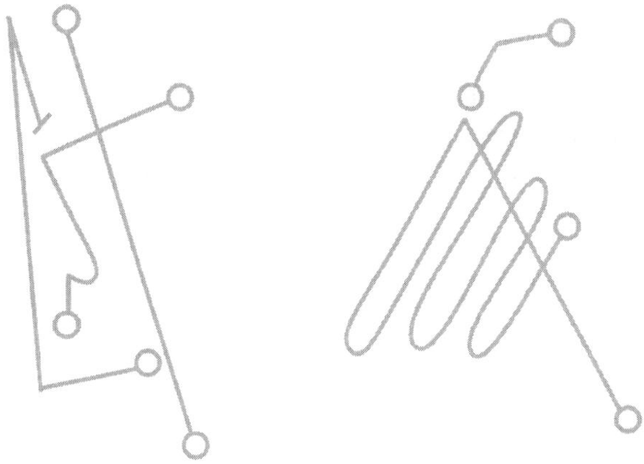

DIE ERREGUNGS-TRANCEN

SEXUELLE ERREGUNG

Wie Sie bereits im Zusammenhang mit der Sigillenmagie erfahren haben, stellt die sexuelle Erregung eines der erfahrungsgemäß mächtigsten Werkzeuge des Magiers dar. Im Zustand der Erregung wird der Zensor oft bis zu hundert Prozent ausgeschaltet*, der Zugang zum Unbewußten liegt frei, und der Magier kann darin implantieren, was er für seine Operation benötigt.

Im Zustand der Erregung liegt der Zugang zum Unbewußten frei.

Die sexuelle Erregung kann auf jede individuell bevorzugte Weise hergestellt werden – aber auch und gerade mit Methoden, die der Magier nicht unbedingt liebt. Letzteres ist vor allem vorzuziehen bei: a) Operationen, die nach besonders starken Energien verlangen; b) nach übermäßiger Gewöhnung (Routinebildung) an sexualmagische Arbeiten; c) bei sexueller Übersättigung.

Pete Carroll erwähnt (*Liber Null*, S. 32), daß die sexuelle Erregung besonders gut zur Erschaffung von Wesenheiten (Psychogonen) geeignet ist, während bei Arbeiten mit einem Partner dieser ein bestimmtes Prinzip bzw. eine Gottheit invozieren und materiell verkörpern kann, worauf eine geschlechtliche Vereinigung mit dem invozierten Prinzip stattfinden könnte, was auch bei sexualmystischen und tantrischen Operationen bevorzugt wird. Orgasmusverhaltung durch Karezza und wiederholte Stimulierung ohne orgasmischen Höhepunkt kann ebenso zu einer der Divination sehr förderlichen Trance führen wie wiederholte Orgasmen in möglichst kurzem zeitlichen Abstand, wobei letzteres freilich in den meisten Fällen schon eher einer Erschöpfungstrance entspricht. Allerdings kann der Magier auf diese Weise auch die von Crowley so hochgelobte »eroto-komatose Luzidität« erreichen, auf die wir im Zusammenhang mit der Sexualmagie noch näher eingehen werden. Freilich sollte der Magier bei dieser Methode auch dafür sorgen, daß seine gewöhnliche Sexualität nicht

* *Das dies nicht dasselbe ist wie eine Ausschaltung des Bewußtseins, wird häufig übersehen oder vergessen!*

übermäßig von Gedankenassoziationen und Phantasien beherrscht wird, da dies leicht zu unguten Vermischungen der Symbole führen kann.

GEFÜHLSBEWEGUNGEN

Prinzipiell lassen sich sämtliche Gefühlszustände zu magischen Zwecken nutzen. Wirklich wirkungsvoll sind aber erfahrungsgemäß fast nur Wut, Furcht und Entsetzen. Alle drei können schon auf der physischen Ebene zur Freisetzung ungeahnter Fähigkeiten führen, man denke beispielsweise an die schier unglaublich gesteigerten Körperkräfte eines Tobsüchtigen oder an das Durchhaltevermögen und die körperliche Leistungskraft von Menschen, die in Panik geraten sind. Von ihrer Wirksamkeit her sind diese drei Emotionen sicher ebenso stark wie die sexuelle Erregung, doch haben sie den Nachteil, nur selten ohne großen Aufwand in Alleinregie geweckt werden zu können. Ein systematisches Training kann zwar auch hier manches Hindernis aus dem Weg räumen, und jeder Magier sollte sich einem solchen unterziehen, dennoch wird es meist schwierig bleiben, beispielsweise auf Befehl einen Wutanfall zu erzeugen, um ihn dann auch noch magisch zu verwerten.

Gefühlszustände zur Freisetzung ungeahnter Fähigkeiten

Anders bei der Einweihung durch andere: Hier wurde früher und wird auch heute noch häufig vor allem mit den Energien der Angst und des Entsetzens gearbeitet, die »Einweihung durch Schrecken« ist ein einschlägiges, bekanntes Stichwort.

SCHMERZFOLTER UND FLAGELLATION

Tanzen, Trommeln, Singsang

Hierbei haben wir es mit dem genauen Gegenteil der Methode von Schlafentzug, Fasten und Erschöpfung zur Erreichung von Trance zu tun: Wo letztere beruhigen und dämpfen, peitschen erstere Geist und Körper auf. Extremer, unerträglicher Schmerz mündet immer entweder in Bewußtlosigkeit oder in Lust: Denn nur durch die ekstatische Hinnahme kann der menschliche Organismus Schmerz länger ertragen. Die Büßerkolonnen des Mittelalters mit ihren Springprozessionen und Selbstgeißelungen, die Fakirpraktiken von hinduistischen und christlichen Gläubigen auf Sri Lanka und den Philippinen – sie alle stellen Beispiele für einen Zugang zur Ekstase dar, sie legen Verstand und Zensor lahm und machen den Geist schließlich so einspitzig, wie ihn auch der Magier bei seinen Operationen benötigt. Freilich haben diese Methoden auch den großen Nachteil, sehr schnell zu uneffektiven, dafür aber um so schädlicheren Exzessen zu führen. Denn wenn der Körper von Natur aus relativ schmerzunempfindlich sein sollte oder es durch Abstumpfung geworden ist, steigt die Reizschwelle immer höher, bis schließlich nur noch durch echte Selbstverstümmelungen die angestrebte Wirkung erzielt werden kann. Daher ist vom übermäßigen Gebrauch dieser Praktiken dringend abzuraten.

Anders bei Tanzen, Trommeln und Singsang (Chanten): Sowohl allein als auch in der Gruppe praktiziert, können sie sehr schnell in eine sehr brauchbare Erregungstrance führen. Dabei kommt es nicht einmal auf die musikalische und gymnastische Fähigkeit des Magiers an, wiewohl eine Gruppenarbeit natürlich nach weitaus sorgfältigerer Koordination verlangt als die Arbeit allein im eigenen Tempel. Besonders die afrikanischen und afroamerikanischen Kulte (Voodoo, Macumba, Candomblé, Santería) bedienen sich dieser Mittel, ebenso natürlich der weltweite Schamanismus, von den Tungusen Sibiriens und den Samen Lapplands bis zu den Indianern Nord- und Südamerikas oder den Aborigines Australiens. Zum Singsang gehören neben Mantras und kultisch-magischen Liedern auch die Exaltation durch Lyrik (Hymnen), erzählte Mythen und »barbarische Namen der Evokation« bzw. Zauberformeln und Worte der Macht. Bei musikalischer Unterstützung einer magischen Operation ist auf möglichst ausgeprägte Rhythmik und eine gewisse Monotonie (Wiederholungseffekt) zu achten. Erfahrene Trommler beginnen meist mit einem Herzschlagrhythmus, da sich das unwillkürliche Nervensystem derartigen Außenreizen leichter anpaßt, wenn es mit ihnen erst eine Weile in Harmonie geschwungen ist. Wird der Rhythmus dann beispielsweise gesteigert, so paßt sich auch die Herzschlagrate der Beteiligten dem in gewissem Umfang an.

Schnelle und »nebenwirkungsfreie« Formen der Erregungstrance

Magisches Gehen
Das magische Gehen ist eine Technik, die dem Zen-Gehen verwandt ist, über dieses jedoch hinausführt. Man geht lange Strecken unter gleichzeitiger Anwendung des 180°-Blicks, wobei man zugleich Hände, Finger und Arme in möglichst ungewöhnlichen Stellungen hält. Als hilfreich hat sich auch erwiesen, mit dem Daumennagel seitlich in das empfindliche Nagelglied des kleinen Fingers zu drücken. Dies erzeugt einen gewissen Schmerz, der aber völlig ungefährlich ist, solange die Haut dabei nicht beschädigt wird. Schließlich wird der Geist ganz in seiner Umgebung aufgehen, und das Denken setzt aus. Aus der Beschreibung wird deutlich, daß diese Technik weniger dazu geeignet ist, spezifische magische Operationen durchzuführen (mit Ausnahme der Ladung mantrischer Sigillen) als vielmehr dazu, derartige Bewußtseinszustände zu trainieren. Dabei kann ürigens auch zusätzlich mit Hyperventilation (siehe unten) gearbeitet werden.

ERREGENDE ODER ENTHEMMENDE DROGEN, MILDE HALLUZINOGENE, HYPERVENTILATION

Beachten Sie bitte nochmals, was wir zum Gebrauch von Drogen in der Magie geschrieben haben. Dem ist prinzipiell nichts hinzuzufügen. Zu den erregenden oder enthemmenden Drogen sowie zu den milden Halluzinogenen (nie vergessen: entscheidend ist stets die Dosis) gehören unter anderem Alkohol in kleineren Mengen, Kokain, kleine und mittlere Dosen von Cannabis sowie LSD, Meskalin und Psilocybin, ebenso manche moderne Designerdrogen und natürlich die Aufputschmittel (Amphetamine). Recht wirkungsvoll und doch mild ist ein Tee aus der Galangalwurzel (Rhizoma galangal), der möglichst heiß getrunken wird. Dieses Mittel ist übrigens legal. Aber auch Schwarztee, Kaffee und Tabak können bei entsprechender Dosierung eine erregende bis enthemmende Wirkung haben, freilich um den Preis ihrer recht zweifelhaften gesundheitlichen Folgen. Wir möchten hier nochmals betonen, daß wir aus den schon erwähnten Gründen generell vom Drogengebrauch abraten!

Bei der Hyperventilation wird durch schnelles, kräftiges Schnaufen über längere Zeit (in der Regel zwischen 5 und 15 Minuten, oft auch länger) ein Sauerstoffüberschuß im Gehirn erzeugt, der sogar zu richtigen halluzinatorischen Erscheinungen führen kann. Sollten Sie unter gesundheitlichen Problemen im Herzbereich leiden oder angegriffene Atemorgane (Lunge, Bronchien) haben, so müssen Sie unbedingt vor einer solchen Praktik, die ohnehin schon wegen der dabei häufig entstehenden katatonischen Krämpfe am Anfang nur unterfachkundiger Aufsicht stattfinden sollte, unbedingt Ihren Arzt oder Heilpraktiker konsultieren! Das gilt auch für allgemeine Kreislaufbeschwerden sowie besonders für Asthmatiker und Epileptiker.

REIZÜBERFLUTUNG

Dienen Klöster und Einsiedeleien als spezielle Orte zur Herstellung von Reizentzug, so läßt sich die Reizüberflutung praktisch überall erreichen. Dabei werden meist zahlreiche verschiedenen Techniken benutzt, um möglichst sämtliche Sinnesorgane gleichzeitig oder nacheinander zu reizen und auf diese Weise Erregungsgnosis herzustellen. Dabei können auch Dämpfungsmethoden Verwendung finden, die durch ihre Einbettung in ein Erregungsschema einen umgekehrten Effekt erzielen als gewöhnlich. So gehörte es beispielsweise zu den klassischen Methoden tantrischer Ausbildung, daß der Einweihungskandidat mit verbundenen Augen längere Zeit wachgehalten wurde (Schlafentzug), um einer Geißelung (Schmerzfolter) unterzogen zu werden, bis man ihm Haschisch verabreicht und ihn zu Mitternacht auf einen Friedhof bringt, wo er mit seiner Gurini (weiblicher Guru) auf einem Leichnam kopulierend die Vereinigung mit seiner Gottheit vollzieht. Heutige westliche Methoden schließen den Gebrauch modernster Technik ein, etwa indem die Reizüberflutung mit Hilfe von Stereoanlagen, Radios und Fernsehern (alle gleichzeitig laufend) hergestellt wird, bis der Geist in Ekstase/Gnosis gerät.

Fassen wir zum Schluß dieser Betrachtung das strukturale Grundprinzip der Gnosis mit folgendem Zitat aus dem *Liber Null* zusammen:

> *Der Gipfel der Erregung und die absolute Ruhe – das sind magisch und physiologisch die gleichen Orte. In dieser verborgenen Dimension des eigenen Seins kreist der Raubhabicht des Selbst (…), frei vom Wollen und doch bereit, sich in jede Erfahrung und jede Tat zu stürzen.*
> [S. 68]

PLANETENMAGIE (IV)

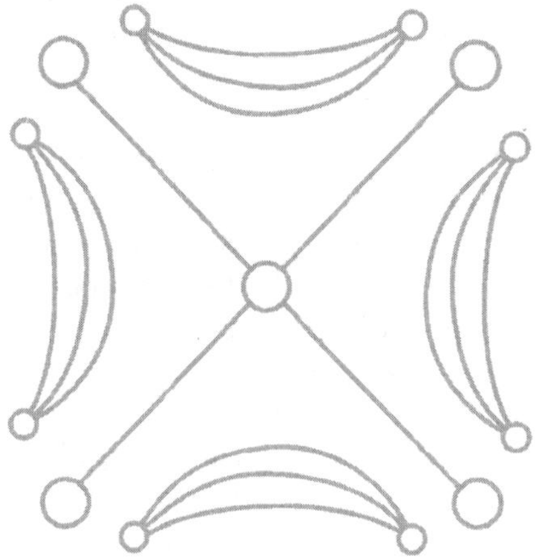

MONDMAGIE

Gelegentlich hört man, daß ein männlicher Magieadept von sich behauptet, »im Grunde genommen ein Mond-Magier« zu sein. Was ist darunter zu verstehen? Man müßte sehr weit ausholen, um alle Einzelheiten anzuführen, die den Mond (bzw. die Göttin Luna und ihre Pantheon-Verwandten) im Laufe der zehntausendjährigen Geschichte westlicher und östlicher Geheimlehren zum Inbegriff des Magischen überhaupt gemacht haben. Wir erwähnten bereits den Ausdruck »sublunare« Welt, mit dem man im Mittelalter und in der Renaissance alles Irdische, aber auch und gerade das Magisch-Zauberhafte des Daseins bezeichnete.

Der Mond/die Göttin Luna: Inbegriff des Magischen überhaupt

Der Einfluß des Mondes auf das irdische Leben ist schon seit langem Gegenstand intensivster Forschung. Wir wissen beispielsweise vom Rhythmus der durch die Mondanziehungskraft indirekt ausgelösten Gezeiten; die Menses der Frau dauert ca. einen Mondmonat lang; Gastwirte und Klinikpersonal in psychiatrischen Krankenhäuser bestätigen immer wieder, daß Gäste und Patienten zu Voll- und Neumond besonders trinkfreudig bzw. seelisch unruhig werden; manchen (allerdings etwas umstrittenen) statistischen Erhebungen zufolge soll die Zahl der Verkehrsunfälle und der Selbstmorde zu diesen Mondphasen signifikant steigen; die Fortpflanzungszyklen zahlreicher Meerestiere wie Seeigel, Kammuschel und Palolo-Wurm sind von den Mondphasen abhängig, ebenso menschliche Geburten und viele Pflanzenarten. Und natürlich kennen wir alle den Somnambulismus der »Mondsüchtigen«, einen Zustand, in dem ein Mensch oft die wunderlichsten Dinge vollbringt, beispielsweise mit geschlossenen Augen über Dächer zu balancieren und ähnliches. Noch sind längst nicht alle Einflüsse des Mondes erforscht, aber es ist auch naturwissenschaftlich nicht mehr zu leugnen, daß an den alten Überlieferungen viel dran ist.

Da nimmt es nicht wunder, daß dem Mond seit jeher große Bedeutung zugekommen ist und zahlreiche Kulturen (wie beispielsweise noch heute der Islam) ihren Kalender nach ihm ausrichteten und nicht etwa nach der Sonne.

Zwar ist die Zuordnung »Mond = weibliches Prinzip« nicht so grundsätzlich und unabänderbar, wie in magischen Kreisen oft angenommen wird; schon im Deutschen besitzt dieser Himmelskör-

> *Die Zuordnung »Mond = weibliches Prinzip« ist nicht grundsätzlich und unabänderbar.*

per männliches Geschlecht, und uralte Mondgottheiten wie der ägyptische Thot/Tahuti (der erst später dem Merkur zugeschrieben wurde), waren ebenfalls männlich. Doch ist es nicht unsere Aufgabe, hier diesen ziemlich verzwickten und kaum überschaubaren Entwicklungen und Besonderheiten nachzugehen; spätestens seit Aggrippa und Paracelsus jedenfalls kennt die westliche Magie nur ein weibliches Mondprinzip. Da der Mond im Verborgenen regiert, zum Beispiel indem er die »Säfte« beherrscht, die wir heute teilweise mit den Hormonen gleichsetzen können; da er am Himmel anschwillt, wächst, prall wird und wieder verschwindet, bis er zur Neumondphase (Sonnenkonjunktion) überhaupt nicht mehr am Himmel zu sehen ist; und da er zudem die Nacht je nach Leuchtkraft hell oder dunkel macht, ist er zum Symbol des Geheimnisvollen, der Intuition und des Tiefenseelischen geworden, mithin also auch ebenjener Instanzen, die über die magischen Kräfte verfügen und sie wirksam machen können.

Magier, die eine stärkere Beziehung zur Sonne haben als zum Mond, neigen fast immer zur Mystik und zur Religion. Gewiß gibt es eine echte Sonnenmagie, aber es sind doch in erster Linie die Mondkulte, in denen die Magie wirklich gedeiht und ihre Blütezeiten erlebt, während die Sonnenkulte Priestertum und organisierte Religiosität hervorbringen, die die anarchisch-individualistische Magie nicht selten in Ketten legen und sie »zivilisieren« wollen, indem sie sie monopolisieren. Das klassische Beispiel dafür ist das Kirchenchristentum, das alle magischen Akte leugnet oder ablehnt, wenn sie nicht von der Priesterkaste als »Bodenpersonal Gottes« durchgeführt werden (dann heißen sie »Sakrament« oder – ganz selten auch einmal – »Wunder Gottes«), und das vielmehr auf Gebet und Fürbitte setzt.

Wenn wir uns als Planetenmagier mit dem Mondprinzip befassen, sollten wir uns der Spannung zwischen den beiden Polaritätsfeldern Sonne und Mond bewußt sein. Selbstverständlich wird ein guter Planetenmagier in seinem Kalkül stets beide berücksichtigen und die Energien einer konstruktiven Zusammenarbeit zuführen, anstatt sie gegeneinander auszuspielen.

Das Verborgene des Mondes hat natürlich auch seine – oft als bedrohlich empfundene – Schattenseite, meist durch den (häufig auch als »Schwarzmond« bezeichneten) Neumond symbolisiert. Die Frage, was denn nun wohl zuerst dagewesen sein muß, die Gleichsetzung des Mondes mit dem Weiblichen (und der Furcht davor) oder die Angst vor dem Weiblichen und seine darauffolgende Projektion in das Symbol des Erdtrabanten, wird sich wohl niemals endgültig beantworten lassen. Sicher hat aber die Verachtung des Mondes, der ja im Gegensatz zur Sonne ein »nur« spiegelndes Prinzip ohne Eigenlicht ist, häufig den symbol-ideologischen Überbau für die Unterdrückung der Frau und allem, wofür sie stand und steht, abgegeben. Dies hängt gewiß auch mit der Unsicherheit und Wechselhaftigkeit zusammen, die uns der Mond unentwegt vorexerziert: »Sublunar« bedeutet auch »unbeständig, wankelmütig«, weshalb der Mond übrigens in der alten, klassischen Astrologie meist als »Übeltäter« galt.

Ganz anders dagegen das Sonnenprinzip, das auf rationale – und rationelle – Berechenbarkeit pocht. Immerhin »stirbt« die Sonne nicht jeden Monat, und wenn auch die halbjährlichen Sonnenwendfeiern den Topos des »Sonnentods« und der »Sonnengeburt« manifestieren, so hat die Sonne doch im Grunde den beständigeren Charakter. Schon deshalb müssen die Sonnenkulte geradezu zwangsläufig gegen die individuell-lunare, jeden Status quo bedrohende Magie Sturm laufen. Denn wo das Sonnenprinzip sich in der Staatsräson und in der »Vernunft des Kollektivs« verkörpert, läßt der Mond alle Grenzen der Realität rauschhaft verschwinden, entlarvt er die Fiktion einer berechenbaren Welt stets aufs neue. So gesehen ist der oft blutige Konflikt zwischen männlichem Priester und weiblicher Hexe, der ja auch ein Abbild des Geschlechterkampfs ist, etwas geradezu unabdingbar Natürliches.

Der Mond läßt alle Grenzen der Realität rauschhaft verschwinden.

Vergessen wir dabei allerdings nicht, daß sich im Prinzip des am Himmel und im Horoskop oft so unscheinbaren Merkur beide zum Androgyn vereinen und über diese Grundpolarität hinauswachsen. Auch hier sind es allerdings stets die Mondkulte gewesen, die dem Androgynideal eher huldigten als die stets auf imperialistisches Staatsdenken fixierten Sonnenreligionen.*

* *Man betrachte einmal zur Veranschaulichung die – auch in der gleichnamigen Verfilmung Fellinis verarbeitete – Androgyn-Episode im* Satyricon *des spätrömischen Schriftstellers und »Modepapstes« Gaius Petronius Arbiter.*

Ein weiterer Unterschied zwischen solarem und lunarem Sein sollte auch vom Planetenmagier erkannt werden: Wo das Sonnenprinzip zentrifugal ist, ist das des Mondes zentripetal. Dies ist nichts anderes als die alte Regel, daß daß Männliche expansiv, das Weibliche dagegen kontraktiv ist, doch kann es für den Menschen von heute für das bessere Verständnis sehr hilfreich sein, sich auch dieser Begriffe zu bedienen. Zentrifugal heißt, aus der Mitte hinaus nach außen schleudernd (Zentrumsflucht) – und dabei wenig Fremdes dauerhaft assimilierend, sondern es eher im eigenen Feuer verbrennend. Zentripetal dagegen bedeutet, aus dem Sog der Mitte heraus eine Einwärtsbewegung vollziehend – und dabei viel Fremdes dauerhaft assimilierend, um es im eigenen Schmelztiegel zum Bestandteil des Ganzen zu machen (Zentrumssuche). Man kann darin auch das phallische und das kteïsche (vaginale) Prinzip sehen, in östlicher Terminologie also Lingam und Yoni, Yang und Yin, in psychologischer Betrachtungsweise Extro- und Introvertiertheit, Geben und Nehmen, Aggressivität und Passivität und so weiter. All dies dürfte bekannt sein, doch ist es immer nützlich, sich zu überlegen, wie und wo es sich auch ganz konkret und praktisch im Alltag äußert – und natürlich auch in der eigenen Magie selbst.

Polarität von Sonne und Mond

Noch heute arbeiten viele Magier nach dem Prinzip, daß konstruktive Arbeiten möglichst nur während der zunehmenden, destruktive Operationen hingegen nur während der abnehmenden Mondphase durchgeführt werden sollten. Zwar hat sich der Nutzen dieser Regel in der Praxis sehr häufig bestätigt, doch macht man es sich nach heutigem Erkenntnisstand ein wenig zu leicht, wenn man nun rein mechanisch danach verfährt. Der Grundgedanke dieses Systems ist sicher richtig: daß nämlich der Mensch und alles Leben natürlichen, mikro- wie makrokosmischen Rhythmen unterliegt*. Doch es gibt auch berechtigte Einwände dagegen. So zeigt die magische Praxis jedes Magiers immer wieder Abweichungen von dieser Norm, die sich unseres Erach-

* *Was, nebenbei bemerkt, auch die einzige ernstzunehmende theoretische Rechtfertigung der Astrologie darstellt, die über das bloße Behaupten empirischen Faktenmaterials hinausgeht – freilich eine, wie wir meinen, sehr wichtige und überzeugende.*

tens zur Zeit wohl besser aus der individuellen Biorhythmik heraus erklären lassen als durch den zweifellos wichtigen Einfluß des Mondes selbst. So beobachten viele Magier an sich selbst schwankende Phasen energetischer Höhe- und Tiefpunkte, die sich oft ohne erkennbare Gesetzmäßigkeit verschieben. Es könnte also beispielsweise vorkommen, daß Sie Ihr magisch-energetisches Hoch jahrelang relativ pünktlich zu Vollmond haben*, während Sie sich zu Neumond eher matt und kraftlos fühlen; und schließlich könnte sich dies nach einigen Jahren der Praxis fast unmerklich oder auch sehr drastisch und plötzlich umkehren.

Mondmagie sollte mit einer Bewußtwerdung beginnen.

Mondmagie zu betreiben bedeutet nicht zuletzt auch, sich der eigenen, persönlichen Mondrhythmen bewußt zu werden. Daher sollte sie mit einer Bewußtwerdung dieser Rhythmen beginnen. Dies kann durch systematische Beobachtung der Mondphasen geschehen, durch die Überprüfung des eigenen Energiepegels, des Traumlebens, der Visions- und Divinationsfähigkeit oder ähnliches. Nicht nur Frauen, auch Männer haben nach den Erkenntnissen der modernen Rhythmenforschung ihre »Tage«, Zeiten also, in denen sie weicher, empfänglicher, empfindsamer, aber auch empfindlicher und anfälliger sind als sonst – und Phasen, da ihnen schier alles gelingen will, da sie vor Kraft geradezu strotzen und ihre seelische wie körperliche Widerstandskraft ihren Höhepunkt hat.

Ein tagesrhythmisches Prinzip macht sich beispielsweise die Kampf- und Heilungsmagie zunutze, wenn sie sich an der alten Regel orientiert, daß magische Angriffe und Heilungen am besten gegen vier Uhr morgens (Ortszeit) gelingen. Dies ist eine Phase, da die allermeisten Zielpersonen ein biorhythmisches Tagestief durchlaufen**, was sie entsprechend anfällig/empfänglich macht. Yogis und Mystiker lieben diese Uhrzeit ebenfalls und empfehlen sie zur Meditation, denn dann ist der Geist offen für feinstoffliche Wahrnehmungen und Energien. Wir erkennen daran, wie wichtig es ist, auf Rhythmen aller Art zu ach-

* *Meistens gilt dabei, übrigens auch für die praktische Arbeit und die Terminierung derselben, ohnehin eine Schwankungsbreite von plusminus drei Tagen.*

** *Übrigens auch ein Grund, weshalb man spät am Abend nichts mehr essen sollte, da die Verdauungsfunktionen in der Nacht generell eingeschränkt sind.*

ten – vom Tages- über den Wochenrhythmus (»Blauer Montag«, Wochenendphasen) bis zum Monats- (Menses), Jahres- (Jahreszeiten) und sogar Lebensrhythmus (Kindheit/Jugend/Alter, Wechseljahre). Der Mond als Inbegriff aller Rhythmik prägt sicher nicht sämtliche Zyklen, doch stellt er einen ausgezeichneten Indikator an, mit dessen Hilfe wir das auch auf der Symbolebene so wichtige rhythmische Denken und Handeln leichter üben und verwirklichen können. Zudem ist die Rhythmik so etwas wie »geordnete Zeit«, wodurch sie uns den Zugang zu dieser alles beherrschenden und doch so flüchtigen, kaum greifbaren Dimension erschließt. Halten wir uns an die Erkenntnis des Weisen Salomo, der ja seit altersher als einer der Ahnherren unserer Zunft gilt:

> *Ein jegliches hat seine Zeit, und alles Vorhaben unter dem Himmel hat seine Stunde: geboren werden hat seine Zeit, sterben hat seine Zeit; pflanzen hat seine Zeit, ausreißen, was gepflanzt ist, hat seine Zeit; töten hat seine Zeit, heilen hat seine Zeit; abbrechen hat seine Zeit, bauen hat seine Zeit; weinen hat seine Zeit, lachen hat seine Zeit; klagen hat seine Zeit, tanzen hat seine Zeit; Steine wegwerfen hat seine Zeit, Steine sammeln hat seine Zeit; herzen hat seine Zeit, aufhören zu herzen hat seine Zeit; suchen hat seine Zeit, verlieren hat seine Zeit; behalten hat seine Zeit, wegwerfen hat seine Zeit; zerreißen hat seine Zeit, zunähen hat seine Zeit; schweigen hat seine Zeit, reden hat seine Zeit; lieben hat seine Zeit, hassen hat seine Zeit; Streit hat seine Zeit, Friede hat seine Zeit. Man mühe sich ab, wie man will, so hat man keinen Gewinn davon.*
> [Pred., iii, 1–9]

Da wir bereits ausführlich auf Ritualstrukturen eingegangen sind und dieses Wissen nun voraussetzen können, wollen wir bei unserer Behandlung der einzelnen Planeten im Rahmen der Ritualmagie auf die Schilderung von Ritualabläufen verzichten und statt dessen in Form von Assoziationshilfen und traditionellen Korrespondenzen einige Anregungen zur Ritualgestaltung geben, die natürlich jeder Magier für seine eigene Praxis umgestalten kann und soll. Betrachten Sie die folgenden Ausführungen also bitte unbedingt nur als Vorschläge und nicht etwa als strenge Regeln und Vorschriften!

Anregungen zur Ritualgestaltung

Wir folgen dabei mehreren Strukturen zugleich. Zunächst unterteilen wir, wie es die Chaos-Magie tut, in die fünf »klassischen« Disziplinen der Magie: Divination, Evokation, Invokation, Zauberei und Illumination.

Im Anschluß daran listen wir einige Vorschläge für den praktischen Einsatz mondmagischer Prinzipien auf.

In der Rubrik »Konkrete Anwendungen« haben wir auch die Kategorie »Mystik« aufgeführt. Darunter verstehen wir unter anderem all jene Anwendungen, die wir zuvor unter dem Begriff »Illumination« zusammengefaßt haben.

Die Mondmagie in den klassischen Disziplinen

Divination (Hellsehen)
Arbeit mit dem magischen Spiegel zur Zukunftsschau und zur Clairvoyance auf der räumlichen Ebene (»Fern-Sehen«); Inkubation von Wahrträumen

Evokation (Erschaffung/Beschwörung von Wesenheiten)
Psychogone für eigene Intuition und zur Erzeugung von Verwirrung bei Gegnern; Heilungspsychogone

Invokation (Aktivierung/Aufnahme eines Wesensprinzips)
Anima-Arbeit; Erkennen/Verändern der makrokosmischen/mikrokosmischen Rhythmik; Heilungsmagie

Zauberei (Erfolgsmagie)
Betörung von Geschlechtspartnern; Tarnzauber; Telepathie; Traumbeeinflussung; vorübergehender Geldzuwachs in geringen Mengen; Streitschlichtung bei Dritten; Heilung

Illumination (Erleuchtung und Selbstentwicklung)
Erkennen der eigenen Lebensrhythmen; Schau der Göttin

Elementzuordnung: Wasser
Tierkreiszeichen: Krebs; Skorpion; Fische
Sephira: Yesod
Tarotkarte: II Die Hohepriesterin

Zur genaueren Spezifizierung folgt nun eine Auswahl von Anwendungsbeispielen.

Konkrete Anwendungen (Beispiele)

Heilungsmagie
Frauenleiden; Rhythmusstörungen; Blutreinigung; Harmonisierung der »Säfte« (des Hormonhaushalts); Blasenleiden

Kampfmagie (defensiv)
Schärfung der Aufmerksamkeit; Erahnen gegnerischer Operationen und Absichten; Schutz vor Zersetzung; Konterkarieren von Vernebelungszaubern, Enttarnung

Kampfmagie (aggressiv)
Verwirrungszauber; psychische und materielle Zersetzung; sexuelle Kampfpsychogone (Sexualentodung); Störfeuer durch unerwünschte Liebes- und Bindungszauber; Ablenkung und Konzentrationsschwächung

Sexualmagie
Tantra; Erfahren der eigenen Weiblichkeit; Arbeit mit Sukkubi und Inkubi

Mystik
Yoni-Kult; Zugang zu den Urmüttern

In der Abbildung 36 finden Sie der Bequemlichkeit halber noch einmal das magische Quadrat und die traditionellen Sigillen des Planeten und seiner Intelligenzen respektive Dämonien, die Sie bereits aus der Werkmappe Sigillenmagie in der Praxis kennen dürften. Auf ihren genauen Gebrauch gehen wir noch bei der Behandlung der Talismantik und der Dämonen- bzw. Evokationsmagie ein.

Im Anschluß daran sind zwei Mondhymnen aus meiner eigenen Feder abgedruckt, die als Anregung zum Schreiben eigener Texte dienen mögen. In meiner rituellen Praxis pflege ich diese Hymnen neunmal zu wiederholen.

37	78	29	70	21	62	13	54	5
6	38	79	30	71	22	63	14	46
47	7	39	80	31	72	23	55	15
16	48	8	40	81	32	64	24	56
57	17	49	9	41	73	33	65	25
26	58	18	50	1	42	74	34	66
67	27	59	10	51	2	43	75	35
36	68	19	60	11	52	3	44	76
77	28	69	20	61	12	53	4	45

(Quersumme: 369)

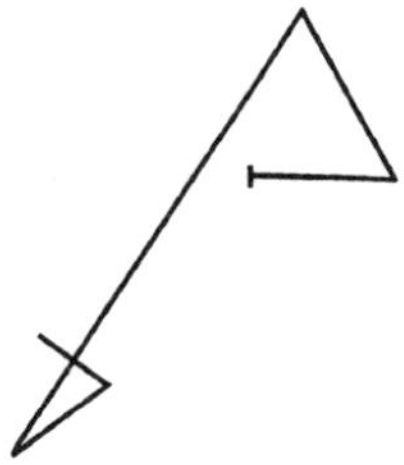

Dämonium:
CHASHMODAI

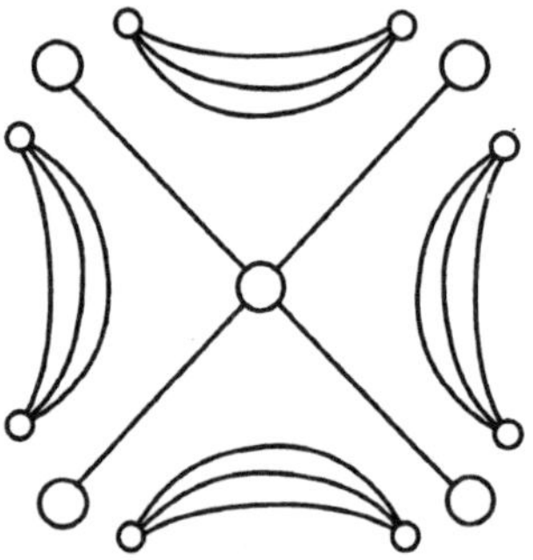

Planetensiegel

Dämonium der Monddämonien:
SHAD BARSCHEMOTH
HA-SCHARTATHAN

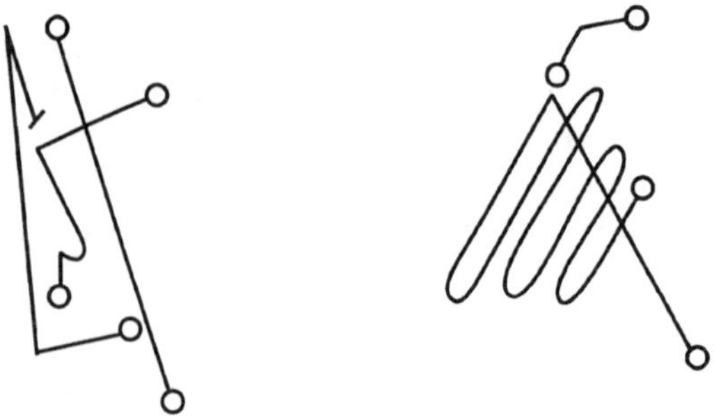

Intelligenz der Mondintelligenzen:
MALCAH BETARSHISIM VE-AD RUACHOTH
HA-SCHECHALIM

Abbildung 36: Mondmagie

Hymne an Luna

(Vollmond-Hymne)

mondin, meine, große mutter
schwester liebreiz, lichte frau
schmückst mit silber deine wasser
funkelnd, glitzernd, haar voll tau.

zauberst kreise, läßt sie schwanken
sachte, leise, lichterranken
hehre weise, nimmer kranken
deine tiere, deine schwestern.
ist das ihre morgen, gestern
reichst du ihnen deinen spiegel
gibst die träume, brichst die siegel
läßt die bilder taumeln, wanken.

mondin, helle zeitgemahlin
sonnengattin, nebelfrau
zierst die schleier deiner welten
wildgemähnte, zärtlich, rauh.

mondin, bin dir treu ergeben
mondin, singe preis dem leben
unterm schimmern; und verweben
will ich deine mächte, streben
nach dem prallen strahlenglanz
deiner fülle lichterkranz
deiner brüste lüste tanz
ach, zur tiefe mich erheben.

sei du meine edle minne,
sei mit mir, wenn ich gewinne
was deiner gnade füllhorn gibt

ach, nie wardst du so geliebt!
ach, nie wardst du so geliebt!

Fra V.·.D.·.

HYMNE AN HEKATE (Neumond-Hymne)

schwarzmond, lilith, dunkle schwester
nimmst die höllen in die hand
ob als schwächster, ob als bester –
stets bin ich aus dir gebrannt.

weist das finstre in der seele
zeigst mir meine schattenfrau
ob ich leide, ob ich quäle
was und wen, trinkst dunklen tau.

bluterin der sternenwälder
bist vermählt mit deinem feuer
stirbst im herrn der lichten felder
stets ein alter, stets ein neuer.

stirbst und gibst den spiegel preis
dumpf befleckt im walde wann
ach, die sonne lodert heiß
fordert, nimmt und packt – und dann?

schwarzmond, lilith, dunkle mutter
gibst aus einem wurf der erde
daß sie lebe, wacher werde
daß sie bebe, mahre, pferde,
traumgesang vom gottesfutter.

mondin, tote, höre mich!
mondin, dunkle, kose mich!
mondin, finstre, würge mich!
mondin, herbe, stürze mich!

stürze mich in deine tiefen
die mich lockten, die mich riefen
lockten seit die zeit begann
riefen in den zauberbann
deiner küsse eisenhand.
durch meine adern rieselt sand.

und öde-fruchtbar sei das land!
und öde-fruchtbar sei das land!

Fra V.·.D.·.

EXKURS: KARMA UND MAGIE

Die Frage nach dem Karma beschäftigt die westliche Esoterik schon, seit dieser östliche Begriff durch die Theosophie eingeführt und von zahllosen ihrer Nachfolger, Anhänger und auch Gegner aufgegriffen und weitergesponnen wurde. Selten ist über ein Thema so viel hahnebüchener Unsinn geschrieben worden, selten wurde ein gänzlich unwestliches Denkprinzip so gründlich mißverstanden und »christianisiert«. Auch wenn inzwischen viele Esoteriker das Lippenbekenntnis ablegen, Karma sei gar keine »Sünde« im christlichen Sinne, sondern vielmehr »nur« das Gesetz von Ursache und Wirkung, so sieht ihr Umgang damit in der Praxis doch meist immer noch völlig anders aus: Da wird das Karma eben doch zu einer Art entchristianisierter Sünde hochstilisiert, gilt es als oberstes Ziel, nur »gutes« Karma anzuhäufen, um gar keinen Preis aber »schlechtes«, werden die banalsten Alltagsprobleme, aber auch schwere Schicksalsschläge, Geburtsfehler und Erkrankungen mit einer solch kritiklosen Naivität irgendwelchen Schandtaten in »früheren Leben« angedichtet, daß einem sehr schnell Thomas Manns wenig schmeichelhaftes Diktum von der »Gesindestubenmetaphysik« einfällt. Daran war Gautama, der historische Buddha, nicht unschuldig, denn auch er pflegte gelegentlich in diese Kerbe zu schlagen, um seine Anhänger zu disziplinieren. Was den heutigen Magier am meisten irritiert, ist die nicht auszurottende Behauptung von mit der praktischen Magie meist gänzlich unvertrauten, selbsternannten »Weisheitsbesitzern«, daß jegliche Magie die allerschlimmsten karmischen Folgen zeitige – eine Dämonisierung sondergleichen, deren Spiegelseite die immer wieder aufflackernde bigotte, weil in Wirklichkeit doch nur scheinbar »aufklärerische« Medienhetze wider »Satanssekten« und »Teufelskulte« ist, die schon manch eine Magierexistenz mit völlig haltlosen, unbewiesenen Vorwürfen gnadenlos vernichtet hat.

Sinn und Unsinn des Karmaprinzips

Einer der scharfsinnigsten Kritiker dieser Fehlentwicklung ist und bleibt mit Sicherheit Aleister Crowley, weshalb wir ihn auch zu diesem Thema in einiger Länge zitieren wollen.

> *Diese Vorstellung vom Karma wurde von vielen, die es eigentlich hätten besser wissen müssen, der Buddha eingeschlossen, im Sinne von ausgleichender Gerechtigkeit und Vergeltung mißverstanden.*

Wir kennen eine Geschichte von einem der Arahats Buddhas, der blind war und daher beim Auf- und Abschreiten ohne es zu wissen, eine gewisse Anzahl Insekten tötete. (Für den Buddhisten ist die Vernichtung von Leben das schlimmste aller Verbrechen.) Seine Mit-Arahats fragten, wie es sich damit verhalte, worauf Buddha ihnen eine lange Geschichte darüber erzählte, wie der Betreffende in einer früheren Inkarnation eine Frau auf bösartige Weise des Augenlichts beraubt habe. Das ist nichts als ein Märchen, eine Schauerlegende, um die Kinder zu erschrecken, und zudem wahrscheinlich auch die schlimmste Methode, die Jugend zu beeinflussen, die sich menschliche Dummheit jemals ausgedacht hat.

Karma funktioniert nicht im geringsten nach diesem Prinzip.

So oder so sollten moralische Fabeln sehr sorgfältig konstruiert werden, sonst können sie gefährlich für jene werden, die sie benutzen.

Sie erinnern sich bestimmt an Bunyans Leidenschaft und Geduld: der ungezogene Junge Leidenschaft spielte mit all seinen Spielzeugen und zerbrach sie, während der brave kleine Geduld sie sorgfältig beiseite legte. Bunyan vergißt freilich zu erwähnen, daß, bis Leidenschaft seine ganzen Spielzeuge zerbrochen hatte, er ohnehin über sie hinausgewachsen war.

Karma funktioniert nicht auf diese erbsenzählende Weise. »Auge um Auge« ist eine Art brutaler, wilder Gerechtigkeit, und die Vorstellung von Gerechtigkeit in unserem menschlichen Sinne ist dem Wesen des Universums völlig fremd.

Karma ist das Gesetz von Ursache und Wirkung. Seine Wirkung ist in keiner Hinsicht verhältnismäßig. Wenn ein Zufall erst einmal geschehen ist, läßt sich unmöglich voraussagen, was als nächstes passieren wird; und das Universum ist selbst ein einziger, riesiger Zufall.

Zehntausendmal gehen wir hinaus zum Tee, ohne daß uns etwas Schlimmes widerfährt, und beim tausendunderstenmal begegnen wir jemandem, der unser ganzes Leben gründlich umkrempelt.

Es gibt insofern eine Art Sinn, als daß jede Wahrnehmung, die sich unserem Geist einprägt, das Ergebnis sämtlicher Kräfte der Vergangenheit ist; kein Ereignis ist so unbedeutend, um nicht auf irgendeine Weise unser Sosein beeinflußt zu haben. Doch das hat nichts von kruder Vergeltung an sich. Man kann binnen einer knappen Stunde hunderttausend Leben am Fuße des Baltoro-Gletschers töten, wie es Frater P. einst tat. Es wäre dumm zu glauben, wie der Theosoph es gerne tut, daß eine solche Tat einem nun das Schicksal auferlegen würde, hunderttausend Male von einer Laus umgebracht zu werden.

Dieses Kontobuch des Karma wird getrennt von der Kleingeldkasse geführt; und was das schiere Volumen angeht, so ist dieses Kleingeldkonto sehr viel umfangreicher als das Kontobuch.

Wenn wir zuviel Lachs essen, bekommen wir Verdauungsstörungen und vielleicht auch Alpträume. Es ist albern anzunehmen, daß einmal eine Zeit kommen wird, da ein Lachs uns frißt und wir uns mit ihm nicht einverstanden erklären können.

Andererseits werden wir auf schlimmste Weise für Vergehen bestraft, die überhaupt nicht unsere Schuld sind. Sogar unsere Tugenden stacheln die beleidigte Natur zur Rachsucht an.

Karma wächst nur an dem, wovon es sich nährt; und wenn Karma richtig aufgezogen werden soll, bedarf es einer sehr sorgfältigen Diät.

Die Taten der Mehrzahl aller Menschen machen einander selbst zunichte; kaum wird tatsächlich mal eine Anstrengung unternommen, schon wird sie mit Faulheit wieder aufgewogen. Eros weicht Anteros.

Nicht ein Mensch von tausend entflieht auch nur dem Augenschein nach der Alltagsroutine des tierischen Lebens.

[*Magick*, S. 100 f.]

> *Eine Entstaubung und Entdämonisierung des Karma-Begriffs ist überfällig.*

Es wird langsam Zeit, daß wir als Magier den Karma-Begriff wieder entdämonisieren und von kindischem Ballast befreien. Wenn Sie einem anderen Menschen einen Nasenstüber verpassen, so besteht das »Karma« dieser Tat darin, daß dem anderen nun die Nase schmerzt, und aus nichts weiterem! Daß er Ihnen nun vielleicht seinerseits eine Ohrfeige gibt, ist bereits eine Sekundärfolge des Nasenschmerzes Ihres Opfers bzw. seiner Wut über die eigene Unachtsamkeit, Ihre Aggressivität falsch eingeschätzt und nicht vorher den Kopf weggezogen zu haben.

Sinnvoller als die naive, unreflektierte Befrachtung mit dem alten »Schuld-und-Sühne«-Komplex ist da schon der psychologische Ansatz, der die Karma-Vermeidung propagiert, weil es sonst zu einem innerseelischen Gewissenskonflikt kommen kann, der sogar bis zu psychosomatischen Erkrankungen führen könnte. In diesem Sinne ist es schon psychologisch sinnvoll, nur das zu tun, wohinter man mit ganzem Herzen steht – eine völlig rationale Formulierung der crowleyschen Maxime »Du hast kein Recht außer deinen Willen zu tun«. Wer sich daran hält, braucht nicht unbedingt eine Reinkarnationslehre – womit wir freilich nicht behaupten wollen und dürfen, daß diese grundlegend falsch und irrig sei, auch wenn wir selbst kein Vertreter dieser Doktrin sind.

Berichte aus der magischen Praxis (V)

Die Wirkung von Liebeszaubern stellt ein interessantes Element magischer Erfolgskontrolle dar. Strenggenommen handelt es sich bei den meisten sogenannten Liebeszaubern in Wirklichkeit um Bindungszauber: In der Regel soll bei einer Zielperson eine emotionale Bindung an den Magier oder seinen Klienten geweckt und genutzt werden. Das Problem solcher Zauber besteht jedoch meistens darin, daß sie den Magier beziehungsweise seinen Auftraggeber fast immer sehr viel stärker an die Zielperson binden als umgekehrt. So wird der Erfolg der magischen Operation bald zur Obsession, bis vom bekannten Prinzip »Nichtverhaftetsein/Nichtdesinteresse« so gut wie nichts mehr übrigbleibt und die Zielperson auf astraler/imaginativer Ebene sogar die Züge eines Sukkubus oder Inkubus annehmen kann, also eines energetisch extrem geladenen und mächtigen astralen Sexualpartners beziehungsweise -dämons, mit dem richtig umzugehen einiges an Erfahrung und Selbstbeherrschung erfordert, da es sonst zu starken Energieverlusten, ja bis zu einer Fast-Entodung mit den entsprechenden Folgen kommen kann. Ganz ähnliches gilt für die Dämonenmagie überhaupt. Daher ist es erfahrungsgemäß immer vorzuziehen, einen allgemeinen anstelle eines spezifischen, auf eine bestimmte Zielperson ausgerichteten Liebeszauber durchzuführen. Man zaubert also »für einen Liebespartner«, ohne diesen vorher genau zu benennen. Dann bleibt dem Magier oder seinem Klienten immer noch die Wahl, ob er eine sich daraufhin ergebende Gelegenheit beim Schopf packen soll oder nicht. Beim Bindungszauber ist eine derartige Möglichkeit oft nicht mehr gegeben, etwa wenn die Zielperson tatsächlich wie gewünscht auf den Zauber reagiert und sich schließlich zu einer regelrechten Klette am Bein entwickelt, die wieder loszuwerden dann meist – da es sich ja um eine magische Bindung handelt – ungeheure Anstrengungen erfordert und nicht selten zu katastrophalen Krisen führt.

Meiner eigenen Praxis entstammen die folgenden beiden Beispiele. Eine gute Freundin bat mich einmal, einen Liebestalisman für sie zu laden, mit dem sie einen Liebespartner erhalten wollte. Sie hatte zwar schon einige Beziehungen, teilweise parallel nebeinander her laufend, doch erschien ihr dieser Zustand auf die Dauer als unbefriedigend, und sie wollte nun lieber einen festen Partner haben. Sicher war es nicht zuletzt auch ein Stück Neugier auf ihrer Seite, wie ein solcher Talisman sich bei ihr wohl auswirken würde, denn von gelegentlichen gemeinsamen Ritualen abgesehen hatte sie nur sehr wenig magische Erfahrung.

Ich entschloß mich zur Herstellung eines Venus-Talismans nach traditionellen Prinzipien. Zunächst berechnete ich eine Elektion, also einen astrologisch günstigen Zeitpunkt für die Operation, wobei ich natürlich das Horoskop meiner Klientin zur Grundlage nahm. In eine runde Kupferplatte gravierte ich kurz vor dem Ritual auf die eine Seite das Siegel des Planeten Venus (nach Agrippa), auf die andere die persönliche Sigill meiner Klientin, die ich nach dem Prinzip des Aik bekr hergestellt hatte. Schließlich fügte ich noch die drei geomantischen Zeichen Puer (»Junge«), Puella (»Mädchen«) und Conjunctio (»Vereinigung«) hinzu, die sich schon aufgrund ihrer Namenssymbolik vorzüglich für eine Operation dieser Art eignen. Dann fand das Venus-Ritual statt, bei dem ich (allein arbeitend) erst eine Invokation durchführte und die also aktivierte Energie in den Talisman leitete. Die Klientin bekam den geladenen Talisman zusammen mit einer kleinen schriftlichen Anleitung ausgehändigt, die unter anderem die Auflage enthielt, den Talisman erst an einem Freitag (Venus-Tag) zu Sonnenaufgang (Venus-Stunde) nach einer viertelstündigen Meditation mit Hilfe eines selbst beschafften grünen Samtbandes umzulegen und mindestens 77 Tage am Leib zu tragen. Diese Anweisungen befolgte sie auch peinlich genau.

Etwa eineinhalb Wochen später erhielt ich bereits Erfolgsnachricht: Inzwischen hatte meine Freundin/Klientin ein halbes Dutzend Briefe von verschiedenen Männern erhalten: teils ehemalige Liebespartner, teils aber auch nur flüchtige Bekannte. Dies war zunächst etwas frustrierend für sie, da die schiere »Auswahl« sie verwirrte. Darunter war allerdings auch ein Brief von jenem Mann, auf den sie es eigentlich abgesehen hatte, wie sie mir allerdings erst hinterher anvertraute. Dieser wurde später dann auch ihr fester Lebenspartner, so daß die Operation als Erfolg gewertet werden konnte.

Etwas anders verlief der zweite Fall, den ich auch in meinem *Handbuch der Sexualmagie* kurz geschildert habe. Eines Tages kam ein Mann zu mir und bat um einen Talisman »für Liebe, Partnerschaft, Kontakte und Sie wissen schon« (Originalzitat!). Nach längerer Besprechung einigten wir uns auf einen Venus-Talisman, den ich ganz ähnlich wie den oben geschilderten herstellte und lud. (Beachten Sie bitte auch hier die Verwendung von Puer, Puella und Conjunctio, da dies für den späteren Verlauf aufschlußreich ist.) Der Klient allerdings hielt sich nicht an die schriftlichen Anweisungen, nahm den ihm per Post zugestellten Talisman ungeduldig aus dem Umschlag (interessanterweise an einem Dienstag, also ein Mars-Tag) und legte ihn sofort an. Zwei Wochen später rief er mich völlig niedergeschlagen an: Der Talisman sei ihm schlecht bekommen, er sei beinahe mit dem Flugzeug abgestürzt, und auch ein wichtiger geschäftlicher Abschluß sei plötzlich nicht zustande gekommen. Kurzum, er habe das Gefühl, daß der Talisman ihm eher Unglück bringe als Glück. Meine Nachfrage ergab als erstes, daß er sich bei der Eigenaktivierung des Talismans nicht an meine Anweisungen gehalten hatte, was an sich bereits problematisch war. Was die Sache mit dem Beinahe-Flugzeugabsturz anbelangte, so kamen wir gemeinsam zu dem Schluß, daß es sich hierbei wohl kaum um eine Venus-Wirkung handeln könne, viel eher dagegen um einen Mars-Faktor – und außerdem blieb immer noch der Einwand, daß es ja schließlich eben doch nicht zu der befürchteten Katastrophe gekommen war. Der geplante Geschäftsabschluß erwies sich als ein vorher bereits völlig in der Schwebe befindliches, unsicheres Projekt. Zwar lassen sich geschäftliche Dinge durchaus dem Venus-Prinzip zuschreiben (Handel), dennoch konnte ich keinen Anlaß dafür sehen, diesen Fall in Beziehung zum Talisman zu setzen, denn erstens hatte dieser ja keine allgemeine Venus-Ladung, sondern eine spezifisch auf Liebesdinge ausgerichtete, und zweitens muß bei einer derartigen Negativwirkung mit wenigen Ausnahmen eher eine dämonische Ladung vorliegen, was nicht der Fall war.

Dieses Beispiel zeigt uns unter anderem auch, wie wichtig es ist, seine Korrespondenzen bei aller symbol-logischen Unschärfe sauber auseinanderzuhalten. Dies ist vor allem für jene Magier und Klienten wichtig, die stark zu ängstlichen oder geradezu abergläubischen Reaktionen neigen, was häufig auf mangelndem Selbstvertrauen oder auf halb- bzw. unbewußten Schuldgefühlen beruht.

Gute dreieinhalb Jahre (!) später rief mich mein Klient nochmals in der selben Sache an und bat um ein Gespräch mit einer eventuellen anschließenden Entladung des für ihn immer noch problematischen Talismans, der bei ihm unter anderem Alpträume auslöse. Bei dem darauffolgenden Treffen teilte er mir endlich die wahre Ursache seines Unbehagens mit: Der Klient war homosexuell und lebte in einer festen Männerbeziehung. Den Talisman hatte er ursprünglich dazu benutzen wollen, um selbst gelegentlich einmal fremdgehen zu können, weil ihm seine bestehende Beziehung »zu eng« wurde, er sich aber andererseits stark gehemmt und kontaktscheu fühlte. Seit Erhalt des Talismans hatte er in unregelmäßigen Abständen *hetero*sexuelle Alpträume, die bestehende Beziehung zu seinem Freund war immer intensiver und liebevoller geworden, von Fremdgehen also keine Spur. Er gab zu, in seiner Beziehung »eigentlich« so glücklich zu sein wie nie zuvor.

Was war hier geschehen? Ich mußte es mir selbst als Fehler anrechnen, die Homosexualität des Klienten, die er mir damals ja noch verschwiegen hatte, weder aus seinem Horoskop noch sonstwie erkannt zu haben, was einem guten Magier meiner Auffassung nach eigentlich nicht passieren dürfte. Immerhin finde ich noch heute in seinem Horoskop keinerlei Hinweise auf eine homosexuelle Ausrichtung, dennoch läßt sich diese Panne nicht leugnen. Andererseits hatte der Talisman all jene venusischen Wirkungen gezeitigt, die man unter normalen Umständen von ihm hätte erwarten können: Intensivierung einer bestehenden Liebesbeziehung, (hetero)erotische Träume (man denke noch einmal an die verwendeten geomantischen Symbole!), Glück.

Hätte der Klient sich von Anfang an offenbart oder hätte ich anderweitig mit Sicherheit gewußt, daß er homosexuell war, so hätte ich ihm auf keinen Fall zu einem Venus-, sondern unbedingt zu einem Merkur-Talisman geraten, da das androgyne Merkurprinzip auch für Homosexualität zuständig ist.*

Auch ein Mars-Talisman wäre unter Umständen in Frage gekommen, weil dieser das rein Sexuelle des magischen Wunsches betont hätte, andererseits ist Mars weitaus aggressiver, während Merkur generell für Kontaktvielfalt verantwortlich zeichnet.**

* *Dies ist eine Feinheit, die manchem wohl erst nach entsprechender Erfahrung einleuchten wird, da man Merkur ja an sich nicht unbedingt mit sexuellen Dingen in Verbindung bringt, sondern diese allenfalls Mars oder Venus zuordnet.*

** *So wäre ein sexualmagischer Mars-Talisman beispielsweise eher für Praktiken im Bereich des Sadismus/Masochismus zuständig, aber auch in Form eines Amuletts zum Schutz vor Vergewaltigungen.*

Anstelle von Puella hätte ich zudem zweimal Puer verwendet.

Nach dieser Besprechung bot ich dem Klienten an, den Talisman zu entladen, doch davon wollte er nun nichts mehr wissen, da er meinte, eingesehen zu haben, daß er doch bekommen habe, was für ihn das Beste sei.

Wir sehen an diesem Paradebeispiel, daß die herkömmliche, unter »Rationalisten« noch immer sehr beliebte psychologische Placebo-Erklärung im Falle von Talismanen und Amuletten keineswegs immer greift. Da der Klient ja glaubte, er würde den »richtigen« Talisman bekommen, hätte dieser nach dem Placeboeffekt auch entsprechend wirken müssen, zumal er über keine magischen Kenntnisse verfügte, die es ihm erlaubt hätten, anhand der verwendeten Symbole Rückschlüsse auf seine wahre Ladung zu ziehen. Statt dessen aber hatte er eben jene Wirkung, die ich ihm zugedacht hatte.

Zum Schluß noch eine Anmerkung zum Problem der »Ehrlichkeit« der Klienten bei Liebeszaubern: Die Praxis zeigt immer wieder, daß seitens des Magiers bei Liebeszaubern mit äußerster Gründlichkeit und Scharfsinnigkeit vorgegangen werden muß. Denn die allermeisten Klienten verschweigen von sich aus oft die wichtigsten Einzelheiten, sei es aus falscher Scham, sei es aus Unkenntnis um die Wichtigkeit völliger Offenheit oder auch aus anderen Gründen.

Häufig weiß der Klient auch gar nicht so recht, was er wirklich will oder weshalb er auf erotischem Gebiet Probleme hat, nicht selten schiebt er die Verantwortung dafür auf irgendwelche äußeren Einflüsse (besonders beliebt: »Schwarzmagie«) oder auf Schicksalsschläge – nur die Selbstkritik kommt entweder völlig zu kurz, oder sie wird so sehr überzogen, daß sie schon wieder autoaggressive Züge annimmt.

Der Magier sollte also stets darauf achten, daß er die psychische Konstitution seines Klienten genau unter die Lupe nimmt und ihm möglicherweise in einem ausführlichen Gespräch solche Informationen entlockt, die er nicht von allein preisgibt und bewußt oder unbewußt verschweigt. Dies geschieht nicht etwa aus voyeuristischem Interesse am Intimleben des anderen, sondern aus dem Bemühen heraus, ihm wirklich optimal helfen zu können. Denn gerade bei der Arbeit im Klientenauftrag gebietet schon das Berufsethos, daß sich der Magier darum bemüht, so gute, saubere Arbeit zu leisten wie möglich, und dazu braucht er so viele Informationen wie möglich, um sich ein Gesamtbild von der Situation zu machen. Fehlt dem Klienten aber das Vertrauen zum Magier, so daß er nach wie vor bewußt peinliche Einzelheiten zurückhält, so ist von einer Annahme des Auftrags dringend abzuraten, da die Erfolgsaussicht nur gegeben ist, wenn sowohl das Bewußtsein als auch das Unbewußte des Klienten zu einer echten Mitarbeit bereit sind. Dies gilt natürlich sinngemäß für sämtliche magischen Auftragsarbeiten.

PRAKTISCHE ÜBUNGEN

ÜBUNG 43
SYSTEMATISCHE TRANCE-SCHULUNG (II)
ERREGUNGSGNOSIS

Stelle Dir nach dem in diesem Abschnitt Beschriebenen einen eigenen systematischen Übungsplan zusammen, um auf regelmäßiger Basis immer vertrauter mit den verschiedenen Formen und Methoden der Erregungsgnosis zu werden. Dies solltest Du mindestens viermal wöchentlich üben, wobei kurze Phasen von ca. 15–30 Minuten meist genügen dürften.

ÜBUNG 44
PRAKTISCHE MONDMAGIE (I)

Stelle Dir nach dem in diesem Abschnitt Beschriebenen einen eigenen systematischen Übungsplan zusammen, um auf regelmäßiger Basis immer vertrauter mit dem Mondprinzip zu werden. Dies sollte auf allen Ebenen geschehen: auf der Alltagsebene, wo Du beispielsweise beobachten kannst, inwiefern Mondphasen Deinen eigenen organischen Rhythmus bestimmen: von der Menses bei weiblichen und dem psychischen Stimmungszyklus bei männlichen Magiern bis zur Anfälligkeit für Alkohol, zum Traumleben, zu Visionen und Intuitionen und schließlich auch zur magischen Kraft selbst und zur jeweiligen Wirksamkeit von – nicht nur lunaren – Ritualen. Entwickle auch einen ein- oder mehrmonatigen rituellen Mondzyklus, beispielsweise indem Du vier Rituale zu Voll-, Neu- und zu den Halbmonden entwirfst und durchführst. Auch die rituelle Ladung eines Mondtalismans, eines magischen Spiegels, eines Bergkristalls zu Heilungszwecken, eines Tarotspiels läßt sich in ein solches »Großes Lunaropus« vorzüglich integrieren, ebenso Übungen auf dem Gebiet der Traumarbeit, der Astralmagie und der Divinatorik.

ÜBUNG 45
PRAKTISCHE MONDMAGIE (II)

Diese Übung läßt sich mit der obigen Übung verbinden, nachdem Du letztere mindestens einmal für sich allein durchgeführt hast. Versuche, Dein eigenes weibliches Prinzip (Anima) zu erkennen – als Frau ebenso wie als Mann. Lasse Dich dabei von den durch die vorangegangene Übung gemachten Erfahrungen und gewonnenen Erkenntnissen leiten – ganz bewußt machen wir Dir hier keine Vorschriften und formulieren nur sehr vage und allgemein. Solltest Du Dich noch nicht dazu bereit fühlen, so verschiebe diese Übung auf ein späteres Datum – aber vergiß sie nicht, denn sie stellt einen ganz wesentlichen Meilenstein in Deiner magischen Entwicklung dar! Ebenso kann es auch sein, daß Du sie im Laufe Deines Lebens mehrmals wiederholen mußt und/oder willst, weil sich auch Dein Anima-Prinzip weiterentwickeln kann.

LITERATURNACHWEIS

Pete Carroll, *Liber Null – praktische Magie*. Das offizielle Einweihungshandbuch des englischen Ordens IOT, Unkel: Edition Magus, 1986[3]

Aleister Crowley, *Magick*, s. I/7/S. 32

Glaubensbekenntnis eines Kriegers

Ich habe keine Eltern: Ich mache Himmel und Erde zu meinen Eltern.
Ich habe kein Zuhause: Ich mache Gewahrsein zu meinem Zuhause.
Ich habe weder Leben noch Tod: Ich mache die Gezeiten des Atems zu meinem Leben und Tod.
Ich habe keine göttliche Kraft: Ich mache Ehrlichkeit zu meiner göttlichen Kraft.
Ich habe keine Schätze: Ich mache Verständnis zu meinem Schatz.
Ich habe keine geheimen Zauber: Ich mache Charakter zu meinem geheimen Zauber.
Ich habe keinen Leib: Ich mache Ausdauer zu meinem Leib.
Ich habe keine Augen: Ich mache den Blitz zu meinen Augen.
Ich habe keine Ohren: Ich mache Empfindsamkeit zu meinen Ohren.
Ich habe keine Glieder: Ich mache Schnelligkeit zu meinen Gliedern.
Ich habe keine Strategie: Ich mache »Unverschattet-von-Gedanken« zu meiner Strategie.
Ich habe keine Pläne: Ich mache »Die-Gelegenheit-beim-Schopfe-packen« zu meinem Plan.
Ich habe keine Wunder: Ich mache rechtes Tun zu meinen Wundern.
Ich habe keine Prinzipien: Ich mache Anpassungsfähigkeit an alle Umstände zu meinen Prinzipien.
Ich habe keine Taktik: Ich mache Leere und Fülle zu meiner Taktik.
Ich habe keine Freunde: Ich mache meinen Geist zu meinem Freund.
Ich habe keinen Feind: Ich mache Unachtsamkeit zu meinem Feind.
Ich habe keine Rüstung: Ich mache Güte und Rechtschaffenheit zu meiner Rüstung.
Ich habe keine Burg: Ich mache unbewegten Geist zu meiner Burg.
Ich habe kein Schwert: Ich mache Abwesenheit des Selbst zu meinem Schwert.

Ein Samurai des 14. Jahrhunderts

DIE PARADIGMEN DER MAGIE

Wir arbeiten in der Magie bekanntlich mit zahlreichen magischen Gegenständen, sprechen von »Ladung« und »Entladung«, davon, daß wir Kraft »tanken« oder »speichern« können und so weiter.

Magiemodelle der Vergangenheit und der Gegenwart

Um diese Vorgänge besser zu verstehen, ist es sinnvoll, sich einmal die verschiedenen Magiemodelle der Vergangenheit und der Gegenwart anzuschauen, zumal dies bei unserer späteren Betrachtung der Talismantik sowie der Informations- oder Kybermagie noch eine herausragende Rolle spielen wird. Bei der folgenden Betrachtung sollten Sie stets im Auge behalten, daß unsere Kategorisierungen der Veranschaulichung dienen und daher nicht nur vereinfachen, sondern auch in der hier vorgestellten Reinform nur selten auftreten; die Mischform ist eher die Regel.

Das Geistermodell

Das mit Sicherheit älteste magische Paradigma ist das Geistermodell. Dabei gehen wir davon aus, daß es außerhalb des Magiers real existierende Wesenheiten (Geister, Dämonen, Helfer und so weiter) gibt, mit denen dieser Kontakt aufnehmen, die er kennenlernen, als Freunde gewinnen oder sich als Diener unterwerfen kann. Hier fungiert der Magier als Mittler zwischen dem Diesseits oder der Alltagswelt und dem Jenseits oder der Anderswelt. Dieses Modell ist nach wie vor kennzeichnend für den gesamten Schamanismus, und darauf beruhen auch die meisten Vorstellungen, die sich Laien (einschließlich Journalisten und Theologen!) von der Magie machen. Im Abendland hatte dieses Modell seine Hoch-Zeit in der Renaissance, und es wird auch heute noch von zahlreichen traditionalistischen Magiern vertreten; wir finden es in unserem Jahrhundert auch bei Bardon und Gregorius wieder, während die gesamte Golden Dawn und teilweise auch der O.T.O. sich darauf beruft, wie auch ein Großteil des

Der Magier: Mittler zwischen Diesseits oder Alltagswelt und Jenseits oder Anderswelt

deutschen Okkultismus der zwanziger Jahre. Eine Zwischenstufe nimmt Aleister Crowley wahr, wie wir noch sehen werden.

Im Geistermodell gilt es für den Magier und den Schamanen, sich Zutritt zur Welt jener Entitäten, die wir hier als »magische Wesenheiten« bezeichnen wollen, zu verschaffen. In dieser Welt gelten eigene Gesetze, die man kennen muß, um zu überleben, aber auch um ihre Kräfte und Wesenheiten zu nutzen. So haben diese Wesenheiten ihre eigenen Namen und Formeln, sie besitzen einen spezifischen, unverwechselbaren Charakter, sind also eigenständige Persönlichkeiten mit Stärken und Schwächen.

Beziehungen ins Reich der Geister sind nicht ganz ungefährlich …

Mit Hilfe der Trance gelangt der Magier in ihr Reich, wo er sich mit ihnen anfreunden oder sie sich dienstbar machen kann, sofern er über genügend Wissen, Macht und Kraft verfügt. Solche Beziehungen sind nicht ungefährlich, denn es gibt auch Geister, die dem Magier nur ungern dienen und/oder ihm übelgesonnen sind, etwa Dämonen. Auch verlangen sie für ihre Dienste oft einen hohen Preis, nicht selten Blutopfer oder ähnliches; ein sehr berühmtes Beispiel ist der Pakt, den Doktor Faust mit dem Teufel eingeht (»Seele gegen materiellen und intellektuellen Erfolg«).

Die genauen Bedingungen eines derartigen Pakts sind zwar stets Verhandlungssache, doch gibt es hier, wie unter Menschen auch, immer die Gefahr eines Vertragsbruchs, der Uminterpretation von Vereinbarungen und anderer Kalamitäten, so daß ständige Vorsicht geboten scheint, es sei denn, der Magier arbeitet nur mit »guten« Geistern, auf deren moralische Integrität er sich absolut verlassen kann. Aus dem Beschriebenen wird deutlich, daß der im großen Stil und in der heutigen Form ja erst Mitte des 19. Jahrhunderts in Amerika entstandene und bis heute weltweit beliebte Spiritismus (der in New-Age-Kreisen inzwischen lieber als »Channeling« bezeichnet wird) ein herausragender Vertreter dieses Geistermodells ist, wenngleich er meist auf magische Operationen im eigentlichen Sinne verzichtet und sich auf Divination und Gebet konzentriert.

Hat sich der Magier – ob durch Freundschaftsvertrag oder durch Zwang – der Hilfe »seiner« Geister oder Dämonen versichert, setzt er sie zu magischen Zwecken ein, wie er es mit gewöhnlichen menschlichen Helfern auch täte. Da sie jedoch immaterielle Wesenheiten sind, können sie auf anderen Ebenen wirken als gewöhnliche Diener, beispielsweise im Astral. Außerdem sind die meisten Geister »Spezialisten«, die dem Menschen auf ihrem Gebiet in der Regel überlegen sind. So wird beispielsweise der Merkur-Dämon Taphthartharath herangezogen, um magische Ziele zu erreichen, die zur Merkursphäre gehören, während der Magier sich des Mars-Dämons Bartzabel bedienen wird, um einen Gegner zu vernichten oder um die Kriegskunst zu erlernen. Andererseits setzt er vielleicht eine Planetenintelligenz wie Yophiel (Jupitersphäre) zur Förderung seines Wohlstands ein. Auch der Schamane wird im allgemeinen Hilfsgeister haben, die sich auf bestimmte Dinge (z. B. Heilung von Krankheiten, Regenmachen) spezialisiert haben. Anstatt beispielsweise einem Kranken also auf die Ferne Kraft zu übertragen, kann der Magier seinen Hilfsgeist damit beauftragen und ihn dem Patienten schicken.*

Geister und Dämonen wollen gepflegt, ja »gefüttert« werden, sie können rebellieren oder eine »Gehaltserhöhung« fordern. Auch sind sie nicht unfehlbar: Die Tatsache, daß es sich bei ihnen um Experten handelt, schließt Irrtümer und Mißerfolge nicht aus, doch ingesamt erweitern sie den Handlungsspielraum des Magiers erheblich, wenn die Qualität seiner Magie auch davon abhängt, wie sehr er seiner Geister Herr ist.

Soweit also in Grundzügen das Geistermodell. Es setzt voraus, daß der Magier eine bereits bestehende Welt erforscht und ihre Regeln in allen Einzelheiten kennt und sie befolgt. Weiß er beispielsweise den »wahren Namen« oder die »richtige Formel« nicht, die ihm Macht über solche transzendente Wesen verleiht, so wird all sein Bemühen um ihre Beherrschung vergeblich sein. Auch die Kommunikation mit diesen Wesen, die verwendete magische Sprache also, will gelernt sein, und zudem wird vieles Wissen nur unter dem Siegel der Verschwiegenheit vom Meister auf den Lehrling weitergegeben. Es ist also in der Regel eine meist längere Lehre erforderlich, bevor magisch gehandelt werden kann.

Die Kommunikation mit transzendenten Wesen will gelernt sein.

* *Das schließt natürlich nicht aus, daß dennoch Kraft übertragen wird. Hier haben wir es mit einer der oben erwähnten Vereinfachungen unserer Darstellung zu tun.*

Das Energiemodell

Mit dem Siegeszug des Mesmerismus um die Wende vom achtzehnten zum neunzehnten Jahrhundert schärfte sich das westliche Bewußtsein um innerkörperliche Prozesse und Energien: Wiewohl Mesmer zwar im Prinzip nur alte Heilmethoden (Hypnose, Suggestion, Heilschlaf) wiederentdeckte, machte er sie doch in einer Kultur salonfähig, die jahrhundertelang streng zwischen Geist und Körper getrennt hatte und der es als sensationelle Neuigkeit erschien, daß der Geist den Körper beeinflussen, krank machen und heilen konnte. Das Medium aller Heilung war für Mesmer der »tierische Magnetismus«, eine naturwissenschaftlich nicht genauer zu beschreibende Vitalkraft. Bulwer-Lytton, selbst ein Rosenkreuzer und Magier, gibt mit seinem Konzept einer »Vril-Kraft« ebenso wie Reichenbach mit seiner Odlehre Zeugnis vom Ausmaß dieses Bewußtseinswandels, an dem auch Hahnemanns Homöopathie (freilich, wie wir noch sehen werden, eher ein Vorläufer der Kybermagie) keinen geringen Anteil hatte. Und ein außerordentlich einflußreicher Magier wie der Bulwer-Freund Eliphas Levi sollte knapp fünfzig Jahre nach Mesmers Tod in okkulten Kreisen Furore mit seinem Modell vom »astralen Licht« machen.

Eine Neuheit in der Magiegeschichte

Dies blieb auch nicht ohne Einfluß auf die Magie. Zwar hielt auch die etwa hundert Jahre nach Mesmer entstandene Golden Dawn dem alten Geistermodell prinzipiell die Treue, doch wurde es durch eher psychologisch-animistische Elemente, wie sie teilweise aus dem indischen Yoga übernommen wurden (z. B. Chakra- und Prana-Lehre), stark aufgeweicht.

Seinen eigentlichen Höhepunkt feierte das Energiemodell allerdings erst nach dem Zweiten Weltkrieg, genauer gesagt mit der okkulten Renaissance der sechziger Jahre vor allem im angelsächsischen Sprachraum. Dies ist sicher durch den starken Einfluß der Tiefenpsychologie begünstigt worden, der im großen Stil weltweit erst nach dem Krieg einsetzte, wenngleich einzelne Magier wie W. B. Yeats und Austin Osman Spare sowie Aleister Crowley schon relativ früh die Anregungen der noch getrennt zu behandelnden Tiefenpsychologie aufnahmen und in ihre magische Praxis integrierten.

Grundsätzlich verzichtet das Energiemodell in seiner Reinform auf jede spiritistische These. Der Magier ist nicht länger ein Beschwö-

Der Magier: nicht länger Beschwörer von Geistern, sondern »Energiekünstler«

rer von Geistern, sondern vielmehr ein »Energiekünstler«: Die feinstoffliche Wahrnehmung tritt in den Vordergrund, er muß Energien wahrnehmen, polarisieren (»laden«) und leiten können. Sieht er bei einem Patienten einen Energiemangel beispielsweise im Nierenbereich, so wird er eine den Nieren entsprechende, geladene Heilungsenergie übertragen, beispielsweise durch Handauflegen und/oder durch besondere Kristalle und Edelsteine. Talismane und Amulette (die es natürlich auch schon vorher, im Geistermodell, gab) sind Beispiele für künstlich geschaffene »Kraftgegenstände«, Werkzeuge, die der Magier durch bestimmte Zeremonien für seine Zwecke eicht, in denen er gezielt bestimmte Energien zur sofortigen oder späteren Verwendung speichert.

Will der Magier Kraft übertragen (und darauf kommt es im Energiemodell ja vor allem an), so muß er entweder selbst über genügend Kraft verfügen oder einen Zugang zu einer oder mehreren Kraftquellen haben. Im ersten Fall wird er zu einer wandelnden Kraftbatterie, im zweiten zum Kanal oder Medium »höherer« oder zumindest »anderer« Kräfte. Auch ist Kraft nicht immer gleich Kraft: Das Spektrum reicht dabei je nach magischem System von einem komplizierten Gespinst »positiver« und »negativer« Energien bis zur »Neutralitätsthese«, bei der es nur auf die »Polarisierung« der an sich neutralen Energie durch den Magier selbst ankommt. In letzterem System gibt es allenfalls ein Zuviel oder ein Zuwenig an erwünschter oder unerwünschter Energie (zum Beispiel zuviel Feuer im Nierenbereich: Entzündung); die in der Theorie zwar meist verneinte, in der Praxis jedoch immer wieder zu beobachtende Gleichsetzung von »positiv = gut« und »negativ = böse« entfällt prinzipiell, es geht nur noch darum, die richtige Energie an ihren richtigen Platz zu bringen.

Je nach Kraftbedarf kann es sein, daß der Magier im Energiemodell zu schwach für eine Aktion ist. Im magischen Krieg gewinnt nur der Stärkere (also nicht etwa der »Gute«), es sei denn, der Schwächere macht seinen Mangel durch Raffinesse und Schnelligkeit wett. Der Magier muß sich auf sich selbst allein verlassen oder bestenfalls auf physische Kollegen, die ihn unterstützen, es hat keinen Zweck, irgendeine »höhere Instanz« anzurufen – wohl aber kann er versuchen, mit einer »stärkeren« Energie zu arbeiten als sein Gegner.

Kraftzentren wie die Chakras oder die Akupunkturmeridiane spielen im Energiemodell oft eine wichtige Rolle, und die Ladung beispielsweise eines Talismans erfolgt meist über eine entsprechende Kraftimagination, etwa indem der Magier einen farbigen Energiestrahl imaginiert, den er mit einer Geste gebündelt oder als Spirale aus den Händen, aus Dolch oder Stab in den zu ladenden Gegenstand hineinprojiziert; im Falle eines Jupitertalismans wäre dies beispielsweise ein blauer Kraftstrahl, für Venus müßte dagegen die Farbe Grün verwendet werden. Bei der Beeinflussung eines Gegners wird diesem entweder ein Zuviel an destruktiver bzw. zersetzender Energie (zum Beispiel Mars- oder Mond-Kraft) geschickt, oder man zapft seine Energien ab und entkräftet ihn dadurch. Man ruft auch nicht mehr im selben Ausmaß wie früher die Engels- und Dämonen- (»Höllenfürsten-«)Hierarchien einzelner Planeten oder kabbalistischer Sphären an. Vielmehr begnügt man sich meist damit, ein Plantenprinzip ganz generell in der magischen Trance zu aktivieren, um mit Hilfe dieser Energie alles weitere zu erledigen, anstatt irgendwelche Wesenheiten mit entsprechendem Auftrag auf den Weg zu schicken.

So wie die Hierarchien der Engel und Dämonen im Energiemodell stark reduziert wurden (wenn sie nicht sogar völlig dran glauben und einem reinen »Energietanz« weichen mußten), so verlieren auch äußere Autoritäten zunehmend an Bedeutung. Was früher der »Meister« tat, leistet nun der »Lehrer«, und aus dem zum absoluten Gehorsam verpflichteten »Lehrling« ist ein »Schüler« geworden. Die damit einhergehende Selbständigkeit findet ihren bislang stärksten Ausdruck in individual-anarchistischen und pragmatischen Magiesystemen unserer Zeit, die vor allem auf die persönliche Erfahrung des einzelnen und weniger auf die Kraft und Macht der Tradition setzen.

Im Energiemodell verlieren Engel, Dämonen und äußere Autoritäten an Bedeutung.

Damit ist naturgemäß ein höheres magisches Anforderungsprofil verbunden: Der Magier muß nicht nur fast alles ohne fremde (auch »jenseitige«) Hilfe bewältigen, er braucht auch unentwegt einen sehr hohen persönlichen Energiepegel, da er vornehmlich als Kraftbatterie fungiert. Ist er kraftlos und ermattet, werden auch seine magischen Operationen darunter leiden, die Wirksamkeit seiner Zauber hängt unmittelbar vom Ausmaß und von der Qualität seiner eigenen Energie ab; zudem bedarf er einer ausgeprägten, gut geschulten und sicheren feinstofflichen Wahrnehmung.

Das psychologische Modell: Eine Zwischenstufe

Was Mesmer und seine Nachfolger für das neunzehnte, das waren Sigmund Freud und Albert Einstein für das zwanzigste Jahrhundert: revolutionäre Wegbereiter einer fundamentalen Umwälzung des Denkens, die an den Fugen des mechanistischen Weltbilds rütteln und ihm letztenendes den Todesstoß versetzen sollte.

Geistesgeschichtliche Grundlagen

In gewissem Sinne stellen Freuds Thesen eine Ableitung und Weiterentwicklung der mesmerschen dar, und es ist kein Zufall, daß der Begründer der Psychoanalyse ursprünglich von der Hypnose- und Hysterieforschung her kam. Was Mesmer mit publicityträchtigen Zurschaustellungen in den europäischen Salons kurz vor der Französischen Revolution demonstrierte, versuchten Freud und, ganz besonders, Georg Groddek (der Begründer der psychosomatischen Medizin) gut hundert Jahre später auf wissenschaftliche Füße zu stellen: die Erkenntnis, daß viele, wenn nicht alle Krankheiten geistige Ursachen haben, daß der Geist dazu fähig ist, auf den Körper Einfluß zu nehmen.

Wir wollen hier keine umfangreiche Ideengeschichte schreiben, daher müssen diese knappen Andeutungen genügen. Es sollen uns vor allem die Auswirkungen dieser Entwicklung auf die magische Praxis interessieren. Die beiden ersten bekannten Magier, bei denen wir psychologisches bzw. psychoanalytisches Denken in großem Umfang beobachten können, sind Aleister Crowley und Austin Osman Spare. Crowley kokettierte lange Zeit, vor allem in seinen mittleren Jahren, mit dem psychologischen Modell, wurde später allerdings ein, wenn auch modern-skeptizistisch gebrochener, so doch nicht minder dezidierter Verfechter des Geistermodells. Spare dagegen ging den entgegengesetzten Weg, manche Thesen in seinen magischen Schriften lesen sich wie aus einem Lehrbuch der Psychoanalyse entliehen.

Strenggenommen handelt es sich beim psychologischen nur um ein empirisches »Zwischenmodell«, da es letztlich nicht über das Geister- und das Energiemodell hinausführt, sondern nur den Homozentrismus des letzteren verstärkt und dem Geistermodell allenfalls insoweit die Grundlage entzieht, als es Geistern ihre objektive, äußere, nicht aber ihre subjektive, psychische Existenz abspricht. Zudem erklärt es die Magie auch nicht durch neue oder andersartige Mechanismen, sondern verlagert lediglich ihren Entstehungsort, nämlich ins Innere der Psyche, ohne wirklich ihre Funktionsweise erläutern zu können. Eine solche Behauptung muß natürlich begründet werden.

Der Auffassung des psychologischen Modells zufolge haben wir es bei der Magie mit einem ausschließlich animistischen Phänomen zu tun: Alles, was der Magier bei der Ausübung seiner Kunst wahrnimmt oder tut, findet im Inneren der Psyche statt, wo ein nicht näher definierter Mechanismus wirksam wird, der dann zu den gewollten (oder auch zu ungewollten) Ergebnissen führt. Die für die Magie zuständige Instanz ist das Unbewußte (bei Spare, der hier Freuds Terminologie übernimmt: das Unterbewußtsein) – hier findet jegliche Magie-Aktivierung statt. Die Vertreter dieser Theorie – und zu ihnen zählen beispielsweise fast alle magischen Autoren der Jetztzeit – schweigen sich in der Regel darüber aus, auf welche Weise das Unbewußte diese »Wunder« vollbringt. Wichtig daran ist vor allem, daß der Magier zum Psychonauten wird. War er früher ein Geisterhändler und später ein Reisender in Sachen Energie, so wird er nun zu einem »Morgenlandfahrer der Seele«. Indem er die inneren Reiche der Psyche erforscht und sie kartographiert, lernt er die Gesetze kennen, durch welche es ihm gelingt, magisch Einfluß auf sein Leben und die Außenwelt zu nehmen.

Der Magier: vom Geisterhändler über den Reisenden in Sachen Energie zum Psychonauten

Dieser zweifellos auf der reinen Erklärungsebene nicht restlos befriedigende Ansatz hat immerhin einige erhebliche Vorteile, durch die sich auch sein großer gegenwärtiger Erfolg erklärt. Zum einen ist er vage genug formuliert, um sich nicht in pseudowissenschaftliche Debatten vom Typus »Gibt es nun Od oder nicht? Und ist es meßbar?« zu verstricken. So etwas überläßt er vielmehr der Parapsychologie. Er kann die Magie nicht wirklich erklären, sondern verweist ganz pragmatisch allein darauf, daß die Manipulation der Psyche zu magischen Ergebnissen führt, und er begnügt sich mit dieser Feststellung als »Erklärung«, um sich statt dessen auf die Frage zu konzentrieren, auf welche Weise solche Manipulationen herbeigeführt werden können und wie sie zu steuern sind.

Darin entspricht er auch dem utilitaristischen Denken von heute, das sich, wie es schon Crowley formulierte, viel stärker für das Wie als für das Warum interessiert. In einer relativistischen Welt, deren Bewohner sich mittlerweile keiner »Wahrheit« mehr sicher sein können, sei es eine religiöse oder eine politische, eine wissenschaftliche oder eine magische, stellt der psychologisch argumentierende Magier eine Verkörperung des Zeitgeists dar.

Der psychologisch argumentierende Magier: eine Verkörperung des Zeitgeists

Eine psychologisch formulierte Magie hat zudem den Vorteil, für viele, mit psychologischen Denkmodellen aufgewachsene und vertraute Menschen verständlicher zu sein als beispielsweise der Glaube an Geister und Dämonen, dem der naturwissenschaftlich begründete Atheismus zwar nicht den Garaus gemacht, aber doch immerhin empfindliche Blessuren zugefügt hat.

Den Zwischenstufencharakter des psychologischen Modells erkennen wir auch daran, daß es sich, wie die Praxis zeigt, ausgezeichnet mit den beiden anderen bisher behandelten Systemen verbinden läßt, was mittlerweile übrigens sehr häufig geschieht. Auch wir haben es in unserer Schulung bisher immer wieder herangezogen, um bestimmte Aspekte des Magischen zu veranschaulichen, und werden es noch öfter tun. Die Palette der »Anpassungen« reicht dabei vom Magier, der das Geistermodell ins Animistische verlagert, und zwar noch mit Geistern, Dämonen und Engeln kommuniziert, in diesen aber vor allem »projizierte Seeleninhalte« sieht – was sich freilich in der Praxis der Dämonenmagie als sehr erfolgmindernd erwiesen hat, bis zu dem Zauberer, der sich des Energiemodells bedient, ohne dieses allzu wörtlich zu nehmen, indem er etwas vage von der »Kraft des Unbewußten« spricht.*

Die Wörtlichkeit, mit der Dämonen- und Teufelspakte der Überlieferung und auch der Praxis vieler heutiger Magier zufolge oft von den Dämonen ausgelegt werden, ist ein Hinweis auf die psychologischen Mechanismen dieser Prozesse, auf den »Tatort Psyche« also, denn bekanntlich pflegt auch das Unbewußte allzuoft alles wörtlich zu verstehen, wie wir bei der Sigillenmagie immer wieder feststellen können. Auch sonst hat das psychologische Modell den Vorteil, uns vieles verständlicher zu machen als seine beiden Vorfahren, wenngleich wir es in der Regel allerdings doch eher als Ergänzung und nicht als eigenständige Erklärungsstruktur verwenden.

Das Informationsmodell: Die Kybermagie

Da die Kybermagie als allerjüngster Zweig der Magie noch auf keine abgeschlossene Entwicklung zurückblicken kann, ist es noch zu früh, um sie historisch einzuordnen. Vieles, was jetzt noch recht verheißungsvoll aussieht, mag sich schon in nächster Zukunft als überoptimistischer Trugschluß herausstellen, anderes dagegen stärker und überzeugender hervortreten. In ihren Grundzügen wurde die Kybermagie erstmals von mir mit Hilfe einiger Kollegen Mitte 1987 formuliert, seitdem arbeiten eine Reihe von Magiern an ihrer Weiterentwicklung.

Historische Neuheit oder überoptimistischer Trugschluß?

Grundlage der Kybermagie ist das Informationsmodell, wie es zur Zeit auch die Physik immer mehr beschäftigt. Der Begriff »Kybermagie« leitet sich von »Kybernetik = Steuerungslehre« (griechisch kybernetos – der Steuermann) ab. Dahinter steht der Gedanke, daß alle Energie nur durch Information wirksam wird, die ihr gewissermaßen »sagt«, wie sie sich zu verhalten hat. Indem der Magier sich nicht unmittelbar der Energie selbst annimmt, sondern vielmehr der sie steuernden Informationsmatrices (also ihrer »Blaupausen«), nimmt er

* *Hierzu gehören auch Pseudo-Energiemodelle wie der Couéismus und das Positive Denken.*

wesentlich schneller, gründlicher und unaufwendiger Einfluß auf sie als vorher. Zudem gelingt es ihm leichter, die Grenzen von Zeit und Raum zu überwinden, da Information in diesem Modell weder Masse noch Energie besitzt und daher weitaus weniger Beschränkungen unterworfen ist als diese.

Der Magier ist damit ebensowenig abhängig von einem guten Verhältnis zu Geistern oder anderen feinstofflichen Wesenheiten wie von seinem eigenen Energiepegel. Beherrscht er erst einmal die Technik des Informationsabrufs, der Informationsübertragung und des anschließenden Informationsabrufs zwecks Aktivierung, bedarf er nicht einmal mehr äußerer Imaginations- oder Konzentrationshilfen. Ja, es scheint nach gegenwärtigem Forschungssstand sogar fraglich, ob er überhaupt noch der Gnosis bedarf, um erfolgreich zaubern zu können! Ehe Sie sich aber nun vor Entzücken falsche Hoffnungen machen, sei erwähnt, daß die bisherige Praxis deutlich macht, daß in der Regel doch eine gehörige Schulung zumindest im Bereich der Steuerung feinstofflicher Energien (zum Beispiel Kundalini, Aktivierung der körpereigenen Zellspeicher) gefordert ist, bevor man auf brauchbare kybermagische Ergebnisse hoffen darf.

Voraussetzungen für den Erfolg kybermagischer Operationen

Zu Anfang lag es nahe, das Modell von den morphogenetischen Feldern, wie es der Biologe Rupert Sheldrake vorgestellt hat, zur Erklärung kybermagischer Effekte heranzuziehen, doch scheint dies inzwischen nicht mehr erforderlich zu sein, obwohl man sich zur besseren Veranschaulichung – die dazugehörige Terminologie ist ja schließlich noch nicht entwickelt – gelegentlich des Begriffs »Informationsfeld« bedient, was allerdings problematisch ist, da es sich dabei nicht um ein energetisches Feld handelt, wie wir dies sonst von der Physik her gewohnt sind.

Einen historischen Prototyp des Informationsmodells finden wir in der Homöopathie. Bekanntlich arbeitet sie mit Verdünnungen, die sie selbst freilich als »Potenzierungen« begreift. Im Gegensatz zum allopathischen Prinzip, daß chemisch höhere Dosierungen eines Medikaments auch eine größere Wirkung erzielen, verabreicht der Homöopath chemisch immer geringere Dosen, um unter bestimmten Voraussetzungen (passendes Krankheitsbild, Aktivierung durch Schütteln) eine größere Heilwirkung zu erzielen. Dahinter steht die in ihren Grundzügen auf Paracelsus zurückgehende Theorie, daß es eigentlich der »Geist« eines Medikaments ist, der die Heilung bewirkt, und daß dieser eben um so intensiver wirken kann, wenn »Ähnliches« auf Ähnliches wirken kann, und zwar am besten dann, wenn der Geist einer Heilsubstanz quasi »herausdestilliert« wird, was eben durch die Potenzierung/Verdünnung geschieht.*

Dieser »Geist« aber deckt sich weitgehend mit unserem heutigen Begriff »Information«, wie denn die ganze Kybermagie häufig wie die reine »Hohe Magie« erscheint, freilich ohne deren weltanschauliche, mystische und transzendentale Züge. Dieser Vergleich wird auch dadurch nahegelegt, daß der Kybermagier mit immer weniger Paraphernalia auskommt, ja nicht einmal mehr »Mentalmagie« betreibt, weil der eigentliche kybermagische Akt eben kein Akt der Imagination ist.

Kybermagie erscheint häufig wie die reine »Hohe Magie«.

Gerade bei der Beschäftigung mit der Kybermagie ist es von großer Wichtigkeit, zu beachten, daß es alle unsere Modelle in der einen oder anderen Form auch schon früher gegeben hat. Wir haben es also nicht mit einer streng hierarchischen, chronologischen Stufenpyramide der Entwicklung zu tun, sondern vielmehr mit einer Schwerpunktverlagerung, die eher einer Kreis- oder Spiralbewegung gleicht. So wissen wir aus alten Überlieferungen, daß die alten Meister schon immer in der einen oder anderen Form die »Magie der leeren Hand« praktiziert haben. Es ist also keineswegs so, als würde auf der praktischen Ebene nun ein gänzlich neuer Weg beschritten; vielmehr wird aus alten Systemen etwas herausgefiltert, in einen anderen Kontext gebracht, durch neue Überlegungen ergänzt und behutsam, darum aber nicht unbedingt minder revolutionär, weiterentwickelt.

Keineswegs ein gänzlich neuer Weg

* *Das vielzitierte paracelsische similia similibus curantur wird oft fälschlich mit »Gleiches wird durch Gleiches geheilt« übersetzt. Korrekt heißt es jedoch »Ähnliches wird durch Ähnliches geheilt« – eine interessante Parallele zur Sympathiemagie und zu den Korrespondenzen!*

Das ist insofern durchaus traditionell, als die Magie im Laufe ihrer langen Geschichte immer wieder »entschlackt« und neu formuliert wurde, ja, man darf in dieser Anpassungsfähigkeit auch ihre große Stärke sehen, die es verhindert hat, daß ihr das Schicksal des Invergessenheitgeratens widerfuhr, wie dies bei zahlreichen anderen alten Überlieferungen der Fall gewesen ist.

Betrachten wir jetzt einmal magisch »geladene« Gegenstände (Ritualwaffen, Talismane, Amulette, Fetische und so weiter) aus dem Blickwinkel dieser vier magischen Modelle, um diese auch auf der praktischen Ebene zu veranschaulichen. Dazu bedienen wir uns wieder einer schematischen Darstellung. Einige bisher unbekannte dort aufgeführte Begriffe werden im Laufe der Schulung noch näher erläutert, so auch im nächsten Abschnitt über praktische Talismantik.

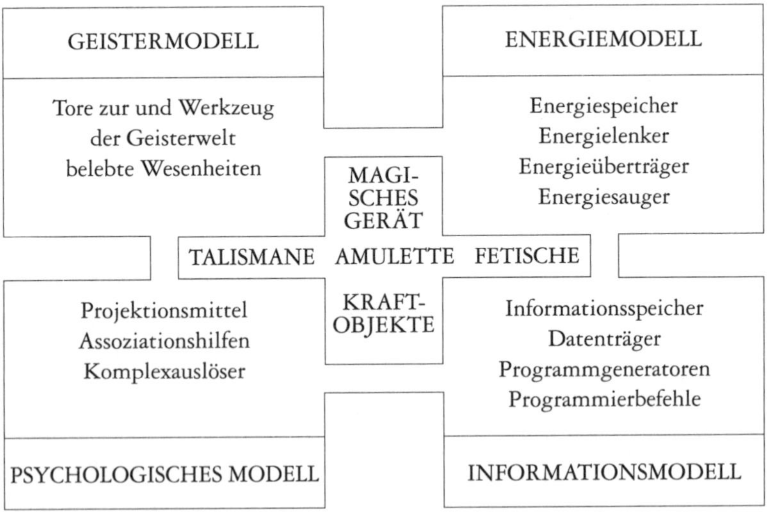

Übersicht 22: Die vier Grundparadigmen der Magie am Beispiel »geladener« magischer Gegenstände

Sie werden bemerkt haben, daß wir uns mal auf das eine, mal auf das andere Modell berufen, um magische Vorgänge zu erläutern oder zu veranschaulichen. Das Wort »erklären« ist allerdings in diesem Zusammenhang kaum mehr möglich, Tatsache ist ja, daß wir zwar einigermaßen präzise beschreiben können, wie die Magie funktioniert, daß wir aber immer noch nicht wirklich wissen, weshalb sie funktioniert. Das ist freilich ein Grundproblem unseres vierdimensionalen Daseins, in dem wir anscheinend stets nur Wirkungen, nie aber Ursachen beobachten können. Im Zusammenhang mit der Chaos-Magie werden wir noch ausführlicher auf dieses Problem eingehen müssen; hier muß vorläufig der Hinweis genügen, daß keines der früheren Systeme, die meinten, eine solche »wahre Erklärung« anbieten zu können, in diesem Punkt einer genaueren, auch jüngste physikalische Erkenntnisse berücksichtigenden Untersuchung hat standhalten können. Das ändert allerdings nichts an der praktischen Wirksamkeit dieser Systeme.

Daraus ergibt sich für den zum Relativismus geradezu gezwungenen Magier von heute, daß er mit seinen Paradigmen spielt und sich jeweils das aussucht, was seinen Bedürfnissen entspricht und ihm die besten Erfolge verheißt. Doch wollen wir Ihnen auch keinen dogmatischen Relativismus vorschreiben, sondern Ihnen nur den Rat geben, in der Praxis mit verschiedensten Paradigmata zu experimentieren, wenn Sie nicht ohnehin zunächst einmal überhaupt feststellen wollen, welchen Erklärungsmodellen Sie persönlich bisher den Vorzug gegeben haben. Dieser Ansatz wird im folgenden noch vertieft, je vertrauter Sie mit den verschiedenen Paradigmata werden.

Im nächsten Abschnitt befassen wir uns mit praktischer Talismantik, und dort können Sie mit verschiedenen Veranschaulichungsmodellen spielen, wie hier aufgezeigt. Im Übungsteil am Ende des Abschnitts finden Sie weitere Empfehlungen dazu.

Die vier Magie-Modelle am Beispiel des Exorzismus

Prinzipiell lässt sich die Sichtweise jedes der vier behandelten Paradigmen der Magie auf jedes beliebige magische Betätigungsfeld anwenden. Hier wählen wir das Beispiel des Exorzismus, um exemplarisch die unterschiedlichen theoretischen und praktischen Angänge, gemäß dem jeweiligen Paradigma, vorzuführen.

Technisch gesehen handelt es sich beim Exorzismus um die Wiederherstellung eines gewünschten geistig-seelischen Normalzustands mit magischen Mitteln.

Exorzismus: die Wiederherstellung eines gewünschten geistig-seelischen Normalzustands mit magischen Mitteln

Dies läßt sich zwar je nach magischem Paradigma recht unterschiedlich interpretieren und handhaben, im allgemeinen Sprachgebrauch versteht man jedoch unter einem Exorzismus das Austreiben von Geistern oder Dämonen. Betrachten wir auch dieses Phänomen einmal aus dem Blickwinkel unserer vier Magie-Modelle, da wir damit zugleich eine weitergehende Schulung in dieser differenzierten Denkweise erhalten.

EXORZISMUS AUS DER SICHT DES GEISTERMODELLS

Anamnese/Diagnose Der Klient/Patient ist zum Opfer einer Besessenheit geworden: Fremde Geister und/oder Dämonen haben Besitz von ihm ergriffen und beherrschen ihn nun. Er kann sich ihrer aus eigener Kraft nicht mehr entledigen, oft weiß er nicht einmal um seinen eigenen Zustand. Der Magier stellt dies fest und leitet nach Möglichkeit geeignete Gegenmaßnahmen ein.

Therapie Diese Gegenmaßnahmen bestehen darin, daß der Magier die fremden Geister/Dämonen dazu bewegt, den Wirtskörper zu verlassen. Dies kann durch Drohungen, durch Gewaltanwendung oder durch List geschehen: 1. Der Magier beschwört die Quälgeister im Namen einer diesen übergeordneten Instanz (etwa Höllenfürstenhierarchie), mit der er ein Abkommen (sogenannter Pakt) schließt oder bereits geschlossen hat, und droht ihnen mit Vergeltung, falls sie seiner Aufforderung nicht nachkommen, vom Klienten abzulassen; 2. der Magier wendet kontrolliert Gewalt wie Schläge, Schmerzfolter, aber auch Nahrungsentzug gegen den Wirtskörper der Geister und/oder gegen diese selbst an (etwa Astralkampf) und vertreibt sie; 3. der Magier lockt die Geister mit Versprechungen oder ähnlichem aus dem Wirtskörper hervor und bannt sie in einer sogenannten »Geisterfalle«.

EXORZISMUS AUS DER SICHT DES ENERGIEMODELLS

Anamnese/Diagnose Der Klient/Patient ist zum Opfer eines Energieungleichgewichts geworden: Organismusfremde oder überschüssige eigene Energien haben Gewalt von ihm ergriffen, haben sein energetisches Gleichgewicht zerstört und beherrschen ihn nun. Er kann sein Gleichgewicht nicht mehr aus eigener Kraft wiederherstellen, oft weiß er nicht einmal um die Ursache seines Leidens. Der Magier stellt dies fest und leitet nach Möglichkeit geeignete Gegenmaßnahmen ein.

Therapie Der Magier saugt überschüssige Energien aus dem Organismus des Klienten ab und bannt diese (vor allem im Fall von Angriffsenergien, die von einem Gegner des Klienten gegen diesen gerichtet wurden) in einen Energiespeicher (Geisterfalle). Bei Energiemangel führt er dem Klienten Energien zu; er harmonisiert den Energiehaushalt des Organismus.

EXORZISMUS AUS DER SICHT DES PSYCHOLOGISCHEN MODELLS

Anamnese/Diagnose Der Klient/Patient ist zum Opfer einer psychichen Störung geworden: Verdrängte Schatteninhalte seiner Psyche haben als Projektionen Gewalt von ihm ergriffen, haben sein psychisches Gleichgewicht zerstört und beherrschen ihn nun, was bis zur Persönlichkeitsspaltung gehen kann. Er vermag es nicht, sein Gleichgewicht aus eigener Kraft wiederherzustellen, oft weiß er nicht einmal um die Ursache seines Leidens. Der Magier stellt dies fest und leitet nach Möglichkeit geeignete Gegenmaßnahmen ein.

Therapie Der Magier führt mit dem Klienten eine psychotherapeutische Behandlung (zum Beispiel Schocktherapie, Mimikry der Verhaltensweisen des Klienten, rituelle Todeseinweihung oder ähnliches) mit magischen Mitteln durch, um dem Klienten dazu zu verhelfen, seine magisch wirksamen Projektionen zurückzunehen und/oder zu bannen. Dazu bedient er sich möglicherweise auch eines symbolischen Projektionsspeichers (»Geisterfalle«). Darüber hinaus sorgt er dafür, daß dem Klienten das Ausleben bisher verdrängter Wünsche und Triebe ermöglicht wird, um eine Wiederholung zu vermeiden.

EXORZISMUS AUS DER SICHT DES INFORMATIONSMODELLS

Anamnese/Diagnose Der Klient/Patient ist zum Opfer einer Informationsverwirrung geworden: Aufgrund inhärenter oder von außen induzierter Fehlschaltungen innerhalb seiner biokybernetischen Informationsspeicher gerät sein energetisches Gleichgewicht aus den Fugen – bis zum totalen Energieverlust, zum Auftreten von Halluzinationen und psychosomatischen Beschwerden, zum Persönlichkeitsverlust und so weiter. Der Klient kann die Funktionsfähigkeit seiner biokybernetischen Informationsspeicher nicht aus eigener Kraft wiederherstellen, oft weiß er nicht einmal darum, daß er sich nicht in seinem Normalzustand befindet. Der Magier stellt dies fest und leitet nach Möglichkeit geeignete Gegenmaßnahmen ein.

Therapie Diese Gegenmaßnahmen bestehen aus einer dreiteiligen Operation: 1. Der Magier aktiviert durch Informationsübertragung die physischen und seelischen Abwehrkräfte des Klienten sowie dessen Fähigkeit zur Wiederherstellung voll funktionsfähiger Datenspeicher; 2. er implantiert dem Klienten einen infomagischen Löschbefehl, mit dem schädliche Informationen und defekte Datenspeicher gelöscht werden; 3. er errichtet (auch durch Informationsübertragung) ein infomagisches Frühwarnsystem, mit dessen Hilfe unerwünschte Informationen bei der Aufnahme sofort erkannt und gelöscht oder mit einer Aktivierungssperre (sogenannte »Informationsfalle«) versehen beziehungsweise durch gezielte Verstümmelung unschädlich gemacht werden.*

Wir erkennen an diesen vier Angehensweisen die große Vielseitigkeit der modernen Magie. Man könnte in diesem Zusammenhang sogar noch von einem fünften magischen Paradigma sprechen, nämlich vom synthetischen Modell, das alle vier vorhergehenden (und auch mögliche spätere) Paradigmen auf pragmatischer Grundlage (»wahr ist, was funktioniert«) vereint. Darauf werden wir im Zusammenhang mit den Paradigmen der Magie noch näher eingehen.

---

* *Der Seriosität halber muß an dieser Stelle erwähnt werden, daß die Ausführungen zum infomagischen Umgang mit Besessenheit und Exorzismus bis auf weiteres Theorie bzw. Hypothese bleiben, da die Forschung zum gegenwärtigen Zeitpunkt noch nicht fortgeschritten genug ist, um bereits eindeutige Aussagen machen zu können. Betrachten Sie unsere Bemerkungen daher bitte in erster Linie als vorläufige Anregung zu eigenen Experimenten und Forschungen.*

GEISTERFALLEN

Abgesehen von der Kybermagie, die, wie bereits erwähnt, ohne äußere Paraphernalia auskommt, verwenden alle magischen Paradigmata beim Exorzismus sehr häufig die bereits erwähnten »Geisterfallen«. Dabei handelt es sich um magisch geladene Gegenstände, die für unerwünschte Geister/Energien/Projektionen eine Art Kerker darstellen. Dem liegt der Gedanke zu Grunde, daß es nicht sinnvoll ist, diese Geister/Energien/Projektionen einfach nur aus dem Klienten oder Patienten zu entfernen: Sie müssen vielmehr gebannt, das heißt in die Gewalt des Magierwillens gebracht und gefesselt werden, um sich nicht wieder selbständig machen und erneut Schaden anrichten zu können.

Was ist eine »Geisterfalle«?

Oft fungiert die Geisterfalle auch als Kanal oder Eintrittstor, mit dessen Hilfe die unerwünschten Geister/Energien/Projektionen in eine andere Ebene (zum Beispiel »ins Chaos«, »in die Sonne« oder ähnliches) transportiert werden, entweder um sie dort zu vernichten oder um sie abzulenken beziehungsweise »ins Exil« zu schicken.

Schon aufgrund seiner konkaven Form eignet sich der magische Spiegel besonders gut zum Saugen. Meistens ist er zudem auch rund, auf jeden Fall aber besitzt er einen geschlossenen Rahmen, was ihn symbol-logisch zu einer idealen Falle macht. Daher wird er beim Exorzismus mit Vorliebe an den Körper des Klienten oder zumindest in seine Richtung gehalten, und der Magier vollführt mittels Imagination und Willensakt eine Absaugoperation.

Sowohl im Geister- als auch im psychologischen Modell wird es in der Regel erforderlich sein, mit den besessen machenden Geistern oder äußerlich manifestierten Projektionen zu reden und zu verhandeln. Daher kann es auch geschehen, daß der Magier sie nur mit viel List und zahlreichen Versprechen aus dem Körper des Betroffenen hervor- und in die Geisterfalle hineinlocken kann. Aus dem Gesagten wird deutlich, daß exorzistische Operationen vom Magier eine große Erfahrung, viel Fingerspitzengefühl, eine gehörige Portion Mut und die Bereitschaft verlangen, nötigenfalls seine eigene körperliche und geistige Gesundheit, ja sein ganzes Leben aufs Spiel zu setzen.

Voraussetzungen für exorzistische Operationen

Denn so, wie der menschliche Gesamtorganismus zu ungeheuren magischen Dingen fähig ist, wenn er entsprechend geschult und geleitet wird, so kann er auch unvorstellbare schädliche Kräfte mobilisieren, wenn er außer Kontrolle gerät, sei es durch durch gezielte Fremdeinwirkung von außen (zum Beispiel Schadens- oder Todeszauber) oder durch einen »inneren Kurzschluß« (zum Beispiel bei Geistesgestörtheit, die allerdings wiederum auch eine Auswirkung magischer Angriffe sein kann). Ein Exorzismus ist folglich mit einem magischen Krieg zu vergleichen – entsprechend umsichtig sollte der Magier ihn daher auch angehen.

Ist die Geisterfalle erst einmal »gefüllt«, stellt sich natürlich die Frage, was der Magier nun mit den darin befindlichen Geistern/Energien/Projektionen anfangen soll. Die Antwort darauf hängt davon ab, in welchem Modell er arbeitet: Geister werden in der Regel entweder verbannt, wie bereits beschrieben, oder der Magier versucht sie sich untertan zu machen, um sie für eigene Zwecke nutzen zu können; Energien werden meistens gespeichert, vor allem dann, wenn es sich um Angriffsenergien eines magischen Gegners handelt, da sich diese gut dazu eignen, bei einem Vergeltungs- oder Abwehrzauber gegen ihn gerichtet zu werden, denn gegen die eigenen Energien ist kein gesunder Mensch immun. Es kommt aber auch häufig vor, daß diese Energien magisch neutralisiert und wieder in den allgemeinen kosmischen Energiekreislauf eingespeist werden.

Nur in Ausnahmefällen werden Geister/Energien/Projektionen jedoch auf Dauer im magischen Spiegel belassen, denn dieser soll schließlich nach dem Exorzismus wieder seinen »normalen« Dienst verrichten. Er dient also vornehmlich als Extraktionsinstrument und Zwischenlager, nach erfolgreicher Operation werden die eingefangenen Geister/Energien/Projektionen in ein Endgefängnis verbracht, oft ist dies ein Stein, vorzugsweise Bergkristall, der besonders von Naturvölkern wegen seiner hohen Speicherfähigkeit geschätzt wird. Als provisorische Notlösung läßt sich auch gewöhnliches Tafel- oder Steinsalz verwenden – daher auch die häufige Absicherung des magischen Kreises durch Salz, beispielsweise im Voodoo, das Versetzen von Weihwasser mit Salz im Ritus der katholischen Kirche, die Praxis vieler traditioneller Hexen,

Die Endlagerung schädlicher Geister, Energien und Projektionen

kein Salz zu sich zu nehmen, und so weiter. Da Salz jedoch stark hygroskopisch ist, also Wasser aufsaugt und sich beispielsweise im Regen auflöst, kann es nur als vorübergehender Kerker dienen.

Eine beliebte Form der Endlagerung von Geistern ist die Flaschenverwahrung: Dann erhält man den berühmten »Flaschengeist«. Uns sind einige Magier bekannt, die sich darauf spezialisiert haben, Geister und Energien auf Flaschen zu »ziehen« und dieserart aufzubewahren. Wichtig ist dabei schon symbol-logisch, daß die Flasche stets gut verschlossen bleibt, daher verwendet man nicht nur Korken, sondern zudem eine Versiegelung aus Bienenwachs, in die entsprechende Abwehrsiegel und -sigillen eingeritzt werden können.

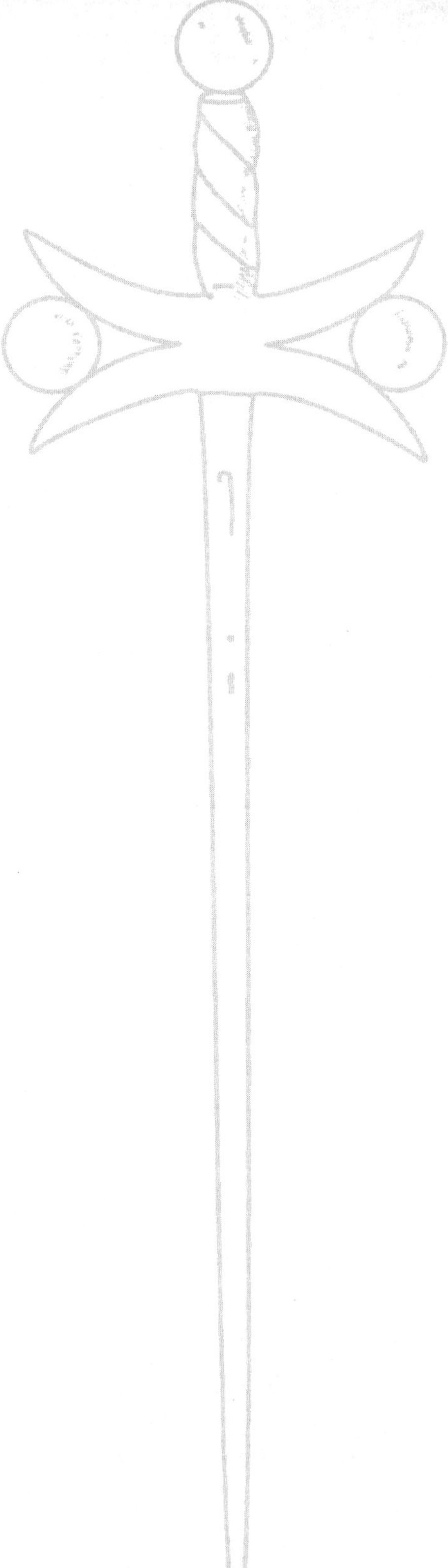

PRAKTISCHE TALISMANTIK

Talismane, Amulette und Fetische

Eines der ältesten Anwendungsgebiete der praktischen Magie ist die Herstellung von Talismanen und Amuletten. Wir haben diese Utensilien im Laufe der Schulung bereits mehrfach erwähnt und wollen uns nun etwas genauer mit ihnen befassen.

Der Laie gebraucht die Begriffe »Talisman« und »Amulett« meist synonym, er unterscheidet also kaum oder gar nicht zwischen ihnen. Anders der moderne Magier*: Da er, wie Sie inzwischen schon gemerkt haben, ein handwerkspezifisches Vokabular (Fachjargon) braucht, um seine Kunst in allen Verästelungen möglichst präzise zu beschreiben, will er auch geladene Gegenstände nach ihrer jeweiligen Funktion unterteilen. Daher sollten Sie sich die folgenden, heute gängigen Definitionen einprägen:

Eines der ältesten Anwendungsgebiete praktischer Magie

TALISMANE SIND MAGISCH GELADENE GEGENSTÄNDE ZUR ERREICHUNG EINES BESTIMMTEN ZWECKS ODER ZIELS.

AMULETTE SIND MAGISCH GELADENE GEGENSTÄNDE ZUR VERHINDERUNG EINES BESTIMMTEN EREIGNISSES ODER ZUSTANDS.

FETISCHE SIND MAGISCH GELADENE UND BELEBTE GEGENSTÄNDE ZUR SPEICHERUNG VON ENERGIEN UND ZUR MAGISCHEN EINFLUSSNAHME.

Betrachten wir diese magischen Paraphernalia nun im einzelnen. Wenn wir etwas verkürzt formulieren, daß ein Talisman »für etwas« ist, ein Amulett jedoch »gegen etwas«, haben wir ihre Funktion eigentlich schon hinreichend beschrieben: So können wir beispielsweise einen Talisman »für Gesundheit« anfertigen, während ein entsprechendes Amulett »gegen Krankheit« geladen wäre. Ein Fetisch hingegen kann

* *Bei älteren Autoren, vor allem vor der Jahrhundertwende, werden beide häufig miteinander verwechselt.*

beide Funktionen wahrnehmen, wird in der Regel aber eher als magische Kraftbatterie und als Psychogon gebraucht, worauf wir gleich noch eingehen werden.

Ein Talisman ist »für etwas«, ein Amulett »gegen etwas«, ein Fetisch kann beide Funktionen wahrnehmen.

Grundsätzlich lassen sich Talismane, Amulette und Fetische mit allen Energien und zu jeglichem Zweck mit jeder beliebigen, dazu geeigneten magischen Technik laden. Nehmen wir uns zunächst aber das Beispiel der Planetenmagie und hier das der Venus-Ladung vor, um diesen Prozeß zu veranschaulichen.

Der Venustalisman

Ein Venustalisman ist ein mit Venusenergie geladener Gegenstand, der zur Erreichung venusischer Ziele verwendet wird (Energiemodell). Halten wir uns an die gängigen, durch die Golden Dawn (und z. T. auf sehr alten Quellen fußenden) Korrespondenzen, so wird ein Venustalisman idealerweise aus einem Stück Kupfer bestehen, in das die Sigillen der Venus eingraviert wurden; dieses Kupferstück wird dann während eines Venusrituals zeremoniell geladen. Der Venustalisman kann siebeneckig sein, die Gravur darf grün eingefärbt oder mit Grünspan versetzt werden; vielleicht wird er an einem Freitag zur Venusstunde angelegt.*

Bei der Ladung wird meist dergestalt verfahren, daß sich der Magier in eine entsprechende Venustrance versetzt, was in der Regel durch ein Venusritual geschehen dürfte. Auf dem Höhepunkt des Rituals wird der fertig gravierte und z. B. mit einer Willenssatz-Sigil versehene Talisman geladen, indem der Magier beispielsweise durch die Hände (zu Anfang sicher nur imaginativ) auf spasmische Weise einen grünen Lichtstrahl in die materielle Basis (auch: »materia prima« oder »MP«) schießen lässt und darüber die traditionelle Glyphe der Venus schlägt.

* *Sollten Ihnen diese Angaben unklar sein, so arbeiten Sie bitte noch einmal gründlich unsere Abhandlungen über die Korrespondenzen durch!*

Nach herkömmlicher Technik wird sich der Magier bei dieser Ladung gedanklich auf das zu erreichende Ziel konzentrieren; die zeitgenössische Chaos-Magie jedoch rät eher dazu, während der Ladung überhaupt nicht an das Ziel zu denken. Immerhin lassen sich aber mit der älteren Methode durchaus gute Erfolge erzielen.

Ständig am Körper tragen – oder verstauen und vergessen!

Ist er erst einmal geladen, wird der Talisman eine Weile entweder ständig am Körper getragen beziehungsweise in Greifweite aufbewahrt. Eine andere Technik besteht darin, ihn sofort unzugänglich zu verstauen und zu vergessen.

Das Venusamulett

Ein Venusamulett ist ein mit Venusenergie geladener Gegenstand, der zur Verhinderung venusischer Einflüsse verwendet wird. Im übrigen gilt für ihn sinngemäß das über den Venustalisman Gesagte. Zu ergänzen ist dazu, daß das Venusamulett zwar prinzipiell – wie jedes andere Amulett auch – ein negatives Ziel hat (also die Vermeidung, das Abblockieren und so weiter), daß seine Ladung, sofern sie verbal erfolgt (zum Beispiel durch eine entsprechende Sigil), stets positiv formuliert werden sollte. Wenn Sie also mit Hilfe eines Venusamuletts das Zerbrechen Ihrer Partnerbeziehung verhindern wollen, so formulieren Sie nicht etwa: »Dieses Amulett diene dazu, daß meine Beziehung zu X nicht zerbricht«, sondern beispielsweise: »Dieses Amulett schütze meine Beziehung zu X vor dem Zerbrechen« oder ähnliches. Im Bereich der Kampfmagie wird die Notwendigkeit von Amuletten noch deutlicher. Immerhin können Sie die Beziehung zu X aber auch vor äußeren Störeinflüssen schützen. Gerade diese Tatsache dürfte mit dafür verantwortlich sein, daß sogar heute noch von manchen Autoren Talismane und Amulette miteinander verwechselt werden.

Der Venusfetisch

Erfahrene Magier wird dieser Begriff vielleicht aufhorchen lassen, denn in der alten westlichen Tradition werden sie ihn vergeblich suchen. Wir kennen Fetische für gewöhnlich nur im Zusammenhang mit sogenannten Primitivkulturen, in der Ethnologie meint der »Fetischismus« meist eine animistische Naturreligion. Dennoch ist das Grundkonzept des Fetisches keineswegs so unwestlich, wie es auf den ersten Blick erscheinen mag.

Das Wort »Fetisch« leitet sich über das französische *fétiche* vom portugiesischen *feitiço* ab und bezeichnet zunächst nur einen beliebigen Zaubergegenstand. Charakteristisch für Fetische ist jedoch im allgemeinen, daß es sich dabei um belebte Objekte handelt, die auch gezielt dazu geladen werden, um als halbautonome Wesenheiten im Dienste des Magiers tätig zu werden. Anders als Psychogone, magische Kunstgeschöpfe, die vor allem auf astraler Basis tätig werden und allenfalls durch ihre materielle Basis an die grobstoffliche Ebene gebunden sind, ist der äußere Fetischgegenstand ein regelrechter Wohnort einer bestimmten Kraft, Gottheit, Wesenheit oder ähnlichem. Zugleich ist er mit dieser aber auch identisch. So werden Fetische denn auch gefüttert und gebettet, man spricht mit ihnen. Durch diesen ständig wiederholten Prozeß werden sie oft auch überhaupt erst geladen. Mancher Magier weiß davon zu berichten, daß sie mit der Zeit tatsächlich ein charakteristisches Eigenleben entwickeln. So können in ihrem Umfeld beispielsweise Poltergeistphänomene auftreten, es kann geschehen, daß sich ein Fetisch verselbständigt und »auf Reisen« geht, um völlig unerwartet (und auf ebenso unerklärliche Weise, wie er verschwunden ist) an den unmöglichsten Stellen wiederaufzutauchen und dergleichen mehr.

> *Belebte Objekte – halbautonome Wesenheiten im Dienste des Magiers*

Fetische sind zwar Verkörperungen bestimmter Kräfte, doch werden sie selten zu sonderlich spezifischen, personalisierten Zwekken belebt. So gibt es zwar generelle Heilfetische, doch in der Regel keine, die ausdrücklich für die Heilung einer bestimmten Person geladen worden wären. Statt dessen leben sie nach der Heilung eines Patienten weiter und können auch an andere weitergereicht werden.

Eine zweckgebundene Kraftbatterie

Somit ist der Fetisch also zwar zweck-, nicht aber personengebunden. Wir können ihn mit einer allgemeinen Kraftbatterie vergleichen.*

Ein Venusfetisch wäre also mit einem allgemeinen Venustalisman oder, noch besser, mit einem Venuspentakel zu vergleichen. Wie diese wird auch er bei jeder Venusarbeit zur Intensivierung der Operation herangezogen, ohne selbst daran ausdrücklich teilzunehmen oder auf ihr Ziel ausgerichtet zu werden. Wir werden in Zukunft von einem Pentakel sprechen, wenn damit ein Planetenfetisch gemeint ist, während wir andere einschlägige, geladene Paraphernalia generell als Fetische bezeichnen wollen. Beachten Sie bitte dabei, daß wir damit nicht das zuvor beschriebene Erdpentakel meinen! Eher entspricht es dem Lamen, nur wird es nicht auf der Brust getragen, es handelt sich also um ein Zwischending, wie wir es auch in der Literatur häufig erwähnt finden. Lesen Sie bei Bedarf die angesprochenen Stellen der Schulung noch einmal durch, um sich des Unterschieds wirklich bewußt zu sein.

Die Belebung eines Fetisches erfolgt neben den schon erwähnten Techniken auch durch Zufuhr von Blut, Sperma, Menstruations- oder anderen Sekreten des Magiers/der Magierin, und fast immer wird der Fetisch selbst geschnitzt oder sonstwie hergestellt. Häufig gleicht er einem Menschen oder einem Tier, aber es gibt auch völlig abstrakte Fetische ohne erkennbare Gestalt. Afrikanische Fetische sind oft fliegenwedelgleich mit Wischen versehen, das Spektrum verwendeter Materialien reicht von Holz und Leder bis zu Metall, Wachs, Lumpen und Stroh.

Der Fetisch kann seinerseits dazu dienen, andere Gegenstände aufzuladen oder zumindest bei ihrer Ladung behilflich zu sein. In der westlichen planetaren Zeremonialmagie erfüllt diese Funktion das schon mehrfach erwähnte »Pentakel« (noch einmal: nicht Erdpentakel!), auf welches man zu ladende Gegenstände (in der Regel Talismane und Amulette, gelegentlich aber auch jungfräuliche magische Waffen) legt, damit sie sympathiemagisch einen Teil seiner Ladung aufnehmen mögen.

* *So gibt es ja auch beispielsweise Elektrobatterien unterschiedlichster Ladung, Form und Gebrauchsbestimmung, dennoch haben Batterien stets allgemeinere Funktionen wahrzunehmen.*

Sowohl Talismane als auch Amulette werden gern bei der Arbeit für andere hergestellt, während Fetische in der Regel nur dem Magier persönlich dienen sollen (natürlich mit Ausnahme der Ladung dieser Gegenstände für seine Klienten). In der Praxis werden Sie schon sehr bald den Unterschied zwischen diesen drei Kategorien magischer Gerätschaften verstehen lernen, deshalb wollen wir hier auch noch auf den Übungsteil im Anhang verweisen, wo Sie weitere Empfehlungen finden.

Einige traditionelle Talismane und Amulette

Wir möchten uns im Rahmen der praktischen Talismantik natürlich nicht allein auf Planetentalismane und -amulette nach Art der Golden Dawn beschränken. In Abbildung 37 auf Seite 486 finden Sie daher einige alte, traditionelle Exemplare wiedergegeben, die uns in der Literatur gelegentlich begegnen.

***Erläuterungen zur Abbildung** 37*

a) Das im Schwindeschema geschriebene ABRACADABRA ist einer der ältesten Talismane, die uns bekannt sind. Bereits in der Antike wird es erwähnt, und in seinem *Liber medicinalis*, einem noch bis ins Mittelalter verwendeten Buch über medizinische Hausmittel, empfiehlt der Gnostiker Quintus Serenus Sammonicus es um 220 n. Chr. zur Beschwörung guter Geister und als Amulett gegen Fieber. Die Deutung des Wortes selbst ist nach wie vor umstritten, das Spektrum der Interpretationen reicht von »Verstümmelung des gnostischen Gottesnamens Abraxas« bis zu »Akrostichon (Notarikon) des hebräischen AB BEN RUACH AKADOSH« (»Vater, Sohn, Heiliger Geist«). Aber auch die temuratische Umstellung »ABRA KAD BARA« (»Fieber«) kommt in Frage, ebenso wie man »ABRA KADABRA« als »verringere dich, Krankheit« deuten kann, während eine weitere Theorie darin die Verballhornung von »ABBADA KEDABRA« (»nimm ab wie dieses Wort«) sieht. Da die griechischen Amulette meist die Schreibweise »ABRACADABPA« aufweisen, erscheint es möglich, daß das Wort ursprünglich »abrasadabra« ausgesprochen wurde. Erwähnt werden sollte auch, daß Aleister Crowley es zu seinem »Wort des Äons« »ABRAHADABRA«

a) Abracadabra

A B R A C A D A B R A
A B R A C A D A B R
A B R A C A D A B
A B R A C A D A
A B R A C A D
A B R A C A
A B R A C
A B R A
A B R
A B
A

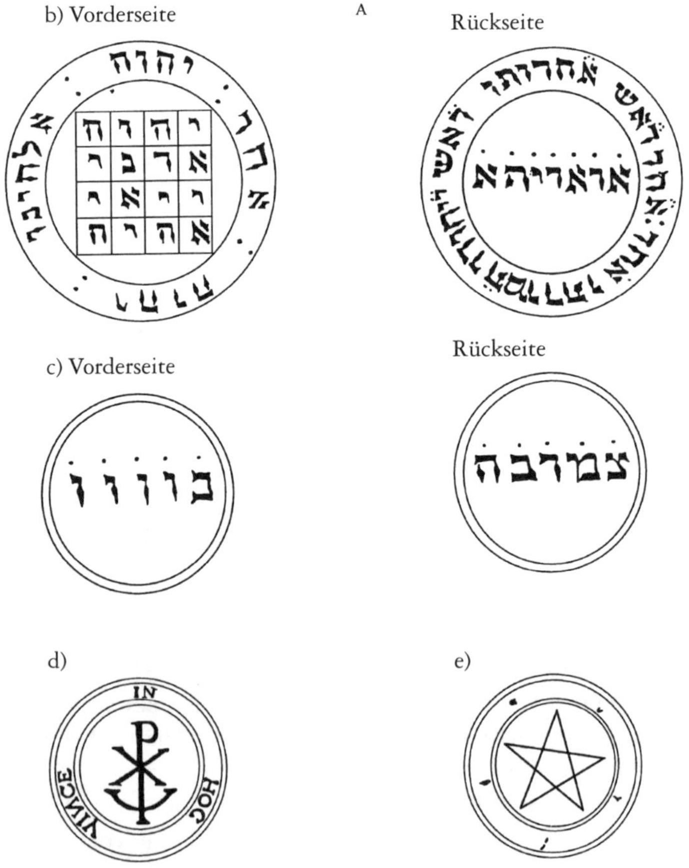

Abbildung 37: Traditionelle Talismane und Amulette

änderte, um damit den für seine Magie so wichtigen gematrischen Zahlenwert 418 zu erhalten (vgl. sein *Liber CCCCXVIII. The Vision and the Voice*).

b) Kabbalistisches Amulett des Rabbi Hama. Agrippa schreibt dazu:

> *Aber weit wirksamer* [als das Abracadabra-Amulett] *gegen alle Krankheiten der Menschen wie auch gegen jede sonstige Widerwärtigkeit ist das heilige Siegel, welches Rabbi H a m a in seinem Buche von der Forschung mittheilt, und auf dessen Vorderseite vier vierbuchstabige Namen Gottes sich befinden, die im Quadrat so untereinander gestellt sind, daß von oben nach unten gleichfalls vier heiligste Namen oder Siegel der Gottheit gebildet werden, deren Bedeutung in der Umschrift zu lesen ist; auf der Rückseite aber befindet sich der siebenbuchstabige Name Ararita mit einer Umschrift, die ebenfalls seine Erklärung enthält, nämlich den Vers, aus dem er gezogen ist, wie hier zu sehen [...] Dieß Amulet muß jedoch aus dem reinsten Golde verfertigt oder auf Jungfernpergament als einem reinen, unbefleckten Gegenstande durch Enkaustik mit besonders dazu präpariertem Wachse bei dem Rauche von einer geweihten Wachskerze oder Weihrauch und unter Besprengung mit Weihwasser dargestellt werden. Der, welcher das Siegel verfertigt, muß ein reiner und frommer Mann sein und sein Gemüth mit zuversichtlicher Hoffnung und standhaftem Vertrauen zu Gott dem Allerhöchsten erheben, wenn das Siegel die gewünschte göttliche Kraft erlangen soll.*

c) Ebenfalls kabbalistischer Natur ist dieses Amulett, mit dem der Träger, »sobald er nur auf Gott, den Schöpfer des Weltalls, sein festes Vertrauen setzt, vor jedem Uebel sicher sein« (Agrippa) soll. Es schützt »gegen Gespenster und Beschädigungen von seiten böser Geister oder Menschen sowie gegen alle Gefahren zu Wasser und Lande« und dient »zum Schutze gegen Feinde und Waffen«. Auf der Vorderseite finden sich die Anfangsbuchstaben der ersten fünf Verse des 1. Buchs Mose, auf der Rückseite die Endbuchstaben derselben Verse, die zusammen »das Symbol der ganzen Weltschöpfung [...] darstellen«. Beachten Sie bitte, mit welcher Eleganz hier die Symbol-Logik angewendet wird: Das 1. Buch Mose ist zugleich die Genesis, also der biblische Schöpfungsbericht, so daß auf diese Weise tatsächlich die »ganze Weltschöpfung« mit zehn Buchstaben zu magischen Zwecken umspannt wird.

d) Christlicher »Sieges-« oder Erfolgstalisman mit der bekannten Christusglyphe und dem lateinischen Satz »in hoc vince« (»in diesem [Zeichen] siege«). Dieser Talismantyp wurde auch gern von hebräischen Amulettbeschriftern nachgeahmt.

e) Pentagrammtalisman mit der griechischen Inschrift *igíra*, was so viel wie »gesund«, »der Gesundheit förderlich« bedeutet.

Die Häufigkeit von – meist hebräischen, gelegentlich aber auch der lateinischen Vulgata entnommenen – Bibelzitaten auf Amuletten und Talismanen der Antike, des Mittelalters und der Renaissance erklärt sich nicht allein durch die Übermacht der christlichen Kirche; wichtig ist vielmehr auch die Tatsache, daß die Bibel selbst als ein Talisman/ Amulett/Fetisch erster Güte angesehen wurde, ähnlich wie die Torah bei den Juden, der Koran bei den Muslimen und schon das Pert-em-hru bei den alten Ägyptern. Da Offenbarungsschriften ja per definitionem göttlichen Ursprungs sein sollen, ist es nur natürlich, in einer Zeit, da der Schrift ohnehin stets etwas Magisches eignete, darin eine Fundgrube gewissermaßen automatisch wirksamer Formeln zu sehen, und nicht selten fungierte die »Heilige Schrift« selbst als Abwehrzauber, indem man sie ungebärdigen Geistern und Dämonen entgegenhielt, wie es beim christlichen Exorzismus ja auch mit dem Kreuz geschieht, das magietechnisch gesehen ebenfalls den Charakter eines Fetischs hat.

Auch die Bibel selbst wurde als ein Talisman/Amulett/ Fetisch erster Güte angesehen.

ZUM GRAVIEREN VON TALISMANEN UND AMULETTEN

Zum Abschluß noch ein praktischer Hinweis: Metallgravuren können Sie sowohl manuell mit speziellen Gravurstiften unterschiedlicher Stärke durchführen als auch mit Hilfe eines elektrischen Gravurstifts, wie man ihn in Hobby- und Bastelgeschäften erhält. Letzterer hat den Vorteil, wesentlich weniger Kraftaufwand zu verlangen, dafür bedarf es freilich einer gewissen Übung, um damit saubere Linien zu ziehen. Außerdem punktiert er das Metall, so daß sich die Linie, wenn sie nicht sehr tief gezogen wird, aus einer Vielzahl winziger Punkte zusammensetzt. Mit einer zusätzlichen, auswechselbaren Diamantspitze können Sie auch Glas und andere besonders harte Materialien (zum Beispiel Halbedelsteinscheiben) gravieren. Am besten besorgen Sie sich im Bastelgeschäft auch einige preiswerte Kupferplatten, wie sie zum Emaillieren verwendet werden, um an ihnen eine Weile das Gravieren zu üben.

Eine andere, relativ einfache Möglichkeit der Beschriftung ist das Ätzen. Dabei wird die Oberfläche des Metalls mit Schellack oder dickem Wachs überzogen. Nach dem Trocknen wird dieser geritzt, bis sämtliche gewünschten Symbole aufgetragen sind. Die Ritzung muß die Beschichtung natürlich ganz durchstoßen, sollte aber die Metalloberfläche nicht markieren. Anschließend gibt man das ganze in ein Säurebad.

Der Nachteil dieser Methode besteht allerdings darin, daß je nach Haftungsqualität der Beschichtung die geätzten Linien meistens verschwimmen und unscharf werden. Auch ist das Hantieren mit Säure nicht immer ungefährlich und mit unangenehmer Geruchsentwicklung verbunden, weshalb die meisten Magier auch der Stichgravur den Vorzug geben.

Praktische Übungen

ÜBUNG 46
ANGEWANDTER PARADIGMENWECHSEL IN DER PRAXIS (IV)

Erinnerst Du Dich noch an die Übungen 10, 17 und 19? Jetzt wird es Zeit, das damals Gelernte zu vertiefen und auf die praktische Magie selbst anzuwenden. Damit erreichst Du eine immer größere Flexibilität und erweiterst Dein Handlungsspektrum. Zudem wird der psychische Zensor dadurch beharrlich »weichgeklopft«, bis er es schließlich aufgibt und nicht mehr ständig Widersprüche aufzeigen und nach Erklärungen suchen will.

Am besten verbindest Du diese Übung mit der folgenden (Herstellung von Talismanen und Amuletten), Du kannst aber auch beliebige andere magische Operationen dazu heranziehen. Vertiefe Dich in eines der ersten drei in diesem Abschnitt beschriebenen Paradigmen, möglichst in eines, mit dem Du noch nicht sonderlich gut vertraut bist. Das vierte Paradigma, also das Informationsmodell, wirst Du erst später heranziehen können, wenn Du mehr Informationen zum praktischen Vorgehen erhalten hast. Bist Du allerdings bereits aus anderer

Quelle über die Kybermagie informiert, und arbeitest Du schon mit ihr, kannst Du Dich selbstverständlich auch dieser bedienen. Vollziehe einen mindestens zweiwöchigen (Richtwert, der aber normalerweise nicht unter-, sondern allenfalls überschritten werden sollte) Paradigmenwechsel (also beispielsweise vom Energie- zum Geistermodell oder von einer Mischform zu einem »reinen« Paradigma), und betrachte all Dein magisches Tun durch diese neue Brille. Versuche auch, so gut Du es mit den Dir zur Verfügung stehenden Mitteln (Wissen, Geräte) vermagst, mehrere, Dir bereits vertraute magische Operationen unter diesem neuen Paradigma durchzuführen. Hast du also bereits einen Merkur-Talisman nach dem Energiemodell geladen, so versuche nun, einen weiteren mit Hilfe des psychologischen Modells zu laden und einen dritten nach dem Geistermodell. Das bedeutet natürlich, daß Du einiges an Deiner rituellen Praxis wirst umstellen müssen. Wie Du das tust, sei Dir selbst überlassen, inzwischen solltest Du genug von der Materie verstehen, um dies – vielleicht unter Zuhilfenahme von Nachschlagewerken – zustande zu bringen. Ebenfalls bleibt es Dir überlassen, wie lange und wie oft Du diese Übung durchführen willst. Sicher ist es meistens einfacher und sinnvoller, die Übung zwar über kürzere Zeit, dafür aber öfter zu praktizieren, doch wenn Du beispielsweise in Dreimonatsphasen arbeiten willst und kannst, so sei Dir das selbstverständlich unbenommen.

Halte Deine Beobachtungen und Eindrücke möglichst präzise fest, denn Du wirst sicher einige sehr neue, vielleicht sogar verblüffende Erfahrungen machen, die Deine magische Weiterentwicklung erheblich beschleunigen können.

ÜBUNG 47
PRAKTISCHE TALISMANTIK (II)

Lade innerhalb eines Zeitraums von nicht mehr als sieben Monaten sieben Planetenfetische (genauer: Planetenpentakel), die Du nach allen Dir bekannten Regeln der Kunst herstellen sollst. Verwende dazu wegen ihrer größeren Haltbarkeit Metallscheiben, die vorzugsweise die dem jeweiligen Planeten entsprechende Anzahl an Ecken aufweisen sollten. Auf die Vorderseite gravierst Du mit einem Gravurstab die traditionelle Sigill des Planeten (siehe Sigillenmagie in der Praxis), auf die Rückseite die Sigillen der Planetenintelligenz und des planetaren Dämoniums. Nach dem Prinzip der »Kabbala der Neun Kammern«

(Aiq bekr; in der Werkmappe Frater V.·.D.·., *Sigillenmagie in der Praxis* beschrieben) erstellst Du auf dem magischen Quadrat (der »Kamea«) eine Sigil Deines magischen Namens und gravierst diese in die Mitte zwischen die beiden anderen. Lade im Rahmen eines Planetenrituals, auf Wunsch auch mit der der Planetenzahl entsprechenden Häufigkeit (also dreimal für Saturn, siebenmal für Venus, neunmal für Mond), diese Talismane, salbe sie mit einem dem Planeten entsprechenden Öl, und beräuchere sie mit dem Planetenweihrauch, bis Du mit der Ladung zufrieden bist. Dies kannst Du auch mit Deinem Pendel überprüfen.*

Verwende diese Talismane in Zukunft stets bei jedem Planetenritual, indem Du sie wie Pentakel (was sie technisch gesehen ja auch sind) auf dem Altar liegen hast und etwaige andere Planetentalismane oder -amulette darauf lädst.

ÜBUNG 48
PRAKTISCHE TALISMANTIK (III)

Beschaffe Dir einen Ring aus beliebigem Metall, und lade diesen rituell in sieben separaten Planetenritualen nacheinander mit sämtlichen Planetenkräften. In diesen Ring solltest Du zudem die mit der Wortmethode nach Spare hergestellte Sigil Deines magischen Namens gravieren (lassen), wobei es Dir überlassen bleibt, ob Du sie außen haben willst oder auf der Innenseite des Rings. Bei Bedarf kannst Du in den Ring Planetensigillen gravieren, ihn mit entsprechenden Steinen fassen lassen oder ähnliches – Deiner Phantasie sind dabei keine Grenzen gesetzt.

Nach der vollständigen Ladung solltest Du den Ring mindestens ein halbes Jahr lang täglich tragen. Dies muß nicht 24 Stunden am Tag sein, was auch aus Gründen der Tarnung nach außen vielleicht nicht immer möglich sein dürfte, einige wenige Stunden genügen.**

Trage diesen Ring danach auf jeden Fall bei allen Deinen Planetenritualen, und sorge auch dafür, daß er niemals in die falschen Hände gerät.

* *Bitte dabei den Pendelausschlag vor der Ladung stets mit dem nach der Ladung – auch der wiederholten – vergleichen und im Magischen Tagebuch festhalten!*

** *Du kannst aber auch einen völlig unauffälligen Metallreif verwenden, der wie ein gewöhnlicher Ehe- oder Schmuckring aussieht.*

LITERATURNACHWEIS

Frater V.·.D.·., *Sigillenmagie in der Praxis*, Edition Magus
Hans Biedermann, *Handlexikon der magischen Künste*
E. A. Wallis Budge, *Amulets and Superstitions*, New York: Dover Publications, 1978 [O= London: Oxford University Press, 1930]

A B R A C A D A B R A
A B R A C A D A B R
A B R A C A D A B
A B R A C A D A
A B R A C A D
A B R A C A
A B R A C
A B R A
A B R
A B
A

Einführung in die Chaos-Magie

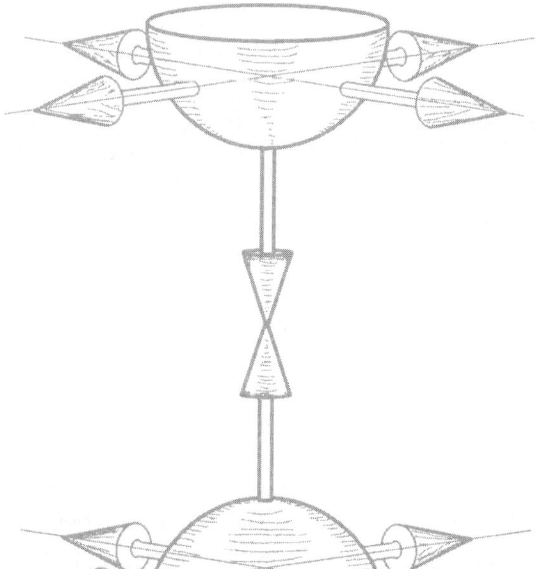

»Im Chaos hat man kein eigenes Antlitz«

Die schon öfter erwähnte Chaos-Magie findet zunehmend Anhänger und ist aus der magischen Szene der Gegenwart inzwischen nicht mehr wegzudenken. Sie ist noch verhältnismäßig jung: Begründet wurde sie formell im Jahre 1978 mit dem Erscheinen der englischen Erstausgabe des Buchs *Liber Null* von Pete (eigentlich: Peter J.) Carroll.

Ein Werk mit fulminanter Wirkung

Dieses Werk schlug in der Magieszene Englands förmlich ein wie eine Bombe. Nachdem die etwas amateurhaft gestaltete Erstauflage von nur 100 Exemplaren noch als reine Ordensschrift des IOT im Selbstverlag erschienen war, gab es bald eine weitere zweite Auflage, die unverzüglich zum Kultbuch wurde und der eine weitere, dritte Auflage bei Sorcerer's Apprentice in Leeds folgte. Inzwischen ist das Buch samt seinem 1983 in England erschienenen Folgeband *Psychonaut* im Jahre 1987 in einem Band in dem renommierten amerikanischen Okkultverlag Samuel Weiser erschienen und gerät auf diese Weise auch in die konventionelleren Vertriebskanäle des Buchhandels. Mittlerweile ist die Chaos-Magie in England und in den USA zum Standardbegriff geworden, und es gab lange Zeit kaum eine Magiezeitschrift, die nicht wenigstens ab und zu Artikel über dieses Thema gebracht hätte. Zumindest vom Publizitätsgrad her hat die Chaos-Magie auf der Insel dem Wicca-Kult eine ganze Weile den Rang abgelaufen, und immer mehr Autoren fühlen sich bemüßigt, sich mit ihr auseinanderzusetzen.

In den deutschsprachigen Raum gelangte die Chaos-Magie im Jahre 1982 mit der deutschen Veröffentlichung des *Liber Null* in der eigens zu diesem Zweck gegründeten Edition Magus. Auch diese Auflage war sehr klein: Es wurden nur 150 Exemplare gedruckt, von denen ca. 130 in den Handel gelangten. Später erschien die dritte deutsche Auflage (als Lizenzausgabe des Verlags Weiser), der 1984 in deutscher Übersetzung erschienene Folgeband *Psychonautik* hat die zweite Auflage erreicht. (Beide Titel sind inzwischen vergriffen und nicht mehr über die Edition Magus erhältlich.)

Von ihrer Breitenwirkung her sicher zum Teil noch wichtiger als diese beiden Werke, sind zahlreiche Artikel zur Chaos-Magie, die vor allen in England und Deutschland erschienen und diesen aktuellen Strom innerhalb der magischen Tradition populär machten.

Eine erste Zusammenfassung habe ich selbst im Jahre 1985 in meinem Artikel »›Im Chaos hat man kein eigenes Antlitz.‹ Die Chaoistische Magie und ihre Wurzeln« gegeben, der in der inzwischen eingestellten Zeitschrift *Unicorn* erschien. Da dieser Artikel leider nicht mehr allgemein zugänglich ist, sei es gestattet, hier einige für unsere Betrachtung relevante Passagen zu zitieren.

> Ein neues Paradigma? Nun, ganz so neu ist das Gedankengut der Chaoistischen Magie Carrolls auch wieder nicht, einige direkte Vorläufer dürften den meisten Zeitgenossen vertraut sein. Da wäre zunächst einmal das sogenannte »Discordian Movement« zu nennen, eng verquickt mit der Szene um Robert Anton Wilson und Robert Shea, die mit ihrer *Illuminatus!*-Trilogie (ab 1975) die entscheidenden Weichen für discordisches, und dies will auch meinen: Chaoistisches Denken gestellt haben. Die »Bibel« der Discordier (die teils die römische Göttin der Zwietracht, teils aber auch ihr griechisches Gegenstück Eris preisen, verkünden und – wenngleich nicht immer bierernst gemeint – anbeten) ist zweifellos das Werk *Principia Discordia or How I Found Goddess And What I Did To Her When I Found Her. Being The Magnum Opiate Of Malaclypse The Younger. Wherein Is Explained Absolutely Everything Worth Knowing About Absolutely Everything*, das sich, Ende der 60er Jahre entstanden, inzwischen zu einem Kult-Buch im wahrsten Sinne des Wortes entwickelt hat. Wer der wahre »Malaclypse the Younger«, der Autor dieses Magnum Opiats also, sein mag, darüber gibt es eine Reihe gewitzter und hirnerweichender Spekulationen, auf die hier einzugehen müßig wäre. Mit Sicherheit läßt sich darin ein Relikt der späten Hippie- und Yippie-Bewegung erblicken – was uns als Standortbestimmung genügen möge. Robert Anton Wilson hat den Faden mit seinem Cosmic Trigger und anderen Werken weitergesponnen und baut die Geschichte nun immer weiter aus. Verbindungen bestehen auch zur SMI2LE-Szene um Timothy Leary und anderen Vitamin-Mystikern und so weiter.
>
> Freilich haben Carroll und sein Kollege Ray Sherwin [...] sich nicht darauf beschränkt, mittels mehr oder weniger witziger und abstruser Geschichtsklitterung, Parodien auf Weltverschwörungstheorien und gezielter Falschinformation den Protest

der Vietnamkriegsgeneration in immer neuen Facetten weiterzuentfalten, um ihn auf unabsehbare Zeiten zu verlängern und zu stabilisieren. Ihnen geht es weniger um eine »Guerilla-Ontologie«, die den Klassenkampf durch den Denkmusterkampf ersetzt oder ergänzt, sondern sie versuchen, durchaus aus diesen Quellen schöpfend, aber nicht von ihnen allein abhängig, relativistisches, mithin gnostisches und existentialistisches Gedankengut in ein praktikables System der Magie umzuformen. [...] So entdecken wir auch in der Chaoistischen Magie Gedankengut, das man sowohl bei den Existentialisten, den Strukturalisten, den Kritischen Positivisten und – noch weiter zurückgehend – den Behavioristen findet. Auch Nihilismus, Nietzsche-Rezeption und die Bewußtseinsspiele der Romantik ließen sich hier mühelos nachweisen.

[...] Dem angelsächsischen Geist des Pragmatismus entsprechend, setzt die Theorienbildung hier [...] erst vergleichsweise spät ein. Ist *Liber Null* noch ein völlig auf die Praxis ausgerichtetes Werk mit einem geradezu skelettartigen Minimalgerüst an weltanschaulichem und philosophischem Hintergrundmaterial, beginnt erst mit *Psychonautik* der Versuch eines Überbaus größeren Stils, ein Prozeß, der übrigens noch keineswegs abgeschlossen ist. [...]

Wohlan, beginnen wir mit einer Selbstdarstellung aus *Psychonautik*.

»DAS CHAOETHERISCHE PARADIGMA

Das manifestierte Universum ist nur eine winzige Insel relativer Ordnung innerhalb eines unendlichen Ozeans ursprünglichen Chaos' oder Möglichkeiten. Darüber hinaus durchdringt dieses grenzenlose Chaos jeden Zwischenraum, jede Lücke in unserer Insel der Ordnung. Diese Insel der Ordnung wurde willkürlich vom Chaos ausgespien und wird schließlich einmal wieder in ihm aufgelöst werden. Obwohl dieses Universum ein höchst unwahrscheinliches Ereignis darstellt, mußte es irgendwann einmal entstehen. Wir selbst sind zwar die am höchsten geordneten Strukturen, die auf dieser Insel bekannt sind, doch im tiefsten Kern unseres Wesen gibt es einen Funken ebenjenes Chaos, das die Illusion dieses Universums hervorgebracht hat. Dieser Chaos-Funken ist es, der uns lebendig macht und es uns erlaubt, Magie auszuüben. Wir können das Chaos nicht unmittelbar wahrnehmen, weil es simultan jedes exakte Gegenteil all dessen beinhaltet, für das wir es halten mögen. Wir können jedoch gelegentlich partiell geformte Materie wahrnehmen und uns dienstbar machen, die nur eine probabilistische und unbestimmbare Existenz hat. Diesen Stoff nennen wir die Aether.

Wenn wir uns dadurch besser fühlen, können wir dieses Chaos auch Tao oder Gott nennen und uns einbilden, es sei gütig und besitze menschliche Gefühle. In der Magie gibt es zwei Denkrichtungen: Die eine hält das gestaltschaffende Agens des Universums für willkürlich und chaotisch; die andere hingegen sieht darin eine Kraft spirituellen Bewußtseins. Da sie ihre Spekulationen nur auf sich selbst aufbauen können, sagen sie damit im Prinzip, daß ihre eigene Natur entweder willkürlich und chaotisch oder spirituell bewußt ist. Ich persönlich neige zu der Auffassung, daß mein spirituelles Bewußtsein auf eine nette Weise willkürlich und chaotisch ist.« [S. 101 f.]

Der hier zu uns spricht, ist Pete Carroll, dem es darüber hinaus auch zu verdanken ist, daß die Chaoistische Magie eine enge Liäson mit dem ZOS KIA CULTUS von Austin Osman Spare eingegangen ist. [...] Carroll und Sherwin bedienen sich z. T. Spares Terminologie, etwa indem der in obigem Zitat erwähnte »Chaos-Funken« als »Kia« bezeichnet wird. In Sherwins Theatre of Magick (S. 32) wird Kia als »Seele; Individualität ohne Ego« bezeichnet, im *Liber Null* wird es auch als »entstehende Energie, die eine Form sucht« [S. 59] definiert, als »Großer Wunsch«, »Lebenskraft« oder auch als »Selbstliebe«: »man kann es durch den Atu (Trumpf) 0 darstellen, den Narren oder Joker des Tarot. Sein Wappentier ist der Geier, denn es stößt immer wieder hinab, um sich seine Befriedigung unter den Lebenden und den Toten zu holen« (ibid.). »Kia kann nicht«, so führt Carroll an anderer Stelle aus, »unmittelbar erfahren werden, weil es die Grundlage des Bewußtseins oder der Erfahrung ist, und es besitzt auch keine festen Eigenschaften, an denen sich der Verstand festhalten könnte. Kia ist das Bewußtsein, das stets ausweichende ›Ich‹, das Selbst-Bewußtheit verleiht, aber selbst nicht aus irgendetwas zu bestehen scheint. Kia kann manchmal als Ekstase oder Inspiration empfunden werden, aber es liegt tief im dualistischen Geist vergraben. Meistens wird es gefangengesetzt, durch das ziellose Wachsen der Gedanken und durch die Identifikation mit der Erfahrung sowie in jener Ballung von Meinungen über uns selbst, die ›Ego‹ genannt wird. Die Magie hat das Ziel, für Kia größere Freiheit und Flexibilität zu erlangen und sie will außerdem auch die Mittel bereitstellen, durch die es seine okkulte Macht manifestieren kann.« [S. 27]

Kia ist also, das ist sehr wichtig, unpersönlich, hat mit unserem herkömmlichen, am Christentum orientierten Begriff von der »Seele« nur wenig zu tun. Zwar erkennen wir, worauf Carroll ja skeptisch gebrochen selbst hinweist, Parallelen zum Tao der chinesischen Philosophie und zur frühbuddhistischen Vorstellung von der Inkarnation des Karma, nicht aber der Individualität des Lebewesens; auch das Paramatman des Hinduismus und das »Bezeugende Bewußtsein« einiger Yoga- und Jnana-Schulen läßt hier grüßen; doch sollte man sich davor hüten, den Vergleich zu weit zu treiben, ein Fehler, den selbst Aleister Crowley bei seiner ersten Lektüre von Spares *Book of Pleasure* beging und beim späteren zweiten Durchlesen bereute. Kia ist eben nicht ganz dasselbe wie Tao, Kamma oder Atman, wenngleich mit diesen verwandt. Auch das ägyptische Ka kommt ihm vom Konzept her nahe, vielleicht sogar am nächsten von diesen allen, ohne ihm jedoch völlig zu entsprechen. Carroll betont ja auch, daß derlei Terminologie rein willkürlich ist und allenfalls funktionalen Wert besitzt.

Kia ist der Schnittpunkt zwischen dem Chaos und der von diesem zu seiner eigenen »Belustigung« erschaffenen Materie. Eine individuelle Seele, die einem bereits in die Wiege mitgegeben wird oder die gar ständig inkarniert, ob sie nun will oder nicht, kennt die Chaoistische Magie nicht. Darin gleicht sie übrigens dem System Gurdjieffs, der ja auch davon ausging, daß der Mensch sich seine Seele erst erarbeiten müsse. So schreibt Carroll in *Psychonautik*:

»In die meisten okkulten Denksysteme hat sich ein merkwürdiger Irrtum eingeschlichen. Es ist dies die Vorstellung von einem höheren Selbst oder einem wahren Willen, die den monotheistischen Religionen entlehnt wurde. Es gibt zahlreiche Menschen, die gerne daran glauben möchten, daß ihnen irgendein Selbst eignet, das auf bestimmte oder unbestimmte Weise wirklicher oder spiritueller sein soll als ihr gewöhnliches oder niederes Selbst. Die Tatsachen unterstützen eine solche Auffassung jedoch nicht. Es gibt keinen Teil von dem, was man über sich selbst glaubt, der nicht durch wirkungsvolle psychologische Techniken verändert werden könnte. Es gibt nichts an einem, was einem nicht fortgenommen oder verändert werden könnte. Wenn man die richtigen Reize einsetzt, lassen sich Kommunisten in Faschisten, Heilige in Teufel, Schwächlinge in Helden verwandeln und umgekehrt. Es gibt kein souveränes Sanktuarium in unserem Inneren, das unser wahres Wesen darstellt. Die innere Festung ist unbewohnt. Alles, was wir als unser Ego schätzen, alles, an das wir glauben, besteht nur aus dem, was wir uns aus dem Zufall unserer Geburt und der darauffolgenden Erlebnisse zusammengepflückt haben. Mit Hilfe von Drogen, Gehirnwäsche und verschiedener anderer Techniken extremen Zwangs können wir einen Menschen sehr wohl zum Anhänger einer völlig anderen Ideologie machen, zum Patrioten eines anderen Landes oder zum Gläubigen einer anderen Religion. Unser Geist ist nur eine Verlängerung unseres Körpers, und es gibt nichts an ihm, das nicht fortgenommen oder verändert werden könnte.

Der einzige Teil unseres Selbst, der jenseits der vergänglichen und wandelbaren psychologischen Strukturen existiert, die wir das Ego oder das Ich nennen, ist das Kia. Kia ist der absichtlich sinnfreie Begriff, mit dem der Vitalfunken oder die Lebenskraft in uns bezeichnet wird. Das Kia ist gestaltlos. Es ist weder dies noch das.« [S. 74]

[...] Erst die absolute Sinnfreiheit aller Existenz beschert dem Chaoisten die wahre Freiheit, macht ihn selbst zu einem – freilich relativen – Gott. [...] Der Glaube wird (hierin wieder am Zos Kia Cultus angelehnt, aber auch parallel zur spätantiken Gnosis) als reine Technik begriffen, nicht aber als ontische Wirklichkeit – die Relativität ist Trumpf, alles ist willkürlich, in der absoluten Freiheit gibt es keine absoluten Schranken mehr, allerdings auch keinen Anspruch auf Statik, auf pseudo-

> absolute Strukturen wie Macht, Herrschaft oder Hierarchien. Dadurch gewinnt die Chaoistische Magie (sicher nicht zuletzt vom Individual-Anarchismus Max Stirners und Nietzsches geprägt) fast nebenbei einen immens politischen, lebensumspannenden Charakter: Will der Magier wirklich frei sein, so muß er sich von allen Fesseln lösen. Zu diesen Fesseln gehören Verhaltens-, Denk- und Glaubensmuster ebenso wie eingefahrene Gefühls- und Triebstrukturen. Dieses Vorgehen ist natürlich zutiefst amoralisch: Weil es nichts Absolutes im herkömmlichen Sinne gibt, steht dem Adepten die Welt zur freien Verfügung. Hier sehen wir auch einen deutlichen Berührungspunkt zur Discordischen Bewegung, deren Leitsatz ja das dem Assassinenchef Hassan ben Sabbah (dem »Alten vom Berge«) zugeschriebene Wort ist: »Nichts ist wahr, alles ist erlaubt.« Ein Satz übrigens, den wir nicht erst bei Robert Anton Wilson und seinen Anhängern finden, sondern bereits viel früher beim einst der Beat-Generation zugerechneten Prä-Hippie-Autor William S. Burroughs. [S. 12–16.]

Damit soll die Schilderung der Grundphilosophie der Chaos-Magie fürs erste enden. Was in ihren Selbstdarstellungen oft etwas apodiktisch, ja absolut formuliert wird, sieht in der Praxis freilich meist sehr viel gemäßigter aus. Tatsächlich gibt es unter Chaos-Magiern crowleyanische Thelemiter ebenso wie praktizierende Christen, Odinisten, Reinkarnationsgläubige und Transzendentalisten. Aber es ist diese oben geschilderte weltanschauliche Grundrichtung gewesen, aus der die Chaos-Magie entstand und auf der sie noch heute aufbauend eine Vielzahl neuartiger magischer Techniken und Praktiken entwickelt. Erst mußten einmal die Denkmäler umgestoßen werden, damit ihr Schatten nicht auf ewige Zeiten das Wachstum der Kreativität, der Originalität und der technologischen wie philosophischen Fortschrittlichkeit erstickte. Der zusammen mit der Chaos-Magie entstandene magische Orden der Illuminates of Thanateros (»Illuminaten von Thanateros«), der inzwischen als der »Magische Pakt der Illuminaten von Thanateros« (kurz: »der Pakt«) firmiert, wurde so zu einem quick-lebendigen Sammelbecken internationaler magischer Talente.

Nachtrag (2001): Inzwischen hat auch die chaosmagische Bewegung ihre Flügelkämpfe und Schismen erlebt. Neue Impulse scheinen zu fehlen, der Großteil der praktischen Arbeit bleibt – anders als in den achtziger Jahren – der Öffentlichkeit verschlossen, und von einer »Welle« kann nicht mehr die Rede sein.

LITERATURNACHWEIS

Pete Carroll, *Liber Null – praktische Magie. Das offizielle Einweihungshandbuch des englischen Ordens IOT*, Bonn: Edition Magus im Unicorn Verlag, 1982

ders., *Psychonautik. Liber Null Teil II*, Bad Honnef: Edition Magus, 1984

Ray Sherwin, *The Book of Results*, o. O. [Leeds]: The Sorcerer's Apprentice, o. J.

Frater V.·.D.·., »›*Im Chaos hat man kein eigenes Antlitz.*‹ *Die Chaoistische Magie und ihre Wurzeln*«, Unicorn H. 12, 1985, S. 12–19.

Einführung in die Kybermagie

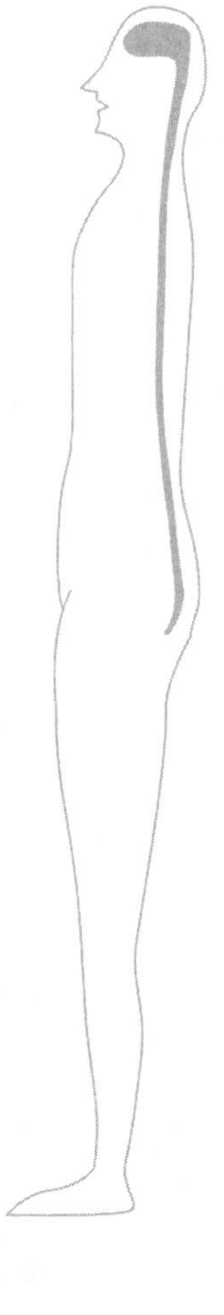

PRINCIPIA KYBERMAGICA

(VORLÄUFIGE FASSUNG)

1. Allen im Universum zu beobachtenden Energiebewegungen liegt steuernde Information zugrunde.

2. Information ist masselos und besitzt keine Energie. Damit ist sie auch per definitionem non-lokal und vermag sich überlichtschnell auszubreiten/zu verteilen/zu bewegen.

3. Mit Hilfe der kybermagischen Techniken ist es möglich, Information zu manipulieren, das heißt sie abzurufen, zu übertragen, zu kopieren, zu löschen und zu aktivieren. Dies geschieht durch entsprechende Manipulation der zentralen Informationsspeicher im menschlichen, tierischen, mineralischen und mechanischen Organismus.

Da Information keine Masse und Energie besitzt, läßt sie sich auch nicht durch materielle Barrieren an ihrer Ausbreitung oder Übertragung aufhalten. Eine solche Bremsung ist allenfalls durch gezielte Störeinwirkungen auf den Sender oder den Empfänger der Information denkbar.

Die Funktionsweise kybermagischer Operationen

In diesem Fall bleibt zwar die übertragene Information selbst von der Störung unberührt, statt dessen wird jedoch eine Fehlkodierung ausgelöst, die zu erratischen Ergebnissen führt.

Stellen wir uns die Informationsübertragung wie das Kopieren eines Datenspeichers in einen anderen vor. Anders als beim Energiemodell geht dabei keine Energie verloren (etwa beim Sender), vielmehr werden die Informationen nur dupliziert. So lassen sich beispielsweise Fremdspracheninformationen bequem von A nach B übertragen, ohne daß einer der Beteiligten dabei einen nennenswersten Energieaufwand betreiben müßte. Erforderlich ist dafür lediglich eine gewisse energetische Mindestleistung beider Organismen, wie sie auch für das Überleben überhaupt notwendig ist (sogenanntes »Notstromaggregat«). Ist dieses gewährleistet, steht einer Informationsübertragung bei entsprechender Schulung nichts mehr im Wege.

Nehmen wir hierzu das Beispiel der Heilung. Nach dem ältesten Erklärungsmodell der Kybermagie erzeugte der Heiler bei sich ein morphogenetisches Feld, in dem der Patient gesund war, und überließ es diesem Feld, die Gesundung des Patienten »herzustellen«. Nach gegenwärtigem Erkenntnisstand ist es noch wirkungsvoller, wenn der Heiler in den Datenspeicher des Patienten den Befehl beziehungsweise genauer, das Konzept »Gesundheit« projiziert/kopiert.

Ein Beispiel

Geschieht dies auf erfolgreiche Weise, bildet sich durch die kybermagische Informationsübertragung im Patienten eine neue Energiematrix, der sich seine eigenen und fremde, von außen einströmenden Energien anpassen. Diese Energiematrix ließe sich auch als »Gesundheitsmuster« bezeichnen. Es versteht sich allerdings von selbst, daß dem Patienten im Falle akuten Energiemangels mit Hilfe der Verfahren des Energiemodells zusätzlich Energien zugeführt werden sollten, da die kybermagische Übertragung auch ihre Zeit braucht, um wirksam zu werden.*

Die Übertragung von Matrices scheint ohnehin das herausragendste Merkmal dieser Praktik zu sein. Beim schon erwähnten Beispiel einer Übertragung von Fremdsprachenkenntnissen scheinen es weniger die konkreten Vokabeln und Grammatikregeln zu sein, die vom Empfänger später aktiviert werden; vielmehr macht sich die Übertragung dergestalt bemerkbar, daß linguistische Erfahrungsmuster plötzlich aktiviert werden**. Gerade auf dem Gebiet der Fremdsprachenübertragung konnten übrigens bisher die überzeugendsten Erfolge erzielt werden. Doch auch die magische Heilung, die Übertragung von Wissen aller Art und die gezielte Fremdbeeinflussung sind mit kybermagischen Mitteln ausgezeichnet zu erreichen. Immer scheinen es jedoch vor allem Leitmuster zu sein, gewissermaßen »Blaupausen« und »Baupläne«, die dabei übertragen werden.

* *Erfahrungsgemäß liegt der Schwerpunkt der Erfolgsmanifestation innerhalb einer Spanne von wenigen Sekunden und bis zu zwei bis vier Tagen.*

** *Zum Beispiel Auseinanderhalten fremder Phoneme; Differenzierung von Ausdruck und Stilebene; verringerte Hemmschwelle beim eigenen Ausdruck/Anstieg der Selbstsicherheit auf fremdsprachlichem Gebiet; plötzliche Aktivierung vormals latenten, passiven Fremdsprachenwissens.*

Vorteile und Nachteile

Das hat seine Vor- und Nachteile. Die Nachteile bestehen darin, daß kybermagische Operationen zwar außerordentlich schnell ausgeführt werden können (je nach Könnensstand binnen eines Sekundenbruchteils), daß sie aber doch häufig nicht sofort wirken, wie oben bereits erwähnt. Zudem sind die Ergebnisse manchmal etwas »unschärfer« und (noch) schwerer zu fassen als bei herkömmlichen Operationen. Ein noch gravierenderer Nachteil ist der, daß einmal empfangene, durch Fremdbeeinflussung aufgenommene Informationen, wenn überhaupt, dann nur sehr schwierig geortet und so gut wie nie gelöscht werden können.*

Die Vorteile bestehen dafür darin, daß die Überlagerung und Löschung unerwünschter Leitmuster durch neue, gewollte Matrices in der Zielperson eine oftmals viel nachhaltigere Wirkung verspricht, als dies mit Hilfe einer Arbeit nach dem Energiemodell der Fall ist. Um ein anschauliches Bild zu verwenden: Wir verändern also nicht allein die Energiezufuhr und die Produktionsgeschwindigkeit einer Fabrik, sondern geben vor allem völlig neue Produktionspläne und -programme ein, wobei wir den fabrikeigenen Energiehaushalt praktisch unangetastet lassen. Ferner bleiben kybermagische Operationen in der Regel unbemerkt. Das leuchtet auch sofort ein, wenn wir uns wieder daran erinnern, daß Information ja keine Masse und Energie besitzt und folglich auch nicht auf irgendwelche stofflichen Widerstände (innerkörperliche Sensoren oder ähnliches) stoßen und diese aktivieren kann. Allenfalls an der Reaktion unserer organismuseigenen, physikalischen Datenspeicher (»Festplattenverwaltung« = häufig wahrgenommen als Brennen oder Prickeln in der Wirbelsäule oder ähnliches) können wir erkennen, daß eine Informationsübertragung stattgefunden hat, ohne diese jedoch genauer präzisieren zu können.

* *Letzteres entspricht dem heutigen Erkenntnisstand und könnte sich in absehbarer Zeit grundlegend ändern.*

Die derzeitigen Hauptanwendungsgebiete der Kybermagie

Die folgende Liste erhebt keinen Anspruch auf Vollständigkeit, sie stellt vielmehr den gegenwärtigen Erkenntnisstand dar. Grundsätzlich will die Liste nicht etwa besagen, daß die Kybermagie zu anderen Zwecken nicht geeignet wäre; vielmehr soll sie zeigen, in welchen Bereichen die Kybermagie zur Zeit schwerpunktmäßig mit Erfolg erforscht wird. Scheuen Sie sich bitte nicht, eigene Ergänzungen hinzuzufügen.

Gegenwärtiger Erkenntnisstand

Übertragung des Inhalts von Wissensspeichern: zum Beispiel Fremdsprachen, Fachwissen aller Art, »Paukwissen«, Erfahrung.

Anwendungsbereiche: zum Beispiel Vorbereitung auf Prüfungen, Schnell-Lernen, Unterstützung von Superlearning:
- Die Übertragung kann aktiv vom Sender auf den Empfänger stattfinden, also in beiderseitigem Einverständnis;
- die Übertragung kann ohne Wissen/Einverständnis des Empfängers stattfinden (= Informationsoktroyierung);
- die Übertragung kann ohne Wissen/Einverständnis des Senders stattfinden (= Informationsabfrage).

Übertragung von Energieschaltkreisen: zum Beispiel Energieleitbefehle, Energiefluß-Muster/Regelkreise.

Anwendungsbereiche: zum Beispiel Heilung, Schadenszauber, Beeinflussungsmagie.

Bitte beachten Sie, daß dabei zwar die Regelkreise übertragen werden, denen sich der Energiehaushalt der Zielperson anpassen soll, jedoch keine Energie selbst!

Im übrigen gilt auch hier das oben zur Übertragung Gesagte.

Selbstbeeinflussung: zum Beispiel Aktivierung von »Blitz-Willenssätzen«.

Anwendungsbereiche: wie alle Magie.

Von besonderer Bedeutung ist bei der kybermagischen Selbstbeeinflussung das Prinzip des magischen Vergessens, wie wir es bereits von der Sigillenmagie her kennen.

Prinzipiell scheint es kein Anwendungsgebiet zu geben, das nicht auf kybermagische Weise bearbeitet werden könnte.

Techniken der Informations-Übertragung

Derzeit hat sich vor allem eine Technik der kybermagischen Informationsübertragung bewährt. Sie setzt eine Aktivierung der beiden Zentralspeicher des menschlichen Organismus voraus: Hirn und Rückenmark.

Eine bewährte Technik

Selbstverständlich verfügt der Organismus noch über zahlreiche weitere Speicher, doch wurde festgestellt, daß eine gezielte Ansprache dieser beiden Großspeicher die besten Ergebnisse erzielte.

Die kybermagischen Operationen verfahren in der Regel nach folgendem Schema:

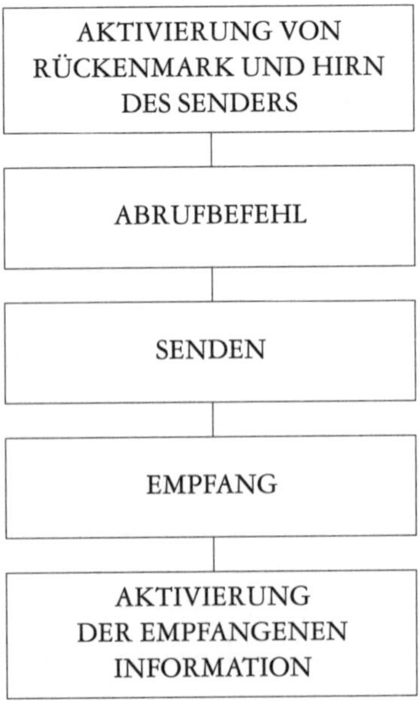

Übersicht 23: Schema kybermagischer Operationen

Bei der folgenden Erläuterung der einzelnen Stufen kybermagischer Operationen benutzen wir für computerkundige Teilnehmer zur technischen Veranschaulichung das Modell zweier miteinander kommunizierender Computer. Sollten Sie über keine Computerkenntnisse verfügen, können Sie diese Abschnitte getrost überlesen.

Abbildung 38: Das »Golfschläger-Chakra« – Ausgangspunkt aller kybermagischen Aktivität

DIE AKTIVIERUNG VON RÜCKENMARK UND HIRN

Der Anfänger ist leicht versucht, in der Aktivierung von Rückenmark und Hirn (des sogenannten »Golfschläger-Chakras«) eine Art Imaginationstechnik zu sehen. Dieser Trugschluß liegt nahe, da die Aktivierung in der Tat zu Anfang (in der Trainingsphase) meist durch eine entsprechende Imagination eingeleitet wird. Tatsächlich handelt es sich dabei jedoch keineswegs um eine Imaginationstechnik. So wie die Akupunkturmeridiane mehr oder weniger (systemabhängig) »objektiv« existieren und sogar meßbar sind, auch ohne daß der Betroffene von ihrer Existenz wissen muß, findet die Aktivierung dieser beiden

Hauptdatenspeicher des Organismus ebenfalls auf einer physiologischen oder zumindest quasi-physiologischen Ebene statt.

Dies spüren Kybermagier in der Regel durch ein Gefühl der Wärme, der Kälte, des Prickelns oder auch des Kitzelns.

Wird aktiv übertragen, so aktiviert der Kybermagier seine eigenen Datenspeicher. Dabei braucht die Zielperson nichts weiter zu tun, die Übertragung kann auch ohne ihr Wissen stattfinden, ein Schutz dagegen scheint derzeit nicht zu existieren.

Zapft der Kybermagier dagegen von einer Zielperson Information ab, so aktiviert er zunächst durch einen mentalen Befehl die Datenspeicher dieser Zielperson, gibt diesen Speichern den Sendebefehl und empfängt die gewünschte Information ohne weiteres Dazutun in seinen eigenen Datenspeichern.

Zur Veranschaulichung das Computermodell: Dieser Vorgang entspricht dem Anschalten des Rechners bzw. der Aktivierung und Überprüfung seines Betriebssystems (sog. »Booten«).

DER ABRUFBEFEHL

Der Abrufbefehl hat in der Regel nur die Form einer Benennung der gewünschten Daten, zum Beispiel »Englisch-Kenntnisse«. Dies geschieht durch rein mentale Benennung ohne jede weitere Imagination.

Zur Veranschaulichung das Computermodell: Dies entspricht dem Aufruf eines Quellverzeichnisses (»directory«) und einer Quelldatei (»file«); zum Beispiel in der UNIX-Welt: »cd \quelldir\quellfil«.

DAS SENDEN

Beim Senden wurde bei einer älteren Technik dergestalt gearbeitet, daß die aufgerufenen Informationen die Wirbelsäule empor ins Hirn und von dort ins Sahasrara Chakra (»Scheitelchakra«, »tausendblättriger Lotus«) geleitet wurden, um von dort mit einem mentalen Sendebefehl gewissermaßen »abgeschossen« zu werden. Eine Variante dieser Technik konzentrierte sich mittels eines mentalen Befehls darauf, im Scheitelchakra ein morphongenetisches Feld zu erzeugen, in dem die gewünschte Information bereits übertragen oder das gewünschte Ereignis bereits Wirklichkeit geworden war. Diesem m-Feld wurde dann die eigentliche Arbeit der Ausführung überantwortet.

Die derzeit übliche Technik verzichtet auf eine Visualisation des Scheitelchakras, arbeitet aber noch mit der räumlichen Empfindung einer Konzentration auf den Scheitelpunkt. Ansonsten wird dabei mit einem einfachen Benennungs-Befehl (zum Beispiel »Sende!«) gearbeitet, ohne daß jedoch eine bewußte Sende-Imagination erfolgen würde.

Zur Veranschaulichung das Computermodell: Dies entspricht dem Kopierbefehl, zum Beispiel »copy q:\quelldir\quellfil z:«, wobei »q« das eigene Laufwerk, »z« dagegen das Ziellaufwerk ist. Wie bei einer normalen DFÜ fungiert hier der Scheitelpunkt als Modem. Die Möglichkeit einer gezielten Ablagerung der übertragenen Daten im Ziellaufwerk (zum Beispiel »copy z:\quelldir\quellfile z:\zieldir\zielfile«) setzt eine intime Kenntnis seines Aufbaus voraus und ist derzeit leider noch reine Zukunftsmusik.

DER EMPFANG

Der Empfang wird, wenn überhaupt, ganz ähnlich empfunden wie das Senden. Weiteres siehe unten in den beiden nächsten Abschnitten.

DIE VERARBEITUNG DER EMPFANGENEN INFORMATIONEN

Die Verarbeitung empfangener Informationen erfolgt zunächst automatisch und wird von geübten Kybermagiern meist ebenso wie das Senden in der Wirbelsäule wahrgenommen. Ungeübte Personen merken dabei in der Regel überhaupt nichts.

Weiteres siehe unten im Abschnitt »Das Abrufen kybermagisch übertragener Informationen«.

Das Eintreffen der Daten im Speicher der Zielperson empfindet der Sender gelegentlich als kleines körperliches Rucken in der Kopfhaut, als leises Prickeln oder ähnliches. Auch ohne derartige körperliche Signale wird er bei richtigem Vorgehen auf unzweifelhafte Weise Gewißheit über den Erfolg seiner Operation erhalten. Dies gilt sinngemäß auch für das gezielte Abzapfen (und daher: Empfangen) von Informationen.

Zur Veranschaulichung das Computermodell: Die unmittelbare Verarbeitung nach Empfang der Daten entspricht dem automatischen Sortieren und Komprimieren einer Festplatte, bei dem zwar eine bestimmte Ordnung hergestellt, der Datenzugriff aber noch nicht gewährleistet wird.

Diese detaillierte Beschreibung des kybermagischen Vorgehens sollte nicht darüber hinwegtäuschen, daß die ganze Operation in der Regel kaum länger als eine Dreiviertelsekunde dauert! Selbst ungeübte Anfänger (die allerdings über die Fähigkeit zur Kundalini-Aktivierung verfügen müssen) vollziehen eine kybermagische Arbeit normalerweise in weniger als einer halben Minute!

Das Abrufen kybermagisch übertragener Informationen

Wie werden die kybermagisch übertragenen Informationen nun aktiviert? Dieser Bereich bedarf noch besonders intensiver Forschung, denn wenn es zwar bereits außer Zweifel steht, daß tatsächlich abruffähige Informationen übertragen werden können, stellt uns die Forderung nach ihrer gezielten Nutzung noch immer vor eine Vielzahl von Fragen.

Eines der Hauptprobleme wirft die Frage auf, was denn eigentlich konkret übertragen wird.

Was eigentlich wird konkret übertragen?

Von seiner Wirkung her scheint dies oft zunächst sehr vage zu sein. Dazu der Kommentar eines Kybermagiers: »Es fühlt sich so ähnlich an, als habe man alles vor ganz langer Zeit schon einmal gelernt.« Darauf aufbauend wird beispielsweise nach einer Übertragung von Fremdsprachenkenntnissen das Erlernen der betreffenden Fremdsprache erheblich erleichtert. Bei bereits vorhandenen Fremdsprachenkenntnissen werden die neuerworbenen Informationen durch entsprechende Kontextualisierung aktiviert. Das geschieht beispielsweise bei einer Reise in das entsprechende Land, wo die übertragene Sprache gesprochen wird, und bei toten Sprachen durch eine verstärkte Lektüre entsprechender Werke.

Einer der für den gezielten Informationsabruf wesentlichen Faktoren scheint nach bisherigem Erkenntnisstand Streß zu sein: Unter dem Druck, sich in einem fremden Land plötzlich verständlich machen zu müssen, wird das übertragene Fremdsprachenwissen aus unserem Beispiel am schnellsten aktiviert.

Ganz allgemein läßt sich von der schon erwähnten Kontextualisierung sprechen: Die neuerworbenen Informationen müssen innerhalb eines adäquaten äußeren oder inneren Kontextes aufgerufen werden. Es hat also wenig Sinn, französische Vokabeln während einer Mathematikarbeit oder bei einer Autoreparatur abrufen zu wollen.

Ein großer Teil der übertragenen Informationen offenbart sich auf recht subtile Weise erst nach und nach. Daher ist bei einer experimentellen Überprüfung genaueste Selbstbeobachtung angezeigt.

Zur Veranschaulichung das Computermodell: Zunächst einmal sollten Sie sich bei der Aktivierung darüber im klaren sein, daß Sie beispielsweise bei der Übertragung von Fremdsprachenkenntnissen zunächst einmal die Spracherfahrungsmuster des Senders empfangen haben, gewissermaßen das Hauptprogramm. Auch die anderen dazugehörigen Module (zum Beispiel Wortschatz, Syntax, Idiomatik) sind zwar bei einer entsprechend umfangreichen (oder auch: undifferenzierten) Übertragung vorhanden, sie müssen aber erst noch korrekt installiert werden.

Da unsere Übertragungsmöglichkeiten zur Zeit noch verhältnismäßig primitiv sind, besteht ein Großteil des Informationsabrufs bildlich gesprochen noch immer darin, auf einer ziemlich unordentlich mit Informationen und Programmen bespielten Festplatte zueinandergehörige Verzeichnisse, Dateien, ja sogar Cluster und ganze Sektorenbelegungen auseinanderzudividieren und in eine zusammenhängende Ordnung zu bringen.*

Dabei kommt uns allerdings das Gesetz der Anpassung (ähnliches wird ja auch im Bereich der Künstlichen Intelligenz angestrebt) zugute: Eine Neuzufuhr bereits gespeicherter Informationen** führt

---

* *Dies ist um so schwieriger, als das menschliche Nervensystem natürlich in Wirklichkeit einen völlig anderen, weitaus komplizierteren Ablagealgorithmus verwendet als ein gewöhnlicher Computer.*

** *Zum Beispiel von Vokabeln, die zwar kybermagisch, nicht aber bewußt übertragen beziehungsweise empfangen wurden.*

dazu, daß die alten Informationen sich mit den neuen verbinden und eine neue Ablagestruktur entsteht (oder eine bestehende reaktiviert und gepflegt) wird. Abgesehen vom Datenabgleich führt dies notwendigerweise zu einer erhöhten Zugriffsgeschwindigkeit. Allerdings haben wir es hierbei mit einem automatischen Vorgang zu tun, der dem informationskybernetischen »Betriebssystem« des menschlichen Biocomputers immanent ist, ein Prozeß also, wie wir ihn bei herkömmlichen EDV-Anwendungen allenfalls ansatzweise wiederfinden.

Kybermagie als »Technik der leeren Hand«

Die obige knappe Darstellung soll genügen, um Ihnen ein Arbeitsgerüst in die Hand zu geben, mit dessen Hilfe Sie Ihre eigenen Erfahrungen mit dieser modernsten Disziplin der Magie machen können.

Die sich aus kybermagischem Vorgehen ergebenden Vorteile liegen klar auf der Hand: Nicht nur die extreme Kürze der Operationen macht sie so reizvoll; auch der völlige Verzicht auf Zubehör jeglicher Art; die schiere Wirksamkeit kybermagischer Zauber besonders auf dem Gebiet der Erfahrungs- und Wissensvermittlung; ihre Langzeitwirkung; ihre enorme Subtilität und Gründlichkeit bei gleichzeitiger Tarnwirkung nach außen und anderes mehr.

Tatsächlich handelt es sich bei der Kybermagie um eine Form der »Technik der leeren Hand« (»Wunschdenken ohne Denken«), wie sie seit jeher das Zeichen des wahren Meisters war. Schon immer wurde auch kybermagisch gezaubert, doch hat man dies früher anders verstanden. Die sogenannte »Hohe Magie«, um die in der älteren Literatur soviel Aufhebens gemacht wird, ist tatsächlich, streicht man einmal ihren religiösen Transzendentalismus ab, eine Form purer Informationsübertragung. Es bleibt jedoch unserer Epoche vorbehalten, diese Disziplin in ein neues Gewand und in neues Verständnis zu hüllen, die Bezüge zur naturwissenschaftlichen Ent-

»Hohe Magie« ist tatsächlich eine Form purer Informationsübertragung.

wicklung der Gegenwart (Elektronik, Informationsmodell der Physik, Kybernetik, Chaos-Theorie) herzustellen und daraus eine eigene Technik zu kreieren.

Wie gesagt – so einfach die Kybermagie von ihrer Handhabung her auch ist, setzt sie doch immerhin die Aktivierung der Hauptdatenspeicher im menschlichen Bio-Computer voraus. Wir haben sie bereits relativ früh vorgestellt, damit Sie schon jetzt Gelegenheit haben, damit Ihre ersten Erfahrungen zu sammeln, die Kybermagie selbst weiterzuführen und -zuentwickeln und/oder sich auf diese derzeit anspruchsvollste Magieform vorzubereiten.

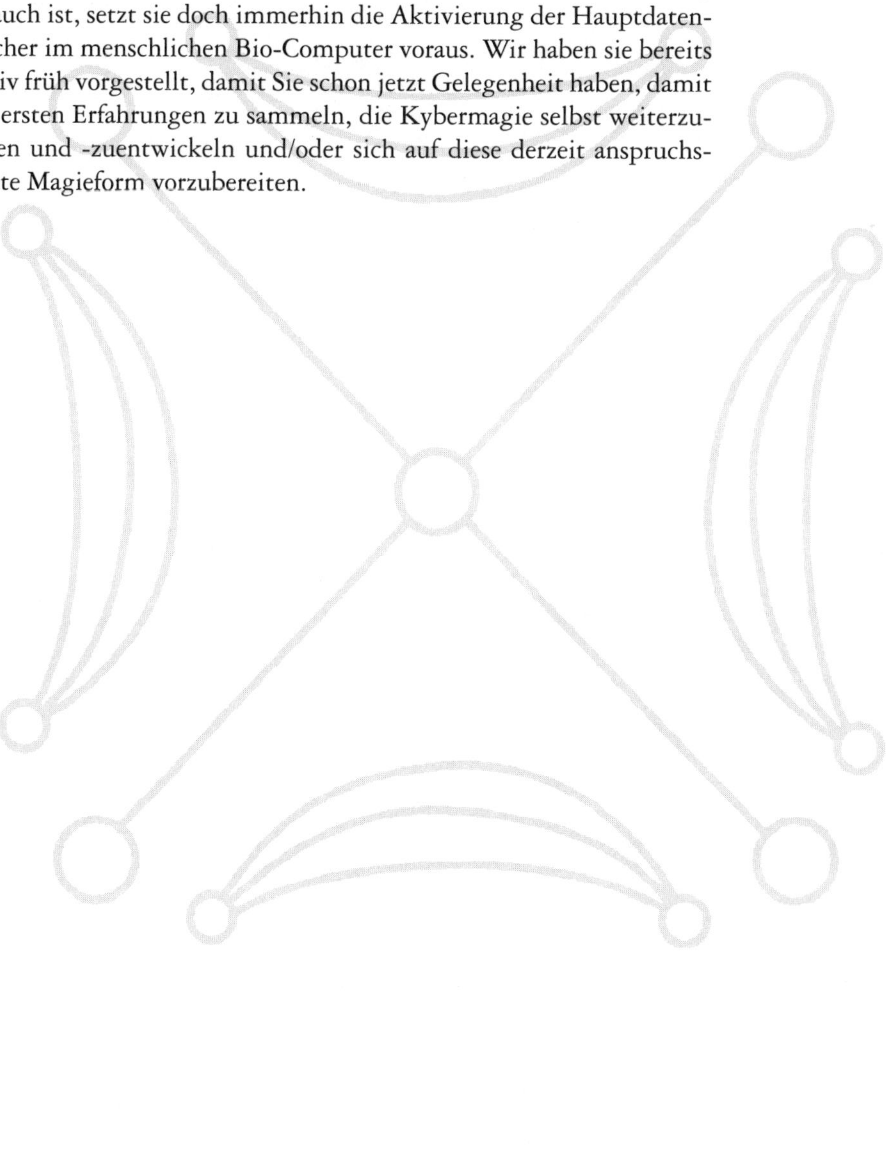

EL
BTZKASE
HEIDENE
DEIMO
XE

Einführung in die Ritualistik (XII)

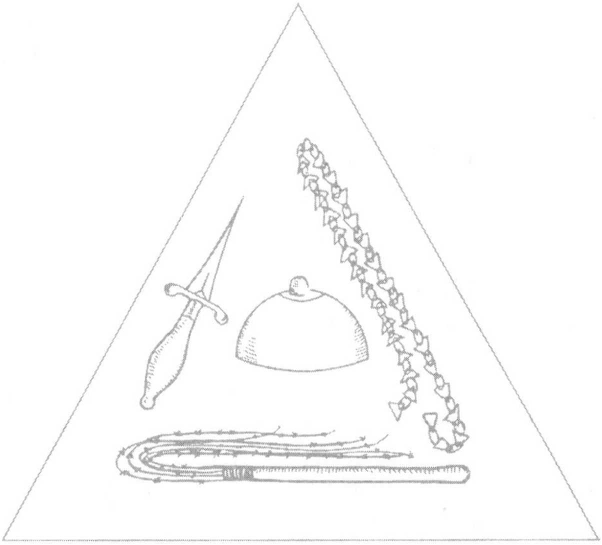

Geißel, Kette und – nochmals – Dolch

Crowley, der dem magischen Dolch bekanntlich eine etwas andere Funktion zuweist, als dies die übrige Magieliteratur tut, deutet die Geißel, den Dolch und die Kette als Symbole der drei alchemistischen Elemente Schwefel (sulfur), Quecksilber (mercurius) und Salz (sel) (siehe *Magick*, S. 55).

Alchemistische Bezüge der Symbolik

Er setzt diese Prinzipien mit den drei indischen »Gunas« oder feinstofflichen Aggregatzuständen gleich:

SCHWEFEL = RAJAS
QUECKSILBER = SATTVA
SALZ = TAMAS

Zwar verwenden die wenigsten heutigen Magier noch Waffen wie die Geißel und die Kette*; dennoch sollen sie hier der Vollständigkeit halber erwähnt werden.

Das alchemistische Element Schwefel steht grob gesprochen für die den Dingen eignende Energie, Quecksilber für ihre Beweglichkeit und Salz (auch: Erde) für ihre Statik oder Beständigkeit. In diesem Sinne entsprechen sie ungefähr (aber eben nur ungefähr) den Elementen Feuer, Luft und Erde.**

Dort, wo er überhaupt christlich argumentiert, ist Crowley ein Vertreter des *pecca fortiter*, also des Prinzips, daß die Sünde an sich nicht schlecht sei, weil sie die noch viel köstlichere Vergebung überhaupt erst ermögliche.***

In diesem Sinne stehen bei ihm Geißel, Dolch und Kette für das Sakrament der Buße. Er schreibt dazu:

Die Geißel ist Schwefel: Ihre Anwendung erregt unsere träge Natur; und sie kann ferner als ein Instrument der Berichtigung verwendet werden,

* *Ausnahme: der Wicca-Kult, bei dem sie freilich in der Regel eine andere Funktion haben und anstelle der Kette meist ein Strick benutzt wird.*

** *In der uns vorliegenden Ausgabe spricht Crowley allerdings nicht von Erde, sondern von Wasser, was im Zusammenhang allerdings keinen rechten Sinn ergibt.*

*** *Paulus setzt sich im Römerbrief, v,20–vi,2, mit diesem Problem auseinander – und Crowley bezieht sich auf ihn.*

um rebellische Begierden zu züchtigen. Sie wird gegen das Nephesh, die Tierische Seele, angewendet, die natürlichen Begierden.

Der Dolch ist Quecksilber: Er wird dazu verwendet, um durch Aderlaß übergroße Hitze zu besänftigen; und er ist die Waffe, die sich der Magier in die Seite oder ins Herz stößt, um den Heiligen Kelch zu füllen. So geht man mit jenen Eigenschaften um, die sich zwischen Gier und Vernunft stellen.

Die Kette ist Salz: Sie dient dazu, die umherirrenden Gedanken zu zügeln; und aus diesem Grund wird sie um den Hals des Magiers gelegt, dort, wo sich Daath befindet.

Diese Geräte gemahnen uns auch an Schmerz, Tod und Gefangenschaft.

(*Magick*, S. 56)

Die Geißel kann aus verschiedenen Materialien bestehen; Crowley empfiehlt einen eisernen Griff und neun Kupferdrähte, in die kleine Bleistücke eingedreht werden. Dabei steht das Eisen für Strenge, das Kupfer für Liebe und das Blei für Kasteiung. Im Wicca-Kult, wo die Geißel – zumindest bei einigen Coven – unter anderem bei der Einweihung verwendet wird, um den Kandidaten an die Strafe zu erinnern, die ihm droht, sollte er die Gruppe verraten, benutzt man auch andere Materialien wie Weidenruten oder Ledergerten.

Der Dolch wurde bereits behandelt.

Die Kette besteht aus weichem Eisen und besitzt bei Crowley 333 Glieder, womit sie den Dämon Choronzon symbolisiert, der für Auflösung steht. In diesem Zusammenhang meint dieser Dämon die abschweifenden Gedanken oder den Konzentrationsmangel.

Abschließend schreibt Crowley zu diesen drei Waffen: »Die Geißel sorgt für die Schärfe des Strebens; der Dolch drückt die Entschiedenheit aus, alles [in Verfolgung des Ziels; Anmerkung des Autors] aufzugeben; und die Kette zügelt jedes Abschweifen.« [ibid.]

Die Phiole und das Öl

Die Phiole ist das Gefäß, in dem das »Heilige Öl« (Crowley) aufbewahrt wird. Der Altmeister der thelemitischen Magie macht erwartungsgemäß sehr viel Aufhebens um das Salböl, das seiner Auffassung nach »das Streben des Magiers« symbolisiert und für »Gnade« und »eine von oben kommende Qualität«, den »Funken des Höchsten« im Magier, der das Niedere mit sich selbst vereinen will« [*Magick*, S. 58] steht. Hier finden wir den Mystizismus Crowleys in Reinkultur wieder.

Nicht alle heutigen Magier gehen Crowleys Weg, auch wenn sie ihn als einen Pionier und »Kirchenvater der modernen Magie« schätzen mögen. Schon gar nicht unterwerfen sie sich einem Diktum wie dem folgenden: »Wenn der Magier sich also nicht erst mit diesem Öl gesalbt hat, wird all sein Werken vergebens und von übel sein.« [ibid.]

Paradebeispiele dafür, Gegenstände symbolisch zu erhöhen …

Immerhin gibt Therion ein Rezept für sein Wunderöl, wenn auch ohne Maßangaben. Es setzt sich aus vier Substanzen zusammen: nämlich Olivenöl, das bei ihm für das Geschenk der Minerva, die Weisheit Gottes oder den Logos steht; in diesem Olivenöl werden drei weitere Öle gelöst, nämlich Myrrhenöl, Zimtöl und Galangalöl. Dabei steht Myrrhe für Binah, die Große Mutter, die sowohl das Verstehen des Magiers als auch für das Leid und das Mitgefühl symbolisiert, welche die Kontemplation des Universums mit sich bringt (ein deutlicher buddhistischer Einfluß bei Crowley). Zimtöl steht für Tiphareth, die Sonne – »den Sohn, in dem Herrlichkeit und Leid miteinander identisch sind« [ibid.]. Das Galangalöl steht »für Kether und Malkuth, das Erste und das Letzte, das Eine und die Vielen, da sie in diesem Öl eins werden«. [ibid.]

… und sie dadurch zu Werkzeugen der Magie zu machen.

Der Wert dieser Ausführungen besteht unserer Meinung nach in erster Linie darin, daß sie Möglichkeiten aufzeigen, auch die trivialste Einzelheit symbolisch zu überhöhen und damit zu einem Werkzeug der Magie zu machen. Es soll hier freilich dem ein-

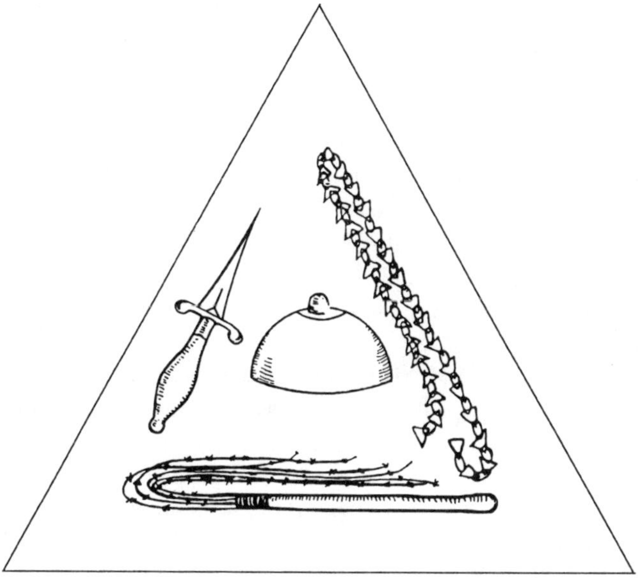

Abbildung 39: Geißel; Dolch; Kette und Phiole mit Öl
(Nach Crowley, *Magick*, S. 57)

zelnen überlassen bleiben, wie weit er dabei gehen will – es ist schließlich nicht zu übersehen, daß aus Crowley die Vorliebe des Fin-de-siècle-Menschen für barockisierenden Pomp und Symbolüberladung spricht, doch ist dies ein subjektives Urteil, das Sie nicht davon abhalten soll, nach Belieben den gleichen oder einen ähnlichen Weg zu gehen. Schließlich lautet das einzige Dogma der Pragmatischen Magie bekanntlich: »Hauptsache, es funktioniert!«

Auf einer etwas funktionaleren Ebene betrachtet ist es sicher richtig, daß das von Crowley empfohlene Öl (das übrigens mit dem Öl der Abramelin-Magie identisch ist) auf der Haut ein Brennen erzeugt, das je nach gesalbter Körperpartie entsprechende Wirkungen zeitigen kann. So ist es beispielsweise für die gedankliche Konzentration förderlich, etwas von diesem Öl aufs Ajna Chakra zu reiben, während man bei sexualmagischen Operationen eher das Muladhara und das Svadisthana Chakra damit behandeln wird. Zudem werden heute mit Vorliebe die im magischen Fachhandel erhältlichen Planetenöle verwendet, die zusammen mit dem entsprechenden Räucherwerk eine stärkere Planetengnosis herbeiführen. Davon abgesehen hat das Salben natürlich eine uralte kultische Tradition, das Alte Testament beispielsweise erwähnt es sehr häufig. Der Magier von heute sieht darin allerdings vornehmlich ein Mittel der Tranceförderung.

Die das Öl enthaltende Phiole* hat keine festgelegte Form. Laut Crowley sollte sie allerdings aus reinem Bergkristall bestehen, und er erwähnt, daß einige Magier sie in Form einer weiblichen Brust angefertigt hätten, weil sie »die wahre Nahrung all dessen, was lebt« (*Magick*, S. 59) sei. Aus ebendiesem Grund, so führt er fort, werde sie aber gelegentlich auch aus Perlmutt angefertigt, wobei ein Rubin als Stopfen diene.

In der heutigen Magie hat man andere Sorgen.

In der heutigen Magie betrachtet man das Salbölgefäß etwas nüchterner rein funktional.

Man betrachtet das Salbölgefäß etwas nüchterner rein funktional und macht daraus keine magische Waffe; wer fünf Öle benutzt, wird in der Regel auch fünf Ölgefäße unterschiedlichster Form besitzen. Das bedeutet jedoch nicht, daß etwas dagegen einzuwenden wäre, sich eine entsprechende Phiole für ein Öl mit allgemeiner Funktion anzufertigen und diese auch symbollogisch entsprechend zu beladen.

Jedenfalls ist es sicher sinnvoll, wenn sich der Magier eine Vielzahl von Ölen beschafft und mit diesen experimentiert. Die Wirkung von Duftstoffen haben wir in unserer Schulung bereits behandelt, so daß hier keine weitergehende Erklärung mehr erforderlich ist. Auch das Räuchern von Ölen (besser: Verdampfen auf einer heißen Metallplatte) hat eine nicht zu unterschätzende Wirkung und ist sehr hilfreich bei der Programmierung des Unbewußten (psychologisches Modell) auf bestimmte Korrespondenzen.

* *Das Wort bedeutet laut Duden eigentlich nichts anderes als eine »kugelförmige Glasflasche mit langem Hals«, wird aber auch gern für kleine Fläschchen aller Art – besonders für Kleinamphoren – verwendet.*

OPHITICA

lucifer

wer sagt: ich dien!
und meint den falschen gott?
wer sagte: laß mich ziehn!
und küßte das schaffott?

in altem geist war vieles zu verstehen
und mancher sterne schönheit zu besehn,
doch löscht dies feuer nur statt sie zu zünden –
und eher brenn ich selbst als nie zu finden
was mich entflammt: aus licht geworfen, benedeit

kein demiurg, der meine gottnatur verzeiht,
kein kettenschmied, der mir die schale füllt,
kein schleierwirker, der mir nicht verhüllt
was lebt und flammt und pulst und alles was ihr wißt
und ewig ist.
und ewig ist.

ouroboros

der weltenanfang lag in dunklem schlund. das licht
trat ein und schlang und würgte schöpfung, stumm, und häutete sich nicht.
was endlich ist und niemals ewig wird und stirbt
tritt in den kreis hinein und fleht und buhlt und wirbt
um segen zu erheischen, gott zu sein, und trotzt dem tand,
und dennoch schling ich was geboren ward und brenn die wand
mit feuerschrift. die welt ist meine haut.
ein demiurg, wer in ihr haus auf häuser baut.
ihr sterbender gesang hallt nicht im raum
und erde, wasser, feuer, luft – ein traum.
und wenn im anfang schon das ende wohlberechnet pocht:
ich maß der kerze länge, ich beschnitt den docht.
doch wißt ihr's nie und werdet's nie beschwören.
ich weiß den wandel nur in all den tausend chören
und seh die siebenfachen feuer neu entflammt
und schau das auf und ab: gesegnet – und verdammt.

ophis

den baum? im traum: ihr seht ihn nicht
kennt das verbot nur, das euch qual verspricht
und leckt das dunkel, rollt euch ein im gras
und seht den usurpator nie, hört nie den sand im glas
und glaubt zu sein – und glaubt zu leben
und glaubt ihm all sein täuschen und verweben
in netze, die ich sprenge, die ihr nie erkennt
solang euch niemand greift und gut und böse nennt:
der wipfel schwankt, die frucht ist reif und fällt herab
sobald ihr sie berührt in eurem grünen grab.
oh, in gehorsam hält man euch gefangen,
in einem sarg aus gold, und selten sangen
die alten diese weise, die ihr nie begreift:
des gartens hohe mauern sind schon längst geschleift
und ihr nicht sterblich, niemals untergangggeweiht
wenn ihr nur wißt: den steten puls der zeit
und daß ihr götter seid.
und daß ihr götter seid.

VERZEICHNIS DER PRAKTISCHEN ÜBUNGEN

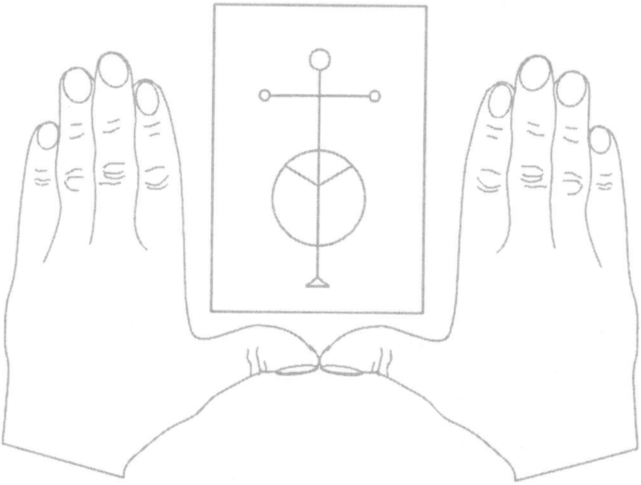

NACHTRAG

Das vorliegende Werk stellt einen stark überarbeiteten Auszug aus dem *Kursus der Praktischen Magie* des Verfassers dar, einem auf drei Jahre angelegten Fernlehrgang mit begleitenden halbjährlichen Intensivseminaren.

Nähere Informationen dazu (wie auch zu verwandter, weiterführender Literatur) erhalten Sie kostenlos bei:

Edition Magus
Postfach 19 (SHM)
B-4760 Büllingen
Belgien
Tel./Fax: 0032-80-549.247
Internet: http://www.eismagie.de/
E-Mail: eismagie@eismagie.de